高速铁路40米简支箱梁制运架装备研制与应用

中铁十一局集团有限公司　著

中国铁道出版社有限公司
CHINA RAILWAY PUBLISHING HOUSE CO., LTD.

图书在版编目(CIP)数据

高速铁路40米简支箱梁制运架装备研制与应用/中铁十一局集团有限公司著．—北京：中国铁道出版社有限公司，2022.8
ISBN 978-7-113-29150-1

Ⅰ.①高… Ⅱ.①中… Ⅲ.①高速铁路-铁路桥-桥梁结构-箱形梁-研制 Ⅳ.①U238

中国版本图书馆CIP数据核字(2022)第089163号

书　　名：高速铁路40米简支箱梁制运架装备研制与应用
作　　者：中铁十一局集团有限公司

责任编辑：许士杰　**编辑部电话：**(010)51873204　**电子信箱：**syxu99@163.com
编辑助理：魏　明
封面设计：崔丽芳
责任校对：孙　玫
责任印制：赵星辰

出版发行：中国铁道出版社有限公司(100054，北京市西城区右安门西街8号)
网　　址：http://www.tdpress.com
印　　刷：中煤(北京)印务有限公司
版　　次：2022年8月第1版　2022年8月第1次印刷
开　　本：880 mm×1 230 mm　1/16　**印张：**15.75　**字数：**461千
书　　号：ISBN 978-7-113-29150-1
定　　价：100.00元

《高速铁路40米简支箱梁制运架装备研制与应用》

编写单位：中铁十一局集团有限公司

中铁第五勘察设计院集团有限公司

中铁十一局集团汉江重工有限公司

中铁十一局集团第六工程有限公司

中铁十一局集团桥梁有限公司

主　　编：陈志明　魏加志　王　鹏

副 主 编：张丕界　谌启发　李　明　唐达昆　孔凡华

编 委 会：王文胜　张光明　梁志新　杜军良　万　鹏　刘国雄

李　勇　梅慧浩　郭吉祥　赵青龙　龚成周　刘军科

陈玉英　陈　龙　易俊新　何新芳　刘　军　何学勇

王大炎　周　聪　吴家宏　周　丹　王嵘显　罗九林

刘邵凯　李伟奇　张　健　李继伟　杜小刚　唐坤元

刘新华　郝永刚　祖国栋　苏六帅　徐　青　熊晓晖

夏明锬　许　丹　梅　灿　杨　阳　温　鹏　漆玉祥

凌俊东　周旭辉　徐腾辉　杨奥飞　王　博　李华伟

王　镇　张添程　杨宜永　蔺　遥　孙　虎　杨　伟

何海兵　李功义

序

高速铁路以其速度快、安全性好、低能耗、污染小等技术优势，已成为世界许多国家和地区旅客运输发展的共同趋势。桥梁作为高速铁路重要的构筑物，结构形式以简支箱梁为主，主要采用预制架设建造模式。目前，我国高速铁路简支箱梁的跨径普遍为32 m，随着高速铁路建设规模的扩大，面临的地形、地质等条件逐渐复杂，对简支箱梁的跨越能力提出了更高要求。

2016年，中国铁路总公司组织开展“高速铁路大跨度简支梁建造关键技术”课题研究，40 m简支箱梁的应用给施工带来了全新挑战，迫切需要研发40 m简支箱梁成套施工装备。中铁十一局、铁五院参加了该课题中运架装备子课题的研究。中国铁建股份有限公司深刻分析40 m箱梁运架设备的研发意义，2018年设立“高速铁路40 m预应力混凝土简支箱梁运架成套施工设备研制”重大科研专项。中铁十一局、铁五院充分发挥在桥梁施工设备领域的专业优势，组成团队联合攻关，围绕高速铁路千吨级40 m箱梁运架的重大技术难题，攻克了超低位运架梁、快捷变跨等20多项新技术，研发了高速铁路设备专用GT785D型高强钢新材料，形成了专用高强钢特有焊接、运架成套装备生产新工艺，最终成功研制了高速铁路40 m箱梁运架成套装备。该成套装备可实现20～40 m箱梁的运输和架设，能满足隧道内运梁、隧道口近距离架梁，最大纵坡30‰、最小曲线半径2 000 m等施工需求；适应高寒、沿海等复杂环境；信息化水平高；架桥机具备快速转场、便捷拆装、快捷变跨功能。

该运架装备总体重量轻、运梁过隧通过性好、架梁效率高，成套装备形成了产业化，填补了国内外空白，总体技术达到国际领先水平，并已在福厦、南沿江、杭衢、昌景黄、沪苏湖等高速铁路项目应用，取得了良好的技术经济效益。该成果的应用标志着我国率先掌握了高速铁路40 m箱梁建造技术，提升了我国在新一代高速铁路技术领域的国际影响力。

本书依据中铁十一局、铁五院在 40 m 简支箱梁制运架装备研制中的创新实践，以系统总结 40 m 箱梁制运架装备的核心功能和关键技术为目的编撰而成，内容丰富，重点突出，是我国高速铁路建造领域的一项重要成果。

我国高速铁路仍处于快速发展阶段，40 m 箱梁建造技术及配套运架装备应用前景广阔，本书对于从事桥梁建造的工程技术人员来说，无疑具有重要的借鉴与参考作用。

是为序。

2022 年 5 月 3 日

前　言

我国高速铁路桥梁施工和装备制造技术先后经历了从无到有、从技术落后到世界领先的发展历程，目前我国已经形成完备的高速铁路桥梁施工及装备技术体系，无论单线还是双线，无论大坡道还是小曲线，无论平原还是山区，跨度从 20 m 到 40 m、重量从 450 t 到 1 000 t 的高速铁路简支箱梁都有成熟工法和成套装备与之相配套，并能够实现施工组织和大型装备快速就位。相比于其他梁型，40 m 简支箱梁适应范围更广，能够改善车桥动力作用，提高工程建设的生产效率和经济效益，进一步完善了我国高速铁路桥梁的建造技术体系。

为了帮助施工人员熟悉 40 m 简支箱梁制运架装备功能、技术特点，了解高速铁路 40 m 简支箱梁制运架成套技术，更好地进行工程应用，编著者们及时总结 40 m 简支箱梁制运架装备的技术成果与丰富经验，梳理目前简支箱梁制运架装备的研究现状，从核心技术、构造、制造、安拆与调试、检测与试验等方面对其进行了详细介绍，最后对制运架装备的工程应用进行了总结。

全书共分九章，第一章绪论，第二章梁场规划与建设，第三章预制装备与技术，第四章搬梁机研制，第五章提梁机研制，第六章运梁车研制，第七章分体式架桥机研制，第八章运架一体机研制，第九章工程应用。书末附有实际工程掠影和监检项目表。

本书具有很高的技术价值和很强的实用性，从施工装备技术方面体现了当前我国高速铁路建设的领先水平，对于今后高速铁路建设具有重要现实意义和指导价值，同时也能为我国高速铁路产业“走出去”提供强有力的支撑。

2022 年 4 月

目　　录

1 绪 论

了解我国铁路简支箱梁及制运架装备发展历程，有益于把握铁路桥梁技术发展脉络，有利于深刻理解交通强国战略内涵，有助于深层次领会“双碳”目标的实践意义。本章首先梳理高速铁路简支箱梁的发展历程，然后综述制运架装备发展情况，最后简要介绍高速铁路 40 m 简支箱梁制运架装备的研制背景及历程。

1.1 高速铁路简支箱梁发展历程

1.1.1 32 m 及以下简支箱梁发展历程

我国高速铁路常用跨度简支箱梁设计活载为 ZK 荷载（部分按中—活载检算），速度等级分为 250 km/h 和 350 km/h，轨道型式分为有砟轨道和无砟轨道。我国高速铁路主要采用 32 m 等跨，配以 24 m 作调跨的标准跨度双线整孔简支箱梁，形成了具有中国特色的铁路 900 t 级简支箱梁建造模式，并总结了高速铁路预制整孔简支箱梁制造、运输和架设成套技术。

时速 350 km 高速铁路简支箱梁通用图主要有 2005 版、2008 版、2013 版和 2016 版（现行）等 4 个版本，涵盖无砟轨道和有砟轨道。历次修订中，考虑便于模板及施工设备的持续利用，模板和箱梁外形尺寸维持不变。2005 版通用图中，无砟和有砟桥面宽均为 13.4 m；2008 版通用图中，无砟桥面宽为 12.0 m，有砟为 12.6 m，主要考虑箱梁过隧的需要；2013 版通用图中，无砟和有砟桥面统一为 12.6 m，主要解决桥面布置紧张问题；2016 版通用图中，桥面宽维持 12.6 m 不变，主要推广应用 HRB400 高强度钢筋。

时速 250 km 高速铁路简支箱梁通用图主要有客专（单箱单室和单箱双室）和客货共线两个系列。目前铁路建设中普遍采用单箱单室梁（2229 系列）通用图，有 2009 版和 2016 版（现行）两个版本，涵盖有砟和无砟轨道，桥面宽为 12.2 m、梁高为 2.6 m。

1.1.2 40 m 简支箱梁发展历程

32 m 及以下跨度箱梁提运架装备和施工技术是中国高铁桥梁建造技术的重大突破，目前已形成了相对完善的技术标准体系。在此基础上，中国铁路总公司于 2016 年设立科技开发计划重大课题“高速铁路大跨度简支梁建造关键技术研究”的开题会，开展对 40 m 简支箱梁建造技术的研究，情况如下。

(1)2016 年 5 月 4 日，完成课题开题。

(2)2016 年 7 月 20 日，完成大跨度简支箱梁结构方案研究。

(3)2016 年 9 月 19 日，完成大跨度简支箱梁结构设计研究和足尺试验梁大纲编制。

(4)2016 年 9 月 28 日，完成时速 350 km 的 40 m 足尺试验梁灌筑。

(5)2016 年 10 月 1 日至 17 日，完成足尺试验梁养护、预应力摩阻损失测试、预应力张拉、预应力管道压浆、顶梁等工作，以及相应的预制工艺试验测试。

(6)2016 年 11 月 19 日至 24 日，完成足尺试验梁运营性能试验（1.0 倍荷载、偏载试验）、抗裂性能试验（1.2 倍荷载、开裂和重裂试验）、梁端受力性能试验和动力性能试验。

(7)2016 年 12 月 7 日，完成试验梁强度破坏性能试验（2.0 倍荷载）。

(8)2017 年 1 月 10 日至 20 日,完成吊梁试验。

(9)2017 年 2 月 17 日至 28 日,完成顶梁和三支点试验。

(10)2017 年 3 月,完成运架荷载作用下桥面板试验。

(11)2017 年 9 月,明确 40 m 简支箱梁在郑济高铁项目、福厦高铁项目进行试点应用。

郑济高铁、福厦高铁项目分别于 2018 年 9 月和 2020 年 6 月完成了千吨级 40 m 简支箱梁首架,后续 40 m 简支箱梁在南沿江、昌景黄、杭衢、沪苏湖等多个高铁项目得到应用。

1.2 高速铁路简支箱梁制运架装备发展概况

1.2.1 搬、提梁机发展概况

32 m 简支箱梁成套施工设备中,梁场移梁、跨线提梁设备统称为提梁机,梁场移梁主要采用轮胎式提梁机,跨线提梁主要采用轮轨式提梁机。40 m 简支箱梁成套施工设备中,为了进一步按功能用途区分提梁机,将梁场移梁设备(原轮胎式提梁机)统称为轮胎式搬梁机(简称"搬梁机"),跨线提梁设备统称为轮轨式提梁机(简称"提梁机")。

1.2.1.1 搬、提梁机国外发展概况

国外主要提梁机制造商有 SCHEUERLE(德国)、KAMAG(德国)、GOLDHOFER(德国)、Nicola(意大利)、DEAL(意大利)、Shinko(日本)、Nippon Sharyo(日本)和 Randburg(南非)等公司。目前,国外部分提梁机已实现大吨位化、模块化和智能化,实现了从电气轮轨式行走到液压轮胎式行走、从电气传动变频卷扬控制到液压传动无级调速卷扬控制的转变,大规模应用计算机技术、工业机器人技术、CAN 总线通信技术、实时监控技术、远程人机作业界面技术等。DEAL 公司生产的轮胎式提梁机如图 1—1 所示。

图 1—1　意大利 DEAL 轮胎式提梁机

1.2.1.2 搬、提梁机国内发展概况

1. 搬、提梁机发展历史

秦沈客运专线全长 404.6 km,是一条以客运为主的双线电气化快速铁路,设计时速达到 250 km。该客运专线桥梁长度约占线路总长的 70%,为了满足简支箱梁预制架设施工方案的要求,国内首次开发了 450 t 轮轨式提梁机。该型号提梁机可通过双机协作完成 900 t 箱梁的搬移工作,如图 1—2 所示。

轮轨式提梁机适用于跨线提梁或长条形预制场,沿轨道走行可以实现纵行和横行两种模式。纵横向走行时需要设置专门的提梁机走行轨道,并要求覆盖预制场所有台座,施工效率较低。

随后,我国研制出性能更加优越、机动灵活、施工效率更高的 900 t 轮胎式单主梁提梁机,与轮轨式提梁机相比,该提梁机不需要设置走行轨道,单台设备即可完成 900 t 梁片的起吊,并能实现纵行、斜行、横行三种走行模式,操作更加方便,施工效率高,但造价高于 450 t×2 轮轨式提梁机。

2. 提梁机现状

目前,我国高铁大吨位轮轨式提梁机和轮胎式提梁机的设计研发能力已发展成熟,由我国设计制造的提梁机已投入使用约 300 台。我国是继德国、意大利之后第三个掌握该技术的国家,整机已经达到国际先进水平。提梁机有轮轨式、轮胎式两种型式。

(a) (b)

图 1—2 国内首台轮轨式提梁机

(1)轮轨式提梁机

轮轨式提梁机主要用于跨线作业工况，需在地面铺设走行轨道，采用一刚一柔的结构形式，有较高的起升高度。

轮轨式提梁机由两台提梁机共同完成提梁作业。每台提梁机均由主梁和 2 个支腿形成门型的框架结构组成，一侧支腿与主梁固定，另一侧支腿与主梁铰接。每台提梁机有 4 个大车走行机构，大车走行机构提供支撑和运行驱动力，提梁机可单独运行或两台联动。两台提梁机起重小车通过不同的钢丝绳缠绕方式，实现联机的四点起升、三点平衡功能。

按提升高度可将轮轨式提梁机分为高位轮轨式提梁机和低位轮轨式提梁机。高位轮轨式提梁机为满足跨线提梁的作业需求故而起升高度较高，TLJ450 型系列高位轮轨式提梁机(图 1—3)起升高度包括 38 m、28.5 m、26 m 等。低位轮轨式提梁机仅需达到梁片在预制场中的转运等作业要求，无需跨线提梁作业，故而起升高度较低，TLJ450 型系列低位轮轨式提梁机(图 1—4)起升高度通常不超过 14 m。

图 1—3 TLJ450 型高位轮轨式提梁机

图 1—4 TLJ450 型低位轮轨式提梁机

(2)轮胎式提梁机

轮胎式提梁机主要用于梁场内的提梁、移梁和装梁工作。轮胎式提梁机主要有单主梁双门架、单主梁单门架、双主梁双门架、单主梁单立柱等结构形式。

MDEL900A 型轮胎式提梁机(图 1—5)为单主梁双门架结构形式(门型结构)，用于铁路客运专线 32 m、24 m、20 m 预制双线整孔预应力箱梁，该提梁机能够从预制场台座内起吊、场内运输(纵向、横向)，并在预制场装车区内将混凝土梁装载到运梁车上，同时满足运梁车和架桥机的安装拆卸工作，以及预制场箱梁钢筋骨架和内模的整体吊装作业。

MDEL900B 型轮胎式提梁机(图 1—6)为单主梁单门架结构形式(人字形结构)，将箱梁提梁至运梁车时，由于该提梁机是A型支腿结构，只有横向一个角度的进入方式，纵向方向无法驶入运梁车。

图1—5　MDEL900A型轮胎式提梁机

图1—6　MDEL900B型轮胎式提梁机

MDEL900S型轮胎式提梁机(图1—7)主要由双主梁、门型支腿、车架、轮组及转向机构和吊梁小车等组成，采用双主梁双门架的结构形式，可通过支腿节段的变化满足高位和低位不同工况的要求，一机多工况的能力使得其经济性能十分突出，是一种新型高位轮胎式提梁机。该提梁机应用于沪昆铁路杭长段衡州制梁场，在国内首次完成了900 t轮胎式提梁机20.5 m起升高度的吊装任务。相对于MDEL900A/B型提梁机，该提梁机安装更加困难，造价成本也相对较高。

图1—7　MDEL900S型轮胎式提梁机

单主梁单立柱式轮胎式提梁机(图1—8)的车架采用一体化结构，单侧轮组为6组轮胎，共4组车架。该型号提梁机的提梁高度不能满足“提一过二”的要求，并且主梁上的吊梁小车没有变跨功能，只能用于 32 m 专制箱梁的吊运，不能满足其他型号箱梁吊装与其他设备的运架调用。

图 1—8 单主梁单立柱式轮胎式提梁机

随着信息化、智能化技术的发展，智能化控制平台、液压系统二次调节技术、自动换挡原理及控制策略等新技术的应用是轮胎式提梁机未来的发展方向。

1.2.2 运梁车发展概况

1.2.2.1 国外发展概况

德国 Kirow 和意大利 Nicola 公司是生产高速铁路运梁车的主要厂家，参与了意大利、韩国等国家和地区的高速铁路建设。Kirow 公司生产的 KSC900 型运梁车如图 1—9 所示，意大利 Nicola 公司设计的 TE600 型轮胎式运梁车如图 1—10 所示。意大利生产的大吨位运梁车应用情况见表 1—1。

图 1—9 Kirow 公司生产的 KSC900 型运梁车

图 1—10 TE600 型运梁车

表 1—1 意大利生产的大吨位运梁车应用情况

序 号	供应商	使用方	承载能力(t)	数量(台)	年 份
1	Nicola	意大利	850	1	1989
2	Nicola	意大利	560	1	1990
3	Nicola	意大利	600	1	1996
4	Nicola	韩 国	600	3	1996—1999
5	Nicola	中 国	600	1	1999
6	Nicola	中 国	550	2	2000

1.2.2.2 国内发展概况

1. 发展历程

1999 年，在秦沈客运专线建设中，铁道部组织中国铁路工程总公司和中国铁道建筑总公司各分别研发一套 600 t/24 m 运架设备。中铁大桥局根据秦沈客专月牙河特大桥 300 多榀 24 m 箱梁的制架工程需求，研制了简易的 16 轴线 64 轮的轮轨式运梁车，配合自主研发的 600 t/24 m 导梁式定点起吊架桥机，于 2001 年率先完成箱梁架设。

2002 年，铁道部科技司组织了 750～900 t/32 m 运梁设备的研发。

2003—2005 年，进口了意大利 Nicola 等公司约 20 台 900 t 级 16～17 轴线运梁车。

2006 年，在科技部和铁道部的支持和组织领导之下，国内企业自主研制了 900 t/32 m 运梁车。

2012 年，为了满足高速铁路桥隧相连路段中驮运梁片过隧道、驮运架桥机过隧转场的要求，研制出 YLS900 低位过隧运梁车。该运梁车适应于时速 250～350 km 高速铁路 24 m、32 m 双线整孔箱梁的运输，采用顶升系统、斜丁字分配梁、较宽较矮的主梁以及小的特种工程轮胎可实现小间隙下运梁车驮运梁片安全快速通过隧道；与 JQDS900 架桥机配合使用，可满足隧道口架梁。该种类型运架设备先后在沪昆线、京福线、桂广线、成贵线和郑万线等工程中得到成功应用。

2014 年，为了满足高速铁路隧道口负距离箱梁架设需求，先后研制出 YLSS900 型运梁车和 YLSS900B 运梁车，该运梁车后部设置可伸缩支腿作为架桥机架梁后支撑，采用循环链牵引板式驮梁台车和特种工程小轮胎降低驮梁高度。该运梁车能够满足时速 250 ～350 km 高速铁路多种规格梁型、20～32 m 标准梁和非标梁的运输，先后在郑徐线、皖赣线等工程中得到成功应用。

2. 发展现状

目前常用的运梁车主要分为两大类：高位运梁车和低位运梁车。两种运梁车结构基本相同：均采用一根车架主梁中置，主梁两侧纵向均布轮胎组，全液压驱动。不同之处在于高位运梁车采用大直径轮胎，不能运梁过隧，而低位运梁车采用小直径轮胎，具备运梁过隧功能。

(1)高位运梁车。YL900 型运梁车是我国 2006 年研制成功的国内首台 900 t 箱梁运输设备，如图 1—11 所示。YLQ900 型运梁车是 2010 年研制出的 900 t 箱梁运输设备，如图 1—12 所示，该运梁车采用独立连杆转向，可实现斜行、八字、半八字转向。两种型号运梁车均不能满足运梁通过隧道的要求。

图 1—11　YL900 型运梁车

图 1—12　YLQ900 型运梁车

(2)低位运梁车。2011 年研制出 TLC900 型、YLD900 型运梁车，可满足 900 t 级箱梁过隧道运输。TLC900 运梁车如图 1—13 所示。

2013 年研制出 YLS900 型过隧道低位运梁车，能够满足驮运梁片和架桥机通过隧道的要求，与 JQDS900 过隧架桥机相互配合可在隧道口零距离及负距离架梁。YLS900 运梁车如图 1—14 所示。

图 1—13　TLC900 型运梁车

图 1—14　YLS900 型运梁车

2014 年研制出 YLSS900 型过隧道低位运梁车，能够满足驮运梁片和架桥机通过隧道的要求，与 JQSS900 型过隧架桥机相互配合可在隧道口零距离及负距离架梁。YLSS900 型运梁车如图 1—15 所示。

2016 年研制的 YLSS900B 型过隧道低位运梁车，能够满足驮运梁片和架桥机通过隧道的要求，在不需要前锚的前提下，与 JQSS900B 型过隧架桥机相互配合可在隧道口零距离及负距离架梁，有效提高了施工效率。YLSS900B 型运梁车如图 1—16 所示。

图 1—15　YLSS900 型运梁车

图 1—16　YLSS900B 型运梁车

随着高速铁路施工向西部地区、山岭地区的延伸，高速铁路箱梁运梁车的研制越来越向低位、超低位的方向发展。高位运梁车通常采用大规格轮胎，虽然能够在满足运梁的条件下减少承载轴数量，但运梁高度较高，难以运输箱梁过隧道，仅适用于平原地带；而低位运梁车通常采用多轴线双胎并置小轮胎的方式，优势在于运梁高度较低，能驮运箱梁和架桥机过隧道，可配合架桥机在隧道口负距离架梁。

1.2.3　分体式架桥机发展概况

1.2.3.1　国外发展概况

意大利 Nicola 公司研制的架桥机参与了意大利、韩国、中国的高速铁路建设，最大承载能力为 915 t。Nicola 架桥机如图 1—17 所示，应用情况见表 1—2。其中早期的结构型式为导梁式，2000 年为中国台湾高速铁路开发了 915 t/35 m 步履式架桥机，在喂梁时，采用前起重小车先提起梁体的前端与运梁车的驮梁小车同步前移，到位后，后起重小车再将箱梁吊起。中支腿设计成 O 形，方便箱梁从中穿过。

表 1—2　Nicola 架桥机的应用情况

序号	工　　程	简支箱梁跨度(m)	承载能力(t)	数量	年　　代
1	意大利高铁	25	520	2	1985
2	韩国高铁	25	600	2	1998
3	中国秦沈客专	20/24	550	8	1999
	中国台湾高铁	35/30/25	915/540	9	2000

(a) (b)

图 1—17 Nicola 架桥机

1.2.3.2 国内发展概况

1. 发展历程

1999 年，秦沈客专是我国第一次将自主研发的大型架运设备予以应用的线路，开创了 600 t 级以上大型运架设备自主研发的先河。国内首台架桥机（秦沈 JQ600）如图 1—18 所示。

图 1—18 国内首台架桥机(秦沈 JQ600)

2006 年 3 月，我国自主研发的 JQ900A 型步履式架桥机在合宁客运专线襄滁河特大桥成功架设了第一孔 32 m 900 t 双线箱梁，并于 2007 年 4 月通过铁道部鉴定，在合宁、京津、武合、京广、哈大、京沪等后续建设的高速铁路工程中得到应用。随后又在 JQ900A 型架桥机的基础上研发出全轮胎走行的 JQ900B 型架桥机，过孔作业简洁、安全可靠，辅助作业少，工人劳动强度低。

同期，为适应半径较小的曲线上架梁，研发了 JQ900C 型架桥机、JQDS900 型架桥机、DF900D 型等一系列导梁式架桥机，应用于武广、京沪线。与同类型设备相比，其简支架梁、受力明确，适应曲线性能较好，架梁效率尤其是首末孔架设效率具有很大提高。

2012 年研发出 JQDS900 型复合导梁多支腿过隧架桥机，能满足隧道口架梁工况，成功应用于沪昆线、京福线、桂广线。

2014 年研发出 JQSS900 型隧道内外通用箱梁架桥机，适用于铁路客运专线双线整孔混凝土箱梁（含曲线梁、坡道梁、现浇梁前后的箱梁）的架设，包含进出隧道口、隧道内外工况箱梁的架设，并实现在隧道内外一致的架梁作业流程，成功应用于郑徐线、皖赣线等。

2. 发展现状

经过十多年高速铁路桥梁建设，我国高速铁路桥梁 900 t 箱梁分体式架桥机设计和制造技术发展日趋成熟，国产架桥机不仅架设的预制梁跨度不断增大，而且吊重与结构形式也得到不断改进，满足国内高速铁路桥梁工程建设需求，部分架桥机已进入国际市场。分体式架桥机可分为步履式架桥机、导梁式架桥机，下面予以详述。

(1)步履式架桥机。步履式架桥机主要有 JQ900A 型、JQ900B 型、SXJ900/32 型、DF900 型、JQSS900 型、TTSJ900 型等。

JQ900A 型架桥机双主梁三支腿龙门式结构，跨一孔架梁，过孔作业简洁，安全可靠。能够实现高速铁路双线整孔 900 t 级箱梁的架设，变跨梁架设，不同跨度、不同曲线半径线路的箱梁架设。整机可由运梁车驮运，转场方便。JQ900A 型架桥机如图 1—19 所示。

JQ900B 型架桥机是在 JQ900A 型架桥机基础上将中支腿改为轮胎走行并增加了主梁长度。过孔时前支腿前悬，整机走行一次到位，作业效率高。JQ900B 型架桥机如图 1—20 所示。

图 1—19 JQ900A 型架桥机

图 1—20 JQ900B 型架桥机

SXJ900/32 型架桥机是针对城际铁路时速 250 km 单箱双室预应力混凝土箱梁的架设专门研制的，采用两跨连续双主梁的结构形式，作业程序简洁、架梁效率高、变跨方便、可适用多种梁型的架设并且可以整机驮运通过隧道。该型架桥机特点为整机轮轨式走行，造价较低。SXJ900/32 型架桥机如图 1—21 所示。

DF900 型架桥机能够适应高速铁路双线整孔 900 t 级箱梁的架设，结构形式和 SXJ900/32 型架桥机相似，跨一孔架梁，过孔采用轮轨式走行。其特点为主梁框架相对中支腿纵、横向对称，方便双向施工。DF900 型架桥机如图 1—22 所示。

图 1—21 SXJ900/32 型架桥机

图 1—22 DF900 型架桥机

JQSS900 型架桥机采用双跨支撑，尾部喂梁，同步拖拉取梁的工作方式，适用于时速 200～350 km 高速铁路 20 m、24 m、32 m 标准和 20～32 m 之间的非标 900 t 级双线整孔简支箱梁架设，架梁最小曲线半径 1 500 m，满足隧道内、外，进、出隧道口及门式墩下架梁，具有隧道内外架梁的通用性。JQSS900 型架桥机如图 1—23 所示。

TTSJ900 型架桥机采用双跨支撑，尾部喂梁，后支腿支撑，中支腿前进到墩台支撑，两小车同时吊梁前行的作业方式，满足隧道内、外，进、出隧道口及门式墩下架梁，具有隧道内外架梁的通用性。TTSJ900 型架桥机如图 1—24 所示。

(2)导梁式架桥机。导梁式架桥机主要有 JQ900C 型、JQDS900 型、DF900D 型等。

JQ900C 型架桥机为高位下导梁式架桥机，后支腿采用轮胎走行。单跨支撑，运梁车尾部喂梁，起重小车拖拉取梁，简支架梁，受力明确。该设备满足 900 t 级混凝土箱梁的架梁施工，实现变跨梁架设，适应多种跨度、较小曲线半径线路的箱梁架设。JQ900C 型架桥机操作便利，可由运梁车驮运，转场方便。JQ900C 型架桥机如图 1—25 所示。

图 1—23　JQSS900 型架桥机

图 1—24　TTSJ900 型架桥机

JQDS900 型架桥机能适用于时速 250 km 和 350 km 高速铁路 900 t 级箱梁的架设。整机为轮轨行走式、导梁辅助过孔及喂梁、起重小车定点取梁，跨一孔简支架梁。该设备适用于山岭地区桥隧相连地段，满足运梁通过隧道、出隧道口零距离及负距离架梁要求，能够利用自身部件转换和调整达到驮运状态，转场方便快捷。JQDS900 型架桥机如图 1—26 所示。

图 1—25　JQ900C 型架桥机

图 1—26　JQDS900 型架桥机

DF900D 型导梁式(定点起吊架桥机)采用单跨简支结构确保结构受力明确，设置下导梁确保安全过孔，吊梁天车采用定点起吊的方式。能适应一定的曲线线路箱梁架设，作业效率低于无导梁式架桥机。DF900D 型架桥机如图 1—27 所示。

图 1—27　DF900D 型架桥机

1.2.4　运架一体机发展概况

在研制 40 m 简支箱梁运架一体机之前，我国高速铁路桥梁的运架一体机有 YJ900 型运架一体机和 SLJ900/32 型流动式架桥机两种形式。

1. YJ900 型运架一体机

YJ900 型运架一体机集运架于一体，适用于山区高速铁路(桥隧相连)32 m、24 m、20 m 双线整孔箱梁(含曲线梁、现浇梁前后箱梁的架设)，可在不需要任何辅助设备进行桥间转移，能满足隧道进、出口零距离、负距离箱梁架设作业。

该运架一体机主要由运架梁机和下导梁机组成，为下导梁式运架一体机。运架梁机承担从制梁场取梁，并吊运至架桥工地与下导梁机配合，进行架桥作业。当架桥作业完成后，下导梁机自行将其支腿变换位置，进行下一个循环作业。YJ900 型运架一体机如图 1—28 所示。

2. SLJ900/32 型流动式架桥机

SLJ900/32 型流动式架桥机为上导梁式运架一体机，可提运双线整孔箱梁顺利通过时速 250 km 和 350 km 隧道，可以架设 32 m、24 m、20 m 等跨度的高速铁路、客运专线及城际铁路双线(单箱单室、单箱双室)预应力混凝土整孔箱梁，并满足隧道口、隧道内架梁，作业程序简单，效率较高。

SLJ900/32 型流动式架桥机主要由金属结构(主梁、辅助支腿、主支腿、前车架、后车架)、起升系统(前、后起重小车、卷扬机、吊具)、整机走行系统(前、后车悬挂总成)、液压系统和电气控制系统等部分组成。SLJ900/32 型运架一体机如图 1—29 所示。

图 1—28　YJ900 型运架一体机

图 1—29　SLJ900/32 型运架一体机

流动式架桥机主要采用以下技术：

(1)无下导梁支持的单机运架梁作业模式，通过主辅支腿功能转换技术实现主机携梁直接过孔。

(2)采用主支腿自稳定技术和工作状态实时监控技术，通过设计主支腿倒立铰接直角三角形的结构形式和具有特殊功能的支腿轮系机构，使主支腿能够自稳定于墩顶，无需采取任何锚固措施，在主支腿关键受力部位设置内力监控系统，实时反映其工作状态，参与整机作业控制。

(3)采用重载过孔恒定扭矩驱动技术，能够实现前后支点轮胎、轮轨两种不同走行方式间的同步控制。

1.3　高速铁路 40 m 简支箱梁制运架装备研制

1.3.1　研制的背景及意义

以 32 m 及以下跨度箱梁提运架技术和装备为代表的高速铁路桥梁建造技术，是我国高速铁路建设的重大突破，形成了相对完善的技术标准体系。随着我国高速铁路建设规模的不断增长，以及高速铁路沿线地形、地质、环境复杂性增加，为降低建设费用、保证质量、提高工效，对 32 m 及以上跨度箱梁采用提运架模式施工提出了越来越高的要求。

2013 年，铁道部出台的《铁路主要技术政策》(铁道部令第 34 号)，其中第 38 条指出：进行"开展大跨度桥梁研究"；中国铁路总公司(以下简称"铁总")颁布的《铁路工程设计措施优化指导意见》(铁总建设〔2013〕103 号)规定："梁部结构宜采用预应力混凝土结构并以简支为主"，这是我国高速铁路大跨度简支梁发展的政策依据和技术导向，也是高速铁路桥梁的发展方向。

2016 年，中国铁路总公司正式布部署了"高速铁路大跨度简支梁建造关键技术研究"任务，中国铁道科学研究院牵头并负责高速铁路 40 m 简支箱梁制造技术研究，中国中铁、中国铁建股份有限公司负责运架成套装备研制。将要推出的 40 m 简支箱梁运架设备需要解决运架过隧道、隧道口架梁等重大技术难题，实现智能化、信息化。

相比于其他梁型，40 m 跨度简支箱梁优势明显，概括起来，主要体现在以下几个方面。

1. 改善车桥动力作用

高速动车组车辆全长 25 m，24 m 梁和 32 m 梁均与之接近，在高速条件下车桥相互作用特征明显。40 m 简支箱梁的跨度接近车长的 1.5 倍，可有效避开 1 阶共振点，车桥动力响应较小。因此，相比于 24 m 梁和 32 m 梁，40 m 梁更有利于保持行车平稳，改善车桥动力作用，延长其使用寿命。

2. 适应范围更广

在高速铁路上，经常有需要采用大跨度的场景，40 m 梁跨度大于 32 m，其适用范围更广。从以往施工来看，跨度大于 32 m 的高速铁路桥梁，常用的结构形式包括节段预制拼装混凝土简支梁、现浇混凝土简支梁、钢混组合结构简支梁、钢结构简支梁等，这些结构型式无法使其具备整孔预制架设的标准化生产优势。40 m 简支箱梁能够解决标准化生产难题，扩充了简支箱梁的跨度序列。

3. 提高工程建设的生产效率

高速铁路采用 40 m 梁可以减少墩台数量，增加桥跨布置适应性，减少施工作业班次，从而提高工程建设的生产效率。

4. 经济效益更加明显

与 32 m 梁相比，40 m 梁经济性良好。研究分析表明，墩高 10 m 的常规区段抗震设防等级与桥梁造价关系较大：在地震动加速度 0.20g(8 度)、0.15g(7 度)条件下，40 m 简支梁的造价与 32 m 梁桥基本持平或稍有增加；在地震动加速度 0.05g(6 度)、0.10g(7 度)条件下，40 m 简支梁有一点幅度的降低，大约在 2%。从这一点来看，40 m 梁具有一定的经济性。

相等长度的桥，采用 40 m 梁比采用 32 m 梁减少桥墩数量约 20%。当桥墩较高时，能够大大节省桥墩建造费用。此时，采用 40 m 简支箱梁的高桥，其经济效益更加明显。

同样，40 m 的简支箱梁，采用预制梁的梁部费用比采用现浇梁减少 12.06%，基础＋桥墩费用减少约 1.56%，总造价减少 4.97%，显然，40 m 预制简支箱梁经济性更为明显。

40 m 预制简支箱梁在常规区段与既有桥型的造价相当，在地形、地质复杂的高墩、深基础区段，墩台基础在桥梁造价中的占比较高，桥梁综合造价与既有桥型相比具有经济优势。

5. 进一步完善了高速铁路桥梁建造技术

高速铁路发展 40 m 简支梁桥能够推动我国高速铁路建造技术发展。高速铁路 40 m 预制简支梁技术具有设计理念突出、技术创新性强、结构性能优异、稳定性能高、经济指标明确等特色。采用这种梁型，有利于我国高速铁路建造技术的发展与技术革新，有利于完善我国高速铁路桥梁技术体系，对于我国高速铁路长远发展和实现铁路“走出去”战略具有积极的推动作用。

综上所述，40 m 简支箱梁具有其他跨度简支箱梁无可比拟的技术优越性和经济性，具有更广阔的应用前景。

1.3.2　研制历程

自 2016 年 5 月至 2020 年 12 月，中国铁建股份有限公司进行了高速铁路千吨级 40 m 简支箱梁提运架成套设备研制，主要内容包括：提梁技术研究及 2×500 t 轮轨式提梁机研制、搬梁技术研究及 1 000 t/40 m 轮胎式搬梁机研制、一体机架梁技术研究及 1 000 t/40 m 运架一体机研制、低位分体机架梁技术研究及 1 000 t/40 m 低位分体机研制、高位分体机架梁技术研究及 1 000 t/40 m 高位分体机研究及相应的信息化系统开发。具体实施阶段进程如下：

1. 2016 年 5 月至 2016 年 12 月

对既有提运架设备存量、性能现状进行了调研，有选择地对既有 900 t 轮胎式提梁机、2×450 t 轮轨式提梁机、900 t 高位运梁车、900 t 分体架桥机、运架一体机技术改造方案进行了研究。

2. 2017 年 1 月至 2017 年 12 月

通过对 24～40 m 多种跨度简支箱梁的运输和架设方案、运梁车运梁过隧、隧道口架梁、曲线架梁、大坡度架梁等施工工况进行研究分析，完成了架桥机及运梁车总体方案研究及知识产权布局。

3. 2018 年 1 月至 2018 年 12 月

中国铁建股份公司确定“高速铁路 40 m 预应力混凝土简支箱梁运架成套施工设备研制”为 2018 年重大专项。完成了上导梁式运架一体机、下导梁式运架一体机；提吊式运梁车、跨越式架桥机；低位运梁车和一跨式架桥机三种技术路线的方案，经方案评审最终确定上导梁式运架一体机、低位运梁车和一跨式架桥机方案。完成了搬梁机、提梁机及上导梁式运架一体机技术设计。

4. 2019 年 1 月至 2019 年 6 月

完成一跨式架桥机和低位运梁车的技术设计工作。编制搬梁机、提梁机及上导梁式运架一体机制造工艺，完成搬梁机、提梁机样机试制。

5. 2019 年 7 月至 2020 年 12 月

现场试用搬梁机、提梁机。完成上导梁式运架一体机、低位运梁车、一跨式架桥样机试制及现场试用。

1.3.3 应用情况

截至 2021 年底，40 m 简支箱梁运架成套设备已成功应用在中铁十一局福厦项目、中铁十二局杭衢项目、中铁十四局南玉项目、中铁十五局沪苏湖项目、中铁二十二局南沿江项目、中交二航局南沿江项目、中建铁投昌景黄项目等铁路项目中。

该运架设备以高效、安全、稳定的性能在 40 m 简支箱梁运架施工发挥了重要作用，为高速铁路 40 m 简支箱梁运架梁施工提供了有效保障。

TJ-YLS1000A/40 型过隧运梁车南沿江项目施工如图 1—30 所示，TJ-JQS1000 t/40 m 型架桥机南沿江项目施工如图 1—31 所示，TJ-YT1000 t/40 m 型运架一体机福厦项目施工如图 1—32 所示，MG500 型提梁机福厦项目施工如图 1—33 所示，TJ-BL1000/40 型搬梁机福厦项目施工如图 1—34 所示。

图 1—30 TJ-YLS1000A/40 型过隧运梁车在南沿江项目施工掠影

图 1—31 TJ-JQS1000 t/40 m 型架桥机在南沿江项目施工掠影

图 1—32　TJ-YT1000 t/40 m 型运架一体机在福厦项目施工掠影

图 1—33　MG500 型提梁机在福厦项目施工掠影

图 1—34　TJ-BL1000/40 型搬梁机在福厦项目施工掠影

2 梁场规划与建设

制梁场作为铁路桥梁施工中最重要的大型临时设施，科学规划、合理布局对箱梁预制工作的规范化、标准化、工厂化有着十分重大的意义。相比于 32 m 及以下简支箱梁，40 m 简支箱梁在梁场规模确定、制梁台座等多方面有其特殊要求。本章主要阐述 40 m 简支箱梁梁场的总体规划方法、关键设备选型及主要临时设施，并系统总结梁场建设的有益经验，为 40 m 梁场规划与建设提供参考。

2.1 梁 场 规 划

2.1.1 梁场构成以及功能区域划分

梁场可根据地形条件采用横列式或纵列式布置，梁场整体由五个区域组成，即办公生活区、制梁区、存梁区、混凝土搅拌区和辅助功能区（图 2—1），各功能区域包含内容如下：

（1）办公生活区：包含办公室、会议室、招待所、餐厅、浴室、厕所、员工宿舍等；

（2）制梁区：包含钢筋绑扎区、内模检修区、制梁台座等；

（3）存梁区：包含存梁台座、静载试验台座、搬梁机便道、搬梁机主道等；

（4）混凝土搅拌区：包含搅拌站、砂石料存放区；

（5）辅助功能区：包含钢筋加工区、钢筋存放区、试验室、仓库、维修区、垃圾存放区等。

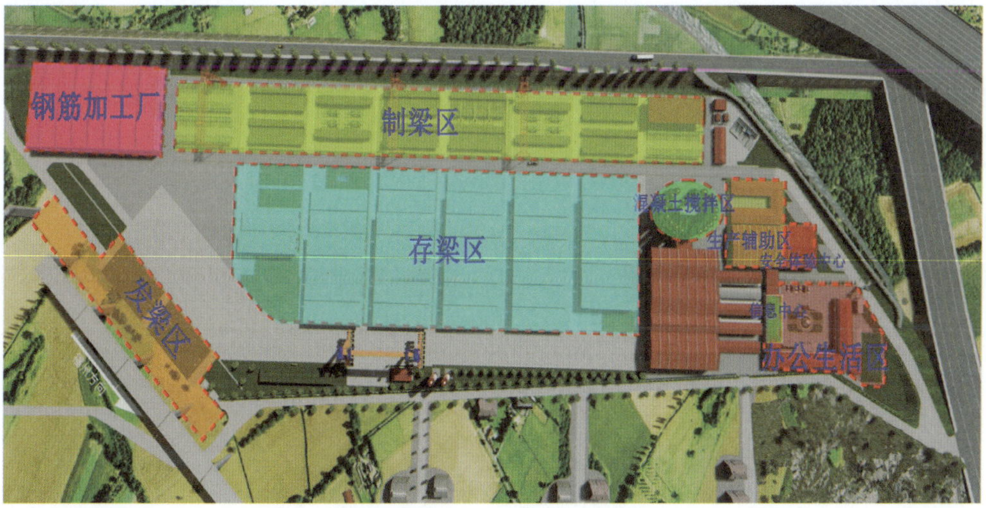

图 2—1　梁场布置实例

2.1.2 梁场规模确定

箱梁预制场的规模以及总体布置，尤其是制、存梁台座数量的确定，需根据制梁数量、工艺要求、工期要求、架梁速度并结合梁场当地实际情况等条件综合考虑。

2.1.3 生产功能区规划

1. 综合控制中心规划

40 m简支箱梁是我国目前最大跨度简支梁，其建造质量决定着其长期服役质量。因此，信息化、智能化技术是其关键技术之一。主要包括以下几个方面：

(1)通过管理平台(图2—2)实现各部门数据互通、流转、采集与指令下达，实现人员、设备、物资、试验、工序、进度等数据录入存档；

(2)通过现场采集每道工序的数据信息，生成工序技术档案，无需重复人工手写和录入，具备无纸化办公条件；

(3)利用空间建模技术及视频监控系统，构建可视化动态模型，实现真实模拟施工现场工序实际情况，直接在控制中心反映现场状态。充分协调梁场各工序的施工顺序及时间，优化组织调度，通过智能语音发布系统、视频监控系统等实现调度中心与施工现场远距离互动。

图2—2 管理平台界面

2. 钢筋加工场规划

图2—3 智能钢筋加工生产线

在工程领域，传统的施工工艺均依赖于人工作业，在施工质量控制和安全风险上存在较大的隐患和弊端。箱梁预制施工中钢筋加工任务重且精度要求高，梁场根据产能合理的规划钢筋加工场的原材存放区、半成品存放区、加工区、定位网焊接区，通过智能化生产线的投入，从而使钢筋加工效率达到最大化。智能钢筋加工生产线(图2—3)由步进上料机构、钢筋液压剪切线、定位网生产设备、四机头斜面弯曲设备、自动弯箍机、立式弯曲设备、钢筋自动运输小车等组成，可实现钢筋自动调直、上料、剪切、弯曲等功能。

3. 混凝土搅拌站及料仓规划

梁场砂石料仓紧邻搅拌站，根据梁场最大日产能确定料仓最大存料量以及搅拌站混凝土产量，在整个区域规划时需充分考虑到进料、铲车上料以及混凝土运输的道路问题，以防后续生产过程中出现因道路堵塞而影响混凝土浇筑的情况，根据当地天气情况，确定搅拌站以及料仓的保温(降温)措施。

4. 制梁区规划

制梁台座布置需根据梁场区域位置进行确定，原则上一个梁场设置一个制梁区，制梁区内的钢筋绑扎区、内模检修区、制梁台座沿龙门吊轨道依次排开，两套侧模共用一套内模和一个内模检修区，制梁区布置时需充分考虑到防雨棚、端模存放架以及橡胶抽拔管作业空间。

5. 存梁区规划

根据月度最大产量反推梁场最大存梁数量，根据存梁数量确定存梁台座数量，台座设计为双层存梁台座，按照相邻梁孔梁存梁间距 0.5 m 进行设计，存梁台座定位时需考虑到梁端支座板检查区域位置以及规范要求的梁端悬出长度，存梁台座高度不宜低于 0.5 m，以方便后续的检查工作。

2.2 箱梁预制设备选型

2.2.1 钢筋设备选型

钢筋加工设备种类较多，各设备的功效、性能等差异较大，设备选型应根据梁场实际情况确定，钢筋加工后的成品需满足相关验收标准，现就普通钢筋加工设备和智能化钢筋加工设备对比，对比情况见表 2—1。

表 2—1 钢筋加工设备选型对比

序号	比较内容	普通钢筋加工设备	智能化钢筋加工设备
1	技术效益	加工每种规格钢筋均需重新输入设定加工尺寸，且需要配备各种功能的加工设备	数控钢筋加工中心具有效率高、产品合格率高，可同时加工多种规格尺寸的钢筋、操作简单、人员投入少、节约资源等优点，适用于各种钢筋加工作业
2	设备投入	价格低，但是需配备各种功能的加工设备	价格高，3～4 台设备即可满足生产需求
3	原材损耗	下料尺寸、弯制形状偏差大，原材料损耗大	电脑控制，钢筋下料尺寸、弯制形状准确，原材料损耗小
4	人员投入	钢筋下料、弯制和调直，一个作业班组一般至少需要 12 人工人进行操作	钢筋的下料、弯制和调直，一个作业班组需要 5 个工人进行操作
5	人员工费	高	低
6	施工工效	钢筋的上料和成型钢筋卸料为人工搬运，增加了机器操作人员的工作	钢筋的上料和成型钢筋卸料为自动型，大大简化了机器操作人员的工作，将操作人员从各种计算工作中解放出来
7	加工效率	加工速度慢	加工速度快
8	产品合格率	工人的操作习惯和标示的误差，加工出的一种半成品，存在几种偏差，且不品格率大	可按照预先设定好的参数加工出所需规格型号的半成品，且产品合格率高
9	操作安全性	安全性低，操作人员需搬运钢筋，活动区域大	安全性高，工作人员在安全区域的操作控制
10	转场难易度	设备数量多，转场难度大	设备数量少，转场简单
11	维修难易程度	设备维修简单，维修频率高	设备维修简单，维修频率低
12	维修配件配置	维修配件多	维修配件少
13	材料存放	离加工设备较远，原材料的存放较分散	离加工设备近，原材料存放集中
14	占地面积	数量多，占地面积大	小
15	电力消耗	大	小
16	文明工地建设	不利	有利

2.2.2 混凝土设备选型

箱梁预制场的混凝土施工设备主要有搅拌站、混凝土输送泵、混凝土罐车、布料机。混凝土施工相关设备选型对比如下：

1. 搅拌站

混凝土搅拌站的设计生产能力宜按一孔梁在 6 小时内连续浇筑完成确定，并按 1∶1 设置配备搅拌设施，料罐数量和吨位同样也需要根据项目产能确定，目前以 HZS120 型和 HZS180 型搅拌站居多，具体选型需依据梁场产能确定。

2. 混凝土输送泵

梁场混凝土泵送可分为集中泵送和移动式泵送，其详细对比见表 2—2。40 m 梁场的混凝土输送泵配置可结合表 2—2 及自身现有设备配置情况，经过综合比选后确定。

表 2—2 输送泵选型对比分析

序号	类别	集中泵送	移动式泵送
1	人工成本	泵送需 2 名拖泵操作员，管道维修人员 2～3 名	需要运输司机 4 名、下料员 2 名
2	设备成本	对拖泵的运输量、速率和设备运行的稳定性以及泵管耐高压质量要求较高	常规移动式拖泵即可满足要求
3	时间	泵送混凝土可连序浇筑，施工速度较快，预计比罐车运输混凝土施工节约 1 h	罐车将混凝土从搅拌站运至制梁台座处的移动式输送泵中，运输途中易受提梁、原材料进场、龙门吊走行等影响
4	混凝土要求	性能要求比较高，要求混凝土和易性(流动性、保水性、粘聚性)比较好，特别是混凝土的压力泌水率要符合要求，混凝土经时损失严重。对减水剂的要求更高	罐车运输混凝土需按照标准规范要求，无需更高要求

3. 混凝土罐车

装载量越大，运输效率越高，相应营运成本越低。但在实际施工时，还需要考虑到混凝土的连续供应，选择装载量大的待车时间相对较长，无法保证混凝土的连续供应，需根据搅拌站产能综合考虑。

实际生产过程中，在综合搅拌站故障率、生产效率的情况下，一般选择公称容量的 80%作为单次搅拌方量。例如搅拌主机公称容量为 3 000 L 的 HZS180 型搅拌站，一般单次搅拌方量选择 2.5 m^3，根据现场实际放料时间单罐车容量选择 12～15 m^3 为宜。

4. 布料机

布料机分平臂式布料机和曲臂式布料机。平臂式布料机适用于雨水较多的区域，配合使用防雨棚，可有效保证雨天混凝土的正常施工。相对于平臂式布料机，曲臂式布料机的施工效率较高，因其机动性强，可有效减少混凝土浇筑过程的底板补料时间，但曲臂式布料机无法与传统防雨棚配套使用，雨天无法保证正常的混凝土施工。

梁场可根据当地的施工特点、自身现有设备配置情况，经过综合比选后选型。

2.2.3 预应力设备选型

张拉属于整个箱梁预制中的一个特殊过程，张拉质量直接影响到箱梁的实体质量，依据其操作性质可分为手动张拉和自动张拉，详细对比见表 2—3；根据张拉千斤顶的不同，可分为前卡式穿心千斤顶和内卡式千斤顶，详细对比见表 2—4。

表 2—3 手动张拉与自动张拉对比

序号	比较内容	传统张拉	门架式双路张拉台车
1	场内移动方式	人工推移	自带行走系统
2	工作时支撑方式	张拉架	4 点液压支撑
3	装顶方法	手动葫芦	自带升降系统
4	安装锚具方式	工人踩在下层钢绞线	安装平台纵横移动
5	对称张拉方式	对讲	工作系统控制
6	张拉速度控制方式	人工控制	变频控制
7	语音报警和提示	无	有
8	伸长值记录	人工测量	位移传感器实时测量
9	张拉力测量和记录	无	有
10	持荷时间控制	人工控制	系统自动计时
11	伸长值偏差	人工计算	系统自动计算
12	不同步率	人工计算	系统自动计算
13	记录表	人工出表	系统自动出表
14	备选方案	无	抖动控制
15	数据接口	无	有(计算机,开放式数据接口,支持数据上传,支持数据接入工管中心)
16	防雨措施	无	自带防雨棚
17	夜间照明	无	自带夜间照明

表 2—4 前卡式穿心千斤顶与内卡式千斤顶对比

序号	设备类型	优　点	缺　点
1	前卡式穿心千斤顶	1. 张拉缸、回程缸均采用双密封,提高了密封可靠性; 2. 二缸与活塞头设计为整体形式,避免了因两体焊接或两体以螺纹连接而出现故障的可能性,提高了可靠性	1. 锚外钢绞线预留长度较长,增加了钢绞线成本 2. 在油缸伸长量到达上限时无法连续跟进、重复张拉
2	内卡式千斤顶	1. 连续跟进、重复张拉; 2. 锚外钢绞线预留长度比采用普通穿心式千斤顶可缩短约 50%,成本降低	1. 内卡式千斤顶测量活塞伸出量、夹片外露量时较为繁琐 2. 遇到滑丝、断丝时处理复杂

2.3 主要临时设施

2.3.1 制梁台座

制梁台座地基基础应由设计院进行检算,应同时满足承载力计算和满足地基形变规定,制梁台座基础的沉降应小于制梁台座的允许沉降值,目前梁场制梁台座基础有混凝土条形基础和钢结构基础两种形式。

1. 混凝土条形基础

条形基础采用桩基支撑承台的多跨简支梁的结构形式,梁部为三道钢筋混凝土条基,顶面设置预埋件和底模进行连接,三道条基间设置系梁连接。

2. 钢结构基础

钢结构基础采用钢结构支柱支撑的结构形式，支柱下设混凝土承台，承台顶面设置预埋件与支柱进行连接。

2.3.2 存梁台座

存梁台座地基基础应由设计院进行检算，应同时满足承载力计算和地基形变规定，存梁台座基础由承台、桩基础组成，桩基础根据低质可采用旋挖桩、管桩等，承台顶部设置存梁支撑墩台，墩台应高出地面零标高 800 mm，方便箱梁实体检测，以及底板洒水养护。

2.3.3 搅拌站基础

（1）钢筋加工棚采用钢结构骨架、彩钢瓦顶棚，四周彩钢瓦封闭。钢筋加工棚跨度、跨中高度、立柱间距、面积需根据项目现场实际情况确定，应至少满足连续一周生产存料和 2 日生产钢筋半成品及成品存放需求。以每日生产 2 孔箱梁为例，采用跨度 30 m、长度 156 m（27 根立柱）的钢结构。钢筋加工棚高度应满足吊装安全，起拱线高度一般为 9 m。

（2）加工棚内采用混凝土硬化，棚内地面高度应较室外高出，加工棚外应设置排水沟。

（3）钢筋加工棚应充分考虑采光和空气流通，其顶棚应采用彩钢瓦与透明板间隔布置且设置排风扇，侧墙顶部设置采光区，底部设置推拉窗，棚内设置除尘设备用于除尘。

2.3.4 生产功能区

（1）梁场搅拌站产能应满足一孔梁 6 小时内连续浇筑完毕确定，并设置 16 个粉料罐，其中水泥罐 8 个，矿粉、粉煤灰罐各 4 个，搅拌站设置 LED 显示屏，公布梁体混凝土配合比、梁型信息、搅拌站负责人、试验室负责人等信息。搅拌楼采用彩钢瓦或防火板材进行封闭。

（2）为充分利用空间，每个粉料罐底部均搭建全封闭板房，用于储存引气剂、减水剂、搅拌站日常维修工具及卫生清扫所需用品等，并应增设空调设备，根据环境情况调节室内温度。

（3）搅拌站旁至少配置一处蓄水箱，根据生产日最大的用水量，确认蓄水箱的容积及数量，夏季施工需配备水降温措施，如搭设防晒棚，增设水冷却机组等；冬期施工，水箱需配置加热措施。

（4）根据梁场日产能进行砂石料仓规划设计，以每天生产 2 孔梁为例，砂石料棚应设置 5 个 18 m×20 m×10.5 m（长×宽×高）和 2 个 18 m×10 m×10.5 m（长×宽×高）砂石料存放仓，三个为待检仓，4 个为合格仓，可满足连续 5 天的生产量。料仓采用对称布置形式，中间车道设置 10 m 宽，上料车道设置 12 m 宽，料仓对应开口方向设置 1.5%的排水坡。

2.4 梁场建设范例

以中铁十一局集团有限公司新建福厦铁路 4 标灵川制梁场为例，简要介绍梁场建设经验。灵川制梁场位于福建省莆田市城厢区灵川镇境内，位于铁路正线里程 DK95＋700 右侧，梁场占地约 145.7 亩，承担新建福厦铁路正线里程 DK78＋169.095～DK106＋756.170 范围内 4 座桥的箱梁预制任务，梁场俯瞰图如图 2—4 所示。

该梁场属于跨标段制梁，其中 FX-3 标段预制双线箱梁 236 孔（木兰溪特大桥 298 号墩～漳州台），FX-4 标预制双线箱梁 392 孔（梅山特大桥、梅林中桥、湄洲湾跨海大桥），双线箱梁预制数量共计 628 孔，其中 40 m 双线箱梁 298 孔，32 m 双线箱梁 296 孔，24 m 双线箱梁 29 孔，非标双线箱梁 5 孔，梁场功能区域建设情况如下。

图 2—4　梁场俯瞰图

2.4.1　办公生活区

办公区总面积设计为 5 288 m²，共设置活动板房 5 栋。3 栋双层板房办公楼，其中一楼包含副经理室、总工室、物资设备工程集体办公室、安质技术办公室、监理室、创新工作室、储藏室、信息化会议室、大食堂、厨房、客餐厅；二楼包含经理室、书记室、接待室、安全总监室、财务部、经管部、活动室和职工宿舍。1 栋单层板房作为男女浴室和盥洗室。1 栋作为男女职工晾晒区。办公区广场设置花坛、旗台，正对梁场大门处办公板房顶部设置电子显示屏。工人生活区占地面积 2 035 m²，共设置 3 栋双层板房，1 栋单层板房，包括民工宿舍、员工厨房、餐厅、浴室、厕所、洗漱台、开水箱等，共设置民工宿舍 40 间，按 6 人/间计算，可容纳民工 240 人，可以完全满足员工日常生活。

2.4.2　制梁区

梁场共设置制梁台座 8 个，其中 40 m 制梁台座 4 个，32 m 制梁台座 3 个，32 m/24 m 制梁台座 1 个，根据地质条件，制梁台座采用混凝土条形基础，生产区龙门吊跨度 40 m，行走距离 401.5 m，共配备 2 台 80 t 龙门吊，1 台 10 t 龙门吊。制梁台座横向并列布置，纵向两个制梁台座为一组，共用 1 个内模检修台位。模型采用固定式底模，固定兼滑移式侧模，液压缩放式内模。绑扎胎具布置生产区两端。

2.4.3　存梁区

梁场共设置存梁台座 40 个，其中静载台座 1 个，40 m/32 m 复合存梁台座 32 个，40 m/24 m 复合存梁台座 5 个，40 m/32 m/24 m/非标梁复合存梁台座 2 个，根据场内实际情况，设置搬梁机横移通道 1 条，宽度为 22 m，设置搬梁机纵移通道 7 条，宽度为 5.5 m。

2.4.4　混凝土搅拌区

混凝土搅拌区配备两台 HZS180 型搅拌站，搅拌站占地面积约为 3 280 m²，共设置 200 t 粉料罐 16 个，其中水泥罐 8 个，矿粉、粉煤灰罐各 4 个。每个粉料罐底部均搭建小板房，用于储存引气剂、减水剂、搅拌站日常维修工具及卫生清扫所需用品等，对引气剂、减水剂房进行上锁并设置扫码摄像头，钥匙由专人进行管理，房内设置空调，根据不同季节外界气温变化调整房内温度；为控制混凝土温度，搅拌站配有冷却水系统。设置总占地面积为 100 m² 蓄水箱两个，用于生产用水供给。搅拌站配置 4 辆 15 m³ 混凝土罐车，用于混凝土运输。

砂石料棚占地总面积约为 2 371 m²，共设置 10 个砂石料存放仓，其中 5～10 mm 碎石共有 2 个仓，面积各为 171 m²；砂仓共有 4 个，面积各为 171 m²；10～20 mm 碎石仓共 4 个，面积各为 171 m²。料仓内设置 3 m 高现浇混凝土隔墙。砂石料棚采用钢结构，外侧采用彩钢板进行全封闭，砂石料棚内材料通道两侧设置离心式喷雾降尘器。

2.4.5 辅助功能区

钢筋棚采用双 24 m 跨钢结构，总占地面积为 4 320 m^2，分为钢筋存放区及加工区，其中钢筋存放区 1 716 m^2，钢筋加工区 2 604 m^2。钢筋存放区设置大门一处，用于钢筋进料；钢筋加工区设置大门两处，一处用于半成品钢筋搬运一处作为参观通道。棚内设置可通长行走的 10 t 桁吊 2 台，用于钢筋卸料及转运工作。钢筋加工区配备智能直盘条弯箍机器人 1 台、斜面式智能钢筋机器人 1 台，弯曲机 6 台，全自动螺旋筋成型机 1 台，电焊机 12 台，全自动调直切断一体机 1 台、智能钢筋自动剪切机器人 2 台，运料平板小车2 台。在加工棚外围设置水沟，方便加工棚排水，物资仓库采用钢结构棚形式，占地尺寸为 48 m×24 m，试验室总占地面积约 970 m^2，包含力学室、标养室、胶材室、混凝土室、化学室、计量室、样品室、校顶室、办公室、资料室、砂石室、主任室、留样室、会议室、高温室、仓储室、洗手间等。

3 预制装备与技术

为保证箱梁预制质量，提高制梁装备使用率和预制效率，节省土地资源，中铁十一局集团有限公司采用了自驱式液压内模、智能化喷淋养护系统、穿束拔管台车、自动张拉台车、一体式智能变频压浆台车自动静载系统等制梁新技术，并在多个项目取得了成功经验。本章系统阐述 40 m 简支箱梁预制装备及相关技术，并简要介绍制梁实践经验。

3.1 40 m 简支箱梁构造特点

1. 时速 350 km 双线简支箱梁构造参数

在高速铁路大跨度简支梁设计研究基础上，确定了时速 350 km 无砟大跨度简支箱梁的结构型式，梁长 40.6 m，计算跨度 39.3 m，采用单箱单室等高度简支箱梁，梁端顶板、底板及腹板局部向内侧加厚，顶板宽 12.6 m，底板宽 5.4 m，横桥向支座中心距为 4.4 m，箱梁截面高度为 3.235 m。箱梁跨中截面顶板厚 285 mm、腹板厚 360 mm、底板厚 280 mm，梁端截面顶板厚 685 mm、腹板厚 950 mm、底板厚 700 mm。C50 混凝土用量 370 m^3，时速 350 km 箱梁跨中截面如图 3—1 所示。

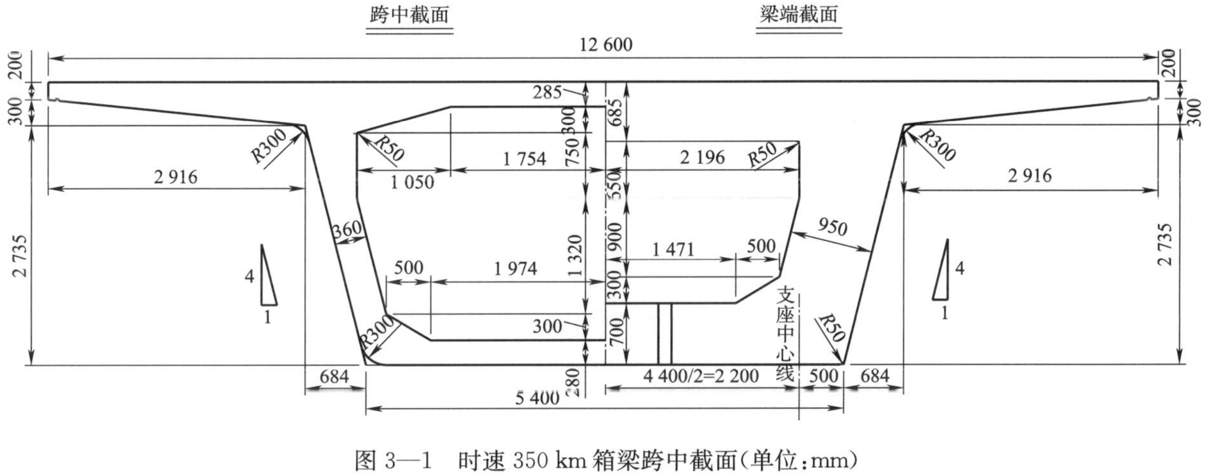

图 3—1 时速 350 km 箱梁跨中截面(单位：mm)

2. 时速 250 km 双线简支箱梁构造参数

时速 250 km 无砟大跨度简支箱梁梁长 40.6 m，计算跨度 39.3 m，采用单箱单室等高度简支箱梁，梁端顶板、底板及腹板局部向内侧加厚，顶板宽 12.2 m，底板宽 5.518 m，横桥向支座中心距为 4.4 m，箱梁截面高度为 3.0 m。箱梁跨中截面顶板厚 285 mm、腹板厚 360 mm、底板厚 280 mm，梁端截面顶板厚 685 mm、腹板厚 950 mm、底板厚 700 mm。跨中截面如图 3—2 所示。

40 m 与 32 m 简支箱梁外形结构尺寸差别见表 3—1，32 m 简支箱梁标准段/梁端截面如图 3—3 所示，40 m 简支箱梁标准段/梁端截面如图 3—4 所示。

表 3—1 40 m 与 32 m 预制箱梁外形结构尺寸差别

序号	跨度(m)	梁长(m)	梁高(m)	腹板厚度(m)	底板宽度(m)	腹板预应力孔道	梁重(t)
1	39.3	40.6	3.235	0.36	5.4	1 列	927.2
2	31.5	32.6	3.035	0.45	5.5	2 列	790.3

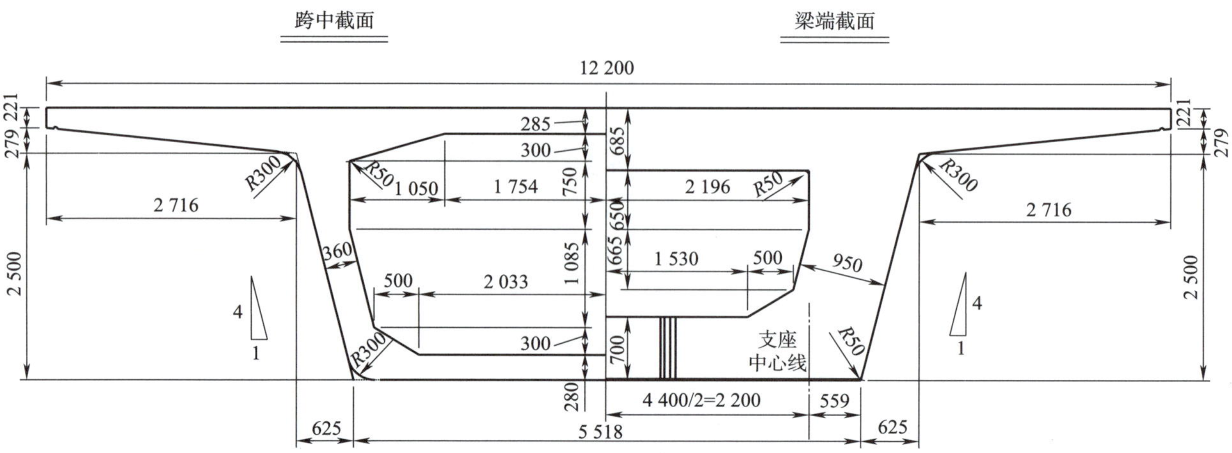

图 3—2　时速 250 km 箱梁跨中截面(单位:mm)

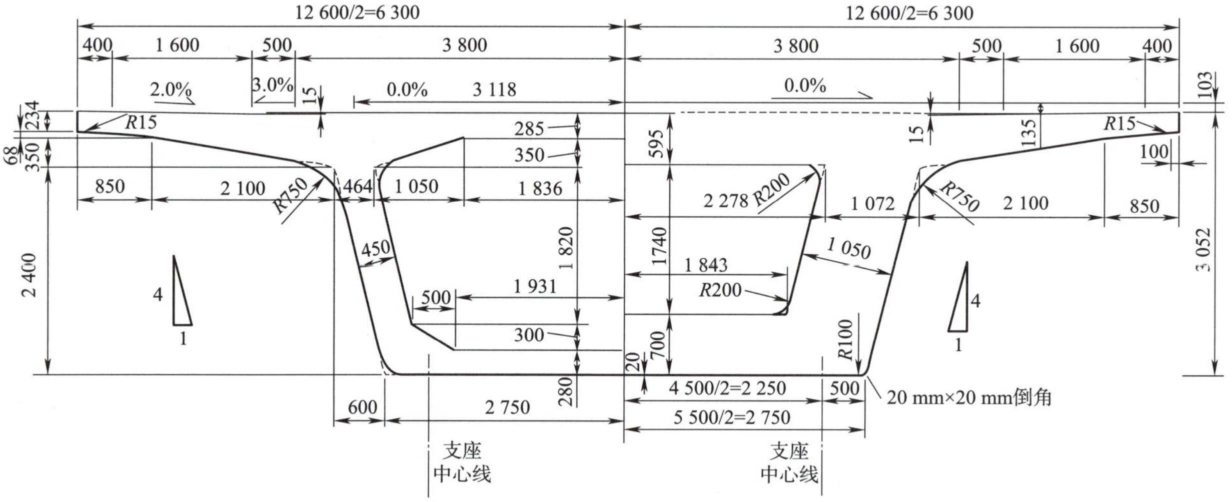

图 3—3　32 m 箱梁标准段/梁端截面(单位:mm)

相对于 32 m 简支箱梁，40 m 简支箱梁在梁长、梁高、腹板厚度、支座位置、材料用量上均有所变化，其中 40 m 简支箱梁腹板缩减 9 cm 以及腹板预应力孔道由 2 列变为 1 列对混凝土灌注工艺、预应力张拉工艺影响较大。此外，由于梁重增加了 136 t，在箱梁提运架施工中对设备提出了更高的要求。

3.2　预制创新装备与技术

3.2.1　钢筋工程

在高速铁路中，对 40 m 简支箱梁预制过程中的钢筋进行施工时，推荐采用 BIM 技术进行可视化交底，以三维动画的形式真实再现施工全过程(图 3—5)。通过建立 40 m 简支箱梁精细化模型，对梁体钢筋进行碰撞模拟分析，最终形成钢筋加工及绑扎的最优方案。由此，可减少施工阶段的调整和准备工作，从而利于梁体预制质量的控制，并大幅提高预制生产效率。

钢筋加工采用数控弯曲设备进行钢筋下料、弯曲。经检验合格后，利用叉车作为物流转运平台进行钢筋转运。采用人工分布钢筋的方式，按照钢筋预扎架定位槽进行底、腹板钢筋的位置确定，按照设计

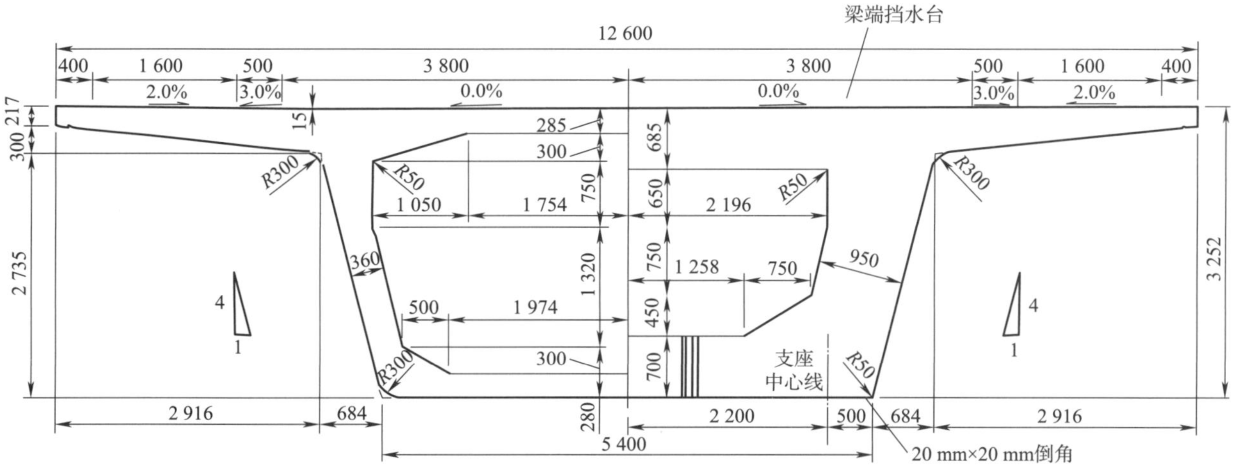

图 3—4　40 m 简支箱梁标准段/梁端截面(单位:mm)

(a)　　(b)

图 3—5　三维钢筋绑扎

数量逐一进行底、腹板钢筋的摆放,安装就位后对钢筋骨架严格根据相关规范要求进行钢筋绑扎,底板钢筋绑扎完成后,拉入钢筋内模支承架,再绑扎顶板及翼板钢筋,最后对绑扎成型后的钢筋骨架进行质量检查,合格后利用专用门式起重机吊装至制梁台位进行钢筋骨架安装就位入模。

1. 钢筋整体绑扎

钢筋整体绑扎流程:在钢筋预扎外架上绑扎底板和腹板钢筋→安装预应力预留管道→整体拖入预扎内架→桥面钢筋绑扎→拖出自动升降整体钢筋预扎内架→将钢筋骨架整体吊装至制梁台座并安装就位。

钢筋绑扎过程中的预应力筋定位网宜采用自动焊接设备进行定位焊接,确保抽拔橡胶管定位准确,固定牢靠,减少因孔道而造成的摩阻增加,保证梁体的预应力质量;梁端防崩钢筋需按设计图纸加工定位,内径不得大于设计尺寸,按照设计间距进行满绑。当钢筋绑扎完后,安装钢筋保护层垫块,端头和变截面位置需要加密,在平面区域较大位置按照 4 个/m^2 布置并适当加密。钢筋笼吊装前后,加强对保护层垫块的检查,绑扎垫块和钢筋的铁线头不得伸入保护层内,对因吊装影响造成垫块歪斜的情况予以纠正,确保垫块发挥作用。

2. 钢筋吊装

箱梁钢筋整体绑扎,整体吊装,40 m 简支箱梁钢筋重达 73 t。考虑采用吊架进行整体吊装,吊架通过检算不会变形;采用拼装式,方便拆装。吊架下设置吊点,采用钢丝绳作为吊绳均布在吊架下面,起吊底板的钢丝绳和腹板的钢丝绳分开标识。吊起时缓慢平稳。

3. 钢筋工程关键工艺

40 m简支箱梁钢筋笼整体结构与32 m简支箱梁类似，但因其梁长和预应力孔道发生了变化，施工过程对预应力筋定位网的焊接和安装、防崩钢筋的加工和安装都提出了更高的要求。

(1)预应力筋定位网宜采用自动焊接设备进行定位焊接，确保抽拔橡胶管定位准确固定牢靠，减少因孔道误差而造成的摩阻增加，保证梁体的预应力质量。

(2)梁端防崩钢筋需按设计图纸加工定位，内径不得大于设计尺寸，按照设计间距进行满绑。

3.2.2 模板工程

在40 m简支箱梁预制过程中，模板强度、刚度以及稳定性需满足设计要求，进场时需提供出厂合格证，拼装过程其全长、跨度、反拱以及预留压缩量需满足设计要求，确保梁体各部位尺寸以及预埋件位置准确。

模板由底模、侧模、内模、端模等构件组成。底模采用分段方式工厂制作，运抵现场后进行拼装，安装过程中需确保各节段模板的中心线位于相同直线，且要设置反拱，拼装完成后应对底模进行预压，底模固定在钢制梁台座上。侧模调整到位后与底模焊接成整体，内模宜采用自驱式走行内模，相较于传统液压内模，自驱式走行内模可快速移动至设计位置，作业过程可双向调节，快速定位，施工效率以及作业精度得到了有效保证。

相较于32 m简支箱梁，40 m简支箱梁的整体重量增加，跨中反拱值多出了12 mm，在台座张拉时梁端的集中荷载较大，模板以及地基易出现不均匀沉降或局部变形，施工时应定期对模板和地基进行观测。

3.2.3 混凝土工程

1. 混凝土搅拌

通过试生产期对所浇筑的梁体外观质量进行观察，检查是否存在泛砂现象，如出现气泡偏多，搅拌物显得干稠，流动性小，则反馈出砂率偏大，骨料孔隙率偏大。后期通过试验把骨料按不同比例配合求得骨料最小孔隙率和最大容重，通过对配合比进行优化，使梁体的外观质量得到保证。

2. 混凝土浇筑

因40 m简支箱梁相对于传统32 m简支箱梁在外形尺寸上稍有改动，其腹板宽度以及梁端内腔下倒角型式变动导致传统布料顺序无法满足其混凝土密实的相关要求，为了消除腹板与翼缘板的分层以及腹板上倒角麻面干灰问题，浇筑顺序由之前的腹板→底板→顶板，调整为腹板→翼缘板第一层→底板→顶板。水平分层厚度不得大于振捣棒作用范围，斜向分段长度不宜过大，先后两层混凝土的间隔时间不得超过混凝土的初凝时间。为防止混凝土离析，混凝土的下落距离不超过2 m，并保持预埋管道不发生挠曲或移位，禁止管道口直对腹板槽倾倒混凝土。

3. 混凝土振捣及关键工艺

40 m简支箱梁混凝土方量的增加以及腹板和梁端内腔下倒角结构改变，导致传统振捣工艺很难满足其施工要求，因此在振捣过程应符合下列规定：

(1)增加腹板的附着式振捣器(图3—6)，根据附着式振捣器的作用半径平均布置于模板(腹板)外侧。

(2)梁端内腔下倒角以及底板支座处增设附着式振捣器，加强振捣。

(3)因40 m简支箱梁混凝土方量的增加，浇筑时长也相对增加，为避免浇筑过程混凝土迸溅形成的粘皮和麻面，宜采用下料缓存装置(图3—7)减轻混凝土的冲击力。

4. 混凝土养护

(1)制梁区养护。箱梁混凝土灌注完成后采用围堰进行蓄水养护(图3—8)，在桥面初次收平后，开始围堰施工，围堰材料根据项目实际情况确定，吊点孔和泄水孔处采用砂袋围挡或砂浆围挡。

图 3—6　附着式振捣器

图 3—7　下料缓存装置

图 3—8　围堰蓄水养护

混凝土初凝后，对桥面洒水湿润，初步湿润后，开始对桥面进行整体蓄水，蓄水时在水管下面垫一层土工布，避免水管出水口直接冲刷混凝土表面，蓄水完成后，桥面应全部被水覆盖，定时对桥面蓄水情况进行检查，及时补充水量。若混凝土浇筑完成后日照较强烈时，需尽快将遮阳棚（即防雨棚）吊装到位，尽量减少暴露时间。内模拆除前梁体内腔同样采用蓄水养护，梁端及变截面采用铺盖土工布洒水养护，内模拆除后需及时将内腔隔板和旋转喷头安装就位，开启水龙头进行内腔养护。

根据梁体端面尺寸定制养护架，保证端头养护土工布与梁面紧贴，桥面蓄好的水通过土工布往下渗，润湿土工布进而养护梁体端面，穿丝后及时将钢绞线保护套压盘安装到位，开好口的土工布养护架穿过钢绞线，密贴到整个梁端面，桥面预留水管对梁端土工布进行及时补水，以保证混凝土表面处于润湿状态。

（2）存梁区养护。混凝土达到一定强度后，拆除内模。待预、初张拉结束，将梁体提至存梁区，存梁区梁体采用自动喷淋结合桥面蓄水进行养护。内腔与底板采用 360°旋转喷头，两端各接 5 个旋转喷头进行养护，安装好旋转喷头后，开始安装挡板（图 3—9），挡板封堵后，能够保证水雾不易散发，安装就绪后，即可开启水龙头进行养护，封闭后旋转喷头养护效果更明显，时间间隔更长。通过 NXG 系列智能养护控制柜进行定时养护工作，相应养护责任人可通过手机 App 远程监控养护状况，随时对不合理的浇水喷淋行为进行动态调整。

梁场在存梁区的存梁台座两侧设置摇摆喷头，底板区域设置旋转喷头；每个喷淋养护区组配备一套变频增压水泵系统、智能喷淋控制柜，管理人员可通过手动操作或手机 App 遥控设置定时间隔喷淋养护，当制梁区箱梁外侧面需要养护时，开启手机控制软件，在手机上选择要打开喷淋装置的位置，点击开启按钮后，电磁阀开关开启，旋转喷头开始喷淋，喷淋 5 min，待外侧面全部湿润后，即可关闭。也可结合无线温湿度探测头进行全自动混凝土高速铁路箱梁补水喷淋养护，实现全天候自动养护。梁端通过覆盖土工布和塑料薄膜，并加设养护挡板进行养护（图 3—10），可保证外观整齐，养护全面，薄膜上形成水珠，达到长时间保湿效果。

梁场养护用水均来自于自来水，为节约用水，在存梁养护区设置沉淀池和循环水沟，确保洒落的养护用水可通过水沟流入沉淀池，达到循环利用的目的。沉淀池设置变频增压水泵，通过主水管将各个养护区进行连接，保证用水充足。内腔养护供水通过水泵从供水管道中抽出，通过主水管进行集中供水，需内腔养护时，将塑料管连接在供水管上，打开阀门，通过养护系统即可自动养护。

图 3—9　挡板养护

图 3—10　土工布＋塑料薄膜＋挡板养护

3.2.4　预应力工程

3.2.4.1　施工工艺流程

40 m 简支箱梁预应力工程包括抽拔橡胶管、成品钢绞线穿束、自动张拉、自动压浆、封锚和涂刷梁端防水涂料等工序。主要施工方案为采用橡胶抽拔管成孔，混凝土灌注完成后 6～8 h，混凝土灌注开始端采用拔管台车进行橡胶抽拔管试拔，合格后全部拔出橡胶管，然后穿入成品束钢绞线，预应力筋穿束前检查锚垫板喇叭孔及压浆孔是否畅通，梁体穿束应采用预应力筋整孔穿束工艺，避免因钢绞线缠绕而产生的预应力损失，穿束采用自动穿束台车（图 3—11），并且有专人指挥，穿束后逐束按设计图纸和技术交底核对，以确认是否符合要求。

(a)　(b)

图 3—11　自动穿束台车

钢绞线的张拉分为三个阶段，分别是：预张拉、初张拉以及终张拉。梁体混凝土养护充分，拆除端模的同时松开内模变截面处支撑，之后在混凝土早期裂纹消除之时，混凝土强度超过 33.5 MPa，开始进行预应力钢绞线的预张拉。当全部拆除内外模后，待梁体混凝土强度超过 43.5 MPa，进行孔道钢束初张拉；待梁体混凝土强度超过 53.5 MPa，弹性模量超过 35.5 GPa，龄期不小于 10 d 后，开始终张拉钢绞线。预应力采用两端同步、左右对称、同时达到同一荷载值的方法控制，不同步率控制在 5%以内，张拉顺序按照图纸要求进行。预施应力采用三控措施，即应力、伸长值和持荷时间，张拉过程中保持两端的伸长量基本一致，考虑到预应力张拉过程的连续性，40 m 箱梁预、初张和终张宜分开采用两种吨位的千斤顶进行张拉作业。张拉采用自动张拉设备，终张拉后 48 h 内进行管道压浆，压浆采用自动压浆设备，压浆完成后进行封锚和涂刷梁端防水涂料。

预应力施工工艺流程如图 3—12 所示。

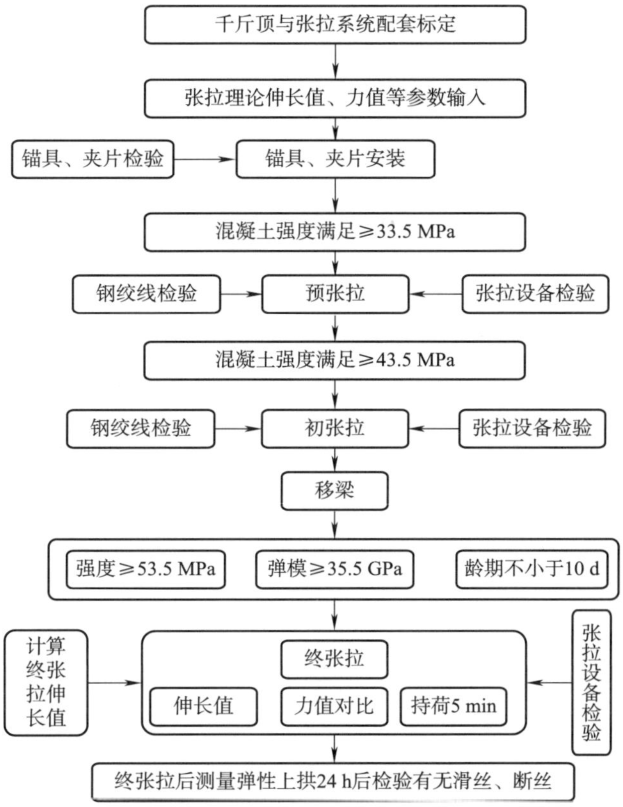

图 3—12 预应力施工工艺流程

3.2.4.2 预应力束自动张拉施工

箱梁预制场宜使用自动张拉系统，自动张拉系统具有经规定程序批准的技术证书，并出具具有资质的检测机构检测合格的产品型式检验报告，首次须送到有资质的计量部门进行标定，每月由箱梁预制场试验部门进行自校。该系统可实现桥梁预应力施工的张拉、静停、锚固全过程自动化。

(1)将千斤顶与张拉台车的管线连接好，接通电源，对各个设备进行检查调试，然后检查智能张拉控制电脑网络是否畅通，以便对整个张拉过程进行远程数据监控。

(2)千斤顶安装调整：由于 40 m 简支箱梁在预应力孔道布置上发生了变动，梁腹板单个孔道钢绞线根数较多，为保证施工质量，施工过程中宜采用斜向切割方式进行下料，即外露钢绞线整体端面呈 30°斜面，以方便后续安装工作锚、限位板以及工具锚。千斤顶安装(图 3—13)时，①首先穿上限位板，装好过渡套，检查工作锚需"进槽"；②用电动链条葫芦将千斤顶吊起，2 个人配合将钢绞线穿过千斤顶，然后安装工具锚，并塞紧夹片，打紧工具锚夹片；③安装时，检查钢绞线顺直无缠绕，前后对应；④逐渐慢速加载，人工检查调整千斤顶、限位板、过渡套、工具锚的位置，使各件与管道位于同一轴线上；⑤施加初始应力时，密切关注中线的变化，如有变化及时调整。

(3)对中检查完毕后，启动智能张拉设备，控制系统自动加载至钢绞线的初始应力，自动测量油缸长度及工具夹片外露长度。

(4)4 台张拉设备同时启动，1 台作为主机，其他 3 台作为副机。主机为操作界面，实时采集并显示 4 台油泵的千斤顶张拉力和位移，两端同时达到各级张拉力；采用分级控制的供油方式。

(5)终张拉时张拉到控制应力后，持荷 5 min，系统自动测量油缸长度及工具夹片外露长度，并计算

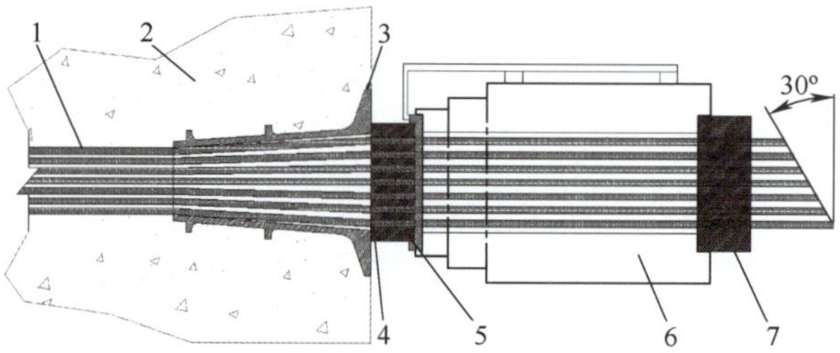

图 3—13　千斤顶安装示意

1—管道；2—梁体；3—锚垫板；4—工作锚；5—限位板；6—千斤顶；7—工具锚

实际伸长值，相对理论值未超过±6%时，回油自锚。

张拉作业区标示明显的标记。张拉过程中，千斤顶后方不得站人，测量伸长值或挤压夹片时，人员站在千斤顶侧面。终张拉完成后，在锚圈口处的钢束上做记号，24 h后检查确认无滑丝、断丝现象方可割束，切断处距夹片尾30～40 mm。预应力筋采用砂轮锯或切断机等机械方式切割，严谨采用电弧焊或气焊切割。

3.2.4.3　预应力孔道自动压浆施工

预应力孔道压浆采用自动压浆系统，该系统实现了压浆施工上料制浆、真空压浆两大关键工序自动化协同控制，具有自动化程度高、配料和压浆量计量精准、现场移动便捷、操作方便、工作效率高、可靠耐用、维护量少、绿色环保等特点，该系统主要由控制柜、高速制浆桶、上料机、料仓、水泵、压浆泵、低速储料桶及称重传感器组成。

压浆作业主要工作内容包括压浆前准备工作，制浆，抽真空，压浆，压浆放气放浆，压浆保压，管路清洗，设备清洗等。

当压浆放气结束后，孔道中压力达到预先设定下限和判定延时时，进入保压阶段，直到保压结束，完成孔道压浆。保压结束后，完成孔道压浆。此时手动将真空泵阀门反向，将真空泵控制旋钮打到手动，真空泵抽水将管道中的浆体清洗出去，完成管道清洗，进行下一根孔道压浆。

3.2.5　成品梁检测

采用自动静载系统对成品梁进行静载实验检测。该自动静载系统由铁科院研发，利用自动控制、机械传动、传感器检测、图像识别等高新技术，研究并实现静载试验全过程的自动控制、电动机械千斤顶自动加载、加载荷载值实施检测、挠度自动检测、试验结果自动判定和数据传输功能等，其优点如下：

(1)通过电脑控制，一键启动，可自动完成加载过程，大量减少操作人员；

(2)电脑控制千斤顶多点同步加载，动态平衡控制，避免了人工加载造成的误差；

(3)可实现挠度自动检测和判定，消除人工检测的误差；

(4)试验数据自动采集，数据可上传至铁路工程管理平台，保证试验数据的真实性。

图 3—14　梁场静载实验

3.3 40 m 简支箱梁预制范例

以新建福厦铁路为例，介绍 40 m 简支箱梁梁体预制的成功经验。

3.3.1 工程概述

新建福厦铁路是国内首批、中国铁建股份有限公司第一家生产 40 m 简支箱梁的示范项目。中铁十一局集团有限公司承建的湄洲湾跨海大桥全长 14.7 km，包含 298 榀 40 m 简支箱梁的制运架施工，是 40 m 预制箱梁在沿海地区高速铁路跨海大桥上的首次试点应用。

相对于 32 m 简支箱梁，40 m 简支箱梁在梁长、梁高、腹板厚、支座位置、材料用量上均发生了变化，其中 40 m 简支箱梁腹板缩减 9 cm 以及腹板预应力孔道由 2 列变为 1 列对施工工艺影响较大，生产过程中通过工艺创新以及采用智能化工装设备确保施工质量，攻克了 40 m 简支箱梁在预制施工中的关键技术问题。

3.3.2 设备应用

(1)钢筋加工设备。XQ120 型数控剪切线 2 台，G2W50L 型数控斜面式钢筋弯曲中心 1 台，G2L32E-1 型数控立式钢筋弯曲中心 1 台，BJ16Z 型数控直条弯箍机 1 台，WGZP16 型数控直盘条弯箍机 1 台。

(2)混凝土泵车。80 m^3/h 混凝土输送泵 3 台，混凝土罐车 4 台，配套 180 搅拌站 2 个。

(3)起重设备。HLT1000 t 型轮胎式搬梁机 1 台，MG80 t/10 t 通用门式起重机 2 台，MG50 t 通用门式起重机 1 台，LD10 t 单梁桥式起重机 3 台，MH10 t 电动葫芦门式起重机 1 台。

(4)预应力张拉设备。ZL-1 型铁路桥梁预应力张拉台车 1 台，TYZ/60-VII/YT(400T)型铁路桥梁预应力自动张拉系统 1 套，TYZ/60-VII/YT(500T)型铁路桥梁预应力自动张拉系统 1 套。ZNB6-550BS 型智能超高压泵站 2 套。

(5)压浆设备。智能压浆台车 1 台。

3.3.3 创新技术的应用

1. 钢筋工程

(1)利用 BIM 技术建立 40 m 简支箱梁精细化模型，对梁体钢筋做出碰撞模拟分析，最终形成钢筋加工及绑扎的最优方案，不仅节约了人力，而且提高了工效。

(2)利用 BIM 技术进行可视化交底，通过三维动画真实再现施工全过程，使得项目管理人员以及劳务人员以更直接、更深入的方式接受交底，摆脱了单调空洞的书面交底，确保了不返工、高质量的品质工程。

2. 模板工程

(1)不锈钢模板。40 m 预制箱梁采用不锈钢底侧模(图 3—15)，相较于传统钢模，不锈钢底侧模具有表面光洁，易清洁，不易粘模，不易生锈等优点。由于不锈钢表面光滑，混凝土在浇筑过程中大大地减少了气孔的出现。

(2)自驱式液压内模。采用自驱式液压内模，代替了传统卷扬机拖拽安装的方式，施工过程中无需使用龙门吊以及卷扬机，避免了内模安装二次返工、损伤内模、安全事故等问题的发生；减少了制梁区域设备的占用面积，操作空间更加透明；减少了制梁区多工种、多工序的交叉施工造成的效率低下的问题。

自驱式液压内模通过固定牵引架实现内模自动行走，精准对位，提高了施工效率，降低了成本，保证了内模腹板尺寸的准确度，有效地解决了两侧腹板偏重对梁体及下部结构造成的偏载问题，提高了施工

(a)

(b)

图 3—15　不锈钢底侧模

质量，降低了内模板整修、焊接的概率，同时大大减少了施工过程中的安全事故隐患，保证了施工安全。最终满足大跨度 40 m 简支箱梁模板的施工要求，同时使模板施工更加机械化、效率化，满足机械智能化的施工生产需要。

3. 混凝土工程

(1)混凝土灌注。根据施工经验，项目探索了一套 40 m 简支箱梁混凝土施工工艺，从布料顺序优化、混凝土性能调整、梁体各区域坍落度控制以及配套工装的应用这四个方面入手，细化施工步骤，打造精品工程。

(2)混凝土养护。预制箱梁采用全覆盖自动养护工艺，养护形式为桥面蓄水结合自动喷淋系统对梁体进行全方位覆盖养护，采用智能化喷淋养护系统和手机 App 远程控制技术，根据梁体结构尺寸特点选择适宜的喷淋养护方式，确保箱梁养护质量满足要求。

采用水能量薄膜进行封端养护(图 3—16)，水能量薄膜是以新型可控高分子材料为核心，以塑料薄膜为载体，黏附可吸收自身重量 200 倍的水分的高分子，相对湿度≥90%，能够有效地避免封端裂纹。

4. 预应力工程

预应力工序引进了穿束拔管台车、自动张拉台车、一体式智能变频压浆台车等新型智能化设备，通过采用智能化工装设备提高了工效，保证了作业安全以及施工精度，为全面实现精品工程的目标夯实基础。

5. 成品梁检测

梁场采用中铁十一局自主研发的三维激光智能扫描台车(图 3—17)，通过对箱梁进行全面扫描，获得点云数据并形成实测模型，将桥梁的各项数据与标准模型进行对比，从而快速、准确地获知被检测箱梁外形尺寸是否合格。

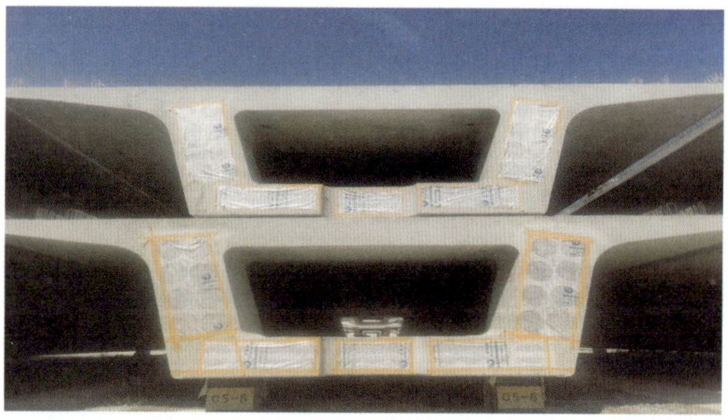

图 3—16　水能量薄膜封端养护

图 3—17　三维激光智能扫描台车

4　搬梁机研制

中铁十一局集团有限公司以汉江重工设计研发中心为核心组建搬梁机研究课题组，研发了适用于 40 m 简支箱梁的新型搬梁机。现场实践充分证明，新型 40 m 简支箱梁搬梁机技术先进、安全可靠。本章从研制历程、核心技术、基本构造、设备制造、安拆与调试、检测与试验等方面对新型搬梁机做简要介绍。

4.1　概　述

4.1.1　现有设备统计

据不完全统计，截至 2021 年底，主要的铁路工程建设单位关于 900 t 轮胎式搬梁机数量及使用年限统计情况见表 4—1，保有的搬梁机设备合计为 150 台。

表 4—1　主要工程建设单位搬梁机设备统计

序号	设备名称	结构型式	数　量				
			0～7 年	8～10 年	11～14 年	14 年以上	合计
1	搬梁机	门型	11	3	108	11	133
2	搬梁机	Λ 型	0	3	14	0	17
轮胎式搬梁机总计			150				

注：统计日期截至到 2021 年 12 月。

我国高速铁路建设早期的搬梁机设备(2007 年以前生产的)为 11 台，占比 7.3%。2007 年至 2010 年生产的设备总计 108 台，占比 72%。2011 年至 2013 年生产的设备为 3 台，占比 2%。2013 年至 2021 年生产的设备为 11 台，占比 7.3%。按照结构型式统计结果表明，既有的搬梁机设备中，使用 5 年以上的设备占比达 79.3%，存在结构部件损耗以及电气、液压元件老化等问题，大部分设备面临更新、升级。

4.1.2　现有设备性能分析

我国现有的 900 t 轮胎式搬梁机，单台起重量 900 t，适用于 32 m、24 m、20 m 简支箱梁的吊运，并能实现纵行、斜行、横行，操作方便，施工效率较高。随着我国高速铁路建设的迅速发展，我国高速铁路桥梁施工中的大吨位轮胎式搬梁机的设计研发实力都已具备。

表 4—2　轮胎式搬梁机同类产品主要参数对比

序号	技术要素	DLT900	TLEL900	HLT900
一	整 机 参 数			
1	最大起重量	900 t	900 t	900 t
2	跨度	40.5 m	39.7 m	39.9 m
3	纵向净间距	36 m	35 m	35.8 m
4	爬坡能力	1.5%	2%	2%
5	吊具下高度	9 m	9 m	10 m
6	吊钩高度行程	7 m	7 m	8 m

续上表

序号	技术要素	DLT900	TLEL900	HLT900
一	整机参数			
7	主梁下高度	9.5 m	10 m	11 m
8	工作环境温度	−10～+40 ℃	−10～+40 ℃	−10～+40 ℃
9	最大长度	约 45.2 m	约 44.4 m	约 44.03 m
10	最大宽度	约 16 m	16.4 m	15.6 m
11	最大高度	约 13.6 m	约 14.5 m	约 16.15 m
12	总质量	约 396 t	约 420 t	约 450 t
二	吊梁小车			
1	小车数量	2 个	2 个	2 个
2	900 t 箱梁吊点	30.1 m×3.68 m	30.1 m×3.68 m	30.1 m×3.68 m
3	纵向吊点空间	满足 20 m\24 m\32 m 箱梁要求	依据 20 m\24 m\32 m 箱梁	依据 20 m\24 m\32 m 箱梁
4	满载纵向走行距离	±50 cm	±25 cm	±50 cm
5	运行方式	油缸推动	油缸推动	油缸推动
6	满载走行速度	0～0.5 m/min	0～0.7 m/min	0～0.5 m/min
7	空载提升速度	0～1.5 m/min	0～1.5 m/min	0～1.5 m/min
8	满载提升速度	0～0.5 m/min	0～0.5 m/min	0～0.5 m/min
9	绞车数量	4 个	4 个	4 个
10	单绳拉力	13 t	13 t	12 t
11	钢丝绳直径	28 mm	24 mm	32 mm
12	钢丝绳规格	1 960 N/mm^2	2 100 N/mm^2	1 860 N/mm^2
13	卷筒变速箱	摆线式	摆线式	摆线式
14	液压马达	Rexroth	Rexroth	Rexroth
15	制动器	液压制动和钳盘式双制动		
16	钢丝绳串绕方式	满足三点起吊规则		
三	整机走行			
1	满载走行速度	0～17 m/min	0～17 m/min	0～12.5 m/min
2	空载走行速度	0～35 m/min	0～35 m/min	0～26 m/min
3	走行型式	轮胎式	轮胎式	轮胎式
4	适应路面	混凝土路面或级配碎石路面		
5	轮胎规格	26.5R25	26R25	18R25
6	轮胎数量	48 个	64 个	64 个
7	悬挂数量	24 个	32 个	32 个
8	轴载质量	56 000 kg	41 200 kg	42 200 kg
9	轮胎品牌	Michelin(法国)	双钱	贵州黔轮胎
10	轮胎充气压力	≤7.5 bar	≤6.25 bar	≤7.5 bar
11	驱动轮数	16 个轮子	16 个轮子	16 个轮子
12	驱动型式	16 个液压马达	16 个液压马达	16 个液压马达
13	传动方式	内藏摆线减速器	内藏摆线减速器	内藏摆线减速器
14	支撑油缸规格/数量	200 t/8 根	180 t/12 根	200 t/8 根

续上表

序号	技术要素	DLT900	TLEL900	HLT900
四	转向系统			
1	转向方式	独立转向	独立转向	独立转向
2	所在部位	所有轮组	所有轮组	所有轮组
3	纵向运行转向	±5°	±15°	±5°
4	原地转向	90°	90°	90°
五	动力机组			
1	发动机型号	Deutz-BF6M1015	Deutz-BF6M1015	Deutz-BF6M1015
2	发动机功率	2×241 kW	2×241 kW	2×241 kW
3	运行液压泵	2 个 90L250KN	2 个 A4VG125	2 个 A4VG90
4	服务液压泵	2 个 190 Rexroth	1 个 A11VO190	1 个 A11VO190
5	燃料	柴油	柴油	柴油
6	燃油箱容积	2×380 L	800 L	800 L
7	液压油箱容积	2×1 000 L	1 500 L	1 500 L

通过表 4—2 中各参数的对比，可以看出各个厂家参数大致相同，只有细微差别，说明搬梁机产品性能及结构形式已经很成熟。

4.1.3 现有设备的缺点

现有的 900 t 轮胎式搬梁机存在以下缺点：

1. 小车不能实现自动变跨

为满足不同梁型的吊运，常规变跨采用油缸顶推实现，每移动一次都需要人工插拔销轴，费时费力，缺乏安全性。

2. 整机不能重载转弯

整机转弯采用油缸支撑实现，只有直行、斜行、横行模式，不能适应线路与梁场布置存在夹角的工况。

3. 卷扬机不能自动调平

4 台卷扬机起升、下降存在不同步现象，没有设计自动调平功能，只能依赖于人眼识别。且人工调平不能有效的保证吊梁过程的梁片水平和受力均匀。

4. 没有完善的安全监控系统

整机未配备完善的安全监控系统，当设备发生异常情况时，不能及时有效地进行预警，存在安全隐患。

4.1.4 总结

通过分析现有设备的性能以及不足之处，表明现有搬梁机只能满足 32 m 以下简支箱梁吊运，大部分搬梁机存在使用年限较长，结构部件损耗，电气、液压元件老化等问题，且存在功能落后等缺点。因此，亟需从智能化、安全性、适用性等方面研制适用于 40 m 简支箱梁的全新搬梁机。

4.2 研制历程

4.2.1 研发过程

2017 年 11 月，中铁十一局集团有限公司以汉江重工设计研发中心为核心成立了 40 m 简支箱梁搬梁机研究专项课题组，开始研究搬梁机的结构、液压、电气等方面的专项技术。

2018 年 1 月，A 型搬梁机初步方案设计完成，课题组在襄阳组织召开了初步技术方案评审会，方案通过评审。

2018 年 8 月，完成 A 型搬梁机技术研究及图纸设计，并通过专家评审。

2019 年 3 月，编制了制造工艺文件，并完成搬梁机样机试制。

2019 年 6 月，在福厦铁路现场完成 A 型搬梁机的安装与调试，并完成型式试验，开始应用。

2019 年 9 月，课题组完成 B 型搬梁机的研制，并在南沿江铁路应用。

2020 年 11 月，课题组完成 C 型搬梁机的研制，并在昌景黄铁路应用。

4.2.2 整体设计思路

设计 40 m 梁搬梁机时，考虑 32 m 梁搬梁机的技术缺陷、使用工况及用户要求，以及兼顾 32 m 以下箱梁的搬运施工。主梁需要设计 8 m 调整节段，实现搬梁机的跨度变化，使得 40 m 梁搬梁机去掉主梁 8 m 节段也可以满足 32 m 箱梁制梁场的布置。吊具设置可变吊点孔，以便同时满足 40 m、32 m 及以下箱梁的吊运。在配合运梁车装梁工况下，考虑所配套运梁车的外形尺寸，以保证运梁车装梁时能够穿过搬梁机的门腿；同时考虑运梁车存在窄腿安装方式，当不需要给运梁车装梁时，可以采用窄腿安装，以减少搬梁机的宽度，节约搬梁机通道。40 m 梁搬梁机应具备“提一过二”功能，以便确定搬梁机的起升高度。此外，在设计方面除考虑少人化以及操作的便捷性外，还应充分考虑各种工况，各工况的计算均需满足设计规范要求，以保证搬梁机使用的安全性、可靠性。

4.2.3 主结构有限元分析验算

1. 有限元模型

1 000 t 轮胎式搬梁机有限元计算模型如图 4—1 所示，其中，以小车运行方向为 x 轴，竖直高度方向为 y 轴，大车运行方向为 z 轴。

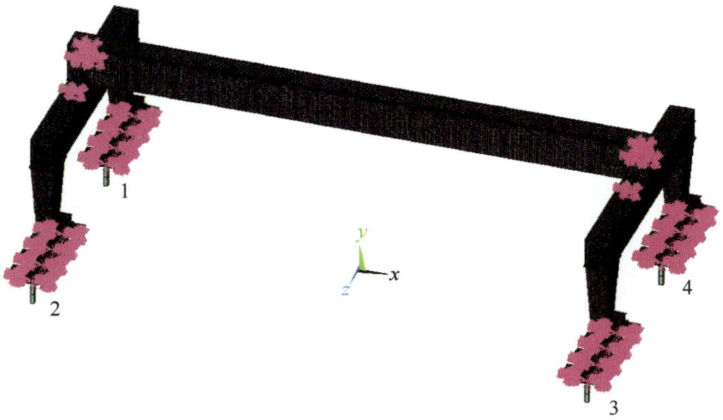

图 4—1 有限元计算模型

2. 强度计算结果

强度计算结果见表 4—3。

表 4—3 强度计算结果汇总表

项目	最大应力(MPa)	最大应力所在位置	许用应力(MPa)	备注
工况 1	224.455	小车加载点	240	安全
工况 2	238.39	主梁与横梁连接处腹板(x+)	240	安全
工况 3	230.973	小车加载点	240	安全

续上表

项目	最大应力(MPa)	最大应力所在位置	许用应力(MPa)	备注
工况 4	223.515	小车加载点	240	安全
工况 5	114.797	主梁与横梁连接处腹板($x+$)	291	安全
工况 6	251.969	小车加载点	291	安全

(1)工况 1:40 m 梁重 1 000 t 强度计算。工况 1 整机应力云图如图 4—2 所示。

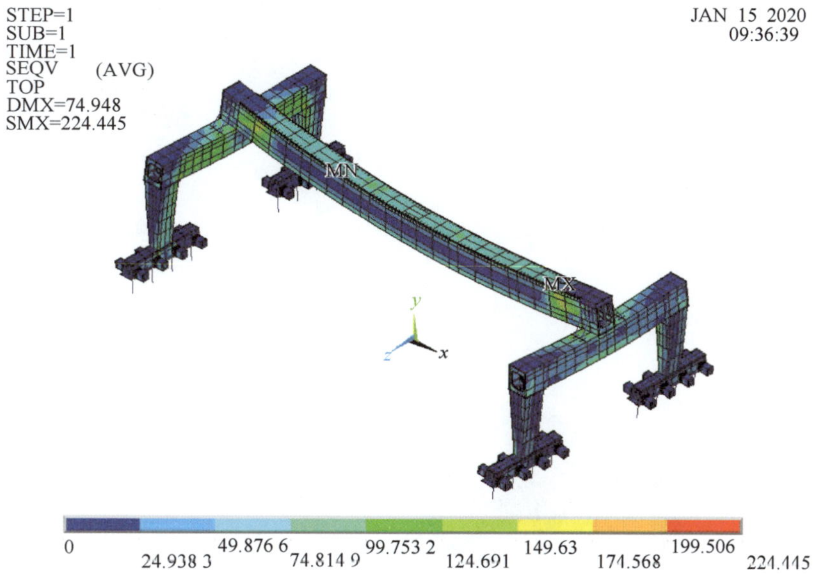

图 4—2 工况 1 整机应力云图

(2)工况 2:32 m 梁重 900 t 强度计算。工况 2 整机应力云图如图 4—3 所示。

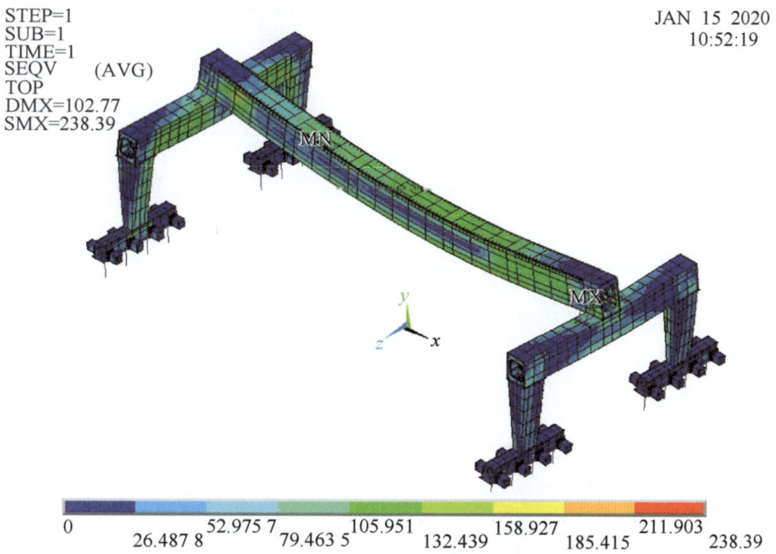

图 4—3 工况 2 整机应力云图

(3)工况 3:24 m 梁重 650 t 强度计算。工况 3 整机应力云图如图 4—4 所示。

(4)工况 4:20 m 梁重 600 t 强度计算。工况 4 整机应力云图如图 4—5 所示。

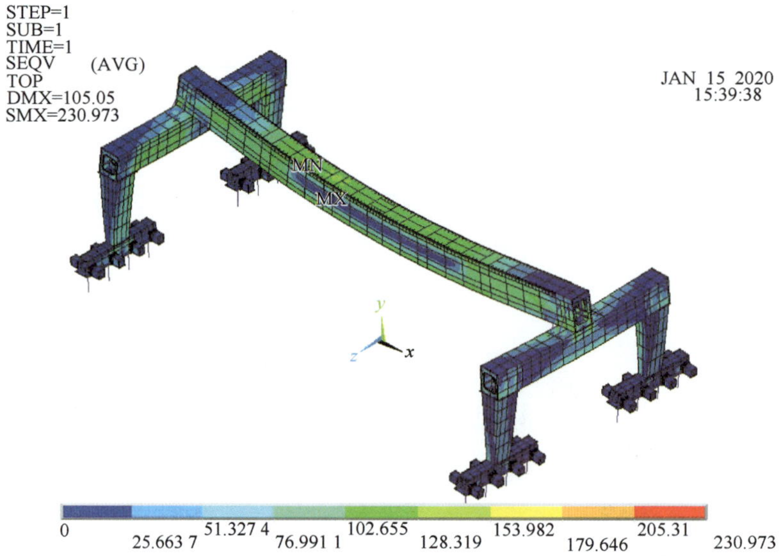

图 4—4　工况 3 整机应力云图

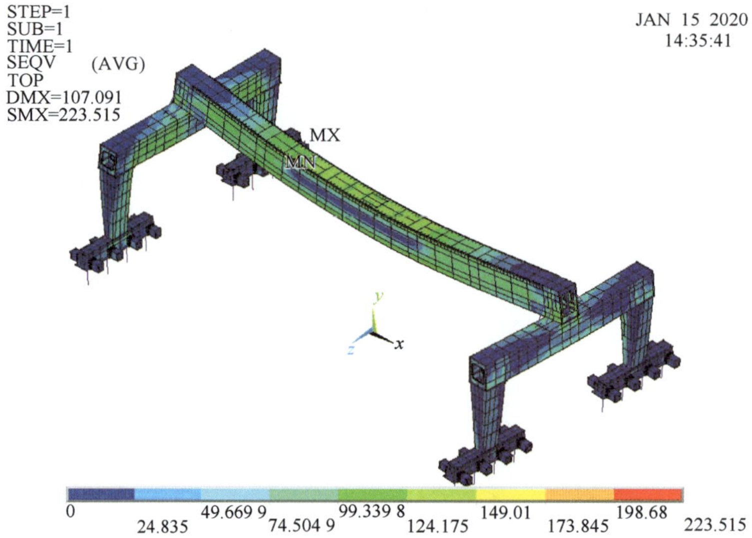

图 4—5　工况 4 整机应力云图

(5)工况 5:非工作工况强度计算。工况 5 整机应力云图如图 4—6 所示。

(6)工况 6:试验载荷。工况 5 整机应力云图如图 4—7 所示。

3. 刚度计算结果

静刚度计算结果汇总见表 4—4。

表 4—4　静刚度计算结果汇总

项目	U_y(mm)	许用刚度(mm)	备注
工况 1	55.141 8	97	满足
工况 2	80.914 2	97	满足
工况 3	82.874 4	97	满足
工况 4	84.658	97	满足

(1)工况 1:工况 1 静刚度云图如图 4—8 所示。

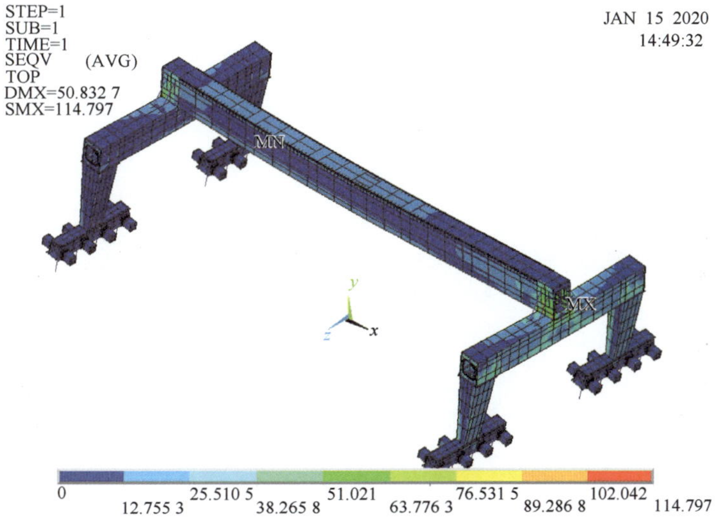

图 4—6 工况 5 整机应力云图

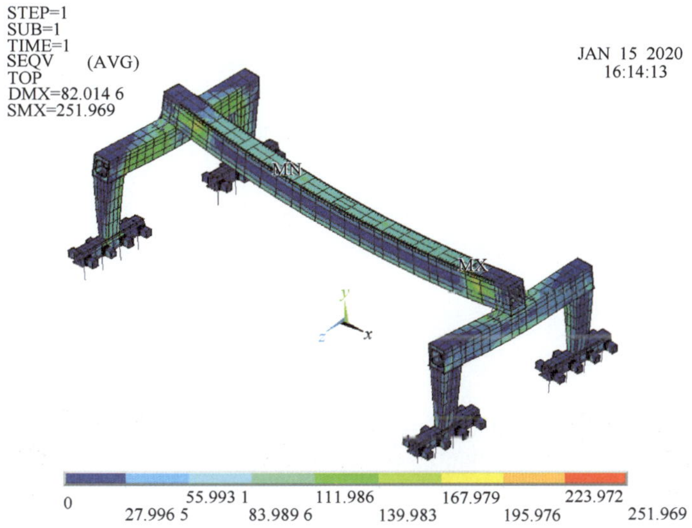

图 4—7 工况 6 应力云图

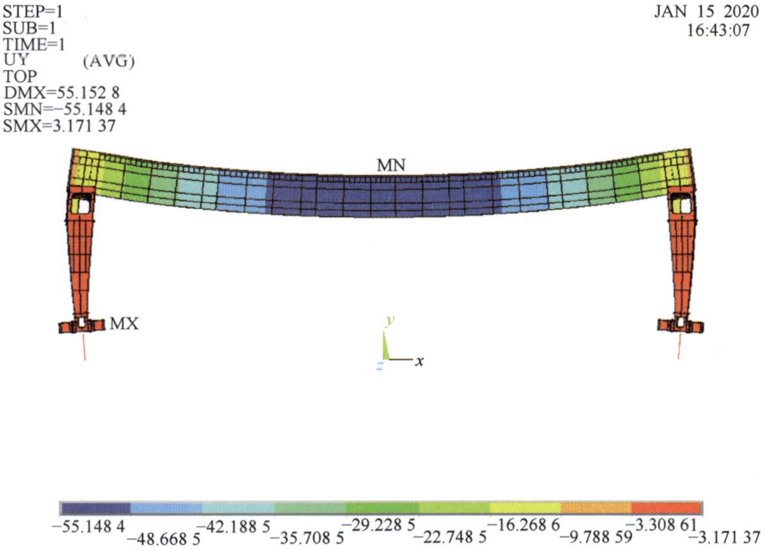

图 4—8 工况 1 静刚度云图

(2)工况 2:工况 2 静刚度云图如图 4—9 所示。

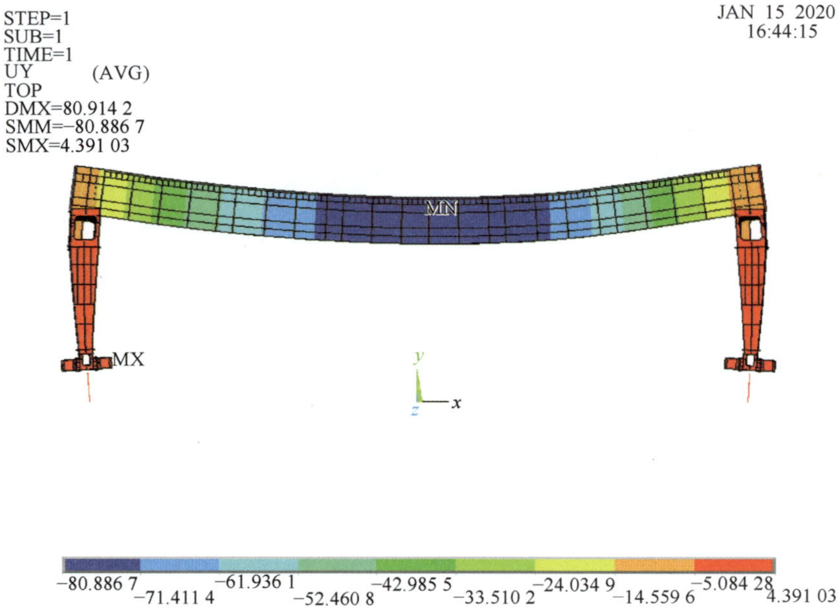

图 4—9 工况 2 静刚度云图

(3)工况 3:工况 3 静刚度云图如图 4—10 所示。

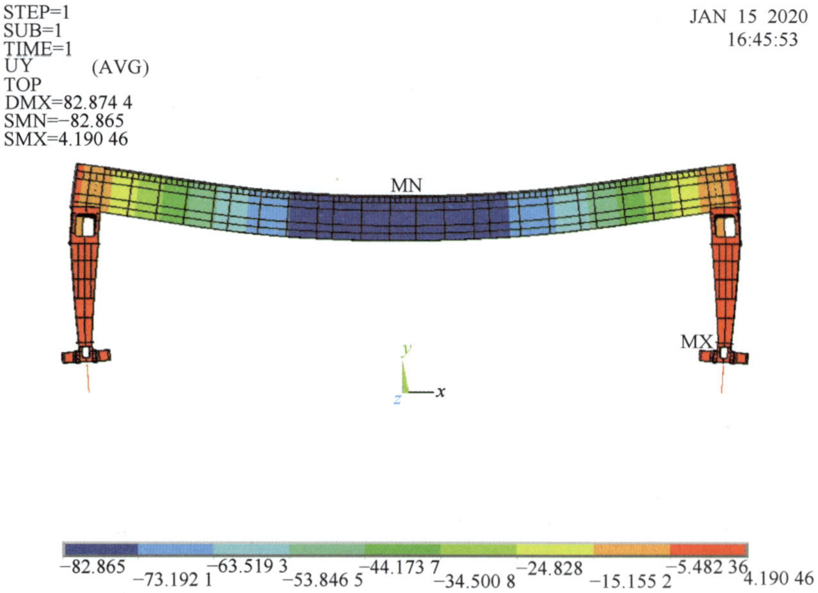

图 4—10 工况 3 静刚度云图

(4)工况 4:工况 4 静刚度云图如图 4—11 所示。

4. 有限元计算结论

由 1 000 t 轮胎式搬梁机有限元模型计算结果可得出以下结论:

(1)在工作风状态下(6 级风,风压 250 N/m^2),工况 1~4 的强度,满足要求。

(2)各加载位置起重机静态刚度均小于 97 mm,满足要求。

(3)在非工作状态风(13 级风,风压 2 250 N/m^2),工况 5 最大应力为 114.797 MPa,小于许用应力 291 MPa,满足要求。

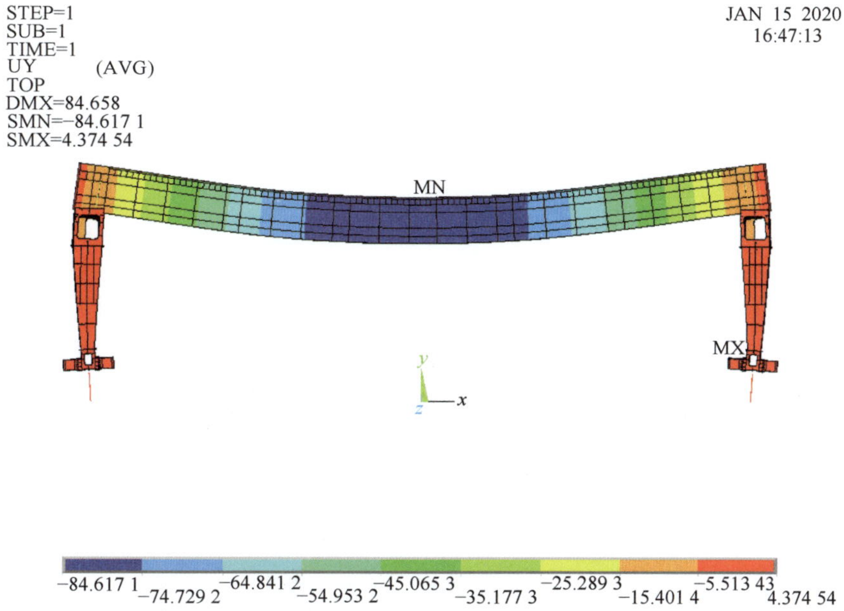

图 4—11 工况 4 静刚度云图

(4)工况 6 试验载荷的最大应力为 251.969 MPa，小于许用应力 291 MPa，满足要求。

4.2.4 专项技术研究

1. 自动调平技术研究

常规搬梁机在提、落梁过程中，人工实时监视梁片水平度，出现偏差较大时需手动单独调整，费时费力，同时人工调整精度不可控，姿态不水平时易造成吊杆受损变形，甚至断裂；钢丝绳与滑轮摩擦过大，易造成断丝，严重时拉断钢丝绳导致梁片坠落。

针对以上问题，研发团队对自动调平技术进行攻关。若要实现自动调平，需对各吊点的位置进行实时测量，此处通过激光测距传感器或高精度绝对值编码器实现。为验证激光测距传感器和高精度绝对值编码器的适应性，研发团队进行了大量测试与试验，测试结果表明：高精度激光测距传感器室内测试效果良好，而在室外测试时，雨天和灰尘较大的情况下效果较差；高精度绝对值编码器室内外测试效果均满足要求。基于智能控制理论及控制算法，将四组实测数据反馈至 PLC 处理器进行分析比对，通过控制系统对起升速度进行实时自适应调整。经过 30 余次现场试验，反复调整时滞参数，最终将梁片水平误差控制在 5 cm 之内。提梁自动调平如图 4—12 所示。

图 4—12 提梁自动调平

2. 轮胎式搬梁机转弯运行技术研究

现有搬梁机只有直行、斜行、横行模式，不能适用于线路与梁场布置存在夹角的工况。

针对福厦梁场线路与梁场有 42°夹角的情况，研发团队通过技术攻关，在原来直行、90°转向模式基础上增加了半八字转向模式，开发了搬梁机重载转弯功能，满足了搬梁机在不同工况下发梁的需要。轮胎式搬梁机转弯运行如图 4—13 所示。

图 4—13　轮胎式搬梁机转弯运行

3. 轮胎式搬梁机轮胎受力平衡技术研究

轮胎采用分组六点平衡技术，单个走行系统车架液压管分为 3 组，以保证单个车架自身的稳定。再整机组装 6 组，由此形成的 6 点平衡能保证整机结构稳定和各悬挂轮组受力均衡。轮胎式搬梁机轮胎受力平衡如图 4—14 所示。

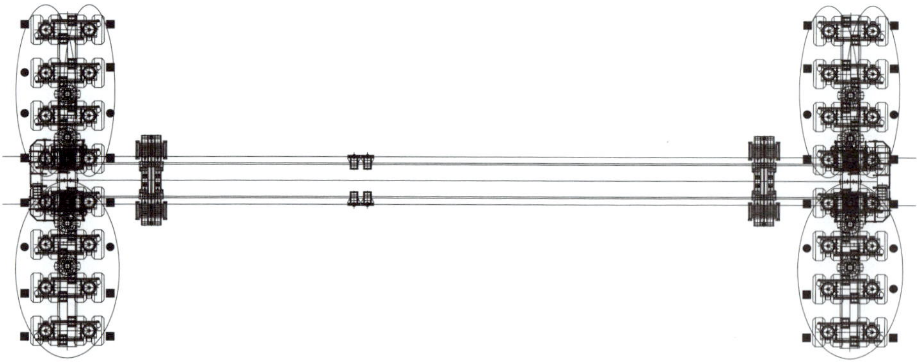

图 4—14　轮胎式搬梁机轮胎受力平衡

4. 轮胎式搬梁机运行同步技术研究

借助马达上测速传感器、压力传感器反馈的信息，通过速度同步＋压力同步纠偏控制算法，控制运行压力差及行走速度保持基本一致，保证牵引力和运行速度双同步。轮胎式搬梁机运行同步如图 4—15 所示。

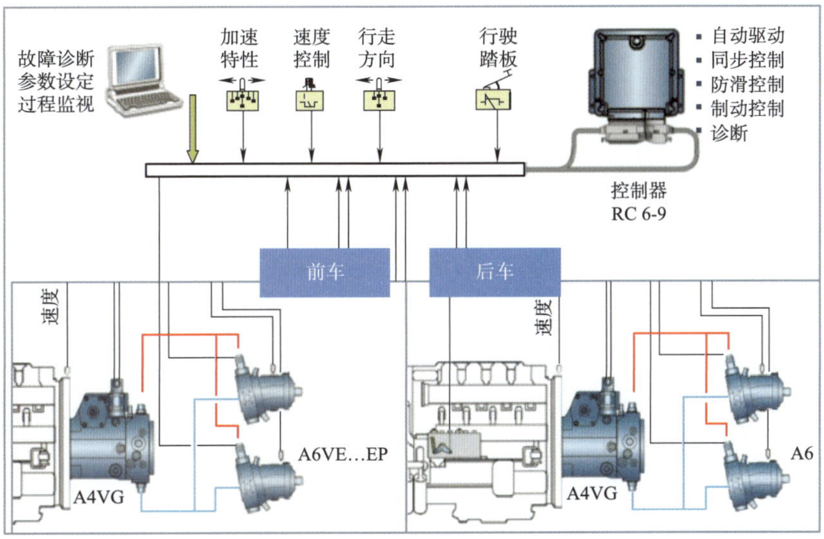

图 4—15　轮胎式搬梁机运行同步

5. 智能安全监控系统研究

研发团队结合现场使用要求研发了搬梁机全方位智能安全监控系统，包括视频监控和数据监控两部分。

(1)视频监控。视频监控系统由前端监视设备、传输设备、后端存储控制及显示设备这四大部分组成。前端监控设备共有 8 个网络摄像机，其中 4 个装在车身支腿附近，另外 2 个装在前、后司机室内。传输设备采用双绞线电缆。后端存储控制由 2 台海康威视的硬盘录像机组成，分别装在前、后司机室内。显示设备是采用加尼鹰 15 英寸高清液晶监视器，可使用鼠标进行操作。监控系统可以方便操作者观察轮组的情况和躲避障碍物；保存一定时间段内的本地视频监控录像资料，以便查询和分析；监控司机室内司机是否规范操作。

(2)数据监控。分布在设备上的各类传感器采集设备各机构的工作实时数据，控制器对数据进行处理并显示在司机室高清显示屏上，从而实现对设备的全方位监控。司机室还设置一台数据记录仪，对操作数据及关键过程数据进行记录，记录的数据可拷贝导出，以便对其工作过程进行分析、查询其故障历史等。

1 000 t 轮胎搬梁机安全监控系统如图 4—16 所示。

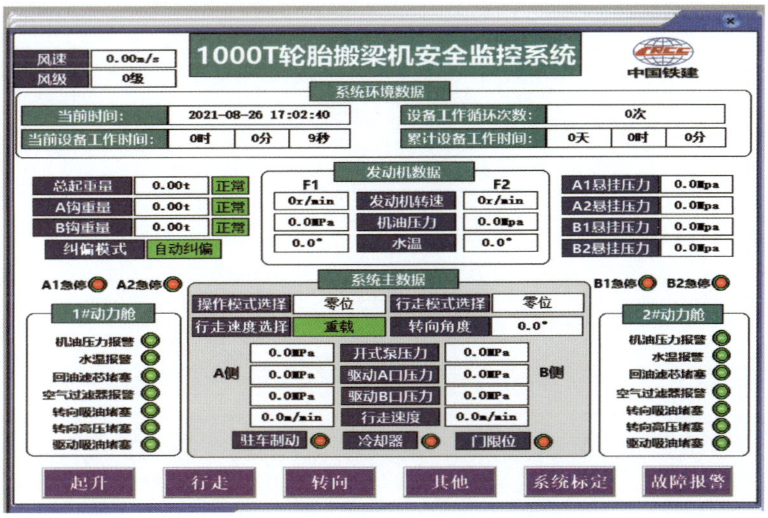

图 4—16　1 000 t 轮胎搬梁机安全监控系统

4.3 核心技术及主要技术参数

4.3.1 核心技术

1 000 t 轮胎式搬梁机的核心技术如下。

(1)自动调平技术:采用高精度闭环同步控制技术,实现 4 套卷扬系统起升速度的自适应调整,解决人工调平不可控的难题,保证起吊过程平稳。

(2)重载转弯技术:采用半八字转向控制模式,首次实现整机重载转弯。

(3)自动变跨技术:采用自动顶推机构,实现起重天车自动快速无级变跨,提高施工效率。

4.3.2 功能优势

相较于 900 t 搬梁机设备,1 000 t 轮胎式搬梁机具有以下功能提升:

(1)自动变跨功能:为满足 40 m、32 m、24 m 等不同跨度箱梁的搬运,在起重天车上设计有自动顶推装置,通过油缸往复运动改变起重天车位置,实现自动变跨功能,工作效率高。

(2)整机转弯功能:基于存梁台座与提梁站发梁台座间存在小夹角工况需求,搬梁机需具备整机转弯功能,设计时在原来直行、90°转向模式基础上增加了半八字转向模式,满足重载转弯搬梁要求。

(3)升降自动同步功能:为保证箱梁升降过程中姿态处于水平状态,需要确保 4 台卷扬机卷扬速度一致。采用速度和位移传感器,对卷扬机升降进行双闭环同步控制,箱梁四角高差可控制在 5 cm 内,有效保证了起吊过程运行安全。

(4)液压悬挂设有双管路保险系统,在极端情况下,液压管路爆裂时,能够确保整机平衡,不出现整机颠覆。

(5)配备安全监控系统可实现起重机械运行参数的全方位采集,实时反馈设备运行和维护状态,保证设备运行安全。

(6)适用性广:主梁设计有 8 m 调整节,可变跨度,既能适应 40 m 梁场也能适应 32 m 梁场;两种门型支腿结构型式的搬梁机均有两种安装方式,一种是宽腿安装方式,满足给运梁车装梁,另一种为窄腿安装方式,能够减小运梁通道,可根据具体工况灵活选择安装方式。

4.3.3 主要技术参数

1. 工作条件

1 000 t 轮胎式搬梁机的工作条件见表 4—5。在使用搬梁机之前,应熟悉工作条件,以免造成安全事故或损坏搬梁机。

表 4—5 1 000 t 轮胎式搬梁机的工作条件

海拔高度	≤2 000 m
工作环境温度	−25 ℃～+50 ℃
相对湿度	55%～85%
环境最大风力	6 级/11 级
工作状态	250 N/m^2
非工作状态	1 000 N/m^2
照明	安装照明灯,满足夜间施工要求

2. 主要技术参数

1 000 t 轮胎式搬梁机的主要参数见表 4—6。

表 4—6 搬梁机主要参数

序号	技术要素	HLT1000
一	整机参数	
1	最大起重量	1 000 t
2	跨度	48. 5 m
3	纵向净间距	43 m
4	爬坡能力	1. 5%
5	吊钩高度行程	13 m
6	主梁下高度	14 m
7	工作环境温度	−15～+50 ℃
8	最大长度	约 53. 1 m
9	最大宽度	约 29 m
10	最大高度	约 20 m
11	总质量	约 580 t
二	吊梁小车	
1	小车数量	2 个
2	1 000 t 箱梁吊点	38. 1 m
3	纵向吊点空间	满足 20 m、24 m、32 m、40 m 简支箱梁要求
4	满载纵向走行距离	±300 mm
5	运行方式	油缸推动
7	空载提升速度	0～1 m/min
8	满载提升速度	0～0. 5 m/min
9	卷扬机数量	4 个
10	单绳拉力	13 t
11	钢丝绳直径	28 mm
12	钢丝绳规格	2 160 N/mm^2
13	卷筒变速箱	行星减速箱
14	液压马达	Rexroth
15	制动器	—
16	钢丝绳串绕方式	四点起吊，三点平衡
三	整机走行	
1	满载走行速度	0～17 m/min
2	空载走行速度	0～35 m/min
3	走行型式	轮胎式
4	适应路面	混凝土路面或压实的级配路面
5	轮胎规格	26. 5R25
6	轮胎数量	64 个
7	悬挂数量	32 个
8	轴载质量	25 t

续上表

序号	技术要素	HLT1000
三	整机走行	
9	轮胎品牌	三角
10	轮胎充气压力	≤0.7 MPa
11	驱动轮数	16 个轮子
12	驱动型式	16 个液压马达
13	传动方式	内藏摆线减速器
14	支撑油缸	200 t/8 根
四	转向系统	
1	转向方式	独立转向
2	所在部位	所有轮组
3	纵向运行转向	±10°
4	原地转向	90°

4.4 基本构造

目前，国内适用于高速铁路 40 m 简支箱梁的搬梁机是 1 000 t 轮胎式搬梁机。具体又分为 A、B、C 三种，即 HLT1000A 型轮胎式搬梁机、HLT1000B 型轮胎式搬梁机和 HLT1000C 型轮胎式搬梁机。三种结构型式的搬梁机均适用于高速铁预制场内 40 m、32 m、24 m、20 m 等整孔双线箱梁的起吊、运输、转移工作。额定起重量 1 000 t，跨度 48.5 m，起升高度 13 m。采用四点起吊三点均衡吊梁方式，具备提一过二功能。

1. HLT1000A 型轮胎式搬梁机

HLT1000A 型轮胎式搬梁机（图 4—17）特点为单主梁单门架结构形式（人字形结构）。但由于是 A 型支腿结构，在将箱梁提梁至运梁车时，其进入方式只有横向一个角度，纵向方向无法让运梁车驶入。

图 4—17　单门式单主梁轮胎式搬梁机

2. HLT1000B 型轮胎式搬梁机

HLT1000B 型轮胎式搬梁机（图 4—18）采用双主梁双门架的机构形式，主要由双主梁、门型支腿、车架、轮组及转向机构和吊梁小车组成，主要的结构特点是双主梁结构，可通过支腿节段的变化来满足高位和低位不同工况的要求，一机多工况的能力使得其经济性能十分突出。也可以通过调整支腿位置，满足运梁车纵向驶入的要求。

3. HLT1000C 型轮胎式搬梁机

HLT1000C 型轮胎式搬梁机（图 4—19）为单主梁双门架结构形式（门型结构）。结构较轻，采用门型支腿，运梁车可从侧面驶入，满足给运梁车装梁。

不同型号的搬梁机，构造上有所差异。此处以 HLT1000C 型轮胎式搬梁机为例，对其基本构造做简要介绍。

图 4—18　HLT1000B 型轮胎式搬梁机

(a) 正面　　(b) 侧面

图 4—19　HLT1000C 型轮胎式搬梁机

4.4.1　结构组成

搬梁机结构主要由门架总成(主梁、支腿)、大车走行及转向机构、起升系统、附属结构组成,额定起重量为 1 000 t,采用单主梁结构、门型支腿,起升系统采用四点起吊三点均衡的吊梁方式。

1. 主　　梁

主梁为单主梁箱型结构(图 4—20),由五个节段拼装而成,每个节段均为焊接箱型结构,各节段之间采用高强度摩擦型螺栓连接。主梁截面高 3.45 m,宽 2.3 m,与支腿采用法兰连接。箱梁设有加强筋和隔板,且内部有加强结构,保证了箱型结构的稳定性。单件箱梁长度不超过 12 m,符合公路运输要求,并且在工作现场可以由普通的吊装设备进行组装和解体。同时为满足 32 m 梁场的使用要求,主梁设有 8 m 调整节。

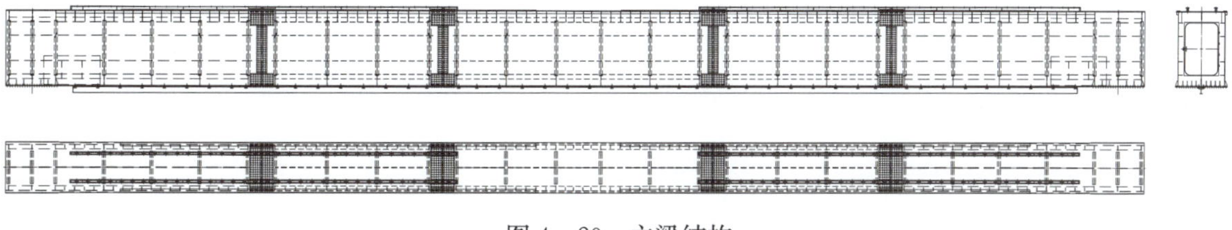

图 4—20　主梁结构

最大主梁节段(长×宽×高):12.0 m×2.3 m×3.45 m。

最大重量:31 t。

钢结构材质:Q355C 型结构钢。

联接螺栓等级:10.9 级高强螺栓。螺栓(GB/T 1228—2006)、螺母(GB/T 1229—2006)、垫圈(GB/T 1230—1991)成套定货、使用。

联接螺栓的拧紧力矩按 JGJ 82—2011 的规定执行,联接螺栓不得重复使用。

2. 支　　腿

支腿为门型结构,由上横梁和支腿立柱组成,均采用箱型结构,材质为 Q355C 型结构钢,内部布置有加劲板以防止局部失稳。节段之间采用 10.9 级高强度摩擦性螺栓联接,可以保证轮胎式搬梁机的抗扭性和垂直方向的稳定性。横梁设置两组法兰,门架支腿根据梁场施工需要可变换两种安装方式,一种是给运梁车装梁的安装方式(图 4—21),另一种为普通安装方式(图 4—22)。

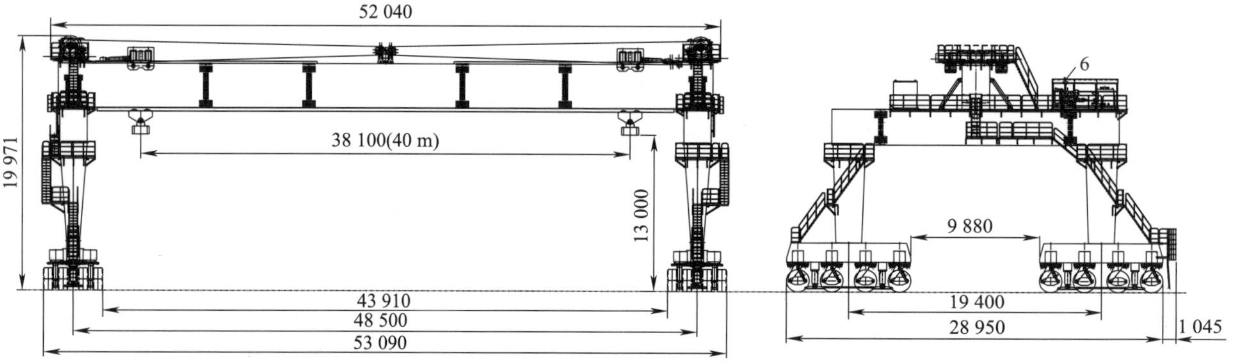

(a) 主视图　　(b) 左视图

图 4—21　运梁车装梁安装方式(单位:mm)

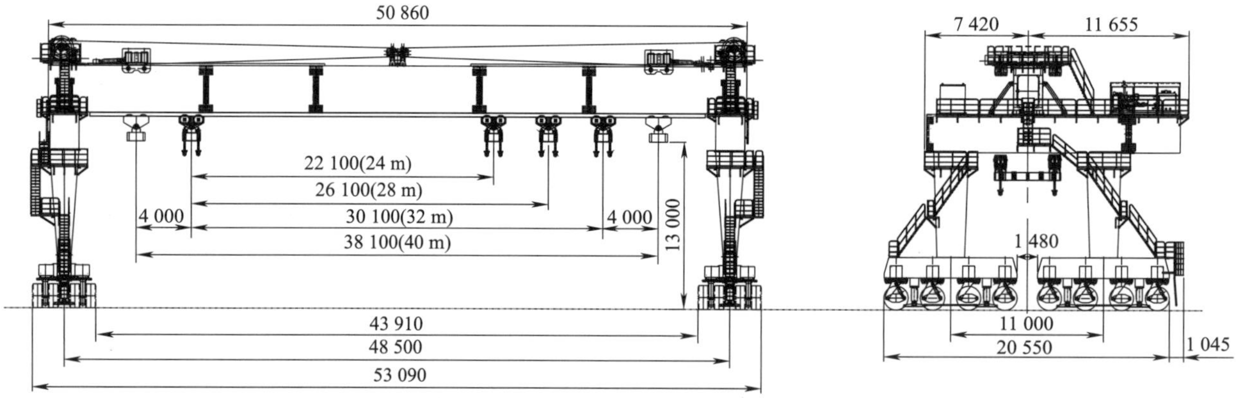

(a) 主视图　　(b) 左视图

图 4—22　普通安装方式(单位:mm)

3. 大车走行及转向机构

整机共 4 组大车走行及转向机构(图 4—23),由车架、悬挂系统、走行系统、转向系统、支撑系统等组成。

(1)车架。走行轮组的承力部件,采用单根箱形梁结构,左右腹板外侧分别与 8 组牛腿通过高强度螺栓连接。车架顶面安装支腿,下面安装支撑机构,采用 Q355C 型结构钢。车架通过牛腿与悬挂轮组相连,每个车架连接有 4 轴线 8 个行走悬挂和 2 个支撑机构。

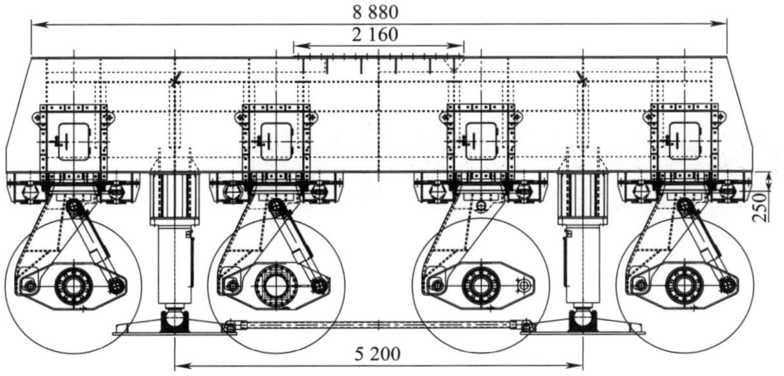

(a) 主视图

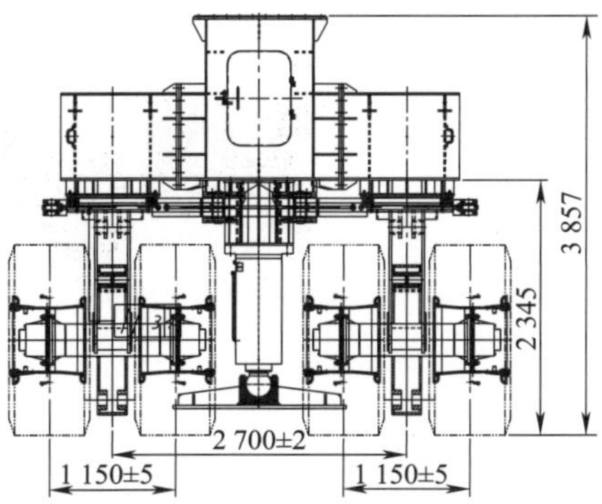

(b) 左视图

图 4—23 大车走行转向机构(单位:mm)

(2)支撑系统。搬梁机在重载的情况下轮胎的接地比压较大,轮胎的变形也较大,轮胎的接地面积增加,转向阻力矩增大。在这种情况下,没有其他的辅助设备辅助进行转向,将会使液压系统的压力增高,需要更大的转向油缸,并且对轮胎的磨损严重。支撑机构的功能就是辅助搬运机在重载的情况下转向,油缸顶起,使轮组仅仅承担自重所引起的承载量,此时轮胎变形量、接地面积、转向阻力矩、液压系统的压力均较小,保证了施工的安全。

支撑机构由连接座、油缸、球铰头、悬挂装置和底座组成,安装在走行台车下面走行轮组中间。在空载情况下整机进行 90°转向时,由支撑机构通过下端的底座将力作用在地面上,使轮胎不受载重力。当重载转向时,必须先支起支撑机构并检测支腿压力到达一定设计值以后才能进行转向,避免转向时轮胎受剪切力而破坏。连接座的作用是将油缸和车架连接起来。支撑油缸的活塞杆端通过球铰头与球面底座相联,使球面底座可以在±5°范围内摆动,从而适应路面不平的变化。

(3)走行系统。整机走行通过发动机液压泵驱动左、右走行轮组来实现。左、右走行轮组上面各连接有两个车架。整机走行系统含主动行走悬挂和从动行走悬挂共有 32 个,其中 8 个主动行走悬挂,16 个主动轮;24 个从动行走悬挂,48 个从动轮。轮胎直径为 1 760 mm。

驱动轮组由驱动车桥、液压驱动马达、减速机、轮胎、轮辋、连接销等组成。驱动车桥通过连接销连接在悬挂架上,悬挂油缸缸头连接在悬挂架上,活塞杆头连接在驱动桥上。液压马达减速机固定在驱动桥上,通过减速机驱动轮毂上的轮胎转动。

从动轮组主要由从动车桥、轮胎、轮毂及连接销等,其型式与主动轮组类似。

整机走行驱动是由液压回路完成的。该液压回路是由高压变量泵、变量马达组成的闭式回路,通过传感器、电磁比例阀和微电控制系统,可无级变速,保障平稳起步和平稳制动,冲击小,平稳性好。

行走制动系统包括行车制动、驻车制动及紧急制动系统。

行车过程制动主要通过控制驱动泵排量,逐步降低车速实现行车到停车的过程。

驻车制动系统为液压驻车制动。液压驻车系统为驱动悬挂轮边减速机内置的常闭式制动器。行走时驱动系统压力松开制动器,停车后,驱动系统压力降为零,制动器在弹簧力的作用下与制动盘结合,实现驻车状态下制动。

(4)悬挂系统。行走采用液压悬挂系统,每个车架下悬挂油缸通过并联形成三个支点,实现单边车架载荷均衡,能自动适应路面不平度,保证每个悬挂承载基本相同。车桥采用摆动轴,自动适应横坡的要求。出现超差情况能自动报警、停车,提高行驶中的安全性能。轮胎自动均衡调节高度示意如图 4—24 所示。

悬挂具有重载升降功能,悬挂采用柱塞缸,最大工作压力 28 MPa,中位升降行程±200 mm。

图 4—24　轮胎自动均衡调节高度示意

液压悬挂设有双管路保险系统，在极端情况下，液压管路爆裂时，能够确保整机平衡，不出现整机颠覆。

(5)转向机构。轮胎式搬梁机设置电控独立转向机构，可实现原地 90°转向、纵向走行和横向走行过程中的±10°转向、斜行、半八字转向、原地转向。转向机构由转向油缸、转向支架等组成，转向油缸的缸体通过销轴与转向支架铰接，活塞杆端与悬挂总成中的转臂铰接，通过转向油缸的伸缩来实现轮组的转向。每个轮组上都安装有转向油缸，通过电子控制及电子反馈系统使每个轮组按设定的角度进行转动。可以保证每个轮组转向角度完全一致，并能在行进中微调。

半八字转向用于搬梁机横向运行时，在出梁通道上进行转弯运行。轮胎在半八字转向时，无论重载或空载均应把支撑油缸支撑于地面，减小轮胎的压力和地面对轮胎的磨损。

4. 起升机构

起升机构由卷扬机构、起重小车、吊具等组成。

(1)卷扬机构。起升机构钢丝绳缠绕方式有两种，一种为单吊点即采用一根钢丝绳缠绕，另一种为双吊点即采用两根钢丝绳缠绕(四点起升、三点平衡吊装系统)，使箱梁均衡受载，平稳起落。避免前后起重小车四个吊点横向起升差别对箱梁梁体造成附加扭矩，保证箱体在吊装过程中平衡、平稳、安全。

液压卷扬机采用变量马达和减速机驱动卷筒，可实现无级调速，使起升平稳无冲击；卷扬机设三级制动，工作制动采用液压制动，停车时减速机带弹簧常闭制动，安全制动采用钳盘式制动器在卷筒处制动，保证箱梁不下滑，使起升系统有足够的安全性。

(2)起重小车。起重小车由纵移机构、横移机构、起重车架、定滑轮组等组成。

纵移机构采用油缸推拉方案，在每个吊梁小车与主梁之间设置 2 个顶推油缸，满载时吊梁小车能够纵向移位±500 mm，满足精确对位要求，同时在空载、需要长距离调整吊梁小车的纵向位置时，采用步履式顶推方式实现吊梁小车的变幅移位，满足吊装 40 m、32 m、24 m、20 m 等不同双线整孔预制混凝土箱梁的要求。还设有 4 个横移油缸，满载时小车能够横向移位±200 mm，满足精确对位的需要。

(3)吊具。吊具主要由动滑轮架、动滑轮组、摆轴、吊梁、吊轴组等组成。通过吊梁和动滑轮架之间摆轴，可以实现吊具的前后摆动，从而使吊具在工作工程中始终保持良好的受力状态，与小车架上的定滑轮组相对应，每个吊具上装有两个动滑轮组，每个动滑轮组上有六个动滑轮，与定滑轮一样为轧制焊接滑轮。吊轴组由塑性、韧性良好的合金结构钢制造。吊轴共 8 根，吊杆安全系数大于 5。

4.4.2　动力系统

选用康明斯发动机组，排放满足国家相关标准。燃油箱容量为 2×1 000 L=2 000 L。发动机通过弹性联轴器(扭力减振器)与驱动油泵相连，油泵通过闭式回路驱动液压马达和轮边行星减速器来实现行走；液压主油泵为进口闭式变量泵，液压系统最大工作压力 40 MPa，安全可靠。在系统中，操纵杆通过调节变量泵的斜盘倾角，得到不同的泵的输出流量，实现各挡行走速度的调节。当操纵杆回中位，主机行走渐停。

发动机，泵组，油箱，液压控制阀组，蓄电池等均安装在动力舱内，置于车架中部顶面平台上。配有一台 10 kW 发电机组，用于照明和空调。

4.4.3 电气控制系统

1. 电气系统组成

搬梁机电气控制系统由动力控制、车速调控、转向控制、悬挂及支腿控制、监视及显示、安全监控、电源及照明等子系统组成。

搬梁机电气控制系统采用基于 CAN 总线的分布式控制，选用工程车辆专用控制器，控制器具有多个 CAN 总线接口、防护等级达到 IP67、可适应振动及潮湿等工作环境，可靠性高。

2. 发动机控制

搬梁机由 2 套完全相同配置的发动机提供动力，发动机控制系统由发动机启停控制、转速控制、仪表显示监控等组成。

发动机控制由司机室操作台发出控制指令，控制器通过 CAN 总线实现对发动机的控制和信息交互，包括发动机启停控制、转速控制、水温和机油压力以及工作小时数等信息的读取等。发动机控制采用 SAEJ1939 协议读取发动机控制器数据并控制转速，数据集中显示在司机室人机界面，控制延迟少，操作简洁。

3. 车速调控

行走车速的控制通过调整发动机转速、驱动泵及行走马达排量 3 个变量匹配控制实现，行走驱动马达上安装有霍尔转速传感器实现对驱动行走速度的监控。控制器采集马达转速、液压泵压力、发动机转速等参数实现车速调整及行车过程的闭环监控。

4. 转向控制

采用油缸驱动全轮转向；能够实现纵行、横行、斜行、半八字转向；由司机室选择转向模式，给定转角信号给转向控制器，控制器比较转角指令数值与轮组编码器当前角度数值偏差，通过 PID 控制转向比例阀实现高精度闭环转向控制。

转向控制过程为：转角旋钮带动电子元件（高精度电位器）发出转向信号，通过控制器运算后向各转向机构发出指令，由转向液压系统推动转向机构完成转向动作。

定义轮胎与主梁平行方向行驶为横行（轮胎转角角度范围±10°），与主梁垂直方向行驶为纵行（轮胎转角角度范围 80°～100°），斜行时所有轮胎转角为发现指令设置的角度（轮胎转角角度范围－10°～100°），半八字转向转角范围为－10°～50°（半八字转向分本侧和对侧 2 种模式，选择哪一侧该侧为大角度转向）。

5. 悬挂及支腿控制

搬梁机两侧均布若干支悬挂油缸和一定数量的支腿油缸，在吊装梁箱、大角度转向长时间停车时将支腿顶升使轮胎受较小的力；在需调整两侧大车高度时控制悬挂油缸的升降使设备调制在合适高度。控制器输出 PWM 比例电流信号控制比例电磁阀进而控制油缸的伸出和收回。

6. 卷扬起升控制

卷扬机动力由开式系统提供，卷扬升降方向及速度调整由司机室发出控制指令，卷扬控制器输出控制信号给卷扬比例阀组及制动阀组，实现卷扬速度及方向控制，同时控制卷扬马达减速机制动、卷筒钳盘制动器。卷扬机构上安装有高度限制器、重锤高度机械限位器，以及安装于卷筒输出轴的编码器、驱动马达上的测速传感器共同实现吊钩高度及起升高度和速度等状态的实时监控。卷扬机上安装有制动器状态监测开关、失速检测开关、重量限制器等多重保护装置保护起升过程安全。

7. 小车纵横移控制

搬梁机整机有 2 台小车，每台小车均有一套纵移机构和横移机构，用于纵行移动或横向移动所吊梁片。纵移和横移机构均由 2 支油缸进行驱动，由纵横移控制器控制多路阀实现纵横移。

8. 安全监控

搬梁机配置有安全监控系统。系统与设备控制系统通过传感器进行融合，基于互联网、物联网和工业大数据技术，面向工程施工安全管理的监控平台。能够实时准确、生动形象、真实全面地反映起重机的即时工况，可随时再现设备不同时段的关键数据、提供可追溯的历史数据。设备使用方若选配远程监控功能，还可将以上实时监控、数据查询等功能拓展至手机移动客户端或电脑上，实现远程监控设备状态和对历史工作过程的查询等。搬梁机安全监控系统原理如图 4—25 所示。

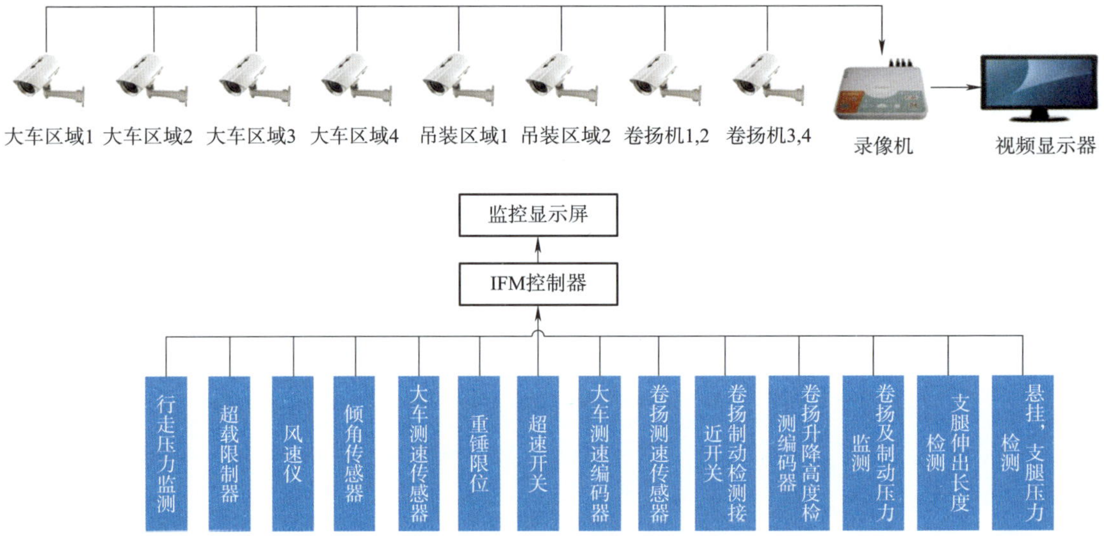

图 4—25　搬梁机安全监控系统原理

9. 电源及照明

设备弱电取自两侧发动机蓄电池，照明、司机室空调、辅助设施供电取自 AC 380 V/220 V 30 kW 交流发电机组。

照明设置：操作室设室内顶灯、台车两端设左右照明大灯。主梁与支腿位置各设置若干盏主照明灯，以供夜间及光线较差天气下的施工。

4.4.4　液压系统

HLT1000C 型搬梁机液压系统(图 4—26)由左右两侧各自独立的车架液压系统组成，其左右两侧车架结构对称，液压系统对称相同。工作时依靠电控实现两侧独立的液压系统协同工作，共同实现搬梁机的各项功能。

每侧车架液压系统均由驱动系统、制动系统、转向系统、悬挂及支腿系统、卷扬及吊具调整系统、散热系统、液压管路、液压辅件等组成。

整机液压系统的动力源为两台 250 kW 发动机，分布于左右两侧，每台发动机通过联轴器驱动一台闭式泵、一台开式负载敏感柱塞泵和一台带压力控制的开式辅助柱塞泵，为各侧的液压系统提供压力油源。

一台闭式电比例泵驱动电比例液压马达，组成走行的闭式电比例系统(驱动系统)；一台开式负载敏感柱塞泵和一台开式辅助柱塞泵驱动卷扬马达及诸多油缸以及若干辅助功能(制动系统、转向系统、悬挂及支腿系统、卷扬及吊具调整系统、散热系统)，组成开式工作系统，且负载敏感的控制特性使得子系统处于最佳功效匹配状态。由此 HLT100040C 型搬梁机液压系统形成了由开、闭式两种类型液压系统

图 4—26 HLT1000C 型搬梁机液压系统

组合而成的整机液压系统。

1. 驱动系统

行走驱动系统采用闭式液压系统(图 4—27),单侧一泵八马达,整机两泵十六马达。泵为一线进口品牌 180 mL/r 排量的电比例变量闭式泵,马达为一线进口品牌 80 mL/r 排量的电比例变量马达,元件可靠性高。而电比例变量泵+电比例变量马达的液压驱动形式让整机调速性能极佳,单侧马达并联,分布在两条轴线上,在转向时闭式系统的冲洗采用马达侧冲洗,置换出来的热油和马达壳体池漏一起返回油箱。

图 4—27 闭式液压系统

因闭式系统热油难回油箱导致闭式系统液压油散热难的特性,闭式走行系统对泵侧管路进行集中冲洗,集中冲洗阀的流量为 30 L/min,冲洗压力 2.5 MPa,有效将热油置换出来,降低闭式走行系统内的油温。

系统最大流量 320 L/min,额定压力 42 MPa,理论工作压力不大于 30 MPa。

马达及减速整体直接装在驱动轮对的轮辋之内,结构紧凑,马达通过 146 速比的轮边减速机驱动车轮行走。

2. 制动系统

制动系统为行走减速机配备的驻车制动系统。常闭式盘式制动器安装在驱动轮系的行星减速机内,在整机驻车静止时,制动器在弹簧的作用下可靠的将刹车盘压死,整机处于驻车制动状态;当整机开始行走时,来自主油路经过梭阀选出的高压油在通过 2.5 MPa 的减压阀后,以 2.5 MPa 的压力推动 16 台减速机里的驻车制动器活塞缩回,制动解除,整机可以开始行走。

在行车过程中,制动主要通过液压系统的特性来完成。当操作者拉回车速推杆时,泵的排量逐渐降低,车速也随之降低。当推杆回零位时,变量泵排量为 0,在管路及元件的液压阻尼作用下,实现行车制动。

3. 转向系统

转向系统(图 4—28)采用负载敏感开式液压系统。泵为一线进口品牌 145 mL/r 排量的负载敏感开式泵,元件可靠性高。整机由两台 145 mL/r 排量的负载敏感变量泵,为两侧车架的 16 支转向油缸提供动力油源。系统的最大流量 260 L/min,额定压力 35 MPa,理论工作压力不大于 20 MPa。

搬梁机采用全轮独立转向,转向系统由电比例多路阀控制转向油缸推动转向机构来实现转向。比例阀为油缸大腔和小腔最大供油流量分别为 25 L/min 和 16 L/min。且设置在回转支撑中心的编码器检测转向角度并反馈到控制器,形成闭环控制,精确控制转向角度,实现直行、横行、斜行、半八字转向等多种运动模式,整车灵活、平稳、无滑移行驶,可在窄小场地执行工作任务。

4. 悬挂及支腿系统

悬挂及支腿系统(图 4—29)采用负载敏感开式液压系统。泵为一线进口品牌 145 mL/r 排量的负载敏感开式泵。整机由两台 145 mL/r 排量的负载敏感变量泵,为两侧车架的 32 支悬挂油缸提供动力油源。系统的最大流量 260 L/min,额定压力 35 MPa,理论工作压力不大于 20 MPa。

图 4—28　转向系统

(a) 图示1

(b) 图示2

图 4—29　悬挂及支腿系统

(1)悬挂。悬挂系统(图 4—30)为每侧台车提供均衡,确保每组悬挂受力相等,悬挂油缸共 32 支,每侧台车的 16 个悬挂可分为四个分区,当整机拼装完成时转换为两个分区,整机共四个分区,每个分区内部,悬挂油缸的管路是相通的,在搬梁机行驶时,各组形成一个内部封闭的液压回路,当轮胎遇到凹凸不平的路况时,油缸可通过这些相互连接的管路来自动补偿伸出或者缩回,这使得每组悬挂受力均匀。

悬挂支撑作为承载的关键部件,在悬挂管路设计上设置双管路防爆阀。当悬挂管路中的一条管路爆裂时,双管路防爆阀可以立即关闭爆裂的管路,而另一条管路可以正常工作,如此搬梁机可以维持正常行驶,极大提高了搬梁过程的安全性。

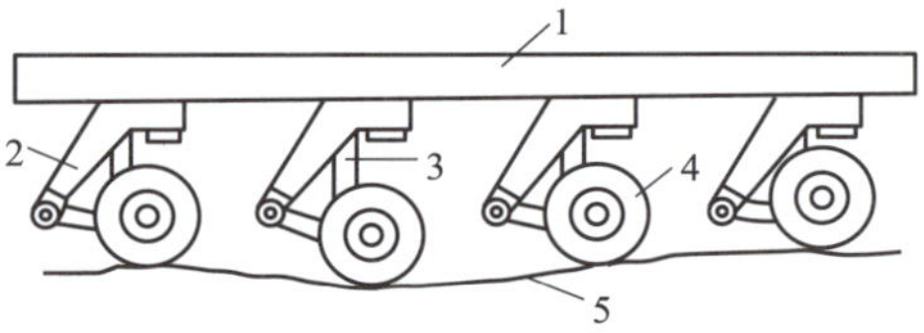

图 4—30　悬挂系统

1—车架;2—悬挂架;3—悬挂液压缸;4—轮胎;5—地面

(2)支腿系统。支腿系统在整机重载转向时为每侧台车提供支撑力,以减小转向时轮胎的支撑力,从而减小对轮胎的磨损。支腿油缸共 8 支,分为四个点,每个点内的两支支腿油缸由一片换向阀控制,总管路上加装一块管式平衡阀,用来在任意行程时锁定油缸,并使油缸升降平稳。

4.4.5　卷扬及吊具调整系统

卷扬系统采用负载敏感开式液压系统。泵为一线进口品牌 145 mL/r 排量的负载敏感开式泵。整机由两台 145 mL/r 排量的负载敏感变量泵为整机的四台卷扬机提供动力油源。每台卷扬机由一台排量为 160 mL/r 的马达通过减速机进行驱动,马达的提升端装有平衡阀,用来为马达保压和使马达运转平稳,同时为减速机的制动器开启提供压力。当主油路没有接通时,减速机的制动器处于常闭状态,刹车盘可靠抱死。当主油路开始建压打开主油路时,一分支油路同时打开卷扬减速机制动器,卷扬滚筒开始运行。每台卷扬马达由一片比例阀单独控制,卷筒中心设置有编码器用来检测提升高度。其中一侧台车的两台卷扬机的钢丝绳为一根通绳,形成一个浮动吊点。

吊具调整系统采用负载敏感液压系统,也是由两台 145 mL/r 排量的负载敏感变量泵提供动力源。吊具调整有纵移和横移两个动作,每个吊具的动滑轮组由两支纵移油缸和四支横移油缸进行调整。两支纵移油缸由一片换向阀控制，换向阀后设置分流集流阀用来保证两支纵移油缸的同步性，同时两支纵移油缸设置有单动的功能。四支横移油缸分左右两组，由两片换向阀分别控制，每片换向阀控制一组的两支横移油缸，两支油缸靠机械同步。

系统的最大流量 260 L/min，卷扬多路阀单片最大流量 150 L/min，额定压力 35 MPa，理论工作压力不大于 25 MPa。

4.4.6 散热系统

散热系统（图 4—31）为独立循环系统，配备两台 044 规格的风冷散热器，循环动力泵为闭式泵的补油泵和 28 辅助泵，将闭式泵的泄油流量和冲洗阀的流量引到同一个散热器，将 28 泵驱动的辅助散热阀的回油口经过 5 bar 的单向阀引到另一个散热器，经散热器散热后再返回油箱。散热器的风扇转动由齿轮马达带动，齿轮马达由辅助柱塞泵提供动力源，系统额定压力 28 MPa，理论工作压力不高于 6 MPa。

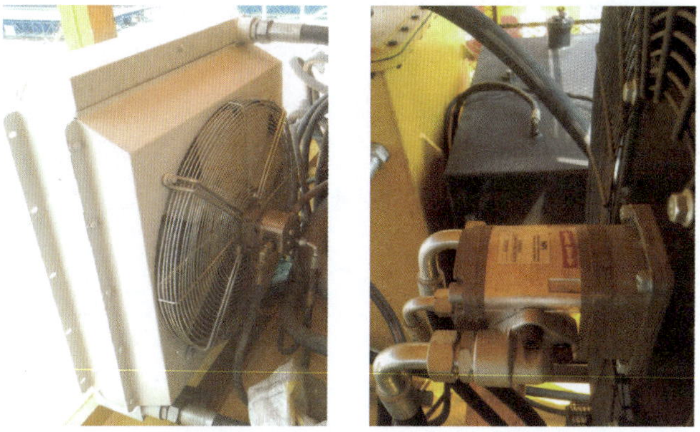

(a) 图示1　　(b) 图示2

图 4—31　散热系统

4.5 设备制造

各型号搬梁机生产制造方法基本相同，此处以 HLT1000C 型搬梁机为例，对其生产制造质量控制工艺做简要介绍。

4.5.1 结构制造

HLT1000C 型搬梁机在进行制造时，重点控制以下几个方面。

（1）主梁在制造过程中需重点控制：主梁预拱，以便于主梁在工作状态下整体下挠符合要求；主梁轨道安装质量；主梁各节段连接制孔；主梁与横梁连接部位孔群相对位置及螺栓孔尺寸。

（2）横梁在制造过程中需重点控制：横梁整体直线度和垂直度；横梁与主梁、支腿连接部位孔群相对位置及螺栓孔尺寸。

（3）支腿在制造过程中需重点控制：支腿长度方向预留配切余量；支腿上、下连接法兰板的位置确定（支腿与横梁和大车运行机构连接部位）。

（4）大车走行转向系统各部件在制造过程中需重点控制：牛腿与回转支承组装及牛腿在纵车架上的定位；驱动/从动悬挂系统与车架的组装，转向机构与悬挂系统的配装。

4.5.1.1 主梁构件

1. 结构说明

主梁框架为单主梁箱型结构，由五个节段拼装而成，每个节段均为焊接箱型结构，节段之间采用 10.9 级高强度螺栓连接，设计有 8 m 调整节，与支腿采用法兰连接。所有节段均向上预拱，除中间节段外其他四个节段上盖板均有纵移轨道；与横梁采用 10.9 级高强螺栓连接。

箱型结构的部件，根据图纸技术要求及焊缝要求，选用合适的拼装焊接方法，当遇到不便施焊的区域，优先保证主焊缝的焊接技术要求，选用合理的焊接顺序，控制焊接变形量。下料及组装时，根据各个部件配合要求，预留切割或切削余量。

2. 零件备料

(1)盖腹板。下料时盖腹板在长度方向均预留 1/1 000 的焊接收缩余量,若钢板长度尺寸不够,则需要对钢板进行全熔透对接焊。对接焊缝不允许出现在主梁跨中 2 m 范围内,且盖板和腹板的对接焊缝需相互错开,错开长度至少 200 mm;主梁各节段接头处距法兰连接板边缘 500 mm,法兰连接板区域内不允许出现对接焊缝。所有主要板材对接焊缝均需焊后 100%超声波探伤,并矫正变形。

(2)隔板。隔板可根据尺寸采用分块下料的方式,然后对接成整体(开坡口焊接),对接时留 2 mm 间隙。隔板尺寸在工装平台上划隔板外轮廓线,采用角钢在外轮廓线边缘进行点焊固定,制作隔板拼装限位工装用以拼装隔板。焊接隔板对接焊缝,并检查隔板竖直边缘平整度,矫正边缘由于焊接导致的角变形。测量隔板的各个尺寸,保证隔板符合技术要求(长度及宽度偏差不大于 2 mm,对角线偏差不大于 1 mm)。焊缝目测合格,无焊接缺陷。确认合格后将圈筋点焊在隔板上。隔板分块焊接如图 4—32 所示。

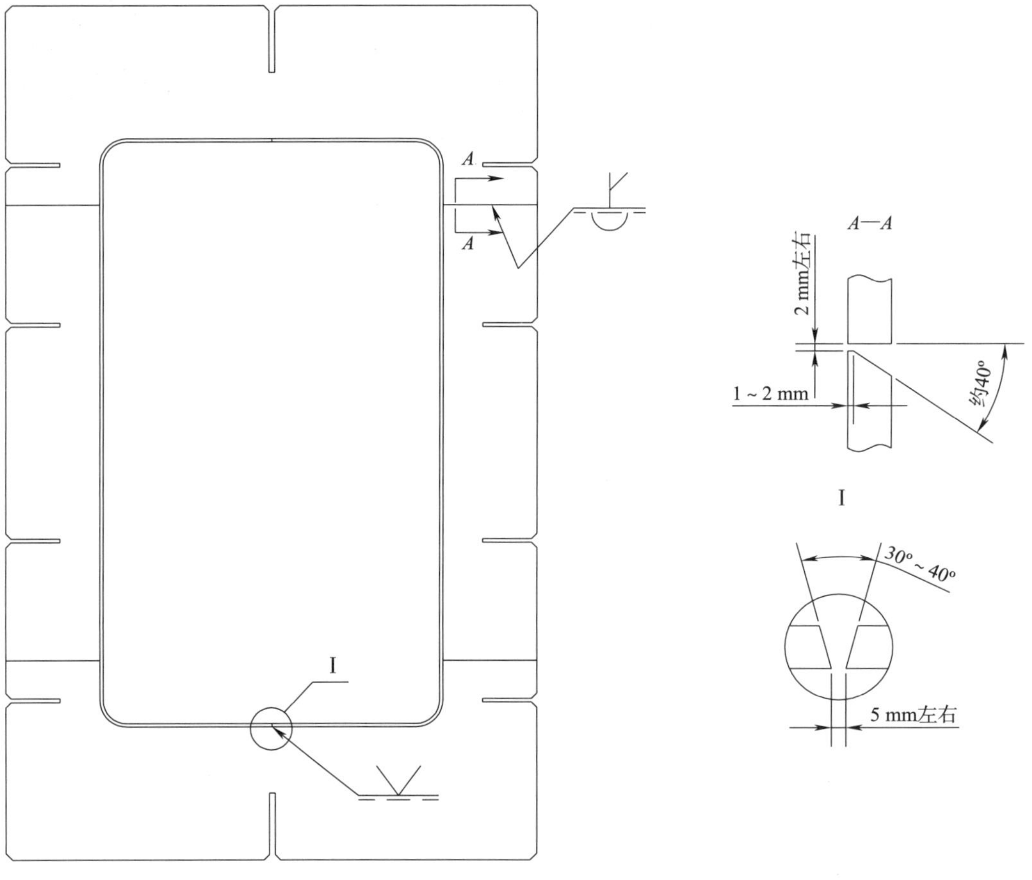

图 4—32　隔板分块焊接示意图

(3)单根主梁制作(整体组装,分段焊接)。所有零件备料完成,胎架搭设合格即可制作单根主梁。单根主梁采用正装制作方式,在下盖板上划纵向中心线,并按照地样线将下盖板吊装到起拱胎架上,下盖板各节段接头处紧密贴合并刚性固定。组拼隔板及腹板形成 U 型梁后,确保 U 型梁腹板垂直度(小于 $H/400$)及平面度情况合格,再检查隔板的垂直度以及各个隔板边缘是否平齐,之后对主梁腹板与下盖板、隔板焊缝进行定位焊,定位焊长度 40～60 mm,间距 600～800 mm。将上盖板从中间向两边依次吊装并与 U 型梁进行拼装,采用配重块施压,以保证上盖板与腹板紧密贴合,上盖板与隔板完全贴合。

在腹板外侧大隔板位置依次测量主梁两腹板的垂直度,在主梁上端 $H/3$ 的区域测量主梁的直线度，在上盖板两侧依次测量主梁的拱度值。要求水平弯曲≤15 mm，腹板倾斜 $h\leqslant5$ mm，盖板倾斜 $b\leqslant2$ mm，主梁跨度中部最低点不应低于水平线 20 mm。未达到要求时，对其进行校正直至达到工艺技术要求。检验合格后，对主梁主焊缝及隔板四周焊缝进行定位焊。纵筋与隔板交接处需要进行双面角焊缝的焊接，腹板与盖板之间的角焊缝需从中间向两端对称焊接，主梁的四条主焊缝焊接方向必须一致。

(4)主梁整体组装

①主梁在水平方向的弯曲不应大于 $S_1/2\,000$，最大不应超过 15 mm(S_1 为两端第一块隔板间的实测长度，在离上盖板约 100 mm 的横向加筋肋处测量)。

②主梁腹板的局部平面度在离上盖板 $H/3$ 以内的区域≤0.7δ，其余区域≤1.2δ(δ 为腹板板厚)。主梁腹板在大隔板处测量，垂直偏斜 $h\leqslant H/250$，且不超过 5 mm。在主梁两侧轨道开始部位必须保证腹板的垂直度。

③主梁上盖板在大隔板处测量，水平倾斜 $b\leqslant B/250$(B 为盖板宽度)，且不超过 4 mm。

④主梁组装完成后，小车轨道中心距(水平方向)偏差不大于±4 mm；沿长度方向任意 2 m 内高度方向偏差不大于±1 mm，两轨道接头处高度差不大于 0.5 mm。

4.5.1.2 支腿构件

1. 结构说明

支腿采用箱型结构，支腿上部与横梁采用 10.9 级高强度螺栓连接，支腿下部与大车走行机构连接采用 10.9 级高强度螺栓连接。

在焊接过程中要注意焊接顺序，不得扭曲变形，旁弯不得大于 $H/2\,000$。注意焊缝要求，根据图纸设计说明进行焊接。

2. 零件备料

盖板及腹板如需要拼接时，先进行对接，再下料。对接完成后应进行 100%超声波探伤，并对焊接引起的变形进行矫正。下料时在支腿下部沿支腿高度方向加放 20 mm 研配切割余量。盖板及腹板下料后对角线差≤2 mm。隔板参照主梁隔板制作工艺要求。上、下法兰板下料后零件对角线差≤1 mm。上、下法兰连接板尺寸按图纸下料，支腿与大车走行车架连接孔需制作钻模，孔距与图纸一致，同时标记法兰板十字中心线。

3. 部件制作

在盖板上划盖板纵向中心线，将盖板吊装到工作平台上。以盖板大法兰端头为基准，划两腹板内外侧边缘线、隔板位置线、纵向肋板位置线。根据所划的各个位置线，依次拼装隔板，隔板拼装时，保证隔板与盖板的角度，同时检查各个隔板边缘是否在一个平面内，检查合格后点焊。整体吊装整块腹板，吊点设置均匀，使腹板边缘线与隔板、盖板上划的腹板内外侧位置线完全贴合，两腹板端头与盖板端头平齐，且在同一平面内。拼成 U 型梁结构，焊接内部焊缝，最后将另一块盖板与支腿 U 型梁进行拼装，拼装时要对齐大法兰端头。焊后检测各部件的整体尺寸，不符合要求的需校正。

4. 支腿拼装

(1)支腿拼装时，要保证横梁下盖板各法兰孔中心距与图纸要求相符。支腿上、下法兰板与支腿定位位置正确，符合要求。走行车架与支腿连接的法兰孔群中心线处于车架纵横腰线位置。两支腿间距正确，误差值<1 mm。

(2)横梁下盖板与两个支腿的上法兰连接区需在同一平面内，检测点差值<2 mm。

组装两个支腿时(图 4—33)，在支腿盖板与腹板上划出各自长度方向中心线，并用样冲做好标记。在工装平台上根据图纸尺寸放两支腿中心线位置线；根据支腿盖板边缘倾斜度搭设支腿支撑架，将支腿根据地样线吊装到支撑架上进行调整。采用水平仪测量支腿两端盖板中心线标高，调节支腿使盖板中心线在同一平面内；以支腿腹板中心线为基准测量两支腿的间距和对角线差来调整两支腿间距，同时在支腿上部采用地样线或拉线的方式保证两支腿上部端口在同一平面内。

组装支腿与走行车架时，保证法兰中心线和支腿中心线重合，用垂线法确保走行车架法兰与地面垂直。同时采用水平仪测量走行车架横向腰线与支腿腹板中心线在同一水平面内。测量支腿下法兰面与走行车架法兰面之间的距离，符合图纸要求后对支腿下法兰板进行焊接固定。

组装支腿与横梁时，需要将横梁下法兰中心线和支腿中心线重合，用垂线法确保横梁下法兰与地面垂直。同时采用水平仪测量横梁下法兰中心线与支腿腹板中心线，确保在同一水平面内。测量支腿上法兰面与横梁下法兰面之间的距离，符合要求后将支腿上法兰板钻模焊接固定到横梁上。

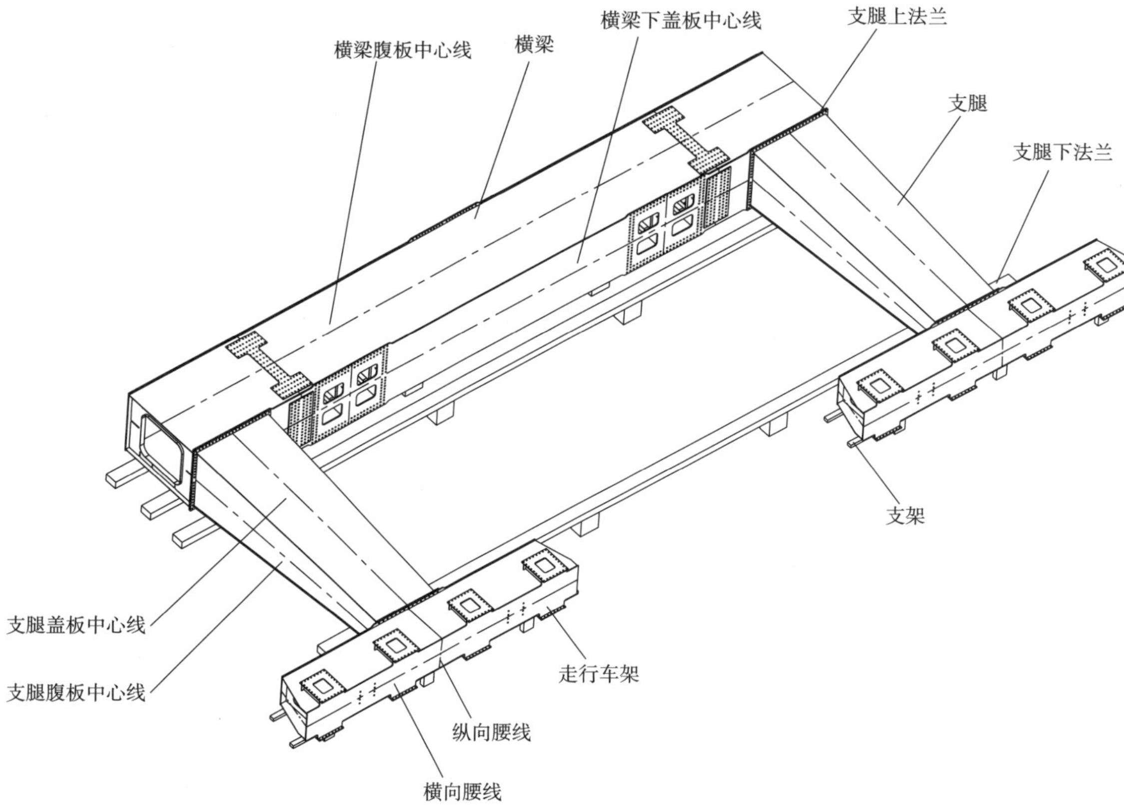

图 4—33　支腿与横梁、走行车架拼装示意图

4.5.1.3　大车走行构件

1. 结构说明

大车走行机构分为纵车架、牛腿、回转支撑座、转向机构、驱动和从动悬挂架。纵车架是大车的主体结构，与支腿采用 10.9 级高强度螺栓连接；牛腿与回转支撑座成垂直布置，牛腿与车架采用法兰连接，而回转支撑座与驱动以及从动悬挂架连接，工作时由油缸提供动力。

2. 零件备料

下料时如需对接钢材，应先对接后下料，对接完成后应进行 100%超声波探伤，并对焊接引起的变形进行矫正；下料时需检测各零件对角线尺寸差≤1 mm，长、宽度尺寸偏差在±1 mm 内；根据工艺技术要求各部件预留组装配切余量；需要机加的销轴孔，下料时单边预留 10 mm 的镗孔余量；需开坡口的零件，下料后按图纸要求开坡口，注意坡口方向，余量长度。

3. 部件制作

纵车架采用箱型结构，根据图纸技术要求及工艺制造要求，选用合适的拼装焊接方法，当部件焊接作业区域较小时，优先保证主焊缝的焊接技术要求，通过选用合理的焊接顺序，控制焊接变形量。焊后检测各部件的整体尺寸，不符合要求的需校正。回转支承和牛腿整体进行机加工。机加工时以牛腿法兰面为基准对轴承座底面进行机加工和钻孔，尺寸和相对位置符合图纸设计要求，同时在轴承座底面标记纵、横中心线，方便后续组装。

4. 大车组装

(1)检测腹板外侧大隔板位置两腹板的垂直度，在纵车架上端 $H/3$ 的区域测量车架的直线度。要求水平弯曲≤10 mm，腹板倾斜 h≤5 mm，盖板倾斜 b≤1 mm，内部四角的对角线误差为±1 mm。

(2)回转支承轴承座面与牛腿法兰面垂直，且保证回转支承中心到牛腿法兰面中心的距离偏差小于1 mm，回转支承面到牛腿法兰板中心线偏差小于 1 mm，转向机构定位体内尺寸可以正偏差，偏差≤2 mm；

(3)在牛腿及回转支撑与车架组装时(图 4—34)，同一侧回转支撑轴线必须共面，且与另一侧回转支撑轴线面平行；同一侧回转支撑轴线直线度偏差≤2 mm；左右两侧回转支撑轴承中心线偏差≤2 mm；回转支撑轴承中心对角线偏差≤2 mm；相邻两个回转支撑轴承中心间距偏差≤2 mm。

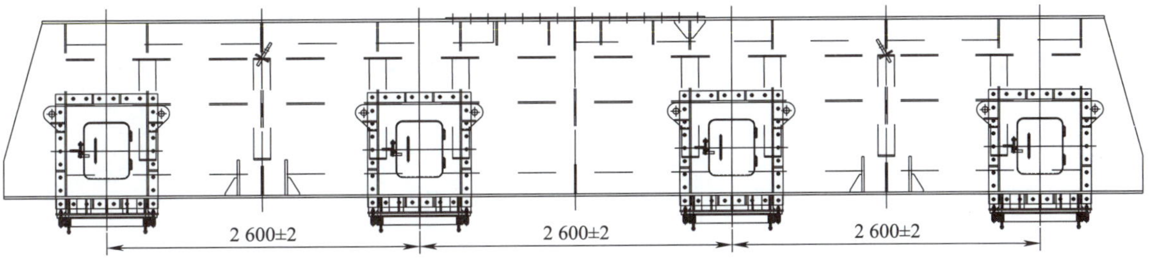

(a) 主视图

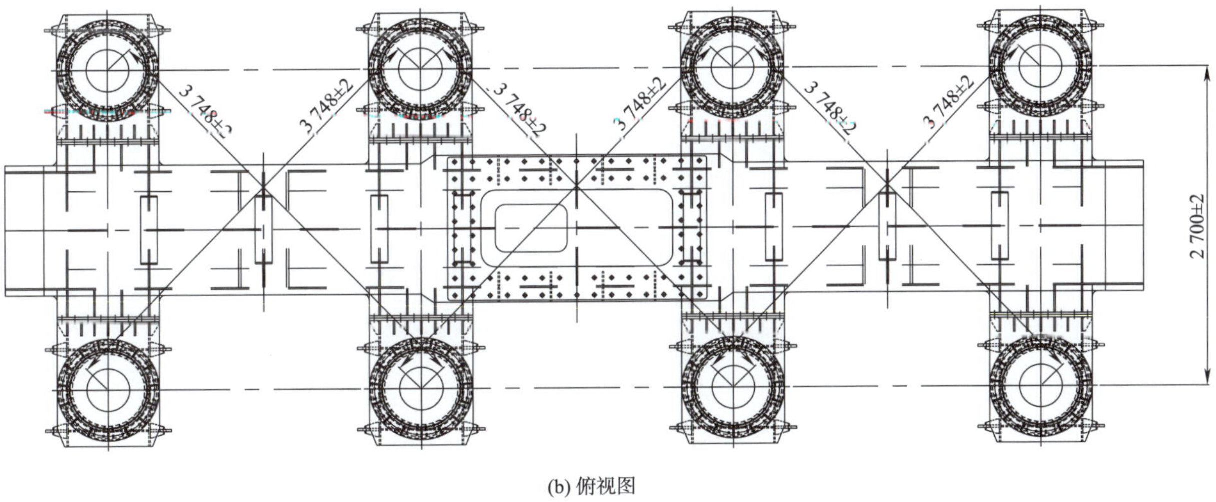

(b) 俯视图

图 4—34 牛腿及回转支撑与车架组装示意图(单位：mm)

车架与牛腿汇装时，将牛腿连接座法兰板拼装在车架上，回转支承轴承座面向上吊起牛腿，先调整牛腿在车架纵梁上的位置，再调整牛腿水平。对回转支承的轴承表面打标高，以保证左右两侧回转支承轴承面相互平行，轴承面高低偏差不大于 5 mm。

转向机构定位座与转向机构定位体进行预装配时(图 4—35 和图 4—36)，测量转向油缸定位体高度中心距转向机构定位座上端的距离 B。根据悬挂转向板连接油缸耳板厚度中线至牛腿下端实际距离 A，配切转向机构定位座。

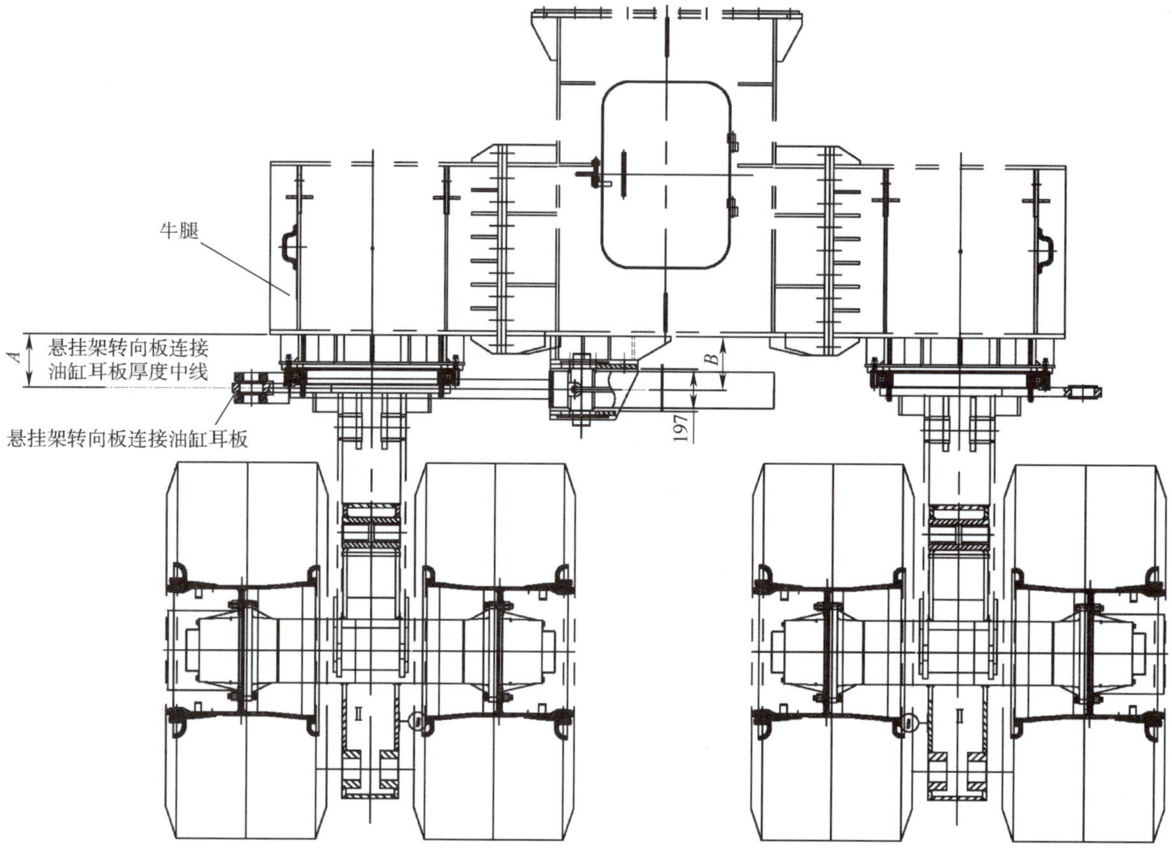

图 4—35　转向机构尺寸配合示意图(单位:mm)

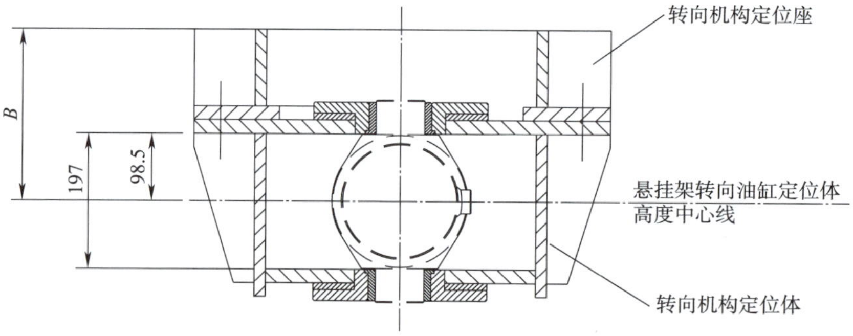

图 4—36　转向机构定位块尺寸配合示意(单位:mm)

4.5.2　电气系统制作

1. 司机室及控制柜

为保证功能和操作舒适性,搬梁机司机室尺寸长宽高分别为 2 000 mm×1 800 mm×2 000 mm。控制柜设置为户外防雨型,在沿海等位置使用外壳材质需满足防盐雾因素。安装孔位在控制柜制作时一并制作,与主体结构的连接通过附件打孔螺栓连接。

2. 接线及布线

布线遵循先主线后分支、强弱电分开布设的原则。先将司机室、控制柜位置定位后按布线图进行布线。照明及司机室交流电源线的布设必须与通信线、信号线分开布设,当不可避免有交叉时用金属软管和金属电缆桥架进行跨越。信号及通信信号的屏蔽层接地参照信号接地规范进行。

4.5.3 液压系统制作

HLT1000C型搬梁机液压系统生产制造分为三个部分：动力舱制造、液压管路组装、液压系统调试。其中，动力舱主要就是液压油箱钢结构的制作和泵、阀组制作装配两大部分；液压系统管路组装也就是利用钢管、软管、接头，将泵站与各个执行元件相连接的过程；液压系统调试即为投入使用前的统一检查。

1. 动力舱制造

(1)液压油箱。由于液压系统对油液污染尤其敏感，而液压油箱是液压油的存放部位，因此保证液压油箱的清洁度以及密封性就是液压油箱在制作时的重中之重。保证油箱清洁度是保证本身在制作完成之后没有杂质，保证密封性则是保证在使用过程中外来杂质无法进入油箱，污染油箱内存储的液压油。

油箱结构在焊接制作时注意：油箱箱体由U型钢板折弯开双面坡口进行双面焊接；法兰内外两圈都要满焊；焊接完成后进行先喷砂处理，再对内部酸洗磷化或涂耐油漆，外喷防锈漆；出厂前做盛水试漏试验，确保焊缝无漏。

(2)泵、阀组。由于动力舱管路众多，油口众多，容易接混管路，造成液压系统的损坏。因此，装配时需要和原理图进行一一对应，防止接错的情况发生。

泵站上液压阀，特别是电磁换向阀的外形完全一样，仅仅在于其上的铭牌所刻的型号不同，若工人看错、拿错不同型号的换向阀后进行装配，会在使用过程中出现故障。因此，液压阀装配前仔细辨认阀上铭牌上其型号，把正确的阀装在正确的位置上。

在阀块上进行阀的装配时，容易让杂质进入阀块孔道中去。而阀块孔道中的杂质是不易被发现和清理掉的，因此若安装的过程中有杂质进入阀块，又或是阀块在机加工时本身留有杂质在孔道内，则在使用过程中极易发生阀芯卡滞现象。所以装配前先将阀块和阀清洗干净，装配过程中不戴手套进行安装，且保证全程手上的清洁度。

液压阀的螺钉扭紧力矩达不到要求时，使用过程中阀与阀块安装面会漏油。因此阀安装需要的12.9级的螺钉拧紧力矩用扭矩扳手进行扭紧，以解决漏油问题。

2. 液压管路组装工艺

(1)钢管。钢管进行装配时注意以下几点：

①安装前，检查钢端头是否平齐，检查端头内部是否有残留铁屑，若有，则需要清理干净后再进行安装。

②正在安装的钢管，采取“装一头，拆一头密封盖”的方式保证另一端的清洁。正在安装的这一端不要随处放置，或者触碰到杂质。

③管路布置整齐、接头按力矩表进行扭紧。

(2)软管。软管安装时，要保证软管的清洁度。软管接头安装时，切勿佩戴手套，避免灰尘杂质进入软管接头内部。还未安装正等待安装的软管必须将其两端头密封好，防止灰尘杂质进入软管内。正在安装的软管，采取“装一头，拆一头密封盖”的方式保证另一端的清洁。且正在安装的这一端不要随处放置，或者触碰到杂质，请保证其清洁的情况下再将其接在接头上，以避免启机运行时发生阀芯卡滞现象。且安装时要避免扭曲、打结、因长度不够过度拉伸。在安装形式上综合考虑。

(3)接头。卡套接头安装时(图4—37)，要保持接头的清洁。当接头安装时再摘除接头上的防尘帽。切勿佩戴手套进行接头安装，避免灰尘杂质进入接头内部。安装好接头一端后，另一端若暂时不安装，继续扣上防尘帽，杜绝杂质进入接头，以避免启机运行时发生阀芯卡滞现象。

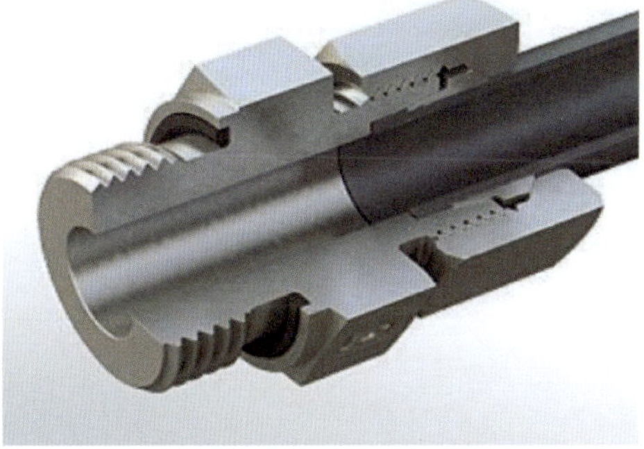

图4—37 卡套接头安装

(4)管夹。HLT1000C 型搬梁机整机用了多种型号的管夹(图 4—38),在管夹安装中主要注意以下几点。

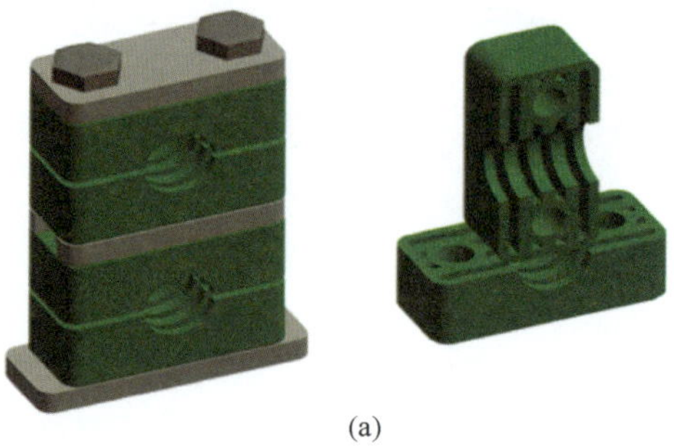

(a)

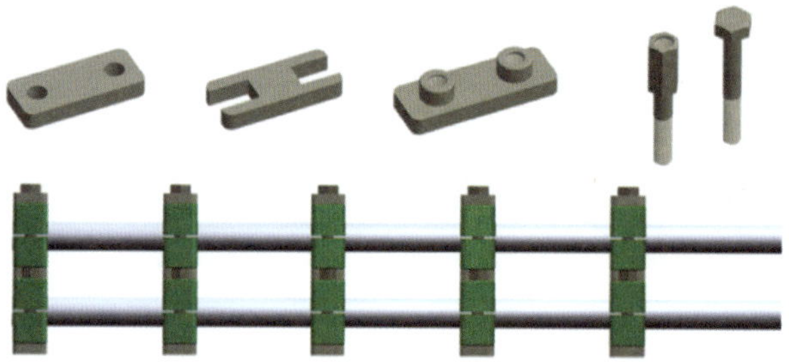

(b)

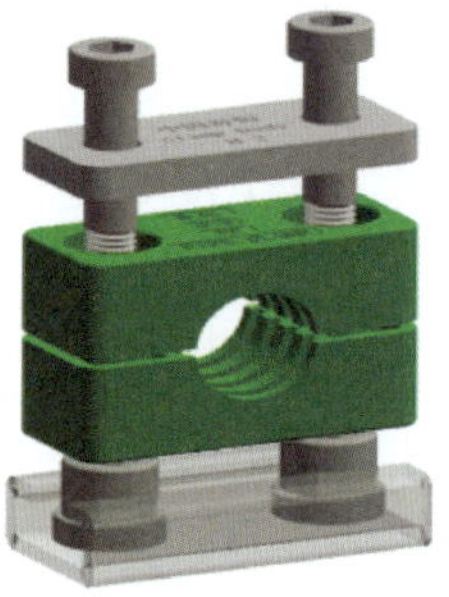

(c)

图 4—38　管夹

①管夹设置位置按图纸所示进行配置。配置的基本原则是:在拐弯处的两端、在两端的接头处、管夹间距不大于 2 m。

②管夹在初装时,可以不完全将螺栓拧紧,方便后面进行管路微调。

③多组管夹并联摆放在同一导轨上时,适当错开管夹间的左右间距,以留出适量的扳手空间,方便拧接头。

④切勿混淆管夹及其匹配的管径,避免后面管子无法有效卡紧。

⑤搬梁机的管夹均为导轨安装,即管夹均固定在焊接与结构上的导轨上。该安装形式方便调整。即在需要管路进行平移的时候,只需松开管夹螺钉,即可平移整体管路。

⑥对于双层管夹,底层管夹的固定螺栓拧紧后再拧紧上层固定螺栓。否则,上层螺栓会出现无法拧紧的现象。

⑦对于双层管夹,中间的过渡板可以作为底层管夹固定螺栓的扳手。

⑧软管的管夹位置应当充分考虑机构的运动与软管的干涉,利用管夹对软管进行有效的约束。

4.6　安拆与调试

4.6.1　安装

4.6.1.1　安装作业安全保障

搬梁机安装作业时对环境有一定的要求,应做好安装作业前的精心准备工作,具体要求如下:

(1)安装作业现场宽敞、开阔并满足汽车吊进出场场地需求,1 000 t 搬梁机安装需 35 m×85 m 场地,其中 35 m 为横向,85 m 为跨度方向;

(2)对安装现场进行平整,并压实、硬化,地基承载能力不小于 200 kPa,以满足吊装机具的工作要求;

(3)应清除周围一切障碍物(如模板、钢筋等一切与安装无关的杂物);

(4)搬梁机安装前,对搬梁机整体进行检查,确保所有部件齐全且没有结构缺陷;

(5)全面检查用于安装作业的工器具,保证安全装置齐全可靠;

(6)提供电源,能够保障安装作业时搬梁机能够正常调试运转;

(7)吊装前进行演练,明确统一指挥口号、用语;

(8)吊装施工区域设立警戒线并设专人监护,与施工无关人员禁止入内;

(9)夜间安装时,安装场所保证有足够的照明;

(10)安装作业前,应准确掌握气象信息,保证整个安装期间无大雨、沙尘暴等恶劣天气,无 6 级及 6 级以上大风。

4.6.1.2 安装作业流程

搬梁机安装流程如图 4—39 所示。

各部分的安装方案如下。

1. 安装车组

在预拼装的场地划出大车轮组的位置并整平,使得左右轮组的高低误差控制在 10 mm 范围内。每组大车轮组主要包括:驱动桥 2 组、从动桥 8 组、辅支腿 1 组、转向系统 1 组、大车架 1 组。拼装时,利用汽车吊将行走大车在安装位置定位后,以车架上法兰面为基准面,测量法兰面的跨度尺寸 $S1$、$S2$ 及对角线尺寸 $L1$、$L2$,误差控制在 10 mm 范围内。车组安装如图 4—40 所示。

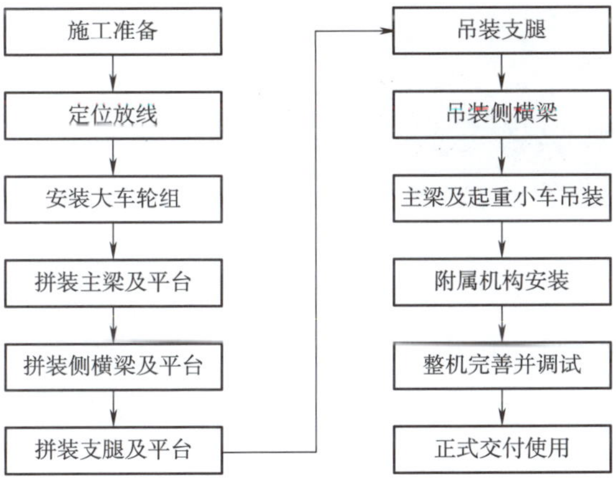

图 4—39 搬梁机安装流程

图 4—40 车组安装

2. 其他部件的组拼

(1)拼装主梁及平台。拼装前首先在预拼装的主梁下搭设临时枕木垫墩(临时垫墩高度约 600 mm,搭设成交叉井字型),利用汽车吊陆续将主梁的 5 个节段拼装成形;其次,拼装主梁上的走台及护栏,主梁设有上拱,上拱值为 50 mm;根据图纸要求安装主梁螺栓,法兰螺栓拧紧要均匀,严禁漏拧、松拧及过拧现象的发生,螺栓紧固时对称分二次施拧,初拧及终拧均按一定顺序进行,以保证螺栓群中所有螺栓都均匀受力,对于一般接头,从栓群中间顺序向外侧进行紧固;最后,调直主梁上表面的轨道,以保证轨道的直线度及间距。

(2)拼装侧横梁平台。拼装前首先在预拼装的侧横梁下搭设临时枕木垫墩(临时垫墩高度约 200 mm),再拼装侧横梁上的走台及护栏。

(3)拼装支腿平台。根据图纸要求用汽车吊安装支腿上部分平台，吊装完毕后安装支腿与大车行走之间的爬梯。

3. 支腿吊装

利用汽车吊在安装场地安装支腿附件。首先在支腿上端下方位置垫枕木或钢墩，以保证附件和临时作业平台的安装空间，支腿吊装前将缆风绳支腿端固定在支腿上，并确保地锚安全可靠。

将工作平台临时安装在支腿上，单个工作平台由两部分组成，平台距主梁与支腿连接面高度约 1.2 m，四周装有护栏。工人在平台上作业时需佩戴安全带，并将安全带系扣在支腿设计绑扣点，以确保施工安全。

支腿正式吊装前，由横放转为直立状态即翻转 90°，吊装使用 ϕ28(6×37—1 880)—6 m 长钢丝绳 4 根，钢丝绳捆绑在支腿上部，缓慢提升汽车吊吊钩，同时缓慢旋转吊车主臂，翻转时保持支腿底部相对地面不动，使得支腿缓慢翻转直至直立状态。上好螺栓，拉好风缆。再次利用经纬仪测定垂直支腿的垂直度，并用手拉葫芦预紧调节支腿垂直度，确保支腿垂直度在要求范围内，利用对拉螺杆紧线器将缆风钢索拉紧，并施加缆风预紧力 $F=3$ t。

支腿吊装如图 4—41 所示。

(a) 图示1

(b) 图示2

图 4—41　支腿吊装

支腿吊装时应注意以下几点：

(1)设立安全吊装区域，除现场安装人员，其余人员不得在此区域逗留。起吊前，派专人检查支腿吊耳是否出现异常现象，确保吊耳焊缝无裂纹。

(2)检查各揽风绳卸扣是否完好无松动迹象。

(3)作业前必须复核吊车的作业半径及臂长、起吊绳使用情况、吊点的选择等内容，准确无误后方能起吊。

(4)起吊约 200 mm 高时静止观察 5 min，查看吊车的力矩显示器，复核支腿的重量及吊车的承载率，合格后方可进行下一步作业。

(5)重新试验吊车刹车系统，检查刹车是否可靠；确认无异后起升吊车，指挥人员与监护人员密切观察尽量使整个支腿起升时保持平稳。

4. 吊装侧横梁

钢丝绳一弯两股配合两件 17.5 t 卸扣挂在侧横梁吊耳上。侧横梁与支腿进行就位，并用螺栓连接固定。施工人员通过爬梯及平台至侧横梁，解开吊钩钢丝绳。施工人员劳保用品必须佩戴齐全，系好安全带。

5. 吊装主梁

主梁一般采用两台汽车吊抬吊(图 4—42),钢丝绳采用兜吊方式,在主梁棱角处垫好包角,绳头反挂到吊钩上;起钩将主梁提升离地 100～200 mm 静悬空中 5 min,察看并确认所有机具安全可靠后,慢速将主梁提升至超过侧横梁上口 80～100 mm 高度,汽车吊慢慢移动使主梁移到侧横梁上面接法兰处对位。施工人员安装连接螺栓,全部预紧后摘钩。

图 4—42 主梁吊装

主梁采用两台汽车吊抬吊吊装单个主梁,作业时应注意以下几点。

(1)汽车吊起吊前必须进行安全技术交底,明细工作步骤,明确人员分工并进行确认。工作前确认机械工作良好(专人检查确认)、工器具安全可靠(专人检查确认)、人的精神状态饱满。

(2)起吊作业的指挥信号,必须是色旗信号与口笛信号联用或者安全可靠的对讲机。吊装过程中起重指挥人员站位合理,并掌握指挥信号的提前量,以确保各台起重机械动作同步、协调、平稳。指挥人员必须熟悉参与抬吊作业的起重机械的起重性能。

(3)在吊装过程中设立专用吊装区,用警戒带进行区域划分,除现场安装人员,其余人员不得在此区域逗留。同时设专人指挥,由一个指挥员指挥汽车吊工作,起吊前确保现场指挥人员和吊车司机沟通好指挥方式和指挥方法,明确各个手势之间的含义,做到保持一致,并进行相应的手势演练,确保汽车吊运行平稳,可靠。

(4)一台汽车吊不得同时进行两个机构的操作。

(5)定位主梁时,当主梁分别在支腿上落下后,利用定位销轴固定主梁与侧横梁连接法兰。主梁始终保持平衡。

(6)吊车主臂与高空电线有足够的距离。

(7)主梁与侧横梁连接螺栓全部安装完毕并确保安全后再卸下吊车钢丝绳。

(8)安装过程中现场负责人和安全员必须在现场进行安全管理。

(9)吊装主梁基本到位后安排施工人员上至支腿上平台处,安装人员可通用支腿自带检修爬梯上至临时作业平台。安装人员需带上必要的工具。

(10)6 级及以上大风、大雨、大雾天禁止吊装作业。

6. 小车吊装

在平地上组拼好起重小车,吊装时分次起吊,先将小车架总成吊装到位,再起吊卷扬机。在小车已有的四个吊点上挂好钢丝绳并固定好,检查卸扣与钢丝绳安装是否准确无误并系好调整小车方向的溜绳。再由指挥人员指挥吊车起吊,将小车从支腿侧提升到主梁上方吊至主梁轨道上,用木楔将小车塞好止动。最后解开吊装钢丝绳,吊机收杆,吊装完成。

7. 电气系统液压系统安装

(1)电气系统安装。电气系统安装工艺流程:电气设备安装→电缆线槽、电缆管及支架安装→电缆导通及绝缘测试→电线电缆敷设及端接→照明装置安装。

①电气设备的安装。电气设备安装主要包括电气箱、盒等元器件的安装施工,安装前清理和检查全部电气设备和元件,确保所有的电气设备和元件均无缺陷,运转灵活,严禁卡阻和松动等现象的发生。安装时严格按电气原理图、配线图、电气设备总图进行,电气设备和元件的型号、规格、触头的闭合次序

等必须符合图纸,需要调整的应按图纸规定调整好。检查控制器、接触器、继电器触头间的压力并确认是否符合相关规定,若压力过大或过小应予以调整。控制器操作手柄灵活,挡位明显。

控制柜(屏)安装前,对控制柜(屏)内的电气元件和电气线路作详细检查。元件不得有损坏,特别是接触器熄弧罩和辅助触头等;检查接触器和继电器的动作是否正常,确认各种连锁的准确性与可靠性,并把接触器衔铁接触面上的油垢(出厂时涂得防锈油)擦洗干净;检查各时间继电器的动作是否符合出厂技术文件所要求的整定值;屏面安装的倾斜度不大于 5°,以保证屏上元件正常工作;控制柜(屏)前面的通道宽度不小于 0.5 m(一般应保持 0.6 m),后面的间隙不小于 100 mm,以保证维修正常进行;控制柜(屏)的安装应符合现行国家标准《电气装置安装工程　盘、柜及二次回路接线施工及验收规范》(GB 50171—2012)的有关规定;不应焊接定,紧固螺栓应有防松措施;安装的室外配电柜的防雨装置要正确、牢固;盘柜组件安装要接触可靠。

②电缆线槽、电缆管及支架安装。按照布置图所示位置安装电缆管及线槽等,线槽的安装应符合电缆敷设的要求,固定应牢固,防止运行时的震动造成移位损坏,钢管敷设时应使管壳向下或有其他防水措施,电缆处加装护口套,采取保护措施。电缆管或线槽尽量引接到电设备附近。在线槽电缆管不便敷设或有相应移动的场合,可穿金属软管进行敷设。支架或线槽安装前去除毛刺,以免划伤电缆。

③电缆导通及绝缘测试。

a. 电缆导通实验旨在验证电缆的所有芯线通断情况,根据芯线编号及电缆芯线颜色确保电缆所有芯线导通和芯线两端编号的一致性,检查所有导线以保证每根芯线均能导通。

检查方法:在电缆的一侧,将所有的芯线短接;在另一侧,找出一根芯线作为公共线,并做好标示,再将公共线以外的所有芯线分别通过万用表或电池灯于公共线形成回路,测试导通情况;导通实验不合格的电缆,不进行绝缘试验和端接头制作。

b. 电缆绝缘电阻试验。控制电缆绝缘电阻试验:芯线对地绝缘电阻值在所有芯线与设备接地点之间进行测量;芯线与芯线间绝缘电阻值分别在一根芯线和其他芯线之间进行测量,试验完毕后,将电缆接地放电。

通信系统电缆绝缘电阻试验:在电缆敷设前,对通信电缆整盘进行绝缘电阻试验,绝缘电阻值满足厂家相应技术要求;在电缆端接前,对通信电缆进行完整性试验或在电缆端接后对电缆进行对线试验;电缆端接之后,通信各系统回路应进行电缆绝缘电阻试验。

④电线电缆敷设及端接。电线电缆的敷设按电气原理图、配线图、电气设备总图进行。搬梁机上电缆的敷设应符合下列规定:

a. 按电缆引出的先后顺序排列整齐,不宜交叉;强电与弱电的电缆分开敷设,电缆两端有标牌。

b. 测速机、编码器等弱电回路采用屏蔽电缆进行连接,且屏蔽层不应中断,要可靠接地。

c. 电缆应卡固,支持点距离不大于 1 m;单芯动力电缆应采用非导磁材料卡固。

d. 搬梁机上的配线应排列整齐,导线两端应牢固地压接相应的接线端子,并应标有明显的接线标号,不得使用开口接线端子。同一接线端子最多只应接两根规格、同型号的导线。

e. 搬梁机上配线的接线编号应符合下列规定:接线编号管应与导线的线径匹配;接线编号管应印字清晰,易于识别,排列整齐,采用相对编号法。

⑤照明装置安装。照明装置的安装应符合下列规定:

a. 照明电源应照明为独立电源,搬梁机主断路器切断电源后,照明不应断电。

b. 灯具配件齐全,并悬挂牢固,运行时灯具无剧烈摆动。

c. 照明回路设置专用零线或隔离变压器,不得利用电线管或搬梁机本身的接地线做零线。

d. 照明系统的电缆均穿管敷设,中间不得有接头。

(2)液压系统安装

除部分管路需现场加工,搬梁机的液压配管全部在厂内制作完成,出厂设备及管路进行适配,管头全部封堵，以保证管路内部清洁。管子的加工包括切割、打坡口、弯管等。管子加工的好坏对管道系统参数影响较大，且关系到液压系统能否可靠运行。

①管子的切割。管子切割时原则上采用机械方法进行切割，严禁用手工电焊、氧气切割的方法，无条件时允许用手工锯切割。切割后的管子端面与轴向中心线尽量保持垂直，误差控制在±0.5°，切割后将锐边倒钝，并清除铁屑。

②管子的弯曲。管子的弯曲加工最好在机械或液压弯管机上进行。用弯管机在冷状态下弯管，可避免产生氧化皮而影响管子质量。如无冷弯设备时也可采用热弯曲方法，热弯曲时容易产生变形、管壁减薄及产生氧化皮等现象。热弯前将管内注实干燥河沙，用木塞封闭管口，用气焊或高频感应加热法对需弯曲部位加热，加热长度取决于管径和弯曲角度。热弯后的管子进行清砂并采用化学酸洗方法处理，清除氧化皮。

③管道敷设。

a. 大口径的管子或靠近配管支架里侧的管子考虑优先敷设。

b. 管子尽量成水平或垂直两种排列，注意整齐一致，避免管路交叉。

c. 管路敷设位置或管件安装位置应便于管子的连接和检修，管路应靠近设备，便于固定管夹。

d. 敷设一组管线时，在转弯处一般采用 90°及 45°两种方式。

e. 两条平行或交叉管的管壁之间，必须保持一定距离。当管径≤ϕ42 mm 时最小管距离≥30 mm；当管径≤ϕ75 mm 时最小管壁距离≥45 mm；当管径≤ϕ127 mm 时最小管壁距离≥55 mm。

f. 管子规格不允许小于图纸要求。

g. 整个管线要求尽量短，转弯处少，平滑过渡，减少上下弯曲，保证管路的伸缩变形，管路的长度应能保证接头及辅件的自由拆装，又不影响其他管路。

h. 管路不允许在有弧度部分内连接或安装法兰。法兰及接头焊接时，与管子中心线垂直。

i. 管路在最高点设置排气装置。

j. 管路敷设后，不应对支撑及固定部件产生除重力之外的力。

8. 安装钢丝绳及吊具

起升钢丝绳的装配工作必须由经过特殊培训的专业人员来完成。钢丝绳安装前，检查钢丝绳尺寸(直径和长度)是否符合设计规范(检查钢丝绳证明和零件列表)的要求。钢丝绳直径必须采用游标卡尺进行测量。

钢丝绳一般以盘绕或成卷的方式进行提供。盘绕是将线圈的自由端放到地面上，使线圈竖立，解开时，切勿让线圈碰到任何尖形物体；也可把线圈盘中心穿轴放到可以旋转的支架上，在穿绳或散绳过程中监控绳子不得有扭结，否则钢丝绳会损坏报废，线圈不能从内侧松开，以免造成纽结。成卷：如果钢丝绳以缠绕在木绕线筒上的方式提供，应把绕线筒安装在一根轴上，使其能在上面自由转动来从而松开钢丝绳，在确保绳子拉紧的情况下拉出钢丝绳，避免绳圈落在绕线筒凸缘上而造成纽结。根据上述盘绕或成卷的注意事项可避免对钢丝绳造成的损伤。

安装钢丝绳时，先将吊具吊进横移小车的正下方(注意吊具要支垫好)，因钢丝绳的长度不能满足在地面安装吊具的要求，所以安装吊具时，需用 70 t 汽车吊将吊具放置于 3～4 m 高的支座(或箱梁顶面)上再进行安装。

在定滑轮和动滑轮之间人工往返装 ϕ12 mm 引绳，引绳的一端固定在卷筒上，另一端与卷扬机钢丝绳顺接，接头部位要缠绕牢固、干净，防止过滑轮时钩挂。启动卷扬机，缓缓将天车钢丝绳提到天车上临时固定，再用卷扬机提起钢丝绳的另一端，固定在定滑轮的边轮上，卸下引绳，最后将先提起的一端固定在卷筒上，试运转提起吊具，观察钢丝绳没有相互缠绕、干涉后，再次检查、紧固绳头完成装绳。

4.6.2 调试

4.6.2.1 搬梁机电控系统的调试

搬梁机的控制系统是机械、电气、液压各系统的集成，是实现设备功能的关键部分。调试过程既要关注电控系统元件的安装和接线的工艺实施情况，也要对设备设计进行复核，通过实验进行验证。电控系统的调试分为静态调试和动态调试。静态调试是指不需要机械和液压配合的情况下，通电进行电控系统的单一调试。动态调试是指机械、电气、液压相互配合进行联合调试，通过机械装配的调整、液压控制元件和电气控制参数的调整，实现机、电、液的匹配和整机各项设计功能。

1. 静态调试

设备通电过程严禁电焊作业。静态调试内容和步骤如下：①检查电控柜的接线，检查整个系统的电源和总线接线是否正确；②刷写控制器固件和程序，编写编码器等总线传感器的地址和其他设置参数；③测试系统总线和电源连通是否正常；④验证控制输入和输出信号的正确性；⑤对可以静态调试的传感器进行标定等操作。

2. 动态调试

动态调试过程中，严禁与调试无关人员进场，且调试人员与设备要保持安全距离。动态调试需在机械和液压安装到一定程度，电气接线完毕并进行静态测试后方可进行。启动动力系统时，机械和液压专业人员相互配合完成一定的动作。

3. 发动机调试

发动机调试过程如下：①发动机及动力舱结构件安装完成并检查，动力舱液压管路安装连接完毕，液压油箱以及液压泵等主管路连接完毕，未完成液压系统管路已封堵；②发动机线路接线完成并检查，包括蓄电池（电压 22～28 V）及其供电、充电线路，发动机控制线路等，发动机安装于动力舱前已完成了点火测试；③发动机机油、燃油、冷却液已添加并检查复核要求，发动机风道系统安装并检查完成；④发动机部分静态调试已完成或与动力测试相关的司机室、弱电源线路、动力舱控制箱已接线完毕并通电测试，发动机 CAN 总线数据读取正常。

发动机调试所要达到效果：发动机在所有司机室顺利完成启停和转速调整操作，调速过程平稳可控。

4. 悬挂调试

两侧大车悬挂油缸可由球阀进行分组，系统升降由悬挂阀组控制。悬挂主管路上均布压力传感器测量悬挂各测点的压力。

悬挂调试所要达到效果：悬挂所有操作点在司机室均可单独升降操作及组合操作，升降过程动作平稳速度可控，监控数据在设计范围内。

5. 行走驱动系统动作调试

行走驱动系统包含驱动和制动两部分。行走控制调试流程如下：①检查液压驱动及制动回路安装完毕且无渗漏；②电气线路接线完毕，所有传感器完成静态测试及标定工作；③测试发动机空转下的闭式系统压力和驻车制动压力；④选择行驶速度挡位，将发动机转速调至行车转速范围，确定不会溜车情况下打开驻车制动，打开自动纠偏模式，推动手柄或踏板调节泵及马达排量，观察系统压力变化、泵和马达电磁阀电流数值；⑤反复调整行走系统纠偏 PID 参数，观察系统压力变化，在路面做好标记、测量计算两侧大车行走距离偏差；⑥多次复核大车纵横向行走偏差及系统压力偏差，达到设计允许误差后，完成调试。

调试所要达到效果：在两个司机室均可操控两台发动机控制行走驱动，行车过程方向可控，速度可调，制动系统可顺畅打开和关闭，监控数据在设计范围内。

6. 转向系统动作调试

转向系统动作调试流程如下：①发动机及动力调试完毕；②转向系统结构及液压管路施工完毕且检查；③电气线路接线且检查完毕；④控制系统静态调试完毕，CAN 总线网络正常，所有编码器均已初步标定；⑤操作转向旋钮/方向盘，首先在标定模式下逐个轮组从－10°转到 100°，再分别在斜行、横行、纵行及半八字模式转动转角旋钮，观察轮组实际角度与给定角度差值是否在允许范围内。

调试所要达到效果：在两个司机室均可进行所有模式的转向操作，转向顺畅且监控数据在设计范围内。

7. 起升卷扬机构动作调试

起升卷扬机构动作调试流程如下：①发动机及动力调试完毕；②卷扬机结构及卷扬驱动液压管路施工完毕且检查；③电气线路接线且检查完毕；④卷扬控制箱及本侧司机室控制系统静态调试完毕，CAN 总线网络正常，卷扬编码器及限位开关均已初步标定或完成点位测试；⑤操作卷扬升降控制手柄，分别在空载及重载模式下推动手柄升降，观察卷扬控制逻辑及卷扬升降速度是否可控，各机构运行平稳，监控数据正常后结束调试。

调试所要达到效果：在两个司机室均可控制 4 台卷扬机构的起升下降及速度调节，起升机构起升和制动过程顺畅，速度调节平顺，限位保护装置可靠。

8. 小车纵横移机构调试

小车纵横移机构调试流程如下：①发动机及动力调试完毕；②小车纵横移油缸驱动液压管路施工完毕且检查；③电气线路接线且检查完毕；④卷扬控制箱及本侧司机室控制系统静态调试完毕，CAN 总线网络正常，卷扬控制箱完成点位测试；⑤分别选择小车纵移、横移的单动及联动模式，操作油缸控制旋钮，纵横移操作稳定可控结束调试，左右单动需点动操作。

调试所要达到效果：在两个司机室均可控制 2 个小车纵横油缸的伸出和收回以及单动和联动控制，动作过程顺畅。

9. 照明及空调调试

检查照明和空调线路是否布设完毕，保证强弱电分离布设，避免与弱电系统受到干扰；在夜间打开照明检查工作位置照明情况。

10. 安全监控系统调试

安全监控包含视频监控和数据监控，参照《起重机械　安全监控管理系统》(GB/T 28264—2017)，查看视频监控画面及监控画面是否清晰，数据监控是否完全；对照表格核查历史记录及导出的数据。

4.6.2.2　*液压系统调试*

搬梁机液压系统的调试内容按动力舱、驱动系统、制动系统、转向系统、悬挂及支腿系统、卷扬及吊具调整系统、散热系统、液压管路 8 个部分进行。

1. 动力舱

动力舱的调试包括：①起机前对各泵进行排气，将泵上的塑料油堵换成钢堵；②检查管路是否连接正确，各吸回油及工作管路、接头、元件是否均密封良好无漏油现象；③检查泵的调定参数，启动发动机，查看发动机是否运行平稳，有无泵将发动机憋熄火的情况；④连续运行，确保泵阀油口接触面无漏油，发动机无异响，压力、流量均正常。

2. 驱动系统

驱动系统的调试包括：①启动前对各马达进行排气，将减速机加注减速机油至正确液位；②开始空载行驶后，关注每组驱动马达的压力情况，调整马达电信号，最终使得每组马达压力数值相差较小。

3. 制动系统

制动系统的调试包括：①对驻车制动器螺杆行程统一调节，不能出现制动力不一致的情况；②根据每组马达压力数值核实各组制动器打开情况；③油缸运行过程中，压力波动是否平稳，波动是否较小；④油缸在行程两端进行憋压时，其上的接头以及油缸端盖密封圈处是否不存在漏油现象。

4. 转向系统

转向系统的调试包括：①行驶前通过转向的0°位置核对转向角度编码器的零位，确保零位0°；②行驶前将转向油缸进行反复排气，避免影响转向精度；③检查转至左右最大角度过程中是否存在软管、结构、轮胎相互干涉的情况。

5. 悬挂及支腿系统

悬挂及支腿系统的调试包括：①对悬挂油缸进行反复几次的排气；②观察在悬挂油缸起升降落的过程中，是否出现某个悬挂油缸卡滞，憋劲的情况，若存在，检查管路及油缸；③在悬挂油缸起升降落的过程中的压力波动情况，观察压力是否平稳。

6. 卷扬及吊具调整系统

卷扬及吊具调整系统的调试包括：①检查卷扬减速机制动器的状态，确保调整至状态良好后才开始进行吊重；②启动前对各卷扬马达进行排气，将减速机加注减速机油至正确液位；③观察卷扬马达空载运行的压力波动情况，调节电信号或制动器状态，使得空载运行压力平稳；④观察卷扬马达重载运行的压力数值及起降的速度，若发现速度或压力不满足设计要求，对马达进行调节；⑤观察吊具调整纵移油缸的同步性，调整分流集流阀使得两纵移油缸保持同步。

7. 散热系统

散热系统的调试包括：①通过调节散热驱动管路的溢流阀压力调定风扇的转速；②在系统开始运行后，检查散热器在当前溢流压力下的散热能力是否满足需求，油箱温升是否能得到控制，在长时间带载运行后再次核实此项，直到散热能力达到要求为止。

8. 液压管路

液压管路的调试包括：①对照原理图检查管路的连接是否正确无误；②在额定压力或者工作状态下，进行多次长时间的运行后，检查并修复管路的漏油点；③机构运动过程中是否存在管路干涉、管路长度过短、过长等现象。

4.6.3 拆卸

4.6.3.1 拆卸流程

拆卸流程图如图4—43所示。

4.6.3.2 拆卸过程

1. 大车行走临时固定

拆卸主梁前，分别用枕楔木将四组大车行走固定，防止拆卸主梁时大车移位。

2. 拆卸起重天车、卷扬机

将起重天车吊具落至地面并临时固定（防止拆解钢丝绳时吊具发生位移），拆除吊杆、连接油管及钢丝绳。拆除钢丝绳时，用麻绳进行溜放，不能将钢丝绳直接从定滑轮上摔下。

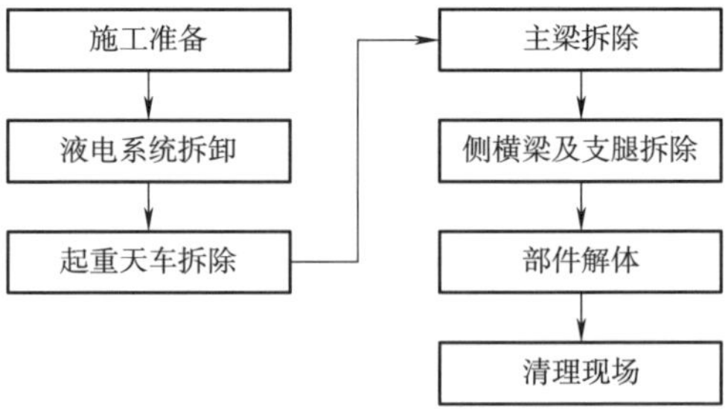

图4—43　拆卸流程图

3. 拆卸梯子平台、电气液压系统及其他附件

拆卸主梁前，用汽车吊将影响吊装主梁的梯子平台、主梁拉杆及动力舱及电气液压系统拆除（保留一侧，待主梁落地后再拆除）。

4. 拆卸主梁与侧横梁连接螺栓

拆卸主梁前，拆卸主梁与侧横梁法兰连接螺栓，每个角上保留四条螺栓，其余全部松掉。待两台汽车吊挂好钩后，再将所有螺栓依次拆除。高空不便作业处搭设符合要求的临时平台或者吊篮，高空作业人员须将安全带系在牢固可靠处。

5. 拆卸主梁

(1)两台汽车吊按安装方案站位抬吊主梁。

(2)两台汽车吊各挂 4 根 ϕ56 mm—16 m 的钢丝绳，钢丝绳一弯两股兜住主梁，需在主梁边沿处做好钢丝绳护角保护，吊装主梁时，捆绑点靠近支腿。

(3)两台汽车吊起钩将主梁吊住，缓慢起升，当两汽车吊分别显示吊载力为 10 t 时，停止起升。

(4)拆除支腿与主梁连接法兰的全部螺栓。

(5)两台汽车吊缓慢起升，主梁提升离支腿 10～50 mm 静悬空中 5～8 min，查看汽车吊电子秤显示的起吊重量与起吊部件重量是否相符；检查所有机具、索具等是否正常。确认安全可靠后，方能慢速将主梁提升 300～500 mm 高度，再同时开动两汽车吊的回转机构，使主梁移到侧方，慢慢落放在预定的地面上并垫好垫平。

(6)主梁拆解注意重点如下：

①吊装时两台汽车吊起吊高度必须一致，不平衡时通过减慢汽车吊起升速度调节平衡；

②起吊时，两台汽车吊安排专人观察支腿是否有沉降；

③主梁与支腿脱离前，检查主梁与支腿连接是否全部解除；

④移动大车轮组时，注意控制方向。

6. 拆卸支腿

(1)汽车吊应按规定复核作业半径，以免造成起重伤害。

(2)汽车吊挂 2 根 ϕ36 mm 的钢丝绳，钢丝绳长度为 12 m；每根钢丝绳配 2 个 17.5 t 卸扣挂在支腿吊耳上。

(3)汽车吊将支腿吊装受力约 5 t 后，解除支腿与大车车架的连接螺栓。

(4)汽车吊将支腿缓缓吊起旋转下落与离地面 500 mm，旋转 90°，将支腿放倒。

(5)在吊装过程中，在支腿两端分别系一根长 25 m 的麻绳，以保持支腿的稳定性。

7. 拆解大车行走

由于大车行走部分超重，因此可在大型汽车吊吊装当天，将大车行走部分分解。

8. 部件分解

用一台汽车吊配合各部件分解，并做好相关记号，以便于顺利拼装。

9. 液压元器件标记

拆解油管时，把油管两头均用塑料布和白布包好，用防水胶布缠紧，并做好标签。

4.6.3.3 汽车吊选用

汽车吊的选用非常关键，是拆除作业安全风险控制的关键环节之一，因此应予以高度重视。

1. 汽车吊选用的基本参数

基本参数应包括：①载荷 Q；②额定起重量；③最大幅度；④最大起升高度。

2. 动荷载

一般取动荷载系数 $K_1=1.1$。

3. 不均衡荷载

一般取不均衡荷载系数 $K_2=1.1\sim1.25$。

4. 计算荷载

$Q_j=K_1K_2Q$。

5. 额定起重量

在确定回转半径和起升高度后，起重机能安全起吊的重量。

汽车吊选用必须依照本机说明书规定的特性曲线表进行，选择步骤如下：

(1)根据被吊设备或构件的就位位置、现场具体情况等确定起重机的站车位置；

(2)根据被吊设备或构件的就位高度、设备尺寸、吊索高度等和站车位置，查起重机的特性曲线，确定其臂长；

(3)根据已确定的幅度、臂长，查起重机的特性曲线，确定起重机的承载能力；

(4)如起重机承载能力大于被吊装设备或构件的重量，则选择合格，否则重选。

4.6.3.4 缆风绳与地锚设置

1. 缆风绳设置要求

(1)每个支腿缆风绳的设置宜为 2 根。

(2)缆风绳与地面的夹角宜为 30°，最大不宜超过 45°。

(3)缆风绳应经计算确定(缆风绳的安全系数 n 取 3.5)。缆风绳采用圆股钢丝绳，直径不小于 16 mm。

(4)缆风绳左右两根在同一水平面上对称设置，使其在结构上引起的水平分力，处于平衡状态。缆风绳与支腿的连接处采用措施，防止钢材对缆风绳的剪切破坏。对连接处的耳板焊缝及附件必须进行设计计算。

2. 地锚设置要求

(1)地锚基坑出线点(即钢丝绳穿过土层后露出地面处)前方坑深 2.5 倍范围及基坑两侧 2 m 以内，不得有地沟、电缆、地下管道等构筑物以及临时挖沟等。

(2)起重吊装使用的地锚，严格按设计进行制作，并做好隐蔽工程记录，使用时不得超载。地锚坑宜挖成直角梯形状，坡度与垂线的夹角以 15°为宜。

(3)根据锚桩的最大上拔力，纵向钢筋截面按桩身轴力变化配置，如需利用工程桩作锚桩，严格控制其上拔量。

4.7 检测与试验

搬梁机属于起重机械中的门式起重机，属于特种设备的监检范围，按照特种设备安全技术规范《起重机械安装改造重大修理监督检验规则》(TSG Q7016)进行检测和试验。

4.7.1 检测

《起重机械安装改造重大修理监督检验规则》(TSG Q7016)规定，起重机械在施工单位自检合格的基础上，由国家质量监督检验检疫总局(以下简称国家质检总局)核准的检验机构对施工过程进行的强制性、验证性检验。在使用现场进行型式试验的起重机械，样机安装前，施工单位应当向使用地的市级特种设备安全监督管理部门办理安装告知，并且向检验机构申请安装监检。样机型式试验与安装监检过程中的性能试验可以同时进行，数据共享。但安装监检证书和监检报告应当在取得型式试验合格证后出具。具体监检项目详见书末附表。

4.7.2 试验

1. 试验条件

(1)试验时风速不超过 13.8 m/s，环境温度为−20 ℃～+40 ℃，相对湿度不大于 95%，有凝露。

(2)试车场地应水平坚实，坡度不大于1%，跨度两侧行走通道，地面坡度应同向，即同为上坡或下坡。

(3)如采用轮胎原地转向，转向试验场地表面应光滑，轮胎转向处应垫钢板或采用高标号水泥路面。

(4)轮胎的工作压力应符合轮胎制造厂的规定。

(5)燃油、润滑油、液压油和冷却液应按使用要求装至工作液面，油的品质应符合设计规定的要求。

(6)试验载荷应标定准确，其允许偏差为±1%。

2. 整机调试和试验准备

(1)试验前应进行静态检查，所有构件、机构及附属装置的安装是否准确、可靠。

(2)所有金属结构件的焊接及高强度螺栓的连接应牢固。

(3)各传动件、紧固件及钢丝绳端部连接应牢固可靠。

(4)检查液压系统中液压元件与管路固定及与管路间连接时密封性和可靠性。

(5)检测电气设备(电动机、电阻器、电器元件、电缆等)的绝缘电阻值。

(6)检测柴油机的额定转速、发电机电压，检查司机室内停车装置是否正常、灵敏。

(7)各机构按设计要求调试完毕后，结构和传动件均能正常工作，整机无异常现象。

(8)检查和调试所有安全保护装置。通过三次试验，确认安全保护装置的动作灵敏性、可靠性及准确性。

3. 空载试验

(1)几何参数测定

测量起重机有关尺寸，以三次测量的算术平均值作为测定数据。测量尺寸包括：跨距、基距、大车行走轮轴距；内净空即起重机门框内部宽度方向的通过尺寸；整机外形尺寸即全长、全宽、全高。

(2)起升机构

①将起升机构上升到极限位置，测量起升高度，试验上升极限位置停止保护装置的可靠性。

②测定空载起升(下降)速度和电机的电流、电压及转速值。测取空载下吊具以最高速度起升(下降)，吊具稳定运行通过10 m行程所需的时间，以三次测量的算术平均值作为起升(下降)速度。

③将起升机构上升(下降)到极限位置，检查上升(下降)终点前减速性能。

④吊具升降时观察吊具的电缆储放情况，保证电缆储放正常。

(3)小车运行机构

①将小车往复推进3 m，观察小车运行是否顺畅，锁止机构是否可靠。

②检查小车供电电缆跟随小车运行情况，运行时应轻便、灵活、平稳。

(4)大车运行机构

①测定大车的空载运行速度和电机的电流、电压及转速值。起重机沿轨道以最高速度运行，测量空载下整机稳定通过10 m行程所需的时间，以三次测量的算术平均值作为大车运行速度。

②测定大车运行的纠偏效果。使大车运行车轮偏离行走中心300 mm，测取纠正后大车的运行距离。

③试验大车防触箱装置的可靠性。

(5)转向机构

①小车停在主梁中部，将车轮从0°～90°和90°～0°转向各两次，测定车轮转向时间与液压系统工作压力。

②检查大车运行机构与大车转向机构的联锁保护装置的可靠性。

③有定轴转向或手控分别转向的起重机，也应按其设计要求进行试验。

4. 静载试验

(1)试验前调整超载限制器、制动器等，但试验后调回到规定的数值。

(2)试验时小车停在主梁中部,先起吊额定载荷,离地 100～200 mm,然后无冲击地逐渐加载至 1.25 倍额定起重量,并停留 10 min。

(3)测定起吊 1.25 倍额定起重量时主梁中部的下挠值和轮胎压缩量。

5. 额定载荷试验

(1)测定在额定载荷下的起升速度、小车运行速度、大车运行速度和各自电机的电流、电压及转速值。

(2)进行额定载荷下起升、小车运行试验三次,试验过程中,起升、小车制动各三次。

(3)测定起吊额定起重量时主梁中部的下挠值和轮胎压缩量。

6. 动载试验

(1)起重机按操作规程进行控制,各机构均为中挡速度或 2/3 高速运转。

(2)起重机作升降运动三次,其中中间制动二次、小车前后运行三次,并作大车往返运行等动作。

7. 可靠性试验

距起重机横行方向约 30 m 长范围内选一试车场地,进行起重机起吊额定载荷模拟作业试验。

(1)每连续 10 次作业循环后,大车空载运行 30 m 远,再回原地继续进行作业。

(2)每 2 h 左右,将大车运行至转向点进行 90°转向,并横向行走 6 m,再回至转向点,将行走轮转回,再运行至原地,继续进行作业。

(3)作业循环中各种运动皆以最大加速度和最大速度进行工作。

8. 轮压参数测定

(1)非工作轮压:小车位于动力装置一侧的工作极限位置,测量各车轮负荷值。

(2)工作轮压:小车位于动力装置一侧的工作极限位置,吊具载有额定起重量的物件,测量各车轮负荷值。

9. 其他部件试验

主梁、支腿、鞍梁、小车架横梁、大车平衡梁、吊具本体等主要结构件进行应力测定。

(1)分别以额定载荷、动载(1.1 倍额定载荷),在额定工作速度时进行应力测定,试验的测量次数为三次,取三次测量的算术平均值作为测量值。

(2)以静载(1.25 倍额定载荷)且各工作机构为非工作状态时进行应力测定,试验的测量次数为三次,取三次测量的算术平均值作为测量值。

5 提梁机研制

中铁十一局集团有限公司以汉江重工设计研发中心为核心组建提梁机研究课题组，研发了适用于40 m简支箱梁的新型提梁机。现场实践充分证明，新型40 m简支箱梁提梁机性能优良、技术先进、安全可靠。本章从研制历程、核心技术、基本构造、设备制造、安拆与调试、检测与试验等方面对提梁机进行简要介绍。

5.1 概 述

5.1.1 现有设备统计

据不完全统计，截至2021年底，主要铁路工程建设单位450 t轮轨式提梁机数量及生产年限统计情况见表5—1。

我国高速铁路建设早期的提梁机设备(2007年以前生产的)为30台，占比为18.1%。2007年至2010年生产的设备总计125台，占比75.3%。2011年至2013年生产的设备为7台，占比4.2%。2013年至2021年生产的设备为4台，占比2.4%。按照结构形式统计结果表明，既有的提梁机设备中，使用5年以上的设备占比达93.4%，存在结构部件损耗，电气、液压元件老化等问题，大部分设备面临更新、升级。

表5—1 主要工程建设单位450 t轮轨式提梁机设备统计表

生产年限	0～7	8～10	11～14	14年以上	合计
数量(台)	4	7	125	30	166

注：统计日期截至2021年12月。

5.1.2 现有设备性能分析

国内现有MG450型系列轮轨式提梁机有36 m、38 m等多种跨度类型，适用于高速铁路32 m、24 m、20 m整孔双线箱梁的起吊、转移以及为运梁车装梁等工作，轮轨式提梁机需在地面铺设走行轨道，采用一刚一柔的结构形式，有较高的起升高度，梁场内用的较少，主要用于跨线作业工况，有较高的起升高度，可实现提梁作业，同时可在桥面上组装和拆卸运梁车及架桥机。与轮胎式搬梁机相比造价成本更低，而且可满足大跨度，高位提梁的作业需求。轮轨式提梁机主要参数见表5—2。

表5—2 轮轨式提梁机同类产品主要参数对比表

序号	技术要素	MG450(1)	MG450(2)	MG450(3)
一	整机参数			
1	最大起重量	450 t	450 t	450 t
2	跨度	40 m	38 m	36 m
3	爬坡能力	3‰	3‰	3‰

续上表

序号	技术要素	MG450(1)	MG450(2)	MG450(3)
一	整机参数			
4	主梁下高度	25 m	30 m	29.5 m
5	工作环境温度	−10 ℃～+50 ℃	−20 ℃～+40 ℃	−15 ℃～+45 ℃
6	最大长度	约 43.4 m	约 42.8 m	约 40.9 m
7	最大宽度	约 16.3 m	约 17.2 m	约 17.1 m
8	最大高度	约 31 m	约 35.2 m	约 36 m
9	总质量	约 365 t	382.5 t	340 t
二	吊梁小车			
1	小车数量	1 个	1 个	1 个
2	900 t 箱梁吊点	3.66 m	3.66 m	3.66 m
3	运行方式	电机驱动	电机驱动	电机驱动
4	满载走行速度	0～4 m/min	0～3 m/min	0～4 m/min
5	空载提升速度	0～1.2 m/min	0～1 m/min	0～1.0 m/min
6	满载提升速度	0～0.6 m/min	0～0.5 m/min	0～0.5 m/min
7	卷扬机数量	4 个	4 个	4 个
8	单绳拉力	13 t	13 t	13 t
9	钢丝绳直径	28 mm	28 mm	28 mm
10	钢丝绳规格	1 960 N/mm^2	1 960 N/mm^2	1 960 N/mm^2
11	卷筒变速箱	圆柱齿轮	圆柱齿轮	圆柱齿轮
12	电机	4×22 kW	4×22 kW	4×22 kW
13	制动器	液压制动和钳盘式双制动		
14	钢丝绳串绕方式	满足三点起吊规则		
三	整机走行			
1	满载走行速度	0～5 m/min	0～5 m/min	0～5 m/min
2	空载走行速度	0～10 m/min	0～10 m/min	0～10 m/min
3	走行型式	轮轨式	轮轨式	轮轨式
4	车轮规格	ϕ600	ϕ600	ϕ600
5	车轮数量	32 个	32 个	32 个
6	最大轮压	35 000 kg	36 000 kg	33 200 kg
7	驱动轮数	16 个轮子	16 个轮子	16 个轮子
8	驱动型式	8 个电机	8 个电机	8 个电机
9	传动方式	三合一减速器	三合一减速器	三合一减速器

通过上面参数对比可以看出各个厂家参数大致相同，只有细微差别，提梁机产品性能及结构形式已经很成熟。

5.1.3 现有设备缺点

现有的 450 t 轮轨式提梁机存在以下缺点：

1. 卷扬机不能自动调平

四台卷扬机起升、下降存在不同步现象，没有设计自动调平功能，只能依赖于人眼识别，人工调平，不能有效保证吊梁过程的梁片水平和受力均匀。

2. 大车没有自动纠偏功能

轮轨式提梁机一般跨度较大，存在两侧大车不同步情况，没有纠偏功能，影响整机行走稳定性。

3. 双机不能联动

两台提梁机抬吊，均为独立操作，存在同步差异，安全性较差。

4. 没有完善的安全监控系统

整机未配备完善的安全监控系统，当设备发生异常情况时，不能及时有效预警，存在安全隐患。

5.1.4 总结

按照统计的结果分析表明，现有提梁机只能满足 32 m 以下简支箱梁吊运，存在大部分提梁机使用年限较长，结构部件损耗，电气、液压元件老化等问题，且存在功能落后等缺陷。因此，亟需从智能化、安全性、适用性等方面研制适用于 40 m 简支箱梁的全新的提梁机。

5.2 研制历程

5.2.1 研发过程

2017 年 11 月，中铁十一局集团有限公司以汉江重工设计研发中心为核心成立了 40 m 简支箱梁提梁机研究专项课题组，开始提梁机的结构、电气等方面的专项技术研究工作。

2018 年 3 月，提梁机初步方案设计完成，课题组在襄阳组织召开了初步技术方案评审会，方案通过评审。

2018 年 9 月，完成提梁机技术研究及图纸设计，并通过专家评审。

2019 年 5 月，编制了制造工艺文件，并完成提梁机样机试制。

2019 年 8 月，在福厦现场完成提梁机的安装与调试，并完成型式试验，开始应用。

5.2.2 整体设计思路

在提梁机设计时考虑 32 m 梁提梁机在使用过程中存在的问题及使用不便的地方，在 40 m 梁提梁机设计时进行避免及提升。充分考虑使用工况及用户要求，以及兼顾 32 m 以下箱梁的吊运施工。根据提升站位置桥墩的高度来确定提梁机的起升高度，根据工况需要考虑支腿具备可变高度功能，来满足不同高度桥墩工况下的跨线提梁作业。吊具设置可变吊点孔来同时满足 40 m、32 m 及以下箱梁的吊运。整机高度高需要充分考虑提梁机的防风安全。而提梁机为两台抬吊箱梁共同作业，需考虑提梁机的宽度不能过大，能满足两台提梁机抬吊最短的梁片，同时考虑两台提梁机的同步控制，保证抬吊安全。同时在设计方面还要充分考虑各种工况，各工况计算均需满足设计规范要求，保证搬梁机使用的安全性、可靠性，同时考虑少人化以及操作的便捷性。

5.2.3 主结构有限元分析验算

1. 主结构有限元模型，如图 5—1 所示

整机建立有限元板单元模型，施加载荷(包括吊重载荷、动载系数、风载荷及惯性载荷等)，考虑结构自重，施加重力加速度。

2. 强度计算结果

工况一：载荷位于跨中时门架强度计算(图 5—2)：门架结构最大应力为 175.1 MPa。

工况二：载荷靠近刚性支腿侧时门架强度(图 5—3)：门架结构最大应力为 122.8 MPa。

图 5—1　主结构有限元模型

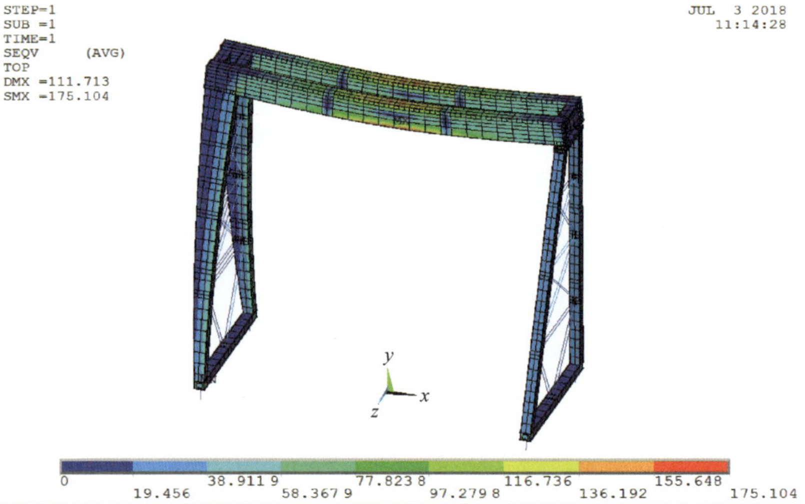

图 5—2　门架跨中加载应力云图

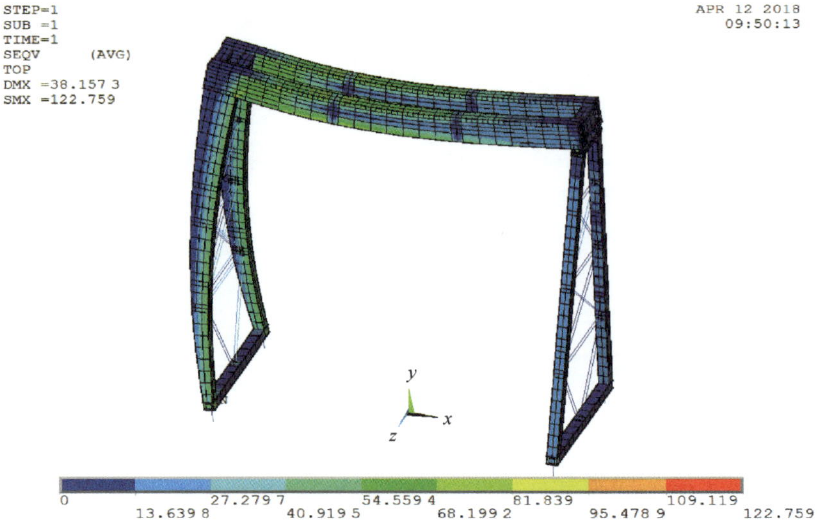

图 5—3　门架刚性支腿侧加载应力云图

工况三:载荷靠近柔性支腿侧时门架强度(图 5—4):门架结构最大应力为 116.9 MPa。

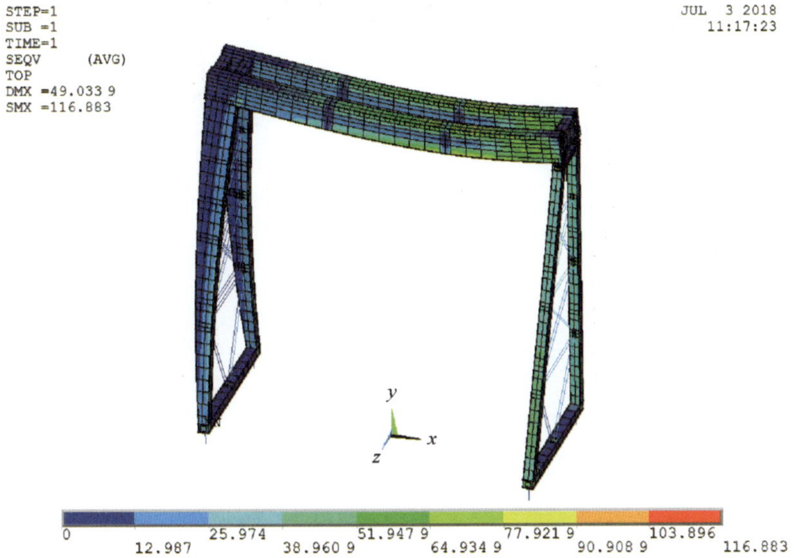

图 5—4 门架柔性支腿侧加载应力云图

工况四:非工作状态门架强度(图 5—5):门架结构最大应力为 129.6 MPa。

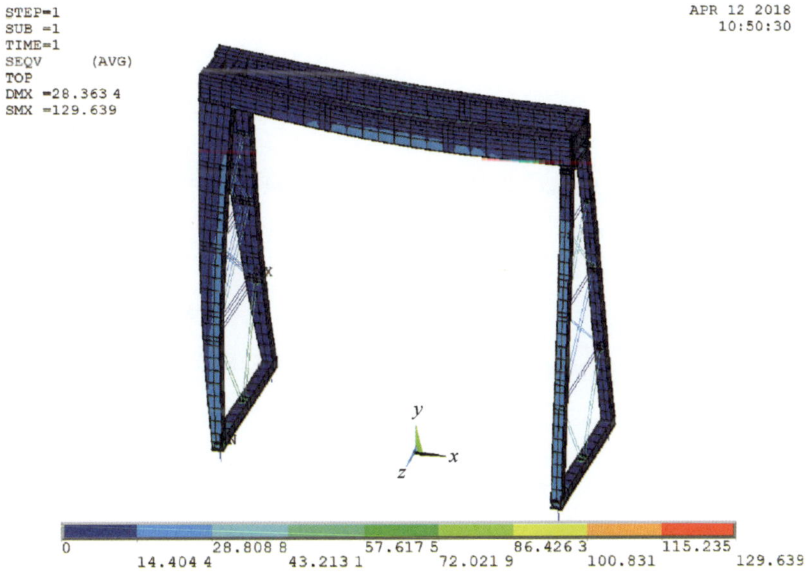

图 5—5 门架非工作状态下应力云图

3. 刚度计算结果

载荷位于跨中门架静载刚度计算(图 5—6):竖向最大挠度为 f=54.4 mm(未减去支腿下挠)。

4. 总 结

门架结构材质使用低合金结构钢 Q355C,材料的许用应力:$[\sigma]$=236.7 MPa;主梁最大扰度<L/500=76 mm。综合以上作业工况,最大应力均未超过许用应力,整机强度及刚度满足设计规范要求。

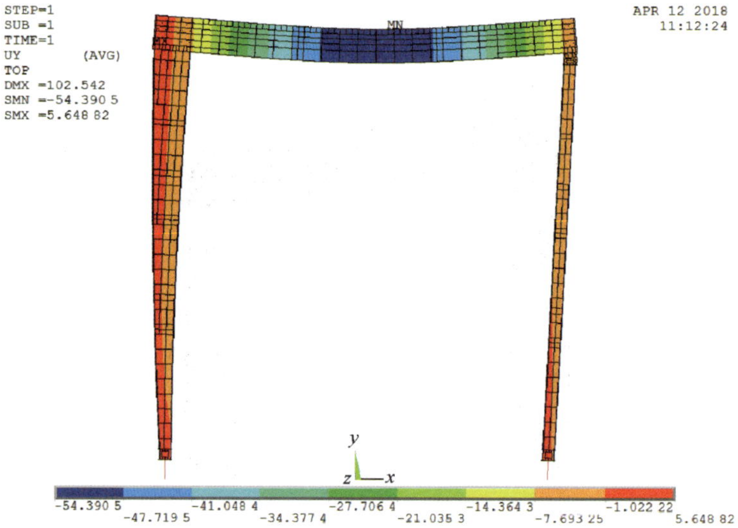

图 5—6　门架跨中加载刚度云图

5.2.4　专项技术研究

1. 高精度自动纠偏技术研究

大跨度提梁机长期工作后，左右走行机构行程误差积累过大，可能导致大车啃轨，甚至引起支腿变形。为解决此问题，采用高精度同步控制自动纠偏系统，实现实时纠偏，保证行走系统及结构的稳定性。

2. 双机联动技术

传统提梁机操作需两人操作，协调同步性差。通过在传统单人操作的系统基础上增加双机联动系统，两台提梁机可独立操控和联动操控，任何一台提梁机均可作为主机同时操控两台提梁机作业。两台提梁机的安全监控数据通过无线传输方式，共享在每台提梁机的人机界面上。操作人员即可通过遥控器联动操控的同时在触摸屏上监控双机的动作数据与报警信息。这些措施在保证操作同步性的同时，也提高了设备操控过程的安全性。如图 5—7 所示。

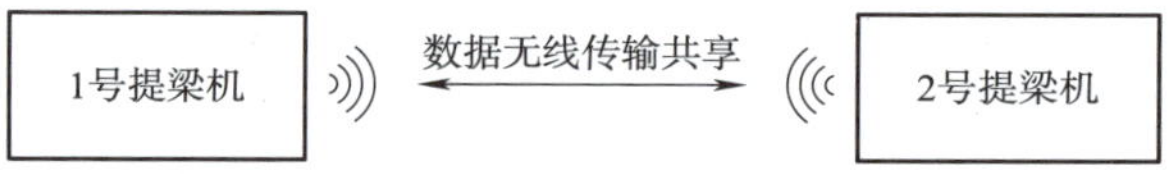

图 5—7　双机联动示意图

5.3　核心技术及主要技术参数

5.3.1　核心技术

MG500 型轮轨式提梁机适用于 20～40 m 简支箱梁的吊运及跨线提梁作业，并满足吊运一体机和分体机整体上下桥的需求，核心技术如下。

(1)双机联动技术：通过无线传输技术实现双机运行数据及影像共享，进行单台主控、双重监控，保证双机联动的安全性。

(2)高精度自动纠偏技术：采用高精度同步控制自动纠偏系统，实现实时纠偏，保证行走系统及结构的稳定性。

5.3.2 功能优势

MG500 型轮轨式提梁机根据最大 40 m 简支箱梁的参数进行设计，结构设计经第三方检算通过，并通过国内专家评审，整体设计可靠；信息化管理系统经相关单位评审通过，满足管控平台接入要求。该提梁机能够实现以下功能：

(1)满足跨线提梁作业，可实现 20～40 m 多种跨度简支箱梁的吊运及跨线提梁作业；可配合运架一体机或运架分体机完成架梁作业；可吊运一体机和分体机整体上下桥。

(2)信息化管理系统包含“人、机、料、法、环”等五个方面的内容，并预留接入相关管理单位的管理接口。

(3)起升机构设置 2 台(4 台)卷扬机，卷扬机卷筒绳槽为折线绳槽，多层缠绕能够有效保证钢丝绳排布整齐，并设置有排绳器，进一步防止乱绳，跳绳。

(4)支腿立柱及下横梁采用分节制作，支腿立柱分三节，下横梁设置中间节，可根据工况需要拆除支腿立柱上节及下横梁中间节降低起升高度，起升高度可变。吊具横梁可根据要求设置有不同间距吊点，满足不同梁型的吊运。

(5)为增加提梁机防风能力，在提高提梁机本身结构件强度及防倾覆稳定性的同时，设置有夹轨器、锚定装置等专用防风装置，从而保证非工作状态防风的安全性。

(6)为保证两台提梁机同时提梁的稳定性，可单独控制两台提梁机，也可通过联机实现两台提梁机的同步操作。

(7)设备可选配远程监控技术，设备远程信息传输应用 GPRS 无线网络将数据上传到指定的服务器，通过监控平台对设备进行远程监控管理。

5.3.2 主要技术参数

1. 工作条件

MG500 型轮轨式提梁机的工作条件见表 5—3。

2. 主要技术参数

MG500 型轮轨式提梁机的主要技术参数见表 5—4。

表 5—3 MG500 型轮轨式提梁机的工作条件

海拔高度	≤2 000 m
工作环境温度	−25 ℃～+50 ℃
相对湿度	55%～85%
工作状态风压	250 N/m²
非工作状态风压	1 000 N/m²

表 5—4 MG500 型轮轨式提梁机的主要技术参数

序号	项　目	技术参数
1	提梁机工作级别	A3
2	大车机构工作级别	M3
3	小车机构工作级别	M3
4	起升机构工作级别	M4
5	额定起重量	500 t
6	起升高度	43 m(梁下)

续上表

序号	项　　目	技术参数
7	起升速度	0～0.6 m/min(重载)
8	大车运行速度	0～10 m/min(重载)
9	小车运行速度	0～6 m/min(重载)
10	大车走行轨道	P60
11	小车走行轨道	QU100
12	最大轮压	大车轮压 420 kN
		小车轮压 725 kN
13	供电电源	三相交流电:50 Hz,380 V
14	电机功率	主起升机构:2×37 kW
		大车走行机构:8×7.5 kW
		小车走行机构:4×3 kW
15	吊杆中心距	横向 1 m,纵向 3.8 m(可调 3.66 m)
16	工作外型尺寸(长×宽×高)	41 600×21 800×49 750 mm
17	最大部件运输尺寸(长×宽×高)	16 000×1 500×3 400 mm
18	最大部件运输重量	约 26 t
19	整机重量:(单台)	约 530 t

5.4 基本构造

5.4.1 结构组成

MG500 型轮轨式提梁机由起重小车、主梁、刚性支腿、柔性支腿、附属结构、大车运行机构、电动葫芦、电气系统等组成,如图 5—8 所示。

整个门架结构采用一刚一柔,主梁与刚性支腿之间采用法兰刚性连接,主梁与柔性支腿之间采用铰轴柔性连接;大车运行机构采用双轨走行。司机室设置在刚性支腿的中上部,视野开阔;主梁四周有走台,刚性支腿侧有步梯,操作人员通过步梯可以进入司机室和主梁四周的走台。柔性支腿侧有直爬梯,用于提梁机安装及检修。主梁下挂 16 t(20 t)电动葫芦,用于吊运其他物资。提梁机作业时,两台提梁机可实现单独控制或联动控制,以保证提梁作业的安全性和稳定性。

5.4.2 电气控制系统

1. 电气概述

提梁机的电气系统采用三相四线制的供电方式,供电电压交流 380 V,频率为 50 Hz,由网电或发电机组供电。整个电气系统采用全变频拖动,驱动电动机,同时使用闭环矢量控制,保证多吊钩的同步性与稳定性。控制系统由 PLC(可编程逻辑控制器)通过配合编码器及安全限位进行全面控制,应用性较强;同时配备完善的电气保护功能,通过安全监控系统显示主要故障种类和具体故障位置,快速了解现场问题。

2. 系统结构

提梁机的电气系统分为 5 部分,包括配电系统、控制系统、安全监控与视频监控系统、照明系统,以及国家无强制要求的远程安全监控系统。

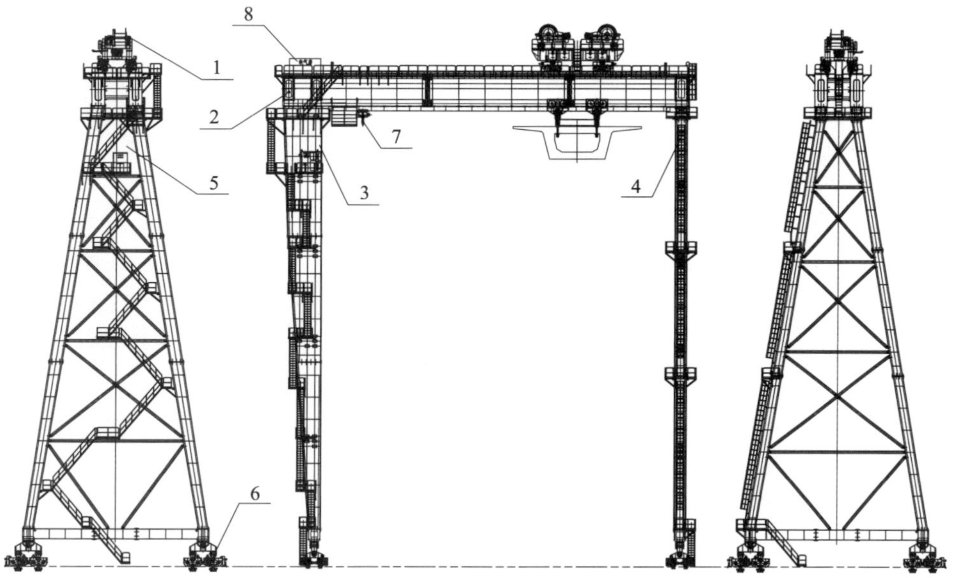

图 5—8 MG500 型轮轨式提梁机结构图

1—起重小车；2—主梁；3—刚性支腿；4—柔性支腿；5—附属结构；6—大车运行机构；7—电动葫芦；8—电气系统

(1)配电系统。配电系统主要指对主电源回路及各分支回路的供电。

①主电源回路。总断路器以及总电缆的容量根据整机最大工作状态所需电流数值进行选择。考虑到现场使用环境下元件与电缆的电流差异，适当性放大容量的选择。

②分支系统供电。分支系统的供电置于总接触器的后侧，启动总电源后给电。照明系统考虑到白天、阴天及光线不足的情况下需要提前提供光照，故而供电置于总接触器前端，方便操作。

③供电方式

a. 现场动力系统为发电机组或者电网。因提梁机为移动设备，所以供电方式多选择电缆卷筒或者滑触线，两者各有利弊，采用滑触线时因为阴雨天易出现漏电现象，故滑触线前端不建议使用漏保断路器。

b. 天车上小车与卷扬供电方式可以采用滑车、拖链；电动葫芦可以采用滑车、滑触线供电。

④配电保护。配电保护包含错相、断相保护、短路保护、浪涌保护、风速保护、过电流、过电压、欠电压保护。

(2)控制系统。控制回路电源为交流 220 V，控制信号电源为直流 24 V。各机构调速控制采用变频器调速控制。如图 5—9 所示。

①卷扬控制

a. 卷扬控制方式：根据三点平衡，四点起吊原理，提梁机设置两套起升机构。每套起升机构配备一台变频器，结合闭环编码器使用闭环矢量调速控制。

b. 卷扬控制过程：司机室操作主令手柄，传递控制信号给 PLC，PLC 进行逻辑控制，再输出对应的电信号，变频器接收后，在变频器上进行整流、逆变的过程，提前建立对应转矩，输出至电机，关闭制动，控制卷扬电机的启停、加减速。

②大车控制

a. 大车控制方式：大车的电机数量为多个，当提梁机的跨度大于 40 m 后，配备纠偏系统，以防止出现啃轨现象，从而发生事故。不同于常规门式起重机，大车分为本侧控制和对侧控制，各使用一台变频器，使用 V/F 2 点压频比控制调速。

b. 大车控制过程：司机室操作主令手柄，PLC 接收到信号后，内部逻辑控制，输出对应信号给变频

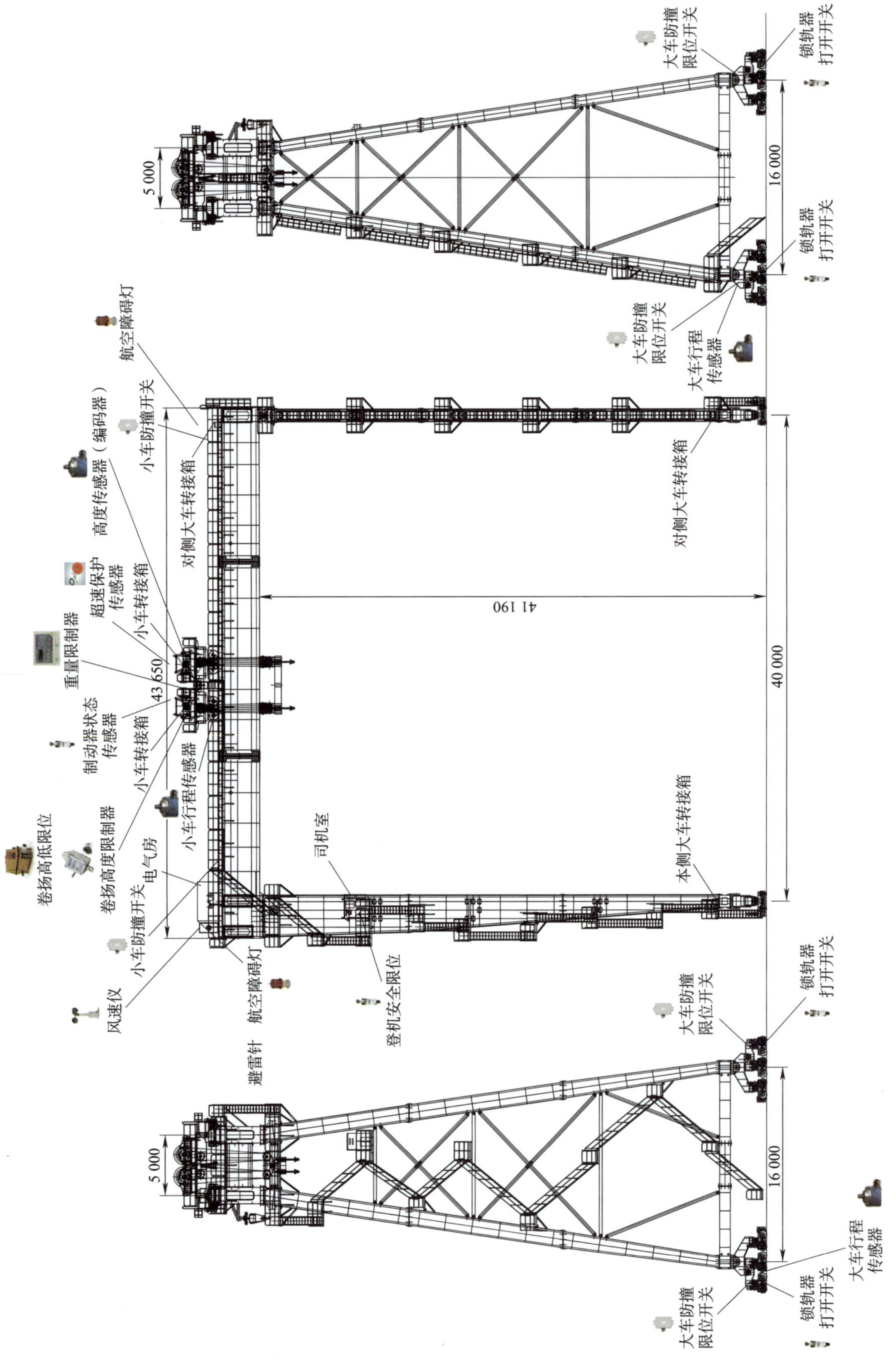

图 5—9　提梁机控制系统示意图（单位：mm）

器，并打开电机制动，变频器控制大车电机启停、加减速。

c. 大车控制难点：纠偏控制成为提梁机中大车控制的一个难点。

首先，铁路建设不可避免地出现于复杂的环境，提梁机的轨道铺设容易不够平滑；其次，提梁机又被称为跨线提，每次提梁都靠近大车的一侧，容易造成两侧大车受力不均匀，在相同的频率下，会逐渐加大两侧大车的前后差距。40 m 跨度的提梁机，通过 PLC 运算出两侧大车当前行走距离差，在需要纠偏时进行纠偏。纠偏方式分为手动与自动纠偏，当偏差过大，则自动停机，只能使用手动纠偏减小偏差值，从而继续正常运作。

③小车控制

a. 小车控制方式：小车电机数量为多个，使用一台变频器，V/F 2 点压频比控制调速。

b. 小车控制过程：司机室操作主令手柄，PLC 接收到信号后，内部逻辑控制，输出对应信号给变频器，并打开电机制动，变频器控制大车电机启停、加减速。

④电动葫芦控制

电动葫芦一般都是直接启动，针对断路器与接触器考虑瞬时冲击电流。

(3)安全监控与视频监控系统

①安全监控系统。提梁机的安全监控系统分为两部分：数据监控和门吊纠偏。数据监控能够实现提梁机使用过程中全方位的数据监控，以及运行过程中关键部位的调节。门吊纠偏具备纠偏装置、偏斜量显示以及纠偏功能。当运行偏斜差大于行车跨度 3/1 000 时报警并进行纠偏，直至运行偏斜差小于行车跨度 1/1 000 时停止纠偏，当运行偏斜差达 5/1 000 时，大车断电，停止运行。此外纠偏装置具有消除累计误差的功能。数据与纠偏显示主要在触摸屏上，配合 PLC 通过工业通信方式，实时显示数据与报警。

②视频监控。视频监控主要是实现门吊运行过程中关键部位的全面监控与调节。通过摄像头摄像，连接司机室的显示器将设备关键机构的画面实时显示出来。通过硬盘存储视频内容进行备份，以便日后查询。

③照明系统。照明系统的供电一般放置在总接触器前端，不启动总电源，也可开启照明。尤其是爬梯照明开关，置于登机点附近，在天气昏暗的情况下，可直接打开爬梯灯照明。

光照强度要严格遵守国家标准，同时提梁机顶部配备太阳能航空障碍灯，通过夜间闪烁提醒过往飞行物。

④远程监控系统。在 5G 大力发展的今天，“万物互联”的发展方针一直是工业控制领域的发展方向。提梁机可以通过远程模块实现提梁机数据与视频的远程监控以及手机 App 的监控查询功能，同时将监控系统接入使用方监控平台。

5.5 设备制造

5.5.1 结构制造

提梁机的生产制造主要由主梁、刚支腿、柔支腿、小车走行机构、大车及涂装工艺等部分组成。

1. 主　梁

主梁在制造过程中需重点控制以下几个方面：

(1)主梁预拱，以便于主梁在工作状态下整体下挠符合要求；

(2)主梁整体直线度和垂直度；

(3)主梁轨道安装质量；

(4)主梁各节段连接制孔；

(5)主梁与支腿连接部位孔群相对位置及螺栓孔尺寸。

2. 刚 支 腿

刚支腿在制造过程中需重点控制以下几个方面：

(1)支腿长度方向预留配切余量；

(2)支腿上、下连接法兰板的位置确定(支腿与主梁和大车运行机构连接部位)；

(3)支腿立柱上立柱及下横梁中间节长度控制。

3. 柔 支 腿

柔支腿在制造过程中需重点控制以下几个方面：

(1)支腿长度方向预留配切余量；

(2)支腿上、下连接法兰板的位置确定(支腿与主梁和大车运行机构连接部位)；

(3)支腿立柱上立柱及下横梁中间节长度控制。

4. 主梁构件

(1)结构说明。主梁是提梁机的主要承载结构，采用双主梁箱型结构，用联系梁连接。单根主梁由三个节段拼装而成，每个节段均为焊接箱型结构，节段之间采用高强度螺栓连接，与刚性支腿之间采用法兰刚性连接，与柔性支腿之间为铰轴柔性连接。

(2)零件备料。主梁盖、腹板如需长度接料，下料前需将待下料钢板进行对接，对接采用埋弧焊进行，对接完成后应进行100%超声波探伤，并对焊接引起的变形进行矫正。主梁跨中2 m范围内不允许出现对接焊缝，盖板与腹板对接焊缝应相互错开至少200 mm。主梁节段接头处连接板区域及距连接板边缘500 mm范围内不允许出现对接焊缝。两根主梁的腹板下料开坡口后进行堆叠校验，保证腹板四周边缘完全对齐，测量腹板预拱度。

大隔板在制作时，为提高材料利用率，采用分块下料，在利用限位工装对接成整体。对接时留2～3 mm间隙。拼装隔板时应确定拼装基准边并做好标记，该边需保证垂直。隔板与盖板拼装时，隔板基准边位于有小车轨道腹板侧。隔板制作完成后，测量隔板的各个尺寸，保证隔板符合技术要求(长度及宽度偏差不大于2 mm，对角线偏差不大于1 mm)。焊缝目测合格，无焊接缺陷。确认合格后若有圈筋，将圈筋点焊在隔板上。如图5—10所示。

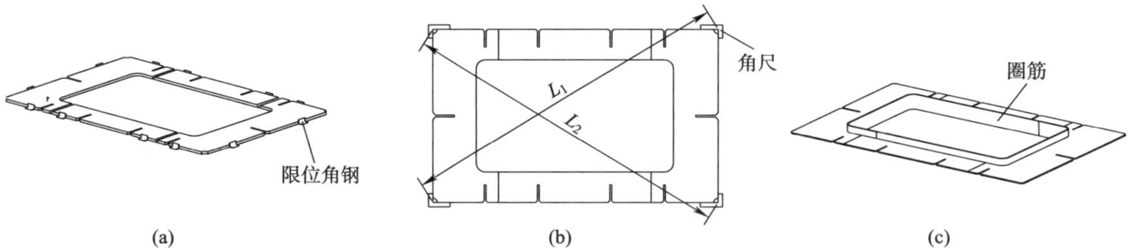

图5—10　隔板拼装示意图

(3)单根主梁制作(整体组装，分段焊接)。所有零件备料完成，胎架搭设合格即可进行单根主梁制作。采用正装制作方式，在下盖板上划纵向中心线，并按照地样线将下盖板吊装到起拱胎架上，下盖板各节段接头处紧密贴合并刚性固定。调整检查，使下盖板纵向中心线对齐，并在同一竖直平面内，保证跨中起拱值符合要求。之后在下盖板上划出各中心线进行隔板、腹板的组拼，拼装形成U型梁后，初步检查U型梁腹板垂直度(小于$H/400$)及平面度情况合格，检查隔板的垂直度，同时检查各个隔板边缘是否平齐，之后对主梁腹板与下盖板、隔板焊缝进行定位焊，定位焊长度40～60 mm，间距在600～800 mm。将上盖板从中间向两边依次吊装与U型梁进行拼装，并采用配重块施压，保证上盖板与腹板紧密贴合，上盖板与隔板完全贴合。

在腹板外侧大隔板位置依次测量主梁两腹板的垂直度，在主梁上端 1/3H 的区域测量主梁的直线度，在上盖板两侧依次测量主梁的拱度值。要求水平弯曲≤15 mm，腹板倾斜 h≤5 mm，盖板倾斜 b≤2 mm，主梁跨度中部最低点不应低于水平线 20 mm。未达到要求需校正以达到工艺技术要求。检验合格后，对主梁主焊缝及隔板四周焊缝进行定位焊。纵筋与隔板交接处需要进行双面角焊缝的焊接，腹板与盖板之间的角焊缝需从中间向两端对称焊接，主梁的四条主焊缝焊接方向必须一致。

(4)主梁整体组装。主梁组装工艺技术要求：

①主梁的最大上拱度应在跨中部范围内 S_1/10 范围内(S_1 为跨度)，上拱度允许偏差在+0.4F 与−0.1F 之间(F=S_1/10 00)；

②主梁在水平方向的弯曲不应大于 S_1/2 000，最大不应超过 15 mm(S_1 为两端第一块隔板间的实测长度，在离上盖板约 100 mm 的横向加筋肋处测量)；

③主梁腹板波浪度以 1 m 平尺测量范围内，在离上盖板 H/3 以内的区域≤0.7δ，其余区域≤1.2δ(δ 为腹板板厚，H 为主梁高度)；

④主梁腹板垂直偏斜 h≤H/350，且不超过 5 mm，此值在大隔板处测量，在主梁两侧轨道开始部位必须保证腹板的垂直度，主梁上盖板水平倾斜 C≤B/350，此值在大隔板处测量(B 为盖板宽度)；

⑤主梁全长范围内，小车轨道中心距(水平方向)偏差不大于±4 mm；沿长度方向任一 2 000 mm 内，高度方向偏差不大于±1 mm。两轨道接头处高度差不大于 0.5 mm。轨道接长段长度不得小于1.5 m。

主梁制作检验如图 5—11 所示。

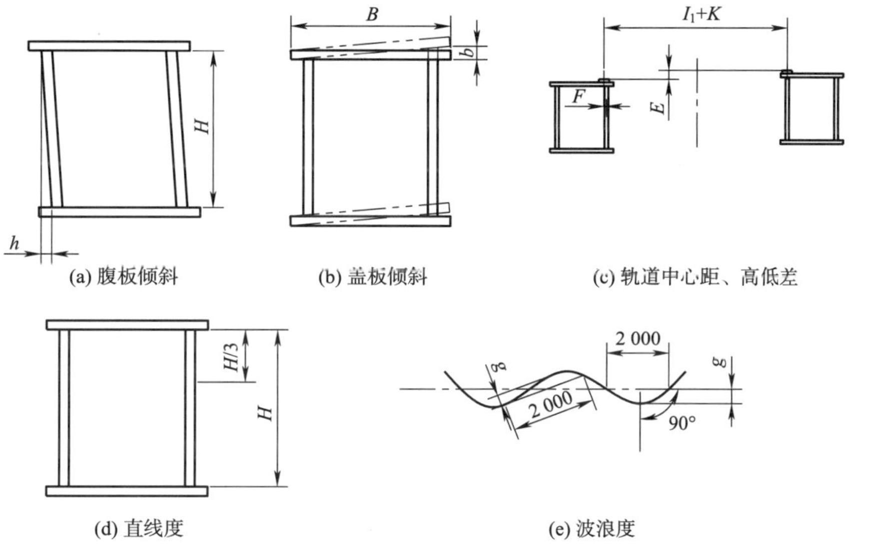

图 5—11　主梁制作检验示意图(单位：mm)

布置支墩时，选择能够满足主梁承重的 H 型钢(支撑位置筋板加强)或箱体作为主梁整体拼装支撑体，主梁起拱零点为支撑点。支撑点进行标高测量，保证四个支撑点高度一致，主梁端头两支撑点连线与总体中线垂直。节段接头位置支撑点应避开接头连接板区域进行支撑，具体标高根据支撑点距跨中位置进行计算。主梁节段处支撑宜采用钢板堆叠方式，便于及时调节。

将主梁节段吊装到支撑架上，保证箱梁端口对齐，盖板及腹板连接处紧密贴合；调节两主梁满足跨中线在同一断面，纵向中心线平行且距离满足图纸要求；测量主梁起拱度、旁弯、盖板水平、全跨对角线尺寸，对于不符合图纸要求的进行调节。

5. 刚支腿构件

(1)结构说明。刚支腿由立柱、下横梁、系杆和拉杆组成；立柱截面为渐变截面，且分为 3 节立柱，下立柱与上、中立柱一面共面，上立柱与中立柱三面共面；立柱间用拉杆、系杆连接，立柱下端与下横梁螺栓连接。立柱上部法兰与主梁固定座螺栓连接，下横梁下部法兰与大车走行机构铰座螺栓连接。

(2)零件备料。立柱、下横梁的盖腹板在端头预留适当配切余量；钢板需要长度拼接时，先进行钢板对接，然后下料，对接采用埋弧焊进行，对接完成后应进行100%超声波探伤，并对焊接引起的变形进行矫正；对接焊缝布置时，盖板与腹板焊缝错开200 mm以上；需要机加的销轴孔零件不用留孔位，采用摇臂钻床对销轴孔进行钻孔；隔板制作参照主梁隔板制作；需开坡口的零件，下料后按图纸要求开坡口，注意坡口方向和余量长度。

(3)部件制作。刚支腿主要部件均为箱型结构，按照箱型结构通用工艺进行制作。上立柱与中立柱整体制作，下立柱单独制作，法兰不拼装；下横梁单独制作，下部法兰不制孔；系杆分段加工完成，支座单独制作；拉杆单独制作；吊耳单独制作。根据图纸技术要求及工艺制造要求，选用合适的拼装焊接方法，选用合理的焊接顺序，控制焊接变形量。焊后检测各部件的整体尺寸，不符合要求的需要校正。

(4)刚支腿整体组装。刚支腿整体组装工艺技术要求：

①保证支腿两上立柱上法兰间距偏差控制在±1 mm内，两上立柱上、下法兰中心对角线差控制在±1 mm内；

②保证两上立柱下法兰间距偏差控制在±1 mm内；两下立柱下法兰间距偏差控制在±1 mm内；

③保证两中立柱上法兰中心与两下立柱下法兰中心对角线差控制在±1 mm内；两上立柱上法兰中心与两下立柱下法兰中心对角线差控制在±1 mm内；

④上立柱、中立柱、下立柱腰线共面。下横梁中间节段长度偏差控制在±1 mm内。

在地面上放出支腿的纵向中心线、上中下法兰的中心线，下横梁上部法兰板面位置线，在支腿支撑位置搭设支撑架(支撑位置设置在每个支腿节段梁的两端)，如图5—12所示。

刚支腿需要进行二次组装，第一次组装部件包括立柱(上立柱、中立柱、下立柱)、系杆、拉杆；第二次组装部件包括立柱(中立柱、下立柱)、系杆、拉杆。如图5—13所示。

刚支腿第一次组装时，根据图5—12划各部件中心线的地样线，搭设支架，依次吊装上、中、下立柱于支架上，根据地样线进行研配切割立柱；用螺栓连接上中立柱法兰、中下立柱法兰成整体，并与相应立柱进行拼装，用螺栓连接下立柱下端法兰与下横梁并整体吊装到支撑架上，与支腿进行组装；拉杆与耳座采用销轴连接，然后根据图纸尺寸确定耳座定位位置，将耳座与支腿进行固定；上立柱处，系杆与连接座采用螺栓连接，再整体与刚支腿进行组装。

第二次组装时，将一侧中、下立柱整体移动3 547 mm到二次汇装地样线上，另一侧中、下立柱保持位置不变。保证两侧立柱盖板腰线(距垂边550 mm尺寸腰线)在同一水平面上；腹板纵向中心线与地样线重合；保证两侧立柱盖板腰线(距垂边550 mm尺寸腰线)在同一水平面上；腹板纵向中心线与地样线重合；中立柱处，系杆(上立柱原有系杆)与连接座(重新制作)采用螺栓连接，在整体与刚支腿进行组装；下立柱上部处，拉杆(重新制作)与连接座(原有)采用螺栓连接；中立柱处，拉杆(上立柱原有拉杆)与连接座(原有)采用螺栓连接，如果拉杆与支座装配不上，重新制作拉杆或重新设计配支座。如图5—14所示。

6. 大车运行机构

(1)结构说明。大车运行机构由台车车架、大车均衡梁、铰座和十字铰座组成。从上往下，均衡梁与支腿之间采用10.9级螺栓连接，铰座与均衡梁用销轴连接，均衡梁与台车架之间采用十字铰座进行连接。

(2)零件备料。需要折弯的零件按照图纸要求用折弯机进行折弯，需要机加的销轴孔及其相关零件均需预留10 mm(单边)机加余量；下料后检查隔板对角线差≤1 mm；需要开坡口的零件，下料后按图纸要求开坡口，注意坡口方向和余量长度。

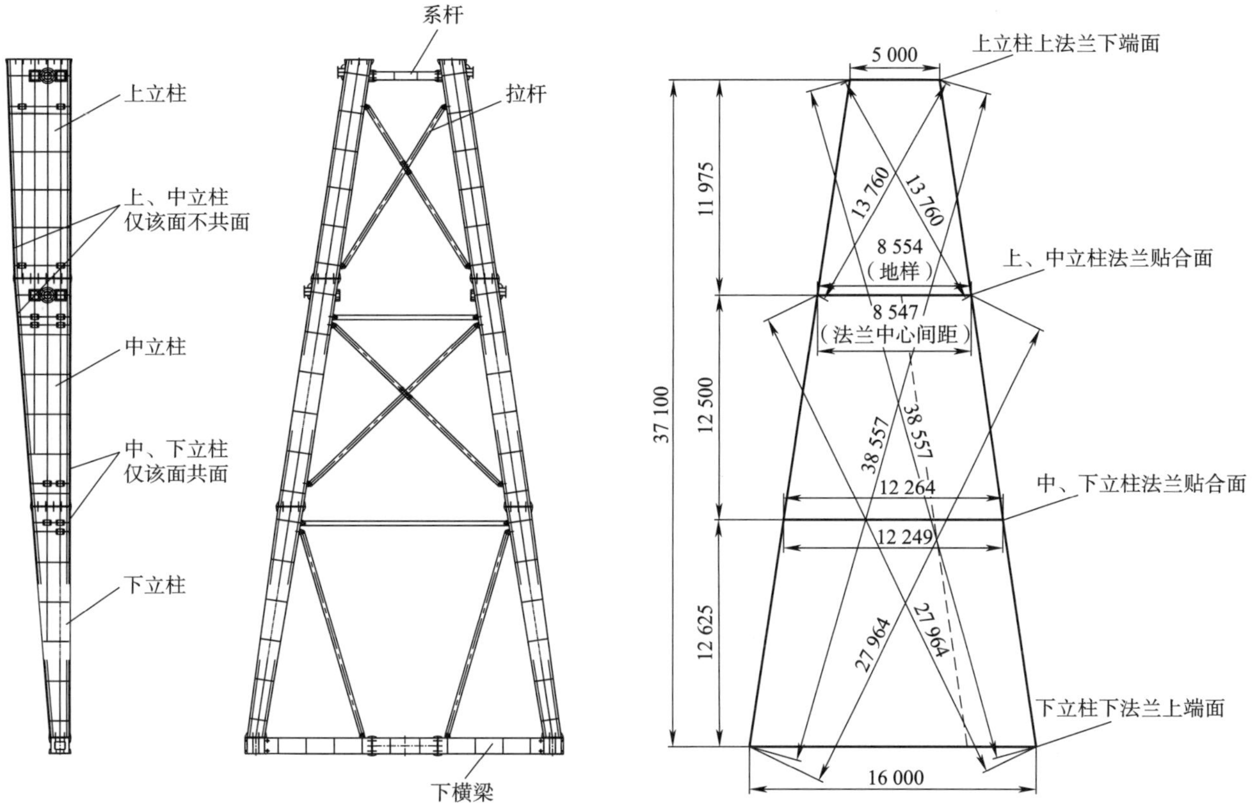

图 5—12　刚支腿地样线示意图(单位:mm)

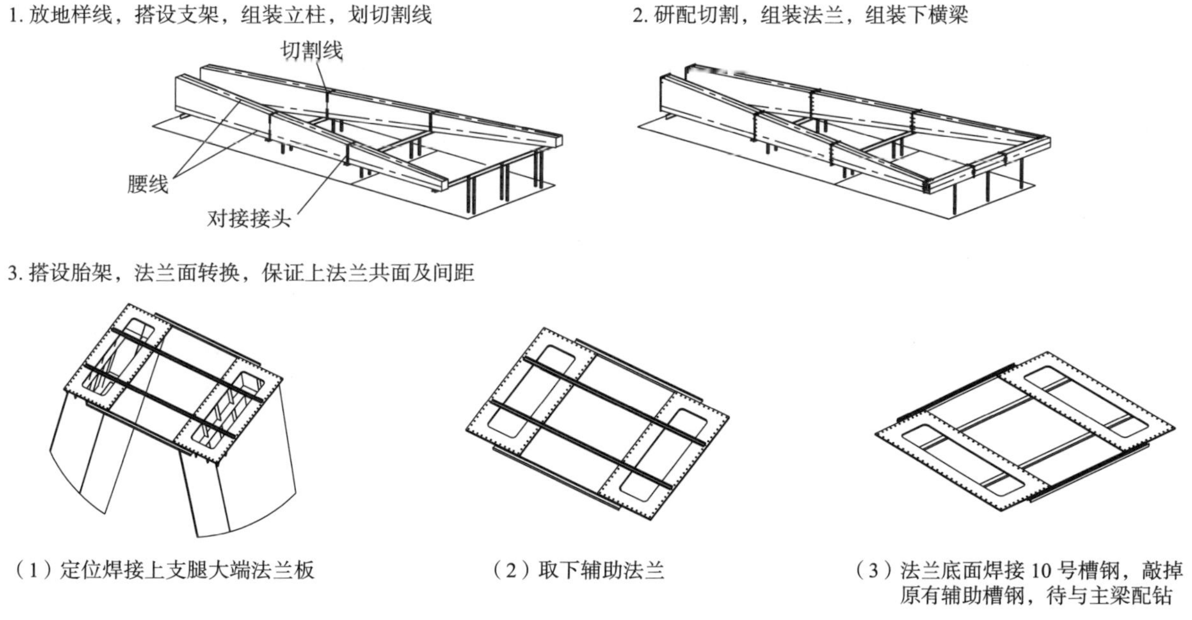

图 5—13　刚支腿第一次汇装示意图

(3)部件制作

均衡梁和车架为箱型结构，根据图纸技术要求及工艺制造要求，选用合适的拼装焊接方法、合理的焊接顺序进行焊接，控制焊接变形量，将均衡梁焊接成整体后对均衡轴孔进行机加镗孔，铰座的销轴孔

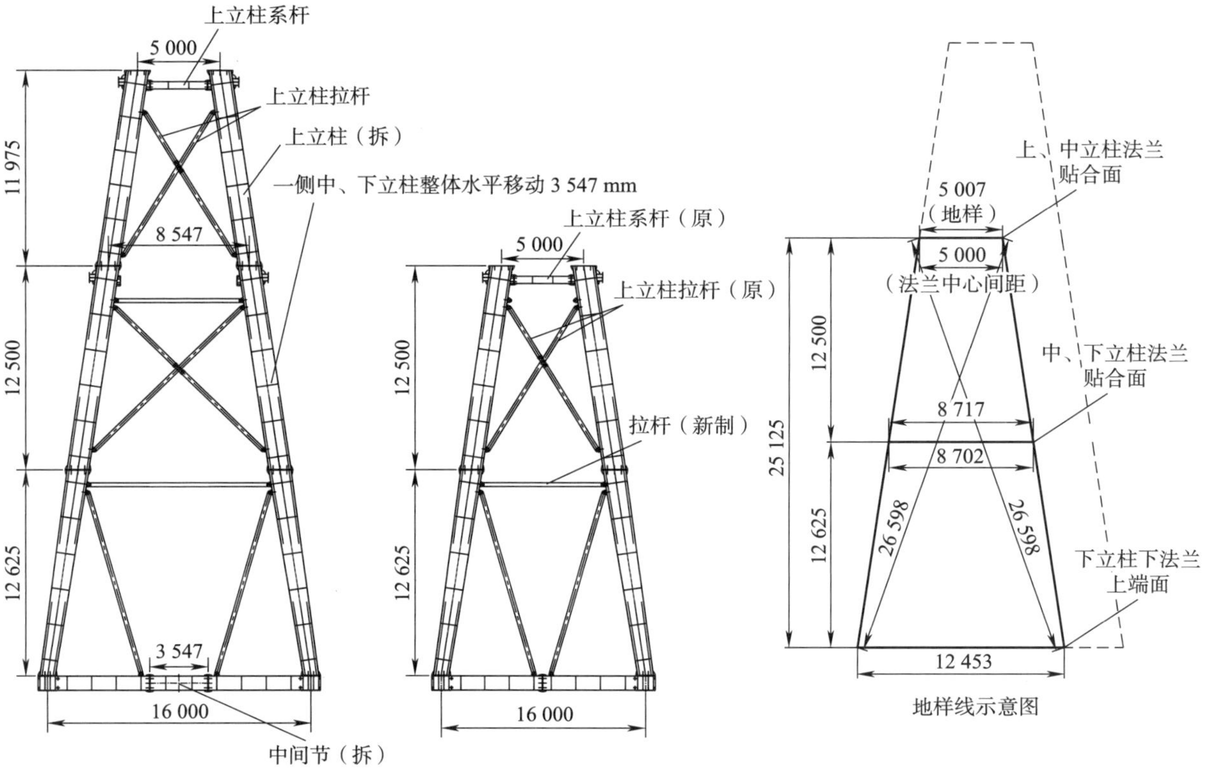

图 5—14　刚支腿第二次汇装示意图(单位:mm)

也需进行机加,要保证轴孔同轴度、轴线与法兰平行度、中铰座两轴线的垂度。焊后检测各部件的整体尺寸,不符合要求的需校正。

(4)大车运行机构组装

大车运行机构组装工艺技术要求:

①均衡梁和台车架组拼时,保证横梁上盖板法兰面水平,车架四个角对角线差≤2 mm,控制弯板焊接面在一个水平面上且与法兰面平行;

②主、从动轮组装配时,轴承装配时润滑油应至少涂满轴承间隙的 70%;安装轴承时,严禁直接敲打轴承内、外圈,装配后应保证车轮转动灵活,不应有轴向间隙,不得卡滞,无轴向窜动,车轮端跳动公差小于 0.1 mm;

③保证同一轮箱上的两个车轮轮线,偏差控制在 1 mm 以内。车轮中心平面与车架轮箱中心平面重合度保证在 1 mm 以内,保证轨距及轮距,偏差≤1 mm;保证轮子等高,不悬空,高度偏差≤1 mm;轮子垂直偏斜≤$L/400$;四个车轮对角线偏差≤2 mm,轮子在轴向不晃动;

④同一轨道上四个车轮轮线,偏差控制在 2 mm 以内;两排四个车轮的平行度控制在 2 mm 以内;四台车最远端四车轮的对角线尺寸偏差控制在 3 mm 以内;轮子等高,不悬空。

大车在整体拼装时,先使铰座中线与均衡梁中线重合,用销轴固定铰座(带钻模)与均衡梁,将铰座与均衡梁整体吊装到支腿横梁上,吊垂线调整使均衡梁腰线与横梁腰线、地样线重合,将铰座法兰钻模点焊到支腿横梁;之后调整使十字铰座中线与台车上盖板中线重合,且保证两十字铰座开档距,误差不大于 1 mm。调整合格后,将十字轴铰座钻模点焊到台车架上;最后将下横梁与均衡梁整体吊装到十字轴铰座上方,与其拼装,吊垂线使均衡梁腰线、支腿横梁腰线与地样线重合,将十字轴铰座钻模点焊到均衡梁上。如图 5—15 所示。

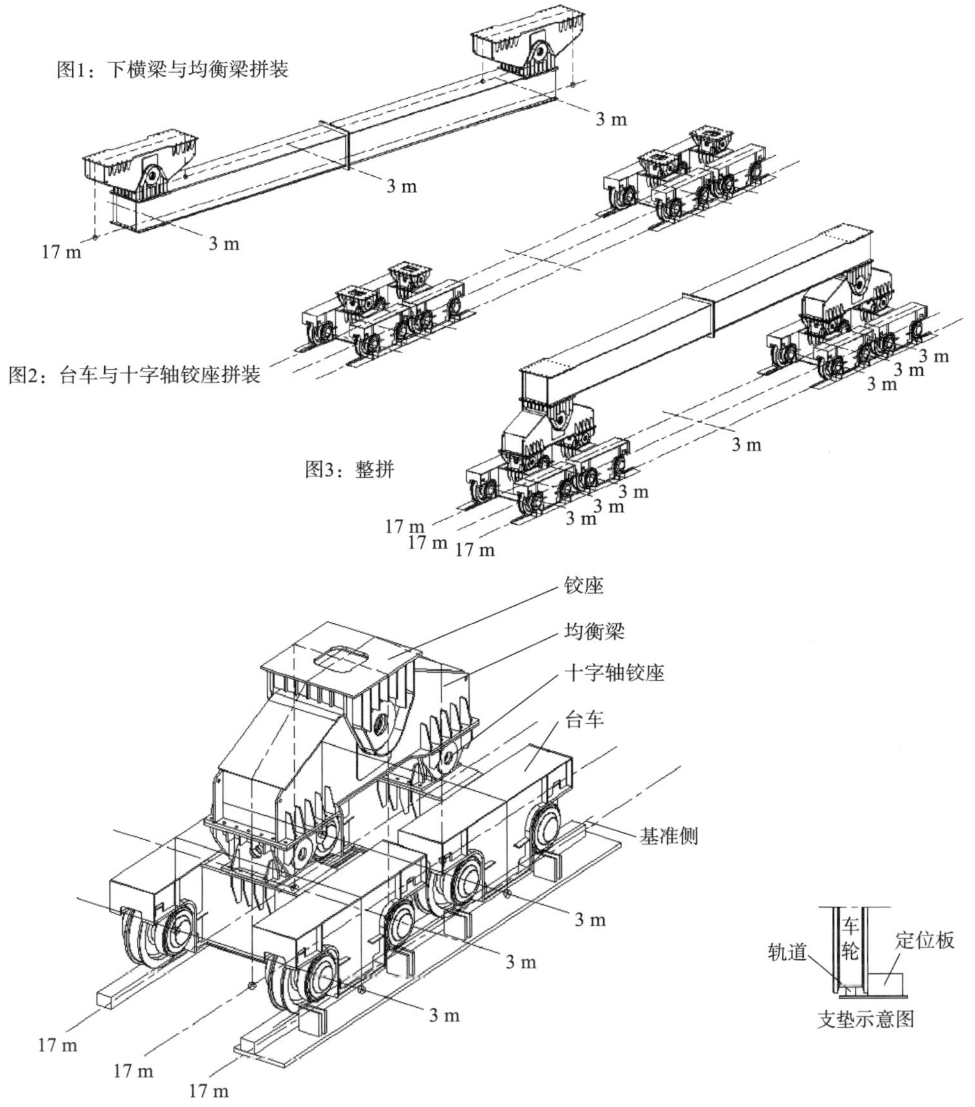

图 5—15　大车整体拼装示意图

5.5.2　电气系统制作

1. 电气房内制作要点

(1)变频器安装

①两个变频器安装距离有要求，包括上下左右。

②卷扬闭环编码器的编码器卡端接地需要连接到变频器外壳。

③制动电阻接线准确，使用电缆规格不能错误，其中本次使用的变频器制动电阻均接 PA 和 PB 两点。

(2)PLC 安装

①CPU 主模块和扩展模块电源的电压范围根据选型有所差别。

②线路密集，完整清晰的线号是后期调试、维护和维修的好帮手。

③模块安装位置远离强电部分，采用电气房式，面向安装面，一侧为变频器及其他强电元件安装位置，另一侧可以为弱电元件，达到强弱电分离，减少干扰。端子排布，断路器，接触器，各类继电器位置排布要合理，强电和弱电分离。

(3)柜内线连接,不剩余较长距离,连接牢靠,需要螺栓紧固的元器件与螺栓相互匹配,不随意更换。

(4)接线完毕,打扫电气房,清除夹在线缆及元器件之间的杂物。

2. 司机室内制作要点

(1)左右联动台安装时注意各个旋钮,按钮为自复位还是自锁定,按钮颜色,故障灯的电源为 DC 24 V 还是 AC 220 V。

(2)操作手柄的连接线路在司机室控制柜内做好连接。

(3)触摸屏的安装要注意架子固定,一般电源电压为直流 24 V,与 PLC 通信使用网线,电缆通过司机室下端引至司机室控制柜,在司机室控制柜端子对接。

(4)仪表安装包括卷扬的起重量限制器仪表,葫芦的重量限制器仪表,风速仪仪表,确认电源电压等级,信号线连接切忌出错。

5.6 安拆与调试

5.6.1 安装

1. 安装作业安全保障

提梁机安装作业时对环境较高的要求,应做好安装作业前的精心准备工作,具体要求如下:

(1)安装场地事先进行硬化处理,场地开阔没有与安装施工相干涉的障碍物,吊车工作区域地基坚实可靠。

(2)轨道铺设已经完成,并验收合格。

(3)提梁机安装前,对提梁机整体进行检查,确保所有部件齐全且没有结构缺陷。

(4)全面检查所有用于安装作业的工器具,所有安全装置必须齐全可靠。

(5)吊装前应进行演练,统一明确指挥口号、用语。

(6)吊装施工区域设立警戒线并设专人监护,与施工无关人员禁止进入。

(7)汽车吊工作区域平整、坚实、无障碍物。

(8)提供电源,保障安装时提梁机能正常调试运转。

(9)夜间安装时,安装场所应保证足够的照明。

(10)作业时无大雨、沙尘暴等恶劣天气,无 6 级及以上大风。

(11)提梁机安装所需的道路要畅通,材料堆放区临时清空,场地平整。

2. 安装工艺要点

MG500 型轮轨式提梁机安装流程如图 5—16 所示。

MG500 型轮轨式提梁机安装过程中,关键控制要点如下:

(1)轨道的复检。提梁机走行的轨道必须严格按照国标《桥式和提梁机制造及轨道安装公差》(GB/T 10183—2018)中有关轨道安装的技术要求执行。安装前应测量轨道的实际情况,作好记录,选择最佳位置作为提梁机的安装基准位置,检测使用的工具包含水准仪、钢卷尺、弹簧秤、塞尺,具体检测要求如下。

①大车轨距的极限偏差为:本次安装跨度为 S,则跨度允差 $\Delta S=\pm[12+0.25\times(S-16)]$,允许最大偏差为 10 mm。

②轨道接头间隙不大于 2 mm,轨道接头高低差及侧向错位不大于 1 mm。

③固定轨道的螺栓、压板不应缺少。压板固定牢固,垫片不得窜动。

④轨道不得有裂纹、严重磨损等影响安全运行的缺陷,不得有卡阻现象。

⑤同一截面内两平行轨道的标高差,不大于 $4S$,且不大于 40 mm。

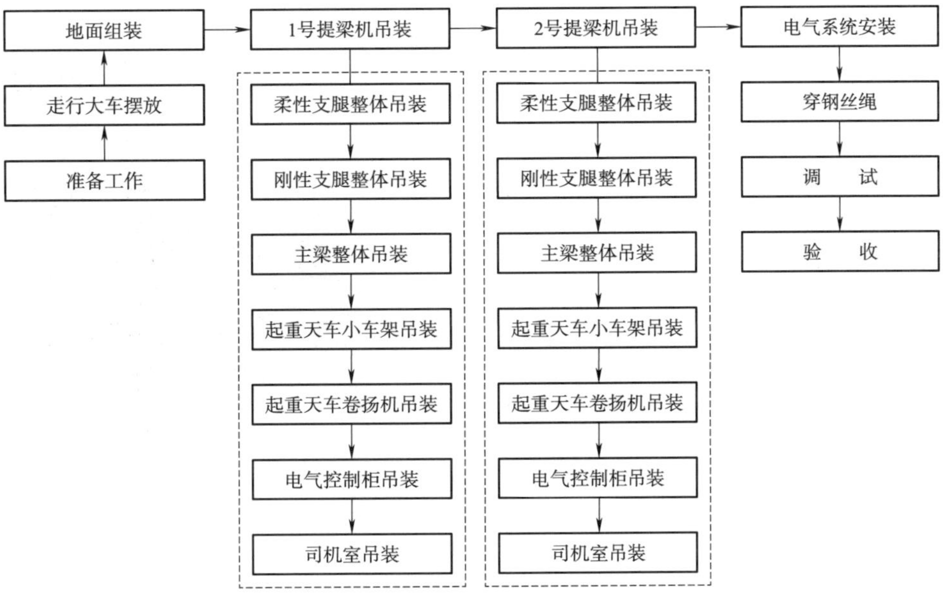

图 5—16 MG500 型轮轨式提梁机安装流程

⑥两平行轨道的接头应错开，其错开距离不应等于起重机前后车轮的基距。

⑦轨道上的车挡在吊装起重机前装好，同一跨端的车挡与起重机缓冲器均应接触良好。

(2)大车及下横梁安装。首先，在大车轨道上借助经纬仪打出一条与轨道垂直的线，以该垂线为基准分别返出各台车组上各车轮的布置线，用经纬仪测量各点是否在同一个平面内；其次，将一个车轮组的四个小台车组分别置于两条轨道已布好的线上，并将其垫稳，用拉线法保证其在一条直线上，使直线度在公差范围内；再用钢卷尺测量两轮距，调整至公差范围内，测量四个销轴座，使其对角线误差在 0.5 mm 以内；最后用 50 t(或大于 50 t)汽车吊将均衡梁一、二起吊至四个销轴座上(注意按标识安装以及夹轨器座和缓冲器的安装方位)，借助定位销轴对好以前配钻的孔并安装螺栓。以此类推，安装其他的三个台车组。

临时固定措施：走行大车定位完毕后安装锁轨器，用水平尺调平走行大车顶部的均衡座，并用 10 cm 长的角钢临时焊接固定，禁止其转动。

(3)主梁地面组装

①利用一台汽车吊在安装场地对主梁进行拼接。在主梁下方不平位置垫上方木或钢墩，以保证地面平整易于拼接。

②依次拼装主梁节段 1 到节段 3。

③各节主梁拼接完成后检查单边主梁的预拱度、直线度及旁弯，确保各项参数指标都合格后拧紧螺栓。

④安装主梁平台栏杆及鱼尾板等附件。

⑤注意事项：

a. 主梁安装摆放顺序应与现场支腿安装位置保持一致，以便于主梁吊装。

b. 主梁在对接过程中和拧紧连接板螺栓时容易发生侧翻，其支垫层高度以 60 cm 最佳，且支垫必须坚实可靠，如有必要可在连接板一侧用刚性支撑临时支撑，支撑位置为连接板外侧中间位置。

(4)刚性支腿地面组装。从下横梁向上依次组装，螺栓拧紧至规定力矩后再进行下一节段的组装，节段全部安装完成后，再安装附属平台、爬梯及电缆穿线管。刚性支腿采用专门设计的钢墩支垫，钢墩尺寸 ϕ400 mm×800 mm。如采用双层钢垫墩，垫墩接触面处临时焊接牢固。如图 5—17 所示。

(5)柔性支腿地面组装。从下横梁向上依次组装，螺栓拧紧至规定力矩后再进行下一节段的组装，节段全部安装完成后，再安装附属平台、爬梯及电缆穿线管。地面组装完成后将柔性支腿球座下方用四根立柱焊接固定牢靠，焊缝要求二级焊缝。

(6)柔性支腿吊装(图5—18)

①根据部件重量及尺寸合理选用主吊车与溜尾吊车。

a. 主吊车的钢丝绳:绳环直接套在整体吊耳上,一台汽车吊起吊,不使用卸扣等。

b. 溜尾吊车的钢丝绳:采用卸扣与支腿底横梁拴挂。

②柔性支腿稳定措施

a. 根据支腿高度采用双向单层或双层缆风绳固定。

b. 缆风绳与地锚的连接方式:缆风绳端与地锚之间采用10 t手拉葫芦连接,便于调整柔性支腿的垂直度和缆风绳的松紧度。缆风绳上端拴挂在柔性支腿内侧专用吊耳处,采用10 t卸扣连接。实际使用过程中,用手拉葫芦张紧缆风绳后,用绳夹锁紧缆风绳,与手拉葫芦一起作用,起双保险的作用。

图5—17 刚性支腿与柔性支腿地面组装

c. 待柔性支腿两侧缆风绳锚固就位、支腿与下横梁连接就位、支腿垂直度找正后,安装人员通过支腿爬梯上到支腿顶部平台解开吊机上的钢丝绳。

③注意事项

a. 为了减少溜尾汽车吊配合时的载荷,主吊车将柔性支腿(图5—18)起升高8 m后,溜尾汽车吊再起吊配合。

b. 下横梁与走行大车螺栓拧紧至规定力矩后,吊车方可松钩。

(7)刚性支腿吊装(图5—19)

刚性支腿吊装方法与稳定措施和柔性支腿一致。

图5—18 柔性支腿吊装

图5—19 刚性支腿吊装

注意事项如下:

①支腿垂直度偏差方向:向外侧。

②下横梁与走行大车的连接螺栓拧紧后再松钩。

③起吊前,专人检查刚性支腿整体提升吊耳是否存在裂纹、脱焊等影响安全的缺陷。

④检查缆风绳的绳卡是否拧紧。

⑤缆风绳上悬挂红布条或彩旗进行警示,周围设置安全警示标识,安排专人进行防护。

(8)主梁吊装(图 5—20)

使用专用吊耳进行主梁整体的吊装。起吊时两台吊车旋转半径内及其中间区域为作业区域,禁止人员入内,并用警戒带隔离危险区域。对所有使用的机具,布置、连接、捆扎等进行全面检查,确认无误后方能进行主梁吊装。

主梁提升 200 mm 静悬空中 5 min,查看所有机具确认安全可靠后,方能慢速提升主梁,当主梁超过支腿 1 m 时,吊车可扬杆增大安全系数,同时缓慢摆臂,两台汽车吊同时将大臂向支腿方向缓慢旋转,待主梁移动到支腿法兰上部时,停止摆臂,缓慢降落。

吊装主梁时的注意事项如下:

①两台汽车吊必须由一人统一指挥,吊车司机和指挥人员配备无线对讲机,确保两台吊车起吊的同步性和协调性。起吊过程中,无论主梁处于何种高度两端都必须水平。

②主梁靠近刚性支腿一端先落到位后,靠近柔性支腿一端再缓慢落到位。

图 5—20 主梁吊装示意图

③主梁与支腿之间的连接螺栓全部安装完毕且验收合格后方可卸下吊装钢丝绳。

(9)起重小车吊装。在平地上将起重小车组拼好,吊装时分次起吊,先将小车架总成吊装到位,再起吊卷扬机。在小车上已有的四个吊点上挂好钢丝绳并固定好,检查卸扣与钢丝绳安装是否准确无误并系好调整小车方向的溜绳。由指挥人员指挥吊车起吊,将小车从支腿侧使用汽车吊提升到主梁上方,将小车吊到主梁轨道上,再用木楔将走行轮塞好止动固定好。最后解开吊装钢丝绳,吊机收杆,吊装完成。

(10)其他部件安装

①司机室及附件安装。小车吊装完成后,吊装检修平台、梯子、扶手及栏杆。走台及端梁栏杆的安装必须牢固可靠,并装上限位开关。限位开关安装后,能够保证打开栏杆门时电源切断。

②电缆卷筒安装。根据图纸焊接电缆卷筒底座后固定好电缆卷筒。

③钢丝绳安装。钢丝绳按随机附图示意缠绕。安装时,钢丝绳避免沾到泥沙,绳端以细钢丝扎好。绕过吊具上的动滑轮和车架上的定滑轮,钢丝绳的两端分别用压板及螺栓固定在卷筒的两端,其保险圈不得小于 3 圈。安装完毕后钢丝绳涂上润滑油脂。

④制动器安装

a. 通过调节退距螺栓调整制动瓦块的退距以达到两边基本均匀的状态。制动瓦块在松闸时,应与制动轮平行,在抱闸时应贴紧制动轮。制动轮表面一定要洁净,不得有油垢。

b. 通过调节螺杆控制制动弹簧的制动力矩。

c. 通过调节螺杆调节制动瓦块距离,当制动衬垫磨损后,通过调节此螺杆可消除其磨损量。

d. 在保证闸瓦最小退距的情况下,推动器的工作行程越小越好,必要时可调节推动器的高度。

e. 试车前必须给推动器注入规定的油液,并根据环境温度选择 46 号液压油,使油面高度达到规定的高度。

(11)电气系统安装。电气设备的安装主要包括电气箱、盒等元器件的安装。电气设备安装前,必须仔细阅读全部随机电气图纸后,根据上述电气图与技术条件的施工要求和安装说明,指导进行电气设备的安装施工;清理和检查全部电气设备和元件,所有的电气设备和元件应无缺陷,运转灵活,无卡阻和松动现象;电气设备和元件的型号、规格、触头的闭合次序等必须符合图纸,需要调整的应按图纸规定调整好;检查控制器、接触器、继电器触头间的压力是否符合各自的规定,如压力过大或过小应予以调整;控制器操作手柄应灵活,挡位应明显。

整机在设计、制造、使用过程中均满足起吊、行走(满载及空车)等各种工作状态下的安全性;运行过程中的安全监控系统,使得驾驶司机能够时刻看到设备运行的各个角度;为预防突发情况的发生,设置安全保护装置—急停系统,及时停车,为提梁机的运行提供安全的保障。

①急停系统。提梁机四个大车架及驾驶室内面板上各设置一个急停按钮,整机共设置 5 个急停按钮。急停按钮也称为“紧急停止”按钮,是指当发生紧急情况时,可通过快速按下此按钮以达到保护的目的。当按下提梁机的急停按钮时,可切断整车所有电源,包括动力电源和控制电源,当故障排除后,将所有急停全部拉起,再次确认故障已经排除,按下驾驶室面板上的“急停复位”按钮,可恢复整车供电。

②安全监控系统。提梁机的安全监控系统按照《起重机械　安全监控管理系统》(GB/T 28264—2017)编制,主要包括视频系统、载荷系统、风速仪系统等。

a. 视频系统。提梁机整车共设置 6 个视频摄像头,用于监视行走和卷扬。视频显示器设在驾驶室内,方便驾驶员随时察看整车的任何地方。为安全起见,操作者在操作提梁机时禁止看视频或操作视频。

b. 载荷系统。提梁机的每根钢丝绳都设有载荷传感器,驾驶室内设有载荷显示仪表,每个载荷都能在载荷仪表上显示出来。为使提梁机能够正常工作,应对载荷系统按设备自带使用说明书重新标定。用户应备有标准砝码或已知重量的配重块,配重一般应接近额定重量的 50%～80%为宜。

c. 风速仪系统。提梁机控制系统接有风速传感器,并将外界风速显示于驾驶室的显示器上,当风速过高时,停止设备作业。

(12)各安全装置的完善和调整。提梁机的安全装置主要有起重量限制器、吊钩高度限位器,走行限位,扫轨器以及端部车挡等,调整起重量限制器其综合误差±5%,显示误差≤5%,调整走行限位器,其极限位置离两端各 2 m,调整吊钩高度限位,其动作位置距主梁部约 2 m。

5.6.2　调试

1. 厂内调试

厂内电工配合设计人员调试,确认电气房、司机室内线路无问题后再进行调试,以下为厂内调试安装人员需要配合设计人员的工作:

(1)使用临时的连接线连接司机室和电气房(也可以计算好长度,直接放线),同时电气房安全限位点暂时短接。

(2)连接交流 380 V 电源,打开总断路器,在司机室按下启动按钮,确认总接触器吸合,并无其他异常。若总接触器未吸合,检查主回路线路和连接线是否正确,更改后,继续启动,直至正常。

(3)依次上电各机构,并按照设计人员提供的变频器调试参数表,将相关参数输入变频器。过程中出现跳闸,没有电流等情况,检查对应回路,确保三相电无错误。

(4)通知设计人员,可以进行厂内调试,设计人员将程序下载至 PLC,连接电机,安装人员配合设计人员联动台上按钮,旋钮,急停、操作手柄和遥控器。依次进行各个动作,设计人员将检查变频器各挡位频率输出,电流输出是否正常。

(5)设计人员记录问题,留与安装人员后面更改或者直接找明原因后,再次进行各个动作,确认电气房和司机室内电气正常。

(6)厂内调试完成后,打扫电气房和司机室内杂物,准备发货。

2. 现场调试

(1)电工按照设计人员准备的变频器参数表,输入相关部分。注意警报设置中的错相警告以及制动电阻在厂内调试:参数设置为无,需要进行修改。厂内调试输入变频器的参数现场,按照参数表重新对照输入一遍,部分参数厂内调试和现场使用的参数对比可能未输入或者不对应。

(2)完毕后,检查各机构对应线路,确认无误后,通过司机室操作各个机构,判断线路连接是否有问题。

(3)输出过程中,注意是否有异响,变频器面板上的输出状态是否正常(各挡位频率、电流、电压、直流母线电压等,变频器详细状态可以通过触摸屏或者变频器面板监测到),整体的动作是否正常。

(4)闭环编码器的调试,闭环编码器的电缆使用双屏蔽电缆,屏蔽层连接变频器外壳,按照变频器参数表依次输入参数,进行调试确认连接是否正常。

(5)起吊重物状态下,重复进行各机构动作的调试,主要确认卷扬是否有溜勾及磨刹车现象,此时需要根据变频器参数调试手册,调节刹车释放时间。

5.6.3 拆除

拆卸是安装的逆过程,人员、设备及工机具、柔性支腿及刚性支腿安全稳定措施均与安装时相同。严防不按逆过程拆卸的不安全行为。提梁机的拆卸流程如图 5—21 所示。

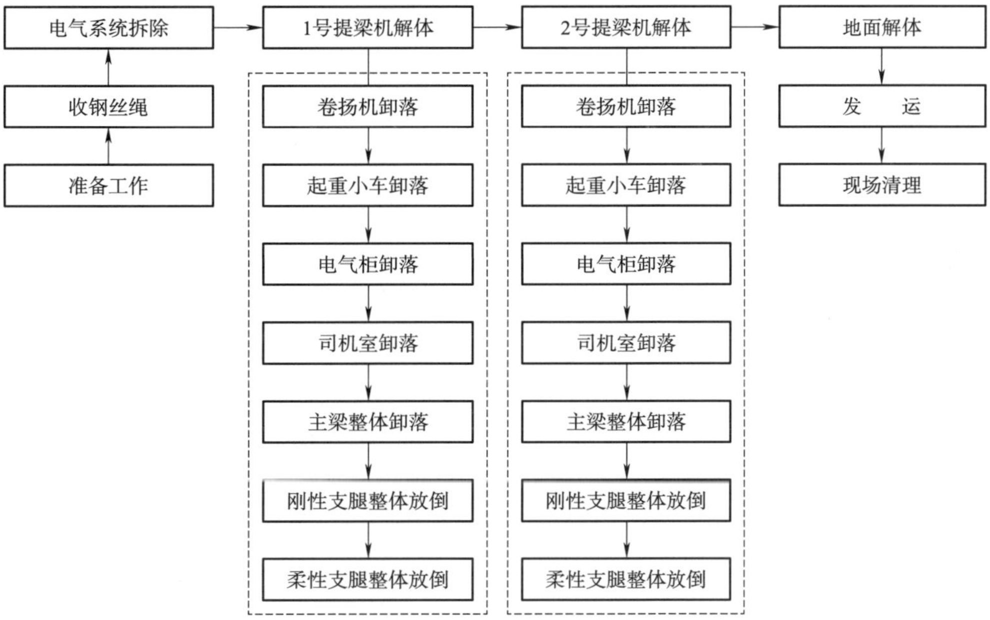

图 5—21　提梁机的拆卸流程

1. 拆卸流程

(1)收钢丝绳。提梁机停在拆卸预定位置,卸掉吊杆,将吊具落至梁面上后开始收钢丝绳。1 号提梁机为一点吊,两台卷扬机共用一根钢丝绳,通过改变电机接线,使两台卷扬机转向相反,两台卷扬机一收一放,将钢丝绳收至一个卷扬机上,并用铁丝捆绑绳端。2 号提梁机为两点吊,两台卷扬机各用一根钢丝绳,将钢丝绳收至各自的卷扬机上,并用铁丝捆绑绳端。

(2)电气系统拆除

①电气控制柜至柔性支腿走行大车、刚性支腿走行大车的电源线和控制线全部拆除,电缆线卷成卷后捆扎固定在支腿顶部的平台和支腿下横梁上,待支腿整体放倒后在地面上回收电缆线。

②起重天车的电源线和控制线从走行电机处和控制柜处拆除,电缆线放置在主梁附属平台上。

③电气控制柜的固定螺栓待吊车挂绳后再拆除。

(3)起重天车拆卸

起重天车分次吊装,先将卷扬机逐个吊至地面,然后再起吊小车架总成。小车架总成采用 4 根钢丝绳拴挂,吊点为两侧专门设计的吊耳。

(4)支腿固定

①根据支腿高度采用双向单层或双层缆风绳固定。

②缆风绳端与地锚之间采用 10 t 手拉葫芦连接。缆风绳上端拴挂在支腿专用吊耳处,采用 10 t 卸扣连接。在实际使用中,用手拉葫芦张紧缆风绳后,用绳夹将缆风绳锁紧,与手拉葫芦一起作用,起双保险的作用。

(5)主梁拆卸。采用两台汽车吊共同抬吊,设计有专用吊耳。起吊时两台吊车旋转半径内及其中间区域为作业区域,禁止人员入内,并用警戒带隔离危险区域。对所有使用的机具,布置、连接、捆扎等进行全面检查,确认无误后方能进行主梁吊装。当主梁离开支腿 1 m 时,吊车可扬杆增大安全系数,同时开动两台吊车旋转机构,使得主梁偏移离开接口法兰面上方。两台吊车同时向左缓慢的转动大臂,待柔性支腿端主梁端头移动过梁片上部时,扬杆摆臂,将主梁缓慢的降落至地面。两台汽车吊必须由一人统一指挥,吊车司机和指挥人员配备无线对讲机,确保两台吊车起吊的同步性和协调性。起吊过程中,无论起吊至何种高度,主梁都必须处于两端水平的状态。

(6)支腿整体放倒。根据部件重量及尺寸合理选用主吊车与溜尾吊车。

主汽车吊挂好绳后,先拆卸支腿与走行大车的连接螺栓,吊车缓慢提升至汽车吊司机室中控电脑显示起重能力到达部件重量一半时,停止起升,拆卸支腿两侧缆风绳,继续提升,使支腿与走行大车完全分离。

主汽车吊提起支腿向外侧吊移至溜尾吊车作业范围内,拴挂溜尾吊车钢丝绳,主吊车与溜尾吊车配合支腿整体放倒。

(7)地面解体。主梁、支腿全部吊落至地面上后,开始钢结构的解体。解体过程中的安全措施如下:

①主梁钢墩底铺 1 m×1 m,厚 20 mm 的钢板,底部铺垫枕木;

②主梁两侧采用槽钢临时斜撑稳定;

③人员上下梯时,必须有专人帮扶;

④脚手架使用前,必须检查是否稳固;

⑤主梁节段分离时,节头板间隙必须足够大;

⑥主梁节段螺栓拆卸后,及时将节段落至地面。

2. 汽车吊选用

(1)汽车吊选用的基本参数。基本参数有:①载荷 Q;②额定起重量;③最大幅度;④最大起升高度。

(2)动荷载。一般取动荷载系数 $K_1=1.1$。

(3)不均衡荷载。一般取不均衡荷载系数 $K_2=1.1\sim1.25$。

(4)计算荷载 $Q_j=K_1K_2Q$。

(5)额定起重量。回转半径和起升高度确定后起重机能安全起吊的重量。

汽车吊选用必须依照本机说明书规定的特性曲线表进行,选择步骤如下:

(1)根据被吊设备或构件的就位位置、现场具体情况等确定起重机的站车位置;

(2)根据被吊设备或构件的就位高度、设备尺寸、吊索高度等和站车位置,查起重机的特性曲线,确定其臂长;

(3)根据已确定的幅度、臂长,查起重机的特性曲线,确定起重机的承载能力;

(4)如起重机承载能力大于被吊装设备或构件的重量,则选择合格,否则重选。

3. 缆风绳与地锚设置

(1)缆风绳设置要求

①每个支腿缆风绳的设置宜为 4～8 根。

②缆风绳与地面的夹角宜为 30°,最大不宜超过 45°。

③缆风绳应经计算确定(缆风绳的安全系数 n 取 3.5)。缆风绳应采用圆股钢丝绳,直径不得小于 24 mm。

④左右两根缆风绳在同一水平面上对称设置，使其在结构上引起的水平分力处于平衡状态。缆风绳与支腿的连接处应采取措施，防止钢材对缆风绳造成剪切破坏。对连接处的耳板焊缝及附件必须进行设计计算。

(2)地锚设置要求

①地锚基坑出线点(即钢丝绳穿过土层后露出地面处)前方坑深 2.5 倍范围及基坑两侧 2 m 以内，不得有地沟、电缆、地下管道等构筑物以及临时挖沟等。

②起重吊装使用的地锚应严格按设计进行制作，并做好隐蔽工程记录，使用时不准超载。地锚坑宜挖成直角梯形状，坡度与垂线的夹角以 15°为宜。

③地锚设置时应根据锚桩的最大上拔力，纵向钢筋截面应按桩身轴力变化配置，如需利用工程桩作锚桩，应严格控制其上拔量。

5.7 检测与试验

提梁机属于起重机械中的门式起重机，属于特种设备的监检范围，按照特种设备安全技术规范《起重机械安装改造重大修理监督检验规则》(TSG Q7016)进行检测和试验。

5.7.1 检测

《起重机械安装改造重大修理监督检验规则》(TSG Q7016)规定，起重机械在施工单位自检合格的基础上，由国家质量监督检验检疫总局(以下简称国家质检总局)核准的检验机构对施工过程进行的强制性、验证性检验。在使用现场进行型式试验的起重机械，样机安装前，施工单位应当向使用地的市级特种设备安全监督管理部门办理安装告知，并且向检验机构申请安装监检。样机型式试验与安装监检过程中的性能试验可以同时进行，数据共享。但安装监检证书和监检报告应当在取得型式试验合格证后出具。

5.7.2 试验

1. 目测检验

目测检验是检验所有重要部分的规格和状态是否符合要求，如：各机构、电气设备、安全装置、制动器、控制器、照明和信号系统；提梁机金属结构及其连接件、梯子、通道、司机室和走台；所有的防护装置；吊具及其连接件；钢丝绳及其固定件；滑轮组及其轴向的紧固件。检查时，不必拆开任何部件，但应打开在正常维护和检查时应打开的盖子，如限位开关盖。目测检验还应包括检查必备的证书是否已提供并经过审核。

2. 空载试验

试验前，用 500 V 兆欧表分别测量各机构主回路、控制回路，对地的绝缘电阻。

接通电源，开动各机构，使小车沿主梁全长、提梁机沿轨道适当长度往返运行各不少于 3 次，应无任何卡阻现象，检查限位开关、缓冲器工作是否正常，吊具左右极限位置是否符合要求。分别开动主、副起升机构在起升范围内全程运行，检查运转是否正常，控制系统和安全装置是否符合要求且灵敏准确，检查起升范围是否符合要求。

空运转试验时，分别开动各机构，做正、反方向运转，累计时间不少于 5 min，并做好记录。

3. 静载试验

每个起升机构的静载试验应分别进行，静载试验的载荷为 1.25 GN，实验前应调整好制动器。试验时，逐步加载至额定载荷，小车在门架全行程往返运行，并开动提梁机运行机构，检查各项性能是否达到设计要求，达到设计要求后卸去载荷，将空载小车停放在极限位置，定出跨中的检测基准点。

小车置于主梁跨中时，按 1.0 GN 加载，起升离地面 100～200 mm 处悬空，再无冲击地加载至 1.25 GN 后，悬空时间不少于 10 min，卸去载荷将空载小车停放在极限位置，检查主梁和基准点处，应无永久变形且主梁实有上拱度符合规定，即可终止实验，如有永久变形，需从头再做实验，但总共不应超过三次，不应再有永久变形。

试验后，目测检查是否出现永久变形、油漆剥落或对提梁机的性能和安全有影响的损坏，检查连接处是否松动或损坏。

4. 动载试验

各机构的动载试验应先分别进行，再作联合动作。作联合动作试验时，同时开动的机构不应超过两个。起升机构按 1.1 GN 加载，试验时每种动作应在其行程范围内作反复运动的启动和制动。按接电持续率及其工作循环，试验时间至少应延续 1 h。试验后，目测检查各机构或结构的构件是否有损坏，检查连接处是否出现松动或损坏。

5. 检验规则

检验分为出厂检验和型式试验，具体项目见表 5—5。

表 5—5　检验项目

序　号	项目名称	出厂检验	型式试验
1	目测检验	√	√
2	空载试验	—	√
3	提梁机跨度	√	√
4	小车轨距	√	√
5	小车轨道直线度	√	√
6	小车轨道中心相对腹板中心的偏差	√	√
7	单主梁轨距的偏差	√	√
8	相对应两轨道测点之间的高度差	√	√
9	小车轨道任一点处车轮接触点高度差	√	√
10	主梁水平方向弯曲度	√	√
11	主梁腹板局部翘曲	√	√
12	小车车轮接触点高度差	√	√
13	车轮在水平投影面内车轮轴心线倾斜度	√	√
14	车轮子垂直平面内车轮轴中心线倾斜度	√	√
15	静载试验	—	√
16	主梁上拱度	—	√
17	核定载荷试验	—	√
18	主梁静态刚度	—	√
19	机构速度和调速功能	—	√
20	吊具起升高度	—	√
21	吊具极限位置	—	√
22	起升机构下降制动距离	—	√
23	提梁机噪声	—	√
24	动载试验	—	√
25	漆膜总厚度	√	√
26	漆膜附着力	√	√
27	电控设备中各电路的绝缘电阻	√	√

6 运梁车研制

中铁十一局集团有限公司以汉江重工设计研发中心为核心组建运梁车研究课题组，研发了运梁高效、快速穿隧的新型运梁车，并通过检测与试验证明了新型 40 m 简支箱梁运梁车在使用过程中具有安全性及可靠性。本章从研制历程、核心技术、基本构造、设备制造、安拆与调试、检测与试验等方面对新型运梁车做简要介绍。

6.1 概　　述

目前，由 32 m 及以下跨度箱梁提运架技术和装备支持而形成的高速铁路桥梁建造技术，形成了相对完善的技术标准体系。但随着建设规模的增大，地形、地质、环境复杂性增加，为降低建设费用、保证质量、提高工效，对 32 m 及以上跨度箱梁采用运架模式施工的要求越来越高；并且随着近年高速铁路建设逐步向山岭地区发展，运梁过隧道的施工问题越来越凸显，传统少量运梁过隧道通常采取的翼缘板切割及隧道仰拱填充层欠填方案，必然涉及到箱梁的二次浇筑及仰拱二次回填，施工质量、施工周期及施工成本均难于控制。另一方面，截至 2016 年底，900 t 级 32 m 级运梁车使用 5 年以上的设备占比达 89.3%，存在结构部件损耗，电气、液压元件老化等问题，大部分设备面临更新、升级。因此，研究一种运梁高效、快速穿隧的运梁车日益迫切。

针对我国高速铁路简支箱梁由 900 t 级 32 m 跨升级为 1 000 t 级 40 m 跨后，箱梁跨度、重量及外形尺寸都增大的特点，并且受目前高速铁路隧道轮廓边界尺寸的限制，传统的运梁车结构很难满足运输 1 000 t 级 40 m 跨简支箱梁过隧要求。中铁十一局集团成立专业研发团队，通过研究运梁车驮运箱梁过隧道通行要求及条件，设计了新型低位 TJ-YLS1000/40 过隧运梁车来解决运梁过隧通行难题。运梁车满足时速 250～350 km 铁路 1 000 t 级 40 m 以下整孔双线箱梁从预制场通过便道、铁路路基、桥梁（包括刚构连续梁、钢混结合连续梁等）和隧道运至架梁工位，并配合架桥机完成梁片的喂梁、架梁等工作，同时可以驮运架桥机实现桥间转移。

目前该运梁车已成为行走最快捷、运载高度最低的运梁车，运梁时箱梁离地面仅 1.2 m。设计师为了降低运载高度，将 U 型梁作为主梁，使其能够在隧道内便捷穿梭。机身配备激光面阵传感器实现了隧道内自动驾驶，解决了以往设备过隧难的问题，应对桥隧频繁转换的工况也将更加灵活、高效，可广泛适用于我国山岭地区铁路建设。

TJ-YLS1000/40 过隧运梁车是中铁十一局集团汉江重工有限公司针对我国高速铁路客运专线大吨位预应力混凝土箱梁的施工特点及要求而设计制造的，运梁车车体采用 U 型结构，悬挂走行轮胎采用 930 mm 直径小轮胎，悬挂系统通过回转支承反装在纵梁下端。驮梁机构中的走行系统采用重型移运器，替代传统的钢质车轮，后车链条驱动，前车闭环链驱动，能够有效地减少运梁空间，并可驮运 1 000 t 架桥机整机过隧道。

6.2 研 制 历 程

6.2.1 研发历程

2018 年 1 月，中铁十一局以汉江重工设计研发中心为核心成立了 40 m 简支箱梁搬提运架设备研究课题组，进行“1 000 t/40 m 分体式架桥机”“1 000 t/40 m 运梁车”“1 000 t/40 m 提梁机”“1 000 t/40 m 搬梁机”研究。

针对 40 m 简支箱梁高度较原 32 m 梁，高度由 3.05 m 增加至 3.235 m，隧道断面不改变，考虑到隧道口架桥，因此不考虑隧道回填层欠填的前提条件下，运梁车驮运箱梁过隧道空间小，难度大的难题，研发团队初步采用传统中置式结构进行运梁车车体设计，多次仿真模拟计算后，由于空间有限无法进一步降低车体高度。研发团队打破常规、跳出惯性思维，提出基于箱梁结构型式的 U 型车体结构。通过结构受力分析和有限元仿真分析，确定了 U 型车体方案可行。如图 6—1 和图 6—2 所示。

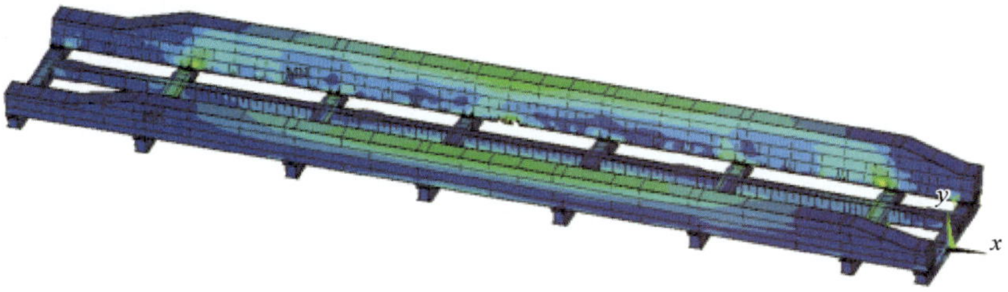

图 6—1　1 000 t/40 m 运梁车应力分析示意图

图 6—2　1 000 t/40 m 运梁车刚度分析示意图

为了进一步降低整机喂梁高度，研发团队结合当前轮胎技术参数，明确运梁车轮胎直径不超过 0.95 m，承载力达到 8 t，通过对三角、贵州前进等十余家知名轮胎企业小直径、大承载轮胎设计及制造技术调研，市场上只有 355/65R15 型轮胎性能参数比较接近，但存在大轴载减速机无法安装的问题。研发团队研讨决定在标准 355/65R15 型轮胎基础上，采取加厚胎体和加强带束层的钢丝帘线，优化轮辋结构，安装大轴载减速机等技术措施，最终实现轮胎直径由 1.2 m 降低到 0.9 m，并满足悬挂设计要求。

课题组对运梁车的喂梁状态下结构型式进行了积极探索，提出运梁车原驮运机构由传统的钢轮改制为新型低位移运器结构，可有效降低喂梁高度，后期，研发团队通过耐磨板重载滑动试验，分析滑板与轨道间的滑动性能，结果表明摩擦力在可行范围内，认为滑动运动方式能够解决高度问题，通过改变运动方式和优化结构，驮梁小车高度降低至 0.3 m 以下。

1 000 t/40 m 运梁车初步方案设计完成，课题组邀请了行业内知名专家进行方案研讨，并组织召开了初步技术设计评审会，方案通过评审。

2018 年 7 月，召开了“高速铁路 40 m 简支箱梁运架成套施工设备研制”科技重大专项合同评审会，会议通过了 40 m 运架设备的方案评审和合同评审。

2019 年 6 月，课题组完成全部技术设计任务；2019 年 8 月 6 日，课题组组织召开了高速铁路 40 m 简支箱梁运架设备力学计算及液压技术专项评审会，评审专家认为计算符合相关标准及规范要求，液压设计合理；2019 年 8 月，课题组召开了高速铁路 40 m 简支箱梁成套施工设备研制技术设计评审会，会议通过了 40 m 分体式架桥机、40 m 运梁车、40 m 搬梁机方案及技术设计评审。

6.2.2　产品试制

2019 年 10 月，汉江重工启动了 1 000 t/40 m 运梁车的生产，于 2020 年 5 月，陆续完成了高速铁路 40 m 简支箱梁运梁车试制任务，随后产品已在南沿江城际铁路投入使用。如图 6—3 和图 6—4 所示。

图 6—3　1 000 t/40 m 运梁车厂内组装调试

图 6—4　1 000 t/40 m 运梁车现场运梁

6.3　核心技术及主要技术参数

6.3.1　核心技术

1. 滑动式驮梁小车

传统驮梁小车通过滚动式运动方式驮梁喂梁，为保证滚轮承载能力，钢轮直径较大，驮梁小车设计高度至少需要 0.6 m，导致梁车整体高度超过方案设计指标。通过研究驮梁小车通行的条件，驮梁机构由传统的钢轮走行机构优化设计为低位重型移运器机构，驮梁台座由传动的箱型结构优化为板式机构，链条牵引走行，与传统驮梁机构相比，该新型低位驮梁小车有效降低了运梁高度。如图 6—5 所示。

图 6—5　新型滑动式驮梁小车

2. 新型液压行车制动技术

现有的运梁车行车制动大部分采用气制动，存在储气罐、气动阀等元器件漏气的现象，气压随之降低，导致制动扭矩变小，严重时制动失灵。通过行车制动技术对比研究，初步确定采用常闭式液压制动技术，并基于常闭式液压制动原理，开发运梁车新型液压行车制动系统，经反复试验验证，制动控制系统安全可靠。如图 6—6 所示。

图 6—6　新型液压行车制动技术

3. 三变量功率匹配技术

通过发动机、闭式行走泵以及液压马达的功率 3 个变量的共同协调控制，实现运梁车重载、空载以及爬坡工况发动机转速、泵和马达排量的最优匹配，动力与负载匹配，更加节能，绿色环保。

4. 辅助驾驶、隧道内自动驾驶

配置激光测距传感器，通过自动避障算法编程实现行驶纠偏、自动避障和隧道内自动驾驶。

6.3.2　主要技术参数

1. 工作条件

TJ-YLS1000/40 过隧运梁车的工作条件见表 6—1。

表 6—1　TJ-YLS1000/40 过隧运梁车的工作条件

海拔高度	≤2 000 m
工作环境温度	−20 ℃～+50 ℃
风　　力	运梁作业时：≤6 级；停放作业时：≤11 级
电　　源	220 V 50 Hz
工作环境	无易燃、易爆及腐蚀性气体
工作时间	全天候（大风、雨、雪、雾等恶劣天气除外），设计有足够灯光，满足夜间施工要求

2. 主要技术参数

TJ-YLS1000/40 过隧运梁车的主要技术参数见表 6—2。

表 6—2　TJ-YLS1000/40 过隧运梁车的主要技术参数

序　　号	参数名称	单位	技术参数
1	额定运载量	t	1 000
2	空载运行速度	km/h	0～10
3	重载运行速度	km/h	0～5
4	重载时最大爬坡能力	‰	40
5	重载中位驮梁高度（梁片底面距地面）	m	≤1. 300
6	最小转弯半径	m	51
7	悬挂升降调节范围	mm	±225
8	轮轴轴数（总轴数/驱动轴数/制动轴数）	轴	28/10/10
9	轮胎数量	个	224
10	轮　　距	m	6. 1

续上表

序　号	参数名称	单位	技术参数
11	轴　距	m	1.4
12	单悬挂承载	t	32
13	接地比压	MPa	<0.7
14	空载尺寸(长×宽×高)	m	55.5×9.07×3.79
15	柴油机额定功率	kW	2×522
16	整车自重	t	414
17	驮梁机构走行速度	m/min	0～3
18	转向模式		八字、半八字、斜行、直行

6.4 基本构造

6.4.1 结构组成

U 型运梁车(图 6—7)由车体结构、悬挂总成、驮梁机构、转向系统、支腿总成、司机室、动力系统、液压系统、电气系统及制动系统等组成。整机采用模块化设计,运输、安装方便,连接快捷可靠。

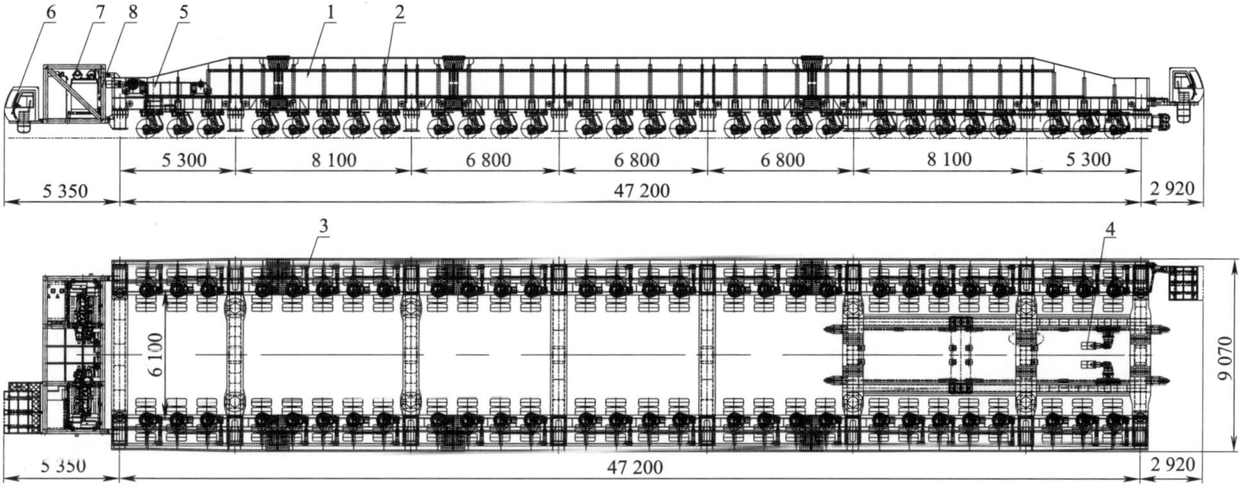

图 6—7　运梁车(单位:mm)

1—车架;2—悬挂总成;3—转向机构;4—前驮梁机构;5—后驮梁机构;6—电气系统;7—液压系统;8—动力系统

1. 车　　架

车架是运梁车的主要承载部件,是按预制箱梁 1 000 t 荷载以及满足运梁和喂梁两种工况条件下的强度和刚度要求进行设计计算的。车架由 2 根主箱梁、2 根矩形轨道纵梁和多根横梁连接成网栅状。主箱梁布置于车体两侧,位于上层,纵梁和横梁位于车体下层,车架横截面整体呈 U 型结构。车架结构如图 6—8 所示。

2. 液压悬挂总成

液压悬挂总成是运梁车的重要部件,主要功能是承载、行驶、转向和升降,尤其是当路面出现凹凸不平的情况时,液压悬挂(悬挂油缸)会自动提供补偿调节,以适应路面工况,并避免或大大减小车架变形。

液压悬挂由悬挂架、曲臂、悬挂油缸、回转轴承、转向机构、车桥、轮辋、走行减速机、液压马达和工程轮胎等部分组成。通过回转轴承联接到车架上。液压悬挂如图 6—9 所示。

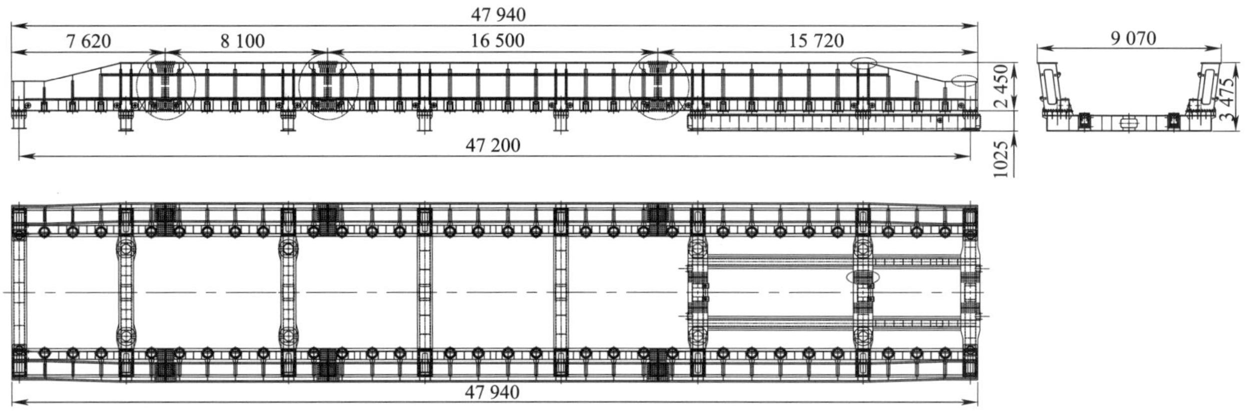

图 6—8　车架结构示意图(单位:mm)

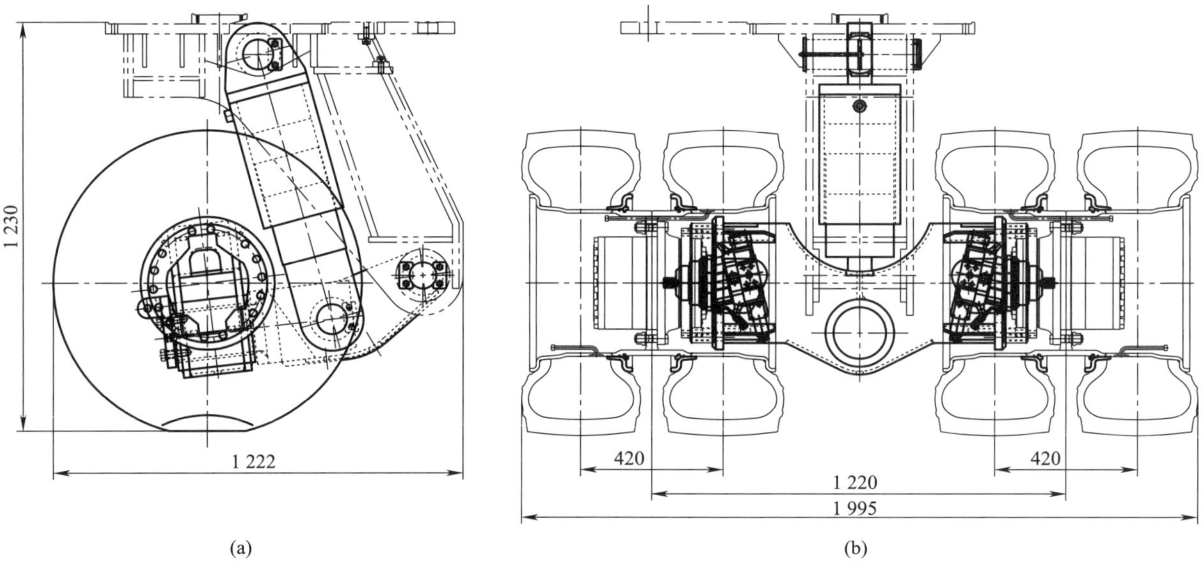

图 6—9　液压悬挂示意图(单位:mm)

3. 驮梁机构

驮梁机构主要包含:前驮梁小车及驱动装置、后驮梁小车及驱动装置、低位运梁支座和锁紧装置等部件。

前驮梁小车及驱动装置由重物移运器、小车车架、橡胶支垫、链条和驱动装置组成。两侧的重物移运器作为车轮和车架联接成一个小车,车架上安装 2 块橡胶垫用于支撑混凝土梁,小车由固定在车架上的链条牵引走行,驱动链轮组驱动重物移运器进行往复式运动,驱动链轮组由变频电机和行星减速机驱动。前驮梁小车结构示意如图 6—10 所示。

4. 转向系统

运梁车转向轮组分为两种:单轮组独立转向和双轮组独立转向。单轮组独立转向是每组悬挂上配置 1 个转向油缸、1 个旋转编码器和 1 组比例阀实现全轮独立转向。双轮组独立转向由一个独立转向的单轮组通过螺杆连接一个被动转向的轮组,被动转向的轮组始终与相连的独立转向轮组同步。单轮与双轮组转向方式如图 6—11 所示。

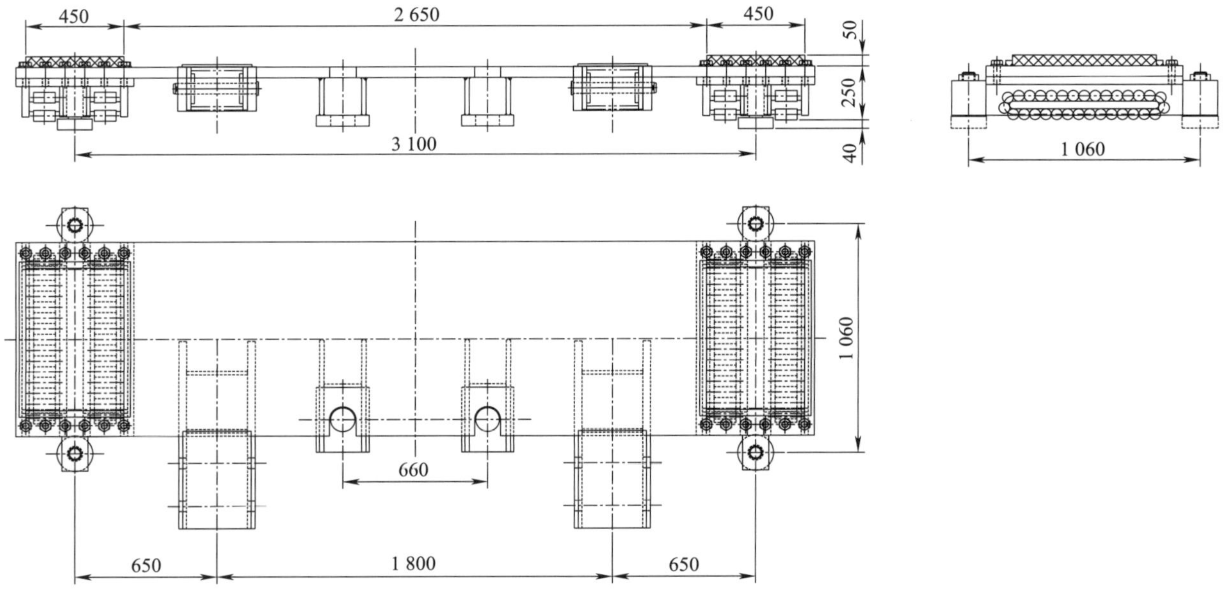

图 6—10　前驮梁小车结构示意图(单位:mm)

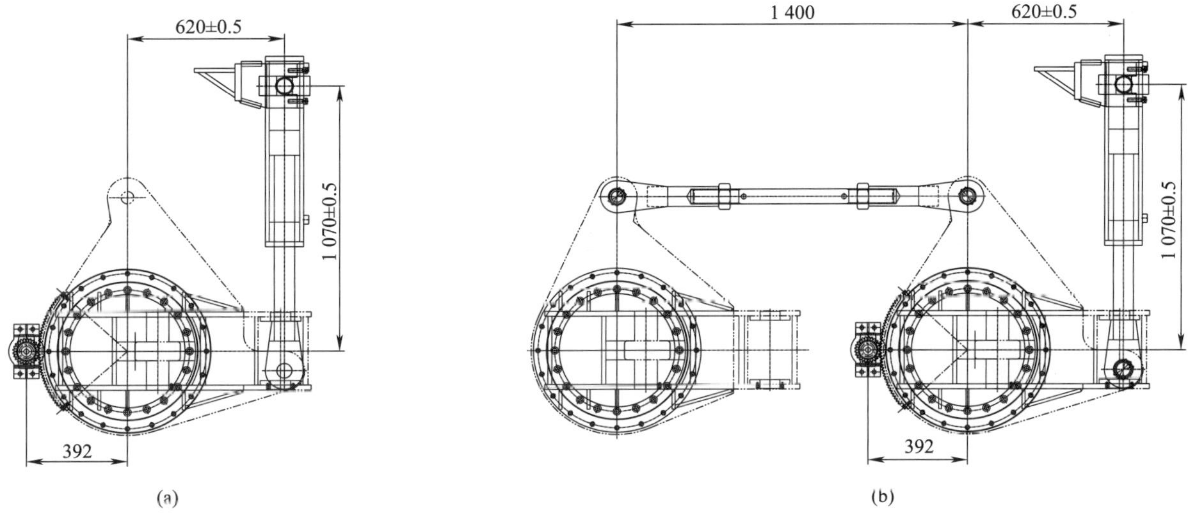

图 6—11　单轮与双轮组转向工作示意图(单位:mm)

6.4.2　电气控制系统

运梁车的电气控制系统是机械、电气、液压的集成者,是实现设备功能的关键部分。整机控制系统采用分布式 CAN 总线形式,通过 CAN 总线将所有控制器、显示屏以及转向编码器连成一体。

1. 电气系统组成

电气系统主要包括动力控制系统、转向控制系统、行走控制系统、悬挂及支腿控制系统、行车监控及隧道自动/辅助驾驶系统和照明系统等。实际研发过程中,1 000 t 级运梁车的安全监控系统参照提运架设备的国家标准、行业标准以及使用方要求进行配备。

2. 动力系统控制

(1)动力系统组成。运梁车动力系统配备两套动力舱,每套动力舱各有一台柴油发动机、串联液压泵、蓄电池组、充电机。发电机组为整机照明系统、司机室空调、视频监控系统提供电力。

(2)发动机控制。通过对前后司机室进行操作，控制器与发动机控制器进行信息交互，能够获取发动机的启停控制、转速控制、水温、机油压力以及工作小时数等信息，实现对发动机的整体控制。发动机控制采用J1939协议读取发动机控制器数据并控制转速，数据集中显示在司机室人机界面，控制延迟少，操作简洁。

3. 转向控制

(1)转向模式。运梁车可以实现八字、半八字、斜行转向。八字模式主要用于运梁车的日常使用和调头，中心线位置轮组保持0°不变，其余轮组依次按照转向模式示意图中八字模式规律减小角度；斜行模式下行走可以改变运梁车整体的方向，所有轮组都按照方向盘的指令以同一角度进行旋转；半八字模式推荐为日常使用，与一般机动车辆的使用相同，该模式下旋转方向盘，前方第一轮组将转至与方向盘指令对应的角度，其余轮组依次按照一定的规律减小角度，最后一个轮子将保持0°不变。

(2)控制原理。由司机室选择转向模式，方向盘发送转角信号给总线编码器与车载控制器控制转向比例阀从而实现高精度闭环转向控制。

(3)控制过程。在司机室操作旋钮，确定操作模式，再转动方向盘，总线编码器和控制器可以实时测算出当前实际转向角度，通过比较方向盘的转角信号，确定实际转向方向与角度；通过角度差的大小，确定比例阀PWM电流输出的大小，从而控制油缸伸缩与速度，实现转向。

4. 行走控制

(1)控制原理：行走控制由3个变量共同协调控制，对发动机、闭式行走泵以及液压马达进行功率匹配。每个马达安装霍尔转速传感器实现对驱动行走速度的监控，控制器采集马达转速信号通过PID实现车速的闭环控制。

(2)控制过程：在司机室启动发动机，提高转速到1 500转～1 800转，确定行车制动与驻车制动压力状态，选择挡位，踩下油门或者刹车后，控制器会控制输出给闭式行走泵与液压马达的PWM电流，通过传感器采集的马达转速信号，实时调节，控制行走速度的大小和方向。

5. 悬挂及支腿控制

运梁车轮组配备悬挂油缸，通过伸缩悬挂油缸调节运梁车整体高度。运梁模式和喂梁模式下，悬挂的受力情况不同，运梁车的高度不同。运梁车四角各有一个支腿油缸，在喂梁和长时间停车时将支腿顶升，使轮胎受较小的力。悬挂及支腿通过控制器输出PWM比例电流信号控制比例电磁阀进而控制油缸的伸出和收回。

6. 驮架以及顶梁控制

顶梁油缸过隧后，顶起梁片，将梁片放置于驮梁小车上。驮运架桥机时，通过驮架油缸调整固定架桥机。驮架与顶梁油缸同样通过控制器输出PWM电流信号控制比例电磁阀进而控制油缸的伸出和收回。

7. 插销与驮梁小车控制

运梁车配备多个插销油缸，运梁车驮梁行走过程中，通过插销油缸固定驮梁小车。驮梁小车用来驮运梁体，并在喂梁模式时与架桥机同步前进喂梁。插销油缸通过控制器输出电信号控制开关阀进而控制油缸伸缩，驮梁小车则由驮梁柜内变频器调速控制。

8. 安全监控系统

运梁车安全监控系统是通过多种传感器测量数据，控制器接收分析数据后显示于触摸屏上，显示内容包含运梁车实时工作状态、故障报警、参数设定等。通过安装远程模块，还可以对接使用方监控平台，远程实时检测运梁车状态。

通过摄像头与显示器可以使司机在司机室内观察到运梁车各关键部位的运行状态，同时配备大容量存储硬盘，能够存储一定天数内的视频数据，以便随时查阅。

6.4.3 液压系统

TJ-YLS1000/40 过隧运梁车整机液压系统能够实现整车行走及制动、轮胎转向、悬挂升降、支腿顶升、混凝土梁升降、司机室摆转等。

整车液压系统由驱动系统、制动系统、转向系统、悬挂系统、辅助系统、散热系统、液压辅件及管路等组成。

运梁车悬挂组进行合理的编组以满足箱梁运输和喂梁等不同工况的要求。运输混凝土箱梁时，悬挂组按 14+14 编组，前端 14 轴线 28 个悬挂左右各编成 1 组，各悬挂承载完全相同，相当于形成两个支撑点；后端 14 轴线 28 个悬挂编成 1 组，相当于形成两个支撑点，从而实现三点支撑，保证箱梁在运输过程中四支点均匀受力且为同一平面。为架桥机喂送箱梁时，驮梁小车作为移动荷载通过运梁车传递到桥面上，为了使荷载均匀传递同时确保运梁车自身稳定，需要切换悬挂编组使悬挂分为 8 组，从前到后轴线分为：7+7+7+7，即前端 7 个轴线左右各分成 2 个区，紧跟向后的 7 个轴线左右分成 2 个区，紧跟向后的 7 个轴线左右也分成 2 个区，最后端的 7 个轴线左右也分成 2 个区。两种工况时悬挂编组分区如图 6—12 所示。

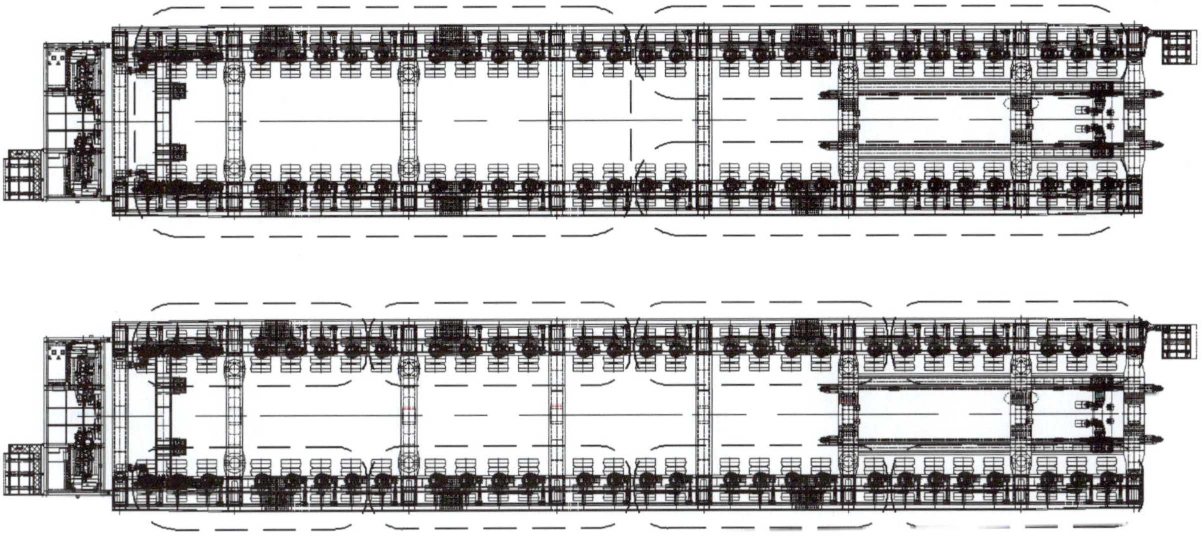

图 6—12　运梁车液压悬挂分组示意图

整车液压系统的动力源为两台水冷涡轮增压柴油发动机，每台发动机通过一拖三分动箱驱动两台闭式泵和一台负载敏感泵，整车共四台闭式泵和两台负载敏感泵。每台闭式泵后面串一台齿轮泵，每台负载敏感泵后面串一台恒压变量柱塞泵。

1. 驱动系统

行走驱动系统采用闭式液压系统，由 4 台电比例变量闭式泵，为 40 台安装于驱动悬挂中的电比例变量马达提供动力油源，马达通过轮边减速机驱动车轮行走，车速可以无级调节。闭式系统中所有驱动液压马达并联，在转向时作用于各个车轮上的阻力不同，根据静压驱动流量与压力的关系，以及压力取决于外负载的原理，左右车轮马达得到的流量与其阻力成反比，从而实现转向要求的差速行驶。当某个车轮因为地面等原因发生打滑时，该驱动轮便丧失驱动力，而油路流量会涌入该马达，使该马达转速急剧上升，若超过允许极限转速，还会损坏马达。同时，其余驱动轮因并联油路中的压力上不去，牵引力不足，造成整车行驶困难。

针对上述问题，选用电液比例控制马达，当某车轮打滑时，该马达升速，其转速被转速传感器检测到并反馈至控制器，控制器通过电信号控制该马达到较小排量，极限位置可使该马达主回路切断，不仅防止该马达飞转，而且系统压力能够上升到足以使其他马达产生所需的牵引力，确保其余马达正常工作。

2. 制动系统

TJ-YLS1000/40过隧运梁车的走行制动系统采用了双重行车制动和双重驻车制动。

双重行车制动是指静液压制动和制动桥里安装的鼓式制动。静液压制动是利用马达的牵制反力，增大马达的排量，降低车速，同时减小泵的排量，直至停车。

鼓式制动器具有行车制动和驻车制动两种功能。鼓式制动器由单作用弹簧油缸控制，油缸不充液时在弹簧力的作用下处于伸出状态，鼓式制动器起驻车制动功能。当车辆行驶时，油缸充液活塞杆拉动制动器调节臂缩回，解除制动。制动时由电液比例阀对油缸里的油液进行可控的释放，活塞杆推动制动器调节臂进行可控的伸出，从而实现力矩可控的行车制动。

双重驻车制动中，除了上述的鼓式制动器的驻车制动功能外，在驱动悬挂的减速机内设置了液压开启多片式停车制动器。停车时，制动器的解除压力降为零，在弹簧力的作用下压紧制动盘，实现驻车制动。行车时，制动器的解除压力升高，克服弹簧力，将制动盘脱开，驱动马达工作，整车行走。

3. 转向系统

转向系统采用负载敏感泵＋比例阀＋角度传感器闭环控制。泵的流量与负载需要相匹配，可以减少空流和节流损失，达到节能的目的。控制器根据运行模式和方向盘的指令，计算出各轮组的转向角度，每个悬挂中的转角传感器实时反馈轮组转角，通过与控制器计算的目标值进行比较，控制比例阀的开口量，进而控制各转向油缸伸缩位移和速度，实现各悬挂协调精确转向，整车设置的转向模式包括直行、斜行、八字转向、半八字转向等模式。

4. 悬挂系统

悬挂系统采用液压悬挂，整机56支单作用柱塞缸分为四个区域，由四片比例换向阀控制其升降。运梁状态时将后面两个区域管路连通，整机实现三点支撑，确保混凝土梁不受扭，悬挂不超载。当车辆行驶在不平整的路面上时，液压悬挂可分别自动伸缩以适应路面，保持车架的水平。喂梁状态时整车悬挂分为八点，形成可靠的支撑。每支悬挂液压缸上设置了双管路安全阀，当两根胶管中的任意一根发生破裂时，安全阀能立刻关闭该管路，而另外一支管路保持正常工作，确保悬挂系统安全可靠地支撑。同时在系统中设置压力传感器，实时监控负荷的变化，一旦超出偏载范围，立即报警，保证了安全性。

5. 辅助系统

辅助系统主要包括混凝土梁顶升油缸、插销油缸、支腿油缸、司机室摆转油缸等。当运梁车不过隧道运梁时，梁片放置在前后驮梁小车上，插销油缸可以将前驮梁小车与车架锚固，使驮梁小车和梁片可靠地固定在车架上；当运梁车过隧道运梁时，在梁场发梁时装成低位状态，即梁片直接放置在车架的支撑座上，通过隧道后需要向架桥机喂梁时，由混凝土梁顶升油缸将梁片后端顶起，后驮梁小车运行至梁片下方，收回混凝土梁顶升油缸使梁片处于喂梁状态。喂梁状态时，支腿油缸支撑于路面，与悬挂的八点支撑一起，对车架形成稳定可靠的支撑。正常运梁状态时，前司机室朝向正前；喂梁状态时；需要摆转90°以避开架桥机，该动作由司机室摆转油缸来实现。

6. 散热系统

散热系统为独立循环系统，由4台闭式泵后串接的4台齿轮泵从油箱吸油，汇流后经两套散热器散热后再返回油箱。同时闭式系统冲洗阀置换出来的热油也流经两套散热器进行冷却。散热器的风扇转动由齿轮马达带动，齿轮马达由串在负载敏感泵后的两个柱塞泵提供动力源。

7. 液压辅件及管路

运梁车是将闭式系统、开式系统混合应用的大型运输设备，系统比较复杂，而比例阀及闭式泵对油液的清洁度要求较高，一旦液压系统出现故障，检查时费工费力。为此，在系统中合理设置了高效吸油过滤器、回油过滤器、高压管路过滤器等。在液压系统中的关键部位设置多处测试接头，满足实时检测系统关键参数的需要。液压管路采用镀锌精制冷拔光亮管，美观又防锈，清洁不污染液压油。硬管密封采用行业最新形式的一体成型加软密封结构，密封可靠且能满足反复拆卸，避免管路焊接以防焊接缺陷漏油和焊渣污染系统，不使用卡套预装工艺以防渗油、脱落和反复拆装失效。

6.5 设备制造

6.5.1 结构制造

1. 车架部分

(1)结构说明。车架采用U型结构，是运梁车的主要承载部件，包括上纵梁、下纵梁、下横梁几部分组成，各部件均为焊接箱型结构，箱梁均设有加筋和隔板，并在箱梁内部有加强结构以防止局部失稳，部件之间采用10.9级高强度螺栓连接。

(2)零件备料。纵梁盖、腹板如需长度方向对接，需在下料前进行对接，对接完成后应采用超声波探伤。探伤比例100%，并对焊接引起的变形进行矫正；上纵梁跨中2 m范围内不允许出现对接焊缝，盖板与腹板对接焊缝应相互错开至少200 mm，节段接头处连接板区域及距连接板边缘500 mm范围内不允许出现对接焊缝。

隔板形状为异形，左右不对称，宜采用整体下料以保证尺寸，若采用分块下料，对接时留2～3 mm间隙。在隔板制作前，制作隔板拼装限位工装用以拼装隔板；隔板制作完成后，测量隔板的各个尺寸，保证隔板符合技术要求(长度及宽度偏差不大于2 mm，对角线偏差不大于2 mm)。焊缝目测合格，无焊接缺陷。确认合格后若有圈筋，将圈筋点焊在隔板上。

根据工艺技术要求下纵梁的纵梁部分下料时可预留适当配切余量；销轴孔及其相关零件预留10 mm(单边)机加余量。

(3)部件制作。各部件单独制作，最后车架整体汇装。上纵梁由于下部有轨道梁，属于上小下大的结构，综合考虑焊缝要求及加工难度、拼装顺序，上纵梁采用正装的方式制作，上纵梁的节段2长度8.1 m，要保证可拆卸互换性，故在节段连接板制孔时需进行二次装配；下横梁为箱梁结构，上部有法兰座，根据焊缝要求及受力情况，采用倒装的方式制作；下纵梁由横梁、连接横梁、纵梁组成，各部件均为箱梁结构，根据其结构组成、焊缝要求、受力情况等特点，采用分段下料、整体拼装的方法按倒装的方式进行制作。

上纵梁制作时，采用整体正装的方式加工制作，即在下盖板上划出各中心线进行隔板、腹板的组拼，拼装形成Ⅱ梁后，初步检查Ⅱ梁腹板垂直度(小于$H/300$)及平面度情况合格后，对主梁腹板与下盖板、隔板焊缝进行定位焊，定位焊长度40～60 mm，间距600 mm。将上盖板从中间向两边依次吊装与Ⅱ形梁进行拼装，并采用配重块施压，保证上盖板与腹板紧密贴合，上盖板与隔板完全贴合。

在腹板外侧大隔板位置依次测量纵梁两腹板的倾斜偏差，检测纵梁的水平弯曲、盖板和腹板倾斜，对Ⅱ梁进行矫正。要求满足水平弯曲≤15 mm($S/3\,000$，S为实测距离)；腹板倾斜$h\leqslant 8$ mm；盖板倾斜$C\leqslant 4$ mm。注意：本箱梁存在一定的倾斜角度，应在此角度的基础上进行腹板倾斜度的测量。未达到要求需校正以达到工艺技术要求。检验合格后，对纵梁主焊缝及隔板四周焊缝进行定位焊。依次拼装剩余零部件，最后焊接纵梁四条主焊缝。

其余部件均按图纸要求及工艺技术要求，根据通用工艺制作方法制作。

(4)车架组装。车架组装工艺技术要求：

①上纵梁箱体水平旁弯小于$S_1/2\,000$，最大不超过15 mm，S_1为两端第一块隔板间的距离；上纵梁腹板倾斜$h\leqslant H/250$(H为梁高)，最大不超过8 mm，盖板倾斜$C\leqslant B/250$(B为上盖板宽度)，最大不超过4 mm；腹板平面度以1 m平尺测量范围内$\leqslant 1.2\delta$(δ为腹板板厚)，最大不超过8 mm；

②上纵梁阶梯梁上部轨道及下纵梁轨道的轨距偏差$K=\pm 3$ mm，轨道高低差$E\leqslant 5$ mm，轨道中心

对主腹板的中心线偏差 $F \leqslant 0.5\delta$（δ 为腹板板厚），不超过 6 mm；轨道对接处，两轨道面的高低差及侧向错位≤0.5 mm，接头处间隙≤2 mm；轨道水平直线度 $g \leqslant 1$ mm（在任意 2 m 范围内测量）；轨道全长侧向直线误差控制在 5 mm 内，两端最短一段轨道长度≥1.5 m，并在端部加施挡铁。

下纵梁拼装时，根据图纸中的距离位置关系在地面划对应的地样线，并检查间距与对角线尺寸。依次吊装横梁 1（横梁 1 与连接横梁 1 连接）、下纵梁主体、横梁 2（横梁 2 与连接横梁 2 连接）与地样线重合，复核横梁、纵梁的间距对角线尺寸，保证两条下纵梁间距合适、上表面同标高及两下纵梁平行，然后将下纵梁与横梁的连接部位用定位焊固定；横梁 1 与连接横梁 1、横梁 2 与连接横梁 2 连接部位拆除，焊接下纵梁的横梁与纵梁连接部位，连接横梁、下纵梁的连接部位配钻制孔；将下纵梁整体连接部位用螺栓连接固定，根据拼装时的地样线与支架，安装下纵梁上部的轨道板，两侧轨道板要保持平行且同标高。如图 6—13 和图 6—14 所示。

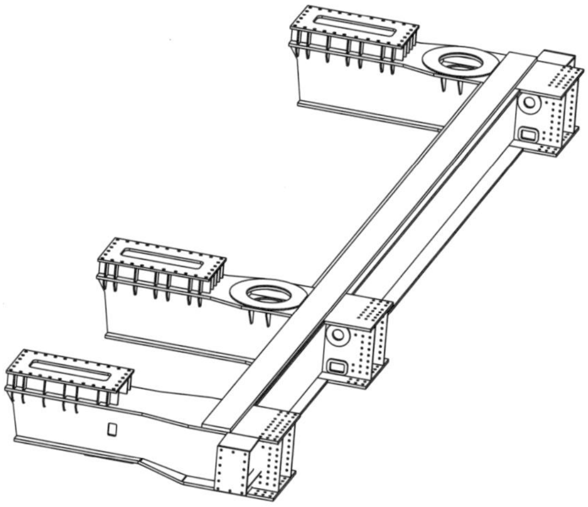

图 6—13　下纵梁单侧结构示意图

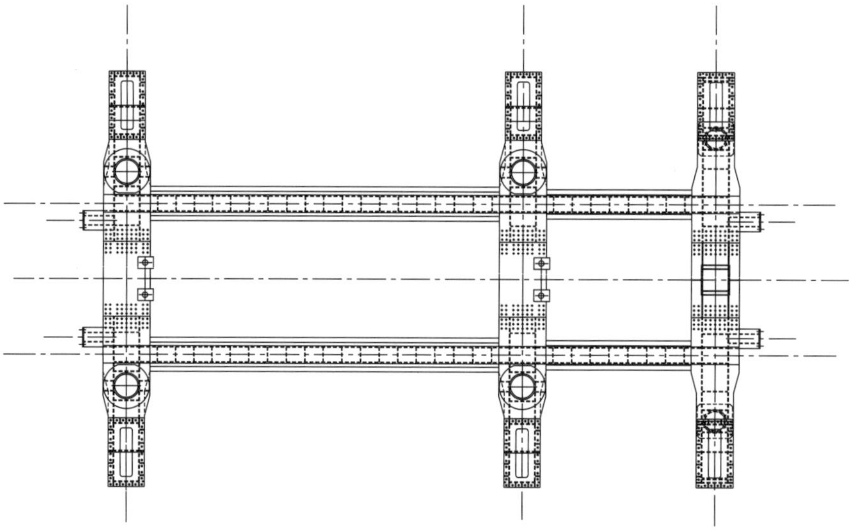

图 6—14　下纵梁整体结构示意图

车架整体拼装时采用倒装法，根据图纸要求在工作平台上划各部件中线的地样线，在上纵梁地样线位置，根据图纸拱度反向搭设支撑架，吊装两上纵梁，检查两上纵梁的间距、对角线尺寸情况（阶梯梁盖板内侧间距误差±3 mm，两侧轨道的高差±3 mm）；在上纵梁下盖板上拼装端部横梁、中间横梁、下纵梁；拼装回转法兰，焊接前检查各个回转法兰表面的标高，保证每个法兰表面同水平（测 4 个标高），相邻回转法兰高差不超过 2 mm，保证两侧回转法兰对称，然后完成回转法兰的焊接；整体吊装下纵梁，保证下纵梁轨道间距符合工艺技术要求；组装各个横梁的法兰座；组装完成后复测车架各纵梁、横梁之间的距离尺寸，然后将各横梁、下纵梁移开，完成法兰座与横梁下纵梁的焊接，以及对上纵梁的钻模配钻制孔。如图 6—15 和图 6—16 所示。

2. 车桥部分

（1）结构说明。车桥部分主要由前/后驮梁小车架、驱动/制动桥、主动/被动转向轮组架、转向机构等部分组成。

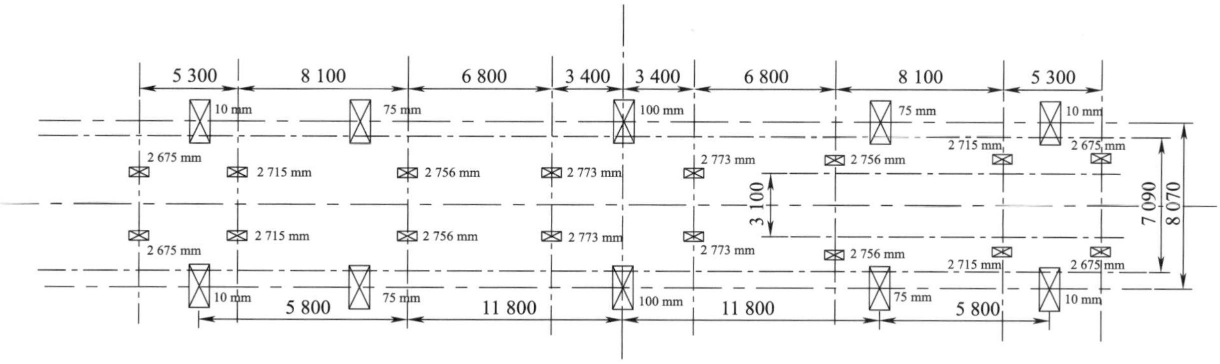

车架总体拼装—地样线（中心线）示意图（图中支架是根据预拱度取的参考值，安装时以实际调整为准）

图 6—15　车架组装地样线示意图(单位:mm)

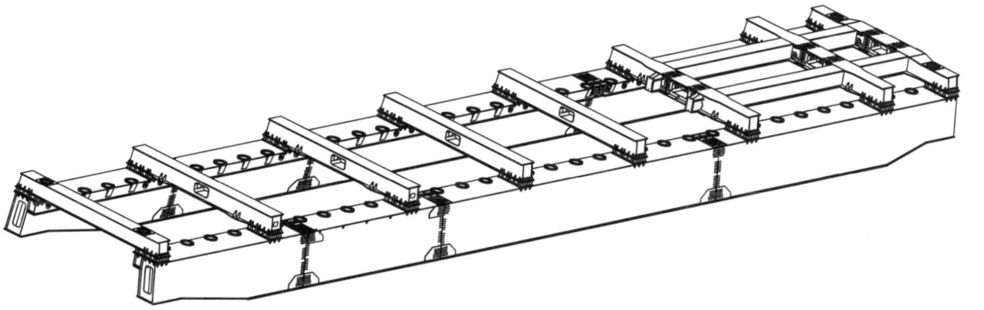

图 6—16　车架组装结构示意图

前驮梁小车架以连接板为基准拼装锁定座、链条固定座、移运座、垫块等部件，各部件单独制作后拼装在连接座上，加工时要保证两侧移运座表面的水平度(标高误差<2 mm)，两侧垫块表面同水平(标高误差<2 mm)；后驮梁小车架制作时，采用以下盖板为基准的正装方式进行拼装，后小车架主体结构加工时，两侧滑移区域需搭设支架，要保证两侧滑移区域的平面度(标高误差<2 mm)，后小车架中间两根挑臂梁的上表面要保证同水平(标高误差<2 mm)，对于标高误差过大的区域，焊后要进行矫正，若无法矫正，则需加焊垫板，并进行机加铣面，保证同水平。

驱动桥在制作时，两侧的圆管结构和中间的连接架单独制作，制作完成后，以一侧圆管结构的挡板为基准，拼装连接架，再拼装另一侧圆管结构，拼装时可做好工装，保证两侧法兰板平行且边缘对齐，焊后先对中间的钢管机加镗孔，再以钢管中心为基准，对两侧的法兰板进行机加铣面，保证平行度、同轴度；制动桥、从动桥均购买成品。

主动/被动转向轮组架的加工，采用以一侧支撑板为基准先拼装下部结构，再与上部法兰板拼装的方式加工，焊后先对法兰板上部的回转支撑面进行机加铣面，再以回转支撑面为基准，分别对法兰板上的销轴孔和支撑板上的销轴孔机加，完成镗孔与制孔。

转向机构需在运梁车场内安装调试时安装，主要包括编码器安装座与油缸安装座的加工，焊接完成后对销轴孔部位机加镗孔；编码器安装座与油缸安装座在安装时均需参考配合悬挂架的位置与高度，油缸安装座可在车架总装时先根据回转法兰确定位置，临时固定，在场内安装调试时根据实际情况再做调整，将油缸安装座中心与悬挂架的上部法兰中心面调整至同一个平面后，再完成焊接；编码器安装座则需根据悬挂架上部的回转法兰的位置确定，确定位置后，再完成安装座与上纵梁下盖板的焊接。

(2)零件备料。下料时，需要机加镗孔的孔槽(悬挂架、曲臂侧板、油缸安装座、编码器安装座的销轴孔等)预留 10 mm(单边)机加余量；需要开坡口的零件，结合图纸焊缝要求及零件图要求，对需要开坡口的部位进行开坡口，注意坡口的方向。

(3)部件制作。悬挂架的制作时先拼装支撑结构，再拼装法兰板，焊接完成消除内应力后，对悬挂架整体机加(保证凹槽深度及销轴孔相对位置)，先机加法兰板上的回转法兰面，然后以回转法兰面为基准机加其余需要镗孔的销轴孔(精度要符合图纸要求)，并保证支撑板上的销轴孔的位置与凹槽面的距离关系，误差不超过 1 mm。

驱动桥的制作时依次拼装中间的连接架，连接架与圆管结构，焊接完成后，先对中间钢管镗孔，再对两侧法兰板的表面铣面，保证两法兰板平行度(0.1 mm)；然后对法兰板制孔，保证同轴度(0.05 mm)。

曲臂的制作时先对曲臂轴进行机加，依次拼装侧板和端部钢管，做好固定，检查侧板的外距离、两侧板与圆管的垂直度(垂直偏差<0.5 mm)，定位焊固定；先完成侧板与曲臂轴之间焊缝的焊接，再完成筋板与侧板焊缝的焊接，然后完成侧板与圆钢管之间的焊缝；焊后对曲臂整体机加镗孔，对销轴孔和圆钢管机加镗孔。

其余部件均按图纸要求及工艺技术要求，根据通用工艺制作方法制作。

(4)转向机构组装。车架装配完成后，做好固定支撑。根据图纸要求，先将悬挂架与曲臂、悬挂油缸、驱动桥(或制动桥、从动桥)、过渡法兰、马达、轮胎等安装在一起组成悬挂整体，各连接部位做好固定；将回转支撑安装在车架下部的回转支撑法兰上，并用螺栓连接固定；依次安装悬挂架整体、安装转向连接杆、各安装座。

6.5.2 电气系统制作

1. 司机室及控制柜

运梁车司机室仿照汽车驾驶室，司机室内部漆面为浅色(灰白)，外部颜色与设备主体颜色一致。整体大小考虑前后司机室使用用途，后司机室可设置两座，座椅能够对高度和前后进行微调，操作台位于座椅两侧，司机室按室外防雨型设计，配备空调。

控制柜设计为户外防雨型，运梁车使用在沿海及高海拔地区，须符合防盐雾标准。控制柜上孔位要合理规范，方便后续接线穿管。

2. 接线与布线

柜内接线要串接线号管，整体柜内布局符合美观大气，元器件布置整齐合理，线路连接紧固可靠。

布线遵循先主线后分支、强弱电分开布设的原则。先将司机室、控制柜位置定位后按布线图进行布线。交流电源线的布设和通讯线、信号线布设分开，当不可避免有交叉时用金属软管和金属电缆桥架进行跨越。信号及通信信号的屏蔽层接地参照信号接地规范进行。

6.5.3 液压系统制作

1. 管材选择

管材应根据系统压力及使用场合进行选择。必须注意管子的强度是否足够，管径和壁厚是否符合图纸要求，所选用的无缝钢管内壁必须光洁、无锈蚀、无氧化皮、无夹皮等缺陷。若发现下列情况不能使用：管子内外壁已严重锈蚀。管体划痕深度为壁厚的 10%以上；管体表面凹入达管径的 20%以上；管断面壁厚不均、椭圆度比较明显等。

2. 管子加工

管子的加工包括切割、打坡口、弯管等。管子加工的好坏对管道系统参数影响较大，且关系到液压系统能否可靠运行。因此，必须采用科学、合理的加工方法，才能保证加工质量。

切割时避免使用砂轮或钢片切割机，以免产生较大的毛刺变形并将钢管切斜，应使用电锯或手锯。内外壁去毛刺，清洁，允许倒角<0.2×45°。液压硬管制作时要求切成直角，角度的垂直度允许偏差范围在 1/2°内，切割后需将锐边倒钝，并清除铁屑。

管子的弯曲加工最好在机械或液压弯管机上进行。用弯管机在冷状态下弯管，可避免产生氧化皮而影响管子质量。如无冷弯设备时也可采用热弯曲方法,热弯时容易产生变形、管壁减薄及产生氧化皮等现象。热弯后的管子需进行清砂并采用化学酸洗方法处理,清除氧化皮。弯曲管子应考虑弯曲半径。当弯曲半径过小时,会导致管路应力集中,降低管路强度。

3. 液压管路的清洗

液压管路的清洗主要是用煤油冲洗,步骤如下:(1)将从预装机取下的管路放到煤油槽浸泡 5～10 min;(2)用煤油将海绵子弹浸泡湿;(3)用气枪将海绵子弹反复通过管子冲打几次直到被煤油清洗的子弹不变颜色为止;(4)用气枪将所洗的管路吹几次,检查是否有遗留的海面子弹,并且可以减少遗留煤油量;(5)为了防锈再次用液压油冲洗所洗的管路(软管不做此工序);(6)管道冲洗完毕以后两端应该立即用一层白布,两层塑料布薄膜包裹,再用防水胶布四周紧密缠绕封死;(7)包裹好的管道在使用时不得提前打开,要做到即开即用。

4. 管路的敷设

管路敷设前,应认真熟悉配管图,明确各管路排列顺序、间距与走向,在现场对照配管图,确定阀门、接头、法兰及管夹的位置并划线、定位、管夹一般固定在预埋件上,管夹之间距离应适当,过小会造成浪费,过大将发生振动。

5. 集成块的安装

(1)阀块所有各油流通道内,尤其是孔与孔贯穿处,都必须仔细去净毛刺,用探灯伸入到孔中仔细清除、检查。阀块外周及各周棱边必须倒角去毛刺。加工完毕的阀块与液压阀、管接头、法兰相贴合的平面上不得留有伤痕,也不得留有划线的痕迹。阀块加工完毕后必须用防锈清洗液反复加压清洗。各孔流道,尤其是对盲孔应特别注意洗净。清洗槽应分粗洗和精洗。清洗后的阀块,如暂不装配,应立即将各孔口盖住,可用大幅的胶纸封在孔口上。

(2)往阀块上安装液压阀时,要核对型号、规格。各阀都必须有产品合格证,并确认其清洁度合格。装配前再一次检查阀块上所有的孔道是否与设计图一致、正确。检查所用的连接螺栓的材质及强度是否达到设计要求以及液压件生产厂规定的要求。阀块上各液压阀的连接螺栓都必须用测力扳手拧紧。拧紧力矩应符合液压阀制造厂的规定。凡有定位销的液压阀,必须装上定位销。阀块装配完毕后,在装到阀架或液压系统上之前,应将阀块单独先进行耐压试验和功能试验。

6. 液压系统清洗

管路用油进行循环冲洗,是管路施工中又一重要环节。管路循环冲洗必须在管路清洗和二次安装完毕后的较短时间内进行。其目的是为了清除管内在清洗及安装过程中以及液压元件在制造过程中遗落的机械杂质或其他微粒,达到液压系统正常运行时所需要的清洁度,保证主机设备的可靠运行,延长系统中液压元件的使用寿命。

循环冲洗较常见的方式主要有:站内循环冲洗,站外循环冲洗,管线外循环冲洗等。站内循环冲洗一般指液压泵站在制造厂加工完成后所需进行的循环冲洗;站外循环冲洗一般指液压泵站到主机间的管线所需进行的循环冲洗;管线外循环冲洗一般指将液压系统的某些管路或集成块,拿到另一处组成回路,进行循环冲洗,冲洗合格后,再装回系统中。

6.6 安拆与调试

6.6.1 安装

1. 安装作业安全保障

(1)安装区域不得选择在高压输电线路下方。

(2)吊装安装区域设立警戒线并设专人监护,禁止无关人员进入。

(3)汽车吊工作区域平整、坚实、无障碍物，场地达到 70 t 汽车吊的作业承载标准；安装现场必须宽敞、开阔(需 60 m×30 m，60 m 为长度方向，30 m 为宽度方向)。

(4)吊装作业前清除周围一切障碍物(如模板、钢筋等一切与安装无关的杂物)。

(5)安装现场必须保证通电、通水，保障运梁车能正常调试运转。

(6)夜间应保证安装现场照明良好。

(7)安装前确保无大雨、沙尘暴等恶劣天气，吊装作业在 6 级以上大风停止作业。

(8)安装周边无强污染品、易燃易爆物、危险化工品等危害作业安全的因素。

2. 安装工艺要点

运梁车安装步骤如图 6—17 所示。

运梁车装配的关键工艺要点如下。

1. 主梁安装(图 6—18)

运梁车主梁主要由各节段组成，运梁车主梁组装具体操作步骤如下：

(1)首先将主节段 1 安装于两个枕木垛上，使主梁伸出枕木垛两端的距离大致相同，并用高强螺栓将腹板连接板(每侧两块)装于主梁两端的腹板上，螺栓由外向内穿戴，每个螺栓上平垫两个，注意只要能带上螺母即可，尽量让两连接板间的间隙大一些，以便于下一节段的组装。

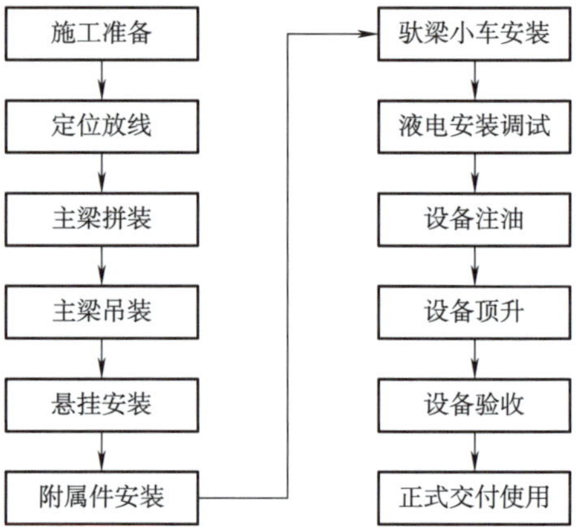

图 6—17 运梁车安装步骤

(2)将主梁主节段 2 吊起，根据标记与主节段 1 对位，让主节段 2 的腹板正好对位于主节段 1 的腹板连接板内，用撬棍调节两节段之间的距离，打入定位销，装好腹板连接螺栓，调整后并进行初拧。

(3)安装主节段 2 与主节段 1 两节段的上、下盖板，打入定位销，穿戴上、下盖板联接螺栓。盖板螺栓均向下穿戴。穿戴后，对螺栓进行初拧，注意拧紧时按先四周，后中心的方式进行拧紧。

(4)通过调整顶升千斤顶的高度来调整节段 1 与节段 2 接头处的高低错台，使错台高差控制在 2 mm 内，旁弯≤5 mm，扭曲≤5 mm。

(5)依次安装后续节段。

(6)调整整个主梁的方向和拱度，并对连接螺栓进行终拧，使螺栓的拧紧扭矩达到最终设计扭矩。

图 6—18 主梁安装

2. 走行轮组安装

运梁车组装时，应明确驱动轮组、从动轮组、制动轮组的安装位置，并按出厂标记对位。为了防止安装轮组时主梁两侧受力不均衡发生倾覆，应对称安装走行轮组，并按先对角后中间顺序对螺栓终拧至设计扭矩，使走行轮组联接梁与车体联接梁密贴。

3. 转向机构组装

运梁车采用独立连杆转向，主要由转向支座、转向油缸、推拉杆、转向臂、转向套、转向油缸组成。转向机构组装时必须注意以下几点：

(1)安装全套连杆时，要求所有轮胎与车体纵向轴线平行，所有转向臂垂直于车体走行方向。

(2)油缸安装时，应在未转弯状态下伸出 300 mm(即一半行程)来安装定位。

4. 动力系统安装

动力系统安装是将发动机组和液压泵站组成的总成安装到运梁车主梁节段上，安装过程中要防止动力系统碰撞主梁节段，动力系统安装到位后，将动力系统与运梁车后端梁连接固定牢靠。

5. 司机室安装

运梁车有两个司机室，前后端梁上各一个。由于司机室易损件较多，安装过程中要防止发生碰撞，对油漆脱落的部位要及时涂上防锈漆。

6. 驮梁小车安装(图 6-19)

驮梁台车组装是将驮梁小车吊到运梁车主梁顶面的走行轨道上，安装驮梁小车走行链条。安装时应对驮梁小车的移运器、拖拉链条抹涂适量的钙基油脂。

图 6—19　驮梁小车安装

7. 驮架安装

驮架在地面上安装完毕后，吊至运梁车主梁上，并与驮架联接法兰固结。安装时，注意前后驮架的位置不能互换。

8. 电气系统液压系统安装(图 6—20)

电气系统液压系统安装方法与搬梁机安拆技术方案一致，在此不再赘述。

图 6—20　电气系统液压系统安装

6.6.2　调试

1. 运梁车电气调试

(1)静态调试

①控制箱程序下载及接线检查。对所有已装配及接线完成控制柜(司机室)进行线路检查,通电并用万用表测量电源电压、查看控制器指示灯是否正常;连接程序下载线,分别下载控制器固件和程序。

②联网测试。通电完成后,联网测试所有控制器的通信状态;检查所有传感器数据是否正常,包括编码器、压力传感器、压差开关、液位传感器、测距及倾角传感器等,如有条件可进行传感器标定。

(2)动态调试

①发动机测试

a. 发动机及动力舱结构件安装完成并检查。

b. 动力舱液压管路安装连接完毕,液压油箱以及液压泵等主管路连接完毕,未完成液压系统管路已封堵。

c. 发动机线路接线完成并检查,包括蓄电池(电压 22～28 V)及其供电、充电及发动机控制线路等;发动机安装前已完成点火测试。

d. 发动机机油、燃油、冷却液已添加并检查完成,发动机风道系统安装并检查完成。

e. 发动机点火,观察发动机转速与各机构压力。

②悬挂及支腿动作调试

a. 逐个操作悬挂及支腿油缸伸缩动作,确定悬挂压力,操作方向与伸缩方向一致。

b. 直到悬挂和支腿 4 个操作点在 2 个司机室均可单独升降操作及组合操作,升降过程动作平稳速度可控。

2. 行走驱动系统动作调试

行走驱动系统包含驱动和制动两部分。

(1)启动发动机并将转速调到 1 100～1 300 转/s 左右。

(2)打开驻车制动及行车制动,将控制模式调整到行走模式,并选择所要操作的方向和挡位,最初从微动挡开始。

(3)调试所要达到效果:在两个司机室均可单台发动机及两台发动机控制行走驱动,行车过程方向可控,速度可调,制动系统可顺畅打开和关闭。

3. 转向系统动作调试

(1)启动发动机后,逐个标定轮组,同时反复操作油缸转向排气。

(2)调试所要达到效果:在两个司机室均可单台发动机及两台发动机控制转向,各种转向模式转向顺畅且达到目标转向角度,实现轮组标定及轮组屏蔽功能。

4. 驮架、顶梁及插销调试

(1)启动发动机后,反复伸缩驮架及顶梁油缸,排气和确定操作方向。

(2)调试所要达到效果:在两个司机室均可正常控制伸缩油缸。

5. 驮梁小车调试

(1)在不同步喂梁的情况下,进行动作调试,确定操作方向与实际方向相同,多端速正常。

(2)同步喂梁调试需与架桥机配合进行,可先进行空载联动喂梁同步模拟调试,在同一挡位频率下计算架桥机前小车车轮线速度和运梁车驮梁小车线速度,推算出驮梁小车在同一挡位下对应频率值并在修改变频器挡位频率值;然后架桥机前小车和驮梁小车同步前进或后退 10 m(以架桥机为参照),测量驮梁小车行走距离,根据偏差修正驮梁小车挡位频率,反复多次,直至行程偏差在允许差值内。

6.6.3 拆除

运梁车拆除流程如图 6—21 所示。

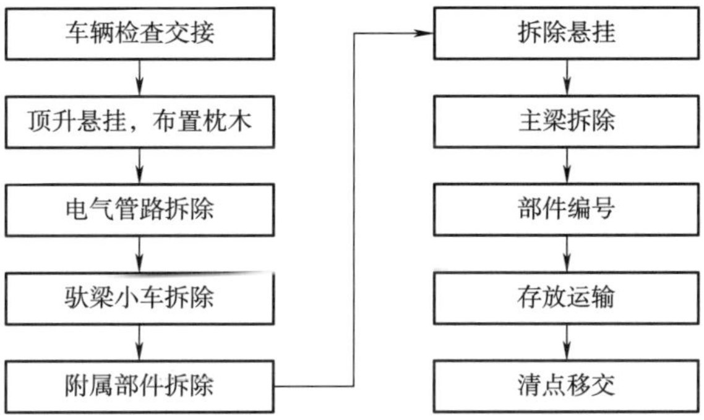

图 6—21 运梁车拆除流程

运梁车拆除关键工艺控制要点如下。

1. 车辆检查交接

检查运梁车各易损件是否完善、设备运行时有何异常,并做详细记录,拆除前与甲方办理设备交接(运梁车行驶到拆解场地)。

2. 顶升悬挂,布置枕木

运梁车停稳后,把悬挂升到最高位置在每节梁下面垫上两堆枕木,要求枕木 200 mm×200 mm×2 000 mm。再把梁车落到枕木接触好,继续降悬挂使悬挂收到最小位置,将轮组悬挂均用钢丝绳吊起来。

3. 电气、管路拆除

电气系统液压系统拆卸方法与搬梁机安拆技术一致,在此不再赘述。

4. 驮梁小车拆除

利用汽车吊将驮梁小车从运梁车主梁上吊至地面。

5. 拆除悬挂

利用 5 t 叉车拆除悬挂。

6. 主梁拆除

按照图纸顺序依次拆除主梁。

6.7 检测与试验

6.7.1 检测

运梁车虽不属于特种设备的监检范围，为保证运梁车的使用安全性能及可靠性，参考《起重机械安装改造重大修理监督检验规则》（TSG Q7016—2016）和《高速铁路箱型运梁车》（TB/T 3295—2013）相关规范要求进行检验。

根据相关规范，按表 6—3～表 6—5 进行检验验收。

表 6—3 设备概况表

设备品种		设备名称	
安装地点			
制造单位			
型号规格		产品编号	
使用单位联系人		使用单位联系电话	
使用单位地址			

表 6—4 检验条件

序号	检验条件	确认结果
1	检验现场的环境条件、场地条件、气候条件等符合检验要求	
2	安全保护和防护措施满足检验需求	

表 6—5 检验项目表

序号	监检项目及其内容		检验结果	备注
1	1. 产品出厂资料审查	(1)产品设计文件		
2		(2)产品质量合格证明、安装及使用维护保养说明		
3	2. 安装改造修理资格审查	(1)现场安装改造修理作业人员的资格证件		
4		(2)主要受力结构件的现场分段组装(焊接)的焊接作业人员资格证件		
5	3. 施工作业(工艺)资料审查			
6	4. 安装基础、附属设施及安全距离检查	5.1 安装基础		
7		5.2 通道与平台；梯子、栏杆		
8		5.3 机械式停车设备基本尺寸		
9		5.4 安全距离		
10		5.5 驮梁小车走行轨道		
11	5. 部件施工前检查	(1)出厂产品、改造和修理用的材料、零部件等检查确认记录		
12		(2)主要配套件合格证、铭牌		
13		(3)安全保护装置合格证、铭牌		
14		(4)主要受力结构件主要几何尺寸的检查记录		

续上表

序　　号	监检项目及其内容			检验结果	备　　注
15	6. 部件施工过程与施工后检查	6.1 部件施工过程与施工后记录	(1)主要受力结构件施工现场连接的检查记录		
16			(2)主要受力结构件的主要几何尺寸施工检查记录		
17		6.2 设备安全标志			
18	7. 电气审查	7.1 电气设备安装			
19		7.2 电气保护	(1)电动机的保护		
20			(2)线路保护		
21			(3)错相与缺相保护		
22			(4)零位保护		
23			(5)失压保护		
24			(6)电动机定子异常失压保护		
25			(7)超速保护		
26			(8)绝缘电阻		
27			(9)照明与信号		
28	8. 液压系统检查	(1)平衡阀和液压锁与执行机构的刚性连接			
29		(2)液压回路无漏油现象			
30		(3)液压缸安全限位装置、防爆阀无损坏			
31	9. 司机室检查				
32	10. 性能试验	10.1 空载试验	(1)操纵机构、控制系统、安全防护装置		
33			(2)各机构动作		
34			(3)液压系统、润滑系统		
35		10.2 额定载荷试验	(1)制动距离		
36			(2)挠度		
37			(3)主要零件		
38		10.3 静载荷试验	(1)主要受力结构件		
39			(2)主要机构连接处		
40			(3)其他损坏		
41		10.4 动载荷试验	(1)机构、零部件工作情况		
42			(2)机构、结构件损坏和松动情况		
记事：					
检测结果：					
安装人员代表：　　日期：			使用单位代表：　　日期：		

6.7.2　试验

1. 目测检验

目测检验是检验所有重要部分的规格和状态是否符合要求，如：各机构、电气设备、安全装置、制动器、控制器、照明和信号系统；运梁车金属结构及其连接件、梯子、通道、司机室和走台；所有的防护装置。检查时，不必拆开任何部件，但应打开在正常维护和检查时应打开的盖子，如限位开关盖。目测检验还应包括检查必备的证书是否已提供并经过审核。

2. 额定载荷试验

额定载荷试验的试验载荷为 1.0G，(G 为额定载荷)。

运梁车分别以额定载荷模拟运梁和喂梁工况，检查运梁车主要结构和机构的性能参数实值；检查车辆行走及制动装置等是否出现异常震动、声响和永久性变形损坏等现象；检查各机构是否工作正常。

在进行额定载荷试验时，应按下列要求进行。

(1)测试工况和测试点选择原则：

①分别在运梁车运梁、喂梁工况测试钢结构的强度和刚度；

②以该车理论计算结果的较大应力点，选择为测试点。

(2)强度测试方法：采用电阻应变片测量，检查各测点的主应力值是否符合设计要求。

(3)刚度测试方法：运梁车分别以额定载荷模拟运梁和喂梁工况，检测车体中部的上拱度和下挠。

3. 加载试验

运梁车承受 1.1G，分别模拟运梁和喂梁工况，在其整个运动范围内作反复启动和制动，重复进行 3 次，目测检查构件是否有损坏，连接处是否有松动或损坏，各动作速度是否符合设计。

运梁车以额定载荷模拟运梁和喂梁工况，然后平稳无冲击加载到 1.25G，静止时间不应小于 10 min。卸去载荷后，检查运梁车车体驮梁台车和走行轮组等主要构件，是否有永久变形、油漆剥落或对运梁车的性能与安全有影响的损坏，连接处是否出现松动或损坏。

7　分体式架桥机研制

中铁十一局集团有限公司以汉江重工设计研发中心为核心组建分体式架桥机研究课题组，研发了1 000 t/40 m架桥机。装备检测、性能试验与现场实践充分表明，新型40 m简支箱梁分体式架桥机技术达到世界领先水平，运行安全可靠。本章从研制历程、核心技术、基本构造、设备制造、安拆与调试、检测与试验等方面对1 000 t/40 m分体式架桥机进行简要介绍。

7.1　概　　述

900 t级32 m简支箱梁架桥机可满足架设32 m及以下箱梁的技术要求，但是随着大跨度高铁箱梁预制技术的发展，对架设40 m简支箱梁的架桥机提出了技术需求。对比现有的900 t级32 m架桥机，若要架设1 000 t级40 m简支箱梁，必定要进行升级改造，但是由于高速铁路架桥机作业环境恶劣，各使用单位使用频率、保养情况区别较大且没有详细记录，设备性能难以准确全面把握。同时，900 t/32 m架桥机后支腿无法在隧道口近距离范围内展开、支撑，隧道口近距离架梁难；并且架桥机变跨时需拆装支腿连接螺栓，变跨移位时间较长、效率低，越来越不能满足现在施工的需求。

针对目前900 t/32 m架桥机存在的情况，依据隧道口断面的尺寸，研发团队研发了新一代的1 000 t/40 m架桥机，该架桥机适用于时速250～350 km铁路40 m、32 m和24 m(高、低)整孔双线箱梁的架设。该机为无下导梁型，采取拖拉喂梁模式，架梁流程简洁、速度快、安全可靠，喂梁结束运梁车即可返回梁场，架桥机继续架梁，极大提高架桥效率，当前施工效率最高的铺架设备，12小时内架设箱梁最高可达4榀。设计结构简单，运行便捷，能够自行折叠通过隧道，实现在隧道口架梁，相较以往设备，通过隧道能够节约3天施工时间。

7.2　研 制 历 程

7.2.1　研发历程

架梁施工过程中，架桥机需要频繁进行变跨作业，常规架桥机变跨时需大型起重设备辅助拆解支腿，变跨时间长、成本高，存在高空吊装作业风险。

研发团队制作3D模型，并通过模型分析变跨作业工序，经过不断地模拟研究，提出了可实现快捷变跨的三种方案。

方案①：后、中支腿与主梁固结，前支腿设置自走行机构。后支腿或中支腿驱动主机前移，中支腿走行到梁端位置，然后前支腿自行移位完成变跨。

方案②：在中支腿和前支腿上部设置走行机构，首先前支腿自行移位至变跨位置并支撑，接着中支腿再自行移位到变跨位置，中支腿支撑、前支腿脱空，后支腿驱动主机前行完成变跨。

方案③：后支腿驱动，中支腿与主梁铰接可翻转，前支腿设置自走行机构。后支腿驱动主机前移至中支腿到达梁端位置，中支腿支撑，前支腿自行移位至变跨位置并支撑，收起中支腿，后支腿继续驱动主机前移，在完成过孔的同时完成变跨。

研发团队对以上三种方案进行分析论证，得出如下结论：

方案①中架桥机为两跨式结构，主梁长度较大，生产成本较高，无市场竞争优势。方案②中架桥机为一跨式结构，与方案①相比，重量较轻，生产成本较低，但需增加防护装置，施工作业复杂。方案③在方案②的基础上，将中支腿设计为可翻转方式，并将前支腿设计为三角形结构形式，稳定可靠，无需增加防护装置，施工作业简单。

通过以上三种方案的对比分析，方案③相对前两种方案在经济性、安全性、操作便捷性等方面具有明显的优势。初步方案经过了架桥机相关领域的专家研讨后，该方案获得专家组高度认可。

初步方案得到认可后，研发团队对方案进行了建模分析，通过对各个工况下，主梁各个支腿的受力情况进行分析，确定新型快捷变跨架桥机可行。如图 7—1～图 7—4 所示。

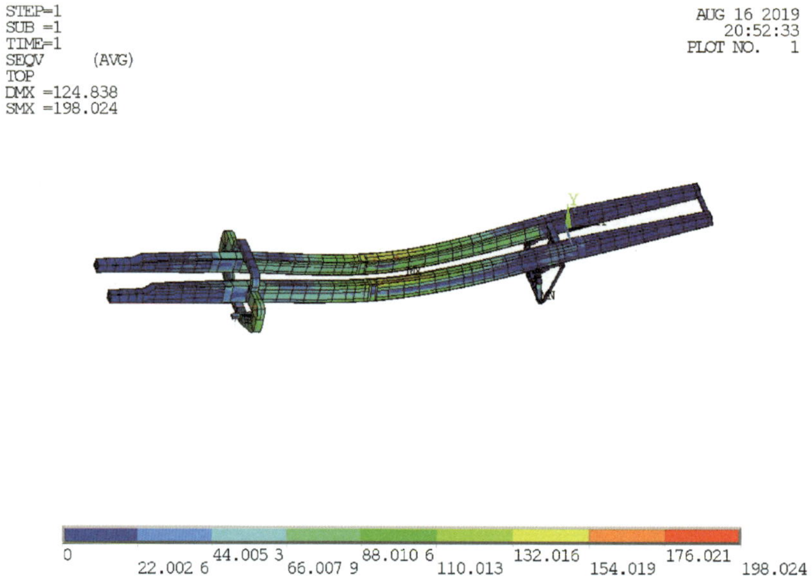

图 7—1　1 000 t/40 m 架桥机整体应力分析示意图

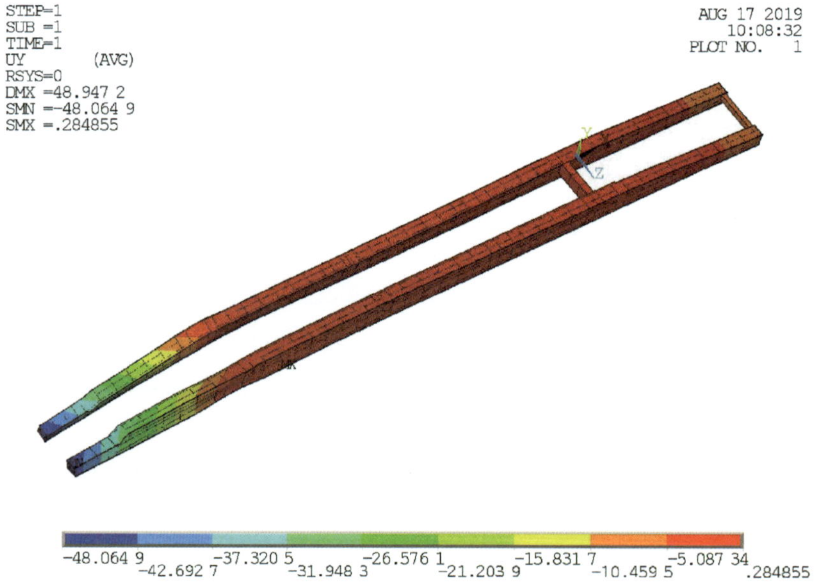

图 7—2　1 000 t/40 m 架桥机刚度分析示意图

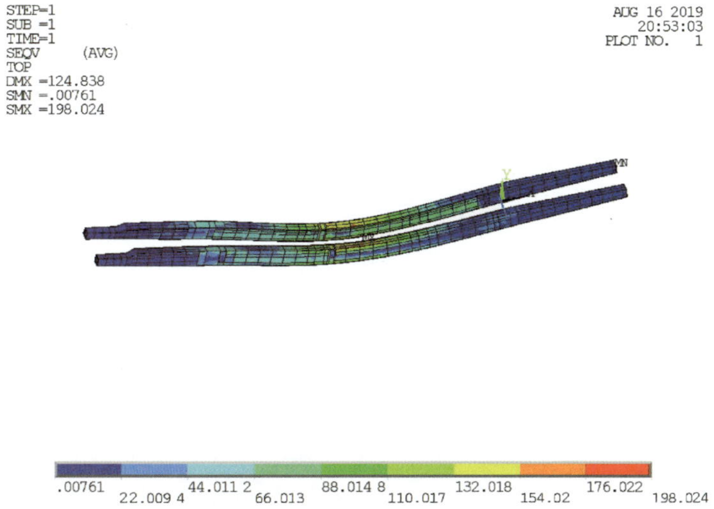

图 7—3 主梁应力分析示意图

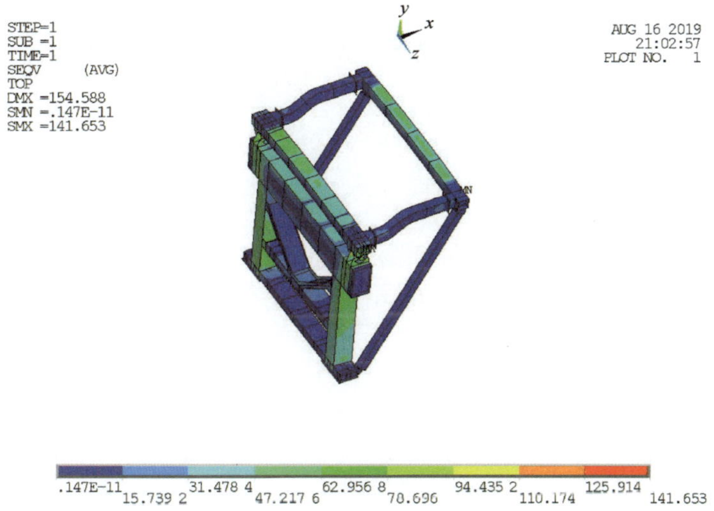

(a) 前支腿

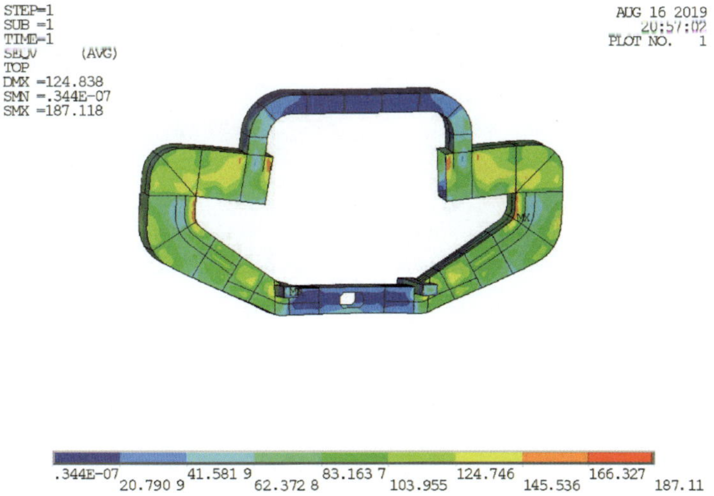

(b) 后支腿

图 7—4 前后支腿应力分析示意图

在整机安全性方面，设计控制互锁，防止设备倾斜、受力增大、误操作等，确保设备安全可控；成本控制方面，整机设计采用一跨式，结构简单，设备自重轻，采用常规材料，耗材少、制造工艺性好，成本低；提升施工效率方面，整机过孔时，除了后支腿钢轨倒换以外，后支腿、前支腿、中支腿操作全部自动化控制，无需人工，极大减少人员施工难度、过孔工序人员数量，节省人工成本方便快捷。

7.2.2　产品试制

2019 年 10 月，汉江重工启动了 1 000 t/40 m 架桥机的生产，于 2020 年 5 月，陆续完成了高速铁路 40 m 简支箱梁架桥机试制任务，随后产品在南沿江城际铁路投入使用。如图 7—5 和图 7—6 所示。

图 7—5　1 000 t/40 m 架桥机厂内拼装

图 7—6　1 000 t/40 m 架桥机现场架梁

7.3　核心技术及主要技术参数

7.3.1　核心技术

1. 快捷变跨技术

架梁施工过程中，架桥机需要频繁进行变跨作业，变跨时需大型起重设备辅助拆解支腿，变跨时间长、成本高，存在高空吊装作业风险。通过3D模型分析变跨作业工序，经过不断模拟研究，创新了一跨式架桥机，将中间辅助支腿设计为可翻转方式，前支腿设计为三角形结构形式，稳定可靠，在过孔就位的同时完成变跨，施工作业流程更加简单。

2. 隧道口架梁技术

后支腿走行机构采用传统机械均衡方式结构复杂，很难降低支腿底横梁高度，不能满足运梁车超低位喂梁。由于液压系统容易实现自动均衡功能等优点，研发团队提出了对4个走行轮组采用液压均衡方式。使后支腿底横梁顶面距离地面高度由传统架桥机3.1 m降低至1.3 m；同时，起重天车设计过程中，研发团队通过运动仿真模拟发现采用传统的轮轨式起重天车高度太大，不足以在隧道内取梁，无法解决隧道口近距离架梁难题。考虑采用滑动方式会造成摩擦力增大，导致支腿水平力增加，会带来安全风险。研发团队基于轻型移运器在PC梁运架设备应用经验，调研市场现有重型移运器型号，并分析各型号外形尺寸、承载能力等技术参数，研究其应用的可能性。经专家论证、设计验算，应用重型移运器将起重天车高度降低至1 m以下，实现低净空取梁，为隧道口近距离架梁提供了有利条件。通过两个高度的降低，实现隧道口超低位喂梁、架梁，解决了隧道口架梁难题。

3. 后支腿自动变形

由于现有架桥机后支腿宽度较宽，结构部件重量较大，拆解过隧效率低、在隧道口组装恢复难度大，且需起重设备配合方可完成。研发团队通过数学软件对结构外形尺寸进行优化，同时利用机械系统动力学自动分析软件模拟翻转、折叠运动轨迹及受力状况，确定最佳机构方案。在翻转、折叠等部位安装液压机构实现自行快速变形和恢复，解决架桥机过隧、隧道口组装难题。

4. 自动化程度高

前、辅助支腿不易操作的插销及经常插拔的销轴采用电气遥控控制、液压缸拔销极大减轻工人劳动强度，提高施工效率。

5. 安全性能高

该架桥机前支腿配置水平推力传感器、竖直倾角传感器、防倾覆保险钢销及互锁装置，安全性能高。

7.3.2 主要技术参数

1. 工作条件

TJ-JQS1000/40架桥机工作条件情况见表7—1。

表7—1 架桥机工作条件

海拔高度	≤2 000 m
环境温度	−40 ℃～+50 ℃
工作环境温度	−20 ℃～+50 ℃
风　　力	运梁作业时：≤6级；停放作业时：≤11级
电　　源	220 V 50 Hz
工作环境	无易燃、易爆及腐蚀性气体
工作时间	全天候（大风、雨、雪、雾等恶劣天气除外），设计有足够灯光，满足夜间施工要求

2. 主要技术参数

TJ-JQS1000/40架桥机的主要技术参数见表7—2。

表 7—2 架桥机主要技术参数

序号	参数名称	单位	技术参数
1	额定起重量	t	1 000
2	整机自重	t	585(不含驮架及扁担梁重量)
3	整机外形尺寸(长×宽×高)	m	约 90.5×18.5×9.8
4	适应梁型		20m、24 m、32 m、40 m 双线整孔箱梁
5	适应最大纵坡	‰	30
6	适应最小曲线半径	m	R2 000
7	利用等级		U0
8	载荷状态		Q3
9	整机工作级别		A3
10	机构工作级别		M4
11	变跨方式		主支腿变位
12	过孔速度	m/min	5
13	满载横向微调距离	mm	±200
14	横向移动速度	m/min	0.2
15	起升高度	m	7
16	起升速度	m/min	0～0.5
17	整机功率	kW	300

7.4 基 本 构 造

7.4.1 结构组成

架桥机主要由主梁总成、前支腿、后支腿、辅助支腿、起重小车、起升机构、动力系统、液压系统、电气系统等组成。架桥机如图 7—7 所示。

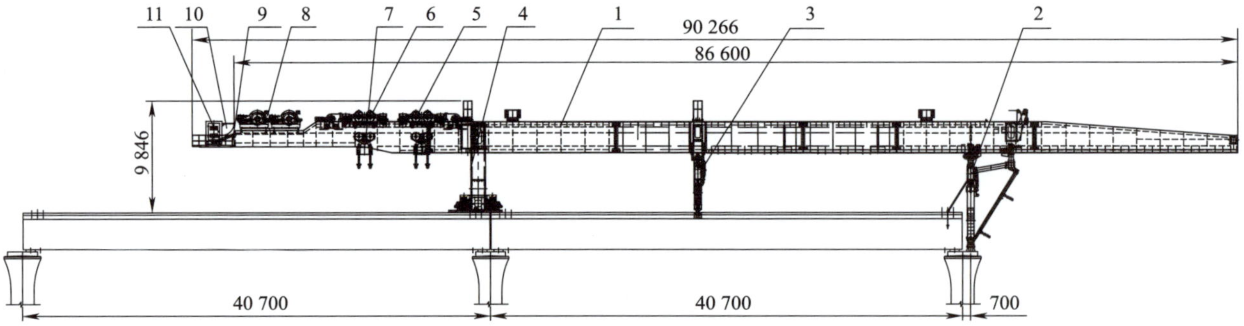

图 7—7 架桥机总示意图(单位:mm)

1—主梁;2—前支腿;3—辅助支腿;4—后支腿;5—前起重小车;6—后起重小车;7—吊具;8—起升机构;9—动力系统;10—液压系统;11—电气系统

1. 主梁总成

采用双梁箱型结构，中心距 6 m。主梁高度 2.9 m、宽度 1.35 m。总长 86.6 m，分 6 个节段，最长节段 17.4 m、最重 31 t，满足公路运输条件。自主梁最前端开始向后，依次为主梁节段 1～6，其中节段 3 为调整节段，架桥机在只有 32 m 及以下线路施工时，可以不组装节段 3。

主梁顶部设有起重小车走行轨道，走行轨道采用 45°斜切搭接接头，主梁前部下侧设计有前支腿托轮机构、挂轮机构、导向轮轨道。主梁如图 7—8 所示。

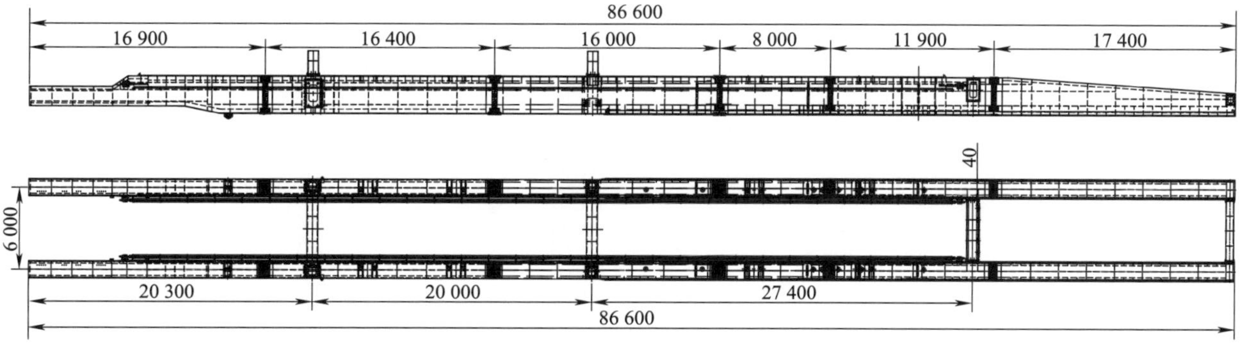

图 7—8 主梁总成(单位：mm)

2. 前支腿

前支腿由后托轮总成、前托轮总成、挂轮组、水平轮组、支腿结构、翻转折叠机构、升降机构、横移机构、加高节等组成。前支腿结构如图 7—9 所示。

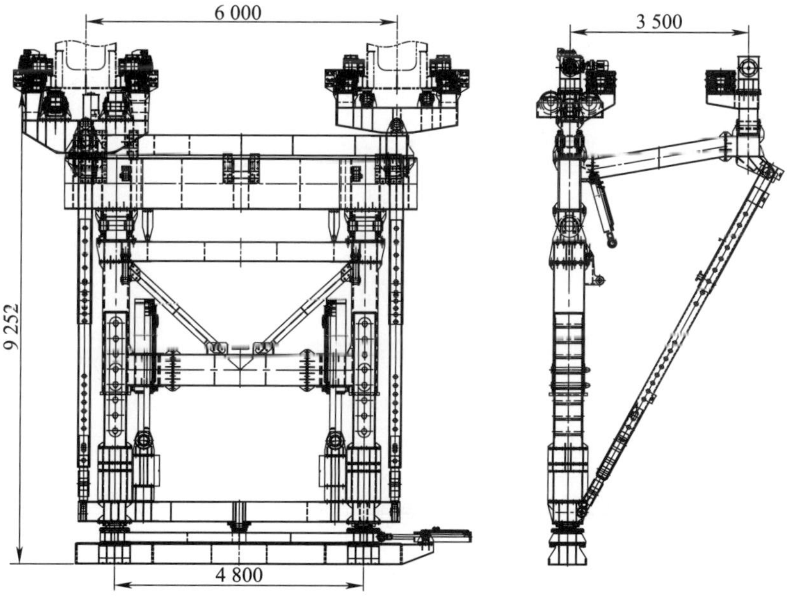

图 7—9 前支腿结构(单位：mm)

支腿下面设有垫梁，垫梁与支腿下横梁间设置了三个推力关节轴承，两侧的关节轴承下垫有聚四氟乙烯滑块，使主支腿和下垫梁间可发生轻微转动，满足曲线梁桥的架设需要。

前支腿的伸缩立柱能够满足＋0.6 m 及－0.9 m 的升降功能；前支腿通过简单拆解折叠，可满足末孔桥架设；前支腿设有加高节，通过调整加高节能够配合高位运梁车施工或者配合低位运梁车实现进出隧道口架桥作业；前支腿在架桥工况下，主梁设计锚定机构。

3. 辅助支腿

辅助支腿由支腿结构、顶升油缸、翻转机构等组成，主要作用是辅助架桥机过孔，架桥机辅助支腿翻转折叠收起。辅助支腿结构如图 7—10 所示。

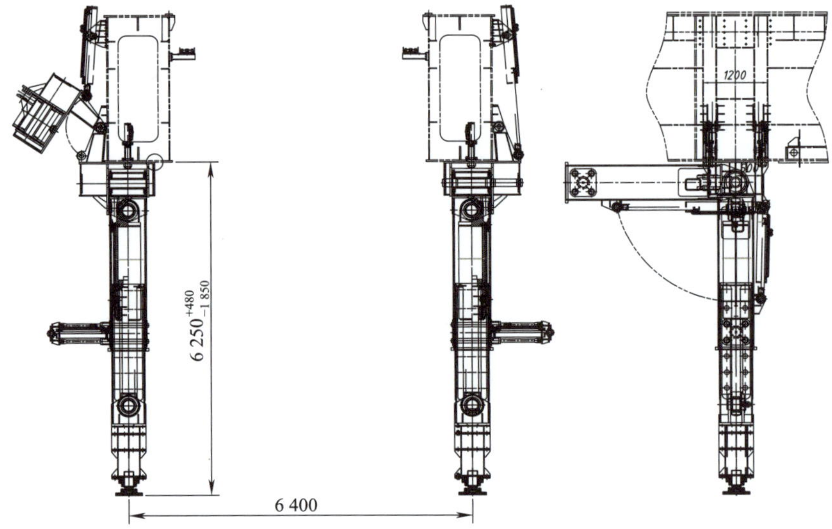

图 7—10　辅助支腿结构(单位:mm)

4. 后支腿

后支腿采用“O”形结构，由马鞍梁、上横梁、加高节、下曲梁、走行及升降机构等组成。后支腿分六节制造，均为箱型截面，用法兰板及螺栓连接，支腿内部最大净宽 13.2 m。过隧时，拆除支腿上部的马鞍和下部底横梁，支腿两侧上横梁转动 90°，从支腿平面转至导梁平面，支腿下曲梁向上翻起，从而减小架桥机支承处的宽度和高度，适应隧道净空要求。后支腿结构如图 7—11 所示。

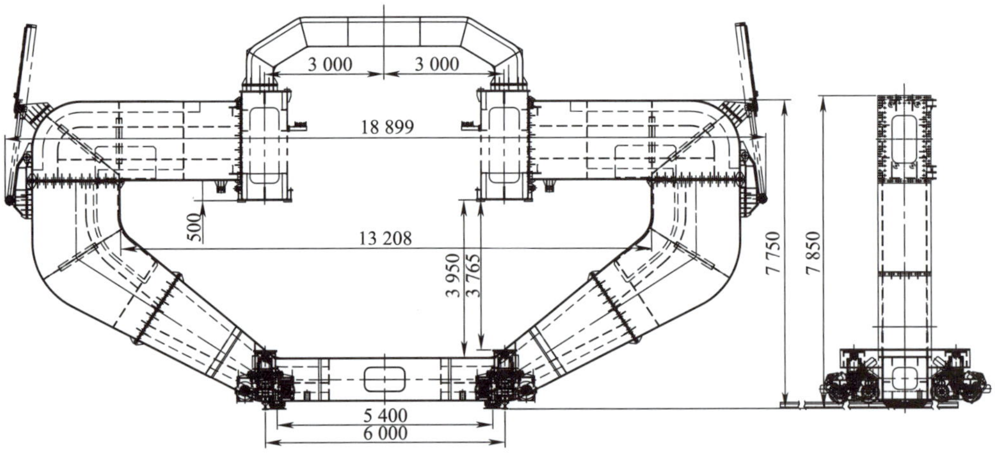

图 7—11　后支腿结构(单位:mm)

后支腿预留设计加高节，通过调整加高节能够满足高位运梁车架桥施工，加高节拆除可以满足进出隧道口架桥；底横梁顶面高度距离桥面高度 1.3 m，可以满足低位喂梁要求；所有走行机构设有液压均衡机构，能适时均衡；后支腿在 U 型运梁车及驮运支架配合情况下，能通过架桥机自有机构进行折叠收缩，驮运通过隧道，并能在隧道口(胸墙至隧道口 3 m)通过自身机构恢复至架桥状态。

走行轨道前端设计有锚定横向连接梁，在雨雪天气大下坡架桥时进行钢轨锚定，进一步加大轨道与桥梁之间的附着可靠。

5. 起重小车

起重小车分为前、后起重小车两种，前起重小车为单吊点，后起重小车为双吊点，因此，落梁时必须保证后吊点（双吊点）先落，前吊点（单吊点）后落。

起重小车由下层车架、上层车架、走行机构等组成。起重小车驱动机构采用链条驱动，滚子链两端安装在走行轨道的两根导梁上面，传动装置用螺栓与起重小车走行机构相连，滚子链在此机构中绕过导向链轮（左、右各一个）和主动链轮，由电机驱动行星齿轮减速机带动主动链轮旋转，使得起重小车得以走行。起重小车结构如图 7—12 所示。

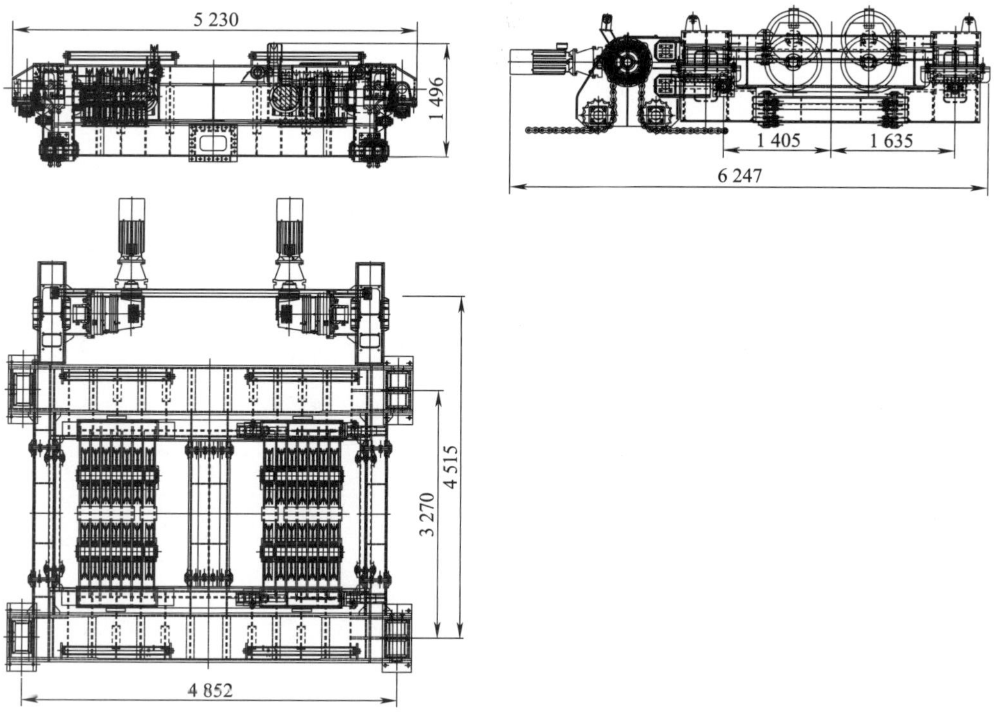

图 7—12　起重小车结构（单位：mm）

6. 起升机构

起升系统由卷扬机、钢丝绳、钢丝绳端固定组件、平衡组件等组成。采取四点取吊三点平衡的方式进行吊梁作业，保证箱梁梁体在吊装过程中受力平衡、安全。起升机构设双级制动，低速制动采用钳盘式制动器。

单个起升系统小车滑轮倍率 24 倍，钢丝绳单绳最大静拉力 13.7 t。选用韩国进口钢丝绳，型号为 DSR 6×WS(36)+IWRC-30-1960-ZS，单绳最小破断拉力为 77 t，安全系数为 5.6。卷扬机选用南通力威 4 台 14 t 卷扬机。

7. 动力系统

动力系统配置一台 300 kW 发电机组提供施工动力及照明。

7.4.2 电气控制系统

电气控制系统是 TJ-JQS1000/40 架桥机的重要组成部分，其系统设计的合理性是保证架桥机安全可靠运行的关键因素。千吨级架桥机电气控制系统难点在于控制机构多、机构位置分散且距离较远、监控点多且工况复杂，对设备运行的稳定性和安全性有严格的要求。整机采用以 PLC 为核心的控制技术，配备安全监控系统直观显示设备的运行状态，在各个动作机构上采取了互锁措施，防止误操作，确保架桥机安全作业，设置驾驶室和无线遥控 2 种操作装置，满足现场工况使用要求。

TJ-JQS1000/40 架桥机电气系统由供配电系统、运行控制系统、安全监控系统三大部分组成，其中安全监控系统又分为本机安全监控、远程安全监控、视频监控三部分内容。

1. 供配电系统

架桥机作业需要经常移动，因此整机动力由位于尾端的发电机组提供、电源为三相四线制（ABC＋N）、AC380 V，由发电机组引入电气房再分配至起升机构、走行机构和泵站系统，供配电系统如图 7—13 所示。

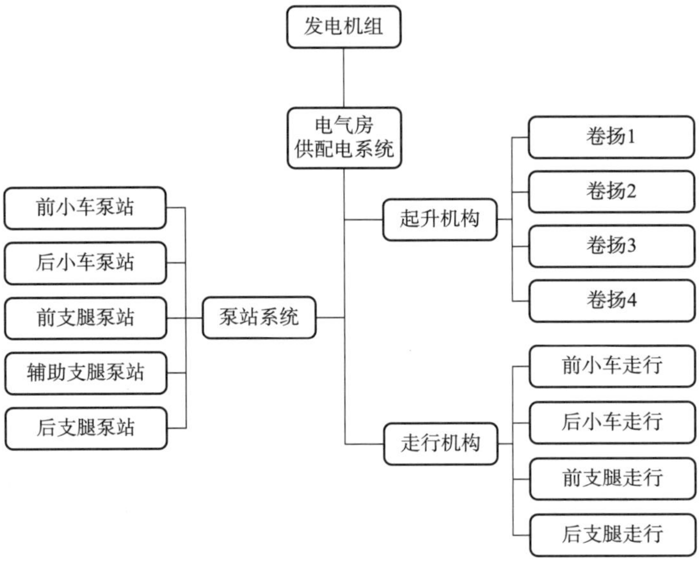

图 7—13　供配电系统

TJ-JQS1000/40 架桥机主要供电控制对象见表 7—3。

表 7—3　TJ-JQS1000/40 架桥机主要供电控制对象

位置	控制对象	数量	位置	控制对象	数量
前支腿	前支腿泵站	1 套	前小车	前小车泵站	1 套
前支腿	走行吊挂电机	4 台	前小车	走行电机	2 台
辅助支腿	辅助支腿泵站	1 套	后小车	后小车泵站	1 套
后支腿	后支腿泵站	1 套	后小车	走行电机	2 台
后支腿	后支腿走行电机	8 台	卷扬机构	起升电机	4 台

架桥机供配电系统设计应该满足《架桥机安全规程》和《起重机设计规范》中的要求，主要有以下几点：①架桥机应装设切断所有电源的主隔离开关；②架桥机内部压降不应超过 5%（内部压降指自发电机组供电点至各机构电动机，在最大启动电流下，线路可能产生的最大电压降）；③总电源回路应设置总断路器，总断路器控制应具有电磁脱扣功能；④动力电源回路应设置能够分断动力线路的接触器，即正常工作时所有动力回路能够通过接触器分断；⑤各机构动力、控制及辅助电源分支线路应采用断路器、熔断器或过电流保护继电器，提供过电流保护功能。当三相动力电路采用熔断器保护时，其控制线路应具有缺相保护功能。

TJ-JQS1000/40 架桥机需要移动供电的机构主要有前小车机构、后小车机构、前支腿机构，这三个部分供电远，移动距离长，需要选择合适的供电方式以保证可靠运行。一般移动供电可采用滑车、拖链、卷筒和滑触线四种方式，但架桥机由于各移动机构动力线缆、控制线缆数量众多，因此采用拖链作为各机构移动供电的主要方式。

拖链具有良好的韧性、高弹性和耐磨性，可以承受较重负荷；高低温时性能稳定、阻燃，可以使用在室外工业环境。将电缆敷设在拖链内部空间中并加以固定，还可以保证电缆不受外力以及摩擦损耗。

2. 控制系统

TJ-JQS1000/40 架桥机电气控制系统由工业 PLC、变频器、遥控器、人机界面等主要部分构成，其特点如下：①PLC 大大简化了控制系统，提高了系统的可靠性；②变频控制使起升系统及各走行机构的性能得到很大的提高，提升平稳、减速平滑，空中启动无溜钩，采用重载低速、空载高速设计，提高作业效率；③为用户提供友好人机界面、图形及声光报警，显示各工况的工作状态，实现记录整机各项参数；④支腿泵站系统设有遥控器，操作简便、遥控系统和司机室主控系统设有遥控请求和遥控允许及互锁机构，并以司机室控制为主控制权确保操作安全。

(1)起升控制。起升机构由 4 台卷扬机组成，位于架桥机尾端，每台卷扬机由一台变频器单独控制，为防止重载出现溜钩现象，卷扬电机装编码器做速度反馈构成闭环调速系统，变频器做闭环矢量控制，启停平稳，起升机构安全性得到了保证。

在司机室可对每台卷扬单独选择，单独动作，因为各卷扬机机械参数一致、电气参数一致，且为变频器控制，可以保证 4 钩联动时的同步性。

在电机和减速机的高速轴和低速轴处装有两级制动器，制动器的控制逻辑，在机构正常启动时低速制动先打开，然后变频器运行、高速制动打开；停止时高速制动先闭合，然后延时几秒后低速制动闭合。

(2)走行控制。走行控制主要是对前小车走行电机、后小车走行电机、前支腿走行电机和后支腿走行电机进行控制。前小车走行和后小车走行各有 2 台电机驱动，对每个小车单独设置 1 台变频器驱动，来实现多挡位走行速度。前支腿走行有 4 台吊挂电机驱动，吊挂电机仅在过孔时候，前支腿悬空时动作，单独设置 1 台变频器驱动，保证运行平稳。后支腿走行有 8 台走行电机驱动，考虑到架桥机在工作时仅允许 1 个机构工作，因此通过和前小车共用变频器来实现后支腿走行的变频控制，同时还可以降低成本。

变频器驱动多台电机应注意，变频器的控制模式为开环电压矢量控制或 U/F 矢量控制模式。在一拖多的模式下，变频器无法保护下端的单台电机，所以每个电机上端应加热继电器以实现过流保护。

变频器共用虽然可以节约成本，但同样也会为控制带来新的问题，当共用变频器的上一个机构还未完全停稳就立即切换到另一个机构，可能会导致变频器的报警，控制上需注意变频器参数切换时间、接触器动作的时序逻辑。

(3)泵站控制。TJ-JQS1000/40 架桥机泵站系统由前支腿泵站、辅助支腿泵站、后支腿泵站、前小车泵站、后小车泵站 5 大部分组成。前支腿泵站能够实现前支腿的顶升/下降、左移/右移、折叠/展开、和插销油缸的插销/拔销动作。辅助支腿泵站能够实现辅助支腿的顶升/下降、翻起/下放、折叠/展开、和插销油缸的插销/拔销动作。后支腿泵站能够实现后支腿的顶升/下降动作。前小车泵站能够实现前小车吊具的左移/右移。后小车泵站能够实现后小车吊具的左移/右移、后支腿翻起/下放、折叠/展开动作。

支腿的控制可以采取司机室集中控制的方式，也可以采取就近泵站控制。集中控制优点在于系统集中，泵站和油缸的操作均可被监控系统采集记录，但控制线缆多、距离长；就近控制优点在于节约电缆，但司机室难以监控各泵站的操作。TJ-JQS1000/40 架桥机采用司机室集中控制的方式，所有泵站的启停、动作均可以在司机室实现。

因前支腿和辅助支腿油缸多、动作多，为了方便现场操作，为前支腿和辅助支腿泵站操作配置遥控器，实现就近遥控操作。系统具有监控和故障自诊断功能，在任何非正常工作状态下应能实现自动关闭，停止工作；还具有抗同频干扰信号的能力，受同频干扰时，不允许出现误动作。

3. 安全监控系统

架桥机安全监控系统主要用于设备在运行的时候，运行状态的监控和各项运行参数的记录和报警，禁止架桥机在监测到的危险状态下运行，能有效提升设备使用过程中的安全性。

TJ-JQS1000/40 架桥机安全监控系统按功能分，可分为本机安全监控、远程安全监控、视频监控三个部分内容。

(1)本机安全监控。本机安全监控主要是对设备运行的数据进行监控，其功能单元构成有：信号采集单元、信息处理单元、控制输出单元、信息存储单元、信息显示单元、信息输出接口单元。

架桥机安全监控的内容一般有：①所有操作输入、输出点，所有限位点监控，且数据有时间点标签；②小车的位置和运行速度，吊钩的起升高度和运行速度，前支腿位置和运行速度，后支腿速度；③变频器运行状态监控，采集变频器控制输入、故障、输出电流、电机转速、输出扭矩、输入和输出电压、用电统计等参数；④所有接触器状态、热继电器状态监控；⑤液压系统操作和电磁阀动作状态；⑥重量传感器数据、实时风速、支腿/主梁倾斜角度；⑦设备故障和报警信息的监控和记录。根据国标要求，安全监控系统的设计应注意数据存储时间不少于 30 个连续工作日。

TJ-JQS1000/40 架桥机信号采集内容见表 7—4(包含但不限于以下内容，未说明的参见国标要求)。

表 7—4　TJ-JQS1000/40 架桥机信号采集内容

类　别	信　号
卷扬变频器	升，降，2、3 挡，输入输出电压，输出电流，电机转速、扭矩等
小车走行变频器	前进、后退、2、3 挡，输入输出电压，输出电流，电机转速、扭矩等
整机过孔变频器	前进、后退、2、3 挡，输入输出电压，输出电流，电机转速、扭矩等
限位	卷扬升、降、重锤、超速开关，小车前后限位，支腿前后限位
热继电器和接触器	起重小车、支腿走行热继电器，泵站热继电器，卷扬高速制动，钳盘制动接触器，起重小车、支腿制动接触器
制动单元	制动单元故障
编码器	主钩起升高度，卷扬钢丝绳圈数，小车走行行程，过孔状态
主梁及支腿倾斜	前支腿、辅助支腿倾角监控，主梁含纵向和横向
前支腿及起重量限制器	包含前支腿销轴受力，卷扬起升重量监控，报警，前支腿受力阈值与过孔关联
智能电表	架桥机用电量
液压系统	插销到位检测、操作和电磁阀动作状态
其他	风速、制动器状态

架桥机安全监控系统的功能包括：①对运行信息进行处理及控制；②对运行状态及故障信息进行实时记录；③对运行状态及故障信息进行历史追溯；④具有故障诊断功能，系统通电时有自检程序，对警报、显示等功能进行验证；在系统自身发生故障而影响正常使用时，能立即发出报警信号；⑤检出设备故障时，还可以按预设的处理方式停止相应机构动作。

(2)远程安全监控。架桥机远程安全监控是以本机安全监控系统为基础，将现场设备的安全监控系统通过数据接口(如以太网或 RS485/RS232/RS422 串口)接入智能网关中，智能网关经过协议解析以及数据传输功能将数据通过 4G 或者有线网络传输至互联网，进而传输到服务器中，最后通过服务器中部署的数据平台系统，将设备监控数据、业务数据以及其他数据发布到监控大屏及各个监控端。远程安全监控可实现以下功能。

①设备监控。管理人员可以在 PC 端、手机端掌握架桥机设备的实时运行参数、运行状态，显示架桥机工作的报警预警信息：超重报警、力矩报警、高度报警、风速报警、倾斜角度报警等。可以将故障发生时的所有相关的数据都推送给设备维护人员，让维护人员全面掌握发生故障时的真实原因、状态并及时解决问题。

②数据分析。数据分析是用于给安全管理部门对架桥机的历史工作数据来分析架桥机的安全性。其中包括工作循环查询统计、报警预警信息统计、历史数据查询、超载详细查询。数据分析在架桥机安全监控系统中具有重要的作用,这些数据最终会生成报表和曲线图,为设备的安全运行管理和维护、保养提供参考。

远程安全监控使用开放式通信协议并预留数据接口,以便能接入现场项目管理系统软件。

(3)视频监控。架桥机视频监控一方面为了辅助驾驶室操作人员及时了解重点位置情况,为架桥机操作提供参考,另一方面也可以记录现场作业情况,给发生意外或事故提供事后原因分析资料,视频存储时间按国标要求不少于连续 72 h。

架桥机视频监控能够实现以下功能:①监控过孔、喂梁、吊梁状态,小车及支腿运行状态以及卷扬机构运行状态(钢丝绳排绳);②可实现远程 PC 电脑实时查询监控,视频回放功能;③可实现手机 App 远程实时查询设备状态,视频画面抽取查询等功能;④视频监控摄像头的选用应注意防震动、防水防尘性能,沿海地区应注意防腐蚀耐恶劣环境使用性能。

TJ-JQS1000/40 架桥机共配置 10 个摄像头以监控重点区域的运行情况,显示于司机室的大屏监视器上。

7.4.3 液压系统

TJ-JQS1000/40 架桥机因整机机构分散,所以液压系统采用独立动力及控制单元设计且就近安放,整机液压系统管路得到简化,减少了液压管路的沿程损失和泵的功率损耗,方便安装、维修和搬运,与此同时动力及控制单元实现了模块化。

整机液压系统共 5 套:前支腿、辅助支腿、后支腿、前天车、后天车液压系统各 1 套。系统电机总功率为 35 kW,但所有电机不会同时工作。每套液压系统都由液压泵站、液压管路、液压油缸及液压辅件组成。

1. 液压泵站

整机共 5 台液压泵站,是集油泵、电机、控制电磁阀组、油箱、吸回油过滤器等于一体的部件,设有压力表和液位计等辅件,均采用旁置式结构,具有结构紧凑、体积小、搬运安装较为方便等特点。

所有泵站工作时的过程可简单概括为:电机启动,通过联轴器驱动轴向柱塞泵,此时电磁溢流阀处于断电状态,泵排出的油液通过溢流阀无压返回油箱,使电机空载启动,启动电流小,液压系统无冲击。当启动相应的按钮时,电磁换向阀和溢流阀同时带电,高压油通过泵→电磁换向阀→油缸→克服负载进行工作。泵站外形如图 7—14 所示。

所用液压油牌号为 L-HM46,过滤精度为 NAS1638—1994 标准 10 级,工作温度为 −10 ℃～70 ℃。

2. 前支腿液压系统

该系统由 1 台带 10 联阀的液压泵站、2 支前支腿顶升油缸、2 支竖向插销油缸、4 支斜撑插销油缸、2 支前支腿翻转油缸、1 支前支腿横移油缸和管路及管路辅件组成,以实现前支腿顶升、竖向立柱插销、斜撑插销、前支腿折叠翻转、前支腿横移的动作。

2 支前支腿顶升油缸分别由 2 片换向阀单独控制,2 支油缸即可以单独动作又可以联动,在油缸上装有双作用平衡阀用来在任意行程时锁定油缸和支腿,并使油缸升降平稳。2 支竖向插销油缸分别由 2 片换向阀单独控制,油缸可以单独动作,在油缸上装有液压锁用来在任意行程时锁定插销油缸。4 支斜撑插销油缸分别由 4 片换向阀单独控制,油缸可以单独动作,在油缸上装有液压锁用来在任意行程时锁定插销油缸。2 支前支腿翻转油缸由 1 片电磁换向阀控制,2 支油缸的管路并联,由前支腿结构的刚度实现两油缸的同步,换向阀下叠加有液压锁用来在任意行程时锁定翻转油缸。1 支前支腿横移油缸由 1 片电磁换向阀控制,在油缸上装有液压锁以实现在任意行程能够锁定架桥机横移位置。10 片换向阀下

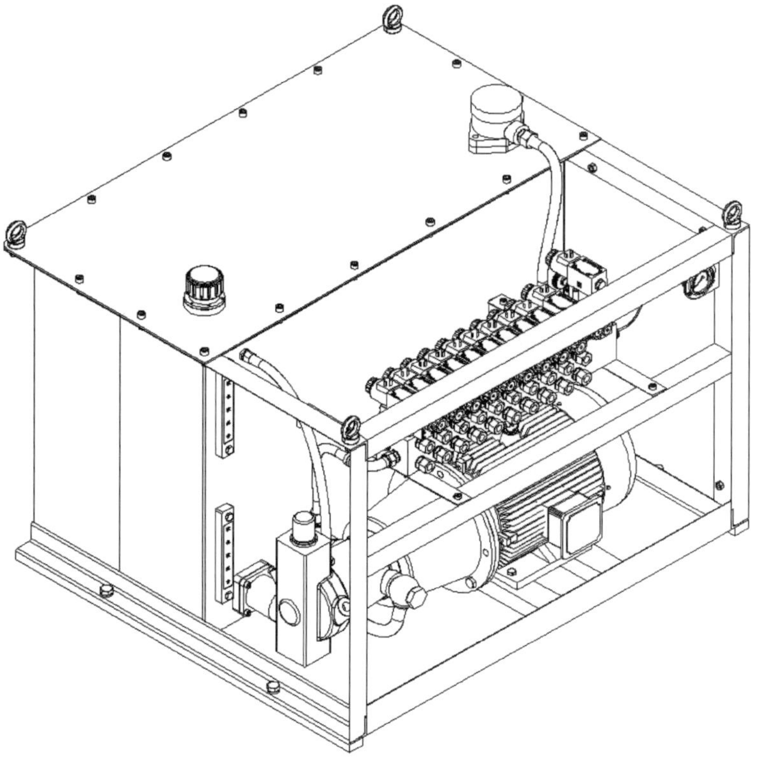

图 7—14　泵站外形

均叠加有节流阀，且均设置为回油节流，使油缸在负负载的情况下能平稳下落，防止抖动爬行。且可以通过内六角扳手旋转节流阀两端的旋钮，实现进/回油节流的转变，以及节流的程度，可实现手动线性的调节相应油缸的速度。

3. 辅助支腿液压系统

该系统由 1 台带 10 联阀的液压泵站、2 支顶升油缸、2 支折叠油缸、2 支翻转油缸、4 支立柱插销油缸、4 支主梁插销油缸和管路及管路辅件组成，用来实现辅助支腿顶升、折叠、翻转及立柱和主梁插拔销等动作。

2 支辅助支腿顶升油缸分别由 2 片换向阀单独控制，2 支油缸即可以单独动作又可以联动，在油缸上装有双作用平衡阀用来在任意行程时锁定油缸和支腿，并使油缸升降平稳。2 支辅助折叠油缸分别由 2 片换向阀单独控制，油缸可以单独动作，在油缸上装有液压锁用来在任意行程时锁定折叠油缸。2 支辅助支腿插销油缸分别由 2 片换向阀单独控制，油缸可以单独动作，在油缸上装有液压锁用来在任意行程时锁定插销油缸。2 支辅助支腿翻转油缸由 2 片电磁换向阀控制，油缸可单独动作，在油缸上装有液压锁用来在任意行程时锁定翻转油缸。换向阀下叠加有溢流阀来限制翻转油缸在行程末端推力。4 支辅助支腿竖向插销油缸由 2 片电磁换向阀控制，分左右两侧，每侧两支油缸管路相互并联。在油缸上装有液压锁用来实现在任意行程锁定插销油缸。10 片换向阀下均叠加有节流阀，且均设置为回油节流，使油缸在负负载的情况下能平稳下落，防止抖动爬行，且可以通过内六角扳手旋转节流阀两端的旋钮，实现进/回油节流的转变，以及节流的程度，实现手动线性的调节相应油缸的速度。

4. 后支腿液压系统

该系统由 1 台带 2 联阀的液压泵站、2 支后支腿顶升油缸和管路及管路辅件组成。用来实现后支腿顶升的动作。

4 支后支腿顶升油缸分别由 2 片换向阀单独控制，分左右两侧，每侧两支油缸管路相互并联，实现负载前后均衡。管路中装有液压锁用来实现在任意行程锁定后支腿顶升油缸。2 片换向阀下均叠加有节流阀，且均设置为回油节流，使油缸在负负载的情况下能平稳下落，防止抖动爬行。且可以通过内六角扳手旋转节流阀两端的旋钮，实现手动线性的调节相应油缸的速度。

5. 前天车液压系统

该系统由 1 台带 6 联阀的液压泵站、2 支起重小车横移油缸、2 支后支腿折叠油缸、2 支后支腿翻转油缸和管路及管路辅件组成。用来实现前天车横移、后支腿折叠、后支腿翻转的动作。

2 支起重小车横移油缸分别由 2 片换向阀单独控制，由换向阀中位机能锁定。

2 支后支腿折叠油缸分别由 2 片换向阀单独控制，油缸可以单独动作，在油缸上装有液压锁用来在任意行程时锁定折叠油缸和后支腿翻转油缸。在前天车移动至后支腿位置时，通过快换接头接通液压管路。

6 片换向阀下均叠加有节流阀，且均设置为回油节流，使油缸在负负载的情况下能平稳下落，防止抖动爬行。且可以通过内六角扳手旋转节流阀两端的旋钮，实现手动线性的调节相应油缸的速度。

6. 后天车液压系统

该系统由 1 台带 2 联阀的液压泵站、2 支起重小车横移油缸和管路及管路辅件组成。用来实现前天车横移的动作。

2 支起重小车横移油缸分别由 2 片换向阀单独控制，由换向阀中位机能锁定。2 片换向阀下均叠加有节流阀，且均设置为回油节流，使油缸在负负载的情况下能平稳下落，防止抖动爬行。且可以通过内六角扳手旋转节流阀两端的旋钮，实现手动线性的调节相应油缸的速度。

7.5 设备制造

7.5.1 结构制造

1. 注意问题

(1)主梁。主梁在制造过程中需重点控制以下几个方面：①主梁整体直线度和垂直度；②主梁轨道安装质量；③主梁各节段连接制孔；④主梁与支腿连接部位孔群相对位置及螺栓孔尺寸。

(2)前支腿。前支腿在制造过程中需重点控制以下方面：①前/后挂轮组、水平调整轮组和前/后拖轮在安装时，必须调整好与主梁轨道之间的间隙；②外立柱制作时要保证内部尺寸，内立柱要保证外部尺寸，保证内外立柱能伸缩自如，且控制两者间的间隙，镗孔时要保证间距与孔径精度；③正常架设架梁与架末孔时的转换，保证法兰孔能对齐；④斜撑杆汇装，保证伸缩自如、无卡滑。

(3)后支腿。支腿在制造过程中需重点控制以下方面：后支腿在制作过程中，须保证后支腿的受力系统线跟设计相吻合以及下横梁、曲梁、上横梁之间的合孔率。

(4)辅助支腿。支腿在制造过程中需重点控制以下方面：①上立柱和伸缩立柱的间隙及孔位问题；②插销油缸孔的加工，特别一只油缸 4 个钢销；③辅助支腿的受力系统线跟设计相吻合。

2. 结构制造

(1)主梁

①结构说明。主梁是架桥机的主要承载结构，采用双主梁箱型结构，用马鞍梁、联系梁连接；单根主梁分为 6 个节段，每个节段均为焊接箱型结构，节段之间采用 10.9 级高强度螺栓连接；节段 6 向上有预拱，节段 1～5 没有预拱；节段 2～6 上盖板上有轨道(上轨道)，是前后起重小车运行轨道；节段 1～4 下盖板上有下轨道和主梁侧腹板旁耳梁上方的轨道，是前支腿运行轨道。与后支腿、辅助支腿之间采用 10.9 级高强螺栓连接。

主梁主结构主要采用 Q355C 钢材，仅节段 2 腹板及对应内贴板使用 Q460D 材质。箱梁设有加筋和隔板，并在箱梁内部有加强结构以防止局部失稳。

箱型结构的部件，根据图纸技术要求及焊缝要求，选用合适的拼装焊接方法，当部件焊接作业区域较小时，优先保证主焊缝的焊接技术要求，选用合理的焊接顺序，控制焊接变形量。下料及组装时，根据各个部件配合要求，预留切割或切削余量。

②零件备料。单根主梁在制作时根据场内现有起重设备起重情况，将主梁整体分为两部分，节段1～4和节段5～6，即节段1～4和节段5～6腹板整体下料，盖板按各个节段分段下料，下料时在主梁长度方向，盖腹板均预留1/1 000的焊接收缩余量，便于保证整体尺寸。主梁盖、腹板如需长度对接，需在下料前进行对接，对接完成后应采用超声波探伤。探伤比例100%，并对焊接引起的变形进行矫正。主梁跨中2 m范围内不允许出现对接焊缝，盖板与腹板对接焊缝应相互错开至少200 mm。主梁节段接头处连接板区域及距连接板边缘500 mm范围内不允许出现对接焊缝。

隔板在制作时，根据排料下料情况，可采用分块下料，然后对接成整体，对接时留2～3 mm间隙。在隔板制作前制作隔板拼装限位工装用以拼装隔板，同时拼装时应确定拼装基准边并做好标记，该边需保证垂直。隔板与盖板拼装时，隔板基准边位于有小车轨道腹板侧。隔板制作完成后，测量隔板的各个尺寸，保证隔板符合技术要求（长度及宽度偏差不大于2 mm，对角线偏差不大于2 mm）。焊缝目测合格，无焊接缺陷。确认合格后若有圈筋，将圈筋点焊在隔板上。

联系梁和马鞍梁盖腹板按工艺技术要求预留组装配切余量，以保证整体组装尺寸。如图7—15所示。

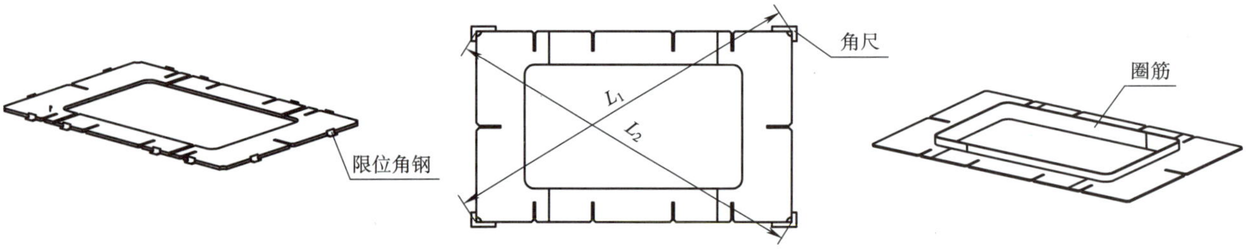

图7—15　隔板拼装示意图

③单根主梁制作（整体组装，分段焊接）。各零件备料完成，节段6胎架搭设合格即可进行单根主梁制作。制作时采用正装法，即在下盖板上划出各中心线进行隔板、腹板的组拼，拼装形成Ⅱ梁后，初步检查Ⅱ梁腹板垂直度（小于$H/300$）及平面度情况合格后，对主梁腹板与下盖板、隔板焊缝进行定位焊，定位焊长度40～60 mm，间距600 mm。将上盖板从中间向两边依次吊装与Ⅱ形梁进行拼装，并采用配重块施压，保证上盖板与腹板紧密贴合，上盖板与隔板完全贴合。

在腹板外侧大隔板位置依次测量主梁两腹板的垂直度，在主梁上端$1/3H$的区域测量主梁的直线度，在上盖板两侧依次测量主梁的拱度值。要求水平弯曲≤15 mm，腹板倾斜$h \leq 5$ mm，盖板倾斜$b \leq 2$ mm，主梁跨度中部最低点不应低于水平线20 mm。未达到要求需校正以达到工艺技术要求。检验合格后，对主梁主焊缝及隔板四周焊缝进行定位焊。然后分为两段进行主焊缝焊接。在焊接时保证节段1不能下挠，节段6不能上翘。主梁各节段焊接合格后进行托轮和挂轮轨道组装焊接，焊接完成后需将前支腿水平导向轮运动轨道边磨平。如图7—16所示。

④主梁整体组装。主梁组装工艺技术要求（图7—17）：

a. 主梁在水平方向的弯曲不应大于$S_1/2000$，最大不应超过15 mm（S_1为两端第一块隔板间的实测长度，在离上盖板约100 mm的横向加筋肋处测量）；主梁跨度中部最低点不应低于水平线20 mm（$0.9S/1\,000$）。两主梁纵向中心面距离偏差控制在4 mm内。

b. 主梁腹板垂直偏斜$h \leq H/250$，最大不应超过5 mm，此值在大隔板处测量；主梁上盖板水平倾斜

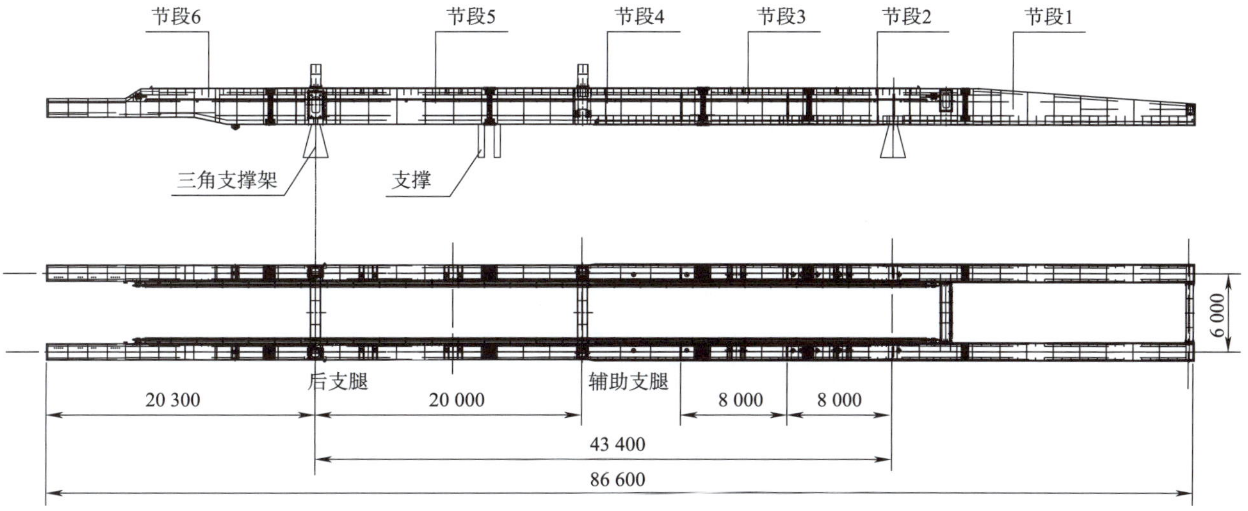

图 7—16　主梁结构示意图(单位:mm)

$b \leqslant B/250$,最大不应超过 4 mm,此值在大隔板处测量(H 为腹板高度,B 为盖板宽度)。

c. 主梁支承跨度范围内以各支腿中心线形成的平面和小车轨道上表面中心线的交点所得的对角线长度的差值不应大于 5 mm。

d. 同一套轨道的轨距 I,轨距偏差 $K=\pm 5$ mm,轨道高低差 $E \leqslant 5$ mm。轨道中心对主腹板的中心线偏差 $F \leqslant 0.5\delta$(δ 为腹板板厚)。

e. 轨道对接处,两轨道面的高低差及侧向错位≤1 mm,接头处间隙≤2 mm。轨道水平直线度 $g \leqslant$ 1 mm(在任意 2 m 范围内测量),全长侧向直线度误差控制在 10 mm 内。两端最短一段轨道长度≥1.5 m,并在端部加施挡铁。

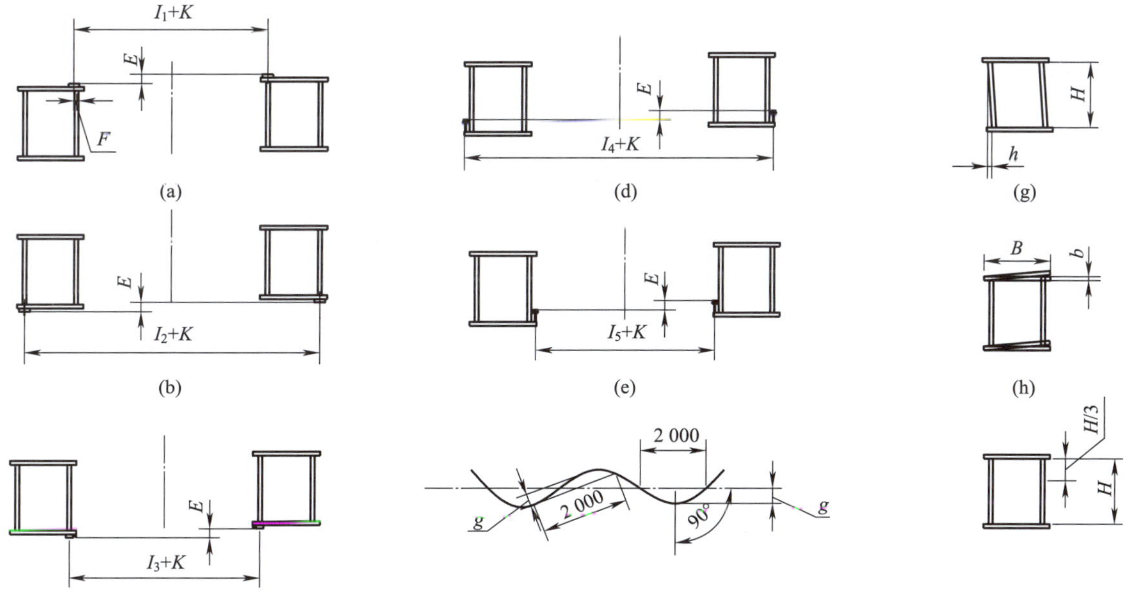

图 7—17　主梁制作检验示意图

布置支墩时用三角支撑架作主梁整体拼装支撑体,主梁支撑点选在主梁设计前、后支腿所在位置附近,和节段 4、5 接头处,不影响支腿安装为宜。拼装前,在地面上划两主梁的纵向中心线,单根主梁的纵向中心线，联系梁、马鞍梁的中心线，后支腿、辅助支腿的中心位置线。

依次吊装两根主梁于支撑架上，调整各节段保证直线度偏差小于 5 mm。将节段间的支撑去除，使主梁处于两点简支状态(仅保留后支腿处和吊装 40 m 梁时前支腿所在位置的支撑)。测量主梁起拱度、高度偏差值、旁弯、盖板水平、腹板倾斜度、全跨对角线尺寸，对于不符合工艺技术要求的进行调节。

主梁调整合格后，在主梁简支状态下，组装联系梁、马鞍梁、小车轨道及后支腿上横梁，在主梁解体前，将辅助支腿位置地样线划在主梁腹板相应位置处，待主梁解体后，单独进行主梁与辅助支腿的组装。

(2)后支腿

①结构说明。后支腿采用 O 型结构，由上横梁、曲梁、下横梁、走行机构、液压系统等组成。上横梁、曲梁、下横梁结构均采用箱型截面，连接均采用 10.9 级螺栓连接；上横梁与主梁连接，承受起吊重量；下横梁与走行机构连接驱使架桥机过孔或短距离运行；中间需有足够的空间使混凝土梁通过。

②零件备料。上横梁、上曲梁、下横梁的盖、腹板在端头预留适当配切余量；下料过程中，如需对接钢材，应先对接后下料，对接完成后应进行 100％超声波探伤，并对焊接引起的变形进行矫正；需要机加的销轴孔及其相关零件均需预留 10 mm(单边)机加余量；隔板制作参照主梁隔板制作；需开坡口的零件，下料后按图纸要求开坡口，注意坡口方向，余量长度。

③部件制作。后支腿主要部件均为箱型结构，根据图纸技术要求及工艺制造要求，选用合适的拼装焊接方法，当部件焊接作业区域较小时，优先保证主焊缝的焊接技术要求，选用合理的焊接顺序，控制焊接变形量。焊后检测各部件的整体尺寸，不符合要求的需校正。

④后支腿组装。后支腿组装工艺技术要求(图 7—18)：

a. 上横梁与主梁整拼时，主梁两侧上横梁与上曲梁连接区需在同一平面内，检测点差值＜2 mm。两连接区跨径(图中 L 尺寸)差值＜1 mm，两连接区对角线差值＜1 mm(相应孔位，两组)。

b. 上曲梁与下横梁整拼时，上曲梁大端法兰到下横梁上盖板之间的距离偏差＜5 mm；两上曲梁之间的距离偏差＜15 mm；两上曲梁大端法兰中心线间距偏差＜2 mm；上曲梁、横梁、下横梁的中心面共面，检测点差值＜2 mm。

c. 后支腿走行机构：保证同一走行安装梁上的四个车轮轮线，偏差控制在 2 mm 以内。车轮中心平面与后支腿走行安装梁中心平面重合度保证在 2 mm 以内，保证轨距及轮距；保证轮子等高，不悬空；轮子垂直偏斜≤$L/400$；四个走行机构对角线偏差≤3 mm。

主梁整体组装时，在主梁与后支腿连接处划有十字地样腰线。将地样十字线以垂线的形式返到主梁腹板上；划连接法兰十字线，根据图纸设计高度及法兰十字线先定位一侧法兰，按照相同方法定位另一侧法兰，保证两法兰同高度；组装后支腿上横梁，制作胎膜(图 3 所示样式)，从主梁底部穿过，连接固定两曲梁大端法兰板的位置，整体与主梁分离；曲梁大端法兰板接触面换面，将原有胎模支撑去除，转换到如图所示的上部位置，备用。

上曲梁与下横梁的拼装时，在拼装平台上划地样线，搭设 1.2 m 高支架。依次吊装下横梁及上曲梁，保证下横梁腰线与地样线重合，使走行安装座上盖板铅锤，检测点差值≤1 mm。根据后支腿中心将两上曲梁分别往外移动 5 mm，即图中距离尺寸 $L1+10$ mm。上曲梁与下横梁连接端口采用高低错位吊线来划配切线，配切上曲梁小法兰端头，焊接完成后校核 L 的尺寸，检验值偏差＜15 mm。根据地样线划上曲梁大端切割线，保证图中 K 的尺寸，偏差＜5 mm。配切上曲梁大端，使用胎模组装上端法兰。

(3)前支腿

①结构说明。前支腿自上而下主要分成 4 个部分：上部托架与轮组机构、上平面构架、下立面构架、底部横移机构。上部托架与轮组机构是前支腿在主梁上的走行部分，主要由前后托架及其对应的挂轮、托轮、导向轮组等几部分组成的轮架结构；上平面构架主要是支撑上部轮架机构，并提供稳定的平台，主

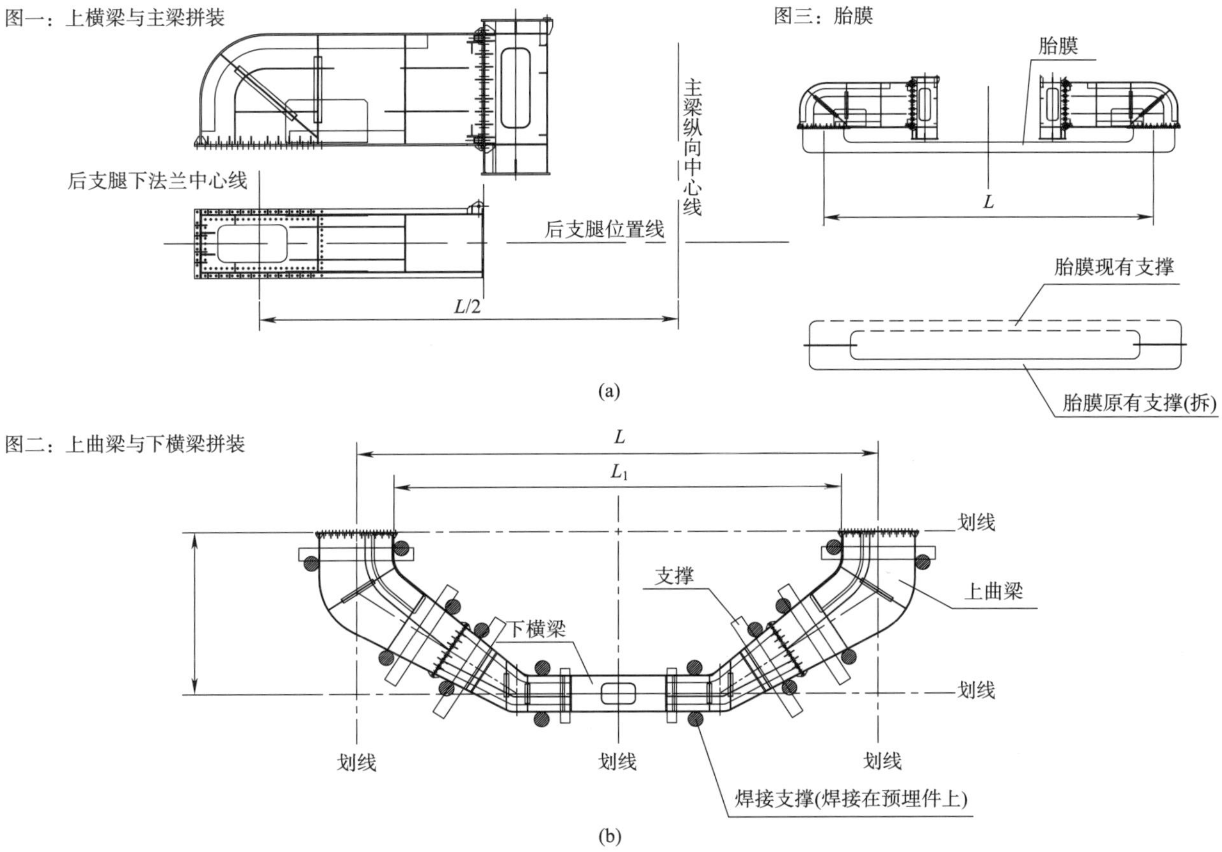

图 7—18　后支腿拼装示意图

要由横梁 1、横梁 2、联系梁、斜撑等几个部件构成的框架结构；下立面构架的作用是支撑和调节支腿高度，主要由上下横梁、内外立柱、斜撑杆等几部分组成的框架结构；底部横移机构起着调节和支撑前支腿的作用，主要由横移梁、底横梁组成的横向移动机构。

②零件备料。下料时需检测各零件对角线尺寸差≤1 mm，长、宽度尺寸偏差在±1 mm 内；根据工艺技术要求各部件预留组装配切余量；需要机加的销轴孔，下料时单边预留 10 mm 的镗孔余量；需开坡口的零件，下料后按图纸要求开坡口，注意坡口方向，余量长度。

③部件制作。支腿各部件，根据图纸技术要求及焊缝要求，选用合适的拼装焊接方法，合理的焊接顺序，控制焊接变形量。

外立柱制作时盖、腹板按要求铣面和开坡口（腹板坡口为 40°，留 2 mm 钝边），腹板一端加长（10＋2)mm，两腹板内档距加大 4 mm，对应的盖板凸台面对应变化。焊接完成后以立柱盖、腹板为基准找正，对侧耳座销轴孔机加，对插销轴孔机加、对下端面见光铣平面。检测立柱直线度控制在 2 mm 内，两盖板间距控制在＋4 mm 内，两腹板间距控制在＋4 mm 内。保证耳板的外间距＜1 mm。

伸缩立柱焊接完成后，以立柱盖、腹板为基准，将下法兰面见光铣平面；以下法兰面为基准，对伸缩立柱的销轴孔进行机加镗孔，要保证孔的轴线在伸缩立柱的中心面上，且保证孔的位置、间距，同时对伸缩立柱外表面进行铣面机加，使外表面尺寸（间距、平面度等）符合要求，且保证铣面后最薄处不小于 20 mm。

其余部件均按图纸要求及工艺技术要求，根据通用工艺制作方法制作。

④前支腿组装。前支腿组装工艺技术要求（图 7—19 和图 7—20)：

a. 上平面构架与轮组机构组装时，前后托轮顶部与主梁贴合，托轮的顶缘在一个平面，平面度

<2 mm；要保证挂轮和水平轮的间距与标高(±1 mm)；前后托架作为支撑上部轮组的结构，要保证前后均衡梁上盖板表面的平面度与标高(±1 mm)。

b. 下立面构架组装时斜撑联系梁配合装配，切除余量；保证内外立柱能伸缩自如，销轴孔间距与孔径精度符合图纸要求；连接座 1 法兰、连接座 2 法兰、上横梁下法兰、内立柱法兰需要二次组装，保证互换性。

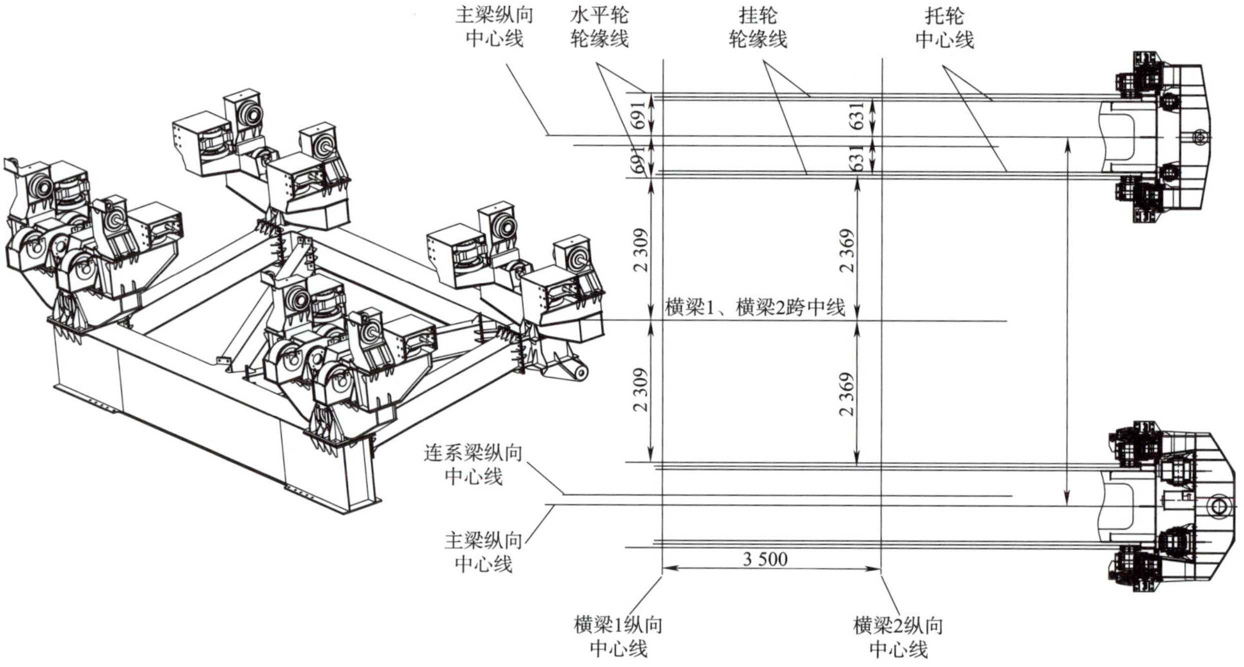

图 7—19 上平面构架与轮组机构组装地样线示意图

上平面构架与轮组机构组装时，根据图纸划各部件中线的地样线；先根据地样线及标高组装上平面构架，然后依次进行前后均衡梁与上平面构架组装；托轮组、水平轮组、挂轮组与上平面构架组装；组装完成确定好各部件位置后，完成各部件配合部位的配钻制孔：铰座与横梁(含调整板)的配钻制孔，后拖轮铰座与均衡梁的配钻制孔，车轮座(含垫板)与支架的配钻制孔。

下立面构架需要进行二次组装，第一次组装部件包括上横梁、连接座 1、下横梁；第二次组装部件包括上横梁，外立柱，伸缩立柱，连接座，下横梁。

第一次组装时，根据图纸要求及标高划各部件中心线的地样线，搭设支架，依次吊装上横梁、连接座 1(两个连接座用螺栓连接在一起，上下法兰面均配有相应钻模)、下横梁于支架上，调整位置使中心线与地样线对齐，将连接座 1 各法兰(含钻模)与横梁贴紧，临时焊接固定；各部件解体，利用钻模对横梁上下法兰制孔。

第二次组装时，依次吊装上横梁(带有相应钻模)、外立柱于支架上，调整位置使部件中心线与地样线对齐，检查立柱的间距尺寸情况，将外立柱上端法兰板与钻模点焊固定；组装外立柱联系梁和斜撑；吊装伸缩立柱与外立柱配合，插入销轴(中间销轴孔)固定位置；吊装下横梁(上法兰带有相应钻模)于支架上，调整位置使中心线与地样线对齐，将伸缩立柱下法兰与下横梁钻模点焊固定；组装各耳座；复核上横梁、外立柱、伸缩立柱、下横梁的间距、对角线，用临时支撑固定上横梁、外立柱、升缩立柱、下横梁相对位置，待下斜撑杆组装完成各部件解体后，完成外立柱上法兰的配钻制孔、斜撑的制孔、伸缩立柱下法兰板的配钻制孔、外立柱-联系梁与连接法兰板的焊接。

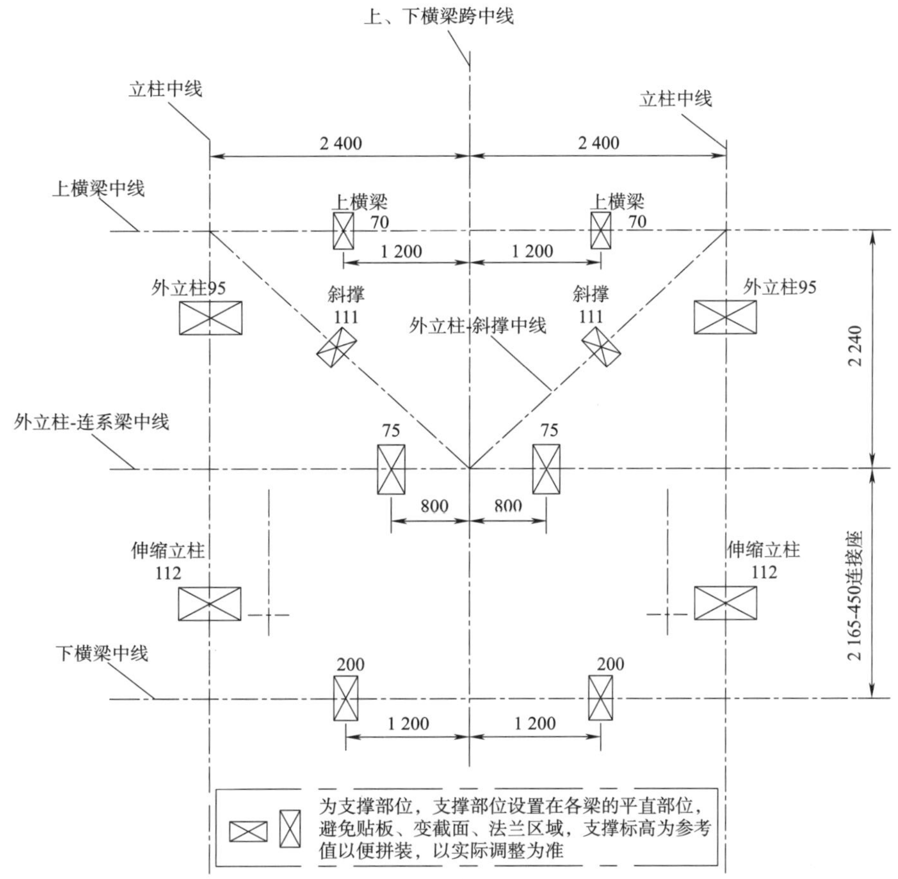

(a)

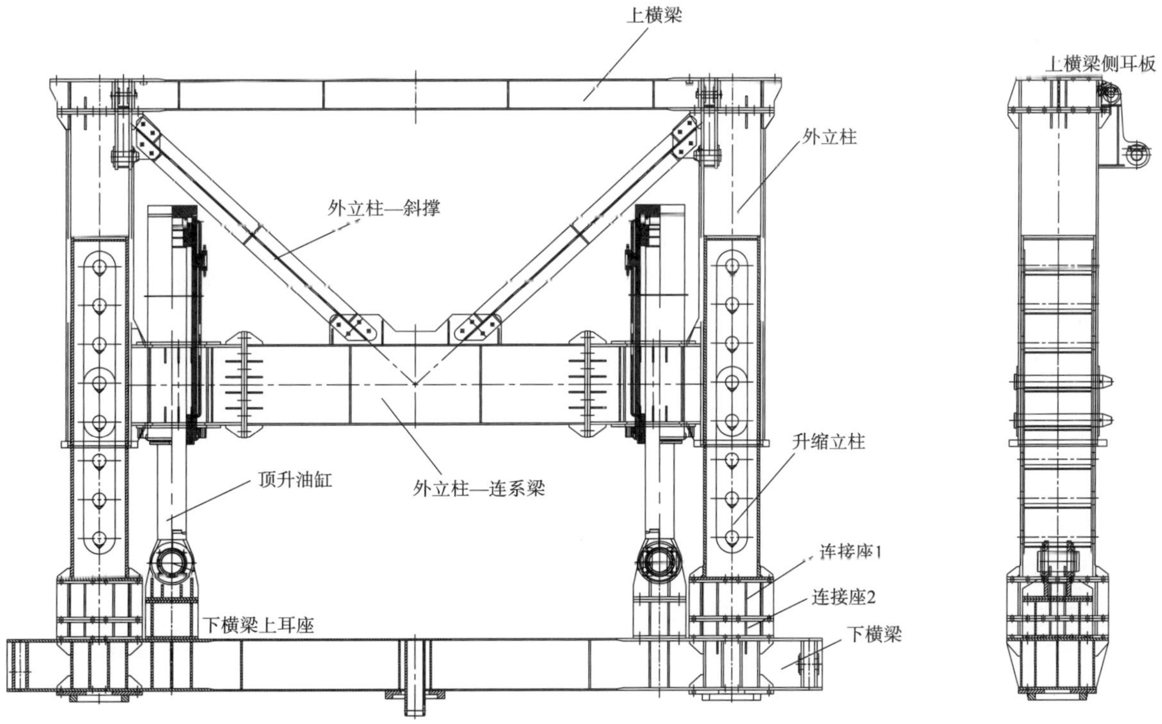

(b)

图 7—20　下立面构架组装地样线示意图(单位：mm)

7.5.2 电气系统制作

1. PLC 安装

PLC 控制器是架桥机电气控制系统的核心，其可靠稳定运行是保证架桥机安全的重要一环，PLC 的安装应注意以下几点：①PLC 可采用水平或垂直方式安装在面板或标准 DIN 导轨上，注意 CPU 主模和扩展模块的插装次序、小心安装避免背板通讯插针损坏；②不应通电的情况下尝试安装或拆卸 CPU 或相关设备，否则可能会触电或导致设备错误运行；③架桥机 PLC 在电气柜布局时应将产生高压和高电噪声的设备与 PLC 等低压逻辑型设备隔离开（远离变频器）；④为保证适当冷却，PLC 安装时必须在设备上方和下方留出至少 25 mm 的间隙，模块前端与机柜内壁间至少应留出 25 mm 的深度。

2. 变频器安装

架桥机驱动机构多，变频器数量多，安装应当注意：①变频器外壳接地端子应与电气房总地线端子可靠连接，闭环编码器使用的屏蔽电缆应直接接到编码卡上，电缆屏蔽层压接于变频器机壳线卡上；②变频器接地时使用具有正确横截面积的线缆，将多个变频器接地时，必须直接将每个变频器单独接地，请勿将接地线形成回路或将它们串联在一起；③变频器安装应当注意满足散热要求，参照说明书的最小安装间隙。

3. 其他主要元器件安装

其他元器件安装时应注意：①所有元器件应按制造厂规定的安装条件进行安装；②组装前首先看明图纸及技术要求；③检查产品型号、元器件型号、规格、数量与图纸是否相符、有无损坏；④元器件组装顺序应从板前视，由左至右，由上至下；⑤同一型号产品应保证组装一致性；⑥面板、门板上的元件中心线的高度应符合规定，保证操作方便、维修容易；⑦标号应完整、标号粘贴位置应明确、醒目；⑧对于发热元件（例如制动电阻）的安装应考虑其散热情况，安装距离应符合元件规定。安装因振动易损坏的元件时，应在元件和安装板之间加装橡胶垫减震；⑨把动力和控制的设备规划在不同的区域中，必要时加金属隔板隔离。

4. 线路敷设

架桥机线缆敷设要求如下。

(1)除下列回路的线路可穿在同一根导管内外，其他回路的线路不应穿于同一根导管内。

①同一设备或同一流水作业线设备的电力回路和无防干扰要求的控制回路。

②穿在同一管内绝缘导线总数不超过 8 根且为同一照明灯具的几个回路或同类照明的几个回路。

(2)电缆连接在面板和门板上时，需要加塑料管和安装线槽，柜体出线部分为防止锋利的边缘割伤绝缘层，必须加塑料护套。

(3)线缆安装应将动力回路、220 V 回路、控制线路、测量信号回路分开，在通讯线和模拟量线必须加屏蔽。

(4)尽量避免动力线和控制线平行布线，如无法避免，两根线之间距离越大越好，平行越短越好。

5. 拖链敷设

TJ-JQS1000/40 架桥机为前小车、后小车和前支腿供电时采用拖链布线方式，拖链的安装固定应注意：①拖链安装要注意降低安装高度，如果不降低安装高度塌腰使用，行程长时就会达到危险塌腰区域，拖链就很容易断裂；②拖链内部电缆敷设，应该将重载荷尽量布置在靠近侧板的位置，轻负载放置在中间；③拖链槽的敷设应当保证接缝平整、无毛刺凸起，拖链在槽中的运行应顺畅；④拖链移动端靠近拖链接头的几个链节应当反装，这样可以确保推力的一小部分使得拖链向下弯曲，避免上段拖链抬起；⑤布线时，线缆在拖链中必须能自由运动，但不能过松，安装过紧产生应力易损坏电缆和管线，安装过松，运行中容易顶开盖板。

7.5.3 液压系统制作

TJ-JQS1000/40 架桥机液压系统生产制造分为三个部分：液压泵站制造、液压管路组装、液压系统调试。其中，液压泵站制造主要是液压油箱钢结构的制作和阀组制作装配两大部分；液压系统管路组装是利用钢管、软管、接头，将泵站与各个执行元件相连接的过程；调试即为投入使用前的统一检查。

1. 液压泵站制造

①液压油箱。液压油箱是液压系统存储液压油的装置，同时也是液压油散热、分离气泡、沉淀杂质的部位。而且由油箱外生的结构部分也是液压泵站各个液压元件的附着母体，泵、电机、液压阀组以及各种液压辅件均布置于其上。液压油箱如图 7—21 所示。

由于液压系统对油液污染尤其敏感，而液压油箱是液压油的存放部位，因此保证液压油箱的清洁度以及密封性就是液压油箱在制作时的重中之重。保证油箱清洁度是保证本身在制作完成之后没有杂质，保证密封性则是保证在使用过程中外来杂质无法进入油箱，污染油箱内存储的液压油。

油箱结构在焊接制作时注意以下几点：①油箱箱体由 U 型钢板折弯开双面坡口进行双面焊接；②法兰内外两圈都要满焊；③焊接完成后进行先喷砂处理，再对内部酸洗磷化或涂耐油漆，外喷防锈漆；④出厂前做盛水试漏试验，确保焊缝无漏。

(2)液压阀组。液压阀组是整个泵站的控制中枢，油路的连接、切断、换向的过程均在液压阀组进行，核心的部件是集成阀块和各个不同型号功能的液压阀。液压阀组如图 7—22 所示。

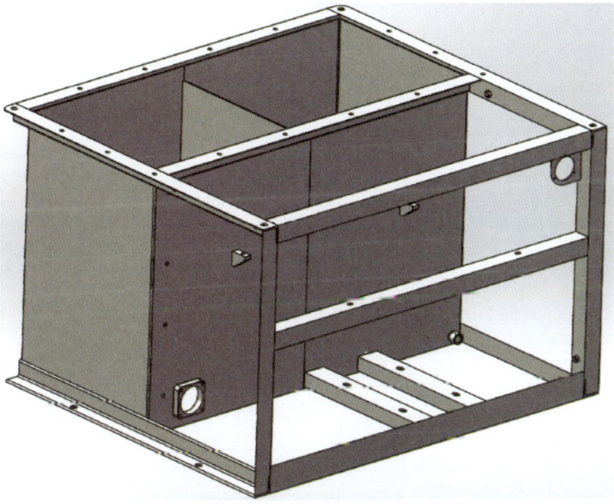

图 7—21 液压油箱

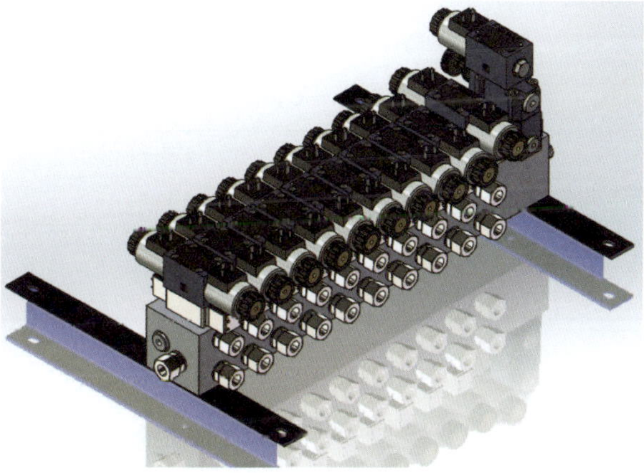

图 7—22 液压阀组

阀组正确装配增加了相应的难度，具体情况如下：

①集成阀块内部油路无法直接观察清楚，工人拿错、加工错任一个阀块，工人自身及检查者无法轻易察觉。阀块油路的区别会导致阀块在功能上根本的区别，甚至会造成危险发生；

②泵站上液压阀，特别是电磁换向阀的外形完全一样，仅仅在于其上的铭牌所刻的型号不同，若工人看错、拿错不同型号的换向阀后进行装配，会在使用过程中出现故障；

③在阀块上进行阀的装配时，容易让杂质进入阀块孔道中去。而阀块孔道中的杂质是不易被发现和清理掉的，因此若安装的过程中有杂质进入阀块，又或是阀块在机加工时本身留有杂质在孔道内，则在使用过程中极易发生阀芯卡滞现象；

④液压阀的螺钉扭紧力矩达不到要求，使用过程中阀与阀块安装面漏油。

针对上述容易出现问题，应对措施如下：

①阀块在装配前，用空压机或烟进行吹气试验，判断阀块的内部孔道是否和原理图一致；

②液压阀装配前仔细辨认阀上铭牌上其型号，把正确的阀装在正确的位置上；

③阀块和阀在清洗干净后，再进行装配，装配过程中不戴手套进行安装，且保证全程手上的清洁度；

④阀安装需要的 12.9 级的螺钉需用扭矩扳手进行扭紧，各种型号螺钉打紧力矩见表 7—5。

表 7—5　各型号螺钉拧紧力矩

型　　号	扭　　矩	型　　号	扭　　矩
M5　12.9 级	12 N·m	M12　12.9 级	150 N·m
M6　12.9 级	18 N·m	M14　12.9 级	239 N·m
M8　12.9 级	44 N·m	M16　12.9 级	372 N·m
M10　12.9 级	81 N·m	M18　12.9 级	527 N·m

2. 液压管路组装工艺

(1)钢管。钢管进行装配时注意以下几点：①安装前，检查钢端头是否平齐，检查端头内部是否有残留铁屑，若有，则需要清理干净后再进行安装；②正在安装的钢管，采取装一头，拆一头密封盖的方式保证另一端的清洁。且正在安装的这一端不要随处放置，或者触碰到杂质；③管路布置整齐、接头按力矩表进行扭紧。

软管接头需用扭矩扳手进行拧紧，各型软管接头螺纹拧紧力矩见表 7—6。

表 7—6　各型号软管接头螺纹拧紧力矩

软管接头螺纹规格	扭矩	软管接头螺纹规格	扭矩
M12×1.5	15 N·m	M26×1.5	80 N·m
M14×1.5	28 N·m	M27×2	85 N·m
M16×1.5	33 N·m	M30×2	100 N·m
M18×1.5	38 N·m	M36×2	125 N·m
M20×1.5	43 N·m	M42×2	185 N·m
M22×1.5	55 N·m	M45×2	215 N·m
M24×1.5	55 N·m	M52×2	250 N·m

(2)接头。卡套接头(图 7—23)在进行安装时，请务必保持接头的清洁。待接头安装时再摘除接头上的防尘帽。不要佩戴手套安装接头，易导致灰尘杂质进入接头内部。安装好接头一端后，另一端若暂时不安装，继续扣上防尘帽，杜绝杂质进入接头，避免启机运行时发生阀芯卡滞现象。

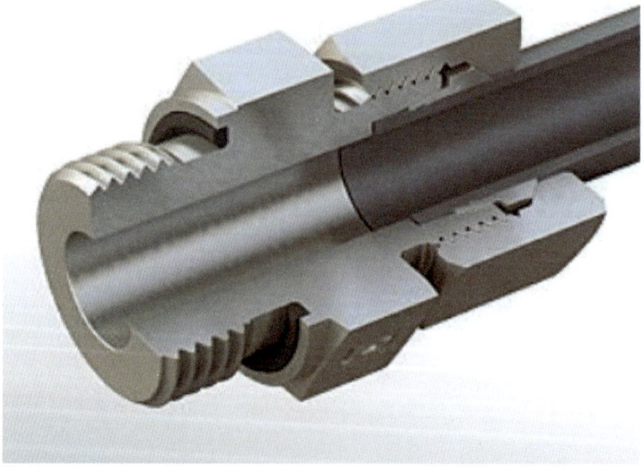

图 7—23　卡套接头

卡套接头进行紧固时，需用扭矩扳手按规定扭矩拧紧，卡套接头拧紧力矩见表 7—7。

(3)管夹。架桥机整机用了 4 种型号的管夹(图 7—24)，分别是管径为 15 导轨安装形式单、双层管夹、管径为 19 导轨安装形式单、双层管夹。

表 7—7 卡套接头拧紧力矩

公制端直通	型号	扭矩		型号	扭矩
L	M10×1.5	18 N·m	S	M12×1.5	40 N·m
	M12×1.5	25 N·m		M14×1.5	40 N·m
	M14×1.5	45 N·m		M16×1.5	70 N·m
	M16×1.5	55 N·m		M18×1.5	90 N·m
	M18×1.5	70 N·m		M22×1.5	135 N·m
	M22×1.5	125 N·m		M27×2	180 N·m
	M26×1.5	180 N·m		M33×2	310 N·m
	M33×2	310 N·m		M42×2	450 N·m
	M42×2	450 N·m		M48×2	540 N·m
	M48×2	540 N·m			
英制端直通	型号	扭矩		型号	扭矩
L	02/G1/8"×28	12 N·m	S	04/G1/4"×19	40 N·m
	04/G1/4"×19	27 N·m		06/G3/8"×19	80 N·m
	06/G3/8"×19	45 N·m		08/G1/2"×14	115 N·m
	08/G1/2"×14	77 N·m		12/G3/4"×14	180 N·m
	10/G5/8"×14	103 N·m		16/G1"×11	310 N·m
	12/G3/4"×14	131 N·m		20/G1.1/4"×11	450 N·m
	16/G1"×11	158 N·m		24/G1.1/2"×11	540 N·m
	20/G1.1/4"×11	199 N·m			
	24/G1.1/2"×11	268 N·m			
	30/G2"×11	350 N·m			

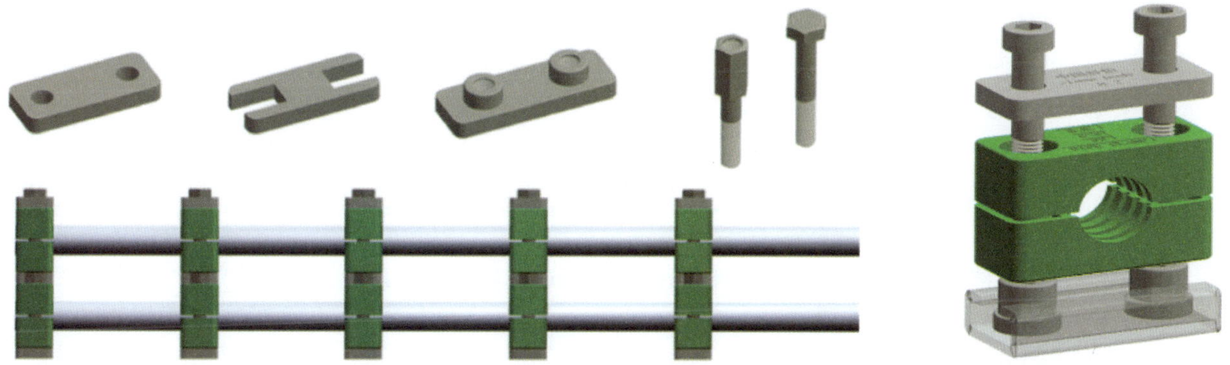

图 7—24 管夹

在管夹安装中主要注意以下几点：①管夹设置位置按图纸所示进行配置。其基本原则是：在拐弯处的两端、在两端的接头处、管夹间距不大于 2 m；②管夹初装时，可以不完全将螺栓拧紧，方便后面进行管路微调；③多组管夹并联摆放在同一导轨上时，适当错开管夹间的左右间距，以留出适量的扳手空间，方便拧接头；④切勿混淆管夹所匹配的管径，以免导致后面管子无法有效卡紧；⑤架桥机的管夹均为导轨安装，即管夹都固定在焊接与结构上的导轨上，这种安装形式有方便调整的优点，即在需要管路进行平移的时候，只需松开管夹螺钉，即可平移整体管路；⑥针对双层管夹，首先拧紧底层管夹的固定螺栓，再拧紧上层固定螺栓，否则，上层螺栓也会无法拧紧；⑦双层管夹中间的过渡板可以作为底层管夹固定螺栓的扳手；⑧软管的管夹位置应当充分考虑机构的运动与软管的干涉，利用管夹去有效的约束软管。

7.6　安拆与调试

7.6.1　安装

1. 安装作业安全保障

设备在提梁站安装，场地采用砖渣进行了 30 cm 换填处理，再浇筑 20 cm 厚的 C30 混凝土，安拆场地承载力符合要求。

(1)该区域上空 35 m 以上不允许有高压电通过。

(2)安装现场必须宽敞、开阔，拼装场地设置在跨线提梁机下方，大车轨道与桥墩之间的硬化后的场地长度约 130 m，宽度约 24 m。

(3)吊装作业前清除周围一切障碍物(如模板、钢筋等一切与安装无关的杂物)。

(4)安装场地必须平整，压实，以满足吊装设备及机具的工作要求。

(5)安装前，现场必须保证通电、无积水。

(6)安装区域设立警戒线，与安装无关人员禁止进入。

(7)架桥机安装前，对架桥机整体进行检查，确保所有部件齐全且没有结构缺陷。

(8)对所有用于安装作业的工具进行全面检查，所有的安全装置必须齐全可靠。

(9)安装现场必须保证通电、通水，保障运梁车能正常调试运转。

(10)夜间应保证安装现场照明良好。

(11)安装前确保无大雨、沙尘暴等恶劣天气，吊装作业在 6 级以上大风停止作业。

2. 安装工艺要点

根据架桥机的结构组成，架桥机安装施工工艺顺序如下：主梁地面组装→安装后支腿上横梁→各支腿地面组装→整体吊装主梁至 8 m 高→安装前支腿托轮系统→安装前支腿→安装后支腿走行→安装后支腿→安装辅助支腿→安装起重天车→电液系统安装→穿钢丝绳→整体提吊上桥→在梁片上支撑后支腿及辅助支腿→整机过孔至 0 号桥墩，在 0 号桥墩上支撑前支腿→整机过孔至待架梁状态。

(1)主梁拼装

主梁节段采用直径 40 cm、高 80 cm 的钢墩支垫，顶部并排铺垫 200 cm×200 cm×2 000 cm 的枕木 2 根，底部铺垫 1 000 cm×1 000 cm×20 cm 的钢板。采用 2 节钢墩叠放时，钢墩之间临时焊接牢固。主梁吊放至钢墩上后，两侧采用槽钢临时斜撑。每节段组装后及时复测中心距和对角线。

拼装主梁时应参照图纸要求进行拼装：①主梁螺栓 M24(GB/T 5782 10.9 级)，施工扭矩值 400～500 N·m；M30(GB/T5782 10.9 级)，施工扭矩值 700～800 N·m；螺栓紧固时须对称分二次施拧；②上、下轨道中心距±2 mm，钢轨与主梁对中误差±3 mm，接头高差±1 mm，侧向错位±1 mm；③两片中梁中心距±5 mm；④主梁全长±20 mm，总高±4 mm；⑤双主梁同向水平弯曲 15 mm；⑥两大对角线的绝对值≤5 mm。

(2)后支腿上横梁、马鞍梁安装

安装前，将接头板的表面清理干净。对位时，先对角打入定位销，再穿入螺栓并初拧。定位销撤除

图 7—25　主梁拼装

后，安装剩余螺栓并初拧。螺栓全部初拧后，从接头板中心向四周对称逐一对螺栓进行终拧。螺栓终拧符合要求后逐一标记。

(3)整体提升吊具安装

整体提升吊具共 2 个吊点，每个吊点采用 2 根吊梁吊杆。吊架螺纹每组预紧力一致。

(4)整体提升架桥机

整体提升吊架安装完毕后，开始提升架桥机。提升时，一点吊提梁机先起升。

(5)后支腿下横梁、走行台车安装

安装顺序如下：①摆放走行台车的轨道，采用汽车吊将走行台车吊至轨道上；②采用汽车吊将底横梁与走行台车组对位安装；③提梁机整体吊移，使后支腿下弯梁与下横梁对位安装。

(6)前支腿安装

前支腿分两次安装，先将前支腿上部拖轮挂轮连接系从主梁前端穿入，再安装前支腿结构。

(7)辅助支腿安装

将辅助支腿呈竖直状态安装到主梁两侧。

(8)起重小车安装

先在地面将起重小车组装成整体，再采用汽车吊起吊至主梁顶部。采用硬木楔止挡走行轮。

(9)钢丝绳吊具、电气系统液压系统安装

钢丝绳吊具、电气系统液压系统安装方法与搬梁机安拆技术方案一致，在此不再赘述。

(10)整机提吊上桥

两提梁机将架桥机整体提吊上桥，用后支腿和辅助支腿将架桥机支撑到桥面上。提梁机提吊架桥机上下桥如图 7—26 所示。

(a) (b)

图 7—26 提梁机提吊架桥机上下桥

7.6.2 调试

架桥机液压系统的调试内容即为 5 个泵站以及其对应的液压系统的调试，具体内容如下。

1. 泵站

泵站调试内容：①泵站是否能达到试验压力；②试验压力下，泵的排量是否已调定至设定的排量；③试验压力下连续运行泵站管路、阀接触面是否存在漏油，电机是否存在异响；④泵站电磁换向阀是否信号正常，换向动作顺畅；⑤将泵站溢流阀压力调定至使用压力。

2. 管路

管路调试内容：①在泵站溢流压力下，管路是否存在漏油；②机构运动过程中是否存在管路干涉、管路长度过短、过长等现象。

3. 油缸

油缸调试内容：①油缸是否有动作，伸出缩回运动速度是否符合设计要求；②油缸运行是否平稳，有无活塞杆一顿一顿的爬行现象；③油缸运行过程中，压力波动是否平稳，波动是否较小；④油缸在行程两端进行憋压时，油缸上接头以及油缸端盖密封圈处是否存在漏油现象。

7.6.3 拆除

末孔梁架设完毕后，运梁车驮运架桥机返回到提梁站桥面。先收钢丝绳，接着采用提梁机将起重小车吊落至地面，再将架桥机吊落至桥下，最后将运梁车吊落至提梁站地面。

提梁机悬吊架桥机，先拆卸前支腿、后支腿下横梁和下弯梁、走行台车，再将主梁落至垫墩上，最后进行电气、液压和钢结构解体。

1. 拆卸步骤

根据架桥机的结构组成，架桥机拆卸施工工艺顺序如下：收钢丝绳→起重小车拆卸→架桥机整体吊装至地面→支腿拆除→地面解体→装车发运。

2. 收钢丝绳

收钢丝绳方法与搬梁机安拆技术一致，在此不再赘述。

3. 起重小车拆卸

采用提梁机将起重小车吊落至桥下地面。

4. 架桥机吊落至地面

起重小车拆卸完毕后，利用提梁机和专用吊具将架桥机吊落至地面。起吊作业前，检查架桥机各零部件的固定情况，提前检查和紧固。起吊时，单点吊提梁机先起后落。

5. 支腿拆卸

(1)前支腿拆卸。采用汽车吊拆卸。拆卸步骤如下：①拆卸前支腿的反挂架与铰座连接的销轴；②拆卸主梁前端前支腿走行限位；③吊起升前支腿向主梁前端平移，与主梁分离。

(2)辅助支腿拆卸。采用汽车吊拆卸。

(3)后支腿拆卸。后支腿拆卸步骤如下：①走行台车两侧临时用角钢斜撑支撑；②拆卸走行台车与下弯梁的连接螺栓；③提梁机纵移，使走行台车与下弯梁分离，将走行台车吊移。

6. 主梁落至垫墩上

主梁节段采用直径 40 cm、高 80 cm 的钢墩支垫，底部铺垫 200 mm×200 mm×2 000 cm 的枕木 2 根，底铺 1 000 mm×1 000 mm×20 cm 的钢板。采用 2 节钢墩叠放时，钢墩之间临时焊接牢固。

7. 电气系统及液压系统拆卸

电气系统液压系统拆卸方法与搬梁机安拆技术一致，在此不再赘述。

7.7 检测与试验

7.7.1 检测

架桥机属于特种设备的监检范围，为保证架桥机的使用安全性能及可靠性，一般按照《起重机械安装改造重大修理监督检验规则》(TSG Q7016—2016)、《架桥机安全规程》(GB 26469—2011)和《架桥机通用技术条件》(GB/T 26470—2011)进行监督检验和试验。架桥机安装前，安装单位应当向使用地的市级特种设备安全监督管理部门办理安装告知，并且向检验机构申请安装监检。架桥机在施工单位自检合格的基础上，由国家质量监督检验检疫总局核准的检验机构对施工过程进行的强制性、验证性检验。具体监检项目详见附表 1—监检项目表。

7.7.2 试验

1. 目测检验

日测检验是检验所有重要部分的规格和状态是否符合要求，如：各机构、电气设备、安全装置、制动器、控制器、照明和信号系统；架桥机金属结构及其连接件、梯子、通道、司机室和走台；所有的防护装置。检查时，不必拆开任何部件，但应打开在正常维护和检查时应打开的盖子，如限位开关盖。目测检验还应包括检查必备的证书是否已提供并经过审核。

2. 主梁支承跨度跨中静挠度测试

架桥机空载时，在主梁跨中位置找好基准点，架桥机吊梁小车按架桥机的额定起重量加载，载荷离地面 100～200 mm，保持 10 min。测量基准点的下挠数值后卸载，主梁基点下挠数值即为架桥机主梁跨中的静挠度。

3. 起重小车在主梁悬臂端挠度测试

先将空载小车停放在前支腿支点或接近支腿极限位置处，在悬臂的有效悬臂位置找好基准点，然后将小车开至悬臂最不利位置(悬臂端部)，按起重小车额定起重量加载，载荷离地面 100～200 mm，保持 10 min。测量基准点的下挠数值后卸载，悬臂基点下挠数值即为悬臂端的静挠度。

4. 静载试验

静载试验的主要目的是检查架桥机及其部件的结构承载能力。架桥机吊梁小车起升机构的静载试验应根据架桥机作业工况进行。试验前根据试验工况将吊梁小车停放在相应位置，定出测量基准点。每个起升机构的静载试验应分别进行，试验前应调整好制动器。起升机构按 1.25G。逐渐加载，载荷离地 100～200 mm 高度，悬空时间不少于 10 min。卸去载荷后检查基点位置的变化，检查是否有永久变形。如有永久变形，需从头再做试验，但总共不应超过三次，不应再有永久变形。

5. 动载试验

动载试验的目的是验证架桥机各机构和制动器的功能及安全可靠性。架桥机各机构的动载试验应按照架桥机的作业工况分别进行。起升机构按 1.1G 加载，试验时对每种动作应在其整个运动范围内做反复启动和制动，试验时不允许两个不同机构同时动作；对悬挂的试验载荷做空中启动时，试验载荷不应出现反向动作；试验时应按该机构的电机负载持续率留有操作间歇时间，按操作规程进行控制，且应注意把加速度限制在架桥机正常工作的范围内；试验时间应不少于 2 个工作循环。

6. 架桥机过孔走行试验

按照架桥机的过孔走行方式进行过孔走行试验，试验次数不少于 3 次，检查过孔能力和过孔的平稳性，测量纵移速度、制动距离及相关技术参数。

8 运架一体机研制

为了满足山岭、丘陵地区桥隧相连隧道口架梁的需求，中铁十一局集团有限公司与中铁第五勘察设计院有限公司联合研发了千吨级 40 m 简支箱梁运架一体机。装备检测、性能试验与现场实践充分表明，千吨级 40 m 简支箱梁运架一体机技术达到世界领先水平，运行安全可靠。本章从研制历程、核心技术、基本构造、设备制造、安拆与调试、检测与试验等方面对其进行简要介绍。

8.1 概　　述

据统计，截至 2021 年底，主要铁路工程建设单位 900 t 高速铁路箱梁运架一体机数量及生产年限统计情况，结果表明，保有的 900 t 运架一体机为 20 台，见表 8—1。

表 8—1　主要工程建设单位 900 t 运架一体机设备统计

设备规格	数量				
	0～2	3～5	6～9	9 年以上	合计
运架一体机	1	10	9	0	20

为了满足山岭、丘陵地区桥隧相连隧道口架梁的需求，研发隧道内外通用的运架一体机的需求越来越多。

对比现有的 900 t/32 m 运架一体机，若要架设千吨级 40 m 简支箱梁，必定要进行升级改造，但是由于运架一体机原有结构加长后，强度、刚度不足，无法利用，升级改造不可行。因此研发千吨级 40 m 简支箱梁运架一体机。

TJ-YT1 000/40 运架一体机可以提运整孔箱梁通过时速 250 km 和时速 350 km 的隧道，架设 24～40 m 等跨度的高速铁路、客运专线及城际铁路双线(单箱单室、单箱双室)预应力混凝土整孔箱梁，并在隧道口和隧道内架梁，且与隧道外的架梁作业方法、程序相同。

该架桥机可以提运箱梁在施工便道、路基和已架好的箱梁上行驶及架梁作业，对以上设施不会造成危害，可随时架设位于梁场两侧的任何一侧的桥梁，而不存在转场问题。该架桥机具有以下特点：

(1)采用提梁、运梁、架设三合一的设计模式；

(2)能够满足架设 24～40 m 任意跨度梁段，且变跨操作方便，实现 R2 000 m 小曲线、30‰大坡度等工况架梁，适应性强；

(3)可以满足隧道进出口 0 m 和隧道内架梁，适用于隧道较多以及高度受限制的地区；

(4)该机在架梁过程中，任何部位均不需要锚固，减少了架梁作业量，提高了作业安全性；

(5)整机作业程序简便易行，稳定性好，安全可靠；

(6)配置信息化系统，进行信息化管理。

8.2 研制历程

8.2.1 研发历程

2017 年 1 月～12 月，完成了上导梁运架一体机研发。

2018 年 1 月～6 月，进行了下导梁式运架一体机方案设计，并与上导梁式运架一体机进行方案比选。

2018 年 7 月，进行专家论证，确定上导梁运架一体机方案为产品试制方案。

2018 年 9 月，细化上导梁运架一体机方案，进行了方案评审。

2018 年 11 月，完成了技术设计，并进行了技术评审。

2018 年 12 月，进行了设计技术交底。

2019 年 1 月～4 月，完成上导梁运架一体机方案工艺设计，GT785 高强钢研发。

2019 年 5 月，进行工艺交底。

2019 年 6 月～2020 年 4 月，完成上导梁式运架一体机试制。

与 32 m 运架一体机相比，40 m 运架一体机的长度、载荷明显增加，对运架一体机的强度、刚度提出了更高的要求。上导梁运架一体机研制过程中遇到主要问题是解决主梁高强钢材料及材料焊接难题。

研发初步设计阶段，研发团队参考 32 m 运架一体机的结构尺寸进行设计，通过理论计算结构许用应力达到 1 020 MPa，选用 32 m 运架一体机 Q460D 材料不满足强度要求。研发团队再次考虑扩大主梁截面尺寸，在满足材料 Q460D 强度条件下进行结构设计，确定截面后，其整机外形尺寸超过隧道断面，无法满足过隧要求。在满足过隧条件，通过有限元软件多次模拟仿真计算，研究讨论确定最优的主梁截面和材料等级，选定材料抗拉强度不低于 785 MPa，且在－20 ℃条件下冲击功需达到 120J。通过调研，国内虽有 785 MPa 钢材，但冲击功不满足要求。

为解决材料技术难题，研发团队调研了宝武、舞钢、安钢等国内知名企业，并组织专家对调研单位的新材料研发可行性报告进行研讨，确定与宝武集团(宝武中央研究院、鄂城钢铁)成立专项课题组，共同研发适合 40 m 运架一体机的新型材料(785 MPa 级高强钢)。通过分析研究相类似材料的科研成果，专项课题组提出钢材化学元素配比方案。采用纯净钢控制技术、高质量铸坯控制技术、轧钢热处理先进工艺，轧制不同厚度的试验用钢。专项课题组通过金相分析、力学性能试验等理化检验手段评估材料是否满足使用要求。不断优化成分、调整生产工艺，先后生产 20 余批次试验用钢，开展上百次取样及试验分析，历经 120 余天的日夜奋战，于 2019 年 4 月顺利完成了新材料研发，并命名为 GT785D(注：GT-高铁)。

由于 GT785D 高强钢首次在高速铁路施工设备领域应用，国内外尚无相关焊接施工技术及质量控制经验。GT785D 高强钢碳含量高，焊接难度大，容易产生裂纹、气孔等缺陷，为探究该高强钢的焊接工艺，研发团队成立焊接工艺专项课题组。

通过焊接工艺模拟软件仿真确定初步工艺参数，根据等强匹配原则选取 ER76-G 实心焊丝作为焊接材料，并进行了大量的焊接试验。以 30 mm 板材为试件进行常温环境焊接试验，焊接完成后静置10 天，结构试验焊缝均出现大量裂纹，表明常温下 GT785D 高强钢焊缝极易出现氢致冷裂纹。通过在 50 ℃、100 ℃、150 ℃、200 ℃预热温度下进行 72 次对比焊接试验，结果表明板越厚其需要的预热温度越高，根据试验结果，确定了采用电加热方式进行焊前预热，焊后保温 2 h 的消氢处理措施。

根据材料焊接性，结合运架一体机主梁结构特点、生产实际情况，试验所需预热温度，选取 16 mm、20 mm、30 mm 板厚，根据焊接接头设计 6 组焊接试板。制定焊接工艺规程，邀请专家对焊接工艺进行评定，并开展焊接试验。通过各项严格检验和相关力学性能试验，各项性能满足设计要求。如图 8—1～图 8—4 所示。

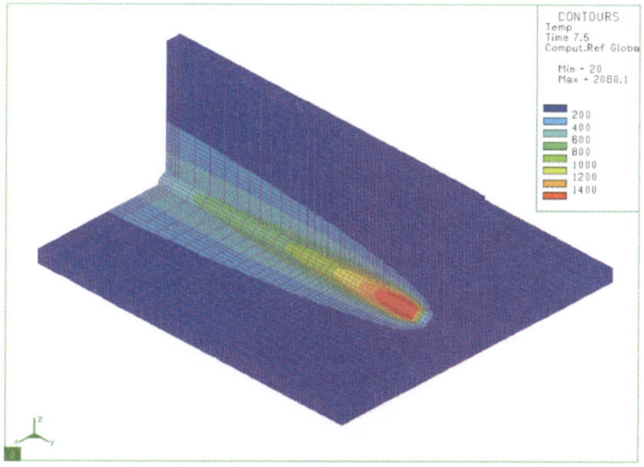

图 8—1　焊接模拟仿真

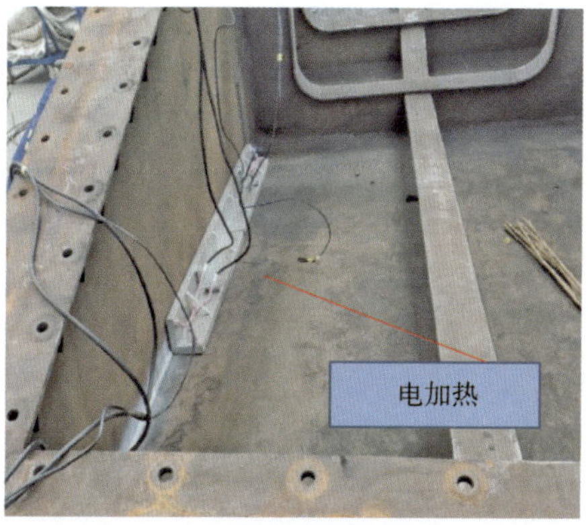

图 8—2　焊前加热

图 8—3　结构焊接

图 8—4　焊后保温

8.2.2　产品试制

2019 年 6 月，汉江重工启动了 1000 t/40 m 运架一体机的生产，于 2020 年 4 月，完成了运架一体机试制任务，6 月 22 日在福厦高速铁路项目首架。如图 8—5 所示。

图 8—5　1 000 t/40 m 运架一体机首架

8.3 核心技术及主要技术参数

8.3.1 核心技术

运架一体机具有提、运、架三合一功能,安全性好、适用范围广,满足隧道口、隧道内、连续梁等全工况运架梁施工需求。核心技术如下:

(1)自动同步控制技术:自主开发多传感器融合控制系统,实现前后车走行及转向的高精度自动同步,保证行车安全。

(2)自动对中驾驶技术:采用高精度测距系统与转向系统的闭环控制,实现隧道内快速自动驾驶。

(3)自动折转技术:采用液压自动折转机构,主支腿可实现运梁、架梁姿态的快速转换。

8.3.2 主要技术参数

1. 工作条件

TJ-YT1000/40 运架一体机的工作条件见表 8—2。

表 8—2 运架一体机工作条件

海拔高度	≤2 000 m
环境温度	−40 ℃～+50 ℃
工作环境温度	−20 ℃～+50 ℃
风　　力	运梁作业时:≤6 级;停放作业时:≤11 级
电　　源	220 V、50 Hz
工作环境	无易燃、易爆及腐蚀性气体
工作时间	全天候(大风、雨、雪、雾等恶劣天气除外),设计有足够灯光,满足夜间施工要求

2. 主要技术参数

TJ-YT1000/40 运架一体机的主要技术参数见表 8—3。

表 8—3 运架一体机主要技术参数

一、整机		
项　　目		参　　数
1	整机重量	约 967.7 t
2	整机外形尺寸(长×宽×高)	116 709 mm×9 867 mm×(9 200±400) mm
3	额定起重量	1 000 t
4	适应梁型	高速铁路 24～40 m 跨度整孔箱梁
5	适应最小曲线	2 000 m
6	适应坡度	30‰
8	适应海拔高度	≤2 000 m
9	环境工作温度	−20 ℃ / +50 ℃
10	工作状态最大风力	7 级
11	非工作状态风力	11 级
12	整机工作级别	A3
13	机构工作级别	M4
14	夜间施工照明	满足夜间施工要求

续上表

二、起重系统		
项　目		参　数
1	起重提升装置数量	4 个
2	纵向吊点间距	38.1 m(可调,用于 40 m、1 000 t 梁)及以下
3	变跨方式	后起重提升装置移位
4	满载纵向微调距离	+450 mm,−200 mm
5	满载横向微调距离	±200 mm
6	纵向移动速度	0.2 m/min
7	横向移动速度	0.2 m/min
8	运行方式	油缸推动
9	起升高度	6.5 m(箱梁顶面距地面距离)
10	空载起升速度	0~1.5 m/min
11	满载起升速度	0~0.5 m/min
12	卷扬数量	4 个
13	钢丝绳型号	6×WS(26)+IWRC-32-1960 面接触
14	钢丝绳公称抗拉强度	1 960 N/mm^2
15	安全系数	6
16	钢丝绳吊装系统	四点起升、三点平衡吊装系统
17	制动装置	停车制动和钳盘式制动
18	钳盘式制动器型号规格	SBD315-A
19	钳盘式制动器数量	4 个
三、整机走行		
项　目		参　数
1	满载行走速度	0~5 km/h(平坡) 0~3 km/h(3%纵坡)
2	空载行走速度	0~10 km/h
3	主支腿运行速度	0~5 m/min
4	过孔速度	0~3 m/min
5	悬挂升降行程	前车:±400 mm;后车:±400 mm
6	纵向行走时转向角	± 15°
7	90°转向后转向角	± 5°
8	运行方式	直行、斜行、横行;八字、半八字转向
9	转向方式	油缸驱动独立转向
10	轮胎充气压力	8 bar
11	轮胎接地比压	6 bar
12	轮胎型号	26.5R25
四、动力系统		
项　目		参　数
1	发动机功率	783 kW、522 kW 各 1 台
2	燃　油	柴油

8.4 基本构造

8.4.1 结构组成

运架一体机由主梁、前车系统、后车系统、中支腿、主支腿、卷扬系统、起升系统、动力系统、电气控制系统及液压系统等主要部分组成，如图 8—6 所示。

图 8—6 1 000 t/40 m 运架一体机

1. 主 梁

主梁(图 8—7)全长 104.32 m，总重约 420 t，采用箱型截面，共分 9 个节段。各节段截面分上、下两部分，各部分之间采用法兰板用螺栓连接，节段之间采用节点板精制螺栓连接。第 1 节段和第 9 段为变截面，后车位于第 1 节段上，通过伸缩柱与主梁相连，移动吊点置于第 2 节段上，固定吊点和中支腿位于第 5 节段上，前车位于第 7 节段上。5、6、7、8、9 节段下方设有托轮轨道，为架梁及过孔时主支腿支撑所用。

第 2 节段开通孔，通过纵向移动吊具位置可实现无级变跨要求，满足架设 40 m、32 m、24 m、22 m 等多种跨度的要求。

在长期用于架设 32 m 梁时可以拆除第 3 节段(8 m)和第 9 节段(8 m)，将 40 m 架桥机改装成 32 m 梁架桥机，以减小一体机的重量。最大节段长度为 17 m，最小节段长度为 8 m，最大运输重量为 38 t。如图 8—7 所示。

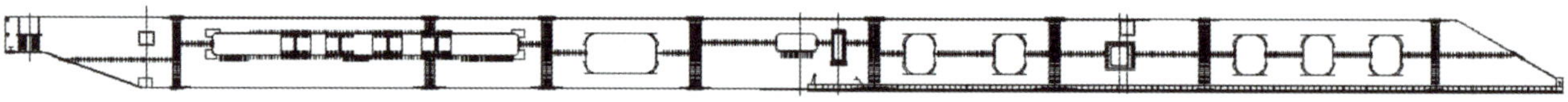

图 8—7 主梁

2. 前车系统

(1)前车结构。前车结构是运梁机整机走行、承受高速铁路 40 m 简支箱梁部分重量和整车自重部分重量的重要结构。除满足结构受力要求外，运架一体机前车还具有 90°转向，对主梁进行高度调节，平衡主梁因线路纵坡、横坡对前车产生的弯矩，驱动和刹车的功能。

前车单侧结构由连接法兰、曲梁、垫梁、走行纵梁、悬挂系统、轮系和横向连接系等部件组成。前车单侧采用螺栓与主梁腹板连接为一体，前车单侧各部件之间也采用螺栓连接。

前车结构断面如图 8—8 所示，前车结构侧面如图 8—9 所示。

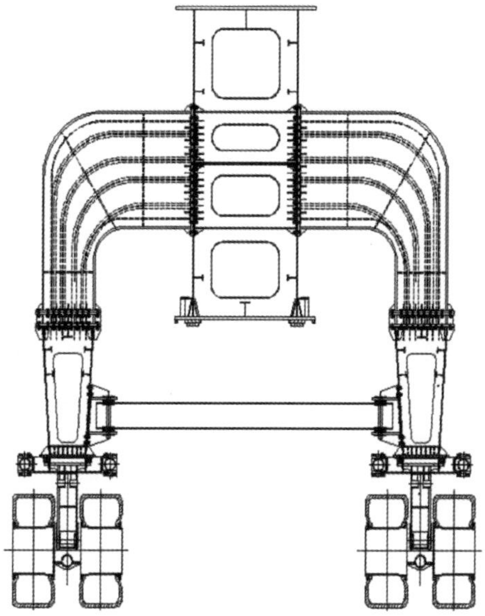

图 8—8 前车结构断面

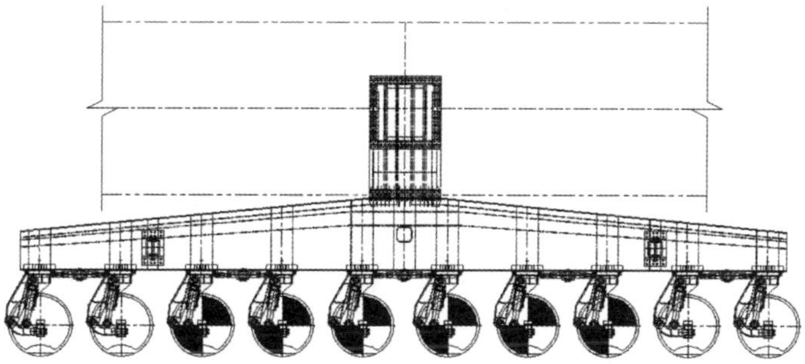

图 8—9 前车结构侧面

(2)悬挂走行系统。悬挂走行系统分为驱动桥和从动桥两种结构，具有重载升降功能，悬挂升降行程±400 mm，采用双作用缸，最大工作压力 28 MPa。

运架一体机前车走行系统采用液压悬挂系统，每组大车架的所有悬挂油缸通过并联形成一个支点，实现自动调整荷载，使轮胎承载力均匀分配，能自动适应路面不平度。

运架一体机前车驱动行走系统设有 24 个驱动轮(12 个驱动悬挂)作为驱动部件，采用马达+减速机驱动方式，悬挂采用摆动轴，自动适应横坡的要求，亦可单点调平或者同步提升，保证每个悬挂承载基本相同。当车辆行驶在路面纵向不规则时，由轴负载液压油缸来补偿，实现车辆的水平行走，出现超差情况能自动报警、锁闭，提高行驶中的安全性。

运架一体机前车走行系统由左右两套轮胎式承重走行装置组成，左右两侧车轮组中心距离 6.05 m。前车共 10 个轴线，每轴线 4 个轮胎，轮胎直径约 1.7 m。其中，6 轴为驱动轴，4 轴制动轴，液压驱动车轮转动及转向。

(3)液压驱动系统。运架一体机前车液压驱动系统采用静液压变量闭式驱动系统，动力源为柴油发动机，通过弹性联轴器与配置的驱动泵相连驱动安装于驱动轮组中的液压马达和行星减速器实现行走；液压主油泵为闭式变量泵，液压系统最大工作压力为 42 MPa。

3. 后车系统

运架一体机后车主要由后车走行系统、转向支撑机构、后车架纵梁、后车架横梁、伸缩柱、主梁顶升油缸等组成。其中，后车走行系统又包含走行轮组、转向系统、动力系统、液压系统、制动系统等。后车走行系统由左右两套轮胎式承重走行装置组成，左右两侧车轮组中心距离 5.2 m。后车共 11 个轴线，每轴线 4 个轮胎，轮胎直径约 1.7 m。其中，6 轴为驱动轴，5 轴制动轴，液压驱动车轮转动及转向。

后车架纵梁和横梁通过高强度螺栓连接。横梁上部设有特大型推力关节轴承，通过高强度螺栓与横梁连接。特大型推力关节轴承具有自润滑功能，可承受 1 500 t 的动载荷，工作时轴圈最大摆动角可达 3°，满足了后车的受力要求和转动需求。特大型推力关节轴承上部通过高强度螺栓与调高立柱连接，调高立柱对主梁的调整量为±400 mm，由液压系统实现调整过程，调高立柱通过销轴与设置在主梁内部的柱套采用销接连接。由于调高立柱对主梁的调整量为±400 mm，悬挂架自身具有±400 mm 调节功能，故后车高度总共有±800 mm 的调整量。后车的结构尺寸为 24 330 mm(长)×7 088 mm(宽)×8 370 mm(高)。中位时，运架一体机整机高为 9 200 mm；高位时，整机高为 10 000 mm；低位时，整机高为 8 400 mm。

后车结构断面如图 8—10 所示，后车结构侧面如图 8—11 所示。

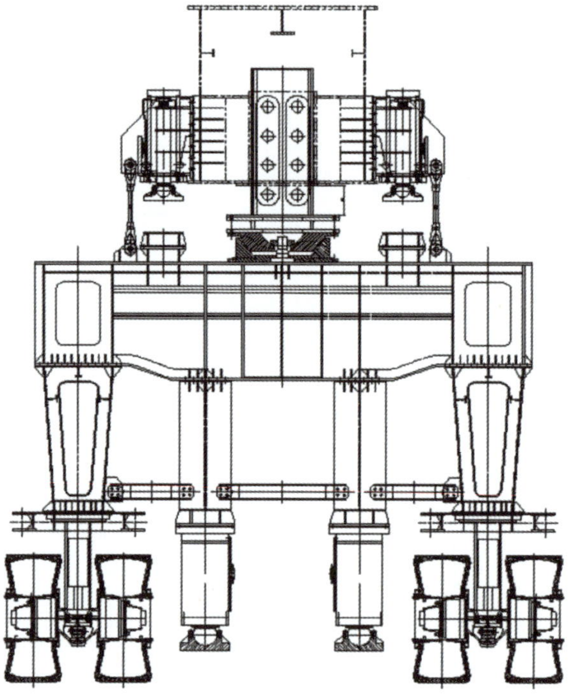

图 8—10　后车结构断面

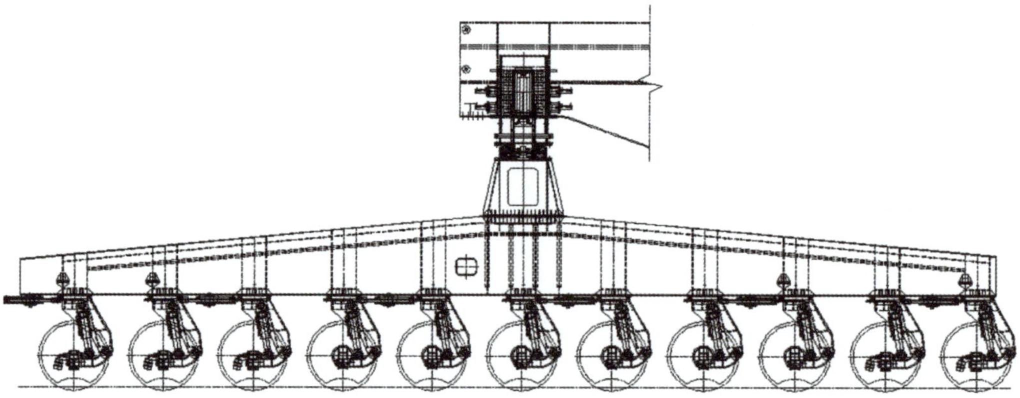

图 8—11　后车结构侧面

4. 中支腿(中支腿结构如图 8—12 所示)

中支腿在施工过程中作为支腿转换过程中中间支撑结构，承担架桥机系统和预制箱梁荷载。支腿结构除满足机构受力要求外，还要与架桥机其他构件协调空间需求。根据使用要求，运梁阶段，支腿底部距离桥梁箱梁顶部不小于 0.75 m，中支腿在架梁时支撑于箱梁顶部，支腿伸缩长度为 1.25 m。支腿上部结构采用箱型截面，支腿上部铰接于主梁牛腿装置下部，支腿下部通过法兰板安装千斤顶装置，支腿千斤顶伸缩控制支腿收支，收缩长度满足支腿工作需求。支腿各部件结构尺寸除满足结构受力要求外，综合考虑曲线架梁影响，前部支腿走行等多方面影响，支腿两支中心距离 5.5 m。主梁通过牛腿装置与支腿连接,牛腿结构采用变高度截面,端部通过螺栓群与主梁腹板拼接。

5. 主支腿

主支腿主要由上部轮系部分、下部支腿结构及电液系统等组成。主支腿主要用于支撑主梁,并可与后车共同驱动主机纵移;主支腿可自行纵移变位。

主支腿传轮系部分由后托轮组、前托轮组、挂轮组、水平轮组等组成。前、后托轮组分别作用于主梁下翼板的轨道上,喂梁时后托轮组(带动力)支撑主梁,并和运架一体机后车共同驱动主机前移就位,落梁时,起支撑作用。挂轮组(带动力)作用在主梁的耳梁轨道上,驱动主支腿纵移,实现变位,并具有防翻功能。水平轮组位于主梁下翼缘外侧,主要起水平导向作用。

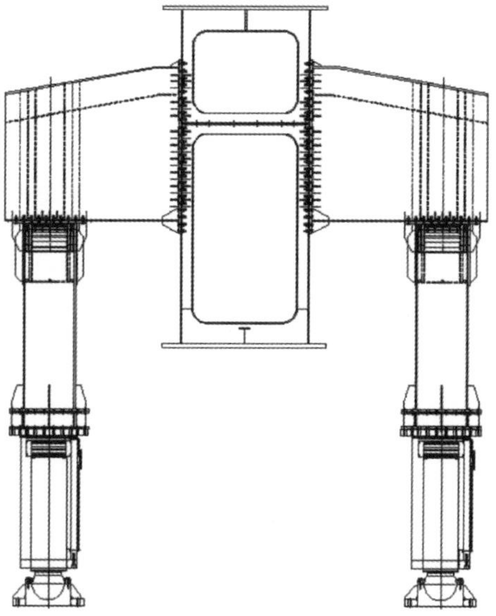

图 8—12　中支腿结构

主支腿结构(图 8—13)由水平面上构架、主立柱构架和斜撑构架等三个平面构架通过轴铰连接,形成一个稳定的结构体系。主支腿上方通过托轮组和挂轮组与架桥机主梁连接。主支腿斜撑构架由上下两个构架通过销轴连接而成,销轴为传感器轴,通过设置预警值保证设备安全。支腿下面设有垫梁支承在桥墩上,垫梁与支腿下横梁间设置了三个推力关节轴承,两侧的关节轴承下垫有聚四氟乙烯滑块,使主支腿和下垫梁间可发生轻微转动,满足曲线梁桥的架设需要。

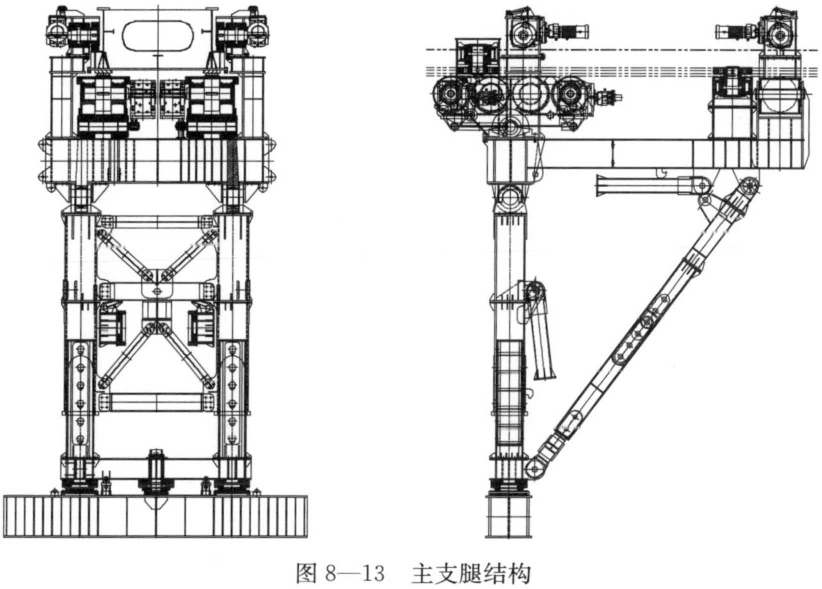

图 8—13　主支腿结构

为了架设不同坡度、不同高度的箱梁,主立柱下部设调整节,以改变主支腿的高度。运梁作业时,通过翻转液压缸的作用,斜撑构架可折转向外,带动主立柱向外翻起并降低整个主支腿的高度,从而适应运梁工况的需要。末孔梁架设时,通过翻转液压缸折起支腿下节,安装短斜撑,主支腿变短,变为末孔梁支撑状态,实现末孔梁架设。

6. 卷扬系统(卷扬系统结构见图 8—14)

前后两起重小车的起升卷扬机构安装在主梁后端的平台上,起重小车是牵引式小车布置形式,对应每个吊点都有一套独立的起升卷扬机构,动力由卷扬马达提供,传动装置包括液压马达、减速机、卷筒等部件,马达输出轴与卷筒轴同轴布置,卷筒轴线垂直主梁方向,卷筒上钢丝绳经定滑轮组,动滑轮组卷绕,构成不同的卷绕方式,即平衡卷绕方式和独立卷绕方式,起升机构设置双制动装置,工作制动由传动装置的高速端(液压马达)设置液压系统中的平衡阀进行制动,低速端(卷筒)设置失效保护盘式制动器。减速机输入轴设置夹片制动器作为驻车制动器,达到工作制动、超速安全制动和驻车制动的目的。

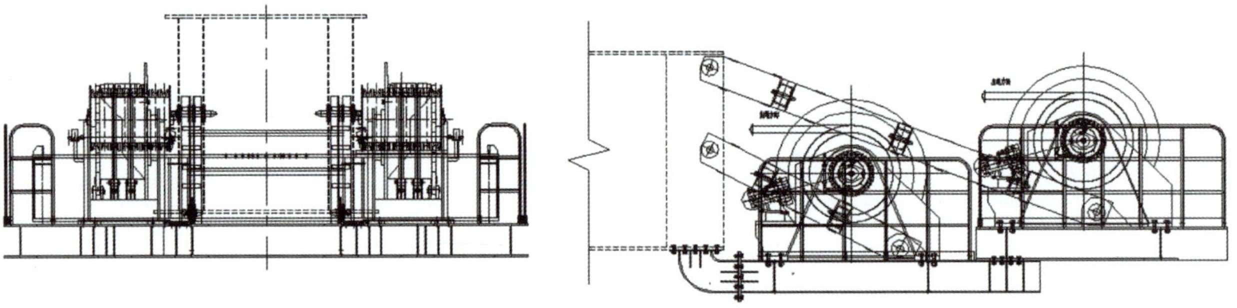

图 8—14　卷扬系统结构

7. 起升系统

(1)起重小车。40 m 简支箱梁上导梁式运架一体机配有前后两台起重小车,分为前小车和后小车,两台起重小车吊“40 m 梁”总额定起重量 1100 t(含吊具),每台起重小车上有两个吊点,整台运架一体机共有四个吊点,起重小车起升机构采用四点受力静定起吊的起升原理,将后小车两个吊点通过均衡装置使其两个吊点受力均衡,从而形成静定的三吊点起升机构,避免前、后小车四个吊点横向起升差别对箱梁梁体造成的附加扭矩,保证箱体在吊装过程中平衡、平稳、安全。

每台起重小车设横移液压油缸机构和纵移液压油缸机构,横移液压油缸机构分别由左右各两支液压缸分别驱动起重小车左右两个定滑轮组沿着横向滑道横移,要求同步移动,纵向移动滑道布置在主梁的孔洞下翼缘上,纵移同步由比例阀闭环控制实现。

后小车上起升机构是平衡吊点机构,平衡卷绕穿绳方法是左右两组定滑轮组卷绕后经左右横向平衡滑轮组卷绕,平衡滑轮的绕向是对应左右两组定滑轮组,布置了两个平衡滑轮组,使左右滑轮组的受力平衡,形成三点起吊体系中一个平衡吊点。平衡卷绕方法穿绳,两组定滑轮组卷绕后经平衡滑轮组平衡相通,钢丝绳为一根,钢丝绳长度为 630 m。

前小车上起升机构是独立吊点机构,独立卷绕穿绳方法经左右两组定滑轮组卷绕后将钢丝绳固定端用钢丝绳夹固定在钢丝绳固定端座上,左右卷绕滑轮组形成两个独立吊点,其结构如图 8—15 所示。按单独卷绕方法穿绳,两定滑轮组卷绕后固定与钢丝绳固定端,钢丝绳为两根,钢丝绳长度为 2×350 m。

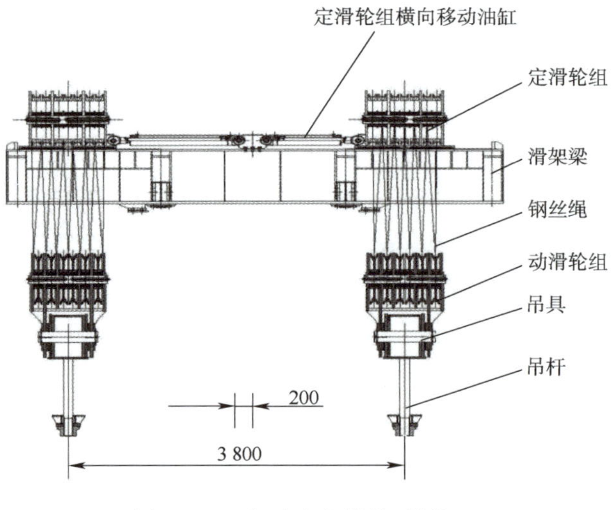

图 8—15　起重小车结构(单位:mm)

(2)钢丝绳的卷绕方式和“四点起吊三点平衡”原理。整台运架一体机的作业是两台起重小车共同抬吊一片箱梁，两台起重小车共有四个吊点，前小车上两组滑轮钢丝绳卷绕是单独卷绕的，形成两个吊点；后小车上两组滑轮钢丝绳卷绕是平衡卷绕的，形成均衡的一个吊点，这样就构成了四点起吊三点平衡的起吊体系，实现三点平衡吊装。钢丝绳的两种卷绕方式如图 8—16 和图 8—17 所示。

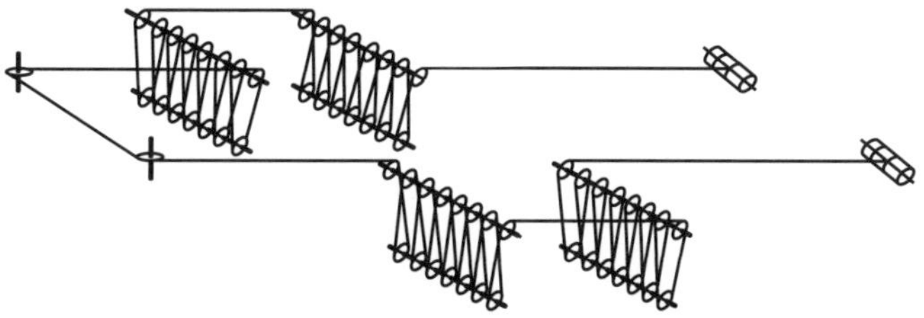

图 8—16　钢丝绳平衡卷绕方式

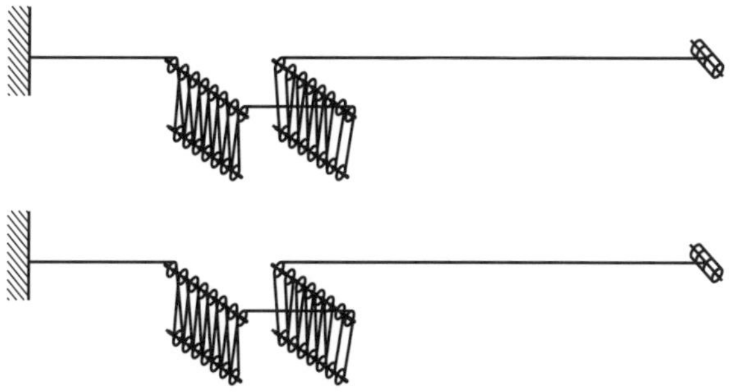

图 8—17　钢丝绳独立卷绕方式

(3)起重小车组成及主要功能。运架一体机起重小车分别装在主梁的后端滑道和前端滑道上，其结构呈扁担梁受力形式，每台起重小车装有两套起升装置，其主要由滑移横梁、定滑轮组、起重小车纵移油缸机构、起重小车横移油缸机构等装置组成。

①滑移横梁。滑移横梁是两个长的箱形纵梁、中间和两端由横联结构相联而成的框架结构，像扁担梁一样，中间下边横联结构对应纵梁上安装钢复弧面滑块，支撑在主梁纵向滑道上，中间横联结构的纵梁外边焊有小车纵移油缸安装耳座，后小车在两侧布置，前小车只在一侧布置。两箱型纵梁上平面经加工后分别焊接不锈钢板，构成支撑定滑轮组的起升重量和实现定滑轮组横移动作(即小车横移动作)的滑道。

②定滑轮组。每台小车上装有两个定滑轮组，分别置于滑移横梁的两端。滑轮组由定滑轮架、定滑轮轴、滑轮、聚四氟乙烯滑板、反抓板、护绳轴等组成。

在每个定滑轮组中分成平行布置的两个滑轮组，每个滑轮组是将七个滑轮安装在一根轴上，其中四个滑轮 90°钢丝绳卷绕，出绳为垂直和水平方向，承受单绳垂向载荷，分别起到转向滑轮、平衡滑轮的作用，其余十个滑轮为 180°钢丝绳卷绕，出绳都在垂直方向上，承受双绳垂向载荷。

每个滑轮组装到定滑轮架上后，在钢丝绳卷绕的滑轮边缘要安装五根护绳轴，以防止钢丝绳从滑轮绳槽中跳出现象发生。新机钢丝绳穿绳或拆装后重新穿绳时，为了穿绳方便，可以将护绳轴拆掉，穿完绳后，必须将护绳轴安装好。如没有卸掉护绳轴，注意不要将钢丝绳穿到护绳轴外。

定滑轮架下方的聚四氟乙烯滑块被封在一个半潜的框架内，与箱型纵梁上平面的滑道构成小车横移滑道(靠小车横移油缸机构驱动)，使定滑轮组在滑移横梁上能够横向移动，即小车横移动作。为防止定滑轮组脱开小车横移滑道，定滑轮架下方还在滑道两边设置了反抓板，用螺栓将其固定在定滑轮架下方滑道两边，钩在小车横移滑道板的下方，保证在任何情况下定滑轮组与滑移横梁横滑道是接触状态。

③起重小车纵移油缸机构。起重小车纵移油缸机构是安装在主梁纵向滑道方向上的液压油缸机构，详细结构性能在液压系统中阐述。前后小车纵向油缸是相同的，但安装方式由于安装空间的限制是不同。小车纵移油缸机构具有$^{+200}_{-450}$ mm 的纵移行程。

④起重小车横移油缸机构。起重小车横移油缸机构是安装在滑移横梁滑道方向上的液压油缸机构，详细结构性能在液压系统中阐述。前后小车横向油缸是相同的，安装方式也一样。小车横移油缸机构具有±200 mm 的横移行程。

⑤平衡滑轮组。后小车平衡滑轮组为两个，分别安装在主梁两面腹板的孔洞上面，从后小车左右两侧定滑轮组卷绕后钢丝绳，横向水平卷绕两个平衡滑轮组，使左右定滑轮组受力均衡，构成了四点起吊三点平衡起吊体系中的一个平衡吊点。起吊时，这一吊点要先起升，后落下。由于后小车平衡滑轮组是固定在主梁的固定位置上，后小车变跨时，钢丝绳的入绳角度是变化的，22 m 吊点时是 1.2°。平衡滑轮组滑轮轴是传感器轴。传感器轴能够测量起升状态时钢丝绳的拉力大小，此数据是起重量限制器的数据采集装置，以此来控制起重量的报警和起升停止功能。

⑥钢丝绳固定端。前小车上两个吊点都经两组滑轮组钢丝绳卷绕后达钢丝绳的固定端点，因而称为钢丝绳固定端，固定于主梁两边腹板的外边。钢丝绳固定端是由钢丝绳固定端、传感器轴、钢丝绳重型套环及钢丝绳夹构成。传感器轴同样能够测量起升状态时钢丝绳的拉力大小，以此来控制起重量的报警和起升停止功能。

⑦吊具。吊具主要由吊具结构、动滑轮组、摆轴、吊梁、吊轴组等组成。通过吊梁和吊具结构之间摆轴，可以实现吊具的前后摆动，从而使吊具在工作中始终保持良好的受力状态，与滑移横梁上的定滑轮组相对应，每个吊具上装有两个动滑轮组，每个动滑轮组上有六个动滑轮，与定滑轮一样为轧制焊接滑轮。吊轴组由塑性、韧性良好的合金结构钢制造。

8. 动力系统

整机动力系统主要由悬挂系统、转向系统、驱动系统、制动系统等组成。整机行走主要通过发动机驱动前、后行走轮组来实现。

前车设置 10 轴线悬挂轮组。前车架下面装有 6 轴线 12 个驱动悬挂，4 轴线 8 个制动悬挂。后车架下面装有 6 轴线 12 个驱动悬挂，5 轴线 10 个制动悬挂。每个悬挂装有 2 只轮胎、1 个双作用悬挂油缸、配有防爆安全阀。

(1)悬挂系统。行走采用液压悬挂系统，每组悬挂油缸通过并联形成一个支点，实现自动调整载荷，使轮胎载荷均匀分配，能自动适应路面不平度。悬挂采用摆动轴，自动适应横坡的要求。整机分配有调平点，通过单点调平或者同步提升，保证每个悬挂承载基本相同，出现超差情况能自动报警、停车，提高行驶中的安全性能。悬挂具有重载升降功能，采用双作用缸，最大工作压力 28 MPa，中位升降行程±400 mm。整机设置 48 个驱动轮(24 个驱动悬挂)，前车 24 个驱动轮(12 个驱动悬挂)，后车 24 个驱动轮(12 个驱动悬挂)，驱动悬挂内安装有液压马达和减速机。

(2)转向系统。转向系统采用全轮独立转向，转向由遥控器或方向盘操作，比例阀控制转向油缸推动悬挂来实现。整机具有多种转向模式：纵向行走、横向行走、斜行和小角度转向，悬挂转向角度范围为−15°～95°。纵向行走时转向角度±15°，横向行走时转向角度±5°。控制系统按照运行模式、手柄的指令以及各转向轮组的转角关系解析出各悬挂转角，安装在转向悬挂上的角度传感器实时测得当前转角，推算出各对应转向油缸的伸缩位移量，通过控制多路比例阀开口量以控制各转向油缸伸缩位移和速度。同时通过转角传感器反馈悬挂转角控制系统进行实时修正，实现各悬挂协调的精确转向。单轴转向精度为 0.5°，结构上采用回转支承装置。当需要重载原地 90°转向时，设置在 4 个支撑油缸着地，前后车架中的悬挂间隔地完成 90°转向。

(3)驱动系统。前后车发动机均选用涡轮增压发动机，前车发动机功率为 522 kW，后车发动机功率 783 kW，排放满足国家相关标准。燃油箱容量为 2 400 L，发动机通过弹性联轴器(扭力减震器)与驱动油泵相连，油泵通过闭式回路驱动液压马达和轮边行星减速器实现行走；液压主油泵为进口闭式变量泵，液压系统最大工作压力 42 MPa，安全可靠。驱动液压马达为并联供油，保证相互间有相同的输出扭矩。在系统中，操纵杆通过调节变量泵的斜盘倾角，得到不同泵的输出流量，实现各挡行走速度的调节。当操纵杆回中位，主机行走渐停。发动机、泵组、油箱、液压控制阀组、蓄电池等均安装在动力舱内，置于主梁尾端平台上，不高于主梁的顶面。

(4)制动系统。大车行走制动系统包括行车制动、驻车制动及紧急制动系统。行车过程制动主要通过控制驱动泵排量，逐步降低车速实现行车到停车的过程。驻车制动系统为液压驻车制动和液压制动两套，液压驻车系统为驱动悬挂中轮边减速机内置的常闭制动器。行走时驱动系统压力松开制动器，停车后，驱动系统压力降为零，制动器在弹簧力的作用下与制动盘结合，实现驻车状态下制动。紧急制动系统为液压制动，紧急情况下，操作者踩下刹车脚踏板，液压缸拉动制动轮毂制动。

8.4.2 电气控制系统

1. 电气系统组成

运架一体机电气系统由发动机控制系统、前后车运行控制系统(含驱动、转向、悬挂子系统)、起升控制系统、显示监视系统、安全监控报警系统(含起重载荷测量、起升及主支腿受力监测报警系统、视频监控系统等)、照明系统、液压控制系统等组成。

整机弱电电源取自 2 台发动机的蓄电池。照明、空调及主支腿系统的电源取自 AC380 V/220 V 的交流发电机组。

2. 分布式总线控制

运架一体机整机控制系统采用分布 CAN 总线方式，控制器之间采用 CAN 总线将前后车、后车、主支腿控制器、三个司机室各显示监控系统以及所有转向编码器连成一体。控制系统采用多层网络结构，将若干个子系统通过总线连成一体，将复杂的电路结构变得简单有序。

3. 动力系统组成

动力舱 2 套(各由一台柴油发动机、串联液压泵、蓄电池组、28 V 120 A 充电机)。

辅助发电机组：由一台 AC380 V/220 V 发电机组给整机照明系统、司机室空调、主支腿控制柜、视频监控系统提供电力。

4. 转向控制

实现八字、半八字、斜行、小八字转向。

转向控制由方向盘转向电位器发送转角信号车载控制器，控制器结合总线编码器的转角数值进行闭环计算，并输出 PWM 电流信号给转向比例阀，实现高精度闭环转向控制。

5. 行走驱动控制

行走车速由 3 个变量共同协调控制。每个马达安装有霍尔转速传感器实现对驱动行走速度的监控，控制器采集马达转速信号实现对车速的监控。一体机的前后车驱动能够实现前后车行走的同步，以及后车大铰角度的纠偏控制，保证运梁过程的行车平稳及角度偏转在设计范围内。

6. 悬挂及支腿控制

在需调整前后车高度时，操作悬挂油缸的升降使设备处于合适高度。控制器输出 PWM 比例电流信号，控制比例电磁阀进而控制油缸的伸出和收回。中支腿设计有 2 支顶升油缸，在过孔时起到临时支撑辅助过孔的作用。主支腿设置翻折油缸和插销油缸；在喂梁和过孔工况时，主支腿支撑在墩顶；运梁和空车行走时，需收回插销并折叠支腿。

7. 照明、主支腿、司机室空调配电

整机设置 1 台交流发电机组，分别由给前车交流柜、后车交流柜、三台司机室、主支腿以及照明回路配电。交流总电源控制箱设置在后车发电机组旁。

8. 安全监控系统

设备设置数据监控和视频监控系统，所有轮组设置高精度绝对值编码器实时监控每个轮组转角、所有的比例电磁阀设置电流测量传感器用以监控阀组电磁铁输出电流状态、所有马达设置霍尔测速传感器实时检测每个马达的转速，起升机构设置高度、超速、制动监测等监控设备的安全运行。司机室设置摄像头监控显示器以及全程微电监控系统显示器，可以在司机室实时全面掌控全程各位置状态，保障设备安全运行。

数据监控主要是由分布在设备上的各类传感器采集设备各机构的工作实时数据，通过控制器对数据进行处理显示在司机室高清显示屏上，实现对设备的全方位监控，司机室还设置一台数据记录仪，记录操作数据及关键过程数据，可拷贝导出进行工作过程分析、故障历史查询等。

监控现场分布如图 8—18 所示，视频监控组网如图 8—19 所示。

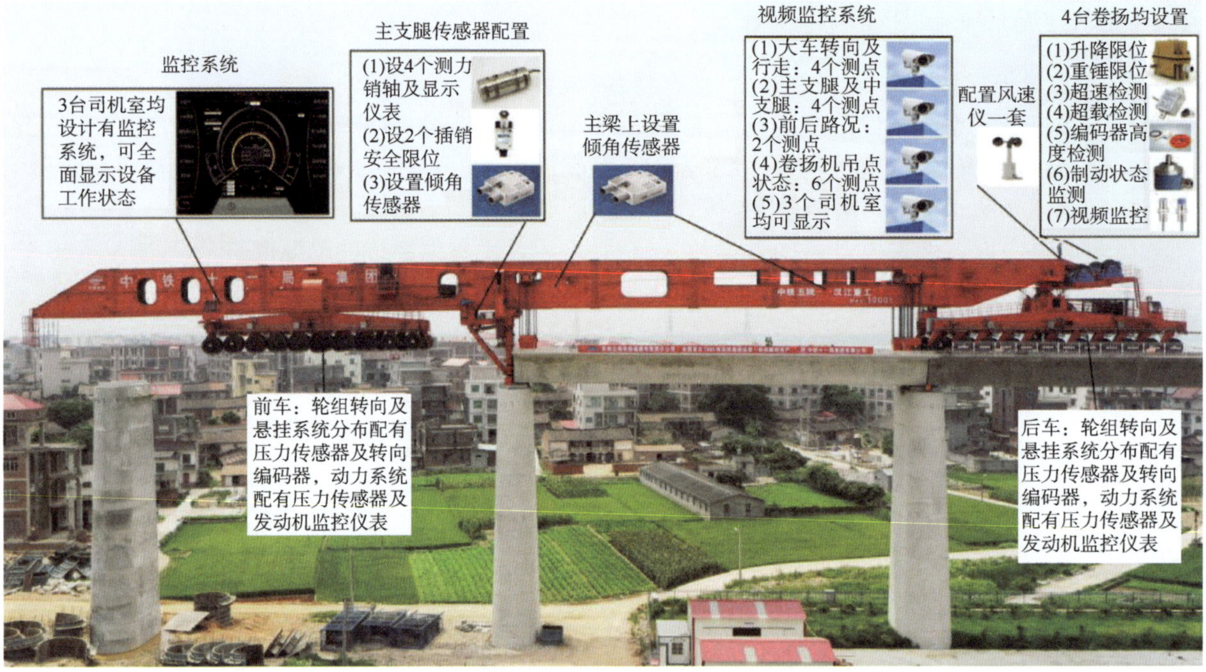

图 8—18　监控现场分布

运架一体机安全监控系统符合以下国家标准及规范：①《起重机械安全监控系统》(GB/T 28264—2017)；②《起重机械安全规程》(GB/T 6067—2010)；③《起重机设计规范》(GB/T 3811—2008)；④《架桥机安全规程》(GB/T 26469—2011)。

根据国家规范以及设计要求，运架一体机运架过程中，监测内容包括卷扬机超速、卷扬机起升高度、风速、行车速度、运架一体机过隧道防撞监测、主梁/主支腿倾斜监测、运架一体机倾斜监测、支腿力监测、起重吊点力监测、关键部位压力监测、视频监控等。数据预留 CAN 总线数据接口接入 40 m 简支箱梁运架一体机信息化管理系统。

(1)运架一体机过隧道防撞监测及辅助驾驶。当运架一体机通过隧道时，运架一体机主梁和所运箱梁与隧道之间的间距很小，易发生碰壁事故，同时监测主梁前后端顶部以及 40 m 简支箱梁跨中与隧道壁的最小距离，当最小距离小于预警值时进行报警提示，为司机采取措施提供参考，并将实时监测的最小距离数据及预警信息上传至信息管理平台。

利用激光测距传感器实时监测运架一体机和所运箱梁与隧道壁之间的间距，运架一体机前后四角共布置 4 套。每个激光测距传感器监测到的最小距离通过线缆传输到到控制室的数据处理工作站，工

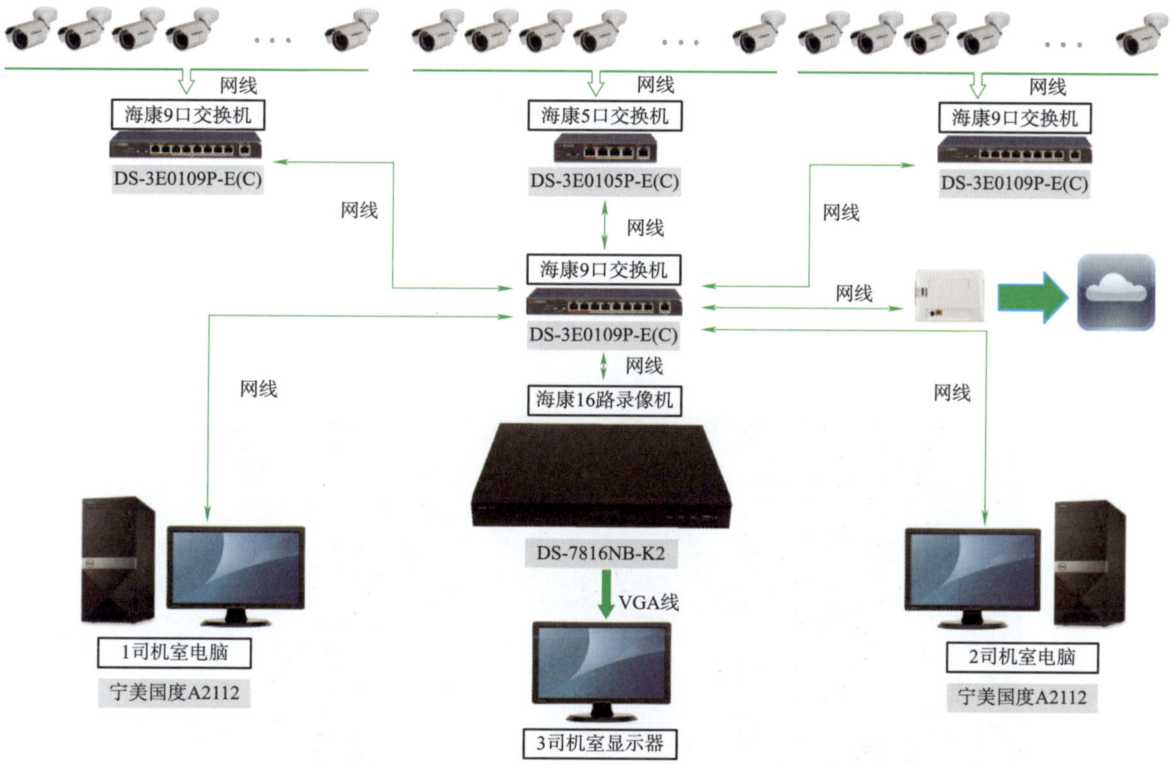

图 8—19　视频监组网

作站通过计算分析，根据最小间距大小，进行分级预警，预警结果以及各个截面位置最小距离通过驾驶室屏幕直接展示给驾驶员，帮助驾驶员进行及时调整。预警控制值根据现场测试确定，并进行分级预警。根据超出正常值的范围，分别进行预警。

开发隧道辅助驾驶功能，开启自动驾驶模式时，系统可根据传感器测得数据进行自动转向控制，操作者仅需脚踏油门控制车速并观察路面情况即可。

(2)运架一体机主梁/主支腿倾斜监测。运架一体机主梁和主支腿倾斜过大，可能会导致运架机侧翻。通过实时监测运梁过程中主梁的空间倾斜度，以及架梁过程中主梁和主支腿的倾斜度，当倾斜度超出预警值时发出预警，提示操作人员采取措施，为现场运架梁安全提供进一步保障。

利用倾角传感器对设备主梁和主支腿的倾斜数据进行采集，主梁倾斜测点在主梁分前后两个截面进行布置，每个截面布置 1 个双轴倾角传感器，主支腿倾斜测点布置在主支腿的上部。各个倾测点采集的数据接入数据处理工作站，根据分析结果进行预警，预警结果通过驾驶室屏幕直接展示给驾驶员，驾驶员根据情况调整设备操作。

(3)关键部位压力监测。在运架阶段对设备的受压关键部位进行压力实时监测，采用大范围高精度压力传感器采集数据，通过数据处理工作站对数据进行分析处理，根据压力测试结果，判断设备的结构安全性。

主要压力监测包括两侧闭式泵压力、开式回路压力监测。其中闭式泵与开式泵压力监测部位包含卷扬、支腿等。

(4)起重吊点力监测。在运架一体机各个吊点固定端及转向滑轮位置安装起重限制器(销轴传感器)，对运架过程中各个吊点力进行实时监测，当吊点力超重以及各个吊点力不平衡超出限值时，进行预警，指导现场操作。实时获取的吊点力信息及预警信息接入监控系统。

(5)支腿力监测。主支腿每个斜撑上两端各安装 1 个销轴式传感器，共安装 4 个销轴式传感器，对运架过程中各个支腿力进行实时监测，当支腿力超出限值时进行预警，指导现场操作，实时获取的支腿力信息及预警信息接入信息管理平台。其中上销轴 21 t 报警、24 t 不允许喂梁，下销轴 81 t 报警、90 t 不允许喂梁。

(6)视频监控。设备共设置了 14 个视频监测点，对主梁前、后吊具、驾驶室、卷扬机及主支腿进行监控。监控系统可以方便驾驶者观察轮组的情况和躲避障碍物；能够保存一定时间段内的本地视频监控录像资料，便于查询和分析；监控司机室内是否规范操作。

9. 人机界面

(1)工业显示屏(图 8—20)。设备前、中、后三台司机室均设置工业彩色显示屏，显示运梁车整机工作过程实时数据以及运梁车的参数设置等。显示画面由显示屏两侧的功能键进行翻屏；各页面分别显示有各子系统的压力、电磁阀电流、编码器角度以及发动机转速、发动机运行数据等(转速、冷却液温度、机油压力)。

图 8—20 工业显示屏

(2)操作面板。整机共设置 3 台司机室，前后两台司机室操作面板及布置完全相同，集成运梁操作功能，包括整机行走、转向、悬挂操作等；中司机室集成过孔和架梁功能，包括整机低速行走、转向、中支腿和主支腿操作、起升机构操作等。前后司机室操作面板布局如图 8—21 所示，中司机室操作面板如图 8—22 所示。

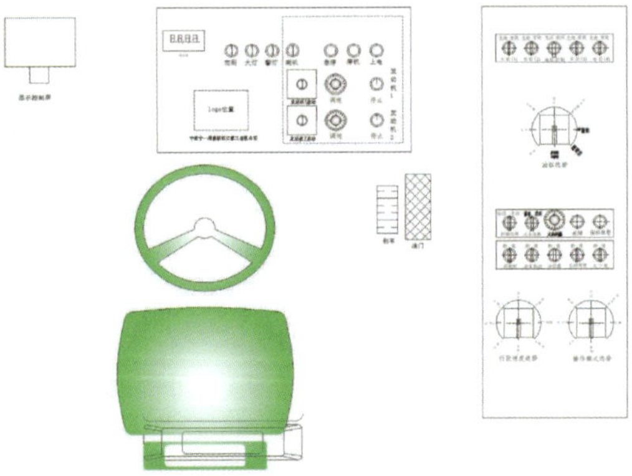

图 8—21 前后司机室操作面板布局

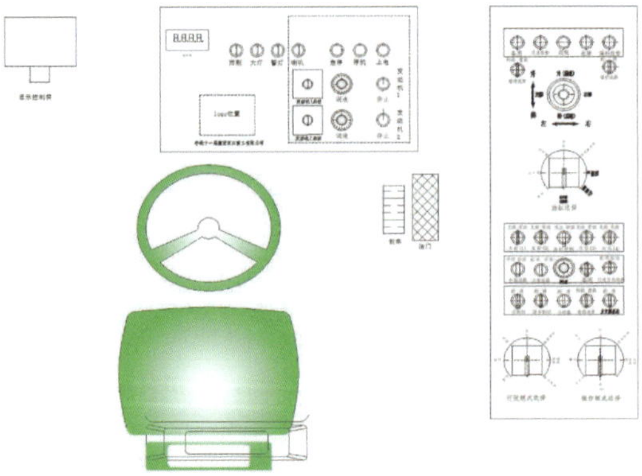

图 8—22 中司机室操作面板

8.4.3 液压系统

TJ-YT1000/40 运架一体机整机由液压系统实现的动作有：前后车行走及制动，轮胎转向，悬挂升降，卷扬起升，后车架顶升，后车主梁顶升、插销，起吊系统纵、横移，中支腿顶升，主支腿顶升、折转、插销、辅助驱动等。

整车液压系统由驱动系统、制动系统、转向系统、悬挂系统、卷扬系统、辅助系统、散热系统、主支腿液压系统、液压辅件及管路等组成。

整车液压系统主要划分为后车部分、前车部分和主支腿三大部分。后车部分和前车部分的动力源均为一台水冷涡轮增压柴油发动机，通过一拖三分动箱驱动三台闭式泵，其中两台闭式泵后面各串接了一台负载敏感开式泵，每台负载敏感开式泵后面又串接两台辅助泵。闭式泵驱动走行系统，负载敏感开式泵驱动油缸动作，辅助泵驱动散热和制动系统。主支腿部分为独立的液压系统，由电动机提供动力源。

1. 驱动系统

行走驱动系统采用闭式液压系统，前后车的驱动系统液压系统完全相同，均由 3 台电比例变量闭式泵，为 24 台安装于驱动悬挂中的电比例变量马达提供动力油源，马达通过轮边减速机驱动车轮行走，车速可以无级调节。闭式系统中所有驱动液压马达并联，分布在 6 条轴线上，在转向时作用于各个车轮上的阻力不同，根据静压驱动流量与压力的关系，以及压力取决于外负载的原理，左右车轮马达得到的流量与其阻力成反比，从而实现转向要求的差速行驶。闭式系统的冲洗采用马达侧冲洗，置换出来的热油和马达壳体泄漏一起返回油箱。

2. 制动系统

TJ-YT1000/40 运架一体机的走行制动系统，设计了双重行车制动和双重驻车制动。双重行车制动是指静液压制动和制动桥里安装的鼓式制动。静液压制动是利用马达的牵制反力，增大马达的排量，车速降低，同时减小泵的排量，车速继续降低直至停车。

鼓式制动器具有行车制动和驻车制动两种功能。鼓式制动器由单作用弹簧油缸控制，油缸在不充液时在弹簧力的作用下处于伸出状态，鼓式制动器起驻车制动功能。当车辆行驶时，油缸充液活塞杆拉动制动器调节臂缩回，解除制动。制动时由电液比例阀对油缸里的油液进行可控的释放，活塞杆推动制动器调节臂进行可控地伸出，从而实现力矩可控的行车制动。

双重驻车制动中，除了上述的鼓式制动器的驻车制动功能外，在驱动悬挂的减速机内设置了液压开启多片式停车制动器。停车时，制动器的解除压力降为零，在弹簧力的作用下压紧制动盘，实现驻车制动。行车时，制动器的解除压力升高，克服弹簧力，将制动盘脱开，驱动马达工作，整车行走。

3. 转向系统

转向系统采用负载敏感泵＋比例阀＋角度传感器闭环控制。泵的流量与负载需要相匹配，以减少空流和节流损失，达到节能的目的。控制器根据运行模式和方向盘的指令，计算出各轮组的转向角度，每个悬挂中的转角传感器实时反馈轮组转角，与控制器计算的目标值进行比较，通过控制比例阀的开口量以控制各转向油缸伸缩位移和速度，实现各悬挂协调精确转向，整车设置的转向模式有直行、斜行、横行、八字转向、半八字转向等模式。

4. 悬挂系统

悬挂系统采用双作用液压悬挂，能够方便实现架梁过程中前车悬空时，悬挂油缸能够可靠地收起车桥和轮组。前车与主梁为刚性连接，10 轴 20 个双作用悬挂油缸分为两个区域，由两片比例换向阀控制其升降，形成两点支撑，与后车顶部的球座一起形成对主梁的三点支撑，稳定而可靠。

后车通过顶部球座与主梁形成单点支撑，后车架与主梁之间可自由转动。后车 11 轴 22 个双作用悬挂油缸先分为四个区域，由四片比例换向阀控制其升降，再将前方两个区域的悬挂用管路联通成一个区域，保证后车三点支撑，受力均匀且稳定可靠。

当车辆行驶在不平整的路面上时，液压悬挂可分别自动伸缩以适应路面，保持车架的水平。每支悬挂液压缸上设置了管路安全阀，当胶管因意外发生破裂时，安全阀能立刻将悬挂管路关闭，保证所有悬挂油缸处于锁定状态，确保悬挂系统安全可靠地支撑。同时在系统中设置压力传感器，实时监控负荷的变化，一旦超出偏载范围，立即报警，增加了安全性。

5. 卷扬系统

运架一体机整车共设置四台卷扬机，均由液压马达通过行星齿轮减速机驱动，四台卷扬马达由后车的负载敏感开式泵提供油源，由电比例换向阀控制起升或下降，马达上设置转速传感器实时监测卷扬起升速度，比例换向阀通过电流大小可实现对马达的无级调速。每台卷扬机都设置了三级制动，另外增加了一套机械保险。一级制动为液压系统平衡阀，只有当换向阀向液压马达供油时，设置在马达油口处的平衡阀才会被打开，换向阀不供油时，马达停止的同时平衡阀也将马达锁定。二级制动为减速机内部制动器，属高速端制动器，三级制动为钳盘制动器，属低速端制动。两种制动器都是由弹簧压紧制动片，处于常闭状态，需要释放制动时由压力油将其打开，两种制动器的开启压力不同，由独立的电磁换向阀分别控制，压力油来源于串在开式泵后面的较小排量的辅助泵，由程序控制其打开或关闭。机械保险为棘轮制动器，是运架一体机区别于提梁机、搬梁机、架桥机卷扬的特点之一，因运架一体机需要提着梁片长距离运输，且路况比较复杂，所以特意增加了一套机械保险。

6. 辅助系统

辅助系统主要包括后车架顶升，后车主梁顶升、插销，起吊系统纵横移，中支腿顶升等功能。后车架顶升油缸设置在后车横梁的下面，左右各一支，两支顶升油缸由两片电比例换向阀分别控制，由负载敏感开式泵提供油源，在整机重载工况下大角度转向时为后车架提供辅助支撑，降低后车的胎压，减小转向阻力和轮胎磨损。后车主梁顶升油缸设置在后车顶部球座的两边，左右各一支，与后车架顶升油缸共用两片换向阀，用三通球阀切换动作；其作用是调整主梁与后车的间距，从而调整主梁与路面的夹角，实现纵坡工况下主梁的调平。主梁通过内外套插销轴的结构支撑于后车顶端的球座上，插销油缸为内外套结构插销和拔销，其油源为负载敏感泵后面的辅助泵。

起吊系统具有纵移和横移的功能，落梁到桥墩前微调对位，后起吊系统的纵移功能还可以实现40 m梁到32 m梁的变跨。前后起吊系统各设置4支横移油缸和2支纵移油缸，由电比例换向阀控制，由后车的负载敏感开式泵提供油源。中支腿顶升油缸由后车负载敏感开式泵提供油源，开关式电磁换向阀控制动作，设置同步马达以确保左右两支油缸的同步性。前起吊系统和中支腿在喂梁和架梁过程中进行相关动作时，由于前车发动机可以不启动，后车需要驱动发动机且本身处于启动状态，故而从后车系统取油。

7. 散热系统

散热系统为独立循环系统，前后车各一套，每套均由两台开式泵后串接的较大排量的辅助泵从油箱吸油，汇流后经散热器散热后再返回油箱。因闭式系统采用了马达侧冲洗，冲洗出的热油需要经过马达壳体返回油箱，为了尽量减小管路背压，防止马达壳体超压，所以冲洗回路没有经过散热器，而是直接返回油箱。散热器的风扇转动由齿轮马达带动，齿轮马达由串在开式泵后面的较小排量的辅助泵提供动力源。

8. 主支腿液压系统

主支腿液压系统是一套独立于前后车的系统，其动力源是电动机，通过驱动一台高压柱塞泵、一台低压泵，为系统提供油源。主支腿由液压系统实现的动作有：主支腿折转、斜撑插拔销、托轮马达的恒扭矩辅助驱动。主支腿的折转和斜撑的插拔销由高压柱塞泵提供油源，通过电磁换向阀控制其动作，折转油缸设置同步马达以确保左右两支的同步性。托轮马达的恒扭矩驱动由低压泵提供油源，能够消除主梁对主支腿向前的推力，其转速取决于喂梁状态时后车的驱动速度。低压泵的流量满足最大喂梁速度时马达的流量需求且有富余，多余流量从低压溢流阀溢流走，驱动扭矩取决于溢流阀的压力设定值。

9. 液压辅件及管路

运架一体机是集闭式系统、开式系统、辅助系统于一体的大型运输设备，系统比较复杂，且比例阀及闭式泵对油液的清洁度要求较高，一旦液压系统出现故障，检查时费工费力。为此，在系统中合理设置了高效吸油过滤器、回油过滤器、高压管路过滤器等。在液压系统中的关键部位设置了多处测压传感器，满足实时检测系统关键参数的需要。液压管路采用焊接式24度锥密封形式，不使用卡套预装工艺以防渗油、脱落和反复拆装失效。

8.5 设备制造

8.5.1 结构制造

根据TJ-YT1000/40运架一体机结构特点，采用“放样、拼点、焊接、表面机械加工、钻孔和整体拼装六个环节进行控制”的整体思路进行制作，制作采取的主要加工拼装工艺措施有：(1)预留加工余量法；(2)反变形法；(3)刚性固定法；(4)合理选择装配顺序；(5)编制合理的加工工艺。

TJ-YT1000/40运架一体机制作总体工艺流程如图8—23所示。

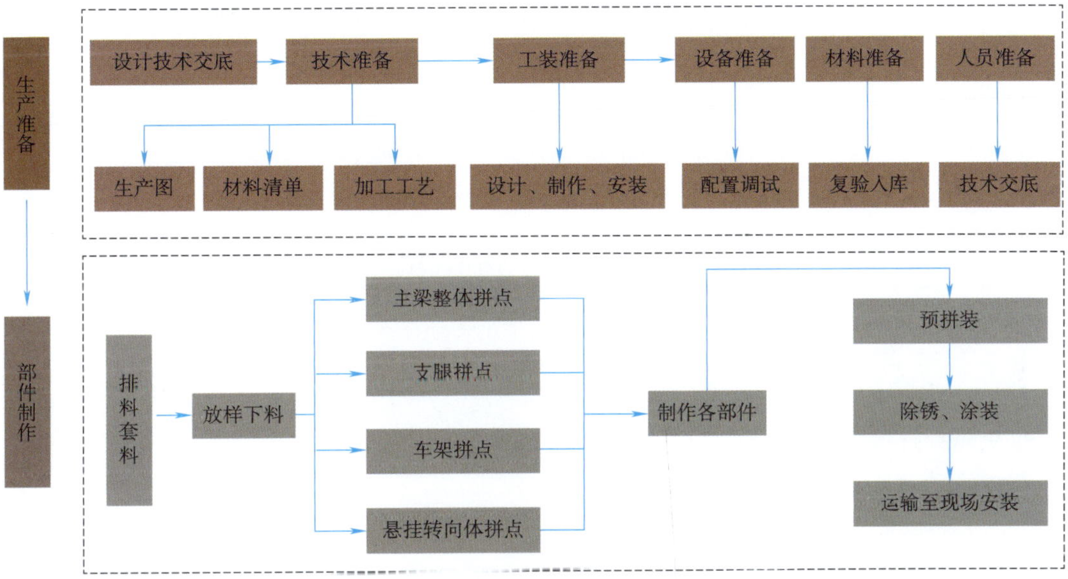

图8—23　总体工艺流程

1. 主梁加工

主梁截面尺寸2.4 m×4.8 m，重约420 t，共分为9个节段，为了保证运输，每个节段主梁设计为上下两层，采用法兰板连接。

主梁连接螺栓全部采用加强杆螺栓，该螺栓的抗剪性能比普通高强螺栓好，且能够重复使用。螺栓孔公差范围在5～6个丝，加工精度较高，螺栓加工全部采用制预孔+铰孔的方式加工。

(1)主梁工艺要求如下：主梁在水平方向的弯曲不应大于15 mm；腹板波浪度以1 m平尺测量范围内，在离上盖板$H/3$以内区域≤5 mm，其余区域≤8 mm；主梁腹板垂直偏斜h≤5 mm；主梁下盖板水平倾斜C≤3 mm，此值在大隔板处测量；主梁同一截面托轮轨道面高差、挂轮轨道面高差≤2 mm；导向轮轨道整体直线度≤10 mm，局部直线度≤1 mm/m；任意主梁同一横截面挂轮轨道面与托轮轨道面距离误差≤2 mm；任意主梁同一横截面，主梁腹板与同侧导向轮轨面的的距离误差≤2 mm。

(2)主梁制造需要保证主梁拱度，工艺采取搭设胎架设置预拱度，在胎架拼装制造的方式保证拱度方式。主梁起拱最高点为250 mm，其余各点按照二次抛物曲线进行放样。

(3)胎架搭设

①主梁预拱设计为正拱;胎架搭设为正拱正装,制作时起拱点从后车中心到主支腿中心,搭设拱高最高点 250 mm。

②根据预拱度数值表搭设主梁拼装胎架,胎架搭设以 1 m 为间距布置支撑板,胎架最低支撑点距地面应在 200 mm 左右为宜。胎架支撑板尺寸为 16/20×300×高。胎架支撑板用数控下料,控制好精度。在节段 1 端头胎架搭设较高部位,可采用不同规格工字钢或 H 型钢按照起拱控制点位置纵向采用槽钢将各 H 型钢连接固定。

③在平台上放主梁纵向中心线地样线,以地样线确定胎架起拱支撑板的纵向间距及边缘线。

④以主梁起拱高度值制备支撑板,以位置线依次布置起拱支撑板,并进行焊接固定。

⑤采用水平仪依次测量标高,标高误差控制在 1 mm 以内,不符合要求进行修磨处理。

(4)主梁的拼装

①底板及下层隔板的拼装(图 8—24)

a. 绘制各底板单元纵横向中心线。

b. 铺底板单元。通过拉线或采用经纬仪,确保各底板单元的纵向中心线保持一致,通过测量底板边直线度复核。

c. 在底板接头位置画出各补强板位置,并将未钻孔的补强板按照位置线组拼焊接。

d. 用水准仪在底板上测量各截面左右腹板位置标高,与理论标高核对,误差必须小于 1 mm,必要时进行调整和加固。

e. 组装隔板及 T 肋。检查隔板与腹板连接边在主梁横截面内的垂直度≤2 mm。

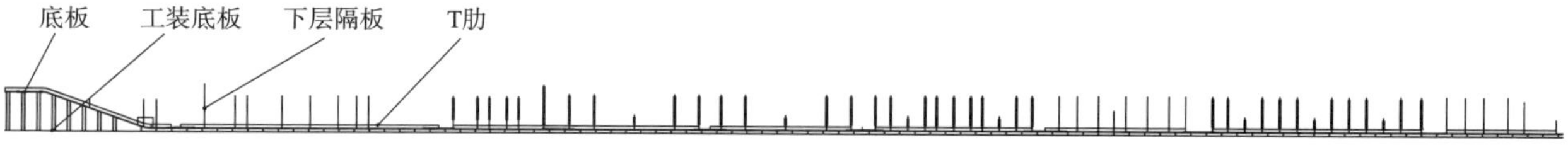

图 8—24　底板及下层隔板的拼装

②组装腹板、隔板连接板单元

a. 将腹板隔板连接板单元吊装至一层腹板上,调整好尺寸后进行拼点。

b. 可提前在连接板单元上划出腹板及隔板的定位线。

③组装二层隔板单元(图 8—25)

a. 将二层隔板单元吊装至连接板单元上。

b. 确保上下隔板在同一垂直面上,点固连接板与隔板。

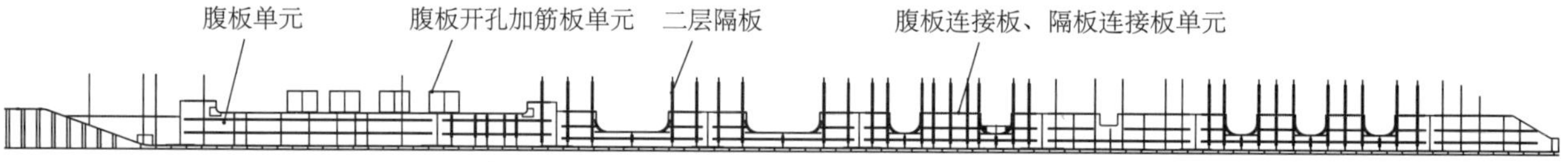

图 8—25　组装二层隔板单元

④组装后车套柱及顶层隔板单元(图 8—26)

a. 复核底板和腹板的后车套柱安装位置线。

b. 将后车套柱单元从节段一腹板上部插入要求位置,对正定位线。

c. 调整腹板、套柱位置达到要求后进行焊接作业。

⑤拼装其他零部件及上盖板单元(图 8—27)

a. 上盖板单元采用分块吊装方式。

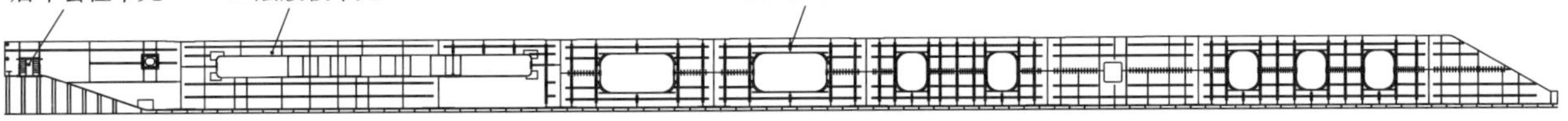

图 8—26 组装后车套柱及顶层隔板单元

b. 确保上盖板单元中心线在同一条直线上。
c. 调整腹板外边线与盖板边线重合。
d. 点固腹板、隔板与上盖板单元。
e. 拼装上盖板 T 肋。

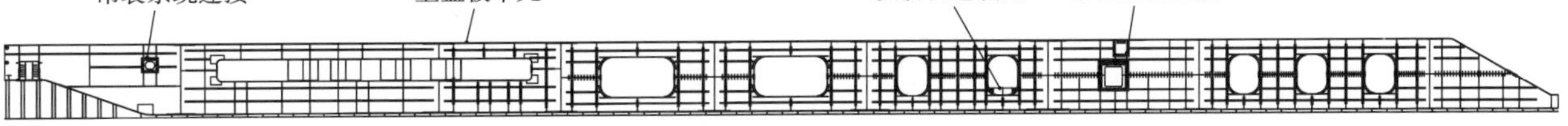

图 8—27 拼装其他零部件及上盖板单元

(5)主梁焊接

①将各节段从胎架上吊到焊接支架上。

②对称焊接底板单元与腹板的内部角焊缝。

③焊接底板单元与隔板的焊缝(注:按照设计要求,中/端隔板与底板单元不焊接)。

④箱梁翻身,腹板水平,采用均布支撑方式。焊接上部腹板与上下翼缘及中间法兰板的外部角焊缝,采用先焊中间,后焊两边的焊接顺序,且方向保持一致。

⑤焊接内部隔板与腹板的交错焊缝、焊接盖板与腹板的内部焊缝。

⑥箱梁翻身 180°,焊接内容如上述 5、6 条一致,须保证焊接方向和上述方向一致。

⑦箱梁翻身 90°,焊接隔板与上盖板的满焊焊缝及其余圈筋、隔板等焊缝。

⑧拼装并焊接轨道及相应零部件。

2. 主支腿加工

(1)结构说明

主支腿主要由后托轮组、后挂轮及导向轮组、前水平导向轮组、前托轮及挂轮组及主支腿结构五大部分组成。主支腿如图 8—28 和图 8—29 所示。

(2)工艺流程

支腿各部件,根据图纸技术要求,选用合适的拼装焊接方法,合理的焊接顺序,控制焊接变形量。下料及组装时,根据各个部件配合要求,预留切割或切削余量。

(3)主支腿在制造过程中需重点控制以下方面:

①前/后挂轮组、水平调整轮组和前/后托轮在安装时,必须调整好与主梁轨道之间的间隙;

②正常架设架梁与架末孔时的转换,保证法兰孔能对齐。

③斜撑杆汇装,保证伸缩自如、无卡滑。

3. 中支腿

(1)结构说明。中支腿由上横梁和油缸立柱组成,上横梁与主梁采用高强螺栓连接。组装的工作内容:主梁节段组装完成后,整体组装上横梁和油缸立柱总成。

(2)工艺流程

①构件制作:连接牛腿、横移连接装置、立柱、短立柱单独制作,端头留适当配切余量。

②整体拼装:连接牛腿与主梁汇装;然后再与立柱汇装;再连接短立柱,下面安装支撑油缸。

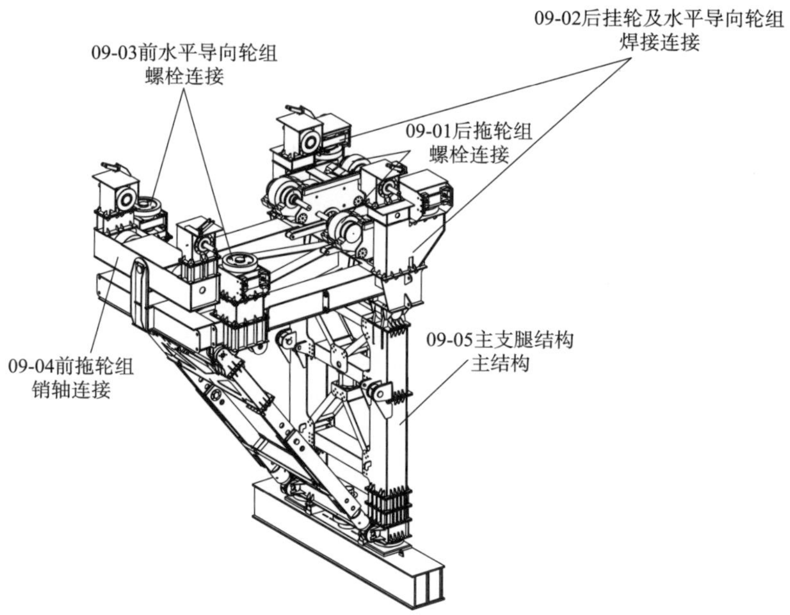

图 8—28 主支腿结构

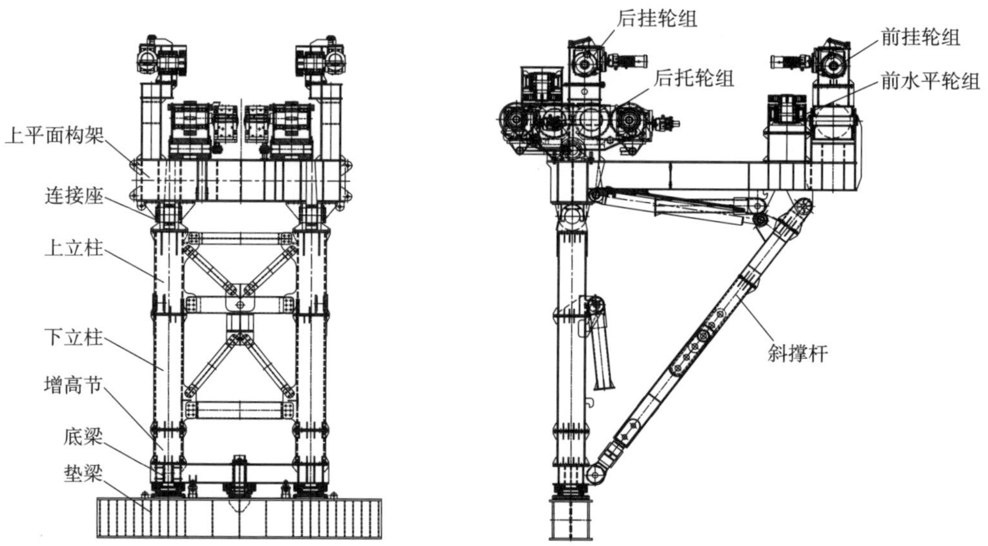

图 8—29 主支腿示意图

(3)中支腿在制造过程中需重点控制以下方面：

中支腿在制作过程中，须保证后支腿的受力系统线跟设计相吻合，须保证连接牛腿、立柱、短立柱之间的合孔率。

其余部件具体控制尺寸按照工艺作业指导书进行制造加工控制。如图 8—30 所示。

4. 前车

(1)结构说明。前车架由上弯梁、左横梁、右横梁和轮组悬挂总成。上弯梁与主梁采用高强螺栓连接，上弯梁与横梁采用高强度螺栓连接，轮组悬挂总成与横梁采用内六角螺栓连接。如图 8—31 所示。

(2)工艺流程

①各部件单独制作，留适当机加工余量；

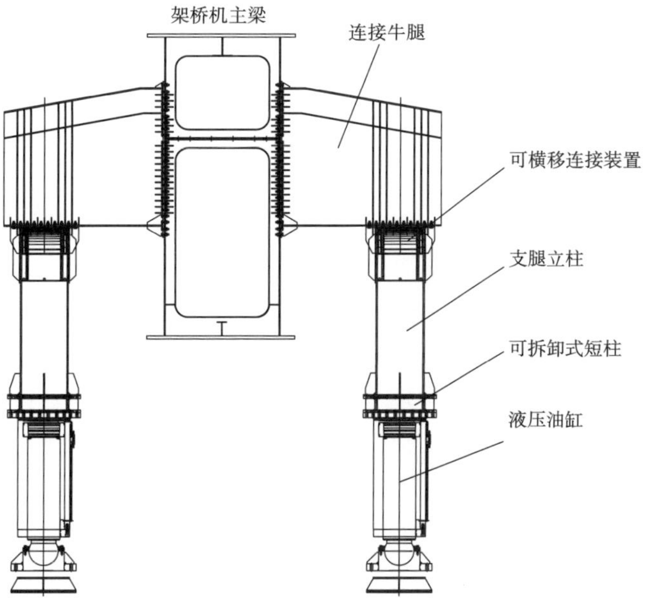

图 8—30 中支腿示意图

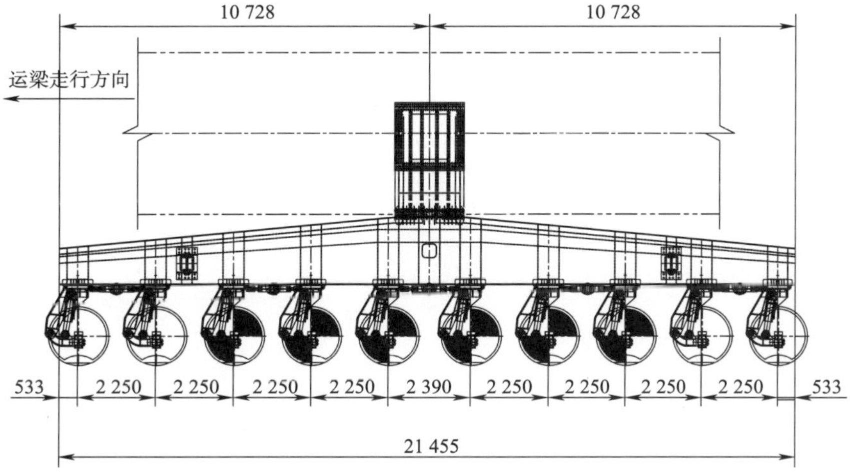

图 8—31 前车示意图(单位:mm)

②整体拼装:上弯梁、横梁、轮组的顺序逐步拼装成整体。

(3)前车在制造过程中需重点控制以下方面:

①连接曲臂和主梁之间的间隙及孔位问题;

②车架与走行悬挂孔位装配问题;

③前车的受力系统线跟设计相吻合。

5. 后车

(1)结构说明。后车架由上横梁、左横梁、右横梁、悬挂轮组、90°转向油缸架、球铰座等组成,各部件之间采用高强螺栓连接。如图 8—32 所示。

(2)工艺流程

①各部件单独制作,留适当机加工余量;

②整体拼装:先将上横梁、左横梁、右横梁拼装成整体,接着安装轮组,然后安装左、右横梁之间的拉杆。

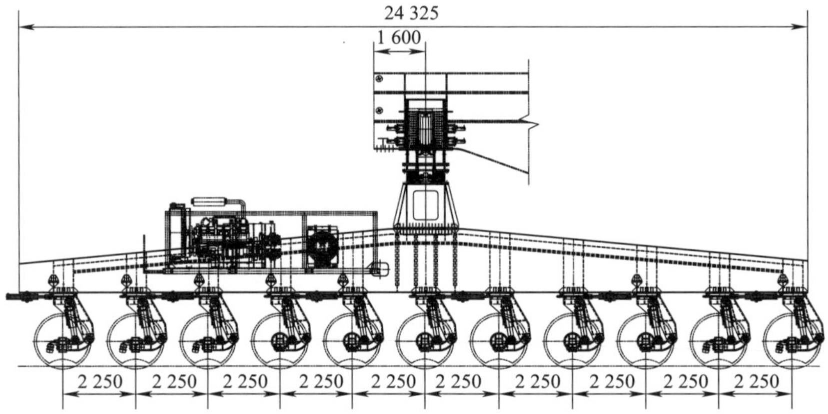

图 8—32　后车示意图(单位:mm)

(3)后车在制造过程中需重点控制以下方面:

①连接主柱和主梁之间的间隙及孔位问题;

②车架与走行悬挂孔位装配问题;

③后车的受力系统线跟设计相吻合。

6. 起重小车

(1)结构说明。起重小车由上横梁、定滑轮组、动滑轮组、吊具、纵移和横移机构等组成。

(2)工艺流程

①各部件单独制作,留适当机加工余量;

②整体拼装:先将定动滑轮组组装成体,然后安装在横梁上,通过横移油缸推动测试。

(3)起重小车在制造过程中需重点控制以下方面:

①各销轴与连接部件之间的间隙问题;

②油缸的装配问题。

8.5.2　电气系统制作

1. 司机室及控制柜

运架一体机司机室按照《起重机 司机室》(GB/T 20303)进行设计,按功能设置了 3 台司机室,前后司机室为运梁操作,中司机室为架梁操作。为保证操作舒适性,尺寸长宽高分别为 1 600 mm×1 600 mm×2 000 mm,司机室内部漆面为白色或灰白,外部颜色与设备主体颜色一致。座椅可进行高度和前后微调,操作台位于前侧和右侧,司机室应为室外防雨型,根据使用地点的气候特征配置空调、加热器等设施。司机室与主体结构的连接为底座连接。

控制柜设置为户外防雨型,在沿海等位置使用外壳材质需满足防盐雾因素。安装孔位在控制柜制作时一并制作,与主体结构的连接通过附件打孔螺栓连接。控制柜根据各子系统分层控制原理进行分布式布置,为实现快速转场拆装所有阀组、驱动控制信号线、传感器连接均用快速插头连接。

2. 接线及布线

布线遵循先主线后分支、强弱电分开布设的原则。先将司机室、控制柜位置定位后按布线图进行布线。照明及司机室交流电源线的布设必须与通讯线、信号线分开布设,当不可避免有交叉时用金属软管和金属电缆桥架进行跨越。信号及通信信号的屏蔽层接地参照信号接地规范进行。

8.5.3　液压系统制作

液压系统的制作包括管材选择、管子加工、液压管路的清洗、管路的敷设、集成块的安装、液压系统清洗。

液压系统清洗时，为便于施工，通常采用站外循环冲洗方式，也可根据实际情况将站外循环冲洗和管线外循环冲洗方式混合使用，达到提高冲洗效果，缩短冲洗周期的目的。站外循环冲洗回路可分串联式冲洗回路和并联式冲洗回路两种。

该系统的制作与运梁车液压系统的制作相同，在此不再赘述。

8.6 安拆与调试

8.6.1 安装

1. 安装作业安全保障

(1)施工场地必须平整、压实，地基应加固，并浇筑 20 cm 厚的 C30 混凝土基础，场地承载力符合要求，以满足吊装设备及机具的工作要求。

(2)施工现场必须宽敞、开阔，组装场地需要 120 m×100 m 区域，所选区域上空不得有高压输电线路通过。

(3)开始施工前，现场必须保证通电、无积水。

(4)施工区域设立警戒线，与施工无关人员禁止进入。

(5)对架桥机安装前，对架桥机整体进行检查，确保所有部件齐全且没有结构缺陷。

(6)对所有用于安装作业的工器具进行全面检查，所有的安全装置必须齐全可靠。

(7)汽车吊工作区域平整、坚实、无障碍物。

(8)提供电源，保障施工时提梁机能正常调试运转。

(9)夜间施工时，施工场所应保证足够的照明。

(10)作业时无大雨、沙尘暴等恶劣天气，无 6 级及 6 级以上大风。

(11)运架一体机安装所需道路畅通，材料堆放区临时清空，场地平整。

2. 主要部件安装作业要点

(1)后车架组装

①对支撑架摆放位置进行处理。承载力≥0.4 MPa，左右高差≤2 cm，同一侧前后高差≤5 cm。

②摆放左右横梁。横梁的左右中心距 5.2 m±2 mm，对角线 21.76 m±2 mm。采用汽车吊吊装。吊车松钩前，采 10 号工字钢两侧斜向支撑，斜撑的底部采用∠50 角钢横向焊接拉紧。如图 8—33 所示。

图 8—33　后车架组装

③安装上横梁。

④安装 90°转向油缸支撑立柱。

⑤安装顶升油缸，并用顶梁千斤顶支垫。

⑥安装轮组悬挂。第 2 轴和第 20 轴暂不安装。

⑦安装横梁之间 150 kW 发电机组的支撑架、后车动力舱支撑架、横梁之间连接横梁。

⑧安装后车发动机和 150 kW 发电机组。

(2)主梁节段组装

第一步：节段 1 安装。节段 1 采用 2 台 50 t 吊车双机抬吊。节段 1 的后端球铰座与后车架的上横梁进行连接。节段 1 的前端采用垫梁支垫，垫梁与节段 1 底面临时焊接牢固。

第二步：节段 2 安装。采用 2 台汽车吊双机抬吊，节段 2 前端采用支架临时支撑，支架距端头 1.5 m。

①2 台汽车吊摆放在主梁外侧场地内，摆放方向：车身长度方向沿架桥机方向摆放(横向摆放)。

②试吊主梁。首先用钢丝绳将主梁整体捆绑，钢丝绳下侧用包角垫好。为防止松钩时包角掉下砸吊车，包角都用铁丝拴在钢丝绳上。将主梁节段 2 吊起试钩，同时检查吊具和吊车支腿等，起吊的同时测量人员在一旁对地面沉降进行检测及时预警，在起吊时两台吊车旋转半径内及其中间区域为作业区域，禁止人员入内，并用警戒带，隔离危险区域。

③正式起吊。等试吊无误后将主梁慢慢吊起，全面检查所有使用的机具，布置、连接、捆扎等，确认无误后方能进行主梁吊装。

主梁提升 200 mm 静悬空中 20 min，查看所有机具确认安全可靠后，方能慢速将主梁提升，当主梁离开地面 2 m 时，吊车可扬杆增大安全系数，等高度到达主梁对接法兰时停止。同时开动两台吊车旋转机构，把主梁节段 2 移至接口法兰面，大致使接口处对准中心线，缓慢移动主梁至接口处间隙约为 5 mm，利用定位销轴使接头处精确对位，随之连接紧固。待螺栓连接固定后松下吊钩，摘除钢丝绳，完成设备的主梁节段 2 安装工作。其余主梁采用同样的吊装方式。

两台汽车吊必须由一人统一指挥，吊车司机和指挥人员配备无线对讲机，确保两台吊车起吊的同步性和协调性。其他起重工作进行配合。起吊后无论起吊至任何高度，主梁都必须处于两端平衡。如图 8—34 所示。

图 8—34　主梁组装及支撑

第三步：安装卷扬机托架、卷扬机。

主梁节段 1、2 安装完毕后，开始安装卷扬机平台。卷扬机平台在地面上拼装成整体，再用 2 台 80 t 吊车双机抬吊与主梁节段 1 对接安装。卷扬机托架安装完毕后，吊装卷扬机。

第四步:依次安装节段 3、4、5。采用 2 台汽车吊双机抬吊,各节段前端采用支架临时支撑,支架距端头 1.5 m。如图 8—35 和图 8—36 所示。

图 8—35 主梁节段抬吊悬拼

图 8—36 主梁节段临时支撑

第五步:拼装主梁各节段的同时同步进行主支腿和中支腿的地面组装。

第六步:依次安装节段 6、7。采用 2 台汽车吊双机抬吊,各节段前端采用支架临时支撑,支架距端头 1.5 m。

第七步:安装前车架。先安装上弯梁,再安装横梁,最后安装轮组。如图 8—37 和图 8—38 所示。

图 8—37 前车架上弯梁安装

图 8—38 前车架横梁与上弯梁组装

第八步：安装节段 8、9。采用 2 台汽车吊双机抬吊。

3. 主支腿组装

先安装上水平构架，再安装竖立柱和底横梁，最后安装斜撑。如图 8—39 和图 8—40 所示。

图 8—39 上水平构架在主梁前端吊装

图 8—40 底横梁安装

4. 钢丝绳吊具、电气系统液压系统安装

钢丝绳吊具、电气系统液压系统安装方法与搬梁机安拆技术一致，在此不再赘述。

8.6.2 调试

TJ-YT1000/40 运架一体机的控制系统是结合机械、电气、液压的集成者，是实现设备功能的关键部分。调试过程中要关注电控系统元件的安装和接线的工艺实施情况，将电控系统的调试分为静态调试和动态调试。静态调试是指不需要机械和液压配合的情况下，通电进行电控系统的单一调试；动态调试是指需机械、电气、液压一起配合进行联合调试，通过机械装配的调整、液压控制元件和电气控制参数的调整，实现机、电、液的匹配和整机的各项设计功能。

1. 静态调试

设备通电过程禁止电焊作业。

静态调试内容和步骤：①检查电控柜的接线，检查系统的电源和总线接线是否正确；②刷写控制器固件和程序，编写编码器等总线传感器的地址和其他设置参数；③测试系统总线和电源联通是否正常；④验证控制输入和输出信号的正确性；⑤对可以静态调试的传感器进行标定等操作。

控制箱程序下载及接线检查：①对所有已装配及接线完成的控制柜（司机室）进行线路检查；②通电并用万用表测量电源电压、查看控制器指示灯是否正常；③连接程序下载线，分别下载控制器固件和程序，连接测试元件（编码器、压力传感器、控制开关），对照程序检查线路是否正常；④将所有编码器按照图纸或地址表设定波特率、节点地址等参数并贴标记。

联网测试：①安装前的联网测试，在控制柜及司机室安装于一体机前，可将司机室及控制箱按照网络结构图进行总线连接，测试网络及数据通信情况；②安装后的联网测试，司机室和控制箱安装接线并检查完毕后，对控制系统通电，检查电源及网络通信情况，检查所有传感器数据是否正常，包括编码器、压力传感器、压差开关、液位传感器、测距及倾角传感器等，如有条件可进行传感器标定。

2. 动态调试

动态调试过程中，所有与调试无关人员必须离场，调试人员与设备保持安全距离！动态调试需在机械和液压安装到一定程度，电气接线完毕并进行静态测试后方可进行。需启动动力系统，有机械和液压专业人员配合完成一定的动作。

发动机测试：①发动机及动力舱结构件安装完成并检查；②动力舱液压管路安装连接完毕，液压油箱以及液压泵等主管路连接完毕，未完成液压系统管路已封堵；③发动机线路接线完成并检查，包括蓄电池(电压 22～28 V)及其供电、充电线路，发动机控制线路等；发动机安装前已完成了点火测试；④发动机机油、燃油、冷却液已添加并检查完成，发动机风道系统安装并检查完成；⑤发动机部分静态调试已完成或与动力测试相关的司机室、弱电电源线路、动力舱控制箱已接线完毕并通电测试，发动机 CAN 总线数据读取正常。

调试所要达到效果：发动机在三台司机室顺利完成启停和转速调整操作，调速过程平稳可控。

3. 悬挂及支腿动作调试

前车和后车分别有 20 及 22 支悬挂油缸可由 2 个球阀进行分组成 2 点、3 点或 4 点，系统升降由悬挂阀组控制。悬挂主管路上均布 6 支压力传感器测量悬挂各测点的压力。

准备工作及调试前提：发动机动力系统已调试完毕，悬挂机械结构及液压管路已安装完毕并检查，电气线路及压力传感器接线完成并检查。

调试所要达到效果：悬挂 6 个操作点在 2 个司机室均可单独升降操作及组合操作，升降过程动作平稳速度可控。

4. 行走驱动系统动作调试

行走驱动系统包含驱动和制动两部分。

行走控制调试内容及步骤：①检查液压驱动及制动回路安装完毕且无渗漏；②电气线路接线完毕，所有传感器完成静态测试及标定工作；③测试发动机空转下的闭式系统压力、驻车制动压力、行车制动压力；④选择行驶速度挡位，将前后车发动机转速调至行车转速范围，在确定不会溜车情况下打开驻车制动，打开自动纠偏模式，推动手柄或踏板调节泵及马达排量，观察系统压力变化、泵和马达电磁阀电流数值；⑤反复调整行走系统纠偏 PID 参数，观察系统压力变化，在路面做好标记；⑥多次复核大车前进后退各挡位行走过程系统压力偏差，达到设计允许误差后，完成速度控制及纠偏调试；⑦转向调试完成后，主梁后球铰编码器完成测试后，需在行走过程中进行后车转向纠偏调试。

调试所要达到效果：在两个司机室均可操控两台发动机控制行走驱动，行车过程方向可控，速度可调，制动系统可顺畅打开和关闭，监控数据在设计范围内，行走过程前后大车中线偏离及夹角在设计允许范围内。

5. 转向系统动作调试

油缸驱动全轮转向；转向角度范围－15°～95°；能够实现横行、斜行、八字、半八字、小八字的转向；转向时，由司机室选择转向模式，转向控制器接收方向盘发送转角信号，结合总线编码器反馈角度数据进行闭环运算，控制比例阀驱动转向油缸实现闭环转向控制，运梁过程中与运梁车不同的是前后车在行走过程还需根据后车球铰编码器反馈数值实时对后车与主梁之间的夹角进行调整纠偏。

调试准备及前提条件：①发动机及动力调试完毕；②转向系统结构及液压管路施工完毕且经过检查；③电气线路接线且检查完毕；④控制系统静态调试完毕，CAN 总线网络正常，所有编码器均已初步标定(转向编码器及后车与主梁连接的球铰编码器)。

调试步骤：①完成上述准备工作；②操作转向旋钮/方向盘，三台司机室在标定模式下逐个轮组从－5°转到95°；③在前后司机室分别在斜行(±15°)、八字及半八字(±15°)模式转动转角旋钮，观察轮组实际角度与给定角度差值是否在允许范围内；④中司机室分别在斜行(±15°)、小八字(±15°)模式转动转角旋钮，观察轮组实际角度与给定角度差值是否在允许范围内；④在三台司机室行走操作时，纠偏模式下测试并调整后车球铰纠偏PID参数，直至达到设计偏差允许范围。

调试所要达到效果：在前后各司机室均可单台发动机及两台发动机控制转向(八字、半八字、横行、斜行)，中司机室除发动机控制外还可实现斜行、小八字转向控制，各转向模式转向顺畅且达到目标转向角度，前后车球铰纠偏小于设计偏差。

6. 起升卷扬机构动作调试

调试准备及前提条件：①发动机及动力调试完毕；②卷扬机结构及卷扬驱动液压管路施工完毕且经过检查；③电气线路接线且检查完毕；卷扬控制箱及本侧司机室控制系统静态调试完毕，CAN总线网络正常，卷扬编码器及限位开关均已初步标定或完成点位测试。

调试所要达到效果：在两个司机室均可控制4台卷扬机构的起升下降及速度调节，起升机构起升和制动过程顺畅，速度调节平顺，限位保护装置可靠。

7. 小车纵横移机构调试

调试准备及前提条件：①发动机及动力调试完毕；②小车纵横移油缸驱动液压管路施工完毕且经过检查；③电气线路接线且检查完毕；④卷扬控制箱及本侧司机室控制系统静态调试完毕，CAN总线网络正常，卷扬控制箱完成点位测试。

调试所要达到效果：在两个司机室均可控制2个小车纵横油缸的伸出和收回以及单动和联动控制，动作过程顺畅。

8. 照明及空调

检查照明和空调线路是否布设完毕，保证强弱电分离布设，避免与弱电系统受到干扰。在夜间打开照明检查工作位置照明情况。

9. 隧道内自动驾驶系统调试

(1)准备工作：查看隧道情况，激光测距区域是否右障碍物及遮挡，实测左右隧道理想测距区域(2 m以上位置)，空车在隧道内将摄像头角度调整至合适位置；在隧道画一条中心线及两侧轮组行进中心线。

(2)现场调试：空车低速或微动车速在隧道内行驶(自动驾驶模式下)；行驶过程，安排观察人员查看行驶路线是否与划线中心线吻合，记录偏差；调整程序参数，反复试验直至行驶偏差值达到允许偏差，低速达标后逐渐换高速挡位调试并重复以上过程。

10. 安全监控系统调试

包含视频监控和数据监控，参照《起重机械安全监控系统》(GB/T 28264—2017)，查看视频监控画面及监控画面是否清晰，数据监控是否完全。历史记录及数据导出对照表格进行核查。

8.6.3 拆除

末孔梁架设完毕后，运架一体机返回到拆卸位置。采用汽车吊进行解体，解体后采用汽车进行运输。

1. 拆卸流程

先收钢丝绳和拆卸主支腿，用支架支撑主梁和后车架左、右横梁，用600 t千斤顶支垫辅助支腿，用钢墩支垫后车架90°转向油缸。接着拆卸电气线路和液压管路，再从主梁节段9向节段1逐节拆卸主梁。拆卸主梁的过程中，逐步拆除前车架、辅助支腿、前车架动力总成、卷扬机平台、后车架动力总成、发电机组、司机室，最后拆卸后车架。根据运输需要，对主梁节段进行上、下盖分解。

2. 主梁和前、后车架支撑

(1)主梁支撑

主梁支撑共7处,其中节段1采用钢梁支垫在后车架左、右横梁的顶面,采用200 mm的工字钢将节段1与钢梁临时焊接,钢梁与后车架左、右横梁临时焊接。

节段2、3、4采用主梁支架支撑,节段5采用辅助支腿和主梁支架支撑,节段6、7采用主梁支架支撑,前车架轮组离地10 cm,此种工况与重载架梁工况相同。因此,节段8和节段9不需要支撑。

(2)前、后车架横梁支撑

后车架支撑6处。其中,90°转向油缸底部采用钢墩支垫,左、右横梁各采用2个小支架支撑。支架与左、右横梁之间临时焊接。

3. 拆除工艺流程

(1)收钢丝绳。前吊点的钢丝绳收至各自的卷扬机上,后吊点的钢丝绳收至1个卷扬机上。

(2)拆除辅助支腿。直接拆解辅助支腿与主梁连接螺栓,将辅助支腿移至地面进行解体。

(3)移除主支腿。主支腿行走至主梁节段9的前端,用氧气乙炔割掉前挡板,拆卸主支腿电缆线和油管。先拆卸下垫梁,然后采用2台汽车吊整体吊至地面。

(4)主梁和横梁支撑。前、后车架轮组离地10 cm。后车架4个小支架,左、右横梁各2个,支撑在第3轴和第8轴轮组处。

(5)拆卸主梁节段8、9。采用2台汽车吊双机抬吊至地面。

(6)拆卸电气线路、液压管路。

(7)前车架拆除。先拆卸轮组,接着拆卸横梁,最后拆上弯梁。横梁采用2台汽车吊双机抬吊。

(8)拆卸主梁节段6、7。

(9)拆卸前车架发动机动力总成、液压油箱总成。

(10)拆卸卷扬机及平台总成。

(11)依次拆卸主梁节段2、3、4、5。

(12)拆卸后车架。拆卸顺序:发动机动力总成、卷扬机配电箱和150 kW发电机总成、发动机油箱总成、上横梁、左侧轮组、左侧横梁、油缸支撑架、右侧轮组、右侧横梁。拆卸轮组时,横梁采用工字钢斜撑加固防倾覆。

(13)主梁节段地面分解。

4. 电气系统及液压系统拆卸

电气系统液压系统拆卸方法与搬梁机安拆技术一致,在此不再赘述。

8.7 检测与试验

8.7.1 检测

运架一体机于特种设备的监检范围,为保证运架一体机的使用安全性能及可靠性,一般按照《起重机械安装改造重大修理监督检验规则》(TSGQ 7016—2016)、《架桥机安全规程》(GB 26469—2011)和《架桥机通用技术条件》(GB/T 26470—2011)进行监督检验和试验。运架一体机安装前,安装单位应当向使用地的市级特种设备安全监督管理部门办理安装告知,并且向检验机构申请安装监检。运架一体机在施工单位自检合格的基础上,由国家质量监督检验检疫总局核准的检验机构对施工过程进行的强制性、验证性检验。具体监检项目详见附表。

8.7.2 试验

1. 空载试验

各种安全装置工作可靠有效;液压系统无泄漏;各工作机构动作平稳,运转正常,制动可靠,能实现规定的功能，无异常震动、冲击、噪声等现象。

2. 额定载荷试验

(1)额定载荷试验是检查运架一体机的主要性能参数，检查与试验程序按 GB/T 5905 规定的方法进行。

(2)运架一体机加载 1.0 GN 的试验载荷，模拟施工工况进行架梁作业，试验过程循环次数不应小于 3 次，检测主要钢结构的强度、刚度，检查运架一体机能否完成架梁动作，检查记录的各性能参数实测数值是否符合要求。

(3)试验过程中运架一体机速度和时间参数的测量按 GB/T 22414 规定的方法进行。

(4)进行型式检验的运架一体机，在进行额定载荷试验时，还需按下列要求进行结构测试：

①测试工况和测试点的选择原则如下：在运架一体机架梁和过孔工作的各种工况中，以最恶劣工况测试强度和刚度；在运架一体机测试强度工况中，以各钢结构最大受力截面和点作为测试截面和测试点；以运架一体机理论计算结果的最大受力点，选择为测试点。

②强度测试方法：采用电阻应变片测量测试点应变力，再计算出主应力。

③结构件刚度测试方法：分别以额定载荷模拟架梁和过孔工况，用水准仪检测主梁(导梁)跨中挠度及端部的下挠度。

(5)起升机构以低速稳定运行，从制动器断电至箱梁停止时，用卷尺测量的下滑距离，检查制动距离。

3. 动载试验

(1)动载试验的目的是验证运架一体机各机构和制动器的功能及安全可靠性，试验载荷为 1.1 GN。

(2)运架一体机各机构的动载试验应按照运架一体机的作业工况分别进行。

(3)起升机构一般按 1.1 GN 加载：试验时对每种动作应在其整个运动范围内作反复启动和制动；对悬挂的试验载荷作空中启动时，试验载荷不应出现反向动作；试验时应按该机构的电机负载持续率留有操作间歇时间，按操作规程进行控制，且应注意把加速度限制在运架一体机正常工作的范围内；试验时间不应少于 2 个工作循环。

(4)各机构或构件完成其功能试验，在随后进行的目测检查中若未发现机构或构件有损坏，连接处也没有出现松动或损坏，则该项试验合格。

4. 静载试验

(1)静载试验是检查运架一体机主梁、承力柱等主要金属结构件的承载能力。

(2)运架一体机加载 1.25 GN，缓慢起吊至离地面 100～200 mm 高度，悬吊时间不小于 15 min。试验结束后检查架桥机，如未出现裂纹、永久变形、油漆剥落或其他对运架一体机性能和安全有影响的损坏，各连接处未出现松动或损坏，则认为试验合格。

(3)起重小车起升机构的静载试验应根据运架一体机作业工况进行。试验前根据试验工况将起重小车停放在相应位置，定出测量基准点。

5. 过孔试验

(1)按照所试验运架一体机的过孔方式，操作运架一体机进行过孔试验。检查过孔能力和过孔的平稳性，使用秒表、卷尺测量运架一体机纵移过孔速度。

(2)在过孔试验过程中，操作运架一体机进行紧急制动，检查是否达到设计要求。

6. 支腿功能试验

运架一体机支腿应伸、缩平稳自如，穿销准确到位，持荷稳定。

9 工程应用

千吨级 40 m 简支箱梁搬提运架成设备在多条铁路项目全部获得成功应用。本章简要介绍搬、提、运、架各设备施工工艺，成套设备配置方法以及工程应用情况。

9.1 搬提运架施工工艺

9.1.1 搬梁机搬梁

9.1.1.1 施工准备

在搬梁机开始操作前，搬梁机天车监护人员、搬梁机司机首先检查各设备是否正常，专职安全员记录检查情况。

9.1.1.2 施工工艺流程

(1)制梁区移至存梁区：初张拉后接收到工程部移梁通知单→存梁台座四点标高复核→提梁→移梁→落梁。

(2)存梁区移至存梁区：接收到工程部移梁通知单→存梁台座四点标高复核→提梁→移梁→落梁。

(3)存梁区移至发梁区：接收到工程部发梁通知单→发梁台座四点标高复核→提梁→移梁→落梁。

(4)存梁区移至运梁车：接收到工程部发梁通知单→发梁台座四点标高复核→提梁→移梁至运梁车→落梁。

9.1.1.3 安全技术操作要点

1. 操作要点

(1)先将搬梁机纵向移位至梁体正上方；再横向移动搬梁机的天车，使其吊具位于梁体正上方。

(2)确认吊具位于梁体正上方后，可开始下落吊具；当吊具距离梁顶面 5～10 cm 时，进行对位直至吊杆穿过梁体吊孔。

(3)两人协调配合抬起垫板穿过吊具，另外一个人立即上好吊具螺帽。

(4)经检查确认吊具上好后，方可提起梁体；梁体提起后，指挥员要指挥搬梁机司机反复(2～3 次)提起梁体 5 cm 左右，以检查天车卷扬机的刹车情况；待天车监护人员发出正常口令后，指挥员向搬梁机司机发出提升口令，搬梁机司机用 1 挡慢慢提起梁体；此时天车监护人员仔细观察天车电机和钢丝绳运行情况，若无异常，则天车监护人员向指挥员报告“天车运行正常”，指挥员在接到正常情况报告后，向搬梁机司机发出 2 挡提升指令，待梁体底部高度与最高障碍物顶面基本一致时，指挥员向搬梁机司机发出 1 挡提升命令，降低搬梁机提梁速度，待高出最高障碍物 50 cm 后，指挥员向搬梁机司机发出停止上升命令。

(5)根据落梁位置要求，对搬梁机进行前、后、左、右向移动；移动前，搬梁机两侧监护人员要首先报告搬梁机前后左右是否有障碍物，若有则立即清除，清除后向指挥员报告清除情况；指挥员确认无障碍物后，再下达移动命令。在搬梁机移动过程中，监护人员要加强检查，若遇到突发情况要立即报告指挥员。因搬梁机司机室位于搬梁机中部，司机视野受限，不能充分观察到全部风险，因此，在指挥员发出操作指令后，操作人员方可进行操作，杜绝不听指挥擅自操作的违章行为。

(6)在梁体到达落梁位置(发梁位置或运梁车)的正上方后，开始慢慢落梁。在落梁过程中先用1挡下落，待天车监护人员报告正常后再用2挡下落。待梁体落到距离目标位置25～30 cm时，采用1挡下落。落到距离目标位置5～10 cm时，停止下落。对位时，对位人员要检查梁体与目标位置是否一致，若不一致，指挥员要指挥搬梁机司机进行微调。

2. 箱梁吊装关键要点

搬梁机运行至制梁台座，通过吊梁天车上的横向和纵向油缸调整吊杆位置，当八个吊杆与梁体上八个吊装孔完全对位后，启动卷扬机下降吊杆。当吊杆完全穿过吊装孔后，安装垫板和锁紧螺母，保证八根吊杆的伸出量一致，且垫板与梁体有良好接触面。否则需加橡胶垫块或铺上细砂。

在上述工作完成后，启动卷扬机缓慢起升，保证4台卷扬机同步起升，速度一致，误差不超过5 mm。当箱梁底面起升到高出制梁台座的护栏200 mm时，停止起升，此时提梁机可沿着走行线移向存梁区，将箱梁落至存梁台座上，后张梁在起梁、移梁、吊装时梁端允许悬出长度为1 350 mm。

3. 安全风险管控

(1)起吊前的管控

①应确认梁面无杂物，以免起吊过程中因杂物落下而造成人员伤害或设备损坏。

②应认真检查混凝土箱梁与模板是否完全脱离，以免梁体扰动使其倾倒而导致人员挤压伤害、损坏设备。

③应保证梁体处于同一水平度上，避免梁体倾斜角度过大使得受力不均而导致起吊钢丝绳超载断裂。

④抬起垫板穿过吊具时，两人应相互协调配合，以免垫板砸伤手脚。

⑤严防吊具螺帽虚拧或拧后不做检查的不安全行为。

⑥严防正式起吊前不反复试吊检查的不安全行为。

(2)正式起吊过程中的管控

①严防人员站在梁顶面，以免发生人员高处坠落伤害。

②应认真监测大车两侧走行是否同步，以免差距过大使得主梁连接螺丝剪切破坏而造成梁体坠落。

③起吊过程中，应保证大车行走速度平稳，以免走行过快导致梁片晃动。

④严防钢丝绳等吊具带病使用。

⑤搬梁机前后左右移动前，应及时消除一些障碍物，以免引发各种不测。

⑥因搬梁机司机有视野盲区，应杜绝司机盲目移动搬梁机的不安全行为。

⑦坚决杜绝超速吊起和超速落梁的不安全行为。

9.1.1.4 质量控制要点

箱梁从制梁区通过1 000 t搬梁机运输到存梁区内，放置于存梁承台上。在存梁台座上及双层存梁台座上部放置4块700 mm×700 mm×70 mm的橡胶支座板，梁体的四个支座点须在同一高程且水平，相对高差不大于2 mm。橡胶支座板进场时对厚度进行检测，并按高差进行分类使用。四块橡胶支座板的压缩相对变形量要小于2 mm，梁体放置存梁台后对橡胶板进行变形观测，相对高差过大采用薄钢板调整，并焊接存梁台座上。

当存梁台座首次存放箱梁及首次双层存梁时，搬梁机必须在存梁台座上方停留24 h，不得拆除吊杆。对存梁台座进行24 h观测不均匀沉降小于2 mm后，方可拆除吊杆，并在第3 d、5 d、7 d、15 d、30 d各观测一次，存梁30 d相对稳定后每个月观测一次。此外，雨后要及时观测，特别是存梁后首场雨。

9.1.2 提梁机提梁

9.1.2.1 施工准备

(1)提梁机安装调试完成,各项性能均能正常运转;
(2)提梁的施工方案或者是提梁作业指导书必须编审完成;
(3)操作司机、指挥等特种人员必须经过专业的培训,并持证上岗;
(4)提梁施工人员必须经过安全教育培训、技术交底,考核合格后方可上岗;
(5)成品箱梁出厂手续齐全,并发送至提梁台位;
(6)配备足够的对讲机并保持畅通。

9.1.2.2 施工工艺流程

1. 施工工艺流程

(1)提梁施工。MG500 型提梁机(图 9—1)采用三吊点四点起吊,两台提梁机通过变频器采集同步信号,同步起升移动。提梁机提梁施工流程如图 9—2 所示。

图 9—1　MG500 提梁机

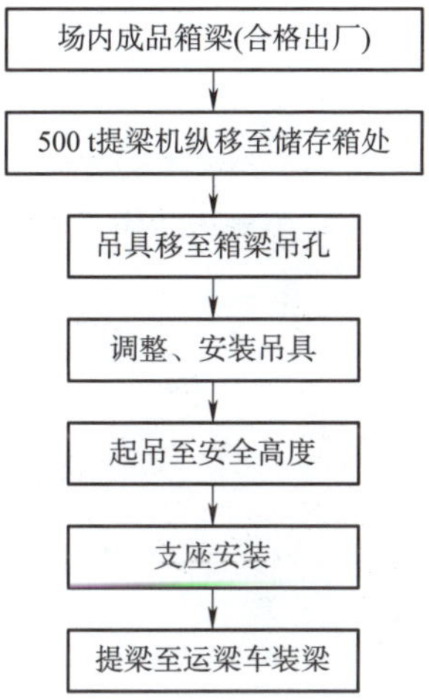

图 9—2　提梁机提梁施工流程

(2)提吊运梁车、架桥机、运架一体机上桥
①提梁机提吊运梁车至桥梁上(图 9—3)。
②提梁机提吊架桥机至桥梁上(图 9—4)。

图 9—3　提梁机提吊运梁车

图 9—4　提梁机提吊架桥机

③提梁机提吊运架一体机至桥梁上(图 9—5)。

图 9—5　提梁机提吊运架一体机

(3)提梁装梁至运梁车。提梁机从发梁台座提吊箱梁,落梁至运梁车,完成运梁车装梁作业(图 9—6)。

(a) 正视图　　(b) 侧视图

图 9—6　提梁机装梁至运梁车

2. 存梁台座重载提梁试验

(1)试验准备。两台提梁机安装、调试完毕后,需进行空载运行、重载提梁试验,为了确保使用安全,试验中需注意以下事项。

①检查提梁机大车、小车的安装调试状况,检查走行减速机的安装调试状况,走行减速机的制动器要调整好间隙,保证打开和释放的良好制动效果;查看空载运行时大车、小车走行的平稳度、轮缘距钢轨的间隙、变频调速情况等。

②检查起升机构传动装置安装可靠程度,包括电机、减速机、制动轮联轴器、制动轮、电力液压块式制动器、液压失效保护制动器、卷筒、大小齿轮的安装和配合;调整好电力液压块式制动器、液压失效保护制动器间隙,保证打开和释放的良好制动效果;确认起升机构传动装置有无异常声响。

③检查钢丝绳在卷筒、卷绕排绳状况,查看卷筒下绳与结构之间的间隙;查看钢丝绳在动、定滑轮绳槽中的卷绕情况,保证钢丝绳都在护绳轴之内,不能跳槽;检查钢丝绳夹的数量、质量、紧固程度。

④检查吊具的安装调试状况,查看纵摆吊梁、吊梁之间的联接状况,确保联接可靠。

⑤检查测定各部分电动机空载时的定子电流,检查 PLC 及其 I/O 接口的接线是否可靠,变频器的输入电源线和输出线的连接是否可靠,接触器的主接点及辅助接点的工作情况,检查电机正反转和变频

电动机的风机运转是否符合要求，特别是起重机大车前后腿的运转方向必须一致。

⑥用兆欧计检查电路系统和所有电气设备的绝缘电阻时，由于该机电控系统中有PLC、变频器等电力电子装置，绝缘测试时，一定要先将装置的外围连接线全部断开，再按照他们各自使用说明书中的绝缘测试步骤进行，否则会使装置中的半导体器件性能劣化甚至损坏。

⑦在断开动力线的情况下，检验操纵线路接线的正确性和所有操纵设备的转动部分是否灵活可靠，电气设备工作正常，其中必须保证电磁铁、限位开关和紧急开关的可靠性。

⑧失效保护制动器检查和保养：失效保护制动器采用液压钳盘式制动器，设计为常闭式；特制蝶簧施力制动，液压驱动释放动作灵活；使用前调整好开闸限位开关，衬垫磨损极限限位开关，通过PLC系统控制，应可进行连锁保护和故障显示；采用高性能无石棉硬质摩擦衬垫，摩擦系数稳定，当衬垫磨损达到原厚度的1/2时，应更换。

⑨确保试车前准备充分且检查无误后，两台起重机方可各自空载运行。大车、小车和起升机构各进行三次无负荷运行，检查有无异常情况，确保上述各种检查都正常后，方可进行重载试吊。

(2)试验流程。提梁机安装调试后，尚未重载提起过箱梁，为此重载提梁要严格遵循下述程序。

①梁体对位穿吊轴时，提梁机吊具中心应和梁体吊孔中心完全重合。操作步骤：首先将吊具纵向对称中心与梁体横向吊孔对称中心对中，再将吊具横向对称中心与吊孔纵向对称中心对中；吊轴穿入梁体吊孔中，装好橡胶垫、垫块、凹板、螺母，吊轴与螺母旋合位置吊轴端面平齐为准，垫块长度、宽度方向与梁体方向对正；吊具装配好后，起升至钢丝绳微拉紧状态，再调试精确对中。避免出现梁体过大的横向、和纵向偏移摆动现象的发生，特别是在制梁台座制梁模板中提梁时吊轴一定要对中，避免梁体横向、纵向偏移摆动撞坏模板。

在对位穿吊轴时，注意不要过度下放吊具，吊具吊梁下平面距梁体上平面之间的间距保证留有20～40 mm，避免吊具吊梁下平面与梁体接触后，致使卷筒钢丝绳排绳乱绳。

②对中后，两端起吊系统应点动均匀渐进加载。由于钢丝绳具有弹性，在起升过程中，通过控制点动(即通电时间)逐步实现慢慢加载；对重量进行估测，可用棍棒敲击钢丝绳，根据声音判断两端的受力情况。

此过程切勿将箱梁提起。试验加载到钢丝绳绷紧后，要重新拧紧所有钢丝绳卡环、并检查钢丝绳夹的螺母、丝杆、鞍座是否完好。

③再次逐次渐进加载，直至梁体刚刚离开梁座。

每次加载过程中，应敲击钢丝绳分辨两端的加载大小，并检查吊具、主梁、支腿、台车等部位，发现问题和异常响动，要立即停止加载，进行全面检查。

注意：梁体快脱离台座前，减小每次加载的幅度(控制起升通电时间)；起升系统中装有重量传感器，要调校到正确的显示值，可辅助检查控制起吊重量。

④提梁时，梁体两端一般不同时加载；应先将一台提梁机(平衡卷绕钢丝绳提梁机)加载500×1/3 t荷载，另一台提梁机(独立卷绕钢丝绳提梁机)加载500×1/3 t荷载，停6 min；依此每端分次各加载到2/3荷载，再停6 min；再每端分次各加载到500 t额定载荷(即梁体微离台座)，稳定全面检查。

⑤吊起梁体离开存梁台座时，先提升平衡卷绕钢丝绳；下降至存梁台时，后降落平衡卷绕钢丝绳到位。无论是吊起过程还是落梁过程，梁体应始终呈三点静定起吊或支撑状态。

⑥梁体全部脱离台座后，控制梁体底面距台座顶面1 cm左右，静止10～15 min。此间全面详细检查提梁机，保证一切正常。同时控制调整吊具横向、纵向水平度；检查梁体是否横向偏移，如有偏移相对存梁台座进行微调。

⑦梁体吊起10 cm后，分别使用1、2、3挡下落，调试各挡的下落速度，检查速度是否和设计速度一致，是否有失速现象，确保梁体和台座的安全。

⑧四吊点同步性检查。两端同时起吊，离开台座约 10 cm，反复起落，注意观察四台卷扬机的同步性、制动性；再两端同时起吊，离开台座约 30 cm，反复起落，观察四台卷扬机的同步性、制动性。之后不断加大起落幅度升降重复 5～10 次。此过程应随时检查提梁机结构变化情况。

⑨提梁机试验起落检查无误后，可直接起升梁体，准备进行提梁机跨度内移梁作业。起升过程中应严格控制吊具的水平度，同时观察四台卷扬机的同步性，并注意观察结构和变化，发现异常及时停车。

⑩提梁运行无异常情况后，卸去载荷后检查起重机主梁基准点有无永久变形。如此重复三次，不得再有永久变形。

3. 重载吊梁落梁作业

提梁机吊梁运行前，彻底检查运行方向轨道有无障碍物。运行过程中先低速运行，并随时检查提梁机轮缘和轨道之间有无骑轨现象，啃轨现象是否在允许范围内，主要是观察两端大车或小车走行轮轮缘与轨道间是否有串动间隙。观察两端大车的同步走行能力等。试验在重载下的额定运行速度。

提梁机跨度内移梁作业时，将梁体起升至梁底面超过障碍物顶面高度约 300 mm，将梁体吊运至提梁机跨度内的另一存梁台座。

提梁机跨墩架梁作业时，将梁体起升至梁底面超过桥墩障碍物顶面高度约 300 mm，启动起重小车走行机构进行横移，起重小车低速走行至桥墩落梁位置后，下降梁体，再按墩顶落梁就位要求进行落梁作业。

注意：提梁机重载运行下应尽量避免使用高速挡，并严禁在高、中挡直接停车。

落梁至桥台时平衡卷绕钢丝绳的提梁机后降落到位，梁体始终呈三点静定起吊或支撑状态。

4. 提梁作业

提梁作业遵循的原则包括以下几点：

(1)串绳端先提升后降落；

(2)梁体起吊，两端要均匀渐进加载；

(3)起吊后，梁离台座不要太高(10 mm)，校核落梁速度；

(4)掌握梁体两端落梁高差、独立卷绕钢丝绳提梁机两独立卷绕两点落梁高差值，分阶段调平；

(5)指挥手势果断、操作动作利落，相互沟通默契。

5. 移梁作业

两台提梁机移至制梁台座，共同抬吊一榀箱梁，沿着大车走行轨道纵移至存梁区，落梁到存梁台座上，完成移梁作业。

6. 装梁作业

提梁机跨线提梁装车作业：两台提梁机从线下存梁区抬吊一榀箱梁，起升至已架箱梁上面的运梁车上方，起重小车横移，落梁到运梁车上。

提梁机梁场提梁装车作业：两台提梁机从存梁区抬吊一榀箱梁，纵走至装梁区，起升箱梁，运梁车驶入，落梁到运梁车上。

40 m 简支箱梁装梁施工：2 台提梁机沿走行轨道向待装箱梁移动，直到提梁机吊具与待装箱梁吊装孔对齐时，安装吊具，提升 1.5 m 后安装支座(图 9—7)；支座安装完成后，提升、横移、落梁至已架箱梁上(图 9—8)，并采用垫墩临时支垫，松开提梁机吊具；运架一体机后退至距待架箱梁 0.5 m 处，提梁机沿走行轨道分别纵移至运架一体机前后吊点位置，安装提梁机与运架一体机的连接吊具，将运架一体机提起(图 9—9)高于临边栏杆，横移超出梁片边缘；2 台提梁机同步移动至运架一体机的吊具与待架箱梁的吊装孔对齐时停止，下落运架一体机至桥面，松开提梁机与运架一体机的连接吊具，运架一体机自行调整位置装梁(图 9—10)。

图 9—7 提升箱梁至 1.5 m 高

图 9—8 再提升、横移、落梁至已架箱梁

图 9—9 运架一体机提起

图 9—10 装梁

9.1.2.3 安全技术操作要点

1. 操作要点

(1)提梁机使用前,应做好以下工作:

①检查电源电压波动不得超出正负 5%的额定电压;

②在总闸闭合后必须用试电笔检查提梁机金属结构、轨道等是否有漏电,确认安全后才能开始使用;

③拉起全部夹轨器并用挂钩挂牢靠;

④检查各传动部分润滑油、脂是否充分,检查钢丝绳的磨损情况;

⑤检查各制动电磁铁及闸瓦松紧情况。

(2)提梁机使用时,应做好以下工作:

①新的起重机安装后或旧的起重机迁移之后均应进行运转试验,其试验分为空载、静载和动载试验,其静载试验载荷为额定载荷的 125%,动载试验时载荷为额定载荷的 110%;

②提梁机的路基中心线至建筑物最外面的距离应不小于 25 m,以防提梁机在行走中挤伤人员;

③作业现场设专人统一指挥,分工明确,号令规范,作业有条不紊。

(3)电气系统操作时,应严格按照以下要求进行:

①合上 QF3 断路器,通过司机室右侧联动台上的开关,可分别控制提梁机主照明、楼梯走道照明、AC36 V 插座电源以及司机室空调的电源;

②合上断路器 QF2 控制回路得电;

③合上小型断路器 Q1,PLC 得电,PLC 为提梁机控制的核心,如果 PLC 没有得电,提梁机不能工作;

④当 QF3 闭合后，合上主控柜小型断路器 Q6，全部控制柜柜内风机、照明开始工作；

⑤联动左台上的转换开关 S9，打到不同的挡位可测量不同相间的电压；

⑥打开左联动台上的电源开关 S5，总接触器 KM 吸合，主电源指示 1HL 亮，主回路得电，为各机构工作做准备，当不需要工作时，向左方向旋转总电源开关可切断主电路；

⑦当遇到紧急情况时，按下左联动台的蘑菇头急停按钮 S6 或大车支腿上的急停按钮，起重机便立即断电停车；

⑧当起重机要工作时，踩下脚踏电笛开关，提醒工人要注意安全；

⑨接地不良会对人身及设备带来危险。因此，起重机的轨道必须可靠接地，总接地电阻应当小于等于 4 Ω，变频器接地端子必须与起重机钢结构可靠连接，所有电器的金属外壳均应当与起重机钢结构可靠连接；

⑩每根轨道至少有两处接地点，两根钢轨接头应当焊接连接线，钢轨与接地线及接地体均应采取焊接法连接，连接钢筋的直径不小于 10 mm。

(3)进行电气相关操作时，应注意以下事项：

①先对司机室及控制柜进行例行检查，确认无误后，方可合上总断路器；

②工作时，随时监视电缆卷筒与主电缆运行情况，遇有主电缆打绞、歪斜、拉力过大时要立即停止走行；

③下雨时或下班时，工作人员必须检查控制柜、接线箱的门是否关好，是否防雨良好。

(4)进行机械相关操作时，应注意以下事项：

①司机必须在得到指挥信号后方可进行操作、操作前必须鸣笛；

②配电箱在送电前，必须检查联动控制台上的相关控制开关是否处在零位；

③任何传动装置在运行中变换方向时，必须将控制开关拨至零位，待电动机停止后再开始逆运行，绝对禁止直接变更运转方向；

④提梁机起重与行走两种动作可以同时进行，且最多只有两个动作同时进行；

⑤提梁机在工作中，扶梯上严禁有人，且不得在工作中调整或修理机械；

⑥提梁机不得斜拉或斜吊物品；

⑦提梁机必须在空载静止时才能进行 90°回转、严禁起吊重物回转；

⑧提梁机在顶升回转过程中上部严禁站人；

⑨在吊重时、司机必须严格按提梁机额定载荷操作使用，任何时候不得超载使用，提梁机起重时要注意卷扬机卷筒上钢丝绳不能少于两圈。

(5)提梁机停止使用后，应注意以下事项：

①把各个控制器转至零位后，拉下保护箱刀闸开关；

②吊轴升至距离工件上表面 1 m 处；

③将夹轨器落下夹住轨道，同时联结锚固装置；

④按规定进行保养；

⑤派专人看护。

(6)起重作业过程中，应注意以下安全事项：

①起重机工作时，禁止任何人停留在起重机上和小车上；

②在起重机上检修时，起重机必须断电；

③起重机空车运行时，吊具总成必须升起超过一个人的高度；

④重机吊运重物时，重物必须高于运行线路上最高障碍物的 0.5 m 以上；

⑤不得吊运超过额定起重量的重物；

⑥严禁用吊具组斜拉提升重物，严禁利用起重机来提拉埋在地面的器物；

⑦禁止利用限位开关作为正常操作下的停电，限位开关只是在操作设备意外不良或司机操作疏忽时才起作用；

⑧当电源电压与其额定电压的偏差超过−5%且不超过−10%时，电动机的性能与温升不作保证；

⑨起重机在每次运转时，必须先发出警告信号；

⑩在提升接近额定载荷的重物时，应先验证制动器能否刹住，以保安全；

⑪起重机不工作时，必须用夹轨器将起重机可靠固定，以防风灾，起重机工作前必须将夹轨器全部打开；

⑫严禁吊运重物从人头上越过；

⑬吊运重要物品，有害液体时，必须先稍微起升离地面不超过100 mm，验证制动器的可靠性后再起吊；

⑭起重机当风力大于六级及以上时，应停止工作；

⑮当两台起重机并车吊梁时，用遥控器统一控制，确保各机构运行同步；

⑯司机检查操纵系统是否灵活可靠，起重机制动器是否可靠，固定钢丝绳的装置是否松动，吊钩、滑轮、卷筒有无故障；

⑰在空载运行前打开夹轨器；

⑱在主开关接电以前，司机必须将所有控制器手柄转至零位，关好司机室门；

⑲工作完毕后，吊具应升到上极限的位置，使控制器处在零位，并断开保护柜上的门机总电源开关。

2. 施工安全风险管控

(1)大车走行时，应严密监视刚腿和柔腿是否同步，以免左右晃动造成提梁机倾覆或梁体坠落。

(2)大车走行过程中，应安排专人观察大车行走范围内的电缆线，以防电缆线刮蹭导致漏电而引发触电伤害。

(3)梁体起吊前，应认真检查制梁台座上的混凝土箱梁与模板是否完全脱离，再提升荷载，以免梁体扰动使其倾倒而导致人员挤压伤害、损坏设备。

(4)起吊过程中，应保证起吊重量在额定容量的负载范围内，以免超重导致吊具失灵、梁体坠落。

(5)提梁上桥时，两大车吊具应保证梁体的水平度，以免梁体倾斜角度过大导致梁体坠落。

(6)箱梁落梁运梁车时，应注意放慢落梁速度，以免速度过快导致落梁方位把控不到位。

(7)落梁时，应保证箱梁两侧位置尽量居中，以免落梁不到位导致二次落梁或多次落梁。

(8)任何传动装置在运行中变换方向时，应将控制开关拨至零位，待电动机停止后再开始逆运行，以免直接变更运转方向造成机械损坏。

(9)在提梁机工作过程中，严禁扶梯上站人，以免起吊过程中因杂物落下而造成人员伤害。

(10)在提梁机工作过程中，不得斜拉或斜吊，以免造成起重伤害。

(11)提梁机90°回转时，应空载，以免造成起重伤害。

(12)在顶升回转过程中上部应无人，以免发生人员高处坠落伤害。

(13)提梁机起重时卷扬机卷筒上钢丝绳应不少于两圈，以免导致起重伤害。

(14)工作完毕后，吊具应升到上极限的位置，使控制器处在零位，以防随风摆动伤人。

9.1.2.4 质量控制要点

(1)吊孔的垂直度≤5 mm，其下底面错台≤2 mm。

(2)吊杆螺帽顶面垫板的尺寸不小于460 mm×380 mm，厚度不小于4 cm。

(3)提梁前，检查钢丝绳的垂直度。

(4)一点吊提梁机先起升，离开垫墩2 cm后停止。起升两点吊提梁机离开垫墩2 cm，两台提梁机同时起升。

9.1.3 运梁车运梁

9.1.3.1 施工准备

(1)运梁指挥、操作司机和监护人员工作分工,明确各岗位职责。

(2)组织对运梁车结构、电气、液压和动力系统进行全面检查和维修保养。

(3)检查确认待运箱梁编号、支座安装质量、砂浆和水数量。

(4)检查箱梁与车体的横向偏位、存梁支点距梁端的距离是否符合要求。

(5)组织对运梁通道进行清理、检查确认。

9.1.3.2 施工工艺流程

1. 运梁车施工工艺

运梁车通过搬梁机或者提梁机吊运箱梁到运梁车驮梁台座上,运梁车从预制场通过便道、铁路路基、桥梁和隧道运至架桥机待架梁工位,配合架桥机完成梁片的喂梁、架梁等工作,此外,运梁车还可以驮运架桥机实现桥间转移和驮运架桥机过隧道。

运梁车运梁主要包括装梁、运梁、对位、喂梁等工序组成。运梁车运梁工艺流程如图 9—11 所示。

运梁车装梁如图 9—12 所示。

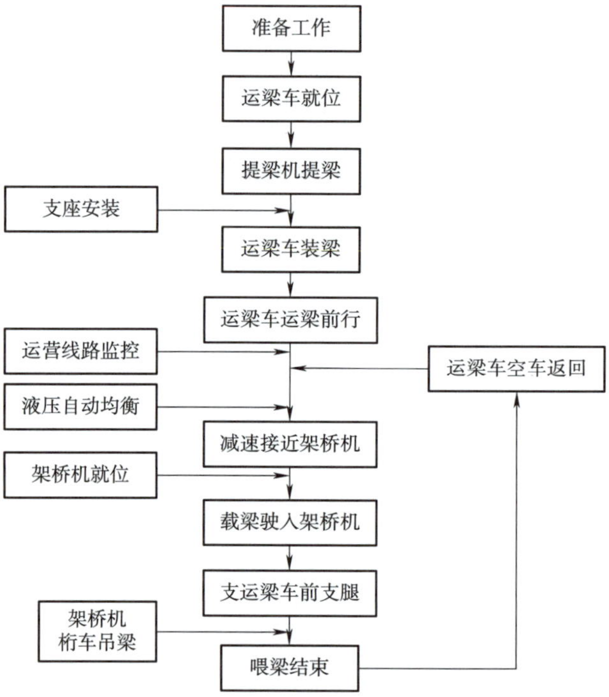

图 9—11 运梁车运梁工艺流程示意

(1)施工准备

①运梁车返回前,提前通知梁场提梁机提梁。

②按照设计图,核对所提箱梁梁号、支座的型号是否满足设计要求,并检查固定、横向、纵向、多向支座的布置是否正确。

(2)运梁车装梁。装梁前,前、后驮梁小车支承位置要准确定位,并按设计要求用插销油缸将前驮梁小车锁定;由固定的人员进行操作,把运梁车调整到三点支撑状态的运梁模式,驮梁台车运行至运梁车

图 9—12 运梁车装梁

最尾端，在车体结构运梁支撑部位安装临时支撑台座，装梁时要保持梁体水平，接近驮梁台车时一定要采用低速注意观察三点支撑的压力，如出现偏载情况时，及时利用提梁机的横移功能调整梁体位置，保证三点支撑压力基本一致。再将梁体缓慢降落，使箱梁完全放置于驮梁台座上，完成装梁作业。

(3)运梁车运梁。装梁完成后，跨线提吊点暂时先不拆除，如此可以起到保护作用，等运梁车承载3～5 min 后，再将提梁机吊挂拆除；运梁车运梁行走一小段距离后停车，检查运梁车各部位和部件，无异常情况后继续进行运梁。运输不同箱梁时，运输状态如图 9—13 所示。

(a) 40.6 m 梁运输状态

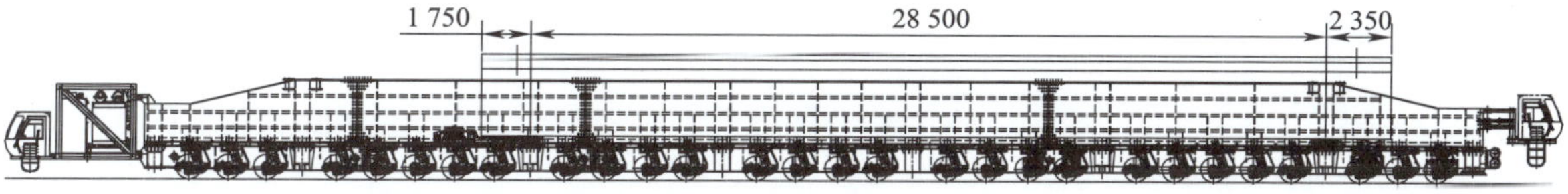

(b) 32.6 m 梁运输状态

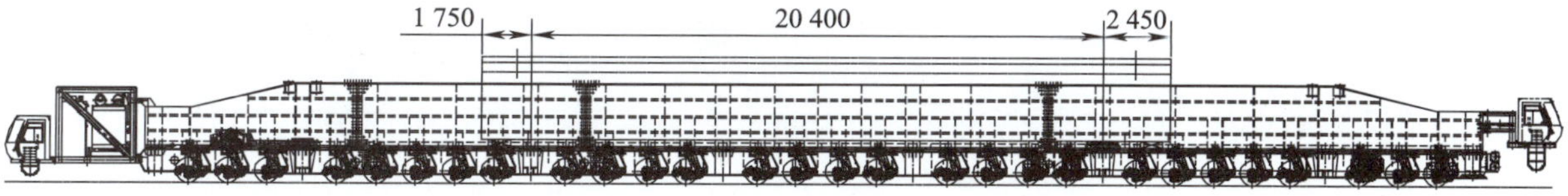

(c) 24.6 m 梁运输状态

图 9—13 不同箱梁的运输状态示意(单位：mm)

运梁车以一定速度行驶至架桥机待架工位，该过程中，悬挂必须处于中位。运梁车运输 40 m 简支箱梁如图 9—14 所示。

(4)运梁车对位。运梁车距离架桥机 6 m 左右时停止前进，将前司机室左转约 160°，将速度挡位选择微动挡，操作车辆前进，直到运梁车达到与架桥机对位的设计距离，运梁车停车，关闭驻车制动。调整

图 9—14　运梁车运输 40 m 简支箱梁

运梁车高度至喂梁工况要求的高度值，车架支腿油缸伸出并支承到梁面，确保前端支腿油缸支承时工作压力，与运梁车对位完成。运梁车与架桥机对位如图 9—15 所示。

图 9—15　运梁车与架桥机对位

(5)运梁车喂梁。运梁车对位完成后，关闭车身两侧的分区液压球阀，将运梁车悬挂分区从运梁模式切换到喂梁模式，准备喂梁。后驮梁台车配合架桥机前起重小车取梁，架桥机前小车取梁完成后，架桥机起重小车与运梁车后驮梁机构开始同步喂梁，达到架桥机后起重小车取梁位置后，架桥机后起重小车取梁。待梁片后端完全脱离运梁车的后驮梁台座后，运梁车收起全部的支撑油缸，完成喂梁作业。运梁车喂梁如图 9—16 所示。

图 9—16　运梁车喂梁

2. 运梁车特殊工况施工

(1)运梁车过隧。运梁车驮运箱梁(架桥机)在路基上正常中位行驶，当运梁车到达隧道口时，悬挂轮组从中位下降一定高度，保证箱梁与隧道之间处于安全距离，再以低速行驶，过隧时，可使用运梁车隧道内自动驾驶功能，顺利通过隧道。运梁车运梁过隧道如图 9—17 所示。

图 9—17 运梁车运梁过隧道

(2)运梁车驮运架桥机调头。通过搬梁机或者跨线提梁机安装前、后驮运支架，安装时驮运支架应为低位状态，架桥机经过一定的拆装或者翻折后，架桥机与驮运支架通过螺栓或其他方式固定，运梁车驮运架桥机在地面上开始调头，运梁车通过斜行、八字转向、半八字转向等运动模式使架桥机完成 180°的转向调头作业。运梁车驮运架桥机在梁面行走如图 9—18 所示，运梁车驮运架桥机调头如图 9—19 所示。

图 9—18 运梁车驮运架桥机在梁面行走

图 9—19 运梁车驮运架桥机调头

9.1.3.3 安全技术操作要点

1. 操作要点

(1)装梁前，调整悬挂至中位。重载时，严禁调整悬挂。

(2)重载时速度≤3.5 km/h，空载时速度≤5.0 km/h。上下桥台、进出隧道、曲线路段时，提前逐挡加减速。

(3)前后各1人安全监护，前方人员与梁车保持10～20 m的安全间距，后方人员保持5～10 m的安全间距，人员避免在轮胎侧面监护。

(4)隧道内运梁，采用红外自动驾驶辅助控制方向，司机控制车速。前方1名监护人员，后方人员站在梁片上监护与隧道二衬的安全间距。重载速度≤2.5 km/h，空载速度≤3.5 km/h。

2. 施工安全风险管控

(1)装梁风险控制

①箱梁应在所有工序完成后，经检查验收且合格后才能入库装车。

②梁体应按架梁施工安排的顺序、编号吊运。

③运梁车装梁时，各支点应对位准确，梁体横截面重心与运梁车纵向中心线误差不应大于20 mm，箱梁底面任一支点与其他三个支点所成平面的高差不应大于2 mm，以免梁体歪斜导致梁体损坏。

④在落梁过程中，距预定位置50 cm时应换为低速挡位，精确对位时采用低速点动方式，以免梁体与运梁车发生剧烈碰撞导致梁体和运梁车的损坏。

⑤搬梁机或提梁机吊梁到运梁车驮梁台座后，应保证运梁车承载3～5 min以后再拆除吊梁吊挂。

⑥落梁时，应设专人监视落梁速度和位置，以免速度过快导致碰撞损坏梁体，以免重心偏移而导致偏载。

⑦落梁即将到位时，应观察吊杆与箱梁之间的角度，以免出现蹩吊杆情况导致落梁不到位、进行二次甚至多次起吊。落梁现场如图9—20所示。

⑧梁端四个吊点高差应保证不超过2 mm，以免高差过大导致梁体损坏。

⑨前驮梁机构的尾部应与前端第二根横梁锁定，以免横梁歪斜导致梁体失稳坠落。

⑩后驮梁小车橡胶板应完全位于梁底，以免磕碰梁体导致梁体损坏。

图9—20 落梁现场

(2)运梁风险控制

①运梁过程中应设专人监护，注意设备运行状况和前方道路情况，发现异常应停车检查，处理后才能继续运行，严禁高挡位急起急停，以免运梁车发生故障处理不及时导致车辆倾覆、梁体滑移、制动系统损坏。

②运输道路路面湿滑或冰冻时，应采取相应的安全防护措施，以免车轮打滑导致侧翻倾覆。

③运梁车运梁时，支点距梁端的距离及起吊位置应符合设计要求，驮梁小车与运梁车之间的连接销应安装完好，以免连接不稳固导致梁体损坏。

④运梁过程中应保证运梁模式三点平衡，以免倾斜导致梁体受扭。

⑤运梁车行驶过程中，悬挂应处于中位(运输梁片底距离地面 1.56 m)，以免梁体倾斜导致侧翻倾覆。

⑥运梁车应保持中线位置，以免运梁车与梁面上的预埋钢筋碰擦。

⑦运梁过程中，转弯时速度应缓慢，以免急转弯导致运梁车与梁面上的预埋钢筋碰擦、车辆倾覆。

⑧开始行驶时，应确定线路监视人员已经到位，以免警告不及时导致人员伤亡。

⑨运梁车装箱梁启动起步应缓慢平稳，以免突然加速或急刹车导致梁体受损。重载运行速度控制在 4 km 以内，曲线、坡道地段严格控制在 2.7 km 以内。

⑩运梁车在桥面上运行(图 9—21)时，应按预先划定的标志前进，以免轮组离开桥梁腹板位置导致梁体放置不到位。

⑪在接近目标和定位时，运梁车应放慢速度，以免速度过快导致运梁车停位不准确。

⑫驾驶员离开驾驶室时，应打开停车制动，以免运梁车溜滑导致车辆撞击、侧翻倾覆。

⑬运梁车使用时，应保证所有功能运转正常，以免运梁车的功能、性能参数和部件的改变导致运梁车不能再使用。

⑭运梁车运行中出现任何错误或问题时，应立即停止使用并报告负责人员，由负责人员对运梁车进行检查和测试，以免上述问题导致运梁车永久性损坏以及梁体受损。

图 9—21　运梁车运行中

(3)喂梁风险控制

①运梁车后驮梁小车垫好增高座，保证增高座比前端高 5 cm 以上，以免梁体滑溜导致梁体损坏。

②运梁车的后驮梁小车两侧链条受力应均匀，以免偏斜导致梁体倾斜。

③在架桥机后支腿后方应用反光漆划出运梁车喂梁运行线路，以免运梁车不对位运行导致喂梁错误。

④接近架桥机时应低速走行，以免速度过快导致运梁车与架桥机相撞。运梁车前端面距架桥机后支腿后端面 30 cm 处停车，支撑运梁车前后支腿，连接运梁车与架桥机的主电源、控制通信接口。

⑤喂梁时，应由固定的人员进行操作，把悬挂分区切换至喂梁模式，并派人检查，以免操作不当导致喂梁失败。

⑥架桥机后支腿的工作高度，调整整车高度和纵向坡度，车架喂梁支承油缸伸出支承到梁面保护。

⑦在两侧的部分悬挂轮组轮胎两侧安装木头楔块，以免整车溜滑导致喂梁失败。

⑧将前、后驮梁小车外接电源连接，连接时注意接线方向，确保两侧的驱动电机前进方向相同并对架桥机起重小车和运梁车驮梁小车行走同步性进行控制，以免起重小车和驮梁小车不同步导致喂梁失败。

⑨前起重小车将混凝土梁前点提起时，应先静止 5～10 min 再将前驮梁小车向前移动至离开后驮梁小车的工作区域，以免出现异常导致人员挤压伤害、损坏设备。

⑩运梁车喂梁对位时，应注意架桥机尾部无障碍物与运梁车碰撞，以免碰撞导致喂梁不到位；运梁车前司机室应转至车体侧面，以免喂梁对位时出现异常情况导致司机室危险；对位时运梁车速度控制在 3 m/min 左右，以免速度过快或过慢导致喂梁不稳定；应专人观察运梁车与后支腿走行轮组间的侧向间隙，观察运送的箱梁与后支腿门架结构间的侧向间隙，以免间隙过小导致运梁车冲撞架桥机。

⑪运梁车停车对位后(图 9—22)打好止轮器，支撑好运梁车前后支腿，以免运梁车溜滑导致冲撞架桥机、侧翻倾覆。

图 9—22　运梁车停车对位

(4)驮运架桥机调头风险控制

①辅助支腿站在倒数第二个桥墩前侧 700 mm(图 9—23)，以免前支腿位置错误而导致架桥机滑落。

②前支腿调整为短支腿模式。安装好折叠油缸销轴，拆除上下部螺栓，利用油缸折叠中间部分，用两边用 5 t 葫芦起吊前部与上部完成安装。安装前测量好架桥机前后高差，高差大时调整前支腿高度或安装加高节。

③前支腿第一时间安装翻转座的垫板，调平，以免调头时震动较大导致设备损坏。前支腿安装现场如图 9—24 所示。

图 9—23　辅助支腿

图 9—24　前支腿安装现场

④翻转油缸与翻转机构翻转后，注意避免干涉。

⑤主梁测量，前支腿处与后支腿处主梁高差应≤10 cm。

⑥提前测量手拉葫芦拉下半部分时与桥台的高度。如图 9—25 所示为手拉葫芦测量现场。

⑦后支腿与前支腿的高低差在 10 cm 内时，前支腿进行底部支垫，以免高低差过大导致支垫位置不准确；前支腿应为过孔状态支撑，以免碰撞墩顶。如图 9—26 所示为前支腿底部支垫作业现场。

图 9—25　手拉葫芦测量现场

图 9—26　前支腿底部支垫作业现场

⑧对位时，注意后托架与主梁连接螺栓为长孔，底部绞座也为长孔，以免孔过短导致托架与主梁连接不稳固；安装前应提前测量好主梁与托架横向连接孔距，以免孔距过大或过小导致主梁与托架二次移动。如图 9—27 所示为对位现场。

⑨对位时，测量好主梁底部的高差，一般运梁车比中位高 10 cm 以上进入主梁底部。

⑩对位时，前后小车不动，吊装最外侧的吊装位置。

⑪后驮运支架支撑时，前端支垫到两个底座中间位置，全部垫平，以免支垫不稳固导致后驮运支架不稳定。如图 9—28 所示为后驮运支架支撑工况。

图 9—27　对位现场

图 9—28　后驮运支架支撑工况

⑫前支腿竖向销轴与主梁插销孔对位插入(图 9—29)，斜撑杆销轴也插入，注意前支腿的站位地基符合要求，以免插入不到位导致前支腿不稳固。

⑬道路一定要符合要求，如地面未进行混凝土填充，一定要铺钢板(图 9—30)，以免车辆碾压过多导致路面损坏。

图 9—29　前支腿与主梁插销孔插入工况

图 9—30　铺钢板

9.1.3.4　质量控制要点

（1）箱梁支点距梁端的距离≤3 m。

（2）箱梁与运梁车车体中心的横向偏位≤1 cm。

（3）运梁车装梁时，搬、提梁机的单吊点（吊绳端）先落。

（4）喂梁时，箱梁前后端的高差≤10 cm。

9.1.4　分体式架桥机架梁

9.1.4.1　施工准备

施工作业前，设计单位已对施工单位相关架梁人员进行了施工技术交底，交底人员已明白相关交底内容。

设备使用单位人员必须对设备进行全面的检查，特别是设备上重点部件，检查内容如下：①检查吊具，检查结构焊缝是否有裂纹、吊杆及其螺纹是否存在变形、锈蚀、裂纹；②钢丝绳、卷筒：卷筒和滑轮缠绕是否正常，钢丝绳有无破股、断丝、打结、扭曲等现象，钢丝绳端部的压板螺栓是否松动；③各机构制动器：检查制动器功能及磨损、锈蚀情况；④各种安全及限位开关：动作是否灵敏可靠；⑤各运行机构（轮组）：有无卡滞、异响及异常磨损，运行轨道是否有障碍物。

设备使用单位对设备检查完毕后，进行如下准备工作。

（1）施工前必须熟悉施工设计文件，收集与架梁有关的标准、规范，变更设计等，编制施工组织设计。

（2）编制项目相关管理制度，制定施工安全保障措施、应急措施。

（3）对所有作业员进行安全教育培训考核，进行安全技术交底。

（4）做好与梁场、线下施工的对接，做好相应资料交接验收：对箱梁的跨度、梁长、支座预埋板的位置、梁高、梁宽进行提前复核；对垫石标高、墩跨距、对位十字中心线以及锚栓孔位置尺寸进行测量复核，偏差必须符合规范要求。

（5）组织科室人员和作业队学习施工组织设计，熟悉施工图纸、验标、规范。作业人员必须进行岗前培训，经培训考核通过后方可上岗。

（6）严格对技术员、安全员、作业工班等提运架梁所涉及的人员进行安全、质量培训，考试合格后方能上岗。提高思想认识，强化质量意识，定期召开作业人员思想教育会议，做到高起点、高标准、高质量，按期、优质、安全地完成施工任务。

（7）施工作业层中所涉及的各种外部技术数据收集完成，包括图纸数据的收集整理、影响架梁线路障碍物的位置、墩身垫石强度、锚栓孔的位置尺寸、十字线偏差、垫石标高、箱梁出场验收合格。

(8)机具设备进场安装完成,特种设备当地监督部门已检查验收登记,设备进行了保养维护,运转良好。

(9)特种作业人员持证上岗。

(10)完成了相关复测工作,同线下、梁场进行了交接。

9.1.4.2 施工工艺流程

TJ-JQS1000/40 架桥机架梁作业为跨一孔简支式架梁,由 TJ-YLS1000/40 型运梁车运梁至架桥机尾部喂梁,起重小车吊梁,空中微调箱梁,落梁就位,架桥机纵移过孔。TJ-JQS1000/40 架桥机架梁工艺流程如图 9—31 所示。

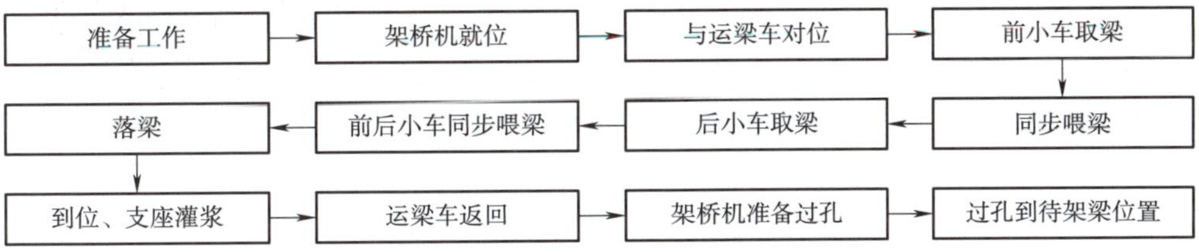

图 9—31　TJ-JQS1000/40 架桥机架梁工艺流程

TJ-JQS1000/40 架桥机就位待架如图 9—32 所示,架桥机与运梁车对位如图 9—33 所示,架桥机前小车取梁如图 9—34 所示,前小车与驮梁小车同步喂梁如图 9—35 所示,后小车取梁如图 9—36 所示,前、后小车同步喂梁如图 9—37 所示,前、后小车同步落梁如图 9—38 所示,前、后小车落梁到位如图 9—39 所示,架桥机准备过孔架设下一跨如图 9—40 所示。

图 9—32　架桥机就位待架

图 9—33　架桥机与运梁车对位

TJ-JQS1000/40 架桥机特殊工况架设如下。

1. 末孔施工流程

末孔桥架设(无隧道)时,与正常架桥基本一致,仅在第二次过孔时,将前支腿下部进行翻折并支撑于桥台上即可。末孔桥架设如图 9—41 所示。

图 9—34　架桥机前小车取梁

图 9—35　前小车与驮梁小车同步喂梁

图 9—36　后小车取梁

图 9—37　前、后小车同步喂梁

图 9—38　前、后小车同步落梁

图 9—39　前、后小车落梁到位

图 9—40　架桥机准备过孔架设下一跨

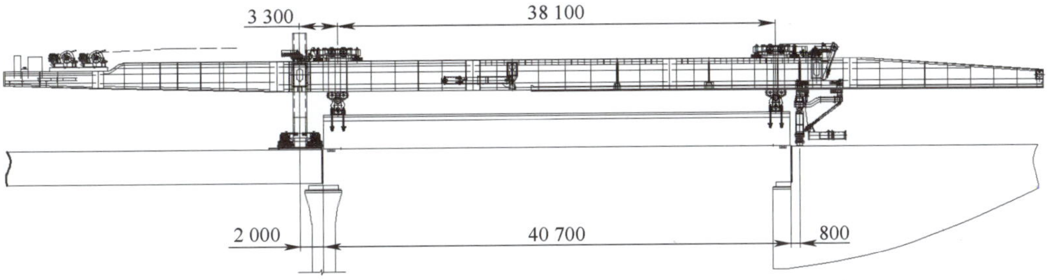

图 9—41　末孔桥架设(单位:mm)

2. 40 m 变 20 m 跨施工流程

(1)将架桥机按过孔流程调整至待过孔状态(图 9—42)。

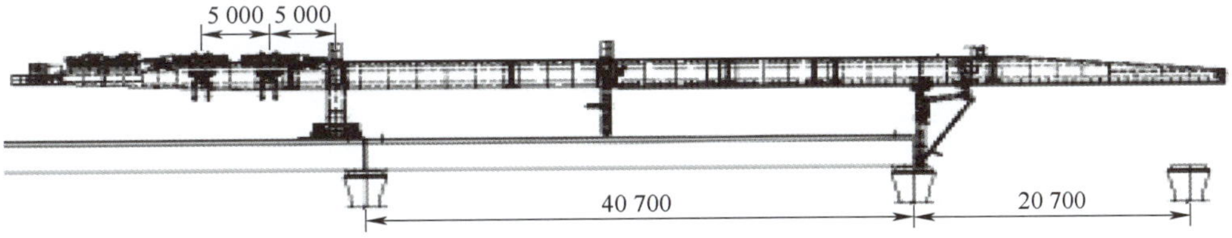

图 9—42　架桥机待过孔状态(单位:mm)

(2)架桥机第一次过孔到位(图 9—43)。

(3)按过孔流程要求支撑辅助支腿,前支腿过孔(图 9—44)。

(4)按过孔流程要求收缩辅助支腿使前支腿支撑(图 9—45)。

(5)架桥机二次过孔到位完毕,按架梁流程中的架桥机待架梁状态调整架桥机(图 9—46),变跨完毕。

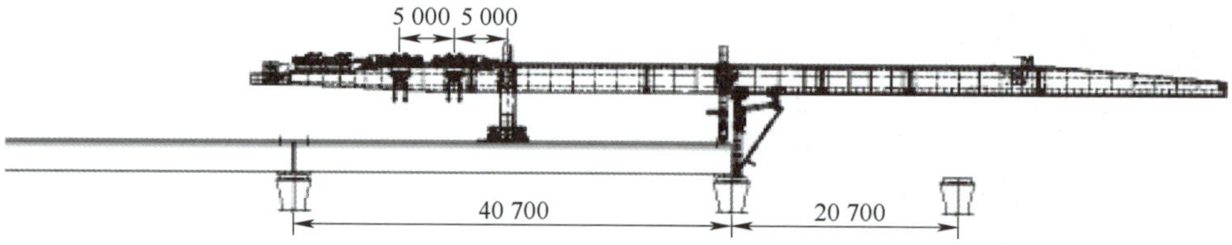

图 9—43　架桥机第一次过孔到位(单位:mm)

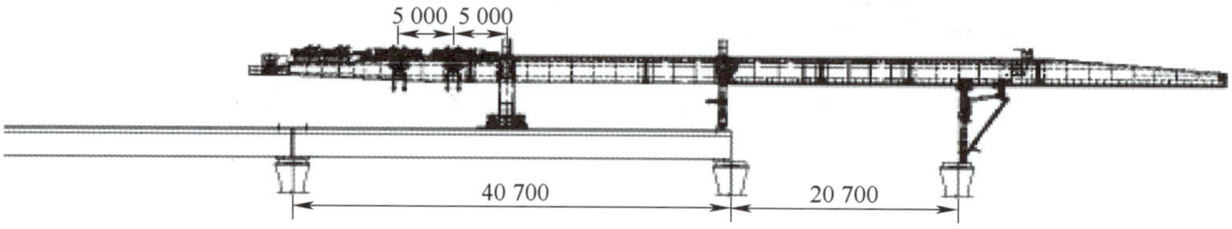

图 9—44　前支腿过孔(单位:mm)

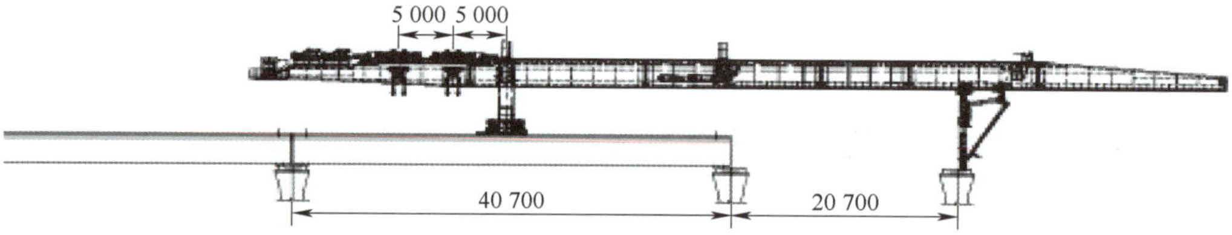

图 9—45　收缩辅助支腿支撑前支腿(单位:mm)

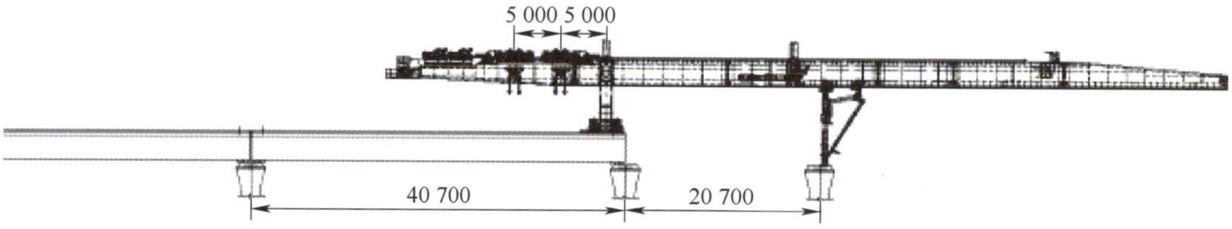

图 9—46　(调整架桥机)架桥完毕(单位:mm)

3. 20 m 变 40 m 跨施工流程。与 40 m 变 20 m 跨施工流程基本相同,仅是前支腿移动就位位置不同。

4. 小曲线架梁作业

*R*2 000 m 小曲线架梁。架桥机过孔时,逐步调整后支腿走行轨道,后支腿实现转向,使架桥机前后支腿位于线路中心,实现小曲线架梁。

(1)架桥机进入待过孔状态(图 9—47),架桥机中线与前方桥墩中线偏差约 834 mm。

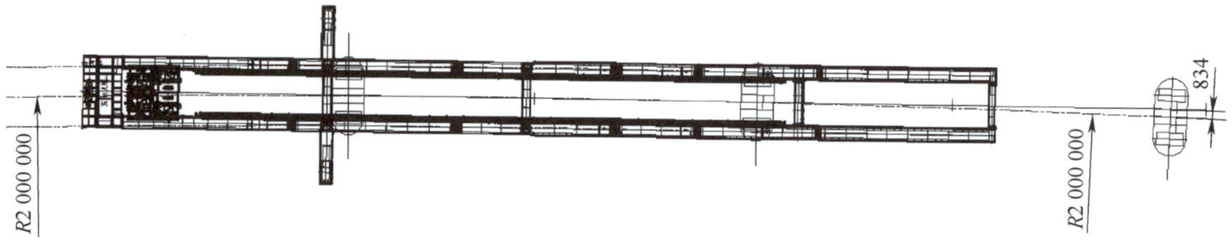

图 9—47　架桥机进入待过孔状态(单位:mm)

(2)架桥机前支腿向内曲线方向横移 200 mm(图 9—48),此时架桥机中线与前方桥墩中线偏差446 mm。

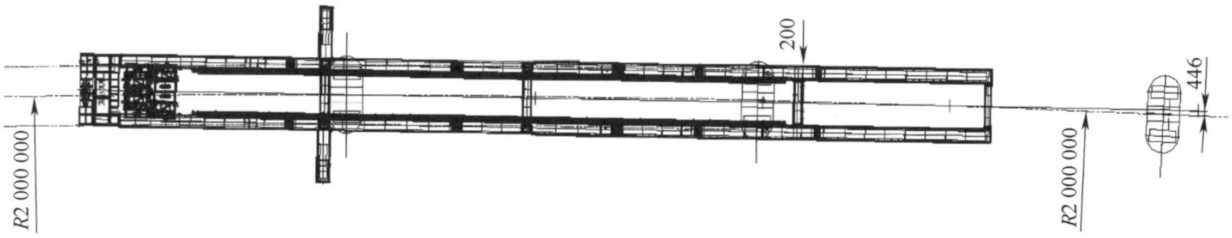

图 9—48 架桥机前支腿向内曲线方向横移 200 mm(单位:mm)

(3)架桥机后支腿沿桥面中线过孔前行至辅助支腿到达前方桥墩,此时架桥机辅助支腿中线与桥墩中线偏移约 101 mm,前支腿站位处偏移桥墩中线约 65 mm,前支腿前行至前方桥墩并进行支撑,再向内曲线横移至前支腿中线与桥墩基本重合(图 9—49)。

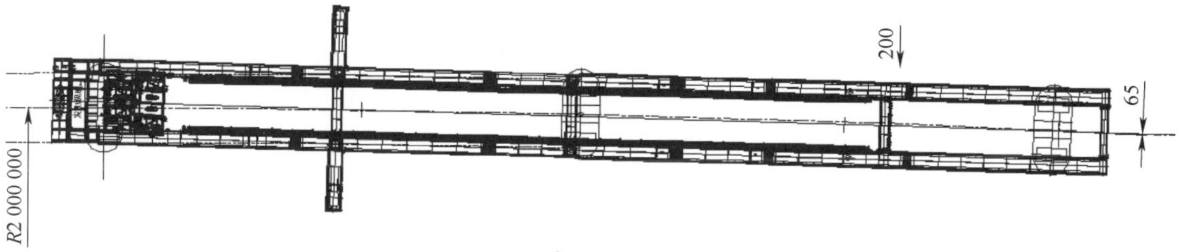

图 9—49 前支腿中线与桥墩基本重合(单位:mm)

(4)架桥机二次过孔达到架桥位置,调整架桥机达到待架梁状态(图 9—50)。

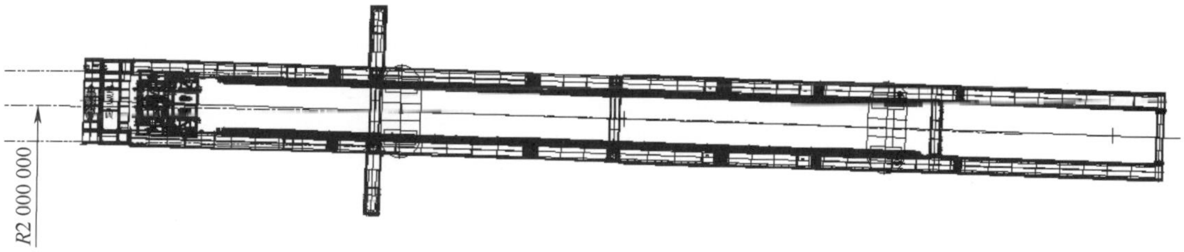

图 9—50 待架梁状态(单位:mm)

(5)大坡度架梁作业

架桥机在下坡梁架设时,对前支腿进行调高处理(图 9—51),确保架桥机主梁整体水平坡度小于 10%,架桥机前支腿伸缩量为±900 mm。

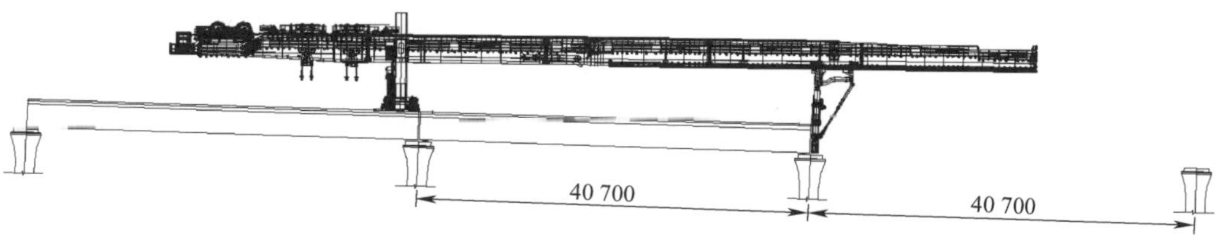

图 9—51 架桥机下坡梁架设调高前支腿(单位:mm)

架桥机在上坡梁架设时,对前支腿进行调高处理(图 9—52),确保架桥机主梁整体水平坡度小于 10%,架桥机前支腿伸缩量为±900 mm。

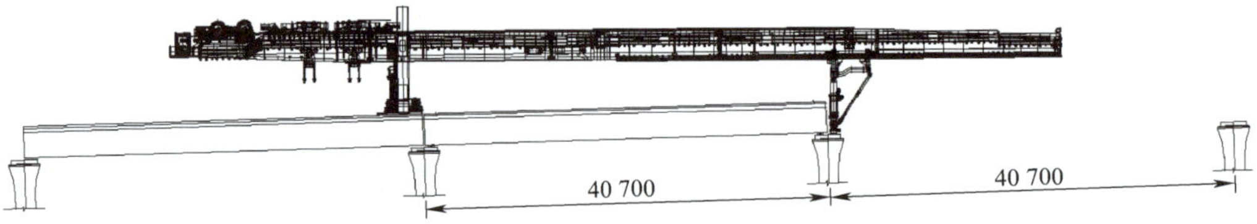

图 9—52　架桥机上坡梁架设调高前支腿(单位:mm)

9.1.4.3　安全技术操作要点

1. 操作要点

(1)箱梁在存梁、吊梁、运输过程中,支点位置必须符合设计要求。支点应位于同一平面上,箱梁同一端支点相对高差不得大于 2 mm。

(2)箱梁架设落梁应采用支点反力控制,在支承垫石顶面与支座底面间隙压浆硬化前,每个支点反力与四个支点反力的平均值之差不得超过±5%。

(3)箱梁架设后的相邻梁跨梁端桥面之间、梁端桥面与相邻桥台胸墙顶面之间的相对高差不得大于 10 mm。箱梁桥面高程不得高于设计高程,也不得低于设计高程 20 mm。

(4)箱梁支承垫石顶面与支座底面间的压浆厚度不得小于 20 mm,也不得大于 30 mm。

(5)预留锚栓孔、支承垫石顶面与支座底面间隙应采用重力灌浆填实,支座砂浆强度达到 20 MPa 后方可撤出千斤顶,临时支点的千斤顶撤除前严禁架桥机通过。

(6)箱梁吊孔处垫板的钢板尺寸不小于 600 mm×380 mm,且垫板与梁顶板底面密贴。

(7)架桥机拖拉架梁时,被架梁体前后支点高差不应大于 100 mm。

(8)存梁及顶梁支点应设置在梁端底板的腹板下方,距梁端距离≤1.5 m,运输支点应设置在梁端底板的腹板下方,距梁端距离≤3.0 m。

(9)顶梁位置应设在腹板以下或靠近梁端支座内侧,在支座内侧顶梁时,千斤顶横向中心距:梁高为 3.235 m 时≥2.8 m,梁高为 3.035 m 时≥2.9 m,纵向距梁端为 0.75 m,顶梁时在千斤顶上加垫板的尺寸不应小于 600 mm×600 mm×40 mm 钢板(40 m 梁 100 mm 厚)。

(10)同墩两侧梁底面高差±1 mm,梁体中心与桥梁线路设计中心线误差为±2 mm。

2. 施工安全风险管控

(1)运梁车与架桥机对位

①运梁车在距离架桥机 6 m 左右的时候,运梁车停止前进,司机将前司机室左转约 160°。

②将速度挡位选择微动挡,操作车辆前进,直到运梁车达到与架桥机对位的设计距离(前端横梁中心线距混凝土梁端面 4.7 m,架桥机后支腿中心距梁端面 2.55 m)时,运梁车停车,关闭驻车制动。

③车架支腿油缸伸出并支承到梁面,确保前端支腿油缸支承时工作压力需要≥18 MPa,后端支腿油缸支承时工作压力≥10 MPa。

④关闭车身两侧的分区液压球阀,将运梁车悬挂分区从运梁模式切换到喂梁模式,准备喂梁;拔出驮梁台车的固定销轴。

后驮梁台车同时驮运混凝土梁向前走行约 2.9 m,使砼梁前端面距离车架最前端横梁中心线约 0.05 m(前小车距后腿中心线 4.1 m)。

⑤将后驮梁台车的电源插头接到架桥机上,切换后驮梁台车控制方式为架桥机远程控制,此后喂梁走行操作由架桥机接管。

⑥运梁车在喂梁时,需注意后驮梁小车,是否链条有拉紧或过松状态需保持与前车同步喂梁。

⑦架桥机前起重小车将混凝土梁前点提起(此时前起重小车距离后支腿中心距为 4.1 m),将前驮梁台车向前移动,让开后驮梁台车的工作区域。

⑧由前起重小车操控后驮梁台车同步喂梁，直至后驮梁台车喂梁到位(此时后起重小车距离后支腿中心约为 5 m)。由后起重小车提梁并向前继续喂梁，直至完成架梁。

(2)架桥机第一次过孔

①两天车退至桥机尾部，吊具起升至吊梁穿孔状态(图 9—53)。

图 9—53　吊具起升至吊梁穿孔状态

②过孔前，后支腿顶伸油缸应收回，行走轮应落至钢轨上并压实；行走轮下落时，注意轮缘位置是否在钢轨正上方，避免轮缘压蹭钢轨。

③前支腿斜支撑下部钢销应处于插销状态；前支腿主梁上部钢销应处于拔销状态。

④过孔时，应注意保持前支腿与辅助支腿之间的距离，辅助支腿与前支腿后托轮组距离较近，辅助支腿支撑前，务必插入主梁内的插销油缸(单根主梁内两支，从下部可观测)。

⑤钢轨铺设是否有偏移、高低应平整；后支腿轮组走行应正常；后支腿夹轨器拆除，夹轨器放置钢轨前端距离 5～10 cm 处锁紧。

(3)辅助支撑及前支腿过孔支撑

①辅助支腿先翻转至与主梁水平，再整体向主梁下降、保证辅助支腿底盘中心距离梁端 75 cm；辅助支腿支撑前，必须插入主梁内的上部插销油缸(单根主梁内两支，从下部可观测)；检查地面应有铺设橡胶垫；辅助支腿插销油缸拔完时，再次点动插销按键，防止插销未完全拔出造成插销油缸被挤压脱落。

②前支腿行走时，需人员观察倒挂轮是否与主梁连接板螺栓有刮蹭或碰撞；前支腿前行过孔到达前方桥墩支撑垫石，并按架桥流程中的要求对支垫处找平处理，前支腿中心距离桥墩垫石中心 70 cm。

③需对垫石表面铺垫 5～10 mm 橡胶垫(图 9—54)，使桥机前支腿支撑平稳。

④辅助支腿下降支撑前支腿时，辅助支腿两侧插销油缸拔出，需观察其是否可拔出，不可“强拔”“硬拔”。辅助支腿落下时，需两侧同时下降。

⑤前支腿横移油缸左右移时，确认后支腿行走轮是否有被拉歪斜。

图 9—54　垫石表面铺垫橡胶垫

(4)二次过孔到位(图 9—55)

①辅助支腿先翻转至与主梁水平，再整体向外翻转至主梁外侧确认辅助支腿完全折叠，不影响喂梁。

②架桥机过孔走到架梁状态位置，插上前支腿主梁插销并确保插入状态。

③后支腿走行轮必须脱离轨道，顶升液压油缸管路前后连通、左右不通，锁紧卡轨器，卡轨器必须与车轮有效锁止。

(5)架梁状态(图 9—56)

①架梁时前支腿上部插销油缸保持插入状态(位于后托轮组中间),斜撑油缸插销应保持拔出状态。

②天车轨道上无障碍物;两天车喂梁时的同步性一致,确认无拉扯链条等情况。

③架桥机喂梁时,必须保证主梁与水平面的坡度夹角调整至 8‰以内;整机各传感器必须保证完好、有效,不得短接。

④确认前支腿的垂直度;喂梁到位时,注意避免碰撞前支腿走行轮。

图 9—55 二次过孔

图 9—56 架梁状态

(6)架梁结束停机状态

①前支腿主梁上部钢销插入状态;前支腿斜支撑下部钢销拔出状态;辅助支腿处于折叠状态。

②操作手柄要处于“零”位;系统电源断开;发电机组总电源开关关闭;门窗关闭;电瓶开关关闭。

③锁紧夹轨器,做好防溜措施。

(7)上坡梁的架设

①架桥机在上坡梁架设时,需对前支腿进行调高处理,确保架桥机主梁整体水平坡度小于 10‰,架桥机前支腿伸缩量为±900 mm。

②当架梁纵坡<7‰时,前支腿可以不做调整。

③当架梁纵坡达到 8‰~16‰时,前支腿应与正常架设工况缩回一个销孔(300 mm)。

④当架梁纵坡达到 17‰~25‰时,前支腿应与正常架设工况缩回二个销孔(600 mm)。

⑤当架梁纵坡达到 26‰~30‰时,前支腿应与正常架设工况缩回三个销孔(900 mm)。

9.1.4.4 质量控制要点

1. 箱梁交接验收的质量控制要点

(1)设备使用单位应制定箱梁验收计划,编制箱梁参数表,复核待验收箱梁的相关数据。

(2)设备使用单位应对交接验收人员进行交底,重点明确箱梁的类型(直曲线)、接触网的类型及位置、下锚拉线的类型及位置、验收的项目和标准、验收方法、验收的工机具。

(3)重点检查梁长、梁宽、梁高、接触网、下锚拉线、支座板、梁端防水、顶板与腹板内夹角、梁洞内的清扫情况。不达标不得进行下道工序施工。

2. 垫石交接验收的质量控制要点

(1)设备使用单位应制定垫石验收计划,计算垫石标高,并复核确认。

(2)设备使用单位应对验收人员进行交底。重点明确垫石的验收项目、验收方法、验收标准、验收的仪器及使用注意事项。编制垫石验收记录表。验收不达标不得进行下道工序施工。

3. 支座安装的质量控制要点

(1)箱梁架设前,设备使用单位应对技术员、质检员、运架梁作业人员进行交底。

(2)支座安装人员提取支座时,技术员现场确认。

(3)支座安装前，技术员和安装人员共同检查上支座板螺栓孔内无杂物、表面无水泥浆。支座运输至待安装位置时，技术员检查支座的方向。

(4)支座安装完成后，技术员检查支座与上支座板的密贴情况。填写支座安装记录。

(5)质检员复核支座安装的质量。不达标不得进行下道工序施工。

4. 运梁的质量控制要点

(1)设备使用单位人员应检查支座离地的间隙≥40 cm、前后车架轮组与梁端的间距≥40 cm、吊具钢丝绳要垂直。

(2)通过障碍物和进入隧道时，瞭望人员重点监护箱梁翼缘板的安全状态，防止发生碰撞。

5. 架梁的质量控制要点

(1)设备使用单位应对技术员、质检员、作业人员进行交底。

(2)箱梁运输到待架桥头后，技术员、质检员、架梁管理人员应共同复核箱梁编号、检查支座的型号、安装方向及安装质量。

(3)垫石锚栓孔清理完毕后，技术员、质检员共同检查确认清理结果。不合格不得进行落梁对位。

6. 落梁对位的质量控制要点

(1)千斤顶的摆放位置。千斤顶距梁端 0.75 m，千斤顶支撑在防落梁挡块梁底预埋钢板处，左、右两个千斤顶的横向中心距≥2.9 m。千斤顶安放前，检查千斤顶安放位置的平整度，必要时采用细砂找平，千斤顶安放位置使千斤顶垂直受力。

(2)提前将千斤顶顶升至计算标高。

(3)箱梁落梁至距千斤顶顶面 5 cm 时停止下落。箱梁停止晃动后，用吊线锤、角尺测量箱梁横向和纵向位置的偏差。先调整纵向偏差、后调整横向偏差。纵向调整时，单动前吊点或后吊点以减轻箱梁的晃动，调整时，设专人用三角木楔插入梁缝中，防止碰撞已架箱梁梁端。

(4)箱梁平面位置调整完毕后，开始落梁。落梁至距千斤顶顶面 2 cm 时，停止下落并再次复核平面位置。箱梁停止晃动后，开始落梁至千斤顶上，架桥机后吊点先落。落梁到千斤顶上后，复核箱梁的平面位置偏差、砂浆层的厚度，读取千斤顶压力表的数值，计算压力差。如平面位置偏差超过允许偏差，重新提升箱梁并再次落梁对位。

(5)千斤顶反力的控制要求：每个支点反力与四个支点反力的平均值之差不得超过±5%。砂浆层厚度 20～30 mm。支座纵向位置偏差 20 mm，支座横向位置偏差 10 mm。

7. 砂浆灌注的质量控制要点

(1)根据实测的砂浆层厚度计算砂浆和水的用量，现场监督作业人员对砂浆和水进行称量。

(2)砂浆灌注前，技术员再次复核砂浆层的厚度，监督灌浆人员湿润垫石表面。砂浆灌注时，技术员监督灌注的方式方法。灌注完成后，技术员检查是否漏浆。安排养护人员及时养护，技术员监督检查养护的质量。

9.1.5 运架一体机运架梁

9.1.5.1 施工准备

(1)架桥机、运梁车和提梁机拼装、调试、试验结束。

(2)操作人员进行岗前培训，并熟悉相关设备的操作，并通过考核。

(3)建立涵盖设备管理、检查、检修、保养和维护的制度体系，建立定期对重要部件进行探伤检查的制度。

(4)测力千斤顶已经到位。

(5)编制架梁施工作业指导书和安全专项施工方案，审核熟悉施工图纸，熟悉有关技术问题，熟悉规范和技术标准，进行技术和安全施工交底，进行架梁岗前技术培训和设备操作培训，组织足够合格的施工人员。

(6)按计划采购架梁所用材料，及时报验砂浆材料和支座检验批。

(7)确定砂浆试验配合比，编制砂浆搅拌和灌注的流程及技术要求。

(8)按照设计要求和相关规范规定，测量复核桥墩台和预制箱梁的尺寸。

(9)桥梁工程检查垫石表面平整度，检查垫石混凝土外观是否有裂缝、局部开裂、表面是否有漏筋；检查垫石混凝土与墩顶。

(10)混凝土是否有分层与空洞；检查墩台中心里程、支座十字线，测量支撑垫石高程和中心坐标等；测量支座锚栓孔深度、孔径、间距、垫石间的纵横向间距及桥梁墩台的孔跨距离等。

(11)从线下单位取得施工测量放样、垫石高程测量成果等与架梁施工相关的技术资料。

9.1.5.2 施工工艺流程

1. 施工流程

运架一体机施工主要包括套梁、运梁、第一次过孔、二次喂梁、落梁等工序。具体施工流程为：提吊架桥机套梁→套梁完成，准备运梁→运架一体机运梁→梁至待架孔位，主支腿支撑→一次过孔就位→中支腿支撑→主支腿前移支撑就位→二次喂梁开始→喂梁就位→落梁并调整箱梁就位→灌浆封锚。

提吊架桥机套梁如图 9—57 所示，套梁完成、准备运梁如图 9—58 所示，运架一体机运梁如图 9—59 所示，前支腿支撑如图 9—60 所示，一次喂梁就位如图 9—61 所示，主支腿支撑就位如图 9—62 所示，二次喂梁开始如图 9—63 所示，喂梁就位如图 9—64 所示，落梁就位如图 9—65 所示。

图 9—57　提吊架桥机套梁

图 9—58　套梁完成，准备运梁

图 9—59　运架一体机运梁

图 9—60　主支腿支撑

图 9—61 一次喂梁就位

图 9—62 主支腿支撑就位

图 9—63 二次喂梁开始

图 9—64 喂梁就位

图 9—65 落梁就位

2. 特殊工况施工

(1)末孔梁架设

①按照架梁过程操作，中支腿到达梁端位置，临时落梁(图 9—66)。

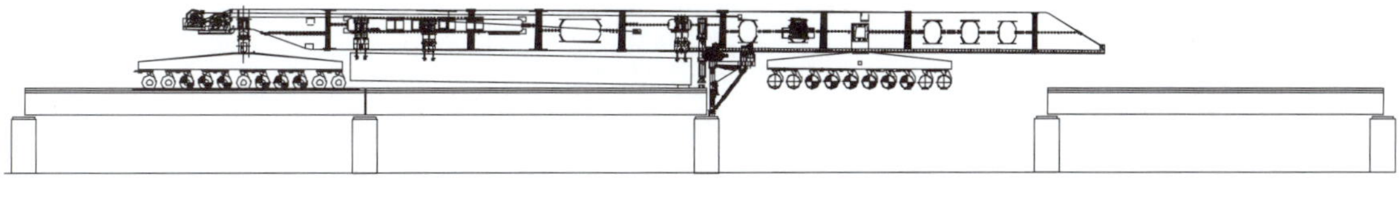

图 9—66 临时落梁

②中支腿支撑，并安装主支腿短斜支撑(图 9—67)。

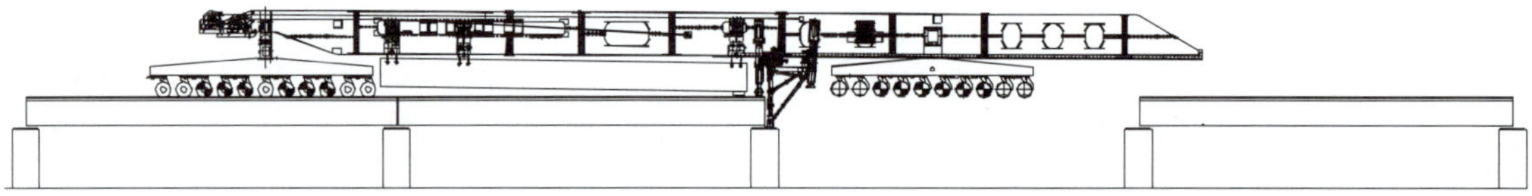

图 9—67　中支腿支撑以及主支腿短斜支撑

③主支腿翻转油缸顶升到位，主支腿处于收折状态(图 9—68)。

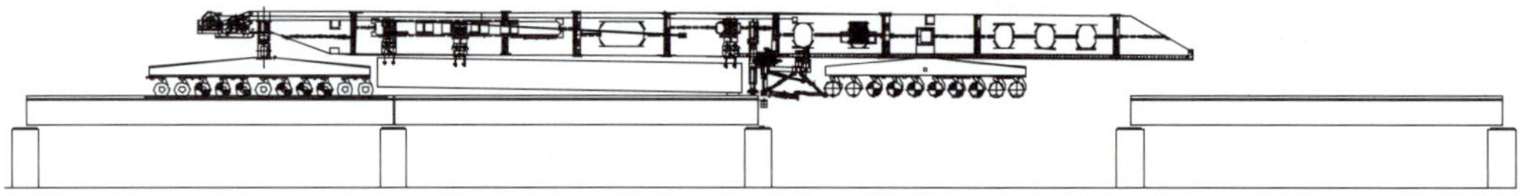

图 9—68　主支腿处于收折状态

④主支腿前移至桥台位置，安装加高座及连接法兰(图 9—69)。

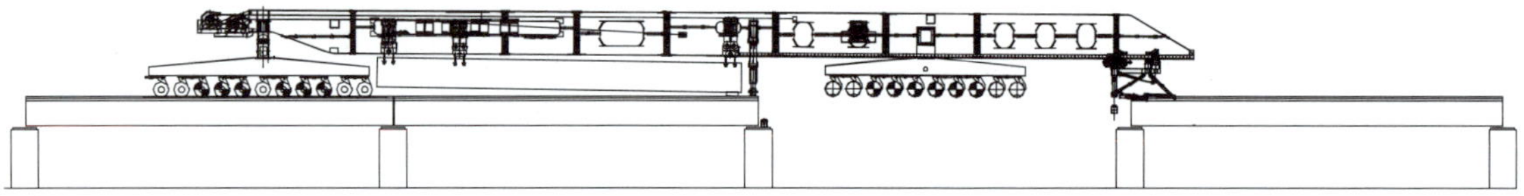

图 9—69　安装加高座及连接法兰

⑤支腿完成转换并支撑(图 9—70)。

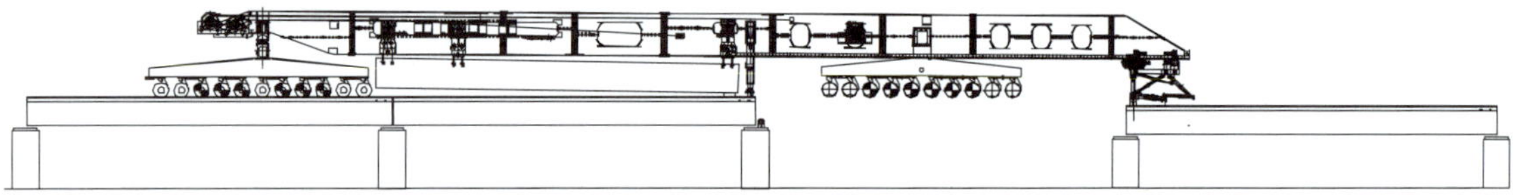

图 9—70　支腿完成转换并支撑

⑥按正常架梁流程完成末孔梁架设。

(2)变跨作业

架桥机架完 40 m 梁后，接着架设 32 m 梁时，通过纵移油缸倒顶的方式将后吊点前移 8 m，其余架梁作业程序完全相同。其他跨度的变跨方式同上。各种跨度的支撑架位置及后吊点位置如图 9—71 所示。

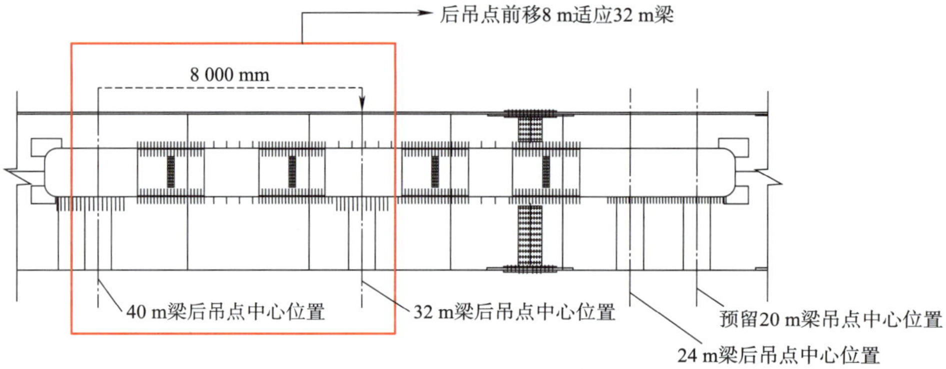

图 9—71　各种跨度的支撑架位置及后吊点位置示意图

(3)坡道架梁作业

架设不同坡度、不同高度的箱梁时,需要对后车悬挂、主支腿高度进行调节,以尽可能减小架梁时架桥机主梁的坡度。

①30‰下坡架梁

a. 后车悬挂总体下降 300 mm(图 9—72),主梁后端下降 400 mm,前车系统总体上升 184 mm(图 9—73),最前侧车轮上升 300 mm,运梁至待架孔,主支腿较平坡工况伸长 300 mm,主支腿支撑上桥墩(图 9—74)。

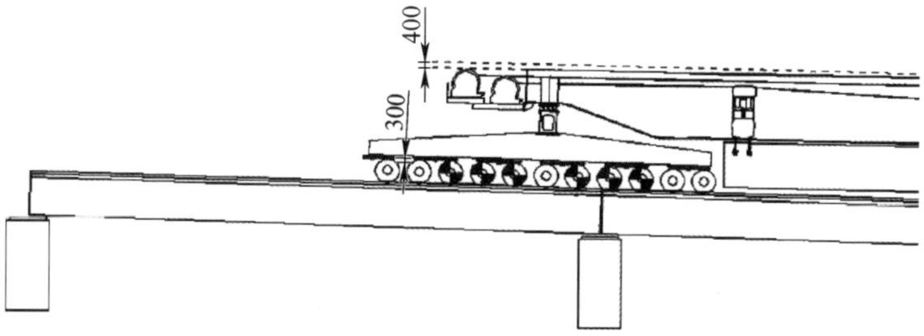

图 9—72 后车悬挂总体下降(单位:mm)

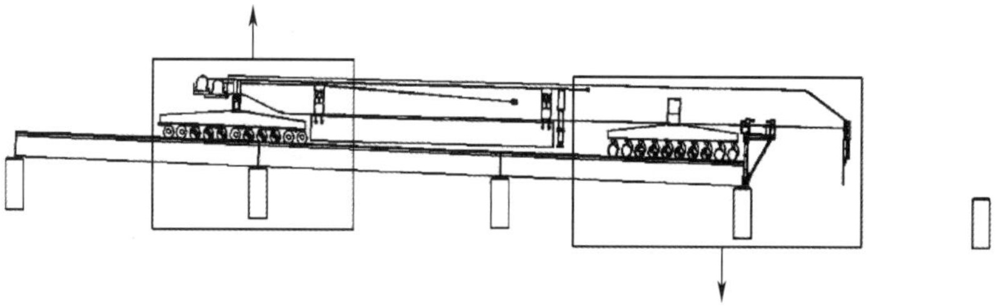

图 9—73 主梁后端下降且前车系统总体上升

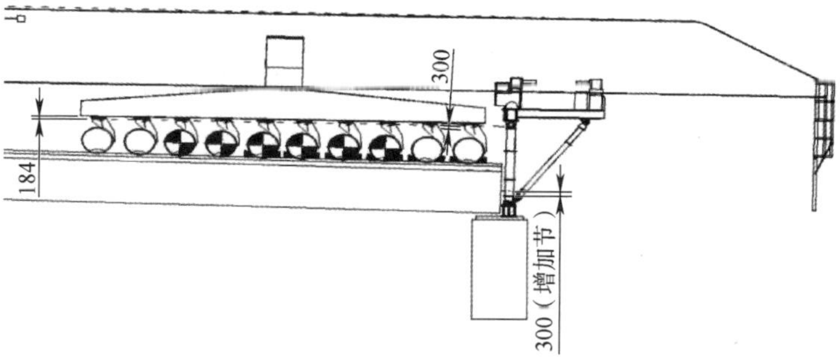

图 9—74 主支腿支撑上桥墩(单位:mm)

b. 支好主支腿,前车悬挂收回,准备第一次喂梁。

c. 按前述通用架梁作业程序使整机前行,当中支腿到达待架孔前方桥墩支撑位置时停车。

d. 临时落梁,中支腿继续伸长,支撑就位并使主支腿脱离垫石。

e. 主支腿前行到位(图 9—75)。

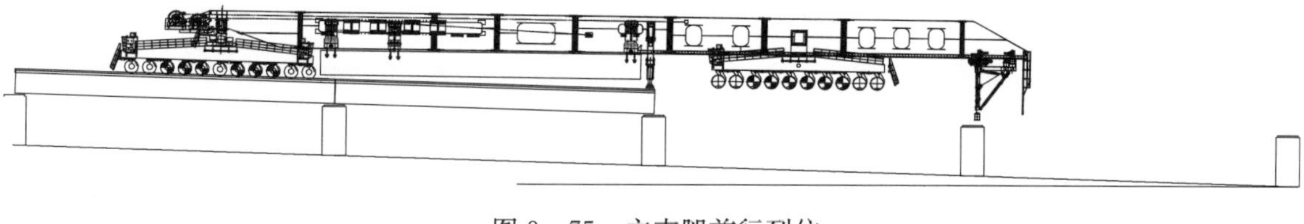

图 9—75 主支腿前行到位

f. 在中支腿的帮助下完成体系转换，(图 9—76)。准备第二次喂梁。

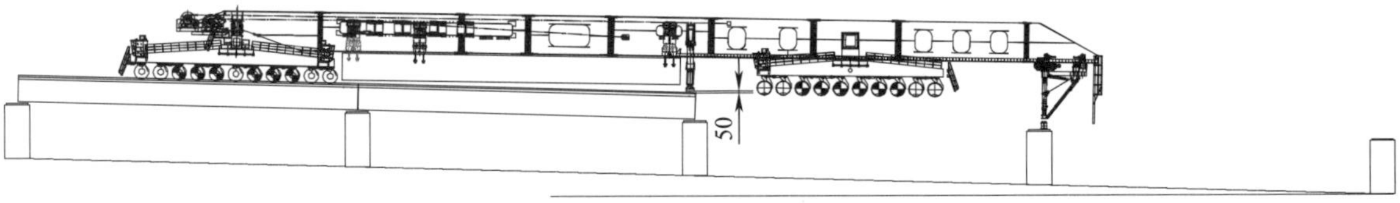

图 9—76　中支腿支好(单位:mm)

g. 按通用架梁作业程序纵移、落梁就位。

h. 整机后移，使前车到达已架箱梁顶面，完成下坡架梁工序。

i. 转折回收主支腿，返回梁场，开始下一孔梁运架作业。

②30‰上坡架梁

a. 后车悬挂总体上升 300 mm，主梁后端上升 400 mm，前车悬挂系统总体上升 100 mm，运梁至待架孔，主支腿较平坡工况收缩 300 mm，主支腿支撑上桥墩。

b. 支好主支腿，前车悬挂全部收回，准备第一次喂梁。

c. 按前述通用架梁作业程序使整机前行，当中支腿到达待架孔前方桥墩支撑位置时停车。

d. 临时落梁(图 9—77)，中支腿伸出，再支撑就位并使主支腿脱离垫石。

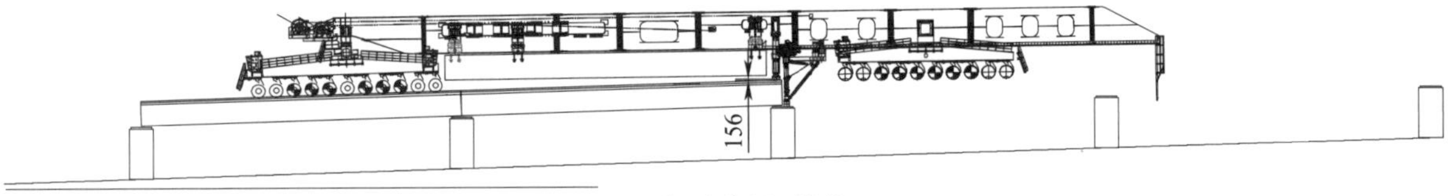

图 9—77　临时落梁(单位:mm)

e. 主支腿前行到位(图 9—78)。

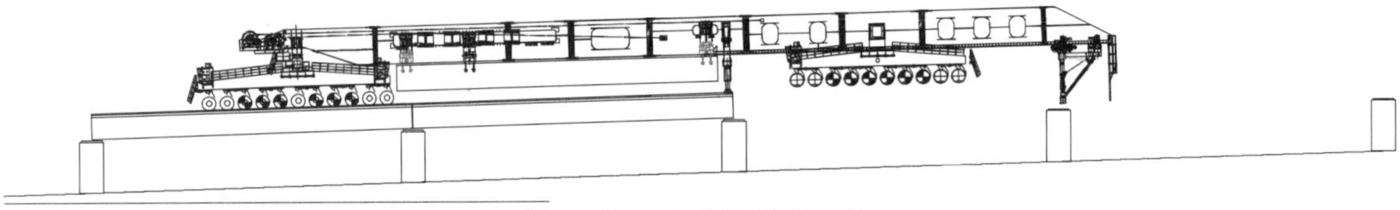

图 9—78　主支腿前行到位

f. 在中支腿的帮助下完成体系转换，支好主支腿，准备第二次喂梁。

g. 按正常架梁作业程序纵移、前端低头、落梁就位。

h. 整机后移，使前车到达已架箱梁顶面，完成上坡架梁工序。

i. 转折回收主支腿，返回梁场，开始下一孔梁运架作业。

(4)曲线架梁作业(R2 000 m)

①曲线架设 40 m 梁程序

a. 运架一体机运梁至待架孔。前车架端头距离已架箱梁端部停止。

b. 支好主支腿，准备过孔(图 9—79)。主支腿偏离中线向内 175 mm。

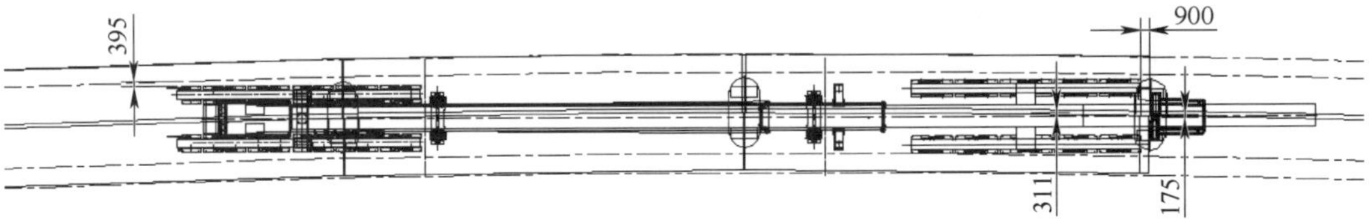

图 9—79　准备过孔(单位:mm)

c. 第一次喂梁(图 9—80)。中支腿偏移中线向内 124 mm。准备前移主支腿,此时主支腿距离中支腿 1 350 mm。

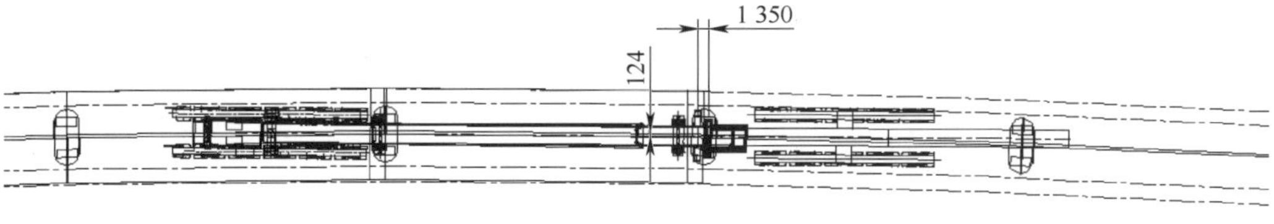

图 9—80 第一次喂梁(单位:mm)

d. 在中支腿的帮助下完成体系转换,支好主支腿(图 9—81)。主支腿偏移桥墩中线向外 220 mm。

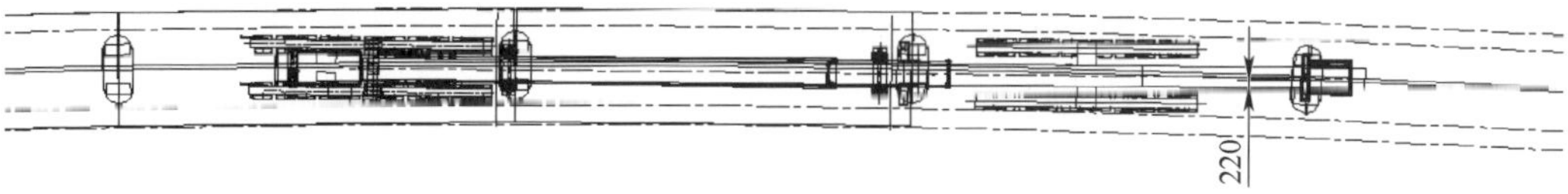

图 9—81 支好主支腿(单位:mm)

e. 第二次喂梁。后车可沿直线前行,慢行到规定位置,此时前吊点偏移向外 144/191 mm,后吊点偏移向内 138/22 mm。

f. 横移吊点落梁就位,完成架梁。

②曲线架设 32 m 梁程序

a. 运架一体机运梁至待架孔。前车架端头距离已架箱梁端部停止。

b. 支好主支腿,准备过孔。主支腿偏离中线向内 153 mm。

c. 第一次喂梁。中支腿偏移中线向内 193 mm。准备前移主支腿,此时主支腿距离中支腿 1 350 mm。

d. 在中支腿的帮助下完成体系转换,支好主支腿。主支腿偏移桥墩中线向内 176 mm。

e. 第二次喂梁。后车可沿直线前行,慢行到规定位置,此时前吊点偏移向内 144 mm,后吊点偏移向外 138 mm,横移吊点落梁就位。

f. 横移吊点落梁就位,完成架梁。

(5)运梁过隧作业

运架一体机运梁通过隧道(图 9—82)时,应注意与隧道梁端的距离,采用中位低速通过隧道。

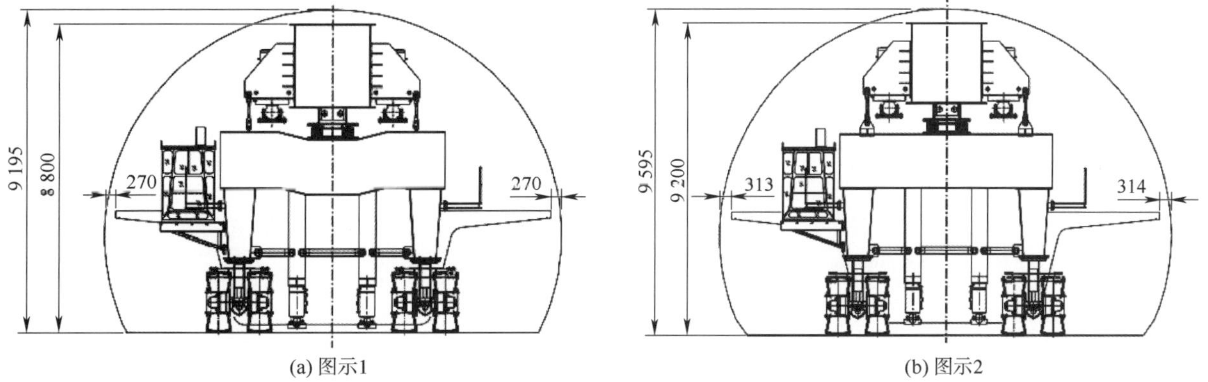

图 9—82 运架一体机运梁过隧道断面示意(单位:mm)

9.1.5.3 安全技术操作要点

1. 操作要点

(1)箱梁运输支点位置必须符合设计要求。支点要位于同一平面上，箱梁同一端支点相对高差不得大于 2 mm。

(2)箱梁架设落梁要采用支点反力控制，支承垫石顶面与支座底面间隙压浆硬化前，每个支点反力与四个支点反力的平均值之差不得超过±5%。

(3)箱梁架设后的相邻梁跨梁端桥面之间、梁端桥面与相邻桥台胸墙顶面之间的相对高差不得大于 10 mm。箱梁桥面高程不得高于设计高程，也不得低于设计高程 20 mm。

(4)运架一体机在套梁前根据技术交底提供的所在桥跨位置检查其梁片是否与设计相符，且各支座型号及坡度是否与设计相符，在核对无误后安装好支座再进行运梁。

(5)在支座灌浆材料未达到强度之前(一般不小于 20 MPa)，严禁拆除千斤顶及支座上下板之间的连接角钢、螺栓。

(6)箱梁就位，支座灌浆过程中及灌浆材料未达到设计强度之前，严禁架桥机过孔和任何其他可能引起荷载变化的动作，确保支座灌浆的质量。

(7)箱梁架设之前，检查落梁千斤顶及其配套的泵站、油管及接头，确保各种设备的完好性能状态。

(8)所有吊具、横梁均应经过检查、重载试验。

(9)架梁前，以箱梁架设中心为半径的 50 m 范围，设置警戒带，严禁非施工人员进入施工现场，并设置“高危作业、严禁靠近”安全警示牌。

2. 施工安全风险管控

(1)在吊具下放过程中，吊具接近到位时微调，不能全松，吊具下平面距梁体上平面之间的距离保持 40～50 mm，保证钢丝绳有一定张力，以免吊具松太多使钢丝绳跳槽、卷扬机排绳混乱而引发起重事故。

(2)运架一体机空载平地行驶速度应控制在 8 km/h 以内，重载平地行驶速度在 5 km/h 以内。运行速度应保持匀速，以免突然加速或急刹车导致架桥机与其他设备相撞，避免梁体滑移偏载导致事故。

(3)在行驶过程中，运架一体机悬挂应处于中位。

(4)运架一体机重载时，应保证其停置时间较短，以免时间过长导致起重伤害。运梁过程中因故不能卸载而需长时间停置，应选择平整坚固的场地使梁体落地，并在两侧轮胎下塞楔块，以免运架一体机溜逸。

(5)运架一体机运梁至待架孔后，应保证主支腿斜杆无异常，连接件与斜撑上构件轴线呈直线状态。

(6)转折主支腿时，应保证主支腿有足够的高度空间，以免支腿下横梁碰撞桥墩垫石导致主支腿损坏。

(7)中支腿在顶升过程中，应对其受力状态及整体结构变化进行实时监控，以免出现故障导致架桥机各支腿受力不均匀。

(8)在喂梁时，应对主支腿水平力的大小进行实时监控，以免出现异常导致喂梁失败。

(9)多步操作时应缓慢操作步骤，以免导致架桥机部件损坏。

(10)运架一体机接近桥梁或接近终止位置时应减速，以免速度过快导致其撞击桥梁。

(11)运架一体机停止工作后，应启动停机制动器，以免溜逸。

(12)启动发电机组至少间隔 10 s，启动后预热 5 min。发电机组工作时，监视仪表工作状态，停机时，应切断连接并降至怠速，空载 5 min 再关闭。

9.1.5.4 质量控制要点

(1)应提前组织质量管理人员对箱梁梁长、梁宽、梁高、接触网、下锚拉线、支座板、梁端防水等外观质量及其他各项技术指标进行验收，符合出厂要求后方可进行架梁。

(2)应提前至少1周时间对支承垫石进行验收,其顶面高程不得高于设计高程也不得低于10 mm,中心位置偏差不超过10 mm,锚栓孔纵、横向中心位置偏差不超过5 mm,深度不小于设计深度且不宜超过设计值20 mm。锚栓孔在灌浆封锚前应清理干净,确保无积水、无杂物等。

(3)支座安装时,应按照设计图纸及技术交底确认好支座的位置、型号及方向,安装时严格按照《高速铁路桥涵工程施工质量验收标准》(TB 10752—2018)的技术质量要求控制。

(4)运架一体机运梁时支座底部距离路面的距离不小于30 cm,通过系杆拱或经过隧道等特殊结构时,监护人员重点监护箱梁翼缘板及接触网支柱的安全状态,防止发生碰撞。

(5)落梁时采用支点反力控制,每个支点反力与四个支点反力的平均值之差不应超过±5%。砂浆层厚度应控制在20～30 mm。支座安装允许偏差按照《高速铁路桥涵工程施工质量验收标准》(TB 10752—2018)表16.3.7要求控制。

(6)支座砂浆搅拌时,严格按照报批的水灰比执行,安排技术员现场盯控,灌注完成后,安排养护人员及时养护,技术员监督检查养护的质量。

9.2　成套装备配套方法

根据40 m简支箱梁搬、提、运、架成套设备的特点,施工的工程量、工期、梁场布置、线路特点进行选型配套。

根据工程量、工期等,一个施工标段设置一个梁场,根据梁场面积、布局,选择1台搬梁机,用于移梁、发梁、装梁。梁场有施工便道用于运梁车或运架一体机上桥时,不用提梁机,没有施工便道时,设置提梁站跨线提梁。根据施工线路隧道、桥隧转换情况,选择运架分体机或运架一体机。当工期紧时,选用分体机时,应多配置一台运梁车,在线路设置运梁车会车装置或会车平台,用于提高运架梁效率;选用一体机时,可根据架梁工作面,另行配置一套运架分体机,提高施工效率。

因此,40 m简支箱梁搬、提、运、架施工设备配置有如下配套组合:(1)搬梁机+运架分体机;(2)搬梁机+运架一体机;(3)搬梁机+提梁机+运架分体机;(4)搬梁机+提梁机+运架一体机。配套组合方案见表9—1。

表9—1　40 m简支箱梁配套组合方案

设　备	方　案	特　点	选　型
搬梁机	A型支腿单主梁结构	梁场占地相对小,不能直接装梁至运梁车,可使用转运台车装梁至运梁车上	根据梁场设置需求选择不同型式的搬梁机
	门型支腿双/单主梁结构	梁场占地较大,可直接装梁至运梁车	
提梁机	单侧大车走行机构双轨运行	两台配合使用、跨线提梁、提吊运梁车、架桥机上桥,配合运梁车、运架一体机装梁	梁场无运梁车或运架一体机上桥便道时选用
运架分体机	低位运梁车和一跨式架桥机	可运梁、驮运架桥机过隧	适于隧道较少线路
运架一体机	运架一体机	过隧便捷	适于隧道多、桥隧转换频繁线路

9.3　工程应用范例

9.3.1　福厦高铁

福厦高铁设计时速350 km,北端衔接合福高铁、向莆铁路,南端衔接厦深、龙厦铁路,建成后可将福州与厦门间的行程缩减至1小时内,并实现从厦门到北京一路“高铁进京”。福厦高铁的开工建设,对打通东南沿海高速铁路大通道、构建现代化综合交通运输体系及推动沿线新型城镇化建设,具有重要意义。

运架一体机施工段长 21.516 km，箱梁架设起止里程为 DK078＋169.095～DK106＋756.170(木兰溪特大桥 298 号墩—湄洲湾跨海大桥 309 号墩)，预制简支箱梁架设共计 628 孔(含 FX-3 标木兰溪特大桥 236 孔)，其中 40 m 简支箱梁 298 孔，32 m 箱梁 296 孔，24 m 箱梁 29 孔，非标梁 5 孔。福厦项目 40 m 简支箱梁提运架施工配置搬梁机 1 台、提梁机 2 台、运架一体机 1 台。

世界首台千吨级运架一体机“昆仑号”应用于福厦高铁湄洲湾跨海大桥建设。福厦高铁湄洲湾跨海大桥施工如图 9—83 所示。

图 9—83　福厦高铁湄洲湾跨海大桥施工掠影

9.3.2　南沿江铁路

中铁二十二局集团有限公司江阴东制梁场分公司承担新建江苏南沿江城际铁路常州至太仓段 NYJZQ-7 标段内 751 榀的箱梁预制架设。

江阴东制梁场在江苏省江阴市周庄镇东林村，场地为耕地，地形平坦开阔，规划设计占地面积约 258.6 亩。该梁场负责预制跨京沪高速公路特大桥、跨疏港高速公路特大桥在内箱梁 751 榀，其中 24.6 m 双线箱梁 34 榀、28.6 m 双线箱梁 8 榀、30.6 m 双线箱梁 1 榀、32.6 m 双线箱梁 341 榀、40.6 m 双线箱梁 367 榀。配置 11 个制梁台座，其中 40.6 m 双线箱梁制梁台座 6 个，32.6 m 双线箱梁制梁台座 5 个(其中 32.6 m、24.6 m 及 30.6 m、28.6 m 共用台座 1 个)。项目配置搬梁机 1 台、提梁机 2 台、运架分体机 1 套用于 40 m 简支箱梁提运架施工。

运梁车于 2020 年 7 月在该项目安装调试完成。现场应用情况表明，该设备运输效率高，满足现场施工要求，经济效益显著，同时在该项目已完成运梁车过大坡度线路、过隧道模拟、驮运架桥机调头等多种工况。运梁车运梁施工如图 9—84 所示，驮运架桥机调头如图 9—85 所示。

图 9—84　运梁车运梁施工

图 9—85　驮运架桥机调头

9.3.3 杭衢高铁

杭衢高铁是杭州市与衢州市的一条快捷通道，同时是长江三角洲地区城际轨道交通网络的重要组成部分，承担沿线城际客流和分流沪昆通道杭州以西及衢州以东的旅客交流，还承担九景衢铁路和杭黄铁路之间的联络线功能，对缓解沪昆高铁衢州至杭州段运输压力、完善长三角城际铁路网布局，增强路网灵活性，推进杭衢交通一体化，促进区域经济社会发展具有重要意义。

杭州至衢州高速铁路工程站前施工三标 DK069＋887.64～DK096＋017.225 里程范围内的云溪特大桥、芝溪特大桥、锦桥特大桥、锦桥大桥、元村特大桥、后垄大桥、余家山头特大桥、沪头村特大桥、坞石特大桥、跨沪昆高速公路特大桥、清莲特大桥等大桥，共承担 469 孔箱梁预制生产任务（其中 40 m 双线箱梁 421 孔、32 m 双线箱梁 48 孔），供应范围为：DK069＋887.64～DK096＋017.225，采用提梁上桥（跨墩龙门吊）运梁车运梁、架桥机架梁的运架方式，梁场纵向与线路方向平行。

场内共设置 7 个制梁台座、49 个双层存梁台座、1 个静载试验台座，2 个喂梁台座、7 套装配式外模、3 套自行式液压内模、4 个整体绑扎台座。

轮轨提梁机架设 3 孔箱梁（云溪特大桥 45 号～48 号墩）作为架桥机就位、运梁车装梁作业平台，先向大里程方向架设 117 孔箱梁（运距 4.68 km），后架桥机返回梁场调头后接着向小里程方向架设 7 孔箱梁（运距 6.542 km），接着继续掉头架设大里程方向架设 258 孔（运距 19.076 km），再掉头架设小里程的 13 孔箱梁（运距 7.062 km）。

杭衢高铁线路存在大坡度、小曲线，为满足整体线路架梁工期，该运梁车多次驮运架桥机厂内调头作业，效果良好。运梁车运梁施工如图 9—86 所示，驮运架桥机调头如图 9—87 所示。

图 9—86 运梁车在杭衢高铁施工

图 9—87 杭衢高铁驮运架桥机调头

9.3.4 昌景黄高铁

在南昌经景德镇至黄山铁路江西段站前工程 CJHZQJX-4 标 DK235＋776～DK255＋089 段余干制梁场箱梁架设施工。该段线路共有 2 台运梁车，于 2020 年 6 月完成组装开始首次运梁，其中一台在余干制梁场开始施工，另一台在鄱阳制梁场施工。此线路中，2 台运梁车已运输 40 m、32 m 标准梁和 35 m、39 m 等非标梁，施工状态良好，能够满足现场施工要求。运梁车施工如图 9—88 所示。

9.3.5 沪苏湖高铁

上海经苏州至湖州铁路中，运梁车施工区域为站前工程Ⅱ标的箱梁预制及架设施工，起讫里程为 DK109＋036.256～DK141＋667.051，正线长度 32.631 km。主要分为震泽桥段、南浔桥段、南浔高架站、吴兴桥段四个桥段，共计 784 孔箱梁，其中 19.5 m 双线简支箱梁 2 孔，23.5 m 双线简支箱梁为 22 孔，31.5 m 双线简支箱梁为 319 孔，39.3 m 双线简支箱梁为 441 孔。

图 9—88　运梁车在昌景黄高铁施工

梁场设置 12 个制梁台座，设置 63 个双层存梁台座，最大存梁能力为 126 孔，10 t 行吊 2 台，60 t 门吊 4 台，500 t 门吊 2 台，1 000 t 架桥机 1 台，设置混凝土搅拌站 1 座，配置 HZS180 搅拌机 2 套；最大生产能力为 180 m^3/h。制梁场设置五个区，分别为：办公生活区、混凝土搅拌和区、箱梁生产区、箱梁存放区、箱梁架桥区。

运梁车进行喂梁施工情况如图 9—89 所示。

图 9—89　沪苏湖高铁运梁车喂梁

工程掠影一　40 m简支箱梁预制场

新建福厦铁路4标项目经理部灵川制梁场

一、工程概述

新建福厦铁路4标是国内首批、中国铁建第一家生产40 m箱梁的示范项目，承建的湄洲湾跨海大桥全长14.7 km，包含298榀40 m箱梁的制运架施工，这也是40 m预制箱梁在沿海地区高速铁路跨海大桥上的首次试点应用。

相对于32 m箱梁，40 m箱梁在梁长、梁高、腹板厚度、支座位置、材料用量上均发生了变化。其中40 m箱梁腹板厚度缩减9 cm以及腹板预应力孔道由2列变为1列对施工工艺影响较大，生产过程中通过工艺创新以及引进智能化工装确保施工质量，攻克了40 m箱梁在预制施工中的关键技术难题。

二、工艺创新

一【钢筋工程】

▲BIM应用　▲钢筋智能加工设备　▲可视化交底

二【模板工程】

▲不锈钢外模　▲自驱式液压内模

三【混凝土工程】

▲浇注工艺　▲梁体全覆盖自动养护工艺　▲封端水能量薄膜养护

四【预应力工程】

▲拔管穿束台车　▲自动张拉台车　▲自动张拉系统

▲一体式智能变频压浆台车　▲箱梁尺寸智能检测

生产过程采用智能化钢筋生产线、智能张拉系统、智能静载系统、箱梁尺寸智能检测系统，提高了施工精度以及生产效率，另外在重点工序引进拔管穿束台车、自动张拉台车，自主研发一体式智能变频压浆台车，通过智能化工装设备的应用，箱梁实体质量稳定可控，为实现精品工程的目标夯实基础。

三、取得荣誉

新建福厦铁路4标灵川制梁场依靠科技创新和小改小革，积极采用“四新”技术，严抓施工过程控制，提升产品质量，先后被业主评为“标准化样板工程”、“标准化加工厂”以及“标准化工地”，梁场自生产以来共获得5张绿牌，召开过三次观摩会，得到了国铁集团及东南公司领导的高度评价，塑造了良好的社会形象。

工程掠影二　TJ-BL1000/40 搬梁机

TJ-BL1000／40搬梁机

设备简介

TJ-BL1000/40搬梁机由门架总成、大车走行转向系统、起升机构、动力系统、液压系统、电气系统及监控系统等主要部分组成。

适用于时速250、350 km，20~40 m单、双线整孔箱梁的搬运转移。

具有功能强、自动化程度高的特点，有提一过二以及直行、斜形、八字、半八字转向功能，适应不同场地要求。

技术参数表

项　目	技术参数
整机尺寸	长度53.7 m、宽度21.6 m、高度20.7 m
整机重量	590 t
总功率	550 kW
额定起重量	1 000 t
起重天车空载/重载起升速度	0~1.5/0~0.5 m/min
适应坡度	15‰
空载/重载走行速度	0~35/0~17 m/min
起升高度	12 m

实现32m与40m便捷调整

辅助电动葫芦

液压自动顶推变跨

升降自动同步

工程掠影三　MG500 轮轨式提梁机

MG500轮轨式提梁机

设备简介

MG500轮轨式提梁机由主梁、刚性支腿、柔性支腿、大车走行机构、起重天车、电控系统及监控系统等部分组成，两台配套使用。

适用于20~40 m多种跨度高铁简支箱梁的吊运及跨线提梁作业；配合运架一体机或运梁车完成喂梁、装梁作业；吊装一体机和分体机整体上下桥。

具有双机提升、走行同步性好，高度、跨度可调，防风性能强等特点。

技术参数表

项　目	技术参数
整机尺寸	长度43.3 m、宽度21.8 m、高度51 m
整机重量	500 t
总功率	180 kW
起重天车重载起升速度	0~0.6 m/min
适应坡度	3‰
整机重载走行速度	0~10 m/min
起升高度	43 m
抗风等级	非工作状态13级、工作状态7级

下横梁分节制作

吊具横梁满足多种箱梁吊运

电动防风铁楔

折线型绳槽卷筒

工程掠影四　TJ-YT1000/40 运架一体机

TJ-YT1000/40运架一体机

设备简介

TJ-YT1000/40运架一体机由主梁、前车系统、后车系统、中支腿、主支腿、起重提升系统、动力系统、电气液压控制系统以及监控系统等主要部分组成。

具有提、运、架三合一功能，满足最大纵坡30‰、最小曲线半径R2 000 m的高铁24~40 m多种跨度简支箱梁的运架作业。

具有安全性强、智能化程度高、使用范围广的特点，满足全工况运架梁需求。

技术参数表

项　目	技术参数
整机尺寸	长度117.1 m、宽度9.9 m、高度9.2 m
整机重量	997 t
总功率	1 300 kW
结构材质	785 MPa级高强钢（GT785D）
悬挂升降行程	±400 mm
整机空载/重载走行速度	0~10 / 0~5 km/h
过孔速度	3 m/min
抗风等级	非工作状态11级、工作状态7级

主结构采用785MPa级高强钢

自动润滑系统

常闭式液压制动

整车监控

隧道内自动驾驶

工程掠影五 TJ-YLS1000/40 运梁车

TJ-YLS1000/40运梁车

设备简介

TJ-YLS1000/40运梁车由车架、液压悬挂总成、驮梁机构、转向系统、动力系统、电液系统及监控系统等主要部分组成。

适用于最大纵坡30‰、最小曲线半径R2 000 m的高铁20～40 m多种跨度简支箱梁的运输作业。

具有结构紧凑、运梁高度低，智能化程度高的特点，以及直行、斜形、八字、半八字转向功能。

技术参数表

项　目	技术参数
整机尺寸（长×宽×高）	55 m×9.1 m×3.6 m
整机重量	425 t
总功率	1 044 kW
重载时最大爬坡能力	40‰
整机空载/重载走行速度	0~10/0~5 km/h
重载中位驮梁高度	1.3 m
最小转弯半径	50 m
轮轴数（总数/驱动/制动）	28/10/10

整机运行灵活

非标定制小轮胎

滑动式驮梁小车

U型结构车体

工程掠影六　TJ–JQS1000/40 架桥机

TJ–JQS1000／40架桥机

设备简介

TJ-JQS1000/40架桥机由主梁、辅助支腿、前支腿、后支腿、起重小车、动力系统、电液系统及监控系统等主要部分组成。

适用于最大纵坡30‰、最小曲线半径R2 000 m的高铁20～40 m多种跨度简支箱梁的架设，以及在隧道出口3 m架梁、进口-40 m架梁。具有适应性强、架梁效率高的特点。

技术参数表

项　目	技术参数
整机尺寸	长度90.5 m、宽度18.5 m、高度10.2 m
整机重量	645 t
总功率	300 kW
横向微调距离	±200 mm
起升高度	7 m
重载起升速度	0~0.5 m/min
吊梁纵移速度	3 m/min
过孔速度	5 m/min

喂梁高度降低至1.3m

重型移运器

整机高度降低3.3m

辅助支腿翻转折叠机构

便捷驮运

特种设备安全技术规范:监检项目表

TSG 07016—2016

<table>
<tr><th>序号</th><th colspan="3">监检项目及其内容</th><th>类别</th><th>监检结果</th><th>工作见证</th><th>备注</th></tr>
<tr><td>1</td><td rowspan="3">1 设备选型检查</td><td colspan="2">1.1 一般要求</td><td>A</td><td></td><td></td><td></td></tr>
<tr><td>2</td><td colspan="2">1.2 防爆、绝缘起重机</td><td>A</td><td></td><td></td><td></td></tr>
<tr><td>3</td><td colspan="2">1.3 吊运熔融金属起重机</td><td>A</td><td></td><td></td><td></td></tr>
<tr><td>4</td><td rowspan="3">2 产品出厂资料审查</td><td colspan="2">(1)产品设计文件</td><td>A</td><td></td><td></td><td></td></tr>
<tr><td>5</td><td colspan="2">(2)产品质量合格证明、安装及使用维护保养说明</td><td>A</td><td></td><td></td><td></td></tr>
<tr><td>6</td><td colspan="2">(3)整机型式试验证明</td><td>A</td><td></td><td></td><td></td></tr>
<tr><td>7</td><td rowspan="4">3 安装改造修理资格审查</td><td colspan="2">(1)安装改造修理许可证明</td><td>A</td><td></td><td></td><td></td></tr>
<tr><td>8</td><td colspan="2">(2)安装改造重大修理告知书</td><td>A</td><td></td><td></td><td></td></tr>
<tr><td>9</td><td colspan="2">(3)现场安装改造修理作业人员的资格证件</td><td>B</td><td></td><td></td><td></td></tr>
<tr><td>10</td><td colspan="2">(4)主要受力结构件的现场分段组装(焊接)的焊接作业人员资格证件</td><td>B</td><td></td><td></td><td></td></tr>
<tr><td>11</td><td colspan="3">4 施工作业(工艺)资料审查</td><td>B</td><td></td><td></td><td></td></tr>
<tr><td>12</td><td rowspan="5">5 安装基础、附属设施及安全距离检查</td><td colspan="2">5.1 安装基础</td><td>B</td><td></td><td></td><td></td></tr>
<tr><td>13</td><td colspan="2">5.2 通道与平台、梯子、栏杆</td><td>B</td><td></td><td></td><td></td></tr>
<tr><td>14</td><td colspan="2">5.3 机械式停车设备基本尺寸</td><td>B</td><td></td><td></td><td></td></tr>
<tr><td>15</td><td colspan="2">5.4 安全距离</td><td>B</td><td></td><td></td><td></td></tr>
<tr><td>16</td><td colspan="2">5.5 起重机轨道</td><td>B</td><td></td><td></td><td></td></tr>
<tr><td>17</td><td rowspan="4">6 部件施工前检查</td><td colspan="2">(1)出厂产品、改造和修理用的材料、零部件等检查确认记录</td><td>B</td><td></td><td></td><td></td></tr>
<tr><td>18</td><td colspan="2">(2)主要配套件合格证、铭牌</td><td>B</td><td></td><td></td><td></td></tr>
<tr><td>19</td><td colspan="2">(3)安全保护装置和电动葫芦合格证、铭牌、型式试验证明</td><td>B</td><td></td><td></td><td></td></tr>
<tr><td>20</td><td colspan="2">(4)主要受力结构件主要几何尺寸的检查记录</td><td>B</td><td></td><td></td><td></td></tr>
<tr><td>21</td><td rowspan="6">7 部件施工过程与施工后检查</td><td rowspan="5">7.1 部件施工过程与施工后记录</td><td>(1)主要受力结构件施工现场连接的检查记录</td><td>B</td><td></td><td></td><td></td></tr>
<tr><td>22</td><td>(2)主要受力结构件的主要几何尺寸施工检查记录</td><td>B</td><td></td><td></td><td></td></tr>
<tr><td>23</td><td>(3)吊具、钢丝绳及其连接、滑轮、开式齿轮、车轮、卷筒、环链、导绳器、层门、小车轨道和升降、横移导轨等施工检查记录</td><td>B</td><td></td><td></td><td></td></tr>
<tr><td>24</td><td>(4)配重、压重的施工检查记录</td><td>B</td><td></td><td></td><td></td></tr>
<tr><td>25</td><td>(5)主要受力结构件分段制造现场组装的检查记录、无损检测报告</td><td>B</td><td></td><td></td><td></td></tr>
<tr><td>26</td><td colspan="2">7.2 起重机的标记、安全标志</td><td>B</td><td></td><td></td><td></td></tr>
<tr><td>27</td><td rowspan="3">8 电气审查</td><td colspan="2">8.1 电气设备安装</td><td>B</td><td></td><td></td><td></td></tr>
<tr><td>28</td><td rowspan="2">8.2 电气保护</td><td>(1)电动机的保护</td><td>B</td><td></td><td></td><td></td></tr>
<tr><td>29</td><td>(2)线路保护</td><td>B</td><td></td><td></td><td></td></tr>
</table>

续上表

序号	监检项目及其内容			类别	监检结果	工作见证	备注
30	8 电气审查	8.2 电气保护	(3)错相与缺相保护	B			
31			(4)零位保护	B			
32			(5)失压保护	B			
33			(6)电动机定子异常失压保护	B			
34			(7)超速保护	B			
35			(8)接地与防雷	B			
36			(9)绝缘电阻	B			
37			(10)照明与信号	B			
38	9 液压系统检查		(1)平衡阀和液压锁与执行机构的刚性连接	B			
39			(2)液压回路无漏油现象	B			
40			(3)液压缸安全限位装置、防爆阀(或者截止阀)无损坏	B			
41	10 司机室检查			B			
42	11 安全保护和防护装置检查与现场监督	11.1 制动器	11.1.1 制动器设置与控制	A			
43			11.1.2 制动器零件	A			
44		11.2 起重量限制器		A			
45		11.3 起重力矩限制器		A			
46		11.4 极限力矩限制装置		A			
47		11.5 起升高度(下降深度)限位器		A			
48		11.6 运行机构行程限位器		A			
49		11.7 缓冲器和端部止挡		A			
50		11.8 紧(应)急停止开关		A			
51		11.9 联锁保护装置		A			
52		11.10 偏斜显示(限制)装置		A			
53		11.11 轨道清扫器		B			
54		11.12 抗风防滑装置		A			
55		11.13 风速仪		B			
56		11.14 防护罩、防护栏、隔热装置		B			
57		11.15 防碰撞装置		A			
58		11.16 报警装置		B			
59		11.17 防止臂架向后倾翻装置		A			
60		11.18 电缆卷筒终端限位装置		B			
61		11.19 回转限位装置		A			
62		11.20 幅度限位器		A			
63		11.21 幅度指示器		B			
64		11.22 集装箱吊具专项保护装置		B			
65		11.23 桥、门式起重机专项安全保护和防护装置	11.23.1 防倾翻安全钩	A			
66			11.23.2 导电滑触线安全防护	A			

续上表

序号	监检项目及其内容			类别	监检结果	工作见证	备注
67	11 安全保护和防护装置检查与现场监督	11.24 塔式起重机专项安全保护和防护装置	11.24.1 防小车坠落保护	A			
68			11.24.2 强迫换速装置	A			
69		11.25 流动式起重机专项安全保护和防护装置	11.25.1 支腿回缩锁定装置	A			
70			11.25.2 回转锁定装置	A			
71			11.25.3 水平仪	A			
72			11.25.4 铁路起重机专项安全保护和防护装置	A			
73		11.26 施工升降机专项安全保护和防护装置	(1)防坠安全器	A			
74			(2)围栏登机门机械锁钩和电气安全装置	A			
75			(3)吊笼门机械锁钩和电气安全装置	A			
76			(4)限位装置(开关)	A			
77			(5)极限开关	A			
78			(6)安全钩(适用于齿轮齿条式升降机)	A			
79			(7)缓冲器	A			
80			(8)钢丝绳防松弛装置	A			
81			(9)停层防坠落装置或者停位防坠落装置	A			
82			(10)断绳保护装置	A			
83			(11)超载保护装置	A			
84			(12)通道口、货厢门、层门联锁保护装置	A			
85			(13)应急出口门的安全开关	A			
86		11.27 简易升降机专项安全保护和防护装置	11.27.1 停层保护装置	A			
87			11.27.2 下行超速保护装置	A			
88			11.27.3 防运行阻碍保护装置	A			
89			11.27.4 限位装置(开关)	A			
90			11.27.5 极限开关	A			
91			11.27.6 缓冲器	A			
92			11.27.7 停止装置	A			
93			11.27.8 检修运行装置	A			
94			11.27.9 液压管路限流或者切断装置	A			
95			11.27.10 超载保护装置	A			
96			11.27.11 机械设备防护装置	A			
97			11.27.12 层门防护装置	A			
98		11.28 机械式停车设备专项安全保护和防护装置	11.28.1 紧(应)急停止开关	A			
99			11.28.2 防止超限运行装置	A			
100			11.28.3 汽车长、宽、高限制装置	A			
101			11.28.4 阻车装置	A			
102			11.28.5 人车误入检出装置	A			
103			11.28.6 载车板上汽车位置检测装置	A			
104			11.28.7 出入口门、围栏门联锁保护装置	A			

续上表

序号	监检项目及其内容			类别	监检结果	工作见证	备注
105	11 安全保护和防护装置检查与现场监督	11.28 机械式停车设备专项安全保护和防护装置	11.28.8 自动门防夹装置	A			
106			11.28.9 防重叠自动检测装置	A			
107			11.28.10 防载车板坠落装置	A			
108			11.28.11 警示装置	A			
109			11.28.12 轨道端部止挡装置	A			
110			11.28.13 缓冲器	A			
111			11.28.14 松绳(链)检测装置或载车板倾斜检测装置	A			
112			11.28.15 运转限制装置	A			
113			11.28.16 控制联锁功能	A			
114			11.28.17 载车板锁定装置	A			
115		11.29 汽车专用升降机类停车设备专项安全保护和防护装置	11.29.1 制导行程	A			
116			11.29.2 底坑紧(应)急停止开关和电源插座	A			
117			11.29.3 超载限制器	A			
118			11.29.4 停电时安全位置装置(人车共乘式)	A			
119			11.29.5 通风装置(人车共乘式)	A			
120			11.29.6 紧急联络装置(人车共乘式)	A			
121			11.29.7 紧(应)急救援装置(人车共乘式)	A			
122			11.29.8 安全钳和限速器(人车共乘式)	A			
123			11.29.9 层门防护装置	A			
124	12 大型起重机械安全监控管理系统试验验证	12.1 安全监控管理功能要求的硬件配备		A			
125		12.2 管理权限的设定		A			
126		12.3 故障自诊断		A			
127		12.4 报警装置		B			
128		12.5 文字表达形式		B			
129		12.6 通信协议的开放性		B			
130		12.7 显示信息清晰度		B			
131		12.8 系统信息采集源		A			
132		12.9 监控参数	12.9.1 起重量	B			
133			12.9.2 起重力矩	B			
134			12.9.3 起升高度(下降深度)	B			
135			12.9.4 运行行程	B			
136			12.9.5 风速	B			
137			12.9.6 回转角度	B			
138			12.9.7 幅度	B			
139			12.9.8 大车运行偏斜	A			
140			12.9.9 水平度	B			
141			12.9.10 同一或者不同一轨道运行机构安全距离	A			

续上表

序号	监检项目及其内容			类别	监检结果	工作见证	备注
142	12 大型起重机械安全监控管理系统试验验证	12.9 监控参数	12.9.11 操作指令	A			
143			12.9.12 支腿垂直度	B			
144			12.9.13 工作时间	B			
145			12.9.14 累计工作时间	B			
146			12.9.15 每次工作循环	B			
147		12.10 监控状态	12.10.1 起升机构的制动状态	A			
148			12.10.2 抗风防滑状态	A			
149			12.10.3 联锁保护(门联锁和机构之间的运行联锁)	A			
150			12.10.4 工况设置状态	A			
151			12.10.5 供电电缆卷筒状态	A			
152			12.10.6 过孔状态	A			
153			12.10.7 视频系统	A			
154		12.11 系统综合误差	12.11.1 起重量综合误差试验	A			
155			12.11.2 幅度综合误差试验	A			
156			12.11.3 起重力矩综合误差试验	A			
157		12.12 连续作业试验验证		A			
158		12.13 信息采集和储存	12.13.1 实时性	B			
159			12.13.2 扫描周期	B			
160			12.13.3 存储时间	B			
161			12.13.4 断电后信息的保存	B			
162			12.13.5 历史追溯性	B			
163	13 性能试验现场监督	13.1 空载试验	(1)操纵机构、控制系统、安全防护装置	A			
164			(2)各机构动作	A			
165			(3)液压系统、润滑系统	A			
166		13.2 额定载荷试验	(1)制动下滑量	A			
167			(2)挠度	A			
168			(3)主要零件	A			
169		13.3 静载荷试验	(1)主要受力结构件	A			
170			(2)主要机构连接处	A			
171			(3)其他损坏	A			
172		13.4 动载荷试验	(1)机构、零部件工作情况	A			
173			(2)机构、结构件损坏和松动情况	A			
174		13.5 升降机吊笼坠落试验	(1)结构及其连接	A			
175			(2)吊笼底板在各个方向的水平度偏差改变值	A			
176			(3)制动距离	A			
177		13.6 架桥机过孔试验	13.6.1 过孔走行试验	A			
178			13.6.2 导梁跨中静挠度试验	A			
179			13.6.3 悬臂挠度试验	A			

续上表

序号	监检项目及其内容		类别	监检结果	工作见证	备注
180	13 性能试验现场监督	13.7 流动式起重机液压系统密封性能试验	A			
181		13.8 其他项目	A			
182	14 质量保证体系运行情况抽查	(1)现场施工质量控制系统责任人及任命文件	B			
183		(2)施工过程中体系运转异常情况的处理	B			
记事:(监检中发现的问题、处理情况)						
检验结论:(合格、不合格)						
监检:　　　　日期:		审核:　　　　日期:				

注:本项目表是按照本规则起重机械检验项目及其内容编排的,检验机构应当针对不同类别、品种的起重机械,根据本规则规定的该类起重机械应当检验的具体项目和内容进行编制和填写,序号可以重新编排,保留项目及其内容原编号。

参 考 文 献

[1] 盛黎明，邓运清. 中国铁路预制梁[M]. 北京：中国铁道出版社有限公司，2020.

[2] 陈龙剑. 铁路客运专线混凝土箱梁制梁运梁架梁施工设备[M]. 北京：中国铁道出版社，2007.

[3] 黄守刚. 铁路工程施工机械作业安全与案例分析[M]. 北京：中国铁道出版社，2011.

[4] 李达. 40 m/1 000 t 铁路简支箱梁技术研究及运架施工创新技术应用[J]. 机械管理开发，2021，36(2)：259-261，274.

[5] 姚志江. 40 m 大跨预制简支箱梁建造技术研究[J]. 四川水泥，2021(4)：91-92.

[6] 林国辉，潘传伟，王强，等. 高速铁路 40 m 简支箱梁预制施工关键技术[J]. 建筑技术开发，2020，47(7)：58-60.

[7] 叶阳升，魏峰，胡所亭，等. 高速铁路跨度 40 m 预制简支箱梁建造技术研究[J]. 中国铁路，2016(10)：5-10.

[8] 李世龙，王心利. 高速铁路箱梁运架施工技术和关键装备的发展及应用[J]. 建设机械技术与管理，2021，34(5)：30-35.

[9] 梁新华，叶玉森，林国辉. 高铁 40 m 简支箱梁运架设备及运架施工关键技术[J]. 四川建筑，2021，41(1)：220-223.

[10] 陈叔，李世龙，王心利，等. 高铁 40 m 整孔预制箱梁运架设备关键技术[J]. 建设机械技术与管理，2019，32(4)：53-58.

[11] 陈叔，王强，林国辉，等. 高铁箱梁技术发展与 40 m/1 000 t 级创新技术装备研究[J]. 建设机械技术与管理，2020，33(2)：44-52.

[12] 陈海涛，邓运清，石鲁宁. 郑济高铁 40 m 整孔预制简支箱梁应用研究[J]. 铁道标准设计，2020，64(S1)：152-157.

[13] 黄守刚. 铁路桥涵工程施工安全与案例分析[M]. 北京：中国铁道出版社，2011.

[14] 曹万会. 高铁 40 m 预制箱梁整体内模自驱系统技术研究[J]. 铁道建筑技术，2021(7)：89-92.

[15] 王心利，李世龙，朱光平，沈超. 1 000 t/40 m 过隧箱梁运梁车的研制与应用[J]. 建设机械技术与管理，2020，33(2)：108-112.

[16] 黄耀怡，余春红. 略论我国大吨位架桥机从创始到世界领先之路(上)[J]. 铁道建筑技术，2015(2)：1-13.

[17] 黄守刚，王宁. 铁路工程施工安全精细化管理[M]. 北京：中国铁道出版社，2012.

[18] 谌启发，罗九林，王治斌，等. 高速铁路 40 m 简支箱梁提运架成套设备研制及应用[J]. 铁道建筑技术，2021(1)：1-7，17.

[19] 中国铁路工程总公司年鉴编委会. 中国铁路工程总公司年鉴 2008[M]. 北京：中国铁道出版社，2009.

[20] 中国铁路工程总公司年鉴编委会. 中国铁路工程总公司年鉴[M]. 北京：中国铁道出版社，2008.

[21] 中国铁路工程总公司年鉴编委会. 中国铁路工程总公司年鉴 2006[M]. 北京：中国铁道出版社，2007.

[22] 李怡厚. 铁路客运专线架梁铺轨施工设备[M]. 北京：中国铁道出版社，2003.

[23] 蔡新宁，李修华，胡乃升. 路桥施工常用机械设备技术性能手册[M]. 北京：人民交通出版社股份有限公司，2014.

[24] 李振国，柴兴平，黄祖光. 铁路桥涵工程施工安全交底[M]. 北京：中国铁道出版社，2014.

[25] 铁道部经济规划研究院铁路工程定额所. 高速铁路路基、桥梁、隧道、轨道工程补充定额 2010 年[M]. 北京：中国标准出版社，2010.

[26] 刘培勇，张利军，杨桂龙，等. 1 000 t 整孔预制混凝土箱梁轮胎式提梁机技术研究[J]. 新型工业化，2021，11(4)：98-99.

[27] 李世龙，张浩，赖云. 郑济高铁 40 m 简支箱梁制运架施工设备配置与选型[J]. 建设机械技术与管理，2020，33(4)：80-84.

[28] 张奇. 提梁机行走同步控制系统的设计与试验[J]. 工程机械与维修,2020(04):65-67.
[29] 冯扶民,王爱国,杜以军,等. 1 000 t 轮胎式提梁机液压驱动系统同步性研究[J]. 液压气动与密封,2019,39(12):70-73.
[30] 张晓炜,智小慧. 高速铁路桥梁施工技术与装备[M]. 武汉:华中科技大学出版社,2010.
[31] 寇风岐. 公路桥涵施工安全交底[M]. 北京:中国铁道出版社,2015.
[32] 鲍军平. 450 t 可调超高支腿提梁机在大型铁路箱梁预制场的应用[J]. 价值工程,2019,38(31):137-140.
[33] 侯伟. 铁路客运专线提梁机施工技术研究[J]. 四川水泥,2019(10):169.
[34] 赵琳. 轮胎式提梁机液压系统故障的分析与排除[J]. 鄂州大学学报,2019,26(04):107-109+112.
[35] 周鹏. 特殊梁型提梁站设计及提梁机选型[J]. 低碳世界,2019,9(06):202-203.
[36] 李立铭. TLJ500-36-30/40 轮轨式提梁机[J]. 山东工业技术,2018(24):34+56.
[37] 原贞华. MDEL300 型轮胎式提梁机[J]. 建筑机械,2017(11):47-51.
[38] 郝绥军. 临近既有京沪高铁 MGTL450 型提梁机拆解技术的研究[J]. 铁道建筑技术,2017(09):103-108.
[39] 刘培勇,王金祥,黄耀怡,等. SC 1700 型混凝土预制箱梁轮胎式提梁机[J]. 工程机械,2017,48(06):6-11+5.
[40] 唐坤元,李明,梁志新. 高铁 1 000 t/40 m 过隧道运梁车研究[J]. 铁道建筑技术,2021(01):18-21.
[41] 常晨曦. 轮胎式运梁车常见故障及其结构研究[J]. 工程技术研究,2020,5(03):136-138.
[42] 张勇华,李捷,杨巍,等. 传统运梁车与架桥机的改造升级方案[J]. 筑路机械与施工机械化,2019,36(08):107-111.
[43] 沈超,唐娅玲. 高速铁路 1 000 t 级箱梁过隧运梁车[J]. 工程机械,2019,50(07):11-17+6.
[44] 熊国辉. 双向作业型 850 t 运梁车的设计及其关键技术研究[J]. 中国新技术新产品,2019(04):116-120.
[45] 佘宏,巴高山. YLD900 运梁车驮运箱梁过隧道的技术分析[J]. 铁路技术创新,2018(05):119-122.
[46] 王伟,李寒光,王苏东,等. 运梁车的液压顶升控制系统的应用研究[J]. 建设机械技术与管理,2018,31(05):39-40.
[47] 姜长军. 纠偏监控系统在 900 t 运梁车的应用[J]. 工程机械与维修,2018(03):128-129.
[48] 唐娅玲,沈超. 高速铁路 1 000 t/40 m 过隧运梁车车体结构设计[J]. 工程机械,2018,49(05):1-7+95.
[49] 段启楠. 单线箱梁 YL550 型运梁车的研制与应用[J]. 建筑机械,2018(02):62-65.
[50] 杜宝江,曹威,潘祺鑫,等. 高铁运梁车实时联动控制技术的实现[J]. 中国水运(下半月),2017,17(09):151-153+177.
[51] 罗利军,张司博,郭欣. TLC550 型运梁车转向、支腿液压系统故障分析与解决[J]. 工程机械,2017,48(09):67-70+9.
[52] 马俊勇. DCY900L 运梁车液压系统维修与保养[J]. 低碳世界,2017(21):198-199.
[53] 蒋中明,王治斌. 高铁 1 000 t/40 m 梁新型吊运分体式架桥机总体方案研究[J]. 铁道建筑技术,2021(01):12-17.
[54] SLJ900/32 流动式架桥机[J]. 国防交通工程与技术,2019,17(01):5-6.
[55] 魏岳峰,毛凌一,张森玮. 高铁运架一体式架桥机发展与性能比较研究[J]. 铁道建筑技术,2020(04):129-132.
[56] 彭仁军,李和平. 900 t 预制箱梁运架一体机在张吉怀高铁施工中的应用[J]. 建设机械技术与管理,2020,33(S1):2-5.
[57] 潘宜东,寇江安,刘岩. 900 t 穿隧道运架一体式架桥机调头可行性研究[J]. 设备管理与维修,2018(12):132-134.
[58] 周伟. 运架一体式架桥机隧道内零距离架梁技术[J]. 高速铁路技术,2012,3(02):74-78.
[59] 赵静一,郭锐,程斐. 液压系统故障诊断与排除案例精选[M]. 北京:机械工业出版社,2017.
[60] 卞永明,刘广军. 桥梁结构现代施工技术[M]. 上海:上海科学技术出版社,2017.
[61] 铁道部工程管理中心. 客运专线铁路箱梁运架安全管理手册[M]. 北京:中国铁道出版社,2008.
[62] 许建军. 既有线提速改造铺架工程施工技术[M]. 北京:中国铁道出版社,2007.
[63] 唐经世. 铁路客运专线工程机械文集[M]. 北京:中国铁道出版社,2005.
[64] 郑健. 中国高速铁路桥梁[M]. 北京:高等教育出版社,2008.
[65] 李自光. 桥梁施工成套机械设备[M]. 北京:人民交通出版社,2003.

宁武年鉴

2020

中共宁武县委党史研究室
宁武县地方志研究室 编

方志出版社
Publishing House of Local Records

图书在版编目（CIP）数据

宁武年鉴 . 2020 / 中共宁武县委党史研究室，宁武县地方志研究室编 . —北京：方志出版社，2020.12
ISBN 978-7-5144-4672-2

Ⅰ . ①宁… Ⅱ . ①中… ②宁… Ⅲ . ①宁武县—2020—年鉴 Ⅳ . ① Z522.54

中国版本图书馆 CIP 数据核字（2022）第 155948 号

责任编辑：李晓晓
责任校对：刘玉霞
责任印制：梅中英
出 版 者：方志出版社
地　　址：北京市朝阳区潘家园东里 9 号（国家方志馆 4 层）
邮　　编：100021
网　　址：http://www.zgfzcb.cn
发　　行：方志出版社图书营销中心（010-67110500）
印　　刷：山西基因包装印刷科技股份有限公司
开　　本：889 毫米 ×1194 毫米　1/16
印　　张：24.5
字　　数：660 千字
版　　次：2020 年 12 月第 1 版
印　　次：2020 年 12 月第 1 次印刷
定　　价：300.00 元

《宁武年鉴（2020）》编纂委员会

《宁武年鉴（2020）》编辑部

《宁武年鉴（2020）》审核单位及人员

编辑说明

一、《宁武年鉴（2020）》以马克思列宁主义、毛泽东思想、邓小平理论、“三个代表”重要思想、科学发展观、习近平新时代中国特色社会主义思想为指导，坚持辩证唯物主义和历史唯物主义立场、观点和方法，记载2019年宁武县自然、政治、经济、文化和社会生活等各个方面的新成就、新进展、新经验，反映宁武县地方特色，为社会各界了解宁武、认识宁武、研究宁武、建设宁武提供丰富、实用的县情信息。

二、《宁武年鉴（2020）》记述时限为2019年1月1日至12月31日。个别词条内容可追溯到2019年以前，特载内容延至2020年。

三、《宁武年鉴（2020）》采用分类编排法，设类目、分目、条目三个层次，少数内容增设副分目，不同层次的标题用不同的字号、字体和辅助标志区别。条目为全书基本记述实体。

四、《宁武年鉴（2020）》数字用法、标点符号用法分别采用国家标准《出版物上数字用法》（GB/T 15835—2011）、《标点符号用法》（GB/T 15834—2011），计量单位采用国家技术监督局1993年12月发布的《量和单位》系列国家标准。历史上使用的计量单位，如斗、石、里、尺、磅、华氏度等，在引文时可照录。考虑到社会使用习惯，全书中亩不统一换算。

五、《宁武年鉴（2020）》的稿件资料均由县直各部门、各乡镇、部分企事业单位提供，并经各单位负责人审核。部分图片由县新闻办、宁武报社和相关单位提供。统计资料由统计局提供。部分数据合计数或相对数由于计量单位取舍不同而产生的计算误差，本书均未做机械调整。

数字宁武

2019 年

总面积：1936.4 平方千米

常住总人口：166112 人

本地生产总值：67.74 亿元

人均生产总值：40784 元

第一产业增加值：2.71 亿元

第二产业增加值：38.26 亿元

第三产业增加值：26.77 亿元

全年粮食总产量：17799.5 吨

造林面积：3366 公顷

全社会固定投资：42.63 亿元

社会消费品零售总额：14.3 亿元

原煤生产：1274.14 万吨

风力发电：92285.17 万千瓦时

公路旅客运输量：109 万人次

公路货物运输量：749 万吨

财政总收入：212727 万元

地方财政一般性预算收入：91259 万元

地方财政一般性预算支出：252303 万元

各项存款余额：1221372 万元

各项贷款余额：421769 万元

学校总数：87 所

卫生机构（含诊所、村卫生）：213 个

医院病床数：1097 张

卫生技术人员：868 人

居民人均可支配收入：16000 元

城镇居民人均可支配收入：26550 元

农村居民人均可支配收入：6843 元

在岗加劳务人员平均工资：61843 元

（数字来源：宁武县统计局）

红色旅游示意图

宁武县红色旅游示意图

线路I ：县城→阳方口→石湖河→坝上→西栈沟→春景洼→国防一八七厂区

线路II ：东寨→汾源→国防二八七厂→下鸾桥→二马营→头马营→删屯关→宁化→石家庄→旧堡→红土沟→芦草沟→石板桥

线路III：西马坊→国防二八六厂→晋绥第三兵工厂→前岔口→吴家沟→包掌湾→葱沟→高崖底→席麻洼→东沟

中共宁武县委成立旧址——县城筒子院　　2010.6.20　宁武县史志办　摄

前岔口大捷战斗遗址　　2010.5.16　宁武县史志办　摄

坝上贺龙与赵承绶会晤地旧址　　2010.6.12　宁武县史志办　摄

春景洼炮台战斗遗址　　2010.5.21　宁武县史志办　摄

2019 年 2 月 14 日，宁武县召开机构改革动员大会

2019 年 9 月 20 日，宁武县庆祝中华人民共和国暨人民政协成立七十周年历史成就图片书画展

2019年9月20日，宁武县举行庆祝中华人民共和国暨人民政协成立七十周年“光辉历程·铸就辉煌”历史成就图片书画展

2019 年 5 月 6 日，宁武县巡察工作会议暨十三届县委第七轮巡察动员会

2019 年 5 月 6 日，市县统筹巡察宁武县派出巡察组安排部署会

宁武县农业产业园区俯瞰图

山西乡村味食品有限公司

百亿茶健康产业园暨万亩毛健茶种植加工项目

康仁药草仓储

康仁药草种植基地

宁武县扶贫加工产业园

宁武县品尚服装加工基地

圪塆乡黄岭村民在茶园采摘茶叶

圪塆乡黄岭村民制茶（摇青工艺）

宁武县阳方口镇新大象集团
生猪养殖饲料厂外景

宁武县阳方口镇新大象集团
生猪养殖饲料厂仓库

宁化村合作社羊群

东马坊合作社牛群

宁武县特色农产品系列——芦芽山珍

宁武县特色农产品系列——茶

刘家园移民安置区

东城区滨河二区移民安置区

丰收的喜悦（马营海村民在用机械给莜麦脱粒）

收割莜麦

宁化古城鸟瞰图

化北屯乡宁化村

目　录

特　载

大事记

县情概况

中国共产党宁武县委员会

宁武县人民代表大会

宁武县人民政府

中国人民政治协商会议
宁武县委员会

群众团体

法 治

军 事

经济管理

工 业

农林水利

财政　税务

金　融

住建 环保

交通 邮电

商　贸

教育 科技

旅 游

卫生健康

文化　体育

社会事业

乡（镇）、办事处

附　录

在县委经济工作会议上的讲话（节选）

中共宁武县委书记　任宁虎

（2020年1月16日）

一、正确把握发展大势，充分认识做好今年经济工作的重要性紧迫性

（一）珍惜成果，提振发展信心

近年来，面对各种风险挑战不断上升的复杂形势，我们坚持以习近平新时代中国特色社会主义思想为指导，坚持稳中求进工作总基调，贯彻新发展理念，落实高质量发展要求，以省委“三大目标”为牵引，加快实施“4851”发展战略，全县经济呈现动能持续转换、质量逐步提升、发展稳中向好的良好态势，为今后发展奠定坚实基础。

——经济发展持续向好，主要经济指标逐年递增。2019年1—3季度全县地区生产总值完成46.9亿元，同比增长10.9%，预计全年完成68亿元，同比增长8%。全年财政总收入完成21.3亿元，同比增长10.8%。一般公共预算收入完成9.1亿元，同比增长27.7%。这三项指标均创历史最高纪录。

——脱贫攻坚决战决胜，农民收入大幅增加。培育“4+7”脱贫产业体系，实现了“一户多业、一主多辅”的产业多轮覆盖。累计退出251个村脱贫16310户38778人，贫困发生率下降到0.35%。2019年1—3季度全县农村居民人均可支配收入4035元，同比增长13.8%，预计全年达到6700元，同比增幅13.5%左右，增幅高于全省平均水平。

——转型综改初见成效，发展后劲明显增强。项目建设力度不断加大，招商引资成功签约项目12个，转型项目达到72个，累计完成投资49.83亿元；经济技术开发区入园企业达到30家，煤炭优质产能达到70%；旭阳能源宁武西双万吨列环保煤炭物流项目开工建设，华润宁武2×350MW低热值煤发电项目退出缓建名单，正式复工建设。新能源规模不断扩大，风电和光伏总装机容量分别达到57.5万千瓦和10.72万千瓦。绿色农业基础不断夯实，初步建成6大特色农业生产基地，推出“芦芽山珍”“汾源印象”2个区域公共品牌。芦芽山景区品牌影响力不断提高，全年接待游客136万人，同比增长

26.6%，旅游综合收入达到12.6亿元，同比增长30.2%。

——重点改革稳步推进，发展活力不断激发。顺利完成党政机构改革、信用社股份制改革，有序推进电子商务进农村、国企国资、行政审批制度、教育集团化办学、县乡医疗机构一体化等体制机制改革，农村集体产权制度改革通过省级验收，成功争取中央专项彩票公益金支持县、中国传统村落、3A级旅游示范村等8项国家级和省级试点示范项目。

——惠民举措全面落实，民生福祉不断增进。持续加大就业创业工作力度，各项指标任务超额完成。教育质量稳步提升，高考二本B类以上达线214人，再创历史新高。医疗集团实行一体化运作，县、乡、村公共卫生医疗资源信息实现共享互补。生态环境质量持续改善，恢河梵王寺断面退出劣V类水质。持续推进“平安宁武”建设，深入开展扫黑除恶专项斗争，打掉涉黑涉恶犯罪团伙4个，抓获犯罪分子34名。中央、省、市交办信访案件全部办结，人民群众的获得感、幸福感、安全感有效提升。

（二）正视不足，瞄准发展短板

当前，世界经济仍处在国际金融危机后的调整期，我国正处在实现第一个百年奋斗目标的决胜期，山西正处在转变发展方式、优化经济结构、转换增长动力的转型攻关期。从省委、市委对我县的定位来看，与资源型经济地区转型发展的要求相比，我县还面临不少困难和问题，主要表现在：一是经济结构仍然呈现偏重格局，发展质量不高、结构不优、总量不大，投资和消费对经济增长的拉动还不充分。二是巩固提升脱贫成效任务还非常艰巨，农村居民收入水平在全市排位仍然垫底。三是战略性新兴产业培育不足，民营经济仍然薄弱，发展后劲有待进一步提升。四是经济发展方式与环境保护之间的矛盾较为突出，加快绿色发展，建设生态文明任务繁重。我们要清醒认识这些困难和问题，坚持问题导向、增强忧患意识，采取有效措施，切实加以解决。

（三）对标要求，紧抓发展机遇

习近平总书记在中央经济工作会议上的重要讲话，深刻阐述了对当前经济工作“怎么看”、明年经济工作“怎么干”等重大问题，为我们做好今年经济工作指明了前进方向，提供了根本遵循。楼阳生书记在省委经济工作会议上深刻分析全省当前经济形势，提出了高质量转型发展的“过程论、重点论、系统论、主体论、标准论”和“四为四高两同步”总体思路和要求，明确要用“三个五年”时间分步推进转型发展，到2025年转型“出雏形”，到2030年转型“基本实现”，到2035年转型“全面实现”，为全省实现转型发展和基本实现社会主义现代化的“时间表”“路线图”“任务书”。李俊明书记在市委经济工作会议上提出要抢抓十大“项目化”机遇，只要我们认真贯彻中央、省委、市委经济工作会议精神，狠抓工作落实，就一定能够把握机遇，把资源优势转化为竞争优势，把比较优势转化为后发优势，推动经济高质量转型发展。

二、全面贯彻新发展理念，全面加快转型综改试点县建设

2020年是全面脱贫、全面小康决战完胜之年，是“十三五”规划收官之年，也是第一个百年奋斗目标的实现之年。今年经济工作的总体要求是：以习近平新时代中国特色社会主义思想为指导，全面贯彻党的十九大和十九届二中、三中、四中全会精神，深入贯彻习近平总书记“三篇光辉文献”精神，按照省委“四为四高两同步”和市委抢抓十大“项目化”机遇部署要求，坚持稳中求进工作总基调，坚持新发展理念，坚决打好三大攻坚战，确保脱贫攻坚决战完胜，全面加快“一区三地”建设，统筹推进稳增长、促改革、调结构、惠民生、防风险、保稳定各项工作，确保我县与全国全省全市同步全面建成小康社会，确保“十三五”规划圆满收官，推动经济高质量转型发展。

统筹考虑宏观经济形势和各种因素，县委研究确定今年经济主要预期指标是：GDP 增长 6.1% 左右，固定资产投资增长 6% 以上，社会消费品零售总额增长 7% 左右，一般公共预算收入增长 10%，城镇居民人均可支配收入增长 6.1% 左右，农村居民人均可支配收入增长 7% 以上，居民消费价格涨幅、城镇登记失业率、城镇调查失业率分别控制在 0.5% 左右、4.5% 以内和 6.5%。各项约束性指标全面完成上级下达任务。这些指标中，一般公共预算收入高于全省 8 个百分点、高于全市 7.72 个百分点，农村居民人均可支配收入高于全省 0.5 个百分点，既贯彻了中央和省委、市委精神，也符合宁武的发展需要，既考虑了争先性，又考虑了可行性，既保持合理的增长速度，又为高质量转型发展留出充足空间。

（一）打好三大攻坚战，提高发展新成效

打好三大攻坚战，是决胜全面小康社会和实现转型发展的迫切要求，我们要乘势而上，一鼓作气，继续全力攻坚。

一人不落，全面打好脱贫攻坚战。按照习近平总书记“防止返贫和继续攻坚同样重要”的指示要求，继续坚持脱贫攻坚统揽经济社会发展全局，把脱贫攻坚巩固提升作为首要政治任务、头等大事和第一民生工程，趁胜前进，一鼓作气，以决战决胜的信心和勇气，攻坚深度贫困，攻克最后堡垒，向中央、省、市交好总账、向全县人民兑现承诺。要保持扶贫力度不减，着力抓好基本产业、基础设施、基本公共服务、基层组织建设，保持农村居民人均可支配收入增幅高于全省平均水平，基本公共服务主要领域指标达到或超过全省平均水平，确保脱贫质量过硬、脱贫成效可持续。持续推行“志智双扶”联动机制，不断提高群众的自我发展能力，高质量完成脱贫攻坚各项工作。要坚持问题导向不变，聚焦“两不愁三保障”突出问题，扎实抓好省委巡视、成效考核、第三方评估等发现问题的整改落实，确保问题“零增长”、整改“零纰漏”、结果“零差错”。对照贫困户和贫困村退出标准，深入开展脱贫攻坚退出大排查活动，及时完成排查发现问题的整改落实，确保国家抽查万无一失。要抓住巩固提升不放，落实“四个不摘”（脱贫不摘政策、脱贫不摘帮扶、脱贫不摘责任、脱贫不摘监管）、“四个不减”（工作力度不减、资金投入不减、政策支持不减、帮扶力度不减）重大要求，着力巩固提升“4+7”脱贫产业体系，确保已脱贫的 16310 户 38778 人稳定增收、未脱贫的 218 户 405 人稳定脱贫，坚决夺取脱贫攻坚全面胜利。要咬定最终目标不松，紧盯时间节点和考核要求，倒排工期、细化措施、压实责任，持续汇聚决战完胜强大合力。健全完善防贫返贫监测机制，落实边缘贫困户稳定增收帮扶措施，深入推进农村建筑特色风貌整治，开展农村环境“五大专项”整治，推动全面脱贫与全面小康无缝对接，实现脱贫攻坚与乡村振兴、经济高质量转型发展有机衔接。

一步不让，持续打好污染防治攻坚战。牢固树立绿色发展观，大力推进山水林田湖草生态保护修复，深入推进中央、省生态环保督察反馈问题和“回头看”反馈问题整改落实，下大力气抓好大气、水和土壤污染防治，着力解决群众反映强烈的突出问题，守护宁武好山好水好生态，为子孙后代留下可持续发展的“绿色银行”。坚决打赢蓝天保卫战。全面落实改善环境空气质量“十大任务”“十项措施”，重点抓好工业、燃煤、机动车、扬尘四类重点污染源治理，不断改善大气环境质量。着力打好碧水保卫战。统筹推动饮用水、地下水、流域水、黑臭水、污废水“五水同治”，加快推进县城和东寨两个污水处理厂提质增效，恢河梵王寺断面消除劣Ⅴ类水质，不断优化水生态环境。扎实推进净土保卫战。加快完善乡镇垃圾收运体系建设，推进生活垃圾新时尚。以危险废物管控为重点，加强土壤污染源监管，加大清理整治力度，有效防范土壤环境污染。

一刻不松，坚决打好防范化解重大风险攻坚战。贯彻落实省委“确保不发生系统性、区域性风险底线”的要求，加强债务风险、信用风险、金融风险防控，坚决防范化解风险，切实维护金融和社会大局稳定。深入开展安全风险辨识工作，做到各领域各行业风险早识别、早预警、早处置，防患于未然。严厉打击非法吸存、集资诈骗等非法金融活动，提升金融防范能力。积极稳妥化解银行不良贷款和政府风险性债务，避免发生区域性风险和群体性事件。聚焦转型项目、生态产业、脱贫攻坚等重点领域，提升金融服务的针对性和精准度，解决好重大项目融资难题，为经济高质量发展提供健康稳定的金融服务环境。

（二）加快产业转型，打造发展新引擎

经济转型是资源型地区发展的唯一出路。按照省委“转型为纲”要求，把“一区三地”作为转型发展的主阵地、主战场、主引擎，推动经济发展由资源驱动向创新驱动转变，由粗放发展向内涵发展转变，由“一煤独大”向多业支撑转变。

加快经济技术开发区建设。开发区作为生产要素集聚配置和产业高效集约发展的重要承载平台，是招商引资的聚集地，是高新技术转化的基地，也是生态工业和农业的示范区，在对外开放、科技创新、城镇化建设和经济发展中具有重要作用。我们要按照市委“抢抓以开发区建设为主战场的转型综改试验区建设‘项目化’机遇”的部署要求，加快“一区四园”的基础建设，现代农业园区基础设施达到“七配套”标准，并建成1万平方米标准化厂房，主要干道开工建设；节能环保产业园区建成3万平方米标准化厂房和“两纵一横”园区道路，推动入园企业不断增加、产业规模不断壮大。今年入园落地开工项目要不少于10个，投产项目要不少于7个。要提高“一站式”服务水平，多措并举推动入园企业建成投产。对已建成企业，要督促进一步完善配套设施建设，建立健全各项规章制度，有序组织生产经营活动，做到安全生产、清洁生产；对在建企业，要派专人盯紧，做好跟踪服务工作，督促施工单位抢时间、抓进度、保质量；对未开工项目，要协助完善相关手续，帮助解决项目建设过程中的各类矛盾问题，争取早日开工建设。加快推进开发区“三化三制”改革，编制开发区土地利用方案，做好申报省级开发区工作，争取2022年跻身省级开发区。

加快绿色农业基地建设。利用高寒山区昼夜温差大、病虫害少比较优势，以特色农业为方向，以质量兴农为目标，依托现代农业产业园的农产品加工项目，加快建设生猪养殖、优质沙棘、道地中药材、优质小杂粮、脱毒马铃薯、冷凉露地蔬菜（包括食用菌）6

大生产基地，形成6条农业全产业链，推动一、二、三产融合发展。今年现代农业园区在建项目要全部投产。生猪养殖基地建设。在16个养殖场达产达效的基础上，今年饲料厂和3个种猪场正式投产，新建屠宰加工厂、无害化处理厂，实施百村百场“211”模式养殖项目，三年建成100个养殖场，形成集饲料生产、种猪养殖、生猪育肥、屠宰加工、冷链物流、肉品外销于一体的生猪全产业链，养殖规模突破50万头；沙棘基地建设。今年新改造野生沙棘林1万亩，全部由本县成立的20家扶贫造林专业合作社实施，确保优质沙棘林种植面积发展到16万亩；小杂粮基地建设。要与有机旱作农业和秋季地膜覆盖技术结合起来，种植面积稳定在20万亩左右，其中有机、绿色、无公害小杂粮种植面积稳定在13万亩左右；道地中药材基地建设。继续采取仿野生种植方式，不断扩大种植规模，今年重点实施“百场千田”毛健茶种植项目，做大做强宁武“药茶”种植基地，并要开工建设现代化制茶项目。脱毒马铃薯基地建设，种植面积要稳定在5万亩。加快延伸脱毒马铃薯产业链，发展全粉、淀粉、粉丝、粉条、薯片等加工产业，增加附加值。冷凉露地蔬菜（含食用菌）基地建设，今年种植以芥菜为主的冷凉露地蔬菜6000亩。利用“户贷户用”扶持政策，引导园区、合作社、家庭农场种植食用菌，发展规模达到200万棒。要加快推动“芦芽山珍”“汾源印象”2个区域公共品牌做大做强，提升银盘蘑菇、毛健茶、莜豆面、芥菜等优特农产品影响力。特别是要抢抓全省推动“山西药茶”产业提质升级、打造中国第七大茶系的大好机遇，挖掘我县毛健茶文化，发挥好道地优势，全力推进毛健茶的规模化种植和标准化加工，把宁武打造成为全省“药茶基地”。

加快绿色能源基地建设。现阶段新型能源基地建设的主要任务是深入开展能源革命综合改革试点。能源革命，并不是简单的“革”煤炭的“命”，而是要稳住煤，逐步摆脱“煤炭依赖”，扭转“一煤独大”的产业格局。能源革命的目的不是能源本身，而是要推动形成以绿色能源为支撑的绿色生产方式、绿色生活方式，构建全社会绿色低碳生活场景。我们要按照省委“八个变革、一个合作”的部署要求，认真落实市委推进能源革命综合改革试点打造重要绿色能源基地动员部署大会确定的“3651”重点任务。一要推进煤炭智能绿色安全开采，持续深化煤炭供给侧结构性改革，深入推进煤炭“减、优、绿”，推动同煤北辛窑、神达朝凯、神达南岔、潞宁忻峪建成投产，进一步提高煤炭先进产能占比。引入5G通信、先进控制技术，加快智能化煤矿建设。推广实施煤与瓦斯共采等绿色开采技术，打造一批标杆示范矿井。二要推进煤电项目建设，加快华润宁武2×350MW低热值煤发电项目建设步伐，力争一期工程年底建成投产。积极推进大唐同煤北辛窑煤电一体化4×100MW电厂项目，争取纳入国家“十四五”电力发展规划。三要推进绿色能源基地县建设，开工建设首欣10万千瓦风电项目和中广核5万千瓦光伏项目，加快完善中广核二期10万千瓦光伏、6个共50万千瓦的风电项目前期手续，确保“十四五”期间建成百万千瓦级绿色能源基地县。四要推进绿色物流园区建设，加快“公转铁”步伐，旭阳能源宁武西双万吨列环保煤炭物流项目力争年底建成。

加快全国知名旅游目的地建设。旅游业是宁武的朝阳产业，也是转型升级的重点产业。近年来，我县贯彻落实省委、省政府打造“三大旅游板块”的决策部署，积极打造全国知名旅游目的地，取得了积极成效。今后几年，我们要按照全省推动文化旅游深度融合要求，加快实施我县“3155”旅游发展战略，“3”，即三大发展目标：短期目标是创建国家AAAAA级旅游景区，中期目标是景区年接待游客达到300万人，长期目标是芦芽山成功列为世界自然遗产。“1”，即一个中心：推进东寨成为旅游集散中心、旅游服务中心和康养集聚中心，以中心辐射带动，进一步提升芦芽山景区向全域旅游产业化发展，由低端观光游向高质量休闲康养游转变。“5”，即五大景区：对芦芽山森林公园、冰洞地质公园和天池湿地公园三个自然景区进行提升改造，打造开发宁化古城、宁武关两个人文景区。第二个“5”，即“五道”发展战略，在提升运营好水道、林道、绿道的同时，上马雪道（暖泉沟滑雪场）、索道（芦芽山、马仑草原、悬崖栈道）等项目。今年要抓好四方面工作：一是提升品牌价值，打造生态文化旅游示范区。加大与省市的对接沟通力度，持续推进芦芽山申遗和创AAAAA工作，争取年内有大的突破。做好全省AAA级乡村旅游示范村和黄河、长城、太行“三个人家”申报工作。加大品牌的宣传推介力度，对接好国内、省内大的旅行社和渠道合作商，叫响芦芽山生态文化旅游品牌。二是建设康养度假旅游，夯实旅游基础。以省委、省政府打造“康养山西、夏养山西”品牌为契机，启动东寨康养小镇建设，打造康养小镇、芦芽山森林康养基地。实施万年冰洞、悬棺、东寨游客中心提升改造工程，建设自驾车营地和五个星级厕所，对景区标识标牌进行AAAAA化提升改造，建成智慧旅游平台。三是拉长旅游季节，补齐发展短板。把握旅游市场年轻化、散客化的特征，大力开展冬季旅游，冰洞沟各景点冬季要继续开放，以冰雕、雪乡等产品为吸引，打造冰雪一条沟。继续做好旅游招商引资工作，引进有实力的主体开发建设暖泉沟滑雪场，为游客提供个性化、体验性、参与性的冬季旅游产品。四是发展全域旅游，提升旅游服务水平。抢抓全省“三大品牌建设年”机遇，以乡村旅游为提升重点，大力实施旅游服务“百村千店”工程，建成一批黄河、长城、太行“三个人家”，实现旅游扶贫从开发景点向提供服务转变，推动旅游服务向精品化、优质化发展。

（三）抓好项目建设，培育发展新动能

抓转型发展，项目建设是关键。深入贯彻省委“项目为王”部署和市委抢抓十大“项目化”机遇要求，加大招商引资和项目建设力度，扎实做好项目谋划工作。

一要认清形势，高度重视。省委经济工作会议对项目建设十分重视，高质量发展最终体现在项目建设上，没有项目就没有高质量发展，高质量发展必须有项目作为支撑。今年我县策划项目共75个，总投资187.9亿元，计划完成投资53.35亿元。从目前来看，我县大项目、好项目还不远远不够，各级各部门要把招商引资和项目建设作为硬任务、硬指标、硬抓手，根据我县发展实际，学习借鉴先进地区的成功理念，超常规谋划好招商引资和项目建设。

二要创优环境，筑巢引凤。坚持对表中央要求、对标发达地区做法、对接国际通行的投资贸易规则，全面深化企业投资项目承诺制改革，以更快更好方便企业办事为导向，推动审批服务理念、制度、作风全方位、深层次转变，实行“宽进、严办、严管、便民、公开”的审批服务模式，在行政审批服务领域打造审批最少、流程最优、体制最顺、机制最活、效率最高、服务最好的“六最”营商环境。

三要持续发力，精准招商。创新招商引资方式，以大项目、好项目为切入点，围绕产业集聚，开展各种形式的小分队招商、上门招商、产业链招商、以商招商，推行“点对点”“一对一”招商，实现招商引资精准对接。突出企业招商主体，各级各部门“一把手”要带头招商引资，践行契约精神，提高成功率，提升投资商的满意度。把握招商重点，充分挖掘企业投资潜力，千方百计引进科技含量高的装备制造、节能环保、新能源、新材料项目，以及带动能力强的现代农业项目，确保落地一个成功一个。

四要抓早抓紧，分类推进。投资意向确定后，围绕项目建设要重点做好“八个一批”工作，即策划一批、推荐一批、签约一批、落地一批、开工一批、投产一批、入库一批、入规一批。突出抓好项目策划，把项目策划作为招商引资指南，在项目签约引进的数量、质量和投资上都要好于去年。重点抓好项目落地、建设、投产和达效，尤其是入库项目要尽快完善前期手续，争取形成一批新的规模以上项目。

五要压实责任，通力配合。各级各部门要加强项目协调力度，定期召开项目调度会，专题研究项目建设的有关难题。土地、环评等相关部门要敢于担责，用足用好政策，全力破解项目“落地难”问题，特别是对新上重点项目要放宽政策，做到一个项目一套政策。

六要严格考核，奖惩并举。制定项目建设工作考核办法，对各乡镇、有关单位、项目企业开展一年一考核一排名。对考核前三位的，给予建设单位资金奖励；对未动工、未按期投产的项目和年度投产计划完成率不达50%的在建项目，以及排名后三位的，给予通报批评。连续两年考核排名后三位的乡镇和单位，给予主要负责人免职处理。

（四）坚持改革创新，创造发展新活力

改革是引领发展的第一动力。要按照省委“改革为要”要求，用改革促转型，向改革要动力，以市场化改革为重点，全面推进经济领域各项改革，最大限度地激发各类主体的内生动力。要认真贯彻落实习近平总书记“四个亲自”和省委“三个三”抓改革要求，在全面推进省、市安排部署的各项改革任务的基础上，重点做好以下四方面工作：一是推动政务服务“三合一改革”。按照全市相对集中行政许可权改革推进会暨“一枚印章管审批”启动会提出的“明确一个目标，抓好三个阶段，做实六项重点工作”要求，打破原有行政职权配置模式，通过对组织结构重新调整、行政权力横向整合、审批流程规范再造、审批服务深度融合，构建起简约、高效、便民的行政审批服务体制机制，实现审批方式“五大转变”。二是深化国资国企改革。围绕“九个一批”，按照“一企一策”“一企多策”，深化国有资产管理体制改革，引导国企国资向主业集中、向关键领域集中、向转型项目集中，稳步推进大运华盛能源集团、汽运公司改制工作；完成4家企业“三供一业”分离办社会职能，化解国企历史遗留问题。三是推进医药卫生体制改革。深化县乡医疗卫生机构一体化改革，推进疾控部门与医疗集团“一兼两管三统一”深度融合，促进优质医疗资源下沉，提高基层服务能力。持续开展改善医疗服务行动计划，建立医疗、预防、养老整合型健康服务体系。四是推进教育综合改革。推动教育集团化办学模式改革，通过合理配置教育资源，发挥优质教育资源的辐射、示范和引领作用，推动中学优质教育资源均衡覆盖，为“科教兴县”奠定坚实基础。

（五）做好民生改善，再造发展新成果

改善民生是转型发展的根本目的。我们要按照省委“创造高品质生活”要求，坚持以人民为中心的发展思想，大力实施民生工程，持续增进民生福祉，着力解决好群众最关心、最直接、最现实的问题，不断满足人民群众对美好生活的向往，让全县人民共享高质量发展的成果，过上健康向上、文明和谐的高品质生活。一是完善县城基础设施。落实省委经济工作会关于“建设大县城”要求，进一步统筹城乡发展，全面提升公共服务能力。拉大县城发展框架，实施东城区道路延伸工程，开展西北外环公路前期工作，推进宁武—静乐高速公路纳入“十四五”规划，构建“工”字形高速公路网。加快教育基础设施建设，完成东城区凤凰小学和幼儿园主体工程，推进中城区和刘家园幼儿园改造工程，确保阳方口和东寨完小教师周转房投入使用。建立健全县、乡、村三级医保服务体系，突出抓好医保扶贫工作，全面提升医疗卫生服务能力，推进健康宁武建设。不断改善人居环境，实施凤凰大街雨污分流改造和化北屯垃圾填埋厂建设工程。深入推进住房保障，完成好棚户区和老旧小区改造任务。巩固提升创卫、创园、创文成果，实施小街巷提升工程，做好城区内行道树的补植补种工作，营造整洁、文明、优美的人居环境。二是织密社会保障体系。继续抓好社会保障兜底工程，实现困难群众应保尽保、应兜尽兜；开展好拥军优抚工作，提升退役军人服务水平；完善临时救助制度，加强敬老院照料护理管理，按时足额发放困难残疾人生活补贴，关爱留守儿童，千方百计保障弱势群体合法权益；加快养老服务体系建设，新建福乐园养老公寓、百福堂养老院、刘家园养老公寓、标准化殡仪馆等一批公共服务项目。三是狠抓安全生产工作。深刻吸取“6・19”庄旺煤业安全责任事故的惨痛教训，时刻绷紧安全这根弦，坚决守住不发生重特大安全生产事故这条底线，始终做到以铁的担当尽责、铁的手腕治患、铁的心肠问责、铁的办法治本。要压实责任，坚持党政同责、一岗双责、齐抓共管、失职追责，严格落实安全生产责任制；要严格执法，加强执法监管体系建设，强力推进安全隐患大排查、大管控、大整治、大督查；要加强监管，完善安全生产网格化监管体系、应急救援平台建设，运用信息化技术、军事化纪律、法治化手段，加强对安全生产的全过程、全方位、全天候监管；要做好引导，教育广大企业自觉扛起主体责任，积极主动做好安全生产工作。四是提升平安创建水平。深入推进“平安宁武”“法治宁武”建设，加强社会治安综合治理，完善治安防控体系，依法打击各类违法犯罪行为；重拳开展严打整治，纵深推进扫黑除恶专项斗争，严厉打击毒品犯罪，大力压降刑事治安发案率，深入推进基层单位平安创建，切实提升群众安全感；健全重大决策社会风险评估和社会矛盾排查化解机制，深入开展无上访乡镇、村（社区）创建活动，有效减少存量、控制增量，推动信访形势持续好转、社会大局和谐。

三、牢牢把握经济工作主动权，加强党对经济工作的领导

党政军民学，东西南北中，党是领导一切的。坚持党的领导，是经济工作的根本原则。我们要把党的领导贯穿经济建设各领域、全过程，为推动高质量发展提供坚强保障。

（一）提高站位，把握正确方向。县委坚持党委对经济工作的集中统一领导，把方向，谋全局，使经济发展始终朝着正确的方向前进。各级党组织要切实增强“四个意识”，自党维护以习近平同志为核心的党中央权威和集中统一领导，把坚决落实中央决策及省委、市委、县委部署作为做好工作的基本前提、首要准则，严格按照上级规定要求、规定时限、规定步骤认真落实，确保达标达效。

（二）完善制度，压实工作责任。坚持县委常委会定期研究经济工作、“1+3”季度经济运行分析等会议制度，定期听取县政府党组汇报，分析经济形势，研究解决重要经济问题，全力推动经济发展各项政策落地见效，及早谋划“十四五”各项工作。坚持用好“13710”工作系统和目标责任考核平台，强化跟踪督办、考核奖惩，确保层层压力有传导、责任落实无空当。各级各部门要将经济工作摆到中心工作上来，“一把手”要坚持重要工作亲自研究、亲自协调、亲自督办，切实做到一级带着一级干、一级做给一级看，确保人人肩上有担子、件件工作有着落。

（三）对标对表，提高转型质量。全面贯彻落实市委提出的坚持“四个导向”要求，坚持问题导向，聚焦全面脱贫、全面小康短板弱项、聚焦转型发展不平衡不充分的主要矛盾、聚焦群众关切的堵点难点热点，精准施策，全力解决问题，着力提升成效；坚持目标导向，瞄准省委“四为四高两同步”和市委抢抓十大“项目化”机遇要求，瞄准“十三五”规划圆满收官，狠抓落实，全面完成目标任务；坚持结果导向，看全面脱贫的成色成效、看全面小康的进位绩效，看完成计划的指标指数，看人民群众的获得感、幸福感、安全感，以结果论英雄，把真正有本领会办事的干部选出来；坚持价值导向，以党的事业为要，以人民利益为本，以全县大局为重，以历史使命为责，激励广大党员干部忠诚干净、担当作为。

（四）主动作为，凝聚发展合力。各级各部门、广大党员干部都是新时代高质量转型发展大戏的参与者，都要在转型综改大舞台上各显身手。因此，党员领导干部要提升工作能力，加强学习和调查研究，深刻把握中央、省市政策要求，做到政策与项目对接、项目与产业对接、产业与市场对接，最大限度地发挥政策效力。各级各部门要强化协作配合，牢固树立“一盘棋”思想，坚决消除部门之间推诿扯皮、相互掣肘的思想，打破乡镇之间各自为政的壁垒，在脱贫攻坚、产业开发、基础配套、污染治理等工作中联动发展、合力攻坚、整体突破，凝聚起齐心协力抓落实的强大合力，确保各项工作高效率高质量完成。

在县纪委十三届五次全会上的讲话（节选）

任宁虎

（2020 年 3 月 5 日）

一、提高政治站位，保持政治定力，进一步坚定全面从严管党治党的政治自觉、思想自觉、行动自觉

全面从严治党是新时代党治国理政的一个鲜明特征。党的十八大以来，以习近平同志为核心的党中央以前所未有的勇气和定力推进全面从严治党，推动新时代全面从严治党取得了历史性、开创性成就，产生了全方位、深层次影响。习近平总书记在中央纪委四次全会上的重要讲话，站在实现“两个一百年”奋斗目标的历史交汇点上，用“四个坚定不移”“四个坚持”深刻总结新时代全面从严治党的历史成就，深刻阐述我们党实现自我革命的成功道路，深刻回答管党治党必须“坚持和巩固什么、完善和发展什么”的重大问题，对以全面从严治党新成效推进国家治理体系和治理能力现代化作出战略部署。习近平总书记的重要讲话高屋建瓴、统揽全局、思想深邃内涵丰富，充分体现了以习近平同志为核心的党中央高瞻远瞩的战略视野、居安思危的政治清醒、兴党强国的使命担当，充分诠释了新时代共产党人不忘初心、牢记使命、矢志不渝、自我革命的政治品质，对推动全面从严治党向纵深发展具有重大指导意义。楼阳生书记在省纪委六次全会上的重要讲话，按照省委提出的“四为四高两同步”总体思路和要求，用“八个深刻领会”系统阐述了习近平总书记关于全面从严治党的重要论述，全面总结我省全面从严治党取得的新的战略性成果，深刻分析我省党风廉政建设和反腐败斗争形势，对践行初心使命、提升治理效能、一以贯之坚定不移全面从严治党作出“八个着力”重大部署，为推动我省全面从严治党向纵深发展提出了任务要求、明确了方法路径，对我省建设持久风清气正的政治生态，推动高质量转型发展，具有重要指导意义。李俊明书记在市纪委五次全会上的重要讲话，系统总结了 2014 年以来我市全面从严治党取得的新的显著成果，深刻分析我市党风廉政建设和反腐败斗争形势，对保障脱贫攻坚决战完胜、全面建成小康社会提出“五个突出”重要部署，为推动全面从严治党向纵深发展进一步指明了方向，对全市决战全面脱贫决胜全面小康，推动高质量转型发展，具有重要指导意义。全县各级党组织、纪检监察机关和全体党员干部要认真学习领会，把握精神实质，自觉对标，坚决看齐，把思想和行动统一到习近平总书记重要讲话精神上来，把思想和行动统一到中央和省委、市委对形势的科学判断和重大部署上来，准确把握新时代全面从严治党的战略要求、精神实质和重点任务，以高度的政治自觉、思想自觉、行动自觉把中央、省委、市委决策部署落深、落细、落到实处。要进一步提高政治站位，强化政治担当，以永远在路上的执着精神，把“严”的主基调长期坚持下去，把全面从严治党长期抓下去，持续用力，久久为功，奋力谱写全面从严治党、党风廉政建设和反腐败斗争新篇章。

二、把握形势要求，正视问题短板，切实增强推动从严治党向纵深发展的责任感、使命感、紧迫感

全面从严治党，是党的十八大以来党中央作出的重大战略部署，是“四个全面”战略布局的重要组成部分，也是全面建成小康社会、全面深化改革、全面依法治国顺利推进的根本保证。2014 年山西发生系统性塌方式腐败以来，我县在省委、市委的坚强领导下，坚决扛起管党治党主体责任，加强党的全面领导，狠抓全面从严治党，始终保持惩治腐败高压态势，党风政风明显好转，有效激发了广大干部担当作为、干事创业的“精气神”，确保了中央和省市决策部署在我县全面贯彻落实。

过去一年，在中央和省委、市委的坚强领导下，县委以习近平新时代中国特色社会主义思想为指导，坚决贯彻党的十九大全面从严治党战略部署，坚定扛起管党治党政治责任，以政治建设为统领，全面加强党的建设，有力推动新时代全面从严治党向纵深发展。全县各级纪检监察机关坚决落实县委部署和要求，加强党内监督和执纪问责，驰而不息纠治“四风”，始终保持惩治腐败高压态势，持续巩固发展反腐败斗争压倒性胜利，取得了新的成果，为全县脱贫摘帽和经济社会发展提供了坚强的政治和纪律保障。我们持续加强政治建设，践行“两个维护”更加自觉主动。把党的政治建设摆在首位，扎实开展“改革创新、奋发有为”大讨论和“不忘初心、牢记使命”主题教育，引领带动全县广大党员干部认真学习习近平新时代中国特色社会主义思想和“三篇光辉文献”，深学细悟、砥砺前行，全力推动习近平总书记视察山西重要讲话精神和重要指示批示落地落实，以实际行动体现了践行“两个维护”的政治自觉、思想自觉和行动自觉。我们始终坚持以上率下，“两个责任”不断压紧压实。严格落实市委“三最六抓”工作要求，自觉扛起全面从严治党主体责任，县委常委会研究部署全面从严治党工作 15 次，及时解决党风廉政建设中的重点和难点问题。认真落实党建述职、“两个责任”全程纪实管理等制度，推动“两个责任”落实常态化。坚持自身做起，严格履行“一岗双责”，对分管部门“一把手”进行约谈，压实责任、传导压力。全年共约谈主体责任落实不力的“一把手”共 12 人，组织处理 24 人，党纪政务处分 7 人。我们严肃党内政治生活，政治生态持续优化。县委常委班子带头，抓好“不忘初心、牢记使命”专题民主生活会的后续整改工作，巩固深化主题教育成果，模范践行初心使命，为全县党员干部作出了表率。持续巩固、拓展、深化“团结战斗出活”谈心谈话成果，开展与乡镇党委书记和部分村党支部书记谈心谈话，实现了新一轮县乡村三级书记谈心谈话全覆盖。不断加强党内政治文化建设，教育引导广大党员干部尊崇党章，严肃政治纪律、政治规矩，倡导清清爽爽的同志关系、规规矩矩的上下级关系，党内政治生态持续好转。我们狠刹“四风”顽疾，党风政风持续好转。坚持在长和常、严和实、深和细上下功夫，持之以恒纠治“四风”，查处违反中央八项规定案件 39 件，党纪政务处分 32 人，组织处理 7 人，公开通报 29 人。深入贯彻中央“基层减负年”要求，集中整治形式主义和官僚主义，查处相关问题 29 起，党纪政务处分 20 人，组织处理 9 人。我们保持高压态势，反腐败斗争压倒性胜利不断巩固发展。

坚持挺纪在前，“零容忍”惩治腐败，扎实开展了扶贫领域专项治理、人防系统腐败专项治理、漠视群众利益问题专项整治，全年共处置问题线索982件，运用“四种形态”处理981人次，党纪政务处分239人，移送司法机关8人。先后开展四轮巡察，巡察10个乡（镇）250个村党支部，有力推动了巡察向基层延伸全覆盖。

这些工作成绩的取得，是党中央和省委、市委坚强领导的结果，是全县各级党组织认真履职、扎实工作的结果，是全县各级纪检监察机关和广大纪检监察干部秉公执纪、严格执法的结果。在此，我代表县委向全县各级党组织、向广大纪检监察干部表示衷心的感谢！

在肯定成绩的同时，也要清醒认识到，我县全面从严治党仍然任重道远，管党治党中还存在一些不容忽视的问题：一是“两个责任”落实不够到位，基层党组织管党治党主动性不强。去年省委第三巡视组反馈我县的26个问题中，“两个责任”落实不到位的问题共11个，占比高达42.3%，其中6个是主体责任落实不到位，5个是监督责任落实不到位。从表现来看，有的基层党组织压力传导不到位，习惯于“上传下达”、满足于“照搬照抄”，“上头热、下头冷”问题比较突出；有的党员干部思想认识有偏差，认为抓党建工作不显山、不露水，一时难以出效果，“说起来重要、做起来次要、忙起来不要”现象依然存在。二是正向激励机制不够完善，“一把手”队伍担当作为积极性不高。有的只当评论员，不当战斗员，整天啥事也不干，“在岸上空喊号子，不到水中用力划船”；有的习惯当“二传手”“甩手掌柜”，不愿亲力亲为，层层批办转办，无人具体落实，最后工作落了空；有的“懒”的像青蛙，对工作消极懈怠，不推不动，推一下动一下；有的“滑”的像泥鳅，不愿担责、不想多干，面对困难问题能推则推，能躲就躲。去年清明节期间凤凰镇境内发生的5起火情事件，是乡、村干部责任不实、工作不力、履职不到位的典型，共问责11人，其中包括2名乡镇党政正职，7名村“两委”主干。三是扶贫领域“四风”问题层出不穷，违反中央八项规定现象屡禁不止。去年查处的29件“四风”问题，全部发生在扶贫领域，主要是扶贫干部不在岗、基础资料不规范、危房改造不及时、财务制度不健全、审核把关不严格等问题。共查处违反中央八项规定问题39件，其中违规公款吃喝14件、违规发放津贴补贴及违规报销个人费用25件，查处率同比增长105%，党纪政务处分32人，组织处理7人，通报曝光29人。四是违纪违法案件易发高发，反腐败斗争形势依然严峻复杂。去年纪检监察机关共处置各类问题线索982件，同比增长53.92%；谈话函询641件，同比增长75.14%；初步核实337件，同比增长21.66%；组织处理583人次，同比增长67.53%；立案、结案242件，同比增长0.41%；党纪政务处分239人，其中乡科级干部32人。留置3人，与去年持平；移送司法机关8人，同比增长100%。我县人口数居全市中游，去年处置问题线索、立案、结案、处分数均位居全市前四名，留置数位居全市第三名，特别是处分科级干部数、移送司法数位居全市第二名。对此，我们必须高度重视，时刻警醒警觉。

形成这些问题的原因，既有党员干部自身的问题，同时也暴露出我们在管党治党中的一些薄弱环节。全县各级党组织和党员干部一定要坚持问题导向，增强忧患意识，发扬自我革命精神，坚守纪律规矩底线，当好清正廉洁表率，推动全面从严治党坚定向前，努力实现政治生态持久的风清气正。

三、坚持“严”字当头，突出“六个强化”，全力保障脱贫攻坚决战完胜、全面建成小康社会、高质量转型发展

2020年是全面打赢脱贫攻坚战的交账之年，是“十三五”规划的收官之年。做好今年纪检监察工作，责任重大、意义深远。总体要求是：以习近平新时代中国特色社会主义思想为指导，全面贯彻党的十九大和十九届二中、三中、四中全会精神，深入贯彻中央纪委四次全会、省纪委六次全会精神，坚持省委“四为四高两同步”总体思路要求，按照市纪委四届五次全会、县委十三届九次全会暨县委经济工作会议部署，增强“四个意识”，坚定“四个自信”，坚决做到“两个维护”，坚持“严”的主基调不动摇，坚持全面从严治党永远在路上，强化思想武装、强化政治监督、强化脱贫监督、强化正向激励、强化“一把手”监督、强化“三不”一体推进，建设高素质专业化纪检监察干部队伍，推进纪检监察工作高质量发展，为决战脱贫攻坚、决胜全面建成小康社会、推动高质量转型发展提供坚强的政治和纪律保障。

具体要重点抓好六个方面工作：

（一）强化思想武装，夯实筑牢拒腐防线。习近平总书记指出，只有理论上清醒才能有政治上清醒，只有理论上坚定才能有政治上坚定。广大党员领导干部要在“学”字上下功夫，筑牢信仰之基、补足精神之钙、把稳思想之舵，保持一生干净，一世清廉。一要巩固拓展主题教育成果。开展“不忘初心、牢记使命”主题教育，是加强党的建设的永恒课题，是全党长期的重大政治任务。各级各部门要把不忘初心、牢记使命作为首修课、必修课、常修课，教育引导广大党员干部持续深入学、及时跟进学、联系实际学，始终做到思想不疲、劲头不松、措施不软。要坚持整改落实贯穿始终，推动“三服务”走深落实做细，推动“8+5”专项整治整改持续深化拓展，推动党员干部把坚守初心使命作为一辈子的事情来做。二要坚决守住党纪国法底线。“国有国法，家有家规”。党纪国法是党员干部从政做人的底线，是不可逾越的红线，也是触碰不得的高压线。广大党员干部要常怀敬畏之心，常记“手莫伸，伸手必被捉”的道理，经常对照党章党规，掸去思想上的尘埃，不断净化政治灵魂，把好理想信念的“总闸门”，始终做到诱惑面前不动心、得意之时不忘形、法纪面前不摔跤。三要深刻吸取反面典型教训。持续开展常态化警示教育，引导党员干部时刻牢记习近平总书记“三个不能有”的谆谆告诫，时刻牢记全面从严治党永远在路上。要通过反面典型的警示作用，教育党员干部以案为鉴、以案促改，深入查找自身执行政治纪律和政治规矩、组织纪律和廉政纪律等方面存在的问题，从而在思想上警醒起来，在行为上自觉起来，坚守理想信念高线，不碰纪律法律红线，做到政治上清醒、经济上清楚、生活上清白。

（二）强化政治监督，全面落实管党治党政治责任。政治监督是维护党的集中统一、确保政令畅通的重要保障。习近平总书记在中央纪委四次全会上指出，强化政治监督，要在四个方面着力：一是坚持中国特色社会主义不动摇，二是推动党中央重大决策部署落实见效，三是督促落实全面从严治党责任，四是保证权力在正确轨道上运行。强化政治监督，必须严格做到“三个确保”。一要确保坚决做到“两个维护”。“两个维护”是党的最高政治原则和根本政治规矩，新时代强化政治监督的根本任务就是“两个维护”。

全县各级党组织要始终坚决维护习近平总书记在党中央的核心、全党的核心地位，坚决维护党中央权威和集中统一领导。要深入学习习近平新时代中国特色社会主义思想和关于全面从严治党的重要论述，在学懂弄通做实上下功夫，不断提高运用马克思主义立场、观点、方法解决实际问题的能力。要时刻重温习近平总书记视察山西重要讲话、在推动中部地区崛起工作座谈会重要讲话、在黄河流域生态保护和高质量发展座谈会重要讲话“三篇光辉文献”，跟进学习习近平总书记最新重要讲话精神，通过学思践悟，牢牢把握前进方向，不断提高“两个维护”工作成效。要抓好习近平总书记重要指示批示精神“15项具体政治任务”的贯彻落实，去年11月县委下发了《宁武县贯彻落实习近平总书记重要指示批示精神工作机制》，各责任领导、各责任单位要持之以恒抓下去，确保落实效果。纪检监察机关要把贯彻落实习近平总书记重要指示批示精神作为做精做准政治监督的重点，决不允许置若罔闻、我行我素，决不允许做选择、搞变通，决不允许弄虚作假、应付了事。二要确保中央、省委、市委决策部署全面贯彻落实。围绕党的十九届四中全会精神、省委“四为四高两同步”总体思路和要求、市委打赢脱贫攻坚大决战重大部署，各级各部门不仅要不折不扣抓好贯彻，更要创造性地落实，纪检监察机关要加强巡察和专项督查，推动责任、政策、工作“三落实”，确保脱贫攻坚决战完胜，确保全面小康目标如期实现，确保高质量转型发展扎实推进。三要确保有效应对风险挑战。习近平总书记指出，越是形势复杂，越要坚决听从党中央号令。当前我们面临来自政治、自然、市场、社会等各方面的风险挑战，防范和化解这些风险挑战，首要任务是有效应对新冠肺炎疫情防控工作。我们要全面贯彻落实习近平总书记“2·23”重要讲话精神和党中央国务院、省委省政府、市委市政府关于疫情防控的决策部署，继续坚持“外防输入、统筹兼顾”精准防控策略，继续保持现有指挥体系不变、防控力度不变，坚决防范“返工潮”“返学潮”的疫情风险，决不能因无疑似病例、无确诊病例，而盲目乐观、放松警惕；决不能因低风险地区，而心存侥幸、麻痹大意；决不能因应急响应级别由一级调整为二级，而掉以轻心、松劲歇气。纪检监察机关要强化监督执纪问责，督促各级各部门落实属地责任、主体责任、“一把手”责任，督促党员领导干部强化责任担当。要监督政策措施的落实，特别是加强对分区分级精准复工复产、做好“六稳”工作等重大政策落实的监督。要监督纪律作风的落实，严肃查处形式主义官僚主义、不作为乱作为、失职渎职等问题，为打好打赢这场疫情防控人民战争、总体战、阻击战提供坚强纪律保障。

（三）强化脱贫监督，全力保障脱贫攻坚决战完胜。打赢脱贫攻坚战，是今年全县工作的重中之重和必须完成的硬任务。年内我县将面临两次“大考”，分别是国家抽查和国家普查，都是“国考”。纪检监察机关要深刻认识肩负的职责使命，既要当好“工兵”，也要做好“纠察”，打赢全面查改排雷战，保障脱贫攻坚大决战。要早安排、早部署、早出兵，确保各类问题早发现、早整改、早清零。要坚持问题导向，对照“三精准”“三保障”“三落实”要求，紧盯重大政策、重点项目和重要机制落实，紧盯巡视巡察、督查检查、审计监督、评估验收、绩效考核等各级各类反馈的问题，对扶贫领域腐败和作风问题进行盘点梳理，着力加强对脱贫工作绩效、脱贫政策连续性稳定性，以及脱贫摘帽后“不摘责任、不摘政策、不摘帮扶、不摘监管”情况的监督检查，对搞数字脱贫、虚假脱贫的要严肃问责，对贪污侵占、吃拿卡要、优亲厚友的从严查处，促进建立解决相对贫困的长效机制，推动脱贫攻坚政策措施落到实处。要及时回应人民群众关切，坚持人民群众反对什么、痛恨什么，就坚决防范和纠正什么，精准查处涉黑涉恶腐败和“保护伞”案件，深入开展民生领域损害群众利益问题集中整治，充分发挥基层党组织监督作用，引导群众有序参与，推动基层干部廉洁公平为群众办实事办好事，不断增强群众获得感、幸福感、安全感。

（四）强化正向激励，着力护航“八个一批”项目建设。推动高质量转型发展，项目建设是关键。今年省委经济工作会议上，楼阳生书记提出“四为四高两同步”总体思路和要求，把项目建设作为今后几年全省的硬任务、硬指标、硬抓手。按照省市要求，上周我们利用两天时间，集中听取了全县一、二、三产项目的谋划和推进情况，累计梳理出重点项目 92 项共 140 个，总投资达 356 亿元。这些项目的实施，事关我县的长远发展，事关我县的前途未来，我们必须牢牢抓住这一重大发展机遇，全力以赴加快“八个一批”项目建设，推动经济高质量转型发展。一要提高政治站位抓项目。全县各级党委（党组）在履行抓党建第一责任的同时，必须强化“项目为王”的鲜明要求，把项目建设提到重要议事日程、摆在突出位置，作为“一把手工程”。党委（党组）书记要亲自谋划、亲自出征、亲自研究、亲自协调。要加大对项目建设的硬考核力度，制定出台《宁武县项目建设考核办法》，把抓项目的成效作为检验领导班子重要依据，作为衡量干部的能力、水平、作风的重要标尺。纪检监察机关要把贯彻落实省委这一重大决策部署作为政治监督的重点，及时开展专项督查，督促各级党委（党组）书记把发展第一要务放在心上、抓在手上、落实在行动上。二要创优环境引项目。建立项目包联机制，县级领导每人包联一个重大产业项目和一个基础设施项目，目的是通过县领导定期现场办公，帮助解决项目建设的堵点难点问题。对新签约项目，要实行全程跟踪服务；对已签约项目，要加大推进力度，全力以赴抓开工、抓落地。要继续深化供给侧结构性改革，积极推进“一枚印章管审批”“不见面审批”，提高“一站式”服务水平，释放企业投资项目承诺制等改革红利，推动更多产业项目落地。纪检监察机关要着眼改革举措，持续整治“门好进、脸好看、事难办”，整治不作为、慢作为、懒作为、乱作为，打造“六最”营商环境。三要扩大开放招项目。围绕“一区三地”建设，制定出台《宁武县招商引资优惠奖励办法》，精准开展小分队招商、产业链招商、股权招商、以商招商，既要引资，还要引智、引技，全面提高招商精准度。各级各部门要积极向上对接国家、省市相关部门，争取更多项目纳入国家和省市“十四五”规划大盘子。要着力构建“亲”“清”政商关系，积极对接大型央企、国企、民企，紧抓机遇，千方百计引进科技含量高的新能源、新材料、节能环保、装备制造等新兴产业项目。四要担当作为推项目。坚持结果导向，制定出台《关于在全县项目建设中大力发现培养担当作为优秀干部的实施意见》，在项目建设和招商引资一线锻炼干部、识别干部，对政治上可靠、项目工作上善抓能干的干部要大胆使用，对不愿抓、不敢抓、不会抓项目的要进行调整。落实“三个区分开来”要求，制定出台《宁武县项目建设合理容错实施办法（试行）》，旗帜鲜明地支持和保护干事创业的干部，为担当者担当，为创业者撑腰。纪检监察机关要在落实好容错纠错办法的同时，依法依规严肃查处各种诬告陷害行为，及时为受到诬告陷害的干部正名。

（五）强化“一把手”监督，加快构建科学有效监督网络。习近平总书记指出：“一把手”违纪违法最易产生催化、连锁反应，甚至造成区域性、系统性、塌方式腐败。许多违纪违法的“一把手”之所以从“好干部”沦为“阶下囚”，有理想信念动摇、外部“围猎”的原因，更有管理监督不力的原因。我们必须抓住这个“关键少数”，努力破解“一把手”监督难题。一要加强政治监督。认真落实《加强“一把手”队伍监督办法》和《干部选任政治素质评价实施办法（试行）》，坚持新时期好干部标准，把政治素质考察摆在干部工作的第一位，在脱贫攻坚、转型升级、生态建设等主战场，在疫情防控等重大考验面前，切实加强对“一把手”队伍政治觉悟、政治立场、政治态度、政治表现、政策水平等政治素质方面的监督，让广大党员干部和公职人员习惯在受监督和约束的环境中工作生活。二要加强权力监督。紧盯重大工程、重点领域、关键岗位“一把手”，加强权力集中、资金密集、资源富集部门的监督，规范权力运行，增强刚性约束，构筑不敢腐、不能腐、不想腐的监管体系。既要管住乱用和滥用权力的渎职行为，又要管住不用和弃用权力的失职行为，还要坚决整治不作为、慢作为、假作为、乱作为，保证权力正确行使，带动广大干部履职尽责、干事创业。三要加强责任监督。纪检监察机关要敢于监督、善于监督、规范监督，持续强化监督责任。要盯住“关键少数”，把行为监督与思想监督统一起来、把工作圈监督和社交圈监督衔接起来、把八小时之内的监督和八小时之外的监督结合起来，切实形成监督与接受监督的浓厚氛围和良好习惯。要按照“谁主管、谁负责”的原则，层层分解责任，完善相关制度，建立上下有机互动的责任传导机制，把责任压紧压实。要用好问责利器，敢于较真叫板，对那些领导不力、不抓不管而导致不正之风滋长蔓延的，该问责的问责，该查处的查处，真正让失责必问、问责必严成为常态。

（六）强化“三不”一体推进，始终保持惩治腐败高压态势。习近平总书记在中央纪委四次全会上指出，一体推进不敢腐、不能腐、不想腐，不仅是反腐败斗争的基本方针，也是新时代全面从严治党的重要方略。各级党委、纪委要深刻领会习近平总书记就管党治党作出的一系列重要论述，认真贯彻落实省纪委六次全会、市纪委四届五次全会精神，加快构建“三不”一体推进同向发力的有效机制，坚定不移推进全面从严治党向纵深发展。一要发挥惩腐震慑作用，构建“不敢腐”惩戒机制。要坚持纠治“四风”不停步、惩治腐败不手软、抓早抓小不松劲，严格按照“无禁区、全覆盖、零容忍、重遏制、强高压、长震慑”要求，持续巩固严惩腐败的高压态势，坚持把基层“拍蝇”、反腐败斗争以及扫黑除恶专项斗争结合起来，从严监督、从严执纪、从严查处群众身边的不正之风和腐败问题。特别要对党的十八大以后不收敛、不收手的问题，作为重中之重，重点监督，严肃查处，让党员、干部从害怕被查处的“不敢”走向敬畏党和人民、敬畏党纪国法的“不敢”，全面夺取反腐败斗争压倒性胜利。二要扎紧防腐制度笼子，构建“不能腐”防范机制。纪检监察机关要严格履行监督首要职责，定位向监督聚焦，力量向监督倾斜，统筹运用纪律监督、监察监督、派驻监督、巡察监督等力量，形成四个监督全覆盖的权力监督格局，把权力关进制度的笼子里。深入推进监察体制改革，通过改革和治理创新逐步压缩腐败滋生蔓延的空间和土壤，压减权力行使的任性空间，加快形成不断完备的制度体系、严格有效的监督体系，让意欲腐败者无机可乘。要把权力晒在公开接受监督的阳光下，破除权钱交易的关系网、利益链，着力构建“不能腐”的体制机制，形成靠制度管权、管事、管人的长效机制。三要筑牢拒腐思想防线，构建“不想腐”自律机制。思想上松一寸，行动上就会偏一尺。“当干部就不要想发财，想发财就不要当干部”。全体党员干部要习惯在受监督和约束的环境中工作生活，对充满诱惑、可能掉入陷阱、可能一失足成千古恨的事情形成条件反射般的免疫力，让人从思想源头上与贪腐之念绝缘。要常态化开展廉政教育，发挥以案促改、标本兼治作用，大力加强信仰教育、法纪教育、文化教育、家风教育和道德教育，用身边事教育身边人，用好反面教材，举一反三，让党员干部吸取教训，引以为戒，全面筑牢“不想腐”的思想堤坝。

新时代新使命对纪检监察工作提出了新的更高的要求。纪检监察机关要时刻保持“打铁必须自身硬”的高度自觉，牢牢把握任务要求，带头加强政治建设，带头抓好贯彻落实，忠诚履行党章赋予的神圣职责。广大纪检监察干部要加强政治历练，实践锻炼和专业训练，以更高标准、更严要求加强自身建设。要忠于使命，始终做到立场坚定、意志坚强、行动坚决。要精通业务，不断提高执行政策能力、执纪执法能力、思想政治工作能力。要严于律己，坚持刀刃向内，经常“打扫庭院”，严防“灯下黑”，主动接受各方面监督，努力打造一支让党放心、人民信赖、忠诚干净担当的纪检监察铁军。

宁武县人民代表大会常务委员会工作报告（节选）

——2020 年 4 月 26 日在宁武县第十六届人民代表大会第五次会议上

宁武县人大常委会副主任　吴永胜

过去一年的主要工作

2019 年是我县脱贫攻坚摘帽、决胜全面建成小康社会的关键之年，是全县上下砥砺前行、高质量推进发展的一年，也是县人大工作开拓创新、富有成效的一年。一年来，县人大常委会在中共宁武县委的坚强领导下，坚持以习近平新时代中国特色社会主义思想为指导，深入贯彻落实党的十九大和十九届二中、三中、四中全会精神，认真贯彻习近平总书记关于坚持和完善人民代表大会制度的重要思想和对地方人大工作的重要指示，认真履行宪法和法律赋予的各项职责。一年来共召开县人大常委会会议 8 次，主任会议 15 次，听取和审议工作报告 9 项，专项报告 2 项，作出决定、决议 7 项，开展执法检查 3 次，执法调研 5 次，集中视察 3 次，专题调研 9 次，任免国家机关工作人员 53 人，任命人民陪审员 51 名，督办代表建议 65 件，圆满完成了县十六届人大四次会议确定的各项任务，为推动我县经济社会高质量发展和民主法治建设作出了积极贡献。

一、围绕中心，把握方向，坚持党对人大工作的领导

坚持和依靠党的领导是做好人大工作的根本政治原则和政治保证。一年来，常委会始终把加强党对人大工作的领导摆在突出位置，坚持党的领导、人民当家做主和依法治国有机统一，认真贯彻落实县委决策部署，确保人大工作正确的政治方向。

（一）注重理论武装，不断强化政治建设。常委会将加强政治建设摆在首位，突出学习贯彻习近平新时代中国特色社会主义思想这条主线，组织党员干部精读规定书目，重温“三篇光辉文献”，及时跟进学习贯彻最新重要讲话精神。把学习贯彻习近平总书记关于坚持和完善人民代表大会制度的重要思想作为履职必修课，建立常态化学习机制，在学习中强化制度自信、找准职责定位、把握工作规律，增强贯彻党委意图的思想自觉，提升落实党委决定的行动自觉，把对党负责、为民尽责和依法履责融入人大日常工作和民主法治实践之中。

（二）提高政治站位，自觉将党的领导贯穿于人大工作的全过程。常委会牢固树立“四个意识”，坚定“四个自信”，做到“两个维护”。坚持在党的领导下依法行使职权，坚决维护县委总揽全局、协调各方的领导地位。坚持重大事项向县委请示、重要工作向县委报告，全年共向县委请示重大事项 6 项，向县委汇报工作 9 次，人大党组向县委常委会作述职报告 1 次，报请县委出台了《关于建立县人民政府向县人大常委会报告国有资产管理情况制度的意见》，自觉将党对人大工作的领导贯穿于人大工作的全过程和各方面。

（三）服务全县大局，紧紧围绕县委决策部署开展工作。常委会紧扣县委中心工作和重大决策部署来谋划和推进人大各项工作，县委的决策不折不扣执行，县委的意图不折不扣落实，确保人大工作与县委在政治上同向、思想上同心、行动上同步。按照县委要求依法行使重大事项决定权，对事关全县改革发展稳定的重大事项适时进行审议，并作出相关决议决定7项，及时把县委的主张通过人大的法定程序转变成为全县人民的共同意志和自觉行动。同时，在党政机关机构改革中，常委会严格法定程序，完善任前考察考核、法律考试、供职发言、集体票决、颁发任命书、宪法宣誓等制度，依法任免政府组成人员37人次，保证了县委意图与人民意愿的高度统一。

二、突出重点，回应关切，着力提升人大监督工作实效

正确有效监督是法律法规赋予地方人大的重要职责。一年来，县人大常委会围绕中心、服务大局，以推动县委重大决策部署落地见效为目标，积极回应人民群众关切，加强法律监督，创新工作监督，运用多种形式，打好监督“组合拳”，监督的针对性和实效性进一步提升。

（一）围绕脱贫攻坚进行重点监督。按照县委脱贫攻坚统揽全局的部署，县人大常委会把强力助推脱贫攻坚作为全年工作的重中之重，先后听取和审议了相关部门关于脱贫攻坚情况的报告，并围绕扶贫政策落实、扶贫产业培育、扶贫资金绩效、扶贫移民搬迁等重点，组织部分市、县代表深入扶贫产业园区、农业产业园区、生猪养殖基地、光伏运维中心、扶贫办以及部分乡镇、村庄，就种植养殖扶贫、乡村旅游扶贫、生态扶贫、光伏扶贫、贫困村基础设施建设、村卫生室等公益事业发展、农村集体产权制度改革以及移民搬迁复垦、移民村社区建设等进行了集中视察和专题调研。代表们一致认为，我县脱贫攻坚思路清、投入多、措施硬、力度大、效果好，脱贫攻坚战取得了决定性胜利。同时也提出了“进一步增强未脱贫人口自主脱贫意识和能力”“进一步提高脱贫成色成效”“进一步完善长效机制、防止贫困反弹”等意见和建议。与此同时，常委会持续引深“助推脱贫攻坚·人大代表在行动”主题实践活动，广大代表立足本职岗位，发挥自身优势，在带头自主脱贫、热心帮扶脱贫、积极服务脱贫等方面，发挥了示范引领作用。

（二）围绕经济运行进行适时监督。常委会切实加强对计划、预算执行情况、国民经济运行情况和国有资产管理情况监督，分别听取和审议了2018年财政决算、2019年财政预算执行情况及预算调整报告、2018年预算执行情况的审计报告和审计查出问题整改情况的报告，首次听取和审议了县人民政府关于国有资产管理情况的综合报告和行政事业性国有资产管理情况的专项报告，并深入相关单位，对财政资金使用绩效、国有资产管理及审计查出问题整改落实情况进行专题调研。增强了计划、预算执行的约束性和国有资产管理的规范性，维护了《中华人民共和国预算法》等法律法规的严肃性。

（三）围绕社会民生进行跟踪监督。针对人民群众普遍关注的教育、卫生以及农民工工资兑现、惠农政策落实、就业再就业、社会保障、扫黑除恶等问题，常委会分别组织部分委员及市县两级代表，深入中学教育集团、医疗集团及其所属卫生院（室）、医保中心、公、检、法、司等单位进行了实地调研视察，现场提出了针对性的整改意见并跟进落实，及时回应了人民群众关切。

（四）围绕旅游产业进行专项监督。在配合市人大深入我县西马坊乡、涔山乡和东寨镇进行旅游开发及旅游产业扶贫调研的同时，针对旅游产业发展与我县得天独厚的旅游资源禀赋还存在一定差距的现实，多次召开主任会议研究探讨旅游发展的思路和办法，并组织部分委员和人大代表进行了视察调研，提出了“加强旅游基础设施配套”“注重全域旅游示范建设”“挖掘宁武旅游文化”“补齐旅游要素短板”等意见建议，推动了我县旅游产业和相关产业的融合发展。

（五）围绕行政执法进行法律监督。会同省市人大开展了《中华人民共和国土地法》《中华人民共和国水污染防治法》《永久性生态公益林保护条例》执法检查和《山西省慈善事业促进条例》《芦芽山风景区管理条例》《忻州市大气污染防治办法》《忻州市物业管理条例》立法调研，组织开展了《中华人民共和国安全生产法》《中华人民共和国食品安全法》《中华人民共和国药品管理法》《中华人民共和国环境保护法》《中华人民共和国道路交通安全法》执法调研，促进了相关法律法规在我县的准确有效实施。同时，发挥人大信访作用，积极引导上访群众理性表达诉求，依法解决问题；对市人大转办的土地征用诉讼案、地质灾害治理补偿案等6件涉法涉诉信访案件，依法依规进行了督办和协调处理。

三、完善机制，搭建平台，保障代表依法履职

人大代表是人民代表大会的主体。一年来，不断完善机制，畅通渠道，搭建平台，强化服务，激发了代表履职热情，提高了代表工作水平。

（一）代表联络站建设全面完成。根据市人大《关于加强全市人大代表联络站建设工作的指导意见》，常委会按照试点先行、总结经验、全面推进的工作步骤，把握建站标准、制度建设、活动内容等关键环节，逐项精准推进，全县15个乡镇（居民办）代表联络站如期建成，省、市、县、乡四级人大代表全部编组进站，为代表履职活动搭建了平台、创设了条件。

（二）代表意见建议全部办结。县十六届人大四次会议期间，共收到代表提出的意见建议65件。这些意见和建议，集中体现了广大代表对全县经济高质量发展和人民群众高品质生活的关注。

大会闭会后，常委会及时与县政府召开交办会，落实承办单位，并召开常委会会议听取办理情况的报告，加大跟踪督办力度。县政府对意见建议办理工作高度重视，多次召开专题会议研究部署，及时征询代表对办理情况的意见，着力解决“重答复、轻落实”问题，提高了代表意见建议的落实率、办结率和满意度。截至目前，代表提出的65件意见和建议，已全部在法定时间内答复完毕。其中已经解决、基本解决或正在实施的64件，占全部意见建议的98.46%；因受条件限制，无法解决的1件，占全部意见建议的1.54%。

（三）代表主题活动不断拓展。围绕县委中心工作，常委会不断拓展代表主题实践活动。先后开展了“助推脱贫攻坚·人大代表在行动”“创建文明城市·人大代表在行动”“投身疫情防控·人大代表在行动”等主题活动，并不断丰富和拓展主题实践活动的内涵和外延，精心组织人代会闭会期间的代表活动。与此同时，建立了代表履职档案，加强了对代表履职的监督管理。

四、积极探索，守正创新，推动人大工作水平不断提升

改革创新是推动人大工作与时俱进的动力。一年来，常委会努力把握新时代人大制度和人大工作的新思想、新论断、新要求，

在履职理念、履职机制、履职方式等多个层面积极探索，不断创新，推动人大工作和建设不断取得新的进展。

（一）**注重深化改革**。常委会按照县委全面深化改革领导小组的统一安排部署，积极研究主动服务深化改革的重点举措，认真落实民主法治领域改革的要求。组织市县两级代表深入司法部门、大运华盛能源集团等单位进行了集中视察调研，积极支持监察体制、司法体制改革、国企改革和党政机关机构改革，为推动全县深化改革作出了积极努力。

（二）**注重制度创新**。常委会注重用制度规范履职程序、提升工作水平。先后制定出台了《关于县人民政府向县人大常委会报告国有资产管理情况的实施办法（试行）》《关于完善人大代表联系人民群众制度的实施意见》《关于进一步加强和完善人大代表监督管理与激励机制的实施意见》以及人大任命的地方国家机关工作人员向人大常委会进行年度述职等制度和办法，推动了人大工作从实践创新到制度规范的提升。

（三）**注重方法改进**。坚持监督与支持并重、寓支持于监督之中，不断改进工作方法。一年中，探索开展了书面工作报告、专项工作报告、述职评议、执法调研等监督方式，使人大工作方式更趋灵活、多样、有效。与此同时，常委会不断改进对乡镇人大工作的指导，坚持常委会领导分片联系指导乡镇人大工作制度；采取多种方式，探索县乡人大在工作上的交流互动，有计划地邀请乡镇人大主席和县代表列席县人大常委会会议，参与常委会组织开展的执法检查、调研视察等活动，不断探索开展基层人大工作的新途径、新举措，促进了全县人大工作整体水平的提高。

五、转变作风，提升素养，持续加强自身建设

加强自身建设是做好人大工作的内在要求。常委会从不断提升依法履职能力、适应新时代对人大工作的新要求出发，注重了三个“着力”，持续加强自身建设。

（一）**着力加强思想建设**。常委会扎实开展“不忘初心、牢记使命”主题教育，牢牢把握“守初心、担使命，找差距、抓落实”总体要求和目标任务，使全体党员和人大干部经受了一次思想淬炼、政治历练和实践锻炼。与此同时，积极推进学习型党组织和学习型机关建设，全年共召开党组学习会议12次，民主生活会3次，专题辅导报告2次，有效提高了常委会组成人员与机关干部的思想政治素质和依法履职能力。

（二）**着力加强作风建设**。常委会持续改进工作作风，坚持把调查研究作为基本功，把密切联系群众作为生命线，安排部署工作前必调查研究，作出决议决定前必征询民意，使人大工作更接地气、更切实际、更聚民意。

（三）**着力加强廉政建设**。常委会党组及机关党支部全面落实党风廉政建设责任制及“一岗双责”制，认真履行从严治党主体责任。注重廉政制度建设，用制度规范工作程序、提升工作效能，使常委会及人大机关干部的廉政意识进一步加强，党建水平进一步提升。

各位代表，一年来的履职实践使我们深刻体会到，做好新时期人大工作，全面担负起宪法和法律赋予的各项职责，必须旗帜鲜明讲政治，始终坚持和依靠党的领导，深入贯彻落实党中央和省委、市委、县委重大决策部署，保证常委会工作在正确轨道上不偏航；必须把人民利益摆在至高无上的地位，坚持以人民为中心，紧紧抓住人民群众关心关注的问题，真诚倾听群众呼声，真实反映群众愿望，真情关心群众疾苦；必须围绕民主政治领域的重点推进改革，创新人大工作，构建高效有力的监督工作机制和密切联系群众的长效机制；必须大力弘扬法治精神，把法治理念、法治思维、法治方式贯穿于人大工作全过程，维护宪法法律权威；必须充分发挥代表主体作用，紧紧依靠代表开展工作，教育引导代表牢记人民重托，依法行使职权，以实际行动践行“人民选我当代表，我当代表为人民”的庄严承诺；必须按照树立“一线意识”、对标“一流标准”的要求，不断强化自身建设，努力使人大常委会成为一支政治素质过硬、业务能力精湛、工作求真务实的队伍。

各位代表，回顾过去一年来县人大常委会所取得的各项成绩，根本在于习近平新时代中国特色社会主义思想的科学指引，是县委正确领导的结果，是“一府一委两院”同向发力、主动配合的结果，是各乡镇人大和社会各界大力支持的结果，是全县人民高度信任、全体代表共同努力的结果。在此，我谨代表县人大常委会，向全体人大代表以及所有关心、支持人大工作的同志们，表示崇高的敬意和衷心的感谢！

对照新时代人大工作新任务，对照中央和省委、市委、县委的新要求，对照代表和人民群众的新期待，我们也清醒看到，常委会的工作还有一定差距，还面临着新的挑战，主要表现在：人大监督方式与效能还有待改进；重点领域监督的力度还需进一步加强；人大调研视察的广度和深度还有待拓展；代表联系选区群众的机制还不到位；代表依法履职的能力还需进一步提升；议案建议的督办力度还需进一步加大；重大事项决定权的行使领域还需进一步拓展；常委会审议的质量和实效还需要进一步提高。这些问题都需要我们在今后的工作中高度重视、认真研究，切实加以改进。

2020年主要工作任务

2020年是全面建成小康社会和“十三五”规划收官之年，也是第一个百年奋斗目标的实现之年。做好今年常委会工作，要以习近平新时代中国特色社会主义思想为指导，在中共宁武县委的坚强领导下，全面贯彻党的十九大和十九届二中、三中、四中全会精神，坚持党的领导、人民当家做主、依法治国有机统一，紧紧围绕全县工作大局，认真履行宪法和法律赋予的各项职责，充分发挥地方国家权力机关的职能作用，为确保脱贫攻坚决战完胜，确保同步实现全面小康，推动我县经济社会高质量发展、人民群众高品质生活和民主法治建设不懈努力。

一、维护根本制度，毫不动摇坚持党的领导

中国特色社会主义制度的根本制度，最重要的就是坚持人民代表大会制度这一根本政治制度，坚持党的领导制度这一根本领导制度。县人大常委会要坚持以习近平新时代中国特色社会主义思想武装头脑、引领方向，以高度的思想自觉和行动自觉增强“四个意识”、坚定“四个自信”、做到“两个维护”。要将习近平总书记关于坚持和完善人民代表大会制度的重要思想和对地方人大工作的重要指示作为人大工作的根本遵循，指导全县人大工作实践。要坚定不移坚持在党的领导下依法行使职权，围绕县委重大决策部署谋划和开展人大各项工作，通过履行重大事项决定权、人事任免权、监督权等法定职责，不断将制度优势转化为治理效能。

二、增强监督实效，坚决扛起以法治方式推动县委决策部署落实的政治责任

要坚持以支持发展的理念开展监督工作，在监督中体现支持，在支持中加强监督。把人民对美好生活的向往作为人大工作的出发点和落脚点，围绕全县重点工作、重大项目和人民群众关注的热点问题，加大监督力度，增强监督实效，以法治方式和务实举措推动县委决策部署贯彻落实和法律法规有效实施。

围绕经济社会发展，加强国民经济和社会发展计划执行情况、财政预算执行情况的监督。预算审查监督重点向支出预算和政策拓展，保障重大政策和县委重要决策在预算编制和预算执行中得以体现与贯彻。支持审计部门依法审计，对审计查出问题的整改情况进行跟踪监督，促进相关整改措施落实。

围绕三大攻坚战，一是紧紧盯住脱贫攻坚，对“四个不摘”（脱贫不摘政策、脱贫不摘责任、脱贫不摘帮扶、脱贫不摘监管）、“四个不减”（工作力度不减、资金投入不减、政策支持不减、帮扶力度不减）重大要求的落实情况进行监督，聚焦已脱贫人口稳定增收和未脱贫人口稳定脱贫，听取和审议县政府关于脱贫攻坚情况的报告，对涉贫部门履职情况进行专题询问并开展调研。开展《山西省农村扶贫开发条例》执法检查，依法促进脱贫攻坚决战完胜。同时，持续引深“助推脱贫攻坚·人大代表在行动”主题活动，为脱贫攻坚聚力献策。二是持续关注生态环保，听取和审议县政府2019年度环保工作和环境保护目标完成情况的报告，听取汾河中上游山水林田湖草生态修复保护工程实施情况的报告，对蓝天、碧水、净土保卫战跟进监督，努力使人民群众切身感受到生态环境质量的不断改善。三是注重金融风险和政府债务风险防范化解，听取防范化解风险的专项报告，增强政府相关部门辨识风险、防范风险、化解风险意识，避免区域性风险。

围绕产业转型升级，对“一区三地”建设和科技创新工作进行调研视察，并分别听取有关部门关于经济技术开发区建设、绿色农业基地建设、绿色能源基地建设情况的专项报告，积极助推转型发展。要继续关注旅游产业发展情况，推动文旅产业融合发展和全域旅游健康发展。

围绕重大项目建设，听取项目建设“八个一批”落实情况的报告并开展实地调研视察，促进项目落地见效。听取政务服务“三合一”改革暨“一枚印章管审批”实施情况的报告，推动招商引资、营商环境的进一步优化。

围绕民生福祉改善，持续关注教育、卫生、社会保障、城镇建设、食品药品安全等工作，听取公共卫生突发事件应急能力建设和提升情况的报告，促进应急处置能力和医疗救治水平的进一步提高。分别听取全县医保工作情况、社会救助情况、县城基础设施规划和建设情况以及食品药品安全监管情况的报告，并适时组织调研视察，使人民群众切实感受到生活品质的不断提升。

围绕法治宁武建设，听取扫黑除恶专项斗争及社区矫正工作情况报告，对“三零”单位创建工作进行调研，积极助推平安宁武建设。对公、检、法、司执法案卷开展专项督查，促进相关程序法、实体法的准确实施。对免费法律咨询便民工程和“基本解决执行难”工作进行调研，使人民群众切身感受到司法改革的成果。听取人民检察院开展公益诉讼工作情况的报告，支持和促进检察机关当好“公益代言人”。同时，采取执法检查、执法调研等方式，对相关法律法规的实施情况进行检查，并努力做好人大信访和规范性文件备案审查工作。

围绕干部任后监督，有计划、分步骤地组织“一府一委两院”相关部门负责人开展专项工作报告、年度述职报告、人民群众满意度测评和履职情况视察，提升常委会任命的地方国家机关工作人员依法行政、为民服务的意识和水平。

三、注重改革创新，不断推动人大工作与时俱进

一是聚焦资产权属明晰、管理科学规范、投资效益提升，完善县人民政府向县人大常委会报告国有资产管理情况制度，年内听取国有资产管理情况综合报告的同时，听取企业国有资产管理情况的专项报告。二是聚焦信息化管理和智慧人大建设，力争启动实施财政预算联网监督系统，并逐步拓展联通收入征管、计划、社保、国资、审计等数据，实现预算监督实时性电子信息审查以及由发现问题到预防问题监督的转变。三是聚焦工作方式创新、工作效能提升，积极探索开展质询、特定问题调查以及重点议案、建议跟踪督办等监督方式，加大人大监督事项的落实力度。

四、强化代表工作，充分尊重和发挥代表主体地位与作用

人大代表作为人民代表大会的主体，保障代表依法履职是保障人民当家作主的重要内容。为此，重点从三个方面做好今年的代表工作。

一是提高代表依法履职能力。要采取以会代训、集中轮训等方式，加强代表法律法规和业务知识培训，提高代表依法履职能力和水平。同时，依托代表联络站，积极开展集中学习、交流研讨、接待群众、民意征询和视察调研，有计划地组织代表开展约见本级国家机关负责人、旁听法院庭审、担任各类民主监督员、参与部门工作评议和政府部门履职督查等活动，充分发挥和体现代表主体作用。

二是激发代表依法履职热情。要加强对代表提写议案、建议的指导，提高议案、建议的质量。在此基础上，实行重点议案、建议督办制度。对常委会遴选出的事关改革发展稳定大局、事关人民群众切身利益的重点议案、建议，由县政府分管领导领办，常委会组织实地调研、跟踪督办。对重点议案、建议的确定、领办、督办和落实情况，通过适当方式予以公布，接受代表和人民群众监督，激发代表依法履职热情。

三是增强代表依法履职意识。开展“学习申纪兰·人大代表在行动”主题活动，在全县人大系统掀起“向申纪兰学习，做人民好代表”的热潮。同时，按照县人大常委会《关于进一步加强和完善人大代表监督管理与激励制约机制的实施意见》，完善代表履职登记和履职档案，建立健全代表履职考评体系和激励制约机制，落实代表履职补助，增强代表依法履职意识。

五、加强自身建设，持续提升常委会依法履职水平

围绕党的十九大关于人大“两个机关”建设的定位和要求，坚持以党的领导引领自身建设、以制度机制规范自身建设、以代表工作促进自身建设、以创新实践推动自身建设。

要劲吹廉政清风。着力加强县人大常委会党组建设，落实全面从严治党主体责任，进一步完善常委会党组向县委请示报告制度和抓党建工作述职制度；严格执行中央八项规定，驰而不息纠正“四风”，坚定不移推进党风廉政建设和反腐败斗争。

要大兴学习之风。坚持县人大常委会党组和人大常委会机关集体学习制度，把学习贯彻宪法法律、县委重大决策部署和人大业务结合起来，全面提升依法履职水平和服务大局能力。同时，开办《人大常委会公报》，讲好宁武人大故事。

要弘扬务实新风。坚持密切联系群众，密切联系代表，密切联系实际，坚决反对形式主义、官僚主义。求真务实，依法履职，着眼宁武长远，多办对宁武人民有益的好事、实事。同时，进一步加强县乡人大工作互动，提升全县人大工作整体水平。

政府工作报告（节选）

——2020 年 4 月 26 日在宁武县第十六届人民代表大会第五次会议上

宁武县人民政府县长　王　卓

2019 年工作回顾

2019 年是中华人民共和国成立 70 周年，是宁武决战深度贫困脱贫摘帽之年，是全面建成小康社会关键之年。面对严峻复杂的经济形势和艰巨繁重的发展任务，在县委的坚强领导下，在县人大、县政协的大力支持下，全县上下坚持以习近平新时代中国特色社会主义思想为指引，全面贯彻党的十九大和十九届二中、三中、四中全会精神，深入贯彻习近平总书记“三篇光辉文献”精神，坚持脱贫攻坚统揽发展全局，坚持“供改”“综改”工作主线，认真落实上级决策部署，统筹做好各项工作，保持了经济持续健康发展和社会大局和谐稳定。

2019 年，全县地区生产总值完成 67.7 亿元，同比增长 9.1%；规模以上工业增加值同比增长 8.5%；固定资产投资完成 42.6 亿元，同比增长 4.0%；社会消费品零售总额完成 14.3 亿元，同比增长 7.6%；财政总收入和一般公共预算收入分别完成 21.3 亿元、9.1 亿元，分别同比增长 10.8%、27.7%；城镇常住居民人均可支配收入达到 26550 元，同比增长 7.0%；农村常住居民人均可支配收入达到 6843 元，同比增长 15.2%，增幅全市第一。城镇新增就业 2714 人，城镇登记失业率 3.52%，居民消费价格涨幅控制在 3% 以内；环境空气质量指数 4.61，同比增长 2.7%；恢河梵王寺国考断面水体退出了劣Ⅴ类，其他经济社会指标和约束性指标都较好完成了年度目标任务。

一年来，我们主要做了以下八个方面的工作：

一、坚持久久为功，脱贫攻坚实现决战决胜

继续落实脱贫攻坚系列决策部署，继续实施“3467”脱贫举措，聚焦“两不愁三保障”，全力攻坚深度贫困，坚持产业、就业“两业”并举，生态、生计“两生”共赢，易地搬迁、危房改造“两房”同建，基础教育、基本医疗“两基”并重，农村低保、扶贫开发“两线”衔接，建成了扶贫农业产业园、移民扶贫产业园和服装加工产业园，产业体系日益健全、资产收益成效显著、村容村貌大为改善、增收能力持续提升。全年脱贫 4271 户 8753 人，累计退出 16310 户 38778 人，贫困发生率从 34.2% 下降到 0.35%，脱贫攻坚实现了决战决胜，顺利通过摘帽退出程序，为脱贫攻坚决战完胜奠定了坚实基础。

二、构建产业体系，转型升级步伐坚定有力

农业生产形势向好。发展有机旱作农业，推广综合集成技术，种植地域特色的小杂粮、马铃薯、中药材等 17 万亩，粮食产量达到 3050 万千克、同比增长 8%，实现了“八连增”。做强农业品牌，认证“三品一标”10 个，农副产品加工销售收入 4.36 亿元、同比增长

7.4%。发展健康规模养殖，大象生猪12个养殖小区顺利投用，驴、牛、猪、羊饲养量分别达到了0.4万、1.9万、10.2万、45万头（只）。工业经济稳健运行。培育规模以上工业企业29户，完成产值57亿元、同比增长7.1%。能源革命综合改革开局良好，全年生产原煤1510.8万吨、现价产值42.7亿元，原煤销量1537.1万吨、销售产值43.9亿元，6个风电企业正常运行发电，华润低热值煤电厂移出缓建名单复工建设，北辛窑煤矿电力项目加速推进，北京首欣风电和中广核光电项目具备开工条件。文旅产业创新发展。深化景区景点体制改革，完成经营企业资产重组，引进深圳华侨城团队运营管理。全面推进芦芽山风景区创AAAAA工作，完成了汾河源头提升改造工程。创新用好"一县一策"，实施了宁化村旅游扶贫试点项目。大力发展乡村旅游，王化沟村入选全省首批3A级乡村旅游示范村，坝沟湾村、大石洞村、高桥洼村被评为全省旅游扶贫示范村。全年接待游客136万人，旅游综合收入12.6亿元，分别同比增长26.6%、30.2%。

三、全力攻坚克难，全面深化改革持续推进

坚持以改革破解发展难题、以改革激发动力活力，一是拓展企业投资项目承诺制改革，政府统一服务事项7个，企业自行办理事项缩减了70%以上、待办时间压缩了50%以上，新增备案企业46家。二是落实商事制度改革举措，推进电子营业执照办理，实行简易注销登记管理，新增企业240家、农民专业合作社49家。三是开展"法人知税、算出红利"活动，认真落实国家减税降费政策，减免各项税费1.57亿元，有效激发了市场主体活力。四是完成了中央农村集体经济产权制度改革试点任务，完成了集体经济组织成员身份确认，土地规模流转2.6万亩，农业生产托管服务2.7万亩。五是国企国资改革不断深化，大运华盛能源集团重组了董事会、监事会，完成了干部职工队伍改革，建立了煤炭销售网上竞价平台。推动3户国有企业"三供一业"分离办社会职能，开展28户"僵尸企业"出清和40户国有企业退休人员社会化管理前期工作。六是推动民营企业转型升级，培育"小升规"企业2户、省级"专精特新"入库企业5户，清偿民营企业中小企业账款4061.9万元，切实减轻了民营经济负担。七是园区改革创新有序推进，扶贫农业产业园区基本建成，节能环保产业园区建设提速，入园企业30余户，带动示范效应逐渐增强。八是深入推进教育综合改革，以宁武高中为龙头采取"一拖五"的方式组建中学教育集团，实行"九统一"管理，推动优质教学资源共享和一体化发展。九是全面巩固村级医疗改革成果，新建和改造137个村卫生室，发放11379份"村医爱心药包"，村卫生室改革被农业农村部、发展和改革委员会评为全国农村公共服务典型案例。十是基本完成了国家电子商务进农村综合示范县建设，构建了县、乡、村三级物流体系，推出了"芦芽山珍""汾源印象"两大区域公共品牌。

四、统筹城乡发展，人居环境面貌显著提升

加强基础设施建设，完成城区25条小街小巷提升改造工程，新建改建管网14千米，新增集中供热面积18万平方米。保障困难群众住房需求，城镇棚户区住房改造基本建成1336套、货币化补偿75套，住房保障租赁补贴发放412户，农村危房改造614户。改善路网通行条件，完成改造县道18.5千米、乡道11.3千米、村道217千米。结合整村提升工程，开展村容村貌专项整治234个村，乡村环境得到极大改善。集聚乡村发展资源，发挥中心村带动作用，撤并行政村35个。统筹做好旧村拆除复垦，城乡建设用地增减挂钩完成易地交易指标584亩、收益1.75亿元。

五、牢记初心使命，民生社会事业全面进步

突出抓好就业工作。开展就业援助和就业招聘活动，实施全民技能提升工程培训3058人，转移农村剩余劳动力2104人。完善社会保障体系。各类保险参保人数和基金征缴金额逐年增加，社保待遇稳步增长，医保基金稳健运行。教育发展势头良好。教育扶贫政策持续发力，发放资助补助金1281万元、生源地助学贷款1532万元。优质教育资源不断扩大，中城区幼儿园完成改造，职业中学基本完工，示范性高中投入使用，高考二本B类以上达线214人，再创历史新高。医疗卫生普惠群众。全面落实二孩配套政策，实施基本公共卫生服务和妇幼惠民工作，重点做好了健康扶贫工作，建档立卡贫困人口累计补偿13116人、报销救助7510多万元，基本解决了因病致贫返贫问题。县红十字会荣获全省先进集体称号。民政兜底力度加强。实现了农村低保制度与扶贫开发标准“两线合一”，发放城市低保金1215万元、农村低保金3686万元和农村特困人员救助金1086万元，受益贫困群众15589人。发放其他救助金、补贴金和生活费等1284万元，保障了困难群众基本生活。关心关爱特殊群体。完成38例残疾儿童诊断筛查和抢救性康复，为3338名重度残疾人缴纳医疗保险，为4681名残疾人缴纳意外救助保险。建成凤凰敬老院，完成宁武敬老院主体工程，新建3个农村老年人日间照料中心。建成乡镇、居民办和村（社区）退役军人服务站，发放优抚慰问金等，为59名老军人颁授了“庆祝中华人民共和国成立70周年纪念章”。文化事业蓬勃发展。启动了县融媒体中心建设，实现了农家书屋、农村文化活动室、乡镇综合文化站、广播电视户户通、农村电影放映五个全覆盖。《懒三脱贫记》荣获中国文化管理协会、中国演出行业协会优秀团队称号。圆满完成了第二届全国青年运动会起跑、收火仪式，隆重举行了庆祝中华人民共和国成立70周年系列活动，展示了宁武发展的辉煌成就，凝聚了爱国主义的硬核力量。

六、防治环境污染，生态文明建设成效显著

深入实施大气、水、土壤污染防治年度计划，治理无组织排放企业83家、入河排污口35个，国家确定点位土壤取样7处。开展了第二次全国污染源普查，完成了全省五轮大气污染防治专项检查和违法排污大整治“百日清零”专项行动，生态环境分局荣获全省先进集体。全面推行“河（湖）长制”，开展了“携手清四乱、保护河湖生态”百日会战行动，汾河川湖屯断面达到地表水Ⅲ类水质，恢河梵王寺断面退出了劣Ⅴ类水体。大力开展造林绿化，人工造林2.7万亩、封山育林2.3万亩、退耕还林1.8万亩。开展绿色矿山创建，企业存储创建基金3020万元、土地复垦保证金3687万元，神达栖凤煤业被评为“忻州市绿色矿山企业”。中央和省环保督察及“回头看”反馈意见问题全部达到整改要求。全面推进山水林田湖草生态保护修复工程，开工建设了12个试点项目。

七、深化风险治理，社会大局保持和谐稳定

全力维护信访秩序，合理解决群众诉求，关键时间节点实现了“零非访”，县信访局受到市委、市政府通报表扬。汲取原钜盛能源集团庄旺煤业事故教训，开展专项整治行动，加强隐患排查治理，继续抓好安全生产。加强法治宣传教育，深化人民调解工作，强化社区矫正监管，做好法律便民服务。始终保持高压严打态势，严厉打击违法犯罪行为，抓获历年在逃人员22人，破获命案积案2起。深化扫黑除恶专项斗争，打掉1个恶势力集团，有力维护了社会安全。凤凰镇、东寨镇、阳方口镇、怀道乡和居民办事处被市政法委评为市级平安乡镇、居民办。省级文明县城创建步伐加快，凤凰镇被省文明办评为省级文明乡镇，县税务局、气象局、公路段、供电公司被评为省级文明标兵单位。

八、着力转变职能，政府自身建设明显加强

坚持把党的政治建设摆在首要位置，扎实开展“不忘初心、牢记使命”主题教育，全面提高了党建质量。严格落实政府系统党建主体责任，坚持不懈推进党风廉政建设和反腐败斗争。顺利完成了党政机构改革，推进了生态环境、市场监管、文化市场、交通运输和农业五大领域综合行政执法体制改革。严格执行县人大及其常委会决议决定，积极支持县政协履行职能，办理人大代表建议65件、政协委员提案62件，办复率100%。“13710”政务督办效能得到提升，电子平台办结上级事项121件、本级事项45件。深入推进民生警务，做好了公安7大类53条便民服务。持续深化“放管服效”改革，启动“一枚印章管审批”和相对集中行政许可权改革，推进了政务服务“四级四同”工作，建设为民服务政府迈出了新的步伐。

与此同时，审计、统计、民族、宗教、治超、科普等工作取得了新成绩，气象、地震、史志、文物、档案、老龄、工青妇幼、老干部等工作取得了新进展。

各位代表，这些成绩的取得，是习近平新时代中国特色社会主义思想科学指引、生动实践的结果，是县委统揽全局、科学决策的结果，是县人大、县政协和社会各界大力支持、有效监督的结果，是全县广大干部群众同心同德、团结奋斗的结果。在此，我代表县人民政府，向全县人民，向各界人士和人民团体，向人大代表、政协委员，向公安干警和武警官兵，向省市驻宁单位，向所有在宁创业工作的投资者、建设者，向所有关心支持宁武发展的朋友们，致以崇高的敬意和衷心的感谢！

在肯定成绩的同时，我们也清醒地认识到，宁武发展还面临着不少困难和问题：产业结构不优，发展不平衡不充分的问题还比较突出；乡村振兴刚刚起步，巩固脱贫成效还需持续用力；安全生产形势依然严峻，生态文明建设还需加强；干部队伍进取意识不强，工作作风仍需改进等等。对此，我们要敢于直面问题，坚定转型目标，狠抓工作落实，补齐发展短板。

2020年工作安排

2020年是全面脱贫、全面小康决战完胜之年，是“十三五”规划收官之年，是第一个百年奋斗目标的实现之年。做好今年政府工作，要以习近平新时代中国特色社会主义思想为指导，全面贯彻党的十九大和十九届二中、三中、四中全会精神，深入贯彻习近平总书记“三篇光辉文献”精神，按照省委“四为四高两同步”的总体思路和要求，统筹做好疫情防控和经济社会发展工作，加快推进“336”产业布局，加快建设“一区三地”，统筹推进稳增长、促改革、调结构、惠民生、防风险、保稳定各项工作，加快推动经济高质量转型发展，确保脱贫攻坚决战完胜，确保与全国和省市同步全面建成小康社会，确保“十三五”规划圆满收官。

今年经济社会发展的主要预期指标：地区生产总值增幅6.1%左右，固定资产投资增幅6%以上，社会消费品零售总额增幅7%左右，一般公共预算收入增幅10%左右，城乡居民人均可支配收入分别增幅6.1%以上和7%以上。居民消费价格涨幅、城镇登记失业率、城镇调查失业率分别控制在3.5%左右、4.5%以内和6.5%左右，均与省市持平。

约束性指标：环境质量改善指标和主要污染物总量减排指标完成下达目标任务；农村剩余贫困人口全部脱贫，城镇棚户区住房改造开工50套。同时，强化转型升级指标的“指挥棒”作用，达到省市考核评价要求，更好促进经济转型发展。

今年这些指标的设定，充分估计了当前形势、实际可能和省市要求，贯彻了新发展理念，体现了稳中求进的工作总基调，符合“四为四高两同步”的总体思路和要求，与实现全面建成小康社会目标和完成“十三五”规划任务相衔接。

各位代表，当前国内外疫情防控和经济运行形势异常严峻复杂，前进道路上不稳定、不确定因素显著增多。对此，我们要积极应对当前面临的风险挑战，强化事在人为、奋发有为的担当，以百倍努力推进经济社会发展各项工作，确保完成目标任务。

一、持续推进产业就业扶贫，确保脱贫攻坚决战完胜

全面完成脱贫目标。树立“挂牌督战”政治意识，坚持“四个不摘”“四个只增不减”重大要求，紧盯责任、政策和工作“三落实”，6月底前剩余218户405人贫困人口达到脱贫标准。坚持开发式扶贫和保障性兜底并重，积极应对疫情影响，及时做好监测户、边缘户等易返贫人口和贫困人口的动态帮扶，做好防贫减贫一起抓。始终坚持问题结果导向，实现问题整改“十个清零”，防范化解扶贫领域风险，全面做好摘帽退出抽查、脱贫攻坚督查、脱贫攻坚普查和脱贫成效考核“三查一考”，确保扶贫成绩经得起检验、扶贫成效经得起考核。

抓好产业就业脱贫。加快实施23个扶贫专项行动计划，继续实施“4+7”脱贫产业体系，多轮覆盖兴产业、千方百计促增收。突出做好贫困群众就业工作，用好光伏扶贫公益岗位、扶贫园区车间和转移性就业多种渠道增加劳务收入。全面加强扶贫资产管理，重点发挥光伏扶贫电站作用，既要做好光伏电站管理、运营、维护，更要做好光伏收益分配到村到户。继续开展生态脱贫“五个一批”工程，推进造林专业合作社转型，栽下“摇钱树”、走上致富路。提高扶贫农业产业园、移民扶贫产业园和服装加工产业园的承载能力，加快园区企业项目投产达效，带动全县贫困群众就业增收。

始终强化政策支持。坚持把扶贫作为财政第一投入领域，继续统筹整合涉农资金，全程强化扶贫资金监管使用，为脱贫攻坚提供财力保障。持续聚焦“两不愁、三保障”，落实精准防贫“忻保障”实施方案，重点抓好教育扶贫、健康扶贫、危房改造和饮水安全工作。创新旅游扶贫“一县一策”，多方用好“10+1”政策集成效益，充分发挥旅游联结扶贫作用。加强易地移民搬迁后续扶持，6月底前全部实际入住，完成集中安置住房不动产权证书办理，统筹推进产业培育、就业帮扶、服务配套、社区治理、社会融入、权益保护等工作。继续跨省交易土地增减挂指标654亩，尽快完成旧村拆除复垦，实现整村搬迁效益最大化。

做大做强特色农业。巩固农业基础地位，落实强农惠农富农政策，建设高标准农田15000亩，开工建设阳方沟调蓄水库。运用市场化理念、工业化路子、产业化模式，打造小杂粮、食用菌、中药材、沙棘果、马铃薯等农业精深加工产业集群。特别是借力全省打造“山西药茶”机遇，发挥毛健草原料道地、工艺独特、功效显著的优势，坚持政府主导、标准规范，推进毛健草标准制定，尽快纳入食品名录；坚持企业主体、品牌引领，优化制茶工艺，提升药茶品质；坚持规模种植、利益共享，建设毛健茶种苗培育基地和仿野生1000亩示范园，打造毛健药茶主产区。发挥小杂粮健康养生优势，利用忻州杂粮融合示范区“三大平台”，提高加工、包装、营销水平，让小杂粮走向大市场。实施中药材崛起工程，推广野生抚育栽培技术，奖补鼓励新种1万亩，加强现有3万亩的田间管理，加快建成药材深加工企业。融入雁门关农牧交错带示范区建设，推进大象生猪养殖场建成投产，推广农村养殖“211”模式，配套投运饲料厂、种猪场和无害化处理站，争取年生猪出栏达到30万头。

二、强化“项目为王”鲜明要求，夯实经济转型发展基础

全力推进项目建设。树立“以结果论英雄”的鲜明导向，坚持“项目化理念”谋划推进工作，用好项目建设和招商引资三个激励办法，充分发挥重大项目的引领作用，按照“八个一批”接续滚动推进，把各部门、各行业的注意力引导到项目建设上来，提升科学抓项目的能力水平，提高项目建设和招商引资的质量成色，确保签约项目尽快落地、开工项目加快建成、投产项目早日达效，在全县上下掀起狠抓项目建设的新高潮，为高质量转型发展提供坚强有力的支撑。

推动煤炭绿色开采。加快煤炭“减优绿”步伐，开展煤炭矿井技术改造，支持企业建设智能化、信息化、标准化矿井。提高煤炭先进产能占比，积极推动同煤北辛窑、同煤安顺、神达南岔、潞宁忻峪等煤矿建成投产。鼓励煤炭企业灵活适应市场价格机制，深化内部改革管理，提高全员劳动生产率，提升市场综合竞争力。

延伸能源产业链条。全力加快华润2×350MW低热值煤发电项目主体工程建设，确保2021年建成投产，及早谋划二期燃煤发电项目。积极推动同煤北辛窑煤电一体化项目及配套新能源项目纳入国家煤电联营重点推进项目，努力取得实质性进展。用好煤炭运输“公转铁”政策，加快建设旭阳能源西双万吨列节能环保物流园区。探索“分级分质、能化结合、集成联产”的新型利用方式，提升煤炭清洁高效开发利用水平。

建设绿色能源基地。全面加快首欣唐家山10万千瓦、晋能盘道梁5万千瓦风电项目建设，配套建成首欣风机总装项目，支持三峡新能源等风电项目核准建设，确保今年全部建成并网发电。加快推动中广核15万千瓦光伏发电项目建设，同步引进平价竞价光伏项目。抢抓晋电送浙、送冀机遇，争取将电力装机提前纳入计划指标，提高电力外送能力。

三、突出芦芽生态旅游定位，加快建设文化旅游强县

塑造旅游品牌形象。借力全省“三大板块”机遇，围绕“三大品牌建设年”主题，对接“康养山西、夏养山西”布局，加快建设芦芽山生态文化旅游示范区。建好用好忻州古城宁武院落，搭建文旅对外交流窗口。积极协办全省第六次旅游发展大会赛事活动，全面展示宁武旅游形象魅力，让广大游客感受到诗与远方。

全力创建国家AAAAA级旅游景区。坚持总体设计、有序开发，聘请西北大学尹怀庭教授团队编制《芦芽山旅游总体规划》《芦芽山景区控制性规划》，理清发展思路，谋划景区发展。对照国家AAAAA级旅游景区创建标准逐项完善，确保今年通过国家旅游局景观品质评价。实施万年冰洞景区和游客服务中心提升改造工程，建设自驾车营地、星级厕所、标识标牌等基础服务设施，投入使用“智慧旅游”系统，举办芦芽山开山节、摄影大赛、自行车赛等活动。加强旅游市场监管执法，提升景区服务质量，提高游客满意度。按照全市“三个集散地”布局，启动东寨康养小镇建设，投运东寨旅游一条街，完善旅游集散地功能，吸引游客、凝聚人气，扩大影响力。

加快发展乡村旅游。聚焦乡村旅游主题，出台旅游服务业激励奖励办法，积极申报黄河、长城、太行“三个人家”，建设一批国家AAA级乡村旅游示范村，打造具有宁武特色的原生态康养民宿集群。挖掘宁化古城内涵，完善基础服务设施，策划古城旅游亮点，开展美化、亮化、绿化配套工程，同步建设周边湿地公园，打造“边塞宁化、汾河人家”。

提升文旅融合水平。统筹文化事业和旅游产业发展，实施文明守望工程、文物保护利用工程、乡村文化记忆工程和文化惠民工程，增强文化软实力，提升文旅融合度。增强博物馆、图书馆、文化馆等公共设施的旅游功能，投用古生物博物馆，增加景点文化元素。继续推进图书馆总分馆制建设，发掘非物质文化遗产，支持文艺精品创作，举办群众文化活动，提升公共文化服务能力。

四、坚持改革为要创新为上，激发转型发展活力动力

培育创新观念文化。坚持解放思想，牢固树立开放、市场、竞争、法治、合作、诚信和规则理念，确立新型的资源观、机遇观、人才观、职业观和资产观，弘扬创新文化，激活开放基因，引进培养人才，厚植创新生态，建立求新求变的鲜明导向，营造创新发展的浓厚氛围。

深化农村综合改革。完善农村基本经营制度，落实农村土地所有权、承包权、经营权“三权分置”办法，做好第二轮土地承包到期后再延长30年政策，完成土地确权登记颁证扫尾工作。推进农村生产、供销、信用“三位一体”综合改革，探索农村土地征收、集体经营性建设用地入市、宅基地制度“三块地”改革，开展农村宅基地使用权确权颁证工作。深化农村集体经济产权制度改革，开展农村集体债务化解试点，运营农村产权流转交易中心，开展农业生产托管服务5万亩。

擎起园区发展龙头。强化园区管委会职能，深化“三化三制”改革，出台园区管理办法，强化主战场定位，发挥主引擎作用。强化投资强度、产出强度和税收强度考核，推动产业规模化和集群化发展，努力向创建省级开发区迈进。科学编制修订园区各类规划，集约利用土地资源，储备出让“标准地”。加快建设新能源节能环保产业园基础设施，完成现代扶贫农业产业园基础设施及配套工程，建成4万平方米标准化厂房。全力推进食用菌、中药材、马铃薯、沙棘、燕麦、蔬菜等农业深加工项目全部建成投产，加快风机总装、冷链物流、配套物流、洗煤制砖、中塑管材等项目建设进度，努力做专特色、做新产业、做强效益。

提升对外开放能级。增强对外开放意识，借助信息技术和交通体系，融入国家区域战略，努力实现联动发展。准确把握新形势下招商工作态势，完善落实招商引资政策，细化招商引资产业目录，精心精准招商引商。围绕产业转型升级，用力建链补链延链，着力引进新型产业，承接产业梯度转移。

推进财税金融改革。主动应对经济下行压力，抢抓宏观政策机遇，加大资金争取力度，强化财政税务协同配合，用好管好财政资源。积极应对疫情冲击影响，全面落实国家减税降费政策和各类优惠措施，切实减轻企业负担。健全政府债务风险预警机制，遏制隐性债务增量，稳妥化解债务存量。继续发展普惠金融，加强政银企精准对接，做好金融扶贫小额信贷工作。完善地方金融监管体系，整治违法违规行为，打好防范化解金融风险攻坚战。

纵深国企国资改革。围绕“九个一批”深化国有资产管理体制改革，加强决策监督管理，严格企业经营状况及资产审计。继续推进大运华盛能源集团完善法人治理结构，建立现代企业制度，全面提升管理效能。完成40户国有企业退休人员社会化管理服务移交，完成“三供一业”分离办社会职能工作。大力推进“处僵治困”，完善破产重组程序，依法处置资产债务，化解企业历史包袱。

促进民营经济发展。坚持“两个毫不动摇”“三个没有变”，推动省市30条措施落实落细，保证民营经济公平市场主体地位。全面落实应对疫情支持中小微企业措施，积极推动各类企业达产达效。聚焦企业、产业、企业家，支持民营企业转型发展，维护民营企业合法权益，构建新型亲清政商关系。

提升科技创新水平。认真贯彻落实省市科学技术大会精神，发挥企业主体、财政撬动和部门职能作用，构建“政产学研用”紧密结合的创新体系。开展企业技术创新发展三年计划，实施“111”科技创新工程，用好省市两级技改资金，鼓励规模以上企业自建和合作设立科研创新平台，推动科技成果转化运用。积极推进“个转企、小升规、规改股、股上市”，申报省市“专精特新”企业和创业创新基地。继续实施“三区”人才支持计划和科技特派员制度，服务地方经济社会发展。

五、提升县城综合承载能力，构建区域协调发展格局

走出城乡协同路径。顺应城镇化发展规律，实行“大县城＋特色镇”发展体系，重点抓好县城、东寨镇和阳方口镇发展，推动人口跟着产业走、跟着城镇走。统筹谋划乡村布局调整，实事求是、分类推进，特别关注具有重要区位和产业优势需要做大做强的村、具有特定区位和产业优势维持现有规模的村、需要由行政村转变成生产经营活动场所的村、具有历史文化面貌演变成乡村旅游的村和实行人员退出、村庄拆除、土地复垦的村等五类情况，合并保留行政村198个。

凸显县城中心作用。持续巩固国家卫生县城和省级园林县城创建成果，继续推进全域旅游示范县、智慧县城和文明县城创建工作。完成凤凰大街雨污分流改造及道路建设工程，继续改造剩余小街小巷，提高县城通行能力。紧跟省市5G商用步伐，加快5G网络规划建设。理顺城市管理体制，推动“两下两进两拆”向县城和城乡接合部延伸，提高城乡建设管理的法治化、规范化和精细化水平。

健全住房保障体系。坚持“房住不炒”定位，培育住房租赁市场，扩大新建商品房全装修比例，促进房地产市场健康发展。继续推进棚户区改造，开展老旧小区改造，完成东城区新华寨城中村拆迁。新建棚改住房50套，公共租赁住房补贴412户，做好农村危房改造动态保障。

全面提升交通路网。推进原平西镇—阳方口338国道一级公路改建工程，推动石家庄—东寨241国道拓宽改造工程和西北外环公路过境线改线工程纳入“十四五”规划，开展宁武—静乐高速公路前期工作。完成长城1号旅游公路朔州界—阳方口—神池界3.78千米和长城板块旅游公路西马坊—梅洞沟7.1千米改造工程。推行农村公路“路长制”，完成10.4千米农村脱贫公路维修工程，加强路域环境综合治理，提高管理养护水平，建设“美丽公路”。

实施乡村振兴战略。聚焦发展现代农业、增加农民收入、建设社会主义新农村三大任务，不断拓宽工资性、经营性、财产性和转移性四种渠道，全面实施人居环境、农田水利、基础设施、农村撤并和生态保护五个行动，建设宜居宜业的新农村。构建农村自治、法治、德治“三治”相结合的治理体系，抓好家长、社长、村长“三长”和产业、政策、品牌“三个体系”，完善乡村振兴的长效治理体系和利益链接机制。

六、践行绿水青山发展理念，扎实推进生态文明建设

完善生态文明体制。落实生态文明建设奖惩机制和损害赔偿制度，执行污染源排污许可证制度、环境影响评价制度和环保设施“三同时”制度。建立国土空间规划和用途统筹协调管控制度，实行“多规合一”，科学划定生态环境保护、永久基本农田、城镇开发边界“三条红线”，有序推进自然保护地整合优化。全面完成中央、省环保督察和“回头看”反馈问题整改落实，认真做好“后半篇文章”。

打好污染防治攻坚战。决胜蓝天保卫战，实行“调产、控煤、治企、管车、抑尘”多策并举，深入推进重点行业结构优化调整和“散乱污”企业、锅炉、工业炉窑、建筑施工扬尘、挥发性有机物污染治理，稳妥推进清洁能源替代和原煤散烧治理，有效应对重污染天气。打赢碧水保卫战，继续深化“河（湖）长制”，持续开展“清河行动”，加强入河排污口监管，全面消除恢河断面劣Ⅴ类水体。完成县城污水处理厂和东寨污水处理站扩容提标改造工程，推动阳方口污水处理厂稳定运行。巩固城乡污水处理运营体制改革成果，加强后续运营保障，实现标准化建设、专业化运营、集聚化管理。攻坚净土保卫战，加强危险废物环境管理，推进农业环境综合整治，重点做好农业面源畜禽养殖污染防治。压实矿山企业主体责任，全面开展绿色矿山创建和露天矿山治理。严格落实乡镇属地和行业部门监管职责，严密巡查重点区域，严厉打击非法违法采矿行为。

开展国土绿化行动。建立推行“林长制”，严格执行森林资源保护发展目标责任制和考核评价制度，严厉打击未批先占、少批多占等行为。继续实施天然林保护工程，有机结合彩化、财化开展林业生态建设，实施沙棘林改造3万亩、人工造林2.17万亩、封山育林0.3万亩。严格落实护林防火责任，落细防火应急措施，严禁一切野外用火，依法严惩肇事者、严肃问责责任人，科学有力做好森林草原防灭火工作。

完成国家试点工程。坚持整体保护、系统修复、综合治理的理念，按照“修山、治污、增绿、扩湿、整地”的原则，加强组织协调调度，贯彻汾河生态景观导则，全面加快工程进度，高质量完成矿山修复、植树造林、水土保持、河道治理、水质改善、湖泊补水、污染防治、生物保护等任务，打造山水林田湖草生命共同体示范区。

七、持续改善增进民生福祉，创造更加美好品质生活

坚守疫情防控底线。巩固当前疫情防控持续向好态势，继续抓紧抓实抓细常态化疫情防控，坚决守住“防输入、防反弹、防进京”的底线，同步推动医卫疾控事业更好发展，确保群众生命安全和身体健康。紧跟国内外疫情防控和经济形势重大变化，统筹推进疫情防控和经济社会发展工作，密切跟踪政策导向，发挥投资关键作用，积极扩大有效需求，帮扶企业达产达效，着力恢复正常秩序，奋力夺取抗击疫情和经济社会发展双胜利。

提高就业收入水平。实施就业优先优惠政策，鼓励创业带动就业，突出抓好重点群体就业和援企稳岗工作，完成城镇各类就业2864人，转移农村劳动力2069人，确保零就业家庭动态清零。实施“人人持证、技能社会”工程，免费职业培训和订单培训2520人，在精细培训上下功夫、在就业质量上见成效。严格执行《保障农民工工资支付条例》，开展拖欠农民工工资专项治理，维护劳动者合法权益。

完善社会保障体系。持续推进全民参保计划，继续扩大社会保险覆盖范围，重点做好居民基本养老保险和被征地农民养老保险工作，稳步提高社会保险待遇水平。深化医保支付方式改革，做好异地就医直接结算，降低群众看病就医负担。加强社保基金管理使用，确保养老金按时发放、医保基金持续运行。

实现教育协调发展。精心做好疫情防控背景下各年级段开学准备，做好当前线上远程教学。继续落实教育扶贫政策。普惠发展学前教育，新建东城区凤凰幼儿园，投用中城区幼儿园，完善刘家园移民新村幼儿园。推动义务教育向优质均衡迈进，新建东城区凤凰小学，完成实验小学新校区搬迁，引进优质资源合作办学，提升初中办学质量。用好教育集团化改革成果，提升高中教育普及水平，强化教学管理改革，力争高考达线人数稳步增长。投用职业中学，推进职业教育实训基地建设，开展职业技能培训，惠及宁武百姓。

提升全民健康水平。全面深化县域医疗卫生一体化改革，继续推进县域综合医改，统筹做好分级诊疗、公立医院管理、全民医保、药品供应保障、综合监管五项基本医疗制度建设。发挥县医疗集团作用，新建县医院东城区分院，巩固137个村卫生室改革成果，提升城乡医疗卫生服务水平。推进健康中国·宁武行动，强化公共卫生服务，完成妇幼卫生项目，推进体育场馆开放利用。

加强民政为民工作。完善城乡兜底保障体系，紧密衔接扶贫政策，做好城乡“低保”“五保”工作。落实社会福利政策，改进完善救助工作，发放经济困难老年人两项补贴和困难残疾人生活补贴。加强服务设施建设，抓好21个老年人日间照料中心提质增效，建成投用宁武敬老院，新建殡仪馆、百福堂养老院和福乐园养老公寓。健全残疾人权益保障制度，启用康复中心，开展49户居家托养服务，实施135户无障碍改造。

做好退役军人服务。用好乡村退役军人服务站、基层站，安置符合条件的退役士官，抓好优抚政策兑现和社保接续落地。褒扬红色革命精神，建设光荣院，完善烈士陵园，美化祭奠广场，让军人成为全社会尊崇的职业。

办好十件民生实事。及时回应民生需求，落实省市政府要求，继续实施“人人持证、技能社会”全民技能提升工程，为怀孕妇女提供免费产前筛查与诊断服务，为农村妇女

免费提供“两癌”检查服务，实施残疾预防重点干预和残疾儿童抢救性康复项目，实施免费法律咨询便民工程，扩展提升“五个一批”群众文化惠民工程，实施城镇养老幸福工程，实施免费婚前医学检查，奖补既有住宅自愿加装电梯，在人流密集公共场所配置自动体外除颤器，不断提高群众的获得感、满意度。

八、坚持不懈抓好安全生产，全力维护社会大局稳定

压实安全生产责任。坚持“党政同责、一岗双责、齐抓共管、失职追责”，按照“管行业必须管安全、管业务必须管安全、管生产经营必须管安全”，严格落实党政领导责任、部门监管责任、乡镇属地责任、企业主体责任和员工岗位责任。实行企业安全生产主体责任法律追究工作机制，严肃追究问责事故相关责任单位和责任人员。

健全安全治理体系。构建安全风险分级管控和隐患排查治理双重预防机制，强化安全生产基础能力建设，推动安全生产整体水平与全面建成小康社会相适应。健全完善应急管理制度，统筹应急救援队伍建设，提高综合救援能力和防灾减灾救灾能力。深化“机械化换人、自动化减人、智能化作业”科技强安行动，开展“反三违”专项行动，突出抓好生产一线和作业现场管理。继续开展安全生产宣传教育“七进”活动，健全社会宣传教育矩阵。

持续深化专项整治。扎实开展安全生产专项整治三年行动计划以及各类专项活动，严格安全监管执法检查，按照“四个一律”精准处罚整改到位。全面抓好煤矿、非煤矿山、地质灾害、道路交通、自然灾害、护林防火、防汛抗旱、治超、消防、旅游景区、河流湖泊、危险化学品、加油（气）站、建筑施工、高层建筑、特种设备、烟花爆竹、食品药品、人员密集场所、学校等行业领域的安全生产工作。

突出抓好煤矿安全。深刻汲取庄旺煤业“6·19”事故惨痛教训，用好安全技术专家队伍，试点开展煤矿整体托管，加强煤矿安全生产标准化建设，全面治理涉煤安全问题隐患，提高安全生产管理水平。对县管煤矿实行分级分类安全监管，坚决整治“五假五超三瞒三不”等违法违规行为，重点强化冲击地压、顶板、通风、瓦斯、透水等防治措施，有效防止和坚决遏制重特大事故，切实保障煤炭行业领域安全。

提升社会治理水平。学习推广新时代“枫桥经验”，多元化解社会矛盾纠纷，加快推进社会治理现代化。加强立体化、信息化社会治安防控体系建设，深化问题联治、工作联动、平安联创，创建零上访、零事故、零案件的“三零”单位。压实信访责任，改进调解工作，按照法定途径处理信访事项。发挥居民社区作用，加强社区服务设施水平，筑牢筑强社区基层阵地。深化扫黑除恶专项斗争，全面进行“回头看”，突出整治生态环境和矿产资源领域的黑恶势力，实现“三年长效长治”目标。继续开展集中打击专项斗争，抓好“雪亮工程”建设，严厉打击违法犯罪，维护社会大局稳定。

全面加强政府建设。党的十九届四中全会提出，“坚持和完善中国特色社会主义行政体制，构建职责明确、依法行政的政府治理体系”。全面加强政府自身建设要以政治建设为统领、法治建设为根本、数字建设为牵引、作风建设为保障、效能建设为目标，坚持目标导向、问题导向、结果导向，提振精神状态、勇于改革创新、狠抓落地见效，全面提高推动高质量发展的能力水平，推进政府治理体系和治理能力现代化。

永葆政治机关本色。坚持以习近平新时代中国特色社会主义思想为指引，落实新时代党的建设总要求，增强“四个意识”，坚定“四个自信”，做到“两个维护”，自觉把党的领导落实到政府治理各领域、各方面、各环节，确保中央和省市决策部署落地见效。推动全面从严治党治政，履行政府系统党风廉政建设主体责任，一体推进不敢腐、不能腐、不想腐，坚决反对形式主义、官僚主义等“四风”问题。

全面推进依法行政。落实法治政府建设实施纲要，运用法治思维和法治手段应对风险、解决问题、推动发展，提高政府工作法治化、规范化、科学化水平。认真执行人大及其常委会的决议决定，及时办理人大代表建议、政协委员提案，自觉接受人大、政协、社会、群众和舆论监督，强化审计监督，加强政务公开和政府信息公开。深化行政执法体制改革，推行行政执法公示、执法全过程记录、重大执法决定法制审核“三项制度”，严格规范公正文明执法。

深化“放管服效”改革。按照“三对”“六最”要求，开展营商环境升级专项行动，做好县域营商环境评价。深化企业投资项目承诺制改革，探索试行核准制项目承诺制。完成“一枚印章管审批”改革，推进行政审批服务“马上办、网上办、一次办、就近办”。应用工程建设项目在线审批监管系统，整合共享公共资源交易平台，压缩不动产登记时限。加强“双随机、一公开”监管，实行守信联合激励和失信联合惩戒。加快政务服务线上线下标准化建设，完善政务服务大厅“好差评”系统，用好全省统一的“12345”政务服务热线平台。

加快数字政府建设。按照“一朵云、一张网、一平台、一系统、一城墙”总体要求，开展“五减”专项行动、“一网通办”提速行动、“四个一”改革行动、创新审批专项行动、企业全生命周期便利化服务行动、政务服务提质行动等“六大行动”。构建“互联网+政务服务”平台，推进“领导驾驶舱”系统建设，加快政务数据“全归集、全对接、全打通、全共享”，提高政府治理数字化水平。

持续提升治理效能。紧扣全面建成小康社会目标，对照定性定量指标，精准发力补齐短板，确保小康质量成色。树牢“过紧日子”思想，严控“三公”经费，优化财政支出结构，做好“保工资、保运转、保民生”。强化规划引领意识，主动对接省市部门，争取政策资金支持，聚焦重点工程项目，编好“十四五”规划。用好“13710”政务督查督办手段，确保重大改革取得突破、重点工程按期推进、重要工作落实到位。牢牢扭住“六个着力”，打造稳定法治环境、构建规范市场秩序、提供良好政务服务、强化有效要素供给、解决存在具体问题、弘扬先进文化理念。切实转变政府职能，增强服务宗旨意识，加强部门联动、提升干部能力，讲政治、讲结果、讲效率、讲落实，把宏伟蓝图变为具体行动，让群众期待成为美好现实！

中国人民政治协商会议
第九届宁武县委员会常务委员会工作报告（节选）

——在政协第九届宁武县委员会第五次会议上

宁武县政协主席　薛军良

（2020年4月25日）

2019年工作回顾

2019年是人民政协成立70周年，是中华人民共和国成立70周年，是我县决战决胜脱贫攻坚的摘帽之年，也是县政协各项工作创新发展、提质增效的一年。一年来，在中共宁武县委的坚强领导下，在县人大、县政府及社会各界的大力支持下，县政协及其常委会以习近平新时代中国特色社会主义思想为指导，深入学习贯彻习近平总书记关于加强和改进人民政协工作的重要思想和“三篇光辉文献”精神，牢牢把握政协的新方位新使命，以更高政治站位、更高目标要求引领政协事业发展，为推进我县经济社会持续健康发展作出了新的贡献。

一、坚持思想引领，将政协的独特优势集中体现在维护核心

一年来，县政协常委会始终把加强思想政治建设、广泛凝聚共识摆在突出位置，引领社会各界坚决拥护以习近平同志为核心的党中央领导，坚持以习近平新时代中国特色社会主义思想武装头脑、统领工作、引领事业。以“改革创新、奋发有为”大讨论为牵引，深入学习研讨、强化责任担当，推动思想再解放、改革再深入、开放再扩大、工作再抓实，着力增强各界人士把新时代改革开放进行到底的信心和决心，汇聚起对标一流、追梦奋斗的强大合力。以“不忘初心、牢记使命”作为加强政协队伍建设的强大动力，坚定理想信念、筑牢信仰之基，突出学习贯彻习近平新时代中国特色社会主义思想这一主线，把学习教育、调查研究、检视问题、整改落实贯穿始终，结合学习“四中全会”精神，将守初心、担使命变成锐意进取、改革创新的精气神和埋头苦干、真抓实干的自觉行动，把党总揽全局、协调各方的根本要求贯彻到政协的各项工作中，全年60项重点工作在上下联动中圆满完成并实现了质效双提升。

二、坚持围绕中心，将政协的科学定位集中体现在政治同心

紧跟工作主线，关注热点，助力发展大局。九届四次会议以来，委员们围绕党政中心工作，立足经济发展、关注社会热点，积极通过提案向党委政府建言献策。县政协共收到提案63件，经审查立案62件，内容涉及城市建设、道路交通、旅游与文化、扶贫与经济、教育等各个方面，反映表达了工作中存在的难点与群众诉求，切实推动了全县的改革发展。

紧随群众期盼，关切重点，助力教育发展。为了激发广大学生刻苦学习、立志成才，广大教师爱岗敬业、潜心教学，营造关心、支持教育的良好氛围。本着助教、兴学的共同意愿，县政协与深圳市盈宁创业投资有限公司友好协商，合作设立“王凤英优秀教师奖”和“李培鑫优秀学生奖”（简称“鑫英教学奖”），设立年限以10年为期，每年奖金总额为20万元，以此引导宁武社会各界进一步关注、关心教育，推动全县教育事业的发展。经过审核评选和网络公示，2019年共评出优秀教师69名，奖励金额10.7万元；优秀学生64名，奖励金额10万元。

紧盯脱贫目标，统筹协调，助力“摘帽”攻坚。为了备考决胜脱贫攻坚工作，政协领导班子成员扶贫包乡、对接到户，一方面加强对村“两委”、第一书记和驻村工作队的工作情况了解与督促，统一认识、强化责任，加强扶贫队伍对脱贫工作的使命感与紧迫感，使村干部对扶贫情况心里有账，驻村工作队心里有责，群众对脱贫收入心里有底。另一方面协调乡镇与交通、水利、住建、电力等相关单位联系，对工作中存在的不足与问题及时对接，提出明确的解决办法和完成时限，协力推进脱贫攻坚工作。同时，根据市、县扶贫中心的相关政策文件制作了《脱贫攻坚“两不愁、三保障”政策及“三落实”内容宣传手册》，组织委员和机关干部“送政策下乡”，深入乡村宣传。在8月，县政协组织常委、相关扶贫部门的委员、兼职副主任、特邀信息员等四十余人进行了为期四天的脱贫攻坚工作专题调研，通过走访全县14个乡镇，28个村，看项目、查资料、访群众，对全县的脱贫工作情况进行了实地考察，并与县扶贫相关部门领导进行了专题座谈。委员们对所见所闻认真思考、积极发言，肯定了全县脱贫工作所取得的成绩，对发现的问题向相关部门咨询，从群众与干部对待扶贫的工作状态、扶贫资料和项目、农业园区建设等方面提出了问题与建议，受到了县领导的重视与批复，切实为全县决战决胜脱贫攻坚摘帽贡献力量。

紧扣生态环境，上下联动，助力“两河”保护。县政协认真贯彻落实习近平总书记生态文明思想，践行“两山”理论，着眼于我县作为汾河、恢河的发源地，配合全国政协和省、市政协对“两河”流域的环境保护、生态治理等工作进行深入了解。参与了全国政协围绕永定河流域文化建设专题调研和省市政协关于汾河中上游山水林田湖草生态保护与整沟治理等专题调研，参加了省政协组织的吕梁山生态修复治理议政会和市政协组织的桑干河流域生态保护研讨会，对我县在“两河”流域保护工作中所作出的努力与面临的困境进行了交流发言，在更高层面和更大范围上为我县营造良好的生态环境、推进“两河”保护建言献策。

紧抓社会治理，协同配合，助力“平安”建设。加强与政法部门的联系，组织政协委员参与法院重大案件公开审理和开放日等专项活动，充分发挥民主监督职能。围绕法治宁武、平安宁武建设，引导委员广泛收集社情民意，积极反映基层在社会治理方面的诉求，切实做好理顺情绪、化解矛盾的工作。领导班子深入乡镇，与乡党委和村“两委”主干深入沟通交流，对信访矛盾突出问题，集中力量，多方配合，在乡村两级干部和相关部门的支持下，推动信访矛盾平稳化解，努力营造和谐稳定的社会环境。在新冠肺炎疫情暴发后，县政协号召广大政协委员自觉扛起重大政治责任，把思想和行动统一到习近平总书记关于新型冠状病毒疫情防控的重要指示精神上来，协助党委、政府做好有关防控政策措施的宣传解读，消解群众恐慌情绪，以身作则、群防群控，引导周边群众增强自我防护意识，切实阻断传播扩散途径。广大委员积极行动，慷慨解囊，捐资捐物，为疫情防控提供强有力支援，捐助款物累计17余万元。县政协积极组织撰写《在农村新冠肺炎疫情防控中要重视粪污传播病毒》《关于对因疫情造成重大损失的弱势群体甄别帮扶的建议》等社情民意，得到了省里的采纳，为打赢疫情防控阻击战贡献智慧和力量，共同维护了社会大局的稳定。

三、坚持文化自信，将政协的优良传统集中体现在不忘初心

一年来，县政协以庆祝中华人民共和国70华诞和人民政协成立70周年为契机，创新载体，丰富形式，通过文史资料广泛开展爱国主义教育，激励各界群众不忘初心、牢记使命，以饱满的政治热情、奋发有为的精神状态、脚踏实地的工作作风，积极投身新征程，谱写新时代中国特色社会主义宁武篇章。一方面，坚持“三亲”史料征编和地方历史文化研究并举方略，立足于我县深厚的历史文化底蕴，认真考据、多方征集，编撰印制了《宁武文史》《庆祝中华人民共和国暨中国人民政治协商会议成立七十周年专辑》等文史资料共五辑，追寻优秀人物、感悟红色记忆，使广大读者受到教育与启迪。另一方面，县政协与县委宣传部共同主办了“宁武县庆祝中华人民共和国暨人民政协成立七十周年‘光辉历程·铸就辉煌’历史成就图片书画展”，印制出版了七十周年纪念图册，从社会经济的不同方面、不同视角进行阐述与解读，热情讴歌了全县人民在中国共产党领导下，共同前进、携手成长的70年辉煌历程，引领各界群众在历史的光影中抚今忆昔、回顾初心，在时代的发展中见证风采、展望未来。

四、坚持作风严谨，将政协的组织建设集中体现在律己正心

一年来，常委会着眼于激发政协工作的内生动力，强化正风肃纪，激励担当作为，按照懂政协、会协商、善议政，守纪律、讲规矩、重品行的要求，全面加强队伍管理，以自身建设新成效促进了政协事业新发展。政协党组充分发挥领导核心作用，把政协机关党的建设摆上更加突出的位置，切实发挥机关党组的作用，持续推进“两学一做”学习教育常态化制度化，积极推动“改革创新、奋发有为”大讨论和“不忘初心、牢记使命”主题教育，深入查找整改，主动寻标对标，以警示教育为抓手，知敬畏、存戒惧、守底线，以守正创新为关键，强弱项、补短板、固根基，强化责任意识激发政治担当，坚持以人民为中心履职尽责，认真做好新形势下的群众工作，努力把党的指导思想和党的主张转化成为关怀社会各界群众的党的温暖，为实现新时代党的历史使命凝心聚力。

各位委员，在过去的一年里，常委会全体人员没有辜负全体委员的期望和要求，认真负责地完成了2019年度县政协常委会工作的各项任务，得到了县委、县政府的肯定和社会各界的认可。这些成绩的取得，是中共宁武县委坚强领导的结果，是县人大、县政府及社会各界大力支持的结果，是政协各参加单位、广大政协委员团结奋斗和通力合作的结果。在此，我代表县政协常委会和主席班子成员，向全体政协委员、政协工作者和所有关心支持政协工作的新老领导、新老朋友和社会各界人士致以崇高的敬意和衷心的感谢！

在肯定过去一年工作的同时，我们必须清醒地认识到政协工作还存在一些亟待加强和改进的方面。主要是：履行三项职能的有效形式有待进一步探索；把政治协商纳入决策程序的“三化”建设有待进一步推进；协商议政质量有待进一步提高等等。对这些问题，我们要高度重视，认真研究，并在今后的工作中切实予以改进。

2020 年工作安排

2020 年是全面脱贫、全面小康决战完胜之年，是“十三五”规划收官之年，也是第一个百年奋斗目标的实现之年。县政协及常委会要以实现第一个百年奋斗目标、向第二个百年奋斗目标迈进为履职方向，紧紧围绕大局，瞄准工作重点，深入协商议政，为全县的改革发展凝聚新共识、汇聚正能量、作出新贡献。

今年工作的总体要求是：以习近平新时代中国特色社会主义思想为指导，全面贯彻党的十九大和十九届二中、三中、四中全会精神，深入贯彻习近平总书记“三篇光辉文献”精神，按照省委“四为四高两同步”的总体思路和要求，统筹做好疫情防控和经济社会发展工作，全面实施“336”产业布局，全面加快“一区三地”建设，把打造创新生态、创造高品质生活、提供“他山之石”作为履职重中之重，坚持新发展理念，坚决打好三大攻坚战，确保脱贫攻坚决战完胜，统筹推进稳增长、促改革、调结构、惠民生、防风险、保稳定各项工作，确保我县与全国全省全市同步全面建成小康社会，确保“十三五”规划圆满收官，推动经济高质量转型发展。

一、坚持以习近平新时代中国特色社会主义思想为统领，夯实基础，广聚共识

坚持把学习贯彻习近平新时代中国特色社会主义思想作为统揽工作的总纲，把习近平总书记关于加强和改进人民政协工作的重要思想作为推进政协工作的行动指南，持续用党的创新理论武装头脑，系统学、跟进学、联系实际学，深刻领会和把握其中的核心要义、思想精髓和实践要求，努力巩固拓展“不忘初心、牢记使命”主题教育成果，把人民政协这一用党的创新理论团结教育引导各界代表人士的重要平台搭建好、利用好。要积极面对国内外疫情防控和经济形势正在发生的重大变化，在敏感点、风险点、关切点上加强思想政治引领，化解社会矛盾，凝聚思想共识，展现政协优势。要进一步健全以党组理论学习专题研讨为引领、多种学习形式相配套的学习制度体系，引导广大政协委员和机关干部牢固树立“四个意识”，坚定“四个自信”，坚决做到“两个维护”，不断增强贯彻落实中共中央决策部署和省委、市委、县委工作要求的思想自觉和行动自觉，团结引导社会各界人士，不断增进政治认同、思想认同、理论认同、情感认同，夯实共同思想政治基础。

二、坚持以改革发展稳定大局为工作中心，发挥优势，汇聚力量

当前，我县的经济社会发展形势稳中向好，虽然受到新冠肺炎疫情的不可抗拒性干扰，对各项目标任务的实现构成不确定性影响，但长期向好的基本趋势没有变。大家要清醒认识省市和全县发展的阶段特征、演进趋势、内在规律，准确分析和把握疫情带来的冲击，运用好过程论、重点论、系统论、主体论、标准论“五论”思维，采取更加强有力的措施，作出比常规更大的努力，紧紧围绕县委政府的各项工作部署，当好上传下达的联络员，做好促进和谐的调解员，干好服务发展的战斗员，全力促进各项事业的健康发展。

要聚力三大攻坚战，围绕“头等大事”添助力。坚持一步不让，持续打好污染防治攻坚战。以汾河和恢河的“两河”流域生态治理作为工作重点，深入考察、把握难点，为党委政府决策提供参考；坚持一刻不松，坚决打好防范化解重大风险攻坚战。以经企、工商等界别的行业金融风险作为工作抓手，专题研讨、广泛座谈，为营造健康有序的经济环境议政建言。以“三零社区建设”作为法治建设基础，协同共治、平安共享，为构建和谐有序的基层治理格局献智献力；坚持一人不落，全面打好脱贫攻坚战。把脱贫攻坚巩固提升作为第一民生工程，乘胜前进，再接再厉，为巩固和扩大脱贫攻坚成果献计出力。要充分认识深入推进“并村简干”对于提升乡村治理发展的时代要求和现实意义，主动宣传、跟进调研，切实推动“并村简干”这一联结脱贫攻坚与乡村振兴两大战略的有效载体做好做实。要重点关注疫情带来的影响，聚焦乡村人居环境整治、公共卫生体系建设和扶贫产业的发展，发挥专业优势和渠道优势，双岗履职、双向发力，以克难攻坚的使命感、责任感和紧迫感，切实把乡村振兴战略落到实处。

要聚力项目新突破，围绕“能源革命”聚合力。坚持“项目为王”，把项目建设作为引领能源革命新旧动能转换的“头号工程”，全面贯彻省委、市委和县委的决策部署，自觉扛起责任，发挥自身优势，围绕产业干、跟着项目转，争做能源革命的促进派、项目建设的实干家，为经济社会高质量发展注入强劲动力。经企界、工商界的政协委员，要顺应新形势、把握新业态，用好用足疫情后的金融、税收等利好政策，发挥团结合作、联系广泛的优势，积极参与招商引资、招才引智，多谋项目，建好项目，在服务大局中深化共事，在推动发展中展现风采。

要聚力改革新机遇，围绕“创新生态”激活力。要进一步发扬敢闯敢试破解难题的改革创新精神，以机构改革为契机，以经济改革为导向，紧紧围绕全面深化改革目标任务，把握重点，主动作为。要全力落实好省委交给政协的“三件大事”，深入研究创新文化、营造创新氛围，引导创新要素向产业转型集聚，助力打造创新生态；积极畅通民意渠道、回应群众关切，推动民生保障向精准优质发展，助力创造高品质生活；加强与省市政协的联动和全国县区政协的交流，了解改革新举措、研究发展新动态，集思广益、博采众长，以“他山之石”助推高质量发展。

三、坚持以文史资料工作为重要抓手，鉴往知来，资政育人

坚持实事求是、尊重史实的原则，进一步做好我县文史资料的挖掘与整理，补史之缺、续史之无、详史之略、纠史之错，切实反映全县民众在党领导下奋力求进、砥砺前行的历史进程，用奋斗精神和时代精神凝聚人心、团结各界、共襄发展。要不断深化拓展文史资料的征编领域和工作思路，通过召开文史爱好者座谈会和专题座谈会，集众人之智、聚众人之力，推进文史工作；通过邀请一批有写作能力的老同志为文史撰稿人，写革命经历、述时代变迁，广泛开辟稿源。要树立“大文史”观念，加强与文化、史志、文物等部门的联系，加强与市县政协文史资料的交流，优势互补、资源共享，多呈史实亮点，多发精品新作，在办刊特色上多做文章、多下功夫。要以今年是纪念抗日战争暨世界反法西斯胜利七十五周年为主题，深层次挖掘宁武抗战史料，记述八十三年前日军侵犯我境，抢夺资源、戕害同胞的暴行，展现我县境内之军民在中国共产党领导下进行的艰苦卓绝斗争，铭记在峥嵘岁月中诞生的英雄人物和历史事件，引导社会各界在重温抗战历史中，传承红色基因、增强情感依归、汲取奋斗精神、增进民族自信，以更加昂扬的姿态和必胜的决心书写全面建成小康社会的“新答卷”。

四、坚持以协商民主建设为参政基础，与时俱进，务实求新

要深入贯彻习近平总书记关于加强和改进人民政协工作的重要思想，领会好习近平总书记在中央政协工作会议暨庆祝人民政协成立70周年大会上的重要讲话精神和《中共中央关于新时代加强和改进人民政协工作的意见》文件精神，把握好人民政协“专门协商机构”的定位，着力推进协商能力建设，提升协商质量，培育协商文化，更好地“专”出特色、“专”出质量、“专”出水平。要抓好常委会自身建设，以常委会成员的模范言行，引领政协委员不断提高政治把握、调查研究、联系群众、合作共事的能力，自觉遵守宪法法律和政协章程。要努力拓展协商领域，积极搭建议政平台，探索完善协商机制，组织委员和各界人士有序参与地方政策草案协商讨论，更好促进科学民主决策。要突出协商式监督的特色和优势，把协商理念融入委员视察、提案督办、民主评议、反映社情民意、特邀监督等民主监督工作，以协商聚共识、以监督促落实。要从严抓好政协机关建设，从实发挥委员主体作用，弘扬和践行“和而不同、和衷共济、和谐同心”的政协文化理念，当好协商民主的推动者、参与者、实践者。

宁武县人民法院工作报告（节选）

——在宁武县第十六届人民代表大会第五次会议上

宁武县人民法院院长　徐　飞

（2020年4月26日）

2019年主要工作

2019年，宁武县人民法院在县委的坚强领导、县人大及其常委会的监督和上级法院的正确指导下、在县政府、县政协和社会各界的关心支持下，坚持以习近平新时代中国特色社会主义思想为指导，全面贯彻党的十九大和十九届二中、三中、四中全会精神，扎实开展“不忘初心、牢记使命”主题教育，坚持服务大局、司法为民、公正司法，各项工作均取得明显进展。全年共受理各类案件1683件，审结1634件，审结率97.09%。

一、深入学习贯彻习近平新时代中国特色社会主义思想，坚持党对人民法院工作的绝对领导

扎实开展“不忘初心、牢记使命”主题教育，突出学习贯彻习近平新时代中国特色社会主义思想主线，树牢“四个意识”，坚定“四个自信”，做到“两个维护”，强化理论武装，干警思想受到洗礼、灵魂受到净化、政治更加坚定。深入学习贯彻习近平总书记视察山西重要讲话精神，认真落实《中国共产党政法工作条例》，坚持党对法院工作的绝对领导。坚持司法为民，站稳人民立场，坚持工作成效由人民评判，提高群众满意度，提升站位，做到司法办案的政治效果、法律效果、社会效果相统一。让人民群众在每一个司法案件中都感受到公平正义，让人民群众不断感受到法院工作的新作为、新变化、新气象。

二、全面履行审判职能职责，保障社会公平正义

（一）依法严惩刑事犯罪，推进平安宁武建设。充分发挥刑事审判惩防犯罪功能，共审理刑事案件164件，判处罪犯248人。纵深推进“扫黑除恶”专项斗争，判处涉黑涉恶案件4案28人。为了扩大影响力，震慑黑恶势力犯罪，在宁武体育馆公开审理了王某某等21人涉恶案件。全面加强职务犯罪案件审判工作，审结职务犯罪案件4件，判处4人，为推进反腐倡廉工作提供了有力的司法保障。严厉打击影响群众安全的暴力犯罪，切实保障公民财产安全。加大对经济犯罪打击力度。贯彻宽严相济刑事政策，坚持罪刑法定和疑罪从无原则，保障被告人的合法权益。

（二）妥善审理民商案件，服务经济社会发展。在民商事审判中，一是妥善处理涉及离婚、抚养、赡养、继承等婚姻家庭纠纷案件，保护妇女、未成年人和离婚无过错方的合法权益，促进家庭和睦和社会安定。二是及时审理好各类合同纠纷案件，有效防范和化解金融风险。三是注重审理侵权纠纷案件，确实保护国家、集体、个人的合法权益不受非法侵害，有力地制裁了违法侵权行为。四是加强调解工作，充分利用调解手段处理人民内部矛盾，通过调解工作，引导群众建立新型的人际关系和良好的经济环境，促进物质文明和精神文明建设。全年共受理民商事案件880件，旧存18件，审结874件，结案率97.33%，法定审限内结案率99.56%。依法审查行政非诉案件28件。共调解民商事案件362件，撤诉82件，调撤率为41.23%

（三）提高失信行为成本，推动诚信社会建设。受理执行案件565件，执结556件，执结率98.4%，执行到位7000余万元。认真开展“晋法出击”集中执行行动，加强与金融、国土、车管等部门的执行联动机制。充分利用“全国执行网络查控系统”，对700余名被执行人财产实施查询，对800余个账户进行控制，成功扣划被执行人存款300余笔。坚持重举惩治“老赖”，严厉打击拒不执行判决、裁定的行为，判处2案2人。公开曝光失信被执行人76人，拘留31人。穷尽各种手段，用足用活执行手段，督促被执行人及时履行义务，执行工作取得了较好成绩。

三、围绕全县大局，服务重点工作

（一）多举措服务营商环境。坚持妥善办理涉民营企业案件，为民营企业发展营造良好的法治环境。妥善审理各类涉企产权纠纷、妥善处理涉民营企业劳资纠纷。强化公正执行、善意执行、文明执行理念，尽量避免影响企业正常经营活动。慎用相关强制措施，慎用限制法定代表人人身自由的强制措施，防止刑事执法介入经济纠纷，禁止超标、超范围查封、扣押、冻结涉案财物。对涉民营企业案件做到快立、快审、快结。

（二）全力助推脱贫攻坚。把脱贫攻坚工作作为重要政治任务来完成。在精准扶贫工作中高度重视法治助力，不断创新扶贫措施，以“法治＋扶贫”为突破口，找准司法与扶贫的结合点，构筑脱贫攻坚的“法治屏障”，助力精准扶贫、精准脱贫。在凤凰镇朱家岩、杜庄、麻峪三个村定点帮扶中。选派8名精干警力分别在三个自然村担任驻村工作队员，一名年轻有为的干警担任杜庄村第一书记，结对帮扶98个贫困户共189人，全面参与帮扶村各方面工作。积极向帮扶对象宣讲法律知识，引导帮扶对象在生产生活中遵纪守法，并学会运用法律武器保障自身合法权益，进一步密切了警民关系，提升了司法形象。在案件办理中，高度重视涉扶贫领域案件，加大涉扶贫领域案件的审执力度，依法保障涉扶贫领域当事人的合法权益，确保司法保障与法律扶贫精准有力，为全县打赢脱贫攻坚战提供有力的司法保障。

四、以人民为中心，继续落实司法为民措施

（一）全面实行立案登记，畅通群众诉讼渠道。坚持有案必立、有诉必理。全年当场登记立案率达到100%。在保护诉权的同时，依法规制恶意诉讼、无理缠诉等滥诉行为。坚持开展诉前调解，大力推行速裁诉讼程序，对事实清楚、争议不大的简易民事案件实行一审终审，有效缓解案件急速增长的压力，提高了效率。建立诉讼服务查询电子平台。开通案件信息查询、信访信息查询、诉讼程序咨询、办事程序咨询、联系法官、接受执行线索举报、接听意见建议、听取对法官队伍作风投诉举报、回访考核九项服务。

（二）完善便民利民措施，保障弱势群体利益。坚持以人民为中心的发展思想，着力打造一站式诉讼服务中心，分区更加清晰、分流更加有序、运行更加畅顺。认真落实司法为民宗旨，对涉及侵害孤寡、老弱、病残、农民工等弱势群体合法权益的案件优先立案、优先执行。继续开展“拖欠农民工工资案件集中办理”等系列涉农维权活动，依法从重、从严、从快打击侵害弱势群体的各类违法犯罪行为，特别是以妇女、儿童为侵害对象的犯罪。深入农村、社区、工地、学校开展法制讲座，开展法制宣传活动6次，发放法律宣传材料300余份，接受各类法律咨询800余人，提高弱势群体的法律意识。

（三）突出抓好涉诉信访，真诚解决群众诉求。在诉讼服务中心，设立接访、律师工作室等窗口。积极推进涉诉信访机制改革，推行“诉访分离”，判后答疑、申诉听证，做好释法明理和教育息诉工作，有效解决“入口不顺”“程序空转”“出口不畅”等问题。坚持院领导接访常态化，全年累计接待来访群众60余人，进京赴省访实现“零”非访，案件服判息诉率明显提升。

五、积极推进司法体制改革，规范审判权运行

（一）积极推进司法改革工作。全面落实员额法官自主裁判权及“谁办案、谁负责”的责任机制。落实聘用制书记员管理制度改革。推进以审判为中心的刑事诉讼制度改革，落实非法证据排除制度，推进案件繁简分流，深化人民陪审员制度改革，深化裁执分离改革。

（二）科学配置审判资源，切实规范权力运行。逐步去除行政化管理模式，组建员额法官加助理和辅助人员的审判团队，明确法官及辅助人员权责，规范裁判文书签发机制，建立专业法官会议制，改革审判委员会工作机制，加强对审判权的管理监督，严格办案责任制和问责机制，建立权责明晰、运转高效的审判权机制。

（三）继续深化司法公开。继续实行立案公开、审判公开、执行公开，除法律规定不公开的外，其他案件公开开庭率达到100%，全年在裁判文书网公开生效裁判文书1255件，庭审直播案件932件。将立案条件、收费标准、适用程序、诉讼风险、审判流程等在诉讼服务大厅全部公开。建成执行指挥系统，邀请人大代表、政协委员观摩庭审、见证执行活动10余次，真正做到审执工作公开化、透明化，以公开促公正，以公正树立公信力。

六、加强法院自身建设，着力提高司法水平

（一）坚持教育为基，加强思想建设。扎实开展主题教育，深入学习贯彻习近平新时代中国特色社会主义思想和习近平总书记视察山西的重要讲话精神，坚持把主题教育和审判执行工作统筹推进，扎实做好各环节工作，确保主题教育扎扎实实开展，取得实实在在成效，为推进法院全面从严治党、从严治院提供了有益启示和经验。

（二）坚持廉洁为本，加强作风建设。严格执行中央八项规定，切实履行主体责任，落实领导干部“一岗双责”，开展廉政警示教育，认真吸取队伍中反面典型的深刻教训，以案为鉴，教育约束干警不越雷池、不踩红线。坚持刀刃向内，从严管理，主动接受上级法院审务督察、司法巡查。

（三）坚持业务为要，加强能力建设。加强业务培训，全年选派业务骨干参加国家和省法官学院政治、业务培训70余人。对新增的51名人民陪审员进行了2次岗前培训，提升法治素养。重视公检法的协调配合审判沟通制度，为大要案件的审理提供智力支持。

（四）坚持科技为先，加强基础建设。我院不断加强信息化建设，完善信息网络“智慧法院”，已建成高清科技审判法庭系统、办案区安检系统、执行指挥中心平台，实现审判流程计算机管控全覆盖，实现了案件信息录入、审批流转的自动化。

七、主动接受监督，持续改进法院工作

自觉把审判工作置于党的领导和人大监督之下，加强与“两代表一委员”及社会各界的联系。加强民意沟通，正确对待新闻媒体、社会舆论、网络舆情对法院工作的评价，有效回应质疑。特别是通过邀请人大代表、政协委员视察工作、旁听案件庭审、参与案件执行、微信平台互动等形式，使法院各项工作更加透明，更加阳光、更加公正，赢得社会各界的理解与支持。

各位代表，2019年法院工作的发展进步，是县委正确领导和人大有力监督、上级法院指导的结果，是县政府、县政协和社会各界大力支持、代表委员关心帮助的结果。在此，我谨代表宁武法院表示衷心的感谢和崇高的敬意！同时，我们也清醒地认识到当前工作存在的短板和挑战。司法理念、管理机制、能力作风与人民群众司法需求之间仍存在差距，新类型疑难复杂案件不断增多，审判质效有待进一步提高，司法体制综合配套改革仍需深化，切实解决执行难仍需付出加倍的努力。对此，我们将在今后的工作中积极采取有效措施加以解决。

2020年工作计划

2020年，宁武法院将以习近平新时代中国特色社会主义思想为指引，全面贯彻党的十九大和十九届二中、三中、四中全会精神，坚持党对法院工作的绝对领导，坚持以人民为中心的发展思想，坚持司法为民、公正司法主线，全面加强新时代党的建设，实施法院队伍素能、司法绩效提升三年工程，加快推进审判体系和审判能力现代化，紧紧围绕“四为四高两同步”总体思路和要求，充分发挥审判职能作用，努力为我县全面建成小康社会和“十三五”规划圆满收官提供更加有力的司法服务保障。

一、在坚定政治方向上有新气象

高举旗帜、把牢方向，始终践行新时代新思想。切实用习近平新时代中国特色社会主义思想武装头脑、指导实践、推动工作。坚决维护党中央的权威和集中统一领导，严格遵守政治纪律和政治规矩，确保法院工作始终保持正确的政治方向。牢牢坚持党对法院工作的绝对领导，严格落实政法机关重大事项向党委报告制度，不折不扣落实县委重大决策部署，主动接受人大、政协及社会各界对法院工作的监督。尚法慎权、守廉自律，坚定不移地推进全面从严治党、从严治院，以坚如磐石的决心正风肃纪，以铁的意志加强班子和队伍建设，履行好新时代人民法院职责使命，打造让党放心、人民群众满意的高素质法院队伍。

二、在服务中心工作上有新举措

坚持围绕中心、服务大局，坚持司法为民、公正司法，充分发挥审判职能作用，全力维护社会公平正义。正确认识面临的新形势新任务，进一步增强政治意识、责任意识，紧扣县委提出的奋斗目标和上级法院工作部署，科学谋划新时代宁武法院工作。一是发挥审判职能，始终围绕法治宁武建设的总要求，切实在社会稳定、风险防控、矛盾化解上狠下功夫，用法治手段维护社会公平与正义。二是持续开展扫黑除恶专项斗争，聚焦审判任务，把每一起案件都办成经得起法律和历史检验的铁案，坚决把黑恶势力扫除干净。持续保持反腐高压态势，依法审理职务犯罪案件。三是化解民商纠纷，助力优化营商环境，义不容辞服务大局，责无旁贷保障发展。四是保持执行工作高压态势，强化执行联动，扩大失信限制，严打拒执犯罪，让人民群众在执行工作中有更多的获得感。五是深入贯彻落实全省“三零”单位创建工作精神，扎实开展“三零”创建，严密防范和化解各类风险隐患，全力促进社会治安综合治理，推进平安宁武建设。

三、在强化党风廉政上有新进展

坚持以问题为整改导向，全面加强纪律作风建设，不断提升法院队伍忠诚、干净、担当的良好形象。狠抓“两个责任”，确保党风廉政建设责任制落到实处。不断加强对广大干警的廉政教育，以违纪违法反面典型为戒，多形式多渠道创新廉政教育方式，教育引导干警加强自我约束，增强干警廉洁自律免疫力，使廉洁自律规范真正内化于心、外化于行，筑牢拒腐防变的思想防线。坚持纠风肃纪，持续扭住问题不放松，常态开展对本院工作人员履职情况、司法作风等专项检查活动。

四、在推进司法改革上有新发展

深入学习贯彻习近平总书记关于全面深化改革的重要指示精神，把握改革方向，坚持问题导向，强化责任担当，狠抓贯彻落实，积极稳妥有序推进改革。切实把司法改革成效体现在审判质量效率的提高上。坚持以人民为中心，适应人民群众对司法工作的新要求、新期待，不断满足人民群众多元司法需求。稳步推进法院内设机构改革、人员分类考核、司法辅助事务社会化等司法体制综合配套改革。深化以审判为中心的刑事诉讼制度改革，贯彻落实庭前会议、非法证据排除和法庭调查“三项规程”，坚决防范冤假错案。健全完善多元化纠纷解决机制，把诉讼服务中心打造成一站式纠纷解决服务平台，让人民群众解决矛盾纠纷更方便、更快捷。加强对改革的宣传解读，全面展现司法改革的巨大成效，为推进司法改革不断向纵深发展营造良好氛围。

五、在打造智慧法院上有新成效

积极回应信息化社会的司法需求，主动作为，积极探索，坚持实用、管用、好用、通用、适用原则。打造易办、易诉、易审、易解、易达平台。加快推进智慧法院建设，进一步提高审判效率、提升司法服务，实现公平正义。通过引入智能技术，强化智能监督，预防司法腐败。以大数据为基础、以智能平台为依托，追求司法的公正性、高效性及便民性，为人民法院确保司法公正、提升审判质效、维护社会公平正义提供有力的科技支撑。对标上级法院部署要求，在基础设施、深化应用、资源整合、创新探索方面实现新的突破，力争使宁武法院的信息化建设进入全市、全省智慧法院建设前列。切实通过信息化手段提升司法效能和公信力，提升司法权威，更好地贡献法院智慧。

宁武县人民检察院工作报告（节选）

——2020 年 4 月 26 日在宁武县第十六届人民代表大会第五次会议上

宁武县人民检察院检察长　安锐锋

2019 年检察工作回顾

2019 年，县人民检察院在县委和市人民检察院的正确领导下，在县人大及其常委会的有力监督下，在县政府、政协和社会各界的关心支持下，坚持以习近平新时代中国特色社会主义思想为指导，认真贯彻党的十九大和十九届二中、三中、四中全会精神，全面落实中央和省、市、县委决策部署，按照“讲政治、顾大局、重自强、谋发展”的检察工作总要求，忠实履行法律监督职责，为新时代宁武经济社会发展做出了检察新贡献。

一、充分发挥检察职能，服务县域经济发展

主动服务打好“三大攻坚战”。围绕打好防范化解重大风险攻坚战，严厉惩处非法吸收公众存款、集资诈骗等危害金融安全犯罪。全年共批捕破坏金融秩序犯罪 5 件 5 人，起诉 7 件 8 人。围绕打好精准脱贫攻坚战，积极筹措资金，为所包联的东寨镇麻地沟村完善了党员活动室，修筑了“爱心桥”，组织干警为孤寡老人和贫困群众捐款捐物。全体检察人员结对帮扶，驻村扶贫工作队精准施策，对口帮扶的村庄已如期实现脱贫目标。围绕打好污染防治攻坚战，开展破坏环境资源专项立案监督活动，依法批捕破坏生态环境刑事犯罪 5 件 8 人，起诉 9 件 13 人。会同县河长制办公室联合制定“携手清四乱，保护河湖生态”百日行动方案，明确了检察机关对河湖生态保护的监督职能，对在联合巡查中发现的两起侵占河道案件立为行政公益诉讼案件，发出检察建议，督促行政机关进行整治。

支持和服务民营企业发展。牢固树立平等保护、主动服务的理念，依法保护民营企业合法权益。批捕破坏企业生产经营的刑事犯罪 4 人，起诉 4 人。成立了“支持和服务企业家创新创业、营造良好法治环境”工作领导小组，对侵犯民营经济发展和合法权益的案件，依法快捕快诉。邀请人大代表、政协委员、民营企业家代表走进检察机关，开展“检察护航民企发展”主题开放日活动，搭建检企沟通桥梁，为服务保障民营企业创新发展奠定了坚实的基础。

二、积极投入平安宁武建设，全力维护社会和谐稳定

依法打击各类刑事犯罪。严把案件事实关、证据关、程序关，严厉打击故意杀人、抢劫等严重暴力犯罪，重点打击黄赌毒、盗抢骗等多发性犯罪，突出惩治电信网络诈骗、非法集资等涉众型经济犯罪，切实保障人民群众的生命财产安全，全力维护社会安全稳定。共批准逮捕各类刑事案件 95 件 124 人；起诉 149 件 227 人，报送市院审查起诉 2 件 2 人。出庭支持公诉 134 件 218 人，审查一审判决 122 件 152 人。

扎实开展扫黑除恶专项斗争。通过深挖

线索、建立台账，听取汇报、专项研究，广泛宣传、发动群众，依法从严从快打击涉黑涉恶犯罪。突出打击“村霸”“宗族恶势力”，铲除人民群众反应强烈的黑恶势力犯罪。坚持是黑恶案件一个不放过，不是黑恶案件一个不凑数，确保办理的每一起黑恶案件高质高效，保一方平安，赢万千信任。受理涉黑涉恶案件2件27人，提起公诉3件30人，法院经开庭审理，已全部作出有罪判决。

积极参与社会治理创新。全面落实宽严相济刑事政策，对涉嫌犯罪但无逮捕必要的依法不批捕10件14人；对犯罪情节轻微，依法不需要判处刑罚或者免除刑罚的，依法不起诉10件14人。全面践行新时代“枫桥经验”，妥善处理群众诉求，办理司法救助案件3件，发放各类救助金6万元。落实“检察长接待日”制度，共接待来访群众50余人，受理控告举报线索8件，均依法予以办理，继续保持涉检进京赴省“零上访”。完善“12309”检察服务平台建设，严格落实最高检7日内程序回复、3月内办理过程或结果答复制度。深化法律文书说理、检察官以案释法制度，人民满意度逐渐提升。

护航未成年人健康成长。积极回应社会关切，严惩危害未成年人身心健康的暴力犯罪。强化未成年被害人综合救助，推行“一站式”询问，办案过程中注重心理疏导。落实教育、感化、挽救方针，最大限度挽救涉罪未成年人，对犯罪情节较轻的，依法不批捕1人，应当从严惩戒的，依法批准逮捕4人。认真落实最高检院“一号检察建议”，院7名班子成员及8名检察干警先后受聘担任中小学校法治副校长，走进校园开展法治宣讲，运用法律手段化解校园纠纷，努力护航学生健康成长。儿童节前夕，邀请部分中小学师生和各方代表参加了“携手关爱共护明天”检察开放日活动，推动学校、家庭、社会等多方共同发力，守护好祖国的花朵、民族的未来。

三、完善四大检察新格局，推动法律监督全面发展

做优刑事检察工作。严格立案监督和侦查活动监督，在公安机关执法办案管理中心派驻检察室。监督公安机关立案7件，纠正漏犯38人，纠正漏罪24人，发出纠正违法通知书14份；查询公安机关行政案件243件，刑事案件104件，及时纠正存在的问题。加大对法院刑事审判监督力度，发出纠正违法通知书7份，提出抗诉1件。强化刑罚执行监督，定期深入社区、乡村了解矫正对象改造情况，针对存在的问题，发出纠正违法通知书23份；加强对监管场所的检查，办理羁押必要性审查案件1件，变更强制措施1人，依法保障看守所在押人员的合法权益。

做强做实民事、行政检察工作。主动调阅法院民事审判、执行案卷，以重大程序问题、严重实体违法、推进执行案件合法高效为监督重点，向法院发出民事审判监督检察建议1份、执行监督检察建议9份，督促法院严格规范办案程序，维护了当事人的合法权益。充分拓展办案渠道，增强人民群众法治意识，在人民法院诉讼服务中心设置民事行政检察宣传牌。受理民事生效裁判申诉案件2件，经审查后依法作出不予支持监督申请的决定。与劳动行政部门和审判机关联动，积极服务农民工维权，办理农民工索要薪资支持起诉案件1件。

做好公益诉讼检察工作。加大办案力度，摸排行政公益诉讼线索37件，对其中22件立案审查并发出诉前检察建议。开展“舌尖上的安全”专项活动，对12起生产、销售不符合安全标准的食品案依法提起附带民事公益诉讼，经人民法院审判，12名被告人通过自媒体向社会公众公开赔礼道歉，并应检察机关诉讼请求赔偿一定款额，有效宣传了铝超标食品的危害性，打击了犯罪，维护了民生民利。对违法设置储煤场、处置煤矸石的企业进行排查摸底、实地调查，督促整改。抽调精干力量，成立专门办案组，认真办理省院挂牌督办的露天开采破坏生态环境资源案件，立案10件，经向行政机关发出检察建议，督促所涉企业积极整改。

四、深化司法体制改革，推动检察工作创新发展

扎实推进内设机构改革。按照省、市院的统一部署和要求，科学谋划，精心组织，顺利完成了内设机构整合，将过去的10个科室整合为3个检察业务部和2个综合事务部，经积极争取，为我院保留了驻东寨检察室。明确了各部门职能权限、人员编制。

积极推进"捕诉一体"改革。根据省院的安排，全面实行了"捕诉一体"办案模式，制定了"捕诉一体"办案规程。强化检察机关在刑事诉讼中的主导作用，适时介入公安侦查活动，介入命案现场1次，介入刑事案件引导侦查取证35次，引导取证成效明显，案件质量大幅提升。

不断加强刑事诉讼制度改革。深化认罪认罚从宽制度落实，认真贯彻"可用尽用"要求，在保持较高适用率上下功夫，同时积极促进实现"两提高、一降低"，即提高确定量刑建议适用率、提高法院量刑建议采纳率、降低被告人上诉率。全年认罪认罚适用数量40件，11月、12月的适用比例分别达到了78.57%、100%，极大提升了办案质效。

全面落实司法责任制。推进员额检察官责任落实，将遴选的员额检察官全部配备办案一线。修订了检察官承办案件自动轮案规则，独任检察官和办案组办案规范化运行，流程监控、个案评查、办案绩效考核机制进一步完善。建立健全领导干部办案制度，检察长、副检察长带头办理案件61件，检察长列席审委会3次。

加强与监察委员会配合协作。严格落实山西省监察委员会与山西省人民检察院办理职务犯罪案件工作衔接四个办法，加强与监察委的沟通衔接，逐步建立起更为明确、严格的办案规范和程序，进一步形成反腐败工作合力。一年来，办理监察委移送审查起诉案件6件9人，提起公诉5件8人，法院判决5件8人。

五、全面贯彻从严治检要求，着力打造过硬检察队伍

着力加强思想政治建设。以学习贯彻习近平新时代中国特色社会主义思想为主线，坚持把加强政治理论学习作为提高履职能力、增强履职本领的重要途径，做到学思用贯通、知信行合一。组织全体干警深刻学习领会习近平总书记"三篇光辉文献"，深刻把握新时代经济社会发展对检察工作提出的新任务、新要求。扎实开展"不忘初心、牢记使命"主题教育，积极开展"改革创新、奋发有为"大讨论，严格落实意识形态工作责任制，进一步增强"四个意识"，坚定"四个自信"，做到"两个维护"。

着力加强素质能力建设。按照检察队伍专业化、职业化、正规化建设要求，组织干警开展读书分享、岗位练兵活动，鼓励干警参加继续教育深造，选派干警参加业务素能提升培训，要求干警参加检察官教育网络学习培训，用好"检答网"等业务交流平台，选送干警到市院办案学习，让干警的实战能力和综合素养得到提升。2019年我院两名干警在市院公诉人大赛中获得全市"公诉业务能手”和“公诉业务标兵”的荣誉称号。

着力加强精神文明建设。坚持将提升文明素养、加强文明执法、弘扬文明风尚作为队伍建设的重要内容，把文明创建纳入提升检察形象、推进检察发展的系统工程，定期开展“道德讲堂”、主题党日等活动，在重要时间节点，组织干警们参加丰富多彩的文化活动，通过开展富有仪式感、参与感、现代感的一系列活动，全体干警党性修养得到锤炼，初心使命意识不断增强，干事创业热情更加高涨。我院连续两年被评为市级精神文明先进单位。

着力加强党风廉政建设。认真落实党风廉政建设“两个责任”和领导干部“一岗双责”责任。严格落实中央防止干预司法“三个规定”，确保司法公正。组织全院干警认真开展队伍集中整肃和警示教育，召开高质量的组织生活会和民主生活会，广泛征求意见建议，剖析反思存在问题，及时对照落实整改。组织全体党员收看《初心泯灭的歧路》《蜕变的初心》等警示片，结合相关违纪违法典型案例，开展廉政专题研讨，引导广大干警进一步强化自律意识，增强拒腐防变能力。一年来，我院检察队伍未发生任何违纪违法问题。

各位代表，检察工作的发展进步，离不开县委的正确领导，离不开县人大及其常委会的有力监督，离不开县政府、政协和社会各界的大力支持。在此，我代表宁武县人民检察院表示崇高的敬意和衷心的感谢！

我们也清醒地认识到，我们目前所做的工作与推进国家治理体系和治理能力现代化的实际需要相比，与人民群众新时代司法需求相比，仍存在一些短板和不足。一是检察职能作用发挥得还不够充分，服务县域经济社会发展的实效还不够理想；二是“四大检察”“十大业务”发展还不平衡、不充分，民事检察、行政检察短板弱项比较突出；三是高素质、复合型的人才不足，检察队伍专业水平和良好素养仍需进一步提高；四是“求极致”的工作标准还没有真正镌刻在干警心中，司法责任制落实、专业化建设仍需持续努力。对于这些问题，我们将高度重视，深入研究，下大力气加以解决。

2020年工作安排

2020年是全面建成小康社会和“十三五”规划收官之年，我院将坚持以习近平新时代中国特色社会主义思想为指导，全面贯彻落实党的十九大和十九届二中、三中、四中全会精神，深入学习领会习近平总书记“三篇光辉文献”精神，紧紧围绕全县发展大局，依法全面正确履行法律监督职责，努力为新时代宁武经济高质量发展提供更加有力的司法保障。

第一，坚定不移服务全县发展大局。把学习贯彻县委决策部署作为检察工作的重要任务，确保检察工作与县委新要求同拍，与人民群众新期待同步。紧紧围绕全县打好防范化解重大风险、精准脱贫、污染防治三大攻坚战目标，切实找准履行职能与服务大局的结合点、着力点，从执法思想、工作重点、执法策略、执法行为、办案效率、办案方法、办案效果等方面提出具体要求，使检察工作与全县经济社会发展大局同频共振，保障全县经济社会持续健康发展。

第二，坚定不移推进“四大检察”全面协调发展。认真贯彻落实党的十九大和十九届四中全会精神，持续深化改革，不断强化检察机关在刑事诉讼中的主导作用，深入落实认罪认罚从宽制度，努力降低“案件比”，加强刑事立案、侦查、审判、执行监督，提升刑事检察专业化水平。强化精准监督，更加重视类案监督。加大对虚假诉讼的监督力度。多方联动，拓展案源，改变行政检察短板问题。加大办案力度，积极、稳妥拓展办案领域，进一步提升公益诉讼检察工作质效。

第三，坚定不移深化司法改革。全面落实司法责任制，继续完善“捕诉一体”办案模式。强化起诉必要性审查，注重羁押必要性审查，发挥检察机关派驻公安执法办案管理中心检察室的职能作用，进一步加强和规范补充侦查工作，提高办案质效，确保公正司法。

第四，坚定不移参与社会治理。进一步践行和发展新时代“枫桥经验”，不断推进“三零”单位创建。充分运用司法办案、检察建议等方式，协同有关部门完善社会治理、防范重大风险、化解矛盾纠纷等机制，促进解决在办案中发现的系统性、区域性、行业性问题，推动县域社会治理。

第五，坚定不移建设过硬队伍。认真履行管党治党主体责任，加强检察机关党的建设，为检察工作创新发展提供坚强的政治保证。大力开展高质量业务培训，培养专业能力、弘扬专业精神。狠抓全面从严治党、全面从严治检不动摇，真正做到严管厚爱。自觉接受政治巡察，积极支持派驻纪检监察组履行监督职责。持之以恒正风肃纪，加快推进检察队伍革命化、正规化、专业化、职业化建设。

宁武县2019年国民经济和社会发展计划执行情况及2020年国民经济和社会发展计划（草案）报告（节选）

——2020年4月26日在宁武县第十六届人民代表大会第五次会议上

宁武县发展和改革局

2019年国民经济和社会发展计划执行情况

2019年是中华人民共和国成立70周年，是全面建成小康社会的关键之年，也是我县决战深度贫困的脱贫摘帽之年。我们以习近平新时代中国特色社会主义思想和党的十九大精神为指导，深入学习贯彻落实习近平总书记庆祝改革开放40周年大会讲话和视察山西重要讲话精神，深入学习贯彻省委十一届七次全会和骆惠宁书记忻州督导调研讲话精神，深入学习贯彻市委四届六次全会精神，按照省委、市委经济工作会议部署，进一步加强和改进党对经济工作的领导，坚持稳中求进工作总基调，坚持新发展理念，继续打好三大攻坚战，统筹推进稳增长、促改革、调结构、惠民生、防风险工作，围绕三大目标，加快“一区三地”建设，推动高质量转型发展，继续抓好脱贫攻坚、转型综改、城镇建设、乡村振兴、环境保护、民生改善、招商引资、平安宁武八项重点工作，加快补齐结构不优、总量不足、民营不活、开放不够、作风不实五大发展短板，保持了经济持续健康发展和社会大局稳定。

一、县域经济指标稳中向好

经济运行稳中提质，实体经济平稳增长，主要经济指标实现历史性突破，区域经济转型升级指标体系完成情况良好。2019年全年地区生产总值达到67.7亿元，同比增长9.1%；财政总收入达到21.3亿元，同比增长10.79%；规模以上工业增加值同比增长8.5%，固定资产投资完成42.6亿元，同比增长4%；社会消费品零售总值达到14.3亿元，同比增长7.6%；一般公共预算收入达到9.1亿元，同比增长27.7%；居民人均可支配收入26550元，同比增长7%；农村居民人均可支配收入达到6843元，同比增长15.2%；省市下达的其他经济社会指标和约束性指标全部完成。

——农作物播种面积30.2万亩，粮食总产量达到3050万千克，同比增长8%；农村居民人均可支配纯收6843元，同比增长15.2%；农产品加工销售收入43638万元，同比增长7.4%；500万元以上的农产品加工企业销售收入34322万元，同比增长6.5%；高标准农田建设7000亩总投资1118万元；山水林田湖草生态保护修复工程完成1500万元，占总投资的43.9%。“三品一标”产品认证总数10个，其中无公害农产品7个，绿色食品3个，认证企业、合作社9家，认证作物品种有马铃薯、玉米、亚麻籽油、葡萄、羊肉、牛肉、猪肉。认定无公害农产品种植基地1个，涉及5个乡镇19个村，面积22500亩；认定无公害农产品养殖基地5个，认定绿色农产品种植基地3个，涉及4个乡镇23个村，面积27800亩。同时，推出了“芦芽山珍”“汾源印象”两个名优品牌。发展50亩以上的高产示范片70个，有机莜麦种植5万亩，涉及10乡105村；有机旱作渗水地膜谷子推广3000亩，涉及2乡23村；在怀道乡等五乡七村新建标准化食用菌大棚205座，种植食用菌170万棒，年产香菇300万斤；在涔山乡12村种植优质芥菜1000亩；以高源薯业为依托，种植鲜食马铃薯2000亩，发展优质脱毒马铃薯40000亩。大象生猪养殖建设12个健康养殖小区，年出栏生猪10.2万头，建成以羊、牛、驴为主的规模健康养殖示范场12个，家庭示范养殖场4个，养殖肉驴4000头，肉牛19000头，发展规模养殖示范户10个。

——能源工作稳步推进，我县境内现有煤矿26座，26座煤矿总能力为3241万吨。其中，生产矿井14座，生产能力1890万吨；基建矿井7座，设计能力660万吨；未开工矿井4座，设计能力291万吨，新建矿井1座，设计能力400万吨。去年全县原煤产量1510.82万吨，同比增长12%；库存38.34万吨；销售1537.10万吨，工业增加值226637.16万元，同比增长14.44%；工业总产值429349.66万元，同比增长10.52%；销售产值439400.35万元，同比增长8.82%。

——综合旅游再创新高，芦芽山景区全年接待游客达到136万人次，同比增长26.6%；旅游综合收入完成12.6亿元，同比增长30.2%。

二、乡村振兴战略全面发展

实施乡村振兴战略，是党的十九大作出的重要决策部署，是新时代做好“三农”工作的总抓手。

2019年按照“五清两绿一整”要求，投资2.4亿元，对234个村进行了环境整治。一是拆违治乱专项。通过街道整修、残垣断壁维修和环境整治，提升村容村貌，实现干净、整洁、有序；二是农村生活垃圾治理专项。确保2020年所有乡（镇）基本建立农村垃圾收运处理体系，全县90%的村庄生活垃圾基本得到治理；三是农村生活污水治理专项。因地制宜采取纳入城镇管网、建设污水处理厂站、就地分散处理等方式灵活建设污水处理设施，农村生活污水治理率增幅明显高于前三年；四是农村“厕所革命”专项。完成历年政府补助未完成的改厕任务，农村卫生厕所普及率达到85%以上，厕所粪污得到初步处理；五是乡村规划编制专项。全面完成县域乡村建设规划编制，完成示范村庄“一图、一表、一说明”实用性村庄规划编制年度任务；六是农村“四好公路”建设专项任务。同时，按照上级部门的安排部署，对交通干线沿线环境进行整治，主要协调交通要道沿线的部分乡镇对道路两旁的生活垃圾、建筑垃圾、露天杂料堆、农业生产废弃物以及部分村镇的残垣断壁进行了清理和维修，对沿线的坑洼地面和荒坡荒地进行了绿化和美化。截至目前，交通干线沿线环境整治取得了一定的效果，下一步将继续协调有关部门加大力度完成整治任务。

三、推进经济转型快速发展

去年，我县按照忻州市项目建设的要求，进一步深化转型项目建设年活动，以“改革创新、奋发有为”大讨论为牵引，聚焦发展方式转变、经济结构优化、增长动能转换，努力走出资源型经济高质量转型发展新路。以“一区三地”建设为抓手，加快推进经济转型升级，全县转型项目达到74个，总投资263.71亿元。一是着力推进经济技术开发区建设。加快园区建设，目前入园企业达30户，园区规上企业实现销售收入14.7亿元，完成固定资产投资8.5亿元。扶贫农业产业园基本建成，总投资1.2亿的基础设施建设工程已基本完工，先后引进了食品加工、仓储物流、生猪屠宰、啤酒生产等15个企业，总投资7亿元；节能环保产业园引进首欣风机总装等7个项目，总投资17.6亿元。园区要素逐步齐聚，产业格局不断完备，日益成为全县经济高质量发展的主阵地和新引擎。二是着力打造绿色农业基地。农作物播种面积达到30.2万亩，重点发展小杂粮21万亩、马铃薯6万亩、中药材1万亩、食用菌170万棒，出栏生猪10.2万头，肉驴养殖0.4万头，肉牛存栏1.9万头。大力推进有机旱作农业，实施地膜覆盖保摘技术1000亩，增产15.75万斤。粮食总产预计达到3050万千克、同比增长8%。三是着力打造绿色新型能源基地。落实省委煤炭“减”“优”“绿”三字方针，关闭产能过剩矿井1座。截至11月，原煤产量1393.26万吨、销量1403.95万吨，分别同比增长24.9%和15.7%。积极推进煤电项目，华润宁武2×350MW低热值煤发电项目、同煤北辛窑煤电一体化项目、宁武西双万吨环保煤炭物流园项目取得进展。大力发展新能源项目，风力发电项目总装机达到57.5万千瓦，光电总装机容量达到15.7万千瓦。四是着力打造全国知名旅游目的地。坚持生态建设和旅游发展相统一，加大汾河上游整沟治理力度，完成河道治理22.5千米，绿道建设23千米。大力推进美丽乡村建设，完成建筑特色风貌整治21村、整村提升70村、传统村落保护2村。大力完善景区基础建设，开展了万年冰洞、汾河源头、西马坊游步道、东寨游客中心等提升改造工程。全年接待游客136万次，同比增长26.6%；旅游综合收入12.6亿元，同比增长30.2%。

四、攻克深度贫困决战决胜

聚焦脱贫摘帽目标，大力实施县委“3467”脱贫举措，全年贫困村出列70个，脱贫4271户8753人，实现连战连胜。对标贫困退出指标，集中打响产业提升、政策保障、基础建设、精准帮扶、精神扶贫、问题整改6场硬仗，深入开展“村村过、户户查、人人访”、整村搬迁、农村环境整治、“三自一带”、志智“双扶”、落实“一县一策”、煤企扶贫、产业消费扶贫8项总攻行动，全县形成了以生猪养殖、光伏发电、乡村旅游、生态经济为主，以发展小杂粮、食用菌、特色养殖、劳务用工、煤炭运输、中药材、电商扶贫产业为辅的“4+7”脱贫支撑产业体系，一般贫困户实现了转移性、资产性、经营性（或工资性）收入“全覆盖”。水、电、路、网等基础设施建设全部完善，“两不愁、三保障”突出问题得到解决，贫困群众稳定增收，农村面貌大大改观。目前，脱贫摘帽的14项指标已全部达到退出标准，全县共脱贫16310户38778人，贫困发生率从34.2%下降到了0.35%。

五、民生保障政策持续发力

强化民生保障。大力推进教育资源整合，不断优化学校布局，高中新校区已投入使用，职中新校区主体工程已完工。教育质量稳步提升，二本B类以上达线人数214人，再创历史新高。突出抓好健康扶贫工作，全面落实“136”保障机制和“一站式结算”服务，村级医疗服务资源整合为137个中心村卫生室，公开择优选聘了230名乡村医生，乡村卫生服务能力有效提升。加大就业创业工作力度，完成各类人群就业4200多人，贫困劳动力转移就业1169人，转移农村剩余劳动力2104人，保住了就业民生之本。

改善生态环境。全力推动大气、水、土

壤污染防治行动计划，清理“散乱污”企业30余处，2个污水厂提标改造工程已开工，汾河国考断面水质全部达到地表水II类水体标准。“白日清零”驻市检查组移交的103个问题已全部整改，中央督查组、省督查组反馈问题均已整改或达到时序进度。开展国土绿化行动，完成营造林任务5万亩。推进山水林田湖草生态保护修复试点工程，8个生态类综合项目已完工3个，4个单列项目即将开工。

维护社会安全稳定。认真履行党政领导干部安全生产责任制规定，县委常委会（扩大）7次研究部署安全生产工作。开展煤矿、非煤、危化三个安全生产专项整治行动，共查出安全隐患586条，全部按要求完成整改。持续推进平安建设，实现了14个乡镇50个村315个视频探头监控全覆盖，三级综治中心上报、受理、处置事件4017个，处置率100%，三级调解组织共调处矛盾纠纷114件。深入开展扫黑除恶专项斗争，全县共收集摸排线索112条，打掉黑社会性质犯罪组织1个，打掉恶势力犯罪团伙3个，抓获涉黑涉恶人员34名。

六、政治社会环境平稳有序

认真履行管党治党责任，把政治建设摆在首位，全面推动从严治必向纵深发展。

强化责任落实。认真落实党建述职、清单管理等制度，常委会研究全面从严治党工作15次。强化干部监督管理，狠抓关键少数，因主体责任落实不力先后约谈6个乡（做）党委书记。持续加大巡察力度，先后开展四轮巡察，共巡察10个乡镇213个村党支部和24个县直单位党组织，发现共性问题246条，问题线索54条。

强化“三基建设”。大力推进基层党建示范建设“631”行动，全县创建100个党建示范点，完成31个软弱涣散农村党组织集中整顿。坚持抓党建促脱贫，引深“党建+”脱贫模式，发挥基层党支部作用，推进并村简干，今年撤并行政村35个，集体经济达5万元以上村达到82%，1万元以下村全部消除。

强化队伍建设。认真贯彻新修订的《党政领导干部选拔任用工作条例》和省、市《关于激励广大干部新时代新担当新作为的实施意见》，注重提拔重用脱贫攻坚一线、转型升级前沿、急难险重任务中表现突出的干部，结合党政机构改革，先后调整干部8批次234人。

强化正风肃纪。驰而不息反对“四风”，开展对落实中央八项规定和整治形式主义、官你主义的专项监督，共发现问题46条，查处案件26件，给予党纪政务处分21人，公开曝光26起。坚持“零容忍”惩治腐败，扎实开展扶贫领域专项治理、人防系统腐败专项治理、漠视群众问题整治，对相关责任人进行严肃问责。

2020年全县国民经济和社会发展计划安排

2020年是全面脱贫、全面小康决战完胜之年，是“十三五”规划收官之年，也是第一个百年奋斗目标的实现之年。我们要以习近平新时代中国特色社会主义思想为指导，全面贯彻党的十九大和十九届二中、三中、四中全会精神，深入贯彻习近平总书记“三篇光辉文献”精神，按照省委“四为四高两同步”的总体思路和要求，统筹做好疫情防控和经济社会发展工作，全面实施“336”产业布局，全面加快“一区三地”建设，统筹推进稳增长、促改革、调结构、惠民生、防风险、保稳定各项工作，确保我县与全国全省全市同步全面建成小康社会，确保“十三五”规划圆满收官，推动经济高质量转型发展。

2020年全县经济社会发展主要指标计划安排的建议是：

——地区生产总值增长6.1%左右

——固定资产投资增长6%以上

——社会消费品零售总额增长7%左右

——公共财政预算收入增长10%左右

——城镇居民人均可支配收入增长6.1%以上

——居民消费价格涨幅、城镇登记失业率、城镇调查失业率分别控制在3.5%左右、4.5%以内和6.5%以内，均与省市要求持平。

约束性指标是：万元地区生产总值能耗降低比例、二氧化碳排放量降低比例、用水量下降比例和环境质量改善指标、主要污染物总量减排指标完成下达目标任务。农村剩余贫困人口218户405人全部脱贫，城镇棚户区住房改造开工50套。

去年，在错综复杂的社会形势下，体现了稳中求进工作总基调，贯彻了新发展理念，为转型发展留出了空间。

今年，要在统筹做好各项工作的基础上，落实“四为四高两同步”总体思路和要求，与实现全面建成小康社会目标和完成“十三五”任务相衔接，重点抓好以下工作：

一、推动乡村振兴，巩固提升脱贫成效可持续性

今年是“脱贫攻坚巩固提升年”，是脱贫攻坚决战完胜之年。我们站在了打赢脱贫攻坚战和实施乡村振兴的历史交汇期，要继续坚持脱贫攻坚统揽全局，践行领袖嘱托，决胜深度贫困，补上“三农”短板，高质量完成持续减贫和防止返贫两大任务，确保在脱贫攻坚奔小康路上不落下一个人。

全面完成脱贫最终目标。坚持“摘帽不摘责任、摘帽不摘政策、摘帽不摘帮扶、摘帽不摘监管”和“工作力度只增不减、资金投入只增不减、政策支持只增不减、帮扶力度只增不减”的重大要求，紧盯责任落实、政策落实和工作落实，全面完成剩余218户405人贫困人口稳定脱贫，全面推动16310户38778人脱贫人口脱贫质量进一步提升、贫困村退出基础进一步夯实、贫困县退出指标进一步巩固。

健全脱贫返贫保障机制。坚持开发式扶贫和保障性兜底并重，保持现行标准不变、既定政策总体稳定，一体推进持续攻坚和防止返贫。加强脱贫返贫动态监测，及时做好返贫人口和新发生贫困人口的监测和帮扶，做到应纳尽纳、脱贫即出、返贫即入、应扶尽扶。继续用力强化扶贫脱贫工作，从早从严从实抓好各类问题整改，时刻做好国家脱贫验收准备，认真保质完成全国扶贫审计和普查工作。

突出抓好脱贫巩固提升。完善“4+7”脱贫支撑产业体系，切实做好兴产业、增就业、置家业“三业”工作。重点做好易地移民搬迁后续帮扶工作，全面完成集中安置住房不动产权证书办理，依托产业就业园区让有劳动能力的贫困人口就业，让他们权益有保障、就业有渠道、身份可融入。继续实施生态脱贫“五个一批”工程，发挥林业经济带贫益贫作用，确保在一个战场打赢生态建设与脱贫攻坚两场战役。用好光伏扶贫电站这个见效最快、收益最大、时间最长的增收产业，加快光伏收益到村到户工作，按照“管好、用活、增值”原则探索设立全县村集体光伏收益产业基金。动态完善整村提升工程，巩固提升饮水安全工程，长效推进乡村清洁工程，统筹做好农村公共服务。

持续加强脱贫政策支持。坚持将扶贫投入作为财政第一需求，继续开展涉农资金统筹整合使用，为脱贫攻坚提供坚强的财政保障。全程强化扶贫资金监督管理，明确乡村部门资金监管责任，全面摸清扶贫资产底数，确保资产不流失、权益不悬空、监管不断档。持续聚焦“两不愁、三保障”，落实精准防贫“忻保障”实施方案，重点抓好教育扶贫、健康扶贫、危房改造工作。多方发挥“10+1”政策效益，用好旅游扶贫“一县一策”，发挥旅游联结扶贫作用，实现脱贫攻坚和旅游产业融合发展。突出用好土地增减挂节余指标易地交易政策，推动增减挂指标滚动增长，在去年全国交易土地指标580亩、收益1.74亿元的基础上，今年要确保再继续交易500亩以上，实现整村搬迁经济效益最大化。

做强做优有机旱作农业。落实强农惠农富农政策，加大农业发展资金投入，推动高标准农田建设，着力改善农业基础设施。始终抓好小杂粮、马铃薯、中药材、食用菌、冷凉蔬菜等优势产业集群，推动农产品加工精细化、特色化、功能化。打造农产品地域公共品牌，做强“芦芽山珍”“汾源印象”品牌。完成电子商务进农村示范项目，加强知名电商平台合作，既要推广出好品牌，又要卖得出好价钱。借力全省打造“山西药茶”成为第七茶系机遇，举龙头、强研发、深加工、广宣传、树品牌，推进毛健药茶种植与加工标准化，提升食药同源产品市场化水平。抓住当前生猪供给紧缺行情，科学理性研判未来市场走向，强力推进大象生猪养殖基地全部投产，配套投运饲料厂、种猪场、屠宰场和无害化处理站，鼓励农户发展土猪养殖。严格执行冷冻储备猪肉投放措施，抓好替代肉食生产供应，确保肉食品春节期间不脱销断档、价格不大幅上涨。

二、打造能源革命综合改革创新生态，推动资源型经济转型发展

遵循习近平总书记“四个革命、一个合作”能源安全战略，既要深刻认识以煤为主的能源国情和基本县情，不能简单“去煤论”，更要警醒认识传统化石能源面临的严峻形势，克服“煤情结”，按照全市能源革命综合改革试点“3651”总体思路，推动能源多元供给，建立现代能源体系，切实改变“过多依靠煤炭产业、过多倚重煤炭价格”的局面，努力把煤炭资源的“厚重势能”转化为能源革命的“强劲动能”。

推动煤炭智能绿色开采。开展煤炭矿井技术改造，推广实行绿色开采技术，支持企业建设智能化、信息化、标准化矿井。持续推动煤炭落后产能退出，抓好减量等量替代置换。有序核增煤矿优质产能，积极推动同煤北辛窑、同煤安顺、神达南岔、潞宁忻峪等煤矿完善手续、复工复建，尽快形成先进产能。加强煤炭企业内部改革管理，提高全员劳动生产率，全面提升综合竞争力。

延伸煤炭能源产业链条。全力以赴加快华润2×350MW低热值煤发电项目主体工程建设，确保2021年建成投产。积极推动大唐同煤北辛窑煤电一体化项目建设，完成煤矿手续办理投运，加快推进电厂前期工作，充分发挥煤电联营协同效应。突出抓好旭阳能源西双万吨列节能环保煤炭集运站项目，全面建设煤炭物流园区和铁路专用线，加快连接“北煤南运”通道。积极探索“分级分质、能化结合、集成联产”利用方式，做好煤矸石工业固废综合利用，推动煤炭由传统燃料向新型材料转化，尽快摆脱“挖煤、洗煤、运煤、卖煤”的路子，尽快驶上能源革命高端产业的快车道。

加快发展新能源产业。抢抓年底风电补

贴的最后时间节点，全面加快首欣唐家山10万千瓦、晋能盘道梁二期5万千瓦风电项目建设，配套建成投运首欣风机总装项目，加快其他风电项目核准建设，确保按期建成并网发电。加快推动中广核5万千瓦光伏发电项目建设，同步引进平价竞价光伏项目，建设百万千瓦级绿色能源基地，推动能源供给由单一向多元、由黑色向绿色转变。抓住“晋电送浙”机遇，争取将我县电力装机纳入计划指标，提高电力外送能力。

三、坚持改革为要、创新为上，推动改革开放取得更大突破

改革是转型发展的关键一招，创新是引领转型的第一动力。我们要坚持“赶考”“补考”一起抓，用好创新驱动和改革开放两个轮子，加强改革举措有机衔接、有效贯通、同向发力，构建改革潜力有效激发、创新活力充分涌流、创造动力竞相迸发的创新生态，形成推动高质量转型发展的体制机制。

打造培育创新生态。树牢开放、市场、竞争、法治、合作、诚信和规则理念，培育创新文化精神，形成正确的资源观，抓好“小气候”、营造“大生态”，完善创新制度、找准创新抓手、集聚创新人才、用好育才举措，发展创新业态的牵引性、基础性、战略性工程，包容审慎监管新动能、新产业、新业态，形成互相支撑、协同创新、创造价值、共生演进的网络系统。

擎起园区发展龙头。强化园区管委会职能，深化“三化三制”改革，落实绩效奖惩考核办法，增强班子管理运营能力，打造新兴产业的集聚区、创新驱动的主引擎、转型综改的主战场。瞄准“一县一个省级开发区”目标，及时完善园区规划，谋划首位产业和关联产业，强化“亩产”意识，聚焦投资强度、产出强度和税收强度，提升承载能力，向创建省级开发区迈进。坚持新建企业入园区、新建项目入园区、配套服务入园区，搞好园区基础设施建设，着力提升公共服务能力，完成园区续建道路工程，投入使用标准化厂房和展示厅。全力推进食用菌、中药材、马铃薯、沙棘、燕麦、蔬菜等农业深加工项目全部建成投产，加快风机总装、冷链物流、配套物流、洗煤制砖、中塑管材等项目建设进度，努力做专特色、做新产业、提升效益。

提升对外开放能级。借助新一轮网络信息技术和现代立体交通体系，切实增强对外开放意识，找准融入国家区域战略的着力点，推动对外开放向更大范围、更宽领域、更深层次走。准确把握新形势下招商发展态势，创新招商理念方式，完善落实招商政策，用力建链补链延链，承接产业梯度转移，创优综合发展环境，“构筑高楼引得凤凰来”。全面落实对外商贸投资政策，建立外商服务协调机制，鼓励支持发展外贸主体，争取引进利用外资项目，努力实现外贸进出口“破零”。

推进财税金融改革。理顺税费征管体制，完善预算绩效管理制度，继续整合盘活资金，防止财政资金沉淀。深入推进预算决算公开，实行国库集中支付电子化管理，实现财政资金支付安全与效率的统一。严格政府举债行为，加强规范债务管理，稳妥化解债务风险，继续完成清理拖欠民营企业中小企业账款任务。围绕服务实体经济，丰富金融产品服务，做好金融助力脱贫、服务转型升级、防范化解风险工作，更好缓解民营企业和中小微企业融资难、融资贵问题。完善地方金融监管体系，强化金融机构主体责任，加强小额贷款公司监管，有效压降企业不良贷款，加强网络平台秩序整顿，严厉打击非法金融活动。

纵深国企国资改革。按照“九个一批”稳步推进国企国资改革改制，推动国有资本布局优化调整，重点向战略性新兴产业和优势产业集中。加强国企国资监督管理，推动监管职能从管企业、管资产向管资本转变，严格经营状况及资产审计，保证国有资产不流失。不断深化龙头企业改革，继续推进大运华盛能源集团改革，完善法人治理结构，建立现代企业制度，全面提升管理效能。完成3家企业“三供一业”移交和企业办市政、社会职能分离工作，按时保质完成同煤阳方口矿业公司维修改造工作。衔接做好国有企业退休人员社会化管理工作，剥离社会服务职责，化解国企历史包袱。加快推进“僵尸企业”出清，完善破产重组机制，依法处置资产债务，今年重点完成一到两家企业试点。

发展壮大民营经济。坚持“两个毫不动摇”“三个没有变”，认真落实《中共中央、国务院关于营造更好发展环境支持民营企业改革发展的意见》，营造民营经济发展的市场环境、政策环境和法治环境。聚焦企业、产业、企业家，保护好、引导好、调动好创新创业的积极性，尽心服务民营企业，依法保护合法权益，提升民营经济的经济增长贡献率和社会发展贡献率。全面落实减费降税政策，帮助企业减负增效，公平配置生产要素，降低企业用地、用电、用水等成本。

助推实体经济创新。帮扶26户规模以上工业企业发展，鼓励规上企业自建和合作设立科研创新平台，多方推动科技成果转化，继续壮大工业经济体量。坚持企业技术改造和研发创新共同发力，用好省市两级技改资金，推动产业技术升级。早上手、多帮扶、下辛苦、多培育，积极推进“个转企、小升规、规改股、股上市”，申报省市“专精特新”企业和小微企业创业创新基地，力争实现高新技术企业“破零”。推动生产性服务业向专业化和价值链高端延伸，生活性服务业向高品质和多样化方向升级，助力关联产业发展，提升居民消费品质。

四、坚持转型为纲、项目为王，助推产业结构调整和转型升级

经济转型是资源型地区发展的唯一出路。按照省委“转型为纲”要求，把“一区三地”作为转型发展的主阵地、主战场、主引擎，推动经济发展由资源驱动向创新驱动转变，由粗放发展向内涵发展转变，由“一煤独大”向多业支撑转变。

加快“八个一批”项目建设。按照“四为四高两同步”总体思路和要求，为不断强化“项目为王”“以结果论英雄”的导向，我县已经建立项目建设“八个一批”滚动推进机制，按照项目建设的不同时点、阶段或状态，分为包装一批、招商一批、签约一批、落地一批、开工一批、在建一批、投产一批、入规入统一批，八批项目，切实形成我县项目建设高质高效推进态势和成效，目前已成立全县项目建设“八个一批”推进工作领导组，领导组下设四个综合工作组，根据市政府要求每两天报送一次项目台账，报送项目尽量是基础性、战略性、牵引性的大项目和好项目，以此来推动产业结构的根本转变，确保我县2020年项目建设再创辉煌。

加快经济技术开发区建设。开发区作为生产要素集聚配置和产业高效集约发展的重要承载平台，是招商引资的聚集地，是高新技术转化的基地，也是生态工业和农业的示范区，在对外开放、科技创新、城镇化建设和经济发展中具有重要作用。我们要按照市委“抢抓以开发区建设为主战场的转型综改试验区建设‘项目化’机遇”的部署要求，加快“一区四园”的基础建设，现代农业园区基础设施完工，1万平方米标准化厂房建设完成，主要干道开工建设；节能环保产业园区3万平方米标准化厂房和“两纵一横”道路建设完成；工业园区达到七配套标准，推动入园企业不断增加、产业规模不断壮大、产业层次不断提升。今年入园落地开工项目要不少于10个，投产项目要不少于7个。要提高“一站式”服务水平，多措并举推动入园企业建成投产。对已建成企业，要督促进一步完善配套设施建设，建立健全各项规章制度，有序组织生产经营活动，做到安全生产、清洁生产；对在建企业，要派专人盯紧，做好跟踪服务工作，督促施工单位抢时间、抓进度、保质量；对未开工项目，要协助完善相关手续，帮助解决项目建设过程中的各类矛盾问题，争取早日开工建设。加快推进开发区“三化三制”改革，编制开发区土地利用方案，做好申报省级开发区工作，争取2022年跻身省级开发区。

加快绿色农业基地建设。充分利用高寒山区昼夜温差大、病虫害少比较优势，以特色农业为方向，以质量兴农为目标，依托现代农业产业园的农产品加工项目，加快建设生猪养殖、优质沙棘、道地中药材、优质小杂粮、脱毒马铃薯、冷凉露地蔬菜（包括食用菌）6大生产基地，形成6条农业全产业链，推动一、二、三产融合发展。今年现代农业园区在建项目要全部投产。生猪养殖基地建设。在16个养殖场达产达效的基础上，今年饲料厂和3个种猪场正式投产，新建屠宰加工厂、无害化处理厂，实施百村百场“211”模式养殖项目，三年建成100个养殖场，形成集饲料生产、种猪养殖、生猪育肥、屠宰加工、冷链物流、肉品外销于一体的生猪全产业链，养殖规模突破50万头；沙棘基地建设。今年新改造野生沙棘林1万亩，全部由本县成立的20家扶贫造林专业合作社实施，确保优质沙棘林种植面积发展到16万亩；小杂粮基地建设。要与有机旱作农业和秋季地膜覆盖技术结合起来，种植面积稳定在20万亩左右，其中有机、绿色、无公害小杂粮种植面积稳定在13万亩左右；道地中药材基地建设。继续采取仿野生种植方式，不断扩大种植规模，今年重点实施“百场千田”毛健茶种植项目，做大做强宁武“药茶”种植基地，并要开工建设现代化制茶项目。脱毒马铃薯基地建设，种植面积要稳定在5万亩。加快延伸脱毒马铃薯产业链，发展全粉、淀粉、粉丝、粉条、薯片等加工产业，增加附加值。冷凉露地蔬菜（含食用菌）基地建设，今年种植以芥菜为主的冷凉露地蔬菜6000亩。利用“户贷户用”扶持政策，引导园区、合作社、家庭农场种植食用菌，发展规模达到200万棒。要加快推动“芦芽山珍”“汾源印象”2个区域公共品牌做大做强，提升银盘蘑菇、毛健茶、莜豆面、芥菜等优特农产品影响力。特别是要抢抓全省推动“山西药茶”产业提质升级、打造中国第七大茶系的大好机遇，挖掘我县毛健茶文化，发挥好道地优势，全力推进毛健茶的规模化种植和标准化加工，把宁武打造成为全省“药茶基地”。

加快绿色能源基地建设。现阶段新型能源基地建设的主要任务是深入开展能源革命综合改革试点。能源革命，并不是简单的“革”煤炭的“命”，而是要稳住煤，逐步摆脱“煤炭依赖”，扭转“一煤独大”的产业格局。能源革命的目的不是能源本身，而是要推动形成以绿色能源为支撑的绿色生产方式、绿色生活方式，构建全社会绿色低碳生活场景。我们要按照省委“八个变革、一个合作”的部署要求，认真落实市委推进能源革命综合改革试点打造重要绿色能源基地动员部署大会确定的“3651”重点任务。一要推进煤炭智能绿色安全开采，持续深化煤炭供给侧结构性改革，深入推进煤炭“减、优、绿”，推动同煤北辛窑、神达朝凯、神达南岔、潞宁忻峪建成投产，进一步提高煤炭先进产能占比。引入5G通信、先进控制技术，加快智能化煤矿建设。推广实施煤与瓦斯共采等绿色开采技术，打造一批标杆示范矿井。二要推进煤电项目建设，加快华润宁武2×350MW低热值煤发电项目建设步伐，力争一期工程年底建成投产。积极推进大唐同煤北辛窑煤电一体化4×100MW电厂项目，争取纳入国家“十四五”电力发展规划。三要推进绿色能源基地县建设，开工建设首欣唐家山10万千瓦风电项目和中广核5万千瓦光伏项目，加快完善中广核二期10万千瓦光伏、6个共50万千瓦的风电项目前期手续，确保“十四五”期间建成百万千瓦级绿色能源基地县。四要推进绿色物流园区建设，加快“公转铁”步伐，旭阳能源宁武西双万吨列环保煤炭物流项目力争年底建成。

加快全国知名旅游目的地建设。旅游业是宁武的朝阳产业，也是转型升级的重点产业。近年来，我县贯彻落实省委、省政府打造“三大旅游板块”的决策部署，积极打造全国知名旅游目的地，取得了积极成效。今后几年，我们要按照全省推动文化旅游深度融合要求，加快实施我县“3155”旅游发展战略，“3”即三大发展目标：短期目标是创建国家AAAAA级旅游景区，中期目标是景区年接待游客达到300万人次，长期目标是芦芽山成功列为世界自然遗产。“1”即一个中心：推进东寨成为旅游集散中心、旅游服务中心和康养集聚中心，以中心辐射带动，进一步提升芦芽山景区向全域旅游产业化发展，由低端观光游向高质量休闲康养游转变。“5”即五大景区：对芦芽山森林公园、冰洞地质公园和天池湿地公园三个自然景区进行提升改造，打造开发宁化古城、宁武关两个人文景区。第二个“5”即“五道”发展战略，在提升运营好水道、林道、绿道的同时，上马雪道（暖泉沟滑雪场）、索道（芦芽山、马仑草原、悬崖栈道）项目。今年要抓好四方面工作：一是提升品牌价值，打造生态文化旅游示范区。加大与省市的对接沟通力度，持续推进芦芽山申遗和创AAAAA工作，争取年内有大的突破。做好全省AAA级乡村旅游示范村和黄河、长城、太行“三个人家”申报工作。加大品牌的宣传推介力度，对接好国内、省内大的旅行社和渠道合作商，叫响芦芽山生态文化旅游品牌。二是建设康养度假旅游，夯实旅游基础。以省委、省政府打造“康养山西、夏养山西”品牌为契机，启动东寨康养小镇建设，打造康养小镇、芦芽山森林康养基地。实施万年冰洞、悬棺、东寨游客中心提升改造工程，建设自驾车营地和五个星级厕所，对景区标识标牌进行AAAAA化提升改造，建成智慧旅游平台。三是拉长旅游季节，补齐发展短板。把握旅游市场年轻化、散客化的特征，大力开展冬季旅游，冰洞沟各景点冬季要继续开放，以冰雕、雪乡等产品为吸引，打造冰雪一条沟。继续做好旅游招商引资工作，引进有实力的主体开发建设暖泉沟滑雪场，为游客提供个性化、体验性、参与性的冬季旅游产品。四是发展全域旅游，提升旅游服务水平。抢抓全省“三大品牌建设年”机遇，以乡村旅游为提升重点，大力实施“百村千店”工程，扶持发展一批“农家乐”等实体店铺，实现旅游扶贫从开发景点向提供服务转变，推动旅游服务向精品化、优质化发展。

五、实施大县城战略，促进城乡融合发展

按照省市城乡发展布局，健全城乡融合

发展体制机制和政策体系，重塑新型城乡关系，加快城镇化“一体化”步伐，加大基础设施投入，提升城市品质功能，优化城乡路网结构，改善城乡整体面貌，增强人口综合承载力，走基础设施互联、产业发展融通、生态环境共治、公共服务共享的城乡融合发展之路。

凸显县城中心作用。巩固国家卫生县城和省级园林县城创建成果，开展全域旅游示范县、智慧城市和文明县城创建工作。强化城区公共服务功能，引导人口向县城和中心镇集聚，逐步提高就地城镇化水平。加强城区路网建设，开工凤凰大街雨污分流改造及道路建设工程，继续提升改造小街小巷，完成凤凰大街、人民大街照明节能更新亮化工程。紧跟5G商用步伐，做好5G网络规划建设，完成行政村4G网络信号全覆盖。理顺城市管理体制，开展环境综合整治，推动“两下两进两拆”向县城和城乡接合部延伸，确保人居环境干净整洁。

建好住房安居工程。坚持“房住不炒”定位，根据“因城施策”导向，加快建立多主体供给、多渠道保障、租购并举的住房制度。采取置换拆迁办法逐步实施新兴街和人民街棚户区改造，扩大新建商品房全装修比例，开展城镇老旧小区改造，新建棚改住房50套，公共租赁住房补贴412户，做好农村危房改造动态保障。

全面提升交通网络。按照全市高速公路“第四纵”布局，积极开展宁武—静乐高速公路前期工作，尽快纳入“十四五”规划。加强重点道路建设，推动石家庄—东寨241国道改造工程，开展西北外环公路前期工作，开工改造长城1号旅游公路朔州界—阳方口—神池界3.78千米，续建改造长城板块西马坊—梅洞沟旅游公路7.1千米，续建改造县道1条18.6千米，完成改造农村公路6条23.6千米。

持续改善乡村面貌。尊重城乡发展规律，把特色产业小镇建设作为转型发展方阵，分类研究县城和东寨镇、阳方口镇发展以及工业布局、文旅产业、交通枢纽等发展问题，走出富有自身特色的城镇化路子。按照“三基建设”实施方案，增强乡镇带动农村能力，统筹研究村庄具体情况，持续推进农村“十整”，原则撤并户籍人口200人以下的行政村，保留行政村总数198个，同步加快农村宅基地和集体建设用地登记发证。开展农村人居环境整治“五大专项行动”，扎实推进农村建筑特色风貌整治，重点治理交通要道沿线环境，推进10个美丽乡村建设，抓好历史文化名村和传统村落保护，建设美丽宜居宜游的现代新农村。

创新文旅融合路径。启动东寨康养小镇建设，先期投运东寨旅游一条街，完善旅游配套设施，建成芦芽山旅游集散地。建成投用古生物博物馆，完成室内布展工程，增加景点文化元素，形成科教场馆集群，提升公共文化设施旅游功能。围绕管涔芦芽品牌，紧扣绿色生态主题，注重旅游产品研发，开发销售旅游纪念品、小杂粮、消费品等，发展旅游市场经济。树立“冰天雪地也是金山银山”理念，用足独特气候资源，冬季试点开放部分景点，推进冰雪经济发展。加大宣传营销力度，加强旅游市场开发，举办芦芽山开山节、摄影大赛、自行车赛等活动，推动与周边区域客源互换共享、产品线路共联、旅游品牌共塑、旅游市场共治。

聚焦发展乡村旅游。实施乡村旅游建设工程，推广执行农家乐、农家客栈等标准化体系，大力申报黄河、长城、太行“三个人家”，打造具有宁武特色的原生态康养民宿集散地。建好用好忻州古城宁武院落，展示宁武独特魅力，搭建文旅对外开放窗口。挖掘宁化古城内涵，完善基础服务设施，策划古城旅游亮点，打造“边塞宁化、汾河人家”新景观。继续推进整沟治理，坚持市场化取向，巩固提升涔山沟、马仑沟治理成果，积极推进西马坊乡梅洞沟、营坊沟、葱沟整沟治理，走出一条生态治理、脱贫攻坚、乡村振兴相结合的好路子。

六、加强生态保护修复，推动生态环境质量持续好转

践行习近平生态文明思想，落实生态文明建设政治责任，正确处理经济发展和生态环境保护的关系，坚持“共同抓好大保护、协同推进大治理”，对接争取黄河流域生态保护和高质量发展政策项目资金，统筹推动经济高质量发展与生态环境高标准保护。环境就是民生，青山就是美丽，蓝天也是幸福，描绘出汾河恢河流域山青、水秀、河畅、岸绿、景怡的美丽画卷。

完善生态文明建设机制。落实生态文明建设奖惩机制，执行生态环境保护责任追究制度和损害赔偿制度，实行污染源排污许可证制度、环境影响评价制度和环保设施“三同时”制度。全面开展国土空间规划和用途统筹协调管控制度，实行“多规合一”，科学划定生态环境保护、永久基本农田、城镇开发边界“三条红线”。全面完成中央、省环保督察和“回头看”反馈反映问题整改落实，认真做好“后半篇文章”。深刻汲取陕西秦岭生态环境保护区生态环保案件教训，始终加强芦芽山自然保护区、饮用水源地等重点区域监管。

综合打赢蓝天保卫战。深入实施《三年行动计划》，“调产、控煤、治企、管车、抑尘”多策并举，加强大气环境监测，强化禁煤区、禁燃区划定监管，重点做好冬春大气污染综合治理，有效应对重污染天气。根据实际情况，尊重群众意愿，稳妥推进清洁能源替代和原煤散烧治理，保障群众清洁温暖过冬。

坚决打好碧水保卫战。继续深化“河（湖）长制”，完成河湖确权划界工作，完成县城污水处理厂和东寨污水处理站升级提质增效工程，推动阳方口污水处理厂稳定运行，坚决实现汾河、恢河出境断面消除劣V类水体。加快推进县域小水网工程，开工建设261.5万立方米总库容的阳方沟调蓄水库。

着力打好净土保卫战。全面实施土壤污染防治行动计划，加强危险废物环境管理，有效管控土壤环境风险。推进农业环境综合整治，重点控制农业面源污染，加强畜禽养殖污染监管。压实矿山企业主体责任，全面开展绿色矿山创建，统筹推进煤矿开发利用方案、地质灾害恢复治理方案、土地复垦方案“三合一”治理。牢固树立政治大局意识，严格落实乡镇属地和部门行业监管职责，严密巡查重点区域部位，严厉打击私采滥挖行为，严肃问责造成严重后果的人和事，坚决铲除非法违法采矿这颗“毒瘤”。

保障森林资源生态安全。严格遵守《中华人民共和国森林法》，建立推行“林长制”，严格执行森林资源保护发展目标责任制和考核评价制度。继续实施天然林保护工程，开展林业生态建设工程，认真完成林业督查问题整改工作，严厉打击未批先占、少批多占等毁林占地行为。严格落实护林防火责任，落细防火打火措施，关注重要区域和时间节点，坚决打击违章用火行为，科学做好森林草原防灭火工作。

建好政治生态交账工程。山水林田湖草生态保护修复工程是落实习近平总书记视察山西重要讲话的政治工程，是国家三部委联合政策资金支持的试点工程，是省市高度关注重点推进的交账工程。我们要坚持整体保护、系统修复、综合治理的理念，牢固树立政治意识，加强组织领导调度，贯彻生态景观导则，全面加快工程进度，高标准设计、高水平施工、高质量完成涵盖矿山修复、植树造林、水土保持、河道治理、水质改善、湖泊补水、污染防治、生物保护等的山水林田湖草生态保护修复工程，打造示范精品亮点工程，圆满完成预期绩效目标，奋力谱写“汾河流水哗啦啦”的美丽华章。

七、抓紧抓实民生保障，共享高品质生活

越是经济下行压力加大，越要高度重视保障和改善民生。我们要始终树牢全心全意为人民服务的宗旨意识，坚持在发展中保障和改善民生，着眼满足群众日益增长的美好生活需要，着力解决发展不平衡不充分的问题，让发展成果更多惠及全体群众，不断满足人民群众对美好生活的新期待。

提高就业收入水平。坚持“就业安天下才能安”，全面落实就业优惠政策，实施“人人持证、技能社会”工程，突出抓好重点群体就业和援企稳岗工作，确保零就业家庭动态清零。加强公共就业服务体系建设，积极打造特色劳务品牌，实施免费职业培训和订单培训，在培训精细上下功夫、在转移就业上见成效。着力拓宽居民增收渠道，靠技能提高工资性收入、靠产业提高经营性收入、靠改革增加财产性收入、靠政策增加转移性收入，全面提升城乡居民收入。

完善社会保障体系。持续实施全民参保登记工作，继续扩大社会保险覆盖范围，积极推进各类人员参保，逐步实现应保尽保。加强社保基金管理使用，精算做好预警调度，确保养老金按时发放、医保基金持续运行。严格执行《保障农民工工资支付条例》，健全工作目标责任制，加强拖欠农民工工资专项治理，维护劳动者合法权益。

构建学习教育体系。继续扩大学前教育资源，新建东城区幼儿园，投用中城区幼儿园，完善刘家园移民新村幼儿园，促进学前教育普惠优质发展。深入推进中学集团化办学改革，引进领先战略合作者，新建东城区凤凰小学，完成实验小学新校区搬迁，推进义务教育向优质均衡迈进。加快高中阶段教育普及进程，加强日常教学管理，彰显高中办学特色，力争达线人数再创新高。实施产教融合发展工程，投用新建职业中学，广泛开展职业技能培训，推动职业教育特色化、现代化发展。

提升卫生健康格局。树立大卫生、大健康理念，推动以治病为中心向以健康为中心转变，努力提供全生命周期的卫生健康服务。建立统一完善的医疗保障制度，构建县、乡、村三级联动医保服务体系，做好药品招采和药械价格改革，加强医保基金安全监管。加快县域综合改革和县乡一体化管理改革，建设现代医院管理制度，完善医疗集团内部机制，实现“六统一”顺畅运行。新建县人民医院东城区分院，巩固137个中心村卫生室改革成果，加强乡村医生队伍建设，提高城乡医疗卫生服务能力。落实卫生健康惠民政策，持续强化公共卫生服务，完成妇幼保健卫生项目，做好疾病预防控制，提升社会办医水平，加强医疗机构监管。

加强民政为民工作。完善城乡兜底保障体系，紧密衔接扶贫政策，实行低保渐退制度，做好城乡“低保”“五保”工作。继续落实社会福利政策，改进完善困难群众临时救助工作，落实经济困难老年人两项补贴和困难残疾人生活补贴制度。加强留守儿童、老年人关爱保护，推动农村老年人日间照料中心提质增效。加强民政服务设施建设，建成投用宁武敬老院，新建殡仪馆，争取投资新建2座综合性养老院和1座养老公寓。

做好退役军人服务。巩固乡村退役军人服务站、基层站建设成果，做好符合条件退役士官安置工作，抓好优抚政策兑现和社保接续落地。完成烈士陵园建设和光荣院修缮，传承红色基因文化，让退役军人和优抚对象满意，让军人成为全社会尊崇的职业。

丰富公共文化生活。加强公共文化服务体系建设，推动县级总分馆制和村级综合文化中心建设，组织丰富多彩的主题活动。深入推进文明守望工程、乡村文化记忆工程、文物安全和保护利用工程。支持省市非物质文化遗产毛健茶、面塑、榨油等工艺传承发展，助推文化产品市场经济。继续实施文化惠农工程，开展送戏曲、送电影、送图书“三下乡”活动。

八、抓好安全生产，促进整体安全形势实现根本好转

“明者防祸于未萌，智者图患于将来”。我们要全面贯彻总体国家安全观，把安全生产作为重大政治任务和最大民生工程，严格落实“4438”工作机制，坚决守住不发生重大安全生产事故、重大群体性事件、重大隐患积累突发“三条底线”，为高质量转型发展提供安全稳定的社会环境。

压实安全生产责任。严格落实《地方党政领导干部安全生产责任制规定》，坚持“党政同责、一岗双责、齐抓共管、失职追责”，按照“管行业必须管安全、管业务必须管安全、管生产经营必须管安全”严格落实党政领导责任、部门监管责任、乡镇属地责任、企业主体责任和员工岗位责任。严格执行安全生产目标责任制和重大事故“一票否决制”，实行企业安全生产主体责任法律追究工作机制，严肃追究事故相关责任单位和责任人员的责任。

健全安全治理体系。贯彻落实《中共中央、国务院关于推进安全生产领域改革发展的意见》，全面执行《山西省安全生产条例》，构建安全风险分级管控和隐患排查治理双重预防工作机制。根据《山西省应急管理条例》，健全完善应急管理制度，制定修订应急预案，统筹应急救援队伍建设，构建统一领导、权责一致、权威高效的应急管理体制，提高综合救援能力和防灾减灾救灾能力。继续开展安全生产宣传教育进企业、学校、机关、社区、农村、家庭、公共场所“七进”活动，营造良好社会舆论氛围。

持续深化专项整治。全面抓好煤矿、非煤矿山、地质灾害、道路交通、治超、护林防火、消防、旅游景区、河流湖泊、危险化学品、加油（气）站、建筑施工、高层建筑、特种设备、烟花爆竹、人员密集场所、学校等行业领域的安全生产工作。深入有效开展安全生产大检查、大排查、大督查及各类专项整治行动和隐患排查活动。全面落实食品安全“四个最严”要求，深入开展食品药品量化分级监管，严厉打击食品生产经营环节违法违规行为，提高饮食用药安全治理水平。

突出抓好煤矿安全。深刻汲取庄旺煤业“6·19”事故惨痛教训，加强煤矿安全生产标准化建设，推进“机械化换人、自动化减人、智能化作业”科技强安行动，切实用好安全技术专家队伍，全面治理安全生产意识淡薄、责任落实不力、基础管理薄弱、现场管理混乱等问题，大力提高安全生产管理水平。坚决整治煤矿未批先建、超能力生产、越界开采等违法违规行为，重点强化冲击地压、顶板、通风、瓦斯、透水等防治措施，有效防止和坚决遏制煤矿重特大事故，切实保障煤炭行业领域安全。

维护社会大局稳定。落实平安建设领导责任制，做好社会矛盾纠纷多元化解，加强“法治宁武”建设，推进基层治理现代化。突出做好信访工作，严格落实《信访工作责任制实施办法》，深入推进网上信访，依法解决群众合理诉求，维护正常信访秩序。学习推广新时代“枫桥经验”，深入推进社区治理创新，加强特殊人群监管，完善公共法律服务体系建设。深化扫黑除恶专项斗争，实现“三年长效长治”工作目标，全力夺取压倒性胜利。完善警务信息综合平台，推广校园和人员密集场所“一键报警”系统，建设全景实战指挥平台。严厉打击各类违法犯罪，解决影响群众切身的治安问题，维护社会大局稳定。

大事记

1月

4日 宁武县委召开县委常委扩大会议暨中心组学习会。

同日 宁武县县长王卓到东寨镇和涔山乡调研消防队伍建设情况，督查护林防火和脱贫攻坚工作。

5日 宁武县县长王卓到圪壕乡、迭台寺乡调研指导脱贫攻坚工作。

8日 宁武县贫困村客运班线开通暨发车仪式在县公交公司院内举行。县委、县政府结合县域实际，投资230万元购置16辆乡村客运车辆正式投入运行。

9日 宁武县组织收看全国安全生产电视电话会议。会议结束后，忻州市立即召开会议，提出做好2018年安全生产总结工作，把2019年安全生产工作安排部署到位，做到安全事故整体下降、安全生产工作保障条件整体提升。

同日 忻州市慈善总会到宁武县西马坊乡韩家沟村民委员向扶贫对象韩家沟、小峪、狼迫沟、黑石窑、小辉窑沟5个村救助对象捐赠价值2万元慰问品。

10日 宁武县消防救援大队举行授衔和换装仪式。

11日 宁武县召开大会，传达学习省委十一届七次全会、省委经济工作会议精神。

同日 由宁武县人民政府承办忻州市“国奶扶贫工程”项目启动仪式在宁武县举行。省红十字会向忻州市捐赠价值1360万元婴幼儿配方奶粉。仪式现场向贫困户代表发放奶粉。会议结束后北京联慈健康扶贫基金会督导主任张克明培训各乡（镇）卫生院参会人员。

15日 宁武县第十六届人大常委会第十三次会议召开。会议由县人大常委会主任马在岐主持。会议应到主任、副主任、委员31人，因事请假8人，实到委员23人，符合法定人数。会上，县检察院检察长安锐锋宣读县检察院关于提请刘光午等人职务任命报告。会议听取审议县人大常委会关于县人民政府向县人大常委会报告国有资产管理情况实施办法（试行）；听取审议县发改局关于宁武县国民经济和社会发展第十三个五年规划纲要实施情况中期评估报告；听取审议县审计局关于宁武县2017年度县本级财政预算执行和其他财政收支审计情况整改报告。

同日 山西省生态环境厅厅长董一兵到宁武县东马坊乡调研脱贫攻坚工作。

21日 宁武县公安局交警大队在县汽车客运站举行以“平安春运·交警同行”为主

题春运启动仪式，向司乘人员和过往群众发放春运安全宣传资料，讲解如何预防道路交通事故发生，现场解答群众提出具体问题。发放《交通安全知识读本》200余本，《致客运驾驶人的一封信》《珍爱生命　拒绝酒后驾驶》等各类宣传资料1100余份，摆放宣传图版10块，悬挂条幅4条，营造浓厚交通安全氛围，为打赢春运交通安全保卫战奠定坚实基础。

22日　宁武县召开2019年“两节”文化活动部署会。

23日　宁武县召开会议，会议由县委书记任宁虎主持，会上学习贯彻省纪委十一届四次全会精神。

同日　宁武县召开脱贫摘帽誓师大会，各乡（镇）党委书记、县直单位和有关企业主要负责人递交军令状。

24日　中央和国家机关工委委派挂职干部宁武县委副书记（挂职）李长平在宁武县阳方口镇开展新春慰问，向困难群众和老党员送去慰问金。

同日　宁武县县长王卓到县城城区和凤凰镇，先后走访慰问困难职工、特困群众和残疾人家庭，为他们送去慰问金和慰问品。

25日　宁武县人民检察院召开庆祝宁武检察院恢复重建40周年暨从检30年检察人员荣誉章颁发大会。

28日　中国共产党宁武县第十三届委员会第七次全体会议召开。会上，宁武县委书记任宁虎代表县委常委会，向全会报告一年来工作并作重要讲话。

同日　宁武县委经济工作会议召开。

同日　中国共产党宁武县第十三届纪律检查委员会第四次全体会议举行第一次会议。

29日　宁武县政府安全生产委员会2019年第一次全体（扩大）会议召开。

同日　宁武县召开严厉打击非法违法采矿行为专题会议。

同日　忻州市常务副市长赵志坚等一行8人到宁武县神达集团栖凤煤业检查安全生产工作。

同日　宁武县委书记任宁虎先后走访慰问县部分老干部、困难老党员、困难职工，为他们送去米、面、油等慰问品和慰问金。

30日　宁武县委书记任宁虎先后到万隆超市、县医疗集团、县汽车站及钜盛能源集团庄旺煤业等地，检查安全生产工作。

31日　县委书记任宁虎、县长王卓、副书记高建文、副书记马在岐、政协主席薛军良、副县长李俊、副县长武强等县四大班子领导，先后到供热、交警、供水、敬老院、武警、环卫、供电、武装部等部门，向奋战在一线工作人员致以节日祝福和问候，对大家敬业奉献付出辛劳表示衷心感谢，希望各级、各部门要坚持以人民为中心发展思想，紧贴百姓需求，坚守本职岗位，全力保障春节各项民生工作，让人民群众欢乐、祥和、平安过节。

同日　宁武县组织收看全国春节前后安全防范工作电视电话会。县政府党组成员乔玉龙以及各相关单位负责人在县分会场收听收看会议。

是月　宁武县食用菌协会选送“芦芽山蘑菇酱（汾蕈牌商标）”参加山西功能农产品产销对接大会暨第七届山西省科普惠农特色优质农产品展销会，最后经过公众及报纸投票、现场群众品尝打分、专家评审等严格规范评比，获得“山西十大农产品品牌”荣誉。

2月

1日　宁武县县长王卓在柳沟村走访慰

问贫困户，向他们送上美好新春祝福。

2日 中国老龄事业发展基金会顾问、中国老龄事业发展基金会康养产业合作发展基金管理委员会主任朱万勇，副主任许洪河到宁武县涔山乡沤泥湾村开展扶贫慰问活动，为贫困户送上节日祝福和豆面、香油等慰问品。

14日 宁武县机构改革动员大会召开。会上，县委常委、组织部部长、统战部部长贾建宁就《宁武县机构改革方案》进行说明。县委常委、纪委书记、监委主任尹志刚宣布机构改革工作纪律。

同日 宁武县举行党支部书记“改革创新、奋发有为”大讨论培训班开班仪式。

21日 政协第九届宁武县委员会第九次常务委员会召开。县政协主席薛军良主持会议并讲话，县政协副主席宗守先、廖志英，政协常委，专委会主任、副主任，县法院、检察院、县政府办相关负责人出席会议。

同日 宁武县委副书记（挂职）李长平在宁武县大水口村，先后到村委会，贫困户刘建忠和王喜贵家中走访慰问。

22日 宁武县第十六届人大常委会第十四次会议召开。县人大常委会主任马在岐，县人大常委会副主任吴永胜、苏栓斌以及县人大常委会委员出席会议，县政府副县长、公安局局长金锐列席会议。

23日 宁武县召开“改革创新、奋发有为”大讨论动员部署会，传达学习、贯彻落实省、市大讨论动员部署大会精神，安排全县大讨论各项工作。

26日 宁武县召开第四次全国经济普查调查登记促进会。

27日 全省百万农民大培训暨宁武县农业生产托管服务培训会在县委党校一楼会议室举办，山西省农科院玉米研究所所长邵林生就十字形农业生产托管（土地托管）模式探索与实践方面内容为学员们作专题辅导。县经管站负责人组织现场交流互动。

28日 宁武县第三次国土调查工作推进会在县国土资源局会议室召开。宁武县第三次国土调查领导小组及其办公室设立到位，实施方案与技术设计方案初步完成，作业人员准备工作基本就绪。

3月

1日 中国人民政治协商会议第九届宁武县委员会第四次会议在宁武宾馆四楼会议室开幕。

同日 宁武县人民政府颁发封山令，2019年森林防火特险期为3月1日至5月31日。

同日 全国推进“大棚房”问题专项清理整治行动电视电话会议召开。宁武县副县长张国伟、杨忠义，县直相关部门负责人在县分会场收听收看。

同日 宁武县组织收听收看全省特种设备安全工作电视电话会。县委常委、常务副县长田贺玉及相关单位负责人在宁武分会场收听收看会议。

2日 宁武县第十六届人民代表大会第四次会议在县人民剧院（原人民大礼堂）隆重开幕，会议分别听取县人民政府、县人大、县法院、县检察院工作报告。

4日 宁武县脱贫攻坚第一战区第一次会议在阳方口镇政府召开。会议明确第一战区（阳方口镇、薛家洼乡）指挥部组织领导机构和成员单位，第一战区脱贫任务及要求，对各项脱贫工作具体安排部署。

5日 在第56个学雷锋日到来之际，宁武县委宣传部、县文明办在凤舞广场开展以

“学习雷锋精神　参与志愿服务”为主题的宣传活动。县文明办全体干部职工参加活动。

7日　宁武县医疗保障局举行揭牌仪式。

同日　宁武县组织收听收看全省推进“大棚房”问题专项清理整治攻坚行动电视电话会议。县长王卓、副县长张国伟、副县长杨忠义，各乡镇、各有关单位负责人在县分会场收听收看会议。会后，宁武县就“大棚房”问题专项清理整治攻坚行动工作进行安排部署。

同日　宁武县召开纪念“三八”国际劳动妇女节109周年暨妇联工作会议。县委副书记高建文出席会议并讲话，县妇联、团县委、县工会等团体组织和各乡（镇）、居民办事处相关负责人、妇联主席，县直各工委、各单位妇委会主任及全县各条战线上受表扬的妇女工作先进集体和先进个人代表参加会议。

9日　忻州市生态环境局宁武分局举行干部大会暨揭牌仪式。

11日　宁武县委书记任宁虎在怀道乡督导脱贫攻坚工作，在乡政府会议室与全乡干部座谈交流，了解乡干部面对自己岗位职责和分管工作是否底清数明。

同日　忻州市召开森林防火工作紧急电视电话会，通报近期全市火情，对下一步工作安排部署。宁武县副县长王洪亮、各乡（镇）乡（镇）长及相关部门负责人在县分会场收听收看会议。

同日　县政府党组召开2018年度民主生活会，宁武县县长王卓主持会议，县政府党组成员田贺玉、副县长、公安局局长金锐、副县长张国伟、副县长武强、副县长杨丽琴、副县长王洪亮、副县长杨忠义、副县长翟俊卿、副县长梁海宏、副县长乔玉龙参加会议。会议邀请县委组织部和县纪委监委工作人员到会指导。

12日　宁武县县长王卓同志到凤凰镇柳沟湾村，调研脱贫攻坚工作及食用菌大棚建设。

同日　宁武县副县长杨忠义带领14个农业生产托管合作社负责人，到平遥县山西和之瑞种植专业合作社联合社取经学习。

13日　省司法厅党委委员、副厅长、省监狱局党委书记、局长王锁成带领调研组一行4人，专题调研宁武县司法所建设工作。调研组一行先后到宁武县阳方口司法所、凤凰司法所、余庄司法所实地调研，与司法所所长、乡镇干部等人员交流，详细了解司法所建设、公共法律服务、社区矫正、人民调解等业务开展情况，调研组一行实地察看社区矫正中心信息化建设情况。

同日　宁武县“改革创新、奋发有为”大讨论先进典型巡回报告会分别在化北屯乡、东寨镇举行。报告会邀请全国脱贫攻坚模范、全省优秀村党组织书记、全市优秀共产党员刘桂珍作报告。

14日　宁武县县长王卓到县城内2处移民安置点调研移民搬迁安置工作。

同日　宁武县脱贫攻坚第三战区第一次会议召开。会议提出第三战区（东寨镇、涔山乡、西马坊乡）脱贫任务及要求。

15日　宁武县委中心组举行专题学习会，学习省委书记骆惠宁在三次述职评议会上讲话，学习《中共中央关于加强党的政治建设的意见》《中国共产党政法工作条例》《中国共产党纪律检查机关监督执纪工作规则》《中国共产党重大事项请示报告条例》《中国共产党支部工作条例（试行）》《中国共产党农村基层组织工作条例》《社会主义学院工作条例》《中国共产党党内关怀帮扶办法》八部党内法规，观看全省“改革创新、奋发有为”大讨论报告会。

同日 宁武县第十六届人大常委会十六次会议召开，审议表决张宝生等5位人事任免。县人大常委会主任马在岐，县人大常委会副主任吴永胜、县人大副主任魏峥嵘、县人大副主任苏栓斌，全体人大委员出席会议。会议应到委员30人，因病因事请假7人，实到委员23人，符合法定人数。

16日 宁武县组织收听收看全省党支部大讨论“专题组织生活会”经验交流会。宁武县委常委、组织部部长、统战部部长贾建宁，各乡（镇）党委书记，居民办事处主任，县直机关企事业单位负责人，农村、社区、非公、社会组织党支部书记代表在县分会场收听收看会议。

19日 宁武县组织收听收看全省安全风险防范化解工作视频会。县长王卓，县政府安委会成员单位负责人，各乡（镇）乡（镇）长，煤矿企业、非煤重点企业负责人在县分会场收听收看会议。

20日 宁武县举行招商引资项目集中签约活动，集中签约9个项目，涉及新能源、仓储物流、特色养殖各方面，涵盖工业科技、生态环保、现代农业等各个领域，总投资68.3亿元，全部为亿元以上项目，其中4亿元以上项目5个。县委书记任宁虎、县长王卓、县委副书记马在岐、政协主席薛军良及14个乡（镇）主要负责人参加签约活动。

同日 宁武县委“改革创新、奋发有为”大讨论先进事迹巡回报告会在阳方口镇召开，邀请余庄乡第一书记张尚富作宣讲。

21日至23日 宁武县电子商务公共服务中心开办2019年第一期站长电商创业培训班。来自全县各乡（镇）60余名学员在三天时间里通过学习，均以优秀成绩完成结业考试。

22日 全省“三晋英才”支持计划启动大会召开，县委书记任宁虎、县委副书记高建文、县委副书记马在岐、政协主席薛军良等县四大班子领导及县处级以上实职领导干部，各乡（镇）、居民办事处、县直各部门、企事业单位主要负责人，县“三晋英才”代表在县分会场收听收看会议。

25日 忻州市委常委、组织部部长王建廷和市政协副主席边升阳到宁武县督导脱贫攻坚中存在问题进行分析，研究解决措施，了解市督导组工作开展情况。县委书记任宁虎、县长王卓、组织部长贾建宁一同督导。

同日 市委“改革创新、奋发有为”大讨论第七联络督导组组长、市人大常委会研究室（监察和司法工作委员会）主任贾建军同志，副组长、市直工委副书记程福明同志到宁武县余庄乡、圪墂乡督导“改革创新、奋发有为”大讨论工作开展情况。

27日 忻州市市长郑连生到宁武县煤炭企业和宁化村开展入企进村服务，面对面倾听企业家和农村群众心声，一对一帮助解决困难和问题。帮助企业和农村解决现实困难和问题，推动企业做大做强、农民脱贫致富，为全市高质量转型发展和乡村振兴作出贡献。

28日 宁武县组织相关单位收听收看全国森林草原防灭火和防汛抗旱工作电视电话会。

30日 宁武县2019年深化转型项目建设年项目集中开工仪式在阳方口农业扶贫产业园举行。此次集中开工项目15个，项目总投资达105亿元，涉及新能源、仓储物流、特色养殖各方面，涵盖工业科技、生态环保、现代农业等各个领域，这些项目实施为宁武县脱贫摘帽、转型升级，经济发展注入强大新动力。

31日 省人大常委会副主任、市委书记李俊明到宁武县企业、村庄和管涔山林场，督导检查高陡边坡隐患、安全生产大检查、森林防火三个专项行动进程。

4月

2日 宁武县召开落实郑连生市长入企服务事项落实协调会，研究解决涉企服务问题，就下一步推进企业问题解决作出安排部署。

同日 山西省水旱灾害防御工作视频会议召开。宁武县副县长李俊，县水利局、应急管理局、民政局、治汾办、农业农村局、防汛办、各乡（镇）负责人在县分会场收听收看会议。

同日 山西省道路交通安全工作电视电话会议召开。宁武县副县长、公安局局长金锐及相关部门负责人在县分会场收听收看会议。

4日 全省“三个专项行动”调度电视电话会议召开。按照省委、省政府决策部署，分析调度，要求抓实高陡边坡隐患排查、森林防火专项督查、安全生产大检查“三个专项行动”，坚决遏制当前森林火灾和各种事故多发群发的态势，推动全省安全生产形势持续好转。

5日 宁武县委书记任宁虎到涔山乡督导各村护林防火值班值守、野外巡查、防火物资配备、防火队伍建设、应急预案落实等清明节护林防火工作，听取乡党委、政府护林防火工作汇报。

11日 宁武县扫黑除恶专项斗争领导小组第十四次会议召开。

12日 宁武县委书记任宁虎调研指导乡村扶志与扶智“双扶”工作。

13日 宁武县召开脱贫攻坚工作调度会，会上，各乡镇就易地搬迁、危房改造、整村提升、“爱心超市”、驻村工作队履职等脱贫工作推进情况及存在问题作详细汇报。

15日 宁武县组织收听收看全国“防风险保平安迎大庆”消防安全执法检查专项行动动员部署电视电话会。县应急管理局、公安局、消防救援大队等相关单位负责人在县分会场收听收看会议。

同日 宁武县在凤舞广场集中开展“4·15”全民国家安全教育日宣传活动，此次宣传活动以“坚持总体国家安全观，防范化解重大风险，增强全民国家安全意识，庆祝中华人民共和国成立70周年”为主题。活动现场，工作人员向市民发放《国家安全法宣传手册》《中华人民共和国反间谍宣传手册》等宣传资料1万余份。相关部门出动宣传车，布置宣传展板，吸引很多市民驻足观看，让现场市民朋友了解什么是国家安全、危害国家安全的行为等重要常识。

19日 忻州市人大常委会教科文卫委主任王永秀带领调研组一行到宁武县，调研私立医疗机构管理情况。

22日 宁武县委召开县委中心组学习会。传达学习习近平在重庆考察时座谈会上讲话精神、全省深化国企改革大会通知精神及全国巡视工作会议精神；省委巡视组对宁武县开展脱贫攻坚专项巡视通知及工作方案；学习习近平总书记关于总体国家安全观重要讲话精神，辅导学习《坚决贯彻总体国家安全观，切实维护社会政治大局稳定》学习资料；传达学习省委书记骆惠宁在省委网络安全和信息化委员会第一次会议上讲话精神；组织学习《中国共产党党组工作条例》。

23日 国务院第二次廉政工作电视电话会议召开。田贺玉、金锐、张国伟、王洪亮、杨忠义以及各相关部门和单位的负责人在县分会场参加会议。

28日 宁武县政府召开座谈会，安排部署芦芽山风景区体制机制改革、旅游项目建设、产业融合发展等有关事宜。

29日 宁武县召开“改革创新、奋发有为好青年”表彰大会。

同日 宁武县召开纪念五四运动100周年工作会。会上宣读共青团宁武县委关于表彰2018年度“五四红旗团委”“五四红旗团支部”“优秀共青团员”决定，关于表彰2018年度“优秀辅导员”“优秀少先队员”决定，获奖代表分别作表态发言，对2018年度受表彰先进个人进行颁奖。

5月

5日 宁武县召开消费扶贫推动脱贫攻坚促进会。

6日 宁武县巡察工作会议暨十三届县委第七轮巡察动员会在检察院会议室召开。

8日 市委第十四巡察组提级巡察西马坊乡馒头山村工作动员会在西马坊乡党委召开。

9日 忻州市市长郑连生到宁武县督导中央生态环保督察“回头看”反馈问题整改工作，开展入企服务，调研项目建设、脱贫攻坚、安全生产等工作，现场研究解决困难和问题，提出意见和建议，并推动各项工作深入开展。

10日 中国第十一个全国防灾减灾日，宁武县2019年防灾减灾集中宣传活动周正式启动。

13日 宁武县县长王卓调研全县“河长制”、旅游公路建设和污水处理厂建设情况。

14日 宁武县召开脱贫攻坚总指挥部会议，会议听取和审议《县扶贫办关于边缘贫困户的帮扶意见》。

同日 宁武县人大常委会召开《中华人民共和国水污染防治法》执法检查动员部署会。

同日 全省“改革创新、奋发有为”大讨论交流总结电视电话会召开，宁武县领导任宁虎、高建文、马在岐、薛军良、弓凤英、薄小伟、田贺玉、贾建宁、苏栓斌、金锐、李俊、武强、王洪亮、翟俊卿、梁海宏、各乡（镇）党委书记及相关部门负责人在县分会场收听收看会议。

同日 忻州市常务副市长赵志坚在宁武县实地查看汾河中上游山水林田湖草生态保护修复工程进展情况。

15日 2019年全省普通高校招生考试安全工作电视电话会议召开，县人大副主任魏峥嵘、政协副主席廖志英及相关部门负责人在县分会场收听收看会议。

22日 宁武县委常委、组织部部长、统战部部长贾建宁到北辛窑煤矿定点帮扶西马坊乡李家沟村调研扶贫项目推进情况和驻村工作队驻村工作开展情况。

同日 市委第十四巡察组提级巡察石家庄镇川湖屯村工作动员会在石家庄镇召开。省委巡视组赴县工作小组第二组联络员胡如章、市委第十四巡察组组长张宝瑞分别讲话。

24日 宁武县召开中央农村集体产权制度改革整市试点工作推进会。

同日 宁武县召开迎接“创卫”“创园”复审验收工作推进会，安排“创卫”“创园”复审迎检各项工作。

27日 县委书记任宁虎到东寨镇二马营村、南沟庙村，调研指导农村集体产权制度改革、森林康养基地建设等工作。

同日 宁武县2019年5月经济运行调度会召开。

同日 宁武县县长王卓同志在阳方口镇的工业园区和扶贫农业产业园区，调研园区总体规划、选址用地及建设进展等工作。

28 日 宁武县委书记任宁虎带领县卫生健康和体育局、县市场监督管理局等单位负责人到凤凰东街、大河堡村、人民大街、南门菜市场、火车站等创卫工作重点区域实地检查，对检查中发现问题和薄弱环节现场提出具体指导意见和实施办法。

29 日 财政部驻山西监管局二处处长刘润翠一行 3 人到宁武县，调研指导扶贫资金使用情况。

30 日 宁武县“扫黄打非”领导小组会暨工作推进会召开。县委常委、宣传部部长薄小伟同志出席会议，县公安局、网安大队、文化执法大队等相关单位负责人参加会议。

31 日 忻州市“改革创新、奋发有为”大讨论先进典型巡回报告会走进宁武。市委讲师团、宣讲团副团长李林春简要介绍市委宣讲团先进单位和个人先进事迹，先进典型代表依次作报告并分享心得体会。

6 月

3 日 宁武县县长王卓到迭台寺乡，调研脱贫攻坚工作情况。

3 日至 4 日 由市委宣传部、市文化和旅游局、市委党史办主办，市广播电视台协办的“我和我的祖国——忻州市红色故事讲解大赛”在市广播电视台大演播厅举行。由宁武县委宣传部选送的《创造“劳武结合”的特等民兵英雄张初元的故事》荣获该次讲解大赛组织奖和一等奖。

4 日 宁武县召开市政府促进民营经济发展四项指标推进落实情况调研座谈会。市政府办公室调研员安树俊带队调研组一行 6 人到宁武县，调研促进民营经济发展四项指标推进落实情况，并召开座谈会。

同日 宁武县脱贫攻坚“百千万”贫困户收益专项盘点大行动阳方口试点会召开。

5 日 在第四十八个世界环境日，忻州市生态环境局宁武分局全体干部职工，在宁武县凤舞广场开展纪念活动。

同日 宁武县电子商务进农村综合示范县项目推进会在县电子商务公共服务中心会议室召开。

10 日 宁武县文明办主任张文震带领创文办工作人员对检查指导各单位省级文明城市创建工作。

11 日 以“防风险、除隐患、遏事故”为主题的宁武县 2019 年“安全生产月”活动仪式在钜盛能源集团正式启动。

14 日 宁武县干部大会召开。会议贯彻落实省委第三巡视组对忻州市开展脱贫攻坚专项巡视动员会精神。

同日 由宁武县文明办、县卫生健康和体育局、县红十字会联合举办第 16 个“世界献血者日”活动在凤舞广场举行。

19 日 忻州市政协主席刘钢柱在宁武县调研脱贫攻坚工作。

同日 全省 2019 年耕地保护督察工作动员部署电视电话会议召开。副省长贺天才出席会议并讲话。王卓以及相关部门负责人、各乡（镇）乡（镇）长在宁武分会场参加会议。

20 日 宁武县召开 2019 年汛期地质灾害防治工作安排部署会，安排部署重点防治工作，组织开展业务知识培训，确保各项防灾减灾措施落到实处，切实防范地质灾害发生。

24 日至 25 日 省政协副主席李青山率调研组到宁武县，实地调研生态建设情况。

24 日至 26 日 民政部（直属机关）党委副书记、人事司司长许立群一行 3 人到宁武县蹲点调研加强基层民政建设工作。

26 日 宁武县委书记任宁虎到潞安集团潞宁孟家窑煤业、神达集团栖凤煤业、阳煤集团榆树坡煤业一线，开展安全生产督导检查工作。

27 日 宁武县在电商服务中心举办电子商务进农村综合示范项目政策解读专题干部培训班。培训班特邀乐淘村教育学院院长、县电商顾问赵国栋教授到会授课。

28 日 宁武县 2019 年禁毒工作会议在县公安局三楼会议室召开。

7 月

1 日 宁武县委书记任宁虎带领宁白线沿线各乡（镇）及住建、林业、公安、公路段等部门主要负责人实地调研道路绿化工作开展情况。任宁虎同志一行到静乐县道路沿线，沿着杜静线、宁白线边走边看，对道路两侧绿化工作进行实地调研，听取关于静乐县道路绿化可借鉴经验做法汇报。

2 日 全省农村承包地确权登记颁证总结工作视频会议召开，副省长王成出席会议并讲话。宁武县政府副县长杨忠义以及各乡（镇）、各有关部门负责人在县分会场参加会议。

4 日 宁武县召开旅游促进座谈会，宁武县委书记任宁虎主持会议，座谈会上围绕芦芽山风景区建设交流探讨，听取各方意见建议。

5 日 宁武县召开脱贫攻坚总指挥部全体会议。

8 日 宁武县召开违法排污大整治“百日清零”专项行动动员会，贯彻落实省市“百日清零”专项行动会议精神，安排部署全县具体工作，统一思想行动，增强部门合力，集中力量攻坚，坚决打赢环境污染防治攻坚战。会上宣读《宁武县人民政府办公室关于印发宁武县违法排污大整治“百日清零”专项行动工作方案的通知》，并对此次专项行动作具体安排部署。

9 日 山西农业大学青年马克思主义者培养工程教育实践基地分别在宁武县阳方口镇河西村和龙山公园正式挂牌。

10 日 宁武县召开“七一”表彰暨干部驻村帮扶推进会。

同日 忻州市副市长范建民到宁武县同煤北辛窑煤矿、潞安集团潞宁煤业调研安全生产、煤电一体化等工作。

11 日 全省煤矿安全生产电视电话会议召开。会议通报全省上半年煤矿安全生产情况，分析当前安全生产面临严峻形势，对做好现阶段安全生产工作安排部署。宁武县委常委、常务副县长田贺玉及相关部门、企业负责人在县分会场收听收看会议。

12 日 宁武县人大常委会召开宁武县第十六届人大常委会第十七次会议，会议由人大常委会主任马在岐主持。会议应到主任、副主任、委员 29 人，因事请假 5 人，实到 24 人，符合法定人数。会议听取和审议县人民政府对国有资产管理情况专项报告；对县第十六届人大四次会议代表意见建议进行交办；听取和审议县审计局关于 2018 年县本级财政预算执行情况和其他财政收支情况审计报告；安排部署人大代表联络站建设工作。

14 日 中华人民共和国第二届青年运动会（以下简称“二青会”）“山西燃气杯”忻州市宁武站火炬传递活动在宁武县举行。下午参加完“二青会”火炬接力活动十几支文艺宣传队，自愿组织到凤舞广场，举办消夏文艺演出活动。演出 12 个文艺节目，有歌舞、体操、独唱、腰鼓、健身球等丰富多彩表演。

16 日 宁武县委书记任宁虎到新堡乡接

官厅、芦草沟、杆木沟、南梁、刘家沟5个贫困村调研贫困村提升工程情况、贫困户生产生活状况及收入状况、整村移民拆迁情况、村级组织建设情况、驻村工作队生活情况。

同日 宁武县苏栓斌等一行7人在县检察院调研指导公益诉讼工作，并召开座谈会。

20日 宁武县委书记任宁虎调研涔山乡王化沟村、大石洞村的整沟治理和农村特色风貌整治工程及春支线沿线村庄环境卫生综合治理情况。

23日 宁武县召开专题会议，传达学习全省“不忘初心、牢记使命”主题教育专题党课暨第三次学用习近平新时代中国特色社会主义思想经验交流会上骆惠宁书记讲话精神，传达学习骆惠宁书记关于乡村振兴和脱贫攻坚工作批示精神。

同日 市委学习《习近平新时代中国特色社会主义思想学习纲要》宣讲团走进宁武进行宣讲，市委讲师团团长郝建华围绕《纲要》编写缘起脉络、框架、结构和特点，就习近平新时代中国特色社会主义思想产生时代背景和重大意义、科学体系和核心内容等进行系统阐释和深入解读，对习近平新时代中国特色社会主义思想展示当代中国共产党人政治品格、价值追求和精神风范深入剖析和阐释。

26日 由省委统战部五处副处长刘丁晚带队无党派人士和党外知识分子组成全省统一战线助力攻坚深度贫困“百千百”工程专家组，到宁武县开展扶贫义诊活动。

30日 宁武县召开山水林田湖草生态保护修复工程设计单位汇报会，听取中国电建集团西北勘测设计研究院有限公司、安徽省交通规划设计研究总院股份有限公司、北京东方园林环境股份有限公司三家单位策划方案，对方案可行性进行分析研究。

31日 宁武县委召开县委中心组学习会议，会议由县委书记任宁虎主持。会上学习中央和国家机关党的建设工作会议精神、习近平总书记在中央政治局第十五次集体学习时的讲话精神、省委书记骆惠宁同志在长治专题调研时讲话精神、全省“不忘初心、牢记使命”主题教育推进会精神暨忻州市“不忘初心、牢记使命”主题教育前期工作部署会精神；传达山西省脱贫攻坚领导小组办公室关于2018年脱贫摘帽县问题整改及国家抽查情况的通报；组织学习《中国共产党宣传工作条例》；县委党校高级讲师陈爱青作《守初心、担使命，做一名合格共产党员》专题党课。

8月

1日 建军节当日，宁武县委书记任宁虎率团走进军营开展慰问活动，向驻地官兵送去慰问信和慰问金，并致以节日诚挚问候，对他们为宁武经济社会发展作出贡献表示衷心感谢。到退役军人家中走访慰问，向全县广大退役军人表示亲切问候，致以崇高敬意。

同日 中央农村集体产权制度改革整市试点宁武县推进会暨农村承包地确权颁证工作调度会召开。

同日 省生态环境厅副厅长刘军、王学东、张继平一行走访慰问宁武县东马坊乡西沟、上庄、东马坊3个村，为6户贫困户发放3000元慰问金。调研整村提升工程，参观村里爱心超市。

同日 县委审计委员会召开第一次会议，学习中央审计委员会第一次会议精神、省委审计委员会第一次会议精神、市委审计委员会第一次会议精神。审议通过《中共宁武县委审计委员会工作规则》《中共宁武县委审计委员会办公室工作细则》和《2019年度全县统一组织审计项目计划》。

5日 宁武县教育科技局学生资助管理中心联合宁武县医疗保障局、宁武县志愿者协会、忻州师院附中宁武籍学生志愿者，在凤舞广场开展“爱心助学·圆梦学子”主题实践宣传活动。

7日 宁武县召开专题会议，对照《忻州市工商联促进忻州民营经济发展建议》问题梳理及解决建议任务分解表，对全县相关工作安排部署。

12日 岢岚县委副书记银培秀同志带队考察团一行24人到宁武县，就旅游扶贫和产业扶贫工作进行为期1天考察学习。

13日 省委脱贫攻坚督导组一行到宁武县督导脱贫攻坚工作并召开汇报会，省委脱贫攻坚第二轮第五督导组组长、省发展和改革委员会一级巡视员马珩及督导组成员出席会议，宁武县委书记任宁虎汇报全县脱贫攻坚工作情况。

13日至16日 县政协主席薛军良同志带领市、县政协部分常委、委员开展以“打好打赢脱贫攻坚战，实现脱贫摘帽”为主题专题调研活动，为县委、县政府科学决策提供参考和依据。

14日 宁武县召开县经济运行转型指标调度会，会议由县委书记任宁虎同志主持。听取1月至7月经济运行情况、指标完成情况及固定资产投资排名情况。

17日 繁峙县委常委、常务副县长居清平和副县长孔国红带领考察团一行40人到宁武县，就整沟治理工作进行考察学习。

20日 由中共宁武县委政法委员会、中共宁武县委宣传部主办，宁武县新闻办公室、宁武县广播电视台、宁武县法学会承办，以“庆祝建国七十年，做新时代政法人”为主题的学习贯彻《中国共产党政法工作条例》和扫黑除恶专项斗争知识竞赛在宁武县举行。

同日 县委副书记高建文、副县长李长平带领14个乡（镇）党委书记及部分职能部门单位主要负责人一行31人，赴保德县考察脱贫攻坚工作，学习先进经验做法，助推脱贫退出工作。

20日至23日 宁武县抽调县委党校理论骨干和理论讲师组成讲师团，到相关单位开展学习《习近平新时代中国特色社会主义思想学习纲要》进基层宣讲活动。

25日至26日 省发改委党组书记、主任姜四清带领调研组在宁武县开展“不忘初心、牢记使命”主题教育调研，了解易地扶贫搬迁后续产业扶持及“一县一策”落实情况，聚焦民生领域突出问题，共同商讨研究解决措施。

28日 宁武县召开脱贫攻坚总指挥部全体会议，调整脱贫攻坚项目资金预算，安排建设用地跨省调剂资金预算，部署下一步脱贫攻坚工作。

29日 宁武县委书记任宁虎到薛家洼乡下白泉村、阳方口镇火烧沟村，就脱贫攻坚、乡村振兴、产业扶贫、易地扶贫搬迁等工作，围绕“三率一度”，着力解决“两不愁三保障”突出问题，与村第一书记、驻村工作队、村“两委”主干座谈交流。

同日 由山西省就业服务局、北京市人力资源服务创业协会举办，忻州市就业服务局、宁武县人力资源和社会保障局、宁武县劳动就业局协办的就业扶贫人力资源招聘洽谈会，在宁武县凤舞广场举行。

9月

1日 “美骑100”骑行派再次落地宁武，省内外220名自行车爱好者参加此场骑行盛会。此次活动由美骑体育和山西省宁武县人民政府联合主办，由忻州市芦芽山风景区管理中心承办，山西省登山户外运动协会、忻州市体育局大力支持，山西火部落体育文化有限公司运营执行。

2日 宁武县召开2019年度新兵役前训练总结大会，为期5天的新兵役前训练圆满结束。

4日 宁武县委书记任宁虎，县人大常委会副主任、县委办主任冀海亮，副县长武强，县教育科技局局长闫凯亮、县中学教育集团总校长孟建青一行到教育集团一中校区调研指导工作。

同日 宁武县委副书记、县委党校校长高建文在全县学习习近平新时代中国特色社会主义思想读书班上为参训学员讲授党课。

5日 宁武县2019年征兵工作定兵会议在县人武部召开。

6日 全国秋冬季森林草原防灭火工作电视电话会议召开。宁武县委常委、常务副县长田贺玉，县政府副县长王洪亮以及各乡（镇）、相关部门负责人在宁武分会场收听收看会议。

同日 宁武县委召开县委中心组学习会。县委中心组成员参加学习。会上县委书记任宁虎同志组织学习中共忻州市委办公室警示教育通知；组织学习中共中央办公厅关于贵州省认真贯彻习近平总书记重要指示批示精神深入开展领导干部利用茅台酒牟取私利问题专项整治通报；传达学习中共忻州市委四届七次全体会议精神；县长王卓同志组织学习习近平在甘肃考察时重要讲话精神。

8日 2019年国际投资贸易洽谈会暨丝路投资大会（简称“厦洽会”）在厦门国际会展中心举行。宁武县代表团组织参加各项活动，开展经贸交流与洽谈。

9日 宁武县政协主席薛军良同志主持召开新中国和人民政协成立70周年庆祝活动筹备工作推进会。

同日 宁武县组织各乡（镇）乡（镇）长，县应急局、交通局、公安局等单位和有关企业主要负责人，收听收看忻州市第三季度道路交通安全工作视频会议。

11日 十三届宁武县委第八轮巡察工作动员会召开。

同日 山西省政府召开抗旱工作视频会议。宁武县政府副县长杨忠义及相关部门负责人，各乡（镇）乡（镇）长在县分会场收听收看会议。

12日 中共宁武县委十三届八次全会召开。该次全会应出席县委委员31人，实到27人；应出席候补委员7人，实到7人，符合法定人数。上午8时30分，中共宁武县委十三届八次全会第一次全体会议上，县委书记任宁虎同志代表县委常委会讲话。

同日 宁武县召开“不忘初心、牢记使命”主题教育部署会。

同日 忻州市召开推进国有企业退休人员社会化管理动员会。宁武县委常委、常务副县长田贺玉及相关部门负责人在县分会场收听收看会议。

17日 宁武县委副书记、县长王卓同志主持召开山水林田湖草生态保护修复工程专题推进会，听取生态保护修复工程项目进展情况汇报，分析和梳理当前存在问题。

同日 宁武县“2019年国家网络安全宣传周”活动在凤舞广场举行。

同日 宁武县2019年教育工作暨教师节表彰大会在县人民剧院隆重举行。县委书记任宁虎同志出席会议并讲话，县委副书记高建文同志主持会议并宣读中共宁武县委、宁武县人民政府《关于表彰全县教育工作先进集体和个人决定》，组织颁奖。

19日 全国残疾儿童康复救助工作推进电视电话会议召开，宁武县相关单位负责人在县分会场收听收看会议。

同日 宁武县脱毒马铃薯高新技术产业园区举行“全国巾帼脱贫示范基地”揭牌仪式。

20日 宁武县召开处级领导干部“不忘初心、牢记使命”主题教育第一次集中学习交流研讨会。县副处级以上干部参加交流研讨会，市委主题教育巡回指导组到会指导。

同日 宁武县隆重举行庆祝中华人民共和国暨人民政协成立70周年“光辉历程·铸就辉煌”历史成就图片书画展，一起见证宁武县70年来发展历程。

21日 宁武县红十字会联合县教育科技局在县直三所小学举办3期应急救护培训班。

23日 宁武县召开山西省生态环境保护专项督察工作汇报会，省生态环境保护专项督察组在宁武县就围绕中央环保督察及“回头看”反馈问题整改落实情况、2019—2020年秋冬季大气污染防治准备工作情况、污染企业关停搬迁及落后产能淘汰情况、水污染治理重点任务落实情况四方面进行督察。

同日 山西省红十字会党组书记、常务副会长郑红，省红十字会工会主席、赈济部部长王根平，省造血干细胞捐献者资料库管理中心主任左彤，忻州市人民政府副市长、市红十字会会长王月娥，市红十字会负责人吕海瑛等，一同到宁武县红十字会博爱家园调研指导工作。

24日 在庆祝中华人民共和国成立70周年之际，由中央宣传部、中央文明办向宁武县836户建档立卡贫困家庭赠送电视机，全部由县文明办发放到贫困户手中。

25日 忻州市常务副市长赵志坚一行到宁武县开展安全生产大检查，重点督查检查煤矿安全生产、秋冬季森林草原防火、旅游景区安全、道路交通安全；巡查汾河、督查汾河中上游山水林田湖草推进情况。

同日 宁武县组织收听收看全市信访、禁毒工作视频会议。县政府副县长、公安局长金锐，各乡（镇）乡（镇）长及相关部门负责人在县分会场收听收看会议。

同日 由中共宁武县委、宁武县人民政府主办的宁武县庆祝中华人民共和国成立70周年文艺晚会在县人民剧院举行。

26日 忻州市扫黑除恶专项斗争领导小组副组长、市检察院党组书记、检察长周东曙等一行3人，到宁武县东寨镇，调研督导扫黑除恶专项斗争工作开展情况。

28日 山西宁武芦芽山景区举办“迎国庆”2019年首届芦芽山徒步节活动，来自全国各地千余名徒步爱好者参加此次活动。活动从芦芽山国际酒店广场出发，途中经过汾河源头、悬空村、悬崖古栈道、石门悬棺，最终到达万年冰洞，全程约23千米。

30日 全国第六个“烈士纪念日”。上午9时，宁武县在凤凰镇烈士陵园举行公祭活动。县四套班子领导、老战士代表、退役军人代表、青年学生代表100余人参加公祭活动。

10月

1日 宁武县县长王卓调研检查芦芽山风景区旅游安全生产、旅游市场环境和文化旅游产业发展工作。

同日 “饿了么”正式落地忻州市宁武县，并入驻当地电子商务服务中心，开启线上线下电商服务模式。

5日 由山西省生态环境厅党组书记、

厅长潘贤掌带队省生态环境厅一行调研宁武县东寨镇污水处理厂和汾河源头。忻州市副市长武宪堂，宁武县领导任宁虎、王卓、武强、梁海宏及市、县相关人员一同调研。

9日 忻州市政府常务副市长赵志坚同志带领市试点办、市政府工作人员一行到宁武县，实地调研汾河中上游山水林田湖草生态保护修复工程试点工作进展情况进行，并召开座谈会。宁武县副县长张国伟、宁武县挂职副县长王洪亮以及相关部门、乡（镇）主要负责人一同参加。

同日 宁武县县长王卓同志实地调研督导化北屯乡教场村脱贫攻坚工作，并开展脱贫摘帽包村工作。

同日 山西省国家标准化综合改革试点工作第二次推进会议暨标准化工作省部联席电视电话会召开。宁武县县长王卓、副县长田贺玉及相关部门负责人在县分会场收听收看会议。

10日 省委脱贫攻坚第五督导组组长、省发改委一级巡视员马珩及督导组成员一行到宁武县，开展第四季度脱贫攻坚督导工作，并召开座谈会。

11日 宁武县举办2019年“共庆祖国华诞，喜迎重阳佳节”中老年大型文体展演活动，深情礼赞伟大祖国，伟大的党；大力弘扬尊老敬老护老传统美德；表达全县中老年人“不忘初心、永葆本色”风采。副县长薄小伟、县人大副主任魏峥嵘、政协副主席廖志英等在现场和中老年朋友共度佳节。

12日 宁武县召开贯彻落实省委、市委“不忘初心、牢记使命”主题教育推进会精神部署会，主要是深入学习贯彻习近平总书记关于主题教育一系列重要指示精神，按照中央、省委第二批主题教育推进会和全市主题教育推进会部署，对表对标、压实责任、狠抓落实，动员全县各级党组织、各级党员干部以高度的思想自觉、政治自觉、行动自觉，推动全县主题教育高质量开展。

同日 宁武县县长王卓围绕“守初心、担使命，找差距、抓落实”，结合“三个联系、三个讲清楚”，立足本职工作为党员干部讲“不忘初心、牢记使命”主题教育专题党课。市委主题教育巡回指导组成员张睿到会指导。县委常委、宣传部部长薄小伟主持党课。

15日 宁武县县长王卓实地调研新大象全产业链生猪养殖饲料厂、海欣昊正风机总装厂、服装加工厂扶贫产业园，指导项目建设和企业生产。

16日 宁武县举办脱贫摘帽对标提升培训会，特邀省扶贫办考核处处长赵俊超专题授课，面对面给大家讲政策、教方法、提要求，高效推进完成脱贫攻坚各项任务，扎实做好2019年脱贫摘帽考核迎检工作。

17日 第六个国家扶贫日，山西省文化和旅游厅2019年演艺进旅游扶贫示范村启动仪式在宁武县高桥洼村举行。省文化和旅游厅副厅长王琳，省扶贫办二级巡视员张伟勤，市文化和旅游局副局长杨松树，宁武县县长王卓等出席启动仪式。

同日 山西省测绘地理信息院组织“一对一”结对帮扶责任干部、邀请省农科院畜牧专家到宁武县迭台寺乡西沟村开展精准扶贫，助农销售、助农脱贫、助农致富。院党委委员、副院长裴彦明和李晓红带队参加。

18日 宁武县委常委班子召开“不忘初心、牢记使命”主题教育调研成果交流会，王卓主持会议。

同日 宁武县召开支持党外人士开展“不忘合作初心，继续携手前进”主题教育活动动员会。贾建宁、廖志英出席会议，110名各界代表到场参会。县委统战部副部长郭爱军主持会议。

21日 宁武县召开2019年民兵训练动员大会。宁武县人武部政委段维东同志出席动员会并作动员部署。

22日 宁武县委书记任宁虎组织凤凰镇、扶贫办、住建局、供暖公司等乡镇和相关部门主要负责人以及移民搬迁小区业主代表，在幸福家园党员活动中心就宁武县移民搬迁小区反映热点问题进行协调办公。

同日 宁武县委书记任宁虎到阳方口镇河西村调研集体产权制度改革工作。

同日 宁武县县长王卓在化北屯乡调研宁化村容村貌整治和东寨镇特色旅游一条街项目进展情况，指出要强化全局意识，加快施工进度，秉承工匠精神，下足细节功夫，做到精益求精。

23日 市整沟治理调研组组长弓庆春一行5人到宁武县，调研整沟治理工作，并召开座谈会。县政府副县长张国伟同志出席会议，县水利局、林业局、自然资源局、招商服务中心等相关单位负责人参加会议。

25日 山西宁武农村商业银行股份有限公司创立大会暨第一次股东大会召开。山西省联社党委委员、副主任高之岩，人民银行忻州市中心支行调研员韩锡峰，忻州银保监分局局长贾孟飞，忻州市联社党组书记、理事长刘小光，宁武县人民政府副县长张国伟、翟俊卿，山西省联社改革发展部副部长王华等出席会议。

同日 宁武县组织收听收看全市预防道路交通事故电视电话会议。会议通报全市预防道路交通事故工作综合情况，安排部署近期全市道路交通安全工作。宁武县政府副县长、公安局长金锐，道路交通安全委员会成员单位负责人，各乡（镇）乡（镇）长在县分会场参加会议。

28日 宁武县县长王卓同志到大运华盛能源集团庄旺煤业公司调研煤矿安全生产、国企改革、能源革命综合改革等，并召开座谈会。

同日 宁武县召开脱贫攻坚专题会议，县长王卓主持会议，听取各乡镇脱贫攻坚重点工作进展情况汇报，协调解决存在困难和问题，安排部署下一阶段工作任务。副县长李俊出席会议，各乡（镇）乡（镇）长、相关部门负责人参加会议。

29日 忻州市副市长范建民到宁武县调研“三供一业”、工业经济运行工作进展情况。

30日 宁武县召开汾河中上游山水林田湖草生态保护修复项目推进会。县委副书记、县长王卓同志主持会议，听取各相关部门就全县目前山水林田湖草总体工作、各项目上周具体进展情况汇报，研究存在主要问题及下一步应采取推进措施。县政府副县长张国伟、政府办公室主任李文斌及相关部门、乡（镇）主要负责人参加会议。

31日 忻州市召开2019—2020年秋冬季大气污染综合治理攻坚行动动员视频会，动员全市上下坚决打赢秋冬季大气污染综合治理攻坚战，推动全市环境空气质量持续改善。县委副书记、宁武县县长王卓，副县长武强，各乡（镇）乡（镇）长及相关部门主要负责人在县分会场收听收看会议。

11月

2日 宁武县委副书记（挂职）李长平，宁武县委常委、组织部部长、统战部部长贾建宁等一行6人，到上海同济大学开展招才引智活动。

4日 宁武县组织收听收看全省排污“百日清零”专项行动总结表彰暨2019—2020年

秋冬季大气污染综合治理攻坚行动定点帮扶视频会，副县长武强，忻州市生态环境局宁武分局、县工信局、住建局、交通运输局、农业农村局、公安交警大队负责人在县分会场收听收看会议。

同日 忻州师范学院党委副书记乔永生一行到宁武县看望扶贫顶岗实习支教大学生，并签订下一阶段扶贫顶岗实习支教协议。

5日 宁武县委书记任宁虎同志主持召开会议，传达学习习近平总书记在中共十九届四中全会上重要讲话和关于中央政治局工作报告，传达学习中共中央办公厅关于做好中共十九届四中全会精神学习宣传工作通知，深入学习中共十九届四中全会精神，交流学习体会，贯彻落实中央、省委和市委部署要求。

同日 宁武县召开《山西泉域水资源保护条例》调研座谈会。省水利厅水资办高级工程师马春生、总工程师李振拴、律师马晓锋等出席会议。副县长李俊、县水利局局长陈玉峰、部分乡（镇）党委书记以及各相关单位负责人参加会议。

同日 忻州团市委副书记、市少工委主任赵亚东在宁武中学教育集团化北屯校区检查“青年之家”建设工作。宁武团县委书记于鑫，樊登读书会忻州分会会长王润芳，县少工委主任荣莲花，化北屯校区执行校长杨文庆等参加检查。

6日 宁武县法治政府建设工作会议在县委政法委三楼会议室召开。县委办、政府办等34个有关单位负责人参加会议。

7日 宁武县在凤舞广场举行第29届消防安全宣传月启动仪式。县政府党组成员、芦芽山风景区管理中心副主任乔玉龙，县应急管理局、公安局、住建局、文旅局、教育科技局分管负责以及社会各界群众参加启动仪式。

8日 山西省自然资源厅副厅级干部赵福义一行到宁武县，实地调研汾河中上游山水林田湖草生态保护修复工程试点工作进展情况，并召开座谈会。忻州市政府常务副市长赵志坚、宁武县副县长张国伟、山西省芦芽山国家级自然保护区局长王洪亮及相关部门负责人参加调研。

同日 宁武县委第四巡查组巡察县自然资源局党组工作动员会召开。县委巡察办主任周天柱、巡查组组长郝江宝以及县自然资源局全体干部职工参加会议。会议由县自然资源局局长王志荣同志主持。

10日 宁武县卫生健康局和宁武县红十字会联合举办应急救护培训班，集中培训全县乡镇卫生院医生、村医共计250余人。

11日 宁武县召开学习传达贯彻省委十一届九次全会精神大会。县四套班子领导、其他副处级以上领导；各乡（镇）党委书记、乡（镇）长，居民办事处主任，县直各部、委、局、室，人民团体、企事业单位负责人；条管单位及省、市驻宁武单位负责人共计170余人参加会议。

12日 宁武县委召开反腐败领导小组工作会议，贯彻落实《山西省落实党对反腐败工作全过程领导实施细则（试行）》，分析研判全县反腐败工作形势任务，研究部署当前和今后一段时期全县反腐败工作。县委书记、县委反腐败领导小组组长任宁虎主持会议并作讲话。

13日 中央和国家机关工委副书记吴汉圣一行到宁武督导调研脱贫攻坚工作。省扶贫办二级巡视员张伟勤，市委常委、组织部部长王建廷等参加活动。

14日 省政府召开全省深化“放管服效”改革优化营商环境电视电话会议，贯彻落实党的十九届四中全会精神，部署加快建设数字政府、提升政府治理能力、优化营商环境。宁武县县长王卓、副县长李俊、副县长张国伟、副县长武强、副县长杨丽琴、宁武县副县长（挂职）王洪亮、副县长梁海宏及各乡（镇）、相关部门负责人在县分会场收听收看会议。

15日 宁武县脱贫攻坚总指挥部全体会议召开。宁武县委书记任宁虎主持会议，县委副书记高建文、副县长李长平、副县长薄小伟、组织部长贾建宁及县脱贫攻坚总指挥部组成人员参加会议。

同日 宁武县脱贫攻坚第三战区帮扶工作推进会在县政府二楼网络会议室召开。会议由县委副书记高建文主持，副县长薄小伟、副县长杨丽琴、副县长张福文、县检察院检察长安锐锋等第三战区包乡县领导出席会议。第三战区各帮扶单位、科级包村责任人参加会议。

同日 宁武县县长王卓到凤凰镇麻峪村、黄土崖村检查督导脱贫攻坚工作。

17日 宁武县召开脱贫攻坚周调度会，宁武县委书记任宁虎主持会议，进一步了解工作情况，查找短板不足，再部署、再安排，确保大家高度重视、明确目标，确保高质量完成脱贫攻坚任务。县委副书记高建文、副县长李俊出席会议，各乡（镇）党委书记，重点涉贫部门负责人参加会议。

18日 全省深化医药卫生体制改革领导小组（扩大）暨医改工作电视电话会召开。县长王卓、副县长武强及相关部门负责人在县分会场收听收看会议。

19日 宁武县召开梳理调整政府部门权责清单会，县政府办副主任邵俊峰、县机构编制委员会办公室主任李贵果、县直各部门分管领导和相关业务负责人参加会议。

同日 县委书记任宁虎到化北屯乡头马营村，调研村容户貌整治、驻村帮扶责任落实等工作。

20日 忻州市政府常务副市长赵志坚带领市政府办公室、市应急局、忻州煤监局相关负责人和煤矿安全包保小组成员到宁武县境内同煤集团阳方口矿业程家沟煤矿，采取“四不两直”方式对煤矿安全生产工作突击检查。

同日 省市场监督管理局非公党建处处长朱志东，省委组织部组织三处副处长杨牡江一行到宁武县，调研指导城中城和刘家园移民社区、文体中心和博物馆、瑞都村镇银行党建工作。

22日 全国安全生产电视电话会议召开，会议传达国务院总理李克强关于安全生产重要批示，通报全国安全生产情况。宁武县县长王卓、副县长田贺玉、公安局局长金锐、副县长李俊、副县长杨丽琴、王洪亮，县政府办公室主任李文斌等及相关部门、企业负责人在县分会场收听收看会议。

24日 宁武县召开脱贫攻坚工作推进会，县长王卓同志主持会议，听取前一阶段工作情况汇报，安排部署下一步重点工作任务，副县长李俊出席会议，各乡（镇）乡（镇）长以及县扶贫开发办公室、教育科技局、卫生健康和体育局、水利局等相关部门主要负责人参加会议。

同日 宁武县县长王卓主持召开“三供一业”协调推进会，县委常委、常务副县长田贺玉以及县工信局、住建局、电业局、自来水公司、阳方口矿业公司等有关单位及企业负责人参加会议。

25日 忻州市政府安全生产委员会第四次全体（扩大）会议暨全市安全生产警示教育电视电话会议召开。市长郑连生强调，按照全国、全省安全生产电视电话会议部署，动员全市上下抓好抓实安全生产工作，确保人民群众生命财产安全。县长王卓、副县长田贺玉、公安局长金锐、副副县长李俊、副县长杨丽琴、宁武县副县长（挂职）王洪亮、杨忠义，县政府党组成员乔玉龙，各乡（镇）乡（镇）长、有关单位及煤矿企业负责人在县分会场收听收看会议。

同日 宁武县委书记任宁虎调研东马坊乡耿家坡村、豆庄村脱贫攻坚工作。

26日 宁武县委书记任宁虎到涔山乡春景洼村宣讲中共十九届四中全会精神，并调研当前脱贫摘帽工作。

27日 省委第三巡回指导组副组长、省档案馆副馆长白晓军一行到宁武县阳方口镇河西村、宁武县凤凰敬老院和宁武瑞都村镇银行，通过听取党建工作情况汇报、查看主题教育相关资料，调研指导“不忘初心、牢记使命”主题教育工作。忻州市委组织部四级调研员张丙录，宁武部分领导及省、市、县相关负责人参加。

同日 宁武县召开“不忘初心、牢记使命”主题教育谈心谈话会。宁武县委书记任宁虎出席会议并讲话，县委常委、组织部长贾建宁主持会议，各乡镇党委书记，部分党工委书记、村党支部书记参加会议。

28日 全省尘肺病防治攻坚行动推进会议在太原召开，副省长吴伟出席会议并讲话。宁武县副县长武强及有关部门分管领导在县分会场收听收看会议。

29日 中央和国家机关工委定点帮扶宁武县脱贫攻坚培训班在县人民剧院举办。宁武县委书记任宁虎主持会议并作讲话。北京师范大学中国扶贫研究院副院长万君应邀到会并作专题辅导。

12月

1日 宁武县召开脱贫攻坚周调度会，对标对表考核验收目标任务，全面查漏补缺，确保高质量完成脱贫攻坚任务。县委书记任宁虎主持会议，副书记高建文、副县长李俊出席会议，各乡（镇）党委书记，重点涉贫部门负责人参加会议。

2日 宁武县委书记任宁虎到西马坊乡调研指导脱贫攻坚工作。

3日 宁武县委书记任宁虎到凤凰镇染峪村和马家湾村，调研督导脱贫攻坚工作。

同日 宁武县召开全县工业经济运行调度推进会。县长王卓主持会议，副县长田贺玉、政府办主任李文斌以及工信局、统计局、应急局、能源局、住建局、发改局、经济技术园区主要负责人参加会议。

4日 中国第六个国家宪法日，宁武县围绕“弘扬宪法精神，推进国家治理体系和治理能力现代化”的主题，开展一系列形式多样、内容丰富的学习宣传活动。

同日 宁武县组织收听收看山西省、忻州市先后召开2019年今冬明春火灾防控工作电视电话会议。会议结束后，宁武县副县长（挂职）王洪亮部署全县今冬明春火灾防控工作。

10日 宁武县召开国土空间总体规划编制动员会议。县政府副县长张国伟，县政府办、自然资源局等36个部门及14个乡镇主要领导或分管领导参加会议。

同日 宁武县召开2019年符合政府安排工作退役士兵选岗会议。为符合条件退役士兵提供全额事业编制岗位。

12日 宁武县召开2019年第三季度重大政策跟踪审计问题整改推进会议，研究部署重大政策跟踪审计发现问题整改工作，推动重大政策落地生根、重大项目加快实施、重大民生举措发挥效益。县长王卓主持会议，县委常委狄文俊，副县长李俊出席会议，县林业局、工信局、财政局、审计局、扶贫办等单位负责人参加会议。

同日 县长王卓同志主持召开“三供一业”分离移交工作推进会，传达省、市关于“三供一业”分离移交会议精神，听取有关工作情况汇报，安排部署下一步工作。县委常委狄文俊出席会议，县工信局、住建局、供电公司、自来水公司、阳方口矿业公司等有关单位及企业的负责人参加会议。

13日 全国农民工工作暨保障农民工工资支付工作电视电话会议召开。安排做好保障农民工工资支付工作，对2020年农民工工作进行部署。宁武县政府副县长杨丽琴及有关部门负责人在县分会场收听收看会议。

17日 宁武县召开十六届人大常委会第十八次会议。会议应到主任、副主任、委员29人，因事请假6人，实到23人，符合法定人数。宁武县人大常委会主任马在岐主持会议。

同日 宁武县电子商务公共服务中心举办电子商务进农村第28期电商站长中级技能培训班，由授课讲师以图文并茂、理论和实践相结合方式，为培训学员讲解“淘宝店铺如何开通”“淘宝店铺日常运营”和“微店开店”等，播放讲解一些淘宝及微店成功实例视频。

21日 宁武县召开2019年事业单位公开招聘工作人员笔试动员暨培训会。县委常委、组织部长贾建宁、县人大副主任魏峥嵘、县政协副主席廖志英出席会议，会议由副县长杨丽琴主持，监考老师、考务工作人员参加会议。

24日 忻州市副市长安书田在宁武县调研挂牌联系企业同煤集团阳方口矿业公司石湖煤矿管理运行情况等。

27日 宁武县召开2019年度平安建设（综治工作）考核促进会。县委常委、政法委书记弓凤英出席会议并讲话，县政府副县长、公安局局长金锐出席会议，县委政法委副书记魏拴喜对2019年度考核细则作具体安排，各乡（镇）党委书记、分管领导，居民办事处主任、分管领导，县扫黑除恶专项斗争领导小组成员单位主要负责人，县委政法委机关全体干部参加会议。

28日 省生态环境厅党组书记、厅长潘贤掌带领厅办公室、科财处、机关党委等相关处室负责人到宁武县东马坊乡庄旺村，看望慰问驻村扶贫第一书记、驻村队员和生活困难群众，调研精准扶贫、温暖过冬工作。省生态环境厅二级巡视员白振兴一同参加慰问，忻州市副市长武宪堂陪同慰问。

同日 宁武县组织收听收看省市安全生产工作电视电话会议。县委常委狄文俊，各乡（镇）乡（镇）长、各有关单位以及企业负责人在宁武县分会场收听收看会议。

31日 宁武县第十六届人大常委会第十九次会议召开。

同日 宁武县“一枚印章管审批”正式启动运行，县长王卓颁发“一枚印章管审批”第一份营业执照，开启由“多枚印章管审批”到“一枚印章管审批”全新时代，标志着宁武县推进相对集中行政许可权改革、加快政府职能转变迈出实质性步伐。

同日 宁武县委书记任宁虎同志主持召开县委常委（扩大）会议，回顾总结2019年主要工作，研究谋划2020年目标任务。

县情概况

建置沿革

【位置境域】 宁武县地处晋西北黄土高原东部边沿，位于山西省北中部，管涔山东麓。地理范围北纬 38°31′～39°8′，东经 111°50′～120°40′。县境北依内长城与朔州相邻；西北以黄花岭为界与神池接壤；西南以荷叶坪山、（芦芽山）黄草梁为屏与五寨、岢岚隔山相望；南部与静乐相接；东南以云中山与忻州市分界；正东部与原平连通。县境南北长 105 千米，东西平均宽 45 千米，总面积 1987.7 平方千米。

中部以分水岭为界，东北部为恢河流域，西南则是汾河流域，东中部有洪河向南流淌。三河流域的低谷地带既是宁武县主要农耕区，也是人口较为密集的中枢经济带。北同蒲、朔黄、太岢、宁静 4 条铁路穿境而过，大（同）运（城）公路、太原至河（曲）保（德）偏（关）公路、太原至神（木）府（谷）公路，贯通南北，忻保、灵河 2 条高速公路开通，交通十分便利。县人民政府设古三关重镇——宁武城内。

宁武县城坐落于县境北部的中心地带。南望云中、凤凰两山，北依华盖山和黄花岭，东接禅房山，西连管涔山余脉。恢河自西南而东北，沿滨河大坝流向阳方口。县城由华盖山半坡向恢河之滨倾斜，呈东西长而南北狭的带状形。地理坐标以城北气象站为准，北纬 39°00′07″、东经 112°17′44″，海拔 1444.8 米。

县城分别东距原平 64 千米，西北距神池 26 千米，南距忻府区 109 千米、距静乐 93 千米、距省城太原 180 千米，西南距五寨、岢岚分别为 70 千米、100 千米，北达朔州 41 千米、距大同 180 千米。位居偏头、雁门、宁武三关之中路，历来为兵家必争之地。

宁武地方行政机构和县城治所的最早建立时间，是自明成化二年（1466）置宁武关，遂为军事枢要。嘉靖三十八年（1559）设宁武道，顺治十五年（1658）省宁武道，雍正三年（1725）设立宁武府、县，宁武府辖宁武、神池、五寨、偏关 4 县。府署和宁武县署均设宁武城内七百户街（今县人民政府所在地一带）。宁武关城自此建为县治，到民国初年废府留县，至 2019 年未变。现存城池始建于成化三年（1467），至 2019 年已 552 年。

2019 年，城区面积 12.51 平方千米，建城面积 7.8 平方千米。西与杨庄村相接，东与马家湾相连，北至护城墩，南到南山公园。城区绿化覆盖面积 280.7 公顷，城区绿地面积 179.98 公顷。城区住宅总面积 152.88 万平

2019 年宁武县各乡镇（居民办）辖村（社区）情况表

表 1

名称	数量（个）	辖村（社区）
凤凰镇	59	秃峦妥、南沟、车道坡、汪铁沟、前凤凰、小南沟、迷喳嘴、染峪、半沟、上河南、黄土崖、朱家沟、西张家沟、下河南、柳沟、豆色圪妥、庄旺、李家庄、小庄旺、杨庄、大河堡、姜庄、周家堡、杜庄、李家窑、东关、刘家园、孟家窑、胭脂、柳沟湾、张家窑、段家山、水草沟、岭沟、韩家背、麻峪、后石湖、北关、南辛窑、马连沟、马家湾、王虎庄、小庄只、双墙、石碣上、东张家沟、水泉洼、西关、朱家岩、黄土坡、后凤凰、庄只上、龙骨岩、神堂沟、小安、李家山、窑子坪、梁家庄旺、新华寨
阳方口镇	28	阳方口、庄子上、暖水湾、袁家窑、大水口、河西、阳方、冀家庄、石咀、东麻峪寨、西麻峪寨、石湖河、火烧沟、西梁、前石湖、三岔、三府窑、寺耳岩、大村、黄草梁、北辛窑、达达庄、大洼、郭家窑、贾家堡、半山、冯家山、南庄
东寨镇	29	东寨、店耳上、车道沟、李家圪洞、下鸾桥、炭窑坪、三马营、坝沟湾、宫家庄、王家沟、石辉沟、南岔、寺耳沟、窑子湾、前井务沟、闫家崖、小西沟、南山、东寺、二马营、麻地沟、上鸾桥、石窑沟、大庙、湾只、南沟庙、高桥洼、前马仑、后马仑
石家庄镇	9	石家庄、十里桥、川湖屯、沟口、马头山、吴家湾、潘家湾、阳房、定河
薛家洼乡	31	李子树梁、薛家洼、刘家山、洪河、麻地沟、贾家窑、姬庄、西地、大石湾、西沟、梨园河、黄草圪妥、宽沟、盘道梁、赵家沟、常峪、段庄、郭庄、茹家窑、宽草坪、水洼、宋家沟、下白泉、中白泉、上白泉、高崖上、韩川、梨元坡、羊道坡、圪谬、东麻地沟沟
余庄乡	37	余庄、下余庄、坝上、庙儿沟、东坝沟、硫磺沟、苗家岩、东栈沟、分水岭、寺沟、榆树坪、三庄前村、薛家沟、阳坡上、西栈沟、大木厂、小木厂、苗庄、正沟、三百户、窑沟、正洼、后子沟、东庄、黄土坡、后村、郭家庄、寺耳上、东沟、东村、石咀头、海子背、暖泉沟、马营、海梁、歹口、前村
涔山乡	24	岔上、小石洞、大石洞、沤泥湾、坝儿沟、王化沟、张家崖、宋家崖、秋杆沟、紫峰崖、谢家沟、石片沟、暖水河、五花山、小石门、春景洼、坝王岭、王家山、大沟、周家沟、牛头岔、丁家湾、麻地沟、寺儿沟
化北屯乡	39	化北屯、头马营、山寨、北屯、散岔、李家庵、崔家沟、陈半沟、大场、大寨、大廖沟、前黑豆沟、后黑豆沟、张家庄、陈家庄、小廖沟上、小廖沟下、孙家沟、张半沟、支家沟、李家山、丁家沟、铁炉沟、宁化、南屯、蚂蚄庙、坝门口、沙梁、教场、黄家山、蒯屯关、高半沟、好水沟、瓦窑坡、牛心会、赵家沟、石窑会、郑家山、辛庄

续表 1

名称	数量（个）	辖村（社区）
西马坊乡	36	西马坊、李家沟、圪洞、枪杆沟、营坊沟、葱沟、马驹沟、陈家滩、高崖底、南正沟、吉家坪、北沟滩、包掌湾、小峪、榆林沟、姚家沟、温家窑、韩家沟、周家山、张家山、任家山、榆木桥、席麻洼、西庵、斜坡、张家沟、前吴家沟、后吴家沟、细腰、坝里、小辉窑沟、馒头山、达毛庵、夥和沟、梅洞、大辉窑沟
新堡乡	21	新堡、戈家窑、红土沟、接官厅、旧堡、岭底、芦草沟、石板桥、前雄沟、后雄沟、石坝、炭窑沟、碾泉、赵家沟、牙乎崖、梁家沟、刘家沟、王家滩、王家沟、狮子沟、达子营
迭台寺乡	15	小胡家沟、乱柴沟、寺耳梁、长梁、马圈湾、伙家村、忻州峪、西岭、迭台寺、胡家沟、西沟、滩泥沟、石洞沟、石庄、土窑沟
怀道乡	14	怀道、黄松沟、白马崖、官地、庙岭、寺湾、下官庄、中马坊、圪洞沟、南沟子、圪谬沟、上官庄、天王塔、谢家坪
圪缪乡	9	圪缪、大阳坡、岭岩、梅家庄、隔河、口子、东土窑、黄岭、山只会
东马坊乡	15	东马坊、庄旺、豆庄、跑泉沟、回官石、达达店、葱沟、柳子塥、西沟、腰庄、上庄、辉顺沟、赵家坡、耿家坡、赵来咀
城区居民办事处	10	万佛洞社区、城中城社区、滨河社区、鼓楼社区、栖凤社区、康乐社区、学府社区、东城社区、惠民社区、幸福社区
阳方口煤矿生活区	1	阳方口煤矿

方米，人均住宅面积 29.4 平方米。

城内古迹有古楼、延庆寺、宁武关的部分旧址遗迹、护城墩废址、周遇吉墓、西关万佛洞、文庙正殿和魁星阁（亦名八角楼）等。

城内文化体育机构有法人单位 9 个，个体经营户 71 家，产业活动单位 16 家。

城内文化体育设施有科委理化分析室，宁武一中、高级中学，宁武职业中学、实验小学、东关小学、西关小学、万佛洞小学，教师进修学校、人民大礼堂、县文化馆、县文物馆、县图书馆、博物馆、体育馆、凤凰影院、新华书店。有栖凤、龙山、滨河 3 个公园，凤舞、朔立桥下、北关桥下 3 个广场。

县城交通十分便利，城区道路（街道）总里程 52.6 千米。北同浦铁路自民国 25 年（1936）通车后，宁武一直是重要站口。近年，宁（武）—岢（岚）、宁（武）—静（乐）、朔（州）—黄（黄骅港）铁路、忻保灵河高速公路先后通车，宁武汽车站是太（原）宁（武）、忻（州）保（德）、崞（阳）水（偏关水泉）公路干线必经之处，宁武县城成为晋西北各地连通外地的枢纽。

【历史沿革】 商末，为北方少数民族所建的楼烦国属地。

战国初是赵国和北方少数民族楼烦、林胡征战、争夺地带。赵武灵王二十六年（前300），向北拓地，驱逐楼烦，今宁武地区纳入赵国版图。

秦 宁武属雁门郡地。清乾隆据《宁武府志·沿革》载："秦既灭赵，置雁门郡，自雁门以北起，今大同西境包朔平府兼河曲县及宁武一郡四县，皆秦时雁门郡属地也。"

西汉 以分水岭为界，岭南宁化为太原郡汾阳县地；岭北宁武为雁门郡楼烦县地。汉景帝后元三年（前141）从楼烦县内划出勾注山以北地另设阴馆县，今宁武东北部属阴馆县。王莽（新政）时，改雁门郡为填狄郡，阴馆县为富代县。

东汉 建武十六年（40），宁武为武州县属地。东汉末年，武州县废。由南下的匈奴人居住。

西晋 泰始元年（265）复置楼烦县。永兴元年（304），刘渊即后汉皇帝位，改新兴郡为秀容，今宁武属之。

南北朝 初为北魏漯源川属地。北魏登国时期，道武帝拓跋珪割代郡西境之秀容为尔朱羽健封地，今宁武东北在内。而今宁武县为肆州领秀容郡的石城县地。北魏孝文帝太和年间（477—499），今宁武一带称梁郡地。武定三年（545）在阳方口北置新城郡，辖于武州。武定五年（547），今宁武县阳方口一带属北灵州。高欢曾修筑的长城以北为库莫奚人所居。

隋 开皇十八年（598）为汾阳县地；大业四年（608）隋阳帝在汾源筑避暑行宫汾阳宫，增设楼烦郡，治所在今苗庄村古城遗址。领静乐、临泉、秀容三县。今宁武分水岭以南为楼烦郡静乐县所辖。大业十三年（617）朔州刘武周起兵讨隋，"袭破楼烦郡，占据汾阳宫"。今宁武遂为突厥属地。

唐 武德三年（620）宁武始为唐领地。武德四年（621）置管州，武德五年（622）改为北管州。又析为汾阳、六度二县。后又将二县合并为静乐县，属岚州管辖。龙纪元年（889）在楼烦监置宪州，领天池、玄（元）池、楼烦三县。今宁武县又曾为天安军地。

宋初 以内长城与辽相界。今宁武东北部为塞下弃地，南部为宁化所辖。宁化建置屡改，太平兴国四年（979）置宁化县，五年（980）置宁化军治。熙宁元年（1068）废宁化县；熙宁七年（1074），辽人在分水岭、天池筑堡垒、止疆界、建署衙，置汉人行宫都部署；元祐元年（1086）复宁化县；崇宁三年（1104）废宁化县，改宁化镇；宣和七年（1125），金兵从大同攻太原，辽灭。宁武归金。宁化军、宁化县沿袭宋置，境东北部为朔州鄯阳县地，东南部为崞县地。大定二十二年（1182），将宁化军升为刺史州，即宁化州。

元初 分宁化州一部分设窟谷县，归朔州管辖。大德五年（1301），晋北设七屯垦田，在今神池与宁武县交界的黄花岭设宁武屯。大德六年（1302）始立万户府，属大同路管辖。元顺帝至正三年（1343）窟谷县与宁化合并，辖于管州。其时，宁武东南部为崞县地；宁化为管州和岚州属地，今宁武县西部为武州地。

明 洪武二年（1369），今宁武为太原前卫、左卫地。在宁化设立守御所，辖于静乐县。景泰元年（1450）设宁武守御所。成化四年（1468），宁武守御所归宁武关管辖。嘉靖三十九年（1560）设宁武兵备道，属山西镇。三关总兵移驻宁武关，统领雁门、宁武、偏头三关军务。

清初 沿袭明代建置。顺治二年（1645）裁宁武道，改为宁武营。雍正三年（1725）设宁武府，辖宁武、偏关、五寨、神池四县。同时，改宁武守御千户所为宁武县，宁化守御千户所改为巡检司并入宁武县，县境西至宁化所，北至阳方口，东北至盘道梁，为宁武县三堡。至此，宁武结束南北两地分管的历史。

民国 民国元年（1912）废宁武府。宁武县直属省府。民国3年（1914）复置道，宁武属山西省雁门道。民国16年（1927）又废道，宁武直属山西行政公署。民国17年（1928）山西省行政公署改为山西省政府，宁武为山西省政府直属。民国26年（1937）山西划为7个行政区，宁武县属山西省第二行政区。宁武县公署改称县政府。民国27年（1938）9月，日伪县公署成立。国民党县政府基本瘫痪。民国29年（1940），国民党政权在宁武废除。

1940年1月23日，宁武县抗日民主政府在红土沟村成立，属山西省第二游击区行政公署静乐办事处。9月，属山西省第二游击区第三专员公署。1941年8月，山西省第二游击区行署改为晋西北行政公署，宁武属晋西北行政公署第六专员公署。11月，晋西北行政公署改为晋绥边区行政公署，宁武属晋绥边区行政公署第六专员公署。

中华人民共和国成立后，宁武县属忻县专区行政公署管辖。

1958年12月，忻县和雁北专署合并，更名为晋北专区行政公署，宁武属晋北专署管辖。

1961年9月，撤销晋北专署，分设忻县、雁北专署，宁武县仍属忻县专署管辖。

1970年，宁武县属忻县地区革委会管辖。

1978年，宁武县属忻县地区行政公署管辖。

1983年，宁武县属忻州地区行政公署管辖。

2000年至今，宁武县属忻州市人民政府管辖。

【行政区划】 截至2019年底，宁武县辖凤凰镇、阳方口镇、东寨镇、石家庄镇、薛家洼乡、余庄乡、涔山乡、化北屯乡、西马坊乡、新堡乡、迭台寺乡、怀道乡、圪壕乡、东马坊乡4镇、10乡、366个村民委员会，1个城区居民办事处，1个阳方口煤矿生活区。

自然环境

【地形地貌】 宁武县地处万山丛中的晋西北黄土高原东部边缘。邑地重峦叠嶂、挺拔高峻，森林茂密，资源丰富，山区面积达90%左右。境内平均海拔2000米，最低点在恢河河床阳方口镇河西村，海拔1260米，最高点管涔山主峰荷叶坪山，海拔2787米，相对高差1527米。西部有管涔山，主峰芦芽山海拔2736米，东部云中山海拔2654米，北部有禅房山，海拔2106.6米，南部芦芽山与云中山以汾河为界，高耸入云。主要山脉呈东北、西南走向。地形复杂，唯汾河、恢河两岸岩石倾角较平坦，地貌为凹形盆地，垂直高差达1500米之多。中部以分水岭为界，向西南为汾河流域，向东北为恢河流域。境内主要山脉与河流走向基本为北略偏东，南略偏西走向。其地形主要特点：山高坡陡，沟壑纵横，岩石裸露，土少石多。地形总貌由西向东倾斜，由中部高峰向南北两翼下滑。北部恢河由南向北流向大同盆地，汇入桑干河。南部有全省最大河流汾河由北向南流入静乐县境。由汾河、恢河在县境中部形成一个南北走向的槽型地带，分别向东西两侧逐渐升高。

【气候条件】 宁武县内属温带大陆性气候，属高山严寒区和寒冷干燥区。特点是气候寒冷干燥、多大风、冬季漫长、无霜期短，山区雨多，平地少，雨量、高温同步匹配多集中在7—8月。气温、降水有明显的垂直分布，光照、风受山坡、谷地影响差异很大。大部分地区，特别是县西部森林山区，气候严寒，降水偏多，比较湿润；南部的汾河川地区，则为全县最暖区。

2019年，宁武县平均气温8.0℃，比历年平均值高1.2℃；年极端最高气温31.9℃，出现在7月4日；年极端最低气温-20.6℃，出现在12月31日；年总降水量412.5毫米，比历年少15.1毫米；年日照总时2576.6小时，比历年平均值少227.2小时；年平均地温10.2℃，比历年平均值高1.7℃；年平均风速2.8米，比历年平均值小0.7米。全年出现23天大风日数，极大风速最大达到24.9米每秒。出现2天冰雹，最大冰雹直径9毫米。浮尘6天，扬沙2天。

全年气温偏高，日照时数偏少，大风日数比历年平均偏少，降水偏少，5月、6月降水都比历年同期平均值偏少，不利于当地农作物的出苗及生长，也不利于森林防火。全年降水量集中出现在7月、8月，其中7月29日最大一日降水量达34.3毫米，过程最大降水量为7月27—29日，为61.4毫米。8月降水与历年同期平均值相较也趋于正常，对农作物生长有利。9月与10月天气情况也利于大秋作物的成熟及秋收，整个冬季气温偏高。总之，宁武县气候尚属正常年份。

【山脉】 宁武县地势高峻，山岭纵横。从县东北境的盘道梁起，至西南境的石家庄镇止，峰峦重迭，99座大小峰峦统属管涔、云中山系。以分水岭为界，分列于南北两境。全县山势呈东北西南走向。海拔在2000米以上的山峰有49座，占山峰总数的54%。其中位于南部的荷叶坪山为宁武全境最高点，海拔2787米。东部有云中山，以土石山为主，主要山峰有大石人梁、鸡关山和老龙庵等。以大石人梁为最高，海拔2428.1米。西部由管涔山、芦芽山组成。诸山层峦叠嶂，峻峭壁立、森林密布。主要山峰有卧羊场、黄草梁等，海拔均在2600米以上。北部为禅房山。山地占全县总面积95%，为1888.32平方千米。

荷叶坪山，位于宁武、五寨、岢岚三县交界处，海拔2787米，是宁武全境的最高点。顶部宽阔平夷，为丰饶的高山草甸，是自古理想的天然牧场。

管涔山，又名燕京山，古称“晋山之祖”。管涔山南承吕梁余脉，北达内蒙古阴山，东携洪畴侧翼，西抵黄河东岸，绵延数千里，堪为拱卫华北的天然屏障。管涔峰坐落于县城西南30千米处的东寨镇境内，海拔2603.4米。主峰荷叶坪山，位于西马坊乡。

芦芽山，位于县城西南100千米处的西马坊乡境内。其主峰太子殿海拔2736米。芦芽山北接管涔，南连吕梁，是一座历史名山。《天下郡国利病书》记载：“芦芽一山崔嵬挺拔，高出云霄，尖似芦芽而磅礴迂回，雄跨中原。”《晋乘蒐略》云：“芦芽山雄胜与清凉（五台山）抗衡。为全晋第一崇山。”北宋时称芦芽山为“太牢古山”。

清真山，位于县城西25千米处的涔山乡境内，平均海拔2300米左右，是芦芽山分支。由九峰一山组成，自古就是名胜之地。山中有世界级奇观——万年冰洞和绵延21千米的悬空栈道。清乾隆版《宁武府志·山川篇》

记载："清真山在县西60里，西距芦芽岭30里，而形势相接。其高八里，山巅有泉下垂，号曰'水帘'。中有清真庵，最为胜地。"并绘有清真山全图。

禅房山（俗称长房山）坐落在县东北部12.5千米的薛家洼乡，海拔2106.1米。东连雁门山，状如伏锅，与县城西50千米处的芦芽山遥遥相对，互为犄角。是十分重要的战略高地。"禅房夕照"是宁武古八景之一。

境内其他山脉分布各乡镇：

坐落于薛家洼乡盘道梁境内的山有馒头山；坐落于薛家洼乡下白泉境内的山有前阳山、石多梁；坐落于阳方口镇境内的山有天王城；坐落于凤凰镇境内的山有台子梁、太子梁、摩天岭（又名黄花岭、达速岭）、段家山、沙昌顶；坐落于余庄乡境内的山有山神庙眼、大洼山、红岩背、应子背、山寨子卯；坐落于涔山乡境内的山有草垛山、高山峁、虎头山、六角洞、四方崖、青石庵、吴家背；坐落于东寨镇境内的山有棋盘山、高边墙；坐落于东寨镇大庙境内的山有寨子岭、云雾岭、马鞍山、元儿岭；坐落于东寨镇前马仑境内的山有油梁沟山、大顶山；坐落于石家庄镇境内的山有白土崖、狮子口岩、八龙庙山、大凹山、尖山、马头山（又名大寺山）；坐落于西马坊乡境内的山有小芦芽山、西山、山神庙崖、任家山、黄草梁；坐落于化北屯乡宁化境内的山有大堡崖、大梁顶；坐落于化北屯乡境内的山有西梁上、城墙梁、小黄草梁、大凹山、久石岩、铁芦沟山、红梁崖、猫道岩；坐落于迭台寺乡境内的山有刘家峁东山、沙峁岩、照山岩、大山岩、大梁山、牛槽峁、驼岩梁；坐落于怀道乡境内的山有元峁子、芥子崖；坐落于圪壿乡境内的山有东梁山、石峡山、鸡冠山、石沟背、松林子背、李家坡、刘家山；坐落于东马坊乡境内的山有东沟背、干沟山、牛槽洼梁、南岭、莲花山、石窑子南山、黄花岭、大洼顶、寨子山；坐落于东马坊乡辉顺沟境内的山有南天门、油楼山、西梁山、白点坡、前梁山、后梁山、神沟梁、小石人梁、大石人梁、龙王塬、芥菜背、堡子背。

资　源

【水资源】 宁武县境水资源包括地表水、地下水、冰川水三种。地表水有河流水、湖泊、泉水、雨、雪降水组成。地下水按深度分浅层水、深层水，根据其形成和含水条件可分为分布在盆地地区的松散岩类地下水、石灰岩地区的岩溶型地下水、山区丘陵区的山区基岩裂隙地下水。冰川，是固体水库，也是水资源的重要组成部分，主要分布在西部几个有林地带山区，贮水量约0.8亿立方米。

地表水　宁武县境内地势大致是由北向南倾斜，沟壑纵横，山高坡陡，河流、小溪到处可见，地表水流量比较充沛。较大地表河流有汾河、洪河、恢河3条。汾河、洪河属黄河水系，恢河属海河水系。汾河支流沟13条，洪河支流沟2条，恢河支流沟9条。截至2018年底，全县河流总面积1975平方千米，其中：汾河流域1395平方千米、恢河流域343平方千米、属晋西北黄河支流——朱家川流域33平方千米（多年平均河川流量0.0206亿平方千米）、薛家洼乡依原平一带属滹沱流域阳武河水系154平方千米（多年平均河川径流量0.173亿平方千米），其余为涔山乡东北角正掌沟一带流域面积。

汾河、恢河两流域地表径流流域面积均在300平方千米以上。另有11条较大山谷，是县内主要地表径流，也是县内清水主要来源。属于汾河系的有大石洞、石庄沟、圪壿沟、怀道沟、岔上沟、大庙沟、崔家沟、细腰沟、新堡沟以及汾河干流；属于海河水系桑干河上游的有恢河干流。

宁武有许多高山湖泊，原主要集中在余庄乡东庄境内的大小湖泊有天池、元池、琵琶海、鸭子海、老师傅海、干海、暖海等。截至2019年底，积水成湖的只有天池、元池、琵琶海、鸭子海4个，总面积约4平方千米。这些湖泊水面海拔一般在1771～1849米。湖群中面积最大、存水最多的是天池。

截至2019年底，宁武县境共有泉水888处，总流量每秒1.441立方米，绝大部分分布于山谷河床之中，总流量都不大。境域出露泉水366处，合计清泉水流量0.1977亿立方米，仅用于农村生活用水。若遇干旱年，绝大部分断流，仅有100余处保持出水，流量0.5立方米/秒。全年清水总量1576万立方米，绝大部分补给河水，其余沿山谷渗漏地下。

地面洪水径流的多寡，主要决定于全年降水量。全县正常的降水量为420毫米。根据年降水量与年径流系数关系曲线，以此曲线推求与正常年降雨量相应的径流系数为8.4%。汾河流域正常年径流5200万立方米，恢河流域2940万立方米，共计8140万立方米。径流特征，汾河干流在县境内长64千米，平均纵坡1/160，其中宁化以上至汾源纵坡达1/40。沿途有大石洞、大庙、圪缪、西马坊等4条较大支流汇入。恢河干流总长33千米，总落差600米，平均比降1/50，上游段比降大，床面窄，均宽约30米。县城至阳方口段一般宽度在100～200米。

地下水 宁武县内地下水，主要靠降水补给，在沟壑河道还接受山泉水的补给。从地形上看，宁武是地面水的分水岭。地形坡度大，大气降水大部分形成地表水径流，沿河床和沟谷，分别流入汾河和恢河，少数入地下。地下水水力坡度大，径流条件畅通。汾源以上地下水埋藏很深，水量也很小。汾源以下及东部土石山区，有一部分降水沿土壤垂直节理下渗，遇不透水层或断层而形成下降泉流出。地下水的流向大致与地面相同，水质大部分良好，河水多由地下水补给。

宁武县内地下水资源储量可分三类地区：

极贫水区：面积达345.3平方千米，占总面积的18%。涉及涔山乡、东寨镇的大庙、前马仑，薛家洼乡的下白泉等地区，占总人口的8%。这类地区一般地质构造为石灰岩，厚度在150～200米。岩层硬而脆，少有裂隙，给打井带来不少困难。水量少，每小时产出3立方米，为人畜吃水极困难区。

贫水区：面积达1066.6平方千米，占总面积的54%。涉及凤凰镇、阳方口镇、余庄、薛家洼乡等地区，占总人口的64%。这类地区地质构造底部为钙质页岩及白云质灰岩，中部类厚层泥质灰岩及白砂质灰岩。雨季小泉水普遍出流，旱季地下水位埋藏亦浅，但裂隙含水量较少，河谷冲积层又不发育，单井出水量约3～15立方米/小时。这类地区人畜用水可以基本供给，灌溉水量不足，发展工矿业就会造成人畜吃水困难。

较富水区：面积达555.3平方千米，占总面积的28%。涉及东寨镇、石家庄镇、怀道、东马坊化北屯等乡镇，占总人口的28%。这类地区地质构造为冲积潜水、砂子及砾石堆积、地下水位高，所以河漫滩一般都比较潮湿，地下含水量丰富，水质良好，县内汾河流域一带属这类地区，人畜吃水能保证，农田浇水和小型企业用水也能保证供给。

水资源开发 根据宁武县第二次水资源调查评价报告，境内地表水资源开发利用率水平较低，仅为3.9%。水资源利用程度为8.2%，整体处于低度开发水平。县内黄河流域和海河流域的地表水资源利用程度分别为3.7%和10.9%，均属尚未开发区。

【土地资源】 宁武县境内因海拔、气候与复杂地貌的综合作用，形成多种多样的土地资源类型，大致分为三个类型区。黄土丘陵区占9.53%，土石山区占89.02%，冲积平原区占1.45%。各类农用地比例为：平地2.34%，梯田31.56%，坡地66.1%。根据土壤形成的条件、过程及属性三者结合起来的发生学观点，普查鉴定为5个土类，15个亚类，45个土属，60个土种。县内各类地区多数土壤的共性是缺氮、少磷、钾有余，有机质含量多在1%以下（指耕作土壤），pH值属微碱性。植被类型属于南部森林草原向北部干旱草原、荒漠草原过渡类型。海拔1500米以下的土地和滩涂以及海拔2400米的高山平台与缓坡地带，植物呈垂直带状分布。海拔2000～2400米的地域中，华北落叶松、云杉、灌木、草本间杂，植被覆盖率在90%左右。

历史上土地贫瘠、耕地质量差。土地资源的三个类型区分别是，黄土丘陵区占9.53%，土石山区占89.02%，冲积平原区占1.45%。各类农用地比例为：平地2.34%，梯田31.56%，坡地66.1%。2018年末，全县总面积1987.7平方千米，其中：山区面积1888平方千米，占到全县总面积的95%；耕地面积64万亩（25度以上的坡耕地8万亩）；林地面积82万亩，森林覆盖率达到27%；牧草地66万亩；未利用的荒山荒坡面积45.5万亩。耕地面积中播种面积32万亩。

全境按自然条件及水文区域划分，属“云芦山间河谷区”（云中山西坡至芦芽山东坡之间的土石山区），地形复杂，山地丘陵多，平川少，属典型的土石山区。从土地资源分布区位来看，由山地、丘陵、河谷、沟川、沟壑等组成不同地域的各种土地类型，决定不同的适宜性及不同的限制因素，为农林牧副渔全面发展提供保障。从耕作肥力角度看，耕作层土壤表层含量大部分在20%～30%之间，除砂壤和轻壤之外，更多的属中壤质地。从经济结构看，是以农业为主，煤炭工业发展相对突出，人均耕地在晋西北各县中最少，耕地的非农业使用，使农业用地发展有相对减少的趋势。并呈用地结构不合理，重用轻管，严重水土流失，土地日趋贫瘠的趋势，成为制约全县农业生产发展主要因素。

【矿产资源】 宁武县境内矿产资源已知的有煤炭、铁矿、铝土、硫黄、大理石等50多种。宁武县煤炭资源得天独厚，为大宁煤田的主要组成部分。煤层最厚6米，次为1.5～2米，属烟煤。色黑暗易染手，为制焦上品。煤质属一般烟煤（气肥煤）1—10级。灰分标准4.01%～16%，分布在14个乡镇的151个村庄。宁武煤田在全省大同、宁武、西山、霍西、河东、沁水六大煤田中探明储量和预测储量均占第三位。且品种齐全、煤质优良，特别是侏罗纪2＃煤层，具有低灰、低硫、高发热量、高黏结指数等特点，为优质工业动力煤，是冶金、化工行业最佳燃料和优质的配焦煤。

宁武县非煤矿业类型多、储量丰富、潜力巨大，包括能源、黑色金属、有色金属、冶金辅助材料、化工原料、建材原料及其他非金属矿产等。其中铝土矿、高铝黏土、硬质黏土为县优势矿产，是宁武除煤炭外的工业经济支柱。可作冶金辅助原料的矿产有石灰岩和白云岩；用于现代建筑材料的大理石，具有巨大的潜在经济价值；其他矿产有山西式铁矿、锰铁矿、黄铁矿、水晶石、白云母、硫黄、石英等。

【生物资源】 宁武县管涔林区自然环境复杂

多样，孕育了丰富的植物资源。县内生长植物有7门99科860多种。有蕨类植物门、裸子植物门、被子植物门、藻类植物门、菌类植物门、地衣植物门、苔藓植物门。乔木有13科67种、灌木26科111种、草本68科512种、苔藓120多种、地衣植物50多种。各种菌类植物如羊肚菌、杯伞、猴菇菌、木耳等，十分丰富。境内常见的主要乔木13科48种、灌木26科111种、草本68科389种及常见菌种。

动物资源有养殖动物和野生动物。其中：养殖动物有家畜、家禽两类。家畜类养殖动物有牛科的山羊、绵羊、牛；马科的马、驴、骡；犬科的犬，种类有京巴犬、土佐犬、大麦町、吉娃娃、杜宾犬、沙皮犬、狮子犬、柴犬、蝴蝶犬、狼犬、拳师犬、黄金猎犬、哈巴狗、藏獒等；猫科的家猫；猪科的家猪，种类有马身猪、大马身猪、二马身猪、巴克夏猪、药克夏猪、山西黑猪；兔科的家兔，种类有大耳白兔、长毛白兔、八点黑兔等。家禽类养殖动物有鸡，种类有三黄鸡、麻鸡、黑乌鸡、火鸡等；鸭，家鸭；鹅，种类有白鹅、灰鹅、狮头鹅。野生动物有脊椎动物26目68科300种，其中鸟类17目47科248种，兽类6目15科33属41种，两栖爬行类3目6科11种；昆虫17属300多科600多种。鸟类、兽类、两栖爬行类分别占全省总数的59.5%、63%和31%。列为国家一级重点保护的野生动物有褐马鸡、黑鹳、金雕、大鸨、胡兀鹫、金钱豹6种；列为国家二级重点保护的野生动物有原麝，石貂、青鼬、鸳鸯、大天鹅等36种；有中日共同保护候鸟103种；中澳共同保护候鸟24种；山西省重点保护野生动物20种。是世界珍禽褐马鸡的原产地之一，保护区内主要保护对象世界珍禽褐马鸡约有2800只。

【地质资源】 宁武县内地质遗迹，是以万年冰洞和第四纪冰川刨蚀作用产生的天池高山冰川湖泊群遗迹为主，以地质构造、典型地质剖面、古生物化石和地质地貌遗迹为辅的地质遗迹群。这些地质遗迹反映了万年冰洞所在的吕梁山北中段地区，地壳形成和发展史、地理的变迁、冰川的演化、气候环境的演变和人类生存与生活的条件，尤其珍贵的是万年冰洞中保存下来的古冰层，以及在黄土高原内保存的天池高山冰川湖泊群，具有重要的科学研究和观赏价值。

地质遗迹类型。宁武县地质遗迹有区划遗迹类、地貌遗迹类、冰川遗迹类、古生物化石遗迹类4种类型。

区划遗迹类主要有：1. 世界级地质遗迹：（1）万年冰洞。位于宁武涔山乡麻地沟村东北2千米处，系国内目前最大的冰洞，也是世界上迄今为止，在永久冻土层以外发现的罕见大冰洞。该洞发育于奥陶纪灰岩中，沿裂隙发育的为喀斯特洞穴，其雏形出现于前侏罗纪，洞穴于上新世晚期到第四纪早期基本形成。洞中的冰体形成年代久远。在洞口周围是绵延茂密的云杉、落叶松林带，洞口上原有树木杂草遮蔽。冰洞洞体基本呈垂直桶状，直径10～20米，已探明50米左右。据物探探明，洞底深达100余米，保存冰量约2208立方米。冰洞内冰柱、冰帘、冰花、冰钟乳、冰瀑布、冰笋，玲珑剔透。它的奇特之处在于以当地洞处气候条件而论，根本构不成结冰的环境。更为奇特的是在距冰洞约400余米的东面，有地下自燃的煤层，常年冒着浓烟由洞口飘出，当地老乡称为“火山口”。在中纬度地区，冰洞的存在是极少的，全国仅有10个左右。（2）汾河裂谷。北起阳方口，经宁武、分水岭、东寨、宁化，南到化北屯，是世界著名的东亚裂谷域中汾渭裂谷系的中段，属地质力学的新华夏构造体系成分。经燕山运动在山西坚硬块体上发生褶皱断裂后，喜马拉雅运动后造山期中汾渭裂谷形成，并在此将西安至延庆间长达1200千米的裂谷系的南北段在这里打通。恢河至汾河的狭窄裂谷中，处处可见呈三角形的正断层陡崖线状相连，十分醒目壮观；新构造和地震活动频繁，河流阶地发育、山体错动多见，宁化古城墙也被断裂破坏，遗址犹存。沿裂谷村镇众多，是境内主要农耕区，游览交通方便，是观赏和接受地质科普教育、增强民众防灾抗灾意识的理想地区，也是国际上对比研究世界大陆裂谷、俄罗斯贝加尔裂谷系的经典地区。

2.国家级地质遗迹：天池湖泊群。位于本县西南30千米处的高山上，平均海拔约1800米，为第四纪冰川湖。包括马营海（天池）、公海（元池）等15处大小湖泊。其中，马营海、公海、琵琶海、干海子、岭干海等。四周为陡峻成山的基岩，其形成机制与冰川刨蚀作用密切相关。这些湖泊聚集成片，各具特色地展现在几十平方千米的高原山峦上。是同纬度地区和黄土高原上迄今为止保存最完整、最广阔、最原始的最后一块高原绿洲。湖泊群常年不涸，充盈净洁，湖边常栖息许多水鸟和候鸟。天池风光也多姿多彩，加之分布在岗峦上的汾阳宫、朝元阁、海瀛寺、海神庙等古代宫廷和寺庙遗址，使该景区自然景观和人文景观相互映衬颇为协调。

3.国家和省市级地质遗迹及地质景观：该区地层系统发育较完好，前寒武纪在该区内沉积2万余米的五台群，地层厚度大，发育齐全。早古生代的寒武系出露完整，不整合于前寒武系和元古代侵入岩之上，其上又被奥陶系不整合覆盖，有顶有底，古生物资料丰富，连续沉积于其上的奥陶系，厚度较大，分层标志清晰；晚古生代自石炭系之后，二叠系、三叠系及侏罗系均为连续沉积，整合接触。在这样漫长的地质时期，华北型沉积地层发育完整，古生物资料齐全，标准层系出露清楚，实为罕见。为研究华北地区的古地理、古环境、古气候提供了第一手资料。自上古生代以来，该区地层连续沉积，发育完整，与华北地区及国内乃至世界地层对比，均有极高的价值。区内有二叠系上统孙家沟组、三叠系下新统和尚沟组、三叠系中统二马营组、新近系中新统保德组（该组具有一定的国际意义，常被国外地质学者所引用），新近系上统高庄组及麻则沟组，共6条国家级正层型地质剖面。新太古界五台群、石炭系上统太原群、二叠系下统山西组、侏罗系中统大同组，共4条地区级副层型（或次层型）地层剖面。阜平运动、五台运动、吕梁运动等在该区均有表现。国家级典型构造剖面有：吕梁运动不整合遗迹、加里东运动不整合岩溶楔堆积遗迹、海西运动华夏构造体系形成海相灰岩东北向展布、燕山运动的褶皱断裂剖面、喜马拉雅运动汾河源区裂谷剖面、喜马拉雅运动晚期无错动断裂谷剖面、万年冰洞附近燕山期节理裂隙系统景观遗迹等。省级典型构造剖面有：阜平运动末期铁堡运动不整合遗迹、晋宁运动不整合遗迹、加里东运动不整合遗迹、燕山期冲断层与喜马拉雅期正断层组合剖面、新构造地震灾害遗迹等。市县级典型构造剖面有凤凰村—化北屯卵形向斜、春景洼—马仑背斜侵入岩体沿核部出露及断层等。石炭二叠纪为该区主要产煤地层，宋代就有自燃现象发生的记录，被称为“千年火山”，侏罗纪也有含煤岩系，构成该区第二个产煤地层；芦芽山岩体风化地貌与瀑布群。另外，该区又是各种门类化石产地；如在东寨镇二马营村南岭山三叠纪地层中，曾出土白垩纪恐龙化石（现存北京历史博物馆内）；近年，在汾河源头一带的山上，特别是东汾煤矿一带，经常在石炭纪地层中发现古树化石。

4. 省市级地质遗迹：黄土堆积。在本区的一些低矮丘陵上、河谷阶地中，覆盖有厚10～20米的黄土层。黄土剖面中还可见有1～3条古土壤带。这些黄土及其中的古土壤层，保存有丰富的古气候、古环境及构造—气候旋回与冰芯、冰川、河流阶地、湖泊耦合作用信息。

地貌遗迹类，主要类型有构造地貌（单面山、断块山）、重力地貌（重力滑动面、崩塌岩堆、滑坡）、剥蚀堆积（夷平面等）地貌、流水地貌（河流、悬沟、冲沟、宽谷、阶地、河心滩、边滩、河湾）、岩溶地貌（峰丛、溶洞、钙华体）和黄土地貌六类。各种地质作用形成的地貌有崖壁地貌、墙堡地貌、峰丘地貌、桌状山地貌、峡谷地貌、障谷地貌、瓮谷围谷地貌、水体景观地貌等数十种。

冰川遗迹类。境内有典型的第四纪冰川与冰缘遗迹分布。

在芦芽山脉分布有多处冰川遗迹，在山顶太子殿旁可见岩体中发育的冰臼，其直径在0.5～1.0米之间；在山脉的两侧可见古冰斗、冰川U形、冰缘石海、冰缘石垅、冰碛、冰水堆积等古冰川、古冰缘遗迹。在芦芽山顶的花岗岩洞穴为冰川作用形成的山顶冰臼。

黄草梁、荷叶坪一带的高山草甸中大量发育很好的石河、石海、石环及石冰川，马营海一带基岩鼓丘、冰蚀丘陵等顶面上广泛分布的异地冰碛砾石，这些足以说明，境内曾有过古冰川作用的存在。

古生物化石遗迹类。其中，动物化石：寒武纪节肢动物，奥陶纪的牙形刺标准化石带、角石，石炭纪的腕足类、蜓科化石等。植物化石：石炭纪、二叠纪、三叠纪、侏罗纪的植物化石及硅化木等。

【森林资源】 宁武县森林覆盖率在山西省范围内排列第四，以宁武为中心的管涔山林区天然次生林林相为华北之最，地处中国三北防护林体系中段，是山西省著名水源涵养防护林基地。素有“华北落叶松的故乡”“云衫之家”盛誉。

截至2019年底，全县内有原始次森林面积5.47万公顷，333.33公顷以上的林地就有20多处。主要林区的管涔山，生长着寒温性针叶林、亚高山草甸和低中山落叶灌丛。共有天然次生针叶林面积4.5万公顷，占森林面积的92.3%。木材蓄积量520.93万立方米，森林中郁闭度在0.4以上的林地37266.67公顷，疏林地8266.67公顷，其余为未成林地、造林地和宜林地等。在林地中，云杉林15600公顷，华北落叶松林12600公顷，白桦林4133.33公顷，其余为油松、山杨、辽东栎林。林龄40～80年，林龄中占78%，余为幼林龄。2005年，山西省开展的森林资源二类调查显示，管涔山国有林管理局管理六县市国有森林总面积82366.67公顷，活立木总蓄积577.1万立方米。按林地种类分：乔木林地40773.33公顷，疏林地3160公顷，灌木林地15986.67公顷，未成林造林地3586.67公顷，苗圃地33.33公顷，无立木林地3920公顷，宜林地107.93公顷，辅助生产林地13.33公顷，其他4100公顷；按经营区划分：江河源头63393.33公顷，江河两岸13913.33公顷，森林和陆生野生动物的国家级自然保护区5060公顷。其绝大部分经营面积在宁武县。县内国有森林面积3.68万公顷，森林覆盖率平均78%。集体林地面积83866.67公顷，私有林面积5733.33公顷。活立木总蓄积量621.2万立方米，其中县属林木总蓄积量332.8万立方米。2019年，全县森林总面积（包括管涔山林）5.76万公顷，其中有林地1.75万公顷、灌林地2.09万公顷、疏林地0.63万公顷、未成林1.3万公顷。

森林分布。宁武县管涔林区区域面积较小，气候差异不大。但海拔高差悬殊大，如最低处潘家湾海拔1346米，最高处荷叶坪海拔2787米，高差竟达1741米；在同一地区，海拔每升高100米，年平均气温则下降0.6℃，降水量相应增加。这种从低到高的不同气候类型，使管涔山林区森林形成垂直分布差异较大的分布特点。

水平分布。宁武县管涔林区属暖温带气候，但森林大多分布在海拔1500米以上的高中山地区，气温较低、降水量较多，形成寒温性针叶林——云杉和华北落叶松占优势的森林群落。天然林主要分布区年平均气温在4℃以下，无霜期90～100天，年降水量一般在580～970毫米，土壤主要为山地棕壤和山地褐土。树种主要有云杉（青杆和白杆）、华北落叶松。其次为油松、山杨、桦树。云杉以大石洞、秋千沟、马家庄、高桥洼、羊圈沟以及荷叶坪周围山坡最为集中，郁闭度0.7以上，林龄40～80年，每亩平均蓄积10.6立方米。林下主要有苔藓类，其他为同川毛、忍东等。华北落叶松多与云杉林混交分布，高程略低于云杉林，在大石洞和恢河上游、大小林场、春景洼、大庙、涔山、前马仑、辉顺沟等分布最广，阴坡、阳坡都能生长，郁闭度在0.7以下，林龄30～60年，每亩平均蓄积7.13立方米，林下植被稀疏，以苔草、藓类为主。油松林在管涔山区所占比例不大，多在山势较陡的山地生长，位于芦芽山东南吴家沟、杜家村、接官亭、怀道等林场及芦芽山自然保护区内有油松分布，林龄20～60年，郁闭度0.4～0.6，每亩平均蓄积量4.13立方米。白桦林分布比较分散，多与华北落叶松、油松和山杨混交，除轩岗、长梁沟、禅房山、摩天岭、孟家窑、三百户浅山背阴坡分布较多外，其他地方甚少。海拔1600以上的阴坡生长良好，郁闭度0.4～0.6，林龄多在30年以下，每亩平均蓄积2.47立方米，林下为山地棕壤、草灌植被较为良好。

垂直分布。随着海拔高差的变化，管涔山区的乔木、灌木和草本植物的垂直分布相应变化，形成4个不同的林区植被带：

灌木丛及农垦带（海拔1300～1600米）：灌木以沙棘、黄刺玫，胡枝子、红花锦鸡儿、蚂蚱腿子为主，农作物以莜麦，马铃薯为主。

中山阔叶混交林带（海拔1500～1800米）：一般是以白桦、山杨、青杆、白杆、华北落叶松为主的混交林，在阳坡分布着油松与辽东栎混交林。灌木以卫矛、胡枝子，山刺玫为主。

高中山针叶林带（海拔1700～2600米）：以青杆和白杆为主，阳坡、半阳坡有小片的华北落叶松，灌木为悬钩子、黄刺玫、玫瑰、金露梅、皂柳等。

亚高山灌丛草甸带（海拔2400～2787米）：灌草以鬼见愁、高山绣线菊、金露梅、栒子木为主，其次是苔草、禾木类以及地榆、毛茛、龙芽草、细叶羽衣草、矮生委陵菜等植物较多。

人口　民族　宗教

【人口】 根据2019年人口抽样调查统计，年末全县常住人口为166112人。按居住区域分，城镇人口87743人，乡村人口78369人，城镇化率52.82%；按人口性别分，男性89090人，女性77022人，性别比115.67。年末出生人口1268人，人口出生率为7.63‰；死亡人口1039人，死亡率为6.25‰；人口自然增长率为 1.38‰。

【民族】 2019 年，全县少数民族人数共 192 人，常住人口 178 人，暂住人口 14 人。常住的少数民族有蒙古族、回族、藏族、苗族、彝族、壮族、布依族、朝鲜族、满族、侗族、白族、土家族、哈尼族、傣族、傈僳族、佤族、拉祜族、布朗族、普米族、怒族、裕固族。

【宗教】 2018 年，全县有佛教、基督教、天主教三大宗教。其中基督教活动场所 2 处，天主教活动场所 1 处，佛教活动场所 9 处，分别是凤凰镇龙泉寺、万佛寺，余庄乡海瀛寺、佛光普照寺，东寨镇汾源雷鸣寺、东寨镇广济寺，涔山乡普应寺、悬空寺，石家庄镇龙泉寺。

国民经济和社会发展

【概况】 2019 年，宁武县生产总值 677422 万元，按可比价格计算，比上年增长 9.1%。其中，第一产业增加值 27092 万元，下降 5.1%，占生产总值的比重为 4.0%；第二产业增加值 382600 万元，增长 8.1%，占生产总值的比重为 56.48%；第三产业增加值 267730 万元，增长 11.9%，占生产总值的比重为 39.52%。

人均地区生产总值 40784 元，增长 11.53%。

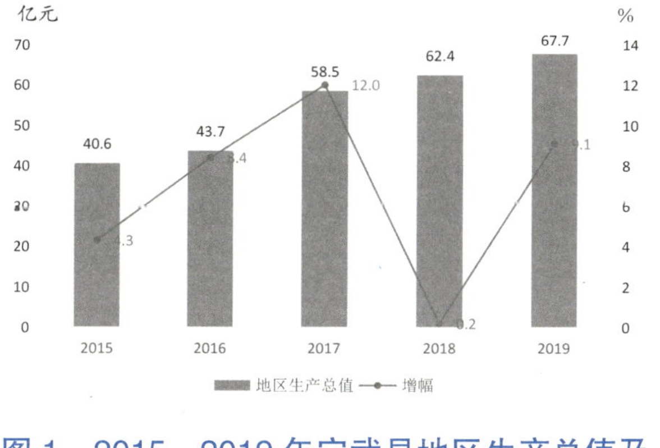

图 1　2015—2019 年宁武县地区生产总值及其增长速度示意图

全年全县财政总收入 212727 万元，增长 10.79%。其中，财政收入 42474 万元，增长 73.54%；税务收入 170253 万元，增长 1.62%。

全县一般预算收入 91259 万元，增长 27.75%。税收收入 48785 万元，增长 3.88%，其中增值税、营业税、企业所得税、个人所得税、资源税和城建税共计完成税收 40650 万元，增长 15.46%，非税收入完成 42474 万元，增长 73.53%，其中专项收入、行政事业性收费收入、罚没收入和国有资源有偿使用收入共计完成 42417 万元，增长 91.21%。

一般预算支出 252303 万元，增长 28.47%。其中，教育、社会保障和就业、医疗卫生和计划生育、环境保护、城乡社区事务、交通运输等民生支出 139931 万元，增长 64.28%。

全年全县城镇新增就业 2714 人。转移农村剩余劳动力 2104 人。年末城镇登记失业率 3.52%，控制在 4.2% 内。

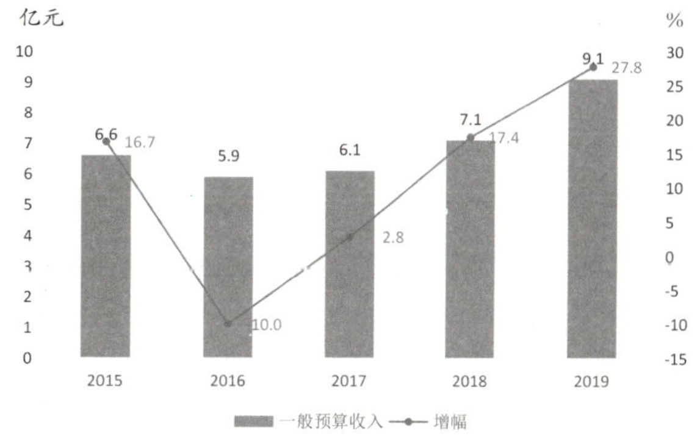

图 2　2015—2019 年宁武县一般预算收入及增幅示意图

【农业】 2019 年，宁武县农作物种植面积 10564.5 公顷，比 2018 年减少 1941.3 公顷。其中，粮食种植面积 7909.3 公顷，减少 2375.8 公顷；油料种植面积 1302.7 公顷，减少 189.5 公顷；在粮食种植面积中，玉米种植面积 1719 公顷，增加 266.5 公顷。

全年粮食产量 17799.5 吨，减少 3598.3 吨，减少 16.82%。

2019 年宁武县主要农林产品产量及其增长速度情况表

表 2　　　　单位：吨

产品名称	产　量	比上年增长 %
粮　食	17799.5	-16.82
其中：玉　米	7554.5	6.23
谷　子	819.2	-10.98
豆　类	2477.5	-24.95
薯　类	19278.9	-29.79
油　料	1485.9	-5.39
蔬菜及食用菌	1867.0	-21.49

全年完成造林 3366 公顷，同比下降 2.58%。其中，人工造林 1833 公顷，封山育林 1533 公顷。

全年全县猪牛羊肉总产量 7385 吨，增长 26.62%。其中，猪肉产量 4267 吨，增长 88.53%；牛肉产量 693 吨，增长 12.52%；羊肉产量 1713 吨，下降 38.33%。年末生猪存栏 57148 头，羊出栏 78688 头。牛奶产量 60 吨，增长 20.0%。禽蛋产量 613 吨，减少 19.24%。

年末全县农业机械总动力 25797 千瓦，比上年 23490 千瓦增长 9.82%；机械耕地面积 5535 公顷，比上年 3786 公顷增长 46.20%；机械播种面积 4880 公顷，比上年 3174 公顷增长 53.75%；机械收获面积 2525 公顷，比 2018 年 1135 公顷增长 122.25%。

【工业和建筑业】 2019 年末，宁武县规模以上工业企业 29 家，比 2018 年增加 3 家。全年规模以上工业同比增长 11.5%。

全社会原煤产量 1274.14 万吨（在库规上煤炭企业产量），下降 8.91%；洗煤 98.9 万吨，下降 14%；发电量 92285.17 万千瓦时，下降 14.9%。

规模以上工业企业实现销售产值 559734 万元，下降 1.43%。规模以上工业上缴税金 82790 万元，下降 14.36%，利润总额 25711 万元，下降 51.7%。

全年全县建筑业实现总产值 6096 万元，下降 65.7%。具有建筑业资质等级的总承包和专业承包建筑业企业实现利润亏损 435 万元。

2019 年宁武县规模以上工业总产值及其增长速度情况表

表 3　　　　单位：万元

指　标	总产值	比上年增长 %
规模以上工业	553289	2.98
其中：轻工业		
重工业	553289	2.98
其中：煤炭工业	481888	-3.54
电力工业	54754	2.78

【能源】 2019 年，宁武县规模以上工业能源消费折标准煤 11.08 万吨，下降 15.7%。全年全县全社会用电总量 69495 万千瓦时。其中，第一产业用电 1066 万千瓦时，占全社会用电量 1.53%；第二产业用电 51847 万千瓦时，占 74.6%，其中工业用电 50760 万千瓦时；第三产业用电 10653 万千瓦时，占 21%；城乡居民生活用电 5928 万千瓦时，占 8.53%。

【固定资产投资】 2019 年，宁武县全社会固定资产投资 426271 万元（新口径，下同）。其中，固定资产投资（不含跨县、农户）426271 万元，增长 4.0%。

在固定资产投资（不含跨县、农户）中，国有及国有控股投资 216190 万元，下降

20.3%；民间投资 206598 万元，增长 49.0%，占 48.5%。

分产业看，第一产业投资 53256 万元，增长 38.4%；第二产业投资 221156 万元，下降 15.3%；第三产业投资 167900 万元，增长 60.4%。

全县工业投资 221156 万元，下降 15.3%。其中，煤炭工业投资 132693 万元，增长 11.5%，非煤产业投资 88643 万元，下降 37.7%。

全年全县在建固定资产投资项目 108 个。其中，亿元以上项目 28 个，计划总投资 2084350 万元，2019 年完成投资 315047 万元。

房地产开发本年完成投资额 4992 万元，下降 15.0%。其中，住宅投资 1911 万元，下降 53.5%。

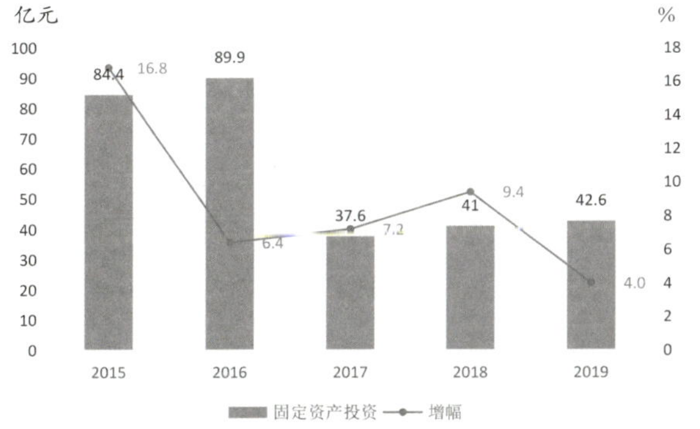

图 3　2015—2019 年宁武县固定资产投资及增幅示意图

2019 年宁武县房地产开发和销售情况表

表 4

指　标	单　位	绝对数	比上年增长 %
投资完成额	万　元	4992	-14.9
其中：住　宅	万　元	1911	-53.5
房屋施工面积	万平方米	310577	-19.9
其中：住　宅	万平方米	217720	-20.9

续表 4

指　标	单　位	绝对数	比上年增长 %
房屋新开工面积	万平方米	0	—
其中：住　宅	万平方米	0	—
房屋竣工面积	万平方米	0	—
其中：住　宅	万平方米	0	—
商品房销售面积	万平方米	43705	24.8
其中：住　宅	万平方米	43015	25.9

【国内贸易】 2019 年，宁武县社会不含石油及制品类消费品零售总额 142874.8 万元，增长 7.6%，按经营地统计，城镇消费品零售额 83418.3 万元，增长 6.3%；乡村消费品零售额 59456.5 万元，增长 9.4%。按消费形态统计，零售额 115564.8 万元，增长 7.8%；餐饮收入额 27310 万元，增长 6.6%。

2019 年宁武县社会消费品零售总额（不含油品）及其增长速度情况表

表 5　　单位：万元

指　标	绝对数	比上年增长 %
社会消费品零售总额	142874.8	7.6
按经营地分：		
城　镇	83418.3	6.3
乡　村	59456.5	9.4
按消费形态分：		
餐饮收入	27310	6.6
商品零售	115564.8	7.8

全年全县社会消费品零售总额完成 142874.8 万元，增长 7.6%，其中，限额以上 13806.8 万元，增长 7%，占比重 9.7%。

2019 年宁武县限额以上批发零售业零售额及其增长速度情况表

表 6　　　　　　　　　　　　　　　单位：万元

指　标	绝对数	比上年增长 %
粮油、食品类	11158.1	7
饮料类	216.1	0.1
烟酒类	461.8	23.1
服装、鞋帽、针纺织品类	295.4	5.4
化妆品类	271.7	–3.7
日用品类	285.1	5.9
五金、电料类	78	–4.6
体育、娱乐用品类	66.9	–1.8
中西药品类	1188.4	10.6
文化办公用品类	66	–4.3
家具类	1264.8	41
通信器材类	1605.5	6.6
建筑及装潢材料类	1247.8	13.9

【交通、邮电和旅游】 2019 年年底，宁武县公路线路里程 1272.07 千米，其中省级公路 238 千米，县级公路 155.01 千米，乡级公路 396.38 千米，村级公路 430.2 千米，专用公路 14.48 千米，高速公路 38 千米。

2019 年宁武县公路客货运输量及其增长速度情况表

表 7

指　标	单　位	绝对数	比上年增长 %
旅客运输量	万　　人	109	–18.66
旅客运输周转量	万人千米	14934	–33.53
货物运输量	万　　吨	749	–17.33
货物运输周转量	万吨千米	11508	–25.93

年末全县民用汽车保有量 19209 辆（包括三轮汽车和低速货车 80 辆），比上年末增长 12.02%，其中私人汽车 17187 辆，增长 13.46%。2019 年新注册汽车 1774 辆，增长 3.99%。年末轿车保有量 16914 辆，增长 11.72%，其中私人轿车 14974 辆，增长 13.44%。

全年全县邮政、电信、移动完成业务总量 9400 万元，增长 0.5%。其中，邮政业务总量 2428.03 万元，电信业务总量 2840 万元。移动业务总量 3731.97 万元。2019 年年末移动电话用户 148500 户，增长 1.71%。其中，2G 电话用户 19900 户，3G 电话用户 780 户，4G 电话用户 127820 户。有线宽带接入用户 33100 户，增长 19.06%。

全县接待游客 136 万人次，同比增长 26.6%，旅游综合收入 12.6 亿元，同比增长 30.2%。

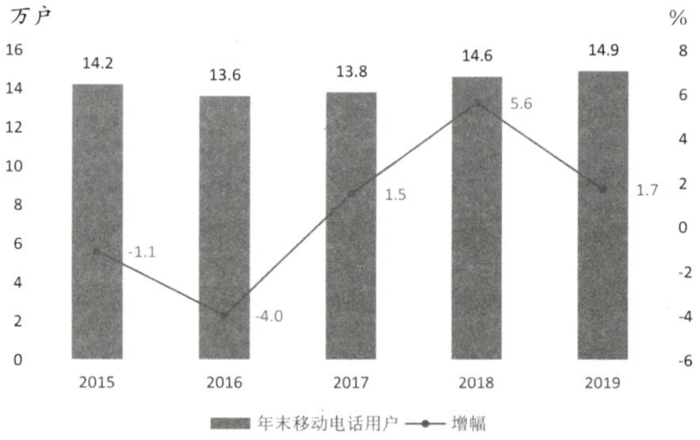

图 4　2015—2019 年宁武县年末移动电话用户示意图

【金融】 2019 年年末全县金融机构本外币各项存款余额 1221372 万元，比年初增加 136637 万元，增长 12.60%，各项贷款余额 421769 万元，比年初增加 91295 万元，增长 27.52%。

2019 年年末全县农村金融合作机构（农村信用社、农村合作银行、农村商业银行）人民币贷款余额 268325 万元，增长 22.89%；

人民币存款余额 359631 万元，增长 7.55%。

2019 年年末宁武县金融机构本外币存贷款及其增长速度情况表

表 8　　　　　　　　　　　　　　　　单位：万元

指　标	年末数	比年初增长 %
一、各项存款余额	1221372	12.60
（一）境内存款	1221372	12.60
1. 住户存款	908620	7.85
2. 非金融企业存款	179981	4.45
3. 广义政府存款	132771	89.81
4. 非银行金融机构存款	0	0
（二）境外存款	0.42	-96.18
二、各项贷款余额	421769	27.63
1. 住户贷款	231376	30.09
（1）短期贷款	193796	38.91
（2）中长期贷款	37580	-3.23
2. 非金融企业及机关团体贷款	190393	24.75
（1）短期贷款	78354	14.92
（2）中长期贷款	97669	26.53
（3）票据融资	14370	73.68

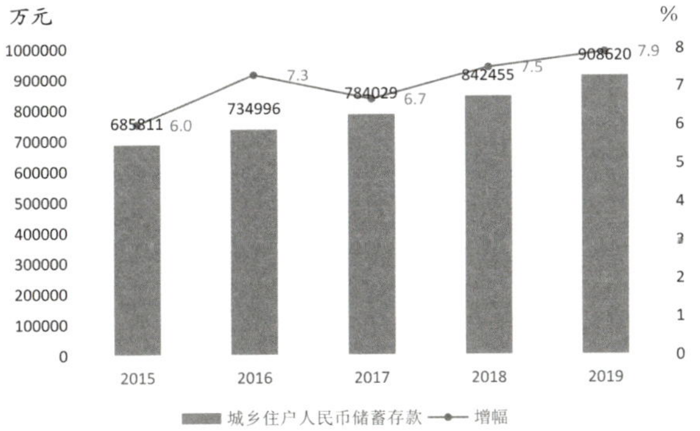

图 5　2015—2019 年宁武县城乡住户人民币储蓄存款余额及其增长速度示意图

【教育和科学技术】 2019 年年末全县共有幼儿园 54 所，其中县级机关幼儿园 1 所，民办幼儿园 15 所，农村幼儿园 38 所；小学 25 所；普通初中 6 所；普通高中 1 所；中等职业学校 1 所。

2019 年宁武县各类教育发展情况表

表 9　　　　　　　　　　　　　　　　单位：人

指标	招生	比上年增长 %	在校生	比上年增长 %	毕业生	比上年增长 %
中等职业教育	145	0.70	238	6.73	72	89.47
普通高中	500	1.01	1602	-6.53	624	-7.83
初　中	1502	-4.03	4376	1.11	1377	-0.51
小　学	1537	-7.24	9098	-4.23	1831	-11.37
学前教育	789	27.46	3457	1.20	1355	-20.11

全县有气象台站 1 个，气象系统开展人工影响天气业务的单位 1 个，天气预报服务 Intel 网站 1 个，卫星云图接收站 1 个。

2019 年年末，全县有专业综合地震台站 1 个。

【文化、卫生和体育】 2019 年，宁武县有文化馆 1 个，文化站 14 个（其中：乡镇综合文化站 14 个），农村文化活动场所 412 个。全县共有专业艺术表演团体 1 个。公共图书馆 1 个。报纸出版物 1 种 10.5 万份，各类杂志出版物 1 种 5300 册。广播电视台 1 座，电视台 1 座，调频转播发射台 1 座，100 瓦以上电视转播发射台 1 座。广播人口覆盖 16.21 万人，覆盖率 98.6%，电视人口覆盖 16.43 万人，覆盖率 98.72%，有线电视用户 1.22 万户。

2019 年年末全县共有卫生机构（含诊所、村卫生室）213 个，床位 1097 张。县级医院 1 个，卫生防疫、防治机构 1 个，妇幼保健院（所、站）1个，乡镇中心卫生院5个，卫生院9个，村卫生室137个。全县卫生机构共有卫生技术人员868人。

2019年，全县有体育场1个、体育馆1个。

【人民生活和社会保障】 全年全县全体居民人均可支配收入16000元，增长9.4%。按常住地分，城镇居民人均可支配收入26550元，增长7.0%，农村居民人均可支配收入6843元，增长15.2%。

2019年年末共发放社保卡151209张。机关事业养老保险参保人数9898人；企业养老保险在职参保人数14300人；城乡居民社会养老保险参保人数89659人；失业保险参保人数16700人；工伤保险参保人数16672人。

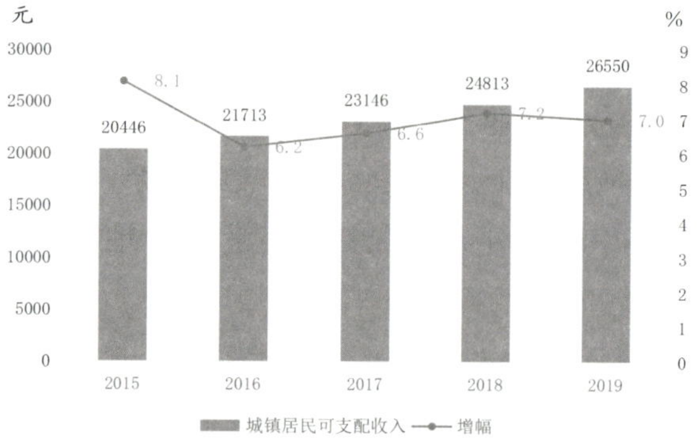

图6　2015—2019年宁武县城镇居民人均可支配收入及其增长速度示意图

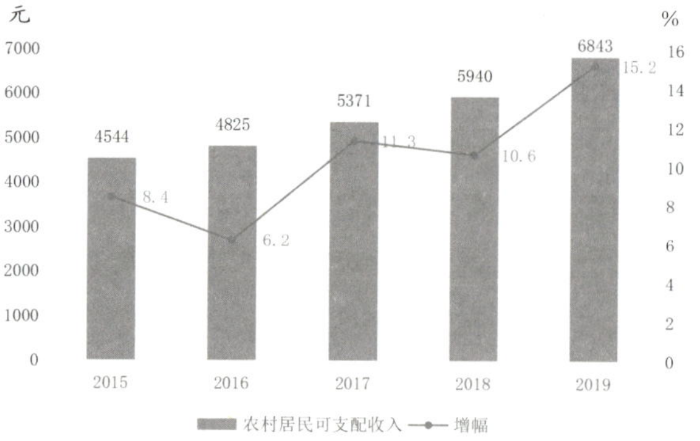

图7　2015—2019年宁武县农村居民人均可支配收入及其增长速度示意图

全年得到城乡最低生活保障救济人数13734人，其中乡村最低生活保障救济人数11151人，城镇最低生活保障救济人数2583人；全年共发放城乡最低保障资金4901万元。其中乡村最低保障资金发放3683万元，发放城镇最低生活保障资金1215万元。纳入农村特困人员1855人，发放生活保障金1085.9万元。

2019年年末全县城镇有各种社区服务设施2个，其中综合性社区服务中心1个，各类收养性单位床位数370张。

【资源、环境和安全生产】 按《环境空气质量指数（AQI）技术规定（试行）（HJ633—2012）》评价，2019年，空气质量达标天数321天，同比增加23天，完成比例87.9%，未完成年度目标；重污染天数6天，同比减少3天；$PM_{2.5}$年均浓度值29微克/立方米，完成年度目标。

2019年宁武县环境空气质量和主要污染物监测情况表

表10

指　标	绝对值	同比变化（%）
优良天数（天）	321	23
重污染天数（天）	6	–3
综合指标	4.16	–9.76
$PM_{2.5}$浓度（微克/立方米）	29	–12.1

汾河、恢河流域宁武段共设2个监测断面，汾河断面稳定达到Ⅲ类以上水质标准，恢河断面水质符合水体功能需求。

全年14个乡镇受洪涝灾害人数46088人，农作物受灾面积9156公顷，成灾面积5303公顷，绝收面积2795公顷，直接经济损失

1574万元。

全年全县累计发生各类事故2起，死亡6人，与2018年同期相比，事故减少7起，下降78%；死亡增加4人，上升200%。其中，采矿业1起，死亡6人，消防1起，其他行业均未发生事故。

（宁武县统计局　提供）

机构设置及负责人名录

中国共产党宁武县委员会

书　记　任宁虎
副书记　王　卓
　　　　高建文
　　　　李长平（挂职）
　　　　薛勇民（挂职，2019.04 离）
　　　　成　钢（挂职，2019.04 任）
常　委　弓凤英（女）
　　　　薄小伟
　　　　尹志刚
　　　　田贺玉（2019.11 离）
　　　　狄文俊（2019.11 任）
　　　　贾建宁
　　　　张申良（2019.08 离）
　　　　郝建青（挂职）

宁武县人民代表大会常务委员会

主　任　马在岐（2019.12 离）
　　　　田贺玉（2019.12 任）
副主任　吴永胜
　　　　魏峥嵘
　　　　苏栓斌

宁武县人民政府

县　长　王　卓
副县长　田贺玉
　　　　金　锐
　　　　张国伟
　　　　李　俊
　　　　武　强
　　　　杨丽琴（女）

中国人民政治协商会议宁武县委员会

主　席　薛军良
副主席　张福文
　　　　宗守先
　　　　廖志英（女）
　　　　周喜生

中国共产党宁武县纪律检查委员会

县委常委、纪委书记、监委主任
　　　　尹志刚
纪委副书记、监委副主任
　　　　郭士忠
　　　　宋关生
纪委常委、监委委员
　　　　郭志强
　　　　高文美
纪委常委　巩文君
　　　　李　芳（女）
监委委员　王建平
　　　　陈建国

宁武县人民法院

院　长　徐　飞
副院长　陈建生
　　　　侯彦文

宁武县人民检察院

检 察 长　安锐锋
副检察长　毕士云
　　　　胡　江

贺润明

县委工作部门

中共宁武县委办公室

主　任　冀海亮

副主任　贾兆卿

曹朝晖

张晓栋

中共宁武县委组织部

部　长　贾建宁

副部长　尹利洲

王广森

李文英（女）

戴凤龙

中共宁武县委宣传部

部　长　薄小伟

副部长　李文忠

吴建国

朱建峰

中共宁武县委统战部

部　长　贾建宁（兼）

副部长　宫志平

郭爱军

中共宁武县委政法委员会

书　记　弓凤英

副书记　宫建华

副书记、综治办主任　魏拴喜

综治办副主任　武　刚

机构编制委员会办公室

主　任　李贵果

副主任　杨　智

县委巡察办

主　任　周天柱

副主任　崔向东

县委巡察组巡察专员

岳建刚

沙春燕（女）

郝江宝

老干部局

局　长　尹利洲

副局长　王树智

李红光

信访局

局　长　贾智林

副局长　葛晓君

人大工作机构

人大办公室

主　任　李宝贵

法制工作委员会

主　任　程耀文

财政经济工作委员会

副主任　聂晋文

教育科学文化卫生工作委员会

主　任　武万锁

农村工作委员会

副主任　葛俊峰

人事工作委员会

主　任　王　智

城环工作委员会

主　任　李天祥

县政府工作部门

政府办公室

主　任　李文斌

副主任　周开胜

肖俊伟

亢理峰

丁建生
邵俊峰
吴劲良

发展和改革局
局　长　张俊伟
副局长　陈沅俊
王天恩
总　工　沈文斌

工业和信息化局
局　长　亢奋义
副局长　张建成
丁国有
秦　超
副书记　吕建国

教育科技局
局　长　闫凯亮
副局长　安耀青
赵银卯
仝　彦
专职副书记　孟建青

公安局
党委书记、局长　金　锐
副书记、政委　闫立新
副局长　唐志荣
李　栋
高如文
副书记　宣文杰
彭秀军

民政局
局　长　吕耀东
副局长　张润才
王建平

司法局
局　长　周晓峰
副局长　宫志勇

财政局
局　长　张　军
副局长　刘广文
段美丽（女）
刘雯靓
总会计师　武彦华（女）

人力资源和社会保障局
局　长　谷茂华
副局长　王凤义
郭建成
王德义

自然资源局
局　长　王志荣
副局长　项　南
侯俊虎
张学军
刘建明
总　工　薄新保

住房保障和城乡建设管理局
局　长　张宝生
副局长　唐亮荣
总　工　王俊生

交通运输局
局　长　白云龙
副局长　王建伟
张　鑫
总　工　张宾贵

水务局
局　长　陈玉峰
副局长　康海云
冯玉生
总　工　吕成良

农业农村局
局　长　李茂华
副局长　胡艮生
温　杰

陈金元
总农艺师　王文英
林业局
局　长　隋贤荣
副局长　李计春
马应宽
卫生健康和体育局
局　长　窦润玺
副局长　崔保才
郭春梅（女）
高玉才
统计局
局　长　吕玉森
副局长　廖向东
张晓丽（女）
审计局
局　长　李云山
副局长　刘新成
弓翠仙（女）
应急管理局
局　长　李志效
副局长　王银贵
王利峰
总　工　辛建平
市场监督管理局
局　长　仝大鹏
副局长　田福明
李喜旺
王双柱
文化和旅游局
局　长　闫　鹏
医保局
局　长　刘　鹏
副局长　亢　鹏
能源局
局　长　李志效
副局长　田献龙
退役军人事务局
局　长　刘成平
副局长　邵文俊

县政协工作机构

政协办公室
主　任　李鹏书
政协教科文卫委员会
主　任　李晓峰
政协法制与民族宗教委员会
主　任　吴存柱
农村工作委员会
主　任　魏　旭（女）

正处级事业单位

忻州市芦芽山风景区管理中心
主　任　梁海宏
副主任　乔玉龙
郭建毅
副处级事业单位
治汾指挥部办公室
主　任　李建明
副主任　郑　强
总　工　王　荣

县正科级事业单位

县委党校
常务副校长　王东升
副　校　长　亢满堂
马进军
党史资料征集委员会办公室
主　任　李金平

副主任　温林凤（女）

广播电视台

台　长　王念祖

忻州电视台记者站站长　杜振东

县委社会服务管理指导中心

主　任　胡　军

审批局

局　长　王喜柱

副局长　李引兰

文化体育中心

主　任　郭俊杰

副主任　郭新龙

地震局

局　长　武三文

重点工程项目办公室

主　任　陈沅俊

档案馆

馆　长　张永明

副馆长　亢小东

包春艳

直属机关事务服务中心

主　任　陈彦峰

副主任　宣国栋

常吉红

治理超载超限车辆办公室

主　任　丁建生

旅游服务中心

主　任　刘耀华

宁武冰洞国家地质公园管理处

处　长　汪渊文

副处长　侯晓军

劳动就业局

局　长　郭建成

副局长　王荣梅（女）

周俊青

供销合作联社

主　任　侯凤青（2019.05 任）

党总支书记　王留正（2019.05 任）

副　主　任　王洪平（女、2019.11 退）

刘晓丽（女、2019.05 任）

经济发展研究中心

主　任　刘殿义

副主任　王玉卿

科学技术服务中心

主　任　刘向荣

副主任　贾俊平

粮油服务中心

主　任　张卫华

副主任　张巨星

孙丽华（女）

扶贫开发中心

主　任　孙文生

副主任　余耀龙

畜牧兽医中心

主　任　吴拴龙

副主任　胡国庆

农业机械化服务中心

主　任　李润牛

副主任　聂建国

赵振文

中小企业服务中心

主　任　弓春祥

旧城改造服务中心

负责人　白守平

副主任　冀　钢

人才交流中心

负责人　谷茂华

副主任　董福廷

城镇集体工业联社

主　任　信高奇

副主任　兰建平

综合检验检测中心

主　任　王　帅

疾病预防控制中心

主　任　陈秉义

副主任　赵国武

　　　　宗　晋

招商服务中心

主　任　王润生

副主任　张海瑞

经济技术园区管委会

主　任　王俊保

副主任　赵　明

人民医院

院　长　雷维平

副院长　张建华

　　　　李增玉

　　　　胡　钰（女）

中医院

院　长　康宇斐

副书记　梁晓琦

妇幼保健计划生育服务中心

主　任　王海翠（女）

副主任　王俊峰

红十字会

专职副会长　亢小平（女）

教育督导室

副主任　张迎春

教师进修学校

校　长　隆泽峰

副校长　张　胜

　　　　张　波

职业中学

校　　长　张　旭

党支部书记　郝　晟

副　校　长　张　芳（女）

　　　　　　项文慧

高级中学

校　　长　孟建青

党支部书记　王金龙

副　校　长　贾根福

　　　　　　李劲军

　　　　　　胡树林

第一中学

校　　长　樊永俊

党支部书记　李金才

副　校　长　杨焕成

　　　　　　郭永平

　　　　　　何颖君（女）

第二中学

校　　长　周好拴

党支部书记　张斌鹏

副　校　长　孙福贵

　　　　　　吴荣来

实验小学

校　　长　杨美珍（女）

党支部副书记　袁少峰

副　校　长　王彩云（女）

　　　　　　焦亚卓（女）

　　　　　　吕丽云（女）

县副科级事业单位

事业单位登记管理局

局　长　唐海鱼

信访接待中心

主　任　李　俊

信息化中心

主　任　曹朝晖

金融服务中心

主　任　亢润拴

煤炭安全纠察队

队　长　田献龙

机关事业养老保险中心

主　任　张斌禄

社会劳动保险事业所

所　长　张全兔

医疗保险管理服务中心

主　任　常东青

国库集中支付中心

主　任　余素珍

国土资源执法监察队

队　长　韩　军

不动产登记中心

主　任　朱　峰

房产管理局

局　长　贾文忠

市容环境卫生管理中心

主　任　陈彦明

道路运输管理所

所　长　高建荣

农村经济经营管理站

站　长　郭凤武

农业广播学校

校　长　张军华

农业畜牧综合执法大队

队　长　李俊飞

农业技术推广中心

主　任　王彦军

水土保持监督站

站　长　张建邦

水资源管理委员会办公室

主　任　宫峰青

市场文化行政综合执法队

队　长　潘建良

卫生计生综合行政执法队

队　长　高卫红

政府采购中心

主　任　沈亚峰

汾源管理所

所　长　王　成

政协文史资料编辑部

主　任　雷海宝

群众团体

总工会

主　席　高明慧

副主席　贾建文

共青团宁武县委

书　记　陈彦峰

于　鑫（2019.05 任）

副书记　葛晓君

包　晶（2019.05 任）

少工委主任　荣莲花（女）

妇女联合会

主　席　曹妙珍（女）

副主席　张　艳（女）

郑云飞（女）

县妇女儿童工作委员会办公室

主　任　高小平（女）

科学技术协会

主　席　连林杰

副主席　宗新文

文学艺术工作者联合会

主　席　陈智泉

副主席　杨丽萍（女）

残疾人联合会

理事长　冯云祥

李建平（2019.03 任）

副理事长　邵宝忠

工商业联合会

主　席　张建华

副主席　郭爱军

路庆红（女）

关心下一代工作委员会

主　任　陈润明

副主任　张秀章

王志德

老区建设促进会

会　长　李应成

副会长　张忠民

王贵征

徐根平

副会长兼秘书长　田志勇

驻宁武单位

管涔山国有林管理局

党委书记、局长　常志勇

副局长　韩文斌

王洪亮

韩杲宏

王少渊

纪检书记　袁文华

国网山西省电力公司宁武县供电公司

经　理　刘云峰

书　记　张奎怀

副经理　田振业

郭茂荣

杨宏伟

高旻龙

工会主席　田振业（兼）

国家税务总局宁武县税务局

党委书记、局长　高润生

党委副书记、副局长　何忠党

副局长　王　宇

李续良

何文孝

孙一军

高玉生

董吉庆

刘焕文

纪检组组长　王四清

忻州市生态环境局宁武分局

局　长　侯青云（2019.11 任）

副局长　梁俊卿（2019.11 任）

贾福正（2019.11 任）

总　工　王　鑫

公路管理段

段　长　崔　勇

支部书记　张文彪

副段长　郭小军

气象局

局　长　张建新

副局长　王玉平

王保存

新华书店

经　理　张在宇

副经理　侯福俊

马　云

中国人民银行宁武县支行

行　长　宫元生（2019.05 离）

闫俊林（2019.05 任）

副行长　李　强

中国农业银行宁武县支行

行　长　郑彦平（2019.11 任）

副行长　李媛媛（2019.08 任）

纪委书记　张建伟

中国工商银行股份有限公司宁武支行

行　长　张　伟

副行长　张　中

王　强

中国邮政储蓄银行宁武县支行

行　长　张丽萍（女）

副行长　任志锋

农发行忻州市分行驻宁武扶贫工作组
组　长　贾　鼎
宁武县农村信用合作联社
理事长　冯建铭
主　任　邢治宇
监事长　张晋荣
副主任　王文全
　　　　秦元生
瑞都村镇银行
董事长　董学忠（2019.07 任）
行　长　李俊文
监　事　苏　涛
副行长　贺国新
中国人寿保险股份有限公司宁武县支公司
经　理　赵慧文
中国人民财产保险股份有限公司宁武支公司
经　理　赵文秀（女）
副经理　侯贵忠
住房公积金管理部
主　任　李丽萍（女）
副主任　张尚富
山西地方铁路集团宁静铁路公司
党委副书记、公司经理　王育林
党委书记　高旭云
副经理　李月军
　　　　宋晓宇
纪委书记　齐广东
中国邮政集团山西宁武县分公司
总经理　秦于东
副总经理　贾晓峰（2019.07 离）
　　　　李泽锋（2019.10 任）
中国移动通信公司山西有限公司宁武县分公司
经　理　岳　峰
副经理　李高峰
中国联合网络通信公司山西有限公司宁武分公司
总经理　周月林
副经理　朱文亮
　　　　张　勇
中国电信公司股份有限宁武分公司
经　理　郑　凯
山西省黄河万家寨水务集团有限公司宁武分公司
副经理　苏　平
　　　　杜　羽
烟草专卖局
局长（经理）　郝晓瑜
副局长、副经理　周美鲜（女）
　　　　李彦军
　　　　武文沛
　　　　杨江昆（挂职）
物资总公司
总经理　齐建明
宁武火车站
站　长　陈新明
药业公司
经　理　王建国

乡（镇）、居民办事处

薛家洼乡
党委书记　何智林
乡　长　周　鑫
人大主席　王吉平（2019.05 离）
　　　　姚润贤（2019.05 任）
党委副书记　郝全隆（2019.05 离）
纪检书记　周彦兵（2019.05 离）
副乡长　李建华
　　　　赵高升
　　　　杨所龙
　　　　郑淑芳（女）
武装部部长　雷海宝
组织委员　邵秀珍（女）

阳方口镇

党委书记　宗守军
镇　　长　王中英
人大主席　闫永升
副书记　秦文亮
纪检书记　杨德明
副镇长　王洪喜
　　　　姬　祥
　　　　高国梅
　　　　李贵平
武装部部长　苗建军
组织委员　秦文礼

凤凰镇

书　记　王继宁
镇　长　辛继军
人大主席　陈志贵
副书记　尹志军
　　　　李虎成（挂职）
纪检书记　周彦兵
副镇长　王　青
　　　　仝永茂
　　　　李艳萍（女）
　　　　任伟旭
武装部部长　孟广平
组织委员　朱建峰

余庄乡

党委书记　李树文
乡　　长　王凌云
人大主席　王吉平
党委副书记　亢晓君
纪委书记　王海军
副乡长　马小平
　　　　王　燕（女）
　　　　余　斌
　　　　吴巨忠
武装部部长　王海军（兼）
组织委员　汪海宽

东寨镇

党委书记　王　强
镇　　长　毕俊红
人大主席　杨超军
副书记　吴俊良
纪委书记　马增喜
副镇长　刘晋文
　　　　王　荣
　　　　王文君
　　　　李　伟
武装部部长　陈海军
组织委员　高艳霞（女）

涔山乡

党委书记　张建平
乡　　长　张海青
人大主席　杨永青
副书记　张海青
纪委书记　尹志军（2019.06 离）
　　　　葛春荣（2019.06 任）
副乡长　陈　宏
　　　　张征亚
　　　　余巧林（女）
　　　　马玉文
武装部部长　亢润拴
组织委员　张改梅（女）

化北屯乡

党委书记　闫永铎
乡　　长　李　栋
人大主席　王俊花（女）
副书记　李志国
纪检书记　张凤瑞
副乡长　宋少荣
　　　　李俊飞
　　　　杨　婧
武装部部长　田秀峰

石家庄镇

党委书记　郭庆才
镇　　长　隆鹏飞
人大主席　贾文才
副 书 记　白永胜
纪检书记　李美连（女）
副 镇 长　孙志远
　　　　　李二平
　　　　　董　琴（女）
　　　　　江　莉（女）
武装部部长　江　云
组织委员　张晓伟

西马坊乡

党委书记　董树平
乡　　长　张禹勋
人大主席　张玉林
副 书 记　李　鹏
纪检书记　郝　浩
副 乡 长　韩贵虎
　　　　　王保强
　　　　　高二虎
　　　　　郭卫清
武装部部长　张　韬

迭台寺乡

党委书记　周利功
乡　　长　麻永君
人大主席　邓五小
副 书 记　李跃文
纪检书记　苏玉成
副 乡 长　王玲萍（女）
　　　　　张　婕
　　　　　邵喜中
武装部部长　郝利文
组织委员　张　芳（女）

怀道乡

党委书记　马跃飞
乡　　长　孙成英（女）
人大主席　贾　敏
副 书 记　李晓春
纪委书记　杨志忠
副 乡 长　于　强
　　　　　李志刚
武装部部长　王志强
组织委员　温克兵

圪谬乡

党委书记　郑志峰
乡　　长　周晓东（2019.03 任）
人大主席　冯春兰（2019.05 任）
党委副书记　苗文英（2019.05 任）
纪委书记　高　登（2019.05 任）
副 乡 长　侯怀青
武装部部长　张文俊
组织委员　郭韶军

东马坊乡

党委书记　冀登科
乡　　长　仝志鹏（2019.04 任）
人大主席　张宇峰
副 书 记　白文俊（2019.04 任）
纪委书记　汪渊睿（2019.01 任）
副 乡 长　白文俊（2019.03 离）
　　　　　张保才
　　　　　葛跃文
　　　　　张引先（女）
　　　　　王丽君（女、2019.04 任）
武装部长　王伟丽（女、2019.01 任）
组织委员　张美珍（女）

新堡乡

党委书记　杜五凯
乡　　长　李　勇
人大主席　贾晓丽（女）
乡党委副书记　张文龙
纪委书记　廖旭东

副 乡 长 赵文波
贾志亮
宗学军
郭志旺
武装部部长 石杰有
组织委员 张 波（2019.06 任）

居民办事处

主 任 马忠义
副主任 张慧萍（女）
王丽萍（女）

部分企业负责人名录

山西宁武大运华盛能源集团有限公司

董 事 长 王和平
党委副书记 弓新亮
纪检书记 齐兰海
副总经理 侯福生
张君瀚
吕皋鸣
张海荣
总 工 郭文奎

潞宁煤业公司

董 事 长 赵光荣
总 经 理 史安忠
纪委书记 魏李斌
工会主席 刘小峰
副总经理 申志平
曹虎斌
李建斌
李敬钰
王建波

大同煤矿集团阳方口矿业有限责任公司

董 事 长 张永祥
副董事长 杨万喜
总 经 理 段文祥
党委副书记 亢明寿
纪委书记 张建伟
工会主席 李靖江
副总经理 李石龙
刘国义
刘 忠
总经济师 张云鹏

山西忻州神达栖凤煤业有限公司

董 事 长 张守礼
矿 长 苗喜存
总工程师 刘灵全
副 矿 长 杨俊武
王芳林
孙景明
刘志强
工会主席 梁恩俊
副 经 理 张玉生

中国共产党宁武县委员会

综 述

【概况】 2019年，中共宁武县委坚持以习近平新时代中国特色社会主义思想为指引，全面贯彻落实中共十九大及十九届二中、三中、四中全会和习近平总书记视察山西重要讲话精神，以省委“一个指引、两手硬”、三大目标部署要求和市委“1661”发展战略为指导，大力实施“4851”发展战略，全力推动中央、省委、市委重大决策部署落地落实，推进经济社会平稳较快发展，为打好打赢脱贫攻坚战、实现全面小康目标奠定坚实基础。

【党的建设】 2019年，中共宁武县委全面落实新时代党的建设总要求，逐级压实党委（党组）主体责任、党委（党组）书记第一责任人责任。扎实推进“三基”（基层、基础、基本功）建设。撤并行政村35个，创建100个党建示范点，31个软弱涣散村全部实现转化升级。加强干部队伍建设。结合全县党政机构改革，先后调整干部8批次234人。培训各级领导干部914人。强化监督执纪问责。驰而不息反对“四风”，集中整治官僚主义、形式主义，共查处案件29件，给予党纪政务处分20人，公开曝光26起；坚持“零容忍”惩治腐败，处置各类问题线索982件，给予党纪政务处分239人。

【经济发展】 2019年，中共宁武县委按照省委“示范区、新高地、排头兵”三大目标建设总体要求，以“一区三地”建设为抓手，全面加快经济转型升级步伐。推进经济技术开发区建设。按照“一区四园”布局，加快园区建设，入园企业达30户，园区规上企业实现销售收入14.7亿元，完成固定资产投资8.5亿元。扶贫农业产业园先后引进食品加工、生猪屠宰等15个企业入驻，总投资7亿元；节能环保产业园引进首欣风机总装等7个项目，总投资17.6亿元。打造绿色农业基地。大力推进有机旱作农业，农作物播种面积达到30.2万亩，粮食总产达到3050万千克。生猪、肉驴、肉牛、肉鸡、蛋鸡养殖分别发展到10.2万头、4000头、1.9万头、200万只、24万只。“三品一标”认证增到35个。举办“芦芽山珍”“汾源印象”区域公共品牌发布会暨农特产品推介会，全年农产品加工销售收入3.93亿元。打造绿色新型能源基地。落实省委煤炭“减”“优”“绿”三字方针，关闭产能过剩矿井1座。华润宁武2×350MW低热值煤发电项目、同煤北辛窑煤电一体化项目、宁武西双万吨环保煤炭物流园项目取得进展。风力发电项目总装机达到57.5万千瓦，光电总装机容量达到15.7

万千瓦。打造全国知名旅游目的地。积极推进芦芽山AAAAA级旅游景区创建工作，大力实施大庙沟林区森林康养项目、汾河上游整沟治理、美丽乡村建设和旅游景区提升改造工程。全年接待游客136万人，旅游综合收入12.6亿元。

【深化改革】 2019年，中共宁武县委贯彻落实习近平总书记“四个亲自”和省委“三个三”抓改革要求，在深化改革上持续发力，不断增强经济发展新动能。推动重点领域改革。全力推进农村集体产权制度改革试点工作，全县464个村全部按时完成清产核资，省级验收工作完成。稳妥推进国资国企改革，大运华盛能源集团完成资产清查盘点，4家企业“三供一业”分离办社会职能基本完成。景区景点体制改革完成资产重组。县乡医疗机构一体化改革完成“六统一”管理。教育体制改革实行中学教育集团化办学。推进能源革命综合试点工作。制定出台《宁武县深化能源革命综合改革打造绿色能源基地实施方案》，确定打造绿色能源供给基地、产业集群、供给保障枢纽、创新发展环境和绿色电力消费城市“五项重点任务”，5项目标任务取得阶段性成果。争取国家级改革试点示范项目2个、省级改革试点示范项目4个，宁武县被列为中央专项彩票公益金支持县。

【脱贫攻坚】 2019年，中共宁武县委聚焦脱贫摘帽指标，贫困村出列70个，脱贫4271户8753人。全县共脱贫16310户38778人，贫困发生率下降0.35%，脱贫摘帽14项指标全部达到退出标准。脱贫产业体系不断健全。“4+7”脱贫支撑产业体系进一步完善，形成“一户多业、一主多辅”产业脱贫体系，一般贫困户实现转移性、资产性、经营性（或工资性）收入“全覆盖”。政策保障能力全面提升。全县低保户11151人、五保户1855人，全部实现兜底脱贫；义务教育阶段、高中、职业教育实现“全免费”；贫困人口医疗、养老参保率均达到100%，全面落实贫困人口“先诊疗后付费”、医疗报销一站式服务和“136”制度，健康扶贫“双签约”率100%。基础设施建设不断完善。水、电、路、网和村卫生室、文化场所覆盖达标率100%，贫困村提升工程全部完工，易地搬迁贫困户入住率100%。精神扶贫力度不断加大。坚持扶贫与扶志、扶技、扶智相结合，通过政策宣讲、技能培训、文艺演出等方式，营造浓厚脱贫氛围；脱贫现实专题小戏——《懒三求婚记》在忻州市第八届“梨花奖”大赛中荣获6项一等奖；实施“三自一带”奖补和志智“双扶”工程，建立“爱心超市”171个，全年积分奖励物资折合资金249万元。帮扶实效不断提高。结合县乡两级书记遍访贫困村、贫困户活动，开展“村村过、户户查、人人访”活动，推进驻村帮扶“七大行动”，推进脱贫政策全部兑现、各项工作落细落实。责任落实不断夯实。推进“三级五区四个一”制度，创新实施“十比十看”考评活动，形成横向倒边、纵向到底责任落实体系。落实党建促脱贫责任，全县行政村集体经济收入全部破零，其中10万元以上村200个。问题整改全部落实到位。对照国家、省、市督查检查考核评估和省委脱贫攻坚专项巡视反馈问题，举一反三，全面排查，限时销号，建章立制，堵塞漏洞，各级各类反馈问题按时限全部整改，需要长期整改的均达到时序进度。

【民主法治建设】 2019年，中共宁武县委坚持定期听取县人大、县政府、县政协和县法院、县检察院党组工作汇报。支持县人大及其常委会充分发挥人大代表在管理国家事务中作用，人大监督的针对性、实效性和权威性明显提高。支持政协发挥职能优势，推动全县经济社会发展。贯彻落实《县级领导干部联系民营企业工作方案》，推动民营经济健康发展。依法加强宗教事务管理，有效维护社会大局和谐。坚持党管武装，推进军民融合发展，全面支持国防和军队改革建设。持续深化群团改革，群团组织的吸引力、凝聚力、战斗力不断提升。推动法治宁武建设。建成县乡村三级综治中心，社会治理水平不断提高。

【精神文明建设】 2019年，中共宁武县委落实意识形态工作责任制。以庆祝新中国成立70周年为契机，组织开展一系列庆祝活动。开展“文化三下乡”活动，深度挖掘地方文化特色，精心编排《喜鹊岭》《懒三脱贫记》等文艺节目，受到广大群众一致好评。推进社会主义核心价值观宣传，强化诚信教育、孝敬教育、勤劳节俭教育、未成年人思想道德教育；组织开展“自主脱贫标兵”“最孝儿女”“最美家庭”等评选活动，全县涌现出39名“脱贫标兵”，全民素质进一步提升。

【民生事业】 2019年，中共宁武县委推进民生事业。建成凤凰敬老院、残疾人康复中心和21个日间照料中心。高中新校区投入使用，职中新校区主体工程完工。2019年高考二本B类以上达线214人，专科升学率100%；新建社区医院2个，改造新建村卫生室137个，打造30分钟基层医疗卫生服务圈。全年举办各类培训班64个，培训3058人，实现就业937人。完成城区25条街巷道路提升改造工程，新建和改造供水管网4.2千米。加强生态保护。推动大气、水、土壤污染防治行动计划，2个污水厂提标改造工程开工，汾河国考断面水质全部达到地表水Ⅲ类水体标准。完成营造林5万亩、退耕还林1.86万亩、荒山绿化3000亩。维护社会稳定。认真履行安全生产责任制，开展煤矿、非煤、危化专项整治行动。推进平安建设，开展扫黑除恶专项斗争，打掉黑社会性质犯罪组织1个、恶势力犯罪团伙3个，抓获涉黑涉恶人员34名。

（邵保东）

县委办公室

【概况】 2019年，宁武县委办公室围绕县委中心工作，发挥“参谋助手、综合协调、督促检查、后勤保障”四大职能，完善服务理念，提升服务水平，狠抓各项工作任务落实，完成各项工作任务，促进县委及全县各项工作快速高效运转。

【政务参谋】 2019年，宁武县委办公室发挥领导“耳朵”和“外脑”作用，把信息、调研、督查等工作有机结合起来，把牵动全局大事以及领导和群众普遍关心的重点、热点、难点问题纳入工作，为领导决策提建议、出主意、想办法、谋思路，力求参在点子上，谋在关键处。注重分析研判，全面掌握信息。坚持重大问题和普通问题一起抓，倾向性问题和苗头性问题一起抓，组织力量，进行信息收集、整理和综合分析，及时、准确、客观、全面地向领导反馈各条战线、各个领域工作情况。狠抓信息报送，拓宽参谋渠道，确定专人负责，明确职责，促使各类会议、重大活动、基础调研等都能及时参与。完善报送机制，规范上报程序，确保信息高时效、高质量、高效率编撰报送。全年编撰、上报信息153条。

【督查工作】 2019年，中共宁武县委办公室围绕县委、县政府重大决策部署，履职尽责，主动担当作为，狠抓任务落实。对县委经济工作会议、全县脱贫工作会议等重要会议确定事项，及时把会议部署重点工作分解落实，明确承办部门、办结时限、责任人和具体要求，并跟踪催办。针对领导重要批示件，督促承办单位按期办理，做到督查事项事事有着落、件件有回音。对信访工作、节假日值班工作、上级督查整改工作，采取现场督查、电话督查等方式，汇总通报工作进展，推动工作落实。针对群众通过网络给省、市、县领导反映问题的留言，全部通过县委领导专用快报呈送县委领导，在领导作出批示后，组织有关单位对相关信访案件进行专项督查。全年，共接收信息 123 条，所有信息全部转办。

【公文办理】 2019 年，中共宁武县委办公室严把公文质量关，力求“零差错”。做到起草前认真调查，掌握真实情况，起草中认真思考谋划，仔细修改，起草后严格审核把关，精益求精，增强文字参谋思想性、政策性、针对性和实效性，做到重要文稿思想内容能够贯彻上级党委精神，集中体现县委意图；发文过程中做到不压文、不漏文、不丢文、不出错，控制发文数量，提高发文质量。全年，印发县委及办公室各类文件 150 件。

【综合协调】 2019 年，中共宁武县委办公室加强与省市党委系统和有关部门日常联系，及时为领导和业务部门做好沟通协调工作，做到对上抓好贯彻落实，对内搞好团结协作，对外抓好协调联系，推动全县形成团结一致求发展、齐心协力抓落实的良好氛围。加强值班工作，确保通信畅通。严格履行“值守、应急、信息传递”三大职责，实行领导带班制度、首办责任制度和交接班制度，确定专人 24 小时值班，做到来电来义及时分流处置，值班记录规范记录，确保各类事件处置上报及时、有效。提前周密安排部署各类会议，精心组织落实，确保会议安全、高效召开，全年共筹备大、中型会议和活动 56 个。加强财务管理，厉行勤俭节约，严控“三公”经费，严格公车管理。严格执行中央八项规定，规范接待程序，严格接待标准，圆满完成省、市领导调研、检查等各类接待任务。

【自身建设】 2019 年，宁武县委办公室通过组织学习中共十九大及十九届二中、三中和四中全会、全省领导干部大会、省市县党代会等重大会议精神，引导党员干部深入思考，努力解决自身存在问题，提升干部职工推动落实能力、综合协调能力、文字写作能力和后勤保障能力。不断推进办公室制度化，结合党政机构改革，按照县委加强“三基建设”工作要求，编制《县委办公室一目录三手册》，对办公室各科室工作职能、标准进一步明确，推进办公室制度化、规范化和科学化建设，保证各项工作在制度框架内有效运行。优化机构职能，提高工作效率。

（邵保东）

纪委监委

【概况】 2019 年，宁武县纪委监委贯彻习近平新时代中国特色社会主义思想，落实中央纪委、国家监委和省市纪委监委部署要求，牢固树立“四个意识”，坚定“四个自信”，坚决做到“两个维护”，忠实履行纪检监察职责，围绕主责主业，突出监督重点，统筹谋划实施，纪检监察各项工作全面推进、持续发展。

【政治监督】 2019 年，宁武县纪委监委出台《关于开展专项监督检查的实施方案》《关于开展政治监督检查的实施方案》，组建专项检查组，重点对“两个维护”的贯彻落实、落实中央八项规定精神、整治官僚主义、形式主义工作等情况开展为期 3 个月监督检查；完善全县科级干部廉政档案 2330 人，及时动态更新，为党员干部精准“画像”。1 月至 11 月，严把“党风廉政意见回复”关 476 人；

紧盯重要节点和“四风”隐形变异问题，构建起暗访、查处、追责、曝光“四位一体”抓作风建设长效机制。监督检查共发现问题46条，查处违反中央八项规定精神案件26件，给予党纪政务处分21人，公开通报曝光26起。县纪委监委把惩治违建别墅作为防止“四风”问题反弹、纠治享乐主义的重要举措，严肃纠正和查处其中的不正之风和腐败问题。县纪委监委请示县委、县政府主要领导，召集分管副县长和部门负责人召开专题会议专项部署，开展自查自纠工作；发挥各职能部门沟通协作作用，处理发现的余庄乡暖泉沟水库1处13栋疑似违建别墅，县纪委督促有关部门拆除2015年后2栋新建违建别墅；2018年12月至2019年2月，县委巡察办针对“三农”资金管理使用情况开展2轮专项巡察，共巡察6个乡（镇）、覆盖112个村，发现主要问题73个，问题线索27条，问题线索涉及村“两委”主干31人，其他党员干部2人，涉嫌违法行为移送司法机关，形成有力震慑。5月，开展第7轮常规巡察，以教育、医疗等群众关切的民生领域为重点开展政治巡察，共发现共性问题173个，问题线索35条。

【执纪监督】 2019年1月至11月，全县各级纪检监察机关受理信访举报195件次，其中上级转办135件，自收60件。受理扶贫领域信访举报20件次。对6起群众信访案件，实行委领导包案制度，推进群众涉纪信访问题尽快解决。抓党委（党组）主体责任、党委（党组）书记第一责任人“牛鼻子”，落实责任分解、履职情况报告等制度，逐级夯实从严治党政治责任。针对落实信访工作责任不力情况，集体约谈6个乡镇党委书记和纪委书记共12人；针对护林防火工作履职不力问题，通报批评5个乡镇相关干部，责令作出检查共计20人，给予党纪政务处分18人，其中乡镇党政一把手和科级干部3人；针对执行纪律处分决定不到位问题，问责3个县直单位责任人员共计11人，其中科级干部8人。全县各级纪检监察机关处置各类问题线索969件，组织处理583人，立案审查调查224件，给予党纪政务处分224人。

【专项治理】 2019年，宁武县纪委监委制定印发《扶贫领域腐败和不正之风专项治理2019年工作要点》，围绕重点抓好监督检查。成立3个专项检查组，检查全县45家单位2016年至2018年统筹整合财政资金使用情况，发现问题12条。成立4个专项监督检查组，专项检查全县14个乡（镇）使用扶贫资金成立的109个种养殖合作社，排查资金10749.323万元，发现问题12个；对破网打伞等重要案件，召开案件汇报会、推进会7次。成立工作专班，实行委领导包案制度，执行“一案三查”制度，督促指导涉黑涉恶腐败和“保护伞”问题线索处置核查工作。全年，共收到市扫黑办涉黑涉恶问题线索8件，全部查结，给予党纪政务处分6人，组织处理2人。市纪委监委交办涉黑涉恶案件4件：其中1案因属多地流窜作案案件，已报送市纪委监委处理；两案已办结，给予党纪政务处分3人，提醒谈话4人。有1案按序办理中；成立人防系统腐败问题专项治理领导组，联合人防、住建等部门，共组织6次专项协调会议，起底排查2013年以来全县人防工程项目运行情况，形成起底台账，下发监察建议书1份，下发17个项目整改建议书。催缴工程项目建设费欠缴单位2次，共追缴异地建设费欠缴项目7个，共追回1840万元。给予党纪政务处分5人，组织处理3人，涉及乡科级7人。县纪委监委召开全县整治漠视侵害群众利益问题工作部署会、工作促进会，要求各单位突出重点，明确时限，细化任务，夯实责任，从监管薄弱环节抓起，开展打击欺诈骗保整治医疗乱象百日行动、“绿剑护农”农资打假专项整治、整治校园及周边食品安全风险隐患等24次专项行动。各职能部门开展打击欺诈骗保整治医疗乱象百日行动，对县域内定点医疗机构、定点零售药店约谈限期整改12家，暂停医保服务2家；开展查处违法排污百日行动，依法下达23份责令整改通知书。县纪委监委履行监督责任，查处并通报西马坊乡营房沟村支部书记兼村委主任宋某俊截留危房改造款等违纪问题。共给予党纪政务处分8人。

【纪检监察体制改革】 2019年，宁武县纪委监委9个派驻纪检监察组主动作为，拓宽工作局面，协助委机关部门和乡镇纪委开展监督检查和办案工作。贯彻落实省纪委监委《深化标本兼治　强化以案促改暂行办法》，夯实治本基础工作。针对发案单位共性和突出问题，建立问题清单6个，共查摆问题13条。要求违法干部写好忏悔书和反思录，从内心深处真正知错悔过、改过自新，形成忏悔书、反思录各6篇。到相关县直机关及乡镇，宣布处分决定224人次，在广大党员干部队伍中形成震慑。制发纪检监察建议书29份，开展案例剖析6次，用身边事教育的身边人，起到办案一件、警示一片、规范一方的良好效果。

【信息化建设】 2019年，宁武县纪委监委落实“两个责任”全程纪实信息化管理系统，在第一批上线86家单位基础上，第二批上线4家单位，监督“两个责任”落实情况，及时跟踪、实时预警。精确量化“责任清单”“任务清单”，各级党组织及其班子成员，细化责任内容，划清责任界限，明确完成时限。实施动态管控，加强过程管理和督办落实，促进各部门单位不断强化“自我监督”意识。强化追责问责，定期审核把关、分析研判各级各部门责任落实情况和佐证材料的真实性、准确度。约谈落实“两个责任”不力问题。

【宣传活动】 2019年，宁武县纪委监委在天池苑住宅区建立廉政文化宣传基地，以图文并茂形式，宣传《中国共产党纪律处分条例》《中华人民共和国监察法》等党纪法规和相关法律法规，让干部群众在潜移默化中接受教育，以点带面促进形成崇廉尚洁社会氛围。县纪委监委向党员干部职工发放各类廉政教育书籍2700余册；开展元宵节、“12·4”国家宪法日等宣传周活动，散发宣传单4000余份。到相关单位播放《初心泯灭的歧路》等警示教育片100余次；走进机关、社区、乡（镇），开展“强化廉政教育　助推脱贫攻坚”主题宣讲活动。县纪委书记、监委主任尹志刚两批次集体廉政谈话全县新任科级干部131人，对新任科级干部脱贫攻坚能力提升培训主体班60人作题为《扛牢从严治党政治责任　增强脱贫攻坚使命担当》党课，让党员干部明法纪、守底线、做表率。

【干部队伍建设】 2019年，宁武县纪委监委开展“不忘初心、牢记使命”主题教育，做实“学习研讨”“谈心谈话”“民主测评”等各个规定性动作，深化学习效果；加强教育培训，组织和派出纪检监察干部参加中央政法大学、省市纪委监委各类业务培训200余人；注重激发干部队伍活力，民主测评乡（镇）纪委、派驻纪检监察组、机关部室及党员干部，推选出优秀部门11个、公务员和事业人员优秀党员18名。

（乔建光）

巡察工作

【概况】 2019年，中共宁武县委巡察工作办公室开展巡察工作与“不忘初心、牢记使命”主题教育结合起来，拓展“改革创新、奋发有为”大讨论成果，强化政治担当，扛起政治责任，坚持对标对表中央、省委和市委巡视巡察工作，把握政治巡察“六围绕一加强”和“五个持续”总体要求，准确理解“三个聚焦”政治巡察内涵，把政治巡察工作作为管党治党重要抓手，推进巡察工作向基层延伸，向纵深发展，发挥巡察工作遏制和治本作用，切实起到发现问题、形成震慑、推动改革、促进发展目的。把利剑直插基层，发现和推动解决一批发生在群众身边不正之风和腐败问题，增强群众获得感，厚植党执政的群众基础，高质量完成各项巡察任务。

【加强领导】 2019年，宁武县定期研究巡察工作，听取巡察情况汇报，把握政治生态特点、工作难点和群众期盼，研究制定工作规划、年度计划和阶段性工作，贯彻落实《中共十三届宁武县委巡察工作五年规划》。县委主要负责人履行第一责任人责任，重要工作亲自部署、重大事项亲自过问、重要环节亲自协调、重要问题亲自督办。巡察工作领导小组组织实施责任，组织好每一轮巡察工作。先后召开5次县委常委会议研究部署巡察工作，召开2次书记专题会议听取巡察情况汇报，县委书记点评汇报中提到共性问题和问题线索，提出处置意见，县委巡察工作领导小组实时跟踪督办问题整改和线索处置情况。每轮巡察，巡察工作领导小组都要在巡察中、结束后，分别听取巡察组长汇报巡察工作情况，并提出意见建议。

【理论学习】 2019年5月31日，宁武县委常委扩大会组织专题学习落实赵乐际在全国市县巡察工作推进会讲话精神和省委常委会部署要求，安排县委巡察工作领导小组组织巡察机构抓好学习贯彻落实，把赵乐际讲话精神内化在思想内，落实到实际中。6月3日，县委巡察工作领导小组组织巡察机构专题学习，强调县委巡察机构要严格按照中央和省委新精神新要求，查找突出问题，加大学习交流互鉴力度，研究提出解决措施。7月19日，县委常委会再次对赵乐际在市县巡察工作推进会上讲话精神研究学习，并给出意见，认真学习传达，深刻把握讲话精神实质；提高政治站位，全面落实主体责任；完善工作机制，强化监督合力；坚持问题导向，解决存在问题；强化巡察成果运用，开展巡视巡察“回头看”。通过学习赵乐际讲话精神，明确县委巡察工作定位和作用，积累巡察工作实践经验，坚持问题导向，聚焦突出问题，落实巡察工作主体责任，进一步推进巡察工作向基层延伸。

【健全制度机制】 2019年，中共宁武县委巡察工作办公室按照省委巡视办《关于深入学习贯彻赵乐际同志对市县巡察向村级延伸有关批示精神的通知》要求，对照赵乐际批示精神和王拥军讲话要求，经8月16日县委常委会同意，制定宁武县贯彻落实意见；结合全国巡视工作会议精神、全国市县巡察工作推进会精神、省委巡视工作领导小组《关于市县巡察向村（社区）党组织延伸的指导意见（试行）》及宁武县村（社区）实际，研究制定宁武县贯彻落实实施办法和对村（社）巡察全覆盖计划。这些规章制度建立，对巡察工作起到推动作用，给下一步巡察工作开展提供指导。

【巡察工作】 2019年，根据县委及县委巡察工作领导小组安排，组织开展两轮“三农”资金专项巡察暨村（社）专项巡察，对相关涉农部门和全县14个乡（镇）及村（社）党组织实行巡察全覆盖，按照逐轮推进方式对相关被巡察单位依次开展巡察，共巡察6个乡镇、采取直接巡察方式巡察112个村党支部，发现村级党组织共性问题73条，涉及村"两委"党员干部问题线索27条，涉及33人，对5人作出处理，其中1人移送司法机关。第八轮巡察继续推进县到村巡察全覆盖工作，开展四个乡镇"三农"资金专项暨村（社）巡察，以巡察乡带村方式巡察52个村党组织，分片打包巡察方式巡察49个村党组织，确保在2020年如期完成村（社）巡察全覆盖。全年共巡察10个乡镇、213个村级党支部（采取直接巡察方式巡察112个村党支部，巡察乡带村方式巡察52个村党组织，分片打包巡察方式巡察49个村党组织）和24个县直单位党组织，发现共性问题246条，问题线索54条。十三届宁武县委第八轮政治巡察采用"专常结合"方式正在开展。

【交叉巡察】 根据省委巡视工作领导小组《关于推进市县巡察统筹工作的实施意见》和市县巡察工作领导小组《关于进一步推进市县巡察统筹工作的实施办法（试行）》规定，县委巡察办开展十三届宁武县委第七轮政治巡察暨第三轮市县巡察统筹工作，配合市委巡察工作领导小组开展提级巡察，派出3个巡察组及1个提级巡察组对繁峙县12个县直单位党组织及2个村级党组织开展巡察工作。由五台县委派出3个巡察组开展宁武县12个县直单位党组织的市县交叉统筹巡察工作，每组巡察4个单位。经过3个多月巡察，巡察组共发现问题线索27条，紧扣"六个围绕"发现共性问题173个。在省委巡视三组专项巡视忻州市扶贫领域期间，县委巡察办配合市委巡察工作领导小组指定五台县委派出提级巡察组开展宁武县石家庄镇川胡屯村、西马坊乡馒头山村提级巡察工作。

【政治巡察】 2019年，中共宁武县委巡察工作办公室紧扣"六项纪律"，围绕"三个聚焦"，开展巡察工作。县委编制《十三届宁武县委巡察工作五年规划》，机构改革后，调整确定91个巡察对象，完成巡察54个党组织。开展十三届县委第八轮巡察，巡察12个党组织，高质量推进常规巡察，按期完成县委一届任期内形成全覆盖，发挥巡察"利剑"作用，推动全面从严治党。

（刘建忠）

组织工作

【概况】 中共宁武县委组织部是中共宁武县委重要职能部门，主要负责党的组织建设、干部队伍建设和人才队伍建设等方面工作。内设办公室、研究室、组织一室、组织二室、干部室、公务员管理室、县委人才工作领导小组办公室、县委考核办公室、干部监督室、干部教育室等机构。所属事业单位有宁武县干部举报中心、宁武县委组织部党员电化教育中心、宁武县党代表联络站。2019年，全县组织工作落实全国全省全市组织工作、组织部长会议精神，围绕新时代党的建设总要求，锐意改革、担当作为，对标一流、狠抓落实，不断提高全县组织工作质量和水平，为全面实施"4851"发展战略、决战脱贫决胜小康、拓展宁武党的建设和党的事业新局面提供坚强组织保证。

【党的建设】 2019年，宁武县委组织部做实做好"改革创新、奋发有为"大讨论。带头解放思想、查找问题、整改提升，履行组织部门抓全局与抓自身双重责任，做好大讨论联络督导工作，对标省市要求，召开县直部门、乡（镇）对标一流述职评议会；组织全县各级党组织召开组织生活会，深入查摆"六个破除"方面存在具体问题。开展"干部入企进村服务"活动，结合"村村过、户户查、人人访”活动，组织省市县三级干部1240名，划分为227个进村工作组和15个入企工作组，到全县457个村和29家企业开展服务，精准宣传政策，查找问题。累计翻印发放《农村政策文件汇编》《农业农村问题100问》《农民创新创业典型》《全省万各干部进村服务政策宣讲手册》《入企进村服务“一表清”》等进村入企资料6100余册，入户16517户，服务农民4.8万人次，入企解决问题6个，进村解决问题216个；扎实开展“不忘初心、牢记使命”主题教育。贯彻落实中央、省委、市委和县委部署要求，坚持规定动作不缺项、做到位，自选动作有特色、做扎实，在摸排基础上，确定117个机关企事业单位，按照17个规定动作同步开展主题教育；370个农村和11个社区按照8个规定动作同步开展。为全县各级党组织订购学习书籍1.8万册，专刊编印“不忘初心、牢记使命”学习手册3期4500册，运用二维码建立电子学习手册，推动党员干部树牢“四个意识”、坚定“四个自信”、做到“两个维护”。牵头完成整治不担当不作为问题、整治领导干部配偶、子女及其配偶违规经商办企业问题、整治基层党组织软弱涣散问题3项专项整治任务，对4名不担当不作为干部分别给予诫勉谈话、提醒谈话和政务撤职处分；调查摸底全县30名处级以上领导干部配偶、子女及其配偶经商办企业情况，均不存在经商办企业情况；在巩固提升2018年转化51个软弱涣散农村党组织基础上，确定31个软弱涣散村级党组织，坚持“一村一策”集中整顿，全部实现转化提升。

【干部队伍建设】 2019年，宁武县委组织部突出事业为上，强化干事导向。贯彻新修订《党政领导干部选拔任用工作条例》和县委《关于进一步激励广大干部新时代新担当新作为的实施办法》，注重提拔重用脱贫攻坚一线、转型升级前沿、急难险重任务中表现突出干部，结合全县党政机构改革，先后调整干部8批次234人（提拔99人、平调120人、免职15人）。贯彻落实新修订《公务员法》及相关配套政策，登记公务员（参公人员）4批次60人，完成396名公务员职级套转工作（套转四级调研员37人、套转二级主任科员116人、套转四级主任科员177人、套转一级科员66人）；做好公安机关警务序列改革，套改54人，晋升37人。突出薪火相传，强化队伍建设。贯彻市委《关于适应新时代要求大力发现培养选拔优秀年轻干部的实施意见》，坚持“放眼识人、放胆用人”，坚守底线和基本条件，培养选拔有发展潜力和竞争力“85后”优秀年轻科级干部14名，其中2名分别任县直部门正职和乡镇长，着力建设高素质、专业化干部队伍。突出日常经常，强化监督管理。坚持抓早抓小抓预防，综合运用谈心谈话、提醒函询诫勉等手段及经济责任审计、举报受理核查、个人有关事项报告抽查核实等成果，加强干部日常管理监督，组织28名处级领导干部如实填报《领导干部个人有关事项报告表》；实施7个县直部门主要负责人离任经济责任审计。加大“12380”举报平台宣传力度，印发“12380”宣传卡1500余份，畅通信访、电话、网络“三位一体”举报受理渠道，全年受理信访举报件4件（市级批转件2件），办结完成3件。注重宽严相济，坚持“三个区分开来”，因受到组织处置被免职5名干部普遍进行谈心谈话，采取“分类对待、一人一策”办法，妥善安置。突出教育培训，强化素质提升。突出思想政治教育和专业素养提升，采取“订单备选、基层点题”办法，开展“突出脱贫成色，争做时代先锋”培训，印发学习手册

23期3.45万册；会同县委党校先后举办脱贫攻坚能力提升培训主体班和学习习近平新时代中国特色社会主义思想、“不忘初心、牢记使命”、助力脱贫攻坚读书班，培训新任科级干部和公务员118人；组织参与扶贫工作县直机关科级干部和贫困发生率较大乡（镇）主要负责人20人、农村党支部书记和第一书记20人、县乡两级分管电子商务工作负责人和电子商务试验点工作人员20人，分3期参加中央和国家机关工委定点扶贫县县乡（镇）党政干部、贫困村党支部书记、电子商务技能培训班；组织部分县处级领导、县直相关部门负责人、县委党校骨干教师、非公有制经济和社会组织工委副书记和国有企业、非公有制企业负责人共49人，到全国干部教育培训高校基地哈尔滨工业大学举办“传承革命精神　牢记使命担当”培训班；会同中央和国家机关工委邀请北京师范大学中国扶贫研究院副院长万君教授为640余名干部作脱贫攻坚专题辅导；组织县、乡分管农业工作领导和涉农部门干部32人，参加全省农业农村干部冬季网络专题培训班；选派8名处级干部和7名科级干部参加省、市组织调训，增强干部推动脱贫攻坚和转型发展本领。

【基层组织建设】 2019年，宁武县委组织部主动对标一流，推进“三基建设”。坚持科学规划、因地制宜，加大政策支持、资金扶持和统筹推进力度，在中央、省级、市级财政扶持1315万元基础上，县级财政配套600万元，扶持27个示范村发展壮大村级集体经济，典型示范，以点带面，整体推进全县村级集体经济逐步壮大，缩小“贫富”差距，年底前村集体经济5万元以上的占80%以上，切实增强村级组织政治引领和服务群众能力。落实基层基础保障，乡镇、村级组织运转经费分别按照不低于60万元、10万元标准列入财政预算。在巩固提升2018年转化51个软弱涣散农村党组织基础上，由县级领导带队，按照“四必访、三必问”要求，到370个行政村进行排查，经县委常委会研究，确定31个软弱涣散村，组建31个工作组、选派31名第一书记，坚持一村一策开展整顿，全部实现转化升级。统筹分类推进，提升整体水平。以基层党组织标准化、规范化、制度化建设为重点，坚持统筹设计、分类推进，实施基层党建示范建设“631”提档升级行动，全面提升党建工作科学化、系统化、精细化水平。结合实际制定《基层党建工作考核评价办法》《2019年“三基建设”重点任务清单》，推行“党建工作月例会”和重点工作“月报告、季通报”制度，实行党组织书记抓党建工作述职评议制度，强化评议结果运用，对待综合排名靠后单位、部门分层级约谈党组织书记，调动激发各级干部抓基层党建内生动力。坚持发展党员、优先招聘党员职工、派驻党建工作指导员等多种方式，及时撤销倒闭非公企业党组织，有序替换非公党建信息管理平台内“僵尸企业”，促进“两个覆盖”扩面提质。全年发展党员17名，新成立非公和社会组织党组织6家，非公企业党组织覆盖率87%，社会组织党组织覆盖率85%。坚持党建引领，助力脱贫攻坚。牢固树立“抓好党建促脱贫、检验党建看脱贫”理念，深入实施“抓党建促脱贫攻坚行动计划”，全面推行“三联三诺三提升”（“三联”，即县处级领导联乡（镇）、县直部门联村、党员干部联户；“三诺”，即公开承诺、认真践诺、民主评诺；“三提升”，即提升政策知晓度、服务精准度和群众满意度）制度，落实教育管理、考勤考核、督查通报、约谈召回、联席会议等制度，压实驻村帮扶责任链、任务链，切实发挥第一书记和驻村工作队在脱贫攻坚中“尖兵”作用。为巩固提升脱贫攻坚成效，以阳方口镇为试点，以会代训、以点带面，开展脱贫攻坚“百千万”（百名农村第一书记、千名驻村工作队员、万名贫困家庭）贫困户收益专项盘点大行动，结合省干部驻村帮扶工作联席会议办公室《关于开展驻村帮扶“六大行动”实施方案》和“村村过、户户查、人人访”活动要求，统筹协调脱贫攻坚总指挥部成员单位、驻村帮扶单位、扶贫专职副乡镇长、驻乡镇工作队大队长、驻村工作队、农村第一书记等扶贫力量，以村为单位、以户为基础，逐项审核盘点贫困户收益情况，摸清贫困户“家底”，确保年内实现整县脱贫摘帽。严格教育管理，提升队伍活力。学习贯彻《中国共产党党员教育管理工作条例》，实施村党组织带头人整体优化提升行动，分 2 期组织 629 名农村（社区）“两委”主干赴原平农校开展“领头雁”培训。实施“农村干部学历提升工程”，用 2 年左右时间培养 487 名农村干部大学生，实现全县每个行政村至少有 1 名大学生村干部，村干部整体学历全部在高中（职高）及以上目标，推动农村干部队伍学历提升和结构优化。2019 年秋季班完成招生计划，大专升本科 12 名，高中升大专 106 名，初中升高中 185 名。制定出台《进一步加强农村干部管理实施“村干部回归工程”的实施方案》，全面摸底全县农村致富能手、现任村干部、复员军人、本村在外工作退休干部、个体工商户等优秀人才，逐村建立台账，做好后备干部储备工作。在庆祝中国共产党成立 98 周年之际，评选表彰 100 名优秀共产党员、50 名优秀党务工作者和 80 个先进基层党组织，推动形成榜样引领、见贤思齐时代风尚。

【人才队伍建设】 2019 年，宁武县委组织部完善体制机制，凝聚工作合力。坚持党管人才原则，理顺工作机制、靠实工作责任，结合全县党政机构改革，调整充实县委人才工作领导小组成员单位，建立人才工作联络员制度，明确各成员单位人才工作分管领导和联络员，组织各乡（镇）、居民事务服务中心和 29 个县直人才工作重点单位召开座谈会，加强沟通协调，落实落细任务，确保人才工作有序开展。坚持引育并重，提升人才质量。到上海同济大学开展“招才引智”工作，参加校友产业博览会，与传统能源产业深化发展、新能源产业、基层党建和社区治理等智库专家洽谈高层次人才帮扶工作，同在沪宁武籍人士座谈，引导在外优秀人士和毕业生支持家乡建设。用好宁武籍在外高层次人才库，邀请来自北京、太原、忻州等三甲医院 14 名宁武籍在外知名医学专家回乡义诊。坚持“走出去”“请进来”“在线学”相结合，会同县卫生健康和体育局、农业农村局、人力资源和社会保障局，举办技能提升、乡村振兴培训 47 期，培训基层卫技人员 510 人、农技人员 50 人、城镇失业人员和农村贫困劳动人员 1822 人。搭建用才平台，发挥服务作用。加强党委联系服务专家工作，组织各领域专家人才到基层一线开展政策咨询、技术指导、技能培训等对口帮扶活动。42 名科技特派员分别在全县各乡镇开展培训 15 期，受训人员约 800 人。县、乡、村三级医务人员组建医生服务团队，与建档立卡贫困人口签订医疗服务协议，开展大病救治、慢病服务、健康管理等服务；组建医疗团队到乡村开展“天使先锋走基层”义诊活动 8 次，免费为群众和农村建档立卡贫困人口开展诊疗服务，为群众减免费用 16400 元，发放各种宣传资料 2000 份。

【党员教育培训】 2019 年，宁武县委组织部把政治建设摆在首位，对标“高素质”要求，突出专业化能力建设，开展“双学双提”活动，拓展培训内容、形式，在必学内容上增加《中国共产党党员教育管理工作条例》《中国共产党重大事项请示报告条例》，编印《“双学双提”活动学习资料汇编》，通过“周二、周五集中学习日”“组工干部人人上讲台”等形式，推动组工干部在“双学双提”基础上实现“双转”（转变工作理念、转变工作作风），做到政治过硬、品行过硬、素能过硬、作风过硬、纪律过硬。印发《信息调研工作管理办法》《关于加强和改进组工信息工作的通知》，组建覆盖全县各乡镇、县直各工委信息员队伍，加强《山西组工》《汾源组工》和《宁组信息》采编工作，强化组织工作宣传和舆论引导。

【组织系统信息化建设】 2019年，宁武县委组织部建立“大组工网”信息系统、党员管理信息系统、公务员信息系统、档案信息系统4个系统。利用“大组工网”信息系统，了解掌握中央、省、市各级重要精神和全国各地以及兄弟县（区）好经验好做法，及时收集整理信息资源，用于部机关干部集中学习资料和全县党员干部教育培训使用，启发干部工作思路，创新工作方法。实现从“形象展示”向“应用深化”，从“信息孤岛”向“互通共享”转变；利用党员管理信息系统，实现党员信息、党组织关系转接、党员统计工作信息化，提高工作效率，实现党员信息动态变化；利用公务员信息系统，录入公务员基本情况、履历、职级、照片等信息，动态调整，保证信息准确性和可靠性，提高干部工作信息化水平；利用档案信息系统，对干部档案全面收集、归纳整理、鉴别认定、分类维护、扫描上传录入系统，提高干部档案管理工作的效率。实现干部档案“纸质化”向“电子化”升级。

（朱国富）

老干部工作

【概况】 2019年，宁武县委老干部局学习贯彻落实习近平新时代中国特色社会主义思想，围绕中心，服务大局，着力加强离退休干部政治建设、思想建设、党组织建设，注重发挥离退休干部优势和作用，加强离退休干部待遇落实，推动全县老干部工作信息化、精准化、规范化建设。

【老干部政治待遇】 2019年春节前夕，县委书记、县长、副书记、组织部长等常委领导分成三个慰问组，走访慰问离退休干部。单位工作人员到忻州市区、朔州市区、县城及乡镇居住的离休干部上门走访，为45名离休干部养老金领取证年检服务，给老同志们送上学习资料，让老同志们切实感受党和政府关心和关怀。落实老干部参加重要会议和向老干部通报县情制度。党代会、人代会、政协会、经济工作会等重大会议活动邀请老干部代表出席、列席，会上县领导向老干部代表通报县委常委会工作报告和全县经济工作等情况，让老同志了解宁武县整体形势。落实老干部阅读相关文件制度。相应级别老领导传阅中央、国务院、省委、省政府等文件以及央办、国办通讯等材料。离休干部特需费、公用经费和退休干部活动经费“三项”费用，全部纳入财政预算，按时足额到位。

【老干部生活待遇】 2019年，宁武县委老干部局帮扶特困老干部。通过老干部各党总支摸排和局工作人员上门走访，推荐、确定特困老干部人选，全年帮扶64名特困老干部给予25500元补助。11月初，出资5万余元为全县离休干部和县级老领导、老干部党工委党务工作人员（全部为离退休干部）进行健康体检和接种预防流感疫苗。按照《中共山

西省委组织部　中共山西省委老干部局　山西省财政厅　山西省人力资源社会保障厅〈关于提高离休干部护理费标准的通知〉》，为41名离休干部按文件要求增加护理费。全年上门慰问320余人次，在春节前县财政出资51.4万元为全县2134名离退休干部发放慰问品。完善离休干部医疗保障体系，全县离休干部医药费实报实销，协助县人力资源社会保障局做好离休干部医保统筹工作。

【老干部阵地建设】 2019年，宁武县委老干部局投入49726.31元资金维修、维护忻州活动站。出资4950元为驻忻州活动团体购买活动设备；投入资金83476.37元，维修维护县老干部活动中心灯光亮化及水、暖、电。

【“正能量”发挥】 2019年，编撰宁武县老干部回忆录《雄关风云》第七集组稿完毕，正在付梓中；在清明节，县委老干局联合有关单位在龙山公园纪念碑广场共同开展“铭记历史、缅怀先烈”主题教育活动，纪念碑下，老干部、老战士、老党员王海生等3人现身说法教育引导青少年铭记历史，缅怀先烈，继承优良传统，珍惜美好生活，教育引导青少年铭记屈辱历史，缅怀革命先烈，传承红色基因；创新方式开展利用社区资源为老干部服务的建设工作，充分利用社区资源，建立健全机制，让广大老干部就近学习、就近活动、就近得到关心照顾、就近发挥作用，在社区营造和谐氛围，使社区成为老干部“五有”快乐家园。

【政治、思想建设及党组织建设】 2019年，宁武县委老干部局围绕新时代党的要求，引导离退休干部牢固树立“四个意识”，坚定“四个自信”，维护以习近平同志为核心党中央权威和集中统一领导，始终在政治立场、政治方向、政治原则、政治道路上同党中央保持一致，做到思想上高度认同、政治上坚决维护、组织上自觉服从；通过座谈交流、专题研讨等形式，组织引导离退休干部学习习近平新时代中国特色社会主义思想，8月和12月邀请县党校讲师辅导中共十九大精神、十九届四中全会精神。利用“智慧党建”“学习强国”和微信公众平台，组织老干部交流学习。安排一批有责任心、党性观念强、发挥作用明显的老干部充实总支、支部班子，完善老干部党组织机构。提升老同志政治素养，举办老干部党总支、支部书记及理论骨干培训班2次，培训100余人，提高总支、支部书记的理论和管理水平。保障7个总支、28个支部每个党组织5000元活动经费，在老干部活动中心总支专属办公及活动场所。

【文娱活动】 2019年“七一”期间，在县活动中心举行庆祝新中国成立70周年书画展活动。该次书画展以书画写成就，借诗词颂党恩，讴歌在中国共产党领导下，新中国成立70年来取得辉煌成就，激励全县上下贯彻习近平新时代中国特色社会主义思想，不忘初心、砥砺前行；联合老体育协会在县东城广场门球场地联合举办“喜迎二青会”门球邀请赛。来自忻州市、宁武县、五寨县、岢岚县、静乐县等9支门球代表队，共70余人参加此次邀请赛。打造文艺精品团队，组织驻忻老干部艺术团在忻州日月广场开展文艺活动，展现新时代老干部精神风貌；在县老干部活动中心组织开展“庆国庆，迎重阳”老干部棋牌比赛，活动开展愉悦老干部们心情，促进老同志感情交流。

（宁武县老干部局）

宣传工作

【概况】 2019年，是宁武县决战决胜脱贫摘帽关键之年，宣传工作围绕县委提出“3467”扶贫措施，做到“一切围绕脱贫，一切为了脱贫，一切服务脱贫”重大部署，依托县级主流媒体优势，发动广大干部群众积极参与，形成强大宣传合力，发挥团结鼓劲、凝神聚力导向作用，凝聚全县广大党员干部群众脱贫攻坚合力，营造浓厚宣传氛围，在推动转型发展、决胜全面建成小康社会提供坚强思想保证、舆论氛围和精神力量。

【理论武装】2019 年，宁武县结合“不忘初心、牢记使命”主题教育，把习近平新时代中国特色社会主义思想、习近平总书记视察山西重要讲话精神和习近平总书记关于扶贫工作重要论述作为全县各级党委（党组）中心组学习的重中之重，把《习近平新时代中国特色社会主义思想学习纲要》《中国共产党章程》《中国共产党廉洁自律准则》《关于新形势下党内政治生活的若干准则》《中国共产党纪律处分条例》作为理论学习必读书目，深刻理解其基本内涵和根本要求，坚持读原著、学原文、悟真理，在领会精神实质上下功夫，在入脑入心上下功夫，真正做到真学、真懂、真信、真用。全年，县委中心组集中学习 17 次。组织县委中心组成员围绕“改革创新、奋发有为”大讨论、围绕“不忘初心、牢记使命”主题教育，结合自己分管工作开展系列理论学习研讨。先后邀请全国脱贫攻坚模范、全省优秀村党组织书记、全市优秀共产党员刘桂珍，宁武县优秀第一书记张尚富，到乡镇作“改革创新、奋发有为”大讨论先进典型巡回报告会。邀请宁武籍在外创业创新杰出代表李晋宁、省委党校教授刘兆征举办先进典型报告会和理论学习会。向全县各级党组织发放《山西省大讨论先进典型报告会》和《忻州市大讨论先进典型报告会》光盘学习资料 1000 盘。成立宣讲团，到全县各乡镇、各工委、各企业进行《习近平新时代中国特色社会主义思想学习纲要》和党的十九届四中全会精神巡回宣讲，在全县上下兴起学习贯彻热潮，进一步统一全县广大党员干部群众思想认识，增强维护核心、干事创业信念和力量。

【主题宣传】2019 年，宁武县宣传工作聚焦脱贫攻坚主战场，强化脱贫攻坚宣传报道形式，扶志与扶智相结合，激发贫困户内生动力，为全县如期脱贫摘帽营造浓厚舆论氛围。《宁武报》、宁武新闻网、《宁武你好》、宁武电视台开辟系列专栏专题，让主流媒体天天有脱攻坚声音。开辟《脱贫榜样在身边》专栏。重点报道一批自主创业、自主脱贫先进典型，旨在通过脱贫典型榜样力量，激发贫困群众内生动力、主动脱贫意识，变“要我脱贫”为“我要脱贫”；开辟《脱贫攻坚大家谈》专栏。以扶贫工作队、第一书记、各乡镇、村干部、县直机关干部为主体，谈脱贫攻坚中体会、工作存在不足、改进措施，谈战斗力、向心力、攻坚力；开辟《脱贫攻坚深度报道》专栏。突出产业至上，精细化做好生猪养殖、光伏产业、乡村旅游、生态产业、电商扶贫、中药材种植等深度系列文章、专题；开辟扶贫政策宣讲专栏。利用新媒体快捷优势和农村小喇叭便捷条件解读好脱贫攻坚方针、政策，让群众浅显易懂解掌握；开辟《脱贫攻坚金点子》征集专栏。向广大干部群众征集脱贫攻坚好建议、好办法，调动社会各界参与的积极性，广纳建议，经审核把关及时在媒体发布，并报送有关部门研究采纳；开辟《铭初心·脱贫攻坚我们在行动》专栏。深入发掘脱贫攻坚中涌现出来典型事迹和好经验、好做法，激发广大干部脱贫攻坚热情，激活贫困群众脱贫内生动力。开辟脱贫攻坚监督台《镜鉴》专栏。与纪委监委、组织部密切联系，把脱贫攻坚中不作为、慢作为、违法违纪人和事曝光，举一反三，引以为戒。7个专栏目编发稿件500余篇；开展送文化和扶贫政策下乡活动。截至2019年年底，开展150余场送文化下乡活动，把表演传统剧目与扶贫政策宣传相结合，丰富群众精神文化生活，提振群众精气神。通过“爱心超市”建立推广，用“以奖代补、多劳多得”正向奖励机制，最大程度地激发广大贫困群众脱贫致富内生动力。截至2019年年底，全县14个乡（镇）建成运行爱心超市166个。在国家和省市媒体刊发各类稿件宣传宁武稿件100余篇，对外讲好宁武故事，传播宁武声音，扩大宁武影响。

【精神文明创建】 2019年，宁武县以创建省级文明城市为目标，广泛开展精神文明创建活动。在全力争创省级文明城市工作中向广大市民发放文明手册、倡议书宣传资料2万余份；志愿服务活动12次，悬挂讲文明树新风、遵德守礼等广告牌近千份，发动各文明单位利用宣传橱窗、电子屏等播放公益广告800余条；评选出1个省级文明乡镇，6个市级文明乡镇，7个县级文明乡镇。1个省级文明村，3个市级文明村，92个县级“文明村”，选出县级文明单位6个，市级文明单位8个，省级文明单位4个。选出市级文明家庭4家，五星级以上文明户1950户；选出市级文明校园1所，省级文明校园2所，省级文明先进学校1所；在道德模范推选活动中，余庄乡第一书记张尚富被推选为忻州市第二届道德模范，入选中国好人2019年5月好人榜。系列文明创建活动加强市民思想道德，提高市民文明素质和社会文明程度。

着力增强社会主义核心价值观建设感召力，把社会主义核心价值观贯穿于精神文明建设、文化建设全过程，大力培养时代新人、弘扬时代新风，推动社会主义核心价值观落实落细落小。推进精神文明建设与精准扶贫有机结合，组织开展“自主脱贫标兵”“最孝儿女”“最美家庭”等评选活动，评选出各行各业先进典型30余人，起到模范带动作用。把革命先辈们感人事迹作为主题教育生动教材，讲述红色故事，传承革命精神，组织县四套班子领导和各界代表开展“公祭日”等活动铭初心励壮志。以庆祝新中国成立70周年为契机，开展系列活动展现70年伟大变化，汇聚强大爱国精神，打造国旗一条街、组织大型文艺晚会、开展70年成就展、举办书画比赛，117个单位、6所中学、27所小学以升国旗、唱国歌、制作快闪、朗诵比赛等不同形式，培育初心认同，厚植爱国情怀。通过一系列庆祝活动开展，使全县广大党员干部群众充分感受到七十年来宁武发生巨大变化，更加坚定团结一心、筑梦百年豪情壮志，凝聚广大党员干部群众思想认识，为全县坚决打赢脱贫攻坚战筑牢思想基础。

【文化引领】 2019年，宁武县新建11个村文化服务中心、硬化34个村级文化活动广场，为全县370个行政村综合文化活动场所购置文化服务标志牌、宣传专栏、制度栏等各种标示标牌，配备健身器材1325件、乒乓球案123台、电视计算机一体机349台、通体玻璃柜300个，形成县、乡、村三级公共文化服务体系建设，达到群众在本村即可参加公共文化活动，丰富广大群众业余文化生活。实现农家书屋、农村文化活动室、乡镇综合文化站、广播电视直播卫星户户通、农村公益电影放映5个全覆盖。全年送戏150余场、送图书2万余册、送电影5200余场、送讲座8期、大型展览4次、培训文艺骨干120余人。为全县常住100口人以上112个行政村安装村村响广播系统，每天定时播放精准扶贫政策。结合当前扶贫攻坚，精心编排《日子富了》《喜鹊岭》《凤凰沟的故事》《懒三脱贫记》等十余个反映脱贫攻坚、富民政策和新农村建设成就为主题的具有浓郁地方特色、群众喜闻乐见文艺节目，到农村基层演出80余场，受到广大群众好评。

【意识形态】 2019年，宁武县委宣传部从严落实意识形态工作责任制和网络意识形态工作责任制，先后印发《关于调整县委意识形态领域分析研判领导小组的通知》《关于报送分析研判报告的通知》和《关于开展党委意识形态落实情况自查通知》，明确各级党委（党组）主体责任。会同公安网安大队、经信局、工会、团委、教育局等部门开展第六届“国家网络安全宣传周”活动，到社区、学校、企业和广场发放宣传资料3000份、海报50份、折页资料1000份。开展“扫黄打非”专项行动，开展“净网、清源、秋风、护苗、固边”5个专项整治行动。县文化执法队联合公安、工商、消防、安监等部门对全县文化市场开展联合执法检查，在联合检查中未发现淫秽、反动等非法书籍，没收盗版等音像制品300盘，没收口袋本卡通书、盗版教材读物75本，各场所基本无安全隐患。对检查中发现各类问题，下发整改通知书4份，做详细检查记录，责令限期整改。通过执法检查有效遏制文化市场违规非法行为，净化宁武县文化市场环境。

（史艳春）

统战工作

【概况】 2019年，宁武县委统战部学习贯彻落实全国全省全市统战工作会议、省委十一届七次全会、市委四届六次全会、宁武县委十三届八次全会精神，落实市委“五新”工作要求，按照“明大势、把方向、搭平台、破瓶颈、强素能”总要求，围绕宁武县“脱贫摘帽、乡村振兴”发展战略，推动统一战线服务脱贫攻坚，强化基层党建工作，加强自身建设，推动各领域统战工作。

【党外人士工作会议】 2019年10月18日，宁武县召开支持党外人士开展“不忘合作初心，继续携手前进”主题教育活动动员会。贾建宁、廖志英出席会议，110名各界代表到场参会。动员会上，10位党外代表人士作表态发言，参会人员观看新中国成立70周年活动庆典展播。贾建宁指出，在全县民主党派成员、无党派人士中开展“不忘合作初心，继续携手前进”主题教育活动，引领党外人士学习贯彻中共十九大精神，领会习近平新时代中国特色社会主义思想，自觉增强“四个意识”，坚定“四个信念”，在思想上、政治上、行动上践行“两个维护”，推动宁武“脱贫摘帽、乡村振兴”步伐。组织推荐优秀企业家参加支持民营经济座谈会和省委支持民营经济发展大会并交流学习，引深非公有制经济人士“说正能量话，做正能量事，发挥正能量作用”主题活动。开展习近平新时代中国特色社会主义经济思想教育引领，推动非公有制经济健康发展和非公有制经济人士健康成长，为服务经济社会发挥积极作用。

【调研工作】 2019年，宁武县委统战部开展调研，帮助企业协调解决问题。4月17日至19日、7月17日至18日，忻州市工商联主席黄卫东、工商联党组书记秦东风、副主席张斌等领导到宁武调研，宁武县工商联参与，先后到忻州宇隆农业合作有限责任公司、宁武县工业园区、山西宝捷物流有限责任公司、宁武县扶贫产业园区、德盛利民医院调研，了解企业经营发展情况和企业实际存在困难，征求企业意见、建议。

【民营经济】2019年，宁武县委统战部组织召开民营经济发展座谈会2次，参会50余人。李俊杰、林越峰等政协委员认为，重视品牌建设力度。建立大原与宁武信息资源共享互动机制合作互动平台，推动宁武农产品与大原市场产、供、销一体化经营模式。加强企业家和新型农民两支队伍建设，通过培训，把群众员工转变成有知识、有技能、负责任、要脱贫的新型职业农民工；搭建银企对接平台，解决民营企业融资难问题，与瑞都村镇银行合作，专门开展中小企业融资贷款服务。2017年以来，瑞都村镇银行参与发放“十企帮十村”民营企业贷款8475.9万元（截至2019年10月）。

【扶贫活动】2019年，山西宝捷物流（园区）有限公司通过“物流＋电商＋农户”模式，打造本土品牌——沙棘。实现农民增收，荒山增绿，经济效益、社会效益、生态效益同步提升，该项目被县政府列入全县生态扶贫产业开发项目，以政府、银行、保险、实施主体、贫困户“五位一体”精准扶贫小额贷款模式，由宁武乐村淘网络科技有限公司担保，与40户贫困户签订担保贷款5万余元，三年内每年向贫困户发放12万元红利。5月4日，太原宁武商会在新堡乡芦草沟村举办首届芦芽山红色文化旅游暨杂粮美食节。6月8日至9日由太原宁武商会发起，卓识医生集团组织李保平、陈光辉等15名宁武籍专家回宁武开展扶贫义诊活动，为770余名患者提供健康服务。11月10日，太原市宁武商会党支部组织部分党员和28名商会会员，把第二批“不忘初心、牢记使命”主题教育主阵地选在宁武红色革命老区芦草沟村，向芦草沟村及老区人民奉献上一份扶贫慈善、红色文化巡礼大餐，为老区人民带来米、面、书籍等慰问品。

【义诊活动】2019年，宁武县委统战部引导民主党派成员和无党派人士践行理想信念教育活动，围绕宁武“脱贫摘帽，乡村振兴”献计出力，建功立业。10月16日，民建忻州市委社会服务部协同市直七支部和十四支部，在宁武县薛家洼乡中白泉村、涔山乡张家崖村组织开展“10·17”世界扶贫日义诊活动，接诊70余人，为村民们健康体检提供血糖、血压、心电图、B超等检查项目，医师现场为患者做诊疗建议。

【“百千百工程”】2019年，宁武县委统战部根据省委统战部统一安排，由省委统战部五处副处长刘丁晚带队的全省无党派代表人士和党外知识分子专家组于2019年7月25日至26日到宁武举行“助力攻坚深度贫困‘百千百’工程”扶贫义诊活动，忻州市委统战部副部长陈晋华等领导陪同指导。贾建宁参加启动仪式。卫计局局长窦润玺汇报宁武县开展健康扶贫方面情况。来自山西医科大学、山大一院、二院，义诊当日，专家们共接待前来就诊的患者达107人。义诊活动涵盖心血管内科、内分泌科、神经内科、消化科、呼吸科、口腔科、妇科、皮肤科等多个专业学科，神经病学专家侯玉立、消化病学消化内镜专家党小红、内分泌专家刘红玲、高血压冠心病专家段丽琴、神经科专家宋宇锋、呼吸内科专家刘志宏、口腔综合专家闫立峰、口腔综合专家王凯、肾脏病专家张紫媛、妇科专家温凯婷、皮肤科专家郑瑞、抗癫痫专家郝卫成、中医康复专家吕文科、呼吸与危重症专家程二菁等14位专家坐诊。山西医科大学统战部党派科谢晓霞科长代表专家组作表态发言，表示参与到助力攻坚深度贫困“百千百”工程中，希望党外人士也能用自己专业特长为宁武县贫困户早日脱贫作出贡献。

【队伍建设】 2019年，宁武县委统战部开展“改革创新，奋发有为”大讨论活动和“不忘初心、牢记使命”主题教育，以“三会一课”形式学习习近平新时代中国特色社会主义思想为主要内容的政治理论12次，组织全体党员干部学习中共十九大和十九届三中、四中全会精神及中共宁武县委十三届八次全会精神，提高全体党员干部政治思想觉悟。县委常委、组织部部长、统战部部长贾建宁在全县组织、统战干部创业创新学习会上指出，宁武县是山西省10个深度贫困县之一，要完成2019年脱贫摘帽任务，统战干部要具有担当意识、勇气和决心，明确敢于担当的政治责任，树牢“四个意识”，树立敢于担当、甘于担当思想情怀，扛起应该肩负的担子。

【宣传工作】 2019年，宁武县委统战部推动中央和省委重大决策部署在宁武落地生根，上报市委统战部信息14条，统战工作实践创新成果1篇，统战理论政策研究课题项目1篇。

（郭爱军）

机构编制

【概况】 2019年，中共宁武县委机构编制委员会办公室按照省、市机构编制管理工作具体要求，明确工作重点，规范工作秩序，开阔工作思路，创新工作方法，紧紧围绕县委中心工作，服务大局，全面完成党政机构体制机制改革和各项工作任务。机构改革后，设置党政机构36个，事业单位总机构数为271家。

【党政机构改革】 2019年，中共宁武县委机构编制委员会办公室开展宁武县党政机构改革工作，按照《山西省关于市县机构改革的总体意见》和省市机构改革办确定政策口径，2月13日，县委、县政府印发《宁武县机构改革方案》，机构改革后，共设置党政机构36个，其中，纪检监察机关1个，党委工作机关8个，政府工作部门27个。27个涉改部门全部配备领导班子、落实集中办公场所、挂牌并刻制印章，会同组织、财政、人社等部门，通力协作，完成人员转隶等工作，确保政令畅通、执行有力；县委编办做好党政机构改革“三定”工作，审核把关各部门上报“三定”规定。在审核工作中，把转变政府职能、理顺职责关系、强化部门责任、综合设置机构作为重点来抓。根据各部门工作量大小，按照“大稳定、小调整”原则，提出各部门人员编制调整意见，对各部门领导职数提出核定意见，经县党政机构改革领导小组研究同意后报市机构编制办公室核定。36个党政机关部门“三定规定”全部印发。通过改革，转变政府职能，优化组织结构，健全政府责任体系，初步建立符合宁武县经济社会发展需要的行政管理体制，推动法治政府、责任政府、服务政府、廉洁政府建设。

【事业单位分类改革】 2019年，中共宁武县委机构编制委员会办公室按照事业单位分类改革精神，把承担行政职能事业单位行政职能划归行政机关。对主要或部分承担行政职能事业单位，把行政职能划归主管部门或职能相近党政机构，原有事业单位调整为从事公益服务事业单位或并入相关事业单位。完全承担行政职能事业单位，原则上并入相关党政机构或调整为主管部门内设机构。改革后保留设置事业单位，名称不再称“委、办、局”。根据《宁武县机构改革方案》和市委机构编制办公室《关于宁武县县级机构改革中副科级以上涉改事业单位调整意见的批复》，县深改办相继印发《关于宁武县纪检监察信息中心机构编制事项的通知》等文件，明确到位76个部门所属事业单位机构设置、职能设置、人员编制、领导配备等相关调整事宜。各事业单位“三定规定”陆续印发，截至2019年年底，印发中共宁武县委办公室关于《宁武县事业单位登记事务中心职能配置、内设机构和人员编制规定》通知等，27家事业单位“三定规定”。改革前，事业单位总机构数为274家，改革后事业单位总机构数为271家，更名事业单位112个，新成立事业单位16个，上划事业单位4个，把原21个事业单位整合设置事业单位8个，撤销事业单位2个，转隶事业单位37个。

【综合行政执法体制改革】 2019年，中共宁武县委机构编制委员会办公室按照中央关于综合行政执法改革精神和省委、省政府《关于深化综合行政执法体制改革的指导意见》及市政府《关于印发忻州市深化综合行政执法体制改革实施方案》要求，印发《关于深化市场监管综合行政执法改革的实施方案》等5大领域综合行政执法改革基本完成，于2019年4月1日集中挂牌。各领域综合行政执法机构场所、领导职数及人员编制、基本职责明确到位，除环保领域，其他4大领域综合行政执法队“三定规定”全部印发，各综合行政执法队改革与工作有效衔接。5个领域综合行政执法队伍整合后，在坚持“改中求稳、稳中求进”原则下，探索建立源头监管、后续监管、末端执法、有序衔接、运行顺畅行政执法协作配合运行机制。由业务主管部门落实主体责任，强化源头监管，依法履行政策制定、审查审批、批后监管、业务指导等职责，任何部门不得以行政处罚划转为由放弃监管职责。

【机构编制实名制管理】 2019年，中共宁武县委机构编制委员会办公室三措并举加强机构编制实名制管理工作，巩固机构改革成效，确保机构实名制系统数据及时更新，梳理调整实名制系统数据，做好机构改革后半篇文章。全面调整更新，逐一夯实数据。以机构改革为契机，在整建制划转同时，对照《宁武县机构改革方案》和各部门新“三定”规定，梳理新组建、撤并和整合机构以及涉改单位人员划转等数据调整情况，变更其机构编制、转隶人员信息，特别是梳理机构历史沿革数据信息，做到账目清、数字齐、资料全；规范操作流程，确保数据一致。按照领导干部任免、机构改革人员转隶等文件，本次机构改革中调整人员，严把转隶手续审核关，确保涉改人员合规有序划转；强化监督检查，逐个落实问题。组织开展机构编制实名制信息监督检查工作，安排专机、专网、专人负责数据管理、日常维护更新工作，确保实名制系统信息真实、准确、完整，通过加强日常监督检查，防止机构编制违规违纪情况。

【事业单位登记管理】 2019年，中共宁武县委机构编制委员会办公室从1月到3月底开展全县事业单位法人登记、年度检验工作。在工作过程中严格执行《事业单位登记管理暂行条例》和《实施细则》，结合宁武县事业单位实际情况，求实创新，探索新形势下事业单位登记管理工作新办法、新路子。各事业单位认真规范填报2018年度报告，公示事业单位年度报告197个。

（贾新茂）

党校教育

【概况】 中共宁武县委党校（宁武行政学院）主校区位于宁武县城凤凰西大街17号。占地面积4.9亩，建筑面积4821平方米，集办公、教学、住宿、餐饮为一体。配套有可容纳近400人大报告厅1个，可容纳50多人中、小会议室2个，可容纳近百人多媒体教室2个。且400人报告厅和一楼教室可视频同步联网，一键实现报告厅“扩容”。住宿床位66张，餐厅面积1114.28平方米，可容纳400余人同时就餐。配套有学员图书阅览室（37.16平方米）、文体活动室（137.16平方米）、资料档案室等。基本能够满足全县各类干部培训需求。6月10日，由组织部和县委党校共同举办“宁武县新任科级干部脱贫攻坚能力提升培训主体班”如期开班。该次主体班课程设置结构比例达标率100%。按照县委政府统一部署，配合组织部门，全年举办专题研讨班2期，累计培训人数629人；市县党校送教下乡2次，累计培训人数82人。

【新任科级干部培训】 2019年，中共宁武县委党校（宁武行政学院）围绕新形势下干部教育培训新要求，根据《中国共产党党校工作条例》《干部教育培训工作条例》及中央、省、市、县干部教育培训工作会议精神，配合组织部举办宁武县新任科级干部脱贫攻坚能力提升培训主体班和宁武县学习习近平新时代中国特色社会主义思想、“不忘初心、牢记使命”助力脱贫攻坚读书班，并到岢岚县宋家沟村和毛泽东路居馆延伸培训，接受爱国主义教育和革命传统教育，传承红色基因，锤炼提升党性修养。

【宣讲工作】 2019年，中共宁武县委党校（宁武行政学院）以习近平新时代中国特色社会主义思想学习纲要、党的十九届四中全会等为宣讲课题，到基层、乡（镇）、厂矿宣讲51场次，受训党员及基层干部3000余人，讲师们以学术讲政治，方言讲道理，用群众语言讲故事，以群众喜闻乐见方式宣讲，得到广大人民群众和干部赞誉和好评。

【业务培训】 2019年，中共宁武县委党校（宁武行政学院）配合有关部门举办各级各类干部教育培训和专业培训班共30余次，培训6000人。宁武县扶贫攻坚誓师大会1期，参加培训人数300余人；举办2019年宁武县宣传文化系统“四力”素能提升培训班1期；人民陪审员暨法律服务工作者培训班1期；宁武县芦芽山旅游发展有限公司企业管理及员工岗位工作流程1期，参加培训人数300余人。

【师资队伍建设】 2019年，中共宁武县委党校（宁武行政学院）结合党校实际和发展规划，明确师资队伍建设目标，打造优势互补教学团队；严把“政治关”，提升政治素养；坚持“走出去”和“请进来”相结合，加强教师培训，选送教师13人到各级党校学习和高等院校进修，拓宽视野；有计划邀请各级党校、高校专家学者来校传经送宝。通过密集型、常态化学习培训活动，认识到学习重要性和必要性，提升政治素养和理论功底，有效激发学习热情，改变学习习惯，使“让我学”变成“我要学”。全校上下学习氛围浓厚，工作作风明显好转，宗旨意识和责任意识明显增强。

【教学研讨】 2019年，中共宁武县委党校（宁武行政学院）为提升培训效果、与培训对象特点和需求相适应、有利于党校教师队伍建设，党校利用讲课评课、新课试讲、教学研讨，加强研究探索教学规律。实施“素质提升工程”，组织专家教授观摩示范课程，提高教师教学能力。开展新老教师一对一“传帮带”活动，做到“一带师德、二带教学、三带课题、四带特长”，通过老教师上示范课、介绍经验，新教师试讲、集体备课等方式实现教学相长。

【基础建设】 2019年，中共宁武县委党校

（宁武行政学院）结合创建省级“文明城市”和市级“文明单位”，整治校园卫生环境，重点检查和清理食堂、宾馆、厕所卫生，不留任何隐患和死角。改造厨房实行“明厨亮灶”。维修改造教学办公楼，落实“人防、技防、物防”三位一体防范措施，坚持“从细微处着眼，从最小处抓起”原则，加大安全工作投入，创建平安校园；档案和图书室配备专职人员规范管理，整理归类所用档案和图书资料，保障党校资料保存和理论教学研究工作开展；强化后勤安全管理工作，定期排查安全隐患，做到安全问题无疏漏，防患于未然，勤学习勤探索，创新管理模式和管理思路。

【“改革创新、奋发有为”大讨论活动】 2019年，中共宁武县委党校（宁武行政学院）按照省、市、县大讨论部署要求，党校结合实际拟定主题“改革创新再觉醒、奋发有为做贡献”，动员全体教职员工解放思想、提振精神，对标一流、担当作为，激发改革创新新动能，展现奋发有为新风貌，推动全年工作开新局。

【“不忘初心、牢记使命”主题教育】 2019年，中共宁武县委党校（宁武行政学院）根据县委安排部署成立“不忘初心、牢记使命”主题教育领导小组，按照中央、省委、市委和中共宁武县委印发《关于在全县开展“不忘初心、牢记使命”主题教育实施方案》通知要求，结合党校职能，做好新时代党校工作。以习近平新时代中国特色社会主义思想为指导，坚持党的理论教育和党性教育主业主课定位，培养造就忠诚干净担当的高素质专业化干部队伍，主动配合县委组织部、宣传部及相关单位抓好干部教育培训。9月1日至12日，由县委组织部牵头，党校举办“习近平新时代中国特色社会主义思想、不忘初心、牢记使命助力脱贫攻坚读书班”1期，培训党员干部60余人。

【教学改革】“用学术讲政治”是中央党校根据新形势和新任务对党校教师和党校事业发展提出的新要求，也是党校系统自上而下推动的教学改革，2019年，中共宁武县委党校（宁武行政学院）落实省委党校教学改革会议精神，对照新要求，查找教学中的短板和不足，创新教学管理机制，凝聚工作合力，激发工作动力，提升教师“用学术讲政治”本领和能力，促使党校教学提质增效。7月，党校选派副校长亢满堂参加省委党校举办的“用学术讲政治”专题研讨班。9月，召开“用学术讲政治”专题会议，通过学习牢固树立“用学术讲政治”理念，推动新思想进课堂进头脑、深入人心、落地生根，引导教员和学员增强政治自觉、思想自觉和行动自觉，提升教学培训质量。

（刘　涛）

史志研究

【概况】 2019年，宁武县党史研究室（地方志研究室）根据国务院、山西省《地方志工作条例》及全省“志鉴”两全目标会议精神和中央、省、市党史办下发《进一步加强新时期党史工作的意见和党史规划》文件精神，以“对历史负责、为现实服务”为目的。围绕县委、县政府中心工作，坚持以“存史、资政、育人”为根本任务，开拓创新，注重实效，充分发挥部门职能作用，不断拓展史志工作领域，较好完成史志征编工作。

【党史征编工作】 2019年11月，宁武县史志办启动《中国共产党宁武县历史（1949—2011）》第二卷编写工作；《中共山西年鉴》宁武部分供稿；征集《中共山西年鉴》宁武部分文稿，经过压缩形成1万余字文稿，并上报山西省委党史办《中共山西年鉴》编辑部。

【志鉴编写】 2019年，宁武县党史研究室（地方志研究室）完成《宁武年鉴（2019）》送审稿。完成《山西年鉴》宁武部分供稿，组织、抽调专人征集到《山西年鉴》有关宁武部分的资料3万余字，经过整理压缩形成1万余字文稿，报送市地方志办和山西省地方志办《山西年鉴》编辑部。

（王丽萍　杨　燕）

宁武县人民代表大会

综　述

【概况】 2019年，宁武县人大常务委员会围绕宁武县“4851”发展战略，坚持党的领导、人民当家作主、依法治国有机统一，自觉服从服务于全县工作大局，履行宪法和法律赋予的各项职责，全年共举行人代会1次、常委会会议5次，召开主任会议7次，听取和审议专项工作报告8项，作出决定、决议3个，开展执法检查3次，任命国家机关工作人员38人和任命人民陪审员51名，向县人民政府交办代表建议65件，完成全年各项预定工作任务，为推动全县经济社会发展作出积极贡献。

重要会议

【宁武县第十六届人大常委会第十三次会议】 2019年1月5日，宁武县第十六届人大常委会第十三次会议召开。听取和审议县人大常委会关于县人民政府向县人大常委会报告国有资产管理情况实施办法（试行）审议稿；听取和审议县发改局关于县国民经济和社会发展第十三个五年规划纲要实施情况中期评估报告；听取和审议县审计局关于县2017年度县本级财政预算执行和其他财政收支审计情况整改报告。

【宁武县第十六届人大常委会第十四次会议】 2019年2月23日，宁武县第十六届人大常委会第十四次会议召开。会议听取县人民政府关于代表建议意见办理情况报告；听取和审议县发改局关于宁武县2018年国民经济和社会发展计划执行情况及2019年国民经济和社会发展计划草案报告；听取和审议县财政局关于宁武县2018年财政预算执行情况和2019年财政预算草案报告；审议县第十六届人大四次会议议案审查委员会组成人员名单（草案）和计划，预算审查委员会组成人员名单（草案）；审议补选第十六届人大代表的代表资格审查报告；听取第十六届人大四次会议筹备情况；听取第十六届人大第四次会议《人大常委会工作报告》起草情况。

【宁武县第十六届人大常委会第十五次会议】 2019年3月7日，宁武县第十六届人大常委会第十五次会议召开。会议共1项议程，人事任免：县政府副县长张国伟宣读关于闫凯亮等18人任免提请报告；县人大常委会苏栓斌宣读任前法律考试说明；免去郭建毅等12人原职务、刘鹏县人大常委会委员职务；18人作供职发言；经过参会委员投票，任命闫凯亮等18人新职务，并进行宪法宣誓。

【宁武县第十六届人大常委会第十六次会议】 2019年3月15日，宁武县第十六届人大常委会第十六次会议召开。会议共一项议程，人事任免。人事任免张宝生、亢奋义、高翔等5人。

【宁武县第十六届人大常委会第十七次会议】 2019年7月12日，宁武县第十六届人大常委会第十七次会议召开。会议共5项议程：听取和审议县人民政府关于国有资产管理情况书面报告和行政事业性国有资产管理情况口头专项报告；听取和审议县审计局关于宁武县2018年度财政预算执行情况和其他财政收支情况审计报告；印发《宁武县人大常委会关于加强全县人大代表联络站建设的实施意见》，安排部署人大代表联络站建设；交办第十六届人大第四次会议期间代表所提65件意见建议；任命王智、李天祥和程耀文3人职务。

【宁武县第十六届人大常委会第十八次会议】 2019年12月17日，宁武县第十六届人大常委会第十八次会议召开。会议共6项议程：以举手表决方式通过对县政府田贺玉、王洪亮、杨忠义、翟俊卿4人免职决定；以举手表决方式通过对县检察院毕土云、陈建国、贾俊平、刘建春、徐文杰、谭方、殷建凯7人免职决定；以票决方式通过对狄文俊任宁武县人民政府副县长任命决定；以举手表决方式通过对马在岐辞去县人大常委会主任和忻州市第四届人大代表的辞职请求；以票决方式补选田贺玉书记为忻州市第四届人大代表；党组书记田贺玉作重要讲话。

【宁武县第十六届人大常委会第十九次会议】 2019年12月31日，宁武县第十六届人大常委会第十九次会议召开。会议共3项议程：听取、审议和批准县财政局关于2019年财政预算执行情况暨全年预算调整意见报告；听取和审议县审计局关于2018年度本级财政预算和其他财政收支审计查出问题整改情况报告。党组书记田贺玉作重要讲话。

【年度人民代表大会】 2019年，宁武县人大常委会开始大会筹备组织工作。召开筹备工作会议，统一思想，成立大会秘书处，设立组织、宣传、会务、后勤、资料、议案、安全保卫、信访接待、会风会纪9个工作组，落实工作职责，做好会前各项准备工作。召开常委会会议，安排和审查大会议程、日程、列席人员及会议各项报告，作出召开大会决定。举行人民代表大会，3月1日至3日，县第十六届人大常委会第三次会议在县人民剧院（原县人民大礼堂）召开，会议按照法定程序，审议县人民政府、计划、预算、人大常委会、法院、检察院工作报告，审查批准宁武县2018年国民经济和社会发展计划执行情况报告与2019年国民经济和社会发展计划、宁武县2018年财政预算执行情况和2019年财政预算草案报告，作出6个工作报告决议，确定宁武县2019年工作思路和奋斗目标，大会完成大会各项预定议程。大会期间，全体代表充分发挥人大代表在管理国家事务中作用，围绕全县经济社会发展和人民群众关注热点难点问题提出议案、建议，共提出涉及农村环境卫生、道路建设、环境保护、教育卫生、精准扶贫等方面代表建议65件，把基层人民群众所盼、所思、所想事情带到大会上来。

人大监督

【财政计划监督】 2019年，宁武县人大常委会监督预算执行情况和国民经济运行情况，听取和审议县人大常委会关于县人民政府向县人大常委会报告国有资产管理情况实施办法（试行）审议稿；听取和审议县发改局关于县国民经济和社会发展第十三个五年规划纲要实施情况中期评估报告；听取和审议县审计局关于县2017年度县本级财政预算执行和其他财政收支审计情况整改报告；听取县人民政府关于代表建议意见办理情况的报告；听取和审议县发改局关于宁武县2018年国民经济和社会发展计划执行情况及2019年国民经济和社会发展计划草案报告；听取和审议县财政局关于宁武县2018年财政预算执行情况和2019年财政预算草案报告；听取和审议县人民政府关于国有资产管理情况书面报告和行政事业性国有资产管理情况口头专项报告；听取和审议县审计局关于宁武县2018年度财政预算执行情况和其他财政收支情况审计报告。进一步增强计划和预算执行严肃性和透明性，提高财政资金使用效益，确保县十六届四次会议批准计划和预算得到落实和执行。

【环境保护工作监督】 2019年，宁武县人大常委会组织或配合省、市人大开展《环境保护法》、大气污染防治、水污染防治、矿山地质生态环境保护和治理等跟踪监督、执法检查、专题调研和视察，组织人大常委会全体委员和部分市、县人大代表集中视察和调研全县地质灾害治理、大型煤矿污水处理。通过实地查看、听取汇报、开展座谈、问询等手段，坚持问题导向，回应社会关切，促进政府相关部门依法行政，加大地质灾害治理、污染防治力度，推动相关企业严格按规划治理灾害、保护环境、达标排放，整改突出问题，引导社会公众关注环保、参与环保，采取绿色低碳生活消费方式，促进环保法律贯彻实施，推动“五城联创”和美丽宁武建设。

【旅游产业发展监督】 2019年，宁武县人大常委会配合市人大进行《中华人民共和国旅游法》等执法检查。针对宁武县得天独厚旅游资源与经济社会发展和知名景区开发建设存在较大差距现实，多次召开主任会议研究讨论县域旅游发展规划，商议如何加快宁武县旅游发展思路和办法，以此带动旅游产业促进脱贫。常委会组织全体委员和部分人大代表集中视察调研宁武县旅游发展和旅游景点开发情况，在通过实地查看、听取汇报、问询、座谈等方式听取委员、代表以及相关人士意见和建议，多次研究讨论提出改革旅游景区体制机制、加强旅游基础设施建设、抓好全域旅游示范建设、发展旅游产业带动乡村脱贫等许多建设性意见建议，推动宁武县旅游产业和相关产业融合发展。

【依法行使决定权任免权】 2019年，宁武县人大常委会以全县工作大局和经济建设为中心，坚持抓大事、谋大事、议大事，依照法律法规，按照法定程序、民主审议、集中决策原则，加强监督全县政府性资金管理使用、重点项目建设等方面运行情况，依法行使重大事项决定权。常委会审议2018年国民经济计划执行情况、财政预算执行情况及预算调整等涉及全县大局及群众利益的重大事项，作出决议决定，为县人民政府贯彻落实县委决策部署提供法律支持，推动全县经济社会科学发展、快速发展。常委会配合县委党政机构改革工作，坚持党管干部原则与人大依法任免统一，按照法定程序办事，做好人事任免工作，确保党委人事安排意图实现。通过审议决定后，常委会会议提出被任命人员履职要求，增强被任命人员人大意识、法律意识、公仆意识、廉政意识和责任意识，从组织上保障国家机关正常运行。

代表工作

【县人大代表联络站建设】 2019年，宁武县人大常委会按照市人大常委会统一安排部署，召开全县人大代表联络站建设工作安排部署会议，按照《忻州市人大常委会办公室关于加强全市人大代表联络站建设工作的指导意见》要求，结合宁武县人大工作实际，制定印发《宁武县人大常委会关于加强全县人大代表联络站建设工作的实施意见》文件。宁武县按照试点先行、全面推进的工作要求，明确建站标准、时间节点、制度建设等均提出要求，14个乡镇和1个居民办准确把握要求，抓住关键环节，逐项精准推进，全县15个乡镇代表联络站（包括14个乡镇和1个居民办）全部建成，省、市、县、乡四级人大代表全部编组进站按计划开展一系列代表活动。

【代表建议督办】2019年，宁武县人大常委会针对近年来人大代表在人代会上提出的建议数量逐年减少现状，常委会加强和规范代表建议的提出工作，在人代会召开前夕，围绕全县改革发展稳定大局和人民群众普遍关心热点难点问题，组织人大代表，到选区走访选民开展调查研究，征集人民群众意见建议，撰写建议、议案。县第十六届人大第四次会议及闭会期间，代表共提出65件建议、批评和意见。会后，常委会及时与政府召开交办会，落实承办单位。为保证办理质量，常委会加强和改进督办方式，采取到承办单位、邀请提建议代表参与督办、实地查看、重点督办、电话催办等多种形式，加大代表建议办理情况的跟踪督办力度，提高代表建议落实解决率。

【执政参政渠道拓宽】2019年，宁武县人大常委会组织开展闭会期间代表活动，围绕全县中心工作，常委会组织视察调研活动，邀请代表参与，让代表了解宁武县当前经济社会发展情况，并召开座谈会，为宁武县改革发展献计献策，发挥代表参政议政作用。搭建履职平台，完善常委会组成人员联系代表制度，走访联系基层人大代表，大力宣传中共十九大精神和习近平新时代中国特色社会主义思想及通报全县工作重点，帮助解决代表履职中遇到的困难和问题。

【基层工作指导】2019年，宁武县人大常委会加强工作联系指导，坚持常委会领导分片指导乡镇人大工作制度和列席乡镇人代会作具体指导，邀请乡镇人大主席列席常委会会议，参与县人大常委会组织开展执法检查、调研视察等活动，加强与基层人大联系，提高基层人大业务水平。召开乡镇人大工作座谈会，总结交流基层人大开展工作的经验，帮助乡镇人大主席开拓工作思路，探索开展基层人大工作的新途径、新举措，促进全县人大工作整体向前发展。

【提高依法履职能力和水平】2019年，宁武县人大常委会加强思想政治建设。常委会始终把加强思想政治建设摆在首位，学习贯彻中共十九大和习近平新时代中国特色社会主义思想，学习中央关于改进工作作风、密切联系群众中央八项规定和党的路线方针政策，提高常委会工作人员政治站位，坚定政治定力，提高常委会工作人员维护党领导核心地位自觉性和坚定性。找准党委部署与人大工作结合点、着力点，把县委决定贯穿于人大履职全过程，落实到人大工作各方面。学习法律法规和人大业务知识，坚持常委会党组学习、常委会办公室党支部党员学习和常委会领导参加全县理论中心组学习，推进学习型党组织和学习型机关建设，提高常委会组成人员机关干部思想政治意识和履职能力。

党建工作

【“改革创新，奋发有为”大讨论活动】2019

年，宁武县人大常委会办公室，按照省、市、县委关于此次活动要求，召开会议研究部署，制定本单位实施方案、成立大讨论活动领导小组，县人大办党支部立足单位实际，根据方案开展一系列活动来创新思路和举措。通过大讨论，全体党员干部认识到开展“改革创新、奋发有为”大讨论重要意义，增强政治自觉、思想自觉、行动自觉，通过大讨论活动推动思想再解放、改革再深入、创新再发力、工作再抓实的坚定决心。通过大讨论活动破除僵化保守、因循守旧、封闭狭隘、随遇而安、慵懒散漫等不合时宜的思想观念和做法。强化改革意识不强、创新精神不足、工作标杆不高、作风不实等思想作风。通过大讨论，激发全体党员干部主动作为，勇于担当工作积极性。

【“不忘初心、牢记使命”主题教育】 2019年，宁武县人大常委会办公室党组，按照省、市、县委关于主题教育要求，召开会议研究部署，制定实施方案、成立主题教育领导小组，立足单位实际，根据方案开展一系列活动来创新思路和举措。通过主题教育，全体党员干部到认识开展“不忘初心、牢记使命”主题教育的重要意义，通过主题教育，使人大常委会机关全体党员干部达到“理论学习有收获、思想政治受洗礼、干事创业敢担当、为民服务解难题、清正廉洁作表率”目标，引导广大党员、干部不忘历史、不忘初心，保持奋斗精神和革命精神，敢于斗争、善于斗争，勇于战胜各种艰难险阻、风险挑战，奋力谱写新时代全县人大工作新篇章。

【人大常委会机关建设】 2019年，宁武县人大常委会主动与县委主要领导请示汇报、与县委组织部门、县编办沟通配合，为宁武县人大常委会机关增加编制、增加工作机构，调整充实人员，增强工作力量，发挥机关集体参谋助手和服务班子作用。为各乡（镇）人大增加专职工作人员四处奔走，以强化乡（镇）人大工作，提高乡（镇）人大的履职能力和工作水平。加强人大监督工作水平、规范人事任免程序、提高任后干部责任意识、增强人大代表履职能力，经人大常委会主任会议多次研究讨论，征求全体委员和部分人大代表建议意见，经常委会审议通过一系列工作制度，有力促进人大常委会的工作。

【廉政建设】 2019年，宁武县人大常委会重视廉政建设，加强党的执政能力建设、先进性和纯洁性建设这条主线，贯彻落实党风廉政建设责任制。落实“一岗双责”推进全面从严治党。人大常委会党组及人大办党支部学习贯彻习近平新时代中国特色社会主义思想，使“两学一做”学习教育常态化、制度化，落实“一岗双责”，全面从严治党主体责任，把坚持和依靠党的领导作为人大工作的根本政治原则，坚持与县委在政治上同向、思想上同心、工作上同步、发展上同力。增强政治意识、大局意识、核心意识、看齐意识，实现党建工作与业务工作同步计划、同步部署、同步实施、同步检查、同步考核、统筹落实。树立抓好党建是最大成绩、抓不好党建是严重失职、不抓党建是严重渎职的意识，把党建工作与业务工作紧密结合。加强制度建设，确保责任落实到位。严格执行《中国共产党党和国家机关基层组织工作条例》和省、市、县全面从严治党有关实施方案，制定完善人大常委会党组及支部党建和业务规章制度，规范组织生活。以严格的制度推动党建工作，确保党组书记和支部书记承担党组支部建设主体责任，树立党建导向政绩观，主持研究党组或支部工作计划，带头开展党组支部日常工作，带头讲党课，带头执行党组支部制度，切实履行党建职责。

严格执行纪律，强化执纪问责，用制度规范工作程序，用制度提升工作效能。贯彻落实“三会一课”制度，组织党组成员、党员干部开好党组民主生活会、支部委员组织生活会、党员大会，组织领导干部带头讲好党课，做广大党员干部楷模和榜样。通过认真落实“一岗双责”“三会一课”制度和强化机关廉政制度建设，使人大常委会及机关领导干部廉政意识得到加强，拒腐防变能力得到强化，自觉做到求真务实、勤政廉政、务实为民。

（李宝贵）

宁武县人民政府

综　述

【概况】2019年，宁武县人民政府坚持以习近平新时代中国特色社会主义思想为指引，贯彻落实习近平总书记“三篇光辉文献”精神，坚持脱贫攻坚统揽发展全局，抓“供改”“综改”工作主线，落实“4851”：以脱贫攻坚统揽经济社会发展全局，继续实施科教兴县、煤电强县、生态立县、旅游活县四大发展战略，突出抓好精准脱贫、转型综改、城镇建设、乡村振兴、环境保护、民生改善、招商引资、平安宁武八项重点工作，着力补齐结构不优、总量不足、民营不活、开放不够、作风不实五大短板，统筹推进稳增长、促改革、调结构、增动能、惠民生、防风险各项工作，促进经济社会持续健康发展。发展战略，推进转型升级，加快新旧动能转换，统筹做好稳增长、促改革、调结构、惠民生、防风险各项工作，经济社会发展呈现出稳中向好、好中提质的局面。全年全县地区生产总值完成67.7亿元，同比增长9.1%；规模以上工业增加值同比增长8.5%；固定资产投资完成42.6亿元，同比增长4.0%；社会消费品零售总额完成14.3亿元，同比增长7.6%；财政总收入和一般公共预算收入分别完成21.3亿元、9.1亿元，分别同比增长10.8%、27.7%；城镇常住居民人均可支配收入26550元，同比增长7.0%；农村常住居民人均可支配收入6843元，同比增长15.2%。

【脱贫攻坚】2019年，宁武县人民政府落实市委“3659”脱贫攻坚策略，即“三立”，立志、立业、立状；“六个精准”，做到扶贫对象精准，项目安排精准，资金使用精准，措施到户精准，因村派人精准，脱贫成效精准；实现“五个一批”，即产业开发脱贫一批、易地搬迁脱贫一批、生态补偿脱贫一批、发展教育脱贫一批、政策兜底脱贫一批；“九项工程”即实施产业扶贫、移民搬迁、基础建设、素质提升、龙头企业、生态扶贫、金融扶贫、政策兜底、基础组织建设等脱贫攻坚工程。实施县委“3467”脱贫举措，“3”即对全县贫困人口的收入主要通过政府保障、产业扶持、劳务就业三种方式进行兜底。“4”即通过入股分红、龙头带动、政府补贴企业参与、合作开发四种产业发展模式增加贫困人口收入。“6”即通过实施健康脱贫、易地搬迁、民政救助、教育脱贫和危房改造、饮水安全工程六种叠加手段，解决贫困群众因病、因居、因学、因灾和住房、饮水不达标的问题。“7”即通过加强组织领导、加大资金投入、完善基础设施、强化公共服务、壮大集体经济、强化督查考核、加大问责力度等七项配套措施确保全县如期摘帽。聚焦“两不愁三保障”，全力攻坚深度贫困，坚持产业、就业“两业”并举，生态、生计“两生”共赢，易地搬迁、危房改造“两房”同建，基础教育、基本医疗“两基”并重，农村低保、扶贫开发“两线”衔接，产业体系日益健全、资产收益成效显著、村容村貌大为改善、增收能力持续提升，全年脱贫4271户8753人，累计退出16310户38778人，贫困发生率从34.2%下降到0.35%，脱贫攻坚实现决战决胜，顺利通过摘帽退出程序。

【产业发展】 2019年，宁武县人民政府推进产业转型升级，农业发展形势稳定向好，发展有机旱作农业，种植地域特色小杂粮、马铃薯、中药材等17万亩，粮食产量3050万千克、同比增长8%，实现“八连增”。做强农业品牌，认证“三品一标”（无公害农产品、绿色食品、有机产品，农产品地理标志产品）10个，农副产品加工销售收入4.36亿元、同比增长7.4%。发展健康规模养殖，大象生猪12个养殖小区顺利投用，驴、牛、猪、羊饲养量分别达到0.4万、1.9万、10.2万、45万头（只）。

工业经济稳健运行。培育规模以上工业企业29户，完成产值57亿元、同比增长7.1%。能源革命综合改革开局良好，全年生产原煤1510.8万吨、现价产值42.7亿元，原煤销量1537.1万吨、销售产值43.9亿元，6个风电企业正常运行发电，华润低热值煤电厂移出缓建名单复工建设，北辛窑煤矿电力项目加速推进，北京首欣风电和中广核光电项目具备开工条件。

文旅产业创新发展。推进景区景点体制改革，完成经营企业资产重组，引进深圳华侨城团队运营管理。开展芦芽山风景区创建国家AAAAA级旅游景区工作，完成汾河源头提升改造工程。创新用好“一县一策”，实施宁化村旅游扶贫试点项目。大力发展乡村旅游，王化沟村入选全省首批AAA级乡村旅游示范村，坝沟湾村、大石洞村、高桥洼村被评为全省旅游扶贫示范村。全年接待游客136万人，旅游综合收入12.6亿元，分别同比增长26.6%、30.2%。

【深化改革】 2019年，宁武县人民政府拓展企业投资项目承诺制改革，政府统一服务事项7个，企业自行办理事项缩减70%以上、待办时间压缩50%以上。落实商事制度改革举措，实行简易注销登记管理，新增企业240家、农民专业合作社49家。开展“法人知税、算出红利”活动，落实国家减税降费政策，减免各项税费1.57亿元，激发市场主体活力。完成中央农村集体经济产权制度改革试点任务，完成集体经济组织成员身份确认，土地规模流转2.6万亩，农业生产托管服务2.7万亩。大运华盛能源集团重组董事会、监事会，完成干部职工队伍改革，建立煤炭销售网上竞价平台。推动3户国有企业“三供一业”（企业的供水、供电、供热和物业管理）分离办社会职能，开展28户“僵尸企业”出清和40户国有企业退休人员社会化管理工作。推动民营企业转型升级，培育“小升规”企业2户、省级“专精特新”入库企业5户，清偿民营企业中小企业账款4061.9万元，减轻民营经济负担。园区改革创新有序推进，扶贫农业产业园区基本建成，节能环保产业园区建设提速，入园企业30余户，带动示范效应逐渐增强。推进教育综合改革，以宁武高中为龙头采取“一拖五”（一即宁武县高级中学，五为宁武一中校区、宁武二中校区、东寨中学校区、阳方口中学校区、化北屯中学校区）方式组建中学教育集团，实行“九统一”（师资统一调配、课程统一设置、教研统一实施、质量统一监控、考试统一评价、招生统一组织、活动统一规划、绩效统一标准、经费统一管理）管理，推动优质教学资源共享和一体化发展。巩固村级医疗改革成果，新建和改造137个村卫生室，发放11379份“村医爱心药包”，村卫生室改革被农业农村部、发改委评为全国农村公共服务典型案例。完成国家电子商务进农村综合示范县建设，构建县、乡、村三级物流体系，推出“芦芽山珍”“汾源印象”两大区域公共品牌。

【基础设施】 2019年，宁武县人民政府统筹城乡发展，加快省级文明县城创建步伐，加强基础设施建设，完成城区25条小街小巷提升改造工程，新建改建管网14千米，新增集中供热面积18万平方米。保障困难群众住房需求，城镇棚户区住房改造基本建成1336套、货币化补偿75套，住房保障租赁补贴发放412户，农村危房改造614户。改善路网通行条件，完成改造县道18.5千米、乡道11.3千米、村道217千米。结合整村提升工程，开展村容村貌专项整治234个村，乡村环境得到改善。集聚乡村发展资源，发挥中心村带动作用，撤并行政村35个。统筹做好旧村拆除复垦，城乡建设用地增减挂钩完成易地交易指标584亩、收益1.75亿元。

【环境质量】 2019年，宁武县人民政府实施大气、水、土壤污染防治年度计划，治理无组织排放企业83家、入河排污口35个，国家确定点位土壤取样7处。开展第二次全国污染源普查，完成全省五轮大气污染防治专项检查和违法排污大整治“百日清零”专项行动，生态环境宁武分局荣获全省先进集体称号。推行“河（湖）长制”，开展“携手清四乱、保护河湖生态”百日会战行动，汾河川湖屯断面达到地表水Ⅲ类水质，恢河梵王寺断面退出劣Ⅴ类水体。开展造林绿化，人工造林2.7万亩、封山育林2.3万亩、退耕还林1.8万亩。开展绿色矿山创建，企业存储创建基金3020万元、土地复垦保证金3687万元，神达栖凤煤业被评为“忻州市绿色矿山企业”。中央和省环保督察及“回头看”反馈意见问题全部达到整改要求。推进山水林田湖草生态保护修复工程，开工建设12个试点项目。

【民生事业】 2019年，宁武县人民政府抓就业再就业工作，实施全民技能提升工程培训3058人，转移农村剩余劳动力2104人。完善社会保障体系，各类保险参保人数和基金征缴金额逐年增加，社保待遇稳步增长，医保基金稳健运行。教育扶贫政策持续发力，发放资助补助金1281万元、生源地助学贷款1532万元。优质教育资源不断扩大，中城区幼儿园完成改造，职业中学基本完工，示范性高中投入使用，高考二本B类以上达线214人。落实二孩配套政策，实施基本公共卫生服务和妇幼惠民工作，重点做好健康扶贫工作，建档立卡贫困人口累计补偿13116人、报销救助7510万余元，基本解决因病致贫返贫问题。县红十字会荣获全省先进集体称号。民政兜底力度加强，实现农村低保制度与扶贫开发标准“两线合一”，发放城市低保金1215万元、农村低保金3686万元和农村特困人员救助金1086万元，受益贫困群众15589人。发放其他救助金、补贴金和生活费等1284万元，保障困难群众基本生活。关心关爱特殊群体。完成38例残疾儿童诊断筛查和抢救性康复，为3338名重度残疾人缴纳医疗保险，为4681名残疾人缴纳意外救助保险。建成凤凰敬老院，完成敬老院主体工程，新建3个农村老年人日间照料中心。建成乡

（镇）、居民办和村（社区）退役军人服务站，发放优抚慰问金等，为老军人颁授“庆祝中华人民共和国成立70周年纪念章”。

【社会稳定】 2019年，加强隐患排查治理，抓好安全生产。加强法治宣传教育，深化人民调解工作，强化社区矫正监管，做好法律便民服务。保持高压严打态势，打击违法犯罪行为，抓获历年在逃人员22人，破获命案积案2起。深化扫黑除恶专项斗争，打掉1个恶势力集团，维护社会安全。凤凰镇、东寨镇、阳方口镇、怀道乡和宁武县居民办事处被市政法委评为市级平安乡镇、居民办。凤凰镇被省文明办评为省级文明乡（镇），县税务局、气象局、公路段、供电公司被评为省级文明标兵单位。

【政府建设】 2019年，宁武县人民政府把党的政治建设摆在首要位置，开展“不忘初心、牢记使命”主题教育。落实政府系统党建主体责任，推进党风廉政建设和反腐败斗争。完成党政机构改革，推进生态环境、市场监管、文化市场、交通运输和农业5大领域综合行政执法体制改革。严格执行县人大及其常委会决议决定，支持县政协履行职能，办理人大代表建议65件、政协委员提案62件，办复率100%。“13710”政务督办效能得到提升，电子平台办结上级事项121件、本级事项45件。推进民生警务，做好公安7大类53条便民服务。深化“放管服效”改革，启动“一枚印章管审批”和相对集中行政许可权改革，推进政务服务“四级四同”工作，建设为民服务政府迈出新的步伐。

（肖俊伟）

宁武县人民政府办公室

【概况】 2019年，宁武县政府办公室围绕全县中心工作，主要负责县政府各项公务活动，组织起草、审核、印发公文及稿件，办理中央和省市及其他单位发送的机要文件、明传电报、信函等公文，办理各乡（镇）政府和县直各部门请示、汇报等事宜；协调联系县政府各部门工作，督促检查各乡（镇）政府和部门工作进展情况；调查研究全县经济社会发展重大问题，为县政府决策提供参考依据；组织办理人大代表议案和政协委员提案；负责政务信息工作，及时报告重要情况，接待群众来信来访，征集群众建议意见；指导监督政府信息公开；负责县政府值班工作，及时报告重要情况；传达和督促落实县政府领导批示；负责政府金融工作；负责侨务、外事等方面工作；负责治超工作；协调处理政府机关行政事务；承办县政府和县政府领导交办的其他事项等。

【督查落实】 2019年，宁武县政府办公室坚持从严治政要求，围绕重大决策、重要事项、重点工作，依托“13710”电子督办平台，落实督查制度，开展专项督办，分解任务目标，明确时间节点，狠抓工作落实。全年共承办省市政府交办事项132项、完结125项，下发事项45项，完结45项，办结事项全部评为优秀，保证政令畅通和工作落实。强化人大议案、政协提案办理，办理答复人大议案65件、政协提案62件，答复率、满意率100%。

【服务保障】 2019年，宁武县政府办公室树立“四个意识”，坚持统筹协调配合，主动联系省市部门，协调乡（镇）部门，抓好重点工作跟踪落实，承办各类大小会议，做好检查、观摩、视察、调研等工作。做好政府信息公开、政府值班、政府金融、外事、侨务等工作。全年办理机要文件986件，其他省市及上级单位来文1032件，以县政府和县政府办名义印发文件338件，贯彻落实上级决策，安排部署重点工作，保障政令畅通、令行禁止。

【值班管理】 2019年，宁武县政府办公室加强政府值班工作，落实值班管理制度，执行24小时值班规定，及时报告重要情况，传达和督促落实县政府领导批示，配合县应急部门应对低温、雨雪天气，防汛、安全生产等各类突发事件，得到快速、高效、妥善处置，确保人民群众生命财产安全，社会有序稳定。

【组织建设】 2019年，宁武县政府办公室按照新形势下党建要求，加强组织建设，推进“不忘初心、牢记使命”主题教育，加强理论学习，组织开展支部大会、支部委员会、党小组会10余次，每个月集中组织学习2次，举办专题党课24次，提升素质能力，筑牢思想之基。按照组织生活会要求，查找班子存在问题，通过梳理整理问题、形成台账、限期整改等，解决一批突出问题，提升机关效能，树立良好形象。

【政务信息公开】 2019年，宁武县政府办公室拓宽政务信息公开渠道，坚持以公开为常态，不公开为例外，围绕转型综改、创新驱动、脱贫攻坚、振兴崛起，推进决策、执行、管理、服务、结果“五公开”，创新政府信息公开方式，提升政府信息公开质量，主动公开、政策解读、政务舆情回应力度，提高工作透明度和政府公信力，全年宁武县政府网站共发布信息2540条，办理网友诉求45件。

【党风廉政建设】 2019年，宁武县政府办公室加强作风建设和纪律建设，贯彻落实党风廉政建设主体责任，开展主题教育，落实中央八项规定精神，严格按照原则规定办事，固定资产管理，做好公务接待、公车封存、办文办会、节日风气等工作，自觉接受社会监督，方便服务单位群众，树立良好政府形象。

（肖俊伟）

行政审批

【“互联网＋监管”系统建设】 2019年，宁武县行政审批服务管理局（以下简称审批局）推动全县“互联网＋监管”系统，加强和创新事中事后监管，实现综合监管。印发《关于梳理全县“互联网＋监管”系统监管事项目录清单和检查实施清单的紧急通知的函》，县直相关单位梳理全县“互联网＋监管”系统监管事项目录清单和检查实施清单，按照“谁审批、谁监管”原则，梳理各自职责范围内监管事项，推动监管事项全覆盖，为各级、各部门开展监管业务提供基础数据支撑。这项工作认领监管事项数810条，发布检查实施清单数（含子项）733条。

【政务服务】 2019年，宁武县审批局深化“互联网＋政务服务”，推进政务服务“四级四同”改革，发挥网上办事大厅作用，把握公众需求，拓展服务渠道，提升网办深度，实现“数据多跑路、群众少跑腿”，推动政务服务全面提质。印发《关于加快推进与国家和省政务服务平台对接实现全县政务服务事项“四级四同”有关工作的紧急通知的函》指导县直各有关单位、按照工作要求，开展“四级四同”相关工作，各相关单位完成与国家和省级、市级政务服务平台的深度对接工作，确保2020年实现“一网通办”。

【审批服务】 2019年，宁武县审批局推动审批服务理念、制度、作风全方位变革，打造审批服务新模式。中心以为企业和群众办事便利度、快捷度、满意度为衡量标准，推进削权减证、流程再造、精准监管、体制创新、规范用权“五大行动”，推动政务服务理念、制度、作风全方位变革，打造“审批事项少、办事效率高、服务质量优”发展环境，建设人民满意服务型政府。企业和群众办事，在申请材料符合法定受理条件情况下，从提交申请到获取办理结果，中心实行“马上办、网上办、就近办”，不论“见面不见面”“跑腿不跑腿”“线上线下”，实现“一次办好”，得到办事群众一致好评。

【脱贫攻坚】 2019年，宁武县审批局负责帮扶县东寨镇楼底村和咀只村两个村，东寨镇楼底村主要采取社会帮扶脱贫、移民搬迁脱贫、社会保障兜底脱贫、合作社股金分红等措施，现全村户籍人口27户78人，贫困户6户15人，其中低保户3户5人，五保户2户2人，一般贫困户8人，无留守儿童，无辍学学生。东寨镇咀只村主要采取社会帮扶脱贫、移民搬迁脱贫、社会保障兜底脱贫、合作社股金分红等措施，现全村户籍人口24户62人，党员4人，建档立卡贫困户21户49人，其中低保户10户15人，五保户2户2人，护林员2户2人，残疾人口3人，发展产业户13户，全村共有贫困学前儿童2名，义务教育阶段学生4人（小学2人、初中2人），高中学生2人全部享受国家教育扶贫政策，无因贫辍学学生，无留守儿童。咀只村建档立卡贫困户全部参加医疗保险和健康“双签约”服务，签保率、签约率100%，全村有慢病7人、大病1人。有乡村医生1名，50名贫困人员医疗保险全部由县政府承担，年底慰问贫困户送去暖壶等生活日用品。

【“不忘初心、牢记使命”主题教育】 2019年，宁武县审批局成立“不忘初心、牢记使命”主题教育领导小组，负责主题教育谋划组织、指导推动等工作。从9月起，开展“不忘初心、牢记使命”主题教育，要求党员干部把学习贯穿始终，推动学习贯彻习近平新时代中国特色社会主义思想，把学习成效体现到增强党性、提高能力、改进作风、推动工作上，党员干部读原著、学原文、悟原理，原原本本学习中央及省委规定内容，自觉对表对标，校准偏差。把开展主题教育作为重要政治任务，履行职责，抓好组织领导，带头学、带头改、带头抓，当好“施工队长”。

（张　峰）

扶贫开发

【概况】 2019年3月，宁武县扶贫开发办公室机构改革为正科级县政府工作部门，编制6人，设主任1名、副主任2名，股级职数3名。内设综合办公室、扶贫开发股、指导监督股3个科室。扶贫开发办公室所属事业单位的设置、职责和编制事项待定。2019年，忻州市委组织部授予赵伟优秀共产党员称号。部门职责：贯彻执行《山西省农村扶贫开发条例》，负责全县扶贫开发工作统筹协调、服务指导和监督管理工作；拟定全县扶贫开发措施、脱贫规划、目标任务和年度计划，经批准后组织实施；协调配合实施乡村振兴战略相关工作；负责全县建档立卡贫困户情况统计和动态监测；负责全县扶贫系统统计信息工作；负责扶贫开发宣传工作；协调各类专项扶贫工作；指导全县扶贫开发，开展全县干部有关扶贫政策和扶贫开发培训工作；组织、协调和指导社会扶贫工作；组织协调对口帮扶、结对帮扶等工作；组织指导全县机关定点驻村帮扶工作；承办县委、县政府交办的其他事项。

【扶贫成果】 2019年，宁武县开展动态管理工作，摸排全部建档立卡贫困户，采集、登记户内因新生、嫁入等原因新增贫困户人口，录入系统。登记户内因出嫁、死亡、失踪、分户、服刑等原因减少的人口予以系统标注，做到“全覆盖”。通过2019年底扶贫对象动态管理后，全县建档立卡总规模为16528户39183人，贫困村退出70个村，贫困户脱贫退出4271户8753人，剩余未脱贫218户405人，贫困发生率降低0.35%。全年新识别贫困户45户81人，整户补录1户4人，单人补录188人，返贫1户2人，错评整户清退66户136人、单人清退71人，自然增加774人，自然减少324户1330人，省办后台处理（死亡回退）2人。

【专项资金支持】 2019年，宁武县加大资金投入力度，全县脱贫攻坚综合投入5.49亿元。其中，中央、省、市专项扶贫资金2.07亿元，统筹整合部门资金1.65亿元，易地搬迁资金0.97亿元，县级专项扶贫资金0.5亿元，投入政府债券资金0.3亿元。与金融机构沟通，投入风险补偿金1215万元，撬动全县金融机构向建档立卡贫困户发放小额信贷资金2197万元，发挥小额信贷在脱贫攻坚中支持作用，为脱贫产业发展提供资金保证。

【产业扶贫】 宁武县地处忻州市中心腹地，交通便利，毗邻全省重要玉米主产区。引进山西大象集团生猪养殖扶贫项目，在全省首创“四位一体”扶贫模式，规模40万头，覆盖到全县12个乡镇。累计完成投资3.3亿元，建成投产生猪育肥场16个，年产30万吨饲料厂1个，建设3个种猪场、屠宰场和无害化处理场。2019年1—11月，实现销售收入3.67亿元，纯利润7342万元，带动贫困人口150人就业、2642户增收，累计分红2642.1万元。发挥光热资源优势，建成扶贫光伏基地。宁武县年平均日照时数达到2800小时。紧抓国家布局光伏扶贫聚焦深度贫困政策机遇，采取林光互补、多村一站、因户推广模式，投资7.4亿元，建成集中光伏电站1个、联村光伏电站103个、户用光伏电站466个，总装机容量10.72万千瓦，为全县最大扶贫产业。2019年，累计发电1.076亿千瓦时、收益8709.01万元，带动全县12637户贫困户增收。发挥旅游资源优势，打造旅游扶贫示范县。依托芦芽山自然保护区，投资2.7亿元，开发旅游扶贫景区景点15个，带动6个乡镇137村1626户3553人增收脱贫，累计分红234万元。建成“农家乐”等实体店铺415家，带动603户增收；发展旅游服务，解决就业2415人。大石洞、坝沟湾等5村入选全省旅游扶贫示范村，王化沟村被评为全省AAA级乡村旅游示范村。发挥生态资源优势，建设生态扶贫产业带。宁武县坚持增绿增收、生态生计有机结合，联动实施生态扶贫“五个一批”工程，实现生态建设与脱贫攻坚互促双赢。2019年，投资3724.4万元，完善2018年新增退耕还林18622亩，通过议标由28家扶贫攻坚造林合作社实施，全部完成造林任务。投资3409.8万元，通过议标落实人工造林42622亩，由68家造林合作社实施。投资230万元，落实封山育林2.3万亩，由5家造林专业合作社实施。工程基本完成，总计人工造林和封山育林两项可带动贫困户876户2628人脱贫。生态护林员增加到627名，人均年工资1万元。聘用护林员36人，人均年工资8400元，可实现“一人护林，全家脱贫”。发挥高寒山区优势，壮大绿色农业基地。立足昼夜温差大、病虫害少原生态环境，改造和新种沙棘林15万亩，仿野生种植道地中药材3.9万亩、推广优质小杂粮7万亩、脱毒马铃薯6万亩、冷凉露地蔬菜6000亩、食用菌150万棒，形成优质沙棘、道地中药材、优质小杂粮、脱毒马铃薯、冷凉露地蔬菜五大优质农产品种植基地。开展“三品一标”认证，宁武莜麦、涔山芥菜获得国家地理标志认证。投资3.1亿元，新建扶贫农业产业园，引进沙棘、燕麦、马铃薯、食用菌、中药材等特色农产品加工龙头企业和生猪屠宰、仓储物流企业12家，全部建成后每年可实现销售收入3.4亿元，直接安置就业700人，带动32万亩优质农产品种植，培育形成6条农业全产业链，推动一、二、三产业融合发展。

【村容村貌建设】2019年，宁武县按照“五清两绿一整”要求，投资2.4亿元，整治234个村村容村貌，通过街道整修、残垣断壁维修和环境整治，农村人居环境得到有效改善。投资3000万元，对23条87.695千米农村公路改造提升，解决农村群众“出行难”问题。投资2130万元，建设巩固提升及养护工程104处，解决15145户37081人4750头牲畜饮水安全问题。重新规划全县村卫生室设置，全县增设村卫生室33个，33个新增卫生室全部维修改建完成，投入使用，解决贫困群众“看病难”问题；投资680.4万元，实施农村危房改造552户；建设3个移民小区，回购4个安置点，全部配套社区服务中心、组织活动场所、便民超市等公共服务设施。2019年，安置建档立卡856户2181人，同步搬迁626户1482人，贫困户入住率100%。

【社会保障兜底】2019年，宁武县在教育保障上，健全学生资助制度，落实学生资助政策，实现各级各类学校、具有全日制学历教育正式学籍建档立卡贫困户家庭困难学生资助全覆盖，确保无一名学生因贫失学。义务教育阶段学生在“两免一补”基础上，免住宿费、生活费，实现“全免费”。高中、职业教育贫困学生实现“全免费”，给予助学补助。在医疗保障上，全县建档立卡贫困户支付补充医疗保险费391.83万元，应参保人数39183人，实参保人数39183人，参保率达100%，实现应保尽保。建档立卡贫困人口住院“一站式”结算服务累计补偿13116人，总费用8148.2217万元。享受大病报销925人，报销534.5147万元。全县低保户11151人、五保户1855人，全部实现兜底脱贫。建成敬老院、残疾人康复中心和21个日间照料中心。投资627.6万元，为贫困户购买人身、财产综合保险，减轻贫困户因灾、因意外产生家庭负担，确保贫困户长效稳定脱贫。

【加强领导】2019年，宁武县落实脱贫攻坚工作责任，形成县、乡、村层层抓落实、干部群众合力攻坚良好局面。加强领导压责任。坚持党政同责、一岗双责，严格落实“双组长”、责任双签、脱贫述职、“两包三到”“五天四夜”等制度，压实各级责任。实行“三级五区四个一”制度，县乡村三级联动、五区同步，创新实施“十比十看”考评活动，周调度、月总结、季评比，全县形成横向到边、纵向到底责任落实体系。建强组织夯责任。按照“三基建设”要求，对照“五好”标准，全县集中整顿软弱涣散农村党组织31个，新建改造村级组织活动场所313个。开展党建示范点建设“631”行动，巩固提升基层党组织100个。按照“并村减干提薪招才建制”要求，全县撤并整合行政村98个。落实党建促脱贫责任，全县行政村集体经济收入全部破零，其中10万元以上村达到197个。严明纪律追责任。完善第一书记、驻村工作队管理考核办法，不履职、不负责、不在岗的严格问责，先后通报、约谈、召回第一书记51名、驻村工作队员101名。因扶贫工作履职不力先后约谈党政正职10人，免去乡镇党政正职2名、县直单位主要领导2名、乡镇分管副职1名。

【帮扶联动机制】2019年，宁武县在全市率先建立“两包三到”精准帮扶联动机制，全县共有省、市、县包扶单位164个，帮扶责任人6529名，驻村工作队294支、工作队员886名，实现领导干部分级包抓、扶贫工作队驻村入户、“第一书记”到岗到位“三个全覆盖”。推行驻村帮扶干部心到、腿到、口到、手到“四到”工作法，开展“村村过、户户查、人人访”活动，推进村情民意大走访、问题大排查、基础工作大巩固、政策举措大落实、内生动力大提升，资金项目大盘点、干部作风大整治等驻村帮扶“七大行动”，发现整改各类问题2784条，化解信访矛盾问题143个。县级包乡干部、乡镇干部、第一书记、驻村工作队员、村“两委”主干全部精准对接，精准帮扶，做到政策落实到户到人全覆盖、产业项目到户到人全覆盖、内生动力激发到户到人全覆盖。第一书记、驻村工作队员发挥自身优势，引资金、上项目、带技术，先后为宁武县争取到帮扶资金9305万元。中央驻晋帮扶工作现场会在宁武县举行，全县涌现出丁龙广、白振兴、张尚富等一批先进典型。

（赵　伟）

信访工作

【概况】 2019年，宁武县信访局围绕全县工作大局和脱贫摘帽总任务，依法解决群众合理诉求，促进宁武县社会和谐稳定发展，抓重点，破难点，解热点。推进信访工作制度改革，打造阳光信访、责任信访、法治信访，提升专业化、法治化水平，打响信访矛盾大摸排、起底大化解大会战，推广“枫桥新经验”，使全县信访矛盾纠纷预警机制得到完善，为全县经济社会发展和脱贫攻坚工作提供坚实保障。全年，共发生各类信访事项302批次788人。网上信访信息系统转交转办232批次434人。信访部门受理率100%，责任单位受理率100%，责任单位按期办结率98%，化解率80%，参评率95%，人民满意度85%。

【信访工作专业化水平提升】 2019年，宁武县信访局结合信访工作规范化提升年建设，规范信访事项受理办理工作程序，细化信访业务各环节工作标准，组织全县十余名信访系统骨干参加全市信访业务培训班，推动责任单位信访事项办理进程。以最快时间、最低成本、最好效果解决问题，做到群众“少跑腿”。完善信访与司法和行政对接机制，配合县司法局联合开展“社会力量参与信访事项化解”工作，健全和拓宽第三方力量参与信访问题化解渠道，共同推动疑难复杂信访事项化解。

【信访工作法治化进程】 2019年，宁武县信访局坚持在法治轨道上、法律框架内行使职权、化解矛盾，提高运用法治思维、法治方式解决信访问题能力和水平。推进依法逐级走访工作落实。组织开展《信访条例》等信访法规宣传教育活动，发放传单、资料3000余份，受教育群众4000余人，发挥律师专业力量在法治信访建设中作用，推进律师参与信访工作制度化、规范化，规范信访事项复查复核程序，引导群众从“信访”向“信法”转变。

【信访矛盾化解】 2019年，宁武县信访局抓住规范化提升年这一有利契机，按照“三到位一处理”要求，落实各项信访工作机制。开展信访矛盾纠纷大排查、大化解暨信访矛盾化解攻坚战，组织开展重点排查专项行动，排查出的信访矛盾通过教育疏导、政策讲解、入户走访、召开听证会、部门合力调解等方式，化解一批骨头案钉子案，息诉一批历史遗留案，建立工作台账，完善信息预警工作机制。推进领导干部接访下访。结合全县提出副科以上领导干部包村脱贫攻坚行动，把全县摸排信访问题包案到人，推进信访事项的有力化解，提高人民满意度，提升政府形象和公信力；围绕重点领域、重点问题等，开展信访矛盾化解攻坚战，逐一建立工作台账，分类制定调处方案，强化信访风险研判，妥善化解，开展领导干部接访下访。

【风险研判】 2019年，宁武县信访局利用网上信访大数据优势，综合分析数据资源，准确把握群众诉求新变化、新表现、新特点，发现前端治理中带有普遍性、趋势性问题。强化信访风险预警防控，做到早发现、早预防。从6月底启动全县重大信访事项“零报告”制度。

【作风建设】 2019年，宁武县信访局抓思想作风建设。以“不忘初心、牢记使命”主题教育为契机，引导全体信访干部在工作中找差距，把工作中不足与问题摆出来整改，使全局信访工作人员政治信仰更加坚定、政治立场更加稳固、工作方向更加明确、责任担当更加坚实。从基础业务入手，制定信访干部教育培训方案，开展多种形式的业务培训、岗位练兵和实践锻炼。加强信访信息录入、甄别分流、依法分类导入等业务能力培训工作，提升信访干部业务能力和工作水平。

（张建鹏）

机关事务

【概况】 根据县委、县政府《关于印发〈宁武县机构改革方案〉的通知》《中共宁武县委深化党政机构改革领导小组办公室关于组建县直属机关事务服务中心的通知》文件，把县接待办和县机关后勤服务中心合并，组建宁武县直属机关事务服务中心，为县委直属事业单位，正科级，财政拨款事业编制34名，核定科级领导职数1正2副。主要承担全县党政机关事业单位公务用车、办公用房、公共机构节能、不动产、服务保障等事务性工作及县委、人大、政府、政协等部门公务接待工作。根据职能配置下设综合办公室、公务接待股、办公用房综合股、公务用车事务股、服务保障股5个股室。2019年，宁武县机关事务服务中心全体干部职工团结协作，共同努力，紧紧围绕中心工作，贯彻落实全省机关事务集中统一管理试点工作，推进机关事务“九化九统”，促进机关事务保障质量和效能提升。

【公务用车】 2019年，宁武县机关事务服务中心完善公务用车集中统一管理职能，建立公务用车编制管理、配备使用、更新处置、统计报告等方面配套制度标准体系。10月，建成宁武县公务用车信息化平台，安排部分公务用车安装北斗定位系统调试与业务培训工作，平台正式运行；以“中心监管、平台运营”模式，实施部分公务用车，实现运行资金、车辆维修、加油、保险等相关事项集中统一管理。

【办公用房】 2019年，宁武县机关事务服务中心推进办公用房集中统一管理，实现办公用房统一权属、规划、配置、处置、物业管理，完善制度体系建设，优化管理手段。8月，按照省、市党政机关办公用房信息统计报告工作要求，按时完成全县党政机关办公用房信息统计工作。结合办公用房摸底工作，做好房屋权属和现状发生变更、无证等情况不动产测绘准备工作，为党政机关不动产登记、数据库建设工作准备材料。

【公务接待】 2019年，宁武县机关事务服务中心分析研究新形势下应对公务活动工作，坚持中央八项规定和有关公务接待纪律，加强和改进接待工作，完成各项重大接待任务。完善公务接待标准体系，提升公务接待规范化水平。科学合理安排公务接待活动，确保接待程序、经费开支等环节规范操作。做到统一接待流程、统一定点接待、统一接待标准。全年完成宁武县“二青会”火炬传递、扶贫验收评估检查等大型接待任务。

【公共机构节能】 2019年，宁武县机关事务服务中心完成公共机构能源资源消耗年报统计工作。按照省、市要求，上报全县公共机构能源资源消耗统计报表、统计分析、汇总，完成全县公共机构能耗统计工作。开展节能宣传。2019年以“公共机构节能宣传周”为契机，通过张贴宣传画报、悬挂宣传条幅、发放宣传手册等形式开展为期1周节能宣传活动，增强广大干部职工节能意识。推进节约型公共机构示范单位创建。确定宁武县政务大厅管理中心为宁武县节约型公共机构示范创建单位，对创建资料严格审查、分析、上报。更新完成年内全县公共机构名录库。

【服务保障】 2019年，宁武县机关事务服务中心加强安保人员队伍管理，抓好安全防范工作，完善值班保卫制度，协调有关部门做好上访人员安置，群众性事件秩序维护工作，整顿大院车辆停放较乱现象，维护机关良好办公环境。由于工作需要按照县委、县政府要求，通过第三方劳务派遣，招录部分通讯员，用于服务县委、人大、政府、政协。

【脱贫攻坚】 根据宁武县扶贫工作规划和下乡办工作要求，贯彻落实县委重要决策，制订扶贫工作方案和“一对一”“一对多”结对帮扶精准扶贫方案，定期或不定期到帮扶对象户，了解生活生产情况，根据具体实际，制定帮扶计划。填写扶贫手册，完善帮扶档案，切实落实“雨露计划”、产业奖补、异地搬迁等扶贫政策。协助镇政府、村“两委”做好整村搬迁后贫困户新房装修、入住工作，解决贫困户在易地搬迁过程中遇到各种困难和纠纷以及搬迁后贫困户生产生活中问题，完成县委部署脱贫攻坚工作。

（常建铭）

综合检验检测

【概况】 根据《中共宁武县委深化党政机构改革领导小组办公室关于调整县综合检验检测中心机构编制事项的通知》（宁深改办发〔2019〕62号文件）精神，把宁武县市场监督检验测试所并入县综合检验检测中心。主要职责：承担全县范围内食品、粮食、农产品、药品、保健品、化妆品、医疗器械、工业产（商）品、矿用仪器仪表等委托检验、仲裁检验以及政府下达的产品定期监督检验和监督抽查任务，为社会提供公证检验测试服务。

【扶贫工作】 2019年，宁武县综合检验检测中心将薛家洼乡项家山和刘家山两个村所有贫困户通过入股顺腾公司和入股潞宁集团委托经营。其他贫困户结合自身情况分别纳入低保户和五保户政策兜底，全部解决吃穿问题。项家山村有贫困学前教育儿童1名，义务教育阶段学生6人（小学），高中学生2人全部享受国家教育扶贫政策；1名贫困学生享受“雨露计划”每年给予2000元补助；刘家山村1名二本B类本科生享受一次性5000元助学补助；实现学前、义务教育阶段和高中以上教育没有因贫辍学。建档立卡贫困户全部参加医疗保险和健康“双签约”服务，参保率、签约率达到100%。两村经过分散移民后，村民主要居住在县城及周边村庄，全村住房和饮水安全得到保障。

（潘海峰）

应急管理

【概况】2019年，宁武县应急管理局学习贯彻落实中共十九大及十九届二中、三中全会精神和有关安全生产工作系列讲话、会议、文件精神，牢固树立生命至上，安全发展理念。强化安全生产各项措施，完善应急管理体系，提升应急管理能力为重点，打好防范化解重大风险攻坚战，强化责任落实，持续改革创新，推进依法治理，夯实基层基础，宣传教育，营造良好安全生产环境。1—11月份，全县累计发生各类生产经营性事故2起，与上年同期相比减少2起，下降50%；死亡6人，同比增加4人，增长200%。其中，消防1起，煤炭行业发生一起6人死亡事故，其他行业均未发生生产安全事故。

【安全生产“4438”工作机制】2019年，宁武县应急管理局按照安全生产“党政同责、一岗双责、齐抓共管、失职追责”和《地方党政领导干部安全生产责任制规定》要求，制定安全生产“党政同责、一岗双责”方案和“安全监管职责”方案，明确主要领导、分管领导和各股室负责人安全监管职责，把安全生产责任分解细化，落实到具体安全监管工作中。明确部门监管职责。按照“管行业必须管安全、管业务必须管安全、管生产经营必须管安全”原则，把所监管的每个企业监管责任明确到主要领导、分管负责人和具体监管人员，把安全生产监管责任层层分解、细化，落实到各分管领导、具体股室和具体责任人。结合市局执法计划和实际编制年度执法计划，加强安全检查痕迹化管理，做到检查有记录、执法有文书。通过观看警示教育片、发放传单等方式增强安全意识。公布举报电话，鼓励群众举报安全隐患并处理落实。坚持监督举报制度，加大重奖重罚力度，按“四不放过”原则，查处每一起事故，追究有关责任人责任，奖励工作努力，认真履职工作人员，问责隐患整改不力现象。通过“4438”工作机制落实，防止事故发生，稳步向“八个零”目标迈进。

【安全监管】2019年，宁武县应急管理局先后组织开展“两节”“两会”期间安全大检查，巡查和打击超能力组织生产各类检查，各项检查、日常监管和挂牌责任人履职，全部实行闭环管理，排除各类安全隐患，防范事故发生，尤其是煤矿安全监管。制定煤矿、非煤、危化“三个专项行动”等各类安全生产专项整治方案，成立安全生产专项整治领导组，明确整治范围、内容、步骤。截至2019年年底，拉网式排查全县各类煤矿、非煤矿山和危险化学品企业，按照整治方案全面整治，先后检查20座煤矿、28家危化企业、8家非煤企业，共出动检查人员1463人、下达执法文书164份、查出隐患586条，查出隐患全部按要求整改到位。组织安全大督查。成立专门安全督查组，按照督查内容对全县有关部门、乡（镇）和企业等各行业自身开展安全大检查工作，督促各行业、企业开展安全自查自纠。配合省市安全督查组安全督查督导，先后三轮共督查部门12家、乡（镇）2个、企业12个、督查发现问题82条，列出问题清单反馈给相关单位，要求限期整改。年内，全部整改销号，收到有关单位和企业整改报告。开展安全大检查。先后检查煤矿9座，检查涉及雨季三防等5大类项目，查出各类隐患224条，开展二次闭合检查，全部整改到位。开展煤矿辅助运输专项检查，检查9个煤矿辅助运输系统运行情况，查出隐患145条，二次复查达到闭合整改要求。开展煤矿防治水专项检查，检查11个煤矿，查出问题83条，提出意见建议20条，责令整改完成，开展二次闭合检查。开展煤矿机电运输专项检查。检查9个煤矿，查出隐患199条，提出建议14条，全部整改，进行二次检查闭合。开展煤矿“一通三防”专项检查，检查煤矿9座，查出问题112条，经第二次闭合检查全部整改。开展非煤矿山以及危险化学品安全大检查，检查非煤矿山13座，危险化学品企业25家，查出各类隐患问题120条，提出意见建议20条，经二次检查闭合，全部整改到位。不间断进行日常安全综合巡查，煤矿5人包保组及挂牌责任人和非煤矿山日常巡查组按要求开展不间断巡查，共巡查企业302家次，查出隐患531条，实施处罚53万元，处罚2个煤矿矿长，记6分，现场整改完成95%，其余后续整改完成。聘请有关专家实地论证全县各煤矿顶板支护使用情况，重点排查钜盛集团5矿开展专门顶板支护管理工作，由太原理工大学专家实地排查出顶板各类隐患43条，全部按标准规定实施整治。在组织各煤矿聘请大集团专家按体检标准开展安全大体检基础上，重点安排钜盛集团聘请山西天成元公司进行二次安全体检，先后检查出各类问题185条，整改166条，其余按序整改中。全年全县安全督查检查部门企业508家次，下达文书98份，查出各类隐患问题1778条，整改闭合1732条，实施罚款53万元，对2个矿矿长记6分处罚，9月底，按照上级要求，实施停产检修全县各生产企业，验收合格后逐步复工复产。

【安全风险防范排查】 2019年，宁武县应急管理局根据省、市、县安全风险防范化解工作会议要求，结合实际制定风险排查方案，成立领导组，明确安全隐患排查责任人，排查范围、时限，在煤矿、非煤矿山、危化行业领域迅速开展安全风险隐患排查和处置工作，指导督促企业主要负责人切实履行安全生产第一责任人责任，认真组织，全面开展安全风险排查工作。各企业按照安全风险防范化解工作要求，结合安全风险辨识清单逐一细化防范措施，制定有效管控措施，排查12座生产建设矿井，辨识出重大风险120条、较大风险180条、一般风险240条、低风险36条。6家非煤矿山企业辨识出一般风险61条。23家危化企业共辨识出重大风险78条、一般风险132条，建立风险辨识清单和责任清单，针对风险制定相应防范措施，落实具体负责人。各行业结合安全风险清单按照监管办法和执法计划，开展安全隐患排查治理工作，有效排除安全隐患。

【安全大检查】 2019年，宁武县应急管理局汲取庄旺煤业“6·19”冒顶事故教训，根据市政府办公室《关于在全市范围立即开展安全生产大检查的通知》、市应急局《关于在全市范围立即开展煤矿安全大检查的通知》文件要求，县应急局制定大检查方案，决定在全县范围内开展煤矿、非煤矿山、危险化学品企业安全生产大检查。在各企业开展全方位自查基础上，分组排查企业存在隐患，共检查煤矿20座、危险化学品企业（危化）25家、非煤矿矿山企业（非煤）13家、共出动298人、开展执法检查183次、下达执法文书178份、查出各类隐患235条，查出隐患全部按要求整改完成。

【“扫黑除恶”专项斗争活动】 2019年，宁武县应急管理局根据国家、省、市、县有关开展扫黑除恶专项斗争各项工作要求，组织党员干部学习宣传有关开展扫黑除恶专项斗争内容，提高干部职工扫黑除恶意识。按照有关步骤，结合实际，把扫黑除恶与安全监管工作相结合，排查安全生产领域方面存在涉黑涉恶问题，全面排查涉黑涉恶线索，把排查出线索移交有关部门。通过活动形成对黑恶犯罪强大震慑效应，沉重打击黑恶势力犯罪分子嚣张气焰，收到良好效果。

【安全教育】 2019年，宁武县应急管理局按照安全生产宣传教育“七进”活动要求，组织开展进企业、学校、机关、社区、农村、家庭、公共场所等开展形式多样安全生产宣传教育“七进”活动。各煤矿、非煤、危化企业都不同程度在各自醒目位置、重点部门悬挂宣传标语，制作安全宣传栏100余块。成立组织机构，组织员工学习《中华人民共和国安全生产法》《生产安全事故应急条例》等相关法律法规，组织观看警示教育片2场，发放安全宣传资料8000余份，按照“进企业”基本规范要求，健全完善宣教中心、安全体验馆和安全文化长廊等场地，印制安全知识、应知应会等读本手册，开展企业负责人话安全、知识竞赛、实操比拼、演练等自选动作及各项安全检查活动。

【安全培训】 2019年，宁武县应急管埋局组织各行业主要负责人、安全管理人员和特种作业人员等各类人员，分类、分期到省、市参加各类培训共计74人，提高从业人员安全知识，减少事故发生。督促企业从业人员，组织单位安全监管人员进行“关于推进安全生产领域改革发展意见”、《中华人民共和国安全生产法》《生产安全事故应急条例》《中华人民共和国安全生产法》等法律法规学习培训，以各种形式组织安全监管人员参加国家、省、市各类业务学习培训，提高监管人员业务素质和工作能力。

【宣传活动】 2019年5月12日是中国第11个全国防灾减灾日，主题是“提高灾害防治能力、构筑生命安全防线”，宁武县应急管理局联合地震、交警、交通、消防等部门，围绕主题，创新形式，制作涉及洪涝、地震、煤矿、非煤、危化、交通安全等内容的安全宣传专栏50余块，集中宣传，发放宣传资料2万余份，举行便携式消防器材实操演练，各新闻媒体制作防灾减灾专题报道，通过宣传营造良好舆论氛围，普及灾害防治知识，提高群众防灾减灾意识。按照《关于组织开展2019年“安全生产月”活动的通知》，从6月1日至30日，组织开展以“防风险、除隐患、遏事故”为主题的“安全生产月”活动。6月16日“安全生产咨询日”，制作多块安全知识宣传栏，设置宣传咨询台，到基层企业散发宣传资料8000余份。山西宁武钜盛能源集团有限公司举行“安全生产月”活动启动仪式，开展各类应急救援等多项实操演练活动。各企业在不同场所摆放展板，组织开展安全生产宣传咨询活动。在“安全生产月”活动期间，组织开展主题宣传活动、行业安全专题研讨会、公众开放日、安全“体检”、安全警示教育活动、“安康杯”知识竞赛、安全应急救援演练活动等活动。组织开展一系列内容新颖、形式多样、社会广泛参与的安全生产宣传活动，强化安全文化建设，提高全民安全生产意识，营造全社会关注安全、关爱生命发展氛围，推动安全生产各项工作措施顺利落实，为宁武县发展提供坚实安全保障。

【队伍建设】 2019年，宁武县应急管理局组织全局职工学习《地方党政领导干部安全生产责任制规定》《山西省安全生产条例》、中央八项规定及省、市、县相关规定和要求，改进工作作风，严肃工作纪律，不断强化全体干部职工的群众意识，作风意识和纪律意识。厉行勤俭节约，精简会议，精减文件数量，严格控制“三公”经费支出，按规定审批各项费用。加强公务用车使用管理，执行节假日定点封车制度，严禁领导干部借“婚丧喜事”借机敛财，铺张浪费，实行上报审批制度，健全完善请销假制度、会议制度、值班制度等制度，实行领导干部外出报备制度，提高工作效率，树立应急新形象。

【党风廉政建设】 2019年，宁武县应急管理局贯彻落实有关反腐倡廉文件会议精神，执行《中国共产党廉洁自律准则》《中国共产党纪律处分条例》《中国共产党问责条例》等有关条例规定。开展民生领域专项整治，按照文件要求，结合职能和实际情况，各股室认真对照文件要求内容，逐一梳理各自存在问题，统一梳理汇总。整顿领导干部超标准配备办公用房。严格贯彻落实纪委关于“严禁公款吃喝”“公款送礼、公车私用”等规定。规范执法程序，加大对监管队伍廉政教育，筑高思想防线，牢固树立“四个意识”和良好执法形象。开展好“改革创新、奋发有为”学习教育活动，制定活动方案和集中学习计划表，组织全体党员集中学习习近平重要讲话和有关会议、条例等内容。组织全局副科以上人员集中学习骆惠宁在全省“改革创新、奋发有为”大讨论交流总结会上讲话内容，传达县委关于大讨论活动会议精神，结合实际，对标一流整改提升清单，持续用力增强解决问题的力度、广度和深度。按照“不忘初心、牢记使命”主题教育要求，完成第一次和第二次集中学习研讨任务，全面系统学习习近平重要讲话精神，深刻理解会议公报关键内容，召开调研成果交流会和学用成果交流会，让大家在交流中共同提升。重点开展好“五对照五检视”，召开班子成员检视问题专题分析会，班子成员畅所欲言，共同查找问题2条。形成检视问题材料6篇，查找问题37项，组织6名班子成员率先讲专题党课，主要领导带头讲，其他班子成员到分管领域讲。结合学习和调研成果，推进主题教育深入开展。

（李建业）

消防救援

【概况】 宁武县消防救援大队是一支于2005年组建的公安现役消防部队，坐落于忻州市宁武县凤凰镇刘家园村，为一级消防站，占地面积约为4000平方米，2018年11月9日，根据中共中央《深化党和国家机构改革方案》，公安消防部队、武警森林部队退出现役，成建制规划中华人民应急管理部，组建国家综合性消防救援队伍。2019年，大队有指战员21人。其中，大队有干部3人；中队干部3人，消防员15人。大中队有行政车3辆、消防宣传车1辆、执勤车7辆。其中执勤车辆分别为斯太尔王水罐车2辆、城乡主战车1辆、18吨水罐车1辆、53米云梯消防车1辆、抢险救援车1辆、干粉泡沫联用车1辆。

【授衔换装】 2019年1月10日，宁武县消防救援大队举行授衔和换装仪式，从“橄榄绿”变身“火焰蓝”，以崭新的面貌开启宁武县消防救援新篇章。县委副书记高建文，副县长、公安局局长金锐，政府办、组织部、宣传部、公安局、安监局、民政局等单位相关负责人出席仪式。

【专题会议】 2019年，宁武县消防救援大队加强“元宵节”期间宁武县消防安全保卫工作，预防和遏制重特大火灾尤其是群死群伤火灾事故。2月18日，召开“元宵节”期间消防安全工作动员部署会议。清明节临近，民间扫墓祭祖活动频繁，极易因烧纸、焚香、点蜡、燃放鞭炮等引发森林火灾事故，造成人员伤亡和财产损失。宁武大队召开“清明节”消防安保动员部署会。加强“第二届全国青年运动会”消防安保工作，预防和遏制重特大火灾事故尤其是群死群伤火灾事故发生，4月22日，宁武中队召开“二青会”消防安保工作动员部署会议。提高公安派出所消防执法能力，确保宁武县消防安全。4月25日，宁武消防大队照《忻州市消防安全目标责任书》要求，组织召开公安派出所分管领导、专兼职民警监督执法业务培训会。做好今冬明春防火工作，预防和遏制重特大火灾事故发生，确保辖区火灾形势整体平稳。12月4日下午，宁武县组织各行业部门负责人收听收看山西省、忻州市先后召开的2019年今冬明春火灾防控工作会议。宁武县政府召开宁武县2019年度今冬明春火灾防控工作会议。

【慰问关怀】 2019年1月29日，忻州支队章元春处长到宁武县消防救援大队，看望慰问战斗在防火、灭火和抢险救援一线消防指战员，向大家致以节日的问候和深情祝福，并送上慰问金。1月31日上午，宁武县委书记任宁虎、县长王卓带领宁武县四大班子成员，到宁武大队，看望、慰问长期战斗在灭火救援一线全体消防指战员，并送去春节问候和慰问金；8月1日上午，县领导任宁虎、马在岐、薛军良、弓凤英、田贺玉、金锐、李俊一行到宁武大队看望慰问战斗在执勤战备第一线消防指战员；9月10号，宁武县文化和旅游局及图书馆领导在中秋节前夕到宁武大队开展慰问活动，送上节日祝福，并赠送篮球、羽毛球、象棋等慰问品。

【消防检查与演练】 2019年，宁武县消防救援大队吸取北京交通大学实验室“12·26”爆炸事故教训，1月8日，提升高校实验室安全水平。联合教育局安全检查辖区内宁武县高级中学、宁武县第二中学实验室。为确保春节前消防安全形势稳定，1月30日，任宁虎、田贺玉、李志效带领县消防、食药、工商等部门，到辖区世纪鑫联超市开展节前消防安全检查工作。加强校园防火安全，普及消防知识，增强师生消防意识，保证全校师生在地震临震预报发布或火灾发生后，在险情面前能自救、安全疏散，最大程度减轻灾害造成损失。4月18日，宁武县东关小学组织全校师生举行防震和消防应急疏散演练活动。5月31日，宁武大队、高速交警、隧道站、路政、“120”急救中心等多个部门开展交通道路事故应急处置演练活动。9月24日，忻州支队参谋长韩国宏到宁武督导检查中石化凤凰加油站、美宁大酒店等重点单位消防安全工作。

【消防安全知识培训】 2019年2月25日，宁武县消防救援大队组织辖区小区物业负责人开展消防安全培训，为工作人员送上一次别开生面“消防讲座”。3月12日，到辖区西关小学，为全校师生带来生动消防教育课，主讲人员讲解灭火器种类及使用方法，现场为师生示范。手把手指导学生使用灭火器，火场疏散逃生等技能。宁武消防救援大队开展北辛窑煤矿消防安全知识培训及实操演练。企业员工300余人参加此次培训演练。讲解消防安全知识，示范灭火器正确使用方法。参训人员轮番上阵进行实操演练。11月20日，应邀为芦芽山大酒店员工开展岗前消防知识培训工作，授课人员讲述消防安全知识，加强“四个能力”建设，防患于未然，向企业员工分析近年来火灾案例。示范灭火器正确使用方法。参训人员轮番上阵进行实操演练。

【灾情处置】 2019年，宁武县消防救援大队接警出动19起。其中，火灾10起，抢险救援9起，抢救财产价值374291元。1月1日15时51分，宁武大队接到110转警调度称宁武县马营海村湖面发生冰面破裂，一辆汽车坠湖。宁武大队立即调集2辆消防车（1辆抢险车、1辆水罐车）、8名消防指战员赶往现场。16时22分抵达事故现场，历经20多个小时，完成此次救援任务。2月5日14时54分，宁武大队接到“110”指挥中心报警称宁武县凤凰名城内某楼发生火灾，宁武中队立即出动3辆水罐消防车、一辆云梯车。13名指战员赶赴现场处置。16时01分明火扑灭，为了防止发生复燃，进一步冷却现场，17时32分撤离现场，18时40分出警车辆安全归队。8月28日6时41分，宁武大队接到报警位于宁武县化北屯村附近一辆小车撞树，有1人被困。接到报警后，宁武大队立即调派1辆城乡主战车、6名指战员赶赴现场进行救援。7时33分，到达现场。根据现场侦察情况，指挥员命令把被困人员抬出，移交现场“120”医务人员。

【消防宣传】 2019年3月5日，宁武县消防救援大队到辖区敬老院开展“学雷锋送温暖”宣传活动，向老人们普及消防安全知识，提高老年人火灾自救能力。为有效遏制和预防火灾事故发生，增强广大市民的社会消防安全意识，确保清明节期间不发生重特大火灾事故。在清明节前，宁武大队开展消防宣传活动。6月是中国第18个安全生产月，做好全县消防安全宣传工作，扩大消防宣传覆盖面和影响力，做好消防安全宣传工作，宁武大队以增强群众消防安全意识为出发点，加强辖区消防安全宣传为手段，采用多种方式，开展消防安全宣传工作。11月7日上午，宁武县第29届“119”消防宣传月启动仪式在凤舞广场举行。县政府党组成员、芦芽山风景区管理中心、县应急管理局、县消防救援大队、县公安、住建、文旅、教育科技、团委的分管负责人以及全体消防指战员和社会各界关心消防的朋友到场参加活动，仪式由县政府办丁建生副主任主持，县消防安全重点单位代表、消防志愿者、西关小学师生、媒体记者到场参加启动仪式。

【获奖情况】 2019年，忻州市消防救援支队宁武大队被中共山西省消防救援总队委员会授予“先进基层党组织”称号。2019年底，宁武大队被授予2018—2019年度“文明单位标兵”称号，被山西省消防救援总队授予“安全工作先进大队”称号。

（吕　毅）

中国人民政治协商会议宁武县委员会

综　述

【概况】 2019年，宁武县政协及其常委会以习近平新时代中国特色社会主义思想为指导，学习贯彻习近平总书记关于加强和改进人民政协工作重要思想和“三篇光辉文献”精神，把握政协新方位新使命，以更高政治站位、更高目标要求引领政协事业发展，为推进宁武县经济社会持续健康发展作出新的贡献。

【理论学习】 2019年，宁武县政协常委会把加强思想政治建设、广泛凝聚共识摆在突出位置，坚持以习近平新时代中国特色社会主义思想武装头脑、统领工作、引领事业。以“改革创新、奋发有为”大讨论为牵引，学习研讨、强化责任担当，推动思想再解放、改革再深入、开放再扩大、工作再抓实，着力增强各界人士把新时代改革开放进行到底的信心和决心，汇聚起对标一流、追梦奋斗的强大合力。以“不忘初心、牢记使命”作为加强政协队伍建设的强大动力，坚定理想信念、筑牢信仰之基，突出学习贯彻习近平新时代中国特色社会主义思想这一主线，把学习教育、调查研究、检视问题、整改落实贯穿始终，结合学习“四中全会”精神，将守初心、担使命变成锐意进取、改革创新的精气神和埋头苦干、真抓实干的自觉行动，把党总揽全局、协调各方根本要求贯彻到政协各项工作中，全年60项重点工作在上下联动中完成实现质效双提升。

【中国人民政治协商会议第九届宁武县委员会第四次会议】 2019年3月1日至2日，中国人民政治协商会议第九届宁武县委员会第四次会议在宁武县召开。会议审议和批准县政协主席薛军良代表县政协第九届委员会所作的工作报告和副主席宗守先作的提案工作报告。听取并讨论县长王卓所作的政府工作报告，听取并讨论法检两院工作报告及其他报告。

【提案办理】 2019年，宁武县政协九届四次会议以来，委员们围绕党政中心工作，立足经济发展、关注社会热点，通过提案向党委、政府建言献策。县政协收到提案63件，根据提案审查工作细则，经审查，立案60件，合并处理1件。不予立案2件，转为意见和建议交付有关部门参考。该次会议提案内容丰富，涉及面广，在立案提案中，城市建设方面14件，占立案总数23.3%；道路交通方面9件，占立案总数15%；旅游与文化方面8件，占立案总数13.3%；扶贫与经济方面9件，占立案总数15%；教育方面10件，占立案总数16.7%；其他方面10件，占立案总数

16.7%。委员们反映比较集中的建议是围绕激发经济活力、助推脱贫攻坚方面提出扶持民营经济、提升群众抗风险能力等建议；围绕加强环境整治、完善城市管理方面提出加快危房改造、规范物业行业服务等建议；围绕强化教育管理、提升教学质量方面提出关注学生心理健康、推动传统文化进课堂等建议；围绕提高防范意识、完善安全机制方面提出加大消防投入、关注高层建筑火情隐患等建议。

重要活动

【助推教育】2019 年，宁武县政协与深圳市盈宁创业投资有限公司友好协商，合作设立“王凤英优秀教师奖”和“李培鑫优秀学生奖”（简称“鑫英教学奖”），设立年限以 10 年为期限，每年奖金总额为 20 万元，以此引导宁武县社会各界关注、关心教育，推动全县教育事业的发展。经过审核评选和网络公示，评出优秀教师 69 名，奖励金额 10.7 万元；优秀学生 64 名，奖励金额 10 万元。

【脱贫攻坚】2019 年，宁武县政协领导班子成员扶贫包乡、对接到户，加强对村“两委”、第一书记和驻村工作队工作情况了解与督促，使村干部对扶贫情况心里有账，驻村工作队心里有责，群众对脱贫收入心里有底。协调乡镇与交通、水利、住建、电力等相关单位联系，对工作中存在不足与问题及时对接，提出明确的解决办法和完成时限，协力推进脱贫攻坚工作。根据市、县扶贫中心相关政策文件制作《脱贫攻坚“两不愁、三保障”政策及“三落实”内容宣传手册》，组织委员和机关干部“送政策下乡”，到乡村宣传。8 月份，县政协组织常委、相关扶贫部门委员、兼职副主任、特邀信息员等 40 余人进行为期 4 天的脱贫攻坚工作专题调研，通过走访全县 14 个乡镇，28 个村，看项目、查资料、访群众，对全县脱贫工作情况实地考察，县扶贫相关部门领导专题座谈。委员们对所见所闻认真思考、积极发言，肯定全县脱贫工作所取得成绩，对发现问题向相关部门咨询，从群众与干部对待扶贫工作状态、扶贫资料和项目、农业园区建设等方面提出问题与建议，受到县领导重视与批复，为全县脱贫攻坚摘帽贡献力量。

【生态环境保护】2019 年，宁武县政协贯彻落实习近平生态文明思想，践行“两山”理论，着眼于宁武县作为汾河、恢河发源地，配合全国政协和省、市政协对“两河”流域环境保护、生态治理等工作深入了解。参与全国政协围绕永定河流域文化建设专题调研和省市政协关于汾河中上游山水林田湖草生态保护与整沟治理等专题调研，参加省政协组织吕梁山生态修复治理议政会和市政协组织桑干河流域生态保护研讨会，对宁武县在“两河”流域保护工作中所作出努力与面临困境作交流发言，在更高层面和更大范围上为宁武县营造良好生态环境、推进“两河”保护建言献策。

【社会治理】2019 年，宁武县政协与政法部门联系，组织政协委员参与法院重大案件公开审理和开放日等专项活动，发挥民主监督职能。围绕法治宁武、平安宁武建设，引导委员收集社情民意，反映基层在社会治理方面诉求，做好理顺情绪、化解矛盾工作。领导班子到乡镇，与乡党委和村“两委”主干沟通交流，对信访矛盾突出问题，集中力量，多方配合，在乡村两级干部和相关部门支持下，推动信访矛盾平稳化解，营造和谐稳定社会环境。

【文史征集】2019 年，宁武县政协以庆祝中华人民共和国70华诞和人民政协成立70周年为契机，创新载体，丰富形式，通过文史资料开展爱国主义教育，激励各界群众不忘初心、牢记使命，踏实工作，投身新征程，谱写新时代中国特色社会主义宁武篇章。坚持“三亲”史料征编和地方历史文化研究并举方略，立足宁武县深厚历史文化底蕴，认真考据、多方征集，编撰印制《宁武文史》《庆祝中华人民共和国暨中国人民政治协商会议成立七十周年专辑》等文史资料共五辑，追寻优秀人物、感悟红色记忆，使广大读者受到教育与启迪。与县委宣传部共同主办“宁武县庆祝中华人民共和国暨人民政协成立七十周年‘光辉历程·铸就辉煌’历史成就图片书画展”，印制出版七十周年纪念图册，从社会经济不同方面、不同视角进行阐述与解读，讴歌全县人民在中国共产党领导下，共同前进、携手成长的70年辉煌历程，引领各界群众在历史光影中抚今忆昔、回顾初心，在时代发展中见证风采、展望未来。

【队伍建设】 2019年，宁武县政协常委会按照懂政协、会协商、善议政，守纪律、讲规矩、重品行要求，加强队伍管理，以自身建设新成效促进政协事业新发展。政协党组充分发挥领导核心作用，把政协机关党的建设摆上更加突出位置，发挥机关党组作用，推进“两学一做”学习教育常态化制度化，推动“改革创新、奋发有为”大讨论和“不忘初心、牢记使命”主题教育，深入查找整改，主动寻标对标，以警示教育为抓手，知敬畏、存戒惧、守底线，强化责任意识激发政治担当，坚持以人民为中心履职尽责，做好新形势下群众工作，把党的指导思想和党的主张转化成为关怀社会各界群众，为实现新时代党的历史使命凝心聚力。

（李鹏书）

群众团体

宁武县总工会

【概况】2019年，宁武县总工会认真学习习近平新时代中国特色社会主义思想和中共十九大精神，围绕全县发展战略目标，落实市总工会“三抓一树、十大行动”工作目标，狠抓党的建设，突出思想引领，拓展工作思路，聚焦中心工作，创新性开展工会工作，开展“走进新时代，当好主力军”主题学习教育活动，举办“中国梦·劳动美——学习贯彻习近平新时代中国特色社会主义思想和党的十九大精神”全县职工演讲比赛。开通宁武县总工会微信公众号，提供“学习十九大，永远跟党走”全县职工知识竞赛题库。开展“榜样忻州，最美劳动者”评选活动，推选宁武公路段管理段职工王兰凤作为最美劳动者人选，受市总工会表彰。举办迎七一“中国梦·劳动美”全县职工书画展，把广大职工群众组织到活动中来，凝聚共识、坚定信心、鼓舞士气，巩固党在基层，在职工群众中的执政基础。

【组织建设】2019年3月，宁武县总工会召开乡镇工会改革动员会，明确工作任务目标，完成全县乡镇（街道）工会改革工作，配齐乡镇（街道）工会班子，配备专职工会副主席，实现乡镇（街道）工会自主稳定运行。与组织部门联系协调，通过“党建带工建”，扩大工会组织覆盖面。开展“工会组建月”和“农民工入会”集中行动，推进群体农民工入会。以区域或行业联合会形式组建工会，吸纳会员。做强做实五小竞赛活动。截至2019年年底，参赛单位18家，参赛职工6100人，征集“五小”项目32项，收集“五小”优秀成果12项，其中获专利1项。领导班子分组包片包单位督促指导基层组织规范化建设和民管工作。以县总工会主席为组长督促指导组，到各乡镇（街道）、工委（系统）工会，就建会、民管工作督促指导，把成效纳入年终考核评优中。

【民生工程】2019年3月，宁武县总工会开展平等协商签订工资集体协议活动。全县有68个企业签订工资集体协议，涉及职工10210人。组织开展“安康杯”知识竞赛活动，开展安全生产“七进”活动，参赛单位33家，参赛职工10324人，发放《中华人民共和国职业病防治法》宣传资料2000余份。抓服务职工和帮扶解困工作。开展“春送岗位”，联合人社、团委、妇联、人才交流中心等单位举办就业聘招会，发放宣传资料1500余份。8月上旬，开展慰问坚守一线职工活动，慰问酷暑期间坚守在工作岗位环卫、交警、公路段、栖凤煤矿等单位的一线职工，送去西瓜、饮料、绿豆、白糖等慰问物品。开展“金秋助学”活动，资助考入大学的困难职工子女25人，每人发放助学金2000元。开展“冬送温暖”活动，春节期间生活救助240名困难职工和农民工，慰问28名困难职工和7名县工会退休老职工，给他们每户送去春节慰问款1000元和米、面、油等。

【扶贫工作】 春节前，宁武县工会慰问包扶的2个贫困村48户贫困户，送去白面、被褥，勉励他们要自强自立，坚定信心，克服困难，渡过难关。开展“千人培训计划”行动。举办厨师、月嫂技能培训班，培训50名困难职工、农民工。开展关爱户外劳动者行动，投资建立2家“爱心驿站”、2个“妈味小屋”。

【党建工作】 2019年，宁武县总工会深入学习贯彻习近平新时代中国特色社会主义思想和中共十九大精神。坚持在学懂弄通做实上下功夫，通过宣讲领学、集中研学、个人自学等方式，组织工会干部学习中共十九大精神和习近平新时代中国特色社会主义思想。服从服务党政工作大局，承担起组织职工群众建功立业重大职责，弘扬劳模精神、劳动精神、工匠精神。紧扣时代主题，组织动员职工群众在改革发展稳定一线建功立业，职工群众的使命感、责任感不断增强。工会聚焦维权主责主业，突出维护民主政治、劳动经济、安全健康权益，全力保障和改善民生，叫响做实“职工有困难找工会”，职工群众的认同感、归属感不断增强。

（冯长青）

共青团宁武县委员会

【概况】 2019年，共青团宁武县委员会在上级团委关心和指导下，全县各级团组织突出思想政治引领，围绕脱贫攻坚目标任务，服务党政中心工作、青少年成长发展工作，推进基层组织建设，把深化共青团改革各项工作落到实处，使宁武县团工作取得新的进展，开展“‘五四’期间先进集体、个人评选活动”“优秀少先队员和优秀少先队员辅导员评选”“忻州市向上向善好青年推选”“改革创新、奋发有为好青年评选”等活动，探索基层激励表彰机制。

【思想政治引领】 2019年，共青团宁武县委员会在“3·5”学雷锋活动期间，以“弘扬雷锋精神，开展志愿服务”为主题，在各中小学开展系列活动；“五四”期间召开“改革创新、奋发有为好青年”表彰大会和纪念五四运动100周年工作会；走访慰问一线岗位青年职工，并举行纪念五四运动100周年“青春向党建功新时代”主题团日活动；6月13日，联合县档案部门举办“新中国的记忆”国际档案日主题宣传活动；组织开展大学生暑期“三下乡”社会实践活动，与北京大学、西安交通大学校团委建立学生社会实践基地；联合西安交大开展文化扶贫文艺演出和健康扶贫专题调研活动；联合东北林业大学开展旅游扶贫调研访查活动；10月初，开展拍摄制作“我与祖国共奋进”系列主题团日活动和献礼中华人民共和国成立70周年大型快闪宣传；12月9日，以团市委青年宣讲团为载体，到各中学就《中长期青年发展规划》（2016—2025）开展宣讲等。先后由中国青年App、宁武你好等新闻媒体报道相关工作20余条。

【脱贫攻坚】 2019年，共青团宁武县委员会根据县委、县政府关于党政机关干部进村入户与精准户结对帮扶要求，建立阳方口大村爱心超市，从贫困户中挑选2名管理员确保超市有序运行；开办夜技校1所，培训党员及贫困户 15 人；坚持扶贫和扶智相结合，开展希望工程“圆梦行动”品牌工作，为 15 名考入二本 B 类及以上高等院校精准贫困户子女申领助学金 7.5 万元；落实“情系学子晋爱无疆”资助项目计划，为 25 名外省大学生资助春节期间路费补贴共计 1.25 万元。

【青少年成长关爱】 2019 年，共青团宁武县委员会在寒暑假来临前、元宵节期间、国防禁毒日及国家宪法日期间，开展自护宣传进校园和法制宣传教育活动，编发《给全县青少年预防犯罪的一封信》5000 余份；率先联合县检察院到全县各乡镇中小学开展“青春法宣接力行”专题活动 9 场；结合“12·4”国家宪法日发放宣传资料 500 余套；通过进课堂、现场讲解等方式，向中小学生等青少年群体以及青少年监护人传递法制和未成年人保护相关知识，增强未成年人自我保护和抵御不法侵害能力；中高考前，团县委指导、组织各中学开展心理减压专项活动，邀请教育工作者、心理辅导员、家长、优秀毕业生共同参加，通过中高考经验分享、考前常见心理负担疏通办法等内容交流，给考生做心理辅导，帮助毕业班教师和考生家长找到与孩子良好交流方法，从学生、家长、学校三个层面减轻应考心理压力，帮助学生具备更坚强心理素质，能够更好发挥所学知识。

【创业就业】 2019 年，共青团宁武县委员会推动青年返乡创业。宣传创业大赛，落实“青创 10 万 +”工作、推进邮储银行合作，引导更多青年人树立正确就业观念，调动一切力量，动用有效形式，宣传创业好时机和农村经济发展缺口，激发青年返乡创业动力；与西安交大学生艺术团联合开展暑期“三下乡”文艺演出，以“脱贫攻坚”为主题，通过人民群众喜闻乐见表演形式宣传国家精准扶贫政策，为当地脱贫攻坚加油助威。推动“青春兴晋”行动开展。吸纳来自运城学院和山西师范大学 2 名大学生到团委实习 2 个月，通过暑期社会实践了解家乡，服务家乡。

【留守儿童关爱】 2019 年，共青团宁武县委员会贯彻落实习近平总书记提出的“共青团要关心关爱和帮助农村留守儿童等困难青少年群体”重要指示，开展“2019 年中彩金支持‘助力计划’山西省困境青少年服务项目”工作，在各中小学包括中职学校举办安全教育 12 场、团体心理辅导 13 场、禁毒防艾 2 场、“青年之家”活动 3 场。

【团基层组织建设】 2019 年，共青团宁武县委员会依托智慧团建系统，推进基层组织工作。县、乡、村三级团组织信息、团干部信息 100% 录入，发展团员“智慧团建”系统录入工作全部完成。按照团中央要求开展基层团支部整理整顿工作，按照不少于 20% 比例确定后进支部整理整顿；攻坚“学社衔接”，加强和改进团组织关系转接，“学社衔接”率 97.9%、“升学衔接”率 99.9%。在各中学和乡镇团委努力下，毕业生转出发起率 94.4%、毕业生转入审核率 99.0%。落实“百日清零”行动，在宁武县美宁大酒店、宁武县瑞都村镇银行、宁武县志愿者协会等“两新”组织建立团支部，打破之前“两新”组织建团为零的情况；推动“青年之家”建设提质升级，完善联建共建工作机制，推进区域内各类基层团组织协同发展。落实好相关社会服务项目，组织读书会，爱心捐赠等行动。引导青年在乡（镇）振兴、脱贫攻坚中展现新作为，让更多青年了解农村经济发展现状，让他们意识到农村经济需要当代青年；拓宽基层团干部来源和渠道，推进实践教育活动。2019 年，通过西部计划、大中专学生暑期“三下乡”社会实践、“创青春”“青春兴晋”等项目吸纳西部计划志愿者、在校大学生及社会有志青年，发挥团组织实践育人作用；深化团干密切联系青年机制。开展团县委走进中学活动，融入青年，深入基层。在乡（镇）中小学开展少先队入队和团员入团活动，发挥仪式作用，强化基础团务运行机制建设，扩大农村团工作覆盖面和社会影响力。

【推进“一带三强”】 2019年，共青团宁武县委员会全面贯彻全团“大抓基层”的工作要求，把“一带三强”（始终坚持党建带团建，强组织、强团员、强团干部）作为全面加强共青团基层建设的重要抓手、工作机制和有效方法。共青团宁武县委员会在临进学校毕业同时毕业生们面临着团关系转让，共青团宁武县团委建立相关乡镇临时团支部，对于符合转入条件毕业生团员第一时间电话联系并且确认接收，对于不符合条件说明原因并发起退回操作，最大程度减少毕业生团员等待时间；围绕着力增强团组织作用，实施强基达标工程按照“青年在哪里，团组织就建在哪里”原则，共青团宁武县委开展“关爱困境青年　青年之家在行动”主题捐赠活动，依托“青年之家”完善联建共建工作机制，推进区域内各类基层团组织协同发展。为进一步推进农村社区共青团工作，探索适应农村建设和发展需要的共青团工作运行体制和管理模式。对于留村青年较多村，巩固村团支部建设，外出青年较多村，摸清留村及外出团员青年底数。预防青少年违法犯罪并对各类青少年人数进行动态监测和帮扶关注，相关乡镇团委书记依托QQ邮箱、163邮箱报回闲散少年、闲散青少年、不良行为和严重不良行为青少年、流浪乞讨未成年人、服刑人员未成年子女、农村留守儿童人数占比。共青团宁武县委建立月报表格和季报表格。加强日常联系服务，推动团组织在乡村振兴、脱贫攻坚、志愿服务、留守儿童关爱、环境整治等方面创新工作载体，扩大农村团的工作覆盖面和社会影响力

（王乙州）

宁武县妇女联合会

【概况】 2019年，宁武县妇联深入学习贯彻习近平新时代中国特色社会主义思想，坚持党的领导，全面贯彻中共十九大和十九届二中、三中全会精神，增强“四个意识”，坚定“四个自信”，做到“两个维护”，围绕中心，服务大局，推动妇联组织和妇联工作改革创新，加强妇联组织阵地建设、利用新媒体大力宣传、参与文明城市创建工作、组织“改革创新、奋发有为”大讨论和“不忘初心、牢记使命”主题教育，引领妇女牢固树立社会主义核心价值观，组织动员广大妇女群众在全面建设小康社会中作出贡献。

【“三八”节活动】 2019年3月7日，宁武县妇联纪念“三八”国际劳动妇女节109周年暨妇联工作会议。会上表扬全县2018年度妇女工作先进集体和先进个人。妇联主席总结全县2018年妇女工作，对2019年工作作出安排部署。宁武县委副书记高建文向广大妇女致以节日问候，对今后妇女及妇联工作提出要求。举办“贫困母亲两癌救助”中央专项彩票公益金宁武县发放仪式，为19名贫困母亲发放“两癌”救助金共计19万元；举行《婚姻家庭纠纷预防与化解》培训会；开展“三八”维权周法律宣传系列活动等。

【表彰活动】 2019年，宁武县妇联通过进学校、进乡镇、进社区、进机关、进村庄等方式，在全县范围内开展寻找“最美家庭”活动，多形式、多角度挖掘典型、发现最美。活动期间，全县上下联动，依托“妇女之家”，面向城乡家庭，组织活动，广大家庭踊跃参

与，通过组织推荐、自荐、互荐、他荐等形式，一批“最美家庭”优秀典型脱颖而出。为了表彰先进，凝聚力量，促进社会和谐，推进宁武县文明城市创建工作，在全县开展“最美家庭”“三好家庭”“平安示范家庭”和“平安家庭”示范社区评选活动，为全县广大家庭文明创建树立榜样；按照市妇联统一安排部署，宁武县妇联在全县建档立卡贫困户中开展寻找“最美家庭”和“最孝儿女”活动，把典型报送市妇联，向市妇联报送6户“最美家庭”、2名“最孝儿女”，其中，宁武县1户“最美家庭”、1名“最孝儿女”在市妇联进行统一表彰。

2019年，宁武县选树巾帼农业双创示范基地，宁武县绿山缘种养殖专业合作社、彩霞草莓蔬菜种植园、东寨镇店耳上村农家乐，被省妇联命名为“省巾帼农业双创示范基地”。基地带动300名农村妇女增收致富；坚持扶贫与扶志扶智扶德相结合，更好地弘扬社会主义核心价值观，营造“主动向贫困告别，积极向富裕看齐”社会风气。通过选树典型、弘扬先进，激励广大妇女建功新时代，岗位争先进，推动宁武高质量发展，在决胜全面脱贫全面建成小康社会中贡献巾帼力量，县妇联评选出巾帼文明岗5个、巾帼建功标兵11名、脱贫致富最美女性11名，选树三晋脱贫示范基地，在“三八”妇女节时为她们颁奖表彰。

【新媒体宣传】 2019年，宁武县妇联在“头条号”和“宁武半边天”微信公众号发布各类信息，常态化管理新媒体。在头条号发布信息27条，总阅读量14163次，微信公众号发布信息56条，阅读量3021次。

【组织民主生活会议】 2019年，宁武县妇联根据县委组织部和县纪律检查委员会安排部署，召开围绕开展“改革创新、奋发有为”大讨论和“不忘初心、牢记使命”主题教育，解决贯彻落实中央八项规定不严，抵制形式主义、官僚主义、享乐主义和奢靡之风“四风”不彻底等问题组织生活会，县妇联主席曹妙珍主持会议，简要汇报开展“改革创新、奋发有为”大讨论和“不忘初心、牢记使命”主题教育进度情况，班子和班子成员依次对照检查开展批评，在会上，就群众反映问题梳理汇总，把贯彻落实中央八项规定、狠刹“四风”问题落到实处，抓出成效。

【妇联换届工作】 2019年6月底，宁武县各乡（镇）完成换届工作，选举产生各乡（镇）新一届妇委会和139名出席县第十次妇女代表大会代表，所选代表平均年龄低于上届代表年龄，文化程度高于上届水平。7月30日，召开宁武县第十次妇女代表大会，根据《中华全国妇女联合会章程》和选举工作有关规定，选举产生宁武县妇联新一届执行委员会委员39名、主席1名、副主席2名、兼职副主席6名、挂职副主席1名。完成县、乡两级妇联换届任务。

【文娱活动】 2019年4月13日，宁武县妇联“巾帼心向党　礼赞新中国”群众性宣传教育活动在东寨镇东寨村“妇女之家”启动，随后在各个阵地展开，以广场舞、唱红歌、剪纸、绘画、书法、旗袍秀等形式开展活动。依托“妇女之家”阵地，通过活动使广大妇女感恩中国共产党、感恩伟大祖国、感恩新时代，以实际行动建功新时代，为庆祝新中国成立70周年献礼。

【报刊征订】 2019年10月，宁武县妇联召开2020年报刊发行会议，乡（镇）妇联和工委妇委会主任认真领会会议精神，根据分配任务数，做好2020年报刊征订工作。完成自办订阅《生活潮》164份、《山西妇女报》137份。

【扶贫救助活动】 2019年，宁武县筛查农村妇女6339人，争取到省妇联紫气东来救助资金8000元，为4名“两癌”患者每人发放2000元救助；为20名特困妇女儿童发放救助款1.68万元；为全县90名留守儿童争取到“音乐之声我要上学”救助款3.6万元；为全县150名贫困妇女争取到“女性健康保”。联合相关单位，先后到石家庄完小、西马坊细腰村、东马坊完小、实验、东关、西关小学等学校，为150余名贫困留守儿童，送去慰问金助学金3.3万余元及生活用品、学习用具等慰问物资。

【“春风送岗”行动】 2019年，宁武县妇联依托“春风行动”组织开展以“搭建平台、促进就业为主题”春风送岗活动。通过现场咨询，政策讲解，发放《中华人民共和国反家庭暴力法》、妇女儿童知识问答等宣传资料2000余份，为全县城乡妇女劳动者特别是建档立卡贫困妇女就业创业提供平台和机会，拓展妇女创业就业新空间，在“春风行动”期间为城乡妇女提供800余个就业岗位，实际签订就业协议妇女有135名。

【技能培训】 2019年，宁武县妇联发展部利用各类培训资源，帮助农村妇女提升增收致富能力。全年，开展各类技能培训10期510人。其中，电商培训2期110人；依托宁武县家政服务培训基地富宁职业技术学校举办保育员培训3期150人，举办面点培训3期150人、烹饪培训2期100人。通过培训，使农村妇女掌握至少1～2门实用技能，为其就业增收提供有利条件，有100余名农村妇女实现就业。

【普法宣传】 2019年，宁武县妇联开展“三八”维权周活动、送法下乡活动，配合县政法委、综治办开展元宵节综合治理宣传月活动。全县各级妇联共开展普法宣传活动30次、法律知识培训班6次，印发有关保护妇女儿童合法权益法律法规宣传资料1.2万余份。接受群众咨询2000人，受教育群众30000余人。组织家庭教育讲师团到山区学校，开展“青少年预防犯罪”“青少年健康心理的养成”“山西省家庭教育促进条例”“扫黑除恶相关知识”等法律宣讲、心理辅导培训班，通过培训让山区贫困妇女儿童提高遵纪守法意识和依法维权能力，提高留守儿童自我保护意识，预防受侵、预防犯罪，维护农村留守妇女儿童合法权益。全年，到基层组织开展法律培训、家庭教育巡讲活动6场，共计2000余人参加。到社区、广场、学校开展《山西省家庭教育促进条例》宣传咨询日活动，县、乡、村三级妇联干部、巾帼志愿者、社区志愿者、家长学校志愿者、学校代表、家长代表等近200人参加活动，邀请有关法律专家、律师、妇幼保健专家和家庭教育专家现场设咨询台，向家长现场解读《山西省家庭教育促进条例》，提供咨询服务，发放宣传资料1000余份。

【信访服务】 2019年，宁武县妇联认真接待来信来访，坚持“接访到位，登记到位、服务到位、调解到位，落实到位”五到位制度。听取受害妇女合理诉求，向广大妇女宣传法律知识；对妇女信访反映问题，做到“件件有着落，事事有回音”。按照法律法规和政策抓紧解决，对群众提出应当解决、但因客观条件不具备一时难以解决的问题，主动说明情况，向群众解释清楚，取得群众理解和支持，创造条件适时予以解决；对群众提出不合理要求，说服教育、积极引导。全年，宁武县妇联共接待各类上访案件12人，处理率100%，满意率100%。

【“平安家庭”创建活动】 2019年，宁武县妇联深化“平安家庭”创建活动，把平安家庭建设纳入宁武县平安建设总体规划，纳入妇联重要议事日程，列入基层妇联年终“双千分”考核内容进行考核。结合“平安家庭”创建活动，到乡（镇）、村、社区开展扫黑除恶宣传活动，为广大群众发放《致全县广大人民群众开展扫黑除恶专项斗争的公开信》《中小学生扫黑除恶法律知识读本》等共计3000余份。在创建活动中，通过技能培训、宣传教育、生活救助、教育资助、法律援助等形式，深化“平安家庭”创建活动，选树表彰30户模范县级“平安示范家庭”，以此来促进家庭平安，推荐6户市级“平安示范家庭”与1户市级“平安示范社区”，维护社会和谐稳定。

【维权行动】 2019年，宁武县妇联整合社会资源，延长维权手臂，协调社会各方力量，参与社会管理综合治理，完善社会化维权格局。加强与女党员代表、女人大代表、女政协委员联系，把妇女群众关心的热点、难点问题，妇女呼声等整理成议案、提案，社情民意反映上去，引起领导和有关部门高度重视，解决妇女实际困难。与公检法司等部门联系，做好打击拐卖妇女儿童、禁毒以及打击“两非”等专项活动，打击侵害妇女儿童合法权益行为。参与社会活动，拓宽合作渠道，维护妇女合法权益，如县妇联维权干部在做好本单位维权工作同时，担任各种社会角色，如劳动和社会保障监督员、人民检察院检察员、人民法院陪审员、法律援助工作者等社会职责。使她们广开渠道，更好地维护妇女合法权益。加强与各团体会员、各级妇女组织联系，发展壮大妇女维权志愿者队伍，成立巩固妇女禁赌、禁毒协会，成立矛盾调解纠纷小组，维护妇女儿童合法权益。

【读书活动】 2019年，宁武县妇联开展“书香飘万家——亲子阅读活动”。按照省、市妇联要求，建立石家庄完小、阳方口完小、机关幼儿园、大礼堂幼儿园四个扶贫阅读基地，向上级争取到每个基地价值2万元课外书籍。在世界读书日之际，县妇联举行2场家庭亲子阅读活动启动仪式，活动共计有1000余名家长和学生参加。活动上全体参会人员与学生们一起阅读书籍，引导广大家庭增强阅读意识，形成阅读风尚，培养阅读习惯，树立良好家风，建设书香社会，为促进未成年人健康成长和社会家庭和谐稳定、创建省级文明城市、脱贫攻坚提供有力保证。

【公益讲座】 2019年，宁武县妇联贯彻习近平总书记关于“注重家庭、注重家教、注重家风”重要指示精神，提升全县家长家庭教育素质，满足广大家长对家庭教育指导服务工作新需求，构建学校、家庭、社会紧密协作教育网络，共举办6场家庭教育公益讲座，有2000余位家长参加家庭教育讲座。

（张　艳）

宁武县科协

【概况】 2019年，宁武县科协深入学习贯彻中共十九大精神和习近平重要讲话精神，坚持理论学习和科普实践相结合，以提高机关干部职工综合素质为导向，坚持科协工作要为科技工作者服务、为创新驱动发展服务、为提高全民科学素质服务、为党委和政府科学决策服务。积极参加县委、县政府组织的各项活动，促进党员干部强素质，谋发展。为增强科协干部业务素质，坚持每周二上午，全体科协干部集中学习《县级科协工作手册》和《县级科协工作案例选编》，做到理论和实际的紧密结合。

【科普宣传】 2019年，宁武县科协联合县图书馆开展以“科技强国，科普惠民”为主题的科普宣传月活动。发放科技助力精准扶贫挂图和各类科普宣传资料1000余份，宣传、咨询服务群众600余人，赠送科技类书籍1000余册。推动科普E站建设，提高科普服务农村、农业和农民水平，真正起到助力精准扶贫工作推动作用。

【科技教育】2019年，宁武县科协动员青少年参加科技创新大赛活动，组织中小学生参加省、市科技创新大赛活动。其中实验小学25人获奖。对青少年创新精神和实践能力，推动科技教育事业发展起到良好促进作用。开展科技进校园活动，省科技馆巡展活动在县泰华中学举办，为期1个月。

【驻村扶贫】2019年，宁武县科协按照县委安排，县科协干部和下乡驻村工作队到扶贫工作联系点西马坊乡梅洞村开展精准扶贫工作，与贫困户开展“一对一”帮扶工作，深入查找致贫原因，采取针对性措施，开展帮扶工作。

（连林杰）

宁武县工商联业合会

【商贸活动】2019年5月4日，宁武县工商联业合会组织引导太原宁武商会（在太原市的宁武籍商人成立的商业联合会）举办宁武管涔山首届杂粮美食节暨红色教育文化活动，吸引许多来自全国各地游客，助推宁武文化旅游产业发展。

【义诊活动】2019年6月8日至9日，太原宁武商会组织卓识医生集团宁武籍知名专家15人回乡义诊，为宁武县人民免费赠送一份“健康大礼包”。

【捐赠活动】2019年11月10日，太原宁武商会及其党支部，在宁武红色革命老区芦草沟村举行“不忘初心、牢记使命”主题教育，用余秋里等老一辈无产阶级革命家感人事迹为当代人上了一堂生动感人党课。太原宁武商会为宁化村部分特困户捐赠米、面和图书，为芦草沟村每户捐赠优质米和面，并为芦草沟抗日完小捐赠一些最新版青少年阅读书，向老区人民献上一份扶贫慈善、红色文化巡礼大餐。

（张美荣）

宁武县文联

【概况】2019年，宁武县文联各项工作稳步推进，文学艺术创作不断吸纳新元素，各学会活动健康开展，充分发挥组织、引导、服务和维权作用，团结和带领广大文艺工作者，深入生活，认真开展工作，努力繁荣宁武县文艺事业，完成省、市、县年度目标工作任务。

【组织建设】2019年年初，宁武县文联召开文联工作会议，总结2018年度工作，出台2019年度文联工作要点。各协会根据工作要点制定2019年度工作计划，建立健全各项规章制度，支持、指导、帮助各协会开展活动，组织召集文艺工作者就如何做好2019年文学艺术进行座谈、交流、讨论，听取各协会对单位工作的意见和建议，在开展协会工作中遇到问题，为各协会排忧解难，各项工作有条不紊地开展，各项工作呈现出勃勃生机。

【庆祝活动】2019年，宁武县文联配合各有关部门，开展、参与、完成庆祝中华人民共和国暨人民政协成立七十周年庆典活动和重大文艺活动，开展专题征文活动和专题书画展，征集优秀稿件，并在《汾源》杂志上刊登。

【刊物印刷】2019年，宁武县文联办好《汾源》，做好杂志编辑、校印工作。2019年度按期、高质量完成年度4期编印发行印务，鼓励文学艺术爱好者投入和参与到文学创作中来，积极投稿，乐于交流。

（陈智泉）

宁武县红十字会

【概况】 宁武县红十字会作为群团组织，是党委和政府联系群众的一个纽带，遵照红十字会核心工作要求，开展相关知识宣传、救护培训、社会救助、组织和自身建设。宁武县红十字会组现拥有基层团体会员单位由原来的56个增加到72个，会员由3400人增加到4200人，红十字会会员单位遍及全县各个乡（镇）、企事业单位、群团组织、驻宁武厂矿单位。

【民生工程】 “博爱家园”是中国红十字会在城乡社区开展以“推动社区治理、提升社区能力、促进社区发展”为目标，以“防灾减灾、健康促进、生计发展、人道传播”为主要内容的人道公益项目。分硬件建设、软件建设、组织发展、生计发展4项内容。4月2日，县红十字会、卫生健康和体育局、北京联慈健康扶贫基金会在博爱家园共同举行“国奶扶贫项目——贫困家庭婴幼儿奶粉”发放仪式。4月11日，深圳市特斯拉环保有限公司向宁武县红十字会捐赠净水器启动仪式在博爱家园举行。5月8日，县红十字会工作人员、志愿者与周围社区居民在博爱家园互动开展应急救灾帐篷搭建演练活动。8月10日，县红十字会开展博爱家园义诊活动，组织志愿者为居民普及救助知识，举行应急救护演练。9月10日，县红十字会组织全体工作人员及部分志愿者代表召开会议，传达学习中国红十字会第十一次全国会员代表大会精神。9月23日，山西省红十字会党组书记、常务副会长郑红，山西省红十字会工会主席、赈济部部长王根平，省造血干细胞捐献者资料库管理中心主任左彤一行，会同忻州市人民政府副市长、市红十字会会长王月娥，忻州市红十字会负责人吕海瑛，一同到宁武县红十字会博爱家园调研指导工作。10月17日，红十字会博爱家园在阳方口镇河西村落成。

【应急救护培训】 2019年，宁武县红十字会在全县开展6次大型应急救护培训活动，参训人员700余名。9月19日至21日，县红十字会中央专项彩票公益金“红十字关爱生命健康教育”项目初级救护员培训班分别在西关小学、东关小学、实验小学举行。11月10日，县红十字会应急救护培训乡村医生250余名。11月11日，在县消防中队举办应急救护员培训。11月16日，在博爱家园举办志愿者应急救护培训。

【捐资助学】 2019年，宁武县红十字会携手社会各界爱心人士、爱心企业到全县乡（镇）小学举行捐赠活动。5月28日至30日，县红十字会携手太原市一亩地总部、宁武县一亩地分部到怀道完小、石家庄完小、宁化小学、西马坊完小（细腰幼儿园），累计捐赠出365套衣服、365个水杯，总价值51917元。6月24日，山西禧玲公益基金会看望余庄完小贫困学生，为贫困学生送上8000元助学金和衣服、小食品。6月25日，阳光益佳红领巾爱心团队走进宁化、三马营、怀道、圪壥、东马坊学校为贫困学生送上助学金、学习用品、衣服及小零食。6月27日，山西省锁业协会爱心人士走进余庄完小，为学生捐赠新鞋。8月21日，县红十字会看望西马坊乡圪洞村5名贫困学生，送去县红十字会及志愿者们爱心捐款1100元及生活学习用品。8月29日，县红十字会为西关1名贫困学生送去爱心人士助学金2600元。10月29日，县红十字会组织志愿者们为石家庄幼儿园、新堡幼儿园小朋友送去棉衣。11 月 6 日至 7 日，县红十字组织志愿者公益服务队开展为期 2 天的关爱乡村幼儿园送温暖活动，为孩子们送去棉衣、围巾、玩具、鞋子等用品。12 月 22 日，山西省锁业协会爱心人士为新堡、迭台寺学生发放新校服。12 月 24 日，县红十字会工作人员为东关幼儿园贫困儿童送去毛毯、衣服、书包。

【精准扶贫】 2019 年 12 月 13 日，宁武县红十字会、县滴水洞旅游开发有限公司在村委会举行旅游扶贫分红仪式，17 户贫困户每户获得旅游扶贫收益分红 500 元。县红十字会为全体村民发放暖壶、水杯、洗脸盆、肥皂、衣服等扶贫慰问品。通过发展旅游，曾是贫困村的坝儿沟村，摘掉多年“穷帽子”。村民变股东，收入不断增加。

（安虎银）

法 治

政法委及综治

【概况】 2019年，宁武县政法委员会围绕为新中国成立70周年创造安全稳定社会环境这一主线，全力服务保障县委“4851”发展战略，扎实推进平安宁武、法治宁武和过硬队伍建设。在全国重要会议和重要节点期间，对重点人员认真落实管控措施，对全县宗教活动全面排查，圆满完成70周年大庆安保、“二青会”火炬传递、“两会安保”等维稳任务，确保全县社会政治稳定。持续推进扫黑除恶专项斗争，成功打掉1个黑社会性质犯罪组织，抓获犯罪组织成员21人；成功打掉5个恶势力犯罪团伙，抓获犯罪团伙成员27人；公开审理王某某等21人涉恶案件，有力震慑黑恶势力犯罪。严厉打击各类违法犯罪活动，公安机关共破获刑事案件251起，刑拘91人、逮捕90人，查处各类治安案件439起，行政拘留346人；检察机关批准逮捕案件89件118人，受理各类审查起诉案件139件199人；审判机关审结刑事案件126件、民商事案件772件、执行案件436件，全县社会治安明显好转。

【风险隐患排查整治】 2019年，宁武县政法委员会认真落实对重点行业、场所、特殊人群监督管控措施，开展交通秩序、民爆物品、禁毒铲毒等大排查大整治专项行动。查处各类交通违法行为36929起，检查涉爆企业147家次，发现督促整改隐患105处，收缴并安全销毁废弃炸药14672千克等，查处危险爆炸物品行政案件18起，易制爆危险化学品案件11起；破获毒品刑事案件14起，缴获土制海洛因2.33克等；查处毒品行政案件277起，强制隔离戒毒109人。集中开展社会治安突出问题风险隐患整治专项行动，排查整治84家“九小”场所、10处工矿区、6处治安混乱地区。加强重点场所、物品、人员管控，纳入管控平台1524人。对辖区内7个使用剧毒化学品、5个起爆器使用单位进行摸底排查、建档、流向管控。对全县23个加油站、264个文化娱乐服务场所、23家物流寄递单位持续加强监管力度，查处涉黄治安案件29起、涉赌案件86起、寄递物流业治安案件8起。接收社区服刑人员37人，解除矫正人员50人；加强铁路护路联防治理，全县铁路治安继续保持安全平稳态势。

【社会综合治理】 平安创建扎实开展，2019年4个乡镇（凤凰镇、东寨镇、阳方口镇、怀道乡）和居民办事处被市委政法委评为市级平安乡镇、居民办事处。“雪亮工程”建设持续推进，全县交通要道、县城大街小巷及公共场所视频监控网络全覆盖，14个乡镇50个村视频探头监控全覆盖，全县95%以上单位达到“技防单位”标准。综治中心和网络化信息平台发挥实效，受理上报有效事件4017件，处置4017件，处置率100%。矛盾纠纷有效调解，把学习推广新时代“枫桥经验”与深化平安宁武建设、法治宁武建设和扫黑除恶专项斗争相结合，进一步推进矛盾纠纷调解中心规范化建设，三级调解组织受理矛盾纠纷147件，调处142件，调处率96.6%。

【法治宁武建设】 2019年，宁武县政法委员会开展各项普法活动。在综治宣传月、“4·15”全民国家安全教育日“12·4”国家宪法宣传日期间，在宁武县宾馆门前和凤舞广场设立宣传点，向群众发放宣传法治建设宣传资料1万余份、国家安全法知识手册6000余册，发放《中华人民共和国宪法》单行本5500余册、普法手提袋及挂图6000余份，解答群众法律咨询560余次；在凤舞广场、西关移民村、阳方口煤矿、大河堡村等人群聚集区开展扫黑除恶专项斗争大型宣传活动，发放各类宣传资料7000余份；组织举办全县政法系统“庆祝建国七十年、做新时代政法人”主题知识竞赛、“双百”法治宣讲报告；建成2个法治文化宣传主题广场，设立宣传专栏，收到良好法律效果和社会效果。

【队伍建设】 2019年，宁武县政法系统开展“不忘初心、牢记使命”主题教育，坚持用习近平新时代中国特色社会主义思想武装头脑、指导工作。扎实开展岗位练兵、业务竞赛、法律文书评比、业务知识考试等活动，提升政法干警政治理论素养和业务素质。举办全县政法干警政治素质提升培训班，深入学习贯彻《中国共产党政法工作条例》，加大对政法队伍警示教育力度，多次组织政法干部重温入党誓词、观看警示教育片，开展政法队伍纪律作风检查，集中整治政法队伍中存在的突出问题，政法系统纪律作风明显好转。

（张晋平）

公 安

【概况】 2019年，宁武县公安局内设机构为指挥中心（办公室）、政工监督室、刑警大队、治安（食药、环安）大队、国保（反恐、反邪教）大队、交警大队、禁毒大队、经侦大队、民爆大队、矿管大队、网安大队、督察大队、法制（信访）大队、警务保障室、看守所、行政拘留所。全局公务员编制175名，实有公务员166名，事业编制人员122名。

【社会治安综合治理】 2019年，宁武县公安局创新巡逻防控模式。在总结PTU运行工作经验基础上，坚持警力跟着警情走，屯警街面、布警街头原则，最大程度把警力摆上街面，昼夜巡逻全县尤其是县城主要街道和居民小区，采取车巡与步巡相结合、循线巡逻与蹲点守候相结合、设卡盘查和随机盘查相结合、着装巡逻与便衣巡逻相结合等方式，加大巡逻力度和密度，提高街面见警率和巡逻盘查抓获率。全年共调解各类纠纷90起。解决群体疑难58次、救助群众50人。巡逻中查处治安案件55起。

【社会管理服务】 2019年，宁武县公安局在各个重要节点、重大节假日，加强社会治安整治。全年出动警力460余人、警车100余辆、检查KTV酒吧4家44次、宾馆旅店113家458次，清查出租屋35处、治安乱点16处、13个加油站。共排查整治84家“九小”场所（65家小旅馆、10家足疗室、9家小废旧金属收购场所）、10处工矿区、6处治安混乱地区；严格民爆物品审批制度，全年共批供炸药768.464吨、雷管636500发、导爆管12500米、导爆索31500米。排查全县涉爆企业，共检查涉爆企业147次，发现督促整改隐患59处，收缴废弃炸药14672千克、雷管14338发，发放宣传材料1万余份，保持爆炸案件零发案、涉爆事故零发生良好态势。

【案件受理】 2019年，宁武县公安局围绕群众反映突出的治安问题，开展“扫黑除恶”“社会治安严打整治”“利剑行动”等专项行动，特别是“三大战役”打响以来，局党委高度重视，精心部署，全警参战，大力宣传，发动群众，形成浓厚社会氛围。全年共立刑事案件407起，破案251起；刑事拘留91人，提请逮捕90人，移送起诉117人。破获现发命案1起，破获命案积案2起；打掉1个恶势力集团；全年立经济犯罪案件37起，破案19起；办理毒品刑事案件14起，抓获犯罪嫌疑人14人，强制隔离戒毒109人。全年受理治安案件774起，查处439起。

【交通管理】 2019年，宁武县发生各类交通事故1962起。其中，死亡事故12起，伤人事故361起，受伤人数289人，财产损失事故1165起。查处各类交通违法行为36929起。其中，现场纠违21224起，非现场纠违15705起。其中酒后驾驶机动车150起，逆行15起，不按规定车道行驶13382起，毒驾1起、涉牌涉证16起，超员116起，违法载人304起，违法停车8500起，行政拘留无证驾驶机动车158人。

【便民利民服务】 2019年，宁武县公安局推进“服务为本、便民利民，创建平安满意城”专题活动，打造公安机关服务群众过硬品牌。完善流动人口管理机制，全年共办理居住证3024件，基本公共服务逐步由户籍人口向常住人口全覆盖迈进。落实市公安局7大类53条便民利民举措，解决群众反映强烈的热点、难点问题，户政窗口和各派出所共受理二代身份证8793份、临时身份证580份、出生登记1287份；出入境窗口受理护照1026份、港澳通行证507份、台湾通行证212份。车管业务大厅共办理各类汽车注册登记1676辆，审验机动车2558辆，驾驶员补证换证1307人、审验驾驶证3100人。

【规范化执法】 2019年，宁武县公安局创新学习方式，开展学习培训，提升民警执法能力和素质。出台一系列规章制度，完善执法办案管理制度，规范民警现场执法行为，提高执法办案质量。实行随案审批评查、季度评查、不定期抽查形式进行案卷评查，严把案件事实关、证据关、时限关、程序关、法律适用关和裁量关，严格各项法律审核程序。

【队伍建设】 2019年，宁武县公安局开展“两学一做”学习教育，适时进行纪律作风整顿，解决民警思想中存在信仰缺失、人生观、价值观偏移问题，保持队伍健康发展态势，维护队伍纯洁稳定。解决民警队伍中客观存在执法不规范、执纪不严格、执业不尽心等问题，打造健康向上警营生态。严格执行中央八项规定及“三项纪律”、省厅“六个严禁”“三个一律”等纪律条令，保持作风建设高压态势，树立公安队伍良好形象。严肃查处队伍中存在的问题。督察大队开展各种警务督察40余次，受理上级转办案件3起、信访案件2起，全部查结答复。全年纪律处分民警4名。

【获奖情况】 2019年，宁武县公安局被忻州市公安局集体嘉奖一次。武鑫功、金永强、张金应被忻州市公安局记个人三等功一次。杜志明被新疆和田市公安局记个人嘉奖一次。康杰、雷治国、任泽辉、梁海霞、刘新平、侯文正、赵良友、王飞分别被忻州市见义勇为协会授予“见义勇为先进分子一等奖”。

（柴俊鹏）

检 察

【概况】 2019年，宁武县检察院强化刑事诉讼活动监督，深化对刑罚执行监督，探索公益诉讼活动，在多个单位设立检察室，延伸监督触角，拓宽监督视野，提升司法公信力。机构改革后，内设机构划分为办公室、政治部、第一检察部、第二检察部、第三检察部有正式在职干警30人（男18人、女12人）。其中，中央政法编制24人，工勤人员2人，事业人员4人。

【服务县域经济】 2019年，宁武县检察院围绕打好防范化解重大风险攻坚战，惩处非法吸收公众存款、集资诈骗等危害金融安全犯罪。全年批捕破坏金融秩序犯罪5件5人，起诉7件8人。打好精准脱贫攻坚战，筹措资金，完善所包联东寨镇麻地沟村党员活动室，修筑“爱心桥”，组织干警为孤寡老人和贫困群众捐款捐物。全体检察人员结对帮扶，驻村扶贫工作队精准施策，对口帮扶村庄实现脱贫目标。打好污染防治攻坚战，开展破坏环境资源专项立案监督活动，依法批捕破坏生态环境刑事犯罪5件8人，起诉9件13人。会同县河长制办公室联合制定“携手清四乱，保护河湖生态”百日行动方案，明确检察机关对河湖生态保护的监督职能，联合巡查中发现的两起侵占河道案件立为行政公益诉讼案件，发出检察建议，督促行政机关整治。批捕破坏企业生产经营刑事犯罪4人，起诉4人。成立“支持和服务企业家创新创业、营造良好法治环境”工作领导小组，依法快捕快诉侵犯民营经济发展和合法权益案件。邀请人大代表、政协委员、民营企业家代表走进检察机关，开展“检察护航民企发展”主题开放日活动，搭建检企沟通桥梁，为服务保障民营企业创新发展奠定坚实基础。

【平安宁武建设】 2019年，宁武县检察院严厉打击故意杀人、抢劫等严重暴力犯罪，重点打击黄赌毒、盗抢骗等多发性犯罪，突出惩治电信网络诈骗、非法集资等涉众型经济犯罪，保障人民群众生命财产安全，维护社会安全稳定。全年共批准逮捕各类刑事案件95件124人，起诉149件227人，报送市检察院审查起诉2件2人。出庭支持公诉134件218人，审查一审判决122件152人；开展扫黑除恶专项斗争。通过深挖线索、建立台账，听取汇报、专项研究，广泛宣传、发动群众，依法从严从快打击涉黑涉恶犯罪。突出打击“村霸”“宗族恶势力”，铲除人民群众反应强烈的黑恶势力犯罪。受理涉黑涉恶案件2件27人，提起公诉3件30人，法院经开庭审理，全部作出有罪判决。参与社会治理创新。落实宽严相济刑事政策，涉嫌犯罪但无逮捕必要案件依法不批捕10件14人；犯罪情节轻微，依法不需要判处刑罚或者免除刑罚的，依法不起诉10件14人。践行新时代“枫桥经验”，妥善处理群众诉求，办理司法救助案件3件，发放各类救助金6万元。落实“检察长接待日”制度，共接待来访群众50余人，受理控告举报线索8件，均依法予以办理，保持涉检进京到省“零上访”。完善“12309”检察服务平台建设，落实最高检7日内程序回复、3个月内办理过程或结果答复制度。深化法律文书说理、检察官以案释法制度，人民满意度逐渐提升。

【未成年人健康成长】 2019年，宁武县检察院严惩危害未成年人身心健康暴力犯罪。强化未成年被害人综合救助，推行“一站式”询问，办案过程中注重心理疏导。落实教育、感化、挽救方针，最大程度挽救涉罪未成年人，犯罪情节较轻的，依法不批捕1人，应当从严惩戒的，依法批准逮捕4人。落实最高检院“一号检察建议”，院7名班子成员及8名检察干警先后受聘担任中小学校法治副校长，走进校园开展法治宣讲，运用法律手段化解校园纠纷，护航学生健康成长。儿童节前夕，邀请部分中小学师生和各方代表参加“携手关爱共护明天”检察开放日活动，推动学校、家庭、社会等多方共同发力，守护好祖国的花朵、民族的未来。

【法律监督】 2019年，宁武县检察院严格立案监督和侦查活动监督，在公安机关执法办案管理中心派驻检察室。监督公安机关立案7件，纠正漏犯38人，纠正漏罪24人，发出纠正违法通知书14份；查询公安机关行政案件243件、刑事案件104件，纠正存在问题。加大对法院刑事审判监督力度，发出纠正违法通知书7份，提出抗诉1件。强化刑罚执行监督，定期到社区、乡村了解矫正对象改造情况，针对存在问题，发出纠正违法通知书23份；加强检查监管场所，办理羁押必要性审查案件1件，变更强制措施1人，依法保障看守所在押人员合法权益；主动调阅法院民事审判、执行案卷，以重大程序问题、严重实体违法、推进执行案件合法高效为监督重点，向法院发出民事审判监督检察建议1份、执行监督检察建议9份，督促法院规范办案程序，维护当事人合法权益。拓展办案渠道，增强人民群众法治意识，在人民法院诉讼服务中心设置民事行政检察宣传牌。受理民事生效裁判申诉案件2件，经审查后依法作出不予支持监督申请决定。与劳动行政部门和审判机关联动，服务农民工维权，办理农民工索要薪资支持起诉案件1件。

【公益诉讼】 2019年，宁武县检察院加大办案力度，摸排行政公益诉讼线索37件，立案审查其中22件并发出诉前检察建议。开展“舌尖上的安全”专项活动，依法提起12起生产、销售不符合安全标准的食品案并附带民事公益诉讼，经人民法院审判，12名被告人通过自媒体向社会公众公开赔礼道歉，并应检察机关诉讼请求赔偿一定款额。排查摸底、实地调查违法设置储煤场、处置煤矸石企业督促整改。抽调精干力量，成立专门办案组，办理省院挂牌督办的露天开采破坏生态环境资源案件，立案10件，经向行政机关发出检察建议，督促所涉企业依法整改。

【司法体制改革】 2019年，宁武县检察院实行“捕诉一体”办案模式，制定“捕诉一体”办案规程。强化检察机关在刑事诉讼中主导作用，适时介入公安侦查活动，介入命案现场1次，介入刑事案件引导侦查取证35次，案件质量大幅提升。

加强刑事诉讼制度改革。深化认罪认罚从宽制度落实，贯彻“可用尽用”要求，在保持较高适用率上下功夫，促进实现“两提高、一降低”，即提高确定量刑建议适用率、提高法院量刑建议采纳率、降低被告人上诉率。全年认罪认罚适用数量40件，11月、12月的适用比例分别达到78.57%、100%。

落实司法责任制。推进员额检察官责任落实，把遴选员额检察官全部配备办案一线。修订检察官承办案件自动轮案规则，独任检察官和办案组办案规范化运行，流程监控、个案评查、办案绩效考核机制完善。健全领导干部办案制度，检察长、副检察长带头办理案件61件，检察长列席审委会3次。

加强与监察委员会配合协作。落实山西省监察委员会与山西省人民检察院办理职务犯罪案件工作衔接四个办法，加强与监察委沟通衔接，建立起办案规范和程序，形成反腐败工作合力。全年办理监察委移送审查起诉案件6件9人，提起公诉5件8人，法院判决5件8人。

【队伍建设】 2019年，宁武县检察院组织全体干警学习领会习近平总书记“三篇光辉文献”，把握新时代经济社会发展对检察工作提出的新任务、新要求。开展“不忘初心、牢记使命”主题教育和“改革创新、奋发有为”大讨论，落实意识形态工作责任制，增强“四个意识”，坚定“四个自信”，做到“两个维护”；组织干警开展读书分享、岗位练兵活动，鼓励干警参加继续教育深造，选派干警参加业务素能提升培训，要求干警参加检察官教育网络学习培训，用好“检答网”等业务交流平台，选送干警到市院办案学习，让干警实战能力和综合素养得到提升。2019年院两名干警在市院公诉人大赛中获得全市“公诉业务能手”和“公诉业务标兵”称号。

【精神文明建设】 2019年，宁武县检察院把提升文明素养、加强文明执法、弘扬文明风尚作为队伍建设重要内容，把文明创建纳入提升检察形象、推进检察发展系统工程，定期开展“道德讲堂”、主题党日等活动，在重要时间节点，组织干警们参加文化活动，全体干警党性修养得到锤炼，初心使命意识增强，干事创业热情高涨。宁武县检察院连续两年被评为“市级精神文明先进单位”。

【党风廉政建设】 2019年，宁武县检察院落实党风廉政建设“两个责任”和领导干部“一岗双责”责任。防止干预司法“三个规定”，确保司法公正。组织全院干警开展队伍集中整肃和警示教育，召开高质量组织生活会和民主生活会征求意见建议，剖析反思存在问题，对照落实整改。组织全体党员收看《初心泯灭的歧路》《蜕变的初心》等警示片，结合相关违纪违法典型案例，开展廉政专题研讨，引导广大干警强化自律意识，增强拒腐防变能力。全年未发生任何违纪违法问题。

（刘继英）

法 院

【概况】 2019年，宁武县人民法院以习近平新时代中国特色社会主义思想为指导，全面贯彻中共十九大和十九届二中、三中、四中全会精神，扎实开展“不忘初心、牢记使命”主题教育，坚持服务大局、司法为民、公正司法，各项工作均取得明显进展。全年共受理各类案件1683件，审结1634件，审结率97.09%。

【刑事审判】 2019年，宁武县人民法院发挥刑事审判惩防犯罪功能，审理刑事案件164件，判处罪犯248人。纵深推进“扫黑除恶”专项斗争，判处涉黑涉恶案件4案28人。为了扩大影响力，震慑黑恶势力犯罪，在宁武体育馆公开审理王某某等21人涉恶案件。加强职务犯罪案件审判工作，审结职务犯罪案件4件，判处4人，为推进反腐倡廉工作提供司法保障。严厉打击影响群众安全的暴力犯罪，切实保障公民财产安全。加大对经济犯罪打击力度。贯彻宽严相济刑事政策，坚持罪刑法定和疑罪从无原则，保障被告人合法权益。

【民商案件】 2019年，宁武县人民法院在民商事审判中，妥善处理涉及离婚、抚养、赡养、继承等婚姻家庭纠纷案件，保护妇女、未成年人和离婚无过错方合法权益，促进家庭和睦和社会安定。及时审理好各类合同纠纷案件，有效防范和化解金融风险。注重审理侵权纠纷案件，确实保护国家、集体、个人合法权益不受非法侵害，有力制裁违法侵权行为。加强调解工作，利用调解手段处理人民内部矛盾，通过调解工作，引导群众建立新型人际关系和良好经济环境，促进物质文明和精神文明建设。全年共受理民商事案件880件，旧存18件，审结874件，结案率97.32%，法定审限内结案率99.56%。依法审查行政非诉案件28件。共调解民商事案件362件，撤诉82件，调撤率为22.65%

【诚信社会建设】 2019年，宁武县人民法院提高失信行为成本，推动诚信社会建设。受理执行案件565件，执结556件，执结率98.4%，执行到位7000余万元。开展“晋法出击”集中执行行动，加强与金融、国土、车管等部门执行联动机制。利用“全国执行网络查控系统”，对700余名被执行人财产实施查询，对800余个账户进行控制，成功扣划被执行人存款300余笔。坚持重举惩治“老赖”，严厉打击拒不执行判决、裁定行为，判处2案2人。公开曝光失信被执行人76人，拘留31人。用足用活执行手段，督促被执行人履行义务，执行工作取得较好成绩。

【营商环境】 2019年，宁武县人民法院妥善办理涉民营企业案件，为民营企业发展营造良好法治环境。妥善审理各类涉企产权纠纷、妥善处理涉民营企业劳资纠纷。强化公正执行、善意执行、文明执行理念，避免影响企业正常经营活动。慎用相关强制措施和限制法定代表人人身自由强制措施，防止刑事执法介入经济纠纷，禁止超标、超范围查封、扣押、冻结涉案财物。对涉民营企业案件做到快立、快审、快结。

【脱贫攻坚】 2019年，宁武县人民法院在精准扶贫工作中重视法治助力，创新扶贫措施，以“法治＋扶贫”为突破口，找准司法与扶贫结合点，构筑脱贫攻坚“法治屏障”，助力精准扶贫、精准脱贫。在凤凰镇朱家岩、杜庄、麻峪3个村定点帮扶。选派8名精干警力分别在三个自然村担任驻村工作队员，1名年轻有为干警担任杜庄村第一书记，结对帮扶98个贫困户189人，全面参与帮扶村各方面工作。向帮扶对象宣讲法律知识，引导帮扶对象在生产生活中遵纪守法，学会运用法律武器保障自身合法权益，密切警民关系，提升司法形象。在案件办理中，高度重视涉扶贫领域案件，加大涉扶贫领域案件审执力度，依法保障涉扶贫领域当事人合法权益，确保司法保障与法律扶贫精准有力，为全县打赢脱贫攻坚战提供有力司法保障。

【诉讼服务】 2019年，宁武县人民法院坚持有案必立、有诉必理。全年当场登记立案率达到100%。在保护诉权同时，依法规制恶意诉讼、无理缠诉等滥诉行为。开展诉前调解，推行速裁诉讼程序，对事实清楚、争议不大简易民事案件实行一审终审，有效缓解案件急速增长压力，提高效率。建立诉讼服务查询电子平台。开通案件信息查询、信访信息查询、诉讼程序咨询、办事程序咨询、联系法官、接受执行线索举报、接听意见建议、听取对法官队伍作风投诉举报、回访考核九项服务；认真落实司法为民宗旨，对涉及侵害孤寡、老弱、病残、农民工等弱势群体合法权益案件优先立案、优先执行。开展“拖欠农民工工资案件集中办理”等系列涉农维权活动，依法从重、从严、从快打击侵害弱势群体各类违法犯罪行为，特别是以妇女、儿童为侵害对象的犯罪。到农村、社区、工地、学校开展法制讲座，开展法制宣传活动6次，发放法律宣传材料300余份，接受各类法律咨询800余人，提高弱势群体法律意识；在诉讼服务中心，设立接访、律师工作室等窗口。推进涉诉信访机制改革，推行“诉访分离”，判后答疑、申诉听证，做好释法明理和教育息诉工作，有效解决“入口不顺”“程序空转”“出口不畅”等问题。坚持院领导接访常态化，全年累计接待来访群众60余人，案件服判息诉率明显提升。

【司法体制改革】 2019年，宁武县人民法院落实员额法官自主裁判权及“谁办案、谁负责”责任机制。落实聘用制书记员管理制度改革。推进以审判为中心刑事诉讼制度改革，落实非法证据排除制度，推进案件繁简分流，深化人民陪审员制度改革，深化裁执分离改革；逐步去除行政化管理模式，组建员额法官加助理和辅助人员审判团队，明确法官及辅助人员权责，规范裁判文书签发机制，建立专业法官会议制，改革审判委员会工作机制，加强对审判权管理监督，严格办案责任制和问责机制，建立权责明晰、运转高效审判权机制；实行立案公开、审判公开、执行公开，除法律规定不允许公开外，其他案件公开开庭率达100%，全年在裁判文书网公开生效裁判文书1255件，庭审直播案件932件。把立案条件、收费标准、适用程序、诉讼风险、审判流程等在诉讼服务大厅全部公开。建成执行指挥系统，邀请人大代表、政协委员观摩庭审、见证执行活动10余次，做到审执工作公开化、透明化，以公开促公正，以公正树立公信力。

【司法监督】 2019年，宁武县人民法院加强与“两代表一委员”及社会各界联系。加强民意沟通，正确对待新闻媒体、社会舆论、网络舆情对法院工作评价，有效回应质疑。特别是通过邀请人大代表、政协委员视察工作、旁听案件庭审、参与案件执行、微信平台互动等形式，使法院各项工作更加透明，更加阳光、更加公正，赢得社会各界理解与支持。

【队伍建设】 2019年，宁武县人民法院严格执行中央八项规定，切实履行主体责任，落实领导干部“一岗双责”，开展廉政警示教育，吸取队伍中反面典型的深刻教训，以案为鉴，教育约束干警不越雷池、不踩红线。主动接受上级法院审务督察、司法巡查；加强业务培训，全年选派业务骨干参加国家和省法官学院政治、业务培训70余人。对新增的51名人民陪审员进行2次岗前培训，提升法治素养。重视公检法协调配合审判沟通制度，为大要案件审理提供智力支持；完善信息网络“智慧法院”，建成高清科技审判法庭系统、办案区安检系统、执行指挥中心平台，实现审判流程计算机管控全覆盖，实现案件信息录入、审批流转自动化。

【“不忘初心、牢记使命”主题教育】 2019年，宁武县人民法院扎实开展“不忘初心、牢记使命”主题教育，突出学习贯彻习近平新时代中国特色社会主义思想主线，树牢“四个意识”，坚定“四个自信”，做到“两个维护”，强化理论武装，干警思想受到洗礼、灵魂受到净化、政治更加坚定。学习贯彻习近平总书记视察山西重要讲话精神，落实《中国共产党政法工作条例》，坚持党对法院工作绝对领导。坚持司法为民，站稳人民立场，坚持工作成效由人民评判，提高群众满意度，提升站位，做到司法办案政治效果、法律效果、社会效果相统一。让人民群众在每一个司法案件中都感受到公平正义，让人民群众感受到法院工作新作为、新变化、新气象。

（侯林春）

司法行政

【概况】 2019年，宁武县司法局按照中共十九大精神和中央、省委、市委、县委政法工作会议精神，坚持党对司法行政工作绝对领导，稳中求进，着力开展法治宣传、社区矫正、安置帮教、人民调解、法律援助、公共法律服务等几项工作，各项工作取得成效，为全县经济社会发展提供优质法律服务和法治保障。

【法治宣传】 2019年2月18日至20日，宁武县司法局组织开展元宵节法治宣传活动。此次宣传以法治文化阵地为依托，创新宣传方式，借助街头文艺表演等文化娱乐平台，在人员密集点以设置法律咨询台、悬挂标语、大屏幕滚动播放法律专题等方式进行宣传，内容涉及扫黑除恶、禁毒、刑法、民法、婚姻家庭等内容。在活动开展期间，发放各类宣传资料5000余份，接受现场咨询人数260余人。3月5日，宁武县司法局根据县文明办《关于2019年“3·5”学雷锋日期间开展志愿者服务的实施方案》文件精神，组织法律志愿者在人民大街开展“学雷锋”法律志愿者服务活动。由律师、公证员和法律服务工作者组成“学雷锋”法律志愿者，向过往群众宣传《中华人民共和国法律援助条例》《中华人民共和国反家庭暴力法》《中华人民共和国劳动合同法》等法律法规。共发放法律援助、“七五”普法等各类宣传资料600余份，现场详细解答群众提出的劳动合同纠纷、工伤赔偿、家庭暴力、消费维权和房产纠纷等相关法律问题。4月15日上午，宁武县在凤舞广场开展以“坚持总体国家安全观，着力防范化解重大风险，庆祝中华人民共和国成立70周年”为主题的“全民国家安全教育日”普法宣传活动。组织法律援助志愿者、普法骨干，通过现场宣传、发放资料等形式，把《中华人民共和国宪法》《中华人民共和国国家安全法》《中华人民共和国反间谍法》《中华人民共和国反恐怖主义法》及法律援助方面系列法律知识送到广大居民身边。在县城繁华地段LED显示屏上连续滚动播放国家安全教育宣传标语。在宣传活动现场设立大型展板10块，通过漫画等形式向老百姓宣传国家安全法律知识。此次活动中，县司法局发放宣传彩页2000余份、国家安全法知识手册500余册、普法手提袋及挂图3000余份，解答群众法律咨询30余人次。7月24至25日，在凤凰镇东关村、大河堡村、杨庄村和怀道乡上官庄4个乡组织开展“法治乡村试点”创建主题宣传活动。忻州市司法局法治文艺宣传队到上述4个村开展法治文艺演出活动。宁武县司法局设立法律咨询点解答咨询、发放宣传资料等方式在4个村向在场观看文艺演出群众发放《扫黑除恶法律知识中小学读本》《法律援助手册》《农民普法读本》等相关法律资料和宣传册，解答与群众生产生活息息相关的扶贫领域、扫黑除恶、法治乡村建设等法律知识。为期2天的文艺演出和法治宣传活动共计发放宣传资料1000余份，悬挂宣传横幅8条，解答群众咨询106次，接受宣传人数达1200余人。12月4日上午，宁武县“12·4”国家宪法日宣传周系列活动拉开帷幕。该次宣传活动以“弘扬宪法精神，推进国家治理体系和治理能力现代化”为主题。现场设置法治宣传咨询台，发放宪法宣传资料和其他相关法律法规书籍，并解答部分群众现场咨询。参加国家宪法日宣传周活动单位26家，悬挂横幅18条，参加工作人员160余人，发放《中华人民共和国宪法》单行本1500余册，其他法律法规资料7500份，法治宣传手提袋1000个，挂历、挂图500份。12月1日，在宁武县司法局四楼视频会议室举办弘扬宪法精神主题书画展，共征集到书画作品337幅，邀请县内书画专业人士进行评审，最后选出获奖书画作品52幅。

【法治宁武建设】 2019年3月8日，中共宁武县委全面依法治县委员会办公室正式揭牌。

县委全面依法治县委员会办公室设在司法局，成立宁武县委全面依法治县委员会组织机构。召开第一次会议，成立宁武县委全面依法治县委员会，传达学习忻州市委全面依法治市委员会第一次会议精神，从司法局内部确定一名编制从事依法治县办公室工作，主要负责贯彻落实中央关于全面依法治国方针、政策、研究宁武县全面依法治县重要事项，根据中央统一部署，统筹协调、整体推进、督促落实宁武县全面依法治县各项工作。

【培训工作】 2019年9月17日至18日，宁武县司法局在县委党校举办人民陪审员暨法律服务工作者培训班，共70余名人民陪审员和法律服务工作者参加培训。此次培训由法学专业人员授课，围绕常见民事案件审判要点，诉调对接、矛盾纠纷化解，民间借贷，刑法适用作授课培训，就如何做一名合格人民陪审员进行讨论。

【社区矫正人员集中教育警示会】 2019年9月23日至24日，宁武县司法局在县委党校对辖区内全部在册社区服刑人员开展集中教育警示培训活动。此次培训主要内容有国庆70周年安保工作部署、《社区矫正实施办法》《山西省社区矫正实施细则（试行）》《治安管理处罚法》《中华人民共和国刑法》等相关法律法规。通过此次集中教育警示会，使全体社区矫正人员端正思想态度，强化服刑意识，遵守社区矫正工作纪律，以实际行动矫正自己行为，预防重新违法犯罪。

【依法行政】 2019年，宁武县司法局成立推进“三项制度”工作领导小组，领导小组办公室设在司法局法制办，负责牵头推进“三项制度”推行工作；按照法制办有关时限要求，加强调度指导，督导三项制度建设落实不全面、不具体，报送情况不及时、不准确，实施过程不规范、不到位部门检查和问责力度，按时保质完成三项制度推进任务；按照“三项制度”要求及机构改革重组，宁武县审查并公告行政执法主体25个，受委托组织10个并把其全部录入执法主体资格管理系统；在各执法部门清理执法人员，未清理前659人，清理后为221人。陆续把执法人员录入执法人员资格认证信息管理系统。按照上级要求对执法人员进行法律知识培训，考试合格，颁发证件，做到持证上岗、亮证执法。

开展权力事项动态调整工作。按照要求，结合单位实际，全面梳理纳入省市县三级目录事项（包括权利事项和公共服务事项）。截至2019年年底，梳理办事事项34项，即办率、承诺期限压缩比、网上办实现率、掌上办实现率、材料电子化率等指标均达100%。复议、行政诉讼情况。12月26日，宁武县司法局在四楼会议室举办“中华人民共和国行政复议法”知识讲座，2019年度有1起行政复议案件、未发生行政诉讼案件。

落实外聘法律顾问制度，聘请1名律师为宁武县司法局法律顾问。法律顾问在履职期间，参与相关法律事务审核、法治宣传活动及法律问题解答等工作。全年，法律顾问开展法律服务12次，推进公职律师管理。

【公证工作】 2019年，宁武县司法局推进公证服务领域改革，深化“放管服”工作。推进“互联网+公证”服务，主动与公安、民政、工商、不动产登记等部门联系，实现各信息系统全面对接。开通“绿色通道”服务，减免特殊群体公证费用。公证处开设便民服务窗口，为困难群众开辟绿色通道，开展为老弱病残等弱势群体办理上门公证服务活动。多次参与移民村、棚户区改造住房摇号分配公证工作。拓展公证业务领域，在传统民事、经济公证业务外，开拓公证新领域。全年，宁武县公证处办理各类公证218件，其中民事类197件、经济类21件。

【法律援助】 2019年，宁武县法律援助中心落实值班律师制度，在宁武县人民法院诉讼服务大厅建立律师值班制度，每周五派驻一名律师值班，为犯罪嫌疑人、被告人提供法律咨询、法律帮助，畅通法律援助服务渠道；加强特殊人群法律援助工作，尤其是落实好未成年人、残疾人、老年人、低保户、扶贫户和农民工等困难弱势群体法律援助，发挥援助职能，为城乡困难群体合法权益提供优质、高效法律服务。注重宣传，扩大援助社会影响，利用元宵节、国家安全教育日、“法治乡村试点”创建活动、下乡扶贫等走上街头摆放宣传展板、悬挂横幅、设置咨询台等多种形式开展法律援助宣传活动。全年，办理法律援助案件7件，全部办结。其中，刑事案件2件、民事案件5件，挽回经济损失5.1万元。接待免费法律咨询680余人，代书法律文书11份，开展现场法律援助宣传活动8场，散发各种宣传资料1800余份，接受现场咨询人数58人，拟写简报、信息16期。

【人民调解】 2019年，宁武县司法局设有县、乡、村三级调解中心（室）。县级调委会为宁武县人民调解委员会，下设乡（镇）调解委员会有14个、村调解委员会431个。共有人民调解员1189名，其中聘请专职调解员15名、法律工作者32人、乡（镇）调解员人数76人。宁武县人民调解委员会负责指导和管理全县人民调解工作。充分发挥人民调解在多元化矛盾纠纷解决机制中重要作用，建立14个乡（镇）调委会、1个居民办事处调委会、1个道路交通事故调委会，把基层法律服务工作者充实到人民调解队伍，全县人民调解工作形成各级调委会调解员、律师、基层法律服务工作者、人民调解志愿者等多领域、多层次人员共同参与大调解工作体系，促进人民调解工作向法制化、社会化、科学化方向发展。截至2019年年底，全县各类人民调解组织共调处矛盾纠纷案件80件，调处成功75件。其他案件逐步调处中，有力维护社会稳定。

【安置帮教】 2019年，宁武县司法局摸底和调查所有帮教对象，统一管理，做到及时建档、安置、帮教。对重点帮教对象实行走访制度不定期上门走访重点帮教对象，了解情况，为他们解决一些生产、生活中实际困难。依托企业在新堡乡建立刑满释放人员安置帮教基地1个，前后安排刑满释放人员12名；联合法院、检察院、教育、公安、民政、妇联等相关部门，以社区、村为工作重点，分类、分部门排查摸底五类重点青少年群体，服刑在教人员未成年子女，共核查服刑在教人员未成年子女83人，未出现社会闲散青少年和流浪乞讨未成年人。全年，刑满释放人员回归社会28人。全县在册刑满释放人员400人。

【社区矫正】 2019年10月10日至15日，宁武县司法局开展社区矫正工作安全稳定风险隐患大排查专项行动。成立大排查专项行动领导小组，专项检查14个乡镇司法所，排查摸底影响社会治安大局的各类风险隐患，整治措施到位，防止“脱管、漏管”和重新违法犯罪发生。发挥司法行政OA工作平台和基层工作信息管理平台优势，为各所配齐所需设施设备（录音笔、照相机、指纹仪、扫描仪、执法记录仪等），要求工作人员及时录入社区服刑人员相关信息。与全部社区矫正对象签订《社区服刑人员扫黑除恶保证书》，无脱管漏管现象发生。推进社区矫正中心建设。适时开展社区矫正对象集中教育活动，推动社会力量参与到社区矫正中来，探寻规范化管理途径，社区矫正中心运转稳定。

全县在册社区矫正人员共有93人，年内，接收社区矫正人员37人，解除矫正人员50人，无脱管漏管现象发生。

【“实施免费法律咨询便民工程”】 根据2019年山西省政府八件民生实事工作要求，宁武县司法局具体负责宁武县“实施免费法律咨询便民工程”工作。通过LED大屏幕滚动播放免费咨询公告，制作宣传牌匾，各乡（镇）通过大喇叭、微信、宣传单、村务公开栏等多种形式，开展免费法律咨询宣传。确定18名基层法律工作者开展工作。在县公共法律服务中心和14个乡（镇）公共法律服务工作站每天安排专人值班，值班人员主要提供法律咨询、开展普法宣传、协助人民调解、开展法律援助、参与化解涉法涉诉信访案件。截至2019年年底，接待免费法律咨询950人，超额完成上级810件任务，完成率118%，人民群众满意度99.5%。

【司法扫黑除恶专项斗争】 2019年，宁武县司法局做好涉黑涉恶社区服刑人员和刑满释放人员（以下简称“两类人员”）管理教育工作。开展调查评估拟适用于缓刑、假释、暂予监外执行罪犯。落实刑满释放重点人员必接必送制度。动态化管理解除社区矫正人员和刑满释放信息录入，组织开展涉黑涉恶“两类人员”摸排工作。强化“两类人员”思想教育和心理疏导工作，鼓励“两类人员”检举揭发，发现涉黑涉恶线索及时报告、及时打击。5月20日，在县司法局四楼会议室召开全国两会期间全系统安全稳定工作部署会，会议安排部署社区矫正、安置帮教、扫黑除恶工作。5月16日，召开扫黑除恶专项斗争工作分析研判会，分析研判现阶段扫黑除恶斗争形势，与会人员就如何推进扫黑除恶专项斗争线索摸排和宣传工作深入讨论，确保扫黑除恶专项斗争工作高效推进。5月22日，县司法局工作人员联合县政法委、法院、检察院、公安局等部门到凤舞广场、西关移民村、阳方口煤矿、大河堡村等人群聚集区开展扫黑除恶专项斗争大型宣传活动，共发放各类宣传资料3000余份。6月1日，县司法局党组书记、局长，县扫黑除恶专项工作领导小组副组长周晓峰到新堡乡、石家庄镇对扫黑除恶专项斗争工作进行督导检查。听取新堡乡、石家庄镇分管领导对扫黑除恶专项斗争工作情况汇报，实地查看工作场所，查阅相关工作资料，了解各项工作进展情况，详细了解重点人员管控情况，并安排扫黑除恶专项斗争工作提出具体建议及要求。全年组织开展各类法治宣传活动21场，受教育群众6100人。

（周晓峰　宫志勇　赵亚宁　马建青　周琳）

人民武装

【概况】 2019年，宁武县人民武装部（以下简称人武部）思想政治建设扎实有效，战备训练水平稳步提升，国防动员建设、国防教育、安全管理工作水平明显提高。年内，民兵整组、军事设施保护等工作迎接省军区检查调研，得到上级机关肯定，完成上级军事机关和地方党委、政府赋予的各项任务。

【政治思想教育】 2019年，县人民武装部（人武部）以习近平新时代中国特色社会主义思想和习近平强军思想为指导，落实党委中心组（带机关）理论学习制度，筹划组织两大主题教育、民兵政治教育、安全教育、保密教育、经常性思想教育，利用党委会、支委会、交班会及时传达上级精神，随到随学，抓好时间、人员、内容、效果“四落实”，官兵“四个意识”不断增强，“四个自信”更加坚定，“两个维护”自觉践行，军委主席负责制落地生根。

【军事训练】 2019年，县人武部组织基干民兵、专武部部长和民兵骨干开展训练。通过训练，民兵应急分队军事素质得到提高，编组更加合理，遂行任务能力增强。

【征兵宣传】 2019年，县人武部利用新闻媒体宣传征兵工作，出动征兵宣传车20台次，到14个所属乡（镇）作针对性宣传；在学校、企业、社区、乡（镇）、车站悬挂征兵宣传横幅，县人武部副部长牟建国在县电视台发表征兵电视讲话，利用广播、电视、广场电子屏循环播放征兵信息。为确保廉洁征兵，面向社会公开省、市、县三级征兵机构举报电话，公开接受群众监督。征集过程中，坚持优中选优原则，多渠道了解情况，选拔整体素质较高的应征对象上站体检。按照“五公开”原则和“体检严格、政治考核严格、家访严格、审批定兵严格，确保不出现责任退兵、不发生违纪事件”要求，围绕优先征集各级各类学校应届毕业生和廉洁征兵“两个重点”狠抓落实，完成新兵征集任务。

【民兵组织整编】 2月至6月，县人武部贯彻军分区民兵整组工作指示精神，遵循“任务牵引、双应一体、重点突破”等原则，按照“深化调整改革、实施分类指导、持续规范秩序、夯实组织基础”思路，依据军分区基干民兵重点任务规划，对基干民兵单位、区域及人数重新分配，形成以应急队伍、保障队伍为主体，其他队伍为基础的民兵组织格局。通过整组，全县民兵组织布局更加合理，编组更加科学，民兵整体素质明显提高。

【国防教育】 2019年下半年，为落实“国防教育进学校要求”，在宁武高级中学校完成国防教育活动室建设，为开展好国防教育提供硬件支撑。国防教育活动室以“爱党爱国、强我国防”为主题，“国防概况、国防历史、安全形势”为主线，图文并茂，让广大师生接受国防教育，调动大中学生踊跃参军报国积极性，宁武高级中学被评为“全省第二批国防教育示范学校”。

【安全稳定工作】 2019 年，县人武部针对全年大事多、影响安全稳定隐患多的问题，在敏感时段结合实际以整肃作风、强化纪律、落实制度为主线，加强人员管控，突出人车枪弹密网等重点，层层落实安全责任制，落实月讲评分析制度，查堵安全隐患；结合上级文件精神集中开展安全教育，加强营区警卫执勤，形成比较完善的安全网络，全年安全无事故。

（潘超强）

宁武县武警中队

【概况】 1976 年 1 月，宁武县武警中队由中国人民解放军改编为人民武装警察部队，受忻县地区支队领导，而后随忻县划市更名为中国人民武装警察部队忻州支队宁武中队。中队有党员 12 人（含预备党员 2 人），团员 21 人。中队官兵高举中国特色社会主义旗帜；聚焦“听党指挥、能打胜仗、作风优良”强军目标；坚定看齐追随、维护核心、引领发展；弘扬“忠勇精武、荣誉担当、拼搏奋进”精神，自觉践行当代革命军人核心价值观，忠实履行职责使命，有效维护国家安全和社会稳定，保障人民安居乐业，在永远做党和人民忠诚卫士道路上铿锵前行。

【安保工作】 2019 年，宁武县武警中队在全国“两会”以及元旦、春节、清明、五一、端午、国庆、中秋等节点，狠抓执勤战备制度落实，圆满完成各项任务。中队勤务安全无隐患，执勤人员素质过硬，方案配套齐全，与地方协同密切，为驻地安全稳定构筑坚固屏障。

【思想教育】 2019 年，宁武县武警中队官兵学习贯彻习近平总书记关于国防和军队建设重要讲话精神，着眼实现党在新形势下强军目标，培育“四有”新一代革命军人，履行新时期武警部队神圣职责使命，大力弘扬“听党指挥、能打胜仗、作风优良”优良传统，实现“驻守一方、保卫一方、建设一方、造福一方”理想，使警政警民关系更加融洽，推动宁武县建设与发展，展现新时期、新阶段武警部队威武之师、文明之师良好形象，受到驻地群众拥护。

（李亚奔）

经济管理

发展和改革

【概况】2019年，宁武县发展和改革局发挥“发展研究、改革带动、规划引领、重大布局、统筹推进、监管服务”六项职能，围绕中心、主动作为、聚焦重点、高效履职，推动全县发展改革各项工作。全年累计投资完成42.63亿元，增长4%，完成全年任务。全年建设项目库共计72个项目，总投资262.56亿元，年度计划完成投资49.83亿元，超出全年固投任务5.75亿元，累计完成投资47.22亿元。

【企业投资承诺制改革】2019年，宁武县政府统一服务事项共7项，包括工程建设涉及绿地、树木审批（包括涉及临时占用城市绿地、涉及砍伐城市树木、移植古树名木）；市政设施建设类审批；因工程建设需要拆除、改动、迁移排水与污水设施审核；农业灌溉影响意见书审核；新建、扩建、改建建设工程避免危害气象探测环境审批；建设工程文物保护和考古许可；建设项目压覆重要矿床审批；完成土地规划用地区压覆重要矿产资源调查报告。全县承诺制改革势头良好，政策红利积极释放，2019新备案数46个，试点项目33个，占比71.74%，居全市第四名好成绩。以优质大果沙棘种植基地建设项目为例，其作为宁武县“承诺制”试点项目，从立项到投产，该项目只用大约12个月时间，和原来大约需要2年审批时间相比，承诺制改革为该公司争取建设及投产时间。宁武县承诺制改革取得4大成效：企业办理事项大幅减少，承诺制改革后，原30项审批事项，企业自行办理事项最多8项，缩减约80%，企业获得感明显增强；项目落地时间大幅缩短，从全县来看，项目从立项到开工时间平均缩短一半以上；企业审批成本显著下降，建立政府统一服务事项财政保障制度，把原本由企业承担事项费用纳入同级财政统一预算，无须企业承担；事中事后监管明显强化，试行承诺制，由重事前审批变为重事中事后监管，项目建设全过程纳入山西省投资项目在线审批监管平台，与信用信息共享平台有效对接，守信者可享受优先办理、简化程序等“绿色通道”，失信行为会受到部门联合惩戒，突出企业投资主体地位。

【特色项目建设】2019年，宁武县观摩项目4个，有宁武县节能环保产业园首欣风电总装机项目，总投资3亿元，项目投产后，可示范引领园区打造先进装备制造基地、系统完备的绿色能源全产业链；宁武县新大象全产业链生猪养殖项目，该项目总投资10亿元，打造集玉米种植、饲料生产、种猪繁育、生猪育肥、屠宰加工、肉品外销、冷链物流、无害化处理、有机肥利用于一体的生猪全产业链，带动贫困户稳定增收；宁武县扶贫服装加工产业项目，投资0.264亿元，该项目着力建设“巧媳妇”扶贫工程长效机制，为全县脱贫攻坚提供有力保障；宁武县大庙沟整沟治理工程项目，投资0.636亿元，大庙沟整沟治理是集森林康养、生态治理、服务配套和旅游扶贫开发于一体的综合治理工程。4个观摩项目皆能有效促进全县经济高质量转型升级。

【重点项目建设】 2019年，宁武县实施省市重点工程10项，总投资160.88亿元，计划投资7.6亿元，全年累计完成投资19.24亿元，占计划投资253%，占固定资产投资额45.13%。省重点前期项目3项：宁武县海欣昊正经济技术园区总装生产基地项目，总投资3亿元，全年完成投资2.91亿元，主厂房钢结构安装完成，按需实施道路及堆场浇筑和设备购进安装；宁武县唐家山100兆瓦风电项目，总投资8亿元，全年完成投资1.54亿元，建设规模100兆瓦，按序完善相关手续和道路等基础设施建设；大唐同煤北辛窑煤电一体化电厂项目，总投资66.98亿元，争取列入国家备选“十三五”电力规划和前期相关工作。省重点建设项目1项：宁武西双万吨环保煤炭物流园工程项目总投资10.3亿元，年度计划投资4.2亿元，全年完成投资1.53亿元，按序办理征迁和接轨手续。市重点前期项目1项：宁武县凤凰镇风电项目，总投资3.754亿元，因压矿和接入系统协调未开工，办理前期手续。市重点建设项目5项：宁武县新大象养殖有限公司宁武县生猪产业化项目，总投资11.59亿元，计划投资0.7亿元，全年完成投资4.82亿元，正在建设保育场和种猪场，饲料厂设备安装试运行，屠宰场选址筹备开工；同煤集团北辛窑矿井及选煤厂项目，总投资55亿元，计划投资1.5亿元，全年完成投资6.92亿元，矿井规划设计能力为400万吨/年，配套规划建设有洗煤厂和铁路专用线，一期工程（主斜井、副斜井、回风立井、进风立井）完成，二期工程北翼3条大巷（皮带、辅运、回风）完成，正掘进南翼3条大巷进入14采区，地面行政福利区、生产辅助区群楼完成，公路投入使用，生活水、矿井水处理站完工，正在建设副井井口房、东南护坡、通风机房、胶轮车库、福利区硬化工程；宁武县年产1万吨沙棘冻果及5000吨沙棘原浆口服液生产线项目，总投资0.5亿元，计划投资0.3亿元，全年完成投资0.22亿元。生产车间主体结构完成，屋面檩条安装完毕，屋顶天沟正在安装；宁武县燕麦深加工项目，总投资0.3亿元，计划投资0.1亿元，全年完成投资0.3亿元，主厂房建设当中；宁武县年产80万吨环保型洁净煤生产线建设项目，总投资1.5亿元，2019年计划投资0.8亿元，土地、环评道路等前期手续，按序办理中，力争年内开工建设。

【信用信息体系建设】 2019年，宁武县发展和改革局采取两项措施全力推进信用体系建设工作。完善联合奖惩工作机制，抓好信息报送工作。2018年以来，宁武县加强信用信息工作推进力度，建立跨部门信用联合奖惩工作机制，出台《宁武县守信联合激励和失信联合惩戒工作方案》与14家相关单位配合做好每月“双公示”信息报送工作，为宁武县建立统一信用奖惩机制奠定坚实基础。拓展信用信息公开共享，设立政府网站专题栏。在县政府网设立专题栏目——《宁武信用体系建设》，把“双公示”信息及各单位报送情况上传，拓展本级信息的公开渠道，让信用信息按照要求向社会公开共享。

【市场价格监管】 2019年，宁武县发展和改革局做好清理规范转供电环节加价工作有关事项，范围是：全县所在存在转供电环节的商业综合体、产业园区、小区物业、写字楼等转供电主体。机动车停放服务收费管理，做好年内成本调查监审工作，包括开展输配电成本监审、天然气输配成本监审。开展景区门票等重要公用事业和公益性服务成本监审等。落实县级公立医院医疗服务价格动态调整工作等。

【冻猪肉供应】 2019年，宁武县发展和改革局结合该县猪肉市场情况，发挥储备调节作用，每月按时间节点完成冻猪肉投放后补库工作，补库数量未低于中秋、国庆期间冻猪肉投放数量，在必要时刻，适当增加储备数量，增强保障猪肉市场供应能力。

【救灾物资储备】 2019年，宁武县发展和改革局推进新时期防灾减灾工作快速发展。制定《宁武县自然灾害应急预案》，健全应对自然灾害救助体系和运行机制，规范应急救助行为，提高应急救助能力。加强应急物资储备库建设和物资储备。民政局采购帐篷50个、床200张，粮油中心储备价值20.25万元面粉3000袋。供电公司采购安全帽、安全网等相应设备。林业局涉及的森林防火物资储备库从2005年开始就使用闲置种子库储备各种扑火物资，面积50平方米。近年来采购防护服、灭火水枪、大衣、铁锹等工具，全部存放在物资库货架上分类保管。

【脱贫攻坚】 2019年，坝上村委办公室由于建设年代久远，门窗有损坏、出现房屋漏水情况，宁武县发展和改革局包村联户和余庄乡人民政府一起出资5万元修缮村委办公室，按照标准强化阵地建设，重新修补房顶，更换新门窗，更新办公设备，粉刷墙面。落实新型农村社会养老保险、医疗保险。开展节前“送温暖，献爱心”活动，入户慰问，送去白面、大米等生活必需品，让贫困户、贫困党员感受到结队人员热情，感受到政府温暖。在走访过程中解决贫困户在生活中遇到的问题，帮助行动不便老人买菜，修理水电，听取贫困户建议，给贫困户讲解各项惠民政策，增强贫困户的脱贫信心。在原派第一书记（新堡乡接官厅村）基础上，年内又派一名副局长担任坝上村第一书记，加强班子、充实队伍。针对农村党员少、素质较低、组织纪律性较差的问题，推进“两学一做”学习教育常态化、制度化，确保“三会一课”在内各项组织活动有计划推进，按制度规范管理。着力发展培育一批优秀年轻干部。

【“改革创新、奋发有为”大讨论】 2019年，宁武县发展和改革局学习《关于开展“改革创新、奋发有为”大讨论实施方案》精神，围绕“六个破除”“六个着力”“六个坚持”方面，分四个步骤进行大讨论，2月28日前全面进行动员部署，2月至4月中旬开展学习研讨，2月23日至4月底深入推动实践转化，4月中旬至4月底有效促进巩固提升，县发改局全体人员严格落实责任，对标权限提出要求开展大讨论，主要责任人亲自部署，亲自推动，成立相应机构，制定实施方案，确保活动有序开展。

【“不忘初心、牢记使命”主题教育】 2019年，宁武县发展和改革局成立“不忘初心、牢记使命”领导小组，且每星期组织学习，这次主题教育贯彻“守初心、担使命，找差距、抓落实”的总要求，达到5个目标：理论学习有收获、思想政治受洗礼、干事创业敢担当、为民服务解难题、清正廉洁作表率。

（王慧娟）

统 计

【概况】 2019年，宁武县统计局服务全县改革发展，抓统计改革，推进党建工作和党风廉政建设，组织实施第四次全国经济普查，科学高效开展各项统计工作，为全县经济社会发展和各级领导科学决策提供统计服务。

【第四次全国经济普查】 2019年，宁武县统计局开展第四次全国经济普查摸底工作，完成普查登记、数据审核、验收和事后数据质量抽查与评估工作。通过宣传发动，营造普查氛围和普查环境。建立部门协调联动机制，推进完成普查调查任务。经过半年多工作，全县共清查个体户3303户，清查单位2480户，抽样调查登记个体户1302户、单位1721户，普查工作达到国家、省、市要求，取得成功。

【统计监督监测】 2019年，宁武县统计局持续加强各项重点统计专业调查监测工作，特别是针对GDP、固定资产投资、工业增加值、单位GDP能耗、城乡居民收入、服务业、文化产业等难点指标调查监测，强化调查分析，分阶段做出预判预警，为各级领导提供高效有力统计参考，各项统计数据均客观真实反映宁武县经济发展状况。全县一季度顺利实现开门红目标，二季度成功完成双过半，GDP、工业增加值和农民人均可支配收入三项指标同比增幅均名列全市前茅，其他各项指标亦均达到预期发展目标。三季度继续保持二季度以来强劲增长势头，各项指标齐头并进，整体发力，县域经济呈现出全面向好的良好发展态势。四季度全面完成全年目标任务，部分主要经济指标可超额数完成年度任务。

【统计法制建设】 2019年，宁武县统计局宣传《中华人民共和国统计法》《中华人民共和国统计法实施条例》和国家统计报表制度及经济普查相关制度，加大统计执法力度，查处统计违法行为，维护统计法律尊严，树立统计部门权威，营造宽松和谐统计工作环境。与税务、财政、发改、市场监督等部门沟通协调，加大统计稽查检查力度，净化统计环境，提高统计数据质量。向各类统计对象累计发送《统计法律法规汇编》等普法资料1000余册，开展大型普法教育宣传活动2次，在全社会起到良好宣传教育效果。

【双基建设】 2019年，宁武县统计局健全各企业、各乡（镇）统计工作制度，强化统计工作人员职责分工、工作目标和责任落实，科学设定统计资料的审核、评估、上报、保密和档案管理等事项，乡（镇）统计站人员配备、业务培训、办公条件、信息化建设、统计台账建立、统计档案管理等内容逐一量化，夯实基层统计基础和统计信息化建设，加强统计数据质量生命线工程，全面提升基层统计数据质量。

【统计改革】 2019年，宁武县统计局推广运用现代统计技术，提高工作效率，创新统计方法，实现统计改革重大突破，采取有效措施，落实各个方面、各个环节工作部署，确保“企业一套表”改革工作顺利推进，从源头上保证网上直报数据质量，确保统计改革任务完成。

【各项主要经济指标综合完成情况】 地区生产总值：累计完成46.9亿元，同比增长10.9%，增幅排名全市第一；规模以上工业增加值：1月至10月同比增长12.3%，增幅排名全市第三；固定资产投资：1月至10月累计完成39.5亿元，同比增长4.44%，全市排名第十四位；社会消费品零售总额：累计完成106364万元，同比增长8.5%，全市排名第七位；一般公共预算收入：1月至10月累计完成8.6亿万元，同比增长8.6%，全市排名第十四位；城镇居民人均可支配收入：前三季度累计完成18017元，同比增长6.8%，全市排名第十一位；农村居民人均可支配收入：前三季度累计完成4035元，同比增长13.8%，全市排名第三位。

【党建工作】 2019年，宁武县统计局开展“改革创新　奋发有为”大讨论活动和“不忘初心、牢记使命”主题教育，对标一流争上游工作取得良好成效，上半年多项经济指标名列全市前茅。开展机关精神文明建设，组建成立“精神文明志愿服务队”，开展数次志愿服务活动。结合两次学教活动和“两学一做”学习教育常态化、制度化实践，开展防范和整治统计造假专项活动，提升社会公众统计获得感。通过观影、收视、重温入党誓词、民生生活会、主题党日活动、专题测试、集体歌咏、三会一课、心得笔记、专题研讨、学用交流等丰富多彩集体和个体相结合主题活动，增强全体党员和机关干部群众政治意识、集体荣誉感和工作积极性，干群凝聚力、战斗力、机关工作活力显著增强。

（赵海峰）

审　计

【概况】 2019年，宁武县审计局完成审计项目145个。查出违规金额12399万元，管理不规范金额45787万元。审计发现非金额计量问题12个，出具审计报告145个、审计决定11个，移送处理书1个。审计处理处罚5770万元。其中，应缴财政罚款29万元，减少财政拨款5315万元，应归还原渠道资金152万元，应缴纳其他资金15万元，应调账处理259万元。核减投资额5315万元。审计提出建议88条。经过全局职工共同努力，荣获“先进基层党组织”称号。

【2018年度预算执行审计】 2019年，宁武县审计局按照县审计委员会要求，审计县财政局、自然资源局、人力资源和社会保障局、市场监督管理局、水利局、民政局、农业农村局7个单位。预算执行审计查出主要问题金额30376万元，主要为：财政财力不足挂账形成隐形赤字27723.28万元，自然资源局资金闲置450.86万元，民政局隐性债务903.5万元，预算未细化493万元等问题。通过审计发现，随着预算执行审计工作不断深化，预算编制和预算执行等方面责任意识增强，相关制度不断配套完善，预算资金管理使用规范，较好地发挥财政资金使用效益。

【固定资产投资审计】 2019年，宁武县审计局完成县政府安排政府投资项目审计101个，送审金额45234万元，审定金额39918万元，核减投资额5316万元，核减率11.8%，减少财政支出5316万元。重点审查工程建设项目立项审批手续、招投标程序，施工单位资质以及工程竣工验收等情况；加强项目投资结算环节审计，审核报审工程量及现场签证真实性、合规性。审计发现施工单位在编制决算时不规范、施工资料不健全、存在多计工程造价等问题。

【经济责任审计（离任审计）】 2019年，宁武县审计局审计住房和城乡建设保障局、环卫中心、园林处、环保局、人力资源和社会保障局、安全监督管理局、山西钜盛能源集团有限公司7名负责人，查出主要问题金额22149万元，主要发现问题：工程、材料采购应当招标而不招标12217.1万元，原始凭证不合规3223.09万元，欠缴社会保险费1270万元，材料未办理出库手续893万元，固定资产未入账162.54万元等问题。通过审计，监督检查领导干部认真履职，切实落实中央八项规定、厉行节约反对浪费、国务院“约法三章”和廉洁从政相关规定。

【专项审计】2019年，宁武县审计局完成2019年度全省重大政策措施落实情况跟踪审计；2019年度减税降费政策措施落实情况审计；2016年度地质灾害治理搬迁项目审计；2019度清理拖欠民营企业中小企业账款专项审计；二季度“六个稳”专项审计；全县金融及类金融机构审计；人防工程审计。发现问题大部分整改完成。

【财政财务收支审计】2019年，宁武县审计局完成22个卫生院、县纪委、县巡察办和市场监督管理局25个单位财务收支审计，查出16个卫生院多转、少转成本，固定资产未入账等问题。通过审计，规范单位财务收支行为，提高公共资金、国有资产使用效益和财务管理水平。

【交叉审计工作】2019年，宁武县审计局根据县委工作要求，县审计局派出2名审计人员配合县纪检委、县巡察办工作。协调配合阳泉市审计局、忻州市审计局、大同市审计局参与专项审计。

【审计问题整改】2019年，宁武县审计局督查审计发现问题整改情况，要求被审计单位都出具书面整改报告。落实以前年度的审计决定书，相关问题整改到位。

【扶贫工作】2019年，宁武县审计局按照县委脱贫攻坚指挥部安排部署，做好做实扶贫工作。制定脱贫规划，落实扶贫项目，建好基础设施，推进农村提升改造，改变村容村风村貌。发展特色产业，因地制宜引导贫困村党员群众发展特色效益产业，种植药材。引导群众科学化、规模化发展种养殖业。开展技术服务，邀请专业技术人才到贫困村、田间地头、生产一线，开展技术指导和帮扶服务，推进贫困村特色产业健康发展。参加帮扶村基层组织建设，促进村级活动健康发展，在第一书记领导下和村“两委”成立一约五会（一约为村规民约，五会为红白理事会，村民议事会，道德评议会，禁毒禁赌会，孝善理事会），开展新时代农民讲习所。每周四在第一书记组织下学习研讨，学习贯彻落实中共十九大精神，引导农民脱贫，推进社会主义新农村建设。

【党的建设】2019年，宁武县审计局坚持从严治党方针，严明政治纪律和政治规矩，关注党员干部思想动态、工作表现、生活作风，从严要求，对党员干部进行廉政教育和监督。落实好党员领导干部重大事项报备、廉政档案、出入境管理等制度，强化制度落实和纪律监督，提高制度执行力。落实好党建工作“一岗双责”。党组书记切实履行第一责任人职责，分管领导带头履行抓党建工作责任，落实党建工作，定期指导支部开展工作，坚持做到党建工作与审计业务工作同步研究部署、同步推动落实，形成责任明确，齐抓共管党建工作格局。

（王启文）

自然资源

【概况】2019年，宁武县自然资源局认真学习习近平重要讲话精神，加快推进“4581”发展战略，攻坚克难，开拓创新、锐意进取，不断提高自然资源服务能力和水平，完成各项目标任务。3月8日，成立宁武县自然资源局，加挂宁武县规划局牌匾。

【耕地保护】2019年，宁武县自然资源局落实耕地保护目标责任制，完善基本农田保护体系，与14个乡（镇）签订耕地保护责任书，确保宁武县65.65万亩耕地和52.46万亩基本农田面积不减少、质量不降低。12个土地开发项目，其中10个项目完成验收，竣工规模79.14公顷（合1187.05亩），新增耕地57.06公顷（合855.92亩）。怀道乡寺湾等5村高标准农田建设项目完成工程量的96.4%。

【规划修编和文本报批】 2019年，宁武县自然资源局评估《宁武县土地利用总体规划（2006—2020年）》执行情况，编制《宁武县土地利用总体规划（2006—2020年）修改方案》初稿，省、市专家通过评审，逐级上报，等待批复；编制宁武县阳方口镇大水口村、阳方村和化北屯乡宁化村村庄规划初稿，上报市局；开展国土空间规划工作，全县生态保护红线、永久基本农田控制线评估优化和城镇开发边界控制线划定工作初步完成，成立宁武县国土空间规划领导组，调查现状评估数据，上报市局。预审及初审上报2个项目，面积49.98公顷。宁武县城镇开发边界线划定面积4552.14公顷。宁武县该次下发的生态保护红线总面积为59361.44公顷，核减生态保护红线面积8007.19公顷，剩余面积51354.25公顷，以《关于报送宁武县“三线”划定成果的函》上报市规划和自然资源局，完成永久性基本农田储备区划定，按序整改中，永久性基本农田补划工作按序推进。

【城乡建设用地增减挂钩土地复垦】《宁武县2012年度城乡建设用地增减挂钩薛家洼乡和东寨镇等2个乡镇拆旧区土地复垦设计报告调整方案》，市局已批复，复垦规模51.79公顷，新增耕地34.18公顷，总投资740.4万元；《宁武县2012年度城乡建设用地增减挂东寨镇等9个乡镇拆旧区土地复垦设计报告调整方案》，市局已批复，复垦规模50.546公顷，新增耕地33.42公顷，总投资663.04万元。两个项目已竣工，并完成复垦验收。《宁武县2018年度第一批城乡建设用地增减挂钩东寨镇等11个乡（镇）项目区（拆旧区）土地复垦设计报告调整方案》，市局已批复，复垦规模50.01公顷，新增耕地33.43公顷，总投资1233.48万元，项目已竣工，计划12月底前完成复垦验收。2018年度（第一批）城乡建设用地增减挂钩交易指标584亩，收益1.75亿元。到位资金1.27亿元。编制《宁武县2019年城乡建设用地增减挂钩怀道乡等11乡镇项目（拆旧区）实施方案》。各矿山企业共储存土地复垦保证金3687.85万元。

【土地供应及报批】 2019年，宁武县出让国有建设用地3宗，面积3.07公顷，收取土地出让收益1328万元；年底前供应土地31公顷，土地出让收益5000万元。2019年，第一、二批次建设项目用地分别组卷上报，总面积61公顷。备案扶贫产业项目设施农用地12处。

【第三次国土调查】 全国第三次国土调查内、外业及数据库全部完成，未通过省级核查，按序整改中。顺利通过国家核实土地变更成果。完成宅基地使用权权籍调查宗地数27518个，面积9541260.32平方米；集体建设用地使用权权籍调查宗地数855个，面积953527.17平方米。建立城镇低效用地数据库，制定城镇低效用地再开发规划，通过省厅专家评审，等待备案。

【矿政管理】 2019年，宁武县矿业权人开采信息公示37家，实际公示37家，公示率100%。应报送矿产资源开发利用情况网上直报统计系统37家，实际报送37家，完成率100%。完成15家矿山企业实地测量任务，所有煤矿建立健全储量动用情况台账，按时上报市局。完成矿产资源开发利用情况基础统计表报送。截至2019年年底，矿业权出让收益5.9亿元。

【地质灾害防治】 2019年，宁武县排查出地质灾害隐患点170个，发放明白卡96份、避险卡114份，落实隐患点责任人、监测人，出台《宁武县2019年地质灾害防治方案》。全县地质灾害防治成员单位，各乡（镇）、各隐患点责任人及监测人，基层国土所400余人参加地质灾害防治知识培训，召开全县汛期地质灾害防治工作安排部署会，责任落实到人。投资185万元治理下河南黄土崩塌隐患工程；投资32万元治理西关村一住户的护坡坍塌工程；投资24万元治理东寨镇石窑沟塌陷区工程；投资8万元治理迭台寺乡滩泥沟滑坡点。该4处隐患治理，使27户81人脱离危险区，居住安全得到保障。完成迭台寺乡乱柴沟等3村126户325人地质灾害治理搬迁任务，3村复垦总规模1.69公顷，新增耕地1.22公顷，经过县级、市级验收。

【绿色矿山创建】 2019年，全县煤矿25座，其中生产13座，剩余12座均为缓建停工状态，各企业开设地质环境恢复治理基金专户，存储基金1300万余元。朝凯煤业、栖凤煤业、同生同基煤业经市创绿办批复《创建绿色矿山工作实施方案》，同意创建绿色矿山。栖凤煤业绿色矿山创建达到市级绿色矿山标准，经市创绿办终验合格，同意授予栖凤煤业为市级绿色矿山企业称号。朝凯煤业、同生同基煤业按批复《创建绿色矿山工作实施方案》按序建设中。剩余10个生产矿井编制《创建绿色矿山工作实施方案》，上报市创绿办，等待评审。缓建停工的12个矿山企业，经过和企业沟通，推进创绿工作，争取在2020年绿色矿山创建全覆盖。

【生态修复】 2019年，汾河源头矿山环境治理项目（投资630万元），完成总工程量的70%，预计2020年9月底完工，申请验收；山水林田湖草生态修复项目——汾河源头矿山环境治理分两期，一期位于东寨寺儿沟—东寨车道沟，治理面积5平方千米，投资1.2亿元，二期位于卧虎湾—涔山寺儿沟治理区，面积6.9平方千米，投资1.1亿元。该项目完成可研编制工作，通过专家评审，进入招投标阶段。

【整沟治理】 宁武县在涔山沟、马仑沟整沟治理基本成型基础上，加快配套工程建设进度，推进梅洞沟整沟治理。截至2019年年底，3条沟内完成河道治理22.5千米、公路改造51.2千米、绿道建设23千米，建筑特色风貌整治21个村，整村提升70个村，传统村落保护2个村，整村搬迁39个村。建成沟内生态停车场、旅游公厕等一批公共服务设施。3条沟内坝沟湾村、大石洞村、高桥洼村被评为全省旅游扶贫示范村，涔山沟内王化沟村入选全省首批100个乡村旅游示范村。制定出台《宁武县整沟治理实施方案》，聚焦芦芽山风景区周边有开发价值、有投资主体沟域，把西马坊乡营坊沟、葱沟、梅洞沟纳入2019年整沟治理推广范围。坚持一沟一策、一沟一品，立足沟内资源、区位特点，因沟制宜，高起点、高品位规划设计，初步把涔山沟、营坊沟、梅洞沟发展模式定位为乡村旅游型，马仑沟发展模式定位为康养休闲型，葱沟发展模式定位为生态宜居型，通过人退林进、村退山绿，培育形成5条沟域发展生态经济带。

【执法监察】 2019年，宁武县自然资源局查处非法占用土地27起，收缴罚没款30.39万元；非法违法采矿16起，收缴罚没款29.10万元。

【不动产登记】 2019年，宁武县自然资源局发放不动产权证书772本，出具证明586本。协调房管、税务部门，于9月中旬实现一窗受理。中心城区内国有建设用地及房屋所有权存量数据整合通过省厅验收，力争2020年年底前完成符合登记条件的宅基地和集体建设用地确权登记工作。

【民生工程】2019年，宁武县自然资源局解决宁武县30兆瓦光伏扶贫发电项目用地83.60公顷，上报升压站永久性建设用地农用地转用3.06亩。解决村级扶贫光伏发电项目用地2910亩。完成阳方口农业产业园区扶贫项目27.58公顷征地工作。投资2000万元对古生物博物馆场馆室内进行布展，完成招投标工作，准备开工。

（郝永伟）

市场监督管理

【概况】2019年，宁武县市场监督管理局开展“不忘初心、牢记使命”主题教育，要求全体党员干部提高政治站位，认识开展主题教育重大意义，把握“五个三”具体要求，把主题教育目标任务落到实处。突出“三个深化”，确保理论学习有收获。要立足“学懂”，深化对新思想的学习领悟；注重“弄通”，深化“解放思想大讨论”活动；着眼“做实”，深化对省局党组新时期市场监管工作思路理解把握，自觉以高质量监管的实际成效助力高质量发展。抓“三个落实”，确保思想政治受洗礼。要把思想政治受洗礼落实到坚决贯彻执行中央大政方针和省委决策部署上，落实到提高政治和工作站位上，落实到锤炼坚强党性上，用实际行动彰显党员价值所在。注重“三个体现”，确保干事创业敢担当。要在改革创新、破解发展难题中体现担当，在直面风险挑战、主动作为中体现担当，在强化市场监管执法、排除干扰阻力中体现担当，把市场监管各项任务落到实处。把握“三个更加”，确保为民服务解难题。要更加重视保安全、守底线，更加重视护权益、解民忧，更加重视优服务、提效率，不断提升企业群众的满意度和获得感。统筹“三个推进”，确保清正廉洁作表率。强化标本兼治，注重源头治理，推进不想腐的思想建设、不能腐的制度建设、不敢腐的纪律建设。推进放管服改革，优化服务，助推经济发展，强化监管维护市场规范，积极维权促进社会和谐，牢筑防线保障民生安全，推动全县经济社会发展。年内，新增企业240户；农民专业合作社49户（其中根据县政府要求，建立扶贫攻坚绿色通道，新增经营范围“中药材”合作社28户），为86户企业颁发电子营业执照，为72户企业办理简易注销登记。全县2018年度企业年报率82.26%，个体工商户年报率46.69%，农专社年报率55.88%。检查辖区内各单位锅炉使用情况，督促锅炉使用单位落实安全主体责任，排除安全隐患，累计检查锅炉使用单位8家、锅炉23台，发现安全隐患2条，全部整改。保持平稳运行。整顿和规范食品药品保健品化妆品市场秩序，提高全县人民饮食用药安全保障水平。

【注册登记管理】2019年，宁武县市场监督管理局推进商事制度改革。推进简易注销登记和“多证合一、一照一码”登记、网上注册登记便利化和电子营业执照办理。推进企业名称核准、设立登记网上电子化。申请人可登录山西省工商行政管理局官网“网上服务大厅”申报系统核准企业名称、设立登记网上申报，实现全程受理审核无纸化；推进电子营业执照办理。申请人登录官网“全程电子化”系统进行公司“电子营业执照”申报，股东一律用“银行CA签名”或“云签名”电子签名，登记机关审核人员一律用“UK”设备电子签名网上审核。全程电子化登记企业实现“网上申请、网上受理、网上核准、网上发照”一体流程。新增企业变更（备案）

登记流程。企业可登录“网上服务大厅”，自行申请企业变更登记。2019年年内，新增企业240户、农民专业合作社49户（其中根据县政府要求，建立扶贫攻坚绿色通道，新增经营范围“中药材”的合作社28户），共为86户企业颁发电子营业执照，为72户企业办理简易注销登记。

【公平交易管理】 2019年，宁武县打击传销、遏制非法集资。采取宣传进社区、进商场、进农村等方式，向群众发放打传、打非等宣传资料1万余份。与公安、金融等部门协调配合，摸排涉嫌传销、非法集资线索，全程参与非法集资案件查处处置，支持全县打非工作。开展打击互联网领域不正当竞争行为，针对经营者擅自使用、伪造政府部门或者社会团体电子标识，引人误解虚假宣传；经营者通过互联网发布虚假广告，或在网页宣传中对商品的质量、性能、用途等作引人误解的虚假宣传；夸大商品配置与功能等，夸大产品价值，虚假允诺等；在商品上伪造或者冒用质量标志，伪造产地等虚假表示的各类不正当竞争行为专项整治。

【广告监管】 2019年，宁武县市场监督管理局加强监管医疗广告和房地产广告，巩固医疗广告整治成果，受理、调查市民举报违法医疗广告。规范房地产广告发布，要求房地产商、房地产中介企业在发布房地产广告时遵守《房地产广告发布规定》规定，净化广告市场。

【市场监管】 2019年，宁武县市场监督管理局发挥案件稽查震慑食品药品违法行为，加大案件查处力度，深挖案源、提高办案技巧，打击食品药品违法行为。年内，共结案24起，罚款44450元，没收违法所得11163元。其中，食品罚款案件数6家，移送公安机关3起。药品罚款案件数为17件。广告案件1件。加强重点领域监管执法力度，净化市场环境，维护市场秩序。

【消费者权益保护】 2019年，宁武县市场监督管理局调整完善原有举报投诉流转和处置制度，加强消保维权信息化支撑，“3·15”期间开展以“信用让消费更放心”为主题的宣传活动，共接待群众1000余名，发放宣传资料5000余份，现场处理消费者投诉13人次。

【特种设备监管】 2019年，宁武县市场监督管理局组织电梯维保单位开展座谈会，开展电梯安全宣传、电梯维保质量抽查等活动，普及常识、排除隐患，提高水平。开展锅炉安全生产大排查专项整治行动。检查辖区内各单位锅炉使用情况，督促锅炉使用单位落实安全主体责任，排除安全隐患，累计检查锅炉使用单位8家、锅炉23台、发现安全隐患2条，全部整改。开展景点和游乐场所特种设备安全大检查。检查大型游乐设施使用单位1家、设备1台，未发现安全隐患。共出动检查人员76人，检查特种设备使用单位45家，检查各类特种设备310余台，查出各类隐患15个，全部整改完毕。2019年年内，推动特种设备安全责任保险续保工作，截至2019年年底特种设备使用单位投保率保持80%以上。

【计量监管】 2019年，宁武县市场监督管理局以“5·20”世界计量日等为契机，开展计量服务进社区活动、计量科普宣传活动。把计量惠民作为服务民生重要抓手，在消费旺季监督抽查超市及连锁店，开展定量包装商品计量检查。共完成1603台（其中矿用设备1230台、加油机331台、汽车衡42台）计量器具的检定工作。

【食品安全监管】 2019年，宁武县市场监督管理局抓食品安全各项许可工作。简化办证程序，提高服务效率，严格执行限时办结制度。指导企业办理许可证，从受理、资料审查、现场核查、审批发证等各个环节严格把关，切实规范行政许可行为。共发证458家。开展2019年春季开学学校食品安全风险隐患排查整治工作，拉网式检查学校食堂及校园周边饮食店、副食店、加工经营单位，排查风险隐患。检查学校食堂29家、托幼机构食堂8家、学校周边小餐饮店45家、学校周边小食品经营店41家、共出动执法人员369人。增加油烟净化设施22家，明厨亮灶率86%。做好迎接国家卫生县城复查工作，排查全县范围内食品经营单位。检查食品经营单位1063家，共出动执法人员4250人。强化肉类生产加工、市场销售、餐饮服务环节生猪产品监管等工作，细化监管餐厨剩余物后厨产生环节，做好非洲猪瘟的防控工作。检查大型餐饮企业11家、学校食堂29家、肉品销售户17家、单独冷库1家、出动执法人员185人。开展农村假冒伪劣食品专项整治。共出动执法人员135人，检查食品生产企业和销售户1236家。根据市局要求，检查各类超市、专卖店、食品经营店等经营场所的酒类食品进货手续及进货台账。开展“五毛食品”专项整治。检查校园周边食品经营户62户次、小卖部19户次。针对元旦、春节、全县“两会”、中高考、二青会等重大节日制定保障方案，安排专人，全程监管保障高风险餐饮单位，共出动执法人员50人，确保聚餐活动食品安全。加强日常监督检查食品生产活动，落实食品生产经营者主体责任，保证食品安全，日常监督检查4家食品生产企业（山西芦芽山矿泉水有限责任公司、山西省宁武县天源生态水资源开发有限公司、宁武县宏源饮料食品有限公司、宁武县富富食品有限责任公司），重点检查食品生产者生产环境条件、进货查验结果、生产过程控制、产品检验结果、贮存及交付控制、不合格品管理和食品召回、从业人员管理、食品安全事故处置等情况。

【药品安全监管】 2019年，宁武县市场监督管理局开展中饮药片质量集中整治专项检查。流通环节共出动执法人员368人，检查药店111家次，责令整改23家。使用环节共出动执法人员182人，检查医疗机构56家次，责令整改15家。开展药品抽检工作，完成日常监督抽检30批次。开展药品零售企业执业药师“挂证”行为专项整治工作。全县62家企业自查药品零售。医疗器械方面，在春季食品药品隐患排查及专项整治行动中共检查经营使用单位60家，共出动186人。加强无菌和植入性等医疗器械监督检查。45家医疗器械经营企业、44家使用单位分别报送自查报告。截至2019年年底，共检查36家次，共出动122人。

【保健品化妆品市场管理】 2019年，宁武县市场监督管理局根据国家、省、市局部署，以批发市场、专卖店、药店、超市为重点，监督检查保健食品化妆品经营者力度，查验经营者进货渠道，检查经营产品索证索票情况，确保购入产品来源正规、渠道可靠。督促指导经营单位建立和落实保健食品、化妆品进货检查验收、产品进销台账登记等制度，把好产品货源质量安全关，规范保健食品、化妆品经营行为。查处投诉举报及在监督检查中发现的违法违规行为。开展联合整治“保健”市场乱象百日行动、食品保健食品欺诈和虚假宣传专项整治活动。开展化妆品不良反应“5・25”世界爱肤日主题宣传活动。检查化妆品经营企业31家，检查美容单位3家、保健食品企业46家，累计检查61家。检查化妆品品种39种、保健食品30种，共出动检查人员 146 人。

【宣传工作】 2019 年，宁武县市场监督管理局抓元宵节、“3·15”消费者权益保护日、食品安全宣传周、全国安全用药月、质量月等有利时机，利用传统媒体和“三微一端”新媒体融合的方式，开展集中宣传活动，活动中展出以新食品安全法律法规、合理用药为主要内容的大型展板 3 块，设立咨询台 6 台次，发放宣传材料 5000 余份，悬挂横幅、标语 6 条，出动宣传车 8 辆次，共接待群众 1000 余名，营造良好食品药品监管氛围。邀请市局相关科室负责人到宁武县开展食品生产、流通、药品、保化和稽查等专题，分批培训食品生产经营企业负责人、食品安全管理员。

（董武庆）

工　业

工业和信息化

【概况】 2019年，宁武县规模以上工业企业29户，分别是煤矿企业12户、洗煤企业6户、发电企业6户、制造业企业2户、供热企业2户、建材企业1户。全县规模以上工业总产值54亿元，同比增长7.4%。工业增加值增长8.5%（指标任务6.5%）。规模以上企业实现原煤产量1274.1万吨，同比下降8.91%。规模以上工业企业实现利税5.6亿元，同比下降45.2%。煤炭工业增加值占工业增加值比重降低率上升1.5个百分点，指标任务降低0.9个百分点。制造业增加值占工业增加值比重上升率下降0.02个百分点，指标任务上升0.75个百分点。

【信息化发展】 2019年，宁武县工业和信息化局协调各乡镇政府和宁武移动公司等部门，开展第五批电信普遍服务建设工作。全县行政村光纤宽带网络建设全部完成，行政村除空壳村外，互联网覆盖率100%。全县26户规模以上工业企业全部注册山西省工业云服务平台，实现生产动态和效益动态联网直报。

【国资国企改革改制】 2019年，宁武县工业和信息化局推进大运华盛能源集团公司改革改制工作。中介机构摸清家底出台尽职调查报告、资产清查报告和完善内部工作机制方案县委全面深化改革委员会批复，完成人事任命，召开职代会、集团公司董事会、监事会和集团下属子公司南沟、庄旺、老窑沟煤业公司董事会、监事会已组建完成。集团公司组建成立“山西宁武大运华盛能源集团煤炭运销有限公司——煤炭销售网上竞价平台”，把集团各子公司所生产原煤实现网上统一销售、统一管理。

【“三供一业”分离移交】 2019年，宁武县工业和信息化局推进太原铁路局宁武站、国网宁武供电公司、大同煤矿集团阳方口矿业有限责任公司“三供一业”移交和企业办市政、社会职能分离工作。在资金拨付方面，太原铁路局宁武火车站家属区“三供一业”补助资金供暖到位68.4万元，供水到位835.87万元。国网宁武供电公司家属区“三供一业”补助资金供暖到位65万元，供水到位资金23.02万元。阳方口矿业有限公司“三供一业”维修改造中央补助资金到位3341.4万元，全部拨付接收企业，接收企业把资金量30%拨付施工企业。阳方口矿业有限责任公司企业自筹资金应为4724.8万元，实际到位613.7万元，尚缺4111.1万元。在工程进展方面，阳方口煤矿家属区推进2253户维修改造，相关手续办理完成。其中，供电维修改造工程主网完成，入户线路按序铺设，完成投资1680万元；供暖维修改造工程完成一网、部分二网铺设，分户安装完成450户，完成投资1020万元，材料采购300万元；供水维修改造工程完成一网，铺设二网管线300米，完成投资800万元。物业维修改造工程，新增完成雨污管线铺设300米，完成投资445万元。施工工程量概算470万元。

【“僵尸企业”处置和国有企业退休人员社会化管理】 2019年，宁武县工业和信息化局关闭停产僵尸企业，推动资产变现，做好职工安置工作。年内，抓好汽运公司职工安置工作。完成资产摸底核查，制定安置工作方案，完善土地挂牌出让前期准备工作。一旦土地变现，就能启动职工安置工作。宁武县国有僵尸企业出清工作，完成28户企业调查摸底工作。宁武县国有企业退休人员社会化管理工作，调查摸底22户：央企5户、省企3户、县企14户。

【清理拖欠民营企业中小企业账款】 2019年，宁武县成立清理拖欠民营企业中小企业账款工作组，清欠办公室设在宁武县工业和信息化局，工业和信息化局协调县财政等部门制定清欠工作计划，按时把清欠台账上报市清欠办。截至2019年年底，经确认欠款总额6494.6万元，清偿4061.9万元，占欠款总额62.5%，超额完成清理欠款总额60%以上工作任务目标，10万元以下全部清理，消除零清偿主体。工业和信息化局发挥牵头协调作用，各有关单位通力合作，把宁武县确认所欠山西建投集团账款全部实现清零，其他签订还款计划书。

【民营企业转型升级】 2019年，宁武县工业和信息化局重点培育“小升规”企业2户，培育省级“专精特新”企业入库企业5户，其中申报山西高源薯业有限公司1户。帮助山西宝捷物流有限公司申报2020年省级小微企业创业创新基地。

（史昊宇）

能　源

【概况】 2019年3月，宁武县能源局挂牌成立，为行政机关单位。内设7个股室：综合办公室、稽查监督股、新能源股、煤炭股、劳动用工股、信息监测股、煤炭经营股。全局编制内人数为19人，党员为11人。下设3个事业单位，分别为能源技术服务中心、信息中心、网络数据中心。职能为负责全县能源行业管理；按照规定权限，负责初审、核准、审核能源固定资产投资项目，并负责组织项目竣工验收；牵头组织全县节能降耗工作，拟订年度工作计划并推动实施；负责石油、天然气等管道建设和保护；指导协调新能源、可再生能源、农村电网和农村能源发展工作；承担全县新能源和可再生能源行业安全监管职责以及县委、县人民政府交办其他任务等。

【节能降耗】 2019年，宁武县能源局督促企业从源头加强能耗管控管理，把节能审查作为控制消费总量重要手段，督促企业提高生产效率，降低加工转化能耗，节约用电，节约用煤，降低生产成本。加强清洁取暖工作，推广“煤改电”和“集中供热”工程，促进集中供暖、煤改电项目按计划实施。

【能源革命】 2019年，宁武县能源局抓好煤炭清洁高效开发利用，推动煤炭清洁高效开发利用，建设煤炭绿色开发利用基地。把能源革命长期战略与供给侧结构性改革重大任务有机结合起来，以法治思维、改革精神、创新办法扎实推进，力求在新起点上实现新突破。推进煤炭洗选行业产业升级。坚持“总量控制、减量置换、环保优先、市场淘汰”原则，淘汰落后过剩洗选产能，提高环保标准，提高洗选煤企业（厂）先进产能占比、装备水平，提高洗选企业规模化水平以及原煤入洗率，促进宁武县煤炭洗选行业产业升级，实现规范发展。

（任艳斌）

中小企业服务

【概况】 宁武县中小企业服务中心是宁武县政府成立的参公事业单位，承担着全县中小民营企业规划、协调、监督、服务职能。贯彻落实中央、省、市、县促进中小微企业和民营经济健康发展政策法规和决策部署，服务广大中小微企业，为推进宁武县中小微企业创业创新和民营经济转型升级发展做大量务实工作。

【宣传工作】 2019年，宁武县中小企业服务中心开展“送政策到企业”活动，到企业开展惠企政策宣传。收集整理国家和省市内现行小微企业优惠政策，汇编成册，设立政策咨询台，悬挂标语条幅，发放宣传资料，现场解读咨询，服务企业160家，参加人数350人。举办各类惠企政策宣贯活动15场，发放《中华人民共和国中小企业促进法》800册，发放其他资料700份，服务企业220家，参加人数300人。在阳方口镇阳方村农业产业园、豪德物流园区、刘家园移民产业园3处设立中小企业政策宣传栏，宣传省市扶持中小微企业、民营经济发展“三十条”政策。

【企业培育】 2019年，宁武县中小企业服务中心培育省级“专精特新”企业入库企业5户，完成申报1户（山西高源薯业有限责任公司）。完成“小升规”入库企业2户，山西力达机械有限公司、宁武县扶贫光伏电站管理有限公司。摸底、筛选全县中小企业，推荐山西高源薯业有限责任公司为宁武县第一家“山西省上市挂牌后备企业资源库”入库企业。

【中小微企业管理】 2019年，宁武县中小企业服务中心推荐宁武县西马坊原生态旅游开发服务有限公司、宁武县嘉和五金制品厂、宁武县九峰农产品加工合作社、宁武县三人行户外探险服务有限公司4家企业参加第二届全省中小企业服务对接活动。动员推荐上报2位民营企业家报名参加2019年清华大学山西省中小企业、民营企业董事长研修班。

【展会展览】 2019年，宁武县中小企业服务中心组织全县“专精特新”中小企业参加各种综合性、专业性、行业性展会，举行产品展示、项目推介，宣传典型经验、典型做法、企业文化和企业形象，加强宣传推介，搭建桥梁纽带，提升宁武县中小微企业产品品牌效应，提高企业知名度、产品广誉度、品牌影响力。

【脱贫攻坚】 2019年，宁武县中小企业服务中心驻村第一书记和扶贫工作队员在“精准”上下功夫，协助村“两委”在贫困户扶贫党建、动态调整、贫困户帮扶、扶贫项目实施、光伏收益分配、基础设施建设、农村人居环境整治等方面务实工作，为群众办实事、办好事、解难题，推动马驹沟村经济和社会发展，完成各项驻村工作任务。

（马志强）

经济技术园区管委会

【概况】 宁武经济技术园区管理委员会是根据《忻州市人民政府办公厅关于印发〈山西忻州经济开发区管理委员会主要职责内设机构和人员编制规定〉的通知》文件精神，创新开发区行政体制和运行机制而设立的，为县政府派出机构，事业正科建制。事业编制15名。管委会设4个内设机构，级别为正股级。分别为：综合办公室（党工委办公室）、招商引智部、财务融资部和建设国土安监环保部。园区占地面积32.7平方千米，按照“一区四园”进行总体规划，节能环保产业园（北园），规划面积2.5平方千米，北至县界，南至崞五公路，紧邻大水口村，西至明长城脚下，东至马脊梁。园区主要发展新能源、新材料等新能源节能环保产业。新型煤电化工循环产业园（东园），规划面积15.8平方千米，北至县界，南至三岔村南侧排水渠，西至北同蒲铁路，南岔煤矿及近期拟建的同煤电厂，东临薛家洼乡，园区主要发展煤炭开采、洗选，电力生产和供应，现代精细煤化工及其下游产业。新型煤电建材循环产业园（南园），规划面积9平方千米。北至石咀村南排水渠，南至污水处理厂，西至恢河东沿，东至规划路。园区主要发展煤炭采掘、洗选、电力、新型建材等相关产业。现代物流园（西园），规划面积5.4平方千米，园区主要发展仓储、运输、发运等现代物流业，规划的物流园包括扶贫农业产业园和新建的农业转型项目发展园。

【扶贫农业产业园】 园区位于宁武县阳方口镇阳方村，规划占地面积500亩，现开发用地450亩。基础设施建设项目，总投资5832.34万元，主要包括园区路网等“七通一平”工程、商务办公楼、污水处理站等配套工程。展示厅项目，总投资2320.44万元，主要包括建设展示厅1座和配套设施，计划2020年上半年建成。标准化厂房建设项目，总投资2286.34万元，主要建设4座标准化厂房及配套设施，2020年上半年建成。

项目建成1个。忻州神达宇隆真空包装脱水萝卜丝加工项目，总投资1600万元，占地18亩。建成生产车间700平方米、三层办公楼、化验室及员工宿舍食堂综合楼1100平方米。该公司主要进行脱水萝卜丝包装加工，流转土地种植400亩白萝卜，可解决阳方村40余人就业。

续建项目1个。阳方兴民合作社温室大棚观光农业项目，总投资2000万元，建设3幢温室大棚，占地15亩。种植黄瓜、西红柿、茄子、辣椒、豆角等反季节蔬菜。大棚纯收入40%用于阳方村贫困户分红，共安置贫困户31人就业，人均收入达到4200元。完成投资177万元。

在建项目5个。山西芦芽红沙棘原浆口服液生产项目，投资8000万元，占地60亩，主要引进沙棘原浆加工。投产后，年销售收入8000万元，实现利税1600万元，安置就业50余人。完成投资4000万元，厂房主体工程完工，设备定购，计划2020年上半年完工。宁武康佳燕麦深加工项目，投资4000万元，占地30亩，主要引进燕麦米加工。项目建成后，年总收入可达3000万元，全县种植燕麦收入按每千克3元计算，可达540万元，可脱贫1100人。项目完成投资3000万元，厂房主体工程开工建设，设备定购，计划2020年上半年完工。宁武县康仁药草中药材初加工项目，总投资2000万元，占地40亩。项目投产后，年产中药材500吨，中药饮片36个单品种500吨，可实现销售收入700万余元，实现利税100万余元，直接解决就业30余人。项目主体项目基本完工，计划2020年上半年投产。宁武县阳方脱水蔬菜加工项目，该项目投资1000万元，占地20亩。主要加工脱水蔬菜。项目建设投产后，年产脱水蔬菜1000吨，年可实现销售收入1500万元，实现利税约300万元，安置当地劳动力

120人就业，人均收入可达3万元。年内主体工程基本完成，计划2020年上半年投产。宁武高源薯业脱毒马铃薯加工项目，该项目投资1亿元，占地40亩。主要加工全粉马铃薯。项目建成投产后，年产马铃薯全粉300吨、马铃薯精淀粉300吨、粉丝200吨、粉条100吨及速冻薯条、薯片100吨，预计年可实现销售收入1000万余元，实现利税80万余元，可解决150人就业。间接推动全县加快建设5万亩脱毒马铃薯种植基地。项目完成厂地平整及规划设计。

拟建项目8个。宁武县华榕食用菌加工项目，投资3000万元，计划标准化厂房建成后租赁厂房生产；莜麦饼干生产项目，总投资1000万元，完成立项，计划标准化厂房建成后租赁厂房生产，仓储物流项目，总投资1.2亿元，完成立项，计划标准化厂房建成后租赁厂房生产，后期自建厂房。新大象生猪屠宰项目，计划总投资1亿元，按序进入土地平整和前期工作；百亿茶健康产业园建造项目，计划总投6000万元，占地60亩，项目完成立项。龙兴啤酒厂项目，计划总投资2000万元，占地32亩；食品加工厂项目，计划投资8000万元，占地20亩。技能培训基地，投资1000万元，占地10亩。

【转型项目发展园项目】 道路改扩建项目，计划投资600万元，立项手续办理中。入园项目：宁武县泽泰能源有限公司洗煤制砖一体化项目，项目总投资3000万元，建设生产规模为年入洗原煤180万吨，年产洗精煤144万吨，煤矸石制砖部分年产煤矸石砖5000万块，洗煤项目基本建成；宁武县海生再生物资有限公司年加工出路废旧轮胎10万吨项目，项目总投资300万元，一期工程3万吨，建设地址位于宁武县阳方口镇阳方村，项目规划占地约7亩，总建设面积4500平方米，完成项目主体工程。

【节能环保产业园项目】 园区科技路道路建设项目。建设里程为1.461千米。项目主体工程为路基、路面工程。项目预算总金额1363.0392万元，计划年内完工。入园项目：新大象生猪饲料厂项目，该项目总占地面积53亩，总投资1.8亿元，工程建成完工，进入试运行阶段。风机总装机项目，该项目总占地面积100亩，总投资3亿元，项目主体工程已完工，计划2020年上半年投入使用。拟建项目5个：年产80万吨环保型洁净煤生产线建设项目，总投资1.5亿元，已立项，前期开工手续办理中。煤矸石环保综合利用项目，计划总投资5亿元，与政府签订意向合作协议。3D定制装配式建筑生产等项目，计划总投资3亿元；煤基环保材料生产项目，计划总投资2.8亿元。中塑管材生产项目，计划总投资5000万元。

【新兴产业】 2019年，节能环保产业园新引进80万吨环保型洁净煤生产线建设、3D定制装配式建筑生产、煤矸石环保综合利用、煤基环保材料生产、中塑管材生产5个新能源项目。

【改革创新】 2019年，宁武县经济技术园区管委会制定《宁武经济技术园区管委会领导班子收入绩效管理办法（试行）》。工程项目发包探索试行市场化委托办理，农业园区展示厅和标准化厂房项目手续均采用此种方式，手续办理时间大大缩短，为项目建设赢得宝贵时间。探索市场化用人模式，根据园区建设发展需要，按照中共山西省委、山西省人民政府《关于开发区改革创新发展的若干意见》《山西省委组织部、山西省人力资源和社会保障厅、山西省财政厅关于深化开发区人事和薪酬制度改革实行“三化三制”的指导意见》等有关文件精神，起草上报园区市场化用人报告。

【招商引资】 农业园区在2018年入驻8个项目基础上，2019年先后引进大象生猪屠宰加工项目、物流配送项目、茶叶加工、啤酒加工等7个项目，农业园区入园项目达15个，投资强度达100万元/亩。节能环保产业园在原有2户企业基础上，新引进80万吨环保型洁净煤生产线建设、3D定制装配式建筑生产、煤矸石环保综合利用、煤基环保材料生产、中塑管材生产5个项目，入园项目7个，投资强度达200万元/亩。

（王　睿）

招商服务中心

【概况】 2019年，宁武县招商服务中心开展“两学一做”学习教育，召开内部民主生活会。组织参加多场博览会；对干部进行招商引资相关培训；分析新情况、解决新问题，结合当前招商引资相关政策和法规，制定工作方案；严格考察签约项目，督促其及早落地、尽快推进。畅通沟通渠道，对有意向投资当地企业注重其产业与当地环境承载力、经济发展状况相结合，把有能力、适合本地发展企业引进来。

【重点招商项目】 2019年，宁武县招商服务中心先后包装及引进重点招商项目有宁武县旅游特色一条街项目、宁化古城保护与开发项目、山西芦芽山天池滑雪旅游度假区项目、宁武县千亩食用菌生产及深加工项目、年产10万吨天然山泉水生产项目、宁武县涔山乡后山生态农业观光旅游项目、中塑管业管材生产项目、现代仓储物流中心建设项目、日用陶瓷生产项目、脱毒马铃薯高新技术产业园区项目、大石洞旅游综合服务项目。

【业务培训】 2019年，忻州市商务局组织全市招商服务中心相关人员举行招商引资业务培训，培训内容包括有关招商引资工作中政策法规、考核办法、基本做法、有关技巧、成功经验及应注意问题。对“13710”系统录入基本要求及技巧进行培训，确保监管落到实处。

【项目对接与沟通】 2019年，宁武县招商服务中心领导先后对接山西乾盛SPE制氢及加氢站项目、山西立港科技有限公司年产80万吨环保洁净煤项目及山西昊万宇能源生态工程有限公司、神达和凯希私人有限公司、东方龙公司、河北迎新玻璃有限公司、陕西杨凌鼎惠农业开发有限公司、中国冷链仓储物流有限公司、加拿大山西商会、河北科莱达集团、深圳华侨城集团、安徽省中开嘉华铁塔工程有限公司、颐高互联网科技有限公司、北京洁源新能源投资有限公司等20余家企业公司。

（亢世伟）

城镇集体工业联合社

【概况】 宁武县城镇集体工业联合社为参公事业单位（简称城联社），其职能是“指导、维护、监督、协调、服务”全县城镇集体工业企业，搞好资产运营，增强经济实力，强化服务功能，是政府与企业联系的桥梁和纽带。机关设办公室、人事劳资股、财务室，编制7人。现有28人，其中离休1人，退休21人，参公6人。城联社所属集体企业5户，在20世纪90年代相继停产关闭，共有职工282人，其中退休144人，下岗失业138人。化工厂于1996年宣告破产，有职工20人；五金厂于2001年宣告破产，有职工138人；印刷厂于1999年停产，有职工81人；综合厂于2000年停产，有职工23人；二轻经理部于2004年3月改制，有职工20人。

【职工安置】2019年，宁武县城镇集体工业联合社为6名机关自收自支人员落实养老保险、医疗保险待遇。把原县二轻局6名自收自支人员调整到县焦炭监控中心；审核申报低保户63户，特困职工救助46户，为企业下岗职工释疑解惑，化解矛盾、着力维护停产关闭企业困难职工的权益，维护社会稳定。

【脱贫攻坚】2019年，宁武县城镇集体工业联合社机关党员干部结对帮扶迭台寺唐家山村，驻村工作队驻村石洞沟村，一个单位帮扶两个村，两个村有建档立卡贫困户86户238人，帮扶责任村唐家山是整体移民村，驻村工作队和帮扶责任人进村动员、宣讲政策，使村民对移民搬迁政策得到理解、支持和配合，为全县攻坚脱贫做出应有贡献。

（李耀峰）

供　电

【概况】宁武供电公司隶属山西省电力公司忻州供电公司，承担着宁武县14个乡（镇）367个行政村16.7万人工农业生产和人民生活供电任务。根据“三集五大”体系机构设置规范，公司设7个科室：综合管理部、财资部、电力调控中心、运检部、营销部、乡镇供电所管理部、安质部；5个班组：调控运行班、综合服务班、市场班、营业班、变电运维班；1个多经部门：电建分公司；基层班组：10个供电所、2个城市班，主要担负着全县5.1万电力用户的安全供电任务。公司有员工221名，其中全民工80人，集体员工2人，50岁及以上10人，占比13%；40～49岁21人，占比26%；30～39岁21人，占比26%；29岁及以下30人，占比37%。众辉公司员工139人，50岁及以上48人，占比35%；40～49岁60人，占比43%；30～39岁31人，占比22%。2019年度公司资产总额为1.5亿元，售电量6.42亿千瓦时，用电客户51387户，总容量281027千伏安，其中：城镇营业户28063户，容量86052千伏安；农村用电营业户23313户，容量48331.8千伏安。

【经济技术指标完成情况】2019年，宁武县供电公司销售收入1.17亿元，完成率100%。固定费用开支700万元，完成率100%，完成忻州市公司下达费用指标。全年，公司综合线损指标率完成2.23%，同比升高0.06%。平均电价495.22元/千千瓦时，同比降低22.82元/千千瓦时。电费回收35616.79万元，回收率100%。城网农网综合电压合格率99.9982%，用户供电可靠率99.7892%。

【农电管理】2019年，宁武县供电公司把安全教育培训工作作为提高生产作业人员安全防护意识、安全管理水平的重要途径和手段。根据国家有关法律法规、行业标准，收集制作《10KV架空线路常见故障及其快速查找方法》《工作票“三种人”与技术规范培训教材》《作业现场安全管理知识》《接地故障判断与处理》等20多种各类安全生产培训教材。组织农电基层供电所开展“安规”“两票”“配网可视化平台应用”“配网自动化”等各类培训、考试，到各生产班组开展触电急救、安全通报集中培训、学习，全年基层员工各类培训累计近30次，参培率100%。着力健全全方位安全教育培训体系，提升基层一线安全生产人员安全知识、业务水平和安全意识。为促进人才队伍建设落地实施，全面提升青年员工技术技能水平，培养“一专多能”型人才，有效缓解县公司技能人才紧缺现状。按照《国网忻州供电公司2019—2023年人才发展规划》总体思路，安排4名青年员工参加市公司组织青年员工专业轮训。为提高供电所综合水平，2019年任命青年员工丁鹏担任化北屯供电所所长。丁鹏在任职期间，响应国家扶贫政策，投身于脱贫战线。

【绩效管理】 2019年，宁武县供电公司对“安全生产、经营管理、设备管理、优质服务、综合管理”等各项工作“软、硬”性指标分解，实施重业绩、强激励、硬约束原则。通过客观、公正、公开、科学评价，全面改善公司电网设备运行水平、促进优质服务能力，提升各项经营指标。制定供电所（班）绩效考核方案，根据实际工作岗位特性，侧重基层一线职工绩效奖励，打破工资、绩效奖金平均分配传统，本着责、权、利统一原则，充分调动基层班组人员积极性、主动性。

【安全生产】 2019年，宁武县供电公司坚持“生命至上、安全第一”方针，强化月计划、周安排、日管控，保持安全稳定良好局面。压实安全生产责任，完成部门、班组安全生产目标责任书21份、生产作业现场“十不干”知晓书、“四不伤害”保证书签订96份。编制发布全员安全责任清单并组织学习。修订完善总体及专项应急预案25项。严格现场安全管控，开展“安全大检查活动”，到一线班所与作业现场检查安全工作，加强安全管控，全年开展作业现场纠察90余次，纠正各类管理性、作业性、装置性违章75处，发现并组织消除一般安全隐患13处，在生产任务电网建设异常繁重情况下，实现作业平稳有序。狠抓隐患排查治理，提升供电可靠性，以“除隐患、降掉闸、防触电”专项行动为抓手，重点开展“三跨”、穿林区线路整治等工作，解决电网设备隐患，攻坚21条故障率较高10千伏配网线路进行自动化改造，配网自动化故障切除率达95%以上。集中整治5条10千伏老旧线路故障频发问题，进行路径切改1.52千米。大力开展“六防”工作，针对旅游区等人群聚集区域台区实施安全防护，及时处理人身、电网安全隐患问题。截至2019年年底，配电网掉闸同比降低28.5%，报修同比降低12.5%。加强电网保障能力，按时完成全县各项扶贫移民房电网配套建设，圆满完成全县各类重要会议、中高考、二青会、新中国成立70周年等重大保电任务，安全生产纪录实现8026天，创历史新高。

【电网建设】 2019年，宁武县供电公司配网规划与落地推向深入，开展“三年夯基”电网规划建设，做深“三个阶段”、严把“六道程序”，利用市公司集中规划，选派熟悉宁武电网骨干力量全程参与，电网规划工作高质量完成，完成县政府规划备案。属地协调稳步推进，沟通县、乡两级政府和村委会，建立协调机制，重点解决属地协调问题，陕西锦界府谷电厂送出500千伏输变电工程在宁武县境内取得阶段性成果。完成电网改造，2019年公司涉及4项农网改造工程，10千伏及0.4千伏线路新建、改造40千米，配变安装31台，容量3800千伏安，面对施工地理条件差、施工难度大等因素，公司统筹安排，齐抓共管，攻坚克难，全力推进，电网建设任务圆满完成。

【电网设备】 2019年，宁武县境内有220千伏变电站1座，为220千伏凤凰变电站；110千伏变电站3座，分别为：110千伏宁武变电站、110千伏东寨变电站、110千伏薛家洼变电站，均由运行二工区运行维护。维护运行设备有：35千伏变电站2座（化北屯变电站、梅家庄变电站），主变4台（24.3兆伏安），35千伏线路4条共67.23千米，10千伏线路33条共1166.75千米，配变835台（81.61兆伏安），低压线路1047.3千米。用户设备10千伏线路19条共181.21千米，配变709台，容量 11.99 兆伏安，全年日最大负荷 124.64 兆瓦，煤矿、洗煤等用户负荷占比 75.2%，其他用户负荷占比 24.8%。

【资产及财务管理】 2019 年，宁武县供电公司开展“供电公司和乡镇供电所管理提升”工作，公司重落实、严整改、勤总结、善创新，通过查、改、提、评等方式，重点从安全管理、运维检修、营销服务、人力资源、供电质量、物资供应、电网建设等方面开展工作，编制下发《国网宁武县供电公司管理提升工程实施细则》，包括人力资源管理、财务管理、物资管理、电网规划及计划管理、电网建设管理、电网调控管理、运维检修管理、营销服务管理、安全管理、党建和企业文化建设、信息通信管理、农电专项工作等 12 个子细则，明确总体工作指导思想、目标、管理提升内容、时间进度安排、工作要求及各专业提升重点等。组织各部门、班组、供电所分口对 104 项规范性指标分解细化、责任到人，高效完成指标任务。把2019年作为“法律风险管控提升年”，制定年度法律风险管控计划。加强依法依规治企力度，从基础管理入手，促进全员学法、懂法、守法。贯彻国网公司通用制度，推动制度标准一体化建设。组织宣传各类依法治企学习资料，重点对依法治企十项典型违规事例学习和分析。加强思想道德作风纪律建设，开展社会公德教育，从公司、部门、班组、员工各个层面查找问题，并由公司党总支督促整改落实。加强供电服务秩序管理工作，认真落实“三个十条”，开展客户满意度调查专项活动。全面建立危机防控机制，针对供电所、营业厅等一线服务窗口，制定行之有效快速反应机制，把行风服务事件消除在萌芽状态。严格落实各级管理责任制，强化行业自律意识，建设严明工作作风，杜绝违规违纪服务行为发生；严格把握财务关口，执行相关法律、法规及规章制度，夯实会计基础工作，加强业务预算和月度现金流管控。每月定期动态跟踪各项月度资金流量执行情况，完成全年上报审核，执行总控和分析工作。明确预算编制、执行、考核环节等关键控制点，借助办公自动化管控系统进行年度有效管理，实现现金流精细化管理，财务管理指标完成率 100%。

【电力市场】 2019 年，宁武县供电公司坚持以客户为中心，结合户户大走访专项活动，全面推进漠视侵害群体利益问题专项整治工作，走访用户 47840 户，走访率 92%，全方位提升电力用户获得感，在国家能源局检查中深受好评。理顺业扩流程，缩短低压居民、非居民、高压用电客户报装时间，打造“六最”办电营商环境。持续推进“互联网+”营销服务，推广微信公众号、掌上电力 App 等智能缴费渠道，居民缴费实现“一次都不用跑”。服务清洁能源发展，开展清洁能源主题活动，完成乡镇及卫生院煤改电改造和电采暖接收项目，累计惠及全县 52 户集体单位及居民。服务地方经济发展，配合地方政府“铁腕治污”专项行动，整治企业环境污染问题。开展“问需求　送服务　全力助推经济转型发展”专项活动，摸底 2019 年全县重点项目，完成阳方口农业园区、开源公司、阳方口大象屠宰场等 5 项配电工程建设并竣工送电。积极助推脱贫攻坚，定点帮扶巩固提升持续发力，全年国网商城消费、结对帮扶、公司扶贫慰问物资资金累计近 4 万元，履行社会责任，开展村容村貌提升工程，结合乡村整体规划对供电线路升级改造，保障葱沟村脱贫巩固提升工作，在省级脱贫验收检查中顺利通过。全力服务光伏扶贫，做好并网发电 98 座村级光伏扶贫电站运维及结算工作，累计结算光伏上网电费 4026.04 万元，发放补贴5088.74万元，结算率100%。公司积极服务政府重点项目，推进工作中尽责担当，主动作为，得到县委、县政府充分肯定。

【营销情况】 2019年，宁武县供电公司针对高损台区制定分压分线分台区考核措施，把指标任务与供电所长、台区负责人绩效挂钩，按月制定降损目标，按周点评，按日通报，月度绩效工资兑现。组织营销稽查人员排查高损、异常台区，开展打击窃电专项行动，用电秩序明显好转，台区线损指标合格率保持在97%以上，提升11个百分点。专变用户、企业大用户严格监督监控，有效防范电费回收风险，堵漏增收854万元。建立营销、运检、调控联动机制，开展PMS数据整改工作，实现PMS台账与现场实物一致率、图数一致率和营配调对应一致率“三个100%”，营配贯通数据一致性长期保持全市前列。强化采集运维管理，提高采集工作水平，经营范围内公专变实现全采集、全覆盖，公变采集率达99.91%，专变采集率达99.94%。以指标考核为抓手，严格落实各级责任，制定考核办法，加大奖惩力度，严格规范管理。编发宁武公司《同期线损指标提升方案》，落实到具体责任人。抓短板指标，以同期线损为重点，通过强化光伏电站台区监测，逐台区排查现场表计接线，基础档案等问题，确保新增档案与现场“零偏差”。筛查整改存量档案，开展“线—变”关系核查工作，确保配电线路“线—变”关系准确。通过一系列措施同期线损提升12.066个百分点，全年在市公司排名位居第四。公司针对投诉短板指标，以公司“转观念、优服务、提能力、抓落实”为主线，就2019年以来投诉集中居多情况逐件反思分析，营销部组织专人到各供电所召开反思分析会，切实提升员工综合业务能力和优质服务水平；针对投诉敏感用户进行重点划分归类，从中制定有效降低投诉管控举措，通过“95598”系统，梳理意见单、投诉单，对重复拨打“95598”的用户实行上门走访，发放服务卡片建立“零距离”服务，提升客户满意率；加强服务宣传，针对节假日期间，返乡人员多、外来游客多情况，台区负责人上门走访，掌握信息，发放便民服务卡片与辖区供电所报修服务电话，实行降投诉与月度绩效考核挂钩，做到奖惩兑现分明，确保短板指标显著提升。公司业绩考核排市第八名。

【科技成果】 宁武县供电公司重视科技创新工作，营造全员创新氛围，不断培养公司员工的质量管理意识，提升公司员工的质量创新能力。2018年成立QC小组——“宁心聚力”QC小组，重点围绕以开展质量管理创新活动为载体，推进短板指标创新成果，有效提高公司光伏台区同期线损达标率，促进公司同业对标相关指标排名晋位，2019年在山西省质量管理小组活动和市公司营销竞赛中，宁武公司营销业务竞赛荣获第一名、“宁心聚力”QC小组获山西省质量管理三等奖。

【队伍建设】 2019年，宁武县供电公司树牢“四个意识”、坚定“四个自信”、坚决做到“两个维护”，不断增强贯彻落实公司决策部署坚定性。各级领导干部要成为本部门、本单位政治素质、技术能力、业务水平最高指挥员，主动开阔思路，使自身能力素质跟上公司改革发展需要。在重点工作中考察人才，在破解难题中发现人才，在急难险重任务中识别人才，在干事创业中表现、口碑、成效作为选拔任用依据，培养出一批综合素质高队伍力量。

【党建工作】 2019年，宁武县供电公司坚持以习近平新时代中国特色社会主义思想武装头脑，利用“宁电大讲堂”“学习强国”等平台组织学习。开展“不忘初心、牢记使命·书记开讲”微党课活动，采取视频、面对面等形式对习近平新时代中国特色社会主义思想宣讲5次。组织“不忘初心、牢记使命”主题教育理论知识测试。开展党总支标准化建设工作，健全完善《党总支议事规则》，严格落实党总支七项组织生活制度。实施基层“亮旗塑队伍”活动，创新青年人才培养机制。通过“党员+工匠”精神，“亮旗一线　岗位创新”，开辟《亮旗风采》专栏，用先进典型和优秀榜样来激励广大职工群众，受到县委和市公司党委表彰和认可。

（李培文）

企业选介

·山西宁武大运华盛能源集团有限公司·

【概况】 山西宁武大运华盛能源集团有限公司是宁武县唯一地方煤炭集团主体企业，企业性质为国有独资企业。下辖山西宁武大运华盛南沟、庄旺、老窑沟、德盛、张家沟煤业有限公司5座煤矿企业，下属山西宁武大运华盛益兴新型建材有限公司、宁武县能源职工安全培训中心（有限公司）、宁武县凤鸣基础建设有限公司、山西宁武大运华盛能源集团煤炭运销有限公司、山西大运华盛文旅发展有限公司5个全资子公司。5座煤矿总井田面积27.596平方千米、煤炭资源总储量64777万吨、生产总规模630万吨/年，5座矿井全部列入安全高效矿井。全集团拥有资产约45亿元人民币，拥有职工3000余人。2019年，公司坚持“依法办企、安全立企、从严治企、科技强企、人才兴企、转型活企”办企方针，按照山西省办矿“六大标准”发展新模式及现代企业制度建设矿井、经营企业，为宁武经济发展和社会就业做出贡献，矿井从2009年兼并重组以来在集团公司领导下，各煤业公司生产建设、安全监察、经营管理发生前所未有的历史性变化。主体企业曾荣获“全国五一劳动奖状”“全国模范劳动关系和谐企业”“全国‘安康杯’优胜奖”等50余项国家、省、市荣誉。

【经济指标完成情况】 2019年，山西宁武大运华盛能源集团有限公司原煤产量444.16万吨，占年计划562.7万吨79%，是上年565.9万吨的78.49%。原煤销售452.7万吨，占年计划506.39万吨的89.4%，是上年582万吨的78%。销售收入10.93亿元，占年计划13亿元的84%，是上年14.2亿元的77%。税费2.34亿元，占年计划3.11亿元的75%，是上年3.88亿元的60%。实现利润总额2187万元，占年计划3.3亿元的7%，是上年3.02亿元的7%。益兴新型建材有限公司实际完成生产标准砖3844万块，占计划的64%；完成销售4506万块，占计划销售量93.87%；完成销售收入1286.56万元，占计划91.13%；税费98.9万元，占计划37.04%；实现利润亏损总额197.24万元，出现严重亏损（–0.037元/块）。宁武县能源职工培训中心实际培训5217人，总收入214.6万元，占年计划160.58%；税费21.09万元，占年计划312.41%；利润总额189.31万元。

【安全生产】 2019年，山西宁武大运华盛能源集团有限公司推进标准化动态达标、安全“体检”自检自改、安全专项检查、风险管控和隐患排查等工作。12月4日，忻州煤矿安全监察站法治宣讲到公司，组织观看警示教育片《违章可丧生》，聆听《安全生产违法行为的刑事责任追究》专题讲座。创新安全思路，改变格式化检查方式，直奔各煤业公司作业现场检查，排查各类问题，重拳出击、重处重罚跟班不到位、管理不到位、现场管理不到位等行为，查处相关责任人员129人，处罚款项28.4万元。用“制度管人、流程管事”，制定地质灾害普查、井下劳动组织定员制度，重新完善安全生产标准化动态达标与常态化监管检查、隐患排查管理等5个考核办法和煤矿“反三违”考核办法。增加各级安全管理人员安全规矩意识和大局意识。通过严格考核和严肃问责，实现事故问责向隐患问责转变、事后处罚向事前防范转变。强化安全检查、隐患排查和安全“体检”，采用“四不两直”方式到各公司突击检查，全方位、全覆盖、全系统排查。全年，集团公司组织开展安全监管检查和隐患排查101次，检查出问题隐患1918条，经过各公司整改，基本闭合，整改率99.8%。转化总结成果，对照排查标准查隐患、对照整改方案查漏洞、对照整改时限查进度、整改措施查执行、复查验收查落实，提升隐患整改率，真正解决隐患“查”而不“排”问题，重点做好反“三违”、重大灾害防治、隐患排查、风险管控等工作，做好成果转化，提高检查效率。配齐配足安全管理人员，成立新的安委会，确定五矿一厂挂牌责任人、制定领导24小时值班值守制度。

【安全培训】 2019年，山西宁武大运华盛能源集团有限公司聘请专家讲师承办9场“安全心理学”培训讲座，结合“6·19”事故从思想深处提高安全与培训重要性，达到预期效果。集团选派21人参加省市举办的安管人员取证培训、煤矿防治水技术人员能力强化培训。集团组织各子公司副总工程师、科长、财务总监与会计人员考试。组织各公司领导、劳资人员《劳动用工法律风险》培训。组织各公司劳动用工节后复产考试共计1987人。全年完成各类培训人员共计5217人。其中，从业人员培训（再培训）31期，培训3538人；煤矿特种作业人员培训10期，培训826人；煤矿班组长培训6期，培训266人；特种作业人员素质提升培训5期，培训455人；瓦斯等级鉴定培训2期，培训42人；煤矿防爆检查员培训1期，培训33人。

【专项检查】 2019年，山西宁武大运华盛能源集团有限公司突出“抓关键、补短板、强弱项、‘反三违’、转作风”。解决安全生产过程中的事故易发点，管理薄弱点，抓好制度建设，用动态管控手段，加强现场管理，转变领导干部工作作风，增强自觉抵制“三违”行为和履职尽责能力。“反三违”专项行动做到全覆盖、无缝隙、零死角，实现“零三违、零事故”目标，“反三违”考核625人，罚款5.03万元。开展“一通三防”专项检查，增强“红线意识”，强化“底线思维”，防范和遏制煤矿“一通三防”事故。开展安全大检查及隐患排查工作，成立以集团安全副总经理为组长的安全生产大检查领导组，统一组织专业部门、专业技术骨干，制定检查方案，搜索式安全体检各煤业公司。加强顶板技术和现场管理，优化支护设计，顶板在线监测系统监管。检修和维护机电运输设备安全运行。

【企业改革】 2019年，集团公司通过政府公开招投标程序，选聘省内四家中介专业机构（会计师、评估师、税务师、律师事务所）组成改革工作联合体，负责改革全过程和全部工作。中勤万信会计师事务所清查宁武县大运华盛煤矿及石湖一坑、石湖二坑、老窑沟坑联营期间财务资产运行情况，清算资源整合后庄旺、南沟、老窑沟、张家沟、德盛5个煤业公司2010年至2017年6月底资产运行状况。山西真诚资产评估有限公司清查、评估集团及下属5个煤业公司2013年至2017年6月30日资产实物情况。山西信和税务师事务所有限公司税务清算集团及下属5个煤业公司2013年至2017年6月30日期间经济业务运行情况。上海市锦天城（太原）律师事务所牵头并组织其他三家中介机构资产清查；调查大运华盛煤矿到钜盛集团之间产生的业务状况；结合会计师、评估师、税务师事务所出具的尽职调查报告，出具综合报告，制定完善内部机制实施方案，为大运华盛集团公司法人治理结构提供翔实依据，厘清股权、产权，明确股东的权利和义务。按照县政府批准《关于山西钜盛能源集团有限公司完善内部机制项目实施方案的批复》，集团公司组织五家煤业公司依照法定程序召开股东会、董事会、监事会。修订新的公司章程和议事规定，明确各级机构权利、义务和职责，按现代企业管理模式运行，完善法人治理结构。

【经营管理】 2019年，集团公司完善公司内部治理工作，实现现代企业制度管理，健全安全生产经营管理制度，加强集团监管管理子公司运营合法合规，确保国有资产保值增值。借鉴省内外集团化煤炭销售管理先进经验，成立山西宁武大运华盛能源集团煤炭运销有限公司，建立煤炭运销公开竞价销售（电子商务）服务平台，利用电子商务（互联网＋煤炭交易）高效性，规范各煤业公司煤炭销售阳光操作运行，实现销售客户全国化、销售方式多样化、销售渠道畅通化、销售利润最大化。11月至12月试运行，平台注册客户有80户，发布公告71次，挂包142次，中标135次，签订合同134份。各煤业公司通过网上竞价、销售原煤103.9万吨，销售涨幅平均2.1元/吨，竞价收益218万元。集团组织协商煤业公司与益兴建材公司签订矸石处理（付费）协议，保证益兴建材公司原料就近供应，节省原料成本。派工作组到益兴建材公司整顿、清产核资和相应的审计工作。经集团党委会、董事会研究决定转变经营模式，把块砖的安全、生产、销售从2020年1月1日起对外承包，集团收每年260万元承包费。凤鸣基础建设有限公司改变单一经营模式，承接宁武火车站和供电公司家属区供暖维修改造工程，同煤阳方口矿业有限责任公司供暖、物业改造工程，老窑沟煤业公司的物业管理，实现公司多元化发展，解决富余职工再就业工作。转变经营模式，集团公司把职工上下班接送、物业管理、取暖和食堂委托第三方经营，分别与宁武县公交公司、忻州安盛物业管理有限责任公司、山西国和物资有限公司、宁武县芙蓉餐饮有限公司签订合同或协议，服务公司各项管理。合法合规处置固定资产，处置安全隐患大、使用年限长的闲置车辆报县工信局审批，经山西天晨资产评估有限公司评估，通过相关程序进入平台销售。降低成本，节约开支，实现国有资产优化。

【技术引进】 2019年，山西宁武大运华盛能源集团有限公司聘请北京天地科技有限公司技术团队到集团公司开展现有巷道支护评估与论证、巷道围岩地质力学参数测试、巷道支护材料力学性能试验研究及示范巷道专项设计等工作。进行技术指导与培训、支护材料及其配件优化选型、进行支护方案设计；与山西天成元矿山安全技术咨询有限公司签订长期技术服务协议，建立技术合作关系、提供技术业务支撑，与集团公司生产部门安全检查、隐患排查各煤业公司等工作，为各煤业公司提供优化方案设计、技术咨询、安全生产标准化动态达标等专业性要求较高工作。

【调度信息中心升级改造】 2019年，集团公司投资200余万元升级改造集团调度信息中心机房和执法系统，整合动力设备监控、环境视频监测、消防安全防范、门禁系统、网络设备监测、机房空调等功能模块，为信息系统核心设备安全运行提供保障。全方位管理系统模块化设计、IP网络传输等各项设备进行，实时监控各种设备工作状态和参数，并可诊断设备部件情况，发现异常情况会自动报警，具有联动功能，确保系统可靠运行，降低调度信息中心维护使用成本，实现科学管理。

【环保生态工作】2019年，集团公司加大环保资金投入，强化矿井废水、生活污水处理、达标排放及回收利用；淘汰落后生产工艺及设备设施，使用高效清洁能源，加快不合格燃煤锅炉淘汰与升级。集团公司投资124万元与山西国和物资有限公司签订服务协议，安装天然气蒸汽锅炉2台、60立方米储气罐1座，保证集团取暖需求，减轻对大气污染。投资284.5万元建设处理能力为10立方米/小时污水处理站1座，10月，按序议标，11月开工建设，完成彩钢房及基础建设和设备安装，预计2020年5月份投入使用。各煤业公司废水处置与综合利用率全部达标，污水处理采用国内领先技术和工艺，矿井废水处理回用井下，生活污水处理全部回用。绿色采选技术工艺装备先进，环境管理与监测有效运转。按照上级部门环评要求，集团公司排查、严防灾害、消除隐患、保护生态、美化环境，做好地质灾害、生态环境恢复治理，采煤沉陷区恢复治理工作，煤矸石排放及相应系列工作。南沟、庄旺、老窑沟三公司总投资6000余万元，完成地面储煤棚工程，全部实现分区管理，矿容矿貌得到改善。推进5个煤业公司绿色矿山建设方案，完成编制、评审批复，为开工建设做好准备。按照《矿山生态环境恢复治理方案》要求，集团及各煤业公司投资2亿多元对采空区、沉陷区综合治理。投资6000余万元进行土地复垦。移民安置老窑沟公司沉陷区居住人员。绿化各公司工业场地、道路及周围山坡，种植各类果树，绿化覆盖率高，实现人文绿化与自然环境协调发展。

【综合管理】2019年，山西宁武大运华盛能源集团有限公司按山西省劳动用工“发布用工信息、全员培训、签订劳动合同并备案、缴纳社会保险、从业人员年检”五统一管理办法，制定《山西宁武大运华盛能源集团有限公司关于规范劳动用工管理的实施方案》，全集团有2381人完成劳动用工备案和相关工作。制定《山西宁武大运华盛能源集团有限公司“三定”实施方案》，设置9个部门，下设25个科室，明确部门、科室工作职责和安全职责，部门与科室设置涵盖采、掘、机、运、通、地测防治水、调度、职业卫生、环保、安全等专业83个岗位。各煤业公司依据方案设置和岗位配置部门人员；制定《山西宁武大运华盛能源集团有限公司干部任用管理办法》，通过考察、考试、考核等程序，确定人员对应职务和岗位。考察和考核各煤业公司19名副总工程师任职资格，任命符合任职条件的副总工程师12名，免职考试不合格人员7名。根据《山西宁武大运华盛能源集团干部职工内部退养实施方案》，与28名符合内退条件的干部职工签订内退协议，正式办理退休手续4人，解除4名临时工劳动关系，提高劳动效率，实现降本增效。截至2019年年底，解决原七厘洼煤矿破产后职工遗留问题，与人社局保险所核算出欠缴养老金金额，涉及177人，欠缴社保金（单位部分）370万元、滞纳金346万元，并向上级人社部门寻求解决滞纳金的免缴事宜。编制《山西宁武大运华盛能源集团有限公司薪酬管理制度》

《山西宁武大运华盛能源集团有限公司员工岗位定级晋级考核办法》，兑现职工工资9542万元，按时足额提缴各项社保保险3617万元，发放烤火费、伙食补助及劳保福利318.4万元。发放职工安全劳动保护用品。按国家规定享受婚、丧、产假及护理假、职工病假等待遇。申报13名中级工程师评审资料，上报94名助理工程师资料，助推人才计划。

【社会综合治理】 2019年，山西宁武大运华盛能源集团有限公司建立“党政工齐抓共管、全员上阵联防防控”管理体系，实现群防群抓群管。严格火工品管理，打击火工品盗窃行为和寻衅滋事行为。关注外来务工人员和暂住流动人口管理，把好政审关、体检关、培训关，预防犯罪现象发生。畅通员工下情上达渠道，变上访为下访，通过入户走访、座谈交流、班前谈心等方式协调干群关系。打击私挖乱采违法行为，维护井田范围不受破坏。通过点线面、干群警联防联治为集团安全发展创造和谐稳定环境。

【精准扶贫】 2019年，集团公司选派第一书记、组建工作队到西马坊乡和怀道乡上官庄、黄松沟、谢家坪、圪洞沟4个贫困村开展精准扶贫。按照县委、县政府要求，向县扶贫中心捐赠专项扶贫款1000万元；为合作社和养殖农户解决贫困村发展基础设施建设和产业项目建设资金短缺困难，累计出资120万元；为谢家坪、黄松沟、上官庄3村村级组织活动场所安装取暖设施；开展“送温暖、献爱心”慰问活动，出资6.7万元为4个贫困村送去白面、大米、食用油和小米；支持消费扶贫，通过宁武县电子商务中心购买农副产品，鼓励职工购买农户土特产，拓宽创收渠道；适当救济家庭不宽裕有大病、子女多的困难户，帮扶考上大学的困难学子。组织全体帮扶人员及村“两委”干部召开座谈会，共商扶贫大计。针对养殖业成本大，销售渠道不畅通、盈利少，当地资源利用不高，土地荒废严重等问题，集团公司提出解决建议：由村“两委”牵头，外联供货商签订长期供货合同，集中购货；利用荒芜土地，大量种植草料，就地转化，解决饲料源，降低成本。利用网络、报纸、微信等媒介宣传，公开竞价销售，解决销售渠道不畅通问题，增加销售收入。拓宽扶贫思路，发展扶贫产业。利用当地丰富砂石资源，因地制宜建立砂石厂，解决当地村民就业问题，增加村民经济收入。收集大量牛粪，简单加工，装袋出售，增收创利。

【组织建设】 2019年，集团公司开展“不忘初心、牢记使命”主题教育，学习贯彻中共十九届四中全会精神，坚持党委中心组集中学习活动，加强党员干部理想信念、思想政治教育，提升党员干部业务素质和思想素质；召开专题民主生活会，开展批评与自我批评，达到扯袖揪耳、红脸出汗效果。抓“三会一课”制度落实。把组织建设贯穿到生产经营全过程，引导党员发挥表率作用，遵守党的政治纪律，增强组织观念，服从组织决定。严把党员“入口关”，把政治素质好、业务能力强、工作认真负责的优秀职工作为重点培养对象，加入到党的队伍中。落实党委主体责任和纪委监督责任。把党风廉政建设工作纳入企业安全生产和党的建设整体布局中，认真贯彻《中国共产党廉洁自律准则》各项规定，党委书记真正担负起“第一责任人”的政治责任。履行“一岗双责”，根据班子成员分工，把党风廉政建设和安全业务工作结合起来。贯彻“五抓五看”要求，严格落实主要负责人述职述廉述党建制度。出台《关于坚决制止党员领导干部大办婚丧喜庆的通知》并印发到各公司。12月21日，集团公司召开中共山西宁武大运华盛能源集团有限公司委员会第一次党员大会，依据法定程序选举产生大运华盛能源集团新一届党委会和第一届纪律检查委员会，把党建工作纳入公司章程，明确党组织在法人治理结构中的法定地位。在集团党委会领导下，纪检委全面履行纪检监察工作职责，健全权力运行制约监督机制，监督企业领导干部。

【工会工作】 2019 年 12 月 14 日，集团公司召开第一次职工代表大会、选举产生职工董事和职工监事，参与企业组织领导工作；并表决通过《山西宁武大运华盛能源集团有限公司"三定"方案》《山西宁武大运华盛能源集团有限公司关于干部职工内部退养实施方案》。

【企业文化建设】 2019 年，集团公司党委办牵头，利用每周六集体学习时间，让全体员工学习国家政策法规、上级文件精神、企业规章制度等，进行社会主义核心价值观、人生观、世界观教育，举办思想政治、职业道德、家庭美德提升讲座。工会精心组织，全体干部职工参与，举办庆国庆朗诵会和迎新年文艺晚会，共同联欢、共度佳节、共同祝福，营造活泼向上、和谐昂扬的生活和工作氛围，活跃职工文化生活，激发职工爱岗敬业、不忘初心、牢记使命工作热情。

（蒯志鹏）

·潞宁煤业有限责任公司·

【概况】 2019 年，潞宁煤业有限责任公司贯彻落实中央、省委和集团党委决策部署，团结带领全体党员和广大干部职工，围绕公司"13355"发展规划，推进减量重组、防控三大风险，加速项目建设、推动结构调整，实施保护区调整、加速产能核增，党的领导核心和政治核心作用充分发挥，为推进潞宁煤业有限责任公司可持续发展提供政治保证和精神动力。山西潞安集团潞宁煤业有限责任公司等 9 家企业被中国安全生产协会命名为"2019 年全国安全文化建设示范企业"。

【经营管理】 2019 年，潞宁煤业有限责任公司潞宁 3 号煤配采项目竣工投产，薄厚煤层搭配开采新格局全面形成；孟家窑大倾角特厚煤层综放开采，单面最高月产突破 22 万吨。公司坚硬顶板中厚煤层一次采全高集约高效开采、大倾角厚煤层综采放顶煤安全高效开采、坚硬顶板薄煤层综合机械化效益开采的示范初步实现，煤炭生产水平不断增强；潞宁自然保护区调整前期科考顺利启动。4 月 29 日，忻州市与省林草局就保护区整合优化进行了专题沟通。重启孟家窑 300 万吨产能核增手续办理。忻峪技术改造矿建一期工程完成 80%。以潞宁、忻峪为主体，分别重组大木厂、大汉沟等五座矿井减量重组方案获批。静安复工建设进入前期筹备阶段，4 月 25 日，成功举行矿井"五大员"竞聘面试。忻岭 110 千伏变电站复建工程进展顺利，6 月底，全面并网供电；润和商贸洗煤厂 180 万吨 / 年技术改造完成，煤炭洗选能力升级。锚杆厂紧贴矿井地质条件和生产工艺，开发 4 大类、20 个规格支护产品，通过国家矿用产品安标认证。全年，完成销售收入 3.42 亿元，实现利润 1400 万余元。

【深化改革】 2019 年，潞宁煤业公司党委推进区域协同发展，融合孟家窑、忻峪管理，2019 年商品煤同比增加 101.5 万吨，增收 5.07 亿元。完善以董事会为核心的法人治理结构，忻峪煤业通过股权转让，获取首期技改资金 5000 万元。孟家窑"分公司管理"变更和"以增量、促减亏"工作全面启动。静乐博恒地产项目转让方案获得集团董事会批准；完成忻峪煤业、润和商贸经理层管理人员聘任。开展工程技术人员交叉挂职和岗位交流，参加集团首批“外挂”锻炼2名，优秀大学生“内挂”交流13名，业务骨干被选聘到副主任、分工会主席岗位6名，取得煤炭行业特有工种技师资格5名；完成“党管培训”业务划转，员工教育培训实现“管培分离”。审计工作单列运行，内控监督体系完善。办公用品全部实现“苏宁易购”平台采购，网络集中采购模式基本形成。严控超预算支出和非生产性支出，潞宁、孟家窑吨煤成本分别下降6.3%和6.88%。动态监控煤炭、钢铁、物流市场，深化“矿、站、路、户”合作，新型一体化营销格局初步形成；潞宁孤岛工作面矿山压力显现规律及其围岩稳定性研究，承压变形巷道超强墩柱支护修复技术的应用，为薄煤层工作面大面积悬顶、孤岛工作面顶板管理和严重变形巷道修复提供技术支持和生产实践。6个职工创新工作室全年申请发明专利3项，4项革新成果、4个QC小组分别受到集团表彰。

【风险防范】 2019年，潞宁煤业有限责任公司制定《资金管理十条措施》《法律风险防控管理办法》，建立资金归集度考核机制，使用集团内部融资机制，全年完成内外贷转换6.92亿元，压缩融资规模2.48亿元，节约财务费用2500万余元，资产负债率较年初下降2.97%。采取多种形式开展清欠工作，完成应收账款1456.18万元，启动原省煤运宁武交易大厅所欠潞宁矿井1.32亿元煤款诉讼工作。环保风险防控方面，潞宁成功办结排污许可证，解决多年困扰矿井生产合法合规问题。西翼扩区风井和主副斜井乏风利用、矿用相变热风机组和量子能供热等清洁能源替代改造完成，淘汰燃煤锅炉2台。矿井水、生活污水提标改造，锅炉烟气脱硝和矸石山生态恢复治理按序推进。孟家窑煤业露头带火区治理和大木厂、忻丰封闭井筒渗水治理工程如期完成，各项能耗指标和环境治理项目全面完成。忻峪坚持“三同时”原则，建立临时环保设施，确保技改正常开展。

【民生事业】 2019年，潞宁煤业有限责任公司安居忻州工程首批33套住房如期签约，二期工程按序启动。完成718名潞宁合同制员工住房公积金缴存。每名职工20万元保额的中国人寿意外伤害保险和每人50元标准的大病医疗保险，让职工身心健康有了“双保险”。副井综合楼建成，改善生产业务科室办公条件。

【精准扶贫】 2019年，潞宁煤业有限责任公司对口帮扶宁武县为村民建立5个爱心超市，5个村、233户建档立卡贫困户、611名贫困人口全部实现脱贫摘帽。派驻神池县7个乡、10个村28名驻村工作队员，按照中央“四不摘”要求，坚守在建设美丽乡村第一线，彰显着“潞宁贡献”。

【文化建设】 2019年，潞宁煤业有限责任公司潞宁矿井获评“全国安全文化建设示范企业”。围绕巾帼建功、青年奋进、党的光辉历程主题，组织开展“学用习近平新时代中国特色社会主义思想”“改革创新、奋发有为”“不忘初心、牢记使命”等系列宣传工作和专场道德讲堂6场。按照国家第二轮修志和集团史志工作总体要求，成立史志编纂委员会和史志编纂组织机构，编纂完成首卷《潞宁煤业志》，实现“志鉴两全”目标。《潞宁简史》《潞宁孟家窑煤业志》作为首批志书，被中国煤炭工业史志馆收藏，7人受到中国煤炭工业史志工作委员会表彰。

【党建工作】 2019年，潞宁煤业有限责任公司党委把政治建设摆在首位，制定一系列强化党委会、董事会、股东会、经理层管理的规范性制度文件和工作方案。组织召开首次监事会会议，选举产生监事会组织机构，理顺公司法人治理结构。督促孟家窑、忻峪、润和3家子公司把党建工作写入公司章程，实现“应前必前”，党的领导机制运行更加高效。围绕公司“13355”发展规划，统筹“一公司三矿”规模构建、“一主两辅”产业布局，用党的路线方针政策指导企业发展，开展“改革创新、奋发有为”大讨论和“不忘初心、牢记使命”主题教育，形成持续发展、改革发展重大成果、调研成果、制度成果30余项。注重员工素质、业务能力提升上“把方向、管大局、保落实”，10名优秀工程技术人员入选山西省“三晋英才”支持计划。

（张艳辉）

·阳方口矿业有限责任公司·

【概况】 2019年，大同煤矿集团阳方口矿业有限责任公司围绕集团公司“36951”战略体系，贯彻落实集团公司“1886”行动计划和轩煤公司“1872”行动计划，推行公司八届二次职代会确定的工作目标。扎实开展“不忘初心、牢记使命”主题教育，落实全面从严治党责任，提高企业党组织凝聚力和战斗力，全公司上下应对挑战，克服重重困难，经受严峻考验，各项工作得到平稳推进。全年煤炭产量299.4万吨，掘进进尺9375米，煤炭销量348.26万吨，利润5000.19万元，营业收入8.37亿元，上缴税费2.31亿元，员工人均年收入66598元，资产总额16.79亿元，资产负债率72.54%。全年实现安全生产零事故目标。

【安全生产】 2019年，阳方口矿业有限责任公司安排六大职能科室人员驻矿，监管重点区域现场安全，督促两矿安全检查问题整改、各系统标准化达标及规范资料等工作。全年自查隐患全部督办完成整改，上级检查隐患均整改销号，隐患整改执行力明显提升。坚持费用投入用于重点环节、重点区域、关节部位，全年投入安全费用3297万元。其中，“一通三防”408万元，采掘运1493万元，机电628万元，地质防治水193万元，安全管理及其他575万元。强化“一通三防”管理，狠抓瓦斯员现场监测，完善防尘除尘设施。合理调节风量，完善风门、密闭等通风设施，保证各地点风量充足。严格电气管理，强化设备日常检修，保证设备完好。公司十六个专业委员会严格履职，发现、处理问题在现场，紧盯“三类”隐患整治和销号管理，对上级检查罚款与个人工资挂钩考核，降低隐患发生率。小煤柱开采得到有效实施，转载机全封闭，自动风门更换使用，程家沟矿制氮机投入使用，开展反风演习等，各专业工作有序推进，矿井安全生产科技含量逐步提高。合理规划采掘布局，加强外委队人员准入管理，调节掘进工作面，狠抓推进度和放煤现场管理，两矿生产和掘进效率稳步推进。鉴于程家沟矿工作面接替紧张，加快推进5#层水平延伸手续办理，取得集团公司批复文件，完成安全专篇和预评价报告。着手5#层现场施工，形成526区首采工作面。挖掘矿井资源回收利用潜能，通过控制推进度，严格验收考核，回收率提高5%。严格煤炭质量考核，煤质不达标罚款13万元。开展井下从业人员培训16期1300人，覆盖率100%。开展地面和井下特种作业人员培训127人，上岗持证率100%。全面开展安全管理人员脱产初训、复训、再培训136人，合格率97%。参加岗位技术比武活动，2019年度在集团公司、轩煤公司技术比武中成绩优异，创历史最好。

【经营管理】 2019年，阳方口矿业有限责任公司强化放煤管理和运输环节捡矸力度，管控各环节煤质，根据煤质分堆堆放，按质定价销售，确保销售顺畅，拓展以山东为主的省外市场，做到保量稳价，增销创收。煤炭销量月度最高达52万吨。精准测算，精细管理，量化分解年度各项经营成本指标，强管经营运行，完成月度指标任务，年度指标在可控范围内。完成4.5亿元续贷，新增直租融资8867万元。开展应收账款清欠工作，化解债务风险，科学调整债务期限，降低资产负债率。全年回收各类欠款1302.7万元。其中，回收煤款715.5万元，个人借款237.2万元，其他350万元。全面梳理公司各项管理制度，弥补制度结构性缺失、时效性差等不足，实行合同签订一事一授权。明确各层级、各岗位办理业务和事项权限范围、授权内容、审批程序和相应责任，避免权责交叉、冲突现象。实行契约一体化考核，层层分解指标，逐级落实工作任务，避免工作推诿、扯皮现象。响应环保治理工作要求，重点解决污水排放、煤场扬尘、大气污染问题。修订环境保护和危废管理制度。完成程家沟煤矿两台锅炉煤改电项目。矿区生活污水处理与阳方口污水处理厂对接。公司矸石场环评通过评审，完成基础设施建设并投入使用。总面积11133平方米两矿煤场全封闭设施开工建设。

【体制改革】 2019年，阳方口矿业有限责任公司推行“1311”选用人工作。制定出台机关、基层重要部门干部双向交流、挂职锻炼具体办法，在公司两矿队伍中重点培养技术人才队伍，综合评比提拔4名一线岗位优秀员工。公司支付自筹资金614万元。与宁武县协调落实移交政策，供电、供水、供暖、物业全部进入改造阶段，完成供电主网，供暖、供水完成一网铺设，物业完成雨污管线铺设，完成“三供一业”移交工作。

【党建工作】 2019年，阳方口矿业有限责任公司党委认真学习贯彻习近平新时代中国特色社会主义思想和中共十九大精神，加深“两学一做”学习教育，开展“改革创新，奋发有为”大讨论活动和“不忘初心、牢记使命”主题教育，各级干部结合理论学习和工作实际开展交流研讨、服务基层活动，召开专题民主生活会。通过党委中心组理论学习、党支部“一课三会”、交流研讨等多种方式，教育引导企业广大党员干部牢固树立“四个意识”，切实坚定“四个自信”，坚决做到“两个维护”。落实“两个责任”，健全权力运行机制。加强廉政教育，组织广大党员干部集中学习廉政教育典型案例，观看廉政警示教育片，完善各级干部《党风廉政档案》。全面开展狠刹“十种不良风气”和“搭礼风”专项整治，凝聚正风、正气。落实集团公司“二十个必须”工作要求，完善党建工作和经营管理各项制度，针对形式主义、官僚主义等“四风”问题进行回头看。落实“三重一大”民主决策制度，涉及企业战略规划、体制机制调整、项目投资、人事任免等事关企业改革发展稳定、涉及员工切身利益重大决策事项，先经过党委会前置审议讨论，发挥党委把方向、管大局、保落实作用。配合集团公司巡视巡察工作组开展工作，对照上级反馈6方面问题及移交6条问题线索整改。对照党风廉政建设重点内容，接受轩煤公司2次“两个责任”全覆盖专项检查，公司党风廉政建设工作不断实现制度化、档案化、规范化。

【文化建设】 2019年，阳方口矿业有限责任公司党委落实上级决策部署和会议精神，加强形势任务宣传。结合庆祝中华人民共和国成立70周年主题，开展观看阅兵仪式、举行升国旗仪式、重温入党誓词、传唱爱国歌曲、矿区悬挂国旗等系列活动，增强广大干部员工爱国热情和民族自豪感。推进道德建设“六个一”活动，通过开展道德讲堂、选树道德典型、青年感恩大行动、志愿者服务活动、精神文明创建、丰富员工精神文化生活等活动，凝聚人心，提升正能量，改进干部作风和矿风。

【平安矿区建设】 2019年，阳方口矿业有限责任公司加强信访考核，妥善处理员工群众反映的热点、难点问题。在全国和省两会、二青会、新中国成立70周年大庆期间，实现到省进京零上访，确保重要活动期间矿区稳定。加大矿区治安综合治理工作，推进扫黑除恶专项斗争，加强矿区治安防控，严厉打击各类违法行为，营造良好经营环境和稳定环境。

【民生工作】 2019年，阳方口矿业有限责任公司把保障员工收入、改善居住环境和生活环境作为重点任务来完成。员工收入人均66598元；完成二期工程1104套分房安置。组织劳模先进68人次外出健康疗养。健康体检员工1356名。开展“煤海希望”和“煤海阳光”帮扶活动，资助考上大学、重点高中91名员工子女，发放助学金60.3万元。“两节”期间对各类困难群体走访慰问，发放慰问品及困难救济金约44万元。各级群团组织发挥自身优势，开展各种形式困难帮扶活动，服务员工群众，增强员工群众幸福感，提升企业发展向心力和凝聚力。

【精准扶贫】 2019年，阳方口矿业有限责任公司派出6个驻村工作队开展扶贫工作，为6个帮扶村每村投入20万元，共计120万元产业项目扶持资金。投资建设“爱心超市”扶贫超市、村级图书室，中秋节、春节期间为贫困户送米面油等慰问物资，组织员工为贫困区捐衣捐物等。公司帮扶6个村屡次在评比中获得优秀，河西村成为全县精准扶贫的示范点，年底全省预验收成绩突出。

（梁全凤）

·山西忻州神达栖凤煤业有限公司·

【概况】 2019年，山西忻州神达栖凤煤业有限公司以习近平新时代中国特色社会主义思想为指引，全面贯彻新发展理念，紧紧围绕“做强、做大、做优”总要求，顺应公司经济发展质量变革，通过公司一班人共同努力，以强化部门管理、夯实思想基础、抓改革、促发展；抓队伍，稳落实；保运转、创达标、以党建为领，进一步压实工作责任，着力服务公司安全生产、科学发展的大局。2019年，栖凤煤业公司获得忻州市“绿色矿山建设先进单位”“精神文明建设先进单位”称号。

【主要指标完成情况】 安全目标。2019年，公司发生轻伤1起，实现安全生产持续稳定，确保公司无重伤以上事故。原煤产量。全年完成产量85.95万吨，按照年初计划产量85万吨计算，占年计划101.12%。销售原煤。全年销售原煤85.57万吨，按年初计划销量85万吨计算，占年计划101%。销售收入。全年销售收入22366万元，与年初计划销售收入24650万元相比，占年计划90.73%。完全成本。吨煤完全成本183.49元/吨（按集团公司口径不包含税金及附加/财务费用），与年初计划安全成本164元/吨相比，超出19.49元/吨。实现税费。全年实现税费5972万元，与年初计划实现税费5564万元相比较，占年计划107.33%。实现利润。全年实现利润4223.78万元（不含财务费用），与年初计划实现利润7224.14万元相比，占年计划的58.5%。技术服务费。全年累计上缴集团公司技术服务费300万元，占计划100%。采掘进度。51406综采工作面全年计划推进360米，实际推进310米，全年计划生产原煤85万吨，实际生产原煤86万吨（包含掘进煤量），按年产量85万吨计算，完成产量任务。51408掘进工作面计划进尺1040米，计划掘进煤量23355.36吨。实际掘进进尺987.5米，实际掘进煤量19507.63吨，完成工作计划进尺94.95%，完成计划掘进煤量83.52%。2#、5#配采。212回风下山石门段掘进150米，212回风下山掘进3.2米，212运输岩石段掘进27.1米，515辅运下山掘进180.7米，515辅运下山反掘段掘进23.5米，515回风下山掘进139.4米，截至年底2#、5#工程停工。探水工作。截至12月份共计探水8545.5米，其中51408运掘顺槽探水4917米，51408采前探放291.5米，515回风下山1125米，515辅运下山1846米，212回风下山石门366米。

【安全工作】 2019年，山西忻州神达栖凤煤业有限公司始终把安全工作摆在“重于一切、高于一切、压倒一切”重要位置，不折不扣、及时全面贯彻落实到全矿每名职工和各项工作中。强化重大隐患排查与治理，为安全生产创造条件。坚持每旬一次安全管理重点排查，坚持每月一次重大隐患排查与治理和每周一次安全管理重点排查，采取相应措施。全年，上级部门到栖凤煤业公司检查142次，查出隐患1334条，栖凤煤业公司自查62次，查出隐患1486条，共计2819条隐患，全部整改完毕。2019年，大举措推进“双控”机制建设，加强安全风险辨识管理与应急救援工作管理，强化“五治五管一提升”，对查出的“三违”人员公开进行处罚，坚持从严从重原则，采取罚教相结合的办法，加大“三违”查处力度。全年，共查出三违134起，下发三违处罚单118份，“三违”罚款26770元，其中财务扣除17170元，通过帮教学习，都能够规范操作安全上岗，有效遏制事故发生。风险分级管控方面，根据公司实际情况完成5次专项辨识。对重大安全风险清单进行修改增加2项重大安全风险。地面变电站及变电所、风机房、10千伏变电所因设备故障或人员操作失误，而导致全矿性停电、停风而引发重大事故。运输大型设备因钢丝绳断裂、连接装置脱钩，重车放大滑造成人员伤亡事故。按标准化要求完成旬分析及月度分析安全风险。根据9月26日专家组意见对2019年度安全风险辨识评估报告进行修订。应急救援方面，定期对井上下4个应急库和2个紧急避险硐室内应急物资维护保养和卫生清扫。定期对兼职救护队办公室的物资、个人基本配备标准进行检查维护及保养。组织全体职工进行应急预案培训。按照年度应急演练计划，分别组织地面火灾应急演练、洪涝灾害事故应急演练和地震灾害引发次生灾害事故应急演练。组织全员职工进行自救器使用知识培训和考试。根据井下生产实际，及时对应急预案进行修订完善。栖凤煤业公司以“防风险、除隐患、遏事故”为主题，制定2019年安全生产月活动方案，开展集中宣传教育活动。在调度楼举行启动仪式，开展以“八个零”安全生产目标并结合世界环境日宣传环保知识宣传教育活动，发放宣传资料600余份。借端午节演出之际，董事长张守礼和安全副矿长王芳林在文化广场开展以“防风险、除隐患、遏事故”为主题的安全宣传咨询日活动，发放宣传资料200余份。6月10日，在栖凤煤业公司举办安全生产月专题演讲比赛，牢固树立“短板管理、超前管理、红线管理和变化管理”四种安全意识，提升全员安全素养，促进公司安全生产持续稳定发展。

【“一通三防”工作】 2019年，山西忻州神达栖凤煤业有限公司强化“一通三防”工作，杜绝各类“一通三防”事故。根据2019年度采、掘计划安排，合理调节通风系统，按需配风。212回风下山石门段掘面开工前在2#—5#辅运石门安装2套同等能力局部通风机，实现双风机双电源切换功能。为保证515回风下山掘面局部通风机安装位置合理，安装位置由原2#—5#运输石门更换到515采区车场。51408运输顺槽反掘段贯通后及时调整通风系统，并在贯通口以外辅助运输大巷设置临时挡风墙，原51408运输顺槽掘面局部通风机安装位置变更到51408辅运斜巷下口往外15米位置，保证51408运输顺槽掘面通风系统合理、风量充足、风流稳定。212回风下山石门段贯通前设置调节风门，贯通后及时调整通风系统，保证新开拓212采区独立通风，不发生串联通风现象，优化通风系统，确保系统稳定、可靠。加强巷道贯通管理，确保矿井安全生产。51408运输顺槽反掘段贯通期间，安排专人实施贯通点瓦斯检查和风量测定，贯通前在辅助运输大巷设置临时挡风墙，贯通后安排作业队组变更51408运输顺槽局部通风机安装位置等措施并调整通风系统，保证51408运输顺槽掘进工作面通风系统合理、可靠。212回风下山石门段在贯通期间为确保贯通后不影响矿井其他各用风地点风量，提前在212回风下山石门段设置调节风门，贯通后及时调整通风系统，保证全矿井通风系统稳定、可靠，各用风地点风量充足。按规定设置通风设施，定期检修、维护通风设施，保证通风设施使用正常。为做好212回风下山石门段掘面开拓工程前期准备工作，分别在原211回风上山行人运料绕道、211运输大巷与212回风下山石门段掘面开口位置以里5米处各构筑密闭1道，杜绝盲巷出现，为212回风下山石门段掘面开拓做好安全保障。为保证51408运输顺槽反掘段贯通后风流稳定，提前在辅助运输大巷设置临时挡风墙1道。为保证515辅运下山绞车硐室风流不短路，在515辅运下山绞车硐室回风侧构筑永久风门1组2道。为保证51回运联巷贯通后能够及时调整515采区通风系统，在515辅运下山上口与515回风下山上口联巷设置永久风门1组2道。51406回风顺槽、运输顺槽按标准化要求更换4组隔爆水袋挂钩。51408运输顺槽安装隔爆水袋3组。515辅运下山、515回风下山各安装隔爆水袋1组。51408运输顺槽安装全断面阻尘网2道。51408运输顺槽安装压风自救、供水施救装置3套。515回风下山、515辅运下山各增设压风自救、供水施救装置1套。+1325南翼运输大巷更换破损的隔爆水袋。定期给井下各地点隔爆水袋补水；定期维护井下风门、风门连锁装置。定期维护检修闭墙。清理回风斜井地面沟谷杂物、杂草，疏通回风斜井排水沟。配合机电运输科改造无人值守通风机房；严抓劳动纪律，加强瓦斯检查工作。加强现场瓦斯检查工作，利用人员定位系统适时监测功能定期和不定期查岗瓦斯检查员，严格按制度处理违反劳动纪律人员，加强瓦斯检查员现场管理和班中巡查瓦斯班中汇报情况管理。坚持“瓦斯超限就是事故”原则，严格执行“一炮三检”和“三人连锁放炮”制；按照《煤矿安全规程》要求，提高矿井抗灾能力，检验井上、下反风设施设备的可靠性及反风后风量和反风时间是否符合《煤矿安全规程》规定，按年初制定反风演习方案，10月3日早班举行全矿井反风演习；根据《煤矿安全规程》和监测监控行业规范相关要求，监控维修队每15天标校井下各类传感器。每15天开展采、掘工作面瓦斯电、风电闭锁试验。

每天切换局部通风机双风机双电源试验。每月主、备切换试验通风机。按照行业规范要求每半年鉴定光学瓦斯检查仪、各类传感器、瓦斯报警仪、风表送有资质的单位。

【安全教育培训】 2019年2月20日至24日，山西忻州神达栖凤煤业有限公司组织全矿职工年度全员培训，依照培训计划特邀县煤管局领导以及各专业技术专家给全矿职工授课。全矿参加全员培训人员483人，全员培训成绩全部合格，全员培训达到预期目标。全年，累计为5名A类管理人员、24名B类管理人员办理初训、复训工作，班组长、特种作业初训40余人，复训80余人。5月，参加集团公司“三项人员”培训3人次，“新方法、新技术、新工艺”培训4人次。6月至12月，累计参加神达集团安全培训中心组织各类专业培训120余人次。

【绿色矿山建设】 2019年，山西忻州神达栖凤煤业有限公司根据忻州市政府创建绿色矿山文件要求，委托中国冶金地质总局第三地质勘测院编制完成自验报告。实施办公楼广场、坑口工业广场沥青铺路。煤场道路和调度室至矿井水处理站道路硬化，岭沟村到矿区路、岭沟村文化广场、水泥厂门前排洪沟治理。矿区墙面粉刷、美化亮化，重新装修入井口。更换和增加矿区道路指示牌，规划矿区道路划线、箭头、停车位。拍摄并制作完成环保专题片。增设500立方米雨水收集池。专门成立绿化队植树种草，4月份组织后勤科室职工在办公楼前、矿井水处理站院内和土地复垦区种植海红树苗，土地复垦区修路、挖排水沟6千米，所有区域共计植树种草55公顷。其中，土地复垦区域土地平整面积约60公顷，在平整好平台上全部种植树苗（其中种植海红树苗15公顷，种植油松40公顷）。专门安排洒水车洒水浇灌土地复垦区道路和新种植的树苗。绿色矿山建设总投资约432万元。绿色矿山建设工作于9月20日通过宁武县自然资源局预验收，9月28日通过市级终验，圆满完成此项工程。

【财务资金往来】 2019年，栖凤煤业公司累计收入煤款25910万元。截至12月底，支付职工工资及社会保险费4103.61万元，其中支付职工工资及奖金3163.18万元，缴纳社会保险费940.43万元。缴纳税费总计7624.52万元。支付联社贷款利息1717.18万元，支付采煤掘进工程费1809.66万元。支付民生金融租赁公司租金本息合计3832.32万元。清欠往来款717.67万元，还欠付外部单位工程、设备材料等往来款合计2206.39万元。

【环保整治工作】 2019年，根据宁武县水利水保局文件宁水发《关于山西忻州神达栖凤煤业有限公司入河排污口设置认证报告的批复》和《关于山西忻州神达栖凤煤业有限公司矿井水入麻峪沟排污口防洪评价报告的批复》，栖凤煤业公司排污口设置正式完工启用。6月16日，栖凤煤业公司邀请环保专家，对栖凤煤业公司矿井水处理设施提标改造项目进行验收，认定栖凤煤业公司矿井水处理设施提标改造后处理水质可达到《地表水环境质量标准》（GB 3838—2012）Ⅲ类水质指标。栖凤煤业公司在原地面供暖采用空气能压缩供暖设施系统外，拆除保留原4吨燃煤蒸汽锅炉，更换为更加环保节能天然气锅炉，用于井下生产、坑口办公区、皮带走廊等供暖。固体废弃物处置。煤矿产生矸石运送至矸石场按照环保要求用黄土覆盖。按照上级环保部门要求，栖凤煤业公司4月在忻州市生态环境局宁武分局申报和备案危废。6月和山西省投资集团九洲再生能源有限公司对危废处置协议进行续签，改造危废库房，地面做防渗处理，增加换气扇。10月底，转移危废。5月忻州市生态环境局宁武分局颁发新排污许可证。配合省、市、县强化督查和专项督查组、百日清零督查组等上级环保部门检查30余次。6月25日至27日，由环保职业卫生科具体负责，组织一年一度全员体检，此次体检未发现职业病疑似病例。11月份，向忻州市卫健局申报职业危害因素并取得回执单。销毁井下急救站、坑口急救站、锅炉房、污水处理站内设置的过期急救药品，投资2000余元重新购买更换急救药品。

【党建工作】 2019年，栖凤煤业公司党总支坚持以中共十九大精神和习近平新时代中国特色社会主义思想为指导，扎实开展“改革创新、奋发有为”大讨论，交流学习先进经验、先进做法，明确“六个破除”“六个着力”“六个坚持”主要任务，抓好规定动作和自选动作，找准对象，通过大讨论带动促进各项工作开展。开展“不忘初心、牢记使命”主题教育，带领党员干部不断提高政治理论素养和牢固树立“四个意识”，坚定“四个自信”，坚决做到“两个维护”，坚持围绕中心、服务大局，围绕公司各项重点工作和中心工作，发挥好基层党组织的政治核心和监督保障作用。深化从严治党和强化管党治党责任，履行党章赋予的职责，把纪律和规矩挺在前面，加大预防和遏制腐败力度，推进基层党建工作、党风廉政建设工作落到实处。

（郝跃萍）

农林水利

农业农村

【概况】2019年，宁武县农业农村局围绕产业扶贫，推进农业供给侧结构性改革，发挥地方特色优势，发展现代功能农业，推广有机旱作农业，抓住省、市优惠深度贫困县政策机遇，做大做强主导产业，多渠道开拓辅助产业，扶持本业，持续增收，通过打造优质品牌、标准化生产、农副产品精深加工、产销对接等一系列措施引导农民增收，促进农业和农村经济快速、健康、协调发展。年内宁武县粮食产量3050万千克，同比增长8%；农村居民人均可支配纯收入6843元，同比增长15.2%；农产品加工销售收入43638万元，同比增长7.4%；500万元以上农产品加工企业销售收入34322万元，同比增长6.5%；2019年高标准农田建设总投资1118万元，建设高标准农田7000亩，该项目设计报告设计完成等待批复；山水林田湖草生态保护修复工程完成1500万元，占总投资43.9%。

【村容村貌整治】2019年，宁武县农业农村局按照“五清两绿一整”要求，投资2.4亿元，环境整治234个村。拆违治乱。通过街道整修、残垣断壁维修和环境整治，提升村容村貌，实现干净、整洁、有序。农村生活垃圾治理。确保2020年所有乡（镇）基本建立农村垃圾收运处理体系，全县90%村庄生活垃圾基本得到治理。农村生活污水治理。因地制宜采取纳入城镇管网、建设污水处理厂站、就地分散处理等方式灵活建设污水处理设施，农村生活污水治理率增幅明显高于前三年。农村“厕所革命”。完成历年政府补助未完成改厕任务，农村卫生厕所普及率85%以上，厕所粪污得到初步处理。乡村规划编制专项。完成县域乡村建设规划编制，完成示范村庄“一图、一表、一说明”实用性村庄规划编制年度任务。农村“四好公路”建设专项任务。按照上级部门安排部署，整治交通干线沿线环境，主要协调交通要道沿线部分乡（镇）清理和维修道路两旁生活垃圾、建筑垃圾、露天杂料堆、农业生产废弃物以及部分村镇残垣断壁，绿化和美化沿线坑洼地面和荒坡荒地。

【农业托管服务】2019年，宁武县农业农村局深化农村改革、强化制度供给，扭转农村要素单向流出格局，推动更多资源要素流向农村。完善农村承包地“三权分置”制度。合理利用好土地集约化使用，探索林地流转、中草药地流转、“巴掌田”流转。把土地托管作为宁武县农业适度规模经营的重要实现形式，鼓励新型农业经营主体采取入股、租赁、托管等方式统一经营农户土地。推动农村宅基地改革，开展农村宅基地使用权确权颁证工作。推进整村搬迁复垦交易，为整治风貌和乡村振兴提供资金保障；推进农村集体产权制度改革。2019 年 10 月底，完成中央农村集体产权制度改革试点任务，完善订单带动、利润返还、股份合作等利益联结机制，开展农民合作社示范创建活动，采取大田托管、代耕代种、土地流转等经营方式，完善订单带动、利润返还、股份合作等利益联结机制，形成以家庭承包为基础，专业大户、家庭农场、农民合作社、农业龙头企业为骨干新型农业经营体系。

【农产品质量监管】 2019 年，宁武县农业农村局按照“产出来”和“管出来”两手都要抓、两手都要硬的工作要求，通过安全生产检查和巡回监管，使种植园区、养殖场、加工企业完善生产技术规程，强化属地管理，完善农业投入品监管制度，建立农产品质量安全监管追溯系统，推进农产品产地准出管理，实现农产品从生产到市场前全链条质量跟踪。加大农业综合执法和手机监管执法力度，监测和监督抽查全县农产品加工企业、蔬菜食用菌种植园、无公害、有机农产品生产基地，确保市民吃上放心菜、放心肉、喝上放心奶，确保全县不发生一起农产品质量安全事故，蔬菜农药残留物检查合格率达 96% 以上。

【新品种推广】 2019 年，宁武县农业农村局引进坝优 1 号、3 号莜麦，陇亚 8 号、9 号、10 号胡麻，青薯 9 号，冀张薯 12 号，晋薯 16 号脱毒马铃薯，张杂 3 号、6 号、13 号谷子等新品种 120 余万斤，推广品种优化技术、测土配方施肥技术、地膜覆盖技术、病虫害综合防治技术、绿色农业技术、节水旱作技术等，推广面积累计 25 万亩次。通过优化种植结构，抓住忻州创建“中国好粮油”机遇，按照“区域化布局、集中连片种植”思路，采取农机农艺结合、良种良法配套，依靠科技进步，扩大优质杂粮生产基地建设，发展 50 亩以上高产示范片 60 个，杂粮种植面积稳定在 21 万亩以上（莜麦、黄黑豆、蚕豆、谷子等），搞好杂粮主副食加工，促进产业融合，把小杂粮做成脱贫攻坚大产业。

【特色种植】 2019 年，宁武县农业农村局注重发展特色产业，打造名优特精品，抓好粮食生产，推动藏粮于地、藏粮于技落实落地，合理调整粮经饲三元结构，创建优质杂粮、优质食用菌、优质中药材、优质马铃薯、优质特色蔬菜等示范工程，通过送政策、送技术、下乡指导服务，采取农机农艺结合、良种良法配套，依靠科技进步，打造 50 亩以上高产示范片 100 个，优种推广率 80% 以上，发展具有宁武特色粮食产业经济，播种面积 30.2 万亩，粮食播种面积 23 万亩，粮食产量 3050 万千克，同比增长 8%。以打造道地中药材、有机旱作渗水地膜谷子、有机燕麦种植和食用菌种植为主导，2019 年，按照“区域化布局、集中连片种植”思路采取农机农艺结合、良种良法配套、依靠科技进步，发展 50 亩以上高产示范片 70 个，有机莜麦种植 5 万亩，涉及 10 乡 105 村；有机旱作渗水地膜谷子推广 3000 亩，涉及 2 乡 23 村；在怀道乡等五乡七村新建标准化食用菌大棚 205 座，种植食用菌 170 万棒，年产香菇 300 万斤；在涔山乡 12 村种植优质芥菜 1000 亩；以高源薯业为依托，种植鲜食马铃薯 2000 亩，发展优质脱毒马铃薯 40000 亩。

【有机旱作农业发展】 2019 年，宁武县农业农村局调整粮经饲三元种植结构，突出打造优势特色杂粮之乡、推广 10 大先进实用技术、建设 5 个以上杂粮规模高产示范区（或村）、认证10个以上“三品一标”杂粮产品、创建电商营销平台、打造2个公共区域品牌（芦芽山珍、汾源印象）。在怀道乡、迭台寺乡、阳方口镇、凤凰镇、石家庄镇、东寨镇发展食用菌产业，建标准棚315座，种植食用菌152万棒。按照“区域化布局、集中连片种植”思路，采取农机农艺结合、良种良法配套，依靠科技进步，扩大优质杂粮生产基地建设，发展50亩以上高产示范片100个，杂粮（莜麦、黄黑豆、蚕豆、谷子等）种植面积稳定在23万亩以上，占总播面积70%以上，推广有机旱作、秋季地膜覆盖、秸秆综合利用、高标准农田建设和健康养殖等综合集成技术，单产提高6%以上，加工转化率10%。

【种植结构调整】 2019年，宁武县农业农村局抓住马铃薯主食化、粮改饲、米改豆等农业供给侧结构性改革机遇，引导农民压减玉米种植面积，扩大优质小杂粮、马铃薯种植面积，发展功能农业，开发功能食品，立足宁武县农业资源禀赋，推进粮改饲、种养加结构调整，树立“第六产业”理念，以培育小杂粮、食用菌、羊驴产业、中药材等主导产业为重点，推动“贸工农一体化、产加销服”一条龙，推动农村一、二、三产业深度融合。

【发展蔬菜食用菌】 2019年，宁武县农业农村局完成1000亩露地特色蔬菜种植及设施大棚蔬菜200余座。抓住食用菌发展好势头，以打响“芦芽山蔬菜食用菌”品牌为重点，通过扶持家庭农场、合作社、种植园区规模种植食用菌，打造食用菌深加工提升农副产品档次，增加附加值，利用旅游特色优势，丰富包装内涵，从而提高食用菌加工产品在市场竞争力，通过发展食用菌产业增加农民收入。

【扶贫惠民政策落实】 2019年，宁武县农业农村局统筹用好“三农”普惠、扶贫特惠、部门优惠等政策，执行《宁武县“8311”产业扶贫重点工作实施方案》等多项惠民政策，通过“4+7”脱贫模式（即大象生猪养殖、光伏发电、乡村旅游、生态产业、四项主导产业，小杂粮、食用菌、中药材、驴养殖、电商扶贫、煤炭运输、劳务输出7项辅助产业），鼓励和支持贫困户“一户多业多收”。通过健全和完善扶贫项目群众参与机制、产业带贫机制、利益联结机制，推广金融扶贫“一保通”“返贫险”。扶持36家龙头企业吸纳贫困户参与，注重产业扶贫长期效益和稳定增收，持续完善提升“五有”机制。

【“草地贪夜蛾”防控工作】 2019年，宁武县农业农村局为有效监测控制草地贪夜蛾的危害和蔓延扩散，召集相关部门召开草地贪夜蛾防治专题会议，县委、县政府高度重视，出台《宁武县草地贪夜蛾防治预案》，并申请拨付资金6万元，及时储备防控物资，召集相关人员专项培训，在石家庄镇、阳方口镇设置虫情监测点，全年，宁武县未发生贪夜蛾虫害。

【新技术示范推广】 2019年，宁武县农业农村局依托“科技入户”“千人进千村”“精准扶贫培训”等活动，推广应用主导品种、主推技术、先进装备和高效生产模式。组织开展冬春农业科技大培训，举办定期培训班35期，巡回培训班70村次，培训贫困农户1000人，各类科技带头人3500人次，服务咨询农户3200人次，发放农业科技资料3.5万份，推广品种优化技术22万亩，测土配方技术18万亩，病虫综防技术24万亩，引进新品种5个，推广新技术1项，使用新材料2项。以农业实用技术培训为重点，采取理论教学、现场指导、实践实训相结合方式，分阶段、分季节培训农民，培训新型职业农民700人。

（郭　峰）

林　业

【概况】 2019年初，上级给宁武县分配营造林任务5万亩。其中，人工造林2.7万亩、封山育林2.3万亩。分别是三北防护林工程人工造林1.8万亩、封山育林1万亩、天保工程人工造林0.6万亩、封山育林1.3万亩、汾河重要水源地造林0.3万亩。完善2018年新增退耕还林任务1.86万亩，实施山水林田湖草汾河流域水土流失，综合治理宁白线东寨至潘家湾段绿化和汾河两岸荒山绿化3000亩。宁武县林业局科学规划，全部由扶贫合作社议标实施，通过合作社春雨秋三季不间断造林，监理和技术人员跟班作业，上级分配5万亩营造林任务和完善2018年新增退耕还林、汾河流域水土流失综合治理任务全部完成，完成率均为100%。

【生态建设】 2019年，宁武县林业局完成三北防护林、天然林保护、退耕还林、重要水源地造林等各项工程人工造林、封山育林7.16万亩，其中人工造林4.86万亩、封山育林2.3万亩。三北防护林建设工程。2018年上级分配三北防护林建设任务2.8万亩。其中，人工造林1.8万亩、封山育林1万亩，投资1000万元。采取整山推进整沟治理，以凤凰镇南辛窑为中心向周边扩展延伸，打造万亩精品绿化工程。通过议标落实33家扶贫造林合作社实施，完成人工造林1.8万亩、封山育林1万亩。天然林保护二期工程。上级分配宁武县天然林保护植被恢复人工造林6000亩、封山育林13000亩。其中，国有长方山林场实施造林1000亩、封山育林3000亩，林业局组织实施造林5000亩、封山育林1万亩。规划到忻分旅游路，把造林和封山育林相结合，全部拉网封禁，打造绿色旅游线，通过议标落实8家扶贫造林合作社实施，完成人工造林6000亩，封山育林13000亩，投资430万元。退耕还林工程。2019年完善2018年新增退耕还林任务18622亩。投资3724.4万元，其中退耕户当年每亩补助500元，可获得补助收入931.1万元。以生态建设结合脱贫攻坚为主导思想，把退耕还林任务落实到灵河高速、宁白线等交通沿线村、整村移民搬迁村和汾河流域重要水源地造林工程涉及的村庄。落实到凤凰、余庄、东寨、化北屯等重点区域乡（镇），春季完成外业调查、地块落实和农户签订退耕还林合同，通过议标落实28家扶贫攻坚造林专业合作社实施，完成造林18622亩，兑现农户补助。重要水源地造林工程。宁武县是汾河源头，以东寨镇雷鸣寺为标志性源头，到石家庄潘家湾村与静乐交界，干流总长度46千米，主要支流有洪河和鸣河，汾河流域共有11个乡镇，300余个行政村。2019年汾河重要水源地造林工程省级安排任务3000亩，以汾河源头东寨镇和干流化北屯乡、东寨镇、石家庄镇为重点建设区域，以主河道两侧荒山荒坡全覆盖，规模化治理，整体推进，投资150万元，完成造林3000亩。汾河中上游山水林田湖草生态保护修复工程试点项目。根据宁武县山水林田湖草生态保护修复工程试点实施方案责任分解要求，宁武县林业局承担汾河流域水土流失综合治理宁白线东寨至潘家湾段通道绿化和汾河两岸荒山绿化任务。通道绿化聘请山西大手园林绿化设计咨询有限公司进行可行性研究报告编制，制定项目实施方案，高标准设计，高起点造林，作出详细规划设计，在公路两侧各种植三排3米以上大树，第一排种植油松（樟子松）、花灌木，第二排种植云杉（全部带土球），第三排种植胸径8~10厘米杨树，由8家扶贫攻坚造林专业合作社实施。上冻前三排树栽植全部完成，投资890万元。荒山绿化选用6家造林专业合作社实行试点，种植油松、落叶松等乡土树种，完成头马营至化北屯片区两岸荒山造林2200亩、东寨绿化片区干石山造林800亩，投资360万元。通道及沿线荒山绿化通过针阔混交、乔灌结合，在山上治本同时进行身边增绿，打造出一条高标准绿色通道。

【专业合作社】 2019年，宁武县林业局造林专业合作社发展到72家，社员总数1684人，其中贫困户1132人，占社员总数的67%。年内，通过议标落实人工造林42622亩，投资3409.8万元，承接任务合作社68家，可带动816户贫困户脱贫；落实封山育林2.3万亩，投资230万元，由5家扶贫造林合作社实施，带动60户贫困户脱贫，工程全部完成。总计人工造林和封山育林两项可带动876户贫困户2628个贫困人口脱贫。合作社运行管理上，建立良性进退机制和末位淘汰制，实行评比打分和动态考核合作社，名次靠后合作社核减工程任务直至退出造林队伍。

【植树造林】 2019年，宁武县林业局完成退耕还林、天然林保护、三北防护林等国家林业重点工程建设退耕地造林和宜林荒山荒坡人工植苗造林42622亩；完成汾河重要水源地省级造林和汾河流域水土流失综合治理宁白线通道及两侧荒山绿化6000亩；完成义务植树和四旁植树48万株。

【苗木培育】 2019年，宁武县林业局规范育苗产业，全县有证苗圃48家，其中国有苗圃1个。主要分布在汾河流域，以石家庄镇居多，育苗单位经营总面积5600亩。其中，育苗面积4500亩，当年育苗1600亩，主要树种为华北落叶松、油松、云杉，有苗木4500万株（当年育苗630万株）。其中，油松3600万株，落叶松600万株，云杉苗130万株。近年来，宁武县育苗户抓住省级造林绿化大量使用风景苗机遇，在县林业部门大力支持下，培育油松、云杉苗，定植大批30~150厘米高油松、云杉，建成石家庄镇育苗基地，全县有油松、云杉定植苗380万余株，其中通过精心培育冠形良好可出圃的1.5米左右油松、云杉苗达180万余株。

【新品种新技术应用推广】 2019年，宁武县林业科技推广应用随着林业生态建设加强向前推进，前年新一轮退耕还林启动实施和进行新保高速、灵河高速通道绿化，尤其，2019年启动山水林田湖草项目，促进新品种新技术应用推广。灵河高速、宁白线宁武段通道绿化挖大坑、上大苗、浇大水，用三脚架固定树干，根部使用薄膜、石片覆盖，树种选择乡土优良树种油松、云杉，每道工序都严格按规程操作，严把整地、浇水、选苗、栽植、管护关，打造出一条绿色通道。改造国营沟口苗圃设施，增加科技含量，实施土壤消毒、种子精选、幼苗喷药、田间管理、科技施肥、病虫害防治，建成无检疫对象苗圃。退耕还林、荒山造林除用油松、落叶松容器苗外，栽植落叶松小苗全部用生根粉蘸根处理。育苗由单一品种向多品种发展，造林适地适树，乔灌混交，多树种选择多品种搭配，一系列新品种新技术推广应用，培育出良种壮苗，大大地提高造林成活率。

【森林保护】 2019年，宁武县新增生态护林员400名，2年内生态护林员增加到627名（全部为建档立卡贫困户）、天保护林员539名，其中贫困户379名。实施未成林造林地管护，聘用护林员36名，其中贫困户22名。三项合计贫困护林员达到1028名，占护林员总数（1202名）86%。护林工资平均每人每月800元，可带动全县3276人脱贫。森林防火。进入森林防火特险期以来，县委、县政府领导多次召开会议安排部署森林防火工作，健全县、乡、村三级防火组织机构，并实行责任落实，县里成立督查组到乡（镇）村，督查防火措施落实，划分禁火区，发布封山禁火令，实行县领导和指挥部成员包乡（镇）、乡干部包村、护林员包山头防火责任制。尤其是清明节期间，县林业局所有干部职工全员开展森林防火工作，不间断开展各种形式森林防火宣传，新建森林防火、生态文明建设宣传牌215块，给全县1166名护林员配备对讲机安排巡山看护，管控野外火源，及时购买备齐防火物资，为全县14个乡镇和国有长方山林场各采购森林消防水车1辆，配备护林员及消防队装备，并安排消防培训，做到领导干部24小时带班值班。全县一盘棋，宁武县和管涔山国有林管理局协同配合，县财政给予森林消防专业队经费100万元，用于消防队伍建设，全县上下共同努力，严格执行护林防火管理办法，由于各项预防措施比较到位，全年全县没有发生森林火灾。林地管理。落实森林资源保护和发展目标责任制，清查全县林地变更及森林资源，按《林地保护利用规划》征占林地审批，开展以“严打毁林占地”为主的“绿卫”专项行动，打击未批先占、少批多占等毁林占地行为，开展生态环境综合整治，对个别非法侵占林地案件严厉查处，补办征占林地手续，在异地实施植被恢复造林和实施矿山复绿工程。森林病虫害防治。执行苗木调运“两证一签”制度，开展森林病虫害监测调查，现场检验本地苗木，复检外地调运苗木、木材，苗木产地检疫率100%。

【森林公园规划建设】 宁武县有管涔山国家森林公园（隶属管涔山国有林管理局管理），县局下设环城绿化办专门负责龙山森林公园（县级森林公园）建设，投资上亿元，经过近年来植树种草，架电、引水、修路、景观建造，于2017年初步建成一个容生态、人文、自然为一体的山地森林公园，近年对死亡树木补植补种，完善基础设施，建成功能完备城郊休闲公园。

（李树林　马应宽）

水　利

【农村饮水工程】 2019年，宁武县水利局推进农村饮水工程建设，列入农村饮水安全工程计划104个村1.43万户3.54万人（其中贫困村47个，贫困户0.51万户，贫困人口1.17万人）建设任务。截至2019年底，104处饮水工程建成并投入使用。

【桑干河源头生态治理工程】 2019年，宁武县水利局投资2542.71万元，新建生态堤防2.65千米，旧堤加固4.16千米，5条支沟入河段防护3.30千米，河道整治、疏浚8.51千米，建设300亩经济林1处、防冲坎5道、源头生态绿化1处。

【安全生产】 2019年，宁武县水利局认真贯彻执行省、市、县有关安全生产文件精神，完善相关工作制度，印发《安全生产隐患排查工作方案》《水利行业安全生产专项整治工作方案》文件，召开专题工作会议，研究部署阶段安全生产目标任务，通过部署和工作落实，完成上级安排考核任务，全年未发生重特大安全生产事故。

（张卿贵）

畜牧兽医

【概况】 2019年，宁武县畜牧兽医中心认真落实县委农业农村工作会议精神，振奋精神、攻坚克难、扎实工作，努力推动畜牧业发展提档升级，全力实施乡村振兴战略和畜牧产业扶贫，初步实现良好开局。

【重大项目工程】 2019年，新大象生猪养殖项目建成投产运行12个养殖基地。吸收建档立卡贫困户资金9303万元，饲养生猪18万头，出栏9.6万头。2016—2019年宁武县新大象养殖有限公司按照年收益的15%为贫困户分红，为2642户贫困户分红3074万余元。

【畜牧养殖】 2019年，全县大畜饲养量2.8万头（匹），其中牛1.9万头，驴存栏4000余头，羊饲养量53万只，蛋鸡存栏23万羽，生猪出栏20万头，肉鸡出栏70万羽。现有规模羊场15个、养羊大户112多家，牛规模场14个，养牛大户127家，生猪规模场18个。肉蛋奶产量分别为6089吨、1580吨、385吨。

【畜禽品种改良】 2019年，宁武县畜牧兽医中心对全县肉牛实行品种改良，以5个中心站为基点辐射14个乡（镇）近百乡村，调配优质肉牛品种：西门塔尔、利木赞等冻精1000枚，共冷配输精肉牛863头。

【畜禽疾病防治】 2019年，宁武县畜牧兽医中心启动重大动物疫病防控规范化管理，按照“六统一”“五不漏”原则，执行“以免促检、以检促免”，保证防疫工作科学化、规范化和常态化管理。实行程序免疫全县畜禽规模养殖场，散养畜禽采取春秋集中免疫、针对新生新补栏畜禽实施月月补针。累计完成牛3.7万头次，猪20万头次，鸡38万羽次，羊52万只次，口蹄疫、高致病性禽流感、羊小反刍兽疫、布病等集中免疫任务，确保宁武县畜禽免疫率达100%，抗体监测合格率达70%以上。

（周　辉）

农业机械化服务

【概况】 宁武县农业机械化服务中心是县政府推进农业机械化发展的公共服务机构，宁武县农业农村局管理的正科级全额事业单位。内设机构办公室、监理站、管理站、推广站。2019年，全县共有农业机械1414台。其中，拖拉机1045台，配套机械369台。农机合作社4家，分别为阳方口三利农机合作社、宁武县富民农机专业合作社、宁武县新堡乡安泽农机专业合作社、宁武县晨熙农机专业合作社。

【购机补贴】 2019年，宁武县农业机械化服务中心成立农机购置补贴工作领导小组，出台《宁武县2018—2020年农机购置资金兑付补充文件》和《2019年宁武县农业机械化服务中心关于做好农机购置补贴机具核验工作的通知》，明确工作实施和监管职责，形成农机补贴工作内部约束、外部监管，重大事项共同协商管理机制。印发购机补贴政策传单、悬挂横幅，向老百姓介绍购机补贴政策。制作资料，在县电视台制作为期半个月补贴宣传。按照程序规定，规范操作。在补贴实施操作过程中，按照“农民全价购机，县财政结算，补贴直补到户”要求，按章办理、公平公开、阳光操作，增强购置补贴工作规范性和透明度。为确保补贴资金安全发放，按照省市要求分工，监管购机补贴全过程。新增经销商承诺书、购机者个人出具承诺书两道程序，规范购机补贴程序和购机补贴资料，做到见机见人、人机一致、机号一致，确保购机补贴整个程序符合省局规定要求，整个过程严谨无漏洞，补贴政策落实不走样。截至2019年底，补贴各类拖拉机、联合收割机及作业机具19台（套），补贴资金27.43万元，受益农户13户。

【农机深松整地项目】 2019年，宁武县农业机械化服务中心按照省农机局和市农机局部署安排，推动农机深松作业开展。成立农机深松整地工作领导小组，建立由政府主导、农机部门组织实施、乡（镇）配合的协同工作机制。制定印发《宁武县2019年度深松整地作业补助项目实施方案》，科学规划2019年实施区域，择优选定6家技术实力雄厚农机专业合作社和农机大户承担深松整地项目，培训农机管理员和作业机手深松技术，层层签订责任书和协议，确保深松作业任务落到实处。发挥智慧农机作用，为承担任务的7辆拖拉机全部安装深松GPS检测仪，建立深松作业远程信息化检测系统，使深松作业机具得到全程监控，合理部署。加强技术指导，农机技术人员到作业现场督导检查，勘测核实深松质量。严格作业质量，深松作业未能达到深松质量要求的，责令改正，并采取补救措施。全年计划实施作业面积8000亩（2018年结转4000亩），共计12000亩。规划区域在余庄乡、阳方口镇等7个乡（镇）实施，截至2019年底，完成深松作业面积9000亩，补助资金按序兑付中。

【农机安全监理】 2019年，宁武县农业机械化服务中心贯彻落实省市文件，规范农机监理业务流程，开展拖拉机和联合收割机查验工作下乡进村入户到田头等便民活动，共办理拖拉机入户8台。正常换证30人。补证4个。检验拖拉机（含变拖）65台。方便农机手检验手续，促进农机“三率”水平提升；开展农机安全宣传教育活动。组织农机监理人员到田间、农机专业合作社、农机大户、农机经销企业，开展农机安全宣传活动，发放农机安全生产宣传资料、现场讲解农机安全操作知识，解答农机故障维修疑难问题。在各乡（镇）张贴横幅，发放宣传资料5000余份，检车时要求驾驶员签订安全生产责任书，落实安全生产责任制，打造“平安农机”，为保障农业机械安全高效生产，实现主要农作物生产全程机械化保驾护航；加大源头管理，严把车辆登记、检验和驾驶员考试关。与检测站对接，要求检测站按照规定检测农用车，如不按照规定要求检测车辆，视为检测无效；规范驾驶考试流程，按照新“部令”要求落实各个环节；开展农机安全生产隐患排查治理活动。在重要农时和“安全生产月”期间，组织执法人员到乡（镇）街道、田间场院、农机合作社、农机大户、农机经销企业，开展农机安全生产隐患排查治理。共开展执法行动13次，遏制农机事故发生。

（李宝军）

管涔山国有林业

【概况】 2019年，管涔山国有林管理局落实全省林业和草原暨党风廉政建设工作会议精神，把握高质量发展总要求，加强资源综合保护，实施标准化造林，提升森林质量。依托森林资源优势，推进乡土良种繁育、森林康养产业发展，对标一流创优发展环境，夯实基础提升党建工作水平，全局上下凝心聚力，务实创新，奋发进取，较好完成各项工作任务。

【营造林工程】 2019年，管涔山国有林管理局营造林总任务为16.37万亩。其中，人工造林11.97万亩，封山育林4.4万亩。截至2019年底，管涔山国有林管理局2019年度营造林任务全部完成。提前落实造林措施，有效保障造林成活。以落实春季顶凌造林为导向，在上年秋季就提前下达造林计划任务，编制作业设计，落实苗木机具，组织议标，培训施工队伍，开展造林预整地。2019年春季，各林场紧紧抓住冰雪消融、土壤解冻有利时机，开展春季造林工作，完成全年造林任务80%以上，为全面提高造林成活率起到决定性作用。科学合理规划布局，加快国土绿化步伐。深挖辖区内部潜力，镶边补空、见缝补绿，巩固提升灭荒成果。加快国土绿化步伐，推行购买式、置换式、合作托管等造林新机制，集中推进汾河、朱家川河、岚漪河、滹沱河、恢河等五河流域和吕梁山生态脆弱区合作造林，在神池县集中布局合作造林工程 2.5 万亩，在河曲县布局托管造林工程 2 万亩，解决管涔山国有林管理局宜林地严重不足、造林工程落地难瓶颈问题，拓宽发展空间，发挥管涔山国有林管理局在吕梁山生态脆弱区林业生态建设中人才、技术、种苗优势。精细实施过程，强化科技支撑。按照国家和省林草局有关营造林技术标准，结合管涔山国有林管理局实际情况，组织全局经验丰富技术专家、业务骨干，制定《管涔山国有林管理局标准化造林工作方案》，修订《管涔山国有林管理局林业建设项目管理办法》和《管涔山国有林管理局营造林工程质量和投资管理办法》，为实施标准化造林奠定基础。各单位在施工作业前，先由技术人员按照作业设计标准和要求，做出整地、栽植示范样地，并对施工人员现场培训，做到先培训后施工。按照“高标准整地、高规格选苗、高质量栽植、高水平管理”工程建设要求，根据晋西北高寒干旱气候特点和沙化瘠薄立地条件，因地制宜选择抗旱能力强榆树等阔叶树种，科学确定混交比例，营造“针针阔”“针阔阔”混交林，阔叶树单一树种不超过 30%，不低于 10%。所用针叶树苗全部使用 2—2 以上，35 厘米以上优质容器苗，阔叶树苗选择 2 年生以上优良树种，工程用苗出圃前，及时灌足“救命水”，普遍喷施防啃剂，做到当天起苗、当天栽植，普遍使用径流集水整地、脱钵覆盖等抗旱造林技术，管涔山国有林管理局集中购置 2.7 万元保水剂、生根粉、植物蒸腾抑制剂、防啃剂等药剂，强化各类药剂、防鼠兔套等鼠兔害防治技术应用，提高造林成活率。施工期间，各林场场长、分管场长和技术员坚持跟班作业，加强技术指导，严把施工质量关，提高造林成活率。落实管护措施，确保造林成效。以提高“成活率、保存率、成林率”为目标，按照“3 年包成活，5 年包成效，7 年包成林”思路，以当年 20 元 / 亩、第二及第三年 10 元 / 亩标准，落实管护经费，由林场聘用当地有威望、敢担当、讲信誉“厉害人”担任管护员，签订管护合同，切实落实管护责任，一月一检查，一年一兑现，严格考核奖惩，强化刚性约束，大大增强管护员责任心，做到经费专款专用，人员专职专用，措施落地见效。各林场结合实际，因地制宜，探索管护新机制，采取“家庭式承包管护”“抵押承包管护”“协议承诺管护”“聘请能人管护”等多种措施，水门、阳武河和杏岭子林场试用“落地 + 造林 + 管护一体化承包”新机制，部分林场还与当地政府实行联合管护，科学合理规划林牧业用地，为林区牧民留足放牧空间，在人畜活动频繁区域建设围栏，并与新造林地周边村委签订管护公约、与牛羊牧工签订责任书，确保栽得活、保得住、能成林。森林公安也加强对新造林地执法巡逻，严查重处违规放牧、违规用火行为，发挥震慑作用，确保管护成效。

【森林质量提升】 2019 年，管涔山国有林管理局把精准提升森林质量作为森林抚育经营工作出发点和落脚点，科学编制森林质量精准提升方案。组织 13 个林场对辖区范围内森林资源摸底，在全面摸清现有林分状况基础上，针对不同森林类型、不同功能目标、不同发育阶段，采取差异化和精细化措施，结合年度任务量和自然、交通等作业条件，按照由近及远，由易到难，统筹协调，循序渐进原则，以5年为一个经营期，编制森林质量精准提升方案。精准规划布局。根据全局森林资源分布情况，按照“路边增景、山上增量、整体增效”思路，打破林场界线，科学整合各类生产要素，按山系、流域统筹规划，合理布局各类森林经营提质工程，在羊圈沟林场集中布局森林抚育10000亩，高起点定位、高目标规划，彰显规模效应，实现综合效益最大化。精准编制作业设计。按照“谁编制、谁负责”原则和“新理念、依规程、全要素”设计办法，组织施工单位、主管科室和设计部门技术人员到实地，逐小班调查，在精准划分细班、精准选择有代表性样地、精准调查测量基础上，依据抚育规程，精准确定抚育方式、抚育强度、消耗蓄积和出材率，科学编制作业设计，切实做到全林分调查、全林分设计，带动全局做到森林经营无死角，工程建设有特色，森林质量大提升。精准开展施工作业。抚育作业前，先由技术人员做出示范样地，并对施工人员现场培训，始终做到先培训后施工。林场分管领导和技术人员全程跟班作业，科学标注目标树和采伐木，采用林木分级法和日标树分类法相结合，以定株和生长伐为主，上层采用生长伐培养针叶目标树，中层阔叶树采用定株疏伐保留一定量的实生阔叶辅助树，伐除中上层干扰树，给下层幼树释放生长空间，调整树种和空间结构，确保目标树种疏伐与珍稀树木保护相结合、日标树修枝与干扰树清理相结合、上层林抚育与二代林培育相结合、林中空地补植与树种结构调整相结合，提升森林质量。精准打造样板区。每个林场都选取2个作业小班，打造500亩森林经营样板区，探索不同林分结构、林龄结构、树种结构森林抚育经营新模式，形成精准提升森林质量新措施，带动全局森林抚育质量精准提升。全年完成森林抚育任务4.8万亩。

【森林保护】2019年，管涔山国有林管理局坚守森林资源健康安全主线，全局全年未发生一起森林火情、火灾，未发生破坏森林和林地资源重大案件，未发生蔓延性林业有害生物灾害，禁毒工作也保持“零种植”记录。被国家林业和草原局授予保护森林和野生动植物资源先进集体。靠实责任体系，强化精细管理。落实局领导和科室包场、场领导包站、公安民警包片、管护员包山头地块“包保”责任制，把全局145.2万亩经营面积分解细化为257个责任区，逐级落实到局、场、所、站、员五级责任人，层层签订管护责任书，一级抓一级，层层压担子，形成纵向到底、横向到边、上下联动、运转高效的资源管护责任体系。创新联防机制，凝聚防控合力。健全局与县、场与乡、站与村三级森林防火联防机构，完善联席会议制度，修订森林火灾应急预案，建立起重要工作联合部署、重点时段联合督查、重点区域联合巡护、重点部位联合把守、重要火情联合处置的森林防火工作新机制。2019年，管涔山国有林管理局与宁武县、五寨县、岢岚县政府联合召开森林防火工作会议，联合开展3次森林防火专项督查，与宁武县林业局、旅游局联合开展整治野外烧烤专项行动形成全方位综合管护强大合力。加强队伍建设，提升管护能力。全局230名管护员全部参与培训。森林消防专业队人数增加到103人，筹资50万元消防物资及装备。把森林消防队员、公安民警、防检技术人员充实到一线，与管护员组成“四位一体”综合管护队伍，加强日常巡逻管护，第一时间发现问题，第一时间处置。依靠科技手段，提高管控效率。投资10万余元，全面维护重点路段设立的18套视频监控设施。投资70万元，统一为13个林场、保护区一线管护员更新GPS巡检终端243台，实现全局有林单位巡检系统使用全覆盖；投资10万余元，修订完善《GPS巡护管理办法》，细化管护员GPS巡护范围、频次和路线，使管护员每月巡护轨迹覆盖整个辖区，形成山上与山下、人防与技防、动态与静态相结合的立体管控网络体系，提升森林资源管护的精准度和实效。强化督查考核，确保管护成效。修订完善《森林资源管护绩效考核办法》《森林资源管护报账制度》，细化管护目标、任务、资金、责任挂钩措施。实行“月检查、季督查、年考核”制度，各林场每月实地考核管护站管护档案建设、值班考勤、管护员巡护记录和管护效果；管涔山国有林管理局组织资源和天保公益林管理部门按季度专项检查林场资源管理和管护成效，执行管护效果与劳务工资挂钩的考评机制和管护情况按月通报制度；局纪委采取明查暗访方式，重点督查林场、管护站人员上岗履职情况，推动管护责任和管护措施落实。全年共组织开展4轮资源督查，2轮纪委督查，覆盖管护站35个、重点地段34处、管护责任区75个，下达整改通知书34份，提出整改意见56条。加大打击力度，保持高压态势。针对不同阶段森林资源保护各种情况，组织森林公安开展一系列专项行动，打击乱垦滥占林地违法行为，整治破坏林地资源严重、林区治安混乱重点地区，集中时间，整合力量，统一行动，树立执法权威，保持严打破坏林草资源违法行为的高压态势，确保资源安全形势持续向好。全年共查处涉林案件38起，处理涉案人员38人。

【集体林地托管】 2019年，管涔山国有林管理局重视集体林地托管工作，成立集体林地托管工作机构，制定《集体林地托管工作实施方案》，组织人员到林区周边集体林地面积较大县摸底调研，与相关部门沟通，与拥有林权农户面对面座谈，就集体林地托管原则、范围、方式、责任分割等问题达成一致意见。先后与宁武县、神池县、五寨县、河曲县等周边县市达成集体林地托管意向62.11万亩，其中签订协议26.23万亩。2019年，在托管林地实施造林4.5万亩，推动集体林地托管工作。

【种苗产业】 2019年，管涔山国有林管理局按照“扩面积、调结构、提质量、增效益”思路，补短板、强弱项，多点发力推动种苗产业快速发展。局场共同投资1500万余元，新增苗圃面积254亩，新育苗面积380.5亩，苗圃总面积2518亩。其中，保障性苗圃19处，面积2000亩，在圃苗木5658.24万株。培育各类容器苗222亩，育苗1796万袋，完成新下种158.5亩。增加苗圃面积。通过“内挖外扩”方式，清理整顿苗圃地，租赁周边闲置农田，使各林场保障性苗圃面积均超过50亩，怀道林场苗圃面积达到509亩。推进林木良种繁育。加强山丛林林场落叶松种质资源保存库、秋千沟林场云杉母树林基地建设。利用管涔林区“华北落叶松故乡”“云杉之家”种源优势，申报2019年中央财政林木良种培育补助项目13个；申报2020年省级林木种苗补助基础设施建设项目3个，保障性苗圃建设项目6个；申报第一批省级林业保障性苗圃。其中，阳武河林场、怀道林场荣获第一批省级林业保障性苗圃建设单位；申报第一批省级林木种质资源库和第三批省级重点林木良种基地，其中水门林场白杄、青杄被确定为第一批省级林木种质资源库；申报水门林场青杄母树林种子良种审定和羊圈沟林场华北落叶松母树林种子良种审定，争取国家资金和政策支持，加大优良乡土树种培育力度，打造管涔山国有林管理局乡土良种繁育基地。合理调整在圃苗木结构。围绕年度造林任务，充分考虑用苗需求，统筹树种结构、苗龄结构、种类结构等因素制定科学合理育苗规划，力求各类新下种、留床苗、换床苗、容器苗在时间和空间上做到结构合理，梯次循环，供需平衡，良性发展。强化苗圃科学管理。加强苗圃地日常管理，重视施肥、浇水、中耕除草、防寒防冻、有害生物防治，推广遮阳网、自动喷灌、低毒环保除草剂等技术做法，强化圃地精细化管理，促进苗木生长，缩短出圃时间，提高良种壮苗出圃率。严格执行林木、种苗产地检疫和调运检疫，产地检疫率均为100%，调运检疫率95%以上。

【森林康养产业】 2019年，管涔山国有林管理局推进以芦芽山为中心森林康养基地集群建设，组织业务骨干对拟定10个森林康养基地反复实地踏查调研，综合各类因素仔细甄选，优中择优，申报秋千沟、水门、闫家村、杜家村、羊圈沟林场5个省级森林康养基地。重点实施芦芽山国家级森林康养基地试点建设，组织工作人员到浙江省部分发展较好森林康养基地实地考察学习，并根据《芦芽山森林康养基地发展规划》制定《2019年度芦芽山森林康养基地建设实施方案》。完善基础设施，扩大招商引资，延长维修改造康养基地内部木板步道，清理水景工程河道，更新更换生态文化标识和解说牌，在出口入口及重点监控区域安装4个集防火防盗、人流监控等作用于一体的电子监控摄像头。本着合作共赢、共同推进原则，与宁武县人民政府合作，由宁武县人民政府投资1295万元，改造利用康养基地附近南沟庙村废弃山庄窝铺，建设南沟庙森林康养山居度假区，作为芦芽山森林康养基地的配套服务设施，总面积1.71万平方米。聘请专业人员规划设计芦芽山国家级森林康养基地试点方案，以传统文化为背景，围绕静态康养、运动康养、中医药康养、文化康养，规划布局管理服务区、康养理疗区、休闲游憩区、森林生态区四大功能区块，共20余个人文景观、4大文化展馆、10余个运动体验项目、10余条健身养生游步道，以及森林食品、康养住宿、文化交流、教育培训体验等配套设施，能够同时开展运动、休闲、文化、艺术等一系列康养活动，全面唱响“大美管涔，康养福地”靓品牌，全力写好森林康养产业发展“大文章”。

【和谐林区建设】 2019年，管涔山国有林管理局党委筹资62万元，为全局1200余名职工开展健康体检；筹资32万元，帮扶部分生活困难职工；筹资5万元，为32名高考达到二本线的职工子弟发放助学奖励金。局场筹资500万元，对局机关、13个林场场部、26个管护站、12个森林公安派出所、森林消防专业队办公场所进行整体提档升级，改善基层一线人员工作和生活条件，提升整体形象。在“三八”妇女节期间举办主题知识竞赛、礼仪知识讲座等系列活动。在“六一”儿童节期间举办关爱女职工送温暖活动。在重阳节前夕，组织离退休人员主题知识竞赛、“我和祖国共成长”管涔故事报告会。国庆节期间，举办全局文艺会演等系列活动。组织职工参加省林草局“我和我的祖国”省直林区歌咏比赛暨文艺会演，取得第二名好成绩；组队参加省林草局第二届羽毛球、乒乓球职工运动会，取得羽毛球男单第四、男双第七、男团第八成绩，林局获得精神风貌奖。筹资15万元为平顺县牛石窑村提升村容村貌，组织全局干部职工为他们捐赠产业发展资金4.35万元。实施生态扶贫工作，聘用18名贫困人员担任防火信息员，人均年增收4200

元；雇用257名贫困人员参与营造林建设，人均年增收4500元。扎实开展林业资产性收益扶贫试点工作，人均年增收1500元。做好助力脱贫攻坚工作，派出14支驻村工作队对宁武县西马坊乡12个村381户、五寨县4个村257户精准贫困户开展帮扶，受到驻地群众一致好评。

【国有林场改革】 2019年，管涔山国有林管理局按照改革方案把“三增”任务科学合理分项目分年度规划到场、落实到站，建立任务落实台账，严格实行责任清单制度、场长负责制和场长任期目标考核责任制，全面落实国有林场中长期发展规划，推动建立以森林经营方案为核心的森林经营制度。对照《国有林场改革验收评估办法》和评估指标，开展全局国有林场改革工作“回头看”，逐条核对，查遗补漏，立行立改，确保按期完成国有林场改革任务。宣传林区改革发展成果，全年在中国绿色时报刊发专刊1版、发布报道2次，在省林草局门户网站和微信公众号刊发报道230次、微视频5条，在山西科技报发布报道19次，全面讲好管涔故事，传播林区声音，取得省直林区排名第三的好成绩。

（段新文）

·山西省黄河万家寨水务集团有限公司宁武分公司·

【概况】 山西省黄河万家寨水务集团有限公司宁武分公司成立于1992年9月，前身为山西省万家寨引黄工程总指挥部宁武分指挥部。2015年12月，由事业单位改制为国有独资公司，隶属于山西省黄河万家寨水务集团有限公司。分公司主要负责管理引黄工程南干线全长93千米的隧洞、渡槽和埋涵等水工建筑物。辖区工程从南干线二泵站出水竖井到头马营出水口，主要包括：南干4#、5#、6#、7#无压隧洞和西坪沟渡槽，木瓜沟埋涵，温岭埋涵，头马营明渠，流经81千米天然河道入汾河水库。

【安全生产】 2019年，山西省黄河万家寨水务集团有限公司宁武分公司每月召开一次生产安全例会，专题研究分公司生产情况及安全问题，全年召开12次例会；全年反事故应急预案演练4次，分别是反恐怖袭击预案演练、火灾逃生演练、防触电事故演练、防汛演练。在分公司院内设置消防沙箱、沙池，检查办公区及头马营营地灭火器具，确保防汛、防火物资储备充分。

【汛期安全】 2019年，宁武分公司在汛期来临前整理、清点、补充必要防汛抢险物资，建立安全防汛值班制度。值班分为日常值班及周末、节假日值班，要求领导带班，值班人员24小时保持手机畅通，特别是夜间坚守工作岗位，做到密切关注天气变化，确保汛情随时掌握、险情及时处置。

（许　波）

汾河治理

【概况】 2019年，宁武县汾河治理事务中心围绕“民生治汾、生态治汾、效益治汾、安全治汾、和谐治汾”这一主题，按照“争资金、上项目、办实事、惠民生、重效益、建精品、保安全、促转型、谋跨越”工作思路，实施“大项目支撑、大园区导向、大规模发展、大治汾推动、大水网建设”的“兴水惠民”战略。

【重点工程建设】 汾河源头生态治理工程（河道治理）。河道治理3.87千米、坡面治理634.33亩、潘家湾段生态湿地治理26.16亩、河道清淤2066米，完成工程量16.49万立方米，植树 5 万株，完成投资 1613 万元。汾河源头生态治理工程（水土保持）。综合治理面积 3238.78 平方千米，其中种植油松 931.26 平方千米、落叶松 79.92 平方千米、沙棘 202.26 平方千米、封禁治理 2025.34 平方千米，完成投资 1063.13 万元。大西沟、瓦窑沟两处泥沙防治工程。完成河道拦沙堰 7 座，完成投资 272.73 万元。完成大廖沟淤地坝除险加固工程。土方 19281 立方米，石方 2874 立方米，混凝土 249 立方米。投资 95 万元。完成吴家湾淤地坝溢洪道维修工程。土方 1.3 万立方米，石方 1578 立方米，混凝土 421 立方米。投资 142 万元。

【防汛安全】 2019 年，宁武县汾河治理事务中心在推进治汾重点项目建设同时，不忘安全生产，主动扛起安全主体责任，围绕水保坝系工程安全这一主责，出方案、建制度，层层压实责任，全力落实各项安全防汛措施。从 4 月开始着手做“防大汛、抢大险、救大灾”各项预防准备工作，组织开展安全隐患排查，制定预案、储备物资、购置设备、组建队伍，安排巡查值班专职人员，明确防守任务职责，做到水库和淤地坝管控区域有人管、设施有人查、堤段有人防、库坝有人守、险情及时处，确保水保坝系工程安全度汛，实现“不溃一坝、不垮一堤、不伤一人、不损一物”防汛安全目标。

（李建文）

财 政

【概况】2019年，宁武县财政总收入完成212727万元，较上年192010万元增收20717万元，增长10.79%，完成年度预算任务211712万元的100.48%；一般公共预算收入完成91259万元，较上年71438万元增收19821万元，增长27.75%，完成年度预算任务84297万元的108.26%。一般公共预算支出完成252303万元，为年度调整预算数280703万元的89.88%，同比增长28.47%。

【财政收支平稳运行】2019年，国家减税降费政策性减收带来不利影响，宁武县财政局主动适应经济新常态，紧盯年度收入目标，强化部门主体责任，加强收入分析调度，依法严格征管，稳固财政收入持续增长，确保各项收入及时入库。

【重点支出资金保障】2019年，宁武县按照公共财政预算框架，采取有保有压量入为出用款原则，调整支出结构，压缩“三公”经费，保障财力重点支出。确保全县干部职工工资，集中财力保障关系国计民生的社保、扶贫、教育、卫生、环保、等各项重点资金支出。

【作风建设】2019年，宁武县财政局在支部和单位作风建设全覆盖基础上，把党员领导干部作为重点，通过开展学习、自查剖析、讨论交流等形式，筑牢思想定力根基，增强从严律己意识。优化目标责任考核方式，对各单位、科室重点工作进展和成效进行跟踪问效，确保任务如期完成。

（夏爱新）

税 务

【概况】2018年7月，由宁武县国家税务局与宁武县地方税务局合并成立国家税务总局宁武县税务局，位于宁武县凤凰镇凤凰大街0597号（凤凰办公区坐落于光明街0303号），有在职编制干部职工140人。按照国地税征管体制改革“三定”方案，设置内设机构、派出机构、事业单位共22个。宁武县税务局承接国地税优良传统，在改革攻坚、组织收入、纳税服务、文明单位创建、队伍建设等方面取得瞩目成就，为全市、全县经济社会建设和转型发展作出贡献。2019年，荣获2019年度省级文明标兵称号。

【组织收入】2019年，宁武县税务局落实“四个坚决”要求，抓好组织收入工作。及时分解落实任务。把全年收入任务按月分解落实到各征收单位，局领导蹲点包片督导，形成人人有任务、个个担责任良性促收机制。

开展税源清查。开展煤炭行业税源调查行动和打击虚开虚抵增值税专用发票专项行动，全面排查县域内一般纳税人生产经营情况，降低税收流失风险。进企入户调研。班子成员多次带领业务骨干进企入户调研，摸清企业经营情况，听取企业意见建议，确保政策落实、程序执行到位。稳步开展社保与非税收入征管职责划转工作。制定工作方案，细化分解任务，与财政、社保等部门建立协调联系机制，熟悉掌握相关政策和征缴业务流程，全面建立费源清册，开辟银联、POS 机、掌上 App 等缴费渠道，推动社保征收工作。全年累计完成税费收入 17.9 亿元。其中税收收入完成 17.3 亿元，同比增长 1.58%；规费收入完成 6032 万元，同比增长 8.06%。

【依法行政】 2019 年，宁武县税务局坚持组织收入原则，严格依法依规征税。应收尽收，坚决不收过头税费，强化税收征管，加强税收风险管理，推进行政执法“三项制度”实施，税收收入持续稳定增长，达到年初制定目标。围绕全年减税降费目标任务，依法依规减免，全年累计减免税 15760 万元。其中，2019 年新出台减税政策减税 11834 万元，2018 年到期后在 2019 年延续减税政策 140 万元，2018 年减税政策在 2019 年翘尾减税 3786 万元。按照总局《“十三五”时期税务系统全面推进依法治税工作规划》中提出“坚持税收法定，增强税收制度制定的科学性、民主性和透明度，提高税收制度建设质量，推动实现税收领域良法善治”要求，对上级部门下发各类征求意见稿，积极建言献策。税政部门落实税收政策执行情况反馈制度，准确把握税收政策执行情况，客观评价政策执行效果，反映政策执行中存在实际问题，为国家税制改革、完善税收政策提供合理建议，提高税收政策科学性、合理性及可操作性；推进科学民主决策，执行集体讨论决定决策程序，建立减税降费数据会审机制，严格执行重大执法决定法制审核制度，对罚款数额较大或经过听证程序的税务行政处罚决定、税收保全措施、税收强制执行、税款数额较大的税务行政征收决定事项进行法制审核，有效促进决策的规范化、民主化；严格执行行政执法“三项制度”。在行政执法公示上，及时公示执法主体、执法人员、职责、权限、机构设置、办公地址、联系方式等基本信息。权力和责任清单，纳税人权利义务，最新政策法规等，让广大纳税人对税务机关、税务人员职责有了明确认识，对自己享有权利，承担义务有了更清楚认知，特别是 2100 户定期定额户核定定额公示和纳税信用评价结果为 A 级纳税人名单公示效果显著，前者切实提高个体户纳税人满意度，后者对提高纳税遵从度，引领非 A 级纳税人依法纳税方面起到积极效果。在执法全过程记录方面，暂未配备执法记录仪、录音录像等设备，主要记录形式还是文字记录，特别是对行政处罚、行政许可事项，做到流程合规，文书准确，手续完备。在重大执法决定法治审核制度落实方面，严格按照总局规定五类事项进行法制审核，2019 年暂无需要审核事项，所辖范围内没有发生过行政复议、行政诉讼案件；完善制约监督机制，促进权利依法合规运行。加强对税收执法权和行政管理权制约和监督，强化风险防控，依托内部控制监督平台，加强内控建设，建立健全内控基本制度和管理制度，推进覆盖全部业务和所有环节的“大内控”机制建设。加强依法行政工作领导机制。充分发挥县局党委推进依法行政领导核心作用，加强依法行政工作领导小组建设，推动落实“三项制度”，强化工作责任，层层落实，保证上级部署各项税收工作任务取得成效，有力推进依法行政工作。

【税收征管】 2019年，宁武县税务局坚持为民便民利民，推进办税和缴费便利化改革，切实维护纳税人和缴费人合法权益，降低纳税和缴费成本，促进优化营商环境。国税地税机构合并后实行以国家税务总局为主、与省区市党委和政府双重领导管理体制，建立健全职责清晰、运行顺畅、保障有力制度机制，完成新税务机构挂牌、制定新税务机构“三定”规定、开展社会保险费和非税收入征管职责划转、推进税费业务和信息系统整合优化、强化经费保障和资产管理、清理修改相关法律法规等重点改革任务。调整优化税务机构职能和资源配置，增强政策透明度和执法统一性，统一税收、社会保险费、非税收入征管服务标准，促进现代化经济体系建设和经济高质量发展。构建起优化高效统一税收征管体系，为纳税人和缴费人提供便利服务，提高征管效率，降低征纳成本，增强税费治理能力，确保税收职能作用充分发挥，夯实国家治理重要基础。

【税收营商环境】 2019年，宁武县税务局深化“放管服”改革，全流程优化办税服务，推行网上办税、自助办税，统一税收政策执行口径、资料报送要求。推进网报纳税人资质认证，促进信息电子化、报送资料简化。推行免单、免填单和预填单等特色服务，增设新办企业绿色通道，简化清税注销流程，实现“网上纳税人学堂”与实体纳税人学堂双轨并行，网上申报比例达98%以上。统筹开展进户宣传执法，减轻纳税人负担，全面推进税种管理服务，开展政策精准上门服务，小微企业普惠性优惠、研发费用加计扣除、个人所得税六项扣除等各项改革政策全面落地，税收营商环境持续改善，广大市场主体和群众办事便捷度显著提升。

【电子税务管理】 2019年，宁武县税务局整合优化税费业务和信息系统。对“金三”系统表证单书配置进行升级，启用新的名称、局轨、字轨和编号，进行业务验证，网上税务局完成升级、对外开放，新的互联网站、内部网站和新媒体账号同步启用，发布新机构工作动态。税务干部力保“金三”系统顺利升级。结合税务机构改革节点，推进税费业务和信息系统整合优化统一相同税种、相同事项执行口径、统一税务行政处罚裁量标准等，实现主税附加税费一次联动办理，实名办税一次采集等。社保费和非税收入征管职责划转后，确保满足多方需求，实现各方共赢，根据上级制定下发数据标准和业务技术规范，做好信息共享平台建设，推动实现各有关系统互联互通。

【队伍建设】 2019年，宁武县税务局组织党委中心组学习6次，召开专题民主生活会2次，党委委员经常性谈心谈话，指出问题、提出意见。严格落实民主集中制原则，凡涉及“三重一大”有关事项，坚持集体研究、集体决策。严格干部选拔任用，打造学习型、创新型、智慧型队伍建设。股室搭配老中青结合，部门配置持续优化，干部梯队逐步形成。实施分层分类干部培训和培养，开展全员轮训，全年举办参与各类培训26期，提升干部履职本领。推行“数字人事”，全面完成纪实管理和任务推送，实施考评、记分制度，实现干部队伍日常痕迹管理，发挥绩效管理“指挥棒”作用。关心基层建设，对基层分局、税务所办公环境和职工小食堂升级改造。走访慰问退休老同志和困难职工，落实离退休人员福利待遇。依托工会、妇委会等群团组织举办职工运动会、迎新年联欢晚会等活动，丰富业余文化生活，税务干部队伍加速融合。

（谭　斐）

金融

中国人民银行宁武县支行

【概况】 2019年，宁武县银行业金融机构8家，分别是农发行、农行、建行、中行、工行、邮储银行、农村信用联社、村镇银行，服务网点42个。其中，县域服务网点21个，乡镇网点21个，金融综合服务站315个。自助设备605个。其中，ATM机70个，POS机518个，其他自助终端17个。保险机构5家（人保财产保险公司、人寿保险公司、人寿财产保险公司、中国人寿、太平洋财险）。全年，宁武县全金融机构各项存款余额1221372万元，较年初增加136637万元，增长12.6%；贷款余额421769万元，较年初增加91295万元，增长27.63%。

【稳健货币政策】 2019年，中国人民银行宁武县支行（以下简称宁武支行）贯彻落实稳健货币政策。宁武支行把最新利率政策传导到金融机构，督导辖区内金融机构落实并把新情况、新问题报回。做好利率监测工作，确保准确向上级行报送数据。落实存款准备金利率调整，把最新政策通知金融机构，并督促执行。依照最新文件精神，宁武农村信用联社存款准备金利率调整至9.5%。在宁武支行推动下，2019年，宁武信用联社经中支信贷科审核后，发放扶贫再贷款1500万元。在宁武支行帮助下，宁武农村信用联社通过动产融资统一登记公示系统登记债券，经过中支信贷科审核后，发放支小再贷款1亿元。帮助民营及小微企业解决融资难、融资贵问题，疏通服务民营及小微企业“最后一千米”。通过实地考察与沟通，电话访谈52家民营企业，了解其真实信贷需求并把情况转至金融机构，宁武农村信用联社为民营企业发放贷款20591万元帮助其解决融资难题，通过实地走访21家小微及民营企业和105家个体工商户，提供6种类型的信贷产品，授信小微企业主及个体工商户14户，授信金额达到281万元。推进金融知识普及示范点建设，扩大金融知识普及活动覆盖面。加强宣传，支行联合辖内各金融机构开展以“权利·责任·风险”为主题“3·15”金融消费者权益日宣传活动。帮助群众明辨金融广告真实性、合法性，避免上当受骗，共发放宣传资料8000余份，接受群众咨询4300人。推进金融广告治理工作，组建监测队伍，实地走访辖区主要媒体平台以及街道，并通过多种渠道普及识别金融广告真实合法性知识。

【风险防控监测】 2019年，宁武支行建立金融稳定工作协调机制。定时向宁武金融稳定工作协调领导组通报情况。通过金融稳定工作政银企座谈会，推动金融稳定工作落实。规范操作金融风险监测系统。督促指导辖内14家金融机构按时报送风险监测表，利用监测系统，做好各类基础数据的采集、积累和应用工作。落实《存款保险风险评价管理办法》和《存款保险风险评价指标体系》，确保新存款保险制度顺利运行，2019年，宁武农商行存款保险评级为4级，宁武商行存款保险评级为7级。强化重大事项报告制度，全面掌握辖内银行业金融机构重大事项。组织召开重大事项报告制度专题会议，重点指导，当面培训，严格要求，使全县各银行业金融机构提高对重大事项报告制度重视、认识，建立清晰有序、及时有效的报告流程。完善开业管理制度流程。明晰对金融机构开业管理的内容、标准、程序，提要求各部室依据有关法律法规及规章制度。在遵循综合评价办法规定基础上，细化完善相关制度，年末发起综合评价。年末，综合评价中国工商银行股份有限公司宁武支行、中国农业银行宁武县支行、中国人民银行宁武县支行、中国建设银行宁武县支行、中国农村商业银行宁武县支行、中国邮政储蓄银行宁武县支行、宁武瑞都村镇银行7大银行业金融机构从日常管理、内控制度建设、落实货币政策执行效果、践行社会责任等四大领域，并把结果通报各行。

【国库建设】 2019年，宁武支行履行基层人民银行经理国库职责，推进国库业务标准化建设，基础核算工作得到夯实，使国库服务民生、服务社会职能得到提升；加强国库信息化进程，推进联网工作及配合上级国库完成“3T”（TIPS TCBS TMIS）系统升级工作；推进国库重点工作全面开展。加强国库监管，防范和化解国库资金风险，确保财政预算收支计划顺利执行。全年，共经收各项财政总收入212727万元，办理收入业务43477笔。各项预算支出272322万元，办理支出业务6906笔。退库业务4953.48万元，办理2257笔。更正调库24笔，金额13677.21万元。年内，宁武支库国库集中支付业务办理单位有312个单位，截至2019年末，共办理国库集中支付业务金额272322万元，笔数约6906笔。

【金融扶贫】 2019年，宁武支行发挥存款准备金、扶贫再贷款作用，为宁武信用联社申请扶贫再贷款20100万元；为宁武瑞都银行申请扶贫再贷款500万元。截至2019年年底，宁武金融精准扶贫贷款40451万元，同比增加6165万元，同比增长17.98%。引导信贷资金向扶贫领域聚合，增添助力脱贫攻坚动力。配合县银监办、金融办、扶贫办推动扶贫小额贷款发放，全年共发放建档立卡扶贫小额贷款金额22131万元。

全县金融机构在人民银行牵头下，推进脱贫攻坚工作。宁武邮储银行统筹扶贫、产业、税收、财政等各项政策，以贫困村为基本单元，贫困户为受益对象，发放光伏扶贫贷款，成功推出“贫困户出一点、政府补一点、邮储银行贷一点”的2：7：1贷款模式，以段家沟村为试点，在全县整体推广光伏扶贫小额贴息贷款。做到精准到户、滚动发展，帮助解决脱贫攻坚项目建设中遇到的融资问题，截至2019年底，邮储银行发放光伏扶贫贷款35笔，金额111.69万元，全县光伏收益累计达5111万元，惠及贫困人员14807人。宁武农村信用社以“银行+龙头企业+建档立卡贫困户”方式，向2家企业发放贷款7935.5万元，企业为贫困户提供岗位，带动建档立卡贫困人口655人。

【普惠金融发展】 2019年，宁武支行深化农村支付服务环境建设，宁武有3家金融机构和银联承办，分别为宁武农行、联社、邮储银行。全年，山西省农村“金融综合服务站”建设验收以奖代补资金项目工作在全县459个村（其中5千米以上50人以上村282个、5千米以上50人以下的村55个，5千米以下的村122个，共在235个村建成服务站374个，其中农行建设161个、联社建设98个、邮政银行建设10个、银联建设105个）。在上述农村金融服务站中，挂上人行制定“农村金融综合服务站”牌匾。这些挂匾服务站，业务较好，平均笔数在70笔以上，可以办理转账、小额社保资金支取、消费、跨行汇款、代收电费、代缴话费等业务。加强农村信用体系建设，促进信用与信贷联动。探索农户基础信用信息与建档立卡贫困户信息共享和对接，推广运行“小微企业和农村信用信息系统”，完善农村金融信用信息基础数据库，两次召开由县领导、各乡镇长、信用社参加“小微企业和农村信用信息系统”动员会培训会实施推广。推进“信用户”“信用村”“信用乡镇”评定与创建，鼓励发放无抵押免担保扶贫贴息贷款和小额信用贷款。重视金融知识普及，强化贫困地区金融消费者权益保护，先后5次到基层乡镇宣传普及金融知识。6月13日，宁武支行组织辖区各金融机构开展以“普及金融知识，守住‘钱袋子’”宣传活动。

【农村现金服务点和现金服务示范区建设】 2019年，宁武支行要求各金融机构重视农村现金服务点和现金服务示范区建设工作，成立相应工作领导小组，明确职责。把此次创建工作纳入金融机构年度考评中。明确各金融机构工作分工，压实责任。宁武信用社及宁武农行具体负责全县14个乡镇农村现金服务点建设工作，其他金融机构负责现金服务示范区建设。提出“一街一镇”创建模式，一街为宁武县凤凰大街，一镇为宁武县东寨镇。其中，东寨镇芦芽山景区现金服务示范区创建由宁武信用社、瑞都村镇银行宁武支行和邮政分公司负责，宁武县凤凰大街现金服务示范区创建由工行、中行、建行、邮政储蓄银行分片负责，协同配合，齐创共建。在“六个统一”基础上增配及改造相关机具。辖内各金融机构加大农村现金服务点及现金服务示范点资金和人员投入，确保人员素质、服务能力，确保CRS、ATM等机具达到升级后标准要求，设立相关标识牌和登记簿。每个网点设置1台ATM机实现10元券人民币加钞和自助取款。有条件网点向其上级行申请布放纸硬币兑换机，完善小面额票币服务工作。各金融机构对外付出现金必须实现全额清分及冠字号码可查询、可追溯。

【“不忘初心、牢记使命”主题教育】 2019年9月，宁武支行开展第二批“不忘初心、牢记使命”主题教育。支行把学和做结合起来，把查和改贯通起来，推动学习教育、调查研究、检视问题、整改落实有机融合，并贯穿于主题教育全过程。支行组织召开“不忘初心、牢记使命”主题教育动员大会，忻州中支党委“不忘初心、牢记使命”主题教育督促指导小组组长岳润万、副组长杜禹鸿出席会议。

（贾宝宏）

中国工商银行股份有限公司宁武支行

【概况】 中国工商银行股份有限公司宁武支行下设营业室、凤凰街支行2个营业网点，宁武县美宁自助银行、宁武县政务大厅自助银行2个自助银行网点，在岗员工36人。截至2019年底，各项存款余额285379万元，较年初增加68839万元。其中，储蓄存款余额169196万元，净增14236万元，计划完成率589.3%。日均净增12365万元，计划完成率214.9%；公司存款余额99479万元，净增54651万元，计划完成率3643.4%。日均净增11141万元，计划完成率1547.3%。机构存款余额16703万元，减少48万元，计划完成率下降2.3%。日均减少3709万元，计划完成率下降180.9%。各项贷款余额3062万元，净增767万元，普惠贷款累计发放1640万元。2019年，被工商银行山西省分行授予“先进基层党组织”称号。被工商银行忻州分行授予“储蓄存款先进单位”“对公存款存款先进单位”“普惠金融及精准扶贫先进称号单位”称号。

【客户全量拓展】 2019年，中国工商银行股份有限公司宁武支行拓展全量客户，通过高端拜访、厅堂营销、旺季营销、积分回馈、上门服务、外拓扫街等手段多维度获客、活客、粘客。截至2019年底，个人客户数70067户，新增4392户；资产5万元以上客户，较年初增加84户；资产100万元以上客户，较年初增加45户；私人银行客户新增4户；公司客户547户，新增73户；机构客户106户，新增14户。

【重点项目跟进】 2019年，中国工商银行股份有限公司宁武支行在维护存量客户基础上，拓新户、拓大户。通过与宁武县委、县政府多次沟通营销，宁武县山水林田湖草项目户落户宁武支行，宁武县双万吨环保煤炭物流建设园实施主体——宁武县旭阳能源有限公司落户宁武支行。10月，公司存款数据实现扭负为正。

【普惠票据业务】 2019年，中国工商银行股份有限公司宁武支行逐户分析、筛选市工行分配普惠业务白名单客户，制定详细营销方案。普惠金融业务四个季度全部超额完成任务，前三个季度全市排名第二、第四季度全市排名第三。票据业务方面，累计贴现21633万元，完成率103%，全市排名第四。“融安e信”签约2户，完成全年任务。ETC专项营销活动中，该行共计营销5000余个。

【风险防控】 2019年，中国工商银行股份有限公司宁武支行以内控合规主题活动为引领，各种教育活动有机结合、相互渗透，共同推进合规文化建设。全年宁武支行营业室实现无风险，凤凰街支行全年只发生1笔三类风险事件。宁武支行于三季度网点评级首次进入B级，凤凰街支行三季度网点评级为C级。

【网点装修改造升级】 2019年，中国工商银行股份有限公司宁武支行营业室装修改造，落实省市行党委“十件实事”工作要求，为一线员工配置净化器、加湿器、饮水机、按摩靠垫，为全体员工订购生日蛋糕，中秋节为员工购置月饼，春节期间慰问网点一线上班员工，为当班人员订购午餐。组织员工开展文体比赛、演讲、春游、插花等娱乐活动，组织党员到红色革命圣地学习参观等，活跃员工业余文化生活。

（梁昌福）

中国农业银行宁武县支行

【存款业务】 截至2019年底，中国农业银行宁武县支行各项存款余额247505.6万元，时点增量18347.8万元。其中，个人存款余额193573.3万元，时点增量9367.6万元，日均增量3088.4万元；对公存款余额53932.3万元，时点增量8980.2万元，日均增量3519.76万元。

【贷款业务】 截至2019年底，中国农业银行宁武县支行各项贷款余额54963.9万元，较年初增加25668万元。其中投放公司贷款26594.3万元，累放小额扶贫贷款220万元，发放农户个人生产经营贷款50万元，发放惠农e贷308.7万元，累计发放住房按揭贷款590.7万元，其他个人贷款802.5万元。准入楼盘按揭贷款项目1个。

【信用卡业务】 截至2019年底，中国农业银行宁武县支行新增信用卡进件量7320张，发卡3947张，其中ETC信用卡227张。年轻客户数1320户，微信绑卡2036张，信用卡客户掌银渗透率90.65%。信用卡分期额2608.81万元，其中账单分期1542.46万元，消费分期216.75万元，乐分易694.4万元。信用卡不良64户，余额541477.09万元。2019年清收信用卡不良42.05万元，信用卡不良证券化一单23户，本金255525.36元，准备证券化24户，本金266032.9元，核销5户本金4.38万元。中间业务收入225万元，净利润2220万元。

【网络金融业务】 2019年，中国农业银行宁武县支行拓展聚合码有效户178户，收单商户有效净增38户，其中对公4户。新拓展掌银客户9945户。一类账户7109户，二类账户8596户，他行客户开立农行二、三类账户1329户。

【“三农”场景建设】 2019年，中国农业银行宁武县支行专业市场版办理68户，其中68户有效；惠农服务点26户全部有效。企业链商户2户，入驻扶贫商城商户1户。互联网产业链场景商户完成6户。布放支付通转账电话173户，存量317户，全县所有行政村覆盖78%。

【惠农E贷业务】 2019年，中国农业银行宁武县支行线上办理15户，余额116万元；线下1户，50万元。惠农E贷（能人贷）收集资料38份，其中5户已上报白名单并审批。

【ETC业务】 2019年，中国农业银行宁武县支行ETC完成1114户。其中绑定贷记卡317张，借记卡783张；线上办理539户，线下办理575户。

【风险管控】 2019年，中国农业银行宁武县支行加强风险管控。把各类检查发现问题的整改纳入重要内容，实行与分管行长和网点、部门负责人一定额度绩效工资挂钩考核。开展员工行为排查工作，保证没有违纪违规行为发生。进行一次对重要岗位、重要环节、重点业务和重大交易风险排查。加强信用风险管理，重点开展各类信贷业务贷前、贷中、贷后环节合规性一次风险排查。强化在各项重要工作办理过程中转授权管理，严格防范各种风险事故发生。深化合规管理。推进“三化三铁”创建工作。全面梳理运营风险点，严格对账、联行、柜员等重点环节管理，抓好开门营业、日终签退、节假日三个重要时段和现金调拨、柜员交接、业务授权、临时离岗、平账审核、内外对账、影像扫描七个重点环节的合规操作管理。严格落实重要岗位员工轮岗制度。对应轮岗重要岗位人员，做到按期轮换。结合风险大排查、人民银行执法大检查，紧盯重点业务、重点机构、重点人员、重点领域，针对飞单、民间借贷、高利集资等类型风险多发环节彻底排查整改，进一步强化对关键岗位履职管理和重点部位控制。

【金融扶贫】 2016年，根据县委、县政府单位定点扶贫统一安排部署，宁武县农行为东寨镇魏家沟村和后大洼村派6名（每村3名）驻村工作队员驻村帮扶。2017年以来，宁武县农行累计发放扶贫小额贷款95户，金额475万元，带动贫困人口285人。其中，2017年发放11户55万元，采取与潞宁煤业、政府风险补偿金合作“四位一体”模式。2018

年发放 40 户 200 万元，采取“政府风险补偿金 + 农户”的“直贷模式”。截至 2019 年 11 月末，全行新投放小额扶贫贷款 44 户 220 万元，完成任务 150 万元 147%，采取“户贷户用”直贷模式。近三年累计向扶贫户发放住房贷款 126.9 万元，带动贫困人口 27 人。

（张晓琳）

中国邮政储蓄银行宁武县支行

【概况】 中国邮政储蓄银行宁武县支行于 2008 年 6 月 29 日挂牌成立，内设综合管理部、三农金融部、营业部，现有员工 24 人，全面开办资产业务、负债业务、中间业务等各类银行业务，是中国领先的大型零售商业银行，定位于服务社区、服务中小企业、服务“三农”。邮储银行打造包括网上银行、手机银行、自助银行、电话银行、电视银行、“微银行”等在内的全方位电子银行体系，形成电子渠道与实体网络互连互通，线下实体银行与线上虚拟银行齐头并进金融服务格局，2016 年，邮储银行在香港联交所主板成功上市，正式登陆国际资本市场。截至 2019 年底，各项存款余额 34660 万元（其中个人储蓄存款 31316 万元），各项贷款余额 6559 万元。荣获中国邮政储蓄银行山西省分行 2019 年邮储银行金融计算机安全运行竞赛活动“优秀支行”称号。

【存款业务】 2019 年，中国邮政储蓄银行宁武县支行秉承“存款立行”理念，根据当地经济发展状况，确立客户目标，开展形式多样宣传、营销活动，结合本行特色业务，强化员工营销理念，发动全员争存揽储，以项目为支撑，掌握大量客户信息，进行精准营销。抓好网点转型工作，加强客户维护和产品销售，全面提升服务效率和水平。网点配备专职理财经理、大堂经理，加强柜面服务管理，引导柜面业务向电子银行和自助渠道转移。2019 年末，个人储蓄存款余额 31316 万元，较年初增长 726 万元。

【贷款业务】 2019 年，中国邮政储蓄银行宁武县支行高度重视此项工作，把其作为重点对象来抓。加强风险管理，坚持安全、效益原则，科学把握信贷节奏，优化信贷业务流程，健全贷后管理制度，全力保证地方经济建设和中小微企业贷款需求。截至 2019 年末，各项贷款结余 6559 万元；认真筛选授信准入客户，规范管理，加强监督，提高信贷管理质量，严格实行“八不准”和加强贷后管理，全年把信用风险防范作为各项工作重中之重。

【客户维护】 2019 年，中国邮政储蓄银行宁武县支行以“发展新客户为目标，维护存量客户为重点”账户管理理念，做好新开户存款工作，高度重视存量客户维护，为客户提供更多方便，在营销过程中，立足县域经济环境，加强与当地政府职能部门联系、沟通，及时捕捉信息，截至 2019 年末，公司时点余额 5123 万元，2019 年累计新增 2126 万元。

【金融扶贫】 2019 年，中国邮政储蓄银行宁武县支行通过金融办、扶贫办提供可贷款贫困户名单，根据名单再一次细化筛选，对接有针对性的乡镇（凤凰镇、东寨镇、迭台寺乡、化北屯乡、涔山乡、西关村等乡镇），对有贷款需求且符合建档立卡贫困户进行受理调查，2019 年发放扶贫贷款 41 笔，金额 205 万元，超额完成目标任务，截至 2019 年底，扶贫贷款累计结余 2950 万元。结对帮扶包村郭家庄、榆树坪村，成立 2 个扶贫驻村工作队，分别对两个村开展扶贫工作，帮助贫困户了解国家扶贫政策、讲解党的会议精神，协助村委做日常资料整理工作、列席参加村委会议等。每逢节假日有员工捐资购买慰问品对贫困户进行慰问，与贫困户建立良好帮扶关系。

【中间业务】 2019年，中国邮政储蓄银行宁武县支行坚持中间业务强行，依托传统业务，实施新产品带动、服务带动，加快创新应用，积极宣传、推广电子银行各项应用，提高个人网上银行、手机银行活跃率、交易额；重点发展信用卡业务，把贵金属、基金、保险销售纳入常态化销售管理，实现中间业务快速发展。

【风险管控】 2019年，中国邮政储蓄银行宁武县支行坚持“安全就是效益”，努力提高内控管理水平。强化内控意识，坚持每季度组织一次安全保卫预案演练以及开展一系列警示教育、职业道德教育等活动，增强全行员工风险意识、制度意识和自我保护意识，逐步提高全行管理水平和防风险、防案件能力。健全和完善内控机制，狠抓各项制度落实、实行动态管理，使管理工作更加科学化、规范化、系统化，达到日常警示、长效管理目的。

（王晓燕）

宁武县农业发展银行

【概况】 截至2019年末，宁武县农业发展银行各项贷款余额为18328万元，贷款余额较上年同期减少3000万元，减幅13.59%；全年累计投放贫困村提升工程过桥中长期贷款1500万元，累计收回贷款4500万元。其中，收回水利建设中长期贷款1500万元，收回贫困村提升工程过桥中长期贷款1500万元。各项存款余额为18480万元，日均余额21838万元，存款账面余额和日均余额双向上升，存款余额较上年同期减少8290万元，下降30.97%；日均存款余额较上年同期减少689万元，下降3.06%。

【扶贫贷款发放】 2019年，宁武县农业发展银行全力服务粮油收储。向宁武县金谷粮油总公司发放县级储备粮贷款790.75万元，帮助宁武县轮换县级储备小麦410万公斤、玉米40万公斤、应急面粉7.5万公斤。支持易地扶贫搬迁。利用统贷政策，投放贷款3082万元，安置建档立卡贫困人口1809人。推动贫困村提升工程建设。通过扶贫过桥模式，助力宁武县14个乡（镇）166个贫困村提升工程项目，获批贷款15030万元，投放贷款14600万元，使宁武县22262名建档立卡贫困人口居住环境得以改善，占宁武户籍人口数量40.7%。支持县域水利建设。助力芦芽山南麓河道综合治理项目，获批贷款18000万元，投放贷款9000万元，该项目在区域内建档立卡贫困人口具有较好脱贫带动和服务作用，惠及贫困人口41331人，占全县总人口的25.20%。

（王晓峰）

宁武县农村信用合作联社

【概况】 1951年，宁武县成立首家信用社化北屯信用社。1985年7月，宁武县农村信用合作社联合社成立。1992年，由联社牵头，改革全县信用社结算制度和办法，成立县辖往来结算系统。1993年，联社营业部正式申办省辖联行，同年被评为忻州地区农行先进集体。1996年，与农行宁武县支行脱离隶属关系。2008年12月30日，宁武县农村信用合作联社正式挂牌营业。2019年12月31日，山西宁武农村商业银行股份有限公司正式挂牌开业。

【存款业务】 2019年，宁武县农村信用合作联社各项存款余额397109万元，较年初净增62710万元，增长18.75%，占市联社全年目标 169.49%；活期存款余额 98080.45 万元，较年初增加 50856.86 万元，增长 51.85%，新增活期存款占比 51.85%，高于任务目标 20% 的 31.85 个百分点。

【贷款业务】 2019 年，宁武县农村信用合作联社各项贷款余额 260308 万元，较年初净投放 41968 万元，各项贷款日均净增 43716 万元，占省联社全年目标 162.51%；各项贷款占比 57.24%，占省联社目标 50% 的 114.48%；新增可贷资金用于当地比例 120.99%，占省联社目标 172.84%；涉农贷款净增额、民营企业贷款净增额全部超额完成省联社目标任务。

【不良贷款处置】 2019 年，宁武县农村信用合作联社不良贷款余额 4500.65 万元，较年初净压 55.1 万元，占省联社目标 101.21%；核销不良贷款清理 1525.47 万元，占省联社全年目标 1574.74 万元的 96.87%。涉农贷款不良率、小微企业贷款不良率、关注类贷款占比指标均超额完成省联社目标。

【中间业务】 2019 年，宁武县农村信用合作联社代理业务手续费收入 47.39 万元，占市联社目标 105%；IC 卡占比 73.32%、一县一品行业应用、晋享 e 付系统对接商户 2 均超额完成省市联社目标。

【金融服务】 2019 年，宁武县农村信用合作联社加快扶贫信贷投放。按照“深耕三农、细作小微、精准扶贫、倾力重点”要求，以助力脱贫攻坚、“实施普惠金融、助力乡村振兴”为契机，确保信贷资金落到实处；做优金融服务“三农”。支持“三农”和地方经济发展。牢记支农宗旨不动摇，抓好普惠金融工作，推进农村信用体系建设，重塑“信用品牌”；做强金融服务小微。采取“一户一档、一户一评、一户一核”原则收集辖区农户、商户、小微企业信贷基础资料，评级授信全覆盖，根据发展前景、还款意愿、资产状况、经营收入等定性和定量指标分析和判断，逐户进行等级评定，核对授信额度，投放小微企业贷款。

【信贷资产质量提升】 2019 年，宁武县农村信用合作联社加大到逾期贷款及“四类贷款”（本金逾期 90 天以内正常关注贷款、本金未逾期利息逾期 90 天以上正常关注贷款、从未结息正常关注贷款、新增贷款从未结息贷款）清理转化力度，做到早动手、早催收、早转化，合理安排工作时间，确保到逾期贷款和“四类贷款”清理任务完成。开展以“降风险、提质量”为主题不良贷款清收攻坚战。逐条逐项对照市信用联社不良贷款考核指标，掌握工作进度，通过抓重点、抓大额、抓影响业务健康发展的主要矛盾和问题、抓主体责任人，加大处置抵押类、法人类、高管包户类、“四类人员”不良贷款及抵债资产清收力度，确保不良贷款清降取得突破性进展。

【增盈创收工作】 2019 年，宁武县农村信用合作联社紧抓利息收入。提高责任意识，加大从未结息、新增贷款欠息、本金未逾期利息逾期贷款清理力度，确保贷款利息足额到位，应收尽收。拓宽收入渠道。开办代收代付等业务，在代收电视费、取暖费基础上，培养新收入增长点，扩大代收代付范围；强化成本管控。提前测算各项指标，准确计算资金成本，通过优化负债结构，降低刚性成本支出。实行费用预算管理和限额管理双向控制，规范审核审批流程。在费用开支时遵守费用管理办法相关规定，合规合理管好用好每一分钱，确保财务列支真实准确、完整合法。

【新业务拓展】 2019 年，宁武县农村信用合作联社优化银行卡业务。加快银行卡芯片卡替换进程、睡眠卡销户进度，完成 IC 卡新增任务。优化中间业务。新增贷款要全部入“安贷宝”，转化贷款与客户沟通尽量转入“安贷宝”，扩大代收代付代理代销业务范围。加快“晋享 e 付”营销力度。发挥点多、面广、人多优势，加快扫码支付“晋享 e 付”营销力度。

【案件防控】2019 年，宁武县农村信用合作联社结合市场乱象，采取自查、检查、抽查等多种方式，发挥审计稽核、风险管理、法律合规管理及各业务部门的职能作用，加大各项业务、各个岗位和各个环节检查力度和频率，把风险消灭在萌芽状态，防患于未然。强化稽核审计、安全保卫、信贷管理、财务管理、工作作风纪律大检查，严处严罚违规行为。紧盯财务费用开支、不良贷款清理、风险资产处置、固定资产购置等业务领域、管理薄弱环节，实施动态监测各类风险点，在预防各类风险上提升防控水平。重视金融稳定，按要求做好社会综治工作，确保全系统不发生大风险和案件。

（弓文成）

宁武瑞都村镇银行

【概况】宁武瑞都村镇银行是经中国银行保险监督管理委员会和人民银行批准，由山西尧都农商银行发起成立地方股份制法人银行，由 3 家企业的法人和 9 名自然人出资，注册资本 2000 万元。内设立四部一室一支行，即业务发展部、风险合规部、营业部、计划财务部、综合办公室和东寨支行。开办业务种类有：吸收个人储蓄存款、单位存款，发放各类小额贷款、大小额支付系统的通存通兑汇划业务、银行卡业务、网银业务（个人、单位）、手机银行业务，配备 4 台 ATM 存取款机。有员工 46 人（其中高管 4 人）。截至 2019 年 12 月末，各项资产总额达 26654.53 万元。其中，各项贷款余额 14081.35 万元，各项存款余额 24087.61 万元。

【支持“三农”发展】2019 年，宁武瑞都村镇银行立足县域、覆盖乡镇，支农支小市场定位，提供“产品特色、服务精细、便捷周到”金融服务。组织员工到各乡村、社区，调查了解农户商户生产生活需求，根据实际情况，因地制宜制定工薪人员信用贷款、商户信用贷款、农户小额信用贷款、存单质押贷款、商户联保贷款、消费贷款、精准扶贫贷款、小微企业主经营贷款等贷款产品，涉及种植、养殖、服务餐饮、批发零售、装潢装修等不同用途，让农户能够“贷得到，负担轻”，切实践行“关注民生、服务三农、缓解小微企业融资难”社会承诺。奉行“大厅办贷、阳光操作、面谈面签、实贷实付、至诚至信、廉洁便民”放贷宗旨。发挥贷款审批时间短、贷款方式灵活、办事便捷的办事方式，实现 3 个到 5 个工作日实时到账，扩大在社会上影响力。2019 年，累计发放各类贷款 1339 户 32928.75 万元，累计收回 18847.4 万元，当年净投放 13919.5 万元。支持一大批农村养殖户、运输户、小商户、小微企业主等实体经济发展。

【精准扶贫】2019 年，宁武瑞都村镇银行围绕乡村“生活富裕”目标，做好金融精准扶贫工作。精准扶贫不仅要“锦上添花”，还要“雪中送炭”。安排专人逐村走访，对所有未贷扶贫款贫困户进行调查评级授信，收集贷款资料。全年，累计发放扶贫贷款 46 笔，230 万元。

【社会服务】2019 年，宁武瑞都村镇银行中高考期间投资近万元为考生及家长送矿泉水助力考试。春节前免费赠送市民对联、福字。投资约 3 万元为大寨村所有户籍人口发放爱心物资，对全村人进行慰问，发放米、面、油等慰问品。打造免费银行，免收贷款文本费、资料复印费、开卡费、账户年费、短信费、跨行转账等费用。

（徐琳蕊）

中国人民财产保险股份有限公司宁武支公司

【概况】 中国人民财产保险股份有限公司宁武支公司（以下简称人保财险宁武支公司）是中国人民财产保险股份有限公司在忻州市宁武县设立的直属分支机构。人保财险宁武支公司自20世纪90年代起，开展办理宁武县保险业务，是宁武县保险业开拓者与探索者。2019年，为全县建档立卡贫困户保驾护航，为全县农民农业生产全方位保障利益。“以客户为中心”，营造卓越客户体验。开展警保联动服务，推进城市道路巡查，建立车驾管服务站，农村劝导站，开通理赔夜市、建立“心服务站”、推出科技理赔等，不断创新理赔服务举措，让客户享受最优质的人保服务。

【业务经营】 2019年，人保财险宁武支公司收取保费2574万元。其中，车险1684万元。商业非车险650万元，农险240万元。赔付成本1180万元，费用支出810万元。

【保险扶贫】 2019年，人保财险宁武支公司开展创新型保险，助力地方扶贫。公司积极响应、勇于担当、先行先试，确保农业产业真正发挥增收带动作用，稳定农户产业收入，减少农户种植业和养殖业受自然灾害带来损失，减少因市场价格波动带来的损失，结合宁武县实际情况，公司开展玉米、马铃薯、扶贫保等一系列扶贫保险。

（张俊燕）

中国人寿保险股份有限公司宁武人寿保险支公司

【概况】 宁武人寿保险支公司内设营销发展部、收展发展部、个险培训部、机构业务部、综合管理部、客户服务部6个部门，其中14人签订劳动合同，4人签订劳务派遣合同，4人签订代理合同。截至2019年底，持证人力达到419人，主管人数49人，其中处、部级主管7人。公司总保费突破7318.04万元，连续3年保持在7000万元以上，较2016年同比正增长28.68%。

【队伍建设】 2019年，宁武人寿保险支公司围绕队伍驱动业务、有人才有业绩思路，针对各阶段实际状况，调整思路，把握发展节奏，开展工作。以人为本，致力培育团结、和谐、高素质团队，夯实发展基础；强化执行，身体力行，同舟共济，实现业务稳步发展。加强政治学习，抓好党建，以党风带动各项工作。坚持依法合规经营，提高服务质量。结合公司工作实际开展系列党建活动，坚持“三会一课”运作，落实扶贫工作，组织弘扬敬老文化活动，开展“三亮三比三评”活动、主题教育等。

【获奖情况】 2019年，宁武人寿保险支公司获得“2019年度省级优秀党支部”“2019年度省级青年文明号”荣誉称号，获得忻州市精神文明建设指导委员会颁发的“忻州市文明单位奖”。

（赵慧文）

住房和城乡建设

【概况】 宁武县住房和城乡建设局系宁武县人民政府职能部门之一，主要负责全县城市规划、村镇规划、村镇建设、工程建设、工程监管、质量监督等相关工作。有职工 151 名（不含供水公司、县城污水处理厂和东寨污水处理站），全局有党员 87 名，党总支 1 个、党支部 4 个（局机关党支部、房产管理局党支部、供水公司党支部、东寨污水处理站党支部）。

【住房保障】 2019 年初，宁武县商品房存量 936 套，其中：商品房存量 142000 平方米，商品住宅存量 103000 平方米，截至 2019 年 11 月底，累计销售商品房 72868.63 平方米，销售商品住宅面积 67192.82 平方米。东城区 365 户棚改拆迁安置户于 2019 年 11 月开始签订拆迁协议，完成货币化补偿。上半年 412 户城镇住房保障家庭共发放租补贴 96.3444 万元。

【城市规划和村镇建设】 2019 年，宁武县住房和城乡建设管理局组织召开 2 次宁武县规划委员会会议审议待建项目，核发《建设项目选址意见书》7 项、《建设用地规划许可证》6 项、《建设工程规划许可证》11 项、许可办结 24 项；巡察在建工地 33 次，向县综合执法大队移送违法建设行为 25 起。

【农村危房改造】 2019 年，宁武县农村危房改造 541 户，9 月，危房改造补助款拨付乡（镇）410.2 万元，剩余 270.2 万元年底前全部发放到位。4 月，开展全县非贫困户疑是危房排查摸底工作，排查出非贫困户危改对象 106 户，把危改任务分配到乡（镇）。整治农村非正规生活垃圾堆放点 15 个，整治率 80%。

【市政基础设施】 2019 年，宁武县住房和城乡建设管理局在城市道路方面投资 1950 万元，完成城区 25 条街巷道路提升改造工程，（其中：道路总长 5.2 千米，铺设雨水管网 4.5 千米、铺设污水管网 5.2 千米，铺设沥青砼路面 28000 平方米，铺设混凝土路面 6600 平方米）。供热方面，新建改建供热管网 4 千米，新增入网面积 18.22 万平方米。供水方面，新增或改造供水管网 4.2 千米，截至 2019 年 9 月底，累计完成供水量 215.1 万吨，回收水量 165.44 万吨，综合业务收入 923.2 万元（其中水费收入 562.5 万元，比上年同期增长 14.2%，同比增加水费收入 70.4 万元）。

【环境卫生整治】 2019 年，宁武县住房和城乡建设管理局市容环卫中心开展专项巡查 60 余次，整改问题 300 余个，清理卫生死角550余处，清理牛皮癣小广告8000处，清运垃圾12000余吨。县城污水处理厂共处理生活污水量321.28万吨，日平均处理水量8802吨，化学需氧量削减1028.76吨，氨氮含量削减111.25吨，总磷削减8.14吨，生产泥饼量2078吨；东寨污水处理站共处理生活污水32.34万吨，实现化学需氧量减排64.01吨，氨氮含量减排10.45吨，总磷含量减排0.73吨，日平均处理水量1050吨。

【建筑市场监管】 2019年，宁武县住房和城乡建设管理局办理发包证17份、施工许可证7份。建筑业企业主要指标网络快报工作上报率100%。建筑市场监管公共服务平台信息报送上报率和准确率100%。建筑市场开展“双随机”检查事项100%。完成招投标项目24项（其中，施工18项，建立2项，涉及4项），中标成交额30897.43万元（其中，施工29946.76万元，监理321.74万元，设计628.93万元）。

【安全生产和质量管理】 2019年，宁武县住房和城乡建设管理局安全隐患排查和安全生产专项检查全县范围内在建工程2次，共检查2家建筑企业和8处在建工程施工现场。下达整改通知书12份，提出整改意见52条，经过督查整改52条，整改率100%。印发施工现场存在重大安全隐患建设工程停工通知书1份。办理质量监督注册手续10项，造价14918.83万元，建筑工程质量监督覆盖率100%，质量终身负责制承诺书、法定代表人授权书签订执行率100%。办理监督竣工验收工程9项，造价19082.78万元，通过竣工验收合格率100%，住宅工程分户验收率100%，质量责任永久性标牌设置执行率100%。

【建筑节能】 2019年，宁武县住房和城乡建设管理局新建建筑节能65%标准执行率100%。竣工验收房屋面积7.99万平方米，新建建筑设计严格执行建筑节能65%标准，执行率100%。

【脱贫攻坚】 2019年，宁武县住房和城乡建设管理局在扶贫工作中承担着东马坊乡豆庄村、柳子岩村、跑泉沟村、朱家沟村、回官石村、麦染沟村、白崖河村帮扶脱贫任务，7个村共有贫困户342户，贫困人口885人。4月28日，组织驻村工作队成员和精准扶贫帮扶责任人召开“2019年扶贫工作会议”，安排部署精准扶贫工作，研究调整驻村工作队成员。在脱贫摘帽冲刺阶段，发现问题、解决问题、啃硬骨头是工作常态。为确保各驻村工作队跟得上主题教育总步调，围绕主题教育重点工作，党组成员深入调研，对主题教育的目标任务、工作流程、时间节点等事项解读辅导，多次组织“不忘初心、牢记使命”主题教育驻村工作座谈会，助推脱贫攻坚总目标，研究解决驻村工作中遇到难点问题。

（王光宇）

住房公积金管理

【概况】 忻州市住房公积金管理中心宁武管理部是直属忻州市住房公积金管理中心正科级全额事业单位，成立于2004年3月8日，根据《建设部、财政部、中国人民银行关于住房公积金管理中心职责和内部管理的指导意见》精神和省监管办部署，忻州市住房公积金管理中心对宁武管理部实行法人内部授权管理制度。有工作人员8名（正式编制4名，合同制4名），领导职数1正1副。2019年，归集住房公积金13768.62万元，占全年计划114.74%，截至2019年底，累计归集94160万元。全县新增开户单位12个，新增开户人数1006人。全年共转移、合户出249

人次。2月，被山西省妇女联合会评为“巾帼文明岗”。

【公积金提取】 2019年，忻州市住房公积金管理中心宁武管理部为5148名职工办理住房公积金提取业务，提取金额7706万元。全年累计提取住房公积金60036万元。

【公积金贷款】 2019年，忻州市住房公积金管理中心宁武管理部贷款发放82户，共1673万元，本期个贷率达25%，占全年贷款计划41.83%，截至2019年底，累计发放22780万元。

【优化办理程序】 2019年，忻州市住房公积金管理中心宁武管理部推进“互联网+公积金”建设，拓宽网上业务全覆盖，让“数据多跑路、群众少跑腿”。业务人员宣传“12329”热线、短信、网厅、网站、微信、手机App等多种服务平台办理提取、贷款业务，现场指导使用方式，提高服务便捷性。结合宁武县房地产市场发展实际，9月和10月分别到“天池苑”“滨河花园”项目走访调研。了解宁武县职工贷款需求和房地产开发商交纳保证金事宜，沟通优化贷款业务流程，支持更多缴存职工使用住房公积金。

（白　雪）

生态环境

【概况】 2019年，宁武县环境空气质量稳定达标。上级要求环境空气质量指标同比改善。宁武县空气质量总体良好，环境空气质量综合指数4.16，全年优良空气天数321天，占总天数88%，重污染天数0天。环境空气质量主要污染物PM_{10}（可吸入颗粒物）平均浓度65微克/立方米，同比下降14.5%；$PM_{2.5}$（细颗粒物）平均浓度29微克/立方米，同比下降12.1%；二氧化硫平均浓度24微克/立方米，与上年同期持平；水环境质量考核指标基本完成。宁武县有2个地表水断面。其中，汾河川胡屯桥断面为忻州市市控断面，考核指标为地表水Ⅱ类。恢河梵王寺断面为国家考核断面，考核指标为地表水Ⅲ类。全年，县域汾河水环境状况稳定，雷鸣寺达到Ⅱ类水质标准，川胡屯水质达到Ⅲ类水质标准；恢河梵王寺国考断面未达到国考地表水Ⅲ类标准，经过全县上下共同努力，退出劣Ⅴ类水质，完成省政府下达消除劣Ⅴ类水体任务。开展土壤污染状况调查，配合省市对宁武县7个国家确定点位土壤取样工作。

【“百日清零”行动】 2019年，忻州市生态环境局宁武分局按照“百日清零”10项清零目标要求，在全县范围内排查企业80余家次，发现并整改完成突出问题103个，整改率100%，获全省“百日清零”先进集体称号。清理32家无环保手续储售煤场等企业，下达限期整改文书70家企业，行政处罚25家企，罚款240.5万元。

【锅炉、工业窑炉提升改造治理】 2019年，忻州市生态环境局宁武分局改造全县13家企业43台锅炉开展超低排放限值或特别排放限值工作，改造完成39台，停用4台。全县3座工业窑炉，除1家企业（坝上砖厂）长期停产外，其他2座完成改造。开展工业企业无组织排放治理，全县26家企业按照《煤场扬尘污染防治技术规范》要求，制定无组织排放改造方案，建设全封闭煤库或料库。

【柴油车达标排放治理】 2019年，忻州市生态环境局宁武分局投资12万元购置3台便携式尾气检测仪，分别在灵河高速、分水岭、凤凰山出口3处分流管控点路检路查，共检测柴油货车53辆，发现超过标准排放限值1辆。组织实施非道路移动机械摸底调查和编码登记工作，备案登记非道路移动机械97辆。

【秸秆焚烧管控】 2019年，忻州市生态环境局宁武分局落实秸秆禁烧“县、乡、村”三级目标责任制和护林防火队伍“一岗双责”长效管理机制，发挥网格化监管力量，加强秸秆露天焚烧执法巡查，10月30日，警告处罚东寨镇二马营村村民张某仁焚烧莜麦秸秆违法行为，给予村委会主任李某玉警告处分。

【重污染天气应急减排】 2019年，忻州市生态环境局宁武分局重新修订《宁武县重污染天气应急预案》，调整重污染天气应急期间停产、限产企业名单，完善预警期间企业停产限产措施。

【生态环境执法监测】 2019年，忻州市生态环境局宁武分局投资274万元更换县城两处空气自动监测站设备仪器，投资90万余元更换西关小学、东城区、东寨镇3处LED屏，实现噪声、大气PM_{10}、$PM_{2.5}$实时数据监测，为实现大气污染防治提供数据保障；投资368万元建设宁武县环境监察执法综合管控平台和宁武县企业自动在线监测系统联网平台，实现自动监控13家废水和废气排放企业，生态环境执法能力进一步提高。

【入河排污口排查整治】 2019年，忻州市生态环境局宁武分局聘请山西伟辰环保科技有限公司调查摸底全县汾河、恢河流域入河排污口，摸清汾河流域入河排污口23个，恢河流域入河排污口12个，开展整治工作，规范入河排污口标牌、标志，封堵非法排污口。

【农村环境综合整治】 2019年，忻州市生态环境局宁武分局编制《宁武县2019年农村环境综合整治示范项目实施方案》，落实治理资金206万元，推进全县10个乡（镇）25个村农村污水、生活垃圾、饮用水的整治，改善农村人居环境。

【不达标水体治理】 2019年，忻州市生态环境局宁武分局针对恢河梵王寺国考断面水质超标问题，制定《宁武县恢河梵王寺断面水质达标工作实施方案》，在断面水质达标无望情况下，采取措施，在年内退出劣V类水质。采取应急措施，实施雨污分流。实施恢河大桥底污水采取应急收集措施，铺设管道把溢入河道污水输送至下游污水主管网，进入县城污水处理厂处理。集中收集刘家园村和幸福家园、荣盛苑、豪德龙凤公馆、金晖盛世祥苑、滨河花园、天池苑等小区未能并入城市管网生活污水，采取垒砌收集池方式收集，输送入污水处理厂处理后排放。完善污水收集管网，提高污水收集率。投资1950万元实施宁武县城区街巷道路提升改造工程，提升改造县城22条街巷，铺设雨水管网4070.7米、污水管网4133米，为开展雨污分流打好基础。投资9499.78万元开工建设县城区凤凰大街雨污管网分流改造工程，10月底主管网及支线全部铺设完成，解决城镇雨污分流和污水收集处理难题。加快城镇污水处理厂建设。开工建设县城污水处理厂和东寨污水处理站扩容改造工程，从根本上解决县城和东寨站污水处理设施超负荷运行问题。由宁武县泓源达水处理有限公司建设的阳方口污水处理厂于6月30日正式投入运营。加强河道环境综合整治。强化河长制责任落实，开展大规模河道清淤清障工作，全累计清理河道垃圾、弃渣、违章建筑等6万余立方米，关闭饮用水源地沿河3家砂石加工场。通过采取一系列措施，梵王寺国考断面按照《山西省全面消除地表水国考劣V类断面总体方案》要求，于2019年退出劣V类。

【固体废物污染防治】 2019年，忻州市生态环境局宁武分局制定《宁武县工业固体废物堆存场所环境整治方案（2019—2021年）》，开展全县工业固废堆存（贮存）场所排查工作，调查和评估重点工业行业危险废物和一般工业固体废物产生、贮存、利用、处置情况，建立固体废物产生清单和整治清单。

【危险废物规范化管理】 2019年，忻州市生态环境局宁武分局举办全县固体废物及危险废物规范化管理工作培训，出台《宁武县2019年危险废物规范化管理督查考核工作方案》，完善危险废物经营许可、转移等管理制度，实施全县重点行业危险废物产生单位现场检查，严厉打击危险废物非法跨界转移、倾倒等违法犯罪活动。

【畜禽养殖禁养区划定】 2019年，忻州市生态环境局宁武分局加强环境监管，促进环境保护和畜牧业协调发展，修订《宁武县畜禽养殖禁养区划定方案》，完成禁养区内2家养殖场关闭或搬迁工作，优化畜禽养殖产业布局、控制农业面源污染、保障生态环境安全。

（甄　峰）

交通　邮电

交通运输

【概况】 2019年，宁武县交通运输局养护里程县公路156千米。实际列养里程117千米，其中有铺装路面里程88千米，简易铺装里程29千米。检查公路技术状况指标（MQI）优等路44千米，良等路53千米，中等路20千米，优良率82.9%。乡、村公路由乡（镇）政府农村公路养护站负责日常养护小修管理，交通运输局负责指导监督。确保乡村公路有路必有养、有路必管，安全畅通。乡公路420千米，年内检查公路技术状况指标（MQI）优等路35千米、良等路280千米、中等路85千米、次等路20千米，优良率75%。综观全县乡公路养护情况，东马坊乡、西马坊乡、涔山乡、新堡乡农村公路养护管理站行动早，所养公路养护质量较好。

【交通项目建设】 2019年，宁武县交通运输局实施改造资源路、旅游路、产业路工程。县道石家庄—黄道川公路改造工程，设计标准三级，建设里程18.5千米，项目总投资3373万元，截至2019年底，完成总投资2100万元。完成乡道秃兰妥—薛家洼公路改造工程，设计标准三级，建设里程4.33千米、项目总投资1032万元。乡道西栈沟—万年冰洞公路改造工程，设计标准四级，建设里程7千米、项目总投资1869万元，项目工程建成完成。三大板块旅游公路宁武县西马坊—狼迫沟旅游公路，设计标准四级，建设里程7.3千米，项目总投资2180万元，截至2019年底完成总投资700万元。通村公路建设项目。2019年“畅返不畅”改造项目，共16个项目53千米，项目总投资1775万元，年内项目全部完工。窄路基路面拓宽改造项目，共13个项目44.3千米，项目总投资2130万元，项目全部完工。养护大中修项目。春景洼—支锅石养护大中修工程，路线全长13.9千米，总投资420万元，项目全部完工。南外环公路养护提质工程，路线全长8.5千米，项目总投资152万元，项目全部完工。农村公路生防工程。县乡公路生命防护工程7.58千米，总投资160.8万元。村道生命防护工程3千米，总投资89.8万元。新建怀道乡乡镇汽车客运站1座，总投资85万元，项目完成投资20万元。经济技术园区新能源节能环保产业园区科技路道路工程，总投资1368万元，项目完成投资320万元。2018年，贫困村道路维修改造工程，项目建设总里程120千米，总投资5600万元。2019年续建完成该项目，完成投资2240万元。县春支线养护大中修养护工程，全长13.9千米。主要工程量：路基工程清理土方4595立方米，浆砌片石边沟567立方米，浆砌片石挡土墙216立方米；路面工程粘层油37000平方米，5厘米中粒式沥青砼面层37000平方米，现浇水泥砼路缘带350立方米，喷油罩面61410平方米；公路设施及预埋管线工程公路标线5838平方米，里程碑13块。工程总投资419万元，按序施工当中。

【公路日常养护】 2019年，宁武县交通运输局投资47万元处理县公路7条117千米公路日常保养护工作。即养护路线清理边沟26千米，整修路肩边坡19000平方米，清理塌方11000立方米。疏通涵洞15道，石黄线处理翻浆9处，处理隐患挖运上边坡石方1200立方米，砂砾填筑坑槽8000平方米，确保养护路线安全畅通。投资30万元完成隔怀线14千米、中蒯线10千米、杨石线3千米、五坝线20千米沥青路面补坑槽3400平方米，投资6万元完成达辉线K0+500—K1+500水毁修复。投资13.5万元完成三只会桥上下游导流坝工程404.4立方米/260米。

【治超工作】 2019年，宁武县交通运输局治超工作以“强化治超、关爱生命”作为指导思想，成立领导小组，加强创建工作组织领导，定期督促、检查创建活动，使创建工作走上经常化、规范化轨道。加强社会监督，规范行风建设，坚持“两公开一监督”办事制度，向社会推行“服务承诺制”。积极开展宣传活动。通过公路沿线及乡（镇）各村，张贴标语，拉横幅，印册子，向过往司机发传单等形式，广泛宣传，创造舆论氛围。3月，开展为期3天大型宣传活动，在站点醒目位置悬挂横幅2条，粘贴宣传标语9幅，散发宣传单2100余份，各种宣传画册1000余册，为治超工作打下良好基础。截至10月底，检测车辆38797台次，查获超载车辆1起，不可解体超限车辆3起，无一安全事故发生。

【客运市场管理】 2019年，宁武县交通运输局优化运力结构，合理布局城乡客运线路。科学整合城乡客运资源，合理布局城乡公交路网、站点，充分考虑全县村镇人口、乘客流量、运距等因素后，对全县城乡线路、车辆进行规划改造。按照城市客运管理条例规定，对全县城市公共客运经营者及其车辆进行经营资格和安全技术性能集中检查审验，先后开展安全大检查、城市交通秩序整顿等集中整治行动，保护合法经营者权益。依法打击群众反映强烈黑车猖獗、处罚不力问题，加大查处力度，全部予以从重处罚。打击非法营运和排查事故隐患，遏制各种非法客运活动，维护安全畅通经营秩序，消除各类事故隐患，净化客运市场。

【客运管理服务】 2019年春运期间，宁武县交通运输局完成春运各项任务。全县参加春运客车63辆，加班38台次，应急储备运力20台，完成客运量12.5万余人次，查处非法营运车辆2台，纠正违章行为4起。统筹规划城乡公交一体化工作。通过现场摸底全县客运站点，合理调整个别农班线，确保在过渡期间农村客运市场稳定。完成县内客运线路年度复核换牌工作。县内63台客车完成复核班线，更换2019年度线路标志牌。符合补贴标准52台农村客运车完成石油价格补贴工作。推进新进“两客一危”车辆必须安装智能视频监控装置。截至2019年底，需安装智能监控装置车辆121辆，安装101辆，完成率84%。超额完成上级部门分配安装任务。

【货运、物流管理与服务】 2019年，宁武县交通运输局对所有物流企业和从业人员一律建立管理档案，与企业签订安全责任书，把安全措施和责任细化到每个部门、单位、岗位，提高企业安全管理能力水平。货运管理方面。加强和规范货运行政许可，严把道路货物运输准入关，2019年新增货运企业6家，新增货运车辆697台。做好营运证件年审工作。通过短信通知、休息日加班、开设绿色通道等形式，让经营业户车辆维护和综合检测，截至2019年底，全县货运车辆年审台数2090台。做好质量信誉考核。根据“道路运输企业质量信誉考核办法”，组织对全县33家专业运输企业开展专项考核工作。截至10月，完成营业性客运量109万人次，旅客周转量14934万人千米，完成货运量749万吨次，货物周转量115088万吨千米。

【安全生产】 2019年，宁武县交通运输局落实安全生产监管责任，建立和完善交通运输行业“党政同责、一岗双责”和“管行业必须管安全、管业务必须管安全、管生产经营必须管安全”行业安全生产监管责任体系建设。与局属各单位签订安全生产目标责任书，层层分解落实上级安全生产目标任务，使安全生产工作做到职责明确、层层负责、齐抓共管、责任到人，确保交通运输安全生产形势持续稳定。做好安排部署。印发《关于推进交通运输行业安全生产领域改革发展的实施方案》《县交通运输行业安全生产风险分级管控体系建设实施方案》等若干相关文件，安排部署各项交通运输安全生产工作，及时报送相关资料。针对安全工作中发现问题，召开安全生产专题会议和季度安全例会，研究并提出解决问题办法，力保各项安全生产工作顺利开展；强化安全隐患排查整治。开展安全大检查检查企业650家，发现一般隐患35项，整改35项，检查“两客一危”企业2家，处罚企业一家罚款0.9万元，隐患排查整治工作进一步加强。

【脱贫攻坚】 2019年，宁武县交通运输局实施脱贫攻坚农村公路维修建设工程23条路，全部完工，实现宁武县366行政村每个村都有一条完好通村硬化路。2018年底投资230万元购置16辆乡村客运车辆，2019年公交公司与各乡（镇）签订客运车辆托管协议后，车辆及时发放各乡镇，按照“政府主导，公司化运作，各乡镇管理，交通局监管”原则，采取以乡镇为中心，行政村为支点，乡村有效对接，分片管理实施办法，农村客运“村村通”实现全覆盖。局领导班子成员多次带头实地调研，落实“股室包村、干部包户”政策，使精准扶贫工作有序快速推进。驻村工作队员严格按照5天4夜工作制度吃住在村，使驻村工作取得明显成效。驻点村帮扶以来，利用行业优势，针对驻点村存在困难，加大对驻点村交通基础设施建设力度。

【“不忘初心、牢记使命”主题教育】 2019年，宁武县交通运输局召开动员部署会议，传达习近平总书记在“不忘初心、牢记使命”主题教育工作会议上重要讲话精神和省委“不忘初心、牢记使命”主题教育动员部署会议精神，对全局“不忘初心、牢记使命”主题教育进行思想动员和工作部署。成立“不忘初心、牢记使命”主题教育领导小组，形成一把手抓总、一级抓一级、合力抓落实工作格局。制定主题教育实施方案，从重要意义、总体要求、重点任务、组织领导等方面，具体部署全局开展主题教育。举办学习班和研讨交流会。按照实施方案要求，安排两次集中学习时间，围绕贯彻习近平新时代中国特色社会主义思想，开展集中学习和个人自学。安排局领导班子讲课，按照规定专题，进行学习研讨交流。开展主题教育调研工作。结合推动党中央决策部署贯彻落实，着眼解决实际问题，进行调研研究，召开调研交流会。检视反思和整改落实。在实地走访、召开座谈会、“一对一”谈心、发放征求意见表、设置征求意见箱等形式征求意见建议基础上，召开专题会议，针对存在问题，找准症结，深挖根源，提出措施，明确责任单位、责任领导及完成时限要求，形成切实可行专项整治工作方案进行整改。排查整治“建制村通硬化路”上白泉—圪塄村线、石咀头—后村线等6条路，涉及圪塄村、后村等8个建制村；维修加固4个候车厅；新建大木厂村、上官庄村等14个候车厅；新安装136个农村客运招呼站牌；安装农村客运小公交站牌137个。

（李树林）

公路管理

【概况】2019年，宁武公路段秉承“心在路上，路在心中”理念，深化养护管理，推进“美丽公路”建设，实现路况质量稳定提升和路域环境持续改善，完成分局分配养护工程任务，全年无安全生产事故。宁武公路段养管国道海天线、呼北线105.43千米，省道忻五线、马五线69.11千米，共计里程为174.54千米。

【公路养护】2019年，宁武公路段以开展“春在路上”“养护中修质量提升”“美丽金秋·美丽公路”和“情暖冬路”四季主题竞赛活动牵引全年养护工作，全段日常养护、季节性养护、预防性养护及时到位，小修保养、养护中修质量明显提升。全年共处治坑槽15022平方米，灌缝111.4千米，开挖土边沟11.5千米，清挖边沟37.2千米。维修完善波形护栏204米、标志13套、警示柱7个，疏通桥涵727米、13处。急弯路段增设警告标志4套。整修边坡4.18千米、边沟39.6千米、弃土堆6.17千米、绿化平台51.9千米。抢修水毁23处、清理塌方落石980立方米、9处。完成呼北线路面加铺76000平方米、海天线路面加铺7600平方米，改性沥青同步碎石封层40000平方米。

【路政执法】2019年，宁武路政大队依法按时办结路政案件41起，收取路产赔补偿费263020.3元，案件发现率、查处率、赔偿率、结案率100%。清除路障422起1398平方米，拆除广告牌102起132块。忻五线K86+700处硬化道口70平方米。

【文化建设】2019年，宁武公路段在文化建设工作中，培育践行社会主义核心价值观，构建“和谐公路”，打造特色公路文化，弘扬“吃苦耐劳、甘于奉献、确保畅通、服务宁武”精神，带动全段文化建设和文明创建深入推进。结对帮扶，爱心救助，把文明之花推向社会。按照中央和省市县关于精准扶贫工作具体要求，结合扶贫对象实际情况，组织开展“10·17”国家扶贫日扶贫自愿服务活动、“户户查　人人访”、助农秋收帮扶、送温暖献爱心活动，帮助农户收割庄稼、刨土豆，把爱心送到田间地头。为单位结对帮扶对象送去白面、大米、油、春联、年画。创建特色公路文化，提升文明单位创建水平。以“美丽金秋、美丽公路”为抓手，在呼北线K270+559—K305+559道路两侧实施通道绿化、美化35千米，呼北线K248+559—K260+559建设人文景观1处，马五线、海天线、呼北线、忻五线道路两侧种植耐寒耐旱的步步高、金菊、鸡冠花、山丹丹花等120.75千米，新建呼北线川湖屯便民服务点、西麻峪寨服务区和海天线东麻峪寨停车服务区。以评选道德模范为契机，树立和培养身边典型。

【获奖情况】荣获山西省公路局忻州分局授予2019年度“目标完成优秀公路段”称号；荣获山西省公路局忻州分局授予“精神文明

建设”先进单位称号；荣获山西省公路局忻州分局授予开展“五小竞赛”活动先进单位称号；荣获山西省公路局忻州分局授予2019年度“安全生产”先进单位称号；荣获忻州市总工会授予阳方口道班工会小组“忻州市模范职工小家”称号；荣获山西省公路局授予隔河道班2019年度“标兵道班”称号；荣获山西省精神文明建设指导委员会授予2018—2019年度“山西省文明单位”称号；荣获中国海员建设工会授予宁武公路段沥青拌合楼配套脉冲布袋除尘器“全国交通行业职工岗位创新优秀成果奖”。

（尹成云）

超限超载治理

【概况】 宁武县治理非法超限超载车辆工作办公室于2007年12月成立，时为临时机构。2009年，忻州市机构编制委员会办公室和宁武县机构编制委员会办公室文件批准，12月正式设立为政府直属正科级全额事业单位，核定全额事业编制4名，内设综合股、稽查队、后勤保障股。2019年，宁武县治理非法超限超载车辆办公室更名为宁武县治理超限超载车辆服务中心，行政职能划归县政府办公室，由县政府直属事业单位调整为县政府办公室下属事业单位，财政拨款事业单位，正科级建制，科级领导职数1正，编制6名。设有2个公路超限检测站：阳方口公路超限检测站（隶属于忻州市公路分局）和东马坊公路超限检测站（隶属于宁武县交通局），均为省批站点。全年，检测车辆411274辆次，查处超载车辆65辆，处理违规企业罚款12500元，违规车辆罚款24000元，司机记分210分，超限超载率低于0.02%，无因非法超限超载引发各类交通事故。

【联合执法机制】 2019年，宁武县治理超限超载车辆办公室在“政府主抓、部门负责、属地监管”基础上，县政府把治超工作纳入年度目标责任考核范围，乡（镇）和成员单位“一把手”为主要负责人。公路、交通、交警部门依托公路超限检测站，检测货运车辆，按照规定处罚超限超载车辆。公安部门打击货车闯卡、拒检、借故堵塞车道等违法情况。

【源头治理】 2019年，宁武县治理超限超载车辆办公室实行应急、国土、经信、运管等源头管理部门巡查监督制度。严把车辆准入关，严禁发生“大吨小标”现象，打击非标、无牌无证和车辆改装行为。抓源头装载关，把握好企业“进厂、装载、过磅、验票”四个关键环节，确保出厂车辆无超载行为。严把承运主体关，遇到违规装载企业，强制实行“不开票、不供电”措施；建立运输企业和货运司机信誉档案，一年内被查获3次非法超限超载运输行为，不予年审或吊销证照；干线公路治超站点24小时严管严查定点检测过往车辆，全面监控；严格排查上站拉煤车辆；增设限高、限宽、限载装置，封堵“双超”车辆运行通道；坚持流动治超与站点治超相结合，专门派出流动稽查队和治超巡查组对境内路段实行全天候巡查、检测、执法，做到逢车必检、逢超必卸、逢违必罚。为提高源头核查、举报督办、信息报送的工作效率9月起全省启用“钉钉”网络流转平台，依法处罚非法超限超载车辆及源头、源尾。

【信息平台管理】 2019年，宁武县对2个超限检测站、治超信息平台和无人值守系统进行全面升级，在10家重点货运源头企业厂区门口必经路段安装具有补光、红外夜视、不低于300万像素24小时抓拍系统，接入县级平台能自动识别车牌号并可转换为数字格式，视频覆盖货运车辆顶部，可储存1个月，确保一有线索，可以追溯源头。

治超信息管理平台系统是一套面向整个交通治超行业综合性信息管理系统，通过四级平台联网，可实现统一管理治超站点、源头企业、人员、设备、执法等业务数据，提供监管、执法处罚、联动、数据分析、指挥调度、检查督导等管理功能。通过部署计算机系统与网络设备，查看、分析存储在治超数据库所辖超限检测站和源头企业治超数据，调阅辖区内超限检测站和源头企业监控视频综合信息系统；在完成市级信息平台与站点、无人值守第一阶段信息联网基础上，推进市、县、源头企业第二阶段信息联网，实现市、县、站点无纸化执法及办公等功能，发挥各级治超信息指挥平台监控管理、执法处罚、执法联动、数据分析、指挥调度、检查督导等功能。

【人文治超】 治超工作是一项综合性工作，参与部门和投入人员多，易形成特有治超文化氛围，坚定长期作战信心尤为重要。运用微信公众号平台宣传治超知识，微信公众号图文并茂，利与害对比，福与祸标识，使企业、驾驶人一目了然，掌握治超法律法规相关知识。发挥电视台、宁武你好微信公众号等新闻媒体舆论传播功能，营造全民支持、全民参与治超社会氛围。

【“打短”专项行动】 2019年，宁武县治理超限超载车辆办公室按照省、市治超工作总体要求，成员单位和乡（镇）加大治理力度，集中治理非法储（售）煤场、沙石料厂、建材市场、取土场点特别是在建筑工地拉沙、石、土等建材运输车辆，彻底堵塞短途超载所有链条，确保行政区域内非法超限超载不反弹。

【交叉大检查】 2019年，根据市治超领导组安排，代县检查组于7月22日进驻宁武县，通过明察暗访、查阅资料、实地走访方式检查宁武县非法超限超载工作1周。先后检查山西忻州神达栖凤煤业有限公司、山西潞安集团潞宁煤业有限责任公司等4家源头企业，宁武县运管所、宁武县公路段、宁武县交警大队3个治超成员单位，宁武县凤凰镇、阳方口镇2个乡镇，阳方口和东马坊2个公路检测站和2个高速治超站点。宁武县治超办与原平市、忻府区、神池县、静乐县、朔城区开展联合行动，打击超载车辆驶出县域。

（徐建伟）

宁武火车站

【概况】 2019年，宁武火车站践行“提士气，扶正气，聚人心，知敬畏，守纪律，讲规矩，转作风，强基础，抓落实”27字方针要求，敬畏安全，用心履职，精细管理，凝心聚力，攻坚克难，确保安全万无一失。坚持目标导向和问题导向，强化生产过程控制，加强安全风险管控，着力构建人防、物防、技防“三位一体”安全保障体系，严密卡控冬季人身安全关键，开展各项专项检查活动，抓岗位标准化程序落实，确保车站全年运输生产安全稳定。

【安全生产】 2019年，宁武火车站狠抓安全工作。各项安全活动有序开展。车站全年开展调车作业通知单专项整治、货车列尾、调车安全、施工、货装、消防、接发列车、防溜器具专项整治，安全隐患排查、人身安全等21项贯穿全年或阶段性安全管理活动，安全基石得到夯实。推进安全“分析”管理制度。全年共接收上级预警22次、安全专题分析会10次、分析设备故障及非正常4次，安全管理分析制度作用发挥明显。创新安全管理方式。全年按照站领导盯控值班表，保证每天24小时有站领导盯控，并采取现场查、视频查、STP回放等安全管理创新方式，提升管控力度。完善安全关键作业卡控。结合车站站场环境及作业特点，细化段制定各项安全措施，现场调研货场集装箱作业5次，结合车站实际制定货场集装箱作业办法，弥补车站安全漏洞且提升工作效率，完善安全关键作业卡控；对客运旅客站台组织调研，制定站台封堵人员封堵到岗、退岗汇报措施，遏止封堵晚上岗、早退场等问题，互补车站站台窄、长弊端，提高站台组织能力，实现“三个出行”（平安出行、有序出行、温馨出行）目标。

【优化作业】 2019年，宁武火车站随着车站运量不断增大，集运站和货场作业效率提高，同时也存在一定作业安全风险，面对宁武站装车组织效率低、调车作业人员劳动强度大的整体安全现状，多次调研集运站和货场取送车作业情况，经过车站管理人员共同研究，最终提出解决方案并形成调研报告，上报车务段，由车务段牵头，车站组织，解决集运站、货场取送车作业关键问题，集运站送车作业由原来205分钟压缩至135分钟，减少70分钟，取车作业由原来190分钟压缩至130分钟，减少60分钟；货场取送集装箱车送车作业由原来170分钟压缩至80分钟，减少90分钟，取车作业由原来150分钟压缩至110分钟，减少40分钟，提高运输组织效率，减轻调车人员劳动强度，降低安全风险。

【安全大检查】 2019年，宁武火车站结合季节性安全工作特点和风险研判实际，突出职工两纪及各项安全关键，重点针对安全管理、现场作业、设备质量、劳动安全、食品安全、消防和货物安全、环境安全、应急处置、安全关键管控工作等加强现场监督检查，及时发现解决存在安全隐患。集中整治安全管理、现场作业中存在各种弄虚作假、违章蛮干行为。对一些经常性违章，屡教不改人员，每月在站务会、职工大会通报。实行倒追相关管理人员责任。在全站形成视标准为习惯良好氛围。

【汛期防洪】 2019年，宁武火车站在进入汛期前，成立以站长、书记为组长站区防洪领导小组，研究制定具体安全措施，组织全员防洪抢险知识培训应急演练，召集各单位对站区防洪地点全面检查，排查防洪安全中存在各种隐患和问题，全面整改影响防洪安全问题，提升车站防洪应急能力，汛期车站降雨量大出巡警戒3次，限速警戒值0次，封锁警戒0次，未出现拦停扣情况，行车主要工种严格落实汛期各项制度，确保汛期运输组织安全有序。

【技术管理】 2019年，宁武火车站根据集团公司、段技术性文件，及时废止、修改资料室及各岗位技术资料册相关内容，确保职工能够第一时间学习掌握新业务知识。落实《车站行车管理细则》学习、讲解活动，站领导印发学习计划，及时编制学习教案，按时完成各工种培训学习计划，在学习过程中，与职工共同探讨核查《车站行车管理细则》中存在的不足，结合作业实际，及时修改《车站行车管理细则》，完善规范技术管理。按照集团公司、车务段要求，培训学习《车站行车管理细则》系统，保证操作熟练。

【CTC实车验证】 2019年，宁武火车站按照集团公司CTC设备开通整体安排，12月9日至12日完成运输功能实车验证工作，车站领导重视，把提升作业人员业务素质及CTC实操技能作为首要任务，全站干部职工参加培训，培训CTC设备模式转换、进路权限转换、进路序列修改及触发、半自动闭塞、分路不良及引导进路排列操作、模拟演练，保证运输功能实车验证顺利进行。

（陈新明）

山西地方铁路集团宁静铁路公司

【概况】 宁静铁路位于忻州市宁武、静乐境内，起点与国铁北同蒲线宁武站接轨，线内7千米处宁武西站与朔黄铁路并站联轨，经宁武县姜庄、马营海、东寨、化北屯、小石家庄、静乐县永安镇至静乐县城西。线路正线全长93.641千米，铁路等级为地方铁路Ⅰ级，正线数目单线，限制坡度17‰，最小曲线半径400米，牵引种类为东风4D内燃机车，全线年设计货运量830万吨，设计运输能力1200万吨。公司有职能部门12个、生产部门11个、储装煤台16处。各煤台分布装载机共25台用于装车作业。公司有职工561人，2019年，营业收入8834万元，占年度考核指标5000万元的176%。较上年度4681万元增加88%。全年利润总额下降486万元。较上年度减亏708万元。全年货物发运量349万吨。完成考核指标360万吨的97%。较上年度255万吨增长37%。

【货运改革】 2019年，宁静铁路公司运输生产向运输经营转变取得实质性进展。坚持“走出去”战略。组织重点发运户，从煤炭贸易方面加强国家能源销售集团和朔黄铁路的业务协调。争取到国家能源集团给予朔黄线发运户让利优惠政策，公司由前四个月每月10万余吨增至每月30万～40万吨。深化市场化理念。在与公路竞争中，公司采取降价保量措施。探索新形势下铁路管理新方法，推行市场化经营、协议化管理、实行“量价互保”等措施，确保把主营业务做稳做实。公司亏损额逐年递减，企业脱困初显成效。实现利润总额下降486.8万元，同比减亏707.3万元。“公转铁”工作取得初步成效。形成推进公转铁“畅通通道、提升运能、专用线共用、整治公路”基本思路，得到各方面认同。3月，引进长期提供汽运煤炭服务企业——宁武县泉鑫洗煤有限责任公司，推进“公转铁”在宁静铁路公司落实，从3月至年底，该公司发运20万吨。集装箱发运业务不断拓展。推进集装箱多式联运业务，在工贸小煤台引进朔州金园水泥集装箱发运。

【安全生产】 2019年，宁静铁路公司加强安全规范基础管理，改进考核办法，落实安全责任。坚持问题导向，定期分析，靶向解决。紧盯安全重点，认真履行安全监管职责。完善规章制度、强化设备质量，夯实安全基础。多形式开展安全培训，强化安全宣传。加强应急演练，提升应急反应、处置能力，全年未发生安全责任事故，完成安全生产各项目标。

【基础设施建设】 2019年，宁静铁路公司提升运输能力，改造线路、机力等设施，储备发展后劲。机务段抓住安全生产和机车质量两项重点，利用机车鉴定有利时机集中力量整治机车质量隐患，采取“先整后鉴，以整为主”，采用各包乘组自查、运转复查、段领导抽查三级检查方式抓好机车质量。车务段从事故隐患排查、安全治理等环节入手，通过下站添乘、自查自纠等方式，抓薄弱环节、重点部位安全防范工作，及时整改隐患问题，有效防止各类安全事故发生。工务段围绕“安全第一、预防为主、防治结合”十二字方针，完成宁武西至静乐正线综合维修约18千米，道岔35组。对生产一线捣固机、内燃螺栓扳手、钢轨打磨机、钻孔机、切轨机、起拨道机等维修达180余次；电务段全年对一路、二路电力线路开展春、秋两季大检查和日常巡查工作。取缔多处私拉乱接电线，维护和检修沿线车站电动转辙机等设备，平推整治和测试各种信号设备。按国家环保要求公司环保设施改造工程于12月3日正式启动。为改善生产一线科段室生活环境，使用空气能取暖取代土锅炉取暖。通过打深井彻底解决马营海和永安镇两地由于浅水井内水质污染严重超标而影响职工吃水困难问题。

【精细管理】 2019年，宁静铁路公司“三化”（目标化、制度化、规范化）管理得到全面实施。把落实“目标化、制度化、规范化”贯穿全年各项工作，把经营责任目标、党建责任目标和党风廉政建设责任目标细化分解，明确责任领导、责任部门和完成时限。加大清欠力度，共清理运费欠款1656.1万元，截至2019年底，应收账款余额297.9万元。

【人才战略】 2019年，宁静铁路公司人才强企战略实施。牢固树立人才强企意识，按照集团公司选人用人机制，从大中专院校协助公司招聘一批大专学生及技术人才。为加强人才队伍建设，完善企业用工机制，将多年来一直从事生产工作的20名临时工转为固定用工，解决职工后顾之忧，并为借调公司员工办理调入手续。公司制定职工培训计划，提升职工技能素养，把技能竞赛与公司发展紧密结合，形成鲜明用人导向。

【党的建设】 2019年，宁静铁路公司基层党建与落实“三化”管理相结合，党管干部与党管人才工作相结合。及时修订公司章程，完善党对企业领导相关内容。执行党委会前置程序。落实党管理干部原则，明确选拔任用标准和流程，以及“积极上进、务实肯干、勇于担当、群众公认”用人导向，激发干部干事创业活力。开展“改革创新、奋发有为”大讨论，紧扣“十个关键环节”和“两项特色自选动作”，对照“六个破除”查摆问题，“对标一流”查找差距，破解改革、创新、作风等方面问题。推进“不忘初心、牢记使命”主题教育，聚焦“十二字”总要求和“五句话”具体目标。召开学用交流会，总结经验，查找差距，改进不足。通过活动开展，提高思想认识，统一行动，推动学习成果转化，解决一大批发展难题。加强“三基建设”，党员发展、教育、管理，三会一课，党日活动等基本制度得到全面落实。党风廉政建设工作持续加强。为监察对象建立《监察对象基本情况登记表》，干部和重点岗位人员建立《领导干部廉政档案》，实现监督对象全覆盖。对新任命的中层干部进行任前廉政谈话。开展“纠正不正之风，提升服务效能”专项整治活动，发现并整改问题，开展重要节点监督检查。开展群团和精准扶贫工作。完善并深化落实职代会制度，执行企务公开、平等协商、集体合同等制度。开展技能比武及各类文体活动。推进送温暖、扶危济困、金秋助学等活动。加强共青团建设。推进精准扶贫，开展结对帮扶加强实地调研，制定并落实6万元左右扶贫投资计划，帮扶村完成脱贫摘帽。

（王月飞）

中国邮政集团有限公司山西省宁武县分公司

【概况】 2019年，中国邮政集团有限公司山西省宁武县分公司学习贯彻习近平新时代中国特色社会主义思想，落实新时代党的建设总要求，开展“不忘初心、牢记使命”主题教育，贯彻落实全省、全市邮政工作会议精神，坚持党建引领，推进改革创新，加快转型升级，推动高质量发展。全年分公司实现邮政总收入2428.03万元，占预算95.93%，全市排名第十；较上年增长 6.93%，全市排名第九。集邮专业收入 55.02 万元，占预算 110.05%，全市排名第二；发行专业收入 134.15 万元，较上年增长 6.71%，全市排名第四；分销专业收入 124.94 万元，较上年增长 67.44%，全市排名第五；寄递收入 137.19 万元，较上年增长 73.23%，全市排名第四；电商专业收入 34.87 万元，较上年增长 47.35%，全市排名第六；函件专业收入 24.44 万元，较上年增长 31.94%；机要及其他收入 0.18 万元。

【邮路建设】 2019 年，凤凰镇范围内共有市投道段 5 个，速递、物流揽投道段 3 个，满足县城范围邮政服务需求；全县开通县城至薛家洼、县城至东马坊、县城至石家庄共计 3 条汽车邮路；建有农村乡邮投递道段 15 个，合计乡邮投递路线 47 条，总里程 1084 千米，设立 60 余个农村邮件转投站，实现覆盖全县 14 个乡镇及农村，确保邮政普遍服务标准落实。

【改革与创新】 2019 年，宁武县邮政分公司加强各类用工集中管控，规范用工管理，降低用工风险；优化代理金融网点人员配置；监督检查，确保薪酬发放合规，发挥薪酬激励作用，调动各层面人员工作积极性。抓安全内控管理，围绕“资金、邮件、信息、车辆、人身、消防”等六个重点，践行“人人、时时、事事、处处”工作理念；加大技防能力投入，完善重点环节、部位人防、物防、技防措施；利用日常检查、非现场检查、整体接管等手段，做好内控管理工作。突出寄递业务结构调整，加快高效电商户开发，提升市场开发能力，实现政务市场全覆盖；推进网格化管理和揽投部销售化转型，创新推进“揽投员 + 代办点”模式，整合营销资源，挖掘自有渠道内在潜力。融入公共文化，创新发展集邮、函件业务，转型发展聚焦“产品、渠道、活动”三要素，立足渠道平台自身优势，强化对外合作、对内联动，让渠道接触产品，产品面向客户，以亲民、便民、利民为出发点，做深做实公共服务，夯实“自邮一族”项目，做大简易险规模，壮大平台业务，实现增收。

【金融业务转型】 2019 年，宁武县邮政分公司推进代理金融业务转型，坚持客户资产多元化配置，注重线上获客和线下挖潜，创新发展，提升产能。打造差异化服务体系；坚持数据引领，整合企业资源。盯紧战略性业务，大力发展高效中间业务。把理财业务作为客户挽留和资产配置利器，加大专业理财队伍建设力度，促进增收增效。全年代理金融业务收入 1917.23 万元，较上年增长 4.31%，全市排名第十三。

（李志宏）

中国移动通信集团有限公司
宁武县分公司

【概况】 2019 年，中国移动通信集团有限公司宁武县分公司（以下简称宁武县移动通信集团分公司）主营业务收入 5244 万元；宽带 14851 户，新增 3713 户；移动客户数 9.3 万户，新增 1.2 万户。

【客户服务】 2019 年，宁武县移动分公司秉承“扩规模，提价值”理念，从人民群众根本利益出发，建立多层级修复手段，按时完成修复工作，通过通报、预警等方式监督修复效果，形成管理闭环，创新服务方式和内容，打造服务“爆品”。以高质产品和优质服务为基础，大力开展“全心全意，10 分满意”引导宣传。

【网络建设】 2019 年，宁武县移动分公司移动建设5G基站2座，推进227个电普服务区域，形成端口建设能力6548口，“建设、营销、安装、维护”四位一体协同发展，满足老百姓网络使用需求。宁武县541个小区（城市、农村），端口总数2.6万个，通过目标客户提取、电话外呼线上线下协同，落实“211+”客户服务承诺标准，扩大客户规模。

【综合管理】 2019年，宁武县移动分公司明确绩效考核方法、日常考勤办法。按照车辆管理办法加强车辆管理，做好固定资产盘点、报废。办公用品、低值易耗品申请并建立台账管理，做好安全教育培训，形成坚持靠制度管人、管事，做到组织领导到位、机构人员到位、责任落实到位，形成既有压力和动力，又有活力和特色的工作体系，开创文明和谐建设新局面。

（马鹏程）

中国联合网络通信有限公司宁武县分公司

【概况】 中国联合网络通信有限公司宁武县分公司（以下简称宁武县联通分公司）承担全县14个乡（镇）16万人基本通信服务，是宁武县党政军警、机关、学校及企事业单位基础通信服务运营商。2019年，业务收入全年目标2957万元。实际累计完成2800万元，占年计划95%，全市排名第6。收入份额31.32%，排名第3。移动用户36717户，占市场份额25.171%，份额排名全市第4。其中，移动用户较上年末变化2.2%，排名第2。新增用户市场份额49.46%，排名第5。移动用户净增5416户，净增份额排名第6。宽带用户13491户，占市场份额45.85%，份额排名全市第10。其中，新增用户市场份额25.66%，排名第6。

【网络规模】 2019年，宁武县联通分公司有2G、3G、4G基站465个，覆盖全县村庄及主干公路线，无线信号覆盖面积92.8%，有线宽带进村173个村，覆盖率45.52%。

【综合管理】 2019年，全市经营业绩KPI打分排名中，宁武县分公司全年绩效第1名，在全省县级分公司领导班子经营业绩评价与激励结果通报中，宁武县分公司在C档（47县）得分排名中以73.54分排全省第14名（市分公司C档9县排第2名）。2019年，宁武县联通党支部被山西省联通公司授予党支部先锋岗称号。

【大客户服务】 2019年，宁武县联通分公司为党政机关服务的专网有“13710”电子政务网、安全生产履职监管平台、社会综合治理网格平台、农党网、财政集中支付专网、煤炭瓦斯监控、“雪亮工程”乡村监控、平安城市、数字城管等，为全县各行业提供优质通信服务。

（杜　浩）

中国电信股份有限公司宁武分公司

【概况】 2019年，中国电信股份有限公司宁武分公司（以下简称宁武电信分公司）有移动业务、宽带业务、ICT等业务。移动用户1.2万户，新增手机用户中，90%以上用户为4G智能手机。全县电信宽带用户0.6万户，保持电信宽带市场主导地位。截至2019年底，实际收入840万元。电信政企OA、公安天网等一批信息化应用新业务，在公安、学校、中小企业等许多行业领域得到应用，通过信息化手段为他们生产和管理提高效益。

【网络服务】 2019年，宁武电信分公司宽带接入端口1.9万个，有线宽带服务能力领跑全行业。县城区通过光网城市建设，FTTH覆盖各个新建小区和楼盘，实现300M高速宽带接入。电信4G网络覆盖全县所有乡镇和规模较大自然村以上区域，以及境内高速公路、国道和省道全程覆盖。宁武分公司实现宽带天地一体化通信网络。

【客户服务】 2019年，宁武电信分公司以用户至上、用心服务为理念，提升用户满意度，以关键服务环节为切入点，感知测评，强化差异，化服务优势。参与政风行风建设，规范市场、资费及收费行为，加强用户信息安全、网络安全和信息化建设。4G和宽带两个重点产品持续贯标。提升重点区域4G网络质量，把电子渠道作为服务4G用户服务主渠道。服务提升终端售后，提升宽带投诉重点区域网络质量，管控宽带装维全流程时间，优化现场流程，完善支撑体系，提升工作效率。电子渠道服务推广应用。主要在营业厅实行，装维人员及直销经理做到“三个必须”，做好电子渠道宣传引领和渠道协同。“五大体系”推进服务质量管控，即投诉预防体系、集中服务工单管控体系、投诉处理定责评估体系、客户服务分析管控体系、客户体验及感知管控体系，做好服务事前规范，事中监督和事后管控。

（郑　凯）

商 贸

综 述

【概况】 2019年，宁武县社会消费品零售总额14.88亿元，同比增长12%；招商引资签约项目当年开工率41.67%；经济技术园区投资强度165万元/亩，产出强度110万元/亩。

【电商扶贫】 2019年，宁武县级电子商务公共服务中心入驻企业18家，展示农特产品300余种；建成线下体验店130个，三员信息点135个，其中贫困村覆盖140个。130个体验店全部完成门头、银牌、制度牌等形象装饰，配置智能终端系统、货架、电脑、电视、扫码枪等设施设备；完成3600平方米物流仓储中心建设，配置传送带、X光安检机、地牛等设施设备，整合中通、申通、圆通、韵达和汇通6家快递物流公司入驻仓储中心。农村电商乡镇服务站点基本建设完成，“一站多用”，嫁接物流功能，初步实现县、乡、村三级物流体系建设；完成《宁武县农产品生产和销售情况调查报告》《宁武县区域公用品牌发展建议》，“芦芽山珍”和“汾源印象”两大区域公用品牌的品牌解读和部分视觉形象设计，沙棘、杂粮手盘面、山珍类、胡麻油等6个品类25款产品包装设计。12月初，举办产品推介会；确定3家企业作为宁武县农产品质量安全溯源体系项目试点企业，配套溯源硬件设备；开设站长培训班、公职人员培训班、乡镇巡回普及培训班、扶贫培训班、创业培训班等班次，累计培训1930余人次，培训覆盖1380余人，贫困户培训累计758人次，培训覆盖贫困户320余人，12月底完成全部培训任务。

【经济技术园区建设】 2019年，宁武县完成园区总规、新能源节能环保产业园控规、扶贫农业产业园控规评审工作。基本建成扶贫农业产业园，园区征地、规划编制、地下管网、交通道路等“七通一平”工程。引进8个农业加工项目。其中，投产1个，在建6个，规划1个。截至2019年11月底，入园企业30个，总产值14.7亿元，完成固定资产投资8.5亿元。完成扶贫农业产业园标准化厂房建设项目立项工作，推进施工前期需要办理的其他手续。新入园项目4家，分别是年产80万吨环保型洁净煤项目、医药仓储物流分拣项目、年产30万头生猪定点屠宰场建设项目、山西忻州神达能源集团有限公司煤矸石环保综合利用项目。

【项目签约】 2019年，宁武县项目签约目标任务71.20亿元，1—11月共上报签约项目12个，签约项目投资总额76.15亿元，占年度目标任务106.95%。签约项目当年开工率目标任务30%，截至2019年11月签约项目开工5个，占年度目标任务41.67%。新开工固定资产投资项目计划投资目标任务22.28亿元，完成25.19亿元，占年度目标任务113.06%。固定资产投资项目资金到位目标金额7.19亿元，完成4.98亿元，占年度目标任务69.26%。

【商贸流通领域安全检查】 2019年，宁武县商务局定期开展成品油销售市场、汽车销售市场、二手车销售市场、限额以上商贸流通企业等执法检查和安全隐患排查，消除安全隐患，确保企业安全生产。

（史昊宇）

宁武县供销合作社联合社

【概况】 宁武县供销合作社联合社属参照公务员管理事业单位，编制16名，正科级建制，科级领导职数2正2副，隶属县政府。内设综合办公室、财务统计科、合作指导科（安全管理科、商场管理办公室），共有机关工作人员16人，离退休人员23人，遗属7人。下设13个企业，在册人员234人，离退休人员272人，遗属75人。其中，县属企业7个，有供销商场、农副产品日杂公司、农业生产资料公司、盐业公司、副食果品公司、贸易公司、粉丝厂，基层社6个，有城关供销社、余庄中心社（下设迭台寺分销社）、阳方口中心社（下设贾家窑、下白泉、盘道梁三个分销社）、东寨中心社（下设化北屯、岔上、马龙三个分销社）、圪中心社（下设怀道、东马坊、辉顺沟三个分销社）、西马坊中心社（下设宁化、新堡、石家庄3个分销社）。

【财务指标】 2019年，宁武县供销社总资产4055万元，其中：流动资产3183万元（货币基金196万元，存货286万元，其他流动资产2701万元），非流动资产872万元（长期股权投资2万元、固定资产796万元、在建工程74万元）。全社总负债3556万元，其中，流动负债3386万元（短期借款1508万元，应付职工工资396万元，应缴税款8万元，其他应付款1423万元，其他流动负债51万元），非流动负债170万元（长期借款140万元、长期应付款30万元）。总社所有者权益499万元，均为实收资本（集体资本466万元、民营资本33万元）。

【经营状况】 2019年，宁武县供销社贯彻落实中共中央、国务院《关于深化供销合作社综合改革的决定》和省委、省政府《关于深化供销合作社综合改革的实施方案》以及市委、市政府《关于深化供销合作社综合改革的实施意见》，围绕全县经济工作重点，加快改革与发展为主线，把握稳中求进工作总基调，明确目标任务，确保各项工作落到实处。2019年宁武县供销社销售收入完成18771.6万元，同比增长18.07%。利税总额332.8万元；同比增长18.30%。利润15.5万元，同比增长19.23%。购进总额完成23881万元，占计划的107.09%，同比增长31.74%。农副产品购进完成4890万元，占计划的105.84%，同比增长46.71%。生产资料完成1451万元，占计划的107.48%，同比增长9.98%。

【农村合作经济组织建设】 2019年，宁武县供销社把参与领办创办农民专业合作社作为发展现代农业一项重要工作来抓。通过沟通联系、提供信息服务等，帮助会员和农民开拓市场，维护会员和农民利益，加强多方联合与合作，发展农民专业合作社，完善农产品购销服务体系，落实《中华人民共和国农民专业合作社法》，引导现有专业合作社依法建社、依法经营、依法管理、规范运作。利用供销社自身优势，为专业合作社提供农资供应、农产品销售、信息技术等服务，帮助专业合作社发展壮大。组织当地优质农产品参加国家级和省级展销，参展主要农副土特产品有莜面、豆面、胡油、蘑菇、毛尖茶、蕨菜等十几个品种，提升宁武县知名度。供销社引领发展农村专业合作社达40余个，入社农户达500余户，入股金额3000余万元。

【新型供销社建设】 2019年，宁武县供销社在基层组织体系建设和农业社会化服务体系建设等新型供销社建设方面做许多工作。基层组织体系建设。针对基层社大部分处于停业半停业、经营萎缩、管理混乱，基本丧失为农服务功能状况，县供销社科学谋划，合理布局，在推进基层社经营设施改造步伐同时，积极领办、创办农民专业合作社联合社。投资77万元把地理位置优越、设施老化、面貌陈旧的余庄中心供销社加以提档升级，改造后的余庄中心供销社，增加服务项目，扩展农副产品、中药材收购、农资供应及代办农村移动联通电信通信、人寿保险、养老保险等业务，设立惠农服务站，购置5组冷冻设备，为农民贮存各种蔬菜瓜果肉类等，代办各种农机具服务等业务，真正实现“一店多能、一网多用”综合服务。整合规范提升余庄乡13个不同类型农民专业合作社，领办创建天池美种植专业合作社联合社，探索与精准扶贫相结合，联合并进、资源共享经营服务方式和帮助农民脱贫致富新模式。中心社采取“统筹规划、机械化作业、分社管理、统一销售”方式与山西农业大学、山西省植保所、山西省白色农业工程学会、山西晋美山村科技有限公司、山西龙首山集团公司等科研机构和公司合作，实现农业产业化、管理科学化、销售市场化，还与康乐种植合作社、沈华种苗合作社、绿康农产品种植加工合作社、宁源种养殖合作社、惠源中药材种植合作社合作成立常丰中药材加工专业合作社联合社，联合社投资818万元，托管土地4700亩，种植中药材，年收益500万余元，带动贫困户300余户农民致富。农业社会化服务体系建设。2019年，宁武县供销合作社与县农机服务中心及个体商户联合创建惠农服务中心，采取多种形式，为农民和各类新型农业经营主体提供耕、种、管、收、加、贮、销等“保姆式”“菜单式”系列化服务，参与农村土地有序流转，推进农业适度规模经营，以测土施肥、农资直供、统防统治、代耕代种、农机服务、土地托管、农民培训、综合服务等为主要内容，为农民提供一站式综合服务。经营模式由单一产品销售拓展为融销售、服务于一体的综合性服务，专门成立农机服务专业合作社，配备以深松、播种、收获为主导的实用性农机具，专门服务土地流转规模大、农机具缺乏农村专业合作组织。截至2019年，公司组建农机服务专业合作社，深松耕地3000余亩，翻耕土地600余亩。这一创新做法，拓宽中心业务范围，提升在当地影响力和辐射面，受到县委和县政府充分肯定，成为政府部门与民营企业携手发展成功典范。农资公司利用供销社系统经营设施，整合农业、农机、农科等部门资源，依托山西农资集团网，线上线下为农民提供农资信息咨询、良种引进示范、测土施肥、统防统治等农业技术推广和科技服务。宁武县五谷园农产品加工专业合作社与阳方口镇、余庄乡、化北屯乡农民合作成立的万亩有机种植基地2019年达到2万亩，有机种植采用“合作社＋基地＋农户”产业化模式，统一出资规划流转，实行“六统一”，即统一供种、统一施肥、统一种植技术，统一覆盖薄膜、统一收购、统一加工销售，发挥“龙头”带动作用，改变杂粮以原粮交易形式，促进杂粮规模种植生产，深加工的规模化、高端化、产业化发展，形成有机一体化生产产业链，带动当地杂粮种植农户共同发展致富，使杂粮资源优势转化为产业优势、经济优势，促进当地农业增产、农民增收，实现当地经济效益和社会效益双丰收。

【电子商务】 2019年，宁武县供销社在整合贫困村电商网点资源基础上利用省财政专项基金45万元，农民乐网络科技有限公司新建300立方米冷链物流库，新建21个农村电商体验店，总数达198个，实现农村电商体验店全覆盖，培训农村电商人才100人次。公司与原平农学院合作，实现送教下乡，把田间地头作为讲台，宣讲现代农艺技术、农林经济综合管理、畜牧兽医、园林技术，用现代科学技术带动农民致富。

【再生资源回收利用】 2019年，宁武县供销社同县物资公司联合投资80万元，在位于城区杨庄村外，建立县晟源再生资源回收利用市场，占地面积60亩。彻底取缔城区范围内经营不规范个体废品收购点57家，全部纳入市场管理。市场内容纳40余家摊点，2019年有经营户30余家，发展集废铁、废纸、塑料、旧电器、旧车回收、加工等项目，所有经营户均在市场统一领导管理下，合法自主经营。

（王留正）

粮油服务

【概况】 宁武县粮油服务中心有2家下属企业。其中，购销企业1家、附营企业1家。截至2019年底，下属企事业在职职工453人（其中包括自收自支事业人员95人）。2019年，宁武县粮油服务中心粮食收购目标250万千克以上，实现销售目标1000万千克以上，产销衔接目标1000万千克以上，完成粮食收购208.4万千克，粮食销售1170.87万千克，产销衔接962.47万千克，完成指标任务。

【储备粮油管理】 2019年，宁武县粮油中心利用春季粮油普查有利时机，全面清查国有粮食企业库存粮食，重点检查县级储备粮，监管应急库存粮食。在仓库管理上实行“以加强教育为基础，以强化监管为手段，以数量质量为中心，以确保安全为目的”管理理念，加强储粮责任心教育，确定库管员为仓储安全第一责任人，实行储粮安全负责制。加强有效监管，县中心对全县仓储检查变定期为不定期，变季查为月查，变抽查为普查，强化管理力度。执行出入库管理制度和粮情检测制度，每月按照管理规范对账汇总，发现问题及时处理。在仓储科学保粮方法上，按照国家仓储技术规范要求，以“防火，防虫，防鼠雀、防盗、防潮、防霉变”为重点，把绿色环保储粮作为主攻方向，通过电子测温、中草药防虫、准低温储存等科学保粮技术，使科学保粮率达100%，通过多管齐下，克服不利影响，做到粮食安全保管不走样。库存粮食“一符六无”（一符指账实相符，六无指账务无积压、结算无事故、计息无差错、计账无串户、存款无透支、报表无虚假）合格率达到百分之百。

【粮食库存大清查】 2019年，宁武县粮油中心按照县政府统一部署，开展全县政策性粮食库存数量和质量清查工作。根据全省、市大清查实施方案，制定全县清查实施方案并组织实施。组织全县大清查督导检查工作，向县大清查协调机制办公室报送检查结果和工作情况，协助省、市、县抽查督导组开展抽查督导工作。

【粮食安全保障】 2019年，宁武县粮油中心制定印发《宁武县人民政府办公室关于印发宁武县粮食安全责任制考核工作方案的通知》，按照省粮安办相关要求，组织协调农业、财政、国土、水利、环保等部门和相关乡（镇），梳理总结2019年全市粮食安全行政首长责任制落实情况，整理上报相关证明材料，迎接市粮安办实地考核，整改实地考核中指出相关问题。通过市粮食安全办公室考评，宁武县综合得分等次被评为优秀。

【粮食应急演练】 2019年，宁武县粮油中心为规范和完善储备粮管理，按照县政府修订应急预案要求，修订完善《宁武县粮食应急预案》及相关实施细则；按照应急预案，针对中国很多地方发生严重自然灾害和重大突发事件状况储备库人员进行模拟演练，确保发生突发事件和重大自然灾害时启动粮食应急预案有效性。

【粮食行政监督】 2019年，宁武县粮油服务中心抓储备粮监管、社会粮食流通检查、体系建设，坚持问题导向，强化责任落实，加强粮食监督检查工作。全县有8家涉粮企业办理粮油收购许可证，监管企业有80家，全年开展各项检查53次，出动检查人员180人次，检查企业90家次。贯彻落实“六权治本”新要求，推进依法管粮。制订权力清单、责任清单，编制行政职权运行流程图、廉政风险防控图、问责依据，并向社会公布。粮食收购资格许可由前置审批变为后置审批，把90%以上粮食收购者全部纳入监管范围，规范收购行为，维护售粮农民利益。打击囤积居奇、哄抬物价、散布虚假信息、制售不合格商品等扰乱市场秩序、侵害消费者权益违法行为，整顿流通秩序净化市场环境，切实保障粮油市场稳定和人民群众消费安全。

【世界粮食日主题活动】 2019年10月16日是第39个世界粮食日，宁武县发改局、粮油中心、农业农村局、科技教育局、县妇联等部门统一部署共同组织开展世界粮食日和粮食安全宣传活动。世界粮食日的主题是“行动造就未来　健康饮食实现零饥饿”，全国粮食安全宣传周活动主题是“扛稳粮食安全重任　建设粮食产业强国”。旨在引导全社会共同行动起来，减少粮食浪费。“世界粮食日”和粮食安全宣传活动悬挂“爱粮节粮”横幅3条，发放各种节粮手册2000余本、手提袋400个、宣传页3000份，参与节粮宣传工作人员20多人。

【保供稳价】 2019年，宁武县粮油中心保证市场供应，稳定市场价格，按照省委、省政府“惠民工程”目标要求，提升改造县级粮油配送中心，增加县城骨干店和乡镇加盟店，实施统一管理。按照政府指导价格销售，发挥应急保障和市场调控作用，配送中心每年在“两节”期间均对全县困难群体实施最低价销售优惠政策。多次获得省、市、县表彰。

【国有企业改革】 2019年，宁武县粮油中心推进国有粮食购销企业改革，按照“收缩战线，精干主体、政企分开、集团化经营、公司化管理”改革思路，以退城入郊、深化改革、创新机制、增强活力、确保稳定为重点。坚持“有利于国有资产保值增值，有利于实施宏观调控，有利于转换经营机制，有利于提高企业竞争力”原则，推进国有粮食企业资源整合和战略重组，从中心下属企业改制情况来看，原粮食加工厂和饲料公司通过重组、改制，做出符合宁武县粮食企业改革实际举措。随着粮食购销市场化程度提高，以及农业发展银行对粮食购销企业信贷政策全面紧缩，国有粮食购销企业不能正常开展粮食购销经营，中心通过改制重新组建两个国有企业（一个收储企业，一个附营企业），收储企业重组为宁武县金谷粮油总公司，承担全县粮食储备、救灾、购销、配送等业务。附营企业重组为宁武县家园饲料有限责任公司。

（崔炳杰）

烟草专卖

【概况】 2019年，宁武县烟草专卖局（营销部）共销售卷烟7223.5462箱，较上年同期7410.3142箱减少186.768箱，同比下降2.52%。卷烟销售收入18664.7705万元，较上年同期18691.2971万元减少26.5266万元，同比下降0.14%；条均价103.19元，较上年同期100.83元增加2.36元，同比增长2.34%。

【营销工作】 2019年，宁武县烟草专卖局（营销部）把自律互助小组建设作为“一把手”“一号工程”，一户一户做工作、一个一个抓组建、一遍一遍检查。全县发展小组49个，发展小组成员655户，占总客户91.48%。明职责、抓组建，小组覆盖率有效提升。在小组建设中，本着“成熟一组、发展一组”原则。注重责任分工。建立领导分片包干，全员参与、分片管理、责任到人推进模式。注重客户培训。分批次、多形式组织零售户开展培训，调动小组成员参与热情。划片建组。按照先城镇后乡村思路，组织地理位置相近、经营能力较强客户，开展小组组建、培训学习，以点带面，稳步推进。搭平台、畅信息，做好经营指导。通过搭建“四个平台”助力自律互助小组建设稳步运行。搭建学习交流平台。通过组织集中培训、座谈交流和小组碰头会等多种形式搭建起学习交流平台。搭建交流互动平台。借助小组之家和微信群，定期发起组内客户活动，交流经营技巧，约定零售价格。搭建规范经营平台。搭建线上和线下平台，线上通过小组微信群及时将小组成员守价、守规情况通报，跟踪反馈市场异常信息。线下通过教育引导督促小组成员坚守自律、诚信经营。搭建标杆评比平台。选取小组内店面形象好、经营能力强的优秀店面作为样板，组织小组成员观摩交流，发挥其示范带动作用，调动小组成员积极性。维护价签、亮化店面，落实明码标价。按照先城市、后乡村思路，由客户经理牵头，全员分组包片为每位客户量身定制统一推烟器、标签盒，帮助零售客户做好卷烟价格标签维护工作，做到一烟一签，烟签相符。逐户帮助客户整理店铺、做好卷烟陈列和价格标签维护，提升客户店面形象和卷烟陈列水平。加强调控，落实“控大扶小”。按照“控制大户、发展中户、扶持小户”要求，服务中小客户，帮助中小客户提升经营能力和水平。加强对大户政策宣传，大户违规经营行为得到有效遏制，“控大扶小”工作得到有效推进。

【烟草专卖管理】 2019年，宁武县烟草专卖局（营销部）专卖累计出动车辆248次，出动人员1320人次，查获案件40起（其中假冒卷烟案件32起、非渠道卷烟案件8起），查获各类违规卷烟10.36件（其中假冒卷烟2.25件、非渠道卷烟8.11件），案值9.59万元。以移动平台为依托，加强市场监管。保持卷烟打假打私高压态势，推动“APCD工作法”应用与“双随机一公开”、联片检查、守法经营率考核、诚信自律互助小组建设等重点工作有机融合，执行“一户一码”管理，严管违法违规卖烟大户，依法查处违法违规行为。依法行政，规范许可证管理工作。按照《中华人民共和国烟草专卖法》《中华人民共和国烟草专卖许可证管理办法》及《中华人民共和国烟草专卖许可证申请与办理程序规定》等法律法规，规范许可证办理程序。全年办理行政许可事项329项，新办80户，延续138户，变更2户，停业6户，恢复营业

1户，歇业71户，审批注销28户，收回3户。强化“大户”监管，深化“大户”治理。在日常检查中，通过规范引导、以案说法等形式，做好大户守法教育，提高规范经营意识。筛查违法违规卖烟大户信息，建立违法违规重点监控户动态档案，明确监管责任人，对其订货、库存、销售等信息严密监控。把违法违规大户专项治理工作纳入日常监管，不定期针对性检查辖区重点监管对象，整治“串码烟”。梳理查获涉烟违法案件，依法采取行政处罚、降挡、限量等措施加以惩治。

（宋俊亮）

宁武县物资总公司

【概况】 宁武县物资总公司是由宁武县物资局改制而成，为政府直属国有企业，有下属公司5个，各单位主要经营项目有建材、汽车配件、化工产品、矿山设备、钢材及水暖配件、废品回收等。

【创卫工作】 2019年，宁武县物资总公司开展创建文明卫生城市工作，在公司人力、物力紧张情况下，每年按计划实施创卫工作，克服种种困难，把多年来脏乱差问题彻底解决。创建物质文明卫生小区，修建卫生厕所，大面积种植绿色环保树木，用沥青油铺物资大院院落，实施整体修建工作，巩固历年创卫成果，保障宁武文明卫生城市建设长久性成果，为全县创建文明卫生城市工作做出表率。

【工会工作】 2019年，宁武县物资总公司强化工会组织工作建设，实事求是、团结稳定，解决职工实际问题，落实全体职工社会制度保障，完善职工社会保障制度，完成养老、医疗保险缴纳工作。年底，按国家救助项目救助困难职工30余人。

【精准扶贫】 2019年，宁武县物资总公司参与全县精准扶贫工作，组织单位下乡扶贫，按照党建引领，发挥当地地理位置优势，加强精准扶贫新项目突破与维稳巩固建设，为全县脱贫攻坚工作做出应有贡献。

（王利军）

教育　科技

宁武县教育科技局

【概况】 2019年，宁武县教育科技局按照县委、县政府及上级主管部门安排部署，以办人民满意教育为宗旨，提高教育教学质量为主线，立足实际，加大教育扶贫力度，推进各阶段教育和谐健康发展，优化教育教学资源，加强校长教师队伍建设，推进教育综合改革，取得显著成绩，教育工作呈现出生机盎然的崭新局面。宁武县义务教育阶段学校31所。其中，公办27所（中学5所，小学22所），民办4所（中学1所、小学3所），学生13474人，在职教师1414人；普通高中1所，学生1743人，在职教师226人；职业中学1所，学生215人，在职教师47人；全县幼儿园52所（公办34所、民办18所），在园幼儿3457人，公办幼儿教师132人。

【教育扶贫】 2019年，宁武教育科技局从学前教育到高等教育各个阶段，按照国家相关政策规定，资助每一个贫困学生（幼儿），确保不让一个学生因贫失学。学前教育阶段，上半年资助幼儿643人32.15万元。下半年资助幼儿508人25.4万元。义务教育阶段，落实“三免一补”政策和中小学生营养改善工程，上半年资助中小学生5436人，金额335.8万元。下半年享受生活补3168人，金额237.6万元，享受营养餐7094人，金额283.76万元。高、职中阶段，上半年资助建档立卡学生483人，每生每月350元，共84.525万元；享受助学金351人，金额34.96万元。下半年资助建档立卡学生445人，每生每月350元，共77.875万元；享受助学金470人，金额42.64万元。职业中专方面，上半年享受国家助学金58人，每人2000元，共11.6万元；享受建档立卡贫困寄宿学生生活费补助46人，每生每月350元，共8.05万元；享受国家“雨露计划”助学金46人，每生2000元，共9.2万元。下半年享受国家助学金85人，每人1000元，共8.5万元；享受建档立卡贫困寄宿学生生活费补助63人，每生每月350元，共11.025万元；享受国家“雨露计划”助学金63人，每生2000元，共12.6万元。大学生生源地信用助学贷款，推行阳光服务，发放更加便捷高效，全年助学贷款金额1532.189万元，2334名贫困学子得到帮助；家庭经济困难大学生入学资助111人（省内大学82人，每人500元；省外大学29人，每人1000元），金额7万元。享受建档立卡贫困本科大学新生资助人数102人，资助金额为每人5000元，专科2人，资助金额为每人3000元，共51.6万元；享受教育扶贫个人资助账户生活补助75人，资助金额为每人1000元，共7.5万元。由深圳市盈宁创业投资有限公司和中国人民政治协商会议山西省宁武县委员会合作设立的“李培鑫优秀学生奖”和“王凤英优秀教师奖”，投入奖学资金20万元，奖励62名优秀教师和64名优秀学生。

【学前三年行动计划】 2019年，宁武县学前教育资源不断优化，办园条件进一步改善，保教质量稳步提高，初步形成“广覆盖、保基本、多形式、有质量”学前教育服务体系。乡村公办幼儿园运行正常，入学难问题有效解决。西城区幼儿园保教水平有效提升。东寨镇幼儿园和阳方口幼儿园基础设施、管理制度不断完善。强化幼儿园管理，全县学前三年入园率提高90%。中城区幼儿园改造完成投入使用。东城区幼儿园建设项目完成立项。

【义务教育】 2019年，宁武县教育科技局加大义务教育标准化学校建设力度，全县中小学各类教育教学设施、生活设施日趋完备和相对均衡，宁武一中迁址。加强城乡教师交流工作，把县城学校骨干教师派到乡镇学校交流作为推进城乡学校师资均衡重要举措，交流教师比例超过10%，教师交流经历、业绩作为评模、评职重要考核内容，形成长效机制。通过交流互动，起到理念引领、方法传授、资源共享效果，城乡学校师资力量、教学资源差距逐步缩小。中考，考取忻州一中45人。招聘特岗教师43人，东城区小学建设项目完成立项。

【高职中教育】 2019年，宁武县高级中学完善管理制度、规范招生秩序。加强与忻州一中协作办学，通过各科教师“走出去”轮训学习，“请进来”讲学示范，管理指导、课改引导，促进管理水平提高、教师业务能力提升，推进教学改革，优化教学环境。在上年突破历史最高基础上，2019年高考成绩再攀高峰，二本B类以上达线人数214人，其中一本49人，首次突破200人大关。职中54名考生中，考取本科7名，专科47名，专科升学率100%。推进示范性高中和职业中学项目建设。示范性高中投入使用，新职中主体和室内装修全部完工，附属工程按照进度建设中。

【教育综合改革】 2019年，宁武县教育科技局坚持内涵式发展，把教育结构性改革作为主线，主动适应经济社会发展和人民群众需求。针对初中教育滑坡情况，根据《宁武县中学教育集团化办学实施意见》，把高初中公办学校组建为“教育集团”，以宁武高中为龙头学校，采用“一拖五”办法形成中学教育集团，“一”，即宁武县高级中学，“五”为宁武一中校区、宁武二中校区、东寨中学校区、阳方口中学校区、化北屯中学校区。集团内实行“九个统一”，即“师资统一调配、课程统一设置、教研统一实施、质量统一监控、考试统一评价、招生统一组织、活动统一规划、绩效统一标准、经费统一管理”。初中集团内学校教师工作关系经选聘后转入教育集团，由原来“学校人”转为“集团人”。深化“一校多区”管理体制，实施“名校带动工程”，通过3年努力，实现全县中学优质教育资源区域内均衡覆盖。通过宣传、引导和动员，形成全社会和广大家长、教师理解支持集团化办学良好环境。

【校园文化建设】 2019年，宁武县教育科技局实施“特色兴校”“文化强校”方略，加强校园文化建设，促进学生全面发展。各学校依托自身优势资源，突出风格个性，彰显文化特色，“一校一品、各具特色”校园文化格局初步形成，满足学生们个性化需求。开展

"阳光体育运动"和学生体质健康水平测试工作，学生体质健康水平不断提高。大力开展校园文化建设，推动素质教育全面实施和教育教学质量提高。

【安全教育】 2019年，宁武县教育科技局开展安全隐患大排查活动，逐项逐条排查学校教室、围墙、学生宿舍、教职工宿舍、食堂、实验室、图书室和办公室等场所。排查出来安全隐患，立即采取措施整治，建立台账，制定应急预案，明确责任人，确定解决措施和解决时限。组织开展中小学、幼儿园校园安全教育专题活动。利用班会、广播、板报、图片展览，邀请专业人员到学校授课、举办讲座等形式，对师生安全知识教育，各学校把安全课纳入课堂教学，制定安全应急演练计划，提高师生安全意识和自我保护能力。

【作风建设】 2019年，宁武县教育科技局以"改革创新、奋发有为"大讨论和"不忘初心、牢记使命"主题教育为契机，加强机关作风建设，完善《宁武县教育科技局中小学教师请销假制度》等管理制度，全体机关干部严格执行机关管理各项制度，把维护良好机关形象作为自己应尽的职责，严格执行办事程序，特别是在请销假，机关值班，公务招待，办公用品购买、领取等方面按要求执行，机关管理各项工作取得显著成效。改善机关办公条件，创办《宁武教育科技》月报，宣传教育系统典型事迹，成为教育系统宣传"窗口"，充分代表全县教育良好形象。

（张宏宇）

气　象

【概况】 宁武县气象局位于宁武县延庆寺附近，占土地面积4508.00平方米（约6.76亩），属国家气象观测站，五类艰苦台站。测站海拔高度1437.4米，北纬39°00′，东经112°18′，有房屋面积为334.67平方米，探测环境保护良好。从2012年开始连续被评为省级文明单位。

【气候】 2019年，宁武县平均气温8.0℃，比历年平均值高1.2℃；年极端最高气温31.9℃，出现在7月4日；年极端最低气温–20.6℃，出现在12月31日；年总降水量412.5毫米，比历年少15.1毫米；年日照总时2576.6小时，比历年平均值少227.2小时；年平均地温10.2℃，比历年平均值高1.7℃；年平均风速2.8米，比历年平均值小0.7米。全年出现23天大风日数，极大风速最大达到24.9米每秒。出现2天冰雹，最大冰雹直径9毫米。浮尘6天，扬沙2天。

全年气温偏高，日照时数偏少，大风日数比历年平均偏少，降水偏少，5月、6月降水都比历年同期平均值偏少，不利于当地农作物的出苗及生长，也不利于森林防火。全年降水量集中出现在7月、8月，其中7月29日最大一日降水量达34.3毫米，过程最大降水量为7月27—29日，为61.4毫米。8月降水与历年同期平均值相较也趋于正常，对农作物生长有利。9月与10月天气情况也利于大秋作物的成熟及秋收，整个冬季气温偏高。总之，宁武县气候尚属正常年份。

【气象工作】 2019年，宁武县气象局有2套自动化观测设备，实行双轨运行。全县建有区域自动气象站10个。其中，3个六要素、3个四要素、2个两要素、2个单要素。形成一个空间布局比较合理、观测种类比较丰富综合气象观测系统。气象台依托上级预报产品及应用智能网格气象预报业务系统，短时临近预报业务工作强化，预报服务产品丰富。有针对性开展公众气象服务，履行公共服务职责，取得良好社会效益；为农业气象服务，利用电视天气预报、微信公众号和抖音号，为新型农业经营主体、专业合作社及各乡（镇）气象信息员及时发布天气预报及预警信息；推进部门合作，开展人影作业，为宁武县经济建设保驾护航。

【气象预报】 2019年，宁武县气象台借助短信平台发布天气预报信息7.6万人次；预警信息14万条次；播放节假日、中高考、春运保畅通信息等各类专题预报53期；全年报送各类决策气象服务材料、报表共20期。

【灾害预警】 2019年，宁武县气象局扩大气象预报预警信息公众覆盖率。主要通过电话、传真、手机短信、预警信息发布平台、微信公众号、抖音号等媒介，及时把灾害性天气预报预警信息向县、乡、村防汛责任人、应急责任人、基层气象信息员发布和传递。

【农业气象】 2019年，宁武县气象局为农业用户提供气象信息、农业春耕秋收专题预报40条。

【气象现代化建设】 2019年，宁武县1个国家气象观测站基本实现自动观测。全县共建成10个区域自动站。

（孙俊芳）

防震减灾

【概况】 2019年，宁武县防震减灾中心坚持“预防为主，防御与救助相结合”工作方针，坚持防震减灾同经济建设一起抓，宣传国家《中华人民共和国防震减灾法》《中华人民共和国地震安全性评价条例》和省市地震工作地方性法规，提高全民防震减灾法律意识，求真务实，开拓创新，全县防震减灾工作取得较好成绩。

【地震监测】 2019年，宁武县地震局完善震情跟踪工作方案，强化震情跟踪，提高全县地震宏观异常报告和处置能力，加强值班制度，把防震减灾值班任务落实到乡（镇）总值班任务中，及时准确坚持零报告制度并做好记录，报送率100%，提高全民对地震观测站监测环境和设施的保护意识，依靠科学技术优势做好地震台站监测环境与设施建设和保护，确保监测系统正常运行，完善台站运行管理制度。加强“三网一员”队伍管理、组织和培训工作，发挥群测群防工作在捕捉宏观异常信息、预测预报和重大事件发生时作用。全县14个乡镇463个自然村建立起宏观测报网、灾情速报网和宣传网。按照省气象局、市气象局安排部署分别在第二初级中学、西关小学安装预警台站和预警信息服务系统。

【地震应急】 2019年，宁武县地震局发挥县防震减灾领导组办公室职能和作用，完善成员单位间沟通协调，调整宁武县防震减灾领导组组成人员。做好地震应急准备工作监督检查，配合省市应急准备检查，开展该县各行业地震应急准备工作，按时报市防震减灾中心自查报告。保障应急通信互联互通，加强避难场所运行和管理，Ⅲ类避难场所2017年验收，Ⅱ类避难场所于2018年10月19日验收，制作应急体系职责、功能区分布图、地震安全知识展示牌立于广场中央，各出口树立地震应急避难场所标识牌。健全地震事件信息报送快速反应和灾情收集机制。地震发生后，县抗震救灾指挥部新闻宣传报道组通过网络、新闻媒体、信息平台等，适时向社会发布震情灾情和抗震救灾信息。

【震害防御】 2019年，宁武县地震局完善地震应急预案体系。按照国家和山西省有关要求，开展应急预案编制、修订和完善工作，形成相互衔接、完整配套应急预案体系。开展地震应急准备检查和隐患排查、整改，做好应急准备各项工作，提升宁武县应急救援能力建设。做好地震应急科普宣教和培训工作。在做好常规宣传教育同时，重点抓地震应急宣传进乡村、进社区、进企业活动，使更多人掌握防震减灾和应急自救正确方法，抓各级领导干部、专业工作人员和应急救援队伍地震应急培训，在全县营造起浓厚防震减灾工作氛围。加强群测群防，完善"地震宏观测报网、地震灾情速报网、地震知识宣传网"和乡镇防震减灾助理员群测群防队伍建设和培训。

【宣传教育】 2019年，宁武县地震中心与县应急管理局协同组织宁武县防灾减灾集中宣传活动，主题为"提高灾害防治能力，构筑生命安全防线"，专项布置防灾减灾宣传工作，协调各部门在活动期间具体分工和合作。各部门按照宣传营造氛围要求，开展形式多样、内容丰富防震减灾宣传活动，宣传防震减灾科普知识，消防队演练相关情景和知识，提高全县人民防震减灾意识和自救互救能力。7月28日，宁武县地震中心在怀道乡寺湾村开展以"全民参与、平安中国、科普宣传、防震减灾"为主题公益宣传活动。活动现场，设立宣传台，现场解答防震减灾知识，发放教育读本1万余本、宣传单5000余份、宣传图册5500余份。此次防灾公益宣传活动的开展，提升全县广大群众防震减灾意识，增强灾害应对、自救互救能力，营造防震减灾工作氛围。为提高全校师生在密集场所应急避震能力，加强校园防火安全，普及消防知识，增强师生消防意识，保证全校师生在地震临震预报发布或火灾发生后，在险情面前实行自救、安全疏散，减轻灾害造成的损失，在东关小学组织全校师生开展防震减灾应急疏散演练活动并为每个学生发放演练服装。

（葛 敏）

旅　游

综　述

【概况】 2019年，宁武旅游以创建国家全域旅游示范区为抓手，借力隆起三大板块机遇，发挥山水自然生态优势，加快芦芽山申遗、景区体制改革，突出抓好“三转”，坚持文旅融合发展为主线，完善文化和旅游公共服务，抓扶贫政策落实，围绕文化工作目标任务开展工作，取得文化工作新突破。

芦芽山景区创建国家AAAAA级旅游景区工作按照整改方案分解落实工作任务，确保创建工作质量和进度；推进芦芽山景区列入世界自然遗产的申报工作；全域旅游规划初步完成；编制《宁武县智慧旅游规划》；引进本地民营企业进驻景区，引进华侨城集团管理运营景区；推进部分景区详规编制、编制旅游总体规划和控制性规划；实施汾河源头提升改造工程，加快旅游支线提升等基础设施建设和乡村环境卫生整治，推进旅游厕所改建改造、景区标识标牌提升；与宁武县旅游企业合作到呼和浩特市、吉林、包头、沈阳、哈尔滨、长沙、广州、天津、石家庄等地进行旅游宣传，扩大芦芽山景区知名度。2019年，全县接待游客136万人次，同比增长26.6%；实现旅游综合收入12.6亿元，同比增长30.2%。

【编制景区系列规划】 2019年，宁武县文化和旅游局开展引才引智工作，聘请引进法国JSPA Design公司（卓汉苏文旅游开发）开展前期策划，南开大学石培华教授团队进行部分景区的详规编制，西北大学尹怀庭教授团队编制《芦芽山旅游总体规划》和《芦芽山景区控制性规划》，北大窦文章教授团队编制《宁武县全域旅游规划》，华侨城集团编制《景区创意策划服务规划》，为景区目标定位、景点提升改造、全域旅游发展提供规划支持。

【项目建设】 2019年，宁武县文化和旅游局实施汾河源头提升改造工程，亮化美化改造汾源及周边山体，一期全部完工，2020年开始二期建设。同步开展芦芽山西马坊乡登山游步道、自驾车营地、万年冰洞提升改造等项目前期工作；创建国家AAAAA级旅游景区项目。以芦芽山、马仑草原为重点，开展东寨游客服务中心提升改造工程前期工作，加快旅游支线提升等基础设施建设和乡村环境卫生整治，推进旅游厕所改建改造、景区标识标牌提升；实施宁化古城开发。坚持“边塞宁化、汾河人家”定位，实施宁化村立面风貌整治及两条主街道硬化改造；建设智慧旅游景区。引进先进技术模式，搭建全县旅游运行指挥、可视化管控和旅游电商扶贫三个平台，建立大数据中心及3D地图引擎系统，开发旅游公共服务电商App和微信小程序，实现平台动态及时科学管理，在游客一部手机完成吃住行游购娱基础上，积极融入全省智慧旅游系统，打造芦芽山大旅游智慧景区。

【旅游服务】 游客集散中心。位于宁武县东寨镇芦芽山景区游客服务中心具备集散、游客咨询、对外交流和沟通城乡旅客运输主要功能。内部交通。县城、芦芽山景区、天池景区、万年冰洞景区均有旅游专线、美丽乡村旅游线相衔接，可快速通达。形成“一干五支六循环”旅游线路。停车场。各旅游景区（点）都有停车场，且停车场建设均与生态环境相协调，与游客量基本相符合，配套设施完善。旅游标识系统。各景区（点）均设置景区导览图及相关标识标牌。旅游厕所。各旅游景区（点）主要游客集中场所均设置高标准旅游厕所，且男女比例适当，日常管理做到规模化、标准化，营造良好如厕环境。智慧设施。为让游客旅游过程更顺畅，提升旅游舒适度和满意度，为游客带来更好旅游安全保障和旅游品质保障。全县各景区（点）、酒店等游客集中场所均实现免费Wi-Fi、通信信号、视频监控全覆盖。芦芽山景区、万年冰洞景区、情人谷景区都可以提供智能导游、电子讲解、实时信息推送等功能，主要民宿、酒店均可提供在线预订、网上支付等服务。

【公共文化服务水平提升】 2019年，宁武县文化和旅游局配套完善基层综合性文化服务中心设施建设，开展一系列文化惠民工程，在全县范围内陆续建设11个村文化服务中心、硬化34个文化活动广场；为全县370个村综合文化活动场所配置、文化服务标志牌、宣传专栏、制度栏、音响310台、电脑一体机250台、书柜；配置乡（镇）文化活动服务中心报刊阅读机10台；为32个行政村配送桌椅（其中桌子128张、椅子256把），为基层配置各类文化活动设施，丰富广大群众业余文化生活，形成县、乡镇、村三级公共文化服务体系，达到群众在距离1～3千米内即可参加公共文化活动。

【公共文化服务力度增强】 2019年，宁武县文化和旅游局组织基层文化志愿者和辅导员及全县舞蹈爱好者参加舞蹈培训、能力提升暨三级社会体育指导员培训，培训100余人次，受益1万余人，旨在通过这些培训，文化志愿者和辅导员回到基层后，成为小教员，组织各乡镇文化、体育爱好者接力式培训，让舞蹈培训、能力提升普及到广大群众中间、丰富人民群众业余文化生活。

【流动文化和数字文化服务】 2019年，宁武县完善农家书屋建设，免费配送贫困乡村图书20000余册，解决农民群众借书难、看书难问题，普及科技文化知识、提高农民素质、增强贫困户脱贫致富本领，促进农业增效、农民增收、农村发展具有重要意义。县图书馆组织专门工作人员利用流动图书车走进消防队、学校、凤舞广场等服务点，开展“书香进军营　不忘初心　牢记使命”“礼赞共和国　智慧新生活”“文化暖心　小书大爱”图书漂流等活动，发放图书资料2000余册，工作人员根据不同活动区域，设置专门服务台，通过发放科普资料，运用现场解答等形式，向群众宣传科学精准扶贫、种植、养殖、农牧业、卫生健康等多方面知识，提升文化自信，为贫困乡村群众实现文化助力脱贫提供丰富精神食粮；发挥文化信息资源共享工程，加强公共数字文化服务，在乡镇逐步完善乡村电子阅览室建设，在文化服务中心功能区安装电脑一体机、读报阅览机，为新农村建设提供软实力，推行免费 Wi-Fi、App 下载、短信、微信公众号等多种信息化服务方式，多途径推进数字化服务工作，传递最新文化资讯、文化活动宣传。

【县级文化设施达标升级】 2019 年，宁武县文化和旅游局开展公共图书馆、文化馆标准化建设，推进县级总分馆制建设，图书馆和文化馆从人民群众实际需求出发，因地制宜，推进乡（镇）分馆建设工作，2019 年，在上年建设基础上，新建麻地沟、职业中学、夥伙沟村、凤凰敬老院 4 个分馆。提高农村文化活动水平，完善总分馆活动内容，组织巡展活动 6 次，展出作品约 168 幅，演出节目 20 余个，组织文艺表演活动 30 余场次，活跃当地群众文化活动，提高群众文化生活水平。

【贫困乡村公共服务资金投入】 2019 年，宁武县文化和旅游局为贫困乡村增加公共服务资金投入，为圪塔乡争取流动文化设施购置费 5 万元，加大公共投资力度，补齐贫困乡村公共设施短板，提升基层公共服务配置水平，保证城乡区域间基层公共文化服务大体均衡，确保宁武县基层公共服务达标率超全省平均水平。

【文化惠民工程】 2019 年，宁武县文化和旅游局举办多场次群众文化系列活动，组织文艺宣传队到凤舞广场、龙山公园举行消夏文艺演出。运用歌舞、体操、独唱、腰鼓、健身球等表演形式，增强贫困乡村群众文化获得感和幸福感，坚定贫困群众脱贫致富信心和决心。举办文化和旅游摄影展和协办庆祝中华人民共和国成立 70 周年书画及图片展；实施“免费送戏”下乡。加快完善公共文化服务体系，实现文化与政治、经济、社会协调发展，晋剧团送戏下乡 150 余场，丰富群众日常生活，为贫困群众业余文化生活增添更大乐趣。在第 27 个“国际消除贫困日”和第 6 个“国家扶贫日”，由山西省文化和旅游厅主办 2019 演艺进旅游扶贫示范村活动在宁武举办启动仪式。

【扶贫题材艺术作品】 2019 年，宁武县文化和旅游局重视群众文艺创作，发挥引领示范作用，繁荣活跃基层群众精神文化生活。参加省市有关艺术文化赛事，新编排舞蹈类节目《扬帆远航》在忻州市第九届“梨花奖”舞台艺术大赛中取得优异成绩。自编自演节目《日子富了》《喜鹊岭》《凤凰沟的故事》《懒三脱贫记》等多个具有宁武地方特色节目。下乡演出 80 余场次，受到当地群众好评。其中《懒三脱贫记》获得忻州市第八届“梨花杯”剧目一等奖、编剧一等奖、优秀组织奖等 6 项大奖。之后新创作《懒三求婚记》同样获得广大群众喜爱。创造文化软环境，文艺创作工作给予资金、技术等方面支持，给予工作人员大量时间，提供创作空间，既追求作品数，更要追求作品量，创作出大量群众喜爱作品，推动乡村文化振兴、公共文化服务均等化建设。

【文物保护】 2019 年，宁武县文物保护工作稳步推进，经过 5 年努力完成明代《永乐南藏》159 卷补录工作；投资 8 万元为 9 处省市保文物单位配备微型消防器材；投资 10 万元整治县城万佛寺环境；文物馆 2 个展厅全年接待观众 9000 余人；申报 2 处国保单位汾阳宫遗址和明长城阳方口段获得通过并公布；完成宁化明代泰山庙认养工程修缮。

忻州市芦芽山风景区管理中心

【概况】 忻州市芦芽山风景区管理中心，财政拨款事业单位，正处级建制，隶属忻州市人民政府，委托宁武县人民政府管理。2019

年，芦芽山风景区管理中心贯彻落实全县经济工作会议及省市旅游工作会议精神，深化旅游体制机制改革工作，创建国家AAAAA级旅游景区和申报世界自然遗产为工作重点，加快推进芦芽山景区发展，较好完成各项工作任务。芦芽山景区全年接待游客136万人次，同比增长26.6%；旅游综合收入12.6亿元，同比增长30.2%。

【旅游规划】 2019年，忻州市芦芽山风景区管理中心聘请引进法国JSPA Design公司（卓汉苏文旅游开发）开展前期策划，南开大学石培华教授团队实施部分景区详规编制，西北大学尹怀庭教授团队编制《芦芽山旅游总体规划》和《芦芽山景区控制性规划》，北大窦文章教授团队编制《宁武县全域旅游规划》，华侨城集团编制《景区创意策划服务规划》，为景区目标定位、景点提升改造、全域旅游发展提供规划支持。

【项目建设】 2019年，忻州市芦芽山风景区管理中心实施汾河源头提升改造工程，该项目7月2日工程招标完成，7月15日进场筹备开工准备工作，亮化美化改造汾河源头及周边山体，截至2019年底，一期工程全部完工。实施芦芽山风景区旅游基础设施建设项目，该项目于7月2采用PC模式完成招标，7月17日进场筹备，修建高桥洼村至马仑草原停车场道路建设，截至2019年底，道路平整、涵洞基本完成；旅游支线基础设施建设和乡村环境卫生整治，推进旅游厕所改建改造工作、景区标识标牌提升项目；实施宁化古城保护性开发，完成宁化村立面风貌整治及两条主街道硬化改造。

【体制机制改革】 2018年底，中景信集团退出，本地民营企业家入驻。2019年8月上旬，县政府及企业与深圳华侨城集团三方正式签订《景区创意策划服务》《景区委托管理》两项协议，在项目策划、景区建设、宣传营销以及管理运营等方面开展深度合作，提升芦芽山景区的品牌影响力和综合吸引力，9月，华侨城派驻高管进驻景区。

【营销活动】 2019年9月1日，忻州市芦芽山风景区管理中心组织开展“美骑100”自行车骑游活动，吸引全国各地220名自行车爱好者参加，从汾河源头到万年冰洞全长25千米的自行车绿道作为赛道，选手们免费参观沿途汾河源头、悬空村、悬崖栈道、悬棺景区，抵达终点万年冰洞。活动在今日头条、新浪、网易以及《体坛快报》、山西在线等50余家传统媒体与新媒体发布宣传，有力提升芦芽山景区知名度和影响力。

【旅游扶贫】 2019年，忻州市芦芽山风景区管理中心落实旅游扶贫专享政策，唱响生态旅游品牌，形成以芦芽山景区为主体、芦芽山国家级自然保护区和万年冰洞国家地质公园为两翼的旅游扶贫格局。带动旅游扶贫项目蓬勃发展，在一个战场上同时打响生态旅游、脱贫攻坚两场硬仗。以“景点+合作社+贫困户”为模式，吸收6个乡（镇）137村贫困户1626户3553人入股，建成冰封王国、冰洞沟绿道、坝沟湾生态景观、滴水洞、石门山景区、标准林、芦芽山漂流、宁化古城、天池水上乐园、西沟瀑布、蒙古小镇、红色记忆展厅、九龙山、圈马谷滑漂、韶华滑冰场共15个旅游扶贫项目。旅游扶贫成为全县贫困山区农民就业创业的重要途径和脱贫增收的主要渠道。

【领导关怀】 2019年3月31日，忻州市委书记李俊明到马仑沟调研指导整沟治理情况；4月18日，山西省委副书记林武到万年冰洞、悬空村、芦芽山漂流等景点指导工作；6月25日，省政协副主席李青山率调研组实地调研标准林、芦芽山漂流生态建设情况；7月6日，山西省文旅厅副厅长李贵考察调研马仑草原、万年冰洞、悬棺、古栈道、悬空村创建国家AAAAA级旅游景区情况；8月，忻州市市长郑连生到马仑沟指导整沟治理工作。

（张　瑞）

旅游资源

【概况】 宁武县境内旅游资源丰富且独具特色，包括自然资源、人文资源和气候资源，景区面积600多平方千米，景点150多个。资源的丰富性、原始性和完整性，构成高品位、高起点、高层次的旅游区。从公元前11世纪始至清代，共有32个帝王专程前来游猎。边塞宗教文化曾以全国唯一的毗卢佛道场为中心，以佛道合一为形式，延续1000多年。300多座寺庙遍及全县。古八景天池霞映、汾源灵沼、芦芽叠翠、鸾桥烟虹、禅房夕照、恢河伏流、支锅奇石、染峪流虾，极具观赏价值。20世纪80—90年代，有省内外5批专家，实地考察论证宁武是黄土高原上原始景致至今保存极为完美的绿洲，是以北方高原型山水生态景观为主要特征、历史文化内涵相当丰厚的风景名胜区，是全国少有的旅游资源密集县之一。旅游业已成为全县脱贫致富的新型产业。

【芦芽山国家级自然保护区】 1997年12月8日，国务院公布芦芽山为国家级自然保护区。以芦芽山主峰为中心，包括马仑草原、小芦芽山、梅洞、荷叶坪、林溪山。景区面积200多平方千米，保护面积2.13万公顷。主峰以雄、秀、险、奇闻名古今。景区不仅集中了奇峰怪石、悬崖绝涧、林海松涛、飞瀑山泉、高山草甸、珍禽异兽、灵芝菌类、名贵中药，而且以特殊的高山气候造就了芦芽佛光、芦芽日出、芦芽云海、芦芽金秋、芦芽岚光、芦芽夏冰等引人入胜的气候景致，特别是以落叶松、褐马鸡为重点的保护区，更是独具魅力。景区内有高等植物4门102科958种。有松蘑、银盘、猪苓、猴菇菌等菌类植物67种。有世界珍禽褐马鸡及金雕、金钱豹、梅花鹿等动物300多种。有党参、黄花等名贵中药材100多种。云杉、落叶松密密匝匝，“林相夺华北之冠”。

【芦芽山主峰】 芦芽山主峰即太子殿（亦称佛祖殿）所坐落的山峰。亦称佛顶。海拔2754米，耸立于茫茫林海中。自古就有“芦芽叠翠”之美誉。上有金龙池，五龙洞，秀峰岭，紫峰崖，凤凰岭，东、西火场，大、小天涧，束身峡，舍身崖，九桄梯，华严寺，说法台，金佛堂，太子殿诸胜。毗卢佛道场被火烧后，佛寺不存，栈道无迹，游览线路大为缩短。东、南、东北无路可行，西亦非古代游览道路，许多奇景无法看到。现仅有从山北十字堝到山顶一条步道。沿途景点密布。主要景点12处：十字堝，老人望海，西台看花，肉瓮子，芦芽佛顶，大天涧，束身峡，小天涧，九桄梯，太子殿，舍身崖，东看花台。特色景观：芦芽日出，佛顶流云，芦芽佛光，芦芽夏冰。

【小芦芽山】 小芦芽山在芦芽山东北，马仑草原东南。海拔2358米。是一风景别致的旅游点。小芦芽山向阳面巨石冲天，平整如削。背阴面森林丛郁，密不通风。在地质史上称为刃脊，是新生代第四纪冰川期冰蚀作用形成的。谷内分布着梅洞、大南滩、南干沟、达摩庵4个小村。沟谷内奇峦怪石、山溪瀑布、古松怪柏、老树枯藤，原始古朴、秀美雅致。

小芦芽山在古代有近百座佛寺分布在10千米的沟谷内。规模较大的有黄龙洞、黑龙洞、五龙洞、大火场、小火场、前大寺、后大寺、观音庙、达摩庵等。毁于明末大火。

【马仑草原】 马仑草原俗称黄草梁，海拔2721米，与芦芽山仅隔一条数百米深的大沟，南北相望，原分前梁、后梁、猪拱坪三大块，总面积400多公顷，俗称万亩亚高山草甸。与三台看花、北峰并列为芦芽山三大胜景。区域景区：亚高山草甸、北齐长城遗址、怪松苑、奇石坡。

【荷叶坪】 坐落在宁武、岢岚、五寨三县交界处。海拔2787米，面积581公顷，是华北最大的亚高山草甸。因山体像硕大的荷叶而得名。与芦芽山、马仑草原呈三足鼎立之状。山体雄伟敦实，与尖峭挺拔的芦芽山形成明显对照。荷叶坪风光，精华之处在于古今相袭的八景：骆驼石峰、荷叶长老、文殊雄狮、石棚马桩、北齐长城、弥涟异水、雪山积素。

【天池避暑度假风景区】 2008年5月26日，国家体育总局命名天池风景区为“天池国家水上运动训练比赛基地”(《第二批中国国家自然遗产、国家自然与文化双遗产预备录》)。位于余庄乡境内，景区面积25平方千米。其中，天池主要景点：天池霞映、汾阳宫主殿遗址、海瀛寺、神秘的古城遗址。元池等小湖泊：元池、琵琶海、鸭子海、干海、老师傅海、暖海。

【汾源风景区】 宁武县以“汾源灵沼”为标志的汾源风景区，2002年3月被水利部确定为山西省水利旅游风景区，位于东寨镇境内。景点包括汾源风光、峡谷风光和鸾桥烟虹。占据汾源、马仑、鸾桥三条峡谷，总面积约30平方千米。此地高山、峻岭、峡谷、森林、溪流、瀑布、山泉、田园风光与民俗风情堪称“三晋第一胜境”。

秦汉以前，分水岭到宁化50千米长的汾河两岸森林密布、牧草成荫，汾河流水从河谷穿过。南北朝时，北魏孝文帝和北齐神武帝等诸多皇帝开发天池游猎区，其间道路始贯通。隋炀帝临汾水起筑汾阳宫，造亭子12所，最上为翠微，次阆风、彩霞、临月、飞芳、积翠、合璧、含辉、凝碧、紫岩、澄景、最下名尚阳亭。宁化为下行宫、周长3千米41步。今苗庄古城筑有楼烦郡城，领静乐、临泉、秀容3个县。今三马营村筑有林溪镇城。从太原到天池修筑驰道150多千米长。皇族北游汾源、管涔山延续到宋代。汾源风光主要景点：汾源灵沼、汾源阁、雷鸣寺、宋人游汾源摩崖题记、汾源民俗园。其他景点：情人谷、汾源峡谷、马仑峡谷、鸾桥烟虹、千年火山、汾源霜叶、亿年古树化石、肯氏兽出土处、恐龙化石出土处。

【清真山悬空景观风景区】 宁武县管涔山支脉清真山位于涔山乡境内，由宝鼎、玉华、紫翠、凝碧、迎鹤、望仙、海日、挂月、丽雪等九峰和翔凤山组成。历史上称九峰一山，平均海拔2300米左右。山体由花岗岩和石灰岩构成。

悬空景观是该风景区最明显的特征。其中悬空建筑包括：悬崖古刹栈道、石门悬棺、洞穴式悬棺、悬吊式崖葬、栈道轿式葬法、悬枳式悬棺、悬棺墓葬、凌空古刹、悬空村、北天寺、豹子沟观音庙木雕。悬空景观包括：支锅奇石、汾源大佛、天门石壁、滴水崖、朝阳洞、涔山峡谷。

【宁武关风景区】 宁武关风景区具有中国古代著名军事要塞特征，是以领略边塞风光，体察边塞风情为主要内容的旅游区。景区面积30平方千米。主要景点分布在宁武关、阳方口、薛家洼一线。包括阳方口明长城、托莲台、陈家谷、黄花岭、北齐长城，三关重镇之一的宁武关、城内古楼、文庙、栖凤公园、南山公园、周遇吉墓、万佛寺等。

【宁化古城风景区】 宁化古城风景区位于县

城西南部，景区面积25平方千米。主要景点有宁化宋城、万佛洞、昌宁公冢庙、回春谷等。另有北魏摩崖造像、化北屯恐龙化石出土处、石家庄新石器时期文化遗址等景点。分布在化北屯乡和石家庄镇境内。

【管涔山国家森林公园】 1992年，林业部批准成立管涔山国家森林公园。公园包括芦芽山国家级自然保护区、马家庄林场、秋千沟林场全部及高桥洼林场、大石洞林场、羊圈沟林场部分。地跨宁武、五寨两县。南、北长42千米，东、西宽22千米，总面积48845.2公顷，森林面积2.27万公顷，综合覆盖率达73.7%。

森林公园动、植物资源丰富，观赏价值大、可览度高的植物群系主要有落叶松、云杉林，树形优美，林相宏伟，风景秀丽。林海下层密生喜湿苔草、苔藓及蕨类植物，浓绿如水，给茫茫林海增添无限色彩。褐马鸡属于世界级珍稀动物，有中、日共同保护鸟类102种；中、澳共同保护鸟类24种。森林公园最高处有亚高山草甸6处，每处都在万亩左右，历代均为天然牧场。区内有6个风景区：褐马鸡观赏区；芦芽山自然保护区；黄草梁游乐区；荷叶坪高山草甸观景区；秋千沟林场胜景区；马家庄林场佳景区。

【万年冰洞国家地质公园】 公园位于芦芽山中，总面积336平方千米。主要地质遗迹面积36平方千米。高山、奇石、群湖、异洞、茂林、独特奇绝，凝自然之全部精华。自然生态环境和人文景观交相辉映，被誉为华北高原上一颗绿色明珠。万年冰洞国家地质公园由5个景区组成：汾源万年冰洞景区；芦芽山冰川景区；天池冰蚀湖景区；宁化古城人文景区；宁武关人文景区。区内保存丰富的地质遗迹。

（王丽萍）

卫生健康

宁武县卫生健康和体育局

【概况】 2019年，宁武县卫生健康和体育局落实县委“4851”发展战略和“3467”脱贫攻坚举措，坚持“保基本、强基层、建机制”原则，深化改革，破解难题，夯实基层基础，补齐工作短板，完成各项目标任务。村卫生室改革被农业农村部、国家发改委评为首批全国18个农村公共服务典型案例之一。

【健康扶贫】 2019年，宁武县卫生健康和体育局发挥健康扶贫牵头单位职能，协调县人社、民政、人寿保险等单位履行健康扶贫职责，推动“三保险、三救助”贫困人口医疗帮扶措施落实到位，减轻贫困人口就医负担，解决因病致贫返贫问题。各医疗单位落实“先诊疗、后付费”和“一站式”即时结算政策，贫困人口县域内住院费用报销比例90%以上。开展健康扶贫“双签约”服务，签约率100%，服务率100%。开展大病集中救治，累计集中救治2197人，救治进展率100%。发放“村医爱心药包”11379份，价值22.75万元。组织建档立卡贫困人口参加“山西护工”培训，累计培训107人，培训完成率107%。

【医药体制改革】 2019年，宁武县卫生健康和体育局推进县级公立医院综合改革，取消药品加成和调整医疗服务价格，控制医疗费用不合理增长，药占比等重点监测指标逐年下降，县域内就诊率逐步提高，群众就医负担减轻。深化县乡医疗机构一体化管理，加强医疗集团机制建设，完善集团内部管理和规章制度，实现集团“行政、人员、资金、业务、药械、绩效”“六统一”管理。推进县疾控工作与县域综合医改融合，出台《宁武县疾控工作与县域医改融合实施方案》，完成医防融合改革任务。县医疗集团整合乡镇卫生院医疗服务资源，撤销8个乡镇卫生院分院，集中力量做强做大14个乡镇卫生院。县财政投资300万元，为乡镇卫生院购置达标建设短缺医疗设备，使14个乡镇卫生院硬件设施全部达到标准化。完成县人民医院东城院区医疗业务综合楼项目的土地、选址、规划等前期手续。

【村级医疗改革】 2019年，宁武县卫生健康和体育局巩固上年完成改革98个村卫生室，对照省市贫困村退出新标准，新增33个村卫生室，使村卫生室总数达137个。总投资241万元，维修改造26个中心村卫生室，新建7个中心村卫生室，为33个村卫生室购置办公设施和医疗设备；总投资348.1万元，维修改造9个乡镇卫生院。公开调整和录用乡村医生 24 人，实现村卫生室村医全覆盖。通过推进村卫生室改革，打造 30 分钟基层医疗卫生服务圈，为农村群众提供基本医疗保障。

【基本公共卫生服务项目】 2019 年，宁武县卫生健康和体育局实施国家基本公共卫生服务项目，统筹开展服务，转变服务方式，实行网格化、精准化和规范化服务管理，群众享受基本公共卫生服务大幅提升。全县健康档案建档率 90.14%，电子健康档案建档率 88.96%；发放健康教育资料 204 种 108347 本，播放健康教育音像资料 174 种、877 次、3749 小时，设置健康教育宣传栏 252 个，举办健康教育讲座 135。预防接种建证率 98%，儿童健康管理率 87.78%，孕产妇健康管理率 88.25%，老年人健康管理率 68.46%，高血压患者规范管理率 95.74%，2 型糖尿病患者规范管理率 93.28%，严重精神障碍患者规范管理率 92.66%，肺结核患者管理率 100%，老年人中医健康管理率 79.39%，传染病疫情报告率 100%，卫生监督协管报告率 100%。

【妇幼惠民政策】 2019 年，宁武县卫生健康和体育局推进妇幼重大公共卫生项目，计划怀孕妇女免费增补叶酸检测 659 人、2909 盒。免费孕前优生健康检查 700 对夫妇，完成率 100%。免费发放营养包 12400 盒。做好省政府“民生实事”，城乡妇女免费产前筛查 700 例，完成率 100%。农村妇女免费检查“两癌”6639 例，完成率 100%。

【疾病预防】 2019 年，宁武县卫生健康和体育局开展 I 类疫苗免费预防接种抽查和补种工作，扩大免疫规范疫苗报告接种率保持在 90% 以上；结核病患者规范管理 56 人；高血压患者规范管理 5390 人；2 型糖尿病患者规范管理 1346 人；严重精神障碍患者规范管理 631 人；从业人员预防性健康检查 4525 人；开展孕妇尿样及家中碘盐 100 份和小学儿童 200 份尿碘监测，合格率 100%；开展地方病现症调查，累计走访 40 户，发现地方病 24 例；艾滋病扩大检测 8517 例，完成率 47.3%；艾滋病自愿监测 352 例，完成率 100.5%；开展食源性疾病监测 185 例，完成率 154%；未发生食源性中毒事件，未发生甲类传染病和 H7N9 禽流感。

【医政监督】 2019 年，宁武县卫生健康和体育局监督检查社会办医，集中整治各种医疗乱象，监督覆盖率 100%。强化学校卫生、生活饮用水、职业健康等监督检查，寄宿制学校监督覆盖率 100%，供水单位监督覆盖率 100%，职业健康监督覆盖率 100%。2 家大药房未取得医疗机构执业许可证擅自从事临床诊疗活动违法行为，给予行政处罚 2000 元；4 家医疗机构违反《中华人民共和国传染病防治法》《中华人民共和国医疗废物管理条例》，给予行政处罚 1 万元；3 家违反《公共场所管理条例》，给予行政处罚 5500 元。开展职业健康监督工作，启动专项治理尘肺病行动，累计检查 50 家企业。

【两孩配套政策】 2019 年，宁武县卫生健康和体育局坚持人口计生目标管理责任制，年初县政府与各乡镇、各单位签订《2019 年度人口计生目标管理责任书》。抓两孩配套政策落实，改革生育服务证制度，实行生育登记制度，简化再生育审批程序，推行母子健康手册，群众办证更加方便。做好农村计划生育家庭“4+2”奖励扶助申报、审核等工作，严格审核奖扶对象资格，不符合条件对象予以退出，符合条件纳入奖扶范围，及时足额发放计生奖励金 196 万元，落实计生特殊家庭帮扶制度，维护计生家庭合法权益。

【城乡人居环境整治】 2019 年，宁武县卫生健康和体育局开展人居环境整治行动，抓脏乱差问题，扫除“卫生盲区、死角”，实施美丽乡村建设，巩固国家卫生县城和东寨镇卫生乡镇创建成果，通过“创卫”复审暗访。出台《宁武县东寨镇开展健康镇建设实施方案》和《健康镇建设规划（2017—2020）》，确定东寨镇东寨村、涔山乡王化沟村为卫生乡村示范村。开展农村改厕工作，全年完成改厕403座。

（罗跃东）

忻州药业（集团）有限公司宁武分公司

【概况】 忻州药业（集团）有限公司宁武分公司（以下简称宁武分公司）是宁武县唯一一家通过GSP认证药品批发（配送）企业，位于宁武县人民大街0330号（原前进街7号）。公司下设6个五台山大药房零售药店，全部被宁武县人力资源和劳动保障局定为宁武县城镇职工基本医疗保险定点药店。有员工62人，大专学历16人、中专学历6人。其中，执业药师4人、主管中药师3人、中药师7人、中药士8人。仓储面积540平方米，经营范围为中药材、中药饮片、中成药、化学药制剂、抗生素、生化药品、生物制品（除疫苗）、医疗器械、保健品等。

【企业管理】 2019年，宁武分公司树立公司形象，确立经营新理论，求真务实，开拓创新，采取多种行之有效措施，取得显著成效。重点加强成本管理，全方位减少各种不合理开支，降低经营成本。推行内部改革，走规模经营之路。年初，公司7个药店引进激烈竞争机制，激发员工积极性。

【党风廉政建设】 2019年，宁武分公司党支部注重党风廉政建设工作，采取专题学习、辅导讲座、上党课形式，组织党员领导干部学习《中国共产党党内监督条例（试行）》《中国共产党纪律处分条例》，结合公司实际制定《关于党风廉政建设责任制职责范围分工的通知》等文件，规范医药干部职工言行，防止滥用职权、权钱交易等腐败现象发生。严格纪律，明确责任，公司党支部本着谁主管，谁负责，违纪必究原则，逐级签订《党风廉政建设目标责任书》，实行效能监察、跟踪问效，收到良好效果。修订完善值班、考勤、车辆管理、来客接待、财务等各项规章制度，班子成员认真执行公司各项规章制度，廉洁自律，克己奉公。

【脱贫攻坚】 宁武分公司驻化北屯赵家沟工作队帮扶对象为39户，公司制定巩固提升计划，每周都去所包村帮助贫困户，做好贫困户每一项工作，以党建促脱贫参与村容村貌、户容户貌整治、村级文明提升和环境治理等工作。为村委会购置办公桌椅、文件柜等办公用品。12月，公司为贫困户赠送毛毯、衣服，39户全部脱贫。

（王建国）

文化　体育

【概况】 2019年，宁武县文化体育中心贯彻落实中共十九大精神，以习近平新时代中国特色社会主义思想为指引，围绕市委“1661”发展战略和“3659”脱贫攻坚策略，全面落实全国扶贫开发会议和全省脱贫攻坚工作会议精神，坚持以文旅融合发展为主线，以完善文化和旅游公共服务为途径，狠抓扶贫政策落实，围绕文化工作目标任务开展任务，取得文化工作新突破。

【公共文化服务】 2019年，宁武县文化体育中心在各级财政、文化部门大力支持下，逐渐配套完善基层综合性文化服务中心设施建设，开展一系列文化惠民工程，在全县范围内陆续新建11个村文化服务中心、硬化34个文化活动广场。为全县370个村综合文化活动场所配置文化服务标志牌、宣传专栏、制度栏、音响310台、电脑一体机250台、书柜。为乡镇文化活动服务中心配置报刊阅读机10台。为32个行政村配送桌椅（其中桌128张椅子256把），为基层配置各类文化活动设施，丰富广大群众业余文化生活，逐步形成县、乡镇、村三级公共文化服务体系，基本达到群众在距离1至3千米内即可参加公共文化活动。组织基层文化志愿者和辅导员以及全县舞蹈爱好者参加舞蹈培训、能力提升暨三级社会体育指导员培训，培训100余人次，受益1万余人。

【流动文化服务】 2019年，宁武县文化体育中心完善农家书屋建设，为贫困乡村免费配送图书2万余册，解决农民群众借书难、看书难问题，对于普及科技文化知识、提高农民素质、增强贫困户脱贫致富本领，促进农业增效、农民增收、农村发展具有重要意义。联合县图书馆，组织专门工作人员利用流动图书车走进消防队、学校、凤舞广场等服务点，开展“书香进军营　不忘初心　牢记使命”“礼赞共和国　智慧新生活”“文化暖心　小书大爱”图书漂流等活动，发放图书资料2000余册，工作人员根据不同活动区域，设置专门服务台，通过发放科普资料，运用现场解答等形式，向群众宣传科学精准扶贫、种植、养殖、农牧业、卫生健康等多方面知识，受到人民群众一致好评。

【数字文化服务】 2019年，宁武县文化体育中心发挥文化信息资源共享工程，加强公共数字文化服务，在县体育馆内安装全省大数据平台，全方位实时监控，实现场馆赛事实时转播、健身人员预约、门禁远程控制、二维码巡更等多项监管，通过平台帮助人们更加了解宁武体育动态。在乡镇逐步完善乡村电子阅览室建设，在文化服务中心功能区安装电脑一体机、读报阅览机，为新农村建设提供软实力，推行免费 Wi-Fi、App 下载、短信、微信公众号等多种信息化服务方式，多途径推进数字化服务工作，及时传递最新文化资讯、文化活动宣传。在文化扶贫板块可以鼓励文化活动在一些文化贫瘠乡村举办，满足这些乡村精神需求，促进这些地区文化发展，推动社会主义文化大发展大繁荣。

【文化设施达标升级】 2019 年，宁武县文化体育中心引导开展公共图书馆、文化馆标准化建设，推进县级总分馆制建设，图书馆和文化馆从人民群众实际需求出发，推进乡镇分馆建设工作，新建完成麻地沟、职业中学、夥伙沟村、凤凰敬老院 4 个分馆。为提高农村文化活动水平，完善总分馆活动内容，组织巡展活动 6 次，展出作品约 168 幅，演出节目 20 多个，组织文艺表演活动 30 多场次，活跃当地群众文化活动，提高群众文化生活水平。

【贫困乡村公共服务资金投入】 2019 年，宁武县文化体育中心加大贫困乡村公共服务资金投入，为圪缪乡争取流动文化设施购置费 5 万元，加大公共投资力度，补齐贫困乡村公共设施短板，提升基层公共服务配置水平，保证城乡区域间基层公共文化服务大体均衡，确保宁武县基层公共服务达标率超全省平均水平。

【文化惠民工程】 2019 年，宁武县文化体育中心围绕庆祝中华人民共和国成立 70 周年，举办多场次群众文化系列活动，组织文艺宣传队到凤舞广场、龙山公园进行消夏文艺演出。运用歌舞、体操、独唱、腰鼓、健身球等多种表演形式，体现宁武县人民和广大文艺爱好者在党的领导下生活愉快、身心健康，也体现爱党、爱国、爱家乡的伟大情怀，切实增强贫困乡村群众文化获得感和幸福感，坚定贫困群众脱贫致富信心和决心。实施“免费送戏”下乡。中心下设晋剧团送戏下乡达 150 余场，丰富群众日常生活；为贫困乡村配送体育器材，为贫困乡村配送路径健身器材 65 套 325 件、乒乓球案 123 台。

【扶贫题材艺术作品】 2019 年，宁武县文化体育中心参加省市有关艺术文化赛事，新编排舞蹈类节目《扬帆远航》在忻州市第九届“梨花奖”舞台艺术大赛中取得优异成绩。组织自编自演节目如《日子富了》《喜鹊岭》《凤凰沟的故事》《懒三脱贫记》等多个具有宁武地方特色节目，下乡演出 80 余场次，受到当地群众好评。其中《懒三脱贫记》获得忻州市第八届“梨花杯”剧目一等奖、编剧一等奖、优秀组织奖等 6 项大奖，既之后新创作《懒三求婚记》获得广大群众喜爱，这些活动激发全县人民脱贫信心和决心，努力改造落后文化，坚决抵制腐朽文化，培养人民群众吃苦耐劳、积极进取的先进思想文化。

【体育事业】 2019 年，宁武县文化体育中心推动全民健身与全民健康深度融合，举办多场体育比赛，以其独特形式，推动宁武县全民健身和全民健康发展深度融合。在“二青会”期间，圆满完成起跑仪式和收火仪式文艺会演，参演人员 100 余人，群众反响热烈。

（郭俊杰）

广播电视

【概况】 2019 年，宁武县电视台坚持以政治办台、新闻立台、改革兴台为战略，围绕县委、县政府中心工作，传递党委和政府声音、凝聚广大人民群众力量、维护改革发展稳定大局、把握正确舆论导向，着力提高节目质量，较好完成 2019 年度工作任务。

【新闻宣传】 2019 年，宁武县电视台共播出电视新闻 1240 篇。播出广播电视专题、专栏

50余期。播发新闻1240篇。播发公益广告、通知、公告等1100余条。向忻州市电视台发稿260篇。其中，反映全县各级各部门干部群众学习宣传贯彻中共十九大精神、十九届四中全会精神新闻30余篇。集中时间开设专栏，大力宣传全县开展“改革创新、奋发有为”大讨论活动和“不忘初心、牢记使命”学习教育活动。报道县委、县人大、县政府、县政协以及各单位、部门、乡镇，全年共播发专题稿件30余篇。围绕全县脱贫攻坚工作，开设《脱贫攻坚在行动》等专栏，播出全县脱贫攻坚工作；围绕社会主义核心价值观，抓住县委、县政府中心工作，共播发电视新闻1240条。其中，上送市台新闻260条。新闻策划推出主题报道、系列报道、跟踪报道和深度报道，采取事实说话、数据展示等形式，宣传国家大政方针和县委、县政府决策部署，为该县经济发展、基层组织建设、扶贫搬迁安置、招商引资、文化旅游、大气污染防治、移风易俗、精神文明建设等工作营造良好舆论氛围；微信公众平台上传新闻260条。关注、阅览微信公众平台1500人。

【文化活动报道】 2019年，举办多项活动，年初与忻州市慈善总会配合报道“情爱万家”救助活动走进宁武。3月，配合报道县人社部门开展“春风行动”暨春季用工大型活动。4月，配合县税务部门开展税法宣传活动。6月，配合报道太原市宁武商会举办宁武籍知名医疗专家回乡义诊活动。7月，配合西安交大在宁武县举办大型“艺术扶贫”文艺演出报道。12月，参加宁武县在省会太原举行“芦芽山珍、汾源印象”宁武县区域公共品牌发布暨农优特产品推介会活动。

【对外宣传】 2019年，围绕宁武县经济发展、基层组织建设、脱贫攻坚、招商引资、文化旅游、大气污染防治、精神文明建设等工作，策划重大宣传主题。在忻州市台发稿260条。

【应急广播工程建设】 2019年，国家投资595万元，在宁武县实施应急广播工程建设项目，根据山西省广播电视局《山西省2019年深度贫困县应急广播体系建设工程实施方案》和山西省广播电视局关于同意《山西省宁武县应急广播系统建设方案的批复》精神，12月23日完成招标工作并签约合同。制定《应急广播使用管理安全播出制度》《村级应急广播管理制度》。

【体制机制改革创新】 根据2018年11月14日中央全面深化改革委员会第五次会议审议通过《关于加强县级融媒体中心建设的意见》《中共山西省委办公厅、山西省人民政府办公厅关于印发〈山西省扎实推进县级融媒体中心建设实施方案〉的通知》文件精神，以及县委、县政府关于宁武县机构改革方案，组建宁武县融媒体中心，融媒体中心为县政府直属事业单位，正科级建制，归口县委宣传部领导。规范梳理新闻宣传、党建工作、精神文明、安全生产、后勤保障、内控管理等各项制度，提升规范化管理水平。培养职工良好工作习惯，保障职工合法权益，结合工作实际，制定请销假、财务报销等基础管理制度。研究制订绩效导向，促进新闻通联协作，调动一线记者编辑工作积极性。通过“请进来、走出去”等形式，开展各类业务培训7场次，队伍整体素质和业务能力明显提高。

【安全播出】 2019年，宁武县广播电视台强化安全播出无小事理念，落实上级有关安全管理规定，加强安保、消防工作，强化机房值班制度，实行24小时专人值守值班制度。在庆祝新中国成立70周年，中央及省、市等重要会议召开期间，保障宁武县广播电视、有线网络安全传输。加强节目内容安全审查，把控采编、编辑、播音、制作、初审、终审

6级审核关，确保广播电视安全播出。开展“隐患治理”“安全生产月”等专项整治活动，落实安全生产制度，健全安全生产目标责任体系，确保广播电视“零事故”。

【党风廉政建设】 2019年，宁武县广播电视台党支部学习《中国共产党章程》《中国共产党廉洁自律准则》和《中国共产党纪律处分条例》，提醒党员领导干部把规矩和纪律挺在前头。落实“两个责任”，领会中央、省市县关于党风廉政建设和反腐败工作决策部署。细化主体责任清单和监督责任清单。把党风廉政建设与业务工作、年度目标考核相结合，同部署、同研究。履行“一岗双责”。强化“四个意识”，开展多种形式党风廉政建设宣传教育活动。推进个人重大事项报告制度、党风廉政建设“一票否决”等制度全面落实。建立和完善党务公开、政务公开、财务公开、廉政承诺等制度，规范依法行政行为。开展专项检查活动，整治松懒散现象，抓节点、抓重点、抓长效。执行中央八项规定，驰而不息反对“四风”，持之以恒抓好作风建设。

【精准扶贫】 2019年，宁武县广播电视台精准扶贫帮扶村是余庄乡庙儿沟村，有精准识别贫困户76户135人，贫困户占全村总户数36%，贫困人口占全村总人口28%。研究制定对账销号解决目标及方案，建立问题清单、整改清单、责任清单，明确销号解决责任人，限时完成整改。对标“两不愁三保障”开展全覆盖摸排，核查整改疑似漏评、错退、错评户，全面收集相关佐证资料。组织党员干部30余人次，会同贫困户和非贫困户对全村环境卫生开展集中清理整治。元旦前夕，慰问全村76户贫困户和3户边缘户，劳动节、建党节等各类重大节日，组织全村党员干部群众宣传脱贫攻坚政策。落实产业到户补助资金及教育、医疗、就业等政策，增加贫困户收入。落实全村2名大病人口医疗补助政策、6名学生教育补助政策。完成3户危房改造。全村实施饮用水安装建设工程，从县水利局争取建设资金，新建6个饮用水供水点。从上级争取63万元，实施村级提升工程，硬化全村路面，新建村民院荫围墙，建成1处进村过水路面，提升乡村综合环境。

（王念祖）

档案管理

【概况】 宁武县档案馆成立于1959年5月1日，隶属宁武县委办公室。1980年8月21日，档案馆被撤销，成立宁武县档案局，1983年11月14日，宁武县档案局改为档案馆。档案馆职能是科学文化事业机构。1985年5月18日，设立档案局，为宁武县人民政府直属局，具有行政管理职能，与档案馆并列存在，属一个机构、两块牌子，挂档案局牌子，双重职能，2019年，经县委深化党政机构改革小组研究同意，县档案局行政职能划归县委办公室，更名为宁武县档案馆，正科级建制，由县政府直属事业单位调整为县委直属事业单位。内设办公室、收集征集整理科、保管利用股。编制9人，实有人数9人。馆长1名，副局长（馆）2名。截至2019年底，馆藏统计案卷44703卷、资料21543卷，以件整的文件1862件，共68108卷（件）。

【档案收集整理】 2019年，宁武县档案馆共接收档案及购买图书资料78卷；报纸杂志313卷；资料850卷次，实物档案7件。

【档案查阅利用】 2019年，宁武县档案馆为机关、厂矿和社会人员提供档案复印件1324卷次。

【档案保护】 2019年，宁武县档案馆档案库档案馆应用自动控制体系、温湿度自动控制体系、自动消防报警灭火体系、自动防盗报警及档案自动化智能保护措施，另采取防虫、防鼠防护措施，多方位保护档案。

（王建英）

新华书店

【概况】 宁武县新华书店坐落在县城凤凰西街416号，拥有建筑面积800平方米三层营业办公楼1栋。固定资产200万元，职工11人，县城设连锁门店1处，东寨镇设网点1个。2019年，宁武新华书店为全县360个自然村农家书屋补充图书59万元。实行早出晚归，节假日不休息，开车送书上门，拆包、上架，定期到农家书屋派人指导。全年，共发行图书750万元。

【“课前到书，人手一册”活动】 2019年，宁武新华书店教材发行人员举办“课前到书，人手一册”活动。省店送货，发行人员昼夜值班，做到随到随卸、随拆随分，派车第一时间送到全县33个中小学，开学后可以余缺调剂，深受广大师生欢迎。

【宁武县第八届全民读书月活动】 2019年，宁武新华书店在“4·23”世界读书日暨宁武县第八届全民读书月来临之际，在县图书馆门前举行启动仪式，推动“文化兴县”战略实施及“书香宁武”建设，为市民提供内容丰富多彩阅读学习机会。现场向广大读者赠送精美图书，向县图书馆赠送604册图书，向东关小学图书室赠送图书314册，合计60368.10元，得到县委、县政府领导高度赞扬。

【扶贫攻坚】 2019年，宁武新华书店承担着西马坊乡东沟村扶贫任务。全村45户132人。其中贫困户26户71人，2019年年底实施易地搬迁，搬到滨河北大街滨河2号移民社区，单位扶贫工作队3人入户走访，了解他们所需，在力所能及范围内帮助解决。单位领导带领职工定期入户走访，讲解党的惠民政策，年底向其发放慰问物品。

（侯福俊）

社会事业

人力资源和社会保障

【概况】 2019年，宁武县人力资源和社会保障局把握“稳中求进、进中求好、好中求快”总基调，以“以人为本，人才优先。以民为本，保障优先。以民为本，就业优先”为主线，开展“不忘初心、牢记使命”主题学习教育，巩固和发展城乡统筹就业工作成果，健全和完善社会保障体系，规范劳动保障执法执行力和公信力。贯彻党风廉政建设工作责任制，以党建促工作，提振干事创业精神面貌，加强依法治国法治观念，强化政治作风建设和党风建设，夯实党的群众路线基础，完成人力资源和社会保障各项工作目标任务。

【就业创业】 2019年，宁武县开展各项就业援助活动，帮助高校毕业生实现就业，特别是家庭有实际困难高校毕业生，利用“春风行动”“民营企业招聘周”“高校毕业生招聘周”“高校毕业生招聘月”活动，帮助他们尽快就业、稳定就业。城镇零就业家庭成员、残疾登记失业人员，提供“一对一”帮扶和服务，用人单位和企业提供就业岗位，改善用工环境，有近1000名就业困难人员落实就业岗位。组织开展各类招聘对接活动。开展春风行动暨劳动用工推介会等五大活动，加大劳务输出工作力度，扩大广大求职者、农村劳动者和高校毕业生就业渠道，向求职者开展送政策、送技能、送岗位、送信息、送服务等活动，免费提供信息咨询、求职登记、职业介绍、职业指导和职业培训服务。8月29日，举办2019年就业扶贫“人力资源招聘洽谈会”。10月17日，举办“培训就业扶贫日”活动。全年共举办各类招聘活动7场。其中，举办高校生专场2场，先后有300余个用人单位参与招聘，提供就业岗位近1万个，达成意向人员1000余人。确保各项优惠政策，完善就业失业登记制度，加大“就业创业证”发证力度。落实就业联席会议制度，使各项就业再就业优惠政策得到落实。全年移民搬迁贫困劳动力就近就便实现就业700余人，优先安置城镇零就业家庭和农村靠助学贷款上学家庭的高校毕业生及在困难企业失业退役军人、城镇下岗失业人员。在公益性岗位上，累计安置各类就业困难人员264人。全年，城镇新增就业人数2714人，占目标任务1821人的149%；创业带动就业397人，占全年目标任务328人的121%；城镇失业人员再就业820人，占全年目标任务757人的108%；就业困难人员就业人数302人，占全年目标任务286人的106%；建档立卡贫困劳动力转移就业1169人，占任务1003

人的 117%；城镇登记失业率 3.52%，控制在 4.2% 之内；转移农村剩余劳动力 2104 人，占全年目标任务 2069 人的 102%。

【技能培训】 2019 年，宁武县制订出台《关于印发宁武县 2019 年全民技能提升工程实施方案的通知》文件实施办法，截至 2019 年 10 月，完成 2800 人培训目标任务。实现“人人持证、技能社会”全民技能提升工程，组织参加全省举办的“农信杯”山西职业技能大赛。印发落实《2019 年宁武县人力资源和社会保障局培训就业扶贫行动计划》，建立贫困劳动力资源数据库和实名登记台账，各基层乡镇（街道、社区）劳动就业工作站，在“建档立卡”农村贫困人口实名制调查摸底基础上，把有劳动能力、有培训需求、有就业愿望人员，分别列出清单，有针对性开展职业培训、就业服务，缩短培训与就业距离，促进其通过技能提升、多种途径就业，实现增收脱贫。配合市统计调查总队抽样检测 3 个行政村劳动力动态变化情况。发展市场化运作人力资源服务和劳务品牌实体企业，打造“宁武好导游”“宁武好矿工”“宁武好织娘”“宁武农家乐小院”等一批特色劳务品牌，促进“建档立卡”农村贫困劳动力劳务输出规模，加强跟踪服务和维权保障输出人员。全民技能提升工程共举办各类培训班 64 个，培训 3058 人，占培训任务 2800 人的 109%，其中农村劳动力培训 2679 人（精准贫困劳动力 884 人）。培训后实现就业 937 人，就业率 30.6%。

【民生事业发展】 2019 年，宁武县人力资源和社会保障局累计发放社保卡 151209 张。按时足额发放社保金，确保离退休、到龄居民、失业、工伤、等参保人员合法权益。监督检查社保基金，确保社保基金安全。机关事业养老保险。全年参保人数 9898 人，完成市分配任务 9978 人的 99%，征缴基金 9216 万元，为 3457 名离退休人员预计全年支付养老保险基金 18890 万元。企业养老保险。全年在职参保人数 14300 人，完成市分配任务 13650 人的 104.7%，基金征缴 16574 万元，为 6650 名企业离退休人员及遗属按时足额发放基本养老金 22849 万元，发放率 100%。城乡居民社会养老保险。全年参保人数 85659 人，完成市分配任务 85062 人的 100.7%，收缴城乡居民养老保险费 1049.66 万元，其中，税务征收 803.72 万元，政府代缴 245.94 万元；领取城乡居民养老保险待遇人数 20417 人，共发放养老金 2726.78 万元。县政府代缴符合参保条件 24594 名特困人群保费，代缴保费 245.94 万元，其中，为 23272 名符合参保条件建档立卡贫困人员代缴保费 232.72 万元，建档立卡贫困户参保率达 100%，有 10730 名到龄精准扶贫户按月领取城乡居民养老保险金，领取率 100%。失业保险。全年参保人数 16700 人，完成市分配任务 16700 人的 100%，征缴失业保险金 342.87 万元；支取失业金 227.14 万元失业保险待遇；支取稳岗补贴 168.07 万元。工伤保险。全年参保人数 16672 人，完成市分配任务 16600 人的 100%；征缴基金 1318.74 万元；支付各项工伤待遇 1119.54 万元（其中：医疗待遇 216.06 万元、伤残待遇 749.82 万元、工亡补助金 153.66 万元）。

【维权工作】 2019 年，宁武县人力资源和社会保障局实行劳动合同制度，建立劳动用工备案制度和劳动关系三方协调机制，规范用人单位劳动合同签订和劳动用工备案行为。执行《劳动保障监察条例》和《信访条例》，开展劳动用工专项整顿，规范劳动力市场秩序，打击非法用工和侵害劳动者权益行为。创建无欠薪示范县城建设，该县农民工工作领导组，协调组织人社、公安、住建、煤炭等职能部门形成联合执法高压态势，推进工资保证金制度，健全工资支付保障机制，预防和解决企业拖欠工资问题。接受国务院专项考核宁武县劳动保障监察执法案件卷宗评审和农民工工资工作。规范劳动关系调整和企业工资收入分配秩序，实行最低工资保障制度，完善企业工资正常增长机制，维护劳动者收入保障权益。贯彻《中华人民共和国劳动争议调解仲裁法》和《中华人民共和国信访条例》，规范仲裁行为、提高仲裁能力、协调劳动关系，把问题解决在基层，控制越级群体上访。全年，共检查各类用人单位42户，清理拖欠农民工工资163.9万元，涉及农民工162人，受理投诉举报案件16起，结案16起，结案率100%。督促1户缴费单位办理社会保险登记，涉及劳动者50人。截至2019年底，农民工工资保障金缴纳137家，缴纳金额3600万余元。应急周转金200万元，全年未动用。劳动争议接待来访群众140余人，受理仲裁案件10起，结案10起，受理调解案件35起，结案35起，结案率100%，完成122名工伤职工劳动能力鉴定，伤残鉴定118人，维护劳动者合法权益，促进社会和谐。

【工资福利】 2019年，宁武县人力资源和社会保障局根据山西省人力资源和社会保障厅、山西省财政厅《关于2019年调整退休人员基本养老金的通知》文件精神，为全县3008名退休人员办理提高基本养老金审批手续。办理工作人员调动、机关事业单位录聘人员235人工资变动审批手续。完成事业单位人员3455人薪级工资手续，审批事业单位绩效工资，完成事业单位工资申报任务。

【人才交流服务】 2019年，宁武县人力资源和社会保障局做好人事代理工作，接收高校毕业生档案641份。其中，硕士毕业生56人、本科348人、专科237人。应届毕业生467人，往届毕业生174人。为高校毕业生提供考研政审43人，接待录用人员单位政审查档36次。转出档案205份。市人社局分配宁武县“三支一扶”计划18名，报名365人，经过笔试、组织面试、体检、政审等环节实际招募15人。新接收高校毕业生党员74人，转出党员27人。与劳动就业局配合组织“春风行动”，共有132家企业单位参加，提供岗位2100个，参会人员9000余人，现场达成就业意向110人。组织高校毕业生和失业青年参加就业见习。征集见习单位84个，参加见习人员140人。完成高校毕业生实名制登记工作和人事人才公共服务事项录入网络工作。

【专业技术人才】 2019年，宁武县专业技术人员3203人，高、中、初级结构相对合理，符合该县各领域正常发展，新增专业技术人员457人，评审通过有教育、卫生、农业、水利、档案等专业。按照忻州市专业技术考核工作通知，通过单位制定考核方案完成全县专业技术考核1232人。

【“平安宁武”建设】 2019年，宁武县人力资源和社会保障局把建设平安宁武作为“一把手”工程，建立“四个一”和“五定、三落实”工作机制（即每个项目有一个实施方案配套，一个领导牵头，一个部门负责，一个班子落实，定时间、定目标、定人员、定路径、定措施，落实任务、责任、经费），层层签订《平安建设责任书》，明确工作职责和工作任务。加强劳动争议仲裁、劳动保障监察机构建设，打击违反《中华人民共和国劳动法》《中华人民共和国社会保险法》《中华人民共和国就业促进法》等法律法规政策行为，构建和谐劳动关系，化解社会矛盾。加强落实值班制度和消防制度，防止发生重大火灾、失盗等事故，确保人社大楼安全。落实各项规定，严明工作纪律，打击各种黄毒赌等违法犯罪行为，确保人社系统风清气正，无一件刑事案件。

【脱贫攻坚】 2019年，宁武县人力资源和社会保障局按照县委、县政府安排部署，做好脱贫攻坚工作。该局承担脱贫攻坚任务有就业培训扶贫、医疗保障扶贫和养老保险扶贫3项工作，推进帮扶政策措施到村到户到人到位兑现工作，开展健康扶贫和培训就业扶贫对接服务月活动，组织全体党员干部驻村入户，采取一对一帮扶，与乡政府和所在村委共同研究制定帮扶计划、帮扶措施和脱贫目标任务，使脱贫攻坚各项工作稳步推进。派出第一书记4人，驻村工作5支15人，帮扶贫困户建档立卡，落实脱贫政策和帮扶措施，各项政策资金全部落实到位，在“两节”期间，开展“一对一”慰问，为贫困户送米面油，让群众感受到党的温暖。

【党风廉政建设】 2019年，宁武县人力资源和社会保障局落实党风廉政建设责任制，党组主体责任和纪检监察监督责任，建立完善制度保障。履行监督责任，加强党风建设和组织协调反腐败工作，督促检查全局落实党风廉政建设各项工作任务，查处腐败问题。该局党组和派驻纪检组推进民主评议政风行风建设工作，建立干部职工廉政防控体系，整治借用人员、吃空饷和“三公经费”等工作，规范领导干部从政行为，促进干部队伍廉洁自律。加强廉政防控体系建设，提高廉政风险防范。科学配置权力结构，规范透明权力运行，准确有力处置预警，有效防控风险。加强人社系统权力运行效果，在办事流程、政策依据、受理条件、法定期限、承诺期限、办理主体、办理部门、申请材料、风险防控标准、岗位环节设置等环节上下功夫，做实做细廉政防控体系建设，提高廉政风险防控质量和防控效果。开展全县人社系统行业建设，制定实施方案。开展“两学一做”学习教育，加强“三基建设”，创建“五型机关”党组织，加强党员干部党性修养，提升工作素能，改进机关作风，提高行政效能，创优发展环境，执行“三课一会”制度和发展党员“三推、两审、两公示”工作机制，召开民主生活会和组织生活会，开展批评和自我批评，强化党组织战斗力。组织党员干部开展“四诺”活动、“三级联述联评联考”活动和扶贫攻坚工作。

（李根文）

民　政

【概况】 宁武县民政局是政府主管社会行政事务职能部门。主管民间组织管理、城乡居民最低生活保障中心、社会福利服务中心、凤凰敬老院、婚姻登记事务中心等工作。履行“上为政府分忧，下为群众解愁”重要职能，行政编制股室设置有办公室、基政社区和区划地名股、社会组织管理和行政审批股、社会事务福利养老服务股。事业编制股室设置有城乡居民最低生活保障中心、社会救助站、婚姻登记事务中心、敬老院、社会福利服务中心。全局工作人员编制数32人。其中，行政编制6人，事业编制25人，工勤人员1人，有工作人员27名。

【城乡低保】 2019年1月1日起，宁武县城乡低保标准每人每月提高70元，城市、农村最低生活保障标准分别达每人每月473元、每人每年4358元，特困集中供养标准提高到每人每年7319元，分散供养标准提高到每人每年5749元。2019年度保障金按时按标准足额发放到保障对象手中，全年共拨付农村低保金3686万元，城市低保金1215万元，特困人员供养金 1085.9 万元。

【特殊群体关爱】 2019 年，宁武县民政局为 1401 名高龄和失能老年人发放生活补贴 92.12 万元。五保对象分散供养 1746 人、集中供养 109 人，全年拨付特困人员护理补贴 251.12 万元，按时按标准足额发放到保障对象手中。为全县重度残疾人按每人每月 50 元标准发放两项护理补贴，其中困难残疾人生活补贴共发放 1304 人，拨付 75.12 万元，护理补贴共发放 1737 人，拨付 103.44 万元。

【临时救助】 2019 年，宁武县民政局临时救助 1325 人，发放资金 104.48 万元，分配乡（镇）临时救助资金 252 万元。流浪乞讨救助人员 499 人，救助资金共支出 60.612917 万元。微机录入全县 73 名孤儿、14 名弃婴个人档案资料并实行微机管理。全年为 73 名孤儿发放生活费 87.6 万元，为 14 名弃婴发放生活费和抚养费 26.8 万元，为 14 名 40% 精减退职人员发放生活费 6 万元。

【撤并行政村】 2019 年，宁武县民政局落实县委、县政府合并行政村计划，立足解决村多、村小、村穷问题，推动整村搬迁和撤并行政村工作。2019 年撤并行政村 35 个，行政村数 366 个。

【养老服务体系建设】 2019 年，宁武县民政局完成“新建 3 个农村老年人日间照料中心”民生实事。全县共建成 21 个农村老年人日间照料中心，年内，该县财政投入运营经费 31 万元。凤凰敬老院新建 248 张床位建设任务全面完工，11 月投入使用。宁武敬老院新建 112 张床位建设任务主体工程基本完工。县殡仪馆项目由市发改局立项，手续按序完成。

【社会组织和行政审批】 2019 年，宁武县民政局依法登记 1 个民办非企业，注销 16 个民办非企业、1 个社会团体，完成 39 个社会组织年检工作，脱钩 1 个行商协会，新成立 5 个社会组织党支部，社会组织党工作覆盖率 100%。

【婚姻登记】 2019 年，宁武县民政局办理婚姻登记 1194 对，离婚登记 260 对，补发婚姻登记证件 95 对，补发离婚登记 7 对，查阅档案 419 份，受理各类婚姻家庭纠纷事项 489 件，接待来访当事人 1004 人。婚姻登记合格率 100%。

【政府购买公共服务】 根据省民政厅、省编办、省财政厅、省人力资源和社会保障厅联合印发《关于推行政府购买服务加强基层社会救助经办服务能力的实施意见》和市民政局、市编制办、市财政局、市人力资源和社会保障局联合下发《关于推行政府购买服务加强基层社会救助经办服务能力的实施意见》精神，经宁武县政府同意，完成政府购买社会救助协理员 27 名，解决县乡两级民政力量薄弱问题。

【巡视反馈问题整改】 2019 年，宁武县民政局对照巡察、巡视反馈问题，局党组扛起政治责任，确立问题导向，组织学习习近平总书记关于脱贫攻坚系列重要讲话精神，组织多层次专题业务培训，专题研究整改举措，强力推进问题整改，“一兜了之”现象、理论学习“上热下冷”、思想武装不够扎实等问题得到整改。

（戴瑞文）

医疗保障

【概况】 2019 年 3 月，根据《中共宁武县委、宁武县人民政府关于印发〈宁武县机构改革方案〉的通知》，宁武县医疗保障局挂牌成立，是县人民政府工作部门，为正科级。行政编制 6 名。设局长 1 名，副局长 1 名。内设办公室、待遇保障与医药服务股、医药招采与基金监管股。主要职责为拟订全县医疗保险、生育保险、医疗救助等医疗保障制度的政策、规划和标准并组织实施；组织制定并实施全县医疗保障基金监督管理办法，建立健全医疗保障基金安全防控机制，推进医疗保障基金支付方式改革；组织制定全县医疗保障筹资和待遇政策并组织实施，完善动态调整机制，统筹城乡医疗保障待遇标准，建立健全与筹资水平相适应的待遇调整机制；组织拟订并实施长期护理保险制度改革方案；负责省、市驻宁机关、事业、企业、社会团体等单位的医疗保险和生育保险管理工作；贯彻执行省市城乡统一药品、医用耗材、医疗服务项目、医疗服务设施等医保目录和支付标准；贯彻执行省市药品、医用耗材价格和医疗服务项目价格、医疗服务设施收费等政策并组织实施；建立医保支付医药服务价格合理确定和动态调整机制，推动建立市场主导的社会医药服务价格形成机制，建立价格信息监测和信息发布制度；贯彻落实省市药品、医用耗材的招标采购政策并监督实施；制定全县定点医药机构协议和支付管理办法并组织实施，建立健全医疗保障信用评价体系和信息披露制度，监督管理纳入医保范围内的医疗服务行为和医疗费用，依法查处医疗保障领域违法违规行为；负责医疗保障经办管理、公共服务体系和信息化建设。组织制定、完善和实施异地就医管理和费用结算政策；建立健全医疗保障关系转移接续制度；开展医疗保障领域国内合作交流；完成县委、县政府交办其他任务。

【医保征缴】 2019 年，宁武县职工基本医疗保险参保单位 408 户，参保人数 34663 人，基金统筹总额 1.02 亿元。城乡居民应参保人数 114728 人，实参保人数 112068 人，参保基金总额 8295.8 万元。参保率 98.15%。其中建档立卡贫困户应参保人数 39183 人，实参保人数 39183 人，参保率 100%，完成省、市分配任务指标，实现应保尽保。

【提高医保待遇】 2019 年，宁武县医疗保障局落实医保惠民政策如期落地见效。在医保资金有限情况下，统筹安排，把救命管用好药纳入医保报销，把 72 种特殊药品纳入门诊特殊慢性病用药管理；落实国家、省、市高血压、糖尿病“两病”门诊用药保障机制。把“两病”患者用药纳入报销范围，确保“总理工程”按时落地见效，取信于民。完善异地就医结算政策。按照“放管服效”改革要求，简化备案手续，扩大直接结算范围。

【医疗扶贫】 2019 年，宁武县医疗保障局落实省、市医疗保障扶贫各项政策，确保基本医疗、大病保险、医疗救助制度全覆盖。农村贫困人口大病保险继续执行由 10000 元降到 5000 元起付标准，报销比例提高到 80%，取消封顶线。落实医保帮扶待遇。2019 年全县 39183 名农村建档立卡贫困人口参加城乡居民医疗保险，财政资助个人缴费 862.026 万元，参保率 100%，实现应保尽保。宁武县拿出 50 万元专项基金安排 834 名“边缘户”参照建档立卡贫困人口享受医保扶贫待遇；健全贫困人口医疗保障“一站式”结算机制。落实市域内贫困人口“基本医保 + 大病保险 + 补充保险 + 医疗救助”四项政策，完善“一站式服务、一窗口办理、一单制结算”便民措施，解决贫困人口市、县两级就医报销多跑路问题。完成脱贫摘帽医保扶贫任务。应对全省脱贫摘帽第三方评估验收工作，印制和推送《宁武县城乡居民门诊特殊慢性病汇编》和《宁武县建档立卡贫困人口“三保险三救助”政策落实情况》等资料，提高广大参保人员对医保政策知晓率。安排全县 14 个乡镇卫生院负责人和 137 家中心村卫生室村医医保政策和业务培训，提升乡村两级医保经办服务能力。专项整顿贫困人口过度医疗、过度保障问题，全面整改省、市等检查部门提出整改问题，完成宁武县脱贫摘帽任务。完善医疗救助政策机制。落实省、市医保部门关于医疗救助政策文件精神，以宁武县人民政府办公室发文转发忻州市医疗保障局《关于进一步健全完善制度，扎实做好城乡医疗救助工作的通知》，明确困难群众医疗救助范围、形式、标准、程序，铺开城乡医疗救助工作，把60岁以上18岁以下农村“边缘户”列入低收入人群享受医疗救助相关政策，减轻患病困难群众医疗费用负担，筑牢困难群众医疗保障网底。2019年，全县39183名建档立卡贫困人口有13116人次享受住院医疗保障帮扶待遇，住院总费用达8148万元，医保支付金额7510万元，综合保障比例92%以上。

【医疗保障基金监管】 2019年，宁武县医疗保障局在全县范围内开展“打击欺诈骗保 维护基金安全”“五进”宣传活动，发放各类宣传资料50000余份，扩大医保政策宣传覆盖面，提升人民群众对医保政策知晓率；先后组织县域内35家定点医疗机构、60家定点零售药店、137家中心村卫生室医务人员开展“两定机构”业务培训、中心村卫生室城乡医保软件运行暨“打击欺诈骗保 维护基金安全”培训、医保刷卡服务村医业务培训、落实“两病”政策宣传等培训，提高医保经办人员掌握政策、运用政策、落实政策服务群众能力和水平；启用医疗服务智能监控系统，适时监控定点医药机构日常服务运行情况；联合县卫生健康和体育局，在全县范围内开展打击欺诈骗保整顿医疗乱象“百日行动”专项治理，形成打击欺诈骗保高压态势。对存在问题定点医药机构约谈限期整改12家，暂停医保服务2家；配合省际、市际交叉检查组监督检查宁武县医疗集团县人民医院等6家定点医疗机构，对存在问题定点医疗机构，对照医保服务协议做出约谈、限期整改、追回违规费用等处罚决定。通过监督检查，有效从源头上堵塞医疗服务中一些不正之风，净化医疗服务环境，规范医疗服务行为，为广大参保患者创造一个风清气正就医环境，维护参保人员合法利益，保障宁武县医保基金安全运行。

【医保支付方式改革】 2019年，宁武县医疗保障局推进支付方式改革，县医疗保险服务中心与县医疗集团签订医保基金“总额预算、打包付费”协议。加快推进按病种付费工作。推动符合宁武县实际情况按病种付费病种，在县医疗集团人民医院开展按病种付费救治工作。拓宽委托商保经办工作，把城乡居民基本医保参保人员市外就医真实性调查核实、外伤案件调查核实和农村建档立卡贫困人口“136保障”待遇支付等业务委托忻州市人寿保险宁武县分公司经办，提升经办效能。

【药品招标采购】 2019年，宁武县医疗保障局和宁武县4家定点公立医疗机构与4家药品配送企业签订配送合同，在网上集中采购25种中选带量采购药品，医保基金按照药品采购量50%，预付定点医疗机构药品采购货款71164.84元，确保药品招标采购工作有序开展。

【党风廉政建设】 2019年，宁武县医疗保障局坚持政治引领、党建先行，全面落实从严治党主体责任。加强基层组织建设。建立党支部委员会，组建工、青、妇群团组织，强化党组织领导。重视政治理论学习。制定理论学习计划，学习制度，增强理论学习效果，全面提升政治能力。开展“改革创新、奋发有为”大讨论。局党组对照“六个破除、六个着力、六个坚持”主要任务，聚焦医保领域改革创新发展，解放思想，更新观念，理清思路，明确目标，激发干劲。开展主题教育。局党组按照县委“不忘初心、牢记使命”主题教育和县纪委监委关于整治漠视侵害群众利益问题方案要求，把握“守初心、担使命，找差距、抓落实”总要求，从群众反映痛点、堵点、难点入手，查找问题，集中检视，边学边查边改，把主题教育成效真正体现在为民服务行动中。班子成员立足实现“两不愁三保障”这个最根本初心，强化思想自觉、政治担当，取得实实在在成果，受到县委组织部主题教育领导组充分肯定。重视党员干部素质提升。通过开展形式多样学习培训，增强党员干部思想自觉、政治担当和干事创业积极性主动性，提升党员干部服务大局、服务基层、服务群众能力水平。严格履行主体责任。把党风廉政建设与业务工作结合起来。组织廉政主题学习，组织观看警示教育片《初心泯灭的歧路》和《蜕变的初心》，以“互联网＋督查”曝光医保领域骗取医保基金案件为案例，加强干部廉政教育，筑牢思想防线。从严落实中央八项规定精神。强化医保系统作风建设，全面梳理服务事项，精简证明材料，规范办事流程，简化办事程序，营造风清气正良好氛围。

（医保局）

退役军人事务

【概况】 2019年3月，宁武县退役军人事务局（以下简称退役军人事务局）挂牌成立。年内，开展退役军人信息采集，为退役军人建立电子档案；网上录入烈士信息，通过省厅审核；按照“五有”标准，建设服务体系，建成乡镇（居民办）服务站、村（社区）服务站。

【优抚政策】 2019年，退役军人事务局落实优抚对象优待金提标政策，发放各类优抚款；为烈属、军属、退役军人家庭悬挂光荣牌；“八一”期间慰问驻宁部队和优抚对象，发放慰问金及慰问品；全部安置符合安置条件的退役士官；退役士兵参加适应性培训和技能培训，实现退役军人就业按照“普遍走访、重点慰问”原则，到15个乡（镇）、138个行政村，为59名中华人民共和国成立前老军人入户颁授“庆祝中华人民共和国成立70周年纪念章”，发放慰问信2000余份。

【褒扬英烈】 2019年，退役军人事务局争取财政资金修缮陵园、修护道路，清扫墓园；在烈士纪念日，组织近200名干部、学生、退役军人、烈士遗属等各界人士，举办全县公祭活动。

（刘成平）

宁武县关心下一代工作委员会

【概况】 2019年，宁武县关工委坚持以习近平新时代中国特色社会主义思想为指导，贯彻习近平总书记对关心下一代工作重要指示精神和国家、省、市关心下一代工作会议精神，以加强青少年爱国主义教育为抓手，围绕工作大局，积极主动作为，较好完成各项工作任务。

【政治学习】 2019年，宁武县关工委结合“改革创新、奋发有为”大讨论和“不忘初心、牢记使命”主题教育，坚持把学习习近平新时代中国特色社会主义思想同落实习近平总书记关心下一代工作重要指示精神结合起来，落实省委、市委重大决策部署，解决关心下一代工作中的实际问题，做到学深悟透、融会贯通，推动学习贯彻习近平新时代中国特色社会主义思想往深里走、往心里走、往实里走，切实增强“四个意识”、坚定“四个自信”，做到“两个‘维护’”。

【青少年思想道德教育】 2019年是新中国成立70周年，县关工委融入县委、县政府庆祝活动序列，在青少年中开展爱国主义教育活动，把“传承红色基因，争做时代新人”引向深入。联合县教育、文化、团委、妇联等职能部门，组织开展“献礼70载　我和我的祖国”主题诵读活动和建国70周年爱国主义教育亲子阅读活动，拍摄制作《我和我的祖国》《歌唱祖国》等短视频，创作《祖国你好》《宁武你好》等赞美诗篇，唱响主旋律、弘扬正能量；县关工委刘棕创作《五言歌：咏中华》，并在县直中小学校举办专题讲座。组织“五老”参加“共庆祖国华诞，喜迎重阳佳节”中老年大型文体展演活动，大力弘扬尊老敬老护老的传统美德；组织青少年参观“光辉历程·铸就辉煌”历史成就图片书画展、“我和我的祖国——宁武县红色故事讲解”筛选活动、升国旗仪式和公祭活动，教育引导青少年秉承先烈遗志，根植红色基因，增强学生爱党、爱国、爱家乡热情。

【“中华魂”读书活动】 2019年，宁武县关工委把“中华魂”主题教育读书活动作为加强青少年社会主义核心价值观教育和关心青少年健康成长一项重要内容，与学校德育、校园文化建设、家庭教育、奔小康活动结合起来，扩大读书活动覆盖面和青少年参与面，促进青少年健康成长。组织优秀选手参加全市“中华魂”（腾飞的祖国——改革开放40周年）读书活动演讲比赛，取得可喜成绩。按照市关工委统一部署，主动争取县委、县政府领导支持，抓好“中华魂”（爱我中华——新中国成立七十周年）主题教育《读本》订购发行工作，为全县中小学校订购《读本》11987册。

【青少年关爱帮扶】 2019年，宁武县关工委按照“急党政所急、想青少年所需、尽关工委所能”工作理念，围绕宁武县脱贫摘帽目标，引领全县各级关工委组织投身脱贫攻坚主战场，开展形式多样关心关爱、帮扶助困活动，帮助贫困家庭学子解决实际困难和问题。配合县团委、妇联、工会、扶贫办等部门，广泛动员社会力量，通过组织开展“雨露计划”、公益助学、志愿者服务、“扶贫日”走访慰问等活动，使贫困学子深切感受到党和政府温暖及社会各界关怀。

（王旭东）

残疾人事业

【概况】 2019年，宁武县残疾人联合会围绕宁武县脱贫攻坚工作充分履行代表、服务、管理职能，代表残疾人共同利益，维护残疾人合法权益，团结教育残疾人，为残疾人服务，履行法律赋予的职责，承担政府委托任务，管理和发展残疾人事业。

【残疾人创业就业】 2019年，宁武县残疾人联合会配合人社局开展春风行动，推荐残疾人就业，促进服务残疾人就业。完成农村贫困残疾人实用技术培训142人，包括县级配套资金培训，其中建档立卡贫困户108人，使参加培训残疾人初步掌握一技之长，增强脱贫致富能力。

【农村基层党组织助残扶贫】 2019年，宁武县残疾人联合会完成40户基层党组织助残扶贫工程，涉及种植、养殖、加工、运输等各个行业，县级助残扶贫工程配套资金，省、市资金全部到位。

【教育救助】 2019年，宁武县成立残疾人专家委员会，摸底上报资助残疾人大学生和残疾人家庭子女大学生2名，解决残疾人家庭大学生就学问题。扫盲教育农村残疾青壮年27名（其中建档立卡户16名），做好全县残疾儿童少年入学工作，通过随班就读和送教上门，稳定提高残疾儿童少年入学率，全年入学率100%。

【康复救助】2019年，宁武县残疾人联合会完成11例0～6岁儿童诊断筛查，患儿及家属诊断全免费；完成27例抢救性康复任务，慰问抢救性康复残疾儿童及家庭，一部分确实不能到机构康复的残疾儿童，该县残联协调联系忻州市蓝鸟康复机构，送教上门，方便残疾儿童家庭。探讨有残疾儿童困难家庭，通过民政救助和残联救助，补贴1000～5000元；完成疑似残疾评定434名，加强残疾评定专家和办证人员管理，签订廉政承诺书，避免人情证、关系证办理。减免27元残疾评定费和25元照相费，实现全县残疾人评定全免费。行动不便残疾人，通过本人申请，县残联协调医学鉴定专家组和办证人员，上门评定，送证到户服务，受到残疾人及家庭肯定；残疾人精准康复服务和辅具免费适配工作有序推进，其中建档立卡有辅具需求的残疾人适配率100%。

【托养服务】2019年，宁武县残疾人联合会委托宁武县仁爱医院康复科，依托化北屯乡蒯屯关村日间照料中心，服务重度残疾人49名，其中建档立卡贫困户30名，提高残疾人居家托养水平，改善残疾人生活生存质量，减轻残疾人家庭负担。

【残疾人社会福利】2019年，宁武县残疾人联合会按照省、市要求2019年残疾人重度护理补贴由县民政局发放，县残联提供全县残疾人花名底册，县残联协助县民政局补贴发放工作，推进县民政局发放进度；全县重度残疾人医疗保险全部由政府代缴，为重度残疾人缴纳医疗保险（医疗保险个人缴费部分由医保局的医疗救助资金给予全额救助），在市残联推进下，县委、县政府重视残疾人脱贫工作，为建档立卡残疾人，每人缴纳深度贫困县救助保险80元（包括自然、意外、教育、住院、房屋），为其他残疾人，每人缴纳意外伤害保险50元，帮助残疾人及家庭，解决后顾之忧；城乡最低生活保障实现应保尽保，社会保障制度基本完备，体系比较健全，覆盖范围扩大，保障水平稳步提高，残疾人及家庭基本生活得到保障；为全县重度残疾人缴纳养老保险；做好贫困残疾人家庭危房存量核实工作，全县10户残疾人危房得到改造，在怀道乡、迭台寺乡、凤凰镇实施残疾人无障碍改造44户，通过招投标采购确定施工单位，制定改造方案，完成改造工作。

【数据信息动态管理】2019年，宁武县残疾人联合会根据全国、省、市残疾人基本服务状况和需求信息数据动态更新工作安排，全县残联干部进村入户信息登记核查，完成全县4898名残疾人调查工作，为精准施策提供依据。

【选树典型】2019年，宁武县残疾人联合会注重先进典型引领，结合残联工作实际，分析残疾人心理和残疾人工作特点，大胆实践，创新抓好残疾人先进典型教育，弘扬残疾人身边正能量，凝聚推动残疾人事业发展力量，推选出可信可学的好榜样，用身边事教育身边人，激发残疾人自强自立的内生动力。选树并选送迭台寺乡西沟村候建峰为市级身残志坚、自强自立模范，推选赵继荣为省级助残先进个人、尹卫平为省级自强模范，增强残疾人生活自信。

（袁　柳）

乡（镇）、办事处

薛家洼乡

【概况】 薛家洼乡地处宁武县东北部，距县城 33 千米，东与原平市段家堡乡接壤，西与阳方口镇毗邻，南与凤凰镇相连，北与朔州市相邻，总面积 156 平方千米。全乡辖 35 个行政村，农业户籍人口 3809 户 8765 人，常住人口 615 户 1796 人。1 个机关支部、31 个农村党支部，有党员 495 名（其中机关支部党员 112 名、农村党员 383 名），2019 年，全乡农村居民人均可支配收入 6760 元，较上年增长 11.3%。

薛家洼乡属高山严寒区和寒冷干燥区，无霜期 120 ～ 130 天，温度差别大，年平均气温 6.2℃，年平均降水量 470 ～ 770 毫米，一般海拔在 2000 米左右。主要粮食作物有莜麦、豌豆、山药、谷子、蚕豆、玉米。乡境多高山，境内煤、铝资源蕴藏丰富，是宁武县煤、铝资源主产区之一，素有“煤铝之乡”美誉。

【精准扶贫】 2019 年，薛家洼乡有建档立卡贫困村 17 个，全部退出（2016 年退出 9 个，2017 年退出 7 个，2019 年退出 1 个）贫困序列；建档立卡贫困户总规模 648 户 1439 人（其中在村常住贫困户 247 户 412 人），致贫原因主要是缺资金、缺劳力、因病因残、因学，已脱贫 638 户 1421 人，未脱贫 10 户 18 人，贫困发生率由最初 17% 下降为 0.12%。

【教育保障】 2019 年，薛家洼乡义务教育阶段“两免一补”和营养改善计划落实，3 名特殊群体儿童实施“送教上门”，确保每一位义务教育阶段学生不因家庭经济困难而失学，创造均等教育机会，全乡义务教育均衡发展水平提升，建档立卡贫困户适龄儿童、少年都能按龄入学，贫困家庭义务教育阶段适龄儿童无辍学，适龄儿童入学率小学 100%；2016 至 2019 年有 141 名建档立卡贫困户家庭学生享受雨露计划，落实资金 31.3 万元，7 名贫困家庭普通高校大学生落实补助资金 3.5 万元。

【医疗保障】 2019 年，薛家洼乡确定因病致贫、因病返贫人员，锁定健康扶贫对象。建立家庭医生与建档立卡贫困户双签约服务关系，采取分类分批救治、先诊疗后付费，284 名慢病证人纳入 55 种特殊慢性病门诊诊疗健康扶贫政策，建档立卡贫困户住院费用实际报销比例 90%。建档立卡贫困人口医保由财政安排资金给予代缴，完成建档立卡贫困户 100% 参加农村医保任务。从 2017 年 1 月 1 日起建档立卡贫困人口在统筹区域内协议定点医疗机构住院，取消住院起付金，分级看病县、市、省自付封顶“136”工程（县级医院封顶1000元、市级医院封顶3000元、省级医院封顶6000元）。648户1439名建档立卡贫困户家庭医生签约服务率达100%；符合转诊转院规范的住院治疗费用实际补偿比例90%。在村常住的300余户贫困户每户免费发放1个小药箱（内含7种常用药品）。全乡2019建档立卡贫困户住院312人次，住院总费用206.8万余元，基本报销、大病报销、兜底报销、民政救助等累计报销费用190.7万余元，报销总比例92.25%。

【住房保障】 2019年，薛家洼乡围绕易地扶贫搬迁对象符合“一方水土养不起一方人”政策要求，全家沟村实施易地搬迁，全村搬迁户91户229人，其中集中安置78户193人、分散安置13户36人。安置房分配到户，旧村拆除工作完成，6月开始装修，安置房51套全部入住，入住率100%。配合住建部门聘请第三方机构鉴定所有在村居住贫困户和非贫困户住房安全情况，结合鉴定结果给予维修、新建等相关工作，经危房等级认定为C级和D级危房户，全部完成改造任务。截至2019年底，全乡完成危房改造并验收89户，住房安全得到保障。

【产业扶贫】 2019年，薛家洼乡立足本地资源，综合考虑山区优势、产业基础和市场条件等因素，培育和发展适合薛家洼乡发展特色农牧扶贫产业，壮大农村集体经济，拓宽农民就业增收渠道。全年全乡小杂粮种植面积3100余亩，中药材种植面积2000余亩。薛家洼乡高崖上新大象生猪养殖2019年分红37.64万元，3年累计分红83.03万元。工作队帮扶贾家窑村、宽草坪村，同煤梨园河煤矿帮扶宽沟村每村每年20万元发展肉牛养殖产业，3个村共养殖肉牛80头。高崖上村成立瀛海种养殖专业合作社，吸收32户贫困户，从甘肃省购买种驴97头，通过“农户＋合作社”委托饲养模式运行。梨元坡村、羊道坡村贫困户以散养形式引进种驴33头，自力更生发展养殖，增加收入。全年全乡200只以上养羊大户38户，贾家窑、中白泉、下白泉、黄草圪妥等村形成合作社养殖模式，带动周边村畜牧养殖。畜牧养殖业成为薛家洼乡主打产业，全乡养殖羊8166只、牛698头、驴354头。

【村级光伏电站项目】 2019年，薛家洼乡收到宁武县扶贫光伏电站管理有限公司下拨光伏收益254.2万余元，收益按照各村贫困人口数量，全部分配到村，收益全部用于贫困户，主要包括“三自一带”奖补，无业可扶（无脱贫主导产业）、无能力就业（包括失能、半失能、重度残疾人）、无力脱贫（仅依靠低保政策收入兜底）、村级自主开发公益性岗位贫困对象，户容户貌整治提升奖补等。光伏收益已发放到户193万元，发放到户率76%。

【新型经营主体】 2019年，薛家洼乡组建2个扶贫攻坚造林专业合作社，吸收贫困户25户27人，通过分红加务工增加村民收入，贫困户人均劳务收入达6200元；全乡聘用生态护林员28名，人均年收入1万元，带动贫困家庭28户104人增收脱贫。贫困户还可通过沙棘、蘑菇、中药材采集等增加收入，实现生态受保护和贫困户得实惠双赢目标。

【精神扶贫】 2019年，薛家洼乡把扶贫与扶志、扶智相结合，以宣传教育转观念、道德评议树新风，技能培训强本领，开展脱贫标兵、致富带头人、道德模范等评选活动，树立上白泉村养牛大户岑彦、贾家窑村养牛大户王二文、高崖上村养羊大户赵五全等脱贫致富典型；贫困户参加种植养殖、月嫂、保姆、厨师、电商等培训450人次，65人分四批参加县扶贫中心组织贫困村致富带头人培训。通过“村村过、户户查、人人访”活动宣传“三自一带”奖补政策，按政策完成奖补自主创业户（种植户、养殖、其他行业）、自主就业人员（外出打工）、自主脱贫典型人员；为154户没有电视贫困户发放电视154台；在5个贫困村、2个非贫困村建立7个爱心超市，覆盖全乡有人居住的22个村常住947户1919人，对孝敬赡养老人、文明道德、户容户貌等方面表现好家庭进行评比积分，通过积分到爱心超市兑换物品，鼓励带动更多贫困户转变思想，自主脱贫，截至2019年底，累计投入20万元物资（县配套5万元、乡自购15万元），奖励兑换物品折合人民币18.2万元。

【村容村貌建设】 2019年，薛家洼乡实施贫困村村级提升工程和农村宜居环境整治。总投资1392.7万元为9个贫困村实施村级提升工程，改善基础设施建设、公共服务提升方面实施主题文化墙彩绘、固定垃圾池修建、残墙断壁拆除、垃圾处理、排水工程、道路硬化等环境治理项目。投资195.6万余元为薛家洼村、洪河村实施农村宜居环境整治工程，重点整治提升村庄道路、垃圾处理、“脏乱差”现象等村容村貌，打造美丽宜居村庄。全乡建立保洁员制度，配备保洁员65名，明确保洁员职责，农村人居环境全面改善；开展“村容村貌、户容户貌、精神面貌”提升行动。为助力脱贫攻坚，营造干净整洁人居环境，引导文明良好风气，展现向上精神风貌，全体乡村干部实行一线工作法，逐村逐户宣传、督促、跟踪、评比，对户容户貌整改到位农户实施奖补，实现农户家庭“五净一规范”目标，确保村容村貌有“面子”，户容户貌有“里子”。

【基础设施建设】 2019年，薛家洼乡建设农村饮水工程22处，打深井5口，保证22个村在村常住2128人用水量、水质、用水方便程度稳定达标，供水保证率100%。在高崖上、下白泉、中白泉、贾家窑打深井5口。共投资256.9万元在人畜饮水困难村姬庄村、西地村、盘道梁、洪河村、圪塄村、薛家洼等14个村进行饮水工程建设，解决农村饮水困难问题，群众饮水全部达到安全标准。共投资5193.21余万元（其中企业投资470万元）改善全乡道路交通基础设施条件，道路硬化总里程达到81.7千米，主要道路有：薛家洼至大路梁1千米、同生同基煤业公司至洪河村新农村道路3.3千米、大阳线贾家窑村至高崖上村24千米、薛盘线大路梁至盘道梁村16千米、贾家窑至薛家洼村6.5千米硬化路、秃兰妥至薛家洼大路梁4.5千米柏油路铺设等。

【专项治理】 2019年，薛家洼乡开展宁武县违法排污大整治“百日清零”专项行动，整治“禁煤区”散煤、煤场、“散乱污”企业、建筑工地扬尘污染等问题。加强道路扬尘防控，对所有过境运煤、渣土等运输车辆，必须遮盖苫布，采取密闭措施方可通行，加大道路清扫频次，杜绝二次扬尘，各村严禁秸秆、枯枝落叶、垃圾等露天焚烧。实施城乡建设用地土地增减挂钩项目，在6个村实施农村居民点和工矿废弃地复垦项目，复垦面积38.6704公顷。建立乡村两级河长负责制，开展巡河、清理河道工作，水环境质量提升。

【非法违法采矿打击】 2019年，薛家洼乡加大打击非法违法采矿力度，使私挖滥采行为得到遏制，效果明显。打击非法违法采矿，采取“三铁”（铁纪惩处、铁拳打击、铁腕整治）措施严打，明确责任，强化措施，严格监管，在全乡形成打击非法违法采矿行为强大合力，使私挖滥采不法分子无机可乘。各村、各集团企业落实“属地监管”原则，监管非法采矿行为，落实打击非法违法采矿责任制，做到守土有责、守土尽责、守土担责，形成“齐抓共管、严防死守、严查重处、决不手软”工作格局。

【扫黑除恶专项斗争】 2019年，薛家洼乡利用各种舆论宣传工具，开展“扫黑除恶”专项斗争宣传，在各村张贴依法严厉打击黑恶势力违法犯罪通告，动员广大群众共同参与。全乡共制作“扫黑除恶”固定宣传标语8条、悬挂横幅11条、大型宣传牌2幅、宣传栏2期，发放“扫黑除恶”专项斗争传单1000余份。畅通多种渠道，收集线索，注重从忻州市“扫黑除恶”专项斗争突出打击16类重点全面排查，认真梳理，结合打击非法违法采矿、脱贫攻坚重点产业项目（大象生猪养殖项目建设、光伏发电项目等）、生态环保、村级提升工程等方面开展针对性摸排调研，梳理分析并提供线索。

【生态环保】 2019年，薛家洼乡开展露天开采和火区治理专项整治，把工作重点转入生态环境修复治理。开展煤矿及周边环境专项整治，解决露天堆煤和排污不达标问题。开展储售煤场专项整治，杜绝煤炭储售过程中环境污染现象。开展水体污染专项整治，彻底治理全乡所有河道。开展农村环境专项整治，美化净化农村环境。开展大气污染防治专项行动，重点整治原煤散烧锅炉。开展私挖滥采专项整治行动，整治被破坏区域生态环境。

年内，利用各种形式宣传环保知识，张贴过街宣传标语10余幅。开展环保宣传教育，增强人民群众环保意识，提高公众关心生产生活环境，主动参与环境建设，依法维护自身环境权益的自觉性。利用公示栏、宣传单、标语等宣传手段开展生态文明建设舆论宣传，为全乡生态文明建设营造良好氛围。

【信访工作】 2019年，薛家洼乡受理来信来访和各类矛盾纠纷20余件，解决突出信访矛盾，做好关键节点信访工作。

【社会事业】 2019年，薛家洼乡护林防火确保全乡未发生一起大的森林火灾。禁毒工作实现罂粟零种植。防洪防汛工作做到及时发现、及时处置，保证未发生一起人员伤亡事故。民政、计生、文化教育工作等全都根据县里具体要求，按部就班，顺利进展。

【党建工作】 2019年，薛家洼乡采取“三会一课”常规学，主题党日固定学，创新方式全员学等方式，制定《薛家洼乡2019年党委理论中心组学习安排计划》，推进领导班子思想政治建设，提升领导干部理论素养和执政能力。通过“学习强国”App和“智慧党建”App推广使用，做到党组织和党员教育全覆盖，把党员干部思想和行动统一到党中央部署上来，增强“四个意识”，坚定“四个自信”，做到“两个维护”。坚持每季度主持召开1次党建工作专题会，半年召开一次党建工作重点任务推进会，全年开展村级组织活动场所建设、班子运行、党建引领脱贫等调研16次，听取支部党建工作专题汇报18次，讲党课12次，督促开展党建工作自查自纠活动5次，确保基层党建各项工作任务落实见效。全年共组织全乡党员干部集中学习26次，观看反腐纪录片6次，党员受教育率达82%。结合“改革创新、奋发有为”大讨论活动和“不忘初心、牢记使命”主题教育，全面贯彻落实中共十九大精神，开展多种形式理论学习活动。

年内，该乡重新摸排整顿软弱涣散党组织，做到“四必访”和“三必问”，使整顿工作落实到位。全乡共撤并行政村4个。其中，把3个道路不通畅行政村撤并到盘道梁村和中白泉村，撤销1个完成易地搬迁行政村。

基层党建示范建设达标 90%，全年发展党员 7 名。智慧党建平台上传基层党建工作信息、图片资料 356 条。实施“村企联合”发展养殖产业。投资 4 万元，建设综合办公室，实现宿办分离。突出抓好基层党组织和党员干部队伍日常监督管理。整顿提升软弱涣散党组织，通过重新选举、指派班子成员任支部书记、选调生到村挂职等措施实现。落实廉政谈话制度，全年开展集体谈话 3 次，约谈村干部 20 余人，履职督导谈话 2 次，提醒谈话 4 人、诫勉谈话 8 人、党内警告处分 7 人。

（贾鹏程）

阳方口镇

【概况】 阳方口镇位于宁武县域北部，是宁武县北大门，南靠宁武县城，北临神池，距宁武县城 13 千米，总面积 75 万平方千米。耕地面积 47585 亩，林地面积 4372.94 公顷，海拔 1200 ～ 1500 米之间，平均海拔 1300 米，地势东南高而西北低，土地多系缓坡地。辖 28 个行政村、2 个自然村，截至 2019 年底人口总数为 3.1 万人，其中农业人口 9265 人。

【农业经济】 2019 年，阳方口镇粮食作物播种面积 14737.4 亩，小杂粮种植面积 11000 亩，优种播种面积 12800 亩，占 88%，油料种植面积 548.7 亩，中草药种植面积 2171 亩，蔬菜瓜果种植面积 240 亩，其中白萝卜种植面积 130 亩。在阳方村协调征地 581.58 亩，新建宁武县现代农业产业园。共有燕麦、沙棘、中草药、马铃薯、食用菌、脱水蔬菜、脱水萝卜、蔬菜大棚等 8 大产业项目入园，新建 8 个加工厂。在河西村新建 18 个食用菌大棚，每个棚占地面积 0.5 亩，全部种植食用菌。石湖河村新建 12 个食用菌大棚，每个大棚占地面积 0.5 亩，全部种植食用菌。粮食和油料总产量 1650 吨，连续五年保持稳定增长，年均增幅 18%。

【畜牧业】 2019 年，阳方口镇抓大水口村新大象养殖股份有限公司规划建设，引进德国一体化喂养设备，完成标准化圈舍 28800 平方米，猪存栏 20000 头。大水口村、三府窑村、黄草梁等村发展羊产业，全镇羊存栏量 5200 只。狠抓动物防疫工作，圈舍消毒面积 28800 平方米，免疫率 100%，消毒率 100%。

【工业】 2019 年，阳方口工矿镇抓境内煤矿建设。大水口村饲料加工厂建设完工。三府窑村生猪养殖场建设完工并通过验收。

【三产发展】 2019 年，阳方口镇投资 349.6 万元完成建设湿地二期工程，为提高恢河出口宁武梵王寺断面水质，改善河道水质打下坚实基础。投资 562.52 万元在恢河主河道内建设完善污水管网工程，改善河道水质。申请立项建设恢河梵王寺水质自动监测站生态公园项目。

【基础设施建设】 2019 年，阳方口镇 15 个贫困村村级活动场所维修建设全覆盖，投资 160 万元新建大水口村村级活动场所，投资 16 万元新建东麻峪寨村村级活动场所，投资 17 万元新建西麻峪寨村村级活动场所。投资 70 万元，在暖水湾村新建村集体门面房；投资 70 万元，在石湖河村新建存车物流园区；新建、改建卫生室 7 个；12 个贫困村和 7 个非贫困村整村提升工程基本完成；建成农村文化活动场所 21 个、农家书屋 21 个，宁武县图书馆阳方口镇分馆和河西分馆，投入使用；集中开展环境治理，购买垃圾运输车 3 辆、垃圾箱 70 个、垃圾桶 100 个。维护修补公路沿线涉及村垃圾破房烂屋、残墙断壁、沿街墙面、破损路面；投资 18.28 万元彻底清理阳方口范围内所有支流河道以及主河道内淤塞物和污染物；全镇危房改造 54 户。其中，新建 39 户，维修加固 15 户。

【民生工程】 2019 年，阳方口镇低保户有 261 户 389 人，五保户有 59 户，残疾人 424 人。新办理低保户 31 户 48 人。发放农村低保金约 204 万元，城市低保 10 户。低保残疾 57 人，发放生活救助金 34200 元。按政策对灾民给予及时救济，为困难群众发放棉衣 143 件、棉被 187 件、褥子 135 件、毛毯 145 件；下拨救灾款 3.55 万元、临时救助款 9 万元。接待群众法律咨询 40 人，为 18 人提供法律援助。全年，有 9000 余人参保，2000 余名贫困人口免费参保。开展 5 场次 200 余人劳动技能培训。

【脱贫攻坚】 2019 年，阳方口镇有建档立卡贫困村 15 个，建档立卡贫困户 1005 户 2204 人。截至 2019 年底，15 个贫困村全部脱贫销号，贫困户脱贫 981 户 2167 人，未脱贫 24 户 37 人，贫困发生率由 23.85% 下降为 0.4%。全镇有第一书记 17 名，县帮扶工作队 15 个、镇帮扶工作队 13 个，实现村村有帮扶队、户户有责任人。建成大水口村、三府窑村 2 个生猪养殖场，带动 180 户贫困户增收，累计分红 200 万余元。光伏累计收益 384.21 万元，带动 1005 户贫困户年均增收 3822 元。种植中药材 2171 亩，带动贫困户 109 户 244 人增收，小杂粮种植 11000 亩，带动贫困户 520 户 1038 人增收。白萝卜种植 130 亩，贫困户 72 户 138 人入股分红，分红 31 万元。新建香菇种植大棚 18 座，村集体收入首次突破 5 万元，全村农民人均收入增加 1000 元。成立扶贫运输车队，带动 223 户 557 人贫困户入股分红，累计分红 31.77 万元。加大劳务输出，累计输出劳务就业贫困人口 515 人。政策兜底 326 户 484 人，建成 2 个日间照料中心。建成综合卫生室 10 个，巡诊室 8 个，配备村医 20 名，实现健康双签约全覆盖。教育扶贫，386 名建档立卡贫困学生享受各项教育扶贫政策。生态扶贫，招收 60 名贫困人口为护林员，建立生态造林扶贫合作社 2 个。金融扶贫，户贷户用 292 户，入股新大象公司 70 户、潞宁煤业集团 103 户，共贷款 1460 万元。

【计划生育】 2019 年，阳方口镇出生人口 84 人，国家及免费孕前优生健康检查完成 70 对。村级计生综合改革，村民自治开展面 100%，已婚育龄妇女签约率 98%。

【依法治镇】 2019 年，阳方口镇“扫黑除恶”有序推进，摸排线索 8 条，上报上级相关部门。扫黑除恶专项工作做到“黑恶必出，除恶务尽”。开展矛盾纠纷排查调解，全年摸排矛盾纠纷 28 起，调处成功 28 起，成功率 100%。做好防邪禁毒工作，确保全镇社会稳定。解决信访 16 起，实现零上访，信访存量减少，增量为零。

【安全生产】 2019 年，阳方口镇开展安全生产大检查专项行动，落实“4438”工作体制。护林防火、在汛期对山体滑坡监测点和地质灾害重点地区坚持定期和不定期安全隐患排查，安排、部署全镇建筑施工，涉校等安全工作。抓好食品卫生安全，与镇、村农贸市场、学校等单位签订食品安全责任书，严格群体性聚餐申报，落实食品安全协管员现场监厨。坚持现场检查煤矿安全，共检查 120 次，出动检查人员 480 人。专项清理整顿非法煤场，清理取缔阳方口集运站周边、冀家庄双桥眼、大运路沿线非法煤场 6 处，用黄土覆盖，恢复地貌，共计费用 16 万元。

【打击私采滥挖】 2019 年，阳方口工矿镇按照“三铁”要求，以构建“网格化、无空隙、全覆盖”打击体系为目标。实行网络化巡查制度，有巡查记录，每月汇总，建立台账，镇巡查队昼夜 24 小时巡查打击，完善巡查记录。

【农村集体产权制度改革】2019年，阳方口镇完成清产核资28个村，全镇28个村总资产7077.52万元，负债总计984.11万元。折股量化成员9178人，量化分为集体股和个人股，共11473股。其中，集体股2295股，占20%，个人9178股，占80%。完成农村集体产权制度改革工作，并通过市、县验收。

【统计工作】2019年，阳方口镇按照加强镇统计基础工作，统计网格畅通。做好统计工作台账，按时完成日常统计报表和专项统计调查任务。

【文化工作】2019年，阳方口镇开展“扫黄打非”工作，成立“扫黄打非”小组，确保阳方口镇文化安全。开展丰富多彩文艺活动。

【教育工作】2019年，阳方口镇把教育摆在优先发展战略地位，推动镇教育事业迈上新台阶。全面排查全镇义务教育适龄儿童，排查出智残儿童2名，采取上门送教方式。

【妇联工作】2019年，阳方口镇开展关爱留守儿童，特困妇女儿童工作。为556名妇女免费“两癌”筛查，组织妇女举行电商就业技能培训，举办慰问最美家庭、困难家庭活动。在阳方村举办农民庆丰收节活动。

【武装部工作】2019年，阳方口镇完善普通民兵编组。完成兵役登记、向部队输送义务兵工作，完善镇武装部规范化建设，8月底通过市军分区验收。

【退役军人服务】2019年，阳方口镇加强退役军人服务体系建设，建成镇退役军人服务站、村退役军人服务站，建立退役军人信息台账。“八一”期间，为优抚对象发放夏凉被。

【农机农技工作】2019年，阳方口镇为阳方口村、河西村、三府窑村、大村、北辛窑村、大水口村等村耕地进行深松整地，统计农业机械化行政村28个，并宣传农机购置补贴。

【河道治理】2019年，阳方矿镇彻底清理阳方口范围内所有支流河道以及主河道内淤塞物和污染物。填充河道积水坑，加固维修险坝。

【13710平台工作】2019年，阳方口工矿镇共接收“13710”平台任务13个，均按时准确上报，需要根据进度反馈进展情况的，也都按时反馈。评价有8个“优”、5个“好”。

【宣传工作】2019年，阳方口工矿镇完成脱贫攻坚“三自一带”和“双扶”典型选树和宣传村级宣讲8场次，覆盖全镇28个村党员和群众。

【司法工作】2019年，阳方口工矿镇司法所新增社区矫正人员7人，解除矫正人员4人，截至2019年底，在矫正人员16人，刑满释放人员2人，5年内刑满释放人员，3年内解除矫正人员29人。

【党建工作】2019年，阳方口镇开展“领头雁”延伸培训1次，培训村“两委”干部和骨干党员50人。整顿提升软弱涣散村党支部4个。持续开展服务型党组织创建活动。

（李晓琴）

凤凰镇

【概况】凤凰镇地处恢河上游，总面积29万亩，撤村并村后全镇辖25个行政村，农村总户数5780户，农业人口13730人，人均纯收入8350元。2019年全镇经济总收入11464万元，是全县经济、政治、文化中心，是山西省农村小康建设百强乡镇、文明乡镇、市级平安乡镇。2019年，围绕“抓安全、保稳定、促发展”总目标，大力调动产业结构，依托地域优势，形成“煤、电、农、商、游”五大基地，各项经济指标名列全县前茅，人民生活水平不断提高，全镇上下团结奋进、开拓创新，呈现出政治稳定、经济繁荣、社会安定良好局面。

镇政府位于宁武县城，下辖25个行政村：秃兰妥、染峪、上河南、黄土崖、西张家沟、下河南、庄旺、李家山、小庄旺、杨庄、大河堡、姜庄、周家堡、杜庄、李家窑、东关、刘家园、孟家窑、胭脂、北关、马家湾、西关、庄只上、神堂沟、窑子坪。

【气候情况】 全镇属北方土石寒冷山区，日平均气温6.4℃，年积温2500摄氏度以上，无霜期平均110天左右，90%保证率为126天。平均年降水在500毫米以下。

【自然资源】 全镇煤炭资源煤种齐全，煤质优良。地质储量大，且易开采，是全县主要煤炭能源基地之一。有大量铝土矿和与铝土共生铁矿。

【农业】 土地总面积276072.45亩，耕地面积22449.8亩。农业基础较薄弱，粮食作物以土豆、莜麦、大豆、豌豆等小杂粮为主，经济作物以红芸豆、胡麻为主。

【林业】 全镇荒山荒坡较多，树木稀少。森林面积有178095.45亩，全镇涉及45村，共完成退耕还林总面积19357.4亩，荒山造林20864.8亩。

【畜牧业】 全镇共有养殖户420户，主要以猪、牛、羊、禽为主。大畜2620头，猪3508头，羊21980只。

【工业】 2006年，根据国家对煤炭资源整合政策要求，整合煤矿为8座。2007年，按照上级文件精神，对西山的4座煤矿进行改制，并由山西潞宁煤业同意接管。目前凤凰镇辖区内有宁煤集团老窑沟煤业公司、庄旺煤业有限公司、南沟煤业有限公司、德盛煤业有限公司4座煤矿，潞安集团孟家窑煤业有限公司1座煤矿，神达栖凤煤业有限公司1座煤矿，阳煤集团榆树坡煤业有限公司1座煤矿，同煤集团阳方口矿业有限公司石湖煤矿1座煤矿。

【教育文化】 全镇有幼儿园8所，在园幼儿540余人，专任教师20人；镇文化站1个、村级文化室39个。

【医疗卫生】 全镇有镇卫生院1所，医护人员68名。有村级中心卫生室20所、巡诊室42个，村医40名。

【名胜古迹】 该镇历史上曾是宁武关中心。境内名胜古迹甚多，有位于城内中心，建筑精巧，颇为壮观鼓楼以及建于明代的万佛寺，有市级、县级文物保护单位周遭吉墓、杨庄遗址、延庆寺，有宁武古八景之一的龙泉寺“染峪流虾”。

【脱贫攻坚】 2019年，凤凰镇党委以脱贫攻坚统揽经济社会发展全局，实施“3467”脱贫举措，推进乡村振兴、农村改革，带动农民增收致富。坚持“7个突出”（突出产业至上、突出保障兜底、突出基础先行、突出扶志为本、突出党建引领、突出责任倒逼、突出作风求实），三年减贫1000余人。初步形成双墙大象生猪、水泉洼肉驴、梁家庄旺（染峪）油用牡丹、王虎庄（麻峪）黑柴胡、李家山红枸杞、柳沟湾食用菌大棚6大特色种养殖基地，完成4个光伏电站收益分配，爱心超市建设、贫困村和非贫困村改造提升、移民搬迁及危房改造工程稳步推进。2019年光伏收益带动600多户贫困户增收，全镇共拨付到户收益1664064.01元，占县光伏公司下拨资金81.79%（不含10月收益），贫困户户均增收2000多元。入股大象公司养殖贫困户128户，三年累计分红179.6万余元，户均增收14000余元。“三自一带”奖补资金34.778065万元，全部到户。

【民生保障】 2019年，凤凰镇全镇政策兜底贫困户694人，医疗方面，整合18个中心村卫生室，公开择优调整38名乡村医生，基层医疗服务能力有效提升。教育方面，镇配合县教育局对2名残疾儿童进行送学上门服务，为他们注册学籍，义务教育阶段学生全部入学，医疗、养老参保率均达100%，水网路电等基础设施全部达标。

【扶贫搬迁】 2019年，凤凰镇易地扶贫搬迁涉及4村91户216人（建档立卡42户97人，同步搬迁49户119人），其中，整村搬迁3村90户214人。易地搬迁分散安置建房补助全部到户，多余资金退回。资金共下达793000元，实际需要下达708500元，退回资金84500元。拆迁奖补资金全部到户。资金共下达138万元，到户1204742元，作为房款退回34965元，放弃移民资格涉及91580元，多余资金需退回48713元。因两户未签订搬迁协议多次做工作未能有结果，两户拆房补助共91580元。

【易地扶贫搬迁后续扶持】 2019年，凤凰镇建档立卡搬迁人口42户97人。依托县内各类扶贫产业园区解决部分劳动力就业问题；鼓励全镇龙头企业精准对接、因户施策，有劳动能力搬迁贫困家庭实施就业帮扶；鼓励搬迁贫困群众自主择业创业，通过贷款贴息、政策性补贴等优惠政策措施，鼓励和支持搬迁贫困群众自主择业创业，3户贫困户通过贷款发展养殖产业；强化就业培训和劳务输出，对有培训意愿和劳动能力搬迁群众每人至少接受一次职业技能培训，提高劳务能力，满足条件建档立卡搬迁人口均接受过培训；强化公共服务，设立活动室，确保办事有地方、议事有组织、纠纷有人管、困难有人帮；跟踪帮扶分散搬迁户就业。建立分散安置搬迁群众就业帮扶动态跟踪机制和管理台账，不漏一户、不漏一人。协调相关部门和市场主体，积极落实就业帮扶措施，2019年，建档立卡搬迁人口全部落实后续扶持。

【生态扶贫】 2019年，凤凰镇从贫困人口中精选82名贫困户从事护林工作，促进其增收。抓住山西省第二轮大规模退耕还林政策机遇，由能人牵头，组建造林专业合作社，承包绿化工程，让贫困人口从生态建设和修复中得到更多实惠，全年全镇有3个脱贫攻坚造林专业合作社，吸纳贫困人口40人入社，可带动每人至少增收3000元。

【资源型经济转型综合配套改革试验区建设】 2019年，凤凰镇打造新型能源基地。马家湾村华润电厂2×350兆瓦低热值煤发电项目启动复工复建。柳沟、张家梁、梁家庄旺3地光伏电站并网发电。

【能源革命综合改革试点】 2019年，凤凰镇协助推进县中广核50兆瓦光伏发电项目建设，分别在凤凰镇柳沟、张家梁、梁家庄旺三村建立7.35万千瓦村级光伏级电站，全部并网发电。

【农村集体产权制度改革试点】 2019年，凤凰镇62个村全部完成清产核资工作，于10月30完成省级验收，资产总额12044.63万元。其中，相关数据全部录入全国农村集体资产清产核资管理系统。完成集体经济组织成员身份确认，共确认成员5431户12825人。62个村全部成立集体股份经济合作社。

【有机旱作物发展】 2019年，凤凰镇上报耕地保护补贴面积9100余亩，补偿61万余元，补偿资金正在拨付中。响应上级号召，对接农技员在各村推广渗水地膜、高粱密植精播、杂豆地膜覆盖、胡麻沟播等有机旱作技术，推动农业转型升级。推进农业废弃物资源化利用。全镇范围内推广秸秆综合利用、畜禽粪污资源化利用等综合集成技术，维护生态环境。

【宗教管理】 2019年，凤凰镇推进宗教活动场所安全隐患例行性检查工作，发现隐患，责令限期整改，直到完成整改要求。发挥宗教工作领导小组统一领导和协调各相关部门作用，做好协调工作。

【村容村貌建设】 2019年，凤凰镇把城市建设与乡村振兴一体规划、协调推进，牵头做好城区、郊区周边村拆迁工作，强化基础设施建设，完善服务功能，着力推进新型工贸化、绿色城镇化。坚持规划引领、突出区域特色，全面推进美丽乡村建设，提升改造21个非贫困村村容村貌，规划孟家窑等5个工贸带动型美丽村、柳沟等5个农业生态型美丽村、马家湾等5个城郊集约型美丽村，染峪村文化旅游美丽村和刘家园移并搬迁型美丽村。

【露天矿山整治和绿色矿山创建】 2019年，凤凰镇推进露天矿山整治和绿色矿山创建工作，摸底调研镇所在辖区矿山及矿山企业，对照《集中开展露天矿山整治和绿色矿山创建实施方案》，设立台账，专人专管，明确监管责任。督导检查全镇露天矿山综合整治和绿色矿山创建工作。镇综合执法办公室随时待命，对辖区内私采滥挖等影响生态环境质量的行为，严格问责、追责，该追究刑事责任坚决追究刑事责任，绝不姑息迁就。

【党建工作】 2019年，凤凰镇开展“改革创新、奋发有为”大讨论和“不忘初心、牢记使命”主题教育，推动习近平新时代中国特色社会主义思想往深里走、往心里走、往实里走。镇党委带头开展两次集中学习研讨、找差距专题会和调研成果交流会，带动全镇上下掀起学用习近平新时代中国特色社会主义思想新高潮。树立纪律和规矩意识，围绕“8+5”专项整治和中央、省、市、县督导、督查、检查、审计各类反馈问题，领导干部带头研究部署整改工作，到基层督促指导，压紧压实基层党组织管党治党主体责任和监督责任，推进存在问题整改。强化监督执纪问责，集中整治形式主义、官僚主义，全年党纪处分13人。持续推进基层党建示范建设“631”行动，镇五小建设全部达标升级，全镇5个党建示范点全部达标。稳步推进并村简干，计划撤并行政村34个，最终保留行政村25个。整顿软弱涣散基层党组织方面，成立专项整顿工作组，在上年整顿完成5个后进党支部基础上，年内重点集中整顿染峪、神堂沟2个后进支部。实施干部素能提升工程，共培训基层干部80余人，把20名村干部纳入农村干部学历提升工程。

（曹永亮）

余庄乡

【概况】 余庄乡位于管涔山脚分水岭段，距宁武县城西14千米处宁白线交通要道。东连江崖山与原平市为界，西接虎头山与涔山乡毗邻，南隔分水岭同东寨镇、迭台寺乡接壤，北贯太白线和凤凰镇相连。全乡南北长约16千米，东西宽约10千米，总土地面积163.2平方千米。由于地处汾、恢河两大水系，源头分水岭特殊地理位置，形成明显资源分布区域。矿产资源有煤、铁、铝土、硫黄、石灰石等，是宁武县煤炭能源重点乡镇之一。全乡森林总面积31725亩，占全乡总面积13%。其中天然林11000亩，人工林10800亩，退根还林15317.7亩，树种主要有落叶松、云杉、油松、白华、串杨。2019年余庄乡粮食播种面积7996.5亩，秋收粮食产量776400千克。经济作物播种面积3277.5亩，产量229100千克。人均耕地面积4亩。东山山梁分布面积多，而且土地平缓，土质较好，为该乡的产粮区。主要种植有莜麦、豌豆、山药、胡麻四大作物。全乡有牧坡5000亩，占全乡总面积20.8%，主要畜禽情况：猪存栏6890头、牛存栏1516头、羊存栏14104头、活家禽存栏7199羽。该乡自然条件、资源优势，构建独具特色煤、林、粮、牧、游五大产业体系，并以此带动加工、运输、商贸、餐饮、服务等相关产业发展。

全乡37个行政村，11个村实施并完成贫困村提升工程，10个非贫困村实施并完成非贫困村提升工程，初步整治9个常住人口较少村的村容村貌，完成风貌整治，改善人居环境；全乡共有3432户8253人，常住915户2141人，农业人口7800人，农村劳动力2366人，农民收入主要靠种植、养殖及外出务工。截至2019年底，建档立卡贫困户1333户2920人，贫困人口占比35.4%。其中，五保户174人，低保户713户1170人，兜底户约占建档立卡贫困户53%；林业局核定护林员80户254人，占建档立卡贫困户6%；发展产业423户1217人，占建档立卡贫困户31.7%。脱贫户共计1316户2886人，未脱贫17户34人，贫困发生率降到0.41%。全乡12个建档立卡贫困村，全部退出。中共党员450人，有基层党组织35个。其中，乡镇党委1个、乡机关党支部1个、乡卫生院党支部1个、乡学校党支部1个、农村党支部31个（包含7个联村支部）。

【社会事业】 2019年，余庄乡有完全小学2所，余庄完全小学教职员工18人，在校学生32名；东庄完全小学教职员工10人，在校学生6名。全乡有卫生院1所，村级卫生服务室8所，乡卫生院医护人员7人，村医生15人，床位数28张。主要器械设备有X光机1台、心电图1台、B超1台、全自动生化分析仪1台。

【工业】 2019年，经煤炭资源整合兼并重组，余庄乡保有煤矿2座，分别为山西潞安集团潞宁大木厂煤业有限公司和山西煤炭运销集团三百子煤业有限公司；投资7.5亿元90兆瓦龙源风电建设项目风电塔基风车工程完工，发电并网手续办理完毕，正常运营；宁武正德新型墙体材料加工有限公司，完成投资3000万元，相关产品销往宁武及周边地区；坝上芦芽山矿泉水厂生产、效益逐步提升，计划扩大生产规模，扩大销售市场范围；上余庄天源生态水有限公司投资2000万元，建设天然健康水品生产企业，产品销往周边及太原地区。

【农业】 2019年，余庄乡农业主要分布于宁白线路东侧恢河畔河床及东山梁峁地带。上余庄至坝上恢河流域千亩滩地以玉米为主的高产高效种植基地；东山一带以莜麦、豌豆、山药、胡麻为主的万亩精品小杂粮、优质胡麻种植基地。全年粮食播种面积7996.5亩，粮食产量776400千克。其中，经济作物播种面积3277.5亩，油料产量229100千克。余庄乡马营高源脱毒马铃薯制种产业园区生产原种200万粒，大田产原种300万斤，年创收400万余元。

【养殖业】 2019年，余庄乡东山地区牧坡宽广，水源充足，是养殖业重点发展区域。形成三大特色养殖。全乡续建规模化养殖场12个，共完成投资300余万元。养殖专业村12个，养殖大户105户，农民种养殖专业合作社48个。工厂化规模养殖，如“凤凰”种养殖、坝上金花、大木厂田地、寺沟幸运等10大养殖场；湖泊鱼池水产精种养殖，有湖泊3个，水库1座，鱼池31个，年产鲜鱼8万余斤。全年年余庄乡主要畜禽情况：猪存栏6890头、牛存栏1516头、羊存栏14104头、活家禽存栏7199羽。

【林业】 余庄乡林业生产以巩固退耕还林成果为重点。2019年，森林覆盖率22.68%，森林保有量1037.77公顷，森林蓄积量98192.83立方米，林地保有量8711.15公顷。

【旅游业】 2019年，余庄乡旅游产业依托以“天池”为主高山湖泊群和暖泉沟人造湖自然优势持续发展，有暖泉沟、公海水域生态旅游避暑景区2处，东庄村、海子背村“农家乐”旅游示范村2个，“天池”景区12户旅游“农家乐”提档升级，游客入户率增加，农家旅游收入提高；投资45万元，海子背村新建设施完善、功能齐全的标准化农家乐1户；暖泉沟大坝景区集水上游乐、垂钓等一体化服务的旅游收入大幅增长；公海景区旅游开发项目投资230万余元，建设欧式板房别墅一栋，景区绿化、美化；天池景区投资500万元建设马营海省级湿地公园巡护步道项目及停车场工程，围绕马营海周边3.5千米长度，分别建设巡步道、栈道、巡护观测台、巡护码头和隔离网，游步道工程完工，投入使用，通过该项目实施，有效保护好马营海湿地生态环境、自然资源、核心物种、关键生态过程以及湿地生态系统稳定；合理整治旅游环境，吸引更多游客休闲观光，促进周边农产品畅销。

【加工业】 2019年，余庄乡依托煤炭资源建设洗选煤厂7座，有石料厂2座，有面粉、胡油加工厂3座。

【服务业】 2019年，余庄乡有供销社1个、扶贫爱心超市10个、小卖部38个。公路沿线、旅游区饭店8个。

（王旭峰）

东寨镇

【概况】 东寨镇位于宁武县西部。地理坐标北纬38°48′，东经112°7′，东界棋盘山与迭台寺乡为邻，西越大梁与五寨县接壤，南隔汾水与化北屯乡相望，北跨分水岭与余庄乡交接。辖区东西长约19千米，南北宽约20千米，总面积360平方千米。境内最高峰为管涔山，海拔2603米；最低处为二马营村，海拔1539米。镇政府驻地东寨方圆6千米，海拔1590米，辖29个行政村，18个驻镇单位，全镇总人口1.8万人，镇区常住人口8000人，是宁武县政治、经济、文化发展次中心。2019年，东寨镇地区生产总值达1.2亿元，公共财政收入1150万元，农村居民人均纯收入8000元。

【项目工程建设】 2019年，东寨镇改善提升村基础设施和条件，投入700万余元整村改造王家沟、石辉沟、南岔、车道沟、上鸾桥、李家圪洞6村提升工程；投资1000万余元实施东寨村美丽乡村改造，提升东寨村容村貌，增进东寨特色旅游名镇建设；等级鉴定全部建档立卡贫困户住房，年内投入163.88万元，95户危房改造户实施改造，其中贫困户87户，占危房改造户91.6%。

【三大产业发展】 在东寨村、南山村、下鸾桥村等土地资源丰富村庄，引进G5优种莜麦，紫花白脱毒马铃薯，优质胡麻等优良品种，种植2650余亩，粮食亩产量同比上年有显著提高；在二马营、下鸾桥、前井务沟等村种植小豌豆、草玉米、籽粒苋等青饲草1256亩，为养殖业发展提供保障；在坝沟湾、二马营等村新发展苗圃合作社13个，种植云杉等观光树种，面积达663亩，扶持坝沟湾村300亩苗木基地建设。配合、支持汾西昌盛煤业、三百子煤业办理相关手续，协调在火区和塌陷区治理项目引发村矿矛盾纠纷，为两矿安心建矿创造良好环境。支持生银石料厂办理手续，监管其生产建设安全。在高桥洼、石窑沟、店耳上、寺耳沟、东寨、三马营、坝沟湾等村新发展“农家乐”50余户，提升改造20余户，全镇“农家乐”累计发展到180余户。

【脱贫攻坚】 2019年，东寨镇最后8个贫困村559户1050人建档立卡贫困户达标脱贫。全镇累计脱贫贫困户2434户5571人，完成脱贫攻坚任务。东寨镇通过产业项目脱贫户967户2716人。其中，通过小额贷款和政府扶持资金入股王家沟新大象生猪养殖项目实现资产性收益脱贫187户，加入明旺生猪养殖项目23户，加入坝沟湾旅游服务项目20户63人实现脱贫。21个“十三五”易地扶贫搬迁村全部完成搬迁集中安置320户725人（其中，建档立卡185户387人，同步搬迁135户338人），分散安置283户645人（其中，建档立卡119户268人，同步搬迁162户375人）。

【民生事业】 2019年，东寨镇农村养老保险工作上半年全部收缴完成，完成率100%，新农合工作完成率99%。年底全镇低保户1054户1621人，五保户217户217人，基本实现应保尽保。宫颈癌筛查892名妇女，为105对夫妻做孕前检查。会同县住建局完成2019年105户危改户危房入户认证工作。低收入农户粮食直补、退耕还林等惠农补贴按时发放到农民手中。

【集镇建设】 2019年，东寨镇整治镇辖区内下鸾桥、店耳上、三马营、宫家庄、二马营、窑子湾、石窑沟、高桥洼、寺耳沟9个村特色风貌，提升旅游环境。实施沿宁白线、忻五线村陈旧垃圾清运、墙体粉刷等工程。

【党建工作】 2019年，东寨镇全年对全镇93名村“两委”主干进行领头雁专题培训，同时镇政府每周三组织“脱出脱贫成色，争做时代先锋”集中学习；对全镇3个软弱涣散基层党组织进行整改提升；全年加大执纪问责监督力度，党纪处分10人次，警示教育22人。

（王建凯）

涔山乡

【概况】 涔山乡位于管涔山腹地，汾河上游。东与余庄乡相交，南与东寨镇相连，西与五寨县为邻，北与神池县相接。县境西部，距县城40千米。全乡国土面积184平方千米，耕地21071.4亩，林地211725.6亩，草地32198.0亩，下辖28个自然村、19个农村党支部。全乡人口共2104户，4891口人，截至2019年底，有建档立卡贫困人口1122户2644人。年底17个贫困村全部退出，贫困人口脱贫（包括非贫困村贫困户）1119户2636人，剩余未脱贫3户8人。

【党建工作】 2019年，涔山乡党委坚持党委会议事制度和重大事项决策制度，研究大问题，把握大方向。把意识形态工作纳入重要议事日程，把握党委对意识形态工作主导权，专题研究意识形态工作3次；落实第一责任人责任。通过日常到村走访了解、听取班子成员汇报、上党课、约谈村支部书记等方式，及时掌握党建工作进展。全年研究安排党建工作10次，给乡村干部上党课6次，开展村干部集中培训8次，集中约谈村“两委”主干16人次，第一书记4人次；落实管党责任。认真执行班子成员党建联系点制度、“一岗双责”工作制度，要求班子成员到村工作时，要问党建、抓党建，及时解决党建难题；开展全乡19个基层党支部整体提升活动，投资100万余元，新建4个、维修改造5个党员活动室，创建“631”支部4个、规范建设支部15个。投资43万余元为19个党员室安装煤改电暖气改善村级办公条件。集中整顿提升紫峰崖、暖水河2个软弱涣散党组织，整顿过程中不能胜任工作的村主任劝退1人，召开村民代表大会增选临时负责人，加强村“两委”组织能力。制定详细整顿方案，开展整顿工作，取得预期整顿效果。

【脱贫攻坚】 2019年，涔山乡制定出台《涔山乡驻村帮扶工作队管理制度》《第一书记管理制度》，建立“日考勤、周计划、周督查、周汇总、月通报”制度。召开干部驻村调度例会34次，驻村干部真蹲实驻，撰写28村情报告28篇，累计开展走访群众571人次，协调矛盾纠纷85次，为群众办好事200件，帮助落实项目建设26个。以村为党建扶贫示范点，发展集体经济项目25个，覆盖贫困户1100余户，其中以“支部+合作社+贫困户”模式，建立岔上绿生源种植基地，新建育苗基地1个。以“支部+大户+贫困户”模式，组建寺儿沟众赢种养殖专业合作社种养殖合作社，每年可提取3万元作为村集体经济，以组织部为岔上、大石洞村壮大村集体经济产业项目，入股滴水洞旅游公司，景区每年为2个村提取5万元作为集体经济分红。涔山乡基本形成村村有产业，户户有依托产业扶贫态势。提升群众对基层组织满意度。为丧失劳动能力贫困户给予政府保障兜底，加大教育扶贫力度，落实健康扶贫政策，保障贫困户安全住房，保障全乡饮用水源地安全，发展特色农业、养殖业，提高农民收入，推动扶贫攻坚。立足乡村旅游产业项目助推整体脱贫，全面落实“一县一策”，依托芦芽山风景名胜区，投资1.5亿元新建4个旅游扶贫景点，入股乡村旅游项目的贫困户272户630人，年人均增收689元，参与就业贫困138户351人。

【并村简干】 2019年，涔山乡按照《宁武县“并村简干”工作实施方案》，根据涔山乡村多村小村散村穷突出问题，重新编制规划25个行政村，2019年撤并1个村，计划2020年撤并13个村，重新组建6个行政村、5个中心村。通过撤并调整达到减少行政村数量，扩大行政村规模，优化组织设置，加快职能转变，实现优势互补，促进资源共享。

【旅游扶贫】 2019年，涔山乡以“一县一策”为主导，把握乡村旅游发展良好契机，依托全乡丰富的旅游资源禀赋，以旅游产业作为龙头带动周边村民整体脱贫，通过省、市、县、乡四级财政，同时引入民间资本，发展乡村旅游业，全力打造“一纵十景”全域旅游新格局。以“景点+合作社+贫困户”脱贫模式，鼓励贫困户以土地、山场、闲置农宅和扶贫贷款等入股，旅游产业带动贫困户增收取得良好效果。涔山乡引进旅游产业项目后，继续巩固乡村旅游助推整体脱贫模式运营。旅游产业项目带动贫困人口138户351人。其中，小石洞村54户123人，大石洞42户117人，冰封王国26户69人，坝儿沟入股滴水洞16户42人。开发石门山景区旅游服务业带动贫困人口130户351人。落实“一县一策”，依托芦芽山风景名胜区，投资1.5亿元建设4个旅游扶贫景点，年接待游客10万人次。涉旅游村依托景点景区开办旅游合作社3家，新建扶贫民宿、农家乐等旅游服务网点11家。

【产业发展】 2019年，涔山乡针对特殊气候条件，通过外出学习、引进人才、专家论证，最终确定种植项目。在宋家崖、坝儿沟、秋千沟新翻500亩土地作为道地中药材种基地；石片沟、丁家湾芥菜种植合作社种植芥菜500亩，辐射带动周边村民守土脱贫。为46户贫困户每户发放小额贷款5万元，对接全县十大龙头企业宁武县永达种养殖专业合作社，集中托管养殖，每户每年保底收益4000元。

【美丽乡村建设】 2019年，涔山乡按照乡村旅游服务脱贫攻坚思路，开展农村建筑特色风貌整治和贫困村提质升级工程，为乡村旅游体质升级创造基础条件。开展农村建筑特色风貌整治工程，投资400万元整治麻地沟村和春景洼村风貌。财政投资780万元升级改造全乡10个贫困村村容村貌。政府财政投资600万元实施王化沟村和小石门村传统村落保护工程。投资50万元实施大石洞村美丽乡村建设，使村庄面貌焕然一新，人居居住环境明显改善，为更好发展乡村旅游提供条件。

【整沟治理】 2019年，涔山乡利用被列为整沟治理契机，对标一沟一业、一沟一品、一沟一项、一沟一策，把整沟治理纳入全乡乡村振兴规划当中，乡政府筹资100多万元在支春线沿路进行绿化、美化、亮化工程。按照全乡“一沟十景”旅游发展规划，完成7处景点开发建设，乡党委、政府通过招商引资实行其余3处景点开发。

【社会治理】 2019年，涔山乡落实信访领导包案，加强矛盾纠纷、安全隐患排查化解，推进社会治理网格综合管理和“扫黑除恶”专项斗争，全乡配备25名专职网格员，发放扫黑除恶专项斗争宣传资料，在各村村委会、人口密集处等地张贴扫黑除恶横幅及标语共计50余条。在人口密集、人流量大区域设置举报箱，张贴扫黑除恶举报公告，发动广大群众举报犯罪，提供线索。走村入户宣传扫黑除恶应知应会知识，发放宣传单、宣传袋、宣传手册等资料2600余份，张贴海报30多张。通过村村响喇叭、微信公众号等形式宣传，使扫黑除恶专项斗争工作群众知晓率90%以上，在全乡营造出平安创建和扫黑除恶浓厚氛围。定期走访、摸排。由该乡班子成员牵头，组织乡派出所人员驻村干部、第一书记相关负责干部对所驻村、分管领域、重点群体开展“问题”和“苗头”双重梳理和摸排，做到心中有数、目标清晰，为社会大局稳定“保驾护航”。走访、摸排，进行扫黑除恶宣传教育。

【作风建设】 2019年，涔山乡落实党组织书记抓党建“第一责任人”工作职责，党委会研究党建工作10次，召开党组织书记抓党建工作述职评议会议1次，开展村干部培训12场次，集中约谈5场次。抓职责监督，促进“两个责任”贯彻落实，通过召开党组会议，乡党委明确应履行主体责任，按照乡干部各自工作分工，细化“一岗双责”，确保全乡上下做到守土有责、各尽其责。确保执纪在前，监督全乡和各村的党员干部党风廉政建设，执行政治纪律、政治规矩和组织纪律等，破除形式主义官僚主义，加大监督扶贫领域工作，确保乡纪检与乡党委同向发力。年内，乡纪委已办结案件31件，其中，警告处分7人、提醒谈话18人、函询谈话3人、函询2人、查否了结1人。其中，扶贫领域涉及15件15人。

（王　斐）

化北屯乡

【概况】 化北屯乡位于县城西南43千米处，总面积168平方千米，辖51村4892户12784人。耕地面积3.34万亩，全县农业大乡和资源富乡。自然地貌可概括为“一川二河五条沟”：一川，即沿宁白公路线的汾河川；二河指汾河、洪河从乡境内穿过；五沟，即以潞宁煤业为主的崔家沟，以忻丰煤业为主的散岔沟、小廖沟、支家沟和前后黑豆沟。境内资源丰富，初步探明矿产资源有煤、铝。境内有芦芽山原始次森林3.5万亩、林地面积11.2万亩，森林覆盖率达20%以上。旅游资源较为丰富，有宁化古城、石窑建筑万佛洞和蒯屯关中山阁等。农业基础相对薄弱，粮食作物以土豆、莜麦、大豆、豌豆等小杂粮为主，经济作物以红芸豆、胡麻为主。化北屯乡牧坡广阔，草木茂盛，得天独厚自然优势为乡林业发展制造有利条件。据统计，全乡森林面积85400亩，其中有林地面积12963亩，灌木面积45200亩，历年退耕还林8042亩，宜林面积19195亩，2012年全部下放到户，化北屯乡成为宁武县重要木材生产基地之一。较出名华北落松生长较快，适应性强，材质坚硬且耐腐蚀，是国家一级建筑用材，林区内生产蘑菇、木耳、猪苓、党参、黄芪等多种种草药材。野生动物金钱豹，狍子、野猪、山鸡经常活动在林区范围内。

全乡经济收入7843.7万元，人均收入6481元，农业收入占到总收入17%，牧业收入占10.5%，工业收入占22.8%，运输收入占30.2%，其他收入占19.5%。

化北屯乡境内有两所医院，化北屯乡卫生院和宁化卫生院，化北屯乡医院是全民制综合医院，有医生护士24名，46个村配备有乡村医生。

化北屯乡有五保户257人，低保户1287人，优抚对象63名，养老保险9500人，参加医疗保险11013人。

【精准扶贫】 化北屯乡51村，在册农业人口4914户13083人，常住人口2469户6250人，严格对照贫困退出标准，截至年底，全乡30个贫困村全部退出，贫困户1709户4405人实现脱贫。未脱贫5户6人，贫困发生率从2014年建档立卡34.1%降到2019年底的0.046%。

党建引领脱贫。化北屯乡党委成立脱贫攻坚指挥部，由书记、乡长总负责，下设10个脱贫攻坚重点任务专项推进组（包括易地移民、光伏收益、产业发展、驻村帮扶、生态补偿、健康保障、教育资助、政策兜底、精神扶贫、督导检查），乡村成立脱贫工作站，配齐配强工作队伍，形成党委统揽、干群齐心、合力攻坚工作氛围。推进工作方面，先后召开30余次党委会研究确定各年度脱贫攻坚工作方案、工作重点，把脱贫攻坚相关工作分解到每一个责任人，点对点落实，每周召开1次脱贫攻坚全体会议，不定期召开脱贫攻坚专题会、推进会，对落实情况分析研判，全年召开37次脱贫例会。确保脱贫攻坚工作顺利有序推进。

【项目脱贫】 产业脱贫方面。利用产业扶贫资金和扶贫贷款分别实施大象生猪养殖公司生猪养殖、自主养殖、种植，组建农机服务合作社参与分红，入股洗煤厂分红，贷款入股大象生猪养殖公司参与分红，贷款入股潞宁煤业有限责任公司参与分红等多种形式产业脱贫措施。

易地移民搬迁。全乡规划易地移民搬迁18个村，建档立卡贫困户移民346户991人，同步搬迁户265户638人。其中整村搬迁12个，涉及建档立卡贫困户移民203户596人；插花搬迁6个，涉及建档立卡贫困户移民143户395人。

生态脱贫方面。退耕还林。2019年度实施退耕还林783.9亩，每亩补助500元，共补助39.195万元，涉及户数65户200人，退耕还林家庭人均补助1959元。沙棘林改造。县林业部门规划2019年度实施沙棘林改造3775.6亩，按每亩投资200元算，共投入75.512万元，此项工程由上级林业部门统一组织实施。造林专业合作社。截至年底，全乡共组建扶贫造林专业合作社3个，吸纳贫困户中有劳动能力56人参与造林并领取相应工资性报酬，涉及贫困户54户168人，共领取造林工资43.74万元，参与造林合作社的贫困户家庭人均收入2603元。森林管护。全乡有森林管护人员101人，其中从贫困户中聘用的森林管护人员88人，涉及贫困户88户306人。其中生态护林员48人，涉及贫困户48户，按每人每年10000元工资算，生态护林员领取森林管护工资48万元，参与森林管护贫困户家庭人均收入2874元。保护林员53人，涉及贫困户53户，按每人每年8400元工资算，保护林员领取森林管护工资44.52万元，参与森林管护贫困户家庭人均收入2420元。

教育脱贫方面。教育脱贫主要实施了学前教育资助、义务教育阶段的“三免一补”和营养餐补助、普通高中“三免一补”和建档立卡家庭生活费补助以及生源地贷款、职业教育享受国家、省、市助学金和雨露计划并同时享受生活费补助3500元/年、二本以上贫困大学生一次性补助等。学前教育。全面落实学前教育资助政策，对建档立卡接受学前教育贫困家庭幼儿，每生每年资助1000元，按学期发放，每学期500元。根据教育部门统计数据，全乡建档立卡贫困户学前教育儿童67人。义务教育。实施好“全面改薄”工程，全面改善贫困学校办学条件。完善义务教育经费保障机制，落实好“三免一补”政策，公办学校按照每生每月150元全部由政府承担下拨，同时落实好营养餐补助，按照寄宿生每生每月60元下拨，共计每生每年2100元；民办学校生活费补助按照寄宿生23%下拨，发放时优先建档立卡贫困学生，如有不足由政府承担补足。全乡义务教育所涉及贫困户学生382人。普通高中教育。实施普通高中“三免一助”政策，即免除学杂费、住宿费、课本费，每生每年1600元。家庭经济困难学生享受国家助学金，每生每年平均资助标准为2000元。对建档立卡家庭经济困难学生和残疾学生给予生活费补助，每年每生3500元。全面落实高等教育资助政策，提供全日制普通本专科学生每人每年5000元至8000元生源地助学贷款。资助特困高校新生入学路费及入校后短期生活费。全乡普通高中教育所涉及学生67人。职业教育。全面落实职业教育资助政策，所有学生全部免除学杂费、课本费、住宿费，确保贫困家庭子女职业教育免费全覆盖。实施家庭经济困难学生资助政策，对建档立卡贫困家庭学生（精准贫困户）享受国家、省、市助学金2000元和雨露计划助学金3000元，同时享受生活费补助3500元/年，对残疾学生给予生活费补助，使助学金政策全面落实到位，同时帮助需要培训学生进行专业技能培训。2018年至2019年度全乡二本以下中职以上贫困户学生享受雨露计划共有95人，每人补助3000元，共计补助28.5万元。二本以上贫困大学生一次性补。二本以上贫困大学生一次性生活补助5000元。2019年补助9人，每人5000元，共计补助金额4.5万元。贫困大学生可享受5000～8000元生源地助学贷款。

政策兜底方面。对于丧失或无劳动能力且符合办理低、五保条件贫困户家庭，为他们办理低保或五保政策兜底方式实施脱贫。截至年底，全乡办理低保1283人，五保237人，孤儿14人，弃婴1人。其中整户政策兜底680户1000人。

【新农村建设】 乡村提升对标达标。2014年以来，化北屯乡着力贫困村基础设施建设和公共服务提升，先后投入106万元，高标准新建6个村级组织活动场所、修缮12村级组织活动场所。投资2100万元，对30个村实施残墙断壁整治、街巷硬化、文化设施配套等基础设施整村提升工程。全乡建农村供水工程22处，供水人口8733人，供水保证率100%，水质、水量、方便程度和保证率同时达标。39个行政村已通动力电，通电比率100%。850户农户接入互联网，互联网覆盖率100%。通村公路硬化率100%，开通客用班车共计20个村，开通率100%。全乡应设置15个标准卫生室，15个村级卫生室都做到了诊断防保、治疗、药房三室分开，村级卫生室达标率达100%。

农村人居环境改善。2019年，对北屯、石窑会、蒯屯关、陈半沟、大廖沟、化北屯、南屯、教场、蚝蚄庙、坝门口、头马营、山寨、崔家沟、散岔14个村开展非贫困村提升工程，改善村容村貌。户容户貌改善情况。9月16日正式发文，开始在全乡对在村常住户开展户容户貌整治工作，自己改造的进行评比奖励，自己不改造的各村派工队统一改造。各村基本完成户容户貌验收。农村危房改造。对28户危房改造户进行改造，全部是精准贫困户，确保群众住房安全。乡村幼儿园建设。2019年，维修宁化村幼儿园，改造12所村幼儿园。扩大农村社会保障覆盖面。新型农村养老保险参保8597人，参保率达90%，完成县里分配任务。

【社会综合治理】 2019年，化北屯乡加强信访工作。成立信访接待中心，建立信访值班和接待制度，共接待信访案件36件，回访处理信访案件27件。加强禁毒铲毒工作。发放传单4000份，张贴通告500张，出动宣传车辆150余辆，出动人员600余人进村宣传，确保种毒案件零发生。

【安全生产】 2019年，化北屯乡加大对关闭整合矿井监管力度，采取专人负责监管制度，全乡关闭矿井无偷生产事件。严厉打击违法采矿。全乡实行分片包干责任制，重点加强对关闭矿井井田和露头煤区域监管，彻底排查整治。全年出动人员600余人、车辆200余车，动用大型机械30余台，封堵塌陷区10处，排险15处，全乡无非法违法采矿事件发生。开展地质灾害隐患大排查行动，排查处理16处崩塌、滑坡、泥石流等地质灾害隐患。做到重点危险地段专人专责重点监控，对大北沟等3村地质灾害隐患点设立固定警示牌3块，修复存在隐患3处淤地坝。

【发展规划】 化北屯乡按照项目规划“一轴五区七节点”，现初具规模。一轴：以旅游服务发展为轴；五区：入口村标区、河城商业区、古城街商业区、汾河生态区、特色民居区；七节点：知军府、关帝庙、供销社、大队院、戏台、瓮城、古城墙遗址。

【前景规划】 招商引资。与宁煤集团合作，引入资金，进一步打造古城，加大开发力度，加快开发进度，借力实现脱贫致富。发展产业。黄河人家，因地制宜，按要求、高标准打造25家民俗店。传统手工业，依托传统优势引导推广鞋垫手工刺绣；宁化村石艺制作代代相传，依托本地丰富紫罗石资源，大力发展石艺制作项目。绿色农产品，打造原始手工石磨作坊，集观赏与本地小杂粮绿色农产品加工销售为一体。特色文旅产品，开发具有纪念意义文化旅游产品，如印有古城图案小物件、古城造型小摆件等。传统加工业，宁化自古传承酿醋工艺，依托传统优势手工纯粮酿造无添加的绿色陈醋、绿色酱油、纯粮白酒。旅游项目启动后除带动300余户700余人脱贫致富外，还对周边各村甚至全乡经济收入带来巨大影响。

【文物古建筑修缮复建情况及旅游景点开发】 宁化村俗称宁化古城，原为军事关隘，建关年代约为北南魏。它依山而建，地势险要，历经隋、唐、宋、明、清多个朝代。1996 年被山西省人民政府公布为省级重点文物保护单位。

村址现存城堡一座，平面呈不规则梯形，东西 350 米，南北 300 米。历史上宁化城，为北方少数重要关城，是明以前宁武境内行政和军事设置主要地点，唐设伏戎城，五代后梁后晋设宁化军，北汉置固军，入宋后立宁武县，宋立宁化军。金立宁化洲，后置宁化县。明设宁化巡检司，后改置为宁化守御千户所，再改隶宁武。

现存城内上下两道官街，南北瓮城，元代关帝庙，金代泰山庙，明代万佛洞，清代区公所。

村对面明万佛洞是明代著名高僧妙峰于明万历年间开始凿洞，系手工凿建于整体半山崖上，洞高宽深各 12 米，洞内顶柱系凿洞所留，顶部藻井，均为减轻洞顶压力精心设计，布局合理，其石刻工艺仿北魏精雕而成。洞门两边石墙上存妙峰手迹书法石刻。宁化城墙断面为几个层次，是隋、唐、宋、明、清多个朝代活化石。

（王建国）

石家庄镇

【概况】 石家庄镇位于宁武县最南端，距离县城 60 千米。全镇地形呈长方形，东西宽 5 千米，南北长 15 千米，总面积 60 平方千米。东面、南面与静乐县杜家村镇、中庄乡、段家寨乡为邻，西面与新堡乡、西马坊乡接壤，北面与化北屯乡接壤。宁白公路、宁静铁路和汾河水纵贯全镇南北，忻保高速公路贯穿石家庄、沟口村，在石家庄村有芦芽山出口，杨石线经川湖屯、沟口，石黄线从石家庄通往岢岚县黄道川，使石家庄镇成为全县的重要交通枢纽。全镇辖 11 个村，包括十里桥、川湖屯、沟口、北梁岩、石家庄、沙沟岩、马头山、阳房、定河、潘家湾、吴家湾，其中川湖屯村最大，北梁岩村最小。全镇总人口 4432 人，耕地面积 1.2 万亩，水浇地人均 1 亩。

【地理资源】 地形由一川两山构成，依山傍水，土地平坦，汾河川宽度达千米左右，多为淤泥河湾地，是宁武境内汾河沿岸宽度最大、滩地最多地段。东西两山由土崖、夹山寺、八龙庙山，马家岩、大洼山、大寺山等 6 座山头组成，皆属管涔山系之余支。水资源和土地资源是该镇独特优势。境内地处侏罗纪和第四纪地层上，天池河组紫红色石英砂岩在川湖屯、十里桥一带分布广泛，东西两山遍布优质紫罗石，是建筑稳基的最好材料。据初步勘测，阳房、定河、马头山一带储藏着极为丰富的深层煤，还有储量较多的石灰石。辖区范围内川山结合，土地平坦、水源充足、气候温和，为宁武发展各业的精华地带。

【气候情况】 石家庄镇属夏季干旱少雨，冬季寒冷干燥的温带大陆性季风气候，冬季时间较长、夏季时间较短，年均降水量为 600 毫米以下，年均气温 7℃，无霜期为 120 天。境内有三晋母亲河——汾河及汾河支流 4 条。

【自然资源】 境内森林覆盖率 13% 以上，树种主要有华北落叶松、云杉、油松、白桦、杏、桃等 30 多种，还有柠条、沙棘、蔷薇等灌木 40 余种，草本植物 1000 余种，药用植物 100 余种，菌类 30 余种，尤以银盘蘑菇为上品蘑菇，飞禽走兽 200 多种。

【经济发展】 石家庄镇农业基础条件较好，但是农业相对薄弱，粮食作物以土豆、莜麦、大豆、豌豆等小杂粮为主，经济作物以红芸豆、胡麻为主。畜牧业是石家庄镇支柱产业，全镇有许多养羊、养牛、养猪专业户。兴川源种养殖专业合作社，吸收34户贫困户入股，养驴100余头。石家庄镇发挥无霜期长、灌溉便利自然优势，大力发展育苗业。至今川湖屯、石家庄、马头山、沟口、阳房、吴家湾6村的育苗业初具规模，云杉、落叶松、樟子松、垂柳、榆叶梅、新疆杨、杏树等苗木种植遍布沟、滩、坡、梁，小到零星种植，大至接中连片，总面积6000余亩，其中育苗大户张官录育苗2500亩，营销范围至四川、甘肃、河北、内蒙古等省市，带动周边村700余户1200余人提高收入。石家庄镇着手发展干果经济林，潘家湾村鑫广合作社发展成型。鑫广种养殖专业合作社依托本地自然资源、旅游资源和现状农业合作社资源优势，发展干果经济林，建设苗木繁育，农业种植，生产、产品加工、销售的产业链基地。种植以白水杏、阳高大结杏、晚红、京白等优质肉用杏为主的果园230亩，共1万余株；依山傍水种植玫瑰香，白提为主的大棚葡萄22亩；荒山绿化种植油松1500亩；水泥硬化园区道路5.2千米，大巴可直接进入园区停车场。年内，统筹整合使用财政资金680万元，在川湖屯村建设食用菌种植大棚60座，配套建设200米深井及供水系统、高低压供电系统、园区及办公区场地垫层及围栏，投放菌棒20万棒，重点带动享受政策薄弱的29户93人贫困人口，务工和产业收益分配带动58户贫困户增收，每户年均增收3283.67元，土地流转带动20户贫困户增收，每户年均增收499.5元。

【脱贫攻坚】 石家庄镇11个村都是贫困村，川湖屯、北梁岩、沟口、潘家湾、吴家湾5个村2019年脱贫。2019年在全镇开展脱贫攻坚志智“双扶”工程，建设“爱心超市”7个，通过积分和奖励措施，培育文明乡风、良好家风、淳朴民风。

【社会事业发展】 2019年，石家庄镇有村级活动场所9个，每村都设有农家书屋。全镇有幼儿园2所，新建标准化完全小学1所，在校生90人。镇内设有中心卫生院1所，各村设置卫生室或者巡诊室。省道忻保高速公路、宁白线、石黄线、杨石线和宁静铁路纵贯镇区，形成公路、铁路综合交通运输网络。辖区内有邮政支局1所。辖区内宁白线沿线宾馆、饭店、旅馆众多。

【旅游古迹】 石家庄镇名胜古迹众多，旅游资源丰富。有新石器文化遗址，川胡屯村八龙庙、大庙、小庙，石家庄村天花洞，阳方村昌宁公冢庙，定河歇马店，潘家湾村龙王庙，马头山大寺遗址等，其中阳方村的昌宁公冢庙香火最为兴盛，每年阴历五月十八古庙会更是盛况空前。

（张利峰）

东马坊乡

【概况】 东马坊乡位于宁武县城东南57千米，总面积156平方千米，境内平均海拔1740米以上，牧坡面积8.6万亩，林地面积11.3万亩，耕地面积2.5万亩。全乡辖25个行政村，并村简干后为东马坊、庄旺、柳子岩、葱沟、腰庄、上庄、豆庄、跑泉沟、达达店、耿家坡、赵来咀11个行政村（其中有东马坊、跑泉沟、耿家坡、赵来咀4个中心村），全乡户籍人口3099户7849人，其中常住人口1168户2551人，共有劳动力4395人。乡党委下设党支部26个，其中农村党支部22个，机关党支部4个，有党员414名。东马坊乡机构改革后内设党政综合办公室，乡级事业单位有农业综合服务中心站、退役军人事务站。全乡行政编制21个、事业编制

13个，实有公务员20人、事业人员12人，临时人员8名。

【养殖业】东马坊乡乡情特点是牧坡广、水草茂、牛羊壮，海拔高、风力大、光照足。农民经济收入来源主要是农作物种植和畜牧养殖。大畜养殖是该乡的特色亮点和主导产业。2019年，全乡有牛6078头，羊10895只，马450匹，驴991头。全乡大畜数量超过500头（匹）村6个，带贫企业及专业合作社8个，人均畜牧业纯收入3500元以上。

【重点项目建设】2019年，东马坊乡具有发展新型清洁能源得天独厚优势条件，乡内有华能、国电、首欣等集团公司投产及在建风电项目5个，总装机容量达29.8万千瓦；光伏发电包括2个100千瓦村级电站、10个8450千瓦联村电站及70户户用光伏。

【精准扶贫】建档立卡情况。2019年，东马坊乡25个行政村均为建档立卡贫困村，其中易地扶贫整村搬迁村7个，空壳村3个。经过历次扶贫对象动态管理和信息数据修正，全乡有建档立卡贫困户1298户，占总户数（3099户）41.9%，贫困人口3377名，占总人口（7849人）42.8%。其中因病致贫422户，缺资金409户，缺劳力239户，缺技术109户，因学53户，因残51户，缺土地8户，因自身发展动力不足7户。脱贫退出情况。2019年退出6村（辉顺沟、赵来咀、赵家坡、神沟、南沟、麦染沟），脱贫96户185人。截至2019年底，全乡25个贫困村全部退出，退出贫困户1291户3366人，还剩7户11人未退出。贫困发生率从2014年43%降到2019年底的0.15%。建档立卡以来，通过各项扶贫政策及帮扶措施落实，全乡贫困户人均收入逐年稳步提高，从2014年2200元增长到2019年6906元，生活水平显著改善，稳定实现农村贫困人口不愁吃、不愁穿，义务教育、基本医疗和住房安全有保障。

【医疗保障】2019年，东马坊乡3360名贫困人员全部免费享受250元/人基本医疗保险和100元/人商业补充保险。全乡设有中心卫生院1所，建成10个标准村卫生室，另有豆庄村、上庄村卫生室正在建设中。全乡配备14名乡村医生，健康扶贫“双签约”服务签约率及服务率均达100%。建档立卡贫困人口中现有患大病130人、患慢性病591人。

【义务教育】2019年，东马坊乡有建档立卡贫困学生人数734人，其中学前教育阶段50人，义务教育阶段388人（小学218人、初中170人），义务教育就学率100%，无因贫辍学学生。“两免一补”及教育扶贫各项助学政策均得到落实。

【住房安全】东马坊乡建档立卡以来，全乡完成危房改造任务290户，2019年贫困户危改30户，非贫困户危改20户。2019年又有12户贫困户、1户非贫困户列入危改任务，9户已完工，4户接近尾声。县域范围内贫困户房屋安全鉴定全覆盖。

（侯利军）

新堡乡

【概况】新堡乡地处宁武县最西南，距县城70千米，南与静乐交界，西与岢岚接壤，东与石家庄镇为邻，北与西马坊乡相望，境内群山环抱，坡陡沟深，河道纵横，自然条件较差，生产条件落后，是比较贫困乡镇之一。全乡总人口3333户7595人，国土总面积109平方千米，耕地面积24569亩，实际耕种面积9864亩。全年平均气温8摄氏度左右，风大风多，雨量分布不匀，多集中于7月、8月、9月，无霜期在110～120天，适宜种植的农作物主要有莜麦、蚕豆、豌豆、胡麻、红芸豆和土豆等。全乡有24个行政村其中贫困村8个，非贫困村16个。

【特色产业】 2019年，新堡乡按照相关政策，倡导土地资源整合，在全乡5村整合土地资源1600亩，种植黄芪、黄芩、柴胡等中药材。通过多渠道输出，多方面技能培训，安置等方式，就近向外输出劳动力。全乡向外输出劳动力1012人，在忻堡高速公路养护处安置31人，护林员58人。发挥“龙头＋农户”带动效应，吸收贫困户加入种养殖合作社。全乡182户贫困户加入6个合作社，户均增收4000余元。

【农牧业】 2019年，新堡乡实际种植面积7772.3亩，因地制宜推广优质小杂粮种植共4363.1亩。大象生猪养殖。打造以大象生猪养殖项目为主养猪产业，推广“1+1+1+1”产业扶贫模式，吸纳贫困户发展生猪养殖，2018年6月底投产，其中保育猪舍1栋，育肥猪舍1栋，年出栏4批，每批8500头，合计年出栏34000头养殖规模，带动贫困户增收。大力发展畜牧业，充分利用当地坡大沟深、林多草密优势，全乡规模养殖户达35户，羊存栏11132只，以王家沟、刘家沟、梁家沟养羊产业带动全乡，进一步扩大规模；继续发展养牛产业，以炭窑沟、芦草沟、南梁、石坝沟四个村为带动，鼓励和支持贫困户发展养牛，以此来增收，牛存栏数达900多头，把畜牧业做大做强，成为带动全乡经济增长新亮点。

【交通电讯】 2019年，新堡乡对一些乡村道路进行维修，共投资3868万元，维修44.8千米。2014年扶贫以来，经过6年努力工作，在全乡范围内进行电网和网络通信改造，实现电力、网络全覆盖，完成消除电压不稳，网络信号弱弊端。达到贫困村网络全覆盖，贫困户坐在家中就可以实现手机无线上网。

【教育】 2019年，新堡乡资助22名贫困户幼儿每年每人1000元。实施“三免一补一助”政策，补贴113名义务教育阶段学生，小学阶段每生每年生活费1000元，初中阶段每生每年补贴生活费1250元。对53名高中、职高阶段学生实施“三免一补一助”政策，每生每年补贴生活费3500元。实施“雨露计划”，资助大学生58名。

【文化发展】 新堡乡不断完善公共文化服务中心，精神文明建设初见成效。共投资270余万元，对村级活动场所全部高标准修缮并配备桌椅、图版、床等设施达到标准化建设，使基层党组织阵地得到加强。加强非物质文化遗产宣传，充分发挥非物质文化遗产的精髓，丰富百姓精神生活，为20村配备锣鼓、大叉、二胡、衣服、音响设备等，各村村民参与组织威风锣鼓队，逢年过节各村自发组织会演。

【医疗保障】 2019年，由驻村工作队和广播对各贫困户宣传十四项健康扶贫政策，让贫困户明白“三保险”“三救助”“136”等健康扶贫政策。全乡贫困户有2128人以政府代缴方式为其缴纳医保；享受“三救助”人员897人次。全乡联村建6个村级卫生室，配齐乡村医生，常备药品达80余种，加强乡镇卫生院医护力量，为所有贫困户提供“双签约”服务，达到小病不出村，普通病乡卫生院医治，大病去县医院治疗，6个联村卫生室分别为赵家沟、王家沟、前雄沟、红土沟、石坝、芦草沟卫生室。通过“两癌”筛查，在全乡35～64岁农村妇女中筛查1400人。

【危房改造】 2019年，新堡乡统计历年所申报危房改造231户。经相关部门危房鉴定后，符合条件农户，2019年底全部改造完成，保障住房安全。

【新农村建设】 2019年，新堡乡实现贫困村各项指标全部达标，村容村貌全面改善，全乡 8 个贫困村，去除 3 个移民村外，剩余 5 个村投资 733 万元实施提升改造工程。改善村容村貌实现乡村振兴，投资 1000 万余元，对 10 个非贫困村实施残垣断壁维修、村内绿化、亮化工程等。除 3 个整村移民村和 1 个分散移民村外，其余 20 个村排查摸底，安装路灯 630 余盏。建起农家书屋，村民文化生活显著提高。

【脱贫工作】 截至 2019 年底，新堡乡建档立卡贫困户有 1030 户、2116 人，其中脱贫 1003 户 981 人，年底还有 27 户 49 人未脱贫。边缘户 39 户 87 人，脱贫监测户 16 户 53 人。全乡有 8 个贫困村，2019 年退出 4 村（南梁、仟木沟、石坝沟、王家沟），贫困村退出达到 100%。通过易地搬迁政策，3 个村实现集中安置，分散移民，4 个村贫困户住房安全问题得到解决，全乡移民搬迁受益贫困户 150 户 350 人，同步搬迁户 80 户 204 人。

（马　伟）

西马坊乡

【概况】 西马坊乡地处芦芽山脚下，管涔山腹部。全乡总面积 202 平方千米，林地面积 18.9 万亩，耕地面积 4.4 万亩，户籍人口 3735 户 9584 人。农业以莜麦、胡麻、土豆、玉米、豆类等各种小杂粮为主，还适宜种植中药材。全乡养羊 10705 只，养牛 1521 头，养驴 585 头，养猪 315 头，养马 29 匹。全乡 43 个行政村，有 22 个贫困村、21 个非贫困村。截至年底动态调整后，全乡贫困户 1516 户 3787 人，脱贫 1492 户 3724 人，未脱贫 24 户 63 人。全乡贫困发生率从 2014 年 33% 降到 2019 年 0.6%。全乡“十三五”有 7 个易地搬迁整村搬迁村和 17 个插花移民搬迁村。

【农业】 2019 年，西马坊乡党委、政府开展农业生产指导工作，完成上级下达种植任务。全乡粮食作物种植 660.9 公顷，其中，谷物种植 348.3 公顷，豆类种植 182.7 公顷，薯类种植 129.9 公顷。做好农业科学技术推广和服务工作，提高农民种植技术水平，为农业增产增收打下良好基础。

【加工业】 2019 年，西马坊乡党委、政府因地制宜，发展小杂粮和胡麻油加工。宁武县富鑫农贸开发有限公司注册“芦芽农夫”杂粮品牌，产品畅销到周边 10 余个县市。盛溢种养殖专业合作社和重阳种养殖专业合作社都建立土砸胡麻油料加工坊，推出的胡麻油因绿色健康、口感好，得到市场认可。

【旅游产业】 2019 年，西马坊乡党委、政府落实省委、省政府出台“一县一策”政策，依托芦芽山，发展旅游扶贫产业，把发展乡村旅游作为群众脱贫致富最佳途径，整合生态、民俗、山水、产业等资源，全力打造乡村旅游升级版。通过招商引资，把社会资本和扶贫产业引导资金捆绑使用，让贫困户参股旅游产业，有一份稳定资产收益。旅游扶贫企业建设一系列旅游景点，在西马坊村开发建设观音广场、水上漂流、水上乐园、林中穿越、蒙古小镇、空中滑索、七彩滑道和空中漂流；在馒头山村建设有百年油坊、千年杨树、亿年溶洞、玻璃栈道和旱滑道；在狼迫沟村建设红色记忆展；在梅洞建设富硒小镇；在西沟村建设芦芽飞瀑景点；在狼迫沟村建设野狼谷雪地公园。韶华生态旅游开发有限公司在坝里村建设高空飞船、玻璃水上漂流、高山秋千、人工瀑布、水上娱乐、漂流等一系列娱乐项目，预计 2020 年 7 月完工。2019 年成功举办冰雪文化节。

【生态绿化】 2019 年，西马坊乡贯彻落实中央关于生态文明建设实施方案和若干意见，因地制宜，精准施策，在“保生态”中“促增收”。牢固树立“绿色发展”理念，让生态文明入心入脑，成为全民的自觉行动。全乡对不适宜耕作土地大力实施退耕还林、植树造林工程，退耕还林补贴增加贫困户收入。成立3个造林专业合作社，让贫困户参与造林，增加贫困户务工收入。选聘119人担任护林员，每人年工资收入近1万元，解决部分贫困户增收难题。

【基础设施建设】 2019年，西马坊乡维修和修缮李家沟村油坊和水磨坊，修建西沟瀑布步行道，改造维修后吴家沟村农家乐项目旧房。对马驹沟村、席麻洼村、李家沟村、圪洞村、吉家坪村和斜坡村6个贫困村实施品质提升工程，14个贫困村提升工程共计投资1580万元。对西马坊村、榆林沟村、姚家沟村、韩家沟村、小峪村、前吴家沟村、后吴家沟村、张家沟村、张家山村、夥和沟村和达毛庵11个非贫困村实施品质提升工程。对西梅公路实施7.3千米路域整治工程。修建黄土峁到岢岚5千米旅游互通公路。

【社会保障】 2019年，西马坊乡通过社会保障兜底，解决年老、残疾、重病等贫困户的生活难题。截至年底，有农村低保户597户969人，累计发放农村低保金3509704元。加大对农村五保供养工作投入，根据五保供养标准，对散居167名五保供养人员按时足额发放供养资金955477.5元。有2户五保户入住敬老院，特困人员每户集中拨款1535.75元，他们居住条件得到改善，生活水平不断提高。全乡有13名孤儿，每月补贴600元；残疾人380人，领取重度残疾人护理补贴的143人，每人每年补贴600元。2019年临时救助311户733人，共发放94340元；救灾51户195人，共发放49591元。

【文教卫生】 2019年，西马坊乡有完全小学1所，幼儿园4所。有教职工25人，其中小学20人，幼儿园5人。在校生106人，其中，小学78人，幼儿园28人。

全乡建设12个中心卫生室，药品和医疗器械配备齐全，能覆盖全乡43个村，保证村民小病不出村。全乡有村医17名，保证每周在所负责村至少巡诊一次。全乡对1516户3787人贫困户做到双签约全覆盖，对慢性病患者定期巡诊，大病患者由国家承担近90%医疗费用。

【社会治安综合治理】 2019年，西马坊乡党委、政府抓好“平安西马坊”建设，社会治安综合整治力度不断强化，确保社会大局稳定。与各驻乡单位及43个村签订综治（平安建设）工作责任书。开展“平安乡镇”创建活动，把扫黑除恶专项斗争与基层组织建设、基层社会治理结合起来，学习推广新时代“枫桥经验”。开展全乡社会治安风险隐患大排查大整治工作，确保社会和谐稳定。

（张禹勋　王文珍）

迭台寺乡

【概况】 迭台寺乡位于宁武县西南面，距县城25千米。北与余庄乡毗连，东与原平市长梁沟镇接壤，南与圪缪乡交界，西与东寨镇相接，总面积109平方千米。乡驻地迭台寺村，全乡交通较为方便，忻汾旅游公路越境而过，且是“分怀”“隔辉”公路中心。凡到东马坊、圪缪、怀道三乡机动车辆都需经过乡驻地。全乡共1702户4235人，均为汉族。

迭台寺乡下辖16个村委会：迭台寺村、胡家沟村、西沟村、滩泥沟村、石洞沟村、石庄村、马圈湾村、寺耳梁村、伙家村、西岭村、忻州峪村、长梁村、小胡家沟村、葛家沟村、土窑沟村、乱柴沟村，整村易地搬迁8村，已撤销村民委员会：上余建沟村、下余建沟村、瓦窑沟村、唐庄村、唐家山村、余家沟村、老洼背村、麻黄沟村。

【产业发展】 2019年，迭台寺乡耕地面积为24000亩，占总面积10%，宜林面积25000亩，占总面积11%，牧坡面积58800亩，占总面积27.2%，载畜量14700头。荒山荒坡占52%，适宜发展农林牧业。粮油作物以山药、莜麦、胡麻、豆类为大宗。现有专业养牛合作社、小杂粮加工基地、养羊合作社等，通过土地流转、贫困户入股、贫困户务工等方式带动贫困户脱贫致富。

【精准扶贫】 2019年，迭台寺建档立卡贫困村13个，占全乡行政村总数54.17%。建档立卡贫困户1023户，占全乡总户数56.04%。贫困人口2594人，占全乡总人口57.74%，贫困发生率57.54%。其中因学致贫31户130人，因病致贫224户477人，因残致贫94户198人，因缺资金致贫104户322人，因自身发展动力不足21户56人，兜底516户1046人。全乡易地搬迁14村346户871人，其中，整村搬迁8村187户455人，同步搬迁6村159户416人，搬迁后就业84人。

【乡村旅游】 迭台寺乡西沟村有一座规模宏大，保存较为完好古建筑群——侯家民居。沿忻分旅游线行至迭台寺村口向西有一岔道口，顺路行约2千米路程即可到西沟村，侯家民居就坐落在村中央。据县文物馆考证，侯家民居建于清代。该建筑依沟而建，坐北向南，占地面积5780平方米，共有房屋212间。侯家始祖从清康熙年间到同治年间，开始大规模营造住宅大院。经过二百余年修筑，侯家在西沟村建起由西向东的大街和院落，楼台亭阁，雕梁画栋，蔚为壮观，共占地一百多亩，侯家宅院建设规模在当时被称为宁武民居建筑之首。

据当地群众介绍，侯家大院整体建筑由“一品当朝”四个字组成，站到村子对面山上可以看得很清楚。

侯家民居历经300余年沧桑变化，部分建筑已破损严重。此外，在侯家宅院的对面原有一座大型石牌楼，已毁坏。除此外，还有清代永庆戏台、侯家古墓4座。侯家民居现存文物十分丰富，有较高历史价值、科学价值和艺术价值。

（李跃文　秦　河）

圪壕乡

【概况】 圪壕乡地处宁武县东南部，距县城45千米。北与迭台寺乡为邻，东北与原平市长梁沟镇相望，东南与东马坊乡接壤，南与怀道乡交界，西与东寨镇相连。乡政府坐落于圪壕村，全乡总面积66平方千米，其中耕地面积13475亩，全乡辖13个行政村，有1532户、3786人。驻乡单位（站、所）10个，包括工商、税务、公安、邮电、电力等。忻汾旅游公路穿越全乡，是宁武县东南地区交通枢纽与商贸中心。

下辖圪壕、黄岭、梅家庄、隔河、口子、山只会、东土窑、西土窑、虎洞沟、大梁上、安子梁、岭岩、大阳坡13个行政村。

该乡地处云中山西侧，全乡山区主要由云中山系的东梁山、石峡山、鸡冠山、石沟背山等11座大山组成，其中最高鸡冠山，海拔2166米。有6条季节性河流，洪河东向西注入汾河。该乡属黄土丘陵地带，境内山峦起伏，沟谷纵横，平均海拔1800米左右。土地较多，平均坡地、荒山荒坡植被较差，林木稀少，无霜期在30天左右，年降雨量在600毫米以上，年平均气温在6.2℃以上，适宜发展农、林、牧业。粮油作物以莜麦、山药、胡麻、豆类为大宗，此外还能种植小麦、黄黑豆、谷类杂粮。该乡现有森林面积4900亩，其中人工林3500亩，天然林1400亩，零星植树1500株，育苗66.7亩，主要树种有落叶松、云杉、油松、白桦、串杨等。此外还有醋溜溜、橡树、毛臻、野梅穗、马如如、柠条等灌木。生长在阳坡的有山桃、山杏，其桃籽、杏籽又是重要的出口产品。在灌木林中还有党参、黄芪、猪苓等中药材。

圪di乡煤炭资源丰富，是宁武县主要配焦煤生产基地，而且品质好易开采，在全县占有举足轻重地位，资源整合后有年产60万吨（潞宁忻峪煤业有限公司）、120万吨（汾西焦煤集团昌达煤矿）煤矿2座。

全乡农业总收入1600万元，全乡农民人均纯收入6660元。2019年全乡粮食总产量900吨，油料100吨，分别比上年同期增长11%和13%；农村经济总收入2000万元，比上年同期增长11%；大畜存栏数8200头，比上年增长20%；羊7000只，比上年增长10%。在项目建设中，立足该乡实际，彻底改变过去经济发展格局，突出抓好种植业、养殖业和服务业发展。涌现出清福肉鸡养殖基地、大象生猪养殖基地、黄岭山茶、风电、中药材等一批新兴产业项目，全乡项目呈现蓬勃发展态势。

【脱贫攻坚】 产业扶贫。特色养殖。东土窑大象生猪养殖项目吸收贫困户189户596人，年出栏肉猪20000头，贫困户年均收益7000元以上。清福肉鸡养殖合作社，吸收贫困7户，年户均增收3000元。鸿源种养殖合作社，吸收贫困户12户31人，年户均增收3000元。山只会建新肉驴养殖合作社，带动贫困户27户77人，年户均增收3000元。大阳坡肉牛养殖14户31人；参与户贷户用养殖户54户。生态产业。全乡实施退耕还林6346.5亩，其中贫困户344户760人，3382.8亩，贫困户年户均增收3000元。组建4个扶贫攻坚造林合作社，吸收63户贫困户，户均增收3000元以上。聘任生态护林员吸收贫困户52户，其中，天保护林员22名，年户均增收8400元，生态护林员30名，年户均增收10000元。中药材。打造圪di道地中药材种植基地，由华百中药材种植专业合作社在梅家庄、隔河、山只会3村种植柴胡1200亩，参与贫困户12户，每户分红2000元。集中光伏电站年收益2508227元，贫困户通过直补、公益岗位、爱心积分、“三自一带”及“双扶”工程等形式从中受益，户用光伏吸收20户，户均增收3500元；入股潞宁集团9户，户均增收3000元。

保障兜底，提升政策保障。强化政策保障，对老弱病残等丧失劳动能力低保户284户580人、五保户53户54人全部保障兜底。增强临时救助的时效性，2016—2019年度发放临时救助660人，总计25.3万元。

突出夯实基础，全面加强基础建设。实施贫困村基础设施和公共服务设施建设。维修村级活动场所7村15处，硬化村级水泥路11千米，新建活动广场2处，公路绿化5千米，建花栏墙1600米，街道硬化5900平方米，改造残墙断壁1500米；2015—2019年针对住房有隐患144户贫困户进行危房改造，使其能够“居有所安”，全面实现贫困户住房安全有保障；6个贫困村和1个非贫困村完成整村提升工程，村容户貌大幅提升；全乡易地搬迁5村111户293人，其中，整村搬迁4村91户253人，插花搬迁1村20户40人。安置住房总计59户，全部入住，且除五保户外每户均有1人就业。

突出志智双扶，加大精神扶贫力度。村村开通村级小喇叭，宣传脱贫政策、脱贫知识开展精神扶贫。强化典型选树。开展脱贫标兵评选活动，评选3名，受到市县相关媒体多次采访报道。开展“三自一带”奖补活动，激发贫困户自力更生。大力推进“双扶”工程，采用积分评比制，对卫生整洁、敬老爱亲、文明道德等方面表现良好7个家庭给予积分、荣誉奖励。开设5个爱心超市，积分兑换35903分。

【党建工作】 2019年，圪塿乡党委开展“改革创新　奋发有为”大讨论活动和“不忘初心、牢记使命”主题教育，干部思想作风切实转变，村“两委”班子凝聚力、战斗力显著提升，队伍建设得到进一步加强，使全体党员干部能够在新时代下，保持先进性、纯洁性，党的建设更加坚强有力。组织全乡第一书记、驻村工作队队长、村“两委”主干和乡机关干部参加“突出脱贫成色　争做时代先锋”及“不忘初心、牢记使命”主题学习29次，促使干部能够学用结合，提升工作能力；强化党风廉政建设，班子成员对照工作实际和个人实际，先后撰写心得体会30余篇，讲廉政党课23次，保持理论上清醒、政治上明白。组织班子成员开展经常性批评和自我批评，及时咬耳扯袖、约谈提醒。全年，乡纪委处置问题线索29件，对15名相关乡村党员干部提醒谈话，函询3人，谈话加函询5人，给予2名村干部严重警告处分，4名村党员党内警告处分。

【社会综合治理】 2019年，圪塿乡党委、政府树立“安全生产，责任重于泰山”思想，从讲政治、保稳定、促发展高度抓安全生产工作，对各类企业、非煤矿山、九小场所仔细检查，摸排10次，建立安全生产台账，截至年底，全乡未发生一起安全生产事故。在信访方面，推行“开门接访”“主动约访”“定期下访”等有效工作法，与司法局协调在乡政府设立公共法律服务站，化解社会矛盾纠纷。推进扫黑除恶斗争。乡扫黑除恶办牵头组织在场乡、重要交通节点、人员密集场所开展宣传活动5次，壮大扫黑除恶斗争宣传声势、扩大专项斗争影响。开展线索举报奖励宣传活动，印发宣传资料、张贴宣传标语。全乡累计发放扫黑除恶专项斗争公开信600余份，悬挂书写扫黑除恶宣传标语15条，张贴扫黑除恶通告20张。检查完善原有举报电话、举报箱等载体，发动群众举报线索，形成浓厚工作氛围。维护全乡群众利益和社会稳定。

【环境治理】 2019年，圪塿乡党委、政府落实有关“河长制”要求，加强河道巡查监管，治理河道及乱丢垃圾等违规行为，保持全乡河道水更清、河更畅、岸更绿、景更美。加强森林资源保护，认真履行保护森林资源职责。倡导植树增绿行为，教育引导全乡人民爱护生态环境，强化森林防火和森林病虫害防治，确保辖区森林资源安全。开展5次全乡“三乱”整治和垃圾集中收集，美化乡村人居环境。

（陈　波）

怀道乡

【概况】 怀道乡总面积138平方千米，其中，耕地面积20740亩，林地面积49400亩。全乡辖23个行政村，总人口2652户6710人，常住人口818户1774人。其中，常住贫困户为526户1152人，非贫困户292户622人，经济来源主要以种养殖业、打工收入为主。2019年，168户418人贫困户脱贫，4个贫困村退出摘帽，人均可支配收入达到9585元，同比增长37.5%，全乡贫困发生率下降0.22%。

【产业扶贫】 新大象生猪养殖产业带动贫困户294户943人。其中，有153户贫困户享受小额扶贫贷款共计765万元入股怀道新大象，2019年共计分红103.30万元，户均年增收3514元，合作社账户还结余资金75.97万元。食用菌种植产业带动贫困户152户451人。2019年种植40万棒，出菇6万余斤，销售收入22万元，为134户377人分红16万元。传统养殖产业带动贫困户78户235人。有7个村贫困户自愿加入传统养殖行列，以统分结合模式合作经营。形成谢家坪鼎盛农业有限责任公司、上官庄荣安种养殖专业合作社、长乙珍吉康种养殖专业合作社等8个养殖扶贫企业及专业合作社，全乡牛存栏达2600余头，羊存栏2300余只。中药材种植产业带动15户47人脱贫。全乡中药材种植面积4813亩，涉及寺湾、上官庄、下官庄、官地、中马坊、谢家坪、屠沟、长乙珍8个村，主要品种为柴胡、黄芪、黄芩、板蓝根等。2019年，种植1600余亩道地中药材，怀道乡中药材观光旅游业将成为百姓增收致富新型产业。光伏产业项目。全乡21个贫困村建立10个联村光伏电站，总规模为8700兆瓦，总投资6072万元，发电量为1218万千瓦时，年净收益664.22万元，带动全乡21个贫困村1261户贫困户脱贫增收。从2018年12月至2019年9月份，全乡光伏收益共计收入534.15万元，主要用于特困群众直补到户、“三自一带”奖补、公益性岗位工资、小型公益事业支出、爱心超市积分奖励等方式发放到户，总计发放到户368万元。主要包括为患有大病、长期吃药支出大、学生多负担重、年老体弱等370户贫困户发放直补10.43万元，为746户贫困户发放“三自一带”奖补共计106.48万元；设置公益性岗位402个，发放补贴52.40万元；为在村常住818户户容户貌整修等。小型公益事业支出92.14万元、爱心超市货物12.82万元。生态扶贫落实情况。全乡生态补偿帮扶主要有护林员、退耕还林、国家公益林资金补偿等措施，有27户94人贫困户享受生态护林员工资脱贫。2002年至2019年，全乡退耕还林总面积为9184.2亩，生态补偿涉及建档立卡贫困户36户135人，2019年总计补偿退耕还林资金216.33万元。公益林补偿款分配补偿资金178420.65元。金融扶贫小额贷款落实情况。从2016年开始实施金融扶贫政府贴息小额贷款以来，共计享受政府贴息小额扶贫贷款贫困户有386户。其中，153户贷款入怀道新大象按照8%分红；发展食用菌产业25户，入潞宁分红的有92户，按照6%分红；户贷户用发展养殖有116户。

【教育扶贫】 2019年，全乡贫困户中有28名学龄前儿童；有60名学前教育适龄儿童全部入园，享受学前教育资助，每生每年享受资助1000元；有407名义务教育阶段学生，享受义务教育阶段“三免一补”政策，就读于公办学校的初中、小学生每生每年享受补助2100元；就读于宁武县范围内民办学校的初中生每生每年享受补助1250元，小学生每生每年享受补助1000元；有87名高中生享受普通高中“三免一助”政策，每生每年免除学杂费、住宿费、课本费共计1600元，每年每生享受国家贫困学生助学金2000元、生活费补助3500元；共有63名中职、中技、高职、高专学生，享受雨露计划扶贫资助，每人3000元；共有7名二本B类以上大学生，享受本科大学生一次性扶贫资助，每人5000元。

【健康扶贫】 全乡建设村卫生室7个，乡村医生12名，“双签约”医生12名，1198户贫困户实现健康双签约全覆盖，签约服务率

100%。2017年至2019年有贫困户2115人住院及慢性病门诊治疗，享受基本医疗报销5339903.88元，享受兜底报销、大病报销补充医疗报销共计1134698.68元，享受民政补贴326836.89元，以上3项合计共报销680.14万元。2019年，全乡共有21个村376名6～64周岁贫困妇女接受免费“两癌”筛查。17对夫妇做免费孕前检查。

【危房改造】2019年，怀道乡危房改造29户，还有4户危房改造户通过验收，等待拨款。

宁武县居民事务中心

【概况】宁武县居民事务中心前身为居民办事处，办公地址位于山西省宁武县人民大街西旧公安局二楼。根据市委编办《关于宁武县级机构改革中副科级以上涉改事业单位调整意见的批复》文件精神，经县委深化党政机构改革小组研究同意，把县居民办事处更名为居民事务中心。下辖10个社区居委会，社区总人口约37000人。

【民生保障】2019年，宁武县居民事务中心开展“送关爱、解民忧”活动，在低保方面，动态管理，阳光施保，审核城区无业居民低保户295户，办理符合条件困难低保户14户，排摸发现确因条件改善超出低保标准户或因死亡等其他原因退出6户，做到应保尽保，保障贫困家庭基本生活。

【脱贫攻坚】2019年，宁武县居民事务中心帮扶东寨镇高家山、李家沟、大沟、串上村，加大国家精准扶贫政策宣传力度，落实帮扶政策，坚持政策向扶贫倾斜、资金向扶贫聚焦、项目向扶贫靠拢，围绕“两不愁、三保障”脱贫目标，鼓励贫困户搭上国家扶贫顺风车和主动想办法灵活就业实现脱贫。因人因户施策，统筹运用和集中落实好帮扶政策措施，以大象生猪养殖项目、光伏发电项目和五保、低保户政策兜底扶贫为抓手，让每户贫困户得到有效扶持，获得实实在在好处，增强贫困群众获得感，提升驻村扶贫工作满意度，呈现出真扶贫、扶真贫良好发展态势，确保所包扶贫困村和全县同步脱贫、同步小康。

【消防安全宣传】2019年，宁武县居民事务中心树立安全红线意识，坚持“安全第一、预防为主、综合治理”方针，以安全生产宣传教育“七进”为载体，共制作阅读展板8块，发放安全手册6000余册，提升人民群众安全意识。召开消防安全培训会，社区购置消防器具，夯实消防基层基础。

【扫黑除恶】2019年，宁武县居民事务中心按照省、市、县精神要求，统一部署，快速行动，重拳出击，坚决铲除黑恶势力，大力整治治安乱点，打击各类黑恶势力和不法分子，保障群众安居乐业，努力建设法治宁武、平安宁武。

【社区活动场所规范化】2019年，宁武县居民事务中心根据上级有关精神，推动社区综合服务设施整体建设水平提档升级、筑牢筑强社区的基层组织阵地。新建移民社区党群服务中心3552平方米。

【党建工作】2019年，宁武县居民事务中心开展“改革创新、奋发有为”大讨论活动，围绕“六个破除”“六个着力”“六个坚持”，推动各项工作落实。第二批“不忘初心、牢记使命”主题教育开展以来，把“学习教育、调查研究、检视问题、整改落实”贯穿主题教育，确保广大党员干部理论学习有收获、思想政治受洗礼、干事创业敢担当、为民服务解难题、清正廉洁做表率。加强政治建设，树立“四个意识”、坚定“四个自信”、践行“两个维护”，坚持主要领导带头讲党课、带头整改，针对具体问题整改，增强自我净化，自我提高能力。加强组织建设，宣传思想和意识形态工作，开展“主题党日活动和三会一课”。增强党内政治生活，利用社区党员活动场所和远程教育学习平台，推动党组织标准化、规范化和制度化建设，落实组织生活会、民主评议党员等组织生活制度。发挥党员先锋模范、引领带头作用。

（马忠义）

统计资料

2019年宁武县生产总值等指标情况表

表11

指标名称	单位	2018年	2019年
一、宁武县生产总值（GDP）	亿元	62.36	67.74
第一产业	亿元	2.54	2.71
第二产业	亿元	38.59	38.26
第三产业	亿元	21.23	26.77
人均生产总值	元	37568	40784
二、社会消费品零售额	亿元	13.28	14.3
三、城镇居民人均可支配收入	元	24813	26550
四、在岗加劳务人员平均工资	元	59673	61843
五、农村居民人均可支配收入	元	5940	6843
六、国土面积	平方千米	1936.4	1936.4
七、常住人口总数	人	166083	166112
其中：城镇常住人口	人	85186	87743
乡村常住人口	人	80897	78369

2019 年度宁武县人口及其变动情况统计报表

表 12

单位	总户数	人口数									出生			死亡			迁入			迁出		
		合计	城镇	乡村	性别		年龄				小计	男	女	小计	男	女	小计	省内迁入	省外迁入	小计	迁往省内	迁往省外
					男	女	0～17 岁	18～34 岁	35～59 岁	60～100 岁以上												
合　计	68060	159852	49868	109984	83795	76057	31044	40812	58400	29611	1257	634	623	669	476	193	2276	2145	131	3023	2706	317
凤凰镇	6307	15134	4918	10216	7391	7743	2831	3571	4883	2227	130	63	67	33	25	8	216	206	10	74	62	12
阳方口镇	5092	11135	2381	8754	5602	5533	2097	2928	4087	2027	96	52	44	43	33	10	45	36	9	79	66	13
东寨镇	7838	18039	3481	14558	9479	8560	3561	4516	6659	3376	120	65	55	63	44	19	39	26	13	91	61	30
石家庄镇	1813	4330	1075	3255	2358	1972	835	1078	1580	919	27	12	15	26	21	5	18	12	6	32	25	7
薛家洼乡	3547	8727	0	8727	4268	4459	1817	2445	2896	1566	83	37	46	26	19	7	46	43	3	34	22	12
余庄乡	3775	8941	0	8941	4565	4376	1762	2460	3249	1579	86	41	45	57	41	16	14	13	1	60	55	5
涔山乡	1923	4457	0	4457	2288	2169	801	1130	1683	886	39	21	18	23	16	7	11	8	3	20	16	4
化北屯乡	4838	12631	0	12631	6703	5928	2470	3350	4446	2508	98	46	52	47	29	18	27	22	5	60	46	14
西马坊乡	3714	9536	0	9536	5077	4459	1864	2386	3448	1889	72	37	35	56	37	19	23	21	2	52	39	13
新堡乡	3270	7576	0	7576	3971	3605	1499	1967	2610	1498	62	34	28	20	17	3	16	11	5	36	25	11
迭台寺乡	1715	4257	0	4257	2345	1912	832	1054	1618	899	27	16	11	58	39	19	11	9	2	32	29	3
圪╳乡	1456	3369	0	3369	1770	1599	706	934	1224	709	19	10	9	9	9		7	7		31	28	3
怀道乡	2506	6209	0	6209	3343	2866	1192	1693	2316	1389	28	13	15	24	19	5	10	7	3	55	42	13
东马坊乡	2973	7498	0	7498	3990	3508	1512	1868	2757	1712	46	21	25	43	23	20	27	21	6	92	77	15
阳方口煤矿生活区	3233	6905	6905	0	3970	2935	1255	1508	2475	1667	57	32	25	40	34	6	21	16	5	100	71	29
城区居民办事处	14060	31108	31108	0	16675	14433	6010	7924	12469	4760	267	134	133	101	70	31	125	81	44	492	368	124

说明：本表由宁武县公安局户政大队提供，反映的是当年户籍人口及其变动情况

2019 年度宁武县农业牧渔业总产值

表 13　　　　单位：万元

指标名称	2018 年	2019 年
农业牧渔业总产值	40669.32	
一、农业产值	10762.52	9335.95
1. 谷物及其他作物	9206.88	8042.57
（1）谷物	3449.79	3195.32
其中：玉米	782.26	1359.81
（2）薯类	3020.59	2699.05
（3）油类	876.92	726.6
（4）豆类	1836.87	1387.4
（5）其他农作物		
其中：饲料作物		
2. 蔬菜	901.04	572.48
二、林业产值	4367.98	3506.15
其中：造林	1623.44	766.15
三、牧业产值	24074.35	54448.54
1. 牧业产值		
其中：牛的饲养	3779.2	4756.40
羊的饲养	15715.57	11803.2
2. 猪的饲养	5909.07	34288.8
3. 农禽饲养	714.49	1240.78
四、渔业产值	288	289.60

2019年度宁武县林业生产情况表

表14

指标名称	单位	2018年实际数	2019年实际数
一、林业生产造林面积	公顷	3455	3366
封山育林	公顷	333	1533
其中：人工造林	公顷	3122	1833
二、年末实有封山面积	公顷	16152	17685
三、四旁零星植树	万株	48	48
四、林木种苗			
1. 当年苗木产量	万株	16832	16800
2. 育苗面积	公顷	403	400
其中：本年新增育苗面积	公顷	48	110

2019年度宁武县工业企业主要产品产量情况表

表15

单位详细名称	单 位	产 量
原 煤	万吨	
山西宁武大运华盛南沟煤业有限公司	万吨	1650120
山西宁武榆树坡煤业有限公司	万吨	801144
山西忻州神达栖凤煤业有限公司	万吨	859500
山西宁武德盛煤业有限公司	万吨	768932.2
山西潞安集团潞宁孟家窑煤业有限公司	万吨	1119906.14
山西宁武大运华盛庄旺煤业有限公司	万吨	917459
山西宁武大运华盛老窑沟煤业有限公司	万吨	1085823
山西忻州神达朝凯煤业有限公司	万吨	159043.15
大同煤矿集团同生同基煤业有限公司	万吨	954287
山西潞安集团潞宁煤业有限责任公司	万吨	1403147
山西宁武张家沟煤业有限公司	万吨	28352
大同煤矿集团阳方口矿业有限责任公司	万吨	2993714
合 计	万吨	12741427.49
洗精煤		
宁武县长河洗煤有限责任公司	万吨	
宁武县开泰有限责任公司	万吨	8680.16
宁武县化北屯乡鑫隆洗煤有限责任公司	万吨	279200
宁武同兴洗选煤有限责任公司	万吨	310614.06
宁武县广旺煤业有限公司	万吨	273621
宁武县兴盛洗煤有限责任公司	万吨	117155.48
合 计	万吨	989270.7
风力发电		
国电洁能金科（山西）有限公司宁武风电场	万千瓦时	8022.78
华能宁武风力发电有限公司	万千瓦时	29504
晋能清洁能源风力发电有限责任公司宁武分公司	万千瓦时	13327.47
龙源宁武风力发电有限公司	万千瓦时	17298
光大风电（宁武）有限公司	万千瓦时	24132.92
合 计		92285.17
热力（百万千焦）		
宁武县焱安热力有限公司	百万千焦	906709
合 计	百万千焦	906709

2019 年度宁武县全部工业企业生产情况表

表 16　　　　单位：万元

项　目	企业个数	工业总产值	工业销售产值	资产总计	利润总额	上缴税金	从业人数
总　计	29	5532898.5	5597347.5	30212131.0	257113.0	827904.0	9690
山西宁武大运华盛南沟煤业有限公司	1	359558.81	354947	1525568	43815	72045	621
宁武县焱安热力有限公司	1	59986	59986	297453	–6416	0	110
山西宁武榆树坡煤业有限公司	1	247705.2	246202.8	2386172	6640	48933	145
山西忻州神达栖凤煤业有限公司	1	225623	223787.1	923598	14805	53160	621
山西宁武德盛煤业有限公司	1	183145.34	202375.05	568705	18156	45066	314
宁武县安旺混凝土有限公司	1	24400	24400	262769	533	758	26
山西潞安集团潞宁孟家窑煤业有限公司	1	407795.6	407795.6	4369699	–152154	47470	1061
山西宁武大运华盛庄旺煤业有限公司	1	240291.75	242726.1	1304822	–28976	42019	425
山西宁武大运华盛老窑沟煤业有限公司	1	270068.24	268845.34	556684	59416	65265	437
山西忻州神达朝凯煤业有限公司	1	31376.36	33861.1	216404	–1720	4618	241
晋能清洁能源风力发电有限责任公司宁武分公司	1	65698.58	65698.58	295210	28765	9838	12
大同煤矿集团同生同基煤业有限公司	1	308047.91	276632.93	1558741	8633	21241	617
宁武县长河洗煤有限责任公司	1	22505	22505	61715	–866	–105	21
宁武县开泰有限责任公司	1	27006.8	27006.8	171536	–2328	0	34
龙源宁武风力发电有限公司	1	88211	88211	678408	34177	132	18
宁武县化北屯乡鑫隆洗煤有限责任公司	1	236545	236545	181148	1152	619	45

续表 16

项 目	企业个数	工业总产值	工业销售产值	资产总计	利润总额	上缴税金	从业人数
山西潞安集团潞宁煤业有限责任公司	1	924467.28	919236.44	9539882	122030	201134	1523
宁武同兴洗选煤有限责任公司	1	267701.5	267701.5	180289	1470	−1302	39
宁武县兴盛洗煤有限责任公司	1	131180.52	131180.52	148473	−393	768	19
山西宁武张家沟煤业有限公司	1	13775.93	23621.64	351151	−70533	2059	362
宁武县广旺煤业有限公司	1	202222	202222	102670	−1487	1906	28
国电洁能金科（山西）有限公司宁武分公司	1	39771	39771	331516	−6744	4912	
华能宁武风力发电有限公司	1					0	
华能忻州新能源发电有限公司宁武分公司	1	153323	153323	1060670	54004	11606	26
宁武县阳方口华泰工贸有限责任公司	1	23349	23349	12947	1294	144	94
大同煤矿集团阳方口矿业有限责任公司	1	719864.7	799900	1687969	70278	185473	2679
光大风电（宁武）有限公司	1	124944	124944	888877	55691	8148	35
宁武县广厦热力有限责任公司	1	23843	20081	81730	526	58	90
山西力达机械有限公司	1	34897	34897	31299	7345	1936	16
宁武县扶贫光伏电站管理有限公司	1	75595	75595	436026		3	13

2019 年度宁武县民营经济主要经济指标表（含个体）

表 17　　　　　　　　　　　　　　　　单位：万元

指标名称	企业个数	从业人员年末数	总产值	营业收入	利润总额	上缴税金	劳动者报酬	增加值
总　计	6507	32931	388405	478513	51908	24209	59054	117398
一、按登记注册类型分组	6507	32931	388405	478513	51908	24209	59054	117398
1. 内资企业小计	6507	32931	388405	478513	51908	24209	59054	117398
其中：（1）集体企业								
（2）股份合作企业	535	5032	35290	24939	3205		7375	10987
（3）联营企业								
（4）有限责任公司	1207	10983	228719	241836	26173	15845	18398	69301
（5）股份有限责任公司								
（6）私营企业	4765	16916	124396	201738	22530	8364	32741	37110
2. 港、澳、台商投资企业								
3. 外商投资企业								
二、按国民经济行业分组	6507	32931	388405	478513	51908	24209	59054	117398
1. 农业企业	535	5032	35290	34939	3205			10987
2. 工业	147	2392	138795	134613	13756	2971	15937	41101
其中：采矿业								
制造业	145	2039	130675	1226658	13404	2956	14547	38608
电力、燃气及水的生产和供应业	2	535	8120	7973	352	15	1390	2493

续表 17

指标名称	企业个数	从业人员年末数	总产值	营业收入	利润总额	上缴税金	劳动者报酬	增加值
3. 建筑业	3	238	4370	4192	294	75	890	
其中：资质等级企业	3	238	4370	4192	294	75	890	
4. 交通运输仓储业	2072	4913	85199	85199	15033	2003	8048	21281
5. 批发零售业	2715	147301	124751	124751	9836	13752	10975	28706
6. 住宿及餐饮业	629	3511		67213	7762	3017	10310	11520
其中：餐饮业	337	1392		11937	2813	372	3928	4912
7. 居民服务、其他服务业和娱乐业	409	2115		27588	2022	391	5519	3803

2019 年宁武县全社会固定资产投资情况表

表 18

项　目		2018 年完成资产（万元）	2019 年完成投资（万元）	同比增长（%）
完成投资总额		410013	426271	4.0
按投资实体分	国有控股投资	271382	216190	-20.3
	民间投资	138631	206598	49.0
按投资产业分	第一产业投资	38470	532560	38.4
	第二产业投资	261020	221156	-13.5
	第三产业投资	110523	167900	60.4
工业投资		261020	221156	-15.3
其中：煤炭工业投资		118990	132693	11.5
非煤工业投资		142030	88463	-37.7
房地产开发投资		5872	4992	-15.0
其中：住宅投资		4112		
商业用房		500		

2019年宁武县财政收入完成情况表

表19 单位：万元

指 标 名 称	2018年	2019年	同比增减%
一、财政总收入	192010	212727	10.79
1. 税务局完成	167535	170253	1.62
2. 财政局完成	24475	42474	73.54
二、一般预算收入合计	71438	91259	27.75
1. 税收收入小计	46962	48785	3.88
增值税	21517	20313	-5.60
营业税	9		
企业所得税	5793	7565	30.59
企业所得税退税	—	—	
个人所得税	981	598	-39.04
资源税	9630	10106	4.94
固定资产投资方向调节税	—	—	
城市维护建设税	2110	2068	-1.99
房产税	2579	2808	8.88
印花税	990	1041	5.15
城镇土地使用税	362	555	53.31
土地增值税	278	385	38.49
车船税	391	413	5.63
耕地占用税	403	1336	231.51
契税	726	286	-60.61
环境保护税	1193	1311	
其他税收收入			
2. 非税收入小计	24476	42474	73.53
专项收入	4310	4580	6.26
行政事业性收费收入	963	1827	89.72
罚没收入	1584	1500	-5.30

续表 19

指　标　名　称	2018 年	2019 年	同比增减 %
国有资本经营收入			
国有资源（资产）有偿使用收入	15327	34510	125.16
其中：探矿权采矿使用费及价款收入	15035	34168	127.38
捐赠收入	—		
政府住房基金收入	2288	50	-97.81
其他收入	4	57	
三、政府性基金收入合计	3467	6813	96.51
其中：国有土地使用权出让金收入	3109	6214	99.87
污水处理费收入	96	103	7.29
城市基础设施配套费收入	262	496	89.31
城市公用事业附加收入			
国有土地收益基金收入			
农业土地开发资金收入			
其他政府性基金收入	—		
上划中央收入	57855	57510	-0.60
增值税	39121	35250	-9.89
消费税	—	—	
企业所得税	16040	20631	28.62
个人所得税	2677	1629	-39.15
营业税	17		
上划省级收入	46233	47423	2.57
增值税	11736	9902	-15.63
营业税	5		
企业所得税	3208	4126	28.62
个人所得税	535	326	-39.07
资源税	30098	32354	7.50
环境保护税	651	715	
上划市级收入	16484	16535	0.31

续表 19

指 标 名 称	2018 年	2019 年	同比增减 %
增值税	5868	5035	–14.20
营业税	2		
企业所得税	16962	2063	21.93
个人所得税	268	163	–39.18
资源税	8329	8916	7.05
环境保护税	325	358	

2019 年宁武县财政支出完成情况表

表 20 单位：万元

指标名称	2018 年	2019 年	同比增减 %
一般预算支出合计	196388	252303	28.47
一般公共服务	20899	23121	10.63
外交	—		
国防	—		
公共安全	7288	10124	38.91
教育	41415	40127	-3.11
其中：普通教育	30602	27941	-8.70
职业教育	3487	2542	-27.10
科学技术	220	498	126.36
文化旅游体育与传媒	1922	5834	203.54
其中：文化	418	5834	1295.69
体育	50	35	
社会保障和就业	15443	29460	90.77
其中：财政对基本养老保险金的补助	3194	11380	256.29
行政事业单位退休	1848	2343	26.79
就业补助	835	906	8.50
抚恤	640	946	47.81
城市居民最低生活保障	100		
社会救济	—	—	
卫生健康	11640	17214	47.89
其中：医疗保障			
公共卫生	2601	3871	48.83
基层医疗卫生机构	2070	3013	45.56
节能环保	3862	28700	643.14
其中：污染防治	1669	8208	391.79
退耕还林	766	2811	266.97
城乡社区事务	6745	11110	64.71
农林水事务	68153	58038	-14.84

续表 20

指标名称	2018 年	2019 年	同比增减 %
其中：农业	4709	6980	48.23
林业和草原	2735	5664	107.09
水利	11288	5262	–53.38
扶贫	43546	33694	–22.62
农村综合改革	5596	5679	1.48
交通运输	6072	13320	119.37
资源勘探电力信息等事务	3490	990	–71.63
其中：资源勘探开发	—	—	
安全生产	2941	—	
商业服务业等事务	2044	1679	–17.86
国土海洋气象等事务支出	4606	5119	11.14
住房保障支出	1084	1504	38.75
粮油物资储备管理事务	723	998	38.04
灾害防治及应急管理	—	2830	
其他支出	40	—	
债务付息支出	742	1637	
政府性基金支出合计	7361	16677	126.56
其中：彩票公益金支出	218	2914	1236.70
国有土地使用权出让金支出	6676	5034	–24.60
国有土地收益基金收入	—	—	
农业土地开发资金收入	—	—	
污水处理费支出	110	85	–22.73
棚户区改造专项债券支出	—	8000	
城市基础设施配套费支出	279	390	39.78
债务附息支出	78	227	191.03

2019 年度宁武县金融机构存款余额情况表

表 21　　　　单位：万元

指标名称	2018 年	2019 年
一、各项存款	1084735	1221372
（一）境内存款	1084724	1221372
1. 住户存款	842455	908620
（1）活期存款	253811	283929
（2）定期及其他存款	588645	624691
2. 非金融企业存款	172320	179981
（1）活期存款	170633	174057
（2）定期及其他存款	1687	5924
3. 广义政府存款	69948	132771
（1）财政性存款	3466	1638
（2）机关团体存款	66482	131132
4. 非银行业金融机构存款	0	0
（二）境外存款	11	0.42
二、金融债券	0	0
其中：境外发行	0	0
三、卖出回购资产	0	0
四、借款及非银行业金融机构拆入	0	0
五、联行往来（净）	0	0
六、应付及暂收款	32536	373123
七、各项准备	17338	14565
八、所有者收益	39639	74052
其中：实收资本	8843	42000
九、其他	-122532	-138918

2019年度宁武县金融机构贷款余额情况表

表22　　　　　　　　　　　　　　　　　　　　　　　　单位：万元

指标名称	2018年	2019年
一、各项贷款	330475	421769
（一）境内贷款	330475	421769
1. 住户贷款	177853	231376
（1）短期贷款	139516	193796
消费贷款	6137	8587
经营贷款	133378	185209
（2）中长期贷款	38337	37580
消费贷款	8423	9303
经营贷款	29914	28277
2. 非金融企业及机关团体贷款	152622	190393
（1）短期贷款	68184	78354
（2）中长期贷款	77190	97669
（3）票据融资	8247	14370
（4）融资租赁	0	0
（5）各项垫款	0	0
3. 非银行业金融机构贷款	0	0
（二）境外贷款	0	0
二、债券投资	442	6104
其中：境外债券	0	0
三、股权及其他投资	3254	3254
四、买入返售资产	0	0
五、存放非银行业金融机构款项	20	20
六、联行往来（净）	707030	765901
其中：境内存放二级准	12270	8789
七、余银占款	0	0
八、中央银行外汇占款	0	0
九、应收及预付款	4003	4011
十、投资性房地产	0	0
十一、固定资产	6493	7324
资金运用总计	1051715	1208383

2019 年度宁武县全部在岗职工（在岗 + 劳务）人数与工资表

表 23

指标名称	在岗加劳务人员年末人数				在岗加劳务人员工资总额 / 千元			
	合计	国有	集体	其他	合计	国有	集体	其他
一、按执行会计标准类别分组	22894	9257	355	13282	1378731	546324	26226	806181
（一）企业	14236	868	335	13033	854041	29213	25022	799806
（二）事业	5177	5177			310529	310529		
（三）机关	3212	3212			206582	206582		
二、按国民经济行业分组								
（一）农、林、牧、渔业	14	11	3		648	608	40	
（二）采矿业	10946			10946	716273			716273
（三）制造业	183		24	159	6431		696	5735
（四）电力、热力、燃气及水生产和供应业	408	71	13	324	32935	3190	114	29631
（五）建筑业								
（六）批发和零售业	1095	85	17	993	21651	1091	284	20276
（七）交通运输、仓储和邮政业	984	579	24	381	36206	21432	144	14630
（八）住宿和餐饮业	99	99			2187	2187		
（九）信息传输、软件和信息技术服务业	13	13			259	259		
（十）金融业	284		231	53	26430		23496	2934
（十一）房地产业	8	8			294	294		
（十二）租赁和商务服务业	237	88		149	15199	5751		9448
（十三）科学研究和技术服务业	50	50			1953	1953		
（十四）水利、环境和公共设施管理业	942	921	4	17	36584	36136	124	324
（十五）居民服务、修理和其他服务业								
（十六）教育	2333	2089		244	158426	152264		6162
（十七）卫生和社会工作	902	866	20	16	45576	43604	1204	768
（十八）文化、体育和娱乐业	121	102	19		6671	6547	124	
（十九）公共管理、社会保障和社会组织	4275	4275			271008	271008		

2019 年度宁武县全部在岗职工（在岗 + 劳务）平均工资表

表 24

指标名称	在岗加劳务人员平均工资（元）			
	合计	国有	集体	其他
一、按执行会计标准类别分组	61843	58808	75146	63705
（一）企业	62659	33159	76055	64397
（二）事业	59982	59982		
（三）机关	63918	63918		
二、按国民经济行业分组				
（一）农、林、牧、渔业	46286	55273	13333	
（二）采矿业	69012			69012
（三）制造业	36540		40941	36069
（四）电力、热力、燃气及水生产和供应业	81321	44930	8769	92308
（五）建筑业				
（六）批发和零售业	19505	12835	16706	20115
（七）交通运输、仓储和邮政业	38558	36888	6000	43802
（八）住宿和餐饮业	22091	22091		
（九）信息传输、软件和信息技术服务业	18500	18500		

2019 年度宁武县各类学校及学生人数情况表

表 25

	单位	2018 年实际	2019 年实际
一、普通高中	所	1	1
1. 招生数	人	495	500
2. 毕业生数	人	677	624
3. 在校生数	人	1714	1602
二、中等职业教育	所	1	1
1. 招生数	人	144	145
2. 毕业生数	人	38	72
3. 在校生数	人	223	238
三、初级中学	所	6	6
1. 招生数	人	1565	1502
2. 毕业生数	人	1384	1377
3. 在校生数	人	4328	4376
四、小学	所	25	25
1. 招生数	人	1657	1537
2. 毕业生数	人	2066	1831
3. 在校生数	人	9500	9098
五、学前教育	所	56	54
1. 在校人数	人	3416	3457
2. 毕业人数	人	1696	1355

2019年度宁武县卫生系统机构床位情况表

表26

单位名称	单位	2018年实际	2019年实际
一、机构合计	个	28	28
县级医院	个	1	1
农村中心卫生院	个	5	5
疾控中心	个	1	1
农村乡镇卫生院	个	9	9
妇幼保健院	个	1	1
儿童医院	个	1	1
县中医院	个	1	1
新型农村合作医疗管理中心	个	1	1
社区卫生服务站	个	8	8
二、床位数合计	支	833	1097
县级医院	支	250	340
民营医疗机构	支	145	240
农村乡镇医院	支	184	407
县中医院	支	50	50
妇幼保健院	支	60	60
乡村医疗室	支	0	0
三、村委会卫生组织	个	144	131
乡村医疗室	个	98	137
乡村医生合计	个	144	237

说明：统计资料报表，由宁武县统计局提供

重要资料

关于2019年财政预算执行情况和2020年财政预算（草案）报告（节选）

——2020年4月26日在宁武县第十六届人民代表大会第五次会议上

宁武县财政局

一、2019年财政预算执行情况

2019年，是我县财政工作迎难而上，奋勇争先，全面发展的一年。一年来，在县委、县政府的正确领导下，在县人大及其常委会的法律监督和县政协的民主监督下，在全县各级各部门的支持帮助下，财政部门深入贯彻落实省市县经济工作会议精神，紧紧围绕县委、县政府工作中心，坚持新发展理念，按照高质量发展要求，实施积极财政政策，推进财税体制改革，克服政策性减收增支等诸多困难，重点做好“保工资、保运转、保基本民生”，全力支持打好“三大攻坚战”，财政运行总体平稳，较好地完成了县人大批准的预算和各项财政工作任务，预算执行情况良好。

（一）公共财政预算执行情况

2019年，全县财政总收入完成212727万元，较上年192010万元增收20717万元，增长10.79%，完成年度预算任务211712万元的100.48%；一般公共预算收入完成91259万元，较上年71438万元增收19821万元，增长27.75%，完成年度预算任务84297万元的108.26%。

一般公共预算收入主要科目完成情况：

1. 税收收入完成48785万元，较上年增长3.88%，完成年度预算任务49855万元的97.85%，其中：

（1）增值税完成20313万元，较上年下降5.6%，完成年度预算任务22807万元的89.06%。

（2）企业所得税完成7565万元，较上年增长30.59%，完成年度预算任务6141万元的123.19%。

（3）个人所得税完成598万元，较上年下降39.04%，完成年度预算任务1040万元的57.5%。

（4）资源税完成10106万元，较上年增长4.94%，完成年度预算任务10291万元的98.2%。

（5）城市维护建设税完成2068万元，较上年下降1.99%，完成年度预算任务2237万元的92.45%。

（6）房产税完成2808万元，较上年增长8.88%，完成年度预算任务2734万元的102.71%。

2. 非税收入完成42474万元，较上年增长73.53%，完成年度预算任务34442万元的123.32%。我县本年非税收入的增幅较大，主要受本期资源价款收入影响较大，本年资源价款收入完成34186万元，较上年增收19151万元，增长127.38%。

一般公共预算支出完成情况：

一般公共预算支出完成252303万元，为年度调整预算数280703万元的89.88%，同比增长 28.47%。具体科目完成情况：

（1）一般公共服务支出 23121 万元，为年度调整预算数 23459 万元的 98.6%，同比增长 10.63%。

（2）公共安全支出 10124 万元，为年度调整预算数 11968 万元的 84.6%，同比增长 38.91%。

（3）教育支出 40127 万元，为年度调整预算数 41641 万元的 96.4%，同比下降 3.11%。

（4）科学技术支出 498 万元，为年度调整预算数 527 万元的 94.5%，同比增长 126.36%。

（5）文化旅游体育与传媒支出 5834 万元，为年度调整预算数 7439 万元的 78.4%，同比增长 203.54%。

（6）社会保障和就业支出 29460 万元，为年度调整预算数 30908 万元的 95.3%，同比增长 90.77%。

（7）卫生健康支出 17214 万元，为年度调整预算数 20216 万元的 85.2%，同比增长 47.89%。

（8）节能环保支出 28700 万元，为年度调整预算数 31571 万元的 90.9%，同比增长 643.14%。

（9）城乡社区支出 11110 万元，为年度调整预算数 11110 万元的 100%，同比增长 64.71%。

（10）农林水支出 58038 万元，为年度调整预算数 72575 万元的 80%，同比下降 14.84%。

（11）交通运输支出 13320 万元，为年度调整预算数 13752 万元的 96.9%，同比增长 119.37%。

（12）资源勘探信息等事务支出 990 万元，为年度调整预算数 990 万元的 100%，同比下降 71.63%。

（13）商业服务业等事务支出 1679 万元，为年度调整预算数 2145 万元的 78.3%，同比下降 17.86%。

（14）自然资源海洋气象等支出 5119 万元，为年度调整预算数 5186 万元的 98.7%，同比增长 11.14%。

（15）住房保障支出 1504 万元，为年度调整预算数 1504 万元的 100%，同比增长 38.75%。

（16）粮油物资储备支出 998 万元，为年度调整预算数 1157 万元的 86.3%，同比增长 38.04%。

（17）灾害防治及应急管理支出 2830 万元，为年度调整预算数 2861 万元的 100%。

（18）债务付息支出 1637 万元，为年度调整预算数 1637 万元的 100%，同比增长 120.62%。

收支平衡情况：2019 年本级一般公共预算收入完成 91259 万元，加：上级补助收入 166629 万元，地方政府一般债券转贷收入 3000 万元，上年结余 25174 万元，动用预算稳定调节基金 3298 万元；减：一般公共预算支出 252303 万元，上解上级支出 1695 万元，安排预算稳定调节基金 6962 万元（超收部分）；收支相抵，年终结余 28400 万元（上级专款），结转下年 28400 万元，净结余为 0。

（二）基金预算执行情况

政府性基金预算收入完成 6813 万元，较上年 3467 万元增收 3346 万元，增长 96.51%。

政府性基金预算支出完成 16677 万元，为调整预算数 20105 万元的 82.95%，较上年 7361 万元增支 9316 万元，增长 126.56%。

收支平衡情况：基金预算收入完成 6813 万元，加：上级补助收入 2975 万元，上年结余 2326 万元，地方政府专项债券转贷收入

8000万元；减：基金预算支出16677万元，上解支出9万元；收支相抵，年终结余3428万元。

（三）社会保险基金预算执行情况

2019年我县社会保险基金收入完成6.5亿元，同比增长75.67%，主要是机关养老保险基金县级补贴收入增长8721万元；社会保险基金支出4.4亿元，同比增长4.76%；本年收支结余2.1亿元，年末滚存结余3.8亿元。

（四）存量资金执行情况

2019年共收回存量资金5076万元，上年结转713万元，支出安排2684万元，结余3105万元，主要用于教育、公共安全、卫生健康、农林水事务和生态绿化等。

（五）政府债券资金执行情况

2019年共收到政府债券资金11000万元，其中：新增一般债券资金3000万元，专项债券8000万元。支出安排11000万元，本年无结余。主要用于棚户区改造、异地扶贫搬迁。

（六）统筹整合资金用于精准扶贫情况

2019年共统筹整合财政资金43019.38万元（其中：中央专项扶贫资金15591万元，省级专项扶贫资金3194万元，市级专项扶贫资金763万元，县级扶贫资金5000万元，中央彩票公益金支付革命老区脱贫攻坚资金2000万元，部门涉农资金16471.38万元），支出42895.94万元，资金结余123.44的万元。主要投向产业发展脱贫工程、农村小型基础设施建设工程和农村社会公益事业工程。

2019年在面临经济下行压力、减税降费力度空前的背景下，财政部门以习近平新时代中国特色社会主义思想和党的十九大精神为指引，以提高财政保障水平为目标，积极发挥财税职能作用，有效实施积极的财政政策，深化财税机制体制改革，培育涵养税源财源，积极防范化解财政风险，促进我县经济社会平稳健康发展，扎实做好各项财政预算工作，确保了全年预算目标顺利完成。重点做了以下工作。

（一）增收节支，财政保障能力不断提高

坚决贯彻落实各项减税降费政策的同时，强化收入征管，挖掘收入潜力，提高收入质效，多渠道组织收入，努力化解政策性减收对财政收入的影响。财政部门始终坚持把组织收入作为财政工作的首要任务，积极应对税制改革，明确收入任务，强化征管措施，细化目标考核，抓好分解落实，不断拓宽收入来源渠道，着力构建质优速稳的财政收入体系。一是严格落实征管责任，强化收入征管。积极协调税务部门加强税收征管和重点税源监控力度，确保应收尽收，并加大非税收入征管力度，督促各执收单位切实履行主体责任，确保各项非税收入及时足额入库。2019年全县一般预算收入完成9.1亿元，在上年增长17.42%的情况下，本年又实现了27.75%的增长。二是全力争取上级财力支持。全年争取落实转移支付资金18.06亿元（含一般债券0.3亿元，专项债券0.8亿元），较上年同期增加3.86亿元，同比增长27.18%，新增财力全部用于落实“三保”支出和脱贫攻坚，财政保障能力得到明显提高，有效缓解了财政收支矛盾。三是继续加强部门预算结转结余资金清理力度，凡超过2年未使用的专项结余资金，由财政部门统一收回统筹使用，2019年共盘活财政存量资金5076万元，主要用于弥补预算缺口和各项民生支出。四是强化预算管理，严控一般性支出。严格落实过紧日子要求，大力压减一般性支出，坚决取消不必要的项目支出，量力而行，精打细算，统筹资金加大重点支出保障力度。2019年我县按照上级财政部门要求，按10%共压减一般性支出10085万元（其中“三公”

经费支出 1023 万元，与上年基本持平，完成年度预算数 1276 万元的 80.2%）。

（二）精准发力，民生投入力度不断加大

认真贯彻落实中央省市关于政府过“紧日子”要求，兜实兜牢“三保”底线，集中财力“保工资、保运转、保基本民生”，保障各项重点支出需要。全年公共财政用于教育、医疗、就业、社会保障、脱贫攻坚等民生支出 21.7 亿元，占全县公共财政支出的 86.1%，较上年增长 31.5%。一是支持加快教育事业均衡发展。落实和巩固城乡义务教育学校公用经费保障机制，统一城乡义务教育学生“两免一补”政策，同时加大教育基本建设投入，着力改善办学条件，促进教育事业全面均衡发展。全年教育支出 40127 万元，占公共财政预算支出的 15.9%。全县 13708 名义务教育阶段学生全部享受学杂费和教科书免费政策，补助资金 1430.48 万元；1271 名义务教育阶段家庭经济困难寄宿生享受生活费补助，补助资金 143.8 万元；义务教育营养改善计划和义务教育中小学寄宿生生活费补助，共补助资金 1160.97 万元，惠及 6265 名学生；全部免除高中在校生学费、住宿费、教科书费共计 526.53 万元，惠及 1602 名学生；建档立卡学生生活补助 187.6 万元，惠及高中、职中 626 名学生；落实班主任岗位津贴和乡村教师倾斜津贴 314.66 万元（班主任岗位津贴从 200 元 / 月提高到 400 元 / 月）；投入 2339.46 万元，对全县 27 所薄弱中小学校进行了改造；示范性高中建设项目投入 4515.85 万元，职业高中新校区建设项目投入 1437 万元建设职业高中新校区。二是落实各项社会保障制度政策。提高了城乡低保补助标准，城市最低生活保障标准和农村最低生活保障标准分别提高到 473 元 / 月、4358 元 / 年，全年共发放城镇和农村低保资金 4901 万元，惠及 13734 人；对全县 86 名孤儿发放 170 万元生活补助；农村五保户集中供养 109 人，年人均补助 7319 元，分散供养 1855 人，年人均补助 5749 元，共发放 1085.9 万元；重度残疾人护理补贴全年共计发放 103.4 万元，惠及 1737 人。三是深化医药卫生体制改革，补足医疗卫生短板，推进公立医院改造提升，加强农村卫生院基础设施建设，助推公立医院和基层医疗机构平衡发展。全年卫生健康投入 17214 万元，较上年增长了 47.9%，占公共财政预算支出的 6.82%。落实基本药物零差补 318.43 万元，进一步缓解了“看病难，看病贵”的问题；2019 年人均基本公共卫生服务经费由 65 元提高到 69 元，落实资金 982.23 万元；投资 310 万元对 33 个村卫生室进行维修改造，并落实 300 万元为乡镇卫生院购置相关设备；新农合筹资标准提高到每人每年 740 元，全年累计补偿 148648 人，补偿金额 7235.92 万元。四是促进文化体育事业发展。文化旅游体育与传媒支出 5834 万元。深入落实电影下乡、送戏下乡、周末大剧场等文化惠民工程，全年播放电影 5556 场，送戏下乡 150 场，购置各类图书 2 万余册，为建设中的贫困村文化活动场所配送健身器材 500 件，极大地丰富了农村文化生活。

（三）协调发展，不断推进城乡一体化发展

积极贯彻落实好党和国家的惠农惠民政策。2019 年下达耕地地力保护补贴资金 3010.28 万元，发放 1141.35 万元；分九批发放 2018 年度耕地地力保护补贴资金 842.86 万元；发放退耕还林补助资金 282.54 万元，新一轮退耕还林农户补贴资金 1666.15 万元；农村危房改造项目资金 1131 万元，受惠农民 800 余户；拨付农机购置补贴资金 25.54 万元，补贴农具 16 台；落实政策性农业保险保费补贴400.69万元，农作物投保面积达65.91万亩（其中森林63.31万亩、玉米1.89万亩、马铃薯0.71万亩），育肥猪投保116342头，为农民提供农业生产风险保障4.47亿元，有效降低了农业风险，促进了农业发展和农民增收。积极开展惠农惠民财政补贴资金“一卡通”发放整治工作，促进财政惠民惠农补贴资金高效使用，确保各类资金及时、安全、足额落实到人到户，让“一卡通”真正成为群众的“明白卡”“幸福卡”。随着各项惠农惠民政策的稳步实施，农民群众生产生活条件得到显著改善。

（四）强化监管，财政管理水平显著提高

不断深化部门预算管理，积极推进财政国库动态监控和财政扶贫资金动态监控工作；积极开展预算绩效评价工作，对重点项目支出实行跟踪问效；围绕预算编制、预算执行和绩效评价等关键环节，加快应用支撑平台建设，提升信息化对财政科学化精细化管理的保障能力。

一是继续深化部门预算管理改革。认真贯彻落实《中华人民共和国预算法》，建立健全全口径政府预算体系。不断提升预算编制的科学化和精细化水平，建立健全预算支出定额的标准化体系建设，全面实施政府支出经济分类科目改革，部门预算全部按政府经济分类科目编报。同时预算编制坚持统筹兼顾，突出重点，有保有压原则。通过规范收支行为、健全审批流程、明确管理权责、构建完整统一、有机衔接、统筹配置、规范透明的全口径预算管理新机制。

二是深入推进预算绩效管理工作，不断提高绩效管理意识，健全绩效管理机制。将“财政资金绩效管理”纳入县直单位及各乡镇的绩效考评指标体系，从单位财政资金绩效管理工作完成的数量、质量和时效三方面对各预算单位进行考核，促进各单位及时保质保量完成财政资金绩效管理工作，从而提高我县绩效评价工作的整体水平。同时还通过采取聘请山西亚泰会计师事务所有限公司对我县2019年度扶贫等民生领域重点项目进行绩效评价，达到进一步提升我县财政项目资金绩效评价的科学性和专业性水平，推动我县项目资金绩效管理向科学化、精细化、规范化迈进。

三是全面开展了资产管理信息上报工作。指导全县各行政事业单位圆满完成了2019年资产管理系统数据填报工作，并按时填报了月资产数据，资产数据可以根据预算单位实际情况按月填报，一改以往年底预算单位集中统一填报所带来的压力，既减轻了预算单位年底集中填报的工作量，又可以从资产系统实时动态了解全县固定资产增减变化情况。对新增资产及处置资产及时录入资产信息系统，实现了资产从“入口”到“出口”全程动态监控管理。

四是深入推进部门预决算公开和“三公”经费信息公开工作。严格按照规定时间公开。在县人大及其常委会审议通过预算决算后，及时下发文件将2018年决算和2019年预算在规定的时间内及时批复给各预算单位，同时明确要求各单位在财政批准（批复）预决算后20日内按时由各单位向社会公开；按照规定内容进行公开。除涉密部门和信息外，其余使用财政拨款的部门预决算和“三公”经费信息全部对外公开。

五是做好政府综合财务报告编制工作。2019年按照权责发生制编制2018年度政府综合财务报告，系统全面地反映了政府资产负债和运行成本，为加强政府资产负债管理、防范财政风险提供了有力支持，同时也推动预算单位严格按照相关会计准则和制度规定，规范会计核算，细化核算内容，提高了会计信息的真实性、准确性。

六是提升财政信息化水平的应用。借2019年财务会计制度改革之际，将所有预算单位财务会计记账软件全部实现了网络化管理，同时投资60余万元对我局原有机房进行了信息化安全改造，不断提升财政管理信息化水平。

（五）统筹兼顾，全方位打好三大攻坚战

始终牢固树立新发展理念，按照高质量发展要求，统筹当前与长远，保持财政工作和财政政策的连续性，增强前瞻性，优化财政资源配置，采取更有力更有效的举措，坚决支持打好三大攻坚战。一是加强政府性债务风险防控。在政府性债务风险事件应急领导小组统一组织、协调下，按照标本兼治、疏堵结合、循序渐进，完善制度和强化管理并重的原则，对政府性债务进行早安排、早部署，集中人力、物力全面摸清底数，做好债务的清理，分门别类进行梳理，确保底子清、数据准、情况明。落实化解措施，着力降低风险程度。严格按照防范和化解政府性债务风险工作方案和政府性债务管理办法，明确债务化解时间表、任务书、路线图，将化债任务量细化成指标、细化到项目，逐项、逐笔地落实债务化解任务。做到了既有防范风险的先手，也有应对和化解风险挑战的高招。通过努力克服困难，多方筹集资金，2019年共偿还债券付息1864.17万元，化解隐性债务4061.9万元，切实优化了政府债务结构，牢牢守住了不发生区域性系统性风险的底线。二是全力支持脱贫攻坚工作。积极发挥财政职能，加大投入力度，整合涉农资金，建立财政扶贫资金投入的增长机制。全年拨付财政扶贫整合资金42895.94万元，按照“缺什么，补什么”的原则，会同扶贫部门建立扶贫项目库，确保资金安排与脱贫需求紧密挂钩。严格落实扶贫资金项目公告公示制度，充分利用“互联网＋监督”、动态监控系统等网络平台，对扶贫项目资金实行全过程监控。三是深入推进污染防治。坚持绿色发展理念，着力在增投入、转方式、建机制上下功夫。积极完善财政支持政策，统筹整合资金，优化财政资源配置，加大对污染防治攻坚支持力度。先后安排污染防治攻坚工作经费43万元、空气自动监测站设备仪器购置资金280万元、大气污染防治经费4280万元、水污染防治经费420万元、污水管网工程费用669万元、环保执法综合管控平台建设经费375.6万元、山水林田湖草生态保护项目资金17000万元。通过做好环境整治和生态建设重点领域、关键环节的资金保障，以及落实和完善促进绿色发展的各项财税政策，全方位支持打好蓝天、碧水、净土、青山保卫战。

各位代表，回顾一年来的工作，全县财政工作经受住了经济下行和减税降费等不利因素的严峻考验和挑战，取得了较好成绩。但我们也应清醒地认识到财政运行和管理中还面临一些困难和挑战，主要是：一是经济结构单一，财政收入增长缺乏重大生产性项目支撑，“三大攻坚战”和“三保”支出等方面的支出不断增加，占可用财力的比重逐年提升，可用于促进地方发展的财力有限，收支矛盾将日益突出；二是随着新增债券资金逐年增加及债券资金的逐年到期，财政在还本付息方面的压力将逐步加大。对于这些问题，我们将进一步深化改革、统筹谋划、积极应对、努力解决，也恳请各位代表和委员一如既往地给予指导和支持。

二、2020年财政预算草案

2020年预算编制和财政工作的指导思想

是：以习近平新时代中国特色社会主义思想为指导，深入贯彻落实市委、县委经济工作会议和各级财政工作会议精神，围绕推动县域经济高质量发展的工作目标，充分发挥财政职能；提高预算编制的准确性和合理性，强化预算执行监督，构建规范、透明的预算管理制度；依法组织财政收入，努力提高收入质量；全力支持脱贫攻坚巩固提升，大力推进乡村振兴实施，努力构建生态文明、生态经济；加强财政绩效管理，严格债务管理，防控财政风险；推进财政改革创新，提高财政资金使用效益，促进县域经济高质量发展和社会稳定，为确保我县全面建成小康社会和“十三五”规划圆满收官提供坚强财力保障。

根据上述指导思想并充分考虑落实减税降费政策和新冠肺炎疫情对财政收入的影响，2020 年全县财政预算草案拟按以下原则编制：一是收入预算要实事求是、科学预测，与经济社会发展新情况相适应，与财政政策相衔接。二是依法理财，硬化约束。预算一经县人大审议通过，严格执行。因客观情况必须调整或追加的事项，原则上通过优化支出结构、盘活存量资金等方式解决。三是从严从紧，突出重点。进一步压减一般性支出，突出对重大改革、重要政策和重点项目支持保障，支出预算安排充分体现县委县政府的重大方针政策和决策部署。四是统筹规划，审慎稳妥。强化年度预算与中期财政规划的统筹、“四本预算”的统筹以及各项资金之间的统筹。五是全面规范，强化绩效。确保部门预算编制的完整性，部门所有收入和支出全部纳入预算管理。坚持以绩效为导向，全面实施预算绩效管理，强化绩效目标评审，完善绩效评价机制，加强评价结果应用，推进绩效结果公开。

三、2020 年全县财政收支计划安排

（一）一般公共预算收支安排

财政收入及当年财力：2020 年县级一般公共预算收入预计完成 100385 万元，较上年实际完成数 91259 万元增长 10%。

2020 年财力预计为 235891 万元，分别是一般公共预算收入 100385 万元、返还性收入 4153 万元、均衡性转移支付收入 25117 万元、革命老区转移支付补助收入 1102 万元、贫困地区转移支付补助收入 9839 万元、固定数额补助 10167 万元、县级基本财力保障机制奖补资金收入 8782 万元、结算补助收入 167 万元、资源枯竭型城市转移支付补助收入 576 万元、重点生态功能区转移支付收入 893 万元、公共安全共同财政事权转移支付收入 520 万元、教育共同财政事权转移支付收入 3055 万元、文化旅游体育与传媒共同财政事权转移支付收入 390 万元、社会保障和就业共同财政事权转移支付收入 11784 万元、医疗卫生共同财政事权转移支付收入 2898 万元、节能环保共同财政事权转移支付收入 856 万元、农林水共同财政事权转移支付收入 4938 万元、交通运输共同财政事权转移支付收入 3132 万元、住房保障共同财政事权转移支付收入 77 万元、其他一般性转移支付收入 61 万元、上年结余收入 28400 万元、一般债务转贷收入 8890 万元、动用预算稳定调节基金 6962 万元、专项转移支付收入 4408 万元、上解上级支出 1661 万元。

全县一般公共预算支出安排 235891 万元。

1. 全县公教人员工资及个人部分支出安排 59872 万元

2. 公用部分支出安排 76778 万元。分别是：

——公用经费支出 25482 万元

牢固树立过紧日子思想，严控“三公”经费支出，2020年一般公共预算安排“三公”经费预算1369万元，与2019年预算基本持平。其中：公务用车运行维护费596万元；公务接待费773万元；因公出国（境）经费0万元。

——项目资金支出51296万元（其中：部门预算安排43954万元）

3. 农村税费改革转移支付资金安排4891万元

4. 革命老区转移支付补助收入安排1102万元

5. 贫困地区转移支付补助资金安排9839万元

6. 农林水共同财政事权转移支付资金安排4938万元

7. 公共安全共同财政事权转移支付资金安排520万元

8. 教育共同财政事权转移支付资金安排3055万元

9. 文化旅游体育与传媒共同财政事权转移支付资金安排390万元

10. 社会保障和就业共同财政事权转移支付收入安排11784万元

11. 医疗卫生共同财政事权转移支付资金安排2898万元

12. 节能环保共同财政事权转移支付资金安排856万元

13. 交通运输共同财政事权转移支付资金安排3132万元

14. 住房保障共同财政事权转移支付资金安排77万元

15. 其他一般性转移支付资金安排61万元

16. 政府债券利息支出安排2000万元

17. 专项转移支付支出安排32808万元

18. 一般债券支出安排8890万元

19. 预备费12000万元

支出按功能科目安排情况是：一般公共服务支出23680万元；公共安全支出10746万元；教育支出31429万元；科学技术支出325万元；文化旅游体育与传媒支出6846万元；社会保障和就业支出25462万元；卫生健康支出19220万元；节能环保支出6983万元；城乡社区支出5620万元；农林水支出73131万元；交通运输支出8453万元；资源勘探信息等支出597万元；商业服务业等支出2149万元；自然资源海洋气象等支出3035万元；住房保障支出945万元；粮油物资储备支出648万元；灾害防治及应急管理支出2565万元；债务付息支出2000万元；其他支出57万元；预备费安排12000万元。

（二）政府性基金收支安排

2020年政府性基金收入安排3400万元，加政府性基金上级补助收入1145万元，上年结余3428万元，地方政府专项债券收入5000万元，收入合计12973万元；政府性基金支出相应安排12973万元。

1.2020年政府性基金预算收入3400万元，分别是：

（1）国有土地出让金收入3000万元

（2）污水处理费100万元

（3）城市基础设施配套费收入300万元

2.2019年政府性基金预算结余3428万元，分别是：

（1）旅游发展基金结余257万元

（2）国有土地出让金结余2328万元

（3）土地收益基金结余18万元

（4）农业土地开发基金结余214万元

（5）城市基础设施配套费结余197万元

（6）污水处理费结余32万元

（7）其他政府性基金结余28万元

（8）彩票公益金结余 354 万元

3.2020 年政府性基金支出安排 12973 万元

（三）社会保险基金收支安排

2020 年我县社会保险基金预算收入预计完成 4.23 亿元（其中：财政补贴收入 1.55 亿元）；社会保险基金支出预计完成 5.12 亿元。

（四）存量资金收支安排

1. 存量资金收入 4775 万元

（1）2019 年存量资金结余 3105 万元

（2）2020 年收回结转二年以上的存量资金 1670 万元

2.2020 年存量资金支出安排 4775 万元

（五）地方政府性债券收支安排

2020 年政府债券拟安排 13890 万元（其中：一般债券 8890 万元，专项债券 5000 万元），上年结余 1025 万元（其中：置换债券 65 万元，专项债券 960 万元），支出相应安排 14915 万元，主要用于土地收储、易地扶贫搬迁、贫困村提升、废品回收利用产业园建设和扶贫农业产业园基础设施建设项目。

（六）统筹整合资金收支安排

1. 统筹整合资金规模

2020 年统筹整合用于脱贫攻坚的财政涉农资金预算投入总规模为 40908.39 万元。其中：中央专项扶贫资金 15000 万元，中央彩票公益金支持革命老区脱贫攻坚资金 1000 万元，省级专项扶贫资金 3000 万元，市级专项扶贫资金 700 万元，县级专项扶贫资金 5500 万元，部门整合资金 15708.39 万元。

2. 统筹整合资金投向

2020 年，围绕脱贫攻坚任务，共实施整合项目 87 个，主要是：

（1）产业发展扶贫工程。实施产业发展脱贫项目 33 个，投入财政资金 26308.64 万元。其中：中央专项扶贫资金 14634 万元，中央彩票公益金支持革命老区脱贫攻坚资金 1000 万元，省级专项扶贫资金 3000 万元，市级专项扶贫资金 679 万元，县级专项扶贫资金 5500 万元，部门整合资金 1495.64 万元。

（2）基础设施建设工程。实施基础设施建设项目 50 个，投入财政资金 14033.75 万元 . 其中：中央专项扶贫资金 366 万元（以工代赈资金 294 万元），市级专项扶贫资金 21 万元，部门整合资金 13646.75 万元。

（3）农村社会公益事业工程。实施农村社会公益事业项目 4 个，投入部门整合资金 566 万元。

2020 年是全面脱贫、全面小康决战完胜之年，是“十三五”规划收官之年，也是第一个百年奋斗目标的实现之年。做好今年的财政工作，特别是预算编制执行工作，意义重大。我们将以习近平新时代中国特色社会主义思想为指导，紧紧围绕县委县政府决策部署，进一步强化预算管理，优化支出结构，提升理财水平，创新管理模式，努力防范重大风险，统筹推进稳增长、促改革、调结构、惠民生、防风险、保稳定各项工作，为确保我县全面建成小康社会和“十三五”规划圆满收官，推动县域经济高质量转型发展提供坚实的财政保障。重点做好以下五方面的工作：

（一）加强财源建设，提高财政保障水平

一是加强收入征管。正确处理减税降费与依法组织收入的关系，全面抓好收入征管，强化财税协同配合，健全税收保障机制，推进依法治税，用好涉税信息共享平台，建立健全税收分析、征收管理、纳税评估、税务稽查“四位一体”联动机制，切实抓好重点行业、重点税源、重点税种的有效监控，提高征管效率，同时加强欠税清缴和零散税收征缴，充分挖掘税收增长潜力，不断提高收入质量。二是加强财源建设。首先把抓项目、扩投资、调结构、促转型放在财源建设的首位，全力提升工业园区的配套设施、承载容量、基础功能，筑巢引凤。充分发挥财政资金引导作用，强化项目建设和产业发展的财税导向，将财税贡献率作为项目申报、招商引资和资金分配的重要依据。落实国家各项减税降费政策，切实减轻企业负担。全面兑现中央、省、市、县各项企业优惠政策，支持企业发展壮大；其次认真排查现有重点税源企业，加大培植力度，让优势行业更有竞争力、富税行业形成集群力、旅游产业提升带动力，着力培育对本地财力贡献大的税源，切实扩大财税收入总量，提升财税收入质量，真正增加地方可用财力。三是加大资金争取力度。主动发挥财政职能作用，把握综改示范区、脱贫攻坚和乡村振兴等省政府关注的重点民生领域，积极争取在资金和项目方面对我县更大的支持。四是盘活财政存量资金。牢固树立“节支也是增收”的观念，调整和优化支出结构，完善预算执行约束机制，切实盘活财政存量资金，避免资金沉淀闲置，最大限度地发挥财政资金的使用效益。

（二）统筹推进改革，提升财政管理水平

严格确保财政行政行为在法律规定的框架内规范运作，不断完善财政制度，强化财政改革。一是继续深化预算管理制度改革。进一步细化预算编制，完善全口径预算体系，提高年初预算到位率；落实经济分类科目改革方案，精心组织学习，深入研究交流，确保政府预算经济分类和部门预算经济分类两套科目平稳运行；继续抓好预决算公开，细化公开内容，推进预算信息公开常态化；深化预算绩效管理，扩大绩效管理覆盖范围，推进预算绩效管理与部门预算编制有机结合，切实加强绩效评价结果的应用。强化财政监督和专项检查，健全内控机制，推动绩效评价、资产管理、投资评审、财政监督、政府采购、国库集中支付与预算管理事前、事中、事后的有机结合，构建“六位一体”财政运行新机制，提高资金使用效益。深化运用“互联网 + 监督”，强化对民生资金和项目的监督检查，保障民生政策落实到位，让群众有更多的获得感。二是深化预算绩效管理。进一步扩大财政资金绩效管理范围，加强预算绩效评价工作，建立评价结果与预算编制和执行的有效衔接机制，综合运用预算执行评价结果，提升预算编制的科学性、合理性。继续完善扶贫资金绩效动态监控，并逐步扩大监控范围，确保资金安全、高效使用，切实提高财政管理水平。三是建立现代国库管理制度。启动国库集中支付电子化改革，努力实现预算单位、财政、代理银行、人民银行全方位、全业务流程的电子化管理，逐步形成安全高效的电子化支付体系；进一步加强现金管理，减少现金结算，堵塞资金管理漏洞。四是完善政府性债务管理制度。规范债务举借、使用、偿还行为，实行政府性债务规模控制和分类管理，完善政府债务风险预警办法，加大政府存量债务置换力度，加强风险防范和应对。五是努力加强财政监管。以制度规范为基础，加强财政监督，建立健全覆盖财政资金运行全过程的监督检查机制，在保障资金安全的基础上，加强对资金使用效益的监督评价。继续规范财政内部建设，规范财政资金运行程序，完善财政内部控制制度，确保各项支出的真实性、准确性和安全性。六是着力强化资产管理。完善资产管理制度体系建设，强化行政事业单位国有资产管理，加快资产管理与预算管理的有机结合，做好全县国有资产管理、处置工作。进一步规范党政机关和事业单位公务用车管理。

（三）聚焦以人为本，保障民生事业发展

按照建立公共财政、民生财政的要求，不断优化财政支出结构，坚持以人民为中心，集中财力切实保障经济社会发展和民生需求。一是坚持民生优先。坚持“保工资、保运转、保重点”的原则，严格控制支出，充分发挥公共财政职能作用，进一步调整和优化支出结构，大力压缩“三公”经费等一般性支出，集中财力支持民生改善，确保民生支出占一般公共预算支出的80%以上。二是继续落实好社会保障政策。落实国家和省相关政策标准，提高低收入群体基本生活保障和政府对各类社会保险补贴投入，足额落实民生配套资金，做到困难群体的应保尽保；积极整合各类财政资金，建立统一、规范、稳步增长的民生保障投入机制。三是落实好社会公益事业保障政策。坚持教育优先原则，进一步完善农村义务教育经费保障机制，支持学前教育发展。不断提高教师生活待遇，完善办学条件；推动文化、体育事业发展；加大对医疗卫生的投入，深化医药卫生体制改革，加快覆盖城乡公共卫生体系建设，尤其是针对目前新冠肺炎疫情，财政部门将提高对疫情防控工作重要性和紧迫性认识，积极筹措资金，加大库款保障力度，优先调度，确保疫情防控资金足额拨付到位。四是落实好财政支农政策。竭力支持精准扶贫政策，加大精准扶贫财政保障力度，加强扶贫资金管理，加大扶贫项目和资金争取力度，打赢精准扶贫攻坚战；继续落实支农资金稳定增长机制，大力支持乡村振兴战略，以农村综合环境整治和一事一议财政奖补为抓手，整合各类支农惠农资金，拓展农业保险服务功能，推动农业信贷担保业务全覆盖；集中力量加快美丽乡村、现代农业、农村环境整治建设、乡村文化、乡村旅游，不断促进农村发展、农业增效、农民增收。

（四）加强风险防控，确保财政稳健运行

坚持稳中求进工作总基调，全面梳理分析我县经济、财政运行的主要风险，增强忧患意识，以最有力的措施确保财政平稳运行。坚持防控并举，牢牢守住不发生系统性财政金融风险这个底线、关口前移，加强对苗头性、倾向性风险点的关注和管控。加强政府债务管理，重点关注政府隐性债务风险，运用合法合规举债“前门”，坚决堵住违法违规举债的“后门”，严格控制隐性债务增量；坚持“举债有度、限额管理、严防风险”三大原则，按照“三有三不”工作思路（债务规模有底数、应急处置有预案、风险化解有规划；不违规举债、不违约失信、不乱铺摊子），在债务限额内，按照“量入为出、收支平衡”的原则，把政府债务的规模始终控制在与经济增长、财政收入增长以及债务偿还能力相适应的水平上，同时积极争取专项债券支持，稳妥化解隐性债务存量，努力防范债务风险。

（五）加强队伍建设，依法依规科学理财

以习近平新时代中国特色社会主义思想为指导，在新的历史起点上不忘初心、牢记使命，更好地发挥财政在国家治理体系中的基础和重要支柱作用；加强财政干部队伍作风建设和教育培训，认真落实《中国共产党廉洁自律准则》《中国共产党纪律处分条例》和党风廉政建设责任制，以及财政部门内部控制制度、办法和操作流程以及内部评价检查办法等，更加注重治本，更加注重预防，更加注重制度建设，逐步形成拒腐防变的长效机制，促进全县财政干部健康成长；进一步激励财政干部主动担当作为，强化“财”务必自觉服从服务于“政”的意识，管好用好财政资源，发挥财政职能作用，提高依法理财、科学管理、勤政为民的水平。